义乌年鉴

中共义乌市委党史研究室
义乌市地方志办公室 编

YIWU YEARBOOK 2020

方志出版社
Publishing House of Local Records

图书在版编目（CIP）数据

义乌年鉴. 2020 / 中共义乌市委党史研究室、义乌市地方志办公室编. --北京 ： 方志出版社，2020.9
ISBN 978-7-5144-4389-9

Ⅰ. ①义… Ⅱ. ①中… Ⅲ. ①义乌—2020—年鉴
Ⅳ. ①Z525.54

中国版本图书馆CIP数据核字（2020）第214204号

义乌年鉴（2020）

编　　者：中共义乌市委党史研究室　义乌市地方志办公室
责任编辑：王　俊

出 版 者：方志出版社
　　地址　北京市朝阳区潘家园东里9号（国家方志馆4层）
　　邮编　100021
　　网址　http://www.zgfzcb.cn
发　　行：方志出版社图书经销中心
　　（010）67110500
经　　销：各地新华书店
印　　刷：南京凯德印刷有限公司

开　　本：889×1194　1/16
印　　张：35.5
字　　数：981千字
版　　次：2020年9月第1版　　2020年9月第1次印刷
印　　数：0001~1500册

ISBN 978-7-5144-4389-9　　定价：208.00元

义乌市地方志编纂委员会

《义乌年鉴》编辑部名单

编辑说明

一、《义乌年鉴》是由中共义乌市委和义乌市人民政府主办，义乌地方志编纂委员会主持，中共义乌市委党史研究室、义乌市地方志办公室主持编纂，各部门、镇（街道）供稿。《义乌年鉴》2008年创刊，每年出版1卷，本卷为第13卷。

二、《义乌年鉴》以马克思列宁主义、毛泽东思想、邓小平理论、“三个代表”重要思想、科学发展观、习近平新时代中国特色社会主义思想为指导，坚持辩证唯物主义和历史唯物主义的立场、观点和方法，坚持存真求实，全面、客观、系统地记述年度发展情况。

三、《义乌年鉴（2020）》主要记述2019年1月1日—12月31日，义乌市在政治、经济、文化和社会建设发展过程中取得的成绩和面临的问题，作为背景资料，有些条目内容或表格中的数据适当上溯或下延。

四、《义乌年鉴（2020）》按分类法编辑，主要分类目、分目、条目3个层次。以条目为记述基本形式，均按事物时间发展的先后顺序排列，条目标题采用【 】表示。全书设置类目51个、分目359个，条目1869条，表格28张，图片164张。

五、《义乌年鉴（2020）》所用稿件均由市各部门、各单位专人提供，并经各单位负责人审定核实。所刊载的综合性数据由市统计局提供，有些数据由各单位提供；市领导名录由市委组织部提供。“全年”“年内”“年底”“年末”指2019年。大事记中的“△”表示同日。全书中出现的单位名称、专业术语，首次出现时用全称，此后一般用简称。

六、《义乌年鉴（2020）》配备“掌上年鉴”，读者可用微信扫描封底的小程序码，进行阅读或检索。

义乌市行政区划图

义乌市
浦江县
诸暨市
东阳市
兰溪市
大陈镇
苏溪镇
廿三里街道
福田街道
稠城街道
稠江街道
北苑街道
后宅街道
江东街道
义乌站
义乌西站
义乌机场
八都水库
巧溪水库
长堰水库
岩口水库
安华水库
通济桥水库
郑家坞镇
白马镇
郑宅镇
岩头镇
黄宅镇
仙华街道
浦阳街道
浦南街道
杭坪镇
虞宅乡
大畈乡
前吴乡
安华镇
牌头镇
同山镇
沪昆高铁
沪昆铁路
(G60) 沪昆高速
(S45) 义东高速
(G15w) 甬金高速
G351
G235
S210
S310
至杭州
至宁波

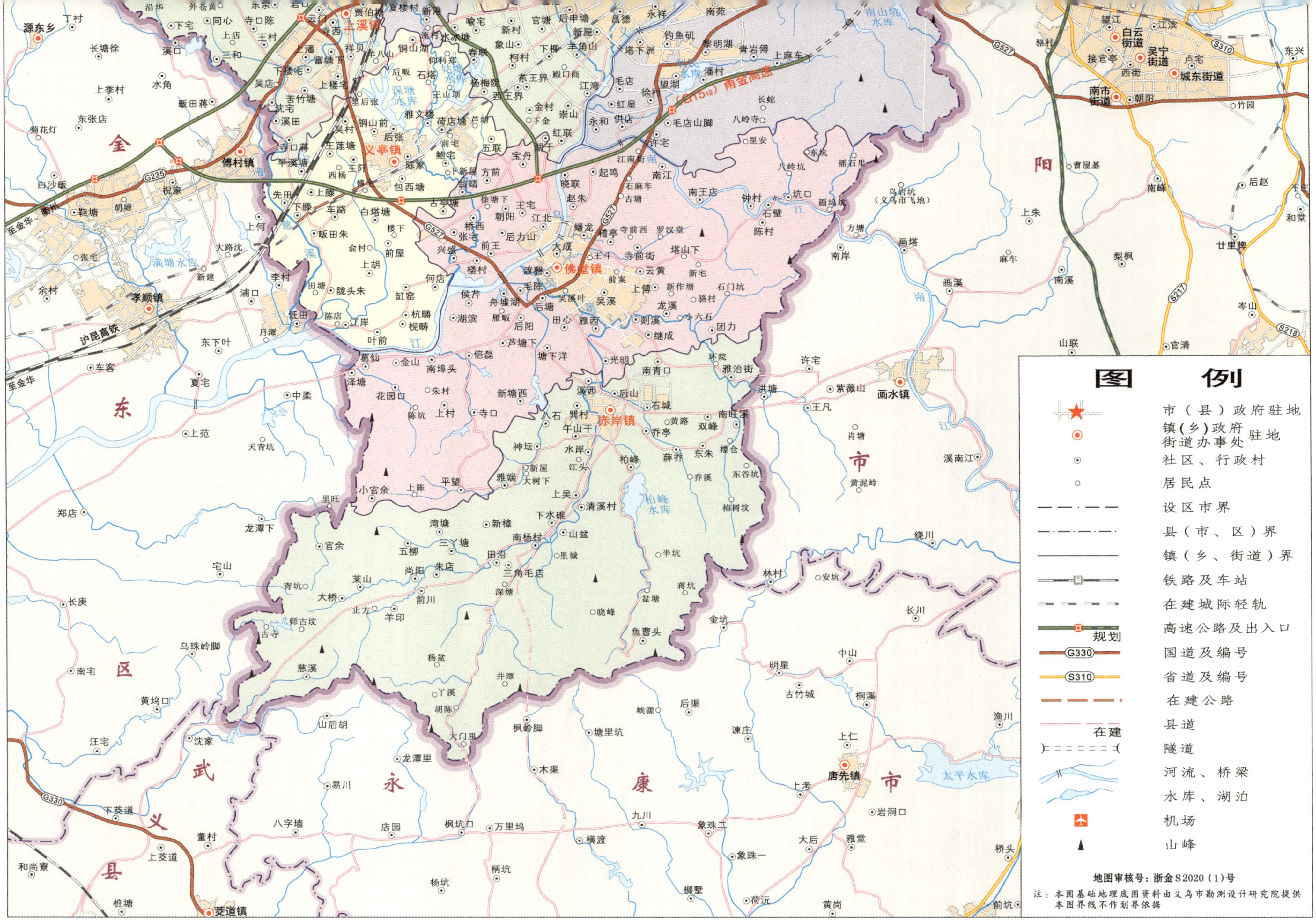
图例
市（县）政府驻地
镇(乡)政府
街道办事处驻地
社区、行政村
居民点
设区市界
县（市、区）界
镇（乡、街道）界
铁路及车站
在建城际轻轨
高速公路及出入口
规划
国道及编号
G330
省道及编号
S310
在建公路
县道
在建
隧道
河流、桥梁
水库、湖泊
机场
山峰
地图审核号：浙金S2020（1）号
注：本图基础地理底图资料由义乌市勘测设计研究院提供
本图界线不作划界依据
佛堂镇
赤岸镇
义亭镇
上溪镇
傅村镇
孝顺镇
源东乡
画水镇
唐先镇
茭道镇
白云街道
吴宁街道
城东街道
南市街道
南金高速
沪昆高铁
柏峰水库
太平水库
南山坑水库
金
东
区
武
义
县
永
康
市
阳

丹溪大桥和义乌城市中心　（吴献华2019年3月25日摄）

江滨公园钓鱼矶廊桥与新科路大桥路段　（楼子荣2019年7月19日摄）

2019年7月7日，市委书记林毅（右一）会见保加利亚青年体育部副部长尼古拉·巴甫洛夫 （王 洁 摄）

2019年5月30日，市委书记林毅（右一）与西班牙马德里市工商会主席Angel Asesino会谈并签署合作协议

（市外事办 供图）

2019年10月21日，市长王健（右一）会见阿联酋驻沪总领事拉世德·卡姆兹　　（市外事办　供图）

2019年12月19—26日，市长王健（左一）会见LULU集团印度区负责人萨迪克　　(市外事办　供图)

2019年1月13日，义乌市第十五届人民代表大会第三次会议开幕　　（市人大办　供图）

2019年1月12日，中国人民政治协商会议第十三届义乌市委员会第三次会议开幕　　（市政协办　供图）

2019年1月16日，在义乌市十五届人大三次会议第三次全体会议上，市人大代表投票（市人大办　供图）

2019年1月16日，在义乌市第十五届人民代表大会第三次会议上，王健（右）全票当选为义乌市人民政府市长，市委书记林毅（左）向新当选市长表示祝贺　　（沈颖洁　摄）

2019年1月16日，新当选义乌市人民政府市长王健在义乌市第十五届人民代表大会第三次会议上讲话　　(市人大办　供图)

2019年1月12日，义乌市政协主席葛国庆作常委会工作报告　　（市政协办　供图）

义乌会展中心　（吴献华2019年7月18日摄）

义乌金融商务中心　（吴献华2019年6月15日摄）

义乌万达商圈　　（黄庆斐2019年7月30日摄）

义乌江东经济带　　（吴献华2019年7月16日摄）

义兰公路 （吴琅文2019年9月22日摄）

宗泽路及环城路

2019年4月29日，国内公路港物流中心专用通道项目建成通车

（吴献华2019年3月摄）

商博大桥

（吴献华2019年6月摄）

（交旅集团　供图）

佛堂义南工业区无缝内衣生产车间　（孙亦生 2019年9月8日摄）

浙江宝娜斯袜业有限公司缝制车间　（黄庆斐2019年8月20日摄）

华灿光电(浙江)有限公司半导体材料与器件生产车间　（何建人 2019年9月10日摄）

浙江华川深能环保有限公司新改造的垃圾焚烧发电厂总控室　（何建人 2019年8月20日摄）

大陈镇溪后村绿色廊道

赤岸镇农田

（赤岸镇政府供图　2019年10月摄）

赤岸镇晚稻收割

（楼子荣2019年4月摄）

佛堂镇桥西村湖光清流抱村穿户，门口塘里的观赏鱼吸引四方游客

（吴琅文2019年7月20日摄）

（何建人2019年11月摄）

义亭镇西田稻香园　　（义亭镇政府供图　2019年11月2日摄）

2019年12月24日，2019年中欧班列第500列义乌—马德里　（王建明　摄）

铁路浙赣线义乌市城西路段　（黄庆斐2019年9月5日摄）

2019年7月8日，“一带一路”青年创客国际论坛在义乌举行（中国义乌网　供图）

2019年5月23日，“西班牙之夜”专场文艺演出在义乌市文化广场剧院举行（王建明　摄）

2019年10月21日，第25届中国义乌国际小商品（标准）博览会开幕式　（楼子荣　摄）

2019年4月20—22日，在2019中国义乌五金博览会上，参展商正向客商介绍产品　（吴琅文　摄）

2019年5月23日，在2019中国义乌进口商品博览会上的外国友人　（楼子荣　摄）

2019年10月21日，第25届中国义乌国际小商品（标准）博览会会标　　（楼子荣　摄）

2019年5月23日，在2019中国义乌进口商品博览会上，西班牙展区的客商在洽谈　　（吴戈丹　摄）

2019年10月22日，在第25届中国义乌国际小商品（标准）博览会上，"义乌好货"组团参展，参展商向客商介绍印有"义新欧"图案的雨伞　　（吴琅文　摄）

2019年5月9日，市公安局在梅湖体育馆举行“践行新使命 忠诚保大庆”誓师大会 （何建人 摄）

2019年11月17日，参加保卫义乌国际马拉松比赛的公安特警 （何建人 摄）

2019年9月23日，公安特警队员在铁路义乌西站货场巡查 （何建人 摄）

2019年9月，义乌公安特警在雪峰路基地练兵　　（何建人　摄）

2019年11月，义乌市全警大练兵启动仪式在义乌市第三中学举办　　（赵祖明　摄）

2019年9月20日，在义乌市老干部局举办的庆祝中华人民共和国成立70周年大会上，为离休干部颁授由中共中央、国务院、中央军委颁发的“庆祝中华人民共和国成立70周年”纪念章
（楼子荣　摄）

2019年9月22日，义乌“红星耀乌伤”红色收藏展在市收藏品市场展出　（楼子荣　摄）

2019年9月6日，锦都社区在锦都豪苑举行“唱响伟大祖国颂歌”庆祝中华人民共和国成立70周年活动

（楼子荣　摄）

2019年9月26日，锦都社区举行迎国庆剪纸活动　（楼子荣　摄）

2019年9月28日，宾王幼儿园举办庆祝中华人民共和国成立70周年活动

（赵祖明　摄）

2019年4月12日，绣湖小学教育集团三年级学生走进义乌国际商贸学校，开展研学活动
（龚琴娟　摄）

2019年4月28日，义乌市职教成果展走进义乌国际博览中心　　（龚琴娟　摄）

2019年5月10日，义乌城镇职业技术学校举办“感恩宴”
（龚琴娟　摄）

2019年5月21日，苏溪镇中心幼儿园举行枇杷丰收节活动
（钱欢欢　摄）

2019年12月4日，福田小学举行第14届趣味运动会
（龚琴娟　摄）

2019年5月25日，宾王小学教育集团义驾山校区联合义工之家开展“体验农耕 爱心助农”活动
（龚琴娟　摄）

2019年11月17日，2019“义乌好货”义乌国际半程马拉松赛，万名跑者奔驰商城　（楼子荣　摄）

2019年11月17日，2019“义乌好货”义乌国际半程马拉松赛中的商城跑团
（交旅集团　供图）

2019年11月17日，跑者奔跑在2019“义乌好货”义乌国际半程马拉松赛跑道上
（楼子荣　摄）

2019年8月22日，革命婺剧现代戏《真理的味道》在义乌市文化广场剧院演出

（市文旅局　供图）

2019年8月16日，郎朗在义乌梅湖体育中心“郎朗和朋友们的音乐会”现场弹奏

（王志金　摄）

桥头遗址出土陶器

桥头遗址器物坑

桥头遗址竖穴土坑墓

2019年8月10日，参加上山文化论坛暨义乌桥头遗址考古学术论证会与会人员考察桥头遗址

2019年8月11日，上山文化论坛暨义乌桥头遗址考古学术论证会在义乌举行，对义乌桥头遗址的考古价值做出高度肯定

（以上图均由王源2019年8月摄）

佛堂镇后阳村文化广场　　（楼子荣2019年5月2日摄）

义亭镇张家村的门口塘廊桥　　（吴戈丹2019年9月14日摄）

义亭镇枧畴村　　（何建人2019年5月摄）

通过“五水共治”，上溪镇吴店和平村门口塘水质得到提升　　（吴琅文2019年8月22日摄）

佛堂老街百乐门前
（黄庆斐2019年10月4日摄）

佛堂老街两旁商铺
（吴献华2019年5月23日摄）

佛堂老街琳琅满目的商品引人驻足
（徐景蓉2019年9月7日摄）

外国小朋友在佛堂老街
（吴琅文2019年8月摄）

2019年11月4日，佛堂镇举行“十月十”庙会迎龙灯（何建人 摄）

2019年2月22日，佛堂镇举行义乌民俗文化活动“抬阁跷”（吴琅文 摄）

2019年2月22日，佛堂镇海云寺举行“抬阁跷”大会（祝育斌 摄）

2019年5月21日，世界城地组织亚太区2019年执行局会议暨“一带一路”国际城市经贸合作对话会与会嘉宾参观佛堂古镇（谢凤美　摄）

江东街道鸡鸣山社区（又称“万国社区”），组织居住社区的外国友人上中文课
（何建人2019年10月摄）

2019年6月7日，赤岸镇举办外国友人诵读中华经典活动
（赵祖明　摄）

2019年5月1日，外国友人获义乌市爱心公社爱心书包捐赠证
（赵祖明　摄）

荣誉义乌

2019年2月5日，省经信厅、省统计局共同发布《2018浙江省数字经济发展综合评价报告》，报告显示，义乌市数字经济发展总指数为105.3，在全省参评的89个县（市、区）中位居第六名，县级市第一名。

2019年3月29日，在全省建设平安浙江工作会议上，义乌市被省委、省政府授予“2018年度平安县（市、区）”，“平安义乌”建设实现“十一连创”。

2019年5月7日，国务院办公厅发文公布“2018年落实有关重大政策措施真抓实干成效明显地方”的名单，义乌市被评为“2018年落实有关重大政策措施真抓实干成效明显地方”。

2019年5月11日，中共浙江省委、浙江省人民政府发布通报，义乌市获“五水共治”（河长制）工作“大禹鼎”，并获评“美丽浙江”建设工作优秀市。同时获“2018年度美丽浙江建设（生态文明示范创建行动计划）工作考核优秀县（市、区）”殊荣。

2019年7月5日，浙江在线浙江数字经济网发布“浙江县域数字经济发展网络影响力指数榜”，义乌位列第三名。

2019年7月29日，在浙江省纪念建军92周年暨双拥模范城（县）命名表彰大会上，义乌市连续七届获浙江省“双拥模范城”称号。

2019年7月30日，中共浙江省委办公厅印发《关于浙江省第三批“无违建县（市、区）”、第四批“基本无违建县（市、区）”的通报》，义乌市获评全省第三批“无违建县（市、区）”。

2019年11月12日，在工信部研究院发布的《2019中国县域营商环境百强研究白皮书》上，义乌位居第五位。

2019年11月13日，中华人民共和国生态环境部发布《关于命名第三批国家生态文明建设示范市县的公告》，义乌市入选“第三批国家生态文明建设示范市”。

2019年11月21日，《中国城市全面建成小康社会监测报告2019》发布，义乌市以小康经济指数140.43，位列中国县级市全国小康指数百强榜第六位。

2019年11月28日，“2019智慧中国年会”公布第二届中国营商环境特色50强评选结果，义乌入选“中国营商环境特色50强”。

2019年12月6日，在中国社会科学院财经战略研究院县域经济课题组完成的《中国县域经济发展报告（2019）》中，义乌市综合经济竞争力位列全国第六位。

2019年12月18日，在优化营商环境研讨会暨2020年中国营商环境评价研究报告发布会上，义乌市入选“浙江省各县市区营商环境便利度十强”。

数字义乌

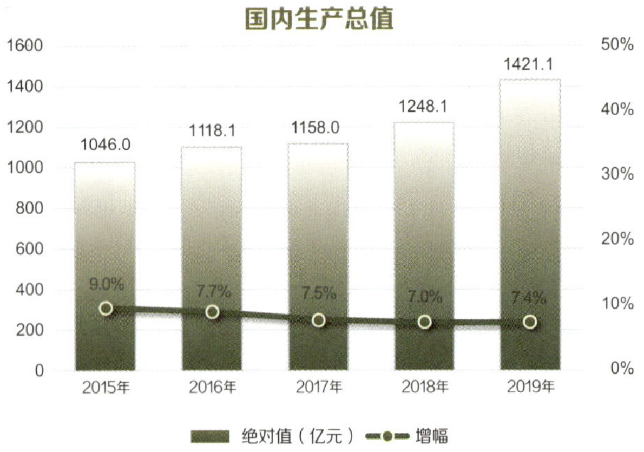

国内生产总值
1046.0
1118.1
1158.0
1248.1
1421.1
9.0%
7.7%
7.5%
7.0%
7.4%
2015年
2016年
2017年
2018年
2019年
绝对值（亿元）
增幅

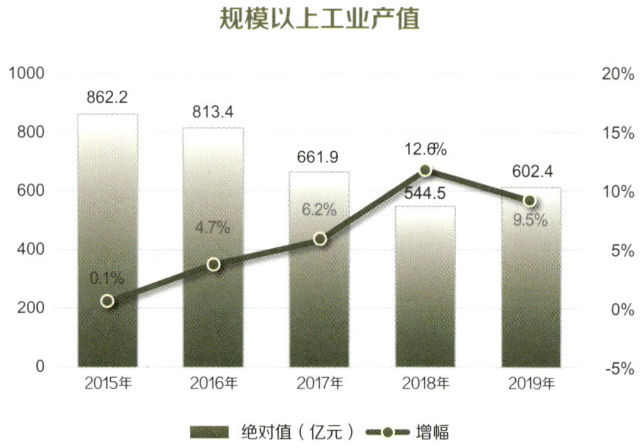

规模以上工业产值
862.2
813.4
661.9
544.5
602.4
0.1%
4.7%
6.2%
12.0%
9.5%
2015年
2016年
2017年
2018年
2019年
绝对值（亿元）
增幅

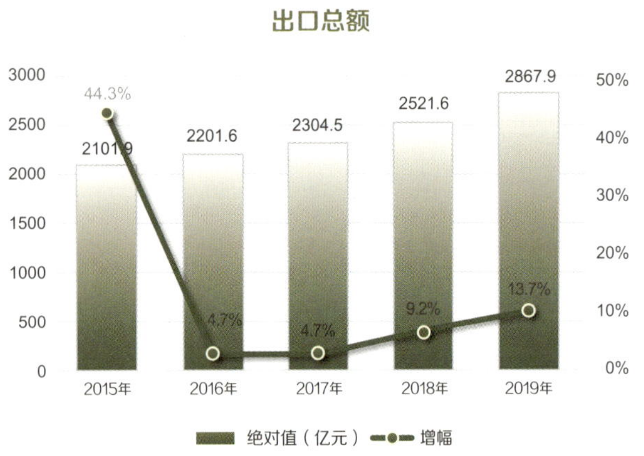

出口总额
2101.9
2201.6
2304.5
2521.6
2867.9
44.3%
4.7%
4.7%
9.2%
13.7%
2015年
2016年
2017年
2018年
2019年
绝对值（亿元）
增幅

实际利用外资
6.2
10.2
20.8
14.7
16.2
2.2%
65.2%
104.5%
-29.3%
10.0%
2015年
2016年
2017年
2018年
2019年
绝对值（千万美元）
增幅

财政总收入

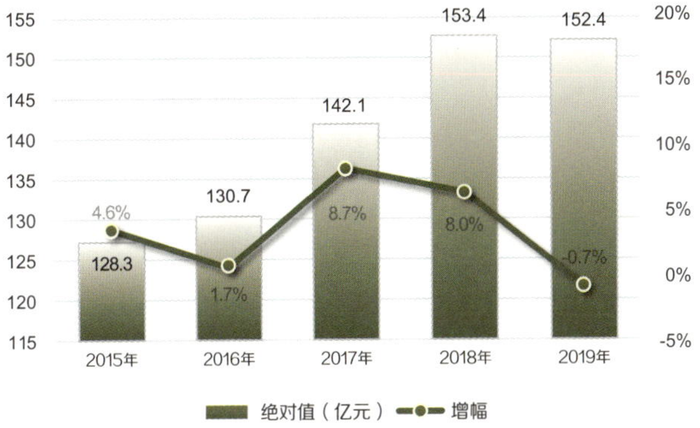

一般公共预算收入

年末金融机构存款余额

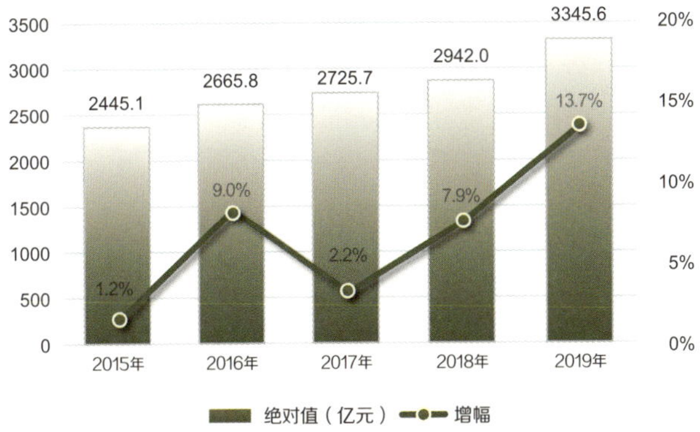

年末金融机构贷款余额

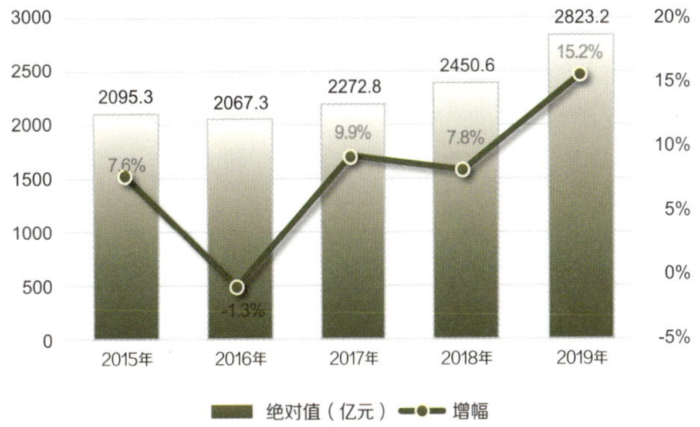

社会消费品零售总额

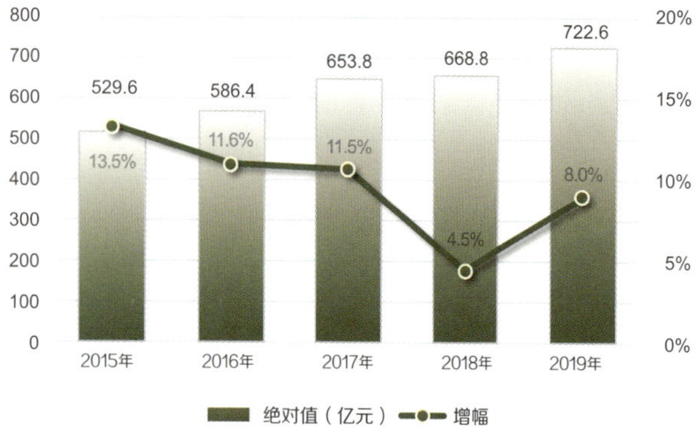

集贸市场成交额

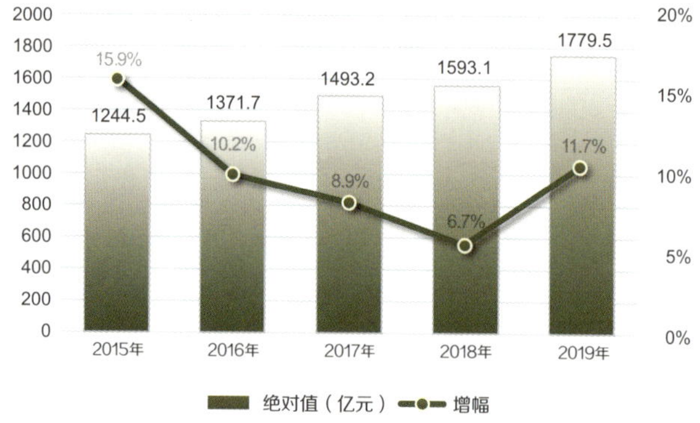

中国小商品城市场成交额

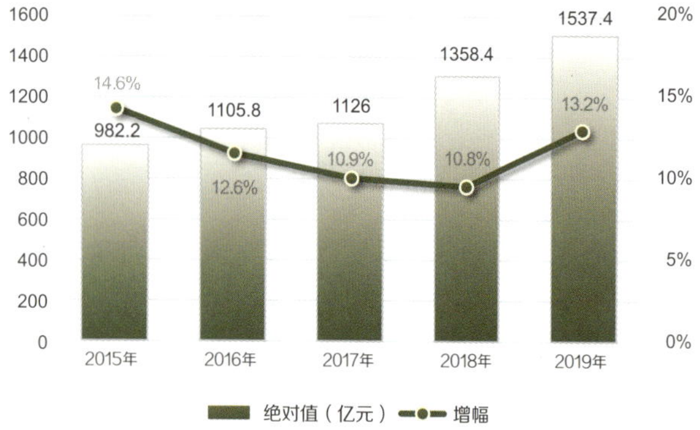

工业用电量

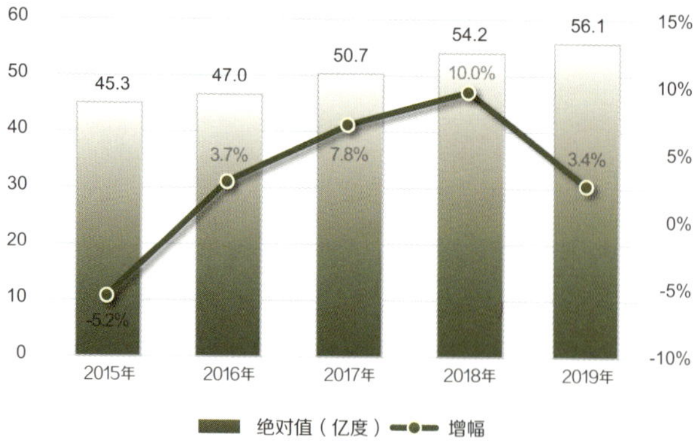

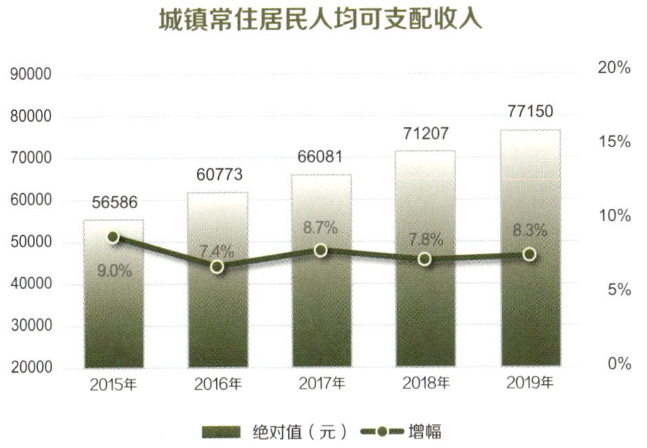
城镇常住居民人均可支配收入
90000
80000
70000
60000
50000
40000
30000
20000
20%
15%
10%
5%
0%
56586
60773
66081
71207
77150
9.0%
7.4%
8.7%
7.8%
8.3%
2015年
2016年
2017年
2018年
2019年
绝对值（元）
增幅

农村常住居民人均可支配收入
45000
40000
35000
30000
25000
20000
15000
10000
5000
0
20%
15%
10%
5%
0%
28433
30570
33393
36389
39529
9.5%
7.5%
9.2%
9.0%
8.6%
2015年
2016年
2017年
2018年
2019年
绝对值（元）
增幅

小型汽车拥有量
70
60
50
40
30
20
10
0
20%
15%
10%
5%
0%
38.97
44.95
52.0
58.0
65.0
9.7%
15.3%
15.7%
11.5%
12.1%
2015年
2016年
2017年
2018年
2019年
绝对值（万辆）
增幅

户籍人口
90
80
70
60
5%
4%
3%
2%
1%
0%
77.16
78.22
80.00
81.84
83.61
0.6%
1.4%
2.3%
2.3%
2.2%
2015年
2016年
2017年
2018年
2019年
绝对值（万人）
增幅

《义乌年鉴》装帧解译

一、封面元素

以义乌从"敲糖帮货郎担"到"兴商建市"再到"一带一路""世界小商品之都"为元素，演绎了东拓海上丝路，西联陆上丝路的历史变迁，使义乌古老土地焕发出勃勃生机，体现了"莫名其妙""无中生有""点石成金"的义乌传奇。

二、封脊元素

以"义乌全新城市形象标识"为元素，标识以月季花、香樟树、乌伤乌、拨浪鼓等元素融为一体，成为自然与人文、文化与经济、传统与现代、继承与创新交融碰撞迸发的一簇奇花，是义乌过去、现在和未来的缩影。标识的副形似一个奔跑的人，在各种图形原色的衬托下，飞奔而来，向人们传递一种义乌人的精神——积极、努力、进取、活力、开放、热情。

三、封底元素

"义新欧"中欧班列，一头连着义乌这个全球最大的小商品集散地，一头连着西班牙马德里这个欧洲最大的小商品集散地，将沿线国家互通有无地连接在一起，成为"一带一路"上的耀眼金丝带。

四、类目背景

以义乌国际商贸城建筑为标志，表达从传统集散型市场向现代化国际性市场飞跃，引领年鉴读者走进义乌各个领域，领略义乌逐年发展的瞩目成绩。

五、页眉元素

右页眉为拨浪鼓，左页眉为中欧班列。拨浪鼓象征义乌商贸文化，义乌由货郎拿着拨浪鼓走街串巷发展成为如今的货达海外、商通天下、兴商建市的繁荣。

要　目

Table of Contents

目 录
OVERVIEW

专 记
SPECIAL RECORD

聚焦义乌
FOCUS ON YIWU

新说义乌
INTRODUCING NEW YIWU

义乌印记
YIWU IMPRESSION

民生民情
PEOPLE'S LIVELIHOOD

特 辑
SPECIAL DOCUMENTS

大 事 记
MAJOR EVENTS

市情纵览
YIWU OVERVIEW

中共义乌市委员会
YIWU MUNICIPAL COMMITTEE OF THE COMMUNIST PARTY OF CHINA

义乌市人民代表大会

THE STANDING COMMITTEE OF YIWU MUNICIPAL PEOPLE'S CONGRESS

义乌市人民政府
YIWU MUNICIPAL PEOPLE'S GOVERNMENT

政协义乌市委员会
YIWU COMMITTEE OF THE CPPCC

中共义乌市纪律检查委员会 义乌市监察委员会

YIWU MUNICIPAL COMMITTEE FOR DISCIPLINE INSPECTION OF THE COMMUNIST PARTY OF CHINA YIWU MUNICIPAL SUPERVISORY COMMITTEE

民主党派

DEMOCRATIC PARTIES

人民团体
PEOPLE'S ORGANIZATIONS

外事·侨务·港澳台事务
FOREIGN AFFAIRS,OVERSEAS CHINESE AFFAIRS, TAIWAN AFFAIRS

法　治
RULE OF LAW

军　事
MILITARY

城乡建设与管理
URBAN CONSTRUCTION AND MANAGEMENT

环境资源
ENVIRONMENTAL RESOURCES

工 业
INDUSTRY

农 业
AGRICULTURE

新兴产业
EMERGING INDUSTRIES

产业集聚园
INDUSTRIAL CLUSTERS

特色小镇
FEATURE TOWN

民营经济
PRIVATE ECONOMY

美丽经济
BEAUTY ECONOMY

开放型经济
OPEN ECONOMY

建筑业
ARCHITECTURE

房地产业
PROPERTY MARKET

商贸流通
COMMERCE AND TRADE CIRCULATION

投资促进
INVESTMENT PROMOTION

服 务 业
SERVICE INDUSTRY

市　场
MARKET

会 展 业
EXHIBITION INDUSTRY

旅游业
TOURISM

交　通
TRANSPORT

物　流
LOGISTICS

互联网·信息
INTERNET · INFORMATION

金融业
FINANCIAL INDUSTRY

经济管理
ECONOMIC MANAGEMENT

科学技术
SCIENCE AND TECHNOLOGY

教 育
EDUCATION

文 化
CULTURE

卫生健康
HEALTH

体 育
SPORTS

人力资源·社会保障
HUMAN RESOURCES AND SOCIAL SECURITY

社会生活
SOCIAL LIFE

镇·街道
TOWNS AND COMMUNITIES

人　　物

PEOPLE IN FOCUS

附　　录
APPENDIX

索　　引
INDEX

国际贸易综合改革试验区

【概况】 2019年1月，省委、省政府批复《义乌国际贸易综合改革试验区框架方案》，2月，义乌国际贸易综合改革试验区管委会正式挂牌。试验区围绕大众贸易自由化便利化这一核心，建设国际商贸城、保税港区、双江湖科教园区和都市新区合作建设区四大重点板块，实施空间区域、管理体制和开发模式、规划布局、资源要素配置、政策五大创新。从试点向试验区的转变和深化，其根本是高质量推动贸易和投资便利化、自由化，让义乌市场“多品种、多批次、小批量、拼箱组货、主体多元”的小商品出口更顺畅。作为“一带一路”重要的节点城市，义乌试点改革的意义已突破区域的界限，迈向一个“买全球、卖全球”的开放式、大众化的国际性贸易综合服务平台。从“点”升格到“区”，向国际自由贸易港迈进。

2019年，义乌进口市场孵化区正式开业，面积12万平方米，设立34个国家馆，汇集107个国家和地区的15万种源头商品。与阿里巴巴合作共建eWTP义乌全球创新中心，“市场采购+跨境电商”出口新模式走通，启用卢旺达数字贸易枢纽和埃塞俄比亚数字贸易枢纽。义乌商贸服务型物流枢纽列入首批国家物流枢纽建设名单，“义新欧”全年开行528列。进口冰鲜水产品、水果口岸投用，义乌机场成为国际卫生机场，入列浙江“四港”联盟。

2019年，快递业务量跃居全国第二，占全国的8%；设立浙江（义乌）境外并购产业合作园，成为全省首批境外并购产业合作园。“互联网+监管”工作得到总理李克强批示肯定，商事登记改革受国务院办公厅发文正面激励。2019年，义乌获批企业简易注销登记改革等国家级试点8个；获2019年度全面深化改革（“最多跑一次”改革）考评全省县（市、区）第一；在工信部研究院发布的2019中国县域营商环境百强县中，义乌名列第五位，获中国营商环境特色50强。

【义乌国际贸易综合改革试验区方案获批】 2019年1月4日，省委、省政府批复《义乌国际贸易综合改革试验区框架方案》（简称“方案”），决定以义乌全域联动金义都市新区等建设试验区。作为省政府派出机构，试验区管委会被赋予省级权限范围内改革开放最大自主权。方案明确试验区的总体要求、目标任务、创新举措、保障措施。根据方案，试验区规划总面积1283.77平方千米，范围包括义乌全域+金义都市新区（金东片）+多点；设立面积68平方千米的重点建设区，其中，义乌区块48.6平方千米，金义都市新区20平方千米。方案对试验区建设设定2个阶段的目标：至2020年，基本建成世界领先的国际小商品贸易中心，新业态、新模式、新技术、新组织形式集成集聚，先进制造业和现代服务业深度融合；至2035年，构建完善的现代商贸流通体系和国际贸易机制，实现贸易增长和动能提升、现代流通和先进制造、金融服务和实体经济良性循环，高水平建成“世界小商品之都”。

【义乌国际贸易综合改革试验区管委会揭牌成立】 2019年2月27日，义乌国际贸易综合改革试验区管委会（简称“管委会”）作为省政府派出机构揭牌成立。省委、省政府明确在省级权限范围内赋予义乌改革开放最大自主权，支持进行管理体制创新。管委会设立综合协调局、政策法规局，核定行政编制11人，主任由义乌市委书记兼任。对标自贸区，围绕大众贸易自由化便利化这一核心，建设国际商贸城、保税港区、双江湖科教园区和都市新区合作建设区四大重点板块，实施空间区域、管理体制和开发模式、规划布局、资源要素配置、政策五大创新，重点推进创新发展进口出口转口、探索数字贸易发展、高端制造发展、跨境金融贸易发展、区域合作发展等八大领域的突破。副省长朱从玖、金华市委书记陈龙共同为义乌国际贸易综合改革试验区管委会揭牌；义乌国际贸易综合改革试验区工作领导小组副组长高屹主持挂牌仪式；义乌国际贸易综合改革试验区工作领导小组副组长盛秋平宣读管委会成立批复文件；金华市领导、义乌市四套班子领导出席挂牌仪式。至年底，管委会公布首批权力清单135项。

（余俊峰　李玮钢）

【《义乌国际贸易综合改革试验区条例》正式实施】 2019年11月29日，《义乌国际贸易综合改革试验区条例》获浙江省十三届人大常委会第十五次会议经审议表决通过，2020年1月起正式实施。《义乌国际贸易综合改革试验区条例》共7章37条，内容涵盖管理体制、产业发展、贸易便利、金融服务和营商环境等方面，就赋予义乌试验区管委会省级权限、实行市场采购贸易方式、为外籍人员提供出入境便利等方面做出了明确规定。

【义乌改革创新案例在杭州发布】 2019年12月24日，义乌国际贸易综合改革试验区管委会在浙江杭州举行改革创新案例发布会，发布改革创新案例，人民日报社等新闻媒体参加发布会。在前期探索实践基础上，义乌总结形成创新案例100余项。发布会上，义乌市商务局、商城集团、市公安局、市市场发展委、市发改局依次介绍“市场采购贸易方式——让市场经营户没有难做的外贸生意”“聚焦‘进口+’贸易，从‘买全球、卖全球’到‘买卖全球’”“外籍商友卡，让外国人拥有‘市民’身份”“eWTP义乌全球创新中心——全球最大线下、线上市场的牵手”“‘六个一’打造营商环境义乌标杆”5项改革创新案例。开展改革以来，义乌在重要领域和关键环节大胆探索，先行先试，形成一批可复制推广经验成果，其中14项重要创新成果在全国复制推广。

（除署名外均由余俊峰撰稿）

十大改革

【概况】 2019年，义乌聚焦十大改革，吹响集结号，打造一流营商环境，共享改革开放发展成果。2019年，市委全面深化改革委员会研究改革议题232个，构建“18+2+6+X”营商环境评价指标体系，“互联网+监管”工作得到总理李克强批示肯定，全省现场会在义乌召开，义乌“一网通管”试点成为浙江统一行政执法监管平台建设蓝本；商事登记改革受国务院激励，4项工作获省政府激励。“义网通办”平台省定事项实现100%网办和“掌上办”。

（李玮钢）

【“最多跑一次”改革】 2019年3月22日，义乌试点招投标免保证金改革，对在镇（街道）交易平台招标的工程建设项目、在市级交易平台招标的500万元以下工程建设项目免收投标保证金，并在全市政府采购领域全面推行免收投标保证金。此经验做法入选义乌市、金华市和省“三服务”十佳案例。3月26日，义乌市行政服务中心窗口实施“1+X”无差别全科受理模式，中心窗口数量由119个减少至72个，办件数提速96.3%。4月11日，实施商位转让全流程“一件事”改革，转让双方只需在窗口提交一套材料，即可一次性办结商位转让、税务完税和注销、营业执照注销手续，市场经营户办理商位转让全流程从10个工作日跑3处，变为5个工作日跑1

处。8月5日，义乌市召开推进政务服务事项“钉钉代办代跑”工作现场会，在全市推行政务服务“钉钉代跑代办”模式，全市731名代办员奔跑在乡镇农村一线，全年完成线上代办事项3.27万件，此经验做法被省委改革办《竞跑者》刊发。11月28日，“2019智慧中国年会”公布第二届中国营商环境特色50强评选结果，义乌成功入选；同时义乌市行政服务中心获营商环境协同力奖前十强。至12月底，办事群众从日均9000余人次，下降至2000人次。向镇（街道）延伸民生事项357项，实现率达92.7%。社保、公积金等192项民生事项进一步延伸到银行和邮政网点办理。依托“钉钉”软件搭建镇村两级代办平台，组建覆盖全市544个村社的代办员队伍，至年底，办结民生事项1.43万件。

（刘　岱）

【贸易便利化改革】 2019年，义乌实施贸易自由化便利改革，进口市场孵化区开业，“保税+”业务模式孵化初见成效，80%以上商品办单周期从1～2天缩短至1小时以内，97.5%以上法检商品实现集中审单、快速出单，时长不超过10分钟；企业缴税期限从15天延迟至最低65天，为企业缓税1亿元。推进跨境结算便利化，率先开展个人跨境贸易人民币结算和个人贸易外汇管理改革，先行先试境外采购商外汇结算账户、互联网自助结汇等8条政策措施，资金结算便利化程度不断提升。至年底，开立境外采购商个人结算账户1233户，累计办理业务6.98亿美元；依托平台办理贸易结汇业务43.14万笔，147.79亿美元，其中自助结汇41.64万笔，137.95亿美元，占义乌全市个人结汇82.95%。

【跨境电商综合实验区建设】 2018年7月13日，义乌市获批跨境电子商务综合试验区，按照“不等不靠、先干起来”的原则，贯彻落实《国务院关于同意在北京等22个城市设立跨境电子商务综合试验区的批复》，加快义乌跨境电商综试区的建设。2019年8月8日，省商务厅下发《关于在余杭区等26个县（市、区）开展第二批产业集群跨境电子商务发展试点的通知》，确定义乌市饰品产业集群等34个产业集群为全省第二批产业集群跨境电子商务发展试点。8月27日，印发《中国（义乌）跨境电子商务综合试验区跨境电子商务进出口数据认证与管理办法（试行）》。2019年，义乌实现跨境电子商务交易额753.98亿元，同比增长15.16%，其中跨境网络零售交易额297.84亿元，同比增长17.37%。义乌国际邮件互换局出口7600万票，同比增长34%；进口16.24万票，同比增长18.9%。个人物品出口量日均21万票，单日最高峰值38.57万票，平均提速1.53天，出境目的国覆盖全球127个国家和地区。义乌位居深圳之后，位列全国外贸网商密度最高城市第二。至2019年年底，全市在各类平台的跨境电子商务账户数14万余个；跨境电商带动2000余家生产企业和3.7万余家市场经营户为其提供产品和服务，提供工作岗位5.8万个，有力地推动“大众创业、万众创新”的战略实施。

（黄洁淼）

【市场发展体制改革】 2019年8月1日，成立浙江（义乌）国家标准技术审评中心（全国2个分中心之一），同日，发布全国首个“标准城市”建设规划。11月12日，义乌获批全省首个县级市地方标准制定权限和商标权质押登记受理点。至年底，累计发布“浙江制造”标准614项，知识产权快速维权中心办理商标申请、版权登记申请、外观设计专利预审等9000余件，实现注册商标专用权质权“家门口”登记申请。市场集团出台《资源要素市场化配置改革指导意见》，办公用品、化妆品行业商位完成分级评定，并在国际家居城一区、国际商贸城三区4600余个商位开展试点评价工作。“义乌好货”商业模式正式对外发布，组建核心供应商队伍1100家，构建去渠道中心化的供应链创新生态。推进标准进市场，袜类行业和毛绒玩具行业90%以上主体完成亮标。

【金融专项改革】 2019年7月10日，浙江省金融改革工作领导小组办公室印发《义乌国际贸易综合改革试点金融专项改革2019年工作要点》，从深挖金改潜力、深化人民币跨境结算、提高金融服务水平、提供差异化金融服务等9个方面保障试验区建设。针对企业融资难、融资贵，设立1亿元进口产业增信基金，10亿元关税保证保险授信，100亿元规模的义创投基金。搭建数字贸易金融服务平台，建立集政策服务、办事指南、存贷款产品为一体的“金融超市”，至年底，28家银行163个产品入驻义乌。

【土地制度改革】 2019年1月，义乌市在全省率先尝试宅基地跨村、跨镇（街道）安置，整备宅基地1668.5间，安置1048.5间，安置农户357户，盘活农村宅基地价值3.68亿元，为农户增收2.5亿元。12月，市自然资源和规划局完成义乌市国土空间规划和试验区总体规划的初步方案。同时，完成“多规合一”村庄规划编制100个。12月，编制完成《义乌国际贸易综合改革试验区产业规划》，拓展发展空间，完成345个重点项目的土地规划局部修改733公顷，新增建设用地指标583.67公顷，调剂耕地占补指标472.73公顷。至年底，完成土地出让344宗，出让成交307.36亿元；消化历年批而未供土地337.44公顷；盘活存量建设用地179.06公顷；集地券完成立项134.41公顷，完成验收87.21公顷。

【社会信用体系】 2019年，义乌市搭建公共、金融、商务三大信用库，建成涵盖60个政府部门和101家金融机构，覆盖65万户市场主体和240万个人计4.2亿条数据的“信用一张网”。将信用与“一网通办”“一网通管”“一网通服”等“一网通”系列平台全环节打通，嵌入23个业务系统的1757个办事事项。构建法人和个人五维信用评价模型。推动信用全领域通享应用，实施“30个拳头性项目+70个常规性项目”的百项信用应用。至年底，累计核查信用369万次，信用红利惠及29.7万人次。

【国资国企改革】 2019年，义乌国资国企改革推向纵深，现代企业制度和市场化经营机制逐步完善。按照政企分开、管办分离、市场化运作的要求，推进政府投融资体制改革，构筑公共项目建设新模式，完成国有资本运营中心、商城集团、市场集团、陆港集团、城投集团、交投集团、社投集团、水务集团和恒风集团重组整合，形成“一中心八集团”国资国企新布局。探索国有资本授权经营体制改革，给企业赋权赋能。商城集团加快向国际贸易综合服务商转型，新增进口贸易、供应链、仓储、国际拓展四大业务板块。

【机构改革】 2019年1月19日，义乌实施机构改革，设置党政机构38个，减少正科级机构2个、副科级机构1个，涉及调整各类编制809人；优化市政府派出机构设置，设立市场发展委员会。3月27日，中共义乌市委印发《义乌市正反双向激励干部担当作为“双十条”（试行）》，探索试行领导干部“下”的12分制动态管理机制。23名来自省直机关和高校的第二批“新百人计划”干部人才到义乌开展为期2年的挂职，为义乌国际贸易综合改革试验区建设提供人才支撑。

【综合配套改革】 2019年4月23日，市政府下发《义乌市深化农村集体产权制度改革试点工作推进实施方案》等相关制度，开展农村集体产权制度改革试点。完成全市农村集体资产清产核资，建立农村集体资产数据库，全市行政村集体年经营性收入达10万元以上。8月，为进一步优化涉外营商环境，市公安局、市出入境管理局贯彻落实国家移民管理局关于移民和出入境便利12条政策，为在义乌外商提供停留居留便利，为1980名外商签发2～5年期不等的居留许可证。为让外商在义乌拥有“市民”身份，为外籍人员发放商友卡19万余张。2019年，深化工业领域“亩均论英雄”改革，强化工业亩产效益评估结果应用，给予A、B1类企业城镇土地使用税减免9300万元。差别化增收D类企业电价849.88万元，水价80.51万元。

（除署名外均由余俊峰撰稿）

“一带一路”建设

【概况】 2019年，持续推进“一带一路”建设。完成捷克站商贸服务园建设，捷克站货运场、物流园建成投用，被评为省级境外经贸合作区和公共海外仓，浙江丝路中心（商贸服务园）投用。推动迪拜站项目建设，迪拜站完成项目选址、方案设计及可行性研究报告；商城集团与迪拜环球港务集团正式签署《合资与股东协议》。至年底，项目完成国内审批备案，步入工程筹备及合资公司注册成立阶段。谋划推进非洲站项目，非洲站“eWTP义乌全球创新中心—卢旺达数字贸易枢纽”项目正式启用；11月下旬，商城集团与埃塞俄比亚科技部、阿里巴巴集团签署eWTP埃塞俄比亚项目《三方谅解备忘录》，共同打造多功能数字贸易枢纽（eHub）。

做大做强“义新欧”中欧班列，加快实现物流通道和贸易通道双拓宽。推进全省资源统筹，提出推进全省资源统筹建议方案，争取省商务厅支持，主动对接宁波、温州、金华等地市政府和商务部门，开通“义新欧”吉利号25列，与金华中亚班列形成差异化，错位发展的开行方案，先后开行“义新欧”温州号、诸暨号班列。深化阿里巴巴合作，国内首创“清单核放、汇总申报”，国内段全程阳光清关的方式，开通长三角地区首条跨境电商中欧班列——eWTP菜鸟号。加强班列运行服务保障，成立“义新欧”班列工作专班，对班列运行实施全环节跟踪、全过程分析、全链条服务，全力保障班列运行，全年开行528列，发运4.2万标箱，同比增长65%。

开展“一带一路”人文交流，搭建经贸交流合作平台。举办义乌中国进口商品博览会及博览会秋季展、中国电子商务博览会、“义博会”等国际性展会，吸引境内外采购商洽谈合作。举办世界城地组织亚太区2019年执行局会议暨“一带一路”国际城市经贸合作对话会，41个国家79个城市和组织代表到会，凝聚共识。启动实施2019第一期“义路同行——全球青年创业”培训活动，来自英国、西班牙、印尼、南非等25国38名学员参加活动。推进友城合作，先后与21个国家的32个城市建立友好关系。参与对外贸易活动，组织全国县级层面最大的采购团赴沪参加第二届上海进口博览会；在中国—中东欧国际博览会设置350平方米义乌馆，接待中东欧国家领导人斯洛文尼亚副总理、克罗地亚副总理，中外访客5000余人，获副总理胡春华高度评价。承办第三届中东欧青年“一带一路”义甬舟开放大通道技术科学论坛。

【“义新欧”中欧班列架起开放合作新桥梁】 2019年2月14日，2019年中国农历春节后首趟回程的“义新欧”中欧班列（义乌—马德里）满载着68个标箱的进口商品，横跨欧亚大陆1.3万余千米，抵达义乌西站。此趟班列为中国消费者带回轮胎、厨房用品、齿轮轴、婴幼儿用品、奶粉等物品。至2019年年底，“义新欧”班列开行数量突破500列，发运4万个标箱，同比增长63.2%，其中，去程443列，3.66万个标箱，同比增长75.9%；回程57列，3476个标箱，同比下降7.6%，重箱率100%。“义新欧”中欧班列是唯一由民营企业经营的中欧班列。2013年4月至2019年，“义新欧”班列每周发车2～3列，每列搭载40～50个集装箱，18天即可到达西班牙马德里。“中国制造”通过“义新欧”中欧班列运往欧亚，欧亚的特色产品通过“义新欧”运到义乌。“义新欧”中欧班列在沿线马德里、杜伊斯堡、伦敦和莫斯科设立4个分公司、8个海外仓，辐射34个国家，通过中欧班列，义乌逐步与沿线国家实现“政策沟通、道路联通、贸易畅通、货币流通和民心相通”。义乌建立与马德里、巴塞罗那等地区、城市全方位合作，举办中国（义乌）丝绸之路经济带城市国际论坛、中国北欧青年领军者论坛等一系列国际交流活动以及文化交流和民间外交活动100余场。

【“一带一路”服务机制和调解中心“落子”义乌】 2019年2月27日，由义乌市人民政府、中非民间商会主办的中非民间商会三届五次会长会议暨义乌投资贸易环境推介会在义乌香格里拉大酒店举行。会上，北京融商“一带一路”法律与商事服务中心与中非民间商会、浙江中国小商品城集团股份有限公司签订合作协议，共同推动设立“一带一路”服务机制义乌办公室和“一带一路”国际商事调解中心义乌调解室。“一带一路”服务机制义乌办公室借助其海内外咨询、法律、会计、金融、科技、企业、商协会等社会组织及政府机构的网络优势，为义乌市企业参与“一带一路”建设助力。同时，“一带一路”国际商事调解中心义乌调解室将为“走出去”的相关企业参加“一带一路”建设提供保障，使企业能够防范风险，并推行“和为贵”的东方理念化解国际商事纠纷。

【“义新欧”班列恢复运邮】 2019年3月18日，杭州海关所属义乌海关监管放行一批通过“义新欧”中欧班列运往西班牙等国的邮包，此批邮包计5.1万件。5月3日，362件邮件通过“义新欧”中欧班列运至波兰，“义新欧”中欧班列正式恢复运邮。“义新欧”中欧班列自2018年实现常态化运邮后，对义乌和周边地区的跨境电商产生巨大的带动效应，推动义乌加快建设跨境电商综试区。2018年11—12月，阿拉山口、多斯特克口岸遭遇恶劣天气影响，结合“义新欧”平台公司关于出境口岸调整通知，2018年12月20日起，调整所有西行班列的出境口岸为霍尔果斯，“义新欧”班列铁路运邮暂停发运。2019年恢复中欧班列（“义新欧”）常态化运邮。计划每周至少发运1班，寄达国有波兰、西班牙、荷兰、英国、意大利、瑞典、比利时、法国、捷克、德国、挪威、白俄罗斯、瑞士、斯洛伐克、芬兰、立陶宛、丹麦、爱尔兰、葡萄牙、奥地利、乌克兰、拉脱维亚和匈牙利23个国家。

【“义新欧”吉利号首发】 2019年4月16日，运载整车全散装件及汽车零配件的“义新欧”中欧班列吉利号专列从义乌西站首发，同月30日，吉利号专列到达白俄罗斯若季诺车站。此次运行实现吉利白俄罗斯工厂与宁波零配件加工厂点对点陆上运输，时间较海运缩短66.67%，极大提升吉利汽车在俄罗斯地区的竞争力。吉利号的常态化开行，给“义新欧”班列带来更多货流，至年底，“义新欧”吉利号开行39列3278标箱。

（潘俊成）

【首届“一带一路”艺术节】 2019年4月26日，为更好地响应国家“一带一路”倡议，由义乌市人民政府主办，市文化和广电旅游体育局承办的义乌市首届“一带一路”艺术节在市文化广场剧院启动，市长王健在艺术节启动仪式上致辞。艺术节上，表演中央民族乐团大型民族管弦乐音乐会《丝绸之路》、乌克兰国家芭蕾舞团经典舞剧《胡桃夹子》等大型节目，来自全球的顶尖艺术团队及200余名优秀艺术家带着音乐、舞蹈、戏剧等48个节目赴义乌演出8场，观众6000余人。“一带一路”艺术节是集国际性、经典性、艺术性、观赏性和互动性为一体的高水平艺术节，此后义乌将每年举办一届。

【“一带一路”国际城市经贸合作对话会】 2019年5月21—22日，由世界城地组织亚太区、中国人民对外友好协会、“一带一路”地方合作委员会主办，义乌市人民政府承办的世界城地组织亚太区2019年执行局会议暨“一带一路”国际城市经贸合作对话会在义乌幸福湖国际会议中心举行。来自41个国家79个城市和地方政府组织亚太区的360余名政商界代表及智库学者，围绕“共享贸易畅通机遇，促进城市共赢发展”主题进行探讨。会议发布促进“一带一路”国际经贸合作的义乌倡议，呼吁世界各国城市携手应对共同挑战，加强全球化背景下地方和城市经贸等领域合作，推动城市之间基础设施互联互通，促进人文交流与合作。其间，举行地方政府助推中小企业全球贸易发展、数字时代下的贸易合作与发展2个分论坛；举行世界城地组织亚太区“一带一路”主题电子期刊正式上线启动仪式。

（曹国强）

【“义新欧”发现之旅活动在西班牙举行】 2019年5月22—28日，由义乌市政府主办、义乌西班牙交流基金会承办的2019“义新欧”发现之旅活动在西班牙举行，来自西班牙经贸、文化和教育等领域的110余名代表参加活动。此次“义新欧”发现之旅活动于当地时间5月20日自西班牙启程，是自“义新欧”班列开通后，浙江省和义乌市与西班牙共同举办的一次全方位多层次的合作活动，义西双方在商贸、教育、文化等领域开展深入交流合作。5月23日，举行2019年义乌进口商品博览会西班牙主宾国活动启动仪式、西班牙美食节、特色产品义卖、“梦幻西班牙”文艺表演等活动。来自西班牙12个自治区的24家企业、19家华人企业参加博览会，9个大类200余种产品参展，现场成交额500余万元。西班牙阿拉贡自治区对外局与义乌市进口商会签署战略协议，并在义乌开设国内首个西班牙阿拉贡商品永久展销中心。同月24日，义乌工商职业技术学院西班牙研究中心成立，义乌工商职业技术学院和西班牙弗朗西斯科大学签署合作协议；西班牙马德里康普顿斯大学与中国科学院大学达成开展“义新欧”班列研究初步合作意向。

（潘俊成）

【“民心相通”文化班列】 2019年5月23日，由义乌市人民政府主办，义乌市文旅局、义乌市西班牙交流基金会承办的“西班牙之夜”专场文艺演出在市文化广场剧院举行。参与此次“西班牙之夜”演出的西班牙阿尔卡拉大学乐队、北部弗拉门戈表演团以及声动西班牙获奖选手Andrea均是当地艺术家。演出者作为2019“义新欧”发现之旅代表团的成员，从西班牙首都马德里出发，将热情、奔放、复古、典雅的西班牙文化魅力横跨过欧亚大陆带到了义乌。为自“义新欧”中欧班列开通后，第一次有高水平的西班牙艺术团队到义乌演出交流。“义新欧”中欧班列是一条物流通道，也是“一带一路”倡议下，推动中西两国人民群众“民心相通”的文化班列。此次发现之旅代表团由西班牙12个自治区共110人组成，围绕进出口、展会、高等教育合作、文化艺术交流、物流、足球、美食、浙商回归与转型等主题和内容，在浙江省杭州市与义乌市展开合作，是首次由西班牙政府官方合作机构、旅西侨界、文化界、教育界和商界等众多相关机构联合参加的年度盛会。

【浙江组团考察“一带一路”捷克站】 2019年5月25日，省委书记车俊率领浙江代表团一行围绕运行好“义新欧”中欧班列，实地考察“一带一路”捷克站货运场、物流园、浙江丝路中心等项目。在捷克期间，与捷克总统泽曼会见，泽曼总统就加快推进“一带一路”捷克站建设、深化“义新欧”班列运营等表示支持，商定共同建立对接委员会，进一步加强沟通、密切协作。与捷克总统中国事务代表、捷中友协主席雅罗斯拉夫·德沃吉克等进行深入洽谈，商定共同推进捷克站、捷克小镇等项目，积极谋划新项目；与捷克铁路公司有关负责人进行磋商，提出打造中欧班列枢纽的有关构想，得到捷方务实回应；与西班牙对外贸易与投资促进局、西班牙物流运输协会、西班牙铁路运输公司负责人、“义新欧”发现之旅代表等，就推动“义新欧”中欧班列高质量发展进行深入交流；“义新欧”运营方义乌市天盟实业投资有限公司与班列客户签署有关采购协议。义乌代表团出席浙江（宁波）—捷克经贸科技合作交流会，捷克站与纵腾网络、国贸云商等合作项目，商城集团与捷克老博客啤酒厂采购协议、与水晶厂商合作协议等在交流会上签约。商城集团与德国有关企业和商协会、西班牙阿拉贡对外局、西班牙及马德里有关商协会就入驻进口馆、国际商协会大厦等签署合作协议。访问期间，义乌代表团分别拜访中国有关驻外机构。中国驻捷克大使张建敏、驻德国大使馆公使张军辉、驻西班牙大使馆公使姚飞等，走访浙商义商代表。

【《万里新丝路——“义新欧”发展历程纪实》首发仪式】 2019年5月27日，由中国科普作家协会会员、中国摄影家协会会员王建明创作的《万里新丝路——“义新欧”发展历程纪实》资料捐赠暨首发仪式在义乌市档案馆举行。《万里新丝路——“义新欧”发展历程纪实》以图文并茂的形式，详细介绍“义新欧”中欧班列曲折发展历程。多角度、全方位讲述以“义新欧”中欧班列为代表的“钢铁驼队”弘扬丝路精神的传奇故事，记录探索者冯旭斌等人敢于奋勇争先的事迹，反映海关、铁路、口岸管理部门的创新担当精神，真实展示义乌至马德里、伦敦、布拉格等9条线路的历史场景和社会各界关心支持班列建设的感人事件。此书由义乌市档案馆、义乌市市场发展委员会主编，浙江摄影出版社出版。

【第二届“一带一路”中国（义乌）世界小商品创新驱动国际论坛】 2019年5月31日，由义乌工商职业技术学院、创意园共同主办的第二届“一带一路”中国（义乌）世界小商品创新驱动国际论坛在义乌国际商贸城四区举行，中国纺织服装教育学会会长，同济大学设计创意学院党委书记，华东理工大学艺术与设计研究所所长，浙江理工大学服装学院院长，浙江中国小商品城集团股份有限公司第四公司总经理等学者、嘉宾共100余人参加论坛。论坛主题为“时尚产业创新发展——对话与探索”，旨在通过搭建一个前瞻性的开放式思想平台，剖析“一带一路”战略背景下时尚产业发展的机遇，研究“日用时尚消费品产业”的消费脉络，解读“数据”视角下的时尚产业，探讨时尚产业设计应对之道、人才支撑体系建构、时尚产业生态系统打造。

（朱玉清）

【“一带一路”光电信息与数字经济沙龙】 2019年6月6日，浙江省数字经济创新活力评价暨乌克兰院士专家浙江行活动走进义乌，在义乌光源科技小镇分会场举办“一带一路”光电信息与数字经济沙龙。沙龙现场，浙江工业大学义乌研究院执行院长钱佩忠为3名乌克兰院士颁发浙江工业大学义乌科学技术研究院院士专家工作站合作院士聘书。3名乌克兰院士分别分享激光读写控制系统、自动化控制系统、信息检索技术、文本挖掘技术等研究成果。在场的义乌大数据企业与光电企业等相关负责人就企业目前存在的数字经济方面的需求和技术难题与院士专家们进行探讨研究。在义乌期间，3名院士与专家们考察爱旭太阳能与华灿光电2家太阳能光电企业，参观企业的生产车间和展厅，与企业家交流相关技术。

【搭建经贸合作交流平台】 2019年6月8—12日，在中国—中东欧国际博览会设置义乌馆，占地面积350平方米。义乌馆以“新丝路、新起点”为主题，重点展示“世界小商品之都”建设、“义新欧”班列、“一带一路”捷克站等内容，全方位、多角度、立体化展示义乌改革开放成果。6月9日，副总理胡春华巡视义乌展区并给予高度评价。展会期间，先后接待斯洛文尼亚副总理、克罗地亚副总理2名中东欧国家领导人，中外到访义乌馆客人5000余人。

（童俊男）

【签订eWTP战略合作】 2019年6月19日，义乌市人民政府与阿里巴巴集团在义乌市幸福湖国际会议中心签署eWTP战略合作协议。阿里巴巴集团CEO张勇，义乌市委书记林毅、市长王健出席签约仪式。双方将在国际贸易规则孵化创新、eWTP服务网络和智慧物流网络建设、金融服务创新、云计算和大数据、数字经济建设等方面开展深入合作，围绕“一带一路”倡议，打造高质量开放型经济，创新“互联网+实体市场”发展机制，共同推动全球贸易便利化自由化，先行先试eWTP新规则，积极应对国际贸易深层次的变革，推进数字贸易规则创新，携手共建“数字丝绸之路”。

（黄洁森）

【“一带一路”捷克站浙江丝路中心启用】 捷克当地时间2019年8月22日，“一带一路”捷克站浙江丝路中心正式启用。同日，为庆祝中捷建交70周年，“百年西泠·中国印”西泠印社布拉格特展开幕式及艺术创作交流活动在浙江丝路中心举行，中捷两地相关机构的领导和代表120余人出席开幕式。为“一带一路”捷克站启用后，首次与第三方合作举办境外文化交流活动，也是浙江丝路中心建成投用的首场活动。浙江丝路中心是“一带一路”捷克站建设的重要组成部分，是继货运场和物流园项目成功启用后的第三个项目。“一带一路”捷克站将在此打造中捷创业创新服务平台、会展和文化交流平台以及中国高端制造和欧洲优选商品展示与交易平台。义乌深度参与“一带一路”捷克站项目建设，主动谋划与捷克有关各方共商、共建、共享成果，打造中捷合作开放新平台。

（童俊男）

【中欧班列（义乌—列日）eWTP菜鸟号首发】 2019年10月9日，中欧班列（义乌—列日）eWTP菜鸟号首发运行。此班列主要装载家居用品、金属制品、橡胶

2019年10月9日，中欧班列（义乌—列日）菜鸟号首发

（黄庆斐　摄）

制品等小商品，82个标准箱计20.22万件，货值207万元。此批物品在义乌海关完成通关手续后，经阿拉山口转关出境，同月25日，抵达比利时列日车站，途经哈萨克斯坦、俄罗斯、白俄罗斯、波兰和德国5个国家，全程运行17天。

（何剑涯　黄洁淼）

【浙江大学“一带一路”国际医学院项目】 2019年10月24日，义乌市政府与浙江大学签订《关于浙江大学“一带一路”国际医学院建设合作协议》，双方致力于高质量服务“一带一路”国家倡议和长三角一体化发展战略，积极落实省委、省政府高等教育强省战略，建立起高水平的国际化医学教育体系，并在义乌建成全国一流的附属医院系统，构建“一带一路”沿线国家医学人才汇聚和培养的重要平台。至年底，项目完成建设方案拟定、项目建议书和开工许可的编制研究、项目的规划选址、用地范围村庄拆迁以及市校双方建设工作专班组建等工作。“一带一路”国际医学院规划坐落于双江湖科教园区，是科教园区又一标志性项目。

（何杭军）

【“义新欧”诸暨号首发】 2019年11月14日，在第五届世界浙商大会“一带一路”国际枢纽建设暨长三角中欧班列高峰论坛上，诸暨市人民政府与“义新欧”贸易服务集团签订合作意向书，在诸暨设立“义新欧”班列平台。同月28日，“义新欧”诸暨号中欧班列产品推介会在诸暨举办。12月16日，“义新欧”诸暨号从义乌西站发往莫斯科。此次运输的货物来自2家企业，其中，诸暨市兴越缝制设备有限公司的货物是一批小型绣花机。“义新欧”诸暨号首发后，将逐步常态化运行，打造成诸暨对外贸易的又一国际物流大通道，同时帮助诸暨企业不断开拓“一带一路”沿线国家和地区市场。

（童俊男）

【“义新欧”温州号首发】 2019年11月19日16点28分，“义新欧”温州号载着100个标箱温州出口货物的X8410次国际货物班列从义乌西站启程发往莫斯科。温州号的开通，是义乌市积极响应国家“一带一路”倡议，贯彻省委、省政府推进“义新欧+”模式建设的重要成果。义乌市推出对接班列短驳费用补助50%的政策，鼓励企业将零星集装箱通过公路短驳方式来对接“义新欧”班列。2019年1—10月，义乌市通过“义新欧”班列出口5.4亿元，按每个集装箱70万元货值估算，温州对接“义新欧”班列完成770个40标箱，折合18列运量。

【“一带一路”商务代表团到义乌对接】 2019年11月24—25日，由来自格林纳达、东帝汶、坦桑尼亚等35个国家和地区的100余名驻华大使及商务参赞、沿线国家商协会机构主要负责人组成的“一带一路”商务代表团到义乌考察。在义乌期间，代表团一行考察国际商贸城（一区）、国际商协会大厦、义乌中国进口商品城孵化区等地，结合考察所见所闻，畅谈对“一带一路”倡议的认同，表达今后与义乌在经贸、文化等领域全方位合作的意愿，就2019中国义乌进口商品博览会秋季展等项目进行推介对接。

【全国首个"一带一路"气象台成立】 2019年，为有效保障"义新欧"班列应对沿途多变气候，保障货物高品质顺利运达，在省气象部门支持下，组成省、市、县三级气象部门专家服务队，通过向2000余家物流企业收集班列沿线国家和国内沿线城市的气候信息，开发"义新欧"商贸物流气象服务系统，成立全国首个"一带一路"商贸气象台。此套系统能精准提供气象预报，并有针对性的建立高敏感商品的气象适宜模型，形成不同商品的气象适宜度指数、商品品质运输日历等特色产品。

（童俊男）

（除署名外均由陈金春撰稿）

十大标志性项目

【概况】 2019年，义乌市以十大标志性项目建设为龙头，以平台和项目为支撑，拉开12平方千米东大门、84平方千米西大门、65平方千米双江湖新区、40平方千米高铁新城和8.4平方千米城市绿肺、中心城区"东西南北中"大城市框架。国贸大道二期主线通车，机场路改造一、二阶段春节前主线通车。杭温高铁、金甬铁路、义乌站枢纽三大铁路项目开工。出台共建金义都市区十大举措，推广市场采购等政策。与浦江高速免费通行圈顺利贯通，成功从浦江、东阳引水。双江湖科教园区加快建设。双江水利枢纽试验工程开挖，中国计量大学现代科技学院主体结顶，北京协同创新研究院开工，复旦大学"一院三基地"、浙江大学"一带一路"医学院等5所院校签约；12万平方米的义乌进口商品城孵化区开业，规划总面积1.34平方千米的义乌综合保税区通过国家相关部门审查。全年完成投资262.3亿元，完成投资任务127%。建成投用重大项目39个。新开工项目131个，总投资920亿元；签约1亿元以上项目60个，总投资1187亿元；50亿元以上项目12个，为历年最多，为义乌市高质量发展提供有力支撑。

【转口贸易平台项目】 2019年，围绕"对标自贸区、干实试验区"要求，义乌市商贸服务业集聚区管委会开展进口转口贸易平台项目规划建设工作。设立义乌综保区，总用地面积22.49平方千米，主要由展示贸易区、口岸物流区、保税监管区、保税加工区、综合配套服务区5个功能区组成。其中，围网区域即保税监管区占地1.16平方千米。至年底，12万平方米的义乌进口商品城孵化区开业，规划总面积1.34平方千米的义乌综合保税区通过国家相关部门审查，圆通物流浙江总部项目、物流集散中心、妈妈商贸板块全面开工建设。

【义甬舟开放大通道建设项目】 义甬舟开放大通道建设项目，包括义甬舟陆海空联动、舟山江海联运、义乌国际贸易综合改革试验区以及文化交流、绿色生态等方面。以综合交通和现代物流为主线，以产业协同为支撑，以重大平台为依托，建设以"义新欧"、义甬舟、"一带一路"境外站为标志的开发大通道。共安排230个重大支撑性项目，规划建成投用捷克站货运场、物流园、浙江丝路中心（"一带一路"捷克站商贸服务园）。至2019年年底，"义新欧"班列开行528列，发运4.2万标箱，增长68.7%；"义新欧"温州号、诸暨号、eWTP菜鸟号相继首发，辐射欧亚大陆37个国家和地区；列入全省"四港"联动示范城市，义乌—宁波舟山港海铁联运班列实现"一天三班"常态化运行；义甬舟铁海联运发送6万标箱，增长32.7%。

【铁路枢纽互联互通项目】 义乌站枢纽项目是铁路义乌站房的相关配套工程，主要包括新建的铁路义乌站全高架站房、站前南广场、北侧配套、宗泽北路上跨、北站大道下穿等项目及即将建成的综合交通枢纽大楼。其中核心项目铁路义乌站全高架站房，是全国第一个在运行高铁上面实施的站房改造项目，总规模7.22万平方米，工程总投资19.4亿元。项目建成后场站规模11台26线，全省第二，仅次于杭州东站。2019年4月底，秦塘枢纽站主体工程完工。10月29日，金甬铁路（金华段）、杭温高铁一期（先行开工金华段）、义乌站枢纽建设项目在铁路义乌站北广场集中开工；金义东轨道交通工程义乌段加速建设，累计完成投资63.9亿元；义乌站枢纽项目建成投用后，有效改善义乌火车站候车环境；随着杭温高铁、金甬铁路、金义三四线、金义东轻轨的接入，与沪昆铁路、杭长高铁等6条铁路在义乌站枢纽实现互联互通，全力助推义乌打造成为全国铁路交通枢纽。

【双江湖科教园区项目】 双江湖科教园区项目规划范围6平方千米，重点发展高等教育、职业教育、科技研发、科技孵化，依托中国计量大学等学院专业特点，以标准特色小镇为目标，发展标准认证检测产业园，国家标准监测检验培训基地等。概算总投资2.43亿元，项目工期22个月。2019年，双江湖科教板块内，中国计量大学现代科技学院、中国科学院大学“一带一路”学院、复旦大学“一院三基地”等项目建设按照预定时间节点顺利推进，双江水利枢纽试验工程开挖，双江湖科教园区加快建设；中国计量大学现代科技学院主体结顶，北京协同创新研究院开工，复旦大学“一院三基地”、浙江大学“一带一路”医学院等5所院校签约；与中国港中旅集团签订佛堂省级旅游度假区全域旅游合作框架协议，打造全域旅游创新发展示范区。

【航空港项目】 2019年，义乌市继续加快机场扩建项目，优化环境建设现代空港，完善航线布局网络，将义乌机场打造成为浙中航空枢纽机场。在稳定现有航线的基础上，加密北京、广州、深圳、青岛、重庆、珠海、昆明、西安等国内重点城市的航线，开发、培育义乌至西北、东北等中远程国内城市的航线和有利于义乌对外开放的国际航线，开通季节性客源充裕的旅游航线和国际货运包机航线。同时合理利用市场营销等手段谋划培育新航线、重点航线，力争实现旅客吞吐量280万人次以上，开通国际国内航线30条以上，货邮吞吐量提升30%以上的目标。11月29日，义乌机场通过世界卫生组织专家组实地验收，获“国际卫生机场”称号，成为全国县级市首个、关检融合后首批、杭州海关关区内首个国际卫生机场。至年底，义乌机场旅客吞吐量突破200万人次，成功跨入中型机场行列；开通韩国和日本货运包机，新增加密国内外航线12条，连接25个国内外重要城市，通达城市、辐射范围达到历史最好水平。

【工业平台能级提升项目】 2019年，义乌以特色小镇和义乌“微谷”为载体，大力推进工业平台能级提升，按照“1+10+2+1+X”的小微企业创业园产业体系的顶层设计，推进小微企业园建设工作。计划新启动建设小微企业园40个，完成投用25个，开工建设足衣谷、印象美谷、机器人产业园和高创园等首批“微谷”。按照“对标自贸区、干实试验区”总要求，年内，全球排名前五位的光伏企业4家落户义乌信息光电高新区，晶科能源、天合光能、东方日升二期开工建设，晶澳项目签约，爱旭二期实现当年落地当年开工当年投产，吉利混动变速器、英伦整车二期开工建设，吉利动力研发中心和营运中心落户义乌。至年底，全市累计建成小微企业园59个，集聚小微企业2990家；新认定省级小微企业园39个，总数全省第一。

【现代物流枢纽项目】 以义东北、义西南两大物流平台为标志的现代物流枢纽项目是义乌“对标自贸区干实试验区”十大标志性项目之一。建设义西南、义东北两大物流平台是优化全市物流产业布局，实现“便捷、便宜”和物流企业“出城入园”的重要举措。义东北物流中心包括福田物流中心、廿三里物流中心2个区块。规划义东北物流中心建设成为“国内公路物流枢纽地、智能化商贸仓储基地、智慧物流企业集聚地”。2019年，深国际义乌智慧综合物流中心项目开工建设，义西南区块建设红狮二期分拣仓完成2～4层混凝土浇筑，圆通速递浙江总部运转中心完成二层混凝土浇筑，国内公路港二期、陆港保税仓、青口临时物流中心、义乌公学电力廊道改迁工程等项目开工建设，铁路口岸二期、京东义乌电商产业园、西毛店综合配套项目进场施工，义乌公学进入装修阶段，富港大道、龙海路、宝港路、求真路、祥瑞路、伏龙山路、物流园路等基础设施配套项目建设全面推进，青口物流中心、福田物流中心正式投用，物流“出城入园”进展顺利。全年，引进韵达小镇、快仓智能机器人小镇、国际商贸城供应链、云驿小镇跨境供应链、万达物流总部5个重大项目；国内公路港一期建成投用，为全国单体面积最大的物流枢纽项目。9月，商贸服务型物流枢纽入选首批国家物流枢纽，云驿小镇入选第五批省级特色小镇创建名单。

【城市功能提升项目】 2019年，义乌各部门合力开展以有机更新和重大民生基础设施为标志的城市功能提升项目，各个项目按照年初计划有序推进。全市全年共安排综合交通建设项目39个，其中，新建9个，续建14个，前期16个，计划完成综合交通类投资70亿元。随着义乌绕城高速的全线贯通，280平方千米的主城区框架正式拉开，交通重点工程建成投用；隧道、综合管廊、轻轨三合一共建的明挖城市地下交通工程——商城大道下穿工程稳步推进。至年底，完成老城区有机更新第一个3年计划，建成仓后区块、湖大塘01区块回迁房，启动第二轮有机更新三年计划。开发义乌“东大门”区块，面积12平方千米；国贸大道二期主线通车，机场路改造一、二阶段春节前主线通车。老城区地下环路、县前街南延工程开工建设，幸福湖城市绿肺10千米绿色廊道投入使用，儿童公园开园，义乌大剧院进场施工，成功从浦江、东阳引水；“百园工程”建成23所，在建77所，新建、改扩建中小学34所，5.8万名小学生享受托管服务。

【乡村振兴项目】 2019年，义乌以创建省部共建乡村振兴示范县、省级美丽乡村建设示范县为目标，全力实施以十条精品线为标志的乡村振兴项目，高质量打造“中国众创乡村”。全市10条精品线上实施工程项目177个，国企累计投入资金4亿余元。至年底，10条精品线基础设施工程开工69个，对接招引各类农业招商项目71个，落地开工47个。在全国率先启动农业“标准地”改革，创新建立“一三五七”规则体系，全年完成农业“标准地”项目232个，面积4586.67公顷，成功创建省级农产品质量安全放心县。开展星级和美乡村创建。全年创建一星级和美乡村154个，一星样板村51个，三星村27个；新增创建各类省级示范村10个，省级示范乡镇1个；创建A级景区村庄42个。谋划实施“消薄”项目107宗，投入使用63宗，产生收益2624万元，450个行政村集体年经营性收入全部达到10万元以上。

【创建新型智慧城市项目】 义乌“智慧商城”是以“智慧市场”“智慧物流”“智慧服务”为重点的智慧商贸应用体系，贯彻融会“大商城”“大数据”“大平台”，整合各方资源，以义乌小商品市场为中心，形成集贸易、物流、服务等智慧应用于一体的全方位服务模式，通过加快电子商务驱动义乌制造业和物流业的生态变革，推进义乌商贸形态全面转型升级。创建以城市大脑为标志的新型智慧城市，打造一体化在线政务服务（掌上办事）平台，实现100%网办、100%掌上办。构建征信综合信用平台，覆盖55万市场主体、230万个人，政务信息化基础设施建设国内领先。推进“雪亮工程”，完成互联网报警平台、网络版警用三维地理信息系统建设。2019年4月11日，浙中首个5G智慧园区馥元纪彩妆科技产业园落户义乌。至年底，完成城区通信铁塔的5G设备挂载升级改造500余个，布署5G基站200个，在国际商贸城、浙江大学医学院附属第四医院、义乌港、北下朱网红平台等区域开展5G应用试点。义乌智慧城市建设示范试点项目通过验收。

（陈金春）

上级领导考察义乌

【省政协主席葛慧君调研义乌绿色动力小镇】 2019年4月18日，省政协主席葛慧君在义乌绿色动力小镇调研。葛慧君实地考察义乌绿色动力小镇，了解小镇的运行情况；走访英伦新能源整车项目、义利动力总成项目等项目，仔细询问企业的生产经营状况，召开座谈会听取意见建议。葛慧君对绿色动力小镇的发展给予充分肯定，认为小镇的规划起点和产业层次比较高、动力足，短短4年，小镇拔地而起，发展欣欣向荣；营商环境就是生产力、竞争力，要继续优化营商环境，在优化硬环境的同时，更加注重优化营商软环境。

（李玮钢）

【省十二届人大常委会党组书记王辉忠调研侨资企业】 2019年5月23日，全国人大华侨委委员、省十二届人大常委会党组书记王辉忠率队到义乌走访调研在义乌部分侨资企业。到安诺优达基因科技有限公司，深入科技展厅、科技服务平台、医学检验中心，详细了解企业发展历程、创新成果、人才团队等情况，对企业拥有自主研发的领先基因组测序和生物信息学技术表示赞赏。在浙江蓝宇数码科技有限公司，进入印刷、研磨车间，详细询问企业生产经营状况，对蓝宇数码的发展表示肯定。指出，侨资企业家要发挥各自专业领域的造诣和优势，做强做精主业，不断开拓进取；要坚守初心，强化研发能力，不断探索创新转型新出路，为经济社会高质量发展作出新贡献。

（陈金春）

【副省长彭佳学到义乌调研“污水零直排区”等建设情况】 2019年7月3—4日，副省长彭佳学到义乌调研“污水零直排区”建设、城镇生活垃圾分类、农村宅基地制度改革等工作。先后到后宅街道启航工业区、福田街道长春社区、江东街道临江社区、浙江思源丝网印刷小微产业园区、稠江污水处理厂等地，详细了解义乌“污水零直排区”建设情况，现场打开隔油池、雨水和污水井盖仔细查看。在水务集团排水公司，查看义乌“智慧排水”综合管控平台建设情况，对义乌“污水零直排区”建设及智慧治水工作给予充分肯定。调研中，彭佳学专程前往北苑街道望湖家园小区，实地查看小区生活垃圾分类情况；在义亭镇早溪塘村，观看展板、听汇报，详细了解义乌农村宅基地制度改革做法、进展、成效，并就改革过程中涉及的土地流转、村集体经济发展、规划建设等问题与基层干部深入交流。

（陈金春）

【国家市场监管总局局长肖亚庆调研义乌市场监管情况】 2019年7月20日，国家市场监管总局局长肖亚庆到义乌调研市场监管情况。在北苑市场监管所考察商事制度改革推进情况，现场观摩“互联网+监管”操作演示，充分肯定义乌市场监管领域“最多跑一次”改革成果，为基层所打出的“满意的告诉朋友，不满意告诉所长”口号点赞。到国际商贸城，考察市场信用分类监管、标准化推进等情况，到市知识产权维权服务中心了解知识产权服务和保护情况，到市场监管局考察食品检测实验室等的建设情况，并走访看望基层市场监管干部。肖亚庆在调研中指出，义乌市场监管部门坚持改革创新，探索出不少经验和模式。市场没有边界，实践还在发展；希望大家继续秉持改革创新精神，推出更多好案例、好成果、好经验。

（李玮钢）

【省委书记、省长调研义乌生猪产业】 2019年9月9日，省委书记车俊到义乌调研生猪产业情况。在义乌华统集团正康猪业有限公司察看生猪生产流程，对企业加大产业布局和养殖生态化、集约化、智能化、标准化表示赞赏，希望充分发挥龙头示范作用，带动更多企业加快畜牧业转型升级，为提高浙江省猪肉自给率作出贡献。举行座谈会，听取省农业农村厅、省市场监管局等单位相关负责人情况汇报，对浙江省稳定生猪生产、保障市场供应表示肯定，要求越是情况特殊，政府部门与养殖企业、商贸流通企业越要相互配合、积极有为，确保市场供应，千方百计满足群众需求。

12月3日，省长袁家军到义乌调研，在义乌华统集团正康(义乌)猪业有限公司，袁家军察看生猪生产流程，详细了解疫情防控、粪污处理、市场销售等情况。指出，保障猪肉供应是最基本的民生，事关群众切身利益，事关社会大局稳定。要持续稳定生猪生产，千方百计做好“两节”猪肉保供稳价工作，确保困难群众基本生活；加大对龙头骨干企业的支持力度，大力推进生猪标准化、绿色化、循环化、规模化、数字化、基地化养殖，加快促进生猪产业转型升级。

（李玮钢）

【副省长王双全到义乌调研综合行政执法改革工作】 2019年9月24日，省公安厅厅长王双全率省直相关部门负责人到义乌市调研综合行政执法改革工作。王双全认真了解2004—2019年义乌市综合行政执法改革工作，充分肯定义乌市综合行政执法改革工作的特色与亮点，认为义乌工作基础好、力度大、成效明显，同时发现基层综合行政执法改革中的一些具体问题，值得总结和思考。强调要按照走在前列的目标，坚持以问题为导向，扎实做好综合行政执法改革，不断提升行政执法水平，为全省综合行政执法改革工作创造“义乌经验”。走访市综合行政执法局佛堂大队，实地检查义乌火车站维稳安保工作，看望慰问一线执勤人员。

（陈全春）

【全国政协副主席苏辉调研义乌铁路口岸运营情况】 2019年10月10日，全国政协副主席苏辉到义乌调研。在义乌铁路口岸，苏辉详细了解“义新欧”中欧班列、义甬舟开放大通道建设、铁路口岸等运营及规划情况，现场观看装卸作业的过程。当得知义乌市2019年已完成海铁联运超9万标箱时，点赞义乌潜力很大，并对“义新欧”中欧班列及义乌口岸的发展前景给予肯定，希望义乌充分利用货源充足的优势，发挥“义新欧”中欧班列最大作用，更深度参与国家“一带一路”建设。到国际商贸城，与经营户亲切交流，仔细询问、了解商品销售价格、生产工艺技术等情况，对市场建设和企业发展都给予高度评价。当得知有台湾地区经营户在义乌经商、生活超过25年时，苏辉走进店铺，与台湾地区经营户握手交谈，关心其生产经营及在义乌生活情况，充分肯定义乌市在台商引进、服务台商等方面的工作。

（李玮钢）

【国家市场监督管理总局副局长甘霖到义乌调研市场监管工作】 2019年10月21—22日，国家市场监督管理总局副局长甘霖实地走访义乌信息光电高新区、北苑街道，调研义乌市市场监管工作。甘霖首先到华灿光电浙江有限公司，深入展厅、车间实地察看，与企业负责人面对面交谈，听取意见建议，详细了解企业生产发展、科技研发、市场拓展等情况。甘霖肯定企业在科技研发、知识产权保护、市场拓展等方面的成效；鼓励企业立足自身优势，找准市场定位，做好生产环节把关，不断加大科技研发、提高产品质量；要求地方市场监管部门发挥市场监管职能优势，助力企业走得更好更远。在北苑市场监督管理所，与前来办事的市民及行政审批窗口工作人员交谈，现场观摩“互联网+监管”操作演示，详细了解基层市场监管工作开展情况及存在的困难和问题。调研后，甘霖充分肯定义乌市在市场监管领域推行“最多跑一次”改革取得的成效，为义乌市信用监管实践工作点赞。

（陈金春）

【国务院副秘书长李宝荣到义乌考察】 2019年10月24—25日，国务院副秘书长、国家机关事务管理局局长李宝荣到义乌考察。先后考察义乌国际商贸城一区、二区和五区市场，与经营户进行深入交流，在得知此经营户的老香樟木产品通过线上线下融合销售的模式销往世界各地时给予高度赞赏。在进口商品城“盟德”西班牙商品中心，详细了解中欧班列（义乌—马德里）的运行情况，以及西班牙商品在义乌市场的销售情况，对义乌积极开拓和引进“一带一路”沿线国家商品的做法予以充分肯定。到陈望道的故乡——城西街道分水塘村详细了解陈望道成长历程和革命生涯，察看当年翻译《共产党宣言》的柴房旧址，充分肯定分水塘村红色文化与美丽乡村建设有机结合的做法。

（陈金春）

媒体聚焦义乌

【概况】 2019年，义乌市围绕讲好“改革、开放、市场、文化、外国人”等故事，制定目标，把握大势、着眼大事、精心组织、精心策划。全年，接待新闻记者3600余人次；省级以上媒体刊（播）发义乌主题新闻报道4200篇（条），其中，《人民日报》（含海外版）69篇，新华社300篇（内参15篇），中央电视台134条（新闻联播16条、单条3条），《浙江日报》238篇（头版25篇），浙江卫视364条（浙江新闻联播131条）。

【聚焦“义乌国际贸易综合改革试验区”】 义乌国际贸易综合改革试验区动态深受中央级、省级主流媒体关注。2019年1月4日，省委、省政府正式批复设立义乌国际贸易综合改革试验区。2月26日，义乌国际贸易综合改革试验区正式挂牌。6月19日，eWTP全球创新中心落地义乌。新华社发表《国贸改革再出发义乌国际贸易综合改革试验区管委会挂牌》等重要文章；新华每日电讯发表《从一家企业落地需要五个领导批示说起》等重要文章；新闻联播播出《浙江义乌“最多跑一次”改革实现“无证明城市”》《承载人民期望，传递信息力量》等重要报道，点赞义乌先行先试改革成果；《浙江日报》刊发《高水平建设“世界小商品之都”——解读〈义乌国际贸易综合试验区框架方案〉》等深度评论文章。全国“两会”期间，主动与中央级、省级媒体联系对接，推出义乌国贸改革试验区精彩故事。新华社发表《开拓更加宽广的高质量发展前景——从全国两会看奋进中国的坚定步伐》，报道中肯定义乌不断扩大开放，与世界分享机遇的做法；中国国际电视台纪录频道（英文）播出《Foreign entrepreneurs on the Chinese business environment》义乌特别节目，以在义乌外商角度讲述中国经商环境的故事；《浙江日报》发表《三位代表聚焦跨境电商——热情拥抱竞争冷静修炼“硬核”》等“两会”特别报道。新华社、中央电视台、《浙江日报》等70余家重点媒体到会报道；形成新闻稿件1308篇，新华社发表《eWTP全球创新中心落地义乌》通稿消息。中央电视台《中国财经报道》《中国新闻》陆续报道《世界电子贸易平台创新中心落地义乌》。《浙江日报》头版刊发《eWTP落子义乌》，专版刊发《eWTP全球创新中心落户义乌两个全球最大市场的“联姻”》，深度解析义乌与阿里巴巴合作为全球中小微企业带来新机遇；网络媒体文章4700余篇，“义乌美好生活”话题登微博热搜，“义乌大妈和阿里CEO对话”秒拍短视频点击量100余万次，形成浓厚的舆论氛围。打造“闯天下，回义乌”宣传品牌，做好“2019世界义乌人大会”新闻宣传工作，《人民日报》、新华社、《浙江日报》等40余家中央级、省级媒体应邀参加活动并发表一系列重要报道300篇;《浙江日报》刊发《刀刃向内自我革新 义乌打造最优营商环境》专版报道;新华社、中新社、新蓝网等主流媒体现场直播,其中新蓝网在线观看10余万人次;凤凰网开设专栏报道。

【聚焦义乌数字经济】 2019年4月16日,由浙江省经济和信息化厅、浙江省互联网信息办公室、浙江日报报业集团指导,浙江在线新闻网站、招商银行杭州分行联合主办,以“产业互联‘数’造未来”为主题的“2019浙江数字经济发展高峰论坛”在杭州举行。论坛旨在挖掘浙江省内在数字经济领域发展创新能力突出的优秀县(市、区)、优秀新锐企业,揭示数字经济未来图景,助推浙江经济数字化转型,助力国家数字经济示范省创建。论坛上,《2019浙江数字经济优秀案例选》首次发布,义乌市在基础设施建设、数字产业化、产业数字化、新业态新模式、政府与社会数字化发展等方面具有鲜明的特点和优势,入选《2019浙江数字经济优秀案例选》,为浙江省信息化和数字经济发展提供决策依据。

【聚焦党建促发展】 2019年,中央财经委员会办公室将义乌市场发展经验列入“不忘初心、牢记使命”主题教育案例,《人民日报》发表《“云端之市”打造“红色引擎”》重要文章,点赞义乌成立互联网行业党委。中央电视台《新闻联播》播出《在习近平新时代中国特色社会主义思想指引下——新时代新作为新篇章》,展现义乌以“最多跑一次”改革为抓手落实主题教育成果。人民网发表《义乌廿三里街道主题教育解难题件件有回声》,中新社推出《浙江义乌:“问题单”上写意见 “回音壁”里解难题》等重要文章。4月22日,《浙江日报》以2个整版的篇幅推出《真理的味道——追寻陈望道的足迹》《为建党助航,为革命发力——陈望道首译共产党宣言中文全译本的重大历史意义》理论文章,同步推出浙视频《真理的味道》,在全网、全市引发广泛转载转发和强烈反响。“浙江之声”到义乌开展“美丽乡村采风行走进义乌”活动,其中将陈望道故居作为重点采风点。9月,《浙江日报》刊发《我省各县(市、区)扎实开展第二批主题教育学思用贯通知信行合一》《义乌红色服务共同体助力市场转型升级经营遇瓶颈党员解难题》《义乌青岩刘网商党支部不断学习方式“网店第一村”初心永不忘》等重要文章,指出义乌创新学习做法,破解困难问题,以党建促发展,拓展外宣效应。

【聚焦义乌融入“一带一路”】 2019年4月,中央电视台新闻频道在第二届“一带一路”高峰论坛前夕2次直播《丝路新画卷·贸易畅通浙江义乌国际商贸城近在咫尺“买全球”》专题节目;大会宣传片里“国际商贸城、‘义新欧’中欧班列、‘一带一路’捷克站”等义乌元素在世界各国领导人面前展现;新华社参考消息刊发《“一带一路”双城记|义乌与马德里:丝路列车让“世界超市”直通欧洲》等文章;中央电视台英语频道制作播出“一带一路”专题访谈节目;《新华每日电讯》、中央中文国际频道《今日关注》《香港大公文汇报》《捷克文学报》、中国网中西双语短视频节目《彭瑞话中国》等国内外重要媒体均发表专题报道。《人民日报》刊发《引领外商融入社区,从“你们”变成“我们”义乌有群外籍志愿者》《中欧班列,为跨境电商插上翅膀》等重要文章,新华社重点栏目《习近平讲述的故事》微视频讲述阿拉伯商人在义乌创业故事,中央电视台新闻直播间播出《浙江义乌长三角首条跨境电商中欧班列开通》。《光明日报》刊发《“丝路电商”在比利时开启新通道——中欧班列义乌—列日菜鸟号抵比侧记》等重要文章,湖南卫视《“汉语桥”世界大学生中文比赛》节目在义乌录制。美国、俄罗斯、西班牙、韩国、巴基斯坦等10个国家的新闻媒体走进义乌,报道相关新闻稿件120篇;海外媒体原创、收录传播稿件330余篇,相关报道引发北美、西欧、南亚、东亚、东南亚及中东等国家和地区对义乌的关注。

(杨东明)

【国家级媒体聚焦义乌学校改革发展】 2019年,中央电视台3个栏目组及《中国教育报》记者先后到义乌工商职业技术学院,围绕学校办学特色、人才培养改革、服务地方经济发展等内容采访师生，深度报道学校改革发展举措与成效。5月24—26日，中央电视台《经济半小时》栏目组编导王岸卿一行3人到义乌工商职业技术学院，采访创意设计学院学生和教师在推动义乌文化创意产业发展方面的典型案例，到国际教育学院采访国际学生学习生活情况。5月27日—6月3日，中央电视台《新闻调查》栏目组编导冯健一行3人到义乌工商职业技术学院进行新闻采风，初选新闻报道主题和素材。6月6—8日，《中国教育报》记者禹跃昆、蒋亦丰到义乌调研学校办学情况，先后在义乌工商职业技术学院与创业学生代表、同悦社工师生代表举行座谈，走访创业园、创意园、宾王社区、青岩刘创业基地，了解同悦社工社会服务、学校服务义乌电商产业发展情况。6月12日，中央电视台《人物》栏目拍摄《义乌通史》节目组对创业学院教师王旭升工作室进行访拍，报道义乌工商职业技术学院“产教创三位一体”创业人才培养模式及助力义乌地方经济发展的有效举措。6月13—22日，《新闻调查》栏目组著名主持人柴璐、编导冯健等一行6人进驻义乌工商职业技术学院，围绕学校办学特色、人才培养改革举措、高职院校扩招等内容，开展为期10天的深度调研访谈。6月19日，《经济半小时》栏目以《义乌小商品转型记》为题报道义乌小商品的转型发展之路，其中较大篇幅报道学校办学特色、办学成效及服务地方发展等情况，中央电视台财经官方微信公众号以《在这里，随便一家店铺，年销售额都可能过亿！咋做到的》为题，用文字、图片、视频形式进行同步报道，阅读10万人次。

【《经济半小时》聚焦义乌小商品转型升级】 2019年6月19日，中央电视台财经频道《经济半小时》播出《义乌小商品转型纪》，聚焦义乌商户从追求廉价到追求创新的过程。报道中，《经济半小时》记者相继采访义乌文具制造商、国际商贸城卫浴商家、国际商贸城商户。创新设计是将产品向高附加值转型的决定性因素之一，成为义乌商户参与市场竞争的新砝码，每年在产品设计研发上的投入占到利润的25% ~ 30%，义乌生产的小商品逐步从廉价的中国制造升级为中国创造，逐渐进军国际中高端市场。随着“义新欧”货运班列、义甬舟开放大通道相继开通，快速报关、关税担保、金融保险等政策相继出台，义乌的进口量迅速扩大。根据义乌海关的数据统计，2019年1—4月，义乌市进出口总值841.7亿元，同比增长7.5%；其中，进口额22.5亿元，同比增长152.4%；出口额819.2亿元，同比增长5.9%。

【中央电视台《新闻联播》聚焦义乌改革发展】 2019年12月7日，中央电视台《新闻联播》头条《在习近平新时代中国特色社会主义思想指引下——新时代新作为新篇章》栏目，以《浙江义乌：改革成就全球贸易大平台》为题，以5分钟时长聚焦义乌改革发展。报道称，被誉为“世界小商品之都”的浙江义乌，锐意改革，转型突破，从一个靠着纽扣皮筋等小物件起家的小商品市场，成为中国国际贸易综合改革丰硕成果的展示区。

【聚焦“义乌市场”】 2019年，中央电视台《新闻联播》播出《〈节日消费看变化〉年近年味浓市场消费旺》；中央电视台财经频道一季度特别节目《特色市场看经济》播出《一季度义乌小商品销售增长显著》《买全球货、卖全球货，义乌形成国际化新格局》等重要报道。《浙江日报》整版刊发《中国网店第一村如何炼成》《新生代算来务工人员调查》等调研文章。浙江卫视播出《新春招工蹲点日记》3篇系列报道；《解放日报》发表《义乌小商品浩如烟海》等调研文章，新华社发表《三阵“新风”吹进““世界超市”》，点赞义乌外贸新气象。中央电视台财经频道《经济半小时》栏目组3次到义乌蹲点拍摄，通过义乌进出口贸易窗口展现中国对外贸易的定力、韧性和潜力。新华社总社调研组6次到义乌调研，以义乌作为国情观察点，通过义乌市场变化反应全国乃至全球贸易变化。《新华每日电讯》到义乌调研，挖掘义乌样本，总结发展经验。《浙江日报》政治部实地走访义乌市场、海关等地，调研义乌市场改革发展现状和进展。

（除署名外均由陈金春撰稿）

聚焦乡村振兴

【概况】 2019年，义乌部署落实中共中央国务院印发的《乡村振兴战略规划（2018—2022年）》提出的各项重点任务。以城乡一体化发展为主线，以"中国众创乡村"为主题，将城市设计的理念延伸到美丽乡村建设，打造出一批精品村落、精品线路，带动乡村振兴。李祖村将创客文化融入田园乡梦，打造集休闲、娱乐、创作为一体的"后花园"；黄路村挖掘古法榨油传统工艺和文化，激活乡村振兴；钟村结合南江旅游资源优势，重点发展乡村旅游；马畈村在全域治理基础上，通过"生态+旅游"模式唤醒古村落新活力。通过深化农村土地制度改革，大力发展现代农业、农村休闲旅游和农村电子商务等，招引实施生态文化旅游等项目，乡村振兴纵深推进。2019年，全市新增一星级样板村51个、三星级和美乡村27个，首创农业"标准地"改革，获省长袁家军批示肯定。所有村集体经营性收入10万元以上，全国首创宅基地跨镇安置，引进超1亿元现代化农业项目16个，"国企+精品线"的乡村建设新模式成功入选首批国家新型城镇化综合试点经验。在全国率先启动农业"标准地"改革，深入推进全国农村集体产权制度、全国农村土地制度、全国农村改革试验区等改革试点；推动众创众筹，实施村集体经济"造血十法"，82个众筹村累计实现收入2亿余元。强化文化支撑、党建引领，获评浙江省首批农村文化礼堂建设先进县市区。义乌宅基地所产权、资格权、使用权"三权分置"被写入2008年中央一号文件。

【义乌入选部省共建乡村振兴示范省先行创建单位】 2019年4月19日，义乌市经部省两级专家评审等程序，被确定为首批6个市31个县（市、区）部省共建乡村振兴示范省先行创建单位。近年来，义乌围绕"中国众创乡村"的主题，全面形成市镇村三级书记齐抓乡村振兴的工作氛围，构建"七个一"星级和美乡村标准化创建体系，建立八大国企结对共建10条美丽乡村精品线的特色机制，招商引进一大批优质的现代化农业产业和乡村旅游项目；承担农村土地制度改革、农村集体产权制度改革等国字号涉农改革试点，激活了农民众创众筹发展集体经济的内生动力，走出了一条独具特色的城乡融合发展之路。2019年，城镇和农村居民人均收入分别达7.72万元和3.95万元，同比增长8.3%和8.6%，城乡居民收入比缩小为1.95∶1。

佛堂镇小六石村玻璃栈道吸引众多游客前来赏玩

（王凯2019年8月摄）

【共建乡村振兴示范省工作现场会在义乌召开】 2019年10月10—11日，部省共建乡村振兴示范省工作现场会在义乌市召开，为部省共建以来召开的第一次现场会。中华人民共和国农业农村部、省农业农村厅相关领导，全省列入首批先行创建单位的6个市、31个县的有关负责人，浙江大学等高校代表参加现场会。会议充分肯定前阶段浙江省示范省建设的工作成效，明确要以更加注重高效协同推进、加快实现农业农村现代化、进一步强化工作统筹、更好地总结提炼创建经验4个方面为重点，努力探索形成一批乡村振兴的典型路径模式、工作体系和政策体系，为全国乡村振兴提供典型样板。会上，义乌市、杭州市、衢州市等11个单位负责人做交流发言。其间，与会代表实地考察后宅街道李祖村、森山健康小镇、城西街道分水塘村和何斯路村。

【“三农”工作助推乡村振兴】 2019年12月30日，由市政协组织的“请你来协商——走进农村”活动在城西街道七一村举行，活动聚焦“三农”工作，助推乡村振兴。市领导林毅、喻新贵、朱有清，40余名政府部门、镇（街道）主要负责人，与市政协领导及100余名政协委员、社情民意联络员、村干部代表、农业生产经营户代表“零距离”交流，“面对面”协商。义乌有10条精品线，在精品线建设中，围绕“相关镇街、部门能否无中生有创造更多精品项目，市里在精品线的串联、策划包装、旅游推广方面有没有什么打算，在推动精品线与市场联动方面有没有什么举措，古村落保护、农民建房”等8个方面，政府相关部门主要负责人逐一回复并作出表态，林毅给出回复。

【变大山为生态大景区】 义乌市城西街道何斯路村全村总面积3.7平方千米，共有442户，常住人口1166人，以何姓族人居多。村庄布局呈北斗星状，是个土味十足的古旧山村，何斯路在乡村振兴的目标发展规划里有意保留部分典型的老房子，将屋内的土灶台、旧家什一并保存下来，房子保护得相对比较完整。凭借良好的生态环境和文化氛围，2008年，何斯路村全体村民投资500万元，变大山为生态大景区，培育长三角地区最大的熏衣草种植基地，面积8公顷。1株薰衣草形成1条集种植、加工和销售于一体的产业链，推动生态资源消费的体验化、品牌化。2011年，义乌薰衣草庄园正式开园，2015年，何斯路村注册与薰衣草相关的19个大类191个商品，开发生产出30余种以薰衣草为原料的商品。建成“龙溪香谷薰衣花园”，开发薰衣草衍生加工品，发展旅游配套设施，组建合作社、斯路何庄酒店、组织民宿。至2019年，何斯路村先后获“中国乡村旅游模范村”“国家生态文化村”“国家最美田园试点村”等荣誉。2019年，接待629批团队，实现集体收入3890万元。

何斯路村志成湖　　（城西街道办事处供图　2019年6月摄）

【“三权分置”促乡村振兴】 义乌市佛堂镇坑口村地处佛堂镇东部，位于南江江畔，属偏远小山村。全村共有4个自然村，户籍人口109户227人，其中农业户口203人。全村耕地面积5.67公顷。原村庄建设总用地面积1.93公顷，其中主村1.2公顷，3个自然村0.73公顷。由于村庄规模小、布局分散，以及地理环境、交通条件等因素的制约，村集体经济较为薄弱，村民年均人收入仅1万元，远低于全市3.3万元的平均水平。坑口村充分行使土地所有权，2016年，开展“多规融合”村庄发展一体化规划编制试点，将土地利用规划、新农村建设规划、林地保护规划、湿地保护规划、南江河道蓝线规划、交通规划、旅游规划、生态环境保护规划等“多规合一”，编制村庄发展一体化规划，优化土地资源在内的各类资源要素布局，将4个分散的自然村整合集中，建设成为和美乡村，在落地实施农村更新改造中，实行村庄建设用地总规模控制。由于坑口村更新改造不占用一分耕地，义乌市规定可以按人均120

平方米核定村庄建设用地规模，坑口村核定的总规模2.44公顷。除老村建设用地拆除重新利用外，政府安排1.2公顷新增建设用地。其他3个自然村0.73公顷建设用地则按规划进行还林复绿、复垦或发展集体产业。更新改造中除充分利用部分山坡地和废弃矿山用地外，按照规划实施生态环境恢复。村东侧有0.33公顷废弃矿山，结合废弃矿山治理，废弃矿山通过自然恢复形式变美变绿。开展宅基地使用权有偿选位，采取公开竞争方式进行宅基地使用权有偿选位，对地段好的宅基地由价高者得，为村基础设施建设筹集资金。加强村级民主管理，出台《义乌市农村土地民主管理暂行办法》，将编制村庄更新改造规划、宅基地分配使用、土地收益分配、耕地保护、违法用地管控等14项内容纳入村民主决策范畴，突出农村农民主体地位，规范农村土地民主管理决策程序，夯实农村土地基层管理基础。坑口村从宅基地改革起步，乡村振兴的活力和内生动力得以不断产生，28幢269间依山傍水、白墙黑瓦的浙派民房拔地而起。坑口村的美丽蜕变是义乌农村土地制度改革过程中结出的硕果，作为浙江省首个开展3项试点工作（农村宅基地制度改革、农村经营性建设用地入市和土地征收制度改革）的义乌先行先试的宅基地所有权、资格权、使用权“三权分置”被写入2018年中央一号文件。2019年，全市105个村完成和开展“多规合一”更新改造；76个村通过宅基地制度改革，摘掉了“经济薄弱村”帽子，乡村振兴的活力和内生动力得以不断产生。

【利用生态资源向全域整治转变】 李祖村隶属义乌市后宅街道，面积7万平方米，全村有户籍人口710人，流动人口35人，设5个村民小组。李祖村历史悠久，村庄东北边是浙中名胜德胜岩，北面是狮子岩，西边是古道戚宅岭，西南是高入云霄的天公山，东南是尖头岭；村口庙东塘水质清净，塘边3棵百年古树枝叶茂盛、终年常青。李祖村曾经是后宅街道落后村之一。由于地处偏僻，交通不便，信息闭塞，是远近闻名的贫困村，人们称之为“水牛角村”，意“要发展没希望”的村子。2017年，李祖村利用丰富生态资源优势，结合“美丽乡村+”精品村的开发，精心打造“香漫里”旅游观光项目，村两委班子带领全体村民，以国际创客村为IP定位，传承和发扬李祖悠久的商贸品牌，构筑成典雅古朴的江南园林村落，带动全体村民共同致富，引领义乌乡村振兴的浪潮。2018年10月14日，李祖国际创客村开门营业。2019年，李祖村完成居家养老中心、广场夜景灯光工程等11项工程，实现东山土地经营性上市，先后引进衔泥小筑、生机花园、弓道练箭场等21家创客，涵盖餐饮、文化、园艺等类生活服务，投资1亿元的宝芝林农旅项目落地开工。昔日的“水牛角村”，变得绿树成荫、风景如画，成了义乌村庄整治的新样板，环境优美的“明星村”。2017年，李祖村集体经济收入40万元；2018年收入97.92万元；2019年收入101.72万元。2019年10月1日假期间吸引客流15万人次。

（陈金春）

后宅街道李祖村村居　（后宅街道办事处供图　2019年6月摄）

新说义乌

传承义乌精神

【概况】 2019年，义乌开展诚信修身、诚信待人、诚信经商、正义从政的价值导向宣传，在全市域营造诚信之商、诚信之市、公平正义的良好态势。用党建引领文明和谐风尚，夯实新时代乡村治理基础，全年，打造五星级基础党组织102个，将党的政治优势化为发展优势。深入挖掘义乌传统“勤耕好学”文化精神，打响义乌“孝义”道德品牌。开展传承优秀的家风家训，实施优秀家风文化进学校、进家庭、进社区、进村庄、进企业“五进”工程。在全社会营造学习先进人物、宣传优秀家风、传承人文精神的良好氛围。

【义乌“诚信日”】 义乌市以获批全国首批社会信用体系建设示范城市为契机，全力打造“信用义乌”。2016年起，每年的1月9日被定为义乌“诚信日”，寓意“一言九鼎”。举办“诚信日”活动，发布年度信用大数据报告、守信红名单等，开展“信用宣传月”活动；推广信用互查，引导市场主体通过共享信用授权码查询对方信用信息；建立信用预警机制，动态监测企业和个人信用分变动情况，向42.1万人发送信用预警短信。以信用监管净化市场、提升市场，市场经营户违法率下降66.67%，客商满意率达97%。2017年8月起，义乌正式实施《义乌市个人信用管理办法》，将220万义乌常住人口纳入信用监管范围，为每个人制定一套信用分规则，为浙江首个个人信用领域的管理办法。2019年1月9日，义乌市信用办发布《义乌市民信用手册》。同日，教育系统各个学校开展“诚信日”活动。上溪小学组织开展“诚信义乌你我共读”主题阅读班会，共同阅读《义乌市民信用手册》，并介绍自己身边的诚信行为。孩子们纷纷签下《诚信承诺书》并集体宣誓，争做一名诚实守信的小学生，为信义义乌制作一张自己的明信片。

【弘扬志愿服务精神】 2019年4月27日，市工会“红五月”志愿服务启动仪式暨“树文明风尚建最美稠城”倡议活动在绣湖广场举行。“红五月”志愿服务活动，是全市工会组织弘扬志愿服务精神、积极投身全国文明城市创建的一项具体行动，也是落实党员干部“五（吾）带头”、践行“三服务”的重要载体。市总工会共有6支志愿者服务队，各镇（街道）工会也成立1～2支志愿者服务队。志愿者队伍中既有党员干部，也有普通群众；既有本地劳动者，也有外来建设者。无论来自哪里，无论从事哪个行业，志愿者们用自己的言行为建设更美义乌做出积极奉献。

【弘扬革命精神《信仰的味道》】 2019年6月30日，取材于陈望道翻译《共产党宣言》史实的少年理想信念教育绘本《信仰的味道》，在城西街道分水塘村望道故居举行新书首发仪式。绘本《信仰的味道》由甘肃少年儿童出版社出版，由创作同名文学作品的军旅作家伍正华执笔，屡获国内外殊荣的画家王本奎手绘。1920年4月，陈望道在分水塘村自家的小柴房里翻译《共产党宣言》第一个中文全译本，陈望道因潜心译书，吃粽子的时候，将墨汁当成红糖蘸着吃，非但浑然不觉，反而说“味道甜得很”。2012年11月，总书记习近平在参观《复兴之路》展览时，向中央政治局常委们讲述了这个故事，并深情而又意味深长地说“真理的味道非常甜”。陈望道故居，展示从陈望道当年翻译《共产党宣言》的柴房遗址，到深入了解陈望道的生平事迹以及《共产党宣言》首个中文译本诞生的故事；陈列馆的走道上，一张张黑白的相片、一份份发黄的文稿、一件件珍藏的藏品中，品读“信仰的味道”，陈望道故居已成为省级文物保护单位和爱国主义教育基地。2019年，望道信仰线的游客86万余人次，其中分水塘村接待参观16.5万人次，接待各单位集体宣誓、党课活动910余批次。

【继承和发扬谢高华精神】 2019年10月30日，为继承和发扬谢高华精神，勇于改革创新，敢于担当作为，努力高水平建设“国内知名、省内一流”高职院校，义乌工商职业技术学院举行谢高华先进事迹师生宣讲团成立仪式。谢高华生前同事、金华市人大常委会原副主任杨守春受聘为宣传团顾问并作谢高华先进事迹宣讲。义乌工商职业技术学院党委书记李昌祖和校领导班子成员、宣讲团全体成员、全体思政教师、师生代表等参加宣讲团成立活动宣讲团，首批讲师共25人，由5名思政教师、20名在校学生组成。宣讲团组织开展进班级、进社区、进市场、进企业“四进”公益宣讲活动，讲述谢高华精神。“改革先锋”“最美奋斗者”谢高华是中国改革开放宏大进程中的探路者、引领者之一，是领导干部的优秀代表、共产党人的杰出楷模。当前，义乌正处在对标自贸区、干实试验区，加快高质量发展的关键时期，站在新起点深入学习和弘扬谢高华的优秀品格，全面继承和发展老一辈留下的宝贵精神财富，不忘初心、牢记使命，深入践行党员干部“五（吾）带头”，以突击队的决心和姿态，争当改革者、奋进者、奔跑者，以实际行动为加快高质量高水平建成“世界小商品之都”作出更大贡献。除成立谢高华先进事迹宣讲团外，义乌工商职业技术学院通过编写谢高华先进事迹校本教材、精心制作谢高华先进事迹微课、开设1门谢高华先进事迹选修课、每年面向全校学生开展1次谢高华先进事迹宣讲等形式，弘扬谢高华精神。

（陈金春）

发展义乌经验

【概况】 义乌从“无中生有”到“无所不有”，不仅创造了全球最大小商品市场的奇迹，也成长为折射改革走向的“风向标”城市。义乌市在经济社会发展取得很大成就的同时，在许多方面创造了好的做法，积累了宝贵经验。2019年，义乌市场主体经营范围规范化试点工作、义乌信用承诺审批、信用分类监管、“六合一”联办机制、“互联网+监管”改革、农业“标准地”改革、“党建+电商”模式、医保办事经验等做法在全国、全省推广；义乌化商事制度改革成效获国务院通报表彰，义乌“涉企证照通办”被省政府列为经济体制重点领域改革典型经验全省推广；义乌市工业垃圾“五全制”治理模式，获省长袁家军批示肯定、全省推广。

【义乌“互联网＋监管”改革入选省改革创新最佳案例】 2019年3月13日，义乌“互联网+监管”改革案例成功入选2019年浙江省改革创新最佳实践案例。近年来，义乌深入贯彻落实国务院和省政府关于深化“放管服”改革有关部署，以“管”促“放”加快“互联网+监管”建设，进一步创新监管方式，强化事中、事后监管，持续优化营商环境、推动政府治理现代化。通过数据共享，打通部门与部门、审批与监管之间各类数据，全面归集32个部门248项数据3770余万条。通过梳理，32个部门共梳理分类监管事项1386项，形成检查表单1386张，实现监管内容的标准化。开发应用浙江省行政执法监管平台的掌上执法系统“浙政钉”，实现32个部门的

2323名监管执法人员统一使用“浙政钉”开展监管检查，日均检查2500余户次。在全省率先打通行政执法监管平台与镇（街道）4个平台，实现镇（街道）发现、部门处置的闭环。义乌自主开发应用信用监管和主体自治等模块，创新实施审管衔接、信用监管12分制，借助主体自治平台，鼓励市场主体开展信用修复，实现审批与监管、扣分与修复的闭环。至2019年年底，义乌6个部门共上线告知承诺管理事项13个，推送审批承诺办件1226件，在35个部门的122个事项中开展信用核查5.5万次。26个部门共产生监管记分记录5141次，累计2937家主体完成自律整改，累计修复主体信用记分2588.5分。

【“六证合一”联办机制在全省推广】 2019年，义乌推出“六合一”出生联办新机制。“六合一”出生联办机制，在“四证合一”基础上增加办理儿童预防接种证、申领生育补助金2项功能。在义乌落户的新生儿父母只需携带有效身份证，在医院即可直接完成“出生医学证明、出生户口落户、基本医疗保险参保、社会保障·市民卡、儿童预防接种证、生育补助金申领”6个事项的一站式办理，开启“一窗办、零次跑”时代，“多窗口办理、多部门跑腿”现象已成往事。通过出生联办机制的流程优化，办证效率得到显著提高，“六合一”完成时间由15个工作日缩短至3个工作日，办理率由50%提高至90%。2019年3月28日，浙江省医疗卫生服务领域“最多跑一次”工作推进会在杭州召开，义乌市“六合一”出生联办机制在会上做经验介绍，并作为2018年浙江省医疗卫生服务领域“最多跑一次”改革十佳案例之一受到表彰，其经验在全省推广。

【总结推广义乌农业“标准地”改革经验】 2019年3月，义乌市出台《义乌市农业标准地控制性指标和管理操作流程（试行）》，在全国率先开展农业“标准地”改革，引进新增7个地块，涉及农业“标准地”302.14公顷，其中，一类21.67公顷，二类167.27公顷，三类113.2公顷。完成存量认定67个地块，涉及农业“标准地”1926.67公顷。顶层设计，义乌创新建立农业“标准地”的“一三五七”规则体系；界定农业“标准地”定义，根据不同类型耕地农业生产管控要求，将农业“标准地”分为3类，设置“投入产出、设施装备、安全环保、面积年限、带动效益”五大控制性指标，为耕地投资利用设置刚性约束；制定调查评估、土地流转、招商引资、签约供地、服务保障、指导监管、奖惩激励7项管理操作流程，规范农业“标准地”项目事前评估、事中服务和事后监管程序。5月25—26日，金华市农村“标准地”改革推进会在义乌市召开，会议总结推广义乌农业“标准地”改革试点工作经验，与会人员实地考察佛堂镇龙溪村农业“标准地”，听取义乌市农业农村局、经营业主的相关情况介绍。

【开启“审批+监管+信用”无缝对接全省“先河”】 2019年，义乌致力推进“一网通管”项目，依托浙江省行政执法监管平台，对接义乌信用信息平台，上线审批告知承诺事项，将信用嵌入事项办理，实现“监管用信”“监管成信”，7月1日，开启“审批+监管+信用”无缝对接全省“先河”。首批上线事项涉及市行政执法局、市公安局、市文旅局、市人社局4个部门，包括经营性临时占用城市道路许可、经营劳务派遣业务许可等10个事项。至7月4日，各部门通过告知承诺审批流程共办件54个，执法平台接受核查任务54个，处置49个，处置率为90.74%，无一超期。

【义乌在全省率先实现全面免收履约保证金】 2019年7月2日，义乌正式取消政府采购领域履约保证金，在全省率先实现全面免收履约保证金。履约保证金的缴纳是为了在一定程度上对供应商及采购人形成约束并保障其权益。随着信用体系建设逐渐完善，供应商失信行为惩戒力度的加大，履约保证金的约束日益削弱。”履约保证金的缴纳不仅占用供应商企业的资金，收退的“时间差”还变相地增加供应商交易的时间和成本，且收退全流程监管难度大，存在资金被占用、挪用等风险隐患。市财政局结合“三服务”工作要求，在全面免收政府采购领域投标保证金的基础上，取消政府采购领域履约保证金，进一步优化营商环境，减轻企业制度性交易成本，促进中小企业发展。根据测算，若全年所有政府采购项目取消履约保证金，则可再为企业减少周转资金6000万元以上。至年底，为1000余家企业节省流动周转资金1亿元。

【省委书记车俊、省长袁家军向世界介绍义乌】 2019年7月14日，国务院新闻办公室在北京举行以“‘八八战略’再深化、改革开放再出发”为主题的庆祝中华人民共和国成立70周年浙江专场新闻发布会，来自境内外38家媒体的82位记者参会。省委书记车俊作主题发布并回答记者提问，省委副书记、省长袁家军回答有关提问。在发布会现场，媒体记者围绕浙江如何坚持丰富发展“八八战略”、全面落实长三角一体化发展国家战略、努力推动民营经济发展继续走在前列、高水平扩大开放特别是加强进出口贸易发展、积极参与和主动服务“一带一路”建设、大力推进数字经济“一号工程”和政府数字化转型、推动干部担当作为、深入践行“绿水青山就是金山银山”理念、深化“最多跑一次”改革等踊跃提问。车俊、袁家军用生动的例子、翔实的数据，一一作了回答。在向世界介绍浙江改革开放成就和未来发展时，义乌多次被省委书记、省长提起，这既是对义乌多年来坚持改革开放，在“八八战略”指引下砥砺前行的肯定，同样也是对义乌改革开放再出发，继续走在前列寄予了厚望。

【工业垃圾“五全制”管理做法全省推广】 2019年8月21日，义乌市人民政府办公室印发《义乌市镇街工业垃圾分拣中心建设工作方案》，推进镇（街道）工业垃圾分拣中心建设，义乌市工业垃圾“五全制”管理先进做法获省长袁家军批示：“报告很好，问题找得准，经验总结新，建议举措实。金华市工业垃圾治理治理‘三个五’机制应总结推广。请生态环境厅、经信厅组织研究提出实施计划，率先行动起来，全省推广。”

【义乌医保办事经验和做法全省推广】 2019年8月，省医保局主要领导对义乌医保的“最多跑一次”改革工作给予高度肯定，并专门下文推广义乌的做法。义乌市医保局坚持问题和效果导向，以“四个办”深入推进“最多跑一次”改革，日均办件量从改革前的500余件减少至91件；群众在窗口办事的等候时间从改革前的15分钟缩短至2分钟，实现即来即办“零等候”；医保办事窗口从改革前的18个缩减至3个，成为全省医保经办窗口最少、办事最便捷的县（市）。

【省长点赞“党建+电商”模式帮扶成果】 2019年10月10—12日，浙江省委书记车俊、四川省委书记彭清华考察浙江省与四川省东西部对口帮扶项目——义乌工商职业技术学院与阿坝师范学院共建的“汶川电商学院”，走访大学生电商创业园。彭清华对义乌高校帮扶工作表示感谢，车俊称赞义乌高校与阿坝师范学院共建的汶川电商学院项目做得好、做得实、有意义，鼓励义乌高校进一步做好帮扶工作。车俊指出，汶川电商学院项目帮助了农户、振兴了经济，充分体现了社会主义的优越性。义乌工商职业技术学院要全力支持汶川电商学院的专业建设、教育教学管理，为阿坝脱贫奔小康提供有力的智力支撑，努力把汶川电商学院项目打造成为浙川合作共赢的典范。

【为市场主体经营范围规范化提供义乌经验】 2019年11月12日，义乌受市场监督总局委托，会同杭州、宁波、舟山、桐庐等地开展市场主体经营范围规范化登记试点，先行先试，积极探索。试点开展以来，共登记规范化表述的营业执照1.11万本，为全省、全国全面推开经营范围规范化登记提供义乌经验。“义乌试点”致力于推进海关通关、商品检验检疫、税收政策、外汇管理政策、工商监管等各领域的全方位改革，大幅提高从义乌出口商品的效率，节约外贸经营成本，提高商品的可追溯性。同时，通过构建与国际贸易更相适应的行政管理体制和城市综合管理体系，使市场交易和对外贸易在一个更为有序、高效的行政和城市体系中进行，降低由于行政不匹配、运行效率低、城市环境差等问题所导致的交易成本。

【宣传推广义乌小微企业园建设模式】 2019年11月21—22日，全省存量用地改造建设小微企业园模式专题现场会在义乌召开，交流义乌存量用地改造模式，学习义乌在小微企业园建设工作中的创新举措和先进经验。会议由浙江省经济和信息化厅、义乌市人民政府主办，省经信厅副厅长岳阳、义乌市副市长贾文红、金华市经信局局长贾军晖及100余名来自于全省各地经信系统的代表和小微企业园代表参加会议。会上，贾文红全面介绍义乌高质量建设小微企业园的经验做法；后宅街道介绍镇街层面如何具体抓好小微企业园建设；凯创印刷包装产业园分享小微企业园建设经验。会议指出，义乌推动小微企业园建设提升和经济高质量发展，取得明显的成效，值得学习、宣传推广。

【全国推广义乌市信用承诺审批、信用分类监管做法】 2019年11月25—27日，全国信用工作现场会在义乌召开，与会人员现场观摩义乌市信用承诺审批、信用分类监管有关做法，义乌经验向全国推广。义乌是国家首批社会信用体系建设示范城市，通过打造覆盖所有市场主体和个人的信用一张网，将信用一张网与"一网通办""一网通管""一网通服"等"一网通"系列平台全环节打通嵌入，实现信用全生命周期管理，形成以信用为基础的新型审批监管机制。至11月底，义乌建成覆盖所有55万市场主体、230万个人，涵盖60个政府部门、101家金融机构共3.5亿条数据的信用一张网，在此基础上实现全主体信用评价，为信用在各领域深度应用提供支撑。

（陈全春）

物流、商事制度改革成效

【概况】 2019年，义乌市坚持将物流业作为推动市场转型升级的重要着力点和改革创新的突破口，开展物流资源要素差别化配置改革。以效益综合评价结果作为依据，在全国首创物流领域资源要素差别化配置改革，引导主城区95平方千米的国内物流企业入园集聚发展。通过国内物流企业效益综合评价，激励企业转型，倒逼行业升级，义乌物流业成为了支撑市场发展的基础性、战略性产业，6000家国内、国际快递及供应链等关联的物流经营单位为全市43万户市场主体、11.7万户电商主体提供高效便捷的物流服务，初步形成了通达全国、连接世界的铁公机、海网邮、"义新欧"、义甬舟、"新八路"综合物流体系。义乌市物流地位不断提升，先后入围国家现代物流创新发展城市、商贸型物流枢纽承载城市等国家级试点和规划。2019年，义乌被国务院评为深化商事制度改革显著地方。义乌借智借力，赋予主体办照"最优体验"。先行试点内、外资企业全程电子化登记，并在全省推开。打造"义网通办"网上政务服务平台，所有审批事项全部上线网办，发放全省首张通过手机APP办理的营业执照。至2018年年底，共办理公司开业网上办件达5.43万件，数量全省第一，网办率90%以上。2019年，义乌"涉企证照通办"被浙江省政府列为经济体制重点领域改革典型经验在全省推广。

（陈全春）

【义乌在全国首创物流领域资源要素差别化配置改革】 为加快推动义乌市物流业提升发展，义乌在全国首创物流领域资源要素差别化配置改革，以物流企业资源产出效益为核心，综合衡量企业发展质量和效益的评估机制，以效益综合评价结果为依据实施物流企业资源要素差别化配置，树立起物流行业优质业态和示范企业，倒逼资源产出效益低的物流企业转型升级或整合发展。2018年，市市场发展委组织对全市国内物流企业进行综合效益评价，并大规模整合入园。市政府常务会议和市委常委会先后对国内物流整合入园和效益综合评价工作进行研究。2018年9月，印发《义乌市国内物流整治提升和整合入园临时过渡工作方案》；同年11月，印发《关于开展物流企业效益综合评价推进资源要素差别化配置的实施意见（试行）》。2019年2月20日，召开国内物流企业整合入园暨效益综合评价工作动员大会，启动国内物流企业整合入园和效益综合评价工作，会上公布2019年整合入园的范围为环城北路—环城西路—环城南路—东义公路—江东连接线—310省道的合围区域（共95平方千米），包括江东货运市场。2月21—28日，全面开展企业信息申报。3月1日，市政府印发《义乌市2019年国内物流整合入园工作方案》，成立以市政府主要领导为组长，市委、市政府6名市领导为副组长，市相关部门和各镇（街道）负责人为成员的工作领导小组，确保工作落到实处。3月1—8日，实地开展企业信息核查。3月9—25日，抽调市税务局、市市场监管局、市公安局等职能部门工作人员集中办公，对企业纳税、注册、运营车辆等信息进行审核比对，其他相关职能部门提供企业行政处罚情况。4月3日，发布效益综合评价结果公告，评出A类企业11家，B类企业374家，C类企业337家，D类企业244家，卸货点405家。国内物流项目主体根据评价结果，4月15日前完成招商和入园企业安排工作。至2019年年底，国内公路港物流中心、青口物流中心、福田物流中心根据效益评价结果招商引进580余家物流企业入园经营。

（何　康）

【义乌被国务院评为深化商事制度改革成效显著地方】 2019年5月，国务院办公厅印发通报，公布2018年落实有关重大政策措施真抓实干成效明显地方，义乌获评深化商事制度改革成效显著地方。2013年，义乌在全省率先启动两轮商事登记改革，先后落地“先照后证”“放宽住所、一址多照”“注册资本认缴制”等项改革政策，8项举措走在全国前列；登记全省首家电子商务企业，先行先试，成效显著，为全国商事登记制度改革探路，得到总理李克强的关怀和肯定。“最多跑一次”改革以来，义乌先行先试“涉企证照通办”，被省政府列为经济体制重点领域改革典型经验全省推广，率先实现“无证明城市”，先行试点内、外资企业全程电子化登记，推行企业注销一网服务。便利的准入环境和优良的营商环境，极大激发了投资创业热情。2017年，义乌创新开展“义乌购”网络平台“虚实合一”登记，电子商务主体入驻“义乌购”平台可同步完成平台注册和市场主体注册，此模式与2019年正式实施的《中华人民共和国电子商务法》相关规定高度契合。随着创新红利不断释放，义乌电商主体一直保持高增长速度。至2019年5月，义乌在册市场主体数量突破50万户，新增10万户主体用时不足1年。

（金　婕）

“标准城市”建设

【概况】 2019年，义乌在全国率先启动“标准城市”建设，探索标准化助推城市高质量发展的实施路径，打造县域标准化改革创新的义乌样板。义乌市创建“全国质量强市示范城市”工作领导小组办公室印发《2019年质量强市建设行动计划》，将全年任务分为4个方面16项内容，明确全市质量工作重点，细化各部门任务，提出相应的推进举措，推动全市各部门和企业参与“标准城市”建设。编制对外发布国内首个将标准作为城市治理工具的专项建设规划《义乌标准城市建设规划（2019—2025年）》，为全国提供可复制、可推广的成功经验。启动4个平台、美丽乡村2个国家标准化试点建设，其他在建省级项目1个，市级项目22个。开展“标准进市场”工程，在袜类市场开展试点，1383户袜类市场经营户参与亮标，占总数的90%。利用“亮标+对标+提标+宣标”路径，推动市场经营主体知标用标能力。在营商环境建设领域，提出要坚持“刀刃向内”不松劲，推进政务公开、行政审批、基层党建等标准化工作，围绕贸易、投资、市场准入退出等服务，通过构建社会信用标准体系，高标准建设城市大数据中心，推动“一网通办”向“一网通管”“一网通服”有力延伸，用国际一流标准打造营商环境高地。在标准管理体制机制创新、标准引领高质量发展、标准支撑基本公共服务等方面大胆探索、大胆实践，为全国其他城市转型发展提供一条全新路径，为标准化模式创新提供了生动实践。2019年，制订国家标准26项，行业标准41项，浙江制造标准12项，新增企业产品标准自我申明公开1634项。

（陈金春）

【义乌获批设区市级同等地方标准管理权限】 2019年2月22日，浙江省市场监督管理局批复同意赋予义乌市市场监督管理局制定地方标准权限，负责义乌市地方标准的立项、审评、编号和批准发布等工作，义乌市地方标准的代号为DB330782/T。义乌成为全国首个拥有地方标准管理权限的县级市。7月15日，市府办印发《义乌地方标准管理办法》，至年底，累计发布义乌市地方标准7项。

（金　婕）

【标准进市场】 2019年3月，义乌市启动“标准进市场”工作，将企业标准自我声明公开制度从生产领域扩大到销售和流通领域，在标准实施和应用层面进行大胆探索。8月，实施“标准进市场”工程。市市场监管局通过走访、调研了解市场各行业的基本情况，与市场主办方、商城集团等部门对接商讨，联合出台《“标准进市场”工作实施方案》。用“亮标”反映市场标准建设情况，围绕“谁来亮、亮什么、怎么亮、怎么对标、提标”5个方面对“标准进市场”工作进行部署。在袜业开展试点，设立市场内部检验检测联络处，为经营户提供产品质量标准技术咨询，开展标准服务信息库的招标，收集饰品、服装、袜业、纺织、拉链、箱包等行业的国际、区域、国家等标准和技术法规，为市场经营户提供标准检索、查询、文本下载等服务。先后在国际商贸城开展标准、质量培训8场次，培训600余人次。参与指导小商品亮标标准与国际标准或国外先进标准的比对工作，引导有条件、有资质的经营企业开展标准研制。至年底，1383户市场经营户参与亮标，占袜类总数90%以上；制修订国家标准19项，行业标准17项，浙江制造标准19个；新增企业产品标准自我申明公开1545项。

（陈金春）

【义乌“标准城市”建设规划通过评审】 2019年5月31日，《义乌标准城市建设规划（2019—2025年）》《义乌标准城市建设三年行动计划（2019—2021年）》通过由中国标准化专家委员会专家组评审。规划以小商品质量提升为核心，以繁荣市场贸易和推动实体经济发展为关键，以营商环境、生态环境和居住环境优化为要素，提出涉及小商品质量提升、市场业态优化、实体经济高质量发展、营商环境建设、生态环境治理、宜居环境塑造、标准化能力提高7大领域的33个工程、89项任务。评审会上，专家从自身研究角度出发，提出诸多针对性意见建议。近年来，义乌市高度重视标准化工作，在国家市场监管总局、国家标准委及省市场监管局等各方支持下，全力实施标准化战略，加快以标准促进发展、驱动转型、引领未来。尤其是2017年以来，义乌市紧紧依托浙江省国家标准化综合改革试点，充分利用“省部合作”政策红利，在全国率先启动标准城市建设，至2019年，已获批国家技术标准创新基地、百城千业万企对标达标等试点。评审会要求义乌将“标准城市”建设规划融合在城市发展规划中，推动有效实施；突出重点，做好标准引领文章；重视落实实施配套方案，形成评价体系，创造“标准城市”义乌经验。

（陈金春）

【智慧医保标准化试点通过国家验收】 2019年7月25日，受国家标准化管理委员会委托，省市场监督管理局组织项目验收专家组对义乌承担的首个国家级社会管理和公共服务标准化试点——义乌市智慧医保标准化试点项目进行考核验收。经实地走访医保窗口、观看标准化宣传阵地、听取试点工作汇报、查阅标准体系和配套台账资料、询问标准落地实施情况等环节综合评估，义乌市智慧医保标准化试点以91.5分通过终期考核验收。实施标准化试点后，市医保窗口日均办件量由500余件减少至91件，群众等候时间由15分钟缩短至2分钟，医保办事窗口由18个缩减至3个，成为全省医保经办窗口最少的县（市）。

（金　婕）

海绵城市建设

【概况】 2019年，是义乌海绵城市建设的关键之年，义乌市切实转变城市建设理念，大力推进海绵城市建设。义乌市海绵城市项目包括稠江高压走廊海绵城市提升改造工程，江滨绿廊（主题二期）海绵城市提升改造工程，孝子祠广场（道德广场）海绵城市提升改造工程，城区公园绿地（梅湖）海绵城市提升改造工程。海绵城市改造设计参数年径流总量控制率达85%，设计降雨量29.7毫米，面源污染物削减率（以年SS总量去除率计）70%以上。

【海绵城市建设交流会】 2019年，是义乌海绵城市建设的关键之年，为切实转变城市建设理念，大力推进海绵城市建设，2月27日，市建设局结合“三服务”活动举办海绵城市建设交流会，邀请中国生态城市研究院环境工程所博士刘杨做海绵城市建设典型案例介绍及经验交流，全市各镇（街道）、国企平台建设线相关负责人共20余人参加交流会。会上，刘杨从海绵城市概念、政策、建设目标的解读出发，深入浅出地介绍海绵城市建设的主要思路。通过对宁波技师学院、姚江花园小区、谢家滨江景观带提升3个典型案例的介绍和分析，答疑解惑，指出海绵城市项目建设的关键点，避免陷入海绵城市认识和建设的误区。

【稠江高压走廊海绵城市提升改造工程】 2019年4月5日，稠江高压走廊海绵城市提升改造工程开工建设。项目位于正觉路和新科路高压走廊下，改造面积14万平方米，投资200万元。施工项目包括盲沟2530米，旱溪3420平方米，草皮8250平方米。

【江滨绿廊（主题二期）海绵城市提升改造工程】 2019年6月10日，江滨绿廊（主题二期）海绵城市提升改造工程开工建设，9月20日完工，位于义乌江滨绿廊主题二期公园内。改造面积6.67万平方米，投资200万元。施工项目包括植草沟1120米，透水沟568米，透水混泥土250平方米，雨水花园21处1414平方米，透水砖30.62平方米，停车场侧石和停车场改造684平方米。

【孝子祠广场（道德广场）海绵城市提升改造工程】 2019年9月18日，孝子祠广场（道德广场）海绵城市提升改造工程开工建设，改造面积3.68万平方米，投资300万元。施工项目包括街心绿地改造1200平方米，鸡毛换糖景墙1面，植草沟620米，石子透水沟568米，雨水花园3处314平方米，改造草皮麦冬3万平方米。

【城区公园绿地（梅湖）海绵城市提升改造工程】 2019年12月25日，城区公园绿地（梅湖）海绵城市提升改造工程开工建设，改造面积6.75万平方米，概算投资500万元。施工项目包括停车场海绵改造3150平方米，雨水花园952平方米，植草沟1560米，绿化面积2.5万平方米；种植乔木沙朴5株、梅花350株。园路1200平方米，廊架1座。

（朱鸿飞）

城市有机更新

【概况】 义乌以“无违建”创建为突破口，将城中村改造作为改善民生的使命担当强化谋篇布局，统筹拆改建用，取得显著成效。至2019年，义乌拆除违法建筑2788万平方米，完成“三改”（旧住宅区、旧厂区、城中村）5941万平方米。完成5.78平方千米老城区改造目标，实现10个大区块的和谐拆迁。城市有机更新带动城乡同步拆迁改造工作不断刷新签约速度，全年启动拆迁改造项目70个；累计完成城中村拆迁改造3.6万余户787万平方米，总量居全省县（市、区）最前列。市建设局在城市有机更新工作中，推出“补偿款延迟支付利息补贴”和“回迁房价款提前结清利息补贴”优惠政策，缓解征收项目的融资困难，为被征收人提供方便可靠的投资渠道。2019年，窗口共办理国有土地上安置凭证兑现251户1166张，安置凭证总面值7.1亿元，兑现9.4亿元；办理集聚区安置凭证兑现11户27张，凭证总面值1100万元，兑现1210万元；办理契税补助51户，累计补助552万元。

（陈金春　庞　涛）

【推进大区块征收】 下车门区块涉及2974户，建筑面积60.8万平方米，占地面积43公顷。2019年1月20日，市政府公布《下车门区块旧城区改建项目国有土地上房屋征收补偿方案（征

城市有机更新前的下车门区块 (黄庆斐2019年5月25日摄)

求意见稿)》；3月28日，公布征收决定；6月10日，启动签约工作；7月25日，完成签约，签约率达100%。秦塘区块涉及696户，建筑面积19.3万平方米，占地面积26公顷。11月30日，市政府公布红线范围(东至工人北路，南至宾王路，西至国贸大道，北至宗泽路)，第二批有机更新开启；12月24日，公布《秦塘区块旧城区改建项目国有土地上房屋征收补偿方案(征求意见稿)》。至年底，完成首轮城市有机更新占地191.8公顷，总建筑面积235.6万平方米。

(刘 岱 庞 涛)

【义乌成为浙江“无违建县(市、区)”】 2019年6月4日，浙江省公布第三批“无违建县(市、区)”和第四批“基本无违建县(市、区)”。经考核公示并报省委、省政府同意，义乌成为全省第三批“无违建县(市、区)”的6个县(市、区)之一。近年来，义乌贯彻落实省委、省政府和金华市委、市政府决策部署，按照“决不把违法建筑带入全面小康”要求，扎实做好“拆改、拆用、拆创”三篇文章，纵深推进“三改一拆”“无违建”创建，先后获省“三改一拆行动优秀县”“无违建创建先进市”“基本无违建市”等荣誉。2013年至2019年7月底，累计拆除违法建筑2749万平方米，完成旧住宅区、旧厂区、城中村改造5750万平方米；实施“拆违建绿”400公顷，建设生态停车场30余处，打造莲塘生态湿地公园等一批典型拆改项目。

(陈金春)

【完成零星区块收购】 2019年，市建设局配合各镇(街道)完成7个零星区块396户的收购工作。分别为江东街道机场路立交化改造工程(江东段)55户的收购、佛堂街道朝阳路延伸二期140户的收购、后宅街道新凉亭工业区42户的收购、北苑街道铁西区块51户的收购、廿三里街道开元南街13户的收购、稠城街道秦塘轨道交通枢纽站(星耀风机)89户的收购、福田街道商城大道与紫荆路交叉口6户的收购。

(庞 涛)

义乌印记

义乌解放70周年

【概况】 1949年5月8日，义乌解放。70年来，义乌人民在中国共产党领导下，从解放之初民生凋敝、百业待兴的小城，发展为如今车水马龙、熙熙攘攘的繁华都市，成为改革开放后中国首个也是唯一一个县级市国家级综合改革试点城市。一代又一代的城市建设者、创业者共同缔造义乌奇迹。2019年，举办义乌解放70周年与义乌革命30年历史回眸“商城大讲堂”，举行庆祝中华人民共和国成立70周年升国旗仪式等活动。全市以庆祝中华人民共和国成立70周年和开展“不忘初心、牢记使命”主题教育为契机，加强革命传统教育，追寻初心、感悟初心、践行初心，推进各项工作的开展，凝心聚力“世界小商品之都”建设。

【解放战争时期义乌县境革命根据地】 1948年2月，中共浙东临委决定，将金萧地区以浙赣铁路为界，划分为路东（会稽）、路西（金萧）和路南3个地区，并分别建立了党、政、军的领导组织。在路东地区，成立中共会稽临工委和浙东人民解放军第二游击队纵队第二支队。在路西地区，成立中共金萧工委、浙东行政公署第三行政督察专员公署和浙东人民解放军金萧支队。在路南地区，委任了中共路南地区特派员，成立浙东行政公署第五行政专员公署和浙东人民解放军第六支队。1948年8月，中共金义县工委、金义县政府遭破坏后，在义乌县境未建立县一级党政组织，其后建立的党政军基层组织，是分别在路东、路西、路南3个地区的党政军领导下建立起来的。同时，在他们的领导下，分别创建路北、金义南、诸义东3块游击根据地。

【义乌解放】 1949年5月7日，中国人民解放军第12军35师师长李德生接到军长王近山的急电：“沪杭线残敌正沿浙赣线南逃，你部尽速占领义乌、东阳地区，堵截南逃之敌。”义乌县在浙赣铁路线上，距金华60千米。8日，部队乘火车到义乌。为麻痹义乌县城的国民党军队，第35师副师长贺光华请金华火车站事先电话通知义乌火车站，佯称：“今天有国军乘列车到你站，请提前做好接车准备。”火车到达义乌时，国民党政府义乌县长夏明翼、县参议长吴雄才率县党政商学各界200余人及军警在站台列队迎接。第35师指战员未待敌方清醒过来时便冲下火车，将所有前来迎接的国民党义乌县党政警人员俘获。第35师104团随即不费一枪一弹解放了义乌并留驻义乌县城；义乌县城内社会安定，所有商店照常营业，所有学校未停课，解放军接管义乌县城，宣告义乌解放。

【县委、县人民政府成立】 1949年5月12日，由中共浙江省委报中共中央华东局批准，成立中国共产党义乌县工作委员会，同日，撤销义乌县接管组和义乌县办事处。同月21日，浙江省委报中共中央华东局批准，成立义乌县委员会。23日，中共义乌县人民民主政府改为义乌县人民政府。30日，中共浙东临委发出通知："浙江全境已解放，新的组织系统已建立，临委奉命结束。"在义乌县境的游击根据地组织及其上级组织自然终止。

【解放初期义乌国民经济状况】 1949年，义乌县工农业总产值5393万元，其中工业总产值561万元，占工农业总产值10.4%。农业是当时义乌国民经济的主产业，无机械化企业，以手工业为主，全县手工作坊式企业只有52家。商业，商贸店铺主要集中在稠城、佛堂2个镇，经营传统粮食、药材、山货、杂货等类物品，基本上自给自足。1949年年底，全县总人口32.99万人，其中农业人口30.87万人。全县有耕地面积3.09万公顷，人均耕地0.08公顷。全县粮食总产量8.97万吨。生产力水平低下，水利设施落后，劳作方式陈旧。1950年6月30日，中央人民政府颁布《中华人民共和国土地改革法》，决定从1950年冬季开始，用两年半或三年左右的时间国家进行土地改革，1952年年底，全国农村完成土地改革。经过土地改革，义乌工农业生产得到发展，财政经济状况逐渐好转。全县工农业总产值由1949年的5393万元（按1980年不变价格计算，下同）增至1952年的8413万元，增长56%，其中农业总产值由4832万元增至7192万元，义乌工农业总产值年平均增长18.67%。全县企业由1949年的52家，1952年发展为68家。工业产值由1949年的561万元，增至1952年的1221万元。财政收入逐年递增，由1949年（5—12月）的202.9万元，增至1952年的461.80万元，其中，农业税收入由195.90万元增至220.10万元；工商各项税收入由1949年的7万元增至1952年的240.5万元。

【《解放义乌——义乌解放70周年史料汇编》】 为纪念义乌解放70周年，义乌市委党史研究室组织专人，广泛收集义乌解放前后相关史料，2019年4月，完成10万字《解放义乌——义乌解放70周年史料汇编》，收录史料28篇，以丰富翔实的史料再现义乌解放的历史进程。

【向老兵致敬活动】 2019年7月20日，为庆祝中国人民解放军建军92周年和迎接中华人民共和国成立70周年，由金华市国教办、义乌市国教办、义乌市退役军人事务局、义乌市文化和广电旅游体育局主办的，由众志集团携手中国银行等企事业单位赞助的第二届"军歌嘹亮"歌唱大赛江东站海选，暨"向老兵致敬"慰问活动在义乌吾悦广场举行。众志集团、市退役军人事务局、江东街道、市文化市场行政执法大队、义乌热线（稠州论坛）、义乌市爱国拥军联合会、义乌市拥军艺术团等单位相关领导出席活动。活动现场，为12位退役军人颁发礼品。

【庆祝中华人民共和国成立70周年大会】 2019年9月20日，"礼赞中华人民共和国、奋斗新时代"义乌市老干部庆祝中华人民共和国成立70周年大会召开。市领导何若伟、朱位松、喻新贵、吴伟兴参加会议，曾担任副县级以上实职老领导、离休干部、离退休干部党支部书记、"义乌老骥"老干部志愿服务团成员、义乌老年大学教师、学员代表等共400余人参加会议。会议指出，以庆祝中华人民共和国成立70周年和开展"不忘初心、牢记使命"主题教育为契机，加强革命传统教育，学习广大老干部为党和人民的事业无私奉献的崇高精神，追寻初心、感悟初心、践行初心，为推进各项工作提供强大精神动力。会上，为离休老干部代表颁授由中共中央、国务院、中央军委颁发的"庆祝中华人民共和国成立70周年"纪念章。会后，进行庆祝中华人民共和国成立70周年文艺演出。

【红色收藏展】 2019年9月20—30日，由市委组织部、市委老干部局、市关心下一代工作委员会主办，市老干部活动中心承办，市收藏协会协办的"红星耀乌伤"——庆祝中华人民共和国成立70周年暨义乌市"不忘初心、牢记使命"主题教育红色收藏展在义乌市收藏品市场开展。展览分为"鲲鹏击浪从兹始""万类霜天竞自由"2个板块，展出抗日战争、解放战争、中华人民共和国建设时期的宣传画、文件资料、实用物等400余件，包含1934年出版的《义乌民报》，陈望道珍藏的《修辞学发凡》，1949年的《清华大学学报》，1949年政训班学员互赠的勉励词，1955年义乌公私合营时的现金支票，1972年著名诗人艾青赠予友人的书法，1973年经党支部讨论同意党员外出鸡毛换糖的证明等珍贵藏品等实物。通过红色文物的展示，回顾共产党人曾经面临的泥泞与艰辛，感受共产党人敢于战斗、不怕困难的精神风貌。

【升国旗仪式】 为庆祝中华人民共和国成立70周年，2019年10月1日，市公安局在局机关大院举行升国旗仪式。市公安局党委班子成员、各单位主要负责人、局机关民警、特警队员300人参加升旗仪式。上午9时，护旗手精神抖擞，迈着整齐划一的步伐护卫国旗入场，在雄壮的国歌声中，参加升旗仪式的全体民警、辅警向冉冉升起的五星红旗庄严敬礼。同时局各独立办公单位同升国旗，同唱国歌。仪式结束后，组织全体人员集中观看北京阅兵式。

【文艺晚会】 2019年9月29日，为庆祝中华人民共和国成立70周年，进一步推进新时代文明实践，引领广大群众共同唱响祖国颂歌、讲好身边故事、献礼祖国华诞，由市委宣传部、市文化和广电旅游体育局主办，稠江街道党工委、办事处、稠江街道综合文化站承办的"'礼赞新中国追梦稠江人'稠江街道庆祝中华人民共和国成立70周年文艺晚会"在文化广场举行，800名观众现场观看演出。晚会上，歌曲联唱《唱响祖国颂歌》，用音符唤起时代记忆，用歌声献礼中华人民共和国成立70华诞；配乐诗朗诵《我们都是中国人》，舞蹈《山丹丹花开红艳艳》《绣红旗》，走秀《我爱你，中国》等节目，向观众展现了一幅幅中国特色社会主义建设进程中的壮丽画卷。

【千人诗会】 2019年9月20日，由市委宣传部主办，市文化和广电旅游体育局、市文学艺术界联合会、上溪镇委员会、上溪镇人民政府承办，市春晗学校共青团上溪镇委员会、市作家协会协办、上溪镇文学社承办的庆祝中华人民共和国成立70周年"云上之溪，红色印记"千人诗会在上溪镇政府举行。千人诗会围绕上溪的"十里桃花""红色印记""名人抒怀""富美家园"4个篇章，共19个节目，多种艺术表演形式，述说中华人民共和国成立70周年义乌的人文风情，1000余人观看演出。

（陈金春）

义乌桥头遗址发掘

【概况】 2019年8月11日，为期3天的上山文化论坛暨义乌桥头遗址考古学术论证会结束，来自全国各大高校和科研单位的50余名专家对义乌桥头遗址的考古价值作出高度肯定。桥头遗址位于义乌市城西街道桥头村西边，是一块2000平方米的台地，距今约8000～9000年。2012年11月，义乌博物馆提供桥头遗址重要线索。同年12月中旬，浙江省文物考古研究所对遗址进行调查、勘探和试掘，证实是一处上山文化中晚期遗址。为配合基本建设，经国家文物局批准，浙江省文物考古研究所2014年对其进行正式发掘，发掘工作至2019年仍在继续。

自2014年发掘以来，出土了大量的上山文化中晚期彩陶，数量和完整度令考古界震惊。碗、盆、瓶、罐，应有尽有，如双耳壶、大口盆、平底盘、圈足盘等。彩陶陶衣鲜亮，以红衣为主，也有乳白衣，在目前发掘的上山文化遗址中，数量明显居于

2019年9月20日，在春晗学校举行"云上之溪，红色印记"千人诗会上表演话剧《雪山上的小太阳》 （上溪镇政府 供图）

首位。桥头遗址目前发现3个太阳纹饰。其中一个太阳纹，图案中间划出一道线，表示冉冉升起的太阳。此图形，在良渚遗址的玉璧上也有出现。桥头遗址中发现“陶饼”，饼上有一个小孔，饼的侧面有刻划纹饰，和现在的硬币类同。专家猜测，“陶饼”可能是古人用绳子悬挂在身上的装饰物。义乌桥头遗址发掘，说明9000年在义乌桥头彩陶已出现。桥头遗址至2019年发掘面积2300平方米，清理各个时期遗迹，包括房址1处、墓葬45座、灰坑160余座和灰沟3条，部分上山文化时期的灰坑内出土有大量保存较为完好的陶器，具有“器物坑”的性质，已修复的陶器110余件，2座上山文化中晚期墓葬，为迄今为止浙江地区发现年代最早的人类骨骼遗存保存较为完好的墓葬。

【义乌桥头遗址发现“最早浙江人”】 2014年义乌桥头村发掘浙江省境内迄今为止最早的完整人类遗骸，为一具完整的成年男人骨架，身高1.73米，三四十岁的男人，怀“抱”一只红衣陶罐，经北京大学科学鉴定，距今8000多年。为上山文化发现的第一个墓葬，也是迄今为止发现保存完整人骨的浙江最早墓葬。桥头遗址目前一共发现2具人骨，还有一具因埋藏浅，有所破坏。目前，河姆渡文化发现的墓葬很少，跨湖桥文化还未发现墓葬，而上山文化桥头遗址第一次发现了保存完整的墓葬，完整的人骨，考古专家称呼他“浙江第一人”“浙江第一墓葬”。

【桥头人可能掌握世界上最早的酿酒技术】 义乌桥头遗址诸多彩陶中有一件陶器造型线条圆润，陶面光滑细腻，用手指轻弹，可以发出清脆悦耳的撞击声。此物为一只酒器，因为在陶壶里的残余物中发现了一种加热产生的糊化淀粉，后送到斯坦福大学去做检测研究，专家认为残留物与低温发酵的损伤特征相符。低温发酵是酿酒的基本原理，因此猜测，9000年前的义乌桥头人可能已经掌握酿酒技术。根据对出土文物的考证，约在公元前6000年，美索不达米亚地区（西亚两河流域）就已出现雕刻着啤酒制作方法的粘土板，为世界上迄今发现最早的酿酒技术。如果桥头人的酿酒技术得到进一步确认，那么世界酿酒史将提前3000年。

【桥头是全国最早的环壕聚落】 桥头遗址发现了“环壕”，义乌桥头人于9000年前就修建了自己的护城河。2012年，发掘的考古桥头遗址是迄今所知东亚大陆最早最完整的环壕聚落，属于上山文化，是专家给出的保守判断。据早期的文字反映，中国在夏朝时已筑有城，但迄今从考古发掘的遗迹确认，中国最早的城市在郑州市中心及北关一带的商城。据考证商城为商王仲丁的都城，距今约3500年。义乌桥头遗址环壕聚落，台地性质明确，而且南北分区。填补上山文化的空白，为国内目前发现最早的聚落形式。

【义乌桥头遗址考古发掘项目获评“2019年度浙江考古重要发现”】 2019年12月7—8日，在2019年度浙江考古重要发现汇报会上，义乌桥头遗址考古发掘项目被确定为“2019年度浙江考古重要发现”项目“榜首”，为义乌考古发现首次获此殊荣。2012年，桥头遗址考古工作试掘。遗址所在是一片农田，最初可见范围为1000余平方米的小台地，东、南、北3面被现代民居所包围，西面是高差2米的断崖，断崖外3～5米有一条小溪自北向南流过，为桥头遗址的最初模样，并不起眼，不被关注，甚至时刻处于破碎的边缘。2014—2015年，基于试掘取得的成果，决定对桥头遗址进行正式发掘，同时聚焦到遗址西边的断崖和小溪，至2016年，此项工作基本完成。2017—2018年，为在遗址周边开展调查和进一步探索聚落结构，义乌政府部门有计划地拆除聚拢在遗址周边的民居和厂房，不断扩展和完善对桥头遗址聚落结构的认识，至2019年，已发掘成果表明“器物坑”出土大量保存完好的陶器，是研究上山文化时期人群种属、体质特征、古代生物DNA等方面的重要资料。

（陈金春）

民生民情

利民政策措施

【概况】 2019年，义乌市政府加快社会事业发展，改善民生促进社会和谐，紧贴民意，反映人民群众最关心、最直接、最现实的利益问题，为广大群众最盼望、最急需解决现实问题。实施要素保障攻坚行动，加快夯实高质量发展支撑，集聚科技创新人才，促进大学生就业创业。完善城乡社会保障体系，组建医共体3个，成效居全省前列。实行"医后付""信用住""云药房"，惠及群众8.4万人次，家庭医生有效签约19万人。新建、改扩建中小学34所，全面实施小学放学后托管服务，推行托幼服务一体化，开设托班137个。多措并举保障民生，投用镇（街道）养老服务中心5家。各项民生支出再创新高。2019年，全市完成社会保障和就业支出13.7亿元，增长72.9%；卫生健康支出7.2亿元，增长1.6%；教育支出31.0亿元，增长18.7%。

【《义乌市民信用手册》正式发布】 2019年1月9日诚信日，为更好普及信用建设，义乌市信用办正布《义乌市民信用手册》。以漫画小册子形式描述个人在日常生活中信用分的加扣分项，以及在哪些场景可享受守信激励措施或者受到失信联合惩戒。只要是在公安部门登记过的义乌市常住人口，全部纳入信用监管范围，实行"个人信用分"。根据管理办法规定，100分为基础分。150分以上信用极好，120分～150分信用优秀，100分～120分信用良好，80分～100分轻微失信，50分～80分信用较差，50分以下是信用极差。志愿献血、见义勇为、好人好事，予以加分；乱停乱放、酒后驾驶、违规违纪，予以减分。随着信用分高低的不断变化，相应的奖惩措施也会逐步体现。

【扶持自主就业退役士兵创业就业】 2019年年初，中华人民共和国财政部、中华人民共和国税务总局、中华人民共和国退役军人部联合发布《关于进一步扶持自主就业退役士兵创业就业有关税收政策的通知》，退役军人自主创业和企业吸收退役军人都可享受税收减免。义乌市加快建设覆盖全市的退役军人服务保障体系，通过全市1个中心、14个镇（街道）服务站、544个村（社区）服务站，为退役军人创业就业搭建平台。

【义乌实现退休一件事办理"零次跑"】 2019年3月，义乌市探索参保人员办理退休"养老金核发、医保缴费、公积金领取"等关联事项合并办理，推出退休"无感智办"服务。相关统计记载，至9月下旬，义乌市实现4200余名参保人员办理退休关联手续"零次跑"。为推进此项服务的顺利进行，市档案馆、市退役军人事务局、市人力资源和社会保障局等部门实现数据共享。其中社会保障经办机构可查询到龄人员的个人档案基础信息和退役军人基础信息，在参保人员达到退休年龄前1个月予以认定视同缴费年限（含军龄），并录入社会保险经办系统。同时，开发“退休无感智办平台”系统，市总工会、市人社局定期更新并共享劳模与高级职称的相关数据至“退休无感智办平台”。其间，市委组织部、市人力资源和社会保障局按照人事管理权限推送到龄人员相关基础信息，与社会保险经办系统比对确认。市公安局根据“退休无感智办平台”中推送的核查人员信息，进行审核并反馈。以上过程中，参保人员无需提供任何材料，所有信息均可在社会保险经办系统中查询，实现“零材料”业务受理。为适应改变，相关职能部门重新建立流程，根据数据共享后获得的基础信息，按职工基本养老保险、机关事业养老保险、城乡居民基本养老保险，分别生成《义乌市退休人员基础信息确认表》《浙江省机关事业养老保险待遇计发（预发）表》《义乌市城乡居民养老保险待遇不足年限补缴确认单》，提前通过邮寄方式送当事人确认；当事人如对基础信息无异议的，无需反馈，由社会保险经办机构直接办理养老金核发手续。

【多措并举促大学毕业生就业创业】 2019年7月3日，义乌市印发《义乌市大学生就业见习实训实施办法（试行）》的通知，根据现行的《义乌市大学生就业见习实训实施办法（试行）》规定，见习实训对象为离校2年内未就业的全日制普通高校毕业生和全日制普通高校毕业学年的在校大学生。补贴方面，根据见习实训人数和见习实训时间，给予基地每人不超过6个月的见习实训补贴，补贴标准按照义乌市最低工资标准的70%确定。另外，被评为义乌市级、省级示范型基地的，补贴标准分别提高至80%、90%。鼓励高校毕业生到中小微企业就业，毕业2年以内的高校毕业生到中小微企业就业，签订1年以上劳动合同、依法缴纳社会保险费且工资低于全市上年度全社会在岗职工平均工资的，在劳动合同期限内给予每人每年3600元的就业补贴，补贴期限不超过3年。毕业5年以内的高校毕业生到养老、残疾人、家政服务和现代农业企业就业，签订1年以上劳动合同并依法缴纳社会保险费的，在劳动合同期限内给予每年1万元的就业补贴。补贴期限不超过3年。灵活就业社保补贴，支持高校毕业生灵活就业。毕业2年以内的高校毕业生实现灵活就业，在公共就业服务机构办理实名登记并依法缴纳社会保险费的，按其实际缴纳社会保险费的60%给予社会保险补贴，补贴的缴费基数不超过全省上年度全社会在岗职工平均工资，补贴期限不超过3年。2019年，义乌市发放创业补贴涉及21人，计29.5万元。

【停止使用各类民政救助证】 为进一步“减证便民”，更好地服务群众，市民政局结合“精准救助”“最多跑一次”等文件精神，2019年7月下发《关于取消最低生活保障家庭证等救助证的通知》，从7月25日起，在全市范围内停止使用和发放最低生活保障家庭证、最低生活保障边缘家庭证、支出型贫困家庭救济证和特困人员救助供养证等类民政救助证。义乌市低收入家庭所享受的水电、教育、广电费用减免等类惠民政策无需申请及提供救助证，由各相关单位通过政务数据共享平台查询，或与民政局对接获取低收入家庭信息，通过数据“多跑腿”，让群众“零跑腿”，实现困难群众享受相关费用减免的“无感智办”。

【促进民办教育发展的实施意见】 义乌市积极响应国家促进民办教育健康发展的实施意见，鼓励社会力量兴办教育。然而，民办学校自身融资能力有限，其教育资产不能用于融资抵押，投资建设或扩建新教育基础设施，很难获得银行信贷支持，资金困难问题成为民办教育产业发展道路上的“拦路石”。为破解此难题，义乌市开展大量调研，深入分析民办教育融资存在的瓶颈和障碍，2019年8月7日，出台《义乌市民办学校政策性融资担保业务实施细则》，在全国首推运用政策性担保解决民办教育融资难题。根据实施细则，义乌市内办学满3年及以上、经具有资质的中介机构评估能正常履行信贷关系的民办学校，且办学规范、学校法人及法人代表信用等级良好，学校自有建设资金完成项目投资计划达50%以上，有基建项目投资计划且项目建筑主体已结顶的，均可以申请政策性融资担保。贷款只能用于民办学校在义乌市区域内改善办学条件、拓展办学规模的新建、扩建项目，由银行做好对信贷资金的监管使用。11月1日，义乌市商城学校拿到义乌市农信融资担保有限公司担保函，从浙江稠州商业银行获得1800万元贷款，为义乌市民办学校首次通过政策性担保取得信贷资金支持。

【移民出入境便利政策】 2019年8月起，中华人民共和国公安部、国家移民管理局在全国推广实施12条移民出入境便利政策，其中包括签发有效期5年的工作类居留许可证件。原有政策只针对高层次人才、外籍华人办理5年工作类居留许可证件。新政实施后，放宽有效期5年的工作类居留许可证件的申请人员范围。只要在义乌市有稳定工作，且遵纪守法、信誉优良的外籍人员，同时已连续2次办理1年以上工作类居留许可且无违法违规行为的，均可凭工作许可等材料向公安机关出入境管理部门申办5年有效期工作类居留许可证件。8月27日，4名在义乌外国人成功申领到新政后首批在义乌外国人有效期5年的工作类居留许可证。

【出台居家养老服务新政】 2019年11月，义乌市出台《关于全面提升居家养老服务质量的若干意见》。意见提出，要着眼于提质求精增效，推进居家养老服务社会化运营，聚焦“人”（专业人员）、“技”（科学技术）、“医”（医养结合）、“管”（综合监管），改善养老服务质量，提升养老服务能级，打造“幸福养老、浙里更好”的义乌样板。意见明确五大重点工作任务，到2021年，全市镇（街道）各建成1家兼具居家养老和机构养老功能的养老综合体。加强镇（街道）示范型居家养老服务中心、居家养老服务照料中心（站）建设，构建“1+N”居家养老服务网络，即“1个示范型居家养老服务中心+N个居家养老服务照料中心（站）”。示范型居家养老服务中心通过功能辐射、资源配置，实现与居家养老服务照料中心（站）的错位发展、相互补充，形成专业服务和一般服务相结合，收费服务和免费服务相补充，机构全托、社区日托、居家服务相衔接的居家养老服务格局。至11月底，义乌市先后建成北苑（怡乐新村）、苏溪（鸿佰洲）、赤岸等7家示范型居家养老服务中心，450个行政村、94个居委会，建成405家具有助餐和配餐功能的居家养老服务照料中心、373家居家养老服务站，基本实现城乡居家养老服务全覆盖；助餐配送餐覆盖81.5%的城乡社区，4万余名老人在居家养老服务照料中心（站）享受居家养老服务，其中2万余人享受政府就餐服务。

【调整城乡居民基本养老金】 2019年12月29日，义乌市印发《关于调整城乡居民基本养老保险基础养老金标准的通知》，城乡居民基本养老保险基础养老金标准再次提高。从2019年1月1日起，义乌市城乡居民基本养老保险基础养老金标准由每人每月230元提高至245元。义乌市城乡居民基础养老金标准在金华各县市中最高，在全省位列第二。此次待遇调整共惠及4.5万人。2010年义乌市基础养老金标准为每人每月70元，后逐步提高。其间，先后历经从70元～100元（2011年），100元～120元（2014年），120元～140元（2015年），140元～200元（2017年），200元～230元（2018年），230元～245元（2019年），连续6次上调，累计调整幅度达250%。

【健康义乌】 随着义乌社会经济不断发展，人口逐年上升，人们对生活质量的要求越来越高，与此同时，生活中产生的垃圾数量在与日俱增、成分也变得越来越复杂，一旦处理不当，就会污染土壤、水、空气等，破坏生态环境。为解决此问题，2019年，义乌出台《义乌市城镇生活垃圾分类实施方案（2019—2021年）》，明确城镇生活垃圾分类3年工作计划以及各相关单位责任，成立城镇生活垃圾分类工作领导小组，下设办公室，牵头推进全市城镇生活垃圾分类工作，取得明显成效。至2019年年底，义乌所有党政机关、国有企事业单位、公共场所管理单位和290个小区全面开展垃圾分类，30个义乌市级（含6个省级）垃圾分类高标准示范小区完成宣传发动、设施配置，正在稳步提升分类准确率，完善长效管理机制，十二山头等14个示范小区（其中省级5个）初显成效，分类准确率在85%以上。

【推出可信身份认证举措】 2019年，义乌市行政服务中心推出“刷脸办”举措，办事人到行政服务中心大厅办业务忘带身份证，只需刷脸验证，即在身份认证专用机上获得一张身份认证凭证，此张凭证可代替身份证办理综合业务。市行政服务中心共4个点放置身份认证专用设备，分别位于行政服务中心的大厅咨询台、公安户籍区、24小时自助服务区、国际贸易服务中心。“刷脸办”有效提升办事便捷度，为办事人提供优质的办事服务。

（陈金春）

2019年市政府十大民生实事

【概况】 2019年，义乌市政府坚持稳中求进工作总基调，紧盯年度目标，精心组织、狠抓落实，全面完成了十大民生实事。坚持市政府牵头抓总、部门具体落实的民生实事办理机制，市政府主要领导带队到农村有机更新、饮用水工程以及学校建设等民生实事现场指导推进工作，督促民生实事办实办好。将十大民生实事细化分解为36个子项，理出任务清单和责任清单，务使责任压力传导到底，工作任务逐项落实到位。市财政等职能部门优先安排、优先调度，确保各项要素落实到位、充分保障。在标准要求方面，力求早谋划、早实施、早见效，对进展顺利的，拔高标准抢进度、提质量，力求更快、更好、更广泛地惠及群众。定期通报办理进展，围绕真落实、真见效狠下功夫，对民生实事落实不力、进展不快的单位进行通报批评，各部门、镇（街道）之间形成比拼赶超的浓厚氛围。每周开展民生实事抽查暗访，通过看现场、访群众，掌握最真实的基层工作动态和群众声音，对进度滞后事项现场督促协调，紧盯重点难点事项强力推进。坚持以公开促落实，邀请人大代表、政协委员、市民代表等参与民生实事调研督查活动，通过政务公开平台定期向全市人民汇报民生实事办理情况，收集各方意见建议，及时优化完善，不断放大民生实事办理效应。

2019年义乌市十大民生实事完成情况

表1

序号	实事内容	进展情况	责任领导	牵头单位	配合单位
1	持续推进农村更新改造，新增规模核定村20个以上，新开工20个村以上，在建总数50个村以上，新增建房农户1000户以上	新增规模核定村20个，如上溪镇上店村、大陈镇红峰村、后宅街道鹤田村等。新开工村30个，如苏溪镇东青村、赤岸镇雅端村、江东街道许宅村等。在建村59个，如义亭镇叶前村、廿三里街道东莲塘村等；新增建房农户1794户，其中佛堂镇225户、苏溪镇169户、上溪镇43户、大陈镇92户、义亭镇231户、赤岸镇214户、江东街道283户、稠江街道50户、后宅街道209户、廿三里街道194户、城西街道84户	喻新贵 朱有清	市自然资源和规划局 市农业农村局	各镇（街道）
2	实施农村饮用水达标提标工程，改造提升偏远村庄净水消毒设备40套以上，实现供水达标人口覆盖率96%以上，水质达标率90%以上，提前1年完成省定目标	改造提升偏远村庄净水消毒设备42套。完善上溪镇西山供水站、大陈镇龙门脚水厂、赤岸镇枫坑水厂等105个供水工程，改善佛堂镇八岭坑村、苏溪镇屏风石村、城西街道平桥村等村8万人的饮用水条件，实现供水达标人口覆盖率98.86%，全市水质达标率90.48%，提前1年完成省定目标	朱有清	市水务局 水务集团	市卫健局 各镇（街道）

续表 1

序号	实事内容	进展情况	责任领导	牵头单位	配合单位
3	开工建设幼儿园30所，主体完工中小学、幼儿园30所，投用中小学、幼儿园16所以上	开工建设幼儿园35所，如楂林幼儿园、胜利幼儿园、香溪一幼等。主体完工中小学、幼儿园30所，其中中小学9所，如江滨小学、中欧智造园实验小学、宗泽小学二期等；幼儿园21所，如苏溪二幼、万厦御园幼儿园、东河幼儿园等。投用中小学、幼儿园18所，其中中小学6所，如楼店小学、廿三里三小、义乌公学等；幼儿园12所，如张宅幼儿园、中央城幼儿园、河畔幼儿园等	骆小俊	市教育局	市发改局 市财政局 市人社局 各镇（街道） 城投集团 建投集团
	改造公办学校槽式厕所100座以上	改造15所公办学校190座槽式厕所，如大陈镇中、稠州中学城南校区、后宅小学等			
	全面推行小学生放学后托管服务	全面实施小学生放学后托管服务，共5.87万名小学生接受托管服务，占全市小学生总数的53.52%			
4	新建或改造天然气管道25千米以上，新增天然气入户1万户以上	新增或改造天然气管道40.26千米。新增天然气入户1.60万户，如北苑街道柳一村、后宅街道杜元村、佛堂镇新安里小区等	喻新贵	城投集团	市自然资源和规划局 市交通局 市商务局
	建设综合供能服务站10座，建成5座以上，方便群众加油、加气、充电和休闲购物	新建综合供能服务站10座，如苏溪1号站（阳光大道与苏兴大道交叉口西北侧）、上溪2号站（四海大道与金塘路交叉口西南侧）、赤岸2号站（义武公路与报国路交叉口东南侧）等，其中建成5座。此外，按照综合供能服务站建设标准改造现有站点7座，如商城大道CNG加气站、中国石化下骆宅加油站、中国石化鑫桥加油站等	喻新贵	市发改局 交旅集团	—
5	建成投用农贸市场10家，新创省级放心农贸市场3家，省三星级以上文明规范市场2家	1.建成投用农贸市场20家，义亭镇畈田朱菜市场、北苑街道下山头菜市场、廿三里街道园区菜市场等。2.新创省级放心农贸市场4家，如上溪综合市场、北苑街道凌云菜市场、城西街道伏龙山菜市场。3.新创省三星级以上文明规范市场9家，如稠城街道词林菜市场、义乌副食品市场、义乌农贸城果品批发市场等	朱有清	市市场监管局	市创建办 市自然资源和规划局 市建设局 市商务局 市执法局 市市场发展委 各镇（街道） 市场集团
	培育放心消费示范单位400家以上，无理由退货承诺单位600家以上	培育放心消费示范单位1327家，其中，放心商店671家，放心网店163家，放心工厂457家，放心餐饮36家。培育无理由退货承诺单位813家			
6	新增公交线路4条，优化调整公交线路8条，铁路义乌站至国际商贸城、市民广场等重要节点试行大站公交。	新增公交线路7条，如352B路（塘下郑—江东公交站）、C906路（大陈二村—郑家坞）、Y55（新院—华溪森林公园）等。优化调整公交线路20条，如819路（火车站—六都村）、11路（国际商贸城五区—国际生产资料市场）、102路（民航机场—国际商贸城客运中心）等。新增大站公交线路2条，为820路（火车站—青岩刘，途径市民广场）、B支821路（火车站—国际商贸城五区）	喻新贵	市交通局	恒风集团

续表1

序号	实事内容	进展情况	责任领导	牵头单位	配合单位
7	为义乌市孕产妇免费提供产前筛查及抑郁症筛查服务，产前筛查率92%以上，抑郁症筛查率90%以上	为义乌市孕产妇免费提供产前筛查累计1.38万人次，筛查率99.41%。其中孕早期唐氏综合征筛查累计7215人次，筛查率99.34%；孕中期唐氏综合征筛查累计6565人次，筛查率99.41%。为义乌市孕产妇免费提供抑郁症筛查累计1.48万人次，筛查率98%以上	骆小俊	市卫健局	—
8	开展城乡劳动者技能培训1万人次以上、创业培训1万人次以上	开展城乡劳动者技能培训197场，如led制作、数控车工、茶艺培训等，累计培训1.30万人次。开展各类创业培训270场，如新媒体直播、优秀店长、企业标准化培训等，累计培训2.21万人次	贾文红	市人社局	市市场监管局 各镇（街道） 工商学院 商城集团
	实施低收入家庭、城镇零就业家庭帮扶，新增就业1.4万人以上	实施低收入家庭、城镇零就业家庭帮扶工作。推荐岗位281个，就业指导76人，成功帮扶40名低收入家庭劳动力实现就业；举办面向低收入家庭劳动力和残疾人的困难群众专场招聘会，共152人达成就业意向；为66名公益性岗位人员发放补贴28.49万元。新增就业2.97万人			
9	举办文化公益培训100期以上、文化惠民展演3000场以上	举办各类文化公益培训304期，如文化馆“蒲公英群文课堂”、澄心学堂低价公益培训、文化志愿者队伍培训等。举办各类文化惠民展演5973场，如“一带一路”文化艺术节、周周有戏等	骆小俊	市文旅局	各镇（街道）
	做好城乡13500余件公共健身器材维护，实现动态完好率95%以上	完成城乡公共健身器材维护工作。由于城市有机更新、新社区集聚建设和行政村规模调整等原因，1200余件健身器材已拆除。维护城乡公共健身器材1.23万件，实现动态完好率95%以上。健身器材全部张贴报修二维码，方便群众及时报修			
10	扩大职工医疗互助保障覆盖面，参保基层工会680家以上、职工8万人以上，实现职工医疗互助保障与医保一站式报销	完成扩大职工医疗互助保障覆盖面工作，共参保795家基层工会9.34万人。2019年8月5日起，职工医疗互助保障与医保实现一站式报销	贾文红	市总工会	市医保局 市卫健局

（陈晓慧）

义乌指数

【义乌·中国小商品指数】 2019年，市场景气指数运行面微跌于2018年，表现平稳。从市场监测和抽样调查的指标来看，一方面，成交规模、品种扩张度、信心等多项指标平稳增长；但另一方面，部分指标压力显现，主要表现为市场盈利面缩小、户均毛利额以及毛利率指数小幅收窄等。全年景气指数平稳运行，价格指数小幅上调。2019年，月景气均值为1162.9点，同比下跌1.17%。整体走势以平稳为主，剔除春节因素外，各月环比波动幅度均保持在4%以内，单月最大振幅为46.78点，全年无明显峰值，相对高点处于4月份及10月份。价格指数的整体运行区间则略高于上年，月价格指数全年平均值为100.18点，同比上涨0.17%。成交规模指标小幅放量。义乌指数监测显示，2019年规模指数均值为889.54点，同比增长1.66%，交易额指数、交易量指数、品种扩张度指数等三级指标均有不同程度上涨，增幅分别为2.27%、1.81%、1.39%，人气指数同比下跌0.9%。盈利能力稳中微跌。从抽样调查数据看，反映市场成交额同比稳中有升的商户占比保持6成以上；反映盈利及盈亏持平的商户比重基本保持七成左右，占69.22%。根据指数系统监测，二级指标反映市场盈利能力同比微跌，效益指数为1682.69点，同比下跌4.06%，户均毛利额以及毛利率指数全年均值同比分别下跌0.88%、4.98%。总体看，2019年经贸摩擦尤其是中美经贸摩擦不断，对企业端和消费端都造成一定影响，市场景气度表现微跌于2018年，成交规模、商品周转率等主要指标良好，基于全年运营情况，商户总体信心向好，信心指数均值同比上涨0.58%。

（义乌指数编制办公室供稿）

【义乌市场信用指数综合概况】 为更好地反映义乌市场经济发展呈现出的新特征，2019年始，正式采用新版YMCI进行义乌市场信用分析。与原YMCI指数相比，优化后的新指标体系在指标内涵、指标属性、计算方法等方面具有指标体系更加完善，新的指标体系由商品质量指数、企业履责指数、市场活跃指数、市场开放指数、市场满意指数以及风险可控指数6个一级指标构成；采用客观指标，新的指标体系由25个二级指标构成，全部为客观性指标；算法和权重确定更加合理，新的指标体系由17个正向指标和8个负向指标构成，每一个指标的权重赋值更加细化和科学化，准确地反映出各个指标的重要程度。2019年，义乌市场信用综合指数呈现小幅上涨的态势，从年初的109.21点上涨至年末的128.93点，涨幅为18.06%。2019年义乌市场信用综合指数的走势如下图所示。

2019年义乌市场信用综合指数月度走势图

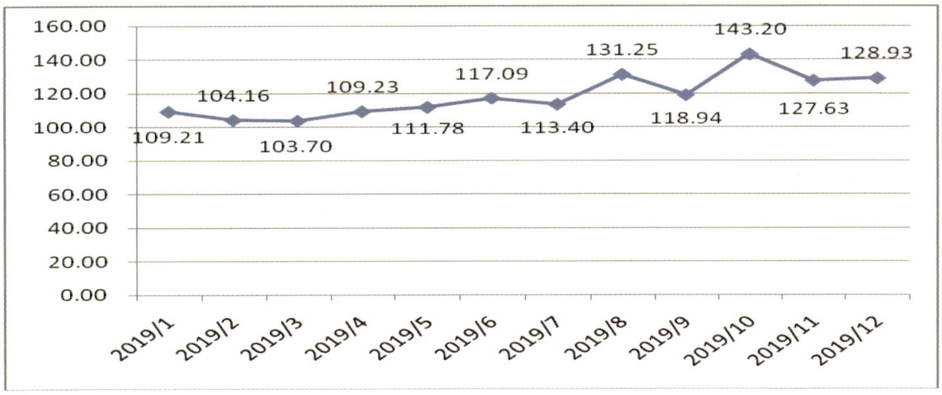

【义乌市场信用综合指数预警监测状况】 根据YMCI波动预警子系统的监测，2019年市场信用综合指数的变化特征总体呈现“升降持平”的格局。其中变动幅度处于“正常”状态（即波动处于“−5% ~ 5%”之间）的有7个月份；处于“变好”状态（即波动处于“≥ 5%”）的有3个月份；处于“变坏”状态（即波动处于“<−5%”）的有2个月份（详见下表）。

2019年YMCI全年波动预警状况

表2

月份	YMCI分值	YMCI波动幅度	YMCI波动预警标识
1月	109.21	−1.54%	正常（N）
2月	104.16	−4.62%	正常（N）
3月	103.70	−0.44%	正常（N）
4月	109.23	5.33%	变好（B）
5月	111.78	2.33%	正常（N）
6月	117.09	4.75%	正常（N）
7月	113.40	−3.15%	正常（N）
8月	131.25	15.74%	变好（B）
9月	118.94	−9.38%	变坏（W）
10月	143.20	20.40%	变好（B）
11月	127.63	−10.87%	变坏（W）
12月	128.93	1.02%	正常（N）

注释：YMCI波动预警子系统（NBW预警系统）具有提示性预警能力，通过环比指标对比分析，反映本期YMCI综合指数及分类指数较上期变化的相关信息，NBW＝本期指数/上期指数×100% －1

* −5%≤NBW<5%　　NBW为正常状态（Normal）
* NBW≥5%　　NBW为变好状态（Better）
* NBW<−5%　　NBW为变坏状态（Worse）

根据YMCI五色灯预警子系统的监测，2019年，市场信用综合指数均为绿色灯标识，信用状况一直保持在安全状态。主要是义乌商人一贯重视诚信经商，同时也是义乌市政府加强市场监管、引领市场主体注重信用建设的结果。2019年各月的市场信用综合指数详见下表。

2019年YMCI五色灯预警系统

表3

月份	YMCI分值	YMCI分值区域	五色灯标识
1月	109.21	≥100	蓝灯
2月	104.16	≥100	蓝灯
3月	103.70	≥100	蓝灯
4月	109.23	≥100	蓝灯
5月	111.78	≥110	绿灯
6月	117.09	≥110	绿灯
7月	113.40	≥110	绿灯
8月	131.25	≥110	绿灯
9月	118.94	≥110	绿灯
10月	143.20	≥110	绿灯
11月	127.63	≥110	绿灯
12月	128.93	≥110	绿灯

注释：五色预警灯形象化地表现了YMCI综合指数及分类指数变化水平，方便指数使用者观测和了解相关情况

* YMCI指数≥110　绿灯（S，security，安全级）
* 100≤YMCI指数<110　蓝灯（N，normality，正常级）
* 90≤YMCI指数<100　黄灯（C，caution，关注级）
* 80≤YMCI指数<90　橙灯（W，warning，警戒级）
* YMCI指数<80　红灯（D，danger，危险级）

【义乌市场信用分类指数特点】 YMCI总分指数通过各指标相对水平数量变动的相对数和在不同时间上对比的相对数，观察到义乌地区经济和信用发展的特征变量和参数的变化情况。

2019年YMCI综合指数和分类指数情况

表4

月份	综合指数	商品质量指数	企业履责指数	市场活跃指数	市场开放指数	市场满意指数	风险可控指数
1月	109.21	106.08	96.84	122.75	132.02	100.71	100.74
2月	104.16	107.31	87.33	68.48	177.06	100.17	84.90
3月	103.70	107.60	85.23	123.79	102.97	99.89	102.72
4月	109.23	112.26	92.42	137.90	117.99	99.72	97.23
5月	111.78	113.02	89.61	134.53	142.76	99.57	94.86

续表 4

月份	综合指数	商品质量指数	企业履责指数	市场活跃指数	市场开放指数	市场满意指数	风险可控指数
6月	117.09	114.04	91.27	132.88	179.39	99.18	92.80
7月	113.40	114.88	87.21	127.66	161.56	98.91	94.49
8月	131.25	115.27	182.88	122.72	185.77	98.85	98.15
9月	118.94	116.06	93.44	126.04	193.68	98.63	93.50
10月	143.20	116.92	92.29	143.44	334.92	99.29	95.77
11月	127.63	117.47	95.50	169.90	199.99	97.07	99.42
12月	128.93	118.00	93.32	162.84	221.47	97.09	95.12

（市市场监管局供稿）

义乌市2019年经济运行分析

【工业经济运行情况分析】 2019年，面对外贸环境和经济下行压力，义乌市继续坚持“增量选优、存量提质”的总方针，对标自贸区，干实试验区，抓项目引进，保障项目落地；抓结构调整，改造提升传统产业；不断推进新旧动能转换和产业转型升级，推动经济高质量发展，工业经济延续去年稳中向好的趋势，生产态势保持稳定，结构持续优化，但也稳中有忧。规模以上工业生产运行继续保持稳定。义乌市规模以上工业企业实现产值602亿元，同比增长9.8%。实现规模以上工业增加值137亿元，同比增长8.1%。结构性指标持续向好。规模以上装备制造业、高新技术产业和战略性新兴产业、数字经济核心产业制造业增加值分别同比增长38.5%、16.1%、19.8%和44.5%，均高于规模以上工业制造业增加值增速。工业投资增速放缓。完成工业投资126亿元，同比增长10%；技改投资73.97亿，同比增长17.8%。重点行业喜中有忧。排名前八位重点行业中，实现增长的有7个，增长最快的是电气机械器材制造业，增速71.26个百分点，汽车制造业增速54百分点。下降的行业为化纤制造业，同比下降14.23%。产业转型蹄疾步稳。技术改造投资进一步提升，高新技术产业等领域投资加快，不断优化投资结构促进新旧动能转换。工业企业技术改造投资同比增长19.0%，高于工业投资增速18.6个百分点，占工业投资比重为65.0%。高新技术产业投资同比增长17.4%。新兴产业蓬勃发展。2019年，义乌市规模以上数字经济核心产业、装备制造业、高新技术产业和战略性新兴产业增加值分别同比增长44.5%、38.5%、16.1%和19.8%，增速分别高于规模以上工业36.4、30.4、8、11.7个百分点，占规模以上工业增加值比重分别为17.8%、25.9%、51.5%和28.6%，比上年同期分别提高5.3、5.8、7.7和7.6个百分点。企业创新不断增强。一方面，研发经费投入快速增长。1—12月，义乌市规模以上工业企业研发经费投入20.35亿元，同比增长51.4%，比上年同期提高46.6个百分点；另一方面，新产品产值较快增长。1—12月，义乌市规模以上工业新产品产值259.36亿元，同比增长23.7%，高出工业总产值增速14.2个百分点；新产品产值率为43.05%，比上年同期提高4.9个百分点。招大引强成效突出。项目效能开始释放，新项目拉动效应明显。6—12月，义乌市义乌吉利动力总成有限公司、义乌市五洲新材科技有限公司、义乌木林森照明科技有限公司、东方日升（义乌）新能源股份有限公司等新项目相继投产入库，新增动能释放力度较强。1—12月，爱旭、华灿、瑞丰、锋锐、义利、吉利总成、五洲新材、木林森、东方日升9个新项目拉动义乌市规模以上工业产值增速7.4个百分点，拉动当月产值增速10.6个百分点。

（王 京）

【金融运行形势分析】 2019年，义乌市金融运行总体平稳且稳中有进，经济运行基本在合理区间，经济结构持续优化升级，三大需求协调推进，新旧动能转换有所加快，经济效益和质量较好。但发展新动能不足，结构调整阵痛、民营企业困难增加，叠加中美经贸摩擦等复杂严峻的外部挑战。融资总量平稳较快增长。2019年，全市贷款新增372.6亿元，余额2823.2亿元，同比增长15.2%。1—12月，社会融资规模新增629.83亿元，同比增加8.67亿元，其中，本外币贷款新增372.6亿元，不良贷款处置61.88亿元，通过资本市场新增直接融资204.05亿元。在新增贷款中，兴业银行、稠州银行和农商银行增量排名靠前。贷款结构调整力度加大。小微企业、民营企业和制造业贷款明显多增。全年普惠口径小微企业贷款新增111.9亿元，余额698.4亿元，同比增长19.1%，高于贷款平均增速3.9个百分点；民营企业贷款余额865.7亿元，同比增长24.2亿元。与此同时，受城市有机更新因素拉动，个人住房贷款井喷式增长，2019年年末余额343.19亿元，比年初增加89.85亿元，增长35.4%。在信贷结构调整工作中，国有大行中农业银行、地方法人银行稠州银行和农商银行、股份制银行中兴业银行等部分金融机构认真贯彻信贷的逆周期调节作用，在小微企业、制造业和民企信贷投放上持续发力。企业贷款利率稳中有降。随着预调微调政策的逐步落地，企业贷款利率逐月下行，2019年一般贷款加权平均利率为6.41%，同比下降0.52个百分点。其中民营企业贷款加权平均利率为5.73%，低于一般贷款加权平均利率0.68个百分点。12月小微企业贷款和普惠口径小微企业贷款加权平均利率分别为5.79%和6.33%，比年初分别下降0.23个百分点和0.53个百分点。在降成本方面，四大行起到了带头作用，小微企业贷款利率都在5%以下。信用风险得到有效控制。2019年，全市信用风险继续保持2016年下半年以来的下降态势，不良率为近4年以来的低点，银行业整体资产质量继续改善。2019年末全市不良贷款余额41.56亿元，比年初下降0.68亿元；不良贷款率1.47%（浙江省为0.91%），比年初下降0.25个百分点，不良贷款余额和不良贷款率出现双降。不良加关注类贷款余额134.25亿元，比年初下降89.27亿元，不良加关注类贷款占比4.75%（浙江省为3.81%），比年初回落1.52个百分点。与此同时，随着几家大型民营企业的金融风险逐步得到处置，义乌市金融领域增量风险基本得到有效控制，存量风险仍须进一步化解。贸易投资便利化持续推进，跨境收支稳中向好。义乌市支行全面推进“数字外管”建设，落实“最多跑一次”政策，逐步实现外汇管理行政许可在线办理，持续提升行政服务质量和效率，基本实现外汇企业名录登记业务“一次都不用跑”。全年，跨境收支总额282.1亿美元，同比增长33.37%；跨境收支顺差与结售汇顺差分别为259.52亿美元和254.94亿美元，同比分别增长31.84%和26.69%。其中跨境人民币收支总额86.24亿元，占跨境收支总额的4.43%。金融创新产品持续发力。各类新型抵质押贷款不断增量扩面，年底，义乌市应收账款质押贷款余额183.55亿元、商标专利权质押贷款2.37亿元、股权质押贷款22.44亿元、排污权质押贷款0.51亿元、农房抵押贷款余额37.79亿元；发放进口信用贷3600万元，推动1亿元进口增信基金落地后。续贷转贷类产品普惠效果显现。12月底，“转贷通”业务共办理1288笔209.6亿元，为845家企业提供转贷，节约转贷成本1.7亿元。深化无还本续贷产品，年底无还本续贷类贷款余额25.1亿元，有效解决民营企业经营还款压力大的困境。

（中国人民银行义乌市支行供稿）

【消费市场运行分析】 2019年，义乌市社会消费品零售总额722.59亿元，同比增长8.0%，其中限额以上消费品零售总额191.86亿元，同比增长2.7%。按区域看，城镇限额以上消费品零售总额189.72亿元，同比增长2.5%；乡村限额以上消费品零售总额2.15亿元，同比增长20.7%。按行业看，批发业限额以上总额2.62亿元，同比增长10.9%，零售业限额以上总额183.40亿元，同比增长2.8%；住宿业限额以上消费品零售总额2.99亿元，同比下降13%；餐饮业2.85亿元，同比增长4.7%。大型商场超市销售情况不一。2019年，全市受监测的万达广场等9家大型商场超市全年总销售额37.33亿元，其中，万达广场、义乌之心城市生活广场、新光汇购物中心销售额分别为4.40亿元、13.20亿元和3.99亿元，分别同比增长11.58%、12.94%、17.10%；银泰百货、世纪联华江东店和物美超市分别同比增长0.02%、7.99%和2.47%；其余3家超市均为下降，其中，乐购超市同比下降22.11%，天华世纪城同比下降1.31%，富国超市同比下降7.03%。成品油销售额增长较好。2019年，义乌市成品油共实现总销售量60.21万吨，其中，汽油销售48.79万吨，同比上涨9.74%；柴油销售16.80万吨，同比上涨16.26%。住餐行业销售下滑。2019年，3家限额以上样本库企业总销售额1.36亿元，其中，银都酒店实现营业额7475万元，同比下降9.07%；君梦酒店实现营业额1266万元，同比下降28.07%；海洋酒店实现营业额为4865万元，同比下降9.99%。家电行业销售整体下滑。2019年，3家限额以上样本库家电卖场全年总销售额1.35亿元，其中，苏宁电器实现销售额3069万元，同比下降35.17%；新虹家电实现销售额9873万元，同比下降7.13%；国美电器实现销售额516万元，同比下降25.33%。

（朱 翎）

2019年义乌市城乡居民收支情况分析

【城镇居民人均收入情况分析】根据城市居民抽样调查显示，2019年义乌市城镇常住居民人均可支配收入77150元，同比增长8.3%。比金华全市城镇居民人均可支配收入（59348元）高30.0%；比全省城镇居民人均可支配收入（60182元）高28.2%。根据横向资料显示，在全省17个经济强县市中，义乌市城镇居民人均可支配收入位居全省之首。其中，工资性收入33239元，同比增长8.8%；经营净收入13521元，同比增长10.7%；财产净收入21200元，同比增长5.9%；转移净收入9190元，同比增长9.1%。分项收入增速比上年均有所提高。工资性收入仍然是可支配收入增长的主要动力。随着2019年义乌市就业补贴、专场招聘会、小微企业园建设、在岗培训等项优惠政策落地，多渠道推进居民就业，促进创业带动就业，推动工资水平稳步提高。经营净收入增长快速，在4项收入中“一枝独秀”，成为拉动收入上涨的重要动力。一是“义网通办”“义网通服”等商事制度改革深入推进，营商环境进一步优化；二是创业创新成效显著，市场主体活跃，促进经营收入增长；三是工业经济转型升级成效显现，促进企业增产增收；四是税收政策调整为企业减负，有效激发市场活力，为经济发展提质增效。财产性收入有所增长，主要是有机更新持续推进带来出租房屋收入和基金利息收入增加引起。转移性收入增长较快，主要受益于社会保险缴费基数下限下调、报销范围扩大、长护险等险种增加、低保及养老金提标推进及其他转移性收入持续增长。城乡居民之间的收入差距呈缩小趋势。从城镇常住居民和农村常住居民看，2019年，城镇常住居民人均可支配收入是农村常住居民居民人均可支配收入的1.95倍，2018年为1.96倍，义乌市城乡居民之间的收入差距有逐渐缩小趋势。

【城镇居民消费性支出情况分析】根据城镇住户抽样调查资料显示，2019年，义乌市城镇常住居民人均消费性支出42465元，同比增长8.5%，比金华全市平均水平（37166元）高14.3%；比全省平均水平（37508元）高13.2%，生活水平不断改善，消费结构优化升级。食品支出更趋合理，恩格尔系数基本稳定。随着全市社会经济的发展，人民生活日益富足，享受型消费观念日趋明显，城市居民人均食品烟酒支出从2018年9625元增加至2019年10328元，同比增长7.3%，恩格尔系数为24.3%，进入国际普遍定义的发达国家或富足国家恩格尔系数区间（20%～30%），基本生活消费结构进一步优化。住房面积稳步增加，居住环境升级。近年来，随着有机更新不断推进，居民的居住条件得到进一步改善，2019年，城镇居民人均自有现住房面积52.5平方米，比上年增加0.3平方米。发展、享受型消费比重呈上升趋势。2019年，城镇居民衣着支出为3211元，同比增长9.2%；生活用品及服务支出2067元，同比增长4.1%；交通通信支出为7529元，同比增长10.1%；其他用品和服务支出为807元，同比增长17.2%，这些发展享受型消费支出的增长推动消费升级。教育文化娱乐支出成为居民消费热点。义乌公共文化服务水平的不断提高，居民越来越注重家庭精神生活质量，对文化领域的需求日益增长。教育、旅游文化、休闲娱乐等消费成为居民消费热点，2019年，城镇居民教育文化娱乐服务类人均消费4571元，同比增长13.0%。交通工具多样化、稳定性增长，义乌基础交通设施日趋完善，各类移动打车、共享单车、自驾车步入居民日常生活，出行便捷。至2019年末，城镇居民每百户拥有家用汽车50.7辆，居民私家车拥有量进一步增加。居民更乐意为健康投资。在收入持续增长、物质生活丰富的基础上，居民更加注重自身保健。2019年，城镇居民医疗保健支出2801元，同比增长6.0%。

【农村居民收入情况分析】 据抽样调查显示，2019年，义乌市农村常住居民人均可支配收入39529元，同比增长8.6%。其中，人均工资性收入19454元，同比增长8.4%；人均家庭经营净收入为11953元，同比增长9.0%；人均财产净收入4684元，同比增长8.8%；人均转移性纯收入3437元，同比增长8.4%。工资性收入是主要增长动力。随着和美乡村建设不断推进，"四好农村公路"、三级农村物流网络、美丽乡村精品线等大批项目实施，为农村居民创造更多的就近、就地的就业创业机会。劳动力成本的逐年上升以及最低工资标准的上调，也带动了工资性收入水平水涨船高。经营净收入增长加快。这与义乌市营商环境进一步优化密不可分，跨境电商不断向农村延伸，"农民主播"创业平台优化、农村流转土地经营权抵押贷款实施等，激活乡村百姓就业创业热情，带动更多的人增收致富。财产净收入增长较快。一是义乌市有机更新工作持续推进和农村电商从业人数快速增长，带动了农村地区住房和经营场地的需求，刺激了租金收入的增长，成为财产性收入增长的主要因素；二是随着农村土地制度改革不断推进，进一步提高了农村资源要素配置效率，盘活了农村居民沉睡资产，土地流转分红成为农村居民财产性收入新的增长点。转移性收入增长快速。义乌市财政支出继续向民生倾斜，有关养老、医保、低保等的一系列增收惠民政策相继出台，城乡居民基本养老保险基础养老金标准从230元上调至245元，上涨6.5%；城乡居民最低生活保障标准提高至每人每月855元，连续5年提标，涨幅40.6%。这些政策的落地，解决了农村居民的后顾之忧，带动了农村居民转移性收入快速增长。

【农村居民消费性支出情况分析】 根据农村住户抽样调查资料显示，2019年，义乌市农村常住居民人均消费性支出21605元，同比增长9.3%。交通通信和教育文化娱乐支出增长快速。人均交通通信支出为2546元，同比增长12.1%；人均教育文化娱乐支出为3840元，同比增长10.1%。医疗保健支出和食品支出增长较快。农村常住居民人均医疗保健支出为1460元，同比增长9.6%。随着医保覆盖面越来越广，看病难、看病贵问题明显改善。农村居民人均食品支出7138元，同比增长8.8%，占消费性支出的33.0%，即恩格尔系数为33.0%。生活用品及服务和居住支出稳中有增。农村居民人均生活用品及服务支出为1282元，同比增长8.7%；农村常住居民人均居住支出为3273元，同比增长8.6%。衣着和其他服务支出略有增长。农村常住居民人均衣着支出为1615元，同比增长7.9%；农村居民人均其他用品和服务支出451元，同比增长7.4%。随着人们收入的提高，人们对消费的要求不再满足于解决温饱，对"美""新奇""愉快"等精神层面的追求成为人们新的消费动力。收入水平的提高以及网购的普及，使农村居民在生活用品购买上越来越注重品牌和质量。

（国家统计局义乌调查队供稿）

大事记

1月

1日，义乌跨境电商保税进口模式（1210）正式启用。

△ 义乌市首个由镇（街道）成立的教育基金会——“华鸿”教育基金在佛堂成立。

△ 义乌市核发首张以网上店铺作为经营场所的营业执照，《中华人民共和国电子商务法》在义乌正式实施。

4日，省委、省政府批复《义乌国际贸易综合改革试验区框架方案》。

5日，阿里巴巴集团董事局主席马云，银泰集团董事长沈国军到义乌考察，洽谈共同推进义乌国际贸易综合改革试验区建设有关事宜。

△ 义乌在全省率先开展农村宅基地跨村跨镇（街道）安置试点工作。

7日，市委十四届五次全体（扩大）会议在市委党校报告厅举行。

8日，2018年度国家科学技术奖揭晓，义乌籍骆有庆、季诚昌获“国家科学技术进步奖”。

11日，阿里巴巴发布的2018年电商数据中，义乌成为2018年阿里县域电商第一强县。

12—15日，中国人民政治协商会议第十三届义乌市委员会第三次会议在稠城召开。

12—16日，义乌市第十五届人民代表大会第三次会议在稠城召开。

15日，市委追授吴汝周为义乌市优秀共产党员，号召全市广大党员干部向吴汝周学习。

17日，义乌市成立首批“丝路文化驿站”，并举行授牌仪式。

19日，全市机构改革动员大会在市委党校召开，义乌市机构改革全面实施。

△ 义乌市卫生健康局挂牌成立。

20日，义乌市医保局、金华市生态环境局义乌分局、中共义乌市委机构编制委员会办公室、义乌市退役军人事务局、义乌市自然资源和规划局挂牌成立。

25日，市十五届人大常委会举行第二十次会议，新任命的国家工作人员进行宪法宣誓。

28日，2018年义乌市城镇居民人均收入首破7万元，成为全省首个城镇居民收入破7万元的县级市。

29日，省司法厅、省民政厅、省普法办联合印发《关于命名浙江省2018年度省级“民主法治村（社区）”的通知》，义乌市6个村（社区）获评省民主法治示范村（社区），上榜数量位列金华市第一。

△ 浙江大学医学院附属第四医院眼科执行主任杜持新和学科带头人沈晔合作完成义乌首例ICL植入术（有晶体眼人工晶体植入术）。

2月

1日，阿优教育科技总部项目签约仪式在义乌经济技术开发区举行，仪式上义乌市政府、杭州阿优文化创意有限公司、义乌开发区共同签署《阿优教育总部项目合作协议》，在义乌投资建立阿优教育科技总部。

△ 义乌首次实现微信年报，在义乌市注册登记的个体工商户可通过微信小程序报送2018年度个体户年报。

2日，义乌市成功首发2019年全国县级市债权投资计划。

△ 国家中医药管理局发布《2016—2018创建周期全国基层中医药工作先进单位名单》，义乌市被评为“县级全国基层中医药工作先进单位”。

5日，省经济和信息化厅、省统计局共同发布《2018浙江省数字经济发展综合评价报告》，义乌市数字经济发展总指数为105.3，在全省参评的89个县（市、区）中位居第六，为县级市第一名。

21日，义乌市卫生健康局与浦江县卫生健康局签订卫生健康战略合作协议，开展卫生健康事业发展合作。

21—22日，浙江省市场监督管理局批复同意赋予义乌市市场监督管理局制定地方标准权限，负责义乌市地方标准的立项、审评、编号和批准发布等工作，义乌成为全国第一个拥有地方标准管理权限的县级市。

27日，义乌国际贸易综合改革试验区管委会挂牌成立。

△ 汶川县医疗人才学院（义乌）在义乌市中心医院揭牌，市中心医院、汶川县人民医院双方代表签署对口支援协议。

△ 义乌国际贸易综合改革试验区建设动员会召开。

3月

5日，义乌作为唯一县级市成功入选全国41个营商环境评价试点城市。

6日，2018年度全省各市、县（市、区）扩大有效投资工作优秀单位出炉，义乌获评“全省扩大有效投资优秀单位”。

△ 义乌市民政局、浦江县民政局举行战略合作签约仪式，就民政资源要素共享进行5方面合作。

8—10日，2019年首届中国义乌多元百货展览会在义乌国际博览中心举办，同期举行首届义乌多元百货展览会暨全球社交团购创业者大会等活动。

14日，省经济和信息化厅、省统计局共同发布《2018年浙江省信息化发展水平评价报告》，义乌市在全省参评的89个县（市、区）中位居第六，为县级市第一位。

△ 义乌首个汽车行业消费维权法律服务中心挂牌成立。

16日，浙江省政府办公厅下发《关于同意设立浙江（新昌）境外并购产业合作园等3家产业合作园的复函》，同意设立浙江（义乌）境外并购产业合作园，为省首批境外并购产业合作园。

19日，义乌牵头制定全省首个《校园食品安全规范》。

△ 首部义乌题材大型电视连续剧《鸡毛飞上天》在孟加拉国ATN Bangla电视台播出，为孟加拉国电视台首次播放中国电视剧，也是第一部孟语版配音的中国电视剧。

21日，义乌市出台《义乌市农业“标准地”控制性指标和管理操作流程（试行）》，在全国率先开展农业“标准地”改革。

△ 省“三改一拆”办下发《关于2018年度全省“四边三化”行动考评情况的通报》，义乌获评浙江省“四边三化”行动优胜单位。

22日，上海杨浦区与义乌市人力资源和社会保障局签署新一轮区域人才合作框架协议。

29日，在全省建设平安浙江工作会议上，义乌市被省委、省政府授予2018年度平安县（市、区），“平安义乌”建设实现“十一连创”。

31日，浙江省财政厅、浙江省生态环境厅、浙江省自然资源厅联合印发《关于下达2019年省级山水林田湖草生态保护修复试点资金的通知》，义乌市入选浙江省首批山水林田湖草生态保护修复试点。

4月

4日，义乌获评“全省‘浙江制造’品牌培育工作优秀单位”。

9日，宁波海事法院“一带一路”纠纷诉调对接义乌中心、宁波海事法院（义乌）巡回审判庭揭牌仪式在国际商贸城四区北大门三楼举行。

10日，义乌市首个食品安全指数——稠城食品安全指数在义乌上线。

11日，港澳青年电商创业实践基地揭牌仪式在义乌工商职业技术学院创业学院举行。

△ 义乌市颁发浙江省第一本“五合一”建设项目选址意见书。

12日，京东商家成长中心落地义乌。

△ 义乌市退役军人服务中心挂牌成立。

15日，义乌在全省率先全面应用“浙政钉”。

△ 义乌发放首块新国标电动自行车牌。

16日，义乌市人民政府与天合光能股份有限公司签订《战略合作框架协议》。

△ 浙江省社会主义学院义乌分院、浙江中华文化学院义乌分院举行揭牌仪式，为全省首家挂牌的分院。

△ 在“2019浙江数字经济发展高峰论坛”上，义乌作为全省数字经济优秀样本进行现场展示。

△ “义新欧”中欧班列“吉利号”专列从义乌西站首发，终点白俄罗斯若季诺车站。

18日，国家发改委调研组到义乌，就农村土地制度改革和工业用地改革推进情况进行调研。

18—19日，在宁波召开的全省农村文化礼堂建设工作现场会上，义乌市5家农村文化礼堂获评全省“五星级”农村文化礼堂。

19日，省农业农村厅发文确认义乌市为第一批部省共建乡村振兴示范省先行创建单位。

22—28日，由义乌市政府主办，义乌西班牙交流基金会承办的2019“义新欧”发现之旅活动在西班牙举行。

24日，市十五届人大常委会举行第二十三次会议召开，审议并表决通过市政府有关人事提请报告，决定任命哈里布亚提·斯拉木江为义乌市人民政府副市长，新任命国家工作人员进行宪法宣誓。

25日，义乌市场信用APP获评全国“试点推广项目”。

26日，义乌市首届“一带一路”艺术节在市文化广场剧院启动。

△ 义乌发放全国县级市首张进口非特化妆品备案凭证。

27日，浙皖闽赣国家生态旅游协作区合作协议签约仪式暨加快推进工作座谈会在义乌举行，会上4省签订浙皖闽赣国家生态旅游协作区合作协议。

△ 世界旅游联盟·义乌对话旅游目的地高质量发展论坛在义乌举行。

29日，在全省推进“品字标浙江制造”品牌建设现场会上，义乌市被评为全省第二批“浙江制造”品牌培育工作优秀单位，为金华市惟一一家获评单位。

30日，全省统一行政执法监管平台试点工作推广部署会在义乌市召开，总结推广义乌市应用试点经验。

△ 义乌市融媒体中心挂牌成立。

△ 义乌市13家镇街卫生院（社区卫生服务中心）举行揭牌仪式，作为三大医共体成员单位实施管理一体化运行。

5月

6日，浦江—义乌供水工程正式通水，每日由浦江向义乌输送3万吨成品水，年引入成品水1000万吨。

△ 义乌市首单跨境电商企业关税保证保险通过义乌海关审批成功试单。

7日，国务院办公厅发文公布2018年落实有关重大政策措施真抓实干成效明显地方，义乌获评“深化商事制度改革成效显著地方”。

8日，义乌市人民政府与中国邮政集团公司浙江省分公司签订战略合作协议，双方共同推进“国内物流示范基地”“国际物流示范园区”“智能政务服务样板”等方面建设。

10日，高浓度难降解有机废水处理技术国家工程实验室义乌分室授牌仪式在幸福湖国际会议中心举行。

11日，中共浙江省委、浙江省人民政府发布通报，义乌市获“五水共治”（河长制）工作“大禹鼎”奖，并获评“美丽浙江”建设工作优秀市。

12日，义乌聚邦智能制造产业园在上溪镇开园，为义乌市首家智能制造的小微产业园。

12—13日，全国政协外事委员会调研组到义乌就“提高中欧班列运营质量”开展调研。

16日，在北京举行的第六次全国自强模范暨助残先进表彰大会上，义乌残疾人企业家吴忠尚获“全国自强模范”称号，受到总书记习近平接见。

△ 通过义乌海关系统办结全部通关手续后，全省首票小商品集拼转口货物在义乌成功出运。

17日，吉利动力总成制造总部在义乌正式运营。

△ 义乌在金华地区拨通首个金华移动5G电话，率先迈入5G时代。

21日，义乌市交通旅游产业发展集团有限公司揭牌成立。

21—22日，世界城地组织亚太区2019年执行局会议暨“一带一路”国际城市经贸合作对话会在义乌幸福湖国际会议中心举行。

23—26日，举办2019年浙江省国际友好城市交流展，23个国家33个省市参展。

24日，义乌工商职业技术学院西班牙研究中心成立。

△ 义乌发放首本辐射安全许可证。

27日，金华农村“标准地”改革推进会在义乌市召开，总结推广义乌农业“标准地”改革试点工作经验。

28日，中国义乌跨境电子商务产业园（易家园区）开园。

△ 义乌市举行2017年市政府换届以来新任命的科级国家工作人员宪法宣誓仪式。

△ 义乌市新社区投资建筑集团有限公司更名为义乌市建设投资集团有限公司。

29日，复旦大学附属肿瘤医院义乌肿瘤研究中心成立。

△ 义乌《农贸市场管理规范》5项地方标准正式对外发布。

6月

3日，金华市发展和改革委员会公布首批12个市级“双创”示范基地名单，义乌陆港电商小镇获批金华市首批市“双创”示范基地。

5日，义乌—莲都山海协作联席会议在丽水市莲都区召开，双方共同签订《义乌商城集团入驻古堰画乡一号艺术区合作协议》《义乌—莲都山海协作展贸经济合作协议》。

6日，义乌市何宅村、倍磊村、寺前街村、乔亭村、雅端村、雅治街村、东朱村、陇头朱村、何店村、红峰村被列入第五批中国传统村落名录。

△ 浙江省首家儿童特色主题银行义乌农商银行咚咚儿童银行正式营业。

8—12日，首届中国—中东欧国家博览会设义乌展区，重点展示“世界小商品之都”建设、“义新欧”班列、“一带一路”捷克站等内容。

15日，中欧班列（义乌—马德里）特种邮票首发式在义乌绣湖公园举行。

19日，义乌市人民政府与阿里巴巴集团在幸福湖国际会议中心签署eWTP战略合作协议，eWTP全球创新中心落地义乌。

△ 中央电视台《经济半小时》栏目以《义乌小商品转型记》为题报道义乌小商品的转型发展之路。

20日，副市长多佳带队拜访联合国项目署，就联合国采购中心落地义乌相关事项与联合国项目署罗响博士进行洽谈。

21日，省工业转型升级领导小组办公室会同省发展改革委（省能源局）、省经信厅、省自然资源厅、省生态环境厅对2018年度各市、县（市、区）“腾笼换鸟”和淘汰落后产能工作及目标任务完成情况进行考核，义乌市连续两年获省“腾笼换鸟”考核先进。

△ 义乌市首个退役军人创业金融服务基地在义乌农商银行启动运行。

23日，在“2019中国会展产业发展大会”上，义乌获“2018—2019年度中国十大会展名城”称号，是唯一一个获此殊荣的县级市。

25日，在北京召开的第九届全国“人民满意的公务员”“人民满意的公务员集体”表彰大会上，义乌市委全面深化改革委员会办公室被授予“人民满意的公务员集体”称号。

26日，义乌市首个新义乌人乡贤分会在江东街道鸡鸣山社区成立。

27—28日，安徽省岳西县党政代表团到义乌考察，与义乌市场集团签署战略合作协议。

7月

1日，义乌试点的全省市场监管领域首个审批告知承诺管理事项上线运行，此做法走在全国系统前列。

2日，义乌正式取消政府采购领域履约保证金，在全省率先实现全面免收履约保证金。

3日，义乌开通义乌—西哈努克航线，为义乌市开通的首条国际商务航线。

△ 义乌市首个食品安全“一码溯源”平台上线。

4日，义乌市革命老区开发建设促进会成立。

5日，浙江在线浙江数字经济网发布“浙江县域数字经济发展网络影响力指数榜”，义乌位列第三名。

9日，省美丽浙江建设领导小组生态文明示范创建办公室、浙江日报社联合印发《关于公布2018年度全省“美丽浙江十大特色体验地”等名单的通知》，义乌市获评“美丽浙江十大特色体验地”称号。

11日，义乌开出政府采购电子化开评标第一标，全省县级市首例政府采购全流程电子化开评标正式完成。

△ 全省“污水零直排区”建设推进现场会在义乌召开，义乌市在会上做先进典型发言。

13日，义乌公路港城市短驳货运专线开通运行。

15日，义乌市印发《义乌市地方标准管理办法（试行）》，为全省首个县级市地方标准管理办法。

17日，义乌市与中国银行浙江省分行、中银保险浙江分公司签订《关于支持国际贸易综合改革试验区进口战略合作备忘录》，助力义乌经济发展。

23日，国务院“三非”外国人专项治理工作督导到义乌开展“三非”外国人专项治理工作督查。

27日，在第14届全国政府采购监管峰会上，义乌市获“2018—2019年度全国政府采购百强县（市、区）”。

29日，在浙江省纪念建军92周年暨双拥模范城（县）命名表彰大会上，义乌市连续七届获浙江省“双拥模范城”称号。

30日，中共浙江省委办公厅印发《关于浙江省第三批“无违建县（市、区）”、第四批“基本无违建县（市、区）”的通报》，义乌市创建成全省第三批“无违建县（市、区）”。

8月

1日，市委、市政府召开新闻发布会，发布《义乌标准城市建设规划（2019—2025年）》，为全国首个标准城市建设规划。

△ 浙江（义乌）国家标准技术审评中心揭牌成立。

2日，上海交通大学义乌智能技术研究院揭牌仪式在市科技创业园举行。

3日，经中央、国务院批准同意，中国义乌国际小商品博览会更名为中国义乌国际小商品（标准）博览会。

6日，义乌市环境集团有限公司揭牌成立。

7日，义乌出台《义乌市民办学校政策性融资担保业务实施细则》，在全国首推运用政策性担保解决民办教育融资难题。

△ 参加浙港澳青年共庆中华人民共和国成立70周年交流活动的86名港澳青年到义乌交流考察。

14日，义乌获批国家级企业简易注销登记改革试点，成为全国第一个开展企业简易注销改革试点的县级市。

18日，由义乌市委主题教育办、市委党史研究室编制的“不忘初心、牢记使命”红色地图正式对外发布。

20日，中国邮政义乌—日本大阪国际货运航线开通运行。

△ 义乌签发全省首份原产地证书。

21日，义乌市人民政府办公室印发《义乌市镇街工业垃圾分拣中心建设工作方案》推进镇街工业垃圾分拣中心建设，义乌市工业垃圾“五全制”管理先进做法获省长袁家军批示全省推广。

△ 俄罗斯义乌经贸文化交流促进会在莫斯科挂牌成立。

△ 义乌市委作出决定在全市开展向吴承良学习活动。

22日，“一带一路”捷克站浙江丝路中心启用。

24日，宁波市义乌商会揭牌成立。

25日，义乌市首个标准化南蜜枣生产基地投产。

26日，“为友谊行走”2019麦克·贝茨勋爵夫妇徒步中国行动抵达义乌。

27日，义乌签发首批五年有效期在义外国人居留许可证件。

△ 义乌“一带一路”党建联盟服务中心正式启用。

29日，国家农村儿童早期发展服务试点在义乌启动。

30日，在第15届中国国际会展文化节上，义乌获"中国会展十大会展名城"大奖。

31日，全国首个ETC支付+工行无感支付+二维码支付的三模支付停车场落地义乌机场。

9月

1日，义乌—范县战略合作协议签约仪式暨交流座谈会在义乌市举行，根据协议，两地在党的建设、脱贫攻坚、产业发展、乡村振兴等方面深化合作。

△　义乌市新丝路学校建成投用，首批招生321人。

6日，在菲律宾马卡提市举办的世界城市及地方政府联合组织亚太区2019年理事会会议上，义乌市被提名为世界城市和地方政府联合组织2019—2022年度理事会和执行局成员。

7日，国家发改委、交通运输部联合印发《关于做好2019年国家物流枢纽建设工作的通知》，义乌商贸服务型国家物流枢纽入选全国第一批国家物流枢纽规划建设名单。

9日，义乌市首个ETC公共资源停车场海关路停车场投用。

△　省交通运输厅公布第三批"四好农村路"省级示范县名单，义乌名列其中。

11日，金华市委决定追授吴承良为金华市优秀共产党员，号召全市党员干部对标学习。

13日，"闯天下，回义乌"2019世界义乌人大会举行。

14日，全市首批公共直饮水设备在绣湖广场建成使用。

17日，中国国际电视台《全景中国》特别节目走进义乌。

18日，在浙江省委办公厅和省政府办公厅发布的《关于表彰浙江省第十四届精神文明建设"五个一工程"获奖作品的通报》中，义乌市广播剧《真理的味道》、纪录片《非洲人在义乌》获奖。

19日，杭州萧山国际机场航空物流有限公司与义乌机场管理公司签订合作协议，开辟义乌至杭州国际航空物流新通道。

20日，全国城市基层党建创新案例评选结果出炉，义乌入选"全国最佳案例"。

21日，全省首家镇级关爱退役军人协会——义乌市佛堂镇关爱退役军人协会成立。

22日，义乌首届农民丰收节在大陈镇开幕。

23日，生态环境部办公厅印发《关于生态环境部首批"最美水站"推选结果的函》，义乌塔下洲国控断面水质自动监测站获评全国首批"最美水站"。

24—25日，义乌金融办推出的"以信用平台为依托规范市场贸易秩序"案例，在全国信用建设高峰论坛上获"全国优秀信用案例"奖项。

25日，国际金钥匙学院义乌分院授牌、授旗仪式在义乌市国际商贸学校举行，金华地区首家国际金钥匙学院分院在义乌授权设立。

10月

9日，"义新欧"（义乌—列日）eWTP菜鸟号开行，"义新欧"跨境9610正式开通。

12日，浙江"四港"联盟成立，义乌市成功入列。成立仪式上，浙江省海港集团与义乌市政府签约合作事项。

13日，中国民主同盟传统教育基地在吴晗故居揭牌。

△　来自全球50余个国家和地区的63名国际友城媒体代表到义乌开展采风活动。

15日，义乌与莲都正式签订共建科技创新研究院合作协议。

16日，中共义乌市委决定，在全市各级党组织和广大党员干部中深入开展向谢高华学习活动。

△　义乌市人民政府与中国电信股份有限公司浙江公司签署《2019年战略合作框架协议》，达成战略合作。

18日，义乌市生态环境保护综合行政执法队和义乌市文化市场综合行政执法队挂牌成立。

19日，义乌与世界500强企业思爱普（中国）公司签约，合作创建浙江义乌创新赋能中心。

△　义乌陆港保税仓开仓运营，首批韩国美妆面膜类的保税货物通过海关核放流转进仓。

△　义乌市民族团结进步促进会成立，选举产生第一届理事会理事及监事。

21日，义乌市市场监督管理局发布《绿色展览运营规范》，为全国第一个绿色展览运营规范，也是义乌市获得地方标准制定权限首个立项、研制、发布的地方标准。

△ 世界电子贸易平台（eWTP）义乌全球创新中心——卢旺达数字贸易枢纽在卢旺达首都基加利东郊的马萨卡地区正式启用。

22日，由国家市场监督管理总局、浙江省人民政府主办的第11届中国商品市场峰会在义乌召开，义乌小商品城列“中国商品交易市场综合百强”榜首。

24日，国务委员、公安部部长赵克志签署命令（公奖字〔2019〕148号），追授义乌市公安局经侦大队原大队长吴承良为“全国公安系统二级英雄模范”称号。

25日，义乌市召开“不忘初心、牢记使命”主题教育工作推进会暨深化“三服务”活动现场会，部署主题教育专项整治工作。

△ 外交部领事司领保中心在义乌举办“2019义乌市海外安全与领事保护专题讲座”。

△ 义乌全球创新中心——卢旺达数字贸易枢纽正式启用。

27日，西北政法大学义乌研究院成立。

11月

1日，中央主题教育领导小组调研组到义乌调研“不忘初心、牢记使命”主题教育工作开展情况。

1—2日，2019年国际热带木材组织成员国木材生产贸易消费部级研讨班交流座谈会在义乌召开。

2日，首届“绿色生活·数字创造”国际会议暨2019小商品设计产业链推进研讨会在义乌国际博览中心举行。

4日，义乌市森山健康农业科技园区被认定为省级农业科技园区。

5日，义乌购举办首届外商开放日活动。

6日，在第二届中国会展业国际经贸论坛上，义乌获“2019年度中国最具影响力会展名城”中国会展业金熊猫大奖，是唯一一个获此殊荣的县级市。

7日，义乌民用航空站机场空防联勤指挥中心LED显示屏等设备采购项目“不见面开标”在市政府采购中心完成，成为全省首例政府采购“不见面开标”项目。

11日，举行2019中国（义乌）—南非进出口商品对接会，其间，南非贸易港（上海）运营中心揭牌成立。

12日，在工信部研究院赛迪顾问发布的《2019中国县域营商环境百强研究白皮书》上，义乌位居第五位。

△ 国家知识产权局商标局批复，同意义乌商标受理窗口开展注册商标专用权质权登记申请受理工作。

△ 义乌市获“全国第二批节水型社会建设达标县（区）”称号。

13日，义乌中国进口商品城孵化区开业。

△ 生态环境部发布公告，义乌市入选第三批国家生态文明建设示范市。

△ 义乌市与蜂巢孵化器共建的义乌市异地创新空间正式挂牌。

16日，义乌市实施中国健康行动启动仪式暨5千米毅行活动在市江滨绿廊举行。

17日，义乌好货·2019义乌国际半程马拉松赛在义乌市梅湖体育中心鸣枪开跑，1.5万人参跑。

19日，“义新欧”温州号从义乌西货运站启程发往莫斯科。

20日，江东货运市场完成整体搬迁，江东货运市场江东货运市场停止运营。

21日，第三方机构竞争力智库和中国信息协会信用专业委员会在北京联合发布《中国城市全面建成小康社会监测报告2019》，义乌市以140.43小康经济指数位列中国县级市全国小康指数百强榜第六位。

△ 义乌市政府和中国计量大学签订合作协议，共建中国计量大学义乌研究生院，开启市校合作新篇章。

△ 青口、福田两大物流中心正式营业。

21—22日，全省存量用地改造建设小微企业园模式专题现场会在义乌召开，交流义乌存量用地改造模式，学习义乌在小微企业园建设工作中的创新举措和先进经验。

23日，浙江省首家骨伤愈合

PRP合作中心在义乌市中心医院揭牌。

24日，由来自格林纳达、东帝汶、坦桑尼亚等35个国家和地区的100余名驻华大使及商务参赞、沿线国家商协会机构主要负责人组成的“一带一路”商务代表团到义乌参观调研。

25日，义乌市、埃塞俄比亚、阿里巴巴3方签署合作备忘录，eWTP埃塞俄比亚建设项目正式启动。

25—27日，全国信用工作现场会在义乌召开，义乌市信用承诺审批、信用分类监管有关做法向全国推广。

27日，阿里巴巴国际站义乌跨境电商峰会针对义乌本地贸易模式，发布首个全球产业带专区——义乌小商品专区。

28日，“2019智慧中国年会”公布第二届中国营商环境特色50强评选结果，义乌市入选中国营商环境特色50强。

△　义乌市会计协会成立，为全省首家会计协会。

29日，《义乌国际贸易综合改革试验区条例》经省十三届人大常委会第十五次会议审议通过，2020年1月1日起施行。

△　世界卫生组织授予义乌市“国际卫生机场”称号，义乌机场成为全国第13个国际卫生机场、杭州海关关区内首个国际卫生港。

30日，浙江省农业农村厅、浙江省市场监督管理局及浙江省林业厅3部门联合发文，义乌市获评“省级农产品质量安全放心县”。

12月

1日，老挝义乌商会暨老挝义乌经贸文化交流促进会成立。

5日，义乌发放首批商标专用权质权登记证。

6日，在中国社会科学院财经战略研究院县域经济课题组完成的《中国县域经济发展报告（2019）》中，义乌位列全国第六。

7日，中央电视台《新闻联播》头条，以《浙江义乌：改革成就全球贸易大平台》为题，聚焦义乌改革发展。

7—8日，在2019年度浙江考古重要发现汇报会上，义乌桥头遗址考古发掘项目被确定为“2019年度浙江考古重要发现”项目“榜首”，为义乌考古发现首次获此殊荣。

9日，义乌市工业垃圾“五全制”治理模式，获省长袁家军批示肯定，全省推广。

10日，义乌首份出口食品生产企业备案证明出炉。

12日，哈萨克斯坦国家馆在义乌中国进口商品城开馆。

16日，“义新欧”诸暨号从义乌西站驶出前往莫斯科。

18日，在优化营商环境研讨会暨2020年中国营商环境评价研究报告发布会上，义乌市入选浙江省各县市区营商环境便利度十强。

19日，义乌列入省财政厅、省经信厅联合公布2020—2022年浙江省制造业高质量发展示范县（市、区）创建名单。

20日，在第七届中国城市物流大会上，义乌市获评“2019中国物流最优营商环境城市”。

21日，义乌汽车交易中心正式开业。

23日，科技部下发《科技部关于公布2019年度国家级科技企业孵化器的通知》，义乌科技创业园被评为国家级孵化器，实现义乌市国家级孵化器零突破。

24日，《义乌国际贸易综合改革试验区条例》颁布实施新闻发布会在杭州举行。

25日，义乌全域“污水零直排区”建设通过金华现场复核，成为全省首个全域“污水零直排区”建设县（市、区）。

29日，义乌成立首个以个人名字命名的爱心公益协会——正洪爱心公益协会。

△　全市首个分质供水小区在卿云府试点。

30日，义乌市被国家邮政局授予第二批“中国快递示范城市”称号。

△　由义乌市食安办、市市场监管局、后宅街道办事处、市标准化研究院起草的全国首个基层食安办省级地方标准《基层食品安全协调管理评价规范》发布实施。

（陈全春）

自然地理

【位置与面积】 义乌市位于浙江省中部，地处金衢盆地东部，北纬29°02′13″~29°33′31″和东经119°48′52″~120°16′25″。东邻东阳市，西连金华市、兰溪市，北接浦江县、诸暨市，南界永康市、武义县。市境东、南、北三面群山环抱，全市南北长58.15千米。东西宽44.41千米，境界总长309.75千米，面积1105.46平方千米。境内有中低山、丘陵、岗地、平原，土壤类型多样，光热资源丰富。

（金晓铃）

【土地资源】 至2019年年底，义乌市土地总面积11.05万公顷。其中，耕地2.18万公顷，园地5300公顷，林地4.86万公顷，草地659公顷，城镇村及工矿用地1.89万公顷，交通运输用地6228公顷，水域及水利设施用地6851公顷，其他土地2216公顷。

（冯建民）

【森林资源】 2019年，义乌市森林面积5.62万公顷，森林覆盖率50.91%。林木蓄积量348.49万立方米。阔叶林及针阔混交林面积2.67万公顷，占森林面积比重47.51%。乔木林地面积4.97万公顷，竹林面积3845.4公顷，疏林地面积60.8公顷，灌木林地面积2644.33公顷，其中，特殊灌木林面积2523.8公顷，一般灌木林面积120.53公顷。未成林造林地面积147.47公顷，迹地面积51.13公顷，其中，采伐迹地16.27公顷，火烧迹地34.87公顷。宜林地面积1135.67公顷，其中，规划造林地683.07公顷，其他宜林地452.6公顷。

（刘　娟）

【气候特征】 义乌市地处金衢盆地东缘，属亚热带季风气候区，光温同步、雨热同季、四季分明、温暖湿润、光照充足、雨量充沛。季节上，春秋短，夏冬长；春夏多雨，秋冬干燥。自然灾害主要有低温阴雨雪、洪涝、高温、干旱、雷电、暴雨、大风、冰雹、霜（冰）冻、寒潮和暴雪等。2019年，义乌气候总体特征为气温偏高，降水量偏多，日照偏少。年平均气温18.2℃，比常年偏高0.5℃；年降水量1735.9毫米，比常年偏多349.3毫米；年降水日数168天，比常年偏多20.3天，均居历史最多第八位。年日照时数1581.2小时，比常年偏少207.5小时，居历史最少第五位。全年极端天气气候事件多发，气象灾害影响较重，年内主要气象灾害有暴雨、连阴雨、台风、干旱和强对流等，给人民生产生活带来较重的损失和不利影响。2019年1月2日，义乌市出现降雪，各地最大积雪深度1～4厘米。春季出现5次明显的强对流天气，强对流引发雷雨大风、短时暴雨，局部伴有冰雹，致使春播短暂受阻，对交通通信、农业水利设施亦有一定影响。其中，3月21日、4月9日过程伴随强冷空气，而后一次过程日平均气温降温幅度高达14.8℃；4月29—30日、5月15日过程雨量达到暴雨量级。6月17日义乌市入梅，7月17日出梅。入梅、出梅均比常年偏迟，具有梅雨期长、强降雨过程多、降雨强度强、累积雨量大、气温偏低“冷黄梅”等特点。第九号台风“利奇马”影响较重，8月9日8时至11日8时，义乌市普降暴雨至大暴雨，8月9日夜里至10日夜里，全市维持5～7级阵风天气。秋季降水明显偏少，9月8日—11月26日，雨日与1988年、2007年并列最少，降水量破历史同期最少记录，部分地区干旱发展，空气湿度低，防火形势严峻。为缓解干旱，降低森林火灾风险，增加水库蓄水，义乌市人工增雨作业实施组适时开展人工增雨作业4次，发送火箭弹24枚。

年气温。2019年年平均气温18.2℃，比常年平均值偏高0.5℃，比2018年偏低0.3℃。全年有8个月平均气温较常年偏高，负距平出现在2月、6月和7月，5月与常年持平，其余月份正距平，正距平最大值出现在3月，偏高1.9℃。年内日最高气温≥35℃的天数有33天，比常年偏少2天，比2018年偏少11天。日最低气温≤0℃的天数有3天，比常年偏少15天，比2018年偏少24天。年极端最高气温38.4℃（出现在7月26日），比2018年偏高0.3℃，历年极端最高气温值42.0℃（2003年）。年极端最低气温-1.3℃（出现在1月27日），比2018年偏高2.8℃，历年极端最低气温-10.7℃（1977年）。月平均气温年较差23.3℃，比2018年偏低1.5℃。

年降水量。2019年总降水量1735.9毫米，居历史最多第八位，比2018年偏多292.5毫米。5月和9—11月比常年偏少，其中11月偏少近8成；其余月份偏多，其中2月比常年多1.3倍。全年降水日数168天，比常年偏多20.3天，居历史最多第八位，比2018年偏多6天。5月、9月和11月降水日数偏少，其他月份均偏多，其中2月降水日数23天，比常年偏多9.5天，为历史最多。日雨量50毫米以上的暴雨天数6天，比常年偏多2.5天，仅次于2014和1983年，与1973年、1988年、1989年和1993年并列历史第三位。

年日照时数。2019年日照时数1581.2小时，比常年偏少207.5小时，居历史最少第六位，比2018年偏少104.7小时。3月和8—11月比常年偏多，其中9月比常年同期偏多3成，其余月份日照时数均比常年偏少，其中2月仅31.8小时，比常年同期偏少6.6成，居历史同期最少第二位。

（戴红星）

【重大天气气候事件】 2019年年初，延续2018年底开始的历史罕见持续阴雨寡照天气，2018年12月2日—2019年3月9日累计日照仅160.3小时，比常年偏少212.9小时，破历史最少记录。连续阴雨寡照天气导致农田土壤过湿，病虫害滋生，对蔬菜、水果的产量和品质影响较大。超强台风贯穿浙江，义乌风雨影响重。第九号台风“利奇马”8月10日凌晨在台州温岭城南镇登陆，为中华人民共和国成立后登陆浙江省第三强台风。8月9日8时—11日8时，义乌市普降暴雨到大暴雨，平均面雨量96.3毫米，山区普遍出现大暴雨，其中大于100毫米的站点有14个，最大雨量为上溪镇马岭站199.4毫米。强风维持时间长，9日夜里至10日夜里全市普遍维持5～7级阵风天气，7个站点出现8级以上大风，最大为气象局本站20.8米每秒（9级）。春季暴雨、强对流频发。气象意义上的春季共出现5次强对流天气，分别出现在3月21日、4月9日、4月24日、4月29—30日和5月15日，强对流引发雷雨大风、短时暴雨，局部伴有冰雹，致使春播短暂受阻，对交通通信、农业水利设施亦有一定影响。其中3月21日、4月29—30日、5月15日3次强对流过程雨量达到暴雨量级。秋季雨水罕见少，干旱火险高。秋季降水明显偏少，其中9月8日—11月26日，雨日仅13天，与1988年、2007年并列历史最少；降水量28.6毫米，比历史同期（189.2毫米）偏少8成，破历史同期最少记录。部分地区气象干旱发展，对农作物造成一定影响；持续晴朗少雨，空气湿度低，防火形势严峻。

（戴红星）

【湖泊河流】 义乌市境内河流数量众多，总长度1325千米。金华市级河道3条，分别为义乌江、南江、大陈江。义乌江在义乌市境内长度38.39千米，从上而下布设有白沙湖、清波湖、月亮湖；南江在义乌市境内长度

13.5千米；大陈江在义乌市境内长度42.5千米。义乌市级河道5条，分别为航慈溪、铜溪、吴溪、洪巡溪、八都溪。境内长度航慈溪28.8千米、铜溪24.5千米、吴溪25千米、洪巡溪14.5千米、八都溪10千米。其他主要河流17条，包括城南河、城中河、城西河、城东河、洪溪、六都溪、东青溪、青口溪、鲇溪、赤塘溪、石溪、杨村溪、香溪13条城市内河及环溪、缸窑溪、后溪、前溪4条农村河道。

（张小红）

【水文特征】 2019年，全市平均降水量1726.9毫米，比多年同期降水量1468.6毫米偏多17.6%，比上年1218.7毫米偏多41.7%。6月17日入梅（常年6月13日入梅），7月17日出梅（常年7月3日出梅），梅期30天（常年梅雨期20天），梅雨期平均降雨量457.2毫米，比常年梅雨期降雨量249.6毫米偏多83.2%，比上年137.2毫米偏多233.2%，为1994年以来最多，排在有水文监测记录（1954年）以来第四位。梅期最大雨量站点为大门里611毫米，最小雨量站点为东塘水库348毫米。梅雨期呈持续时间长、降雨过程多、降雨强度大、总雨量大、气温偏低的“冷黄梅”特点。梅雨期间出现6轮明显降雨过程，局地性短时强降雨、雷雨大风等强对流天气多发。1小时大于30毫米的暴雨有25站次，最大为大岭下站7月16日16—17时68.5毫米，暴雨强度为100年一遇标准；3小时大于50毫米的暴雨有14站次，最大为苏溪站6月21日8—11时101.0毫米，暴雨强度为30年一遇标准；24小时大于100毫米的暴雨有9站次，最大为柏峰水库站7月9日125.5毫米，暴雨强度为5年一遇标准；6月21日东青溪流域（3小时暴雨强度大）和7月9日义南大范围（24小时暴雨强度大）的暴雨造成一定的灾害损失。台汛期主要受9号超强台风“利奇马”、18号台风“米娜”影响。9号超强台风“利奇马”8月8日—10日严重影响义乌市，据全市水文监测系统统计（47个站点），8月8日8时—11日8时，全市平均降水量99.5毫米，其暴雨强度大（26个站点过程雨量超100毫米），降雨量时空分布不均。其中大陈镇面雨量168.7毫米（最大站点八都水库241毫米），赤岸镇158毫米（最大站点大门里269毫米），苏溪镇面雨量127.1毫米。18号台风“米娜”9月30日—10月1日外围环流影响义乌市，累计平均降水量10.9毫米。

2019年，义乌江佛堂水文站断面出现4次超警戒水位，义乌水文站断面未出现超警戒水位。受梅雨期第一轮强降雨影响，佛堂水文站6月21日18时45分出现洪峰水位53.02米，超警戒水位0.02米。7月3—4日，梅雨期第四轮强降雨，义乌江流域水位快速上涨，义乌水文站7月5日5时35分实测洪峰水位56.7米（警戒水位57.5米），实测洪峰流量每秒770立方米；佛堂水文站5日5时35分洪峰水位53.5米（警戒水位53.00米），超警戒水位0.5米。7月8—9日，梅雨期第五轮强降雨，义乌江流域水位快速上涨，实测义乌水文站9日17时30分洪峰水位57.22米（警戒水位57.5米），实测洪峰流量每秒974立方米；佛堂水文站9日18时洪峰水位54.09米（警戒水位53.00米），超警戒水位1.09米。受9号超强台风“利奇马”正面影响，实测佛堂水文站8月10日21时洪峰水位53.33米（警戒水位53.00米），超警戒水位0.33米。至7月17日8时出梅止，全市中型水库蓄水量1.28亿立方米，正常蓄水率97.14%，较入梅前增加库容2593万立方米，可用水量1.13亿立方米。16座小（一）型水库蓄水量为4090万立方米，正常蓄水率89.83%，较入梅前增加库容680万立方米。由于梅汛期总雨量大，6座中型水库全都出现超汛限预警，岩口水库多次开闸门泄洪，八都水库等利用泄洪洞泄洪，柏峰水库溢洪道2次出水。9号超强台风“利奇马”总雨量多、暴雨强度大，岩口、八都、巧溪水库超汛限并开闸门泄洪，枫坑、柏峰及小（一）型龙门脚、王大坑、东塘、蜀墅塘等水位超汛限。10月15日汛期结束后，全市中型水库蓄水量9771万立方米，正常蓄水率为74.07%，较入汛前减少库容614万立方米。16座小（一）型水库蓄水量为2963万立方米，正常蓄水率65.08%，较入汛前减少库容336万立方米。2019年佛堂站最大一日蒸发量8.3毫米（5月24

日），义乌站最大一日蒸发量8.8毫米（9月18日），佛堂站最高8时水温31.2℃（8月28日）。

（张小红）

建置·区划

【建置沿革】 春秋属越国。秦王政二十五年（前222年）建县名乌伤，属会稽郡。新莽时改县名乌孝。东汉建武初复称乌伤，属会稽郡西部都尉治。初平三年（192年）分割西部辖境，设置长山县（即后之金华兰溪县）。三国吴赤乌八年（245年）分南境，置永康县。宝鼎元年（266年）分会稽郡西部设东阳郡（郡治长山），乌伤县属东阳郡。隋开皇十三年（593年），分吴州置婺州。唐武德四年（621年）于乌伤县置稠州。武德六年，分置乌孝、华川二县。武德七年废稠州，合乌孝、华川两县合而为一，称义乌，属婺州，为县名义乌之始。元代义乌隶属婺州路。至正十八年（1358）朱元璋部攻取婺州，改婺州路为宁越府。至正二十年（1360年）又改名金华府。明清仍旧，义乌隶属关系未变。辛亥革命后废府制代以道制，义乌属金华道。民国初，撤销府一级建制，义乌县直属于省。1914年（民国3年）以道代府，义乌县属金华道。1927年，废道制改为省县两级制，义乌直属浙江省。1935年，省下设行政督察专员公署，义乌属第四区。1947年，属第五区，1948年4月，属第三区；同年7月，属第八区。1949年5月8日义乌解放，中国共产党领导下的义乌县人民政府在稠城镇建立，隶属金华专区。1959年浦江并入义乌，1968年浦江析出。1970年起义乌属金华地区行政公署，1985年7月起属金华市。1988年7月，经国务院批准，撤销义乌县，设立义乌市，仍隶属金华市。2011年3月4日，国务院批准义乌为国际贸易综合改革试点县（市）。2019年1月4日，省委、省政府批复《义乌国际贸易综合改革试验区框架方案》，2月27日，义乌国际贸易综合改革试验区管委会挂牌成立。

（陈金春）

【行政区划】 2019年，义乌市下辖建制镇6个，街道8个，行政村440个，居委会10个，社区居委会94个。其中，佛堂镇辖村委会56个，社区居委会7个；赤岸镇辖村委会42个，社区居委会1个；义亭镇辖村委会38个，居委会5个；上溪镇辖村委会45个，社区居委会2个；苏溪镇辖村委会43个，社区居委会5个；大陈镇辖村委会31个，居委会1个；稠城街道辖社区居委会13个；福田街道辖村委会31个，社区居委会13个；江东街道辖村委会36个，社区居委会16个；稠江街道辖村委会24个，社区居委会11个；北苑街道辖村委会6个，社区居委会15个；后宅街道辖村委会30个，居委会2个，社区居委会6个；廿三里街道辖村委会28个，居委会2个，社区居委会4个；城西街道辖村委会30个，社区居委会1个。

（王丽娟）

人　口

【人口现状】 2019年，义乌市实有人口2357117人，较上年增加108997人，增长4.848%。其中，户籍人口370715户836093人，较上年增加17731人，增长率21.43‰。户籍人口中男性419452人，占50.17%；女性416641人，占49.83%；城镇人口504060人，占60.29%；乡村人口332033，占39.71%。出生人口10765人，出生率13.01‰；死亡人口4189人，死亡率5.06‰，自然增长率7.95‰，同比下降1.67‰。在册流动人口1521024人，比上年增加91266人，增长6.38%，流动人口总量增幅较大。流动人口以中青年为主，16～59岁（劳动年龄）流动人口1336011人，占总量的87.84%。学历结构持续优化，大专及以上学历148320人，占流动人口总数的9.75%，比上年增加3217人。流动人口居住时间以半年以上为主。

（陈国华）

【人口变迁】 2019年，全市共市外迁入13765人，迁出市外2567人，机械增加11198人，机械增长率为13.54‰。省内迁入4601人，省外迁入9164人，迁往省内1533人，迁往省外1034

人。流动人口1521024人，比上年增加91266人，增长6.38%。其中16～59岁（劳动年龄）流动人口1336011人，占比87.84%；16岁以下156549人，占比10.29%；60岁以上28464人，占比1.87%。流动人口中男性864895人，占比56.86%；女性656129人，占比43.14%。居住时间6个月以下442617人，占比29.1%；居住时间半年以上1078407人，占比70.9%。

（陈国华）

义乌文迹

【概况】 义乌自秦建县名乌伤，迄今已有2200余年历史，悠长的历史孕育、珍藏着城市发展的记忆。至2019年，全市共有全国重点文物保护单位7处，省级重点文物保护单位12处，市级文物保护点272处，宗教活动场所10处。中国传统村落13个，浙江省历史文化名镇1个，浙江省历史文化名村2个；古月桥保护修缮获联合国教科文组织表彰，桥头遗址被评为2019年浙江考古十大发现之首。义乌物产丰饶，红糖、火腿、南蜜枣被称为“三大宝”，饮誉海内外；以红曲酿酒已有上千年历史；豆腐皮、腐竹、山花梨、义亭月饼等名土特产，古今屡获殊荣。义乌浓郁的历史风貌、优美的自然环境、意境深远的人文景观以及异彩纷呈的民俗文化成为众多文人墨客的归隐之地。（陈金春）

【市树、市花】 2002年7月30日，义乌市第十一届人民代表大常会务委员会第三十三次会议审议决定，命名香樟为义乌市市树，月季为义乌市市花。义乌市是香樟、月季的主要栽种地之一，香樟遍布全市。义乌市内有千年以上树龄香樟1棵，800年以上树龄香樟4棵、200年以上树龄香樟103棵，100年以上树龄香樟近千棵，成为义乌鲜明的风光特色。香樟树长势雄伟，四季常青，象征着兴旺发达、吉祥如意。香樟喜温暖湿润气候及肥沃、深厚的酸性或中性砂壤土，不耐干旱瘠薄，适宜义乌市栽种的树种。

义乌人称月季为“月月红”，寓意义乌的各项事业日日红、月月红、年年红。月季自古为广大群众喜爱并得到广泛栽种，具有悠久的种植历史和良好的栽培技术。花容秀美，艳丽多姿，四时竞放。命名月季为义乌市市花，寓意义乌市经济社会各项事业的红火兴旺，有利于全市人民

市花月季　（何建人2019年4月10日摄）

市树樟树　（何建人2019年4月10日摄）

发扬朝气蓬勃、奋发向上的精神，有利于激发全市人民热爱义乌、热爱家乡的感情。

（陈金春）

【义乌歌曲《逐鹿深蓝》】 2019年，歌曲《逐鹿深蓝》在义乌广泛传唱。2016年11月，刚命名的“义乌舰”在舟山进行入列前的海试，义乌市文联、市双拥办组织部分艺术家进行创作采风活动。义乌市音乐家协会主席楼亚群深入军营体验生活，与“义乌舰”官兵同吃住同出海，积累创作素材，激发创作灵感，完成歌词的初稿。歌词谱曲后由市音乐家协会骨干进行试唱加工修改，2017年2月，完成歌曲的录音制作。《逐鹿深蓝》既反映海军官兵的精神风貌及使命追求，又结合市树、市花等义乌元素，曲调昂扬旋律雄壮，具有浓郁的军歌色彩，一经发表深受广大群众及部队官兵的喜爱，广泛传唱。2018年1月，《逐鹿深蓝》被录入《唱响义乌》音乐专辑。

（楼亚群）

【历史文化遗迹】 义乌域内挖掘的一批历史文化遗迹，为义乌文化精神提供丰富的营养。2000年及2004年考古发掘，发现的浦江（古乌伤属地）渠南村上山遗址及出土的夹炭陶片、陶器和石器，说明在距今约11000～8400年的早期新石器时代，古乌伤地区就是世界稻作农业起源地之一。2014—2019年，在城西街道桥头村进行考古挖掘，出土磨盘、穿空器、石刀等陶器和石器8件，确认此遗址为上山文化中晚期遗址，距今9000年。2019年12月7—8日，在2019年度浙江考古重要发现汇报会上，义乌桥头遗址考古发掘项目被确定为“2019年度浙江考古重要发现”项目“榜首”。

（陈金春）

【特色村落缸窑村】 2019年3月，缸窑村被浙江省林业局评为2018年度全省首批“一村万树”示范村。缸窑村地处义乌市西南部，位于义亭镇、佛堂镇和金东区三地中心地带。区域面积1.8平方千米，耕地面积38.67公顷，山林面积4.67公顷。土地资源丰富，环境古朴优美，交通便利。2019年，有农户432户，户籍人口1012人，人均年收入2万余元。2005年前，烧窑制缸是村民的主要收入来源，随着烧窑买卖日渐冷清，缸窑村经济逐渐萧条。2010年起，缸窑村开展新农村建设，以高质量发展为内核，美环境、建项目、谋产业，创建精品村。先后修缮古建筑4处，修复龙窑，设立陶缸陈列馆，新建古陶主题公园；开办陶艺体验中心，举办“龙窑”复烧、婺剧表演等特色活动；以村集体名义恢复传统工艺酿酒，重建古戏台，成立锣鼓班，传承创新“窑”“陶”“酒”“戏”四大传统

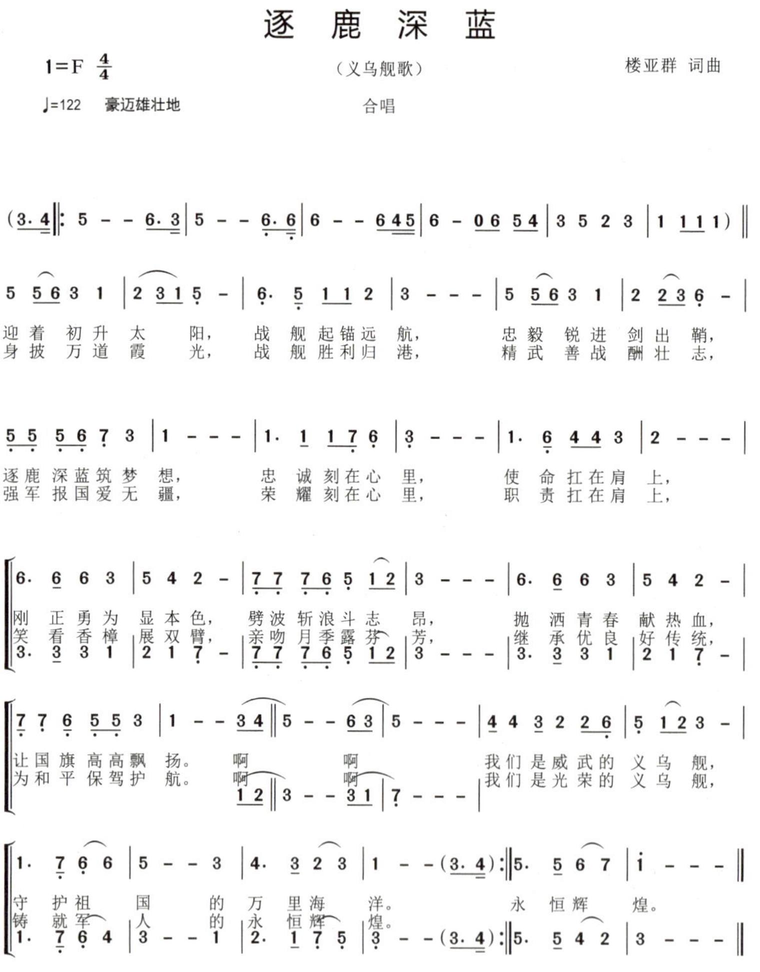

缸窑村古龙窑　（义亭镇政府供图　2019年5月摄）

文化。在保持原有古色古香的基础上，积极引资兴产，与安徽商会、浙江恒风集团、云水间等单位合作，将文化艺术和中小学研学课程相结合，推进村庄绿化等基础设施建设，引进义乌市安徽商会进行农旅综合体项目开发，村采用众筹模式入股，新种植黄金蜜梨4公顷8800株、蓝莓6.67公顷2万株，通过培训、体验、会务、销售等途径增加村民文化经济收益。缸窑村先后获中国文化传统村落、浙江省美丽宜居示范村、浙江省保护利用重点村、浙江省美丽特色精品村以及全国民主法治村等称号。

（万　欣）

【中国传统村落何店村】 2019年6月6日，根据《住房和城乡建设部等部门关于公布第五批列入中国传统村落名录的村落名单的通知》，义亭镇何店被评为中国传统村落。何店村（古称柯山）位于义乌市南部，距义乌城区13千米，具有1000余年历史。何店村有水域面积26.67公顷，耕地面积180余公顷。2019年，全村有户籍人口1380户2765人。村落地势北高南低，村内房屋总体为坐东朝西，长条状延伸，位置和形态酷似龙的头部，自古就有“龙首”之说。何店村历史悠久，村内古建筑群众多，现存传统建筑23处。何店村民以制陶为生，建有全国保存最长的龙窑，全长97米，宽1.75米。村内共有不可移动文物数量19处，拥有国家级非遗项目传统制糖工艺，县级非遗项目串蓑衣。

（万　欣）

【义乌特产苏式月饼】 义亭古法月饼，当地人叫“油酥”，也有叫“起酥”，是一种苏式月饼。在义亭历史悠久，早在清代制作月饼工艺就流传到了义亭。改革开放后，义亭月饼产业发展迅猛，生产作坊最多时达到近百家。产品销往全国各地，有些海外华侨也通过亲朋到义亭采购。义亭月饼讲究的是松、酥、香，制作过程非常精致考究。从原材料的选购、和面、起酥、包馅、盖红章、烘烤等传统手工月饼制作环节，一环扣一环，每一道工序都要严格把关。“和面”是做月饼的第一道工序，选用上等面粉，垒在案板上，中间扒开一个窝放入猪油，再慢慢倒入滚烫的开水，然后揉成面团，加入猪油、开水的面团叫“水油皮”，做月饼时还需要加入一些“酥”，所谓的“酥”，主要是由面粉和猪油混合而成的，叫油酥面。将油酥面裹在水油皮里面擀制，做起来的月饼酥脆层次分明。接着和面师傅用擀面杖将揉捏好的夹心面团推开，摊成一整张方形的面皮。用面刀沿面皮的正中间切开，将切成的两块面皮分别从侧面一点点卷起来，再把卷好的面皮揉成长条。“起酥”此道工序是最复杂的，也是至关重要的工序，月饼的外皮的所有层次感就靠这一步。将面皮卷起来，面团里面就会呈现层次，和面师傅在卷的时候，要注意力道，用力太大层次就揉没了，力道不够层次就会显得松垮，要求是每一片面皮里有10多层的分层。这样才能达到苏式月饼饼皮酥而不碎的口感。“包馅”是另外一道工序。“起酥”后的面团被和面师傅揉掐成一个个面剂子后，端到月饼包馅师傅面前。师傅一只手拿起一个面剂子，一手抓馅料熟练揉成一球，然后放一张白纸片，在模具上一按倒出来，一个义亭古法月饼就成型了。做完一个板面月饼后，便进入下一道工序一盖红章。在月饼上面盖红章，不仅仅是喜庆，也是各家作坊的标识，盖红章用的原料是红曲红，是直接从植物中提炼出来的绿色环保。下一步工序“烘烤”，是整个环节中最关键的。烘烤过程中，师傅要不停的操作，一会儿将月饼从烘烤中抽出来，一会儿又送回炉里去，整个烘烤几分钟便可以完成。月饼好吃与否，主要就是靠烘烤的功夫。烤得好的月饼，外皮金灿灿的，完整丰满不露馅，没有黑泡和焦斑，吃到嘴里皮层酥松，馅料甜而不腻，口感松酥，鲜味扑鼻。

（何建人）

全面建设小康社会

【经济建设】 2019年，义乌市实现地区生产总值1421.1亿元，比上年增长7.4%。其中，第一产业增加值22.6亿元，增长2.2%；第二产业增加值418亿元，增长7.4%；第三产业增加值980.5亿元，增长7.5%。全市按户籍人口计算人均地区生产总值17.18万元（按年平均汇率折算为2.49万美元），增长5.0%，按常住人口计算人均地区生产总值10.81万元，增长6.5%。三次产业结构增加值结构调整为1.6∶29.4∶69.0，第三产业比重比2018年提高0.3个百分点。2019年，完成农林牧渔业总产值33.17亿元，增加值23.01亿元，同比增长2.3%。全年完成种植业产值25.96亿元，增加值18.70亿元，增长0.2%。粮食播种面积7189公顷，收获粮食4.24万吨；经济作物面积14051公顷，其中，甘蔗面积720公顷，产量6.1万吨；蔬菜面积8490公顷，产量22.34万吨。全年完成林业产值0.77亿元，增加值0.56亿元，下降0.7%。全年完成绿化面积141公顷，森林覆面积5.62万公顷。完成畜牧业产值4.49亿元，增加值2.6亿元，增长23.2%。全市渔业水域面积3780公顷，其中，养殖区渔业养殖面积1200公顷，水产品产量3797吨，增长2.2%，全年完成渔业产值1.25亿元，增长1.7%。全市有农家乐（含民宿）142家，休闲观光点111个，累计接待游客515.7万人次，增长16.5%；实现旅游收入2.76亿元，增长22.6%。2019年，实现工业增加值361.5亿元，增长8.7%，其中，规模以上工业增加值137亿元，增长8.1%；规模以上工业总产值602.4亿元，增长9.5%；销售产值575.2亿元，增长5.4%；完成出口交货值159.3亿元，增长8.1%。全年累计工业用电量56.1亿千瓦时，增长3.4%。规模以上工业纺织服装业、电气机械和器材制造业、纺织业、化学纤维制造业、文教工美体育和娱乐用品制造业、汽车制造业、造纸和纸制品业、计算机通信和其他电子设备制造业八大主导行业实现产值380.9亿元，占规模以上工业总产值的63.2%，增长11.5%；实现主营业务收入356.6亿元，占规模以上工业的62.2%；实现利润总额7.5亿元，占规模以上工业的59.1%。全年实现建筑业增加值56.6亿元，建筑业增加值占地区生产总值比重3.98%。全年社会消费品零售总额722.6亿元，增长8%，其中，城镇消费品零售额538.2亿元，增长7.5%；乡村消费品零售额184.3亿元，增长9.8%。分行业看，批发零售业零售额656.2亿元，增长8.2%；住宿餐饮业零售额66.3亿元，增长6.8%。全年小商品市场实现交易额4583.1亿元，增长12%。实体市场平稳发展。全市拥有有证市场建筑面积608万平方米，市场经营户数7.89万户，市场从业人员23万人，总成交额1779.5亿元，增长11.7%，其中中国小商品城成交额1537.4亿元，增长13.2%。全年义乌城区公路、铁路、航空客流量3177.9万人次，外商出入境53.09万人次。全市在册经济主体总数56.85万户，其中外资8046户，增长23.8%。新设内资经济主体13.86万户，增长31.6%，其中，内资企业5.46万户，增长43.9%；个体工商户8.4万户，增长24.7%。全年实现电子商务交易额2768.9亿元，增长16.9%。其中，内贸电子商务交易额2014.9亿元，增长17.6%;跨境电子商务交易额753.98亿元，增长15.2%。内贸网络零售交易额1720亿元，增长15.7%；跨境网络零售交易额297.8亿元，增长17.4%。全年实现进出口总额2967.8亿元，增长15.9%。出口2867.9亿元，增长13.7%；其中，一般贸易实现出口额509.4亿元，增长6.4%，占出口额的比重17.8%；市场采购贸易出口额2343.5亿元，增长15%，占全市出口额的比重81.7%。进口99.9亿元，增长159.8%，其中日用消费品进口86.2亿元，增长423%。全年实现“一带一路”沿线国家进出口总额1413.9亿元，增长12.9%，占全市进出口总额比重47.6%；其中，出口1384.0亿元，增长11.4%，占全市出口额比重48.3%；进口29.9亿元，增长226.5%。

全年完成财政总收入152.4亿元，下降0.7%；完成一般公共预算收入101.2亿元，增长6.3%，其中，税收收入93.2亿元，增长5.8%；增值税收入23.9亿元，下降23.9%;企业所得税收入13.9亿元，增长15.1%。完成一般公共预算支出131.2亿元，增长22.6%，其中，一般公共服务支出16.7亿元，增长9.2%；社会保障和就业支出13.7亿元，增长72.9%；卫生健康支出7.2亿元，增长1.6%，教育支出31.0亿元，增长18.7%。全市共有银行业机构金融机构28家，小额贷款公司9家。年末，全市金融机构本外币存款余额3345.6亿元，比年初增加403.6亿元，增长13.7%。全市金融机构本外币各项贷款余额2823.2亿元，比年初增加372.6亿元，增长15.2%；住户贷款1235.1亿元，比年初增加231.7亿元，增长23.1%。全市共有证券营业部35家，辖内证券公司全年两市总交易量12203亿元，增长44.2%。全市共有期货公司7家，全年总交易额5603.9亿元，增长26.0%。全市共有保险公司分支机构44家，其中财产保险公司25家，人寿保险公司17家，政策性保险公司1家。全年实现保费收入71.7亿元，增长3.3%。其中，财产险收入28.3亿元，增长4.6%；人寿险收入43.4亿元，增长2.5%。全年累计赔款支出20.5亿元，增长8.3%，其中，财产险14.9亿元，增长13.1%；人寿险5.7亿元，下降2.6%。全市居民人均可支配收入为6.81万元，增长8.6%，其中，城镇常住居民人均可支配收入为7.72万元，增长8.3%；农村常住居民人均可支配收入3.95万元，增长8.6%。城乡收入比为1.95：1，继续稳步缩小。全市居民人均生活消费为3.75万元，增长8.9%。城镇常住居民人均生活消费支出为4.25万元，增长8.5%。农村常住居民人均消费支出为2.16万元，增长9.3%。城镇居民恩格尔系数为24.3%，农村居民恩格尔系数为33%。

（赵　斌）

【政治建设】 2019年，市委、市政府深入学习贯彻习近平新时代中国特色社会主义思想和习近平对义乌重要指示批示精神，从浙江“三个地”（中国革命红船起航地、改革开放先行地、习近平新时代中国特色社会主义思想重要萌发地）政治高度出发，带领全市上下树牢“四个意识”（政治意识、大局意识、核心意识、看齐意识），坚定“四个自信”（中国特色社会主义道路自信、理论自信、制度自信、文化自信），坚决做到“两个维护”（维护习近平核心地位，维护党中央权威和集中统一领导）。第一时间传达学习总书记习近平重要指示精神和中央、省委、金华市委要求，对标对表、落细落实。全面加强意识形态工作，新时代文明实践中心列入全国试点。高质量开展“不忘初心、牢记使命”主题教育，达到“让群众看得见实效”的预期，鸡鸣山社区在全省主题教育总结大会上作典型发言，义乌市“一单一图”做法在金华市推广，中央巡回督导组肯定义乌主题教育成效。深入推进“服务企业服务群众服务基层”活动，解决难点问题9817个，部门、镇（街道）领办民生实事及项目641件。巡视整改与选人用人、意识形态、巡察工作专项检查问题整改一体推进，落实46项整改任务173条具体措施，建立健全71项长效制度，问题楼盘欠缴出让金全部追缴到位。召开市委人大工作会议、市委政协工作会议，全力支持市人大常委会、市政协依法依章开展工作。深入推进司法体制改革，法院、检察院工作全面加强。统一战线和群团组织作用进一步发挥，民主党派围绕市委中心工作开展民主监督成效明显。党管武装工作持续强化，维护国家安全坚强有力，服务中央总体外交成效显著。筑牢基层战斗堡垒，完成25个社区党建示范点标准化建设，城市基层党建试点获评全国优秀案例，“党建引领涉外基层治理”做法得到省委书记车俊批示肯定。加大正风反腐力度，党纪政务立案537件。开展市委第五、第六轮百村巡察，清廉村居建设标准化体系初步形成。获批全国第三批跨境电商综试区及义乌国际贸易综合改革试验区，试验区管委会挂牌，试验区条例正式实施。市委改革办获评全国“人民满意的公务员集体”，上溪派出所获评全国首批“枫桥式公安派出所”，吴承良被追授“全国公安系统二级英雄模范”。树立市级担当作为好团队6个，澄清干部失实举报12件。下傅村、宗宅村等一批老大难问题被攻克。加大正风反腐力度，党纪政务立案537件，移送司法机关10人。各级党组织及党员干部的向心力、凝聚力、战斗力持续增强，全市上下奔跑战斗、奋勇拼搏的态势持续巩固。

（李玮钢）

【文化建设】 2019年，义乌有职业院校1所，技师学院1所，公办中小学94所（含职高），民办中小学12所，幼儿园348所，特殊教育学校2所。在校（园）生25.19万人，教职工2.05万人，其中专任教师1.49万人；在读外籍学生206人。全年共谋划教育项目142项，其中，市重点新建项目2项，续建项目16项，前期项目10项；一般性新建项目34项，续建项目62项，前期项目18项。18所学校、幼儿园建成投用，新增中小学学位6000个、幼儿园学位3000个。“百园工程”中50所幼儿园开工建设，建成后将增设1.5万余个学前学位。修订完善人才子女入学政策，解决各类人才子女入学594人。全年培育国家重点支持高新技术企业61家，省级科技型中小企业265家，省级高新技术企业研发中心1家。新培育国家级孵化器1家，为义乌首家国家级孵化器。新培育金华市级孵化器6家，金华市级众创空间1家。全年专利申请量9594件，申请量增长37.2%，专利授权量5987件，增长36.9%，其中发明专利授权量358件。古月桥保护修缮获联合国教科文组织表彰，桥头遗址被评为2019年度浙江考古十大发现之首。新增9名金华市级非遗代表性传承人、36名义乌市代表性传承人，39个非遗代表性项目，3个金华市级民俗文化村，1个金华市级非物质文化遗产生产性基地。10个村落被列入第五批中国传统村落保护名录。市非遗馆正式开馆，新建“悦读吧”50家，市图书馆总馆“24小时自助阅读区”投入使用。通过推进镇（街道）全民健身中心建设，至2019年年底，全市共有篮球场1126片，健身路径1200余条，小型健身场地112片（含门球场），室内外乒乓球桌432张，小康健身工程示范点（即全民健身广场）100个，农村社区体育设施达到全覆盖。成功举办浙江省足球超级联赛、中国足球协会乙级联赛、2019年（IET）义乌国际电子竞技大赛、2019中国义乌三对三国际篮球精英赛、2019义乌国际半程马拉松赛等高水平赛事，培育大陈龙舟赛、义乌市校园足球联赛等品牌赛事。义乌国际电子竞技大赛（IET）列入《浙江省重点培育品牌体育赛事名录库（2019）》，义乌国际半程马拉松赛被田径协会认定为银牌赛事，义乌市被浙江省体育局授予“浙江省运动休闲基地”称号。

（赵 斌）

【社会事业建设】 2019年，义乌市全年固定资产投资增长18%，增速较全国、全省和金华市分别高出12.6个、7.9个和7.7个百分点，投资增速稳中加快。全年民间项目投资增长11.9%，生态环保和公共设施投资增长16.5%，交通投资增长10.1%，高新技术产业投资增长17.4%，“四个结构”投资均保持两位数增长，完成年初目标。推进基础设施、民生和社会事业工程建设，相关领域投资明显增加。基础设施投资增长7.3%，公共服务投资增长40.3%。教育设施投资增长72.3%，短板领域投资进一步补强。全年房地产开发投资163.8亿元，商品房销售面积149.7万平方米，投资规模、商品房销售面积均创新纪录。从房地产开发投资构成看，建安工程投资70.0亿元，增长70.1%，占房地产开发投资的比重由上年的26.9%提升至42.7%。建安工程投资拉动房地产开发投资增长18.9个百分点。全市有医院、卫生院数48个，其中三级以上医院4个，实际开放床位数7062张。全市卫生技术人员9076人，其中，执业医师和执业助理医师5000人，注册执业护士5725人。年末城镇职工基本养老保险参保

60.46万人，职工基本医疗保险参保53.47万人，失业保险参保26.59万人，工伤保险参保46.52万人，生育保险参保26.99万人，城乡居民基本医疗保险43.67万人。社会和谐稳定，初信初访化解率提升至96.9%，119件信访积案化解113件。深入推进扫黑除恶专项斗争，打掉黑恶团伙26个。鸡鸣山社区获评“全国民族团结进步模范集体”，“路地融合”警务机制全省推广，平安义乌实现“十二连创”，捧得“平安金鼎”。生产安全事故数、火灾事故数、交通死亡人数分别下降44%、51%和38%。

（赵　斌）

【生态文明建设】 义乌市委、市政府始终将“两山”理念作为核心发展理念来抓，组建由一把手担任组长的美丽义乌建设、五水共治、蓝天保卫等工作领导小组；生态文明建设工作占党政实绩考核比例27.92%，形成环境保护强大合力。建立生态环保议事交办制度，市委、市政府主要领导每月专题听取生态环保工作汇报，直接部署和交办重点难点问题。实施最严考评问责制度，将蓝天保卫、水污染防治、环保督察整改等生态环保工作纳入各镇街、党政部门年终考绩。每月开展生态环保“红黄旗”竞赛，常态化开展攻坚；定期督察通报进展情况，供市委、市政府领导决策。抓好落实生态环保主体责任，全面落实市镇两级生态环境状况报告制度，全市14个镇（街道）实现基层生态环境所、生态环保网格化，环保专职干部队伍全覆盖，形成基层有人抓环保、有人管环保、有人做环保的良好态势。组建环保产业联合会、环保专家服务团和环保志愿者服务队等环保行业协会和民间组织，充分发挥政风行风热线、“特别关注”“曝光台”等电视、报纸、网络论坛的舆论监督作用，全面推动公众积极参与生态环保，营造全民参与的浓厚氛围。

坚持发展与生态两手抓，同步打响“碧水、蓝天、净土、清废”四大污染防治攻坚战，生态环境质量全面改善，生态环境公众满意度2018—2019年全省排名大幅前移55个位次。强势推进“五水共治”工作，高度重视治水基础设施建设。2019年，财政累计投入48亿元，建成日处理54万吨的9座污水处理厂，实现城乡污水收集处理全覆盖。污水处理厂外排水执行严于浙江省清洁排放标准，氨氮、总磷比国家一级A标准分别降低70%和40%。创新治水考核机制，实施“污水纳管浓度”“小流域断面水质”双重考核，倒逼镇街推进源头雨污分流工作。2019年7月，全省“污水零直排区”创建工作推进会在义乌召开，对义乌做法给予充分肯定，义乌连续3年获“大禹鼎”奖。围绕“能源、产业、运输、用地”结构调整，开展燃煤、机动车尾气、工业废气等全领域攻坚，全面推进“蓝天保卫”。开展大气治理数字化转型，建成全省首个全域感知的大气监测网络，全时响应的可视化数据集成分析平台，全程协同的污染防治处置中心，走出一条独具特色的县域数字化大气治理新路径。2019年1—10月，市区空气质量优良率达96.4%，$PM_{2.5}$平均浓度降至29微克每立方米，同比2016年提高14.8个百分点和下降12微克每立方米，空气质量提前两年达到国家二级标准，“义乌蓝”成为常态。稳步推进“净土清废”，开展“无废城市”创建，城乡环境面貌显著提升。全域推行垃圾分类，投资22.5亿元完成垃圾焚烧发电厂提标改造项目、餐厨垃圾处理项目和污泥处置项目，实现生活垃圾“零填埋”，垃圾和固体废物在本地100%集中安全利用处置。推进城乡融合发展，投资1亿元建成城市休闲绿道44.99千米；开展国企结对镇（街道）共建美丽乡村，重点打造画里南江、望道信仰等10条各具风情的美丽乡村精品线，全市所有乡镇100%创建成为国家级生态镇。2019年，培育生态文明教育基地、绿色社区、绿色学校等省级以上绿色单位100余家。2019年11月16日，生态环境部官网发布《关于命名第三批国家生态文明建设示范市县的公告》，义乌市达到考核要求，被授予“第三批国家生态文明建设示范市县”称号。

（陈金春）

领导人员名单

中共义乌市委员会

市委书记

林　毅

市委副书记

王　健

斯建民（2019年12月离任）

陈小忠（2019年12月新任）

市委常委

詹肖冰（2019年1月离任）

陈小忠

刘景刚

董利明（女）

陆品能（2019年1月离任）

多　佳

（挂职，2019年10月离任）

董士虎

（挂职，2019年12月离任）

刘　磊（挂职）

李俊福（挂职）

蒋红阳

张　雷（2019年12月离任）

施文臻（2019年11月离任）

何若伟（2019年1月新任）

虞秀军

郭济环（女，挂职）

喻新贵（2019年12月新任）

贾以鸣（2019年12月新任）

义乌市人大常委会

主　任

陈秀仙（女）

副主任

傅春明

骆　亘

颜新香（女）

胡爱芬（女）

徐江琦（2019年9月离任）

朱位松

义乌市人民政府

市　长

王　健

副市长

陈小忠

多　佳（挂职）

董士虎（挂职）

刘　磊（挂职）

李俊福（挂职）

郭济环

（女，挂职，2019年1月新任）

喻新贵

（2019年12月转常委、常务）

江　栋（2919年1月新任）

朱有清

骆小俊（女）

邱晓磊

（女，挂职，2019年9月离任）

孟　礁（挂职）

葛巧棣

贾文红（女）

何旭明（挂职）

哈里布亚提

（挂职，2019年4月新任）

熊方明

政协义乌市委员会

主　席

葛国庆（女）

副主席

吴伟兴

朱　斌（兼）

王荣山（兼）

杨桂芳（女）

王　迎（女）

何文飞

王建新

王亦民

中共义乌市纪律检查委员会

书　记

刘景刚

副书记

金有富

王庆明

义乌市人民法院

法院院长

钱建军（2019年6月离任）

胡公益（2019年6月新任）

义乌市人民检察院

检察院检察长

彭　中

中共义乌市委员会

综　述

【概况】 2019年，中共义乌市委坚持“八八战略”再深化、改革开放再出发，主动打好“九场硬战”，对标自贸区、干实试验区，奋力推进“十大改革、十大标志性项目、十大基础工作”，践行党员干部“五（吾）带头”，砥砺奋进、迎难而上，“世界小商品之都”建设迈出坚实步伐。

坚持思想对标对表，推动“两个维护”落细落实。建立市委常委会“1+X+Y”学习制度，传达学习总书记习近平重要指示和中央、省委决策部署精神。以让群众看得见实效为要求深入开展“不忘初心、牢记使命”主题教育，扎实开展“9+1”专项整治，解决难点问题9817个，部门、镇（街道）领办民生实事和项目641件。抓好省委巡视整改，与选人用人、意识形态、巡察工作专项检查问题整改一体推进，梳理出46项整改任务173条具体措施，建立健全71项长效制度，土地出让金历史遗留问题得以解决。

坚持高举改革开放旗帜，打好改革开放关键一招。试验区管委会挂牌，试验区条例正式实施，公布行使首批省级权限目录。进口孵化区开业，保税进口业务量居全国第三批跨境电商综试区第一。与阿里巴巴开展eWTP战略合作，“市场采购+跨境电商”出口新模式走通。

围绕打造“干事不受礼、办事不求人”城市，深化“六个一”工程，构建“18+2+6+X”营商环境评价指标体系，推出用电、用水、用气等领域“当天申请、当天办结”的营商环境第一方案。“互联网+监管”工作得到总理李克强批示肯定，商事登记改革受国务院办公厅发文正面激励，4项工作获省政府激励。

坚持文明创建、法治建设、平安建设同向发力，提升社会治理效能。深入推进文明创建第二批10个项目整治，开展“红黄旗小区（村）”竞赛。大力拓展新时代文明实践中心试点建设，推进三级文明实践体系建设，建成新时代文明实践点158个。构建平安义乌“1+X+Y”体系，打造“无信访积案县”，119件信访积案全年化解113件，初信初访化解率96.4%。鸡鸣山社区获评“全国民族团结进步模范集体”。深入推进扫黑除恶专项斗争，打掉黑恶团伙26个。生产安全事故数、火灾事故数、交通死亡人数同比分别下降44%、51%和38%。

坚持以民生需求为导向，提升群众幸福感获得感。围绕老人、妇女、未成年人、病人、低收入者、残疾人“六类人”提升公共服务，2019年民生投入再创新高。义乌大剧院开工，义乌博物馆新馆、义乌美术馆工程结顶，非遗展示馆对外开放，建成农村文化礼堂120个。加大古村落和历史遗址保护力度，古月桥保护修缮获联合国教科文组织表彰，义乌桥头遗址被评为年度浙江考古十大发现之首。完成纪录片《义乌通史》。

坚持实干为先的导向，营造敢担当、重实干的干事创业氛围。出台激励干部“双十条”和12分制动态管理机制，评选表彰6个“担当作为好团队”。深化农村党建“双星争创”，推动建立“5+5+5+X”城市基层党建标准体系，“党建引领涉外基层治理”做法得到省委书记车俊批示肯定。下傅村、宗宅村等一批老大难问题被攻克，“奋战七十天、夺取全年红”行动完成拔钉攻坚项目116个。深入推进“扛责任、强担当、治顽症、促发展”作风建设九大专项行动，开展正风肃纪41次，查处形式主义、官僚主义案件9起22人，违反中央八项规定精神案件25起39人。

坚持党风廉政建设不放松，巩固和发展山清水秀的政治生态。坚持无禁区、全覆盖、零容忍惩贪除恶，查处村集体资产管理、建房审批、工程建设及招投标等领域“小微腐败”案件14件37人，“烟票”整治工作得到中央、省、金华市纪委高度肯定。制定义乌市委巡察标准化工作规程，开展3轮对20家单位和245个村居党组织的巡察，清廉村居建设标准化体系初步形成。

【巡视整改工作】 2019年，义乌市委以高度政治责任感抓好省委巡视整改，成立整改工作领导小组，组建工作专班，市委常委会每周督查、每月研究，46项问题173条具体整改举措全部落地落细落实，问题楼盘欠缴土地出让金全部追缴到位，实现省委巡视整改全面高质量、全程高质量。将省委巡视整改与选人用人、意识形态、巡察工作3个专项检查反馈意见整改相结合，“1+3”联动推进、一体整改，选人用人专项检查明确的16项问题，意识形态专项检查明确的14项问题，巡察专项检查明确的12项问题，均按时限整改到位。注重从制度层面深挖病灶、堵塞漏洞，围绕反馈问题和整改措施，出台《市委常委会落实省委巡视整改“1+X+Y”学习计划》《党风廉政建设主体责任标准化建设实施方案》《关于构建亲清新型政商关系的实施意见》《巡察标准化工作规程》等长效制度。做好省委巡视整改情况公开工作，分别向党内和社会通报巡视整改情况，确保实事求是、客观全面，广泛接受社会各界的监督。

【营商环境“六个一”工程】 2019年，义乌市组织办事一次不跑，纵深推进“最多跑一次”改革，通过手机和电脑“网上办”“掌上办”“自动办”“无感智办”，电子证件实时发送，纸质证件邮寄到家。需求一号响应，以热线“96150”为基础，实行“企业派单”制，打造服务闭环，做到一般问题即时答复、多部门问题限时答复，实时跟踪办理情况，确保企业营商需求“件件有落实、事事有回应”。监管一网通管，运用互联网思维和大数据技术，打破部门数据孤岛，建立统一的监管信息库，实现监管过程、主体自治、信用管理全程数字化，形成共享管、掌上管、不见面管的大数据监管格局。政策一次到位，搭建“一网通服”平台，实现涉企政策集中发布、一键查询、无感推送、网上兑现，主动、精准向企业推送政策，让企业用最短时间、以最简手续、花最小成本享受政策兑现。信用一网通享，建立贯穿事前、事中、事后全生命周期的信用闭环管理体系，实施“你承诺、我先批、事后查、失信惩”的新型承诺审批机制，实施信用分类监管，对守信企业“无事不扰”。服务一生相伴，围绕企业和自然人全生命周期服务，提供保姆式、店小二式服务。企业方面，覆盖内外资所有主体，实现开办企业、注销一网服务，水电气“一个电话当日办结”，进出口单证审核“即来即审”。自然人方面，包括在义乌所有外商，实现出生、入学、就业等全链条集成服务。

重要决策和部署

【对标自贸区、干实试验区】 2019年1月4日，中共浙江省委、浙江省人民政府批复《义乌国际贸易综合改革试验区框架方案》。按照框架方案，试验区将对标自贸区，以大众贸易自由化便利化和国际贸易高质量发展为方向，主动融入和服务“一带一路”，创新组织形态、集聚主导业态、优化综合生态、突出作风状态，构建陆海联动开放型经济新体制，最终向国际自由贸易港迈进。试验区将允许先行先试，充分给予授权，赋予发展空间。2月27日，义乌国际贸易综合改革试验区管委会挂牌，作为省政府派出机构，赋予与设区市同等的经济社会权限、省级权限范围内改革开放最大自主权。同日，试验区领导小组第一次会议、义乌国际贸易综合改革试验区建设动员会、义乌国际贸易综合改革试验区管委会工作推进会相继召开。11月29日，浙江省十三届人大常委会第十五次会议审议通过《义乌国际贸易综合改革试验区条例》，于2020年1月1日起正式实施。

【开展向吴承良学习的决定】 2019年8月27日，市委出台《关于开展向吴承良同志学习的决定》。决定指出，吴承良是全市新时代担当作为干部的杰出代表，是广大党员干部的学习榜样。决定要求，要学习吴承良对党忠诚、初心不渝、使命勇担的政治品格，扎实苦干、开拓进取的担当精神，心系群众、一心为民的朴素情怀，公道正派、恪尽职守的优良作风。决定强调，全市各级党组织要深刻领会向吴承良学习的重要意义，将开展向吴承良学习活动作为学习贯彻习近平新时代中国特色社会主义思想和开展“不忘初心、牢记使命”主题教育的重要载体，认真部署，精心组织，迅速掀起学习热潮。全市广大党员干部要以吴承良为榜样，牢记宗旨、担当作为、敬业奉献，深入践行党员干部“五（吾）带头”，以实际行动为“对标自贸区、干实试验区”，加快推进“世界小商品之都”建设做出更大贡献。

【“不忘初心、牢记使命”主题教育】 2019年9月12日，市委印发《市委常委会带头深入开展“不忘初心、牢记使命”主题教育的实施方案》。同日，义乌市召开“不忘初心、牢记使命”主题教育工作会议，市委书记林毅作动员讲话，全市“不忘初心、牢记使命”主题教育正式启动。其间，义乌聚焦深入学习贯彻习近平新时代中国特色社会主义思想，牢牢把握“守初心、担使命、找差距、抓落实”总要求，推动广大党员干部增强“四个意识”、坚定“四个自信”、做到“两个维护”，努力开展一次让群众看得见实效的主题教育。市委常委会带头，学习教育覆盖至义乌14个镇（街道）、83家机关部门、3059个基层党组织、6.3万名党员。全市各级党组织盯牢改革发展的堵点痛点，梳理问题2.8万项，实行挂牌销号整改；线上线下相结合，形成“三服务”工作闭环，解决问题9817个。

【作出向谢高华学习的决定】 2019年10月16日，市委出台《关于开展向谢高华同志学习的决定》。决定指出，改革开放初期，谢高华坚持群众需求就是第一导向，打破条条框框，以敢于改革创新的勇气和担当，率先探索“兴商建县”的区域经济发展战略，带领义乌干部群众勇敢坚持、积极作为、精心培育，催生了义乌这一全球最大的小商品市场，为全国小商品市场的改革发展树立榜样。决定要求，要学习谢高华坚定信仰、任何时候都不忘初心的政治品格，牢记宗旨、践行福祉留于百姓的公仆情怀，解放思想、敢于突破思想藩篱的改革勇气，直面矛盾、敢冒丢乌纱帽风险的担当精神，脚踏实地、坚持问题导向实干干实的工作作风，以及干净干事、永葆共产党人政治本色的道德情操。决定强调，全市各级党组织要深入学习和弘扬谢高华的优秀品格，全面继承和发展老一辈留下的宝贵精神财富，不忘初心、牢记使命，深入践行党员干部“五（吾）带头”，以突击队的决心和姿态，争当改革者、奋进者、奔跑者，以实际行动为加快高质量高水平建成“世界小商品之都”做出更大贡献。

【“奋战七十天夺取全年红”行动】 2019年10月22日，市委、市政府印发《义乌市“奋战七十天夺取全年红”行动实施方案》，推进全市上下“对标自贸区、干实试验区”，组建突击队，打赢突击战，全力冲刺，并谋划好明年工作思路，确保2019年度各项目标任务尽快全面高质量完成。行动部署开展深化改革、项目攻坚、经济转型、城乡建设、民生维稳、基层党建六大突击战，各镇（街道）、各部门以行动开展为契机攻坚克难，全市“一村两楼宇”和物业联建项目年度目标提前完成，国贸二期工程主线全面通车，城市有机更新剧院北侧地块工程、后宅镇中北侧项目主体全部结顶，稠江街道、江东街道、义亭镇拔钉清障全面实施，全市各项工作得到有力推进。

重要会议

【市委十四届五次全体(扩大)会议】 2019年1月7日,市委十四届五次全体(扩大)会议暨市政府第四次全体会议在市委党校报告厅举行。市委书记林毅作题为《对标自贸区干实试验区 拼出干出义乌改革开放新奇迹》的工作报告,市委副书记、代市长王健主持会议。会议以视频会议形式召开,各镇(街道)设分会场。市委委员、市委候补委员,市纪委委员;市四套班子领导、集聚区管委会主任,法检两长,未退休市级老领导;各镇(街道)、市机关各单位班子成员,市属国企、垂直部门、金融机构主要负责人共700余人在主会场参加会议。会议研究部署试验区和新一年工作重大任务,要求推进十大改革,布局十大标志性项目,抓好十方面具体工作,动员全市上下抢抓历史机遇,对标自贸区、干实试验区,拼出干出改革开放新奇迹,高质量高水平建设"世界小商品之都"。

【全市总结表彰暨作风建设大会】 2019年2月11日,市委、市政府在市委党校召开全市总结表彰暨作风建设大会,会议以视频直播的形式召开,市级班子领导,各镇(街道)党政主要负责人,市机关各单位班子成员等720余人在主会场参加会议,各镇(街道)全体干部工作员、各机关单位干部、各村(居)两委主要负责人在分会场参加会议。会议落实省、市作风建设大会要求,强调要深化党员干部"五(吾)带头",推动办事一次不跑、需求一号响应、监管一网通管、政策一次到位、信用一网通享、服务一生相伴"六个一"建设,做到"干部干事不受礼,群众办事不求人",以一流的作风对标自贸区、干实试验区,拼出干出改革开放新奇迹。表彰2018年度先进单位与个人。

【国际贸易综合改革试验区工作领导小组第一次会议】 2019年2月27日,浙江省副省长、义乌国际贸易综合改革试验区工作领导小组组长朱从玖在义乌主持召开试验区领导小组第一次会议。领导小组副组长,领导小组成员和领导小组办公室有关人员共50余人参加会议。会议审议通过领导小组工作规则、成员单位工作职责、试验区5年实施方案及2019年重点工作安排。会议强调,要强化走在前列的使命和担当,高标准高质量推进义乌国际贸易综合改革试验区建设,试出贸易的新优势,试出改革开放大格局,试出发展的新动能,试出竞争的软实力,试出发展的新空间。会议指出,要加快研究理顺管委会运作机制和有关关系,落实"在省级权限内赋予义乌改革开放最大自主权"要求,压实落细改革责任,开好局、起好步。

【省委第十巡视组巡视义乌市工作会议】 2019年3月16日,省委第十巡视组巡视义乌市工作动员会召开。省委第十巡视组全体成员,金华市委常委、市纪委书记、市监委主任出席会议。义乌市四套班子成员,商贸服务业集聚区管委会主任,市法检两长,其他在职副处级以上干部,市纪委监委和市委组织部班子成员,巡察办主任和巡察组组长,市人大常委会主任,市政协各工委(专委)主任,各镇(街道)党政主要负责人和市直部门及市属国企主要负责人等190余人参加会议。会议强调,全市各级党组织和各级领导干部要将思想和行动统一到省委巡视组提出的要求上来,主动接受巡视、自觉接受检查、诚恳接受监督、虚心接受指导,坚决扛起全面从严治党的政治责任,切实解决管党治党中存在的突出问题,坚决推进党中央和省委各项决策部署在义乌不折不扣落实落地,加快义乌高质量发展。6月25日,省委第十巡视组向义乌市委反馈巡视情况。省巡视办主任徐鸣华出席向义乌市委书记林毅的反馈会议,并传达省委书记车俊关于巡视工作讲话和指示精神,省委第十巡视组组长陈春玉主持会议并向林毅反馈巡视情况。徐鸣华对义乌市委抓好巡视整改工作提出要求,陈春玉代表省委巡视组向义乌市委领导班子进行反馈,省委第十巡视组副组长徐其贵、叶鹰参加反馈会议,林毅主持会议并作表态讲话。7月14日,义乌市召开落实省委巡视组反馈意见整改工作动员会,深入贯彻总书记习近平关于巡视工作的重要讲话精神，认真落实省委关于巡视工作的要求，对省委巡视组反馈的7个方面46项整改任务进行全面部署，动员全市各级党组织、广大党员干部进一步统一思想、明确任务、压实责任，坚决将问题按期全面彻底整改到位，维护好政治生态的绿水青山，推动义乌市高质量发展。市委书记林毅主持会议并讲话。会后，义乌市从严从实加快巡视整改与选人用人、意识形态、巡察工作专项检查问题整改一体推进，落实46项整改任务173条具体措施，建立健全71项长效制度，累计问责追责214人，问题楼盘欠缴出让金全部追缴到位。

【全省执法监管平台现场会】 2019年4月30日，全省统一行政执法监管平台试点工作推广部署会在义乌召开，全省各设区市政府分管副秘书长、试点县（市、区）政府领导及相关单位负责人等100余人参会。会议落实全省"最多跑一次"改革推进政府数字化转型工作部署，总结推广义乌市应用试点经验，部署全省扩大试点任务，推进省行政执法监管平台建设工作。省市场监管局局长冯水华、省大数据局局长金志鹏、省市场监管局副局长张雪林、省综合行政执法指导办副主任潘广俊等参加会议，全省各设区市政府分管副秘书长、试点县（市、区）政府领导及相关单位负责人参会。市委书记林毅在会上介绍义乌试点工作经验。6月，全省全面推广"浙政钉掌上执法"系统应用。

【全省污水零直排现场会】 2019年7月11日，"不忘初心、牢记使命"主题教育党课暨全省"污水零直排区"建设现场会在义乌市召开，省治水办、省级有关单位负责人，各市、县（市、区）政府分管领导，各市治水办专职副主任，各市生态环境、住建和综合执法等部门主要负责人等180余人参加会议。会议指出，要坚持以习近平生态文明思想为指导，全面落实省委、省政府高质量建设美丽浙江、高水平推进"五水共治"的决策部署，以担当诠释初心，用奋进践行使命，力争到2022年全省基本完成"污水零直排区"建设。副省长彭佳学出席会议并上专题党课，对义乌的治水工作给予充分肯定。指出义乌以治思想、治理念为治水首要，从难点发力、从问题出发，整体性、系统性推进全域"污水零直排区"建设，取得显著成效，值得全省学习借鉴。省政府副秘书长蒋珍贵主持会议，金华市市长尹学群致辞并介绍金华"污水零直排区"建设做法及成效，市委书记林毅就义乌市全域"污水零直排区"建设作典型发言。会议组织观看义乌市"污水零直排区"建设专题片，宣读《关于2018年度全省"污水零直排区"建设考核情况的通报》，义乌市"五水共治"办获评优秀集体。其间，与会人员前往水务集团排水公司、福田街道长春社区、浙江思源丝网印刷小微产业园区、江东街道临江社区、后宅街道等地考察，了解义乌市"污水零直排区"建设情况。

【市委十四届六次全体（扩大）会议】 2019年8月26日，市委十四届六次全体（扩大）会议暨市政府第五次全体会议在市委党校报告厅举行。市委书记林毅代表市委、市政府作题为《正视差距革新思想实干干实为高质量高水平建成"世界小商品之都"而不懈奋斗》的工作报告，市长王健主持会议。会议设主会场和分会场。市委委员、市委候补委员，市纪委委员；市级班子领导，未退休市级老领导；各镇（街道）、市直机关各单位班子成员，市属国企、垂直部门、金融机构主要负责人等700余人在主会场参加会议。市机关各部门、镇（街道）全体干部工作员，各村居主要负责人在分会场参加会议。会议深入学习贯彻习近平新时代中国特色社会主义思想，进一步落实义乌发展经验，以正视差距、革新思想为主题，动员全市上下全面解放思想、转变治理方式、持续实干干实，推动高质量发展，为高质量高水平建成"世界小商品之都"而不懈奋斗。

重要活动

【义乌营商环境说明会】 2019年1月6日，义乌市在杭州举行营商环境说明会。市委书记林毅在说明会上致辞，代市长王健主持会议。义乌市相关领导、杭州各界相关人士、杭州义乌商会会员、义乌籍在杭工作领导嘉宾、世界义商总会嘉宾210余人参加推介会。同月19日，义乌市在上海举行营商环境说明会。市委书记林毅在会上介绍义乌发展情况。义乌市相关领导、上海各界相关人士、上海义乌商会会员等共200余人参加说明会。12月14日，义乌市在上海举行2020营商环境说明会。市委书记林毅向与会嘉宾介绍义乌改革发展情况，并就义乌投资环境进行推介，上海各界相关人士、上海义乌商会会员300余人参加会议。2019年，义乌市引进亿元以上项目60个，投资总额1187亿元。开工5000万元以上重大项目131个，总投资920亿元；4个项目列入省重大产业项目，其中特别重大产业项目2个。全球排名前五的光伏企业4家落户高新区，晶科能源、天合光能、东方日升二期开工，晶澳项目签约，爱旭二期当年落地当年开工当年投产。吉利混动变速器、英伦整车二期开工建设，吉利动力研发中心和营运中心落户义乌。

【重大项目集中开工】 2019年2月28日，义乌市举行重大项目集中开工仪式，市四套班子领导分赴深国际义乌智慧综合物流港项目、爱旭二期项目、青口物流中心项目、市场社区有机更新回迁房项目、向阳-市场片区C、E地块（义乌壹号院）项目、北方联小学新建工程项目、正大食品（义乌）有限公司中央厨房项目、陆港保税仓项目8个重大项目建设现场宣布开工。6月27日，举行二季度重大项目集中开工仪式。京东义乌电商产业园项目、天合光能项目、胜利社区有机更新回迁房项目、香山小学教育集团胜利校区和胜利幼儿园迁建工程、机场路立交化改造项目三阶段工程、北苑街道体育文化综合体项目、福田物流中心项目、宏基大厦项目8个项目开工。9月9日，举行三季度重大项目开工仪式。吉利英伦新能源整车项目二期、中通快递浙江总部项目、东方日升（义乌）新能源有限公司年产5吉瓦高效太阳能组件生产项目二期、“百园工程”4个项目开工。10月29日，甬金铁路（金华段）、杭温铁路一期（先行开工金华段）、义乌站枢纽三大铁路项目举行开工仪式，金华市委书记陈龙宣布项目开工，金华市市长尹学群主持开工仪式，金华市、义乌市领导，东阳、磐安等有关县（市）主要领导，项目业主、施工、监理、设计等单位相关负责人共290余人出席开工仪式。12月20日，义乌大剧院开工建设。

【eWTP全球创新中心落地义乌】 2019年6月19日，义乌市人民政府与阿里巴巴集团在幸福湖国际会议中心签署eWTP战略合作协议，eWTP全球创新中心落地义乌。义乌与阿里巴巴集团将在国际贸易规则孵化创新、eWTP服务网络和智慧物流网络建设、金融服务创新、云计算和大数据、数字经济建设等领域开展深入合作，围绕“一带一路”倡议和打造高质量开放型经济的要求共同推进数字贸易规则创新，助力“数字丝绸之路”建设。

【“17+1青年伙伴”合作洽谈会】 2019年7月7日，“一带一路”青年创客国际论坛暨“17+1青年伙伴”合作洽谈会在义乌举行，来自中东欧17国以及中国的200名青年代表、专家学者受邀参会。市委书记林毅致辞并宣布为全球青年提供1000个以上“创业培训计划”名额；为全球青年到义乌创业免费提供一定期限的“一张床”，为世界各国在义乌设立进口商品展销窗口提供租金优惠和便利；为全球青年到义乌创业提供交通费用支持、金融支持和商品对接、电商创业培训等服务；为全球青年到义乌创业提供一站式涉外服务，给予公司注册、就业许可、居住居留等系列优惠和扶持政策。

（李玮钢）

组织工作

【概况】 2019年，全市发展中国共产党党员943人，其中女党员304人，占32.2%；35岁以下558人，占59.2%；大专以上594人，占63.0%。全市共有中国共产党党员6.38万人，其中35岁以下1.94万人，36～45岁1.17万人，46～55岁1.21万人，56～60岁3762人，61岁以上1.69万人；大专以上3.23万人，高中（含中专）1.20万人，初中及以下1.96万人。全市有各级党组织3248

个，其中党（工）委236个，党总支90个，党支部2922个。

2019年，组建3891个服务送学专班和由23人组成的党课“主播”团队，打造42个“党企共建驿站”，优选党校老师、基层好支书、优秀党员100人组建红色宣讲团，开展“一个不能少”服务送学，推动实现学习教育全覆盖。持续开展“双百”大体验，深化“三服务”活动，常态开展“有事我来办”，建立“333”机制，推行“一单一图”回音壁、市会镇开、“两问大家访”等制度，组建544个四联动连心服务团，收集问题3864个，解决问题3681个，解决率95%。

开展“稳企业、强服务”活动，举办119场两新党建“百场沙龙行”活动，服务企业3327家。推进“四整一全”集中攻坚，出台特色产业园区、特色小镇等领域党建工作指导意见。全市新建两新党组织81个，拆分联合党组织37个，撤销空壳党组织36个，整顿提升落后党组织25个，民办中小学校、民办医院及1万平方米以上商圈楼宇，实现党建100%全覆盖。建强“云端之市”红色引擎，成立全省领域最全的互联网行业党委，覆盖互联网企业党支部55个，党员2600余人。

深化推进农村党建“双星争创”，全面推行“红黄旗”“大转盘”等做法，完成6263项“双星争创”年度“军令状”，450个行政村集体年经营性收入均达10万元以上。做好行政村规模调整，总结推广新村“融合发展十法”，升格超大支部25个。深化落实党员联系群众，党员联系户知晓率从年初不到30%提升至90%。打破市域、领域、地域界限，探索毗邻党建、国企党建共同体、区域共建委等区域化党建新模式。义乌城市基层党建创新案例《以标准化推进“五共”提升“五力”打造中小城市基层党建“义乌样本”》获评全国最佳案例。

【市委组织部城市基层党建】 2019年2月18日，出台《关于全面深化城市基层党建实施“双融双创”工程的意见》，围绕组织管理、队伍建设、基本保障、服务治理4个方面制定标准，构建“5+5+5+X”城市基层党建标准体系。5—7月，开展城市基层党建“百日攻坚”活动，全市14个镇（街道）设立911个网格党支部131个小区党支部，完成25个社区党建示范点建设。以“三张清单”落实精准化服务，1.3万名中共党员、2.1万名群团骨干进网格排摸群众，整合各类资源4000余个，形成服务项目2000余项，涌现“医路公益”等特色品牌126个。

【基层党员干部队伍管理】 从严推进“村干部整治立规创优年”行动，2019年4月至12月，开展村干部赌博、酒驾醉驾等七大专项整治，查处通报6名顶风违纪村干部，“下”掉不胜任村干部266人。围绕忠诚于党、服务人民、转型发展、优良作风、廉洁自律5个方面制定细化评价标准，制定出台村干部“五（吾）带头”20条标准，落实村干部“十二分制”管理。实施村干部素质能力提升工程，举办全市村干部“整治立规创优”专题培训班，开展村干部全员大轮训，选送409名村干部参加远程学历教育。至年底，选派30名“第一书记”进驻后进村，帮助30个后进村党组织全部完成整转。

【全省首个“一带一路”党建联盟】 2019年5月，成立“一带一路”党建联盟，由铁路口岸、海关、宁波港、天盟公司等18个单位“红色力量”组建成一个跨组织、跨区域、跨领域、跨行业的功能性党组织，按照“1+3+X”模式搭建组织框架，服务于跨区域、跨国境的货物运输。至年底，“一带一路”党建联盟助力开行528列“义新欧”中欧班列，共发运4.23万个标箱。

（方子辉）

干部工作

【概况】 至2019年年底，全市有市管干部1010人，其中机关部门班子成员502人（机关正副职、纪检正副组长478人，党委委员24人），镇（街道）班子201人，“三员”（组织员、纪检员、信访员）38人，其他正副局级干部40人，退出现职领导干部229人。机关部门班子成员平均年龄48.5岁，镇（街道）班子成员平均年龄44.4岁，全市市管干部班子成员平均年龄47.4岁。在全市市管干部中（不含退出现职领导干部），35周岁以下年轻干部29人，女干部100人，党外干部22人。

【选人用人工作检查】 2019年4月15—24日，根据十四届省委第六轮巡视统一部署，省委组织部派出选人用人专项检查组，对义乌市委2015年起干部选拔任用工作、干部担当作为情况进行专项检查。6月25日，选人用人工作专项检查组向义乌市委反馈6方面16个具体问题。义乌市委和市委组织部将抓好选人用人工作专项检查反馈意见的整改落实工作作为重要政治任务，主动对照检查，采取有效措施，确保改在实处、见到实效。至2019年12月底，6个方面16个具体问题完成整改，其中3个问题需深化落实。同时，对第十四届市委1～3轮22家被巡察单位中涉及有关领导干部责任的选人用人问题开展责任追究，给予诫勉2人；批评教育9人。根据省委组织部统一部署，从严开展基层选人用人突出问题专项整治，查核基层选人用人重点问题线索4件，问责处理17人。

【外引内培国有企业人才】 2019年6月，结合机构改革，对国企领导干部进行调整，涉及33人，其中，提拔任职14人，转任重要岗位8人，交流11人。推进国企管理人员市场化选聘工作，指导国资公司、商城集团、建投集团3家单位市场化选聘10名下属二级公司负责人。规范国有企业领导干部兼职管理，审批21名国企领导干部兼职参股（控股）企业负责人。

【“听听干部心里话”大调研】 根据“不忘初心、牢记使命”主题教育的总体部署，2019年11月底至12月下旬，市委组织部组建7个调研组，由部委成员带队，走进全市96家单位，与各单位班子成员及部分中层干部共1000余人次逐一进行谈心谈话并听取意见建议。根据走访情况，对各单位领导班子运行和领导干部表现情况进行综合分析研判，形成每个单位班子运行综合报告，建立“一局一档、一人一册”的走访成果，直接掌握一批表现较好的市管干部和有培养潜力的优秀中层干部以及一批不适宜担任现职的领导干部。

（高溶蔚）

宣传工作

【概况】 2019年，全市共建成农村文化礼堂149家，组建文体队伍760余支，累计开展形势政策教育、礼仪活动、文体活动等活动8000余场。宣传各级两会、市委十四届五次、六次全会等重要会议，聚焦会议热点亮点，阐释会议决定，刊发评论言论，开设“创新社会治理打造义乌样本”“全面贯彻全会精神”等专题专栏，推出报道260余篇。开展“对标自贸区、干实试验区”“深化三服务”“最多跑一次”“打造国际一流营商环境”“创建全国文明城市”“奋战七十天夺取全年红”等重大主题宣传10余个，每天在重要版面、时段、页面推出中心工作报道4～5篇。完成中国义乌国际小商品博览会、义乌进口商品博览会等重要展会和世界义乌人大会、eWTP签约仪式、“义马”赛事等全市性重要会议活动宣传报道，形成新闻宣传声势、营造浓厚舆论氛围。

整合媒体监督类栏目资源和力量，统一设置《特别关注》栏目名称，完善监督报道落实整改闭环机制，全年累计刊播监督报道510余篇。指导媒体开设“不忘初心、牢记使命”“红色故事会”等专栏专题，推出各类报道760余篇，宣传力度、频度受金华宣传部开会表扬。与金华主题教育宣传组沟通联系，收集整理义乌市主题教育工作素材、报送主题教育外宣成果，义乌刊播主题教育相关内容省级以上报道607篇。在省级以上媒体刊播（发）义乌主题新闻报道3200篇（条），其中《人民日报》（含海外版）69篇，中央电视台72条（其中新闻联播14条），《浙江日报》217篇（头版23篇），浙江卫视273条、浙江之声249条。新华社先后6次到义乌调研，将义乌作为国情观察点。邀请10家境外媒体走进义乌，相关报道在境外引起高度关注。推进新闻发布制度化、规范化。加强突发公共事件新闻宣传应急管理，完善重大突发事件新闻发布和涉外舆论引导机制，举行新闻发布会10场。抓好网络宣传。“eWTP全球创新中心落地义乌”网络媒体文章4700余篇，“义乌大妈和阿里CEO对话”秒拍短视频点击量100万余人次。“两微一端”开设“不忘初心、牢记使命”专题4个，累计推送各类稿件600余篇，阅读量310万余人次。

深入挖掘谢高华、吴承良、民营经济代表人物、“担当作为好团队”等义乌市各条战线干部群众先进典型和事迹，推出人物报道120余篇。组织融媒体中心开设《义乌故事》人物专栏，每天讲述全世界义乌人拼搏奋斗、创业创新的故事，全年推出90余期。围绕文明城市创建、国贸改革等中心工作，开设《最美在身边》《外国商人在义乌》等栏目，进一步激发群众百姓崇德向善、创业创新的正能量。

按照“充分整、深度融、政策扶、新闻+”的要求，制定出台《实施方案》《联席会议制度》《绩效考核办法》等规范性文件，推动媒体资源、人员、财务等整合融合。指导融媒体中心完成组织架构调整和中层岗位竞聘，规划调整新媒体矩阵，再造采编播发流程，实现新媒体终端全面融合。指导客户端开通政务服务和民生服务功能，以后宅街道为试点，成立镇（街道）分中心，打通基层宣传“最后一公里”，主动与新时代文明实践中心建设接轨融合，探索开展基层社会治理。突出绩效优先，推进同工同酬，指导出台《新闻发布移动优先考核办法》等考核制度。组织开展“对口汶川”异地采访活动，拉练融媒体传播能力、检验媒体融合成效。

【“改革体验官”制度】 2019年3月，根据市委“双百”大体验安排，建立“改革体验官”制度。“改革体验官”制度是义乌组织社会各界人士参与城市建设与管理，推动城市现代化治理的一项新制度。首批聘请的104名“改革体验官”涵盖企业主、教师、律师、医生等24个行业领域。“改革体验官”采取实事披露和意见言说的形式，对政务、公共和社会服务等方面进行体验监督。至年底，收集线索2880余条，开展体验监督598人次，交办问题161个，解决152个。开设专题专栏、网络专页、微信公众号，推出新闻作品160余篇。新华社、人民网、浙江卫视等18家上级媒体对“改革体验官”相关内容进行报道，工作经验在周边县（市）推广效仿。

【“对口汶川”新闻采访】 2019年7月，聚焦义乌—汶川东西部对口协作工作，市委宣传部组织融媒体中心记者4人赴汶川，对来料加工、物流园建设、电商发展等产业扶贫和文教卫公共事业发展情况进行专题采访报道。义乌电视台、《义乌商报》、新媒体分工有序、内容共享、同频共振，全媒体推出《电商模式为汶川“造血”赋能》《“三管齐下”让汶川百姓富起来》《打造一座物流园培育一个新产业》《助力脱贫攻坚共赴全面小康》等报道12篇，对采访活动全程进行图文直播，深入挖掘扶贫一线的先进典型和感人事迹，讲好义乌对口工作故事。

【商城大讲堂】 2019年，市委宣传部在市图书馆举办商城大讲堂系列讲座。以群众需求为导向，与讲堂各承办、协办单位策划确定年度讲座主题及时间安排，并公开承诺需完成场次数量。每月对照承诺场次和时间进度要求，督促落实各承办单位按计划举办讲座。至年底，举办健康养生、文化艺术、法律知识、地方党史等主题讲座11场，邀请屠幼英等一批知名专家到义乌授课，现场听众2000余人次。

【文明城市创建】 2019年，市委宣传部深入推进“文明出行、门前五包、车辆乱停放、线乱拉”等10个项目整治，化解重难点问题。加大执法保障力度，强化信用体系建设，查处门前五包违规1.14万余起，违法停车7.4万起，“不礼让斑马线”违章4.97万起，电动车违规6.46万起。开设《特别关注》栏目，曝光整改突出问题45个。至年底，获评“浙江好人”1人，“金华好人”21人，3人入选践行新时代金华精神“最美金华人”。培育市级文明单位（村）60家，文明家庭2000户，文明校园74所。推进义乌市文明单位社会责任联盟建设，发挥全市436家文明单位在文明创建中的示范引领作用。

（杨东明）

统战工作

【概况】 2019年，义乌市委统战部以中华人民共和国成立70周年为契机，组织开展各类主题教育活动12场，组织各民主党派、统战组织拍摄爱国短视频17个，通过各类网络媒体宣传点击量50万余人次，“我和我的祖国”快闪等2个视频在“学习强国”平台转载。建立义乌信息光电高新区“苏新荟”、兴业云谷电商园“云英荟”2处新的阶层人士实践创新基地，在义乌工商职业技术学院挂牌成立“圆点联盟”“教培双创”实践基地。建立以党派为评价主体的履职效能评价机制，以参与民主协商、民主监督和建言献策的实绩作为评价依据。各民主党派围绕全市中心工作，与市委、市政府开展10场专题协商活动，聚焦民营经济高质量发展、乡村振兴等重点任务。深化专项民主监督，报送专报意见建议12期。形成民主党派提出建议、部门反馈落实、市委统战部全程跟踪的闭环工作机制，全面加强参政建言的机制保障。

邀请“义港同心”、香港义乌之友会计师参访团等8个团组350余人次到义乌考察，164家台湾企业到义乌参展，展位400余个。成立“海峡两岸青年创业基地—新业云谷共建点”“港澳青年电商创业实践基地”，充分利用义乌产业平台、高校资源，拓展青年交流平台。

全市194个村（社区）成立乡贤组织，建成乡贤馆15个，在鸡鸣山社区建立新义乌人乡贤分会，市、镇、村三级乡贤网络基本成形。通过乡贤，为义亭“挖菜啦”农业开发、后宅“点道”旅游开发等一批项目落地做好牵线搭桥。

【统战之家“同心苑”启用】 2019年4月初，统战之家“同心苑”试运营。“同心苑”面积2000平方米。依托“同心苑”，全市统一战线成立17支志愿服务队伍。5月10日，在义乌江畔举办“同心苑”启动仪式。活动现场，为统一战线“同心”服务团授旗。启动仪式后，各民主党派、统战组织及志愿服务队伍在同心苑开展金融咨询、法律援助、健康体检、侨法宣传等公益服务活动。至年底，“同心苑”开展统一战线“三服务”活动165场次，5800余人次参与，服务群众2.9万余人次。

【浙江省社会主义学院义乌分院挂牌成立】 2019年4月16日，浙江省社会主义学院义乌分院、浙江中华文化学院义乌分院揭牌仪式在义乌市社会主义学院举行。义乌分院为全省第二家挂牌的分院，自2018年12月《社会主义学院工作条例》颁布后，全省首家挂牌的分院。中央社会主义学院中华文化教研部主任于铭松出席揭牌仪式。浙江省社会主义学院（中华文化学院）副院长张建明，市委书记林毅共同为分院揭牌，全省中华文化学院工作研讨班的各地社院领导、义乌市统战工作领导小组成员单位分管领导、义乌市委统战部全体班子成员100余人参加揭牌仪式。成立浙江省社会主义学院义乌分院、浙江省中华文化学院义乌分院聚焦“两院融合”，推动办学“规范化”。揭牌仪式后，全省中华文化学院工作研讨班、义乌市侨界代表人士培训班在浙江省社会主义学院义乌分院正式开班，2019中华文化讲师团“十场千人”首场宣讲活动开讲，于铭松为全体学员作以“中华文化要义”为题的讲课。

【吴晗故居“中国民主同盟传统教育基地”挂牌】 2019年10月13日，吴晗故居“中国民主同盟传统教育基地”揭牌成立，全国人大常委会委员、民盟中央副主席张平，民盟中央宣传部部长曲伟、义乌市统战部部长董利明及各级民盟代表等20余人出席仪式，全国人大常委会委员、民盟中央副主席张平与金华市人大常委会副主任周剑敏为基地揭牌。揭牌仪式结束后，全体人员参观吴晗故居，纪念吴晗诞辰110周年。吴晗是著名的历史学家、社会活动家、现代明史研究的开拓者和奠基者之一，是民盟先贤。其故居位于苦竹塘村，建成于1924年，占地464.6平方米。教育基地通过实物、图片、多媒体、雕像、绘画和虚拟展示等方式，再现吴晗不平凡的人生。11月20日，陈望道故居获批为全省首批省级多党合作传统教育基地。

（陈　帅）

机关党建

【概况】 2019年，市直机关工委新成立机关党委4个、总支4个、支部35个，更名党组织12个，撤销党组织18个，工商学院整建制转出到金华。发展党员198人，入党积极分子291人，收缴党费761.78万元。35个直属机关党委，6个企事业单位党委，10个直属机关党总支，33个直属党支部，4个临时机构临时党支部直接隶属于市直机关工委。全年培育市直机关党建示范点10个和市直机关党建优秀品牌10个，评选机关优秀党员50人和机关先进基层党组织30个。

【党建工作标准化建设】 2019年5月，制定《关于加快推进机关党建工作标准化建设的实施意见》，围绕基本组织、基本队伍、基本制度、基本活动、基本保障“五个基本”，编印《机关党支部标准化工作手册》，明确党支部主要工作及流程、党支部的设置与任务、党支部组织机构和基本制度等方面32项标准。对“三会一课”、主题党日等活动进行专项督查8次，检查单位342家，对发现的84个问题进行点对点反馈，抓好整改。建立示范、达标、整改3类支部台账，抓实支部提升举措清单和未达标支部整改问题清单，年底全部达标。

【“党员突击队”】 2019年，围绕国贸综合改革试验区建设的难点重点工作，指导70个机关部门组建109支“党员突击队”，梳理134项突击项目清单，2300余名党员活跃在全市攻坚一线。10月，响应市委、市政府“奋战七十天、夺取全年红”行动号召，围绕六大攻坚战46个方面内容，49个机关单位组建82支“党员突击队”，多域多线多点开展突击攻坚。

（陈　鹄）

老干部工作

【概况】 至2019年年底，全市有离休干部93人，其中义乌市离休79人（含易地安置在外省市3人）。平均年龄90.9岁，年龄最大的100岁。离休干部按享受待遇划分，享受县处级40人、科级53人。按所在单位性质划分，行政37人，事业24人，企业32人。按参加革命时期划分，抗日战争时期参加革命工作14人，解放战争时期参加工作79人。曾担任县级实职离退休干部38人，其中离休2人，退休36人。年内，全市离休干部逝世13人。2019年，义乌市老科技工作者协会被评为“浙江省离退休干部先进集体”。

【建立十项“一次不跑”工作清单】 2019年7月，建立十项“一次不跑”工作清单，即走访看望、上门送学、困难帮扶、看病就医、生日贺寿、会议报到、票据报销、照片选取、网络招生、数据共享10项内容。困难补助申请纳入部门间“一次不跑”协同平台，新增“一个电话、全程陪护”就医绿色通道5条，门诊费用报销实时结算，建立退休干部数据共享平台，取消活动证办理。至年底，走访慰问、上门服务510人次，变老干部跑为工作人员跑、数据跑的做法受省委老干部局肯定，被《中国老年报》和省局微信公众号头条宣传。

【“老党员驿站”启用】 2019年9月10日，“老党员驿站”建成启用。“老党员驿站”依托老干部活动中心建设，由主题走廊（“信仰的味道为什么这样甜”党性教育墙）、党员宣誓厅、党课辅导室组成。驿站面向离退休干部党组织、非成建制的离退休干部临时党组织、老干部志愿服务团队，服务离退休干部党员、离退休干部党支部书记、老干部志愿者。设置党课辅导室、党员宣誓厅、党建展示墙，开展重温入党誓词、参观党性教育、撰写感言等活动，打造党建示范基地、志愿团队孵化基地、红色展陈基地、活动服务基地。省内外离退休干部党组织均可通过“浙江省离退休干部服务管理系统”在线预约，到义乌“老党员驿站”开展主题活动。至年底，共22批1600人次在职党员现场教学。

【年终困难补助金发放】 2019年12月，将困难补助申请纳入部门间“一次不跑”协同平台，通过单位申报、老干部学习组长讨论、综合评审，部务会讨论等规范程序，对有特殊困难的老干部家庭、老干部遗属进行经济帮扶。至年底，为老干部及遗孀48人实施特殊困难帮扶5万元，为去世的离休干部家属13人发放病故补助1.85万元。

（邵显明）

关心下一代工作

【概况】 2019年，义乌市关工委组织五老红色宣讲团深入学校、村（社区）开展红色宣讲160余场，发放资料5200余份，受众4.6万余人次。开展“红星耀乌伤”主题教育红色收藏展，展出抗日战争、解放战争等时期的宣传画、文件资料、实用物等400余件，3000余人次参展。“扶正行动”合适成年人队伍19人，参与审查讯问127人次，为76名未成年犯罪嫌疑人作现场帮教，跟踪帮教34名失足青少年；护苗监督团开展不定期网吧监督巡查3次。组织开展全市第五届青少年模拟法庭骨干训练夏令营，18所中小学校400余名师生参加夏令营；开展法治教育讲座45场。“携手行动”工作团开展家庭教育讲座27场、“家风家训”专题讲座12场。开展“福彩助力·点亮梦想”“福彩暖万家·助圆大学梦”等助学活动，为336名贫困学生发放助学金141.82万元。开展“深化三服务 快乐过暑假”机关子女主题夏令营活动、“同在蓝天下，科普共分享”全市外来建设者子女科普教育系列活动，5所学校举办中科院老科学家科普报告会。

【“小记者携手大记者，寻访老干部初心”活动】 2019年9月，开展“小记者携手大记者，寻访老干部初心”活动，以小记者视角深入挖掘有革命经历的老干部峥嵘故事。通过义乌电视台《小记者大世界》栏目播出20期，《义乌商报》开设专栏报道20期，并在“义乌发布”微信公众号上同步推送。抗战老兵朱光的故事被新华社客户端转载点击阅读量逾124万人次，4名老干部的事迹在“学习强国”学习平台上推送，编印《聆听红色故事争当时代先锋》红色读本。

【市关工委改革实施方案】 2019年12月31日，通过深入调研，并征求“五老”代表及市委宣传部、市委市委编办、市教育局等32家成员单位意见，经市委组织部部务会、市委改革委员会研究通过并印发《义乌市关工委改革实施方案》。《方案》共分“目标要求”“主要任务”“组织实施”三大部分，提出5项改革原则、三大改革任务和10条改革措施。

（黄林滨）

信访工作

【概况】 2019年，全市信访总量2.68万件，同比增长58.7%。其中，群众来信事项2469件，同比下降1.9%；网上信访事项2.25万件，同比增长78.7%。群众“四级”走访6183人次，同比下降21.3%，其中群众来市上访5228人次，同比下降21%。信访“最多跑一次”改革成效初显，全市772件群众初信初访事项化解744件，化解率达96.4%，全市重复访人次同比下降21.4%。先后办理信访复查申请接受复查申请72件，办结72件，其中经调查出具复查意见书59件。来信来访反映主要集中在劳资劳务纠纷、城镇房屋拆迁、旧村改造、村务财务、房产纠纷、涉众型经济、涉法涉诉等方面问题。加大依法信访宣传和违法上访依法查处力度，政法机关依法处理违法上访人员19人（刑事拘留11人、行政拘留8人）。开展重大活动期间信访维稳工作，确保各级“两会”以及本市重大活动等期间的信访稳定。年内，探索形成《义乌市信访信用管理实施办法（试行）》，在金华市信访工作年度考核中获第二名，连续第15年被评为“金华市信访工作优秀县（市）”。

【民情民访代办工作】 2019年4月，开展民情民访代办工作，建立代办点678个，成立3892人组成的代办员队伍，实现市、镇（街道）、村（社）三级代办全覆盖。发动“两代表一委员”、村（社）干部、乡贤、律师、志愿者、妇女代表等力量加入代办队伍，构建全方位、多元化的代办体系。出台代办员“655”工作法，做到力量下沉到一线、问题解决在基层，不断提高群众对代办工作的认知度和满意度。至年底，代办民情民访事项5707件，“四级”走访量同比下降6.4%。

【联合接待与矛盾纠纷调处中心（信访超市）建成运行】 2019年6月30日，义乌联合接待与矛盾纠纷调处中心（信访超市）建成运行。中心实行“6+8”运行机制，即市自然资源和规划接待窗口、市综合行政执法接待窗口、市人力社保接待窗口、市纪检（监察）接待窗口、综合窗口、轮流入驻及随驻预驻窗口6个窗口，矛盾纠纷调处中心办公室、司法调解确认室、法律咨询室、心理咨询室、老娘舅工作室、“两代表一委员”工作室、家事和姐工作室、青年志愿者工作室8个工作室，实现“一站式接待、一揽子调处、一条龙服务”。至年底，共接待群众1847人次，全市重复上访人次同比下降21.4%。

【浙江省信访系统党史党务知识培训在义乌市举行】 为庆祝中华人民共和国成立70周年，提升信访干部化解信访问题的能力，2019年9月27日，由浙江省信访局主办，义乌市信访局承办的全省信访系统党史党务知识培训暨“赞美中华人民共和国，追梦新时代”朗读者比赛在义乌市委党校举行，来自全省信访系统150名信访干部参加培训。19支队伍参加朗读节目比赛。期间，开展党史党务知识和“不忘初心、牢记使命”主题知识竞赛。

2019年9月27日，“赞美中国，追梦新时代”朗读者比赛

（市信访局　供图）

【创建“无信访积案县（市、区）”】 2019年，义乌市以实现“无信访积案县（市、区）”为目标，全年全市交办119件积案化解113件，化解率95%，其中，国家级积案32件积案化解28件，化解率87.5%；省级积案19件全部化解。积案化解工作得到省委副书记、政法委书记王昌荣批示肯定，2020年1月，浙江省信访工作领导小组通报，义乌市被评为2019年度“无信访积案县（市、区）”。

（舒东阳）

义乌市人民代表大会

综 述

【概况】 2019年，市人大常委会深入开展“不忘初心、牢记使命”主题教育，学习贯彻习近平新时代中国特色社会主义思想，对照党章党规找差距，进村入企深化“三服务”，进一步严明政治纪律和政治规矩，滋养为民情怀，转变工作作风。贯彻省委、金华市委人大工作会议精神，配合市委召开人大工作会议、出台《关于高水平推进新时代人大工作和建设的意见》。市委重视加强人大工作力量，设立社会建设工委，形成常委会“一办七委”工作新格局。全力助推试验区立法，调动各方资源，加强汇报沟通和对接服务，推动立法进程全面提速。2019年11月29日，省人大常委会全票通过《义乌国际贸易综合改革试验区条例》。制定《市人大常委会听取和审议市监察委员会专项工作报告办法》。聚焦民营经济开展“问政面对面”活动，推动“问政面对面”义乌市人大工作“品牌”在省内推广、市内延伸至镇（街道）。围绕大改革大开放、市场转型升级、城市品质提升开展监督，着力优化营商环境。围绕教育卫生事业、百姓吃住行、城乡协调发展开展监督，切实增强群众幸福感和获得感。出台《关于审计查出问题整改工作监督暂行办法》，听取审计查出问题整改情况的报告，对报告反映的22个正在整改事项逐项进行满意度测评，增强监督刚性。听取并审议市属企业国有资产、行政事业性国有资产、国有自然资源（资产）管理情况的报告，常委会对国有资产的监督工作首次实现全口径、全覆盖。开展街道人大工作和建设试点，全面加强和改进镇（街道）人大工作。大力推进“四好”联络站创建工作，实现全市镇（街道）联络站规范化、标准化建设全覆盖。

【全面推进代表联络站规范化建设】 按照省人大常委会部署，2019年1月起，全省11个县（市、区）及所辖29个街道将开展为期1年的街道人大工作和建设试点工作，其中义乌市稠城街道、城西街道为省试点单位。根据工作需要，将后宅街道一并列入，作为义乌市试点单位，同步开展试点工作。2月15日，义乌市召开街道人大工作和建设试点工作动员部署暨代表联络站规范化建设推进会，全面推进代表联络站规范化建设。与会人员先后观摩后宅街道、城西街道人大代表联络站，详细了解联络站建设运行情况。会议要求，要统一思想认识，增强做好试点工作的责任感和使命感，认真贯彻落实好省人大部署要求，深化思想认识，提高政治站位，牢固树立走在前列意识，力争为全省提供可复制可推广的“义乌经验”。要准确把握目标原则和方法步骤，认真抓好街道人大工作和建设试点的重点工作任务，有序推进试点工作。要注重协同配合，切实加强组织保障，街道党工委办事处要积极支持密切配合，加强统筹协调和联系指导，做好试点工作的总结和宣传，在更广范围、更多层面赢得理解和支持，形成工作合力。按照有关精神和工作要求，后宅街道、城西街道快速行动、规范建设，全力做好试点工作，以“硬件标准化、制度规范化、活动常态化、联络多样化”和“代表满意、群众满意”为目标，架起一座代表与选民之间的“连心桥”。

【“问政面对面”助推义乌民营经济高质量发展】 2019年3月始，常委会组成7个调研组，深入企业、市场进行调研，共走访200余家民营企业和市场经营户。5月21日，促进民营经济高质量发展“问政面对面”活动在市广播电视台演播厅举行。市人大常委会主任、120余名人大代表、街道议政会代表、民营企业负责人、市场经营户，与市长王健、5位副市长、市人民法院院长、28个有关部门负责人，共话如何促进民营经济高质量发展，内容涉及小微企业发展、资源保障等促进民营经济高质量发展的各个领域。市长王健表示，市政府一如既往支持民营经济发展，通过系列举措增强民营经济发展信心；要降低企业经营成本，落实上级相关减税降费政策，解决融资难、融资贵等问题，推动制度性成本降低；要以“三服务”为抓手，深化“最多跑一次”改革，加强政务、法治、硬件设施等环境建设，打造一流的营商环境。开展促进民营经济高质量发展专项监督，是2019年市人大常委会的一项重点工作。

【市人大常委会首次组织代表约见】 2019年8月9日，市人大常委会组织部分市人大代表走访西景园、东方国际村、嘉和广场等住宅小区，实地调研市物业管理现状，发现物业管理工作中存在的诸多问题。对此，何德兴等5名市人大代表向市人大常委会有关工作机构提出约见本级国家机关负责人的书面申请。8月9日，市人大常委会首次组织部分市人大代表约见市住房和城乡建设局相关负责人，就物业管理等问题进行面对面沟通。此次为义乌市人大代表首次约见本级国家机关负责人。全市共有118个小区成立业委会，占比为41.5%；共有141个小区成立小区党支部，占比为49.6%。按照相关文件要求，需加快设立市、镇街、社区三级物业综合管理体系进度。要运用好物业企业信用考核结果，发挥好行业协会作用；要结合老旧小区改造，进一步推动物业全覆盖等问题，针对人大代表的意见建议，市住房和城乡建设局主要负责人提出解决措施，并当场表态。代表们各抒己见，充分表达民意，提的问题切合实际，针对性较强。

【金华市人大代表联络站建设现场推进会在义乌召开】 2019年7月8日，金华市人大代表联络站建设现场推进会在义乌市召开。金华市人大常委会主任黄锦朝、副主任陶国兴，金华各县市区人大常委会主任、副主任、代表联络工作机构负责人等参加会议；市人大常委会主任陈秀仙、市人大常委会副主任傅春明，各镇街人大常委会主席（主任）参加会议。会议期间，与会人员实地考察观摩城西、后宅街道人大代表联络站及稠城街道绣湖社区人大代表联络点。每到一处，认真听取联络站点建设和运行情况介绍，详细了解相关工作流程、活动开展等情况。与会人员为所观摩的人大代表联络站建设情况点赞，认为“三个考察点各有特色，充分发挥‘充电站’‘连心港’‘稳压器’‘议事厅’作用”。

重要会议

【概况】 2019年，举行人大常委会会议11次、主任会议16次，作出重大事项决定决议19项，听取和审议专项工作报告37个。

【市第十五届人民代表大会第三次会议】 2019年1月12—16日，义乌市第十五届人民代表大会第三次会议在稠城举行。会议听取和审议《政府工作报告》《义乌市人民代表大会常务委员会工作报告》《义乌市人民法院工作报告》《义乌市人民检察院工作报告》。审议《关于义乌市2018年国民经济和社会发展计划执行情况及2019年国民经济和社会发展计划草案的报告》（书面）《关于义乌市2018年预算执行情况和2019年预算草案的报告》（书面）。经过审议，通过上述各项报告，并作出相应决议。会议审议《关于义乌市2018年环境质量状况和环境保护目标完成情况的报告》(书面)。确定《对标自贸区、干实试验区,高质量高水平建设"世界小商品之都"》《全民发动、凝心聚力,加快推进全国文明城市创建》2件议案作为大会议案,收到代表提出的议案建议387件。会议选举王健为义乌市人民政府市长,选举刘景刚为义乌市监察委员会主任。在全体会议上,对12项候选民生实事项目进行差额投票表决,确定"持续推进农村更新改造,新增规模核定村20个以上,新开工20个村以上,在建总数50个村以上,新增建房农户1000户以上"等10项实事项目为2019年度政府十大民生实事,并在《义乌商报》上进行公布。其间,组织代表视察义乌铁路口岸、双江湖高教园区中国计量大学现代科技学院项目建设情况。

【市第十五届人大常委会会议】 2019年,紧紧围绕市委中心工作,按照宪法和法律赋予的各项职能,在市政府八楼会议室召开义乌市人大常委会11次,审议通过专题报告28个。

2019年义乌市人大常委会常务会议情况

表5

会议名称	时间	参加人员	会议内容
市十五届人大常委会第十九次会议	1月3日	市人大常委会组成人员37人出席会议。市委常委、常务副市长陈小忠,市人民法院院长钱建军,市监察委员会,市人民检察院相关负责人列席会议。市委组织部,市府办、市发改委、市财政局、市国资委、市税务局、市国土局、市人社局等部门单位负责人,市人大常委会各委办副主任列席会议	会议初审市十五届人大三次会议议程(草案)、日程(草案);初审市十五届人大三次会议有关组织人事建议名单;审议并表决通过市十五届人大三次会议列席人员名单和代表分团分组方案。审议通过市人大常委会代表资格审查委员会关于部分市人大代表的代表资格的报告。讨论市人大常委会工作报告(征求意见稿)。初审市政府提交的政府工作报告(送审稿);初审市财政局受市政府委托提交的关于义乌市2018年预算执行情况和2019年预算草案的报告(送审稿);书面初审市发改委受市政府委托提交的关于义乌市2018年国民经济和社会发展执行情况及2019年国民经济和社会发展计划草案的报告(送审稿),同意市政府及有关部门将相关报告稿修改完善后,提交市十五届人大三次会议审查。听取和审议市政府关于2018年民生实事项目完成情况和2019年民生实事候选项目建议方案的报告
市十五届人大常委会第二十次会议	1月25日	市人大常委会组成人员38人出席会议。市委常委、常务副市长陈小忠,市委常委、组织部长陆品能,市人民检察院检察长彭中,市监察委员会,市人民法院相关负责人,市人大常委会各委办负责人列席会议	会议审议并表决通过市人民政府有关人事提请报告、市监察委员会有关人事提请报告、市人民法院关于提请任命人民陪审员的报告、市人民检察院有关人事提请报告、市人大常委会主任会议有关人事提请议案
市十五届人大常委会第二十一次会议	2月21日	市人大常委会组成人员33人出席会议。副市长朱有清、骆小俊,市人民法院、市人民检察院相关负责人列席会议。市委副书记、市长王健,市委常委、副市长李俊福,市监察委员会、市人民法院、市人民检察院相关负责人列席会议。市人大常委会各委办负责人及6名市人大代表、3名街道议政会代表列席会议	会议审议并表决通过市人大常委会代表资格审查委员会关于部分市人大代表的代表资格的报告。审议并表决通过市人民政府有关人事提请报告。审议并表决通过市人大常委会主任会议有关人事提请议案。听取和审议稠城、城西、后宅街道人大工委关于2018年工作情况和2019年工作计划安排的报告,并作出相关决议。审议并通过市人大常委会2019年工作要点

续表 5

会议名称	时间	参加人员	会议内容
市十五届人大常委会第二十二次会议	3月29日	市人大常委会组成人员34人出席会议。市委常委、副市长李俊福，市监察委员会、市人民法院、市人民检察院相关负责人列席会议。市卫健局、市财政局、市人社局、市医疗保障局、市公安局等部门单位负责人，市人大常委会各委办负责人及3名市人大代表、3名街道议政会代表列席会议	会议审议并表决通过市监察委员会有关人事提请报告、市人大常委会主任会议有关人事提请议案。听取和审议市政府关于社区卫生服务中心建设情况的报告。听取并审议通过市公安局关于提请许可对个别市人大代表采取强制措施的报告
市十五届人大常委会第二十三次会议	4月24日	市人大常委会组成人员35人出席会议。市委常委、常务副市长陈小忠，市委组织部、市府办、市公安局相关负责人列席会议。市人大常委会各委办负责人列席会议	会议审议并表决通过市人民政府有关人事提请报告，市公安局关于提请许可对个别市人大代表采取强制措施的报告
市十五届人大常委会第二十四次会议	5月30日	市人大常委会组成人员35人出席会议。副市长、公安局局长江栋，市人民法院院长钱建军，市监察委员会、市人民检察院相关负责人列席会议。市政法委（扫黑办），市府办、市公安局、市司法局、市自然资源和规划局、市建设局、市生态环境分局、市市场监管局、市行政执法局等部门单位负责人，市人大常委会各委办、各镇（街道）人大负责人及3名市人大代表、3名街道议政会代表列席会议	会议听取和审议市公安局关于扫黑除恶专项斗争工作情况的报告。审议并表决通过市人大常委会主任会议有关人事提请议案
市十五届人大常委会第二十五次会议	6月24日	市人大常委会组成人员35人出席会议。市人民法院、市委组织部相关负责人列席会议。市人大常委会各委办负责人列席会议	会议审议并表决通过市人民法院有关人事提请报告、市人大常委会主任会议有关人事提请议案
市十五届人大常委会第二十六次会议	7月25日	市人大常委会组成人员32人出席会议。市委副书记、市长王健，市委常委、副市长董士虎，市人民法院代院长胡公益，市人民检察院检察长彭中，市监察委员会相关负责人列席会议。市府办、市发改局、市财政局、市审计局、市人社局、市自然资源和规划局、市建设局、市交通局、市卫健局、市国资办、市行政执法局、市税务局等部门单位负责人，市人大常委会各委办、各镇（街道）人大负责人及28名市人大代表、街道议政会代表列席会议	会议分别听取和审议市政府和法院、检察院半年工作报告。听取和审议市政府关于义乌市2018年财政决算草案的报告、关于2018年度义乌市本级预算执行和其他财政收支的审计工作报告、关于义乌市2019年地方政府债务限额及新增债务预算调整方案的报告、关于市十五届人大三次会议议案和代表建议办复工作及重点建议办理进展情况的报告。书面审议关于2019年上半年国民经济和社会发展计划执行情况的报告。听取和审议稠城、城西、后宅街道工委2019年上半年工作情况和下半年工作计划安排的报告。审议并表决通过市人民法院有关人事提请报告和市人大常委会主任会议关于提请接受个别市人大代表辞去代表职务的议案

续表5

会议名称	时间	参加人员	会议内容
市十五届人大常委会第二十七次会议	10月9日	市人大常委会组成人员36人出席会议。副市长朱有清、喻新贵，市监察委员会，市法院，市检察院相关负责人列席会议。市委组织部，市府办、双江湖新区管委会、市创建办、市财政局、市退役军人事务局、市审计局、市公安局、市自然资源和规划局、市建设局、市水务局、市市场监管局、市国资办、市行政执法局、小城镇环境整治办、市税务局、团市委、市场集团、佛堂镇、义亭镇、江东街道等部门单位负责人，市人大常委会各委办、各镇（街道）人大负责人及3名市人大代表、3名街道议政会代表列席会议	会议听取和审议市政府关于今年1－8月预算执行情况和全年预算调整方案的报告、关于创建全国文明城市工作情况的报告、关于双江湖建设开发情况的报告。听取和审议市政府关于提请授予"义乌舰"全体官兵"义乌市荣誉市民"称号的报告，并作出相关决定。审议通过市人大常委会关于审计查出问题整改工作监督暂行办法、关于设立市人大常委会社会建设工作委员会的决定。审议并表决通过市人民政府有关人事提请报告和市人大常委会主任会议有关人事提请议案
市十五届人大常委会第二十八次会议	11月21日	市人大常委会组成人员30人出席会议。副市长骆小俊，市法院代院长胡公益，市监察委员会，市检察院相关负责人列席会议。市委组织部、市委市委编办，市府办、市卫健局、市审计局、市国资办、市发改局、市经信局、市人力社保局、市财政局、市建设局市、交通局、市农业农村局、市医保局、市行政执法局、恒风集团等部门单位负责人，市人大常委会各委办、各镇（街道）人大负责人及3名市人大代表、3名街道议政会代表列席会议	会议听取和审议市政府关于医共体建设推进情况的报告、关于企业国有资产管理情况的专项报告，书面审议市政府关于行政事业性国有资产管理情况的专项报告、关于国有自然资源（资产）管理情况的专项报告。听取和审议市政府关于2018年度审计查出问题整改情况的报告，并对正在整改事项进行满意度测评。听取和审议市政府关于提请调整义乌市2019年国民经济和社会发展计划的报告，并作出相关决议。会议审议并表决通过市人民政府有关人事提请报告、市法院有关人事提请报告、市检察院有关人事提请报告
市十五届人大常委会第二十九次会议	12月27日	市人大常委会组成人员34人出席会议。市人大常委会党组书记丁政，副市长骆小俊，市法院代院长胡公益，市监察委员会，市人民检察院相关负责人列席会议。市委组织部、市府办、市公安局等部门单位负责人，市人大常委会各委办、各镇（街道）人大负责人列席会议	会议审议通过关于召开义乌市第十五届人民代表大会第四次会议的决定、关于义乌市人大常委会有关工作机构更名的决定，听取并审议通过市公安局关于提请许可对个别市人大代表采取强制措施的报告，审议并表决通过市人大常委会主任会议关于提请接受16名市人大代表辞职的议案

人大代表履职

【概况】 2019年，各镇（街道）人大围绕全市中心，发挥人大代表作用积极作为，服务大局，依照宪法和法律赋予人大代表的各项职权，切实履行职责。全年开展视察、督查和执法检查14次，交办视察督查意见12份。有力推动了全市中心工作和人大各项工作的顺利开展。

【视察幸福湖城市绿肺区建设工作】 2019年3月21日，市人大常委会组织13名市人大代表对幸福湖城市绿肺区建设工作进行视察。走进幸福湖城市绿肺区环境综合整治现场，听取福田街道关于幸福湖城市绿肺区工作推进情况的汇报，并进行座谈讨论。视察组认为，幸福湖城市绿肺区建设是进一步促进重大民生基础设施为标志的城市功能提升的具体举措，是提升城市管理精细化水平和居民幸福指数的有效途径，自市委全会明确建设幸福湖城市绿肺区以来，市政府及相关部门单位上下齐心、行动迅速、攻坚克难，取得阶段性成效，但后续农庄签约收购、区域统筹建设等方面需进一步强化。建议要攻坚克难，更加细致做好协议签订及后续的农庄评估、收购、征迁、绿肺建设工作。

【视察义乌市基层法庭建设】 2019年3月21日，市人大常委会组织10名市人大代表就义乌市基层法庭建设情况进行视察。实地察看廿三里法庭和苏溪法庭，听取法院和法庭负责人对法庭建设情况的汇报，并进行座谈。视察组认为，近年来，市人民法院全面加强基层法庭建设，努力满足群众司法需求，以实际行动践行司法为民，各项工作开展有序，成效明显。同时存在人少案多的矛盾日益突出、信息化建设尚待进一步完善、公正司法能力有待进一步加强等困难和问题。建议要服务发展大局，加强司法能力建设；多方联动，提升司法服务保障能力；注重以科技强审判，提高信息化应用水平；强化基层法庭队伍建设，树立文明司法形象。

【视察农村“消薄”工作】 2019年3月29日，市人大常委会组织12名市人大代表对义乌市以“一村两楼宇”为建设重点的农村“消薄”工作进行视察。实地察看赤岸镇飞凤物业项目和佛堂镇剡溪物业项目建设情况，听取佛堂镇、赤岸镇、市农业农村局情况汇报，并进行座谈讨论。视察组认为，2018年始，义乌市认真贯彻落实上级党委政府消除集体经济薄弱村的各项决策部署，紧紧围绕高质量发展目标要求，自我加压提高标准，通盘谋划，统筹推进，“消薄”工作取得明显成效。但“消薄”工作仍存在各镇（街道）间发展不平衡、村级集体经济增收持续力不足、土地政策存在瓶颈、帮扶机制有待进一步完善、各部门还需形成解决问题的合力等问题。建议强化组织领导，明确职责分工；深化“最多跑一次”改革，简化工作环节；建立反哺机制，拓宽帮扶渠道；整合资源，确保村级集体经济可持续发展；加大督查考核力度，激发各镇（街道）工作热情，形成学比赶超的良好氛围。

【视察天然气民生实事项目推进情况】 2019年4月17日，市人大常委会组织10名市人大代表对天然气民生实事项目推进情况进行视察。实地察看天然气营业厅，部分用气居民小区、用气工业企业及天然气公司夏演门站，听取城投集团关于天然气民生实事项目推进情况的汇报，并进行座谈讨论。视察组认为，义乌市自2008年实施管道天然气项目建设以来，市政府及相关部门逐年加大工程建设和普及应用力度，工作取得积极进展和一定成效。但与群众对尽快应用洁净环保、安全实惠的优质能源的迫切需求，仍有一定差距。建议要增强紧迫感，政府部门加强协调，密切配合，形成合力推进天然气入户工程建设，努力实现全覆盖；创新发展模式，助推节能减排；优化办事流程，提高服务质量；加强日常监管，保障供气安全；加大宣传力度，提高老百姓的知晓率和支持度，不断提高居民安全用气意识。

【视察城乡新社区集聚建设】 2019年4月24日，市人大常委会组织9名市人大代表对城乡新社区集聚建设工作进行视察。实地察看江东毛店地块和佛堂小江滩地块项目建设情况，听取社区建设办、社投集团、佛堂镇、江东街道情况汇报，并进行座谈讨论。视察组认为，义乌市自2013年实施城乡新社区集聚建设以来，通过政府主导建设，创新安置方式，保障各项权益，实行单个村分散安置向多村集中安置转变，多层为主向高层置换转变，纯住宅安置向多种形式组合安置转变，走出了一条以人为核心的全域城镇化路子，集聚农户的认同感、获得感显著增强。但也还存在集聚项目开发资金紧、规划有待于进一步融合和完善、个别项目安置到户率和使用率不高、旧村整村拆除尚未完整等问题。建议要提高城乡新社区集聚建设重要意义的认识，在促进城乡融合、改善人居环境、提升城市品位、腾出发展空间等方面发挥更大的作用；创新完善集聚建设各项政策，执行好村级组织留地安置政策，为发展壮大农村集体经济打好基础；坚持规划先行，实行多规融合，科学安排好近、中、远期建设时序；多方筹措，强化项目建设资金保障；统筹谋划，把控建设节奏，稳步推进集聚项目建设；明确职责，加大工作督查考核力度，确保安全优质按时完成集聚建设各项任务。

【视察以产业植入为重点的精品线建设】 2019年5月16日，市人大常委会组织10名市人大代表对义乌市以产业植入为重点的精品线建设情况进行视察。实地察看“画里南江”和“千年古镇”2条精品线的基础设施建设、产业项目招引植入等情况，听取市农业农村局、佛堂镇、城投集团相关工作情况汇报，并进行座谈讨论。视察组认为，近年来，义乌市将精品线建设和产业植入作为实施乡村振兴战略的重要抓手，通过国企结对共建，加快和美乡村建设，“望道信仰”“画里南江”“德胜古韵”等精品线建设和产业植入取得初步成效。但是，从各条精品线推进情况看，还存在精品线建设和项目招引工作进展不平衡，规划布局有待进一步完善，建设存在雷同和盲目追求“高大上”现象，政策、土地资源等要素得不到有效保障等困难和问题。建议要坚持全市一盘棋，科学编制产业规划，以规划引领招商引资和产业植入；树立“花小钱办大事”的理念，在确保项目安全和质量的前提下，加大力度推进各项工程建设；准确把握项目产业定位，精准招商，加快产业植入；牢固树立“三农”发展优先意识，强化精品线建设中政策、土地、资金、人才等方面的保障力度；加强项目的运营管理和对落地项目的跟踪服务，打造良好的投资环境和旅游环境。

【视察市场仓储建设情况】 2019年6月13日，市人大常委会组织11名市人大代表对全市市场仓储建设情况进行视察。实地察看商城后宅小微仓储园、后宅义乌博讯文体有限公司智能贸易仓储，分别听取市市场发展委员会、市自然资源和规划局、商城集团关于市场仓储建设情况的报告，并进行座谈讨论。视察组认为，近年来，市政府及相关部门高度重视市场仓储短缺问题，围绕“三年基本解决仓储难”这一工作目标，全力推动重大仓储项目落地，积极培育综合仓储物流服务主体，加快仓储小微园规划建设，市场仓储建设稳步推进。但全市市场仓储建设工作还存在仓储供需矛盾突出问题短期内无法得到有效解决、商贸仓储与文明城市创建要求之间存在较大矛盾、供地进度无法满足企业需求等困难和问题。建议要统筹规划、合理布局，充分发挥规划引领高质量发展作用；强化要素和服务保障，加快推进重大仓储项目建设；统筹做好全市仓储小微园规划，加快推进仓储小微园建设；平稳推进仓储物流出城入园工作，促进仓储物流行业与文明城市创建等工作之间实现平衡发展；加快推进仓储行业整体转型升级，加大仓储行业专业人才招引力度，为义乌仓储行业发展提供人才和智力保障。

【全市农贸市场食品安全监督检查】 2019年6月21—30日，市人大常委会以统一部署、上下联动的方式，对全市农贸市场食品安全工作开展专项监督检查。市人大常委会和各镇（街道）人大分别组织代表组成检查小组，对浙中农副产品物流中心等58家（所）城乡农贸市场、马路菜市场、超市、学校进行视察，围绕农贸市场食品安全检验检测体系建设运行情况、索证索票制度执行情况、食品安全管理规范情况、市场环境卫生情况等方面对照检查，并随机抽取部分农产品进行送检。从专项监督检查情况看，全市农贸市场规范整治工作成效明显，食品安全情况总体较好。但与人民群众的要求和期望相比，全市农贸市场食品安全工作仍存在检测能力不足、检测结果公信力不高、马路菜市场和自产自销农产品存在监管盲区、索证索票和进货台账登记制度执行不够严格、溯源工作推进困难、检测经费保障不足等问题和不足。建议要结合全市农贸市场规范整治提升工作，进一步健全农贸市场食品安全检测体系；强化市场经营主体责任意识，持续推进农贸市场食品安全管理规范化建设；以浙中农副产品物流中心、全市各大中型超市和种养殖大户为重点，加快搭建食品安全电子信息追溯平台；做好农产品源头和生产、加工、流通环节抽查检测工作，加大违法案件的处置力度；重视食品安全法律法规宣传教育，全力营造食品安全监督社会共治氛围。

【视察农村垃圾分类处理工作】 2019年6月26日，市人大常委会组织19名市人大代表对义乌市农村垃圾分类处理工作进行视察。实地察看后宅街道岭脚村、李祖村、曹村资源处理站、上河小区垃圾分类体系，分别听取市农业农村局、市综合行政执法局、后宅街道关于农村和城镇生活垃圾分类处理工作情况的汇报，并进行座谈讨论。视察组认为，近年来，市政府及相关部门高度重视农村垃圾分类处理工作，探索建立农村生活垃圾分类“二次四分法”，有序推进农村生活垃圾分类减量化处理、资源化利用，基本实现全市行政村、自然村生活垃圾分类全覆盖。但是，从工作推进情况来看，还存在公众垃圾分类意识不强，现有基础设施利用率不高，垃圾分类“粗放”、流于形式，执法监管有待加强等困难和问题。建议要充分认识实行垃圾分类的重要性和必要性，认真贯彻落实《金华市农村生活垃圾分类管理条例》，持之以恒抓好这件“关键小事”；进一步完善垃圾分类体系，加快基础设施的建设；分类研究，积极试点，形成可复制的长效治理机制，及时总结推广；尽快明确全市农村垃圾分类工作方案，扎实推进各项工作，积极鼓励社会力量参与垃圾资源化处置利用；强化正面宣传、反面曝光，推动垃圾分类的习惯和全民共治的氛围形成；强化顶层设计，加强各环节衔接，形成统一完整、能力适应、协同高效的垃圾分类生态闭环。

【视察重点交通工程建设】 2019年7月16日，市人大常委会组织7名市人大代表对重点交通工程建设情况进行视察。实地察看机场路立交化改造、03省道义乌段改建二期以及阳光大道与江东路立交化改造等工程项目现场，听取市交通局等单位关于全市重点交通工程建设情况的汇报，并进行座谈讨论。视察组认为，近年来，市政府及相关部门单位以综合交通廊道发展为目标，积极打造“三环三纵四横三连六射”交通路网，扎实推进项目建设，为经济社会高质量发展提供有力基础支撑。但义乌市重点交通工程在项目建设用地、拆迁等政策处理方面还存在一些问题和不足。建议要强化统筹协调，加强建设用地、资金等要素保障，全面完善综合交通体系；抓住第三次国土规划调整机遇，前瞻性规划布局交通路网，确保全市“一盘棋”、区域“一张网”；始终绷紧安全生产这条弦，一手抓安全、一手抓进度，有序推进重点交通工程项目建设，确保工程质量安全。

【视察国家卫生城市复审迎检工作】 2019年8月21日，市人大常委会组织10名市人大代表对国家卫生城市复审迎检工作情况进行视察。实地察看火车站、新马路菜市场、星耀风机区块等地迎检工作情况，听取市国卫办等单位关于国卫复审迎检工作情况的汇报，并进行座谈讨论。视察组认为，2019年义乌市迎来第四轮国家卫生城市复审，市政府及相关部门高度重视，抓重点、攻难点，全力推进专项整治行动，迎检工作取得阶段性成效。在视察中发现存在宣传氛围不浓、窗口单位迎检意识有待提高、部分环卫基础设施落后、待拆迁区块脏乱等问题。建议将复审迎检作为当前工作的重中之重，全力以赴做好各项迎检工作；狠抓薄弱环节，加大整改力度，力争在短时间内取得明显改观；多形式、全方位开展宣传活动，广泛发动群众参与，营造良好的舆论声势和迎检氛围；以此次复审迎检工作为契机，建立健全长效机制，推动城市品质、环境不断提升和持久改善。

【视察公共体育设施建设维护运行情况】 2019年9月20日，市人大常委会组织8名市人大代表对义乌市公共体育设施建设维护运行情况进行视察。前往稠城街道雪峰社区多功能运动场、江东街道船埠头村笼式足球场、篮球场以及佛堂镇全民健身中心等地，实地察看公共体育设施的配备和使用情况，听取市文旅局等部门关于公共体育设施建设维护运行情况的汇报，进行座谈讨论。视察组认为，在市委、市政府重视下，义乌市公共体育设施建设工作稳步推进，农村、社区体育场地设施日新月异。但从体育事业高质量发展、人民群众新需求来看，公共体育设施在强化投入、平衡发展、资源共享等方面还需不断调整和优化。建议充分征求民意，多方论证设计，立足城市发展，科学合理布局公共体育设施；从群众需求出发，推进体育公园、镇（街道）全民健身中心、社区室内室外及农村等公共体育设施建设，满足群众体育健身需求；整合资源优势，提高学校现有体育设施的开放和利用率，加强设施管理与共享；对标健康城市、体育现代化县（市区）和足球城市的要求，建立科学的健身指导评价体系，提高公共体育服务水平。

【视察建设工程质量情况】 2019年11月29日，市人大常委会组织6名市人大代表对建设工程质量情况进行视察。实地察看商品混凝土有限公司、香山小学教育集团胜利幼儿园迁建工程、有机更新向阳C2/E地块住宅小区的建设工程，邀请第三方检测机构对建筑质量随机抽检，分别听取市建设局、市商务局、市自然资源和规划局及市市场监管局关于预拌混凝土和预拌砂浆生产企业的产品质量、计量监督等工作情况的汇报，并进行座谈讨论。视察组认为，近年来，全市建设工程量大面广，工期紧、任务重，市政府及相关部门高度重视工程质量安全问题，坚守质量安全生命线，相关工作抓早抓实，为打造优质工程、民心工程，提高群众民生福祉做出了不懈努力。但暴露的工程质量问题反映出义乌市建设工程质量管理工作仍存在商混原材料过分依赖外来材料，难以完全把控质量；行业监管涉及多部门，职责混杂交叉，亟待厘清；相关监督标准规范滞后，与新工艺、新技术不相适应；部分房地产开发商质量安全意识不强，盲目压缩工期等薄弱环节。建议要提高站位，树立“量质并举、以质为先”的理念，全力打造品质工程、放心工程；严格依法依规，加强各环节的全过程质量控制；统筹谋划，提高本市范围内原材料供给能力，把好原材料源头关；多方配合，全面把控工程质量，对工程质量缺陷及时加以纠正；各相关部门要加强配合，联动监管工程质量，严查质量安全隐患，严厉打击质量安全违法违规行为。

【视察公共安全培训中心建设运行情况】 2019年12月18日，市人大常委会组织8名市人大代表对义乌市公共安全培训中心建设运行情况进行视察。前往北苑街道公共安全培训中心、佛堂镇安全体验教育基地等地，现场察看培训设施，体验了解培训内容，听取市应急管理局关于公共安全培训中心建设情况的汇报，并进行座谈讨论。视察组认为，近年来，义乌市重视推进公共安全培训中心建设，建成北苑、佛堂2个综合性公共安全培训中心，通过专业化、体验式的安全培训项目设置，让受训人员接受“一站式”的应急安全体验培训，推动安全知识普及和规范化水平提升，对实现全市安全生产形势稳定好转起到重要的促进作用。视察组指出，还存在群众对公共安全培训设施的知晓度不够高，安全培训覆盖面有待进一步扩大等差距和问题。建议要科学规划布局，充分发挥公共安全培训中心的功能作用；将公共安全培训工作纳入重要议事日程，完善工作机制，落实安全培训责任；针对不同群体，科学设置培训内容，不断提升安全培训效果；加大安全培训设施宣传力度，提高公众对公共安全培训设施的知晓度，让更多的人主动参与培训，扩大受众面。

人事任免

【概况】 2019年，提请市人大常委会任免的国家机关工作人员117人次。依法做好宪法宣誓组织实施工作，增强人大选举任命干部的使命感、责任感。

【选举和任免】 2019年1月25日，市十五届人大常委会第二十次会议通过，任命朱竣文为义乌市人大常委会办公室主任；吴军民为义乌市人大常委会教育科技文化卫生工作委员会主任；张海燕为义乌市人大常委会稠江街道工作委员会主任；朱高民为义乌市人大常委会人事代表工作委员会副主任；陈永军为义乌市人大常委会北苑街道工作委员会副主任。免去徐义民的义乌市人大常委会办公室主任职务；金永林的义乌市人大常委会教育科技文化卫生工作委员会主任职务；徐海芳的义乌市人大常委会稠江街道工作委员会主任职务；叶芬明的义乌市人大常委会人事代表工作委员会副主任职务；陈文山的义乌市人大常委会北苑街道工作委员会副主任职务。免去赵文阁的义乌市第十五届人民代表大会财政经济委员会副主任委员职务。免去经钟的义乌市监察委员会委员职务。免去曾沉的义乌市人民检察院检察员职务;斯根成的义乌市人民检察院检察员职务。

2月21日,市十五届人大常委会第二十一次会议通过,决定任命江栋为义乌市人民政府副市长、义乌市公安局局长,决定免去詹肖冰的义乌市公安局局长职务;任命鲍荣建为义乌市第十五届人民代表大会法制内务司法委员会副主任委员,陈建兴为义乌市第十五届人民代表大会财政经济委员会副主任委员。

3月29日,市十五届人大常委会第二十二次会议通过,任命石峻原、成顺法、陈莹、陈雄健、周华跃、赵岚为义乌市人大常委会稠城街道工作委员会委员,方彬、朱翠翠、吴璀云、何杰、何苏钱、何德兴为义乌市人大常委会城西街道工作委员会委员,王瑾、吴泽锋、张更生、金允敏、龚响春为义乌市人大常委会后宅街道工作委员会委员。任命杨立新为义乌市监察委员会委员,免去吴云的义乌市监察委员会委员职务。

4月24日,市十五届人大常委会第二十三次会议通过,决定任命哈里布亚提·斯拉木江为义乌市人民政府副市长。

5月30日,市十五届人大常委会第二十四次会议通过,任命朱桂敏、陈卫珍、罗继忠、朱宝林、虞菲、何昊玥为义乌市人大常委会福田街道工作委员会委员,王婷婷、陈红卫、贾希琳、楼晓萍、金功祥、虞宝强为义乌市人大常委会江东街道工作委员会委员,王荣富、郑金龙、吴成龙、龚文冲、赵宇荣、杨伎林为义乌市人大常委会稠江街道工作委员会委员,施樟林、朱建林、朱婷婷、施泽涌为义乌市人大常委会北苑街道工作委员会委员,朱昂青、何红卫、陈春生、虞文平、骆渭清、傅肃萌为义乌市人大常委会廿三里街道工作委员会委员职务。

6月24日,市十五届人大常委会第二十五次会议通过,任命胡公益为义乌市人民法院副院长、审判委员会委员、审判员,免去钱建军的义乌市人民法院审判委员会委员、审判员职务。

10月9日,市十五届人大常委会第二十七次会议通过,决定免去邱晓磊的义乌市人民政府副市长职务。决定任命杨忠宏为义乌市商务局局长,王东升为义乌市文化和广电旅游体育局局长,王正为义乌市统计局局长。决定免去王碧荣的义乌市商务局局长职务、骆嵘的义乌市文化和广电旅游体育局局长职务、骆华飞的义乌市统计局局长职务。任命王碧荣为义乌市人大常委会财政经济工作委员会主任,骆嵘为义乌市人大常委会城建环保工作委员会主任,吴唯一为义乌市人大常委会社会建设工作委员会主任;何华东为义乌市人大常委会福田街道工作委员会主任,方海明为义乌市人大常委会城西街道工作委员会主任,陈溪光为义乌市人大常委会办公室副主任,姜峰为义乌市人大常委会法制内务司法工作委员会副主任,王晓萍为义乌市人大常委会教育科技文化卫生工作委员会副主任,许双源为义乌市人大常委会社会建设工作委员会副主任,陈呈云为义乌市人大常委会稠城街道工作委员会副主任,葛勇坚为义乌市人大常委会后宅街道工作委员会副主任。免去虞建民的义乌市人大常委会财政经济工作委员会主任职务、骆西良的义乌市人大常委会城建环保工作委员会主任职务、陈明的义乌市人大常委会福田街道工作委员会主任职务、陈小诚的义乌市人大常委会江东街道工作委员会主任职务、楼鑫铨的义乌市人大常委会城西街道工作委员会主任职务、吴唯一的义乌市人大常委会办公室副主任职务、陈樟荣的义乌市人大常委会法制内务司法工作委员会副主任职务、陈丹誉的义乌市人大常委会教育科技文化卫生工作委员会副主任职务、宗一飞的义乌市人大常委会稠城街道工作委员会副主任职务、丁益民的义乌市人大常委会后宅街道工作委员会副主任职务。

11月21日,市十五届人大常委会第二十八次会议通过,决定免去多佳的义乌市人民政府副市长职务。任命陆笑笑、王来来为义乌市人民法院审判员,免去龚辉文的义乌市人民法院审判员职务。任命吴永强、魏干、何潇潇、金隽婷、陈蕾、陈瑾、吴彬、楼壮丽、李菲为义乌市人民检察院检察员。免去金智法的义乌市人民检察院副检察长、检察委员会委员、检察员职务；免去黄惠芳、王陆阅、李恋丹、陈晴倩、胡晓景、杨青松、黄旭江、楼俊林、刘晓、杨海飞、孟红艳的义乌市人民检察院检察员职务。

（骆 钦）

议案和建议督办

【概况】 市十五届人大三次会议期间收到人大代表提出的议案建议387件，其中，国贸改革试验区建设和市场繁荣方面45件；支持民营经济发展方面31件；文明城市创建和城市品质提升方面73件；乡村振兴和生态环境保护方面70件；教育文化卫生和交通出行方面92件；社会保障和社会治理方面68件；其他方面8件。代表建议以市委、市政府点题、小组讨论、实地调研等方式酝酿和提出，努力提升实效性和针对性。经研究，确定11件重点议案和建议由市政府领导领衔办理和市人大领导分工督办，并下发督办意见。对一些重点问题以及群众关注度高的建议意见，与新闻舆论监督相结合，在媒体上刊登相关问题及其办理答复结果，接受社会群众监督。对不满意件实施二次办理并注重考核检查，开展实地调查和跟踪督办，修订代表建议办理工作考核细则，以解决率为导向，推动问题的化解。12月底，2件大会议案办理工作取得较好成效；代表对374件建议办理答复情况表示满意的287件，表示基本满意的87件，满意率为100%。所提建议已解决的113件，列入计划逐步解决的167件，需要创造条件解决的76件，受条件限制留作参考的18件。代表建议具体内容和承办单位答复意见在"中国义乌"网公开，接受群众监督。

【推进"世界小商品之都"建设的议案】 2019年全市上下紧紧围绕建设国际贸易综合改革试验区，围绕高质量水平建设"世界小商品之都"目标，1月7日，市委十四届五次全体（扩大）会议，对试验区建设进行全面部署。同月16日，市十五届人大三次会议表决通过《关于对标自贸区、干实试验区，高质量高水平推进"世界小商品之都"建设的议案》，议案提出解放思想，广泛凝聚深化改革开放新共识；紧抓机遇，加快打造贸易便利化自由化新优势；统筹协调，全面压实责任担当展现新作为；真抓实干，干出改革开放新成效。

【加快全国文明城市创建的议案】 2019年1月16日，市十五届人大三次会议表决通过《关于全民发动、凝心聚力，加快全国文明城市创建的议案》，议案提出咬紧目标，坚定文明创建信心决心；强化统筹，理顺工作体制机制；落实责任，形成常态长效机制；创新举措，打造创建特色亮点；全民发动，营造浓厚创建氛围等措施。

（张顺凯）

义乌市人民政府

综　述

【概况】2019年，义乌市人民政府紧紧围绕高质量、高水平建成“世界小商品之都”目标，对标自贸区、干实试验区，全力推进“三个十”，较好地完成十五届人大三次会议确定的各项目标任务。全年实现地区生产总值1421亿元，同比增长7.4%。在减税28亿元的前提下，完成财政总收入152.4亿元，其中一般公共预算收入101.2亿元，同比增长6.3%；城乡居民人均可支配收入为77150元和39529元，同比分别增长8.3%和8.6%。

改革创新纵深推进。国际贸易综合改革试验区获批，试验区条例获省人大审议通过，公布行使首批省级管理权限目录。试验区共复制推广自贸区经验131项，形成创新案例100项，小商品集拼转口业务实现零的突破。eWTP全球创新中心落户义乌，设立卢旺达、埃塞俄比亚枢纽，菜鸟保税仓启用，“市场采购+跨境电商”出口新模式走通。跨境电商综试区保税进口（1210）业务量居全国第三批试点城市首位。创新实施关税保证保险，“数据质押”贷款业务走在全国前列。以“六个一”深化“最多跑一次”改革，成为全国营商环境评价试点唯一县级市，获评全国营商环境特色50强。实现政务服务事项即办率85.4%，承诺期限压缩96.3%，357项民生事项镇（街道）可办，全年累计让群众少跑592万人次。企业开办和用水用气用电当日实现，全生命周期办理（从设立到注销）所有指标均全省领先。免收投标保证金举措被列为全省“三服务”十佳案例，退休事项“无感智办”“六合一”出生联办等走在全省前列。设立事中事后监管中心，率先实现掌上执法系统全面应用。实施百项信用应用场景，建成覆盖全市所有市场主体和个人的信用体系。成为全国首个拥有地方标准管理权限的县级市。率先开展农业“标准地”改革，实施“标准地”项目232个。创新集体建设用地统筹利用机制，被列为全国不动产登记“综合创新示范”试点、全国首批国土空间规划编制试点。

新型市场破题开局。进口转口、出口等板块全面拉开。进口商品孵化区开业，进口国家和地区扩大至135个。外贸稳增长成效明显，上线“订单+清单”系统企业2000余家，支持企业参加境外展1352家次，设立“义乌好货”海外专区2个，新增省级海外仓3个；实现出口2868亿元，增长13.7%，占全省比重提高0.5个百分点；进口100亿元，增长160%。市场活力不断增强，市场主体总量再创新高，达56.9万户，占全省的1/13；近一半市场经营户“新品销售额占比超20%”。邮政和快递业务量达49.9亿件，跃居全国第二，入选全国快递示范城市。网红经济、社交电商与实体市场加速融合，网红直播销售额占全国的1/20。有效商标注册量位居全国县域首位，设立国家标准技术审评中心、标准化研究院，“义博会”成为全国首个以标准为主题的国际性展会。辐射网络持续提升，“义新欧”班列开行528列，同比增长65%，获批“单一窗口”铁路运输试点，捷克站列入中捷合作优先推进项目；义甬舟海铁联运班列平均1天4列运行，运量全国第一；投用冰鲜水产品、水果口岸；开通柬埔寨、俄罗斯航班及韩国、日本货运包机，落地萧山机场首个“异地货站”；义乌机场客流量突破200万人次，迈入中型机场行列，获评全国县级市首个国际卫生机场。

产业转型蹄疾步稳。引进亿元以上项目60个，总投资1187亿元，其中50亿元以上项目12个，为历年最多。新增省重大产业项目4个、省市县长工程13个，集聚全球排名前五的光伏企业4家。吉利DHT、爱旭二期、京东产业园等项目开工建设，木林森、东方日升一期、五洲新材等项目建成投产，沃尔沃1.5T发动机实现批量生产，吉利动力研发总部迁至义乌。开发区连续四年进入全省十强，信息光电高新区获批G60科创走廊产业合作示范园、省境外并购产业合作园，光源科技小镇全省考核优秀，丝路金融小镇核心区基本建成，云驿小镇列入全省特色小镇创建名单，“万亩千亿”产业平台初具规模。新建成小微企业园34个，集聚企业1520家，省级认定小微企业园总数全省第一。整治提升“低散乱”企业1728家、D类企业85家，新增上市挂牌企业40家。深化服务业强市试点，扎实推进物流出城入园，投用国内公路港一期、青口物流中心、福田物流中心，同城配送平台上线运行，物流“最后一公里”顺利打通。获评全省批发零售业改造提升成效明显县（市）。年出栏25万头现代化生猪养殖项目开工。完成粮食生产功能区提标改造386公顷，森山健康小镇获评“省级农业科技园区”。

发展质效稳中有升。经济运行稳走向好，市场周边资金流入、出口集装箱量、工业用电量等18项主要指标保持平稳增长；不良贷款率创5年新低；高质量发展指标体系得分预计提升3个百分点以上；数字经济总指数位居全省前列。创新动能加速集聚，双江湖科教园区引进高校（院所）5所，中国计量大学现代科技学院迁建项目结顶，北京协同创新研究院义乌创新园开工，中国科学院大学“一带一路”学院首批研究生入学；新增院士专家工作站5家，新增大专以上学历2.7万人、人才“一张床”5572个，为1785名人才发放住房补助5.8亿元，招引顶尖人才和领军人才31人，同比翻番；新增国家高新技术企业51家，增长76%；创建首个国家级科技企业孵化器，科技大市场贯标排名全省首位。生态环境持续改善，率先完成全域污水零直排区创建，县控以上断面、出境断面、饮用水水源地水质达标率均稳定在100%；$PM_{2.5}$年均浓度下降9%，AQI优良率达95%，空气质量优于国家二级标准；获国家生态文明建设示范市、全省首批山水林田湖草生态保护修复试点、美丽浙江十大特色体验地。

城乡品质持续提升。出台共建金义都市区十大举措，新增东阳供水每年3000万立方米，浦江每年1000万立方米引水工程通水，高速免费通行圈扩大至浦江。城市格局加速打开，“东西南北中”框架基本成形。完成下车门、铁西等区块国有土地上房屋征收，仓后、湖大塘区块回迁房建成。首轮城市有机更新3年计划顺利完成，第二轮有机更新启动。下车门区块列为全省首批未来社区试点。国贸大道二期、阳光大道立交化改造工程建成通车。完成道路提档、精品街改造38条，实现城区主干道“白改黑”全覆盖。城市绿肺10千米环湖绿道建成，城区104处街心绿地全部开工，获评小城镇环境综合整治省级样板6个。成功创建省“无违建市”，顺利通过国家卫生城市复审。扎实推进全国文明城市创建，文明理念更深入人心，新时代文明实践中心升格为国家试点。深化星级和美乡村全域创建，新增一星样板村51个、三星样板村27个。10条美丽乡村精品线基本完成基础设施建设。实施农村宅基地跨镇村安置357户，新增农房不动产发证2.64万宗，所有村集体经营性收入均达10万元以上，入选全省首批部省共建乡村振兴先行创建单位。全域推进垃圾分类，完成垃圾焚烧发电厂提升改造，投用再生资源利用中心，生活垃圾实现“零填埋”，总量首次下降，工业垃圾管理经验全省推广。

民生福祉日益增进。新建、改扩建中小学34所,"百园工程"全部开工。全面实施小学放学后托管服务。推行托幼服务一体化,开设托班137个。高考一段线上线率提升7个百分点。组建医共体3个,基层门诊率提高13.5个百分点,成效居全省前列。实行"医后付""信用住""云药房",惠及群众8.4万人次。家庭医生有效签约达19万人。长期护理保险覆盖所有4469名失能人员。城乡居民基础养老金标准位居全省第二。新增全国重点文保单位5处,完成纪录片《义乌通史》拍摄,桥头遗址被列为全省考古十大发现之首。获评省体育运动休闲基地。实施国家农村儿童早期发展服务试点,完成养育风险筛查8000人次。儿童公园开园,稠关菜市场等20个市场投用。建成规范化残疾人庇护中心14家。投用镇(街道)养老服务中心5家。获批省农产品质量安全放心县市。农村饮用水达标提标工程提前1年完成省定目标。成功创建"无欠薪城市"。成立革命老区开发建设促进会。实现省"双拥模范城"七连冠。全力做好扫黑除恶、风险防范等工作,生产安全事故、火灾事故分别下降44%、51%,交通事故死亡人数成功退出"百人县市"行列。119件信访积案化解113件。鸡鸣山社区获评"全国民族团结进步模范集体"。上溪派出所获全国首批"枫桥式公安派出所"。"路地融合"警务机制全省推广。平安义乌有望实现"十二连创",捧得"平安金鼎"。民族、宗教、档案、气象、工会、红十字、统一战线、人民武装等工作取得新成效。

政府建设不断加强。高质量高标准开展"不忘初心、牢记使命"主题教育,树牢"四个意识",坚定"四个自信",坚决做到"两个维护"。逐项落实主题教育检视剖析问题整改、环保督察整改、巡视整改。办理人代会议案2件、人大代表建议374件、政协委员提案294件。深入推进"三服务",解决基层实际问题9817个,千方百计帮扶企业解困,为企业减税降费36亿元,稳定企业贷款1231亿元。大兴真抓实干之风,拔钉清障、政策攻坚217处,腾出发展空间733.33公顷;获国务院正向激励1项、省政府正向激励4项,为全省最多;市改革办获全国"人民满意的公务员集体"。强化法治政府建设,实现府院联席会议常态化;创新行政争议多元化解机制,行政复议数量下降18.6%。实施行政执法权下沉佛堂镇改革试点,深入推进政务公开标准化规范化。加快政府数字化转型,全面推行"掌上办事""掌上办公"。实行"市会镇开、镇会村开",会议、文件数量分别下降30%和43%。扎实推进清廉义乌建设,核减政府投资项目造价和工程款项9.8亿元,整改管理不规范资金5.5亿元。开展镇(街道)财政综合绩效评价试点,"三公"经费下降7%。获"首批国家物流枢纽""省四港联动示范市""节水型社会建设达标市"等称号。

【农业"标准地"改革】 2019年,义乌市在全国率先启动农业"标准地"改革,制定出台《义乌市农业"标准地"控制性指标和管理操作流程(试行)》《义乌市农业"标准地"实施意见》《义乌市农业"标准地"项目认定实施细则》等系列政策文件,建立农业"标准地"的"一三五七"规则体系,进一步提升农业用地亩产效益和农业项目的监管服务水平。2月28日,中共义乌市委全面深化改革委员会会议讨论并原则通过《义乌市农业"标准地"控制性指标和操作流程(试行)》,3月21日,由市府办印发实施。同月26日,义乌召开农业"标准地"改革动员大会和首次农业"标准地"农业招商项目可行性报告评审论证会。5月27日,金华市农业"标准地"改革现场会在义乌召开。6月21日,省农业农村厅总农艺师蔡元杰一行到义乌调研指导农业"标准地"改革工作并给予充分肯定。8月6日,省长袁家军在金华市提交的《金华市人民政府关于全域开展农业"标准地"改革试点情况的报告》上作出"金华市推动'标准地'改革向农业领域深化,做法值得总结推广"的批示。同月25日,国家水利部副部长陆桂华到义乌调研指导农业节水工作期间,专程到佛堂龙溪农业"标准地"现场进行考察,对义乌农业"标准地"改革工作给予充分肯定。2019年,全市共完成农业"标准地"项目232个,面积4586.67公顷,其中,新增项目47个,面积1300公顷;存量认定项目184个，面积3286.67公顷。

【世界义乌人大会】 2019年9月13日，主题为“闯天下回义乌”的世界义乌人大会在幸福湖国际会议中心召开，包括党政领导、院士专家在内的各界乡贤，海外83个国家和地区的200名侨商、侨领，国际青年创业代表，各地义乌商会、在义商会代表，义乌本地优秀企业代表等各界人士共800余人参加大会。在现场举行的重大项目签约仪式上，全球光伏联合创新中心项目、义乌市国贸改革产业基金等14个重大项目进行签约，涉及高端制造、科技研发、产业基金、商贸文旅、现代物流、人才培育等领域，投资总额634亿元。

（刘　岱）

重要会议

【市政府常务会议】 2019年，在市政府四楼会议室召开市政府常务会议26次，审议通过议题、事项155项。市长、副市长、相关党组成员、市人武部部长、市府办主任及相关单位负责人参加历次会议。

2019年市政府常务会议情况

表6

会议名称	时间	会议内容
市政府第33次常务会议	1月4日	审议并原则通过《关于义乌市2018年国民经济和社会发展计划执行情况及2019年国民经济和社会发展计划草案的报告》《义乌市2018年财政预算执行情况和2019年财政预算草案的报告》《政府工作报告》等议题
市政府第35次常务会议	1月24日	原则同意《关于申请记功、嘉奖和发放2018年度年终考核奖金的建议意见》
市政府第37次常务会议	3月1日	审议并原则通过《义乌市医疗卫生服务共同体建设实施方案》《义乌市环卫体制改革实施意见》《义乌市城镇生活垃圾分类实施方案（2019—2021年）》《关于推动小微企业园高质量发展的实施意见》等议题。原则同意关于新社区集聚稠江街道江湾区块一期及江东街道久府西侧地块项目建设的建议意见、关于城北系列农庄土地及地上附着物处置意见等事项。听取关于扫黑除恶专项斗争工作情况的汇报
市政府第38次常务会议	3月14日	审议并原则通过《关于进一步加快非财政预算管理公办幼儿园发展的实施意见》《义乌市红糖产业综合治理及规范提升实施方案》《义乌市创建省级农产品质量安全放心县实施方案》等议题。听取关于协办全国大学生广告艺术大赛推广义乌品牌形象的汇报。学习招商引资相关法律知识
市政府第43次常务会议	5月24日	审议并原则通过《义乌市城市能级提升战三年行动计划（2018—2020年）》《义乌市全域土地统筹利用六大行动工作方案》《义乌市农村建设用地统筹利用实施办法》《义乌市宅基地跨村跨镇街安置实施细则》《义乌市农村集体建设用地整治利用实施细则》《义乌市“十三五”教育设施布局规划调整及后期实施计划》等议题。原则同意关于集体建设用地基准地价的评估成果、关于调整金融商务区国有（控股）企业投资建设项目招商政策方案等事项。听取关于开展“三服务”百日攻坚行动的汇报，关于扶持开放型经济发展政策修订情况的汇报
市政府第44次常务会议	6月19日	审议并原则通过《民办学校政策性融资担保业务实施细则》《关于充分发挥义乌优势加快共建金义都市区十大举措》《义乌市扶持开放型经济发展的若干意见》等议题。原则同意关于浙江大学医学院附属第四医院科教国保楼项目规模和投资调整的建议意见、义乌大剧院建筑设计方案采用MAD马岩松方案的建议意见、关于划拨供地地收取相关成本费用的建议意见、关于“标准城市”建设工作进展及思路、关于对口工作和山海协作工程的建议意见等事项

续表6

会议名称	时间	会议内容
市政府第47次常务会议	8月2日	审议并原则通过《2019年度义乌市政府重大行政决策事项目录》《2019年度义乌市金融系统支持地方经济发展考核办法》《义乌市进口产业政府增信基金管理办法》《关于扶持我市建筑业持续发展的若干意见》《义乌市养犬管理实施方案》等议题。原则同意《关于云驿小镇四海大道以南、义东北物流园区块城市功能区有机更新工作的建议意见》,《关于飞灰固化物填埋处置的建议意见》等事项。学习全国安全电视电话会议精神。听取关于全市安全生产工作情况的汇报
市政府第49次常务会议	9月2日	审议并原则通过《义乌市国土空间总体规划编制工作方案》《关于全面提升居家养老服务质量的若干意见》等议题。原则同意《关于新增东阳饮水的建议意见》
市政府第52次常务会议	10月15日	审议并原则通过《义乌市市属企业资金存放管理暂行办法》。原则同意《关于腾飞公司试行巡游车与网约车融合发展业务的建设意见》等事项。学习《重大行政决策程序暂行条例》,全省第二轮中央生态环境保护督察部署会、金华市生态环境保卫战推进会暨创建国家级生态文明建设示范市动员大会等会议精神。听取关于重大项目、特色小镇和未来社区工作进展情况,关于前三季度经济运行情况等汇报
市政府第53次常务会议	11月5日	审议并原则通过《义乌市中心城区声环境功能区划分方案》《义乌市老旧电梯更新改造工作管理办法》《义乌市国民经济和社会发展"十四五"规划编制工作方案》等议题。原则同意关于落实海关"同城同酬"经费保障事宜的建议意见。学习《中央生态环境保护督察工作规定》
市政府第56次常务会议	12月8日	审议并原则通过《关于加强新时代义乌公安工作的实施意见》。学习全省公安工作会议精神

（刘　岱）

重要政事

【重大项目建设与引进】 2019年1月6日,义乌营商环境说明会在杭州举行。同月19日,义乌营商环境说明会在上海举行。2月3日,市政府与复旦大学正式签订合作框架协议,复旦大学"一院三基地"项目落地义乌。4月16日,市政府与光能组件累计总出货量全球排名第一位的天合光能股份有限公司签订战略合作框架协议,义乌信息光电高新区管委会与天合光能股份有限公司签订天合光能高效太阳能组件生产基地项目投资协议。6月19日,市政府与阿里巴巴集团在幸福湖国际会议中心签署eWTP战略合作协议,eWTP全球创新中心落地义乌,在国际贸易规则孵化创新、eWTP服务网络和智慧物流网络建设、金融服务创新、云计算和大数据、数字经济建设等领域开展深入合作。7月14日,义乌商贸服务业集聚区举行重大项目签约仪式,签约快仓全球智能机器人小镇、国际商贸城供应链基地、云驿小镇跨境供应链总部基地、万达物流总部基地4个项目,协议总投资170亿余元,其中50亿元以上项目3个。10月19日,在第六届世界互联网大会配套活动"乌镇咖荟"上,市政府与世界500强企业思爱普(中国)公司签约,合作创建浙江义乌创新赋能中心。同月24日,市政府与浙江大学共建浙江大学"一带一路"国际医学院签约仪式在浙江大学举行。12月19日,由深圳市创新投资集团、义乌国资发起设立的义乌市创新股权投资基金管理有限公司在义乌举行启动及签约仪式,达成的重大合作有义创投受托管理规模100亿元的义创投基金,义创投与巴林王国签约设立首期1亿美元的子基金,义创投、深创投及工银投资拟联合发起设立首期规模100亿元的新兴产业债转股子基金。

【打造营商环境新标杆】 2019年2月11日,义乌总结表彰暨作风建设大会在市委党校召开,市委书记林毅作"深化党员干部五(吾)带头,干部干事不受礼,群众办事不求人"主旨发言。3月1日,义乌市"双百"大体验深化"三服务"活动暨城市基层党建"双融双创"工程启动仪式举行。

5月15日，义乌组织22个部门89人次赴北京开展全国营商环境集中填报工作。7月16日，《义乌市营商环境评价工作实施方案》正式印发实施。10月28日，全国营商环境经验交流现场会在北京召开，义乌纳税指标作为标杆作典型发言。11月12日，工信部研究院顾问赛迪发布《2019年中国县城营商环境百强研究白皮书》，义乌位居“全国百强县”第五位。同月13日，义乌“六个一”营商环境试评价正式开展。28日，义乌成功入选中国营商环境特色50强。12月18日，优化营商环境研讨会暨2020年中国营商环境评价研究报告发布会在浙江大学举行，义乌位列浙江各县市区前十位。同月24日，义乌“六个一”打造营商环境新标杆作为国际贸易综合改革试验区改革创新案例在杭州发布。

【垃圾分类】 2019年3月3日，市长王健带领相关部门负责人，前往北苑街道园丁新村、后宅街道上河小区、江东街道装修（大件）垃圾处理厂调研垃圾分类工作。同月14日，副市长李俊福带领相关部门负责人前往深圳市能源环保有限公司考察盐田垃圾发电厂宣教中心、焚烧发电项目。4月4日，市府办下发《义乌市人民政府办公室关于印发义乌市城镇生活垃圾分类实施方案（2019—2021年）的通知》。7月3日，浙江省副省长彭佳学等一行现场调研指导北苑街道望湖家园小区垃圾分类工作，市委书记林毅、副市长朱有清陪同调研。同月15日，义乌市垃圾分类宣教中心建成投用，开展各类宣教、实践活动。9月16日，市城镇生活垃圾分类工作领导小组办公室下发《关于印发2019年义乌市城镇生活垃圾分类工作要点的通知》。10月21日，市综合行政执法局和市农业农村局联合下发《关于开展全市垃圾分类工作红黄旗竞赛活动的通知（试行）》。11月1日，市城镇生活垃圾分类工作领导小组办公室下发《关于转发〈关于限制一次性消费用品的通知〉的通知》。12月2—6日，市城镇生活垃圾分类办对6个省级高标准垃圾分类示范小区、1个省级定时定点收运小区、1个省级定时定点收运商业街、24个市级垃圾分类示范小区进行专项验收。同月6日，市综合行政执法局和义乌市社会信用体系建设示范城市创建领导小组办公室联合下发《关于印发〈义乌市垃圾分类积分制管理实施办法（试行）〉的通知》。18日，义乌市省级高标准生活垃圾分类示范小区通过金华市垃圾分类办验收。

【“义新欧”中欧班列】 2019年4月16日，“义新欧”中欧班列吉利号专列从义乌西站首发，15天后到达白俄罗斯若季诺车站。9月20日，义乌弘义基金与圆通集团签署股权转让协议，同时增资“义新欧”，获得“义新欧”集团34%的股份。10月9日，长三角区域首条跨境电商中欧班列“义新欧”（义乌—列日）eWTP“菜鸟号”首发，首创国内段全程阳光清关方式，实现义乌到比利时列日两大eWTP之城的铁路干线直联，标志着“义新欧”跨境9610正式开通。11月14日，“义新欧”集团与诸暨市政府、温州国贸集团签订《“义新欧+”项目意向协议》。同月19日，首趟“义新欧”中欧班列温州号从义乌西站出发前往莫斯科。12月16日，“义新欧”中欧班列诸暨号在义乌铁路西站首发。同月24日，“义新欧”班列2019年开行数量成功突破500列。全年“义新欧”班列往返528次，发运4.23万个标箱。

【义乌与中国邮政签订战略合作协议】 2019年5月8日，义乌市人民政府与中国邮政集团公司浙江省分公司签订战略合作协议。义乌市领导陈小忠、浙江省邮政分公司领导杨嘉树分别代表双方签署协议。根据协议，双方将以“优势互补、深度合作”的原则，共同推进“国内物流示范基地”“国际物流示范园区”“智能政务服务样板”“文化旅游联动示范区”“中小企业金融服务样本”等方面的建设，为义乌电商企业提供“仓储+寄递+金融”一体化服务，打造邮政华东物流仓储中心；支持义乌跨境电商综试区建设，提升“义新欧”班列运邮规模，开辟重点国家和地区的货运包机；参与义乌政务服务改革，扩大邮政网点代办事项范围和覆盖面，打造智能化的“线上一站式”“一次不用跑”高效政务服务样板；加大义乌本地集邮与文化产品的开发力度，将美丽义乌广泛宣传出去；提供邮政金融服务，助力义乌经济发展，形成中邮系列金融服务义乌经济、义乌经济推进中邮系列金融繁荣发展的良好局面。通过多领域深层合作，实现共同发展。

（童俊男）

【消除集体经济薄弱村】 2019年7月12日，义乌市召开国企助推村集体经济发展对接会，探讨国企助推村集体经济发展结对方案，助推村集体经济发展。同月25日，基层一线的市级党代表27人到佛堂、赤岸等地调研消除集体经济薄弱村工作。27日，市长王健带队实地走访城西街道六一村，听取市农业农村局、城西街道消薄工作汇报，就下一步村集体经济增收工作提出指导性意见。28日，市委常委、组织部部长何若伟带领市自然资源与规划局、市建设局、市农业农村局等单位相关负责人到上溪镇召开“市会镇开”，现场研究馨苑小区社区服务中心和岩湖路地块标准厂房2个“消薄”项目因无法供地影响开工建设的问题，提出明确的解决意见。8月23日 和11月8日，经义乌市“消薄”领导小组办公室“消薄”专项资金扶持项目立项联审会议审定、市农业农村局党组“三重一大”集体讨论通过并公示无异议后，决定对飞凤物业等15个项目63个村给予立项并按照规定进行资金预拨1478万元。至年底，全市共谋划“一村两楼宇”“多村联建”物业项目107个，投入使用63个，产生收益2624万元，惠及117个村，在建项目44个。全市450个行政村集体年经营性收入均达10万元以上，全市450个行政村集体经济总收入5.63亿元，同比增长10%；经营性收入1.98亿元，同比增长12%，村集体经济呈现多元发展的良好态势，“消薄”工作考核名列金华第一。义乌市以农业“标准地”改革、农村土地制度改革带动村集体经济发展工作经验分别受到省长袁家军、副省长冯飞的批示肯定。

（除署名外均由刘岱撰稿）

议案和建议办理

【市十五届人大三次会议议案和代表建议办复情况】 市十五届人大三次会议确定议案2件、代表建议370件，闭会期间确定代表建议4件。其中重点建议11件（由市政府领导领衔办理）。议案《关于对标自贸区、干实试验区，高质量高水平推进“世界小商品之都”建设的议案》《关于全民发动、凝心聚力，加快全国文明城市创建的议案》由市政府主持办理。经各承办单位共同努力，会议议案和代表建议全部办复。334件代表建议中，代表对办理落实情况表示满意的287件，基本满意的87件，满意率100%。所提问题已经解决或基本解决113件，占建议总数30.2%；所提问题正在解决或已列入解决计划的共167件，占建议总数44.7%；所提问题待创造条件解决的76件，占建议总数20.3%；因受条件限制留作参考的18件，占建议总数4.8%。

市十五届人大三次会议重点建议办理情况

表7

序号	重点建议	领办领导	主办单位	办理落实情况
1	关于全面提升市民急救基本知识的建议	骆小俊	市红十字会	建立机制，大力开展急救培训“五进”。进校园，走进义乌中学、稠城一校等50余所学校，为1.3万余名师生和家长开展红十字急救知识培训；进企业，上门为企业开展急救培训28场，2701名员工受益；进社区、进机关、进农村，将急救培训列入农村文化礼堂菜单，为村民开展急救培训56场3679人次。开展救护员培训47场3082人，开展普及培训199场43482人次。以重大活动为平台宣传急救理念，开展宣誓活动和急救演练；联合爱心企业在望道故居等处设置AED 2台，借助地方报纸、电视台等媒体宣传急救知识20余次，通过红十字会微信公众号发布急救知识30余次；主动到救护培训重点部门上门宣传、换取共识，增强各部门参与意识。采用政府购买服务形式对培训所需经费进行全额保障，追加专项经费

续表 7

序号	重点建议	领办领导	主办单位	办理落实情况
2	关于重视基层卫生院建设和管理的意见	骆小俊	市卫健局	市政府印发《义乌市医共体各院区医疗服务能力达“二乙”暨“一院一特”建设实施方案》。启动医共体各院区医疗服务能力达“二乙”建设项目，细化“二乙医院标准（A类）、准二乙医院标准（B类）、基本标准（C类）”建设方案。推进与医共体各院区建设目标相配套的基建工作，如实施稠城街道社区卫生服务中心搬迁改造工程、稠江街道社区卫生服务中心公共卫生楼建设工程、义亭中心卫生院门诊综合楼改造工程等；投用佛堂中心卫生院。在医共体各基层院区开展“一体化病房、名医工作室、全一专联合门诊”等建设，通过牵头医院的管理及技术输出，使基层医疗机构在医疗技术、服务管理方面与牵头医院同质化，全面提高基层医疗机构的医疗技术和服务水平。全市11个一体化病房、37个全一专门诊、12个名医工作室均按要求排班派驻人员，专家出诊2324人次，服务群众2.45万余人次，基层出院1.89万余人次。通过“全科医师培训、模块化培训、人才学院培养”3个载体，有效提升基层卫生队伍整体实力。制定五大类26个菜单式培训模块，3家医共体共培训193人，其中161人取得合格证书。加强管理，强化考核。医共体牵头医院组建各管理中心，加强对各院区的质控检查指导，组织季度及半年度考核，根据考核结果拨付经费。落实好医共体对服务站、村卫生室在医疗业务、药械采购、医保财务、公共卫生等方面的一体化管理
3	关于培育创意设计为我市经济新增长点的建议	贾文红	市科技局	开展创新设计券推广兑现工作，2019年前2个季度共兑现创新设计券144万元，同比增长124%，共涉及56家企业的90个设计项目，本年度其余创新设计券经费由于科技资金预算原因延至2020年支付。举办各类设计对接活动36场，参加企业2000余家次，合作服务企业1200余家，工业设计成果年转化值60亿元。举办各类创意设计产业论坛、大赛、展会等活动。开展创新设计展、开展“设计入企、服务上门”设计“三服务”对接活动。2019年，共举办工业设计相关展览、论坛7场，开展公益性设计类知识讲座22次，培训2550人次。积极建设创意设计产业平台，集聚创意设计产业人才和机构。为适应义乌市中小微企业发展需求，引进义乌八戒工场项目，打造集提供产品设计、品牌形象等120余种服务的综合服务平台
4	关于加快市场周边配套物流仓储建设的建议	葛巧棣	市市场发展委	建成投用国内公路港一期、东宇物流、普洛斯二期、“义新欧”公路运输中心、陆港保税仓、青口物流中心、福田物流中心7个物流仓储项目，总建筑面积131万平方米。稳步推进仓储小微园建设。由商城集团建设的后宅仓储小微园首期1.4万平方米建成投用，公共仓仓位利用率达95%以上，公共仓日均货物存放量保持在600吨以上 积极推进智慧仓储项目。在义东北、义西南物流园区及义乌港、铁路口岸、保税物流中心等口岸平台布局建设重大智慧仓储项目，义乌港直通仓项目7号仓进入收尾阶段，铁路口岸二期项目仓储区块主体正进行钢结构吊装、混凝土路面施工等。商城集团正积极谋划国际商贸城客运中心仓储园项目及义西、义东北项目仓储供地 由市市场发展委牵头制定，市委、市政府联合出台《义乌市2019年国内物流整合入园工作方案》，推动国内物流企业整合入园，率先开展物流领域资源要素差别化配置改革，引导物流企业向“高质量、竞争力、现代化”转型发展，打造一批示范性物流园区和物流企业。全市共1643家托运部参加综合效益评价，评价结果A类11家，B类374家，C类337家，D类244家，卸货点405家

续表 7

序号	重点建议	领办领导	主办单位	办理落实情况
5	关于加大高新区基础设施建设的建议	贾文红	义乌信息光电高新区	2019年，高新区新建、续建基础配套项目60个，完成工程建设项目35个，基础建设有效投资2.5亿元，同比增长13.6%。多措并举保障人才配套住房规划建设。高塘路商住楼完成施工图设计，计划2020年3月开工建设，可提供住房220套；龙祁路A地块商服楼项目完成建筑方案设计，建成后可提供住房60套；与省建投合作开发“只租不售”的高新区人才社区项目，计划2020年一季度正式开工建设，2021年前交付，全部建成后可提供住房2300余套；11月10日，举行高新区第二期人才团购房选房仪式，提供住房130套，104名符合条件的企业骨干人才完成选房；协调高新区开发公司将自主开发的商品房“改售为租”；整理老超凡、老伊彤住宿楼租赁给企业过渡使用，解决企业住宿难问题。加快推进休闲、娱乐、消费等生活配套设施建设。集菜市场、超市、娱乐、餐饮等功能为一体的智汇广场和苏华街商住楼项目已完成工程建设和招商工作，能较好地满足园区人员的生活休闲和娱乐消费需求。光源科技小镇党群服务中心可以提供文体休闲服务面积1800平方米，并设有“最多跑一次”自助无人终端设备，可为企业或个人提供发票领取代开以及税费、社保办理等2000余项业务办理服务。积极谋划建设园区配套教育设施。会同市教育主管部门积极开展高新区小学和幼儿园建设前期工作，着力解决园区企业员工子女就学难题，完成高新区学校选址及土地农转用手续。加快推进高新区生态水厂（苏福水厂和武德水厂）建设，有效满足企业生产生活用水和污水处理的需求。其中苏福水厂按照“优水优用、分类用水”的思路，以义乌江为水源，实行分质供水，近期规模为每天5万吨，远期规模可达每天10万吨；武德水厂项目主要包括工业污水处理及再生水处理利用，工程建设污水处理规模每日3万吨，再生利用产水规模每日2万吨。高质量推进园区路网、绿化等基础设施建设。基本形成五横六纵的核心区主路网，实现与城区主干道“无缝对接”。镇前街、好派路、苏福路、规划三路、鸿儒路、诚信大道延伸段和核心区绿化改造提档工程等项市政基础设施建设按计划有序推进。同时，高新区污水零直排创建工作完成省级考核验收
6	关于加强小区物业管理的建议	喻新贵	市建设局	新增专业化物业/准物业小区54个，覆盖率达68%；142个小区成立业委会，占比62.8%；186个小区成立小区党支部，占比82.3%。开展行业内拉网式检查。共检查物业项目673次，覆盖项目230个，发放整改通知书180余张，约谈相关企业60家，检查通报批评企业31家，物业企业被清退所在管理项目3个，暂停项目经理职业资格30人。在2018年诚信考核的基础上，对全市物业企业开展诚信考核和月度考核，考核项目74个，考核入库企业55个。组织召开首届镇街、社区工作人员物业知识培训，共计培训150人次。会同绿城物业公司、物业协会开展项目经理人专业物业培训2次，共培训3000人次
7	关于积极推进老旧小区住宅加装电梯的建议	喻新贵	市建设局	2019年6月18日，市政府出台《关于义乌市既有多层住宅加装电梯的实施意见》，明确满足条件的申请人以书面形式向镇（街道）提出申请，提供加装方案、资金筹措方案等材料，经协议方案公示、施工图审，报建设局通过加装方案联合审查后实施。为使群众了解加装电梯流程和具体实施步骤，7月，市建设局制作并发放加装电梯指导手册，指导各镇（街道）开展辖区内各老旧小区加装电梯情况摸底调查，并督促镇（街道）加快初审流程和宣传工作

续表 7

序号	重点建议	领办领导	主办单位	办理落实情况
8	关于加强违章停车管理和文明执法的建议	江　栋	市公安局	坚持“执法就是服务”理念。在交通相对不紧张的区域，违停车辆只要车上有人，以“提醒立刻驶离”为主；在上学、放学时段，对家长接送车辆以规范秩序为主，不予执法处罚；在小区主要通道上，在停车泊位以外的空位停车，如未占用消防通道的，不予执法处罚。遇已贴违法停车告知单但车主及时赶到现场的，现场交警在教育后收回贴单。高要求创建文明城市。停车位严重不足是产生车辆“乱停放”的根本原因，从文明创建角度而言，公安交警严格执法，加强停车秩序管理，整治“乱停放”现象；对于在交通非常紧张、违法停车容易造成交通秩序混乱的道路上违法停车，或者恶意违停、多次劝导但不驶离等违法情形，公安交警坚决予以执法查处。综合行政执法局牵头在全市符合条件的道路位置上都施划停车位；通惠门公共停车楼、楼店南公共停车楼已建成投用；宾王商贸区和金融商务区实行停车收费管理。提高停车位循环利用率，使1个停车位能够发挥多个停车位的作用。同时在有机更新区块规划设计中，公安交警会同规划部门从源头抓起，严格落实建筑物停车配建，尽量高配停车位指标
9	关于全市实施美丽田园建设的建议	朱有清	市农业农村局	围绕美丽义乌建设目标，通过“十个一”专项行动，全面推进农业“低散乱”整治，大力开展农田景观改造提升，着力解决农田环境“脏、乱、差”问题，打造具有义乌“三农”特色的美丽田园。全市农业“标准地”改革已全域推开，农田环境状况明显改善，秸秆综合利用率达到95%以上，化学农药使用量减少8%，农田抛荒、沟渠杂乱等现象逐渐减少，此项工作得到省长袁家军、金华市市长尹学群等领导的批示肯定。依托“1（精品线）+3（农业农村局、镇街、国企）+1（项目库）”联动机制，森山健康小镇、花间乐园等一批美丽项目相继建成，西田稻香园等8个田园被评为义乌市“最美田园”，花间乐园被评为省级“最美田园”，义亭“红糖飘香精品线”被评为省级休闲农业和乡村旅游精品线路，实现农业和农村融合发展
10	关于规模调整后村庄“多规融合”编制的建议	喻新贵	市自然资源和规划局	做好多规融合村庄规划编制技术指导。组织各镇（街道）规划所进行村庄规划编制业务培训和交流，要求按照“多规合一”理念，将涉及自然资源、建设、农林、文化、环保等职能的土地利用、产业发展、居民点布局、人居环境整治、生态保护和历史文化传承等专项内容纳入村庄规划，同时对规划编制的原则、内容、深度、图则等作出指导。建立优秀设计单位库。结合近些年规划设计单位的设计成果考核结果，筛选一批城乡规划和国土规划的优秀设计单位，建立优秀设计单位库供各镇街选择，提高村庄规划编制质量。积极推动落实多规融合村庄规划编制工作。定期跟踪听取各镇街的规划编制进展情况，帮助协调解决编制过程中的矛盾和问题
11	关于加快实施旧改村高层建设的建议	喻新贵	市社区建设办	社区建设办就实施旧改村高层建设问题与市自然资源和规划局、市建设局、相关镇（街道）进行协商，研究加快推进举措。进一步明确旧改村高层规划报批流程。旧改村高层规划报批分建筑方案审批和建设工程规划许可证办理2个阶段。建筑方案审批办理时限为资料齐全正式受理后10个工作日，建设工程规划许可证办理时限为资料齐全正式受理后4个工作日。加快施工许可证办理。施工许可证办理时限为资料齐全正式受理后1个工作日。考虑到村级组织对高层建设流程不熟悉，可对旧改高层建设实施代建制，由村级组织委托专业代建单位进行工程建设管理，社投集团可作为市场主体参与旧改高层代建工作

（陈晓慧）

应急管理

【概况】 2019年，全市有各类应急队伍76支1712人、物资11万余件、大型装备200余辆（台），全年规范化建设避灾安置场所60处，创建省级减灾示范社区1处。市级应急物资储备库9个，总价值2.15亿元；乡镇（街道）储备库37个，总价值1112.33万元，包含生活类救灾物资、防汛防台抗旱应急物资、森林防火物资、消防应急救援装备、安全生产应急救援装备五大类。建设规范化避灾点60处。

2019年，全市共发生各类生产安全事故26起，死亡26人，同比分别下降43.5%、40.9%。其中，工矿商贸行业发生上报事故2起，死亡2人，同比分别下降60%、66.7%；发生生产经营性道路交通事故24起，死亡24人，同比分别下降41.5%、36.8%。消防火灾事故方面，全市共发生火灾上报事故160起，同比下降50.6%，死亡1人。全市未发生较大事故。全市立案查处安全生产违法行为195起，罚没款217.62万元，其中，提交案审会讨论案件9件，重大行政处罚案件备案9件，立案数与罚没款同比分别下降39.3%、64.7%。

开展“治标更治本”行动，聚焦重点行业领域开展系列整治行动，完成全市1357幢高层建筑消防安全整治“清零”，推进22家养老机构安全规范整治提升，对全市71.6万余间居住出租房开展消防安全整治，开展全市74家涉污水罐（池）企业排查整治，实现用电安全等风险隐患整治全覆盖。自11月起，聚焦高层建筑、养老机构、商业综合体、文保单位、出租房、文化礼堂等人员密集高风险场所和前期重点督查检查区域，推动新一轮“回头看”专项督查工作，做好冬春关键时点的事故防控。

加强物资装备保障，以“1+2+14+N”应急队伍建设为目标，加快绘制应急信息“一张图”，统筹提升安全生产及自然灾害类突发事件处置能力。建立应急救援联席会议制度，建立与驻义部队、市商务局、市气象局等部门的应急协同救援机制，全年发布气象预警信息10次，修订完成《义乌市突发公共事件总体应急预案》等9部市级应急救援预案。接入市防汛可视化平台、地质灾害监测系统、移动视频监控DSS平台等部门业务平台；组织各类形式应急演练33场，参演1657人次，观摩2万余人次。实现全年森林火灾“零发生”，成功应对超强台风“利奇马”，实现自然灾害零伤亡。

对危化品领域实施全流程管控，建立部门间危化品联席会商和双随机联合执法机制，完善风险管控大数据平台功能，增强全流通领域管控效能。全市危化品生产、带存储经营等15家企业全部实现每日风险排查承诺；59家危化品经营企业实行危化品销售流向实名登记；756家危化品使用单位全部纳入危化品安全监管平台，基本实现“五个一”和“四实”管理要求；185辆危化运输车安装GPS定位系统；23处油气管线穿越高后果区治理一区一案报备。

推进“信用+安全生产”改革，探索建立以信用监管为核心的新型安全监管机制，深化信用联合奖惩应用，以实现企业自律、监管标准化，逐步取消基层网格队伍，降低基层行政成本。在3项“信用福利”“烟花爆竹零售信用监管”的基础上，施行安全生产信用监管实施细则。推进事中事后监管融合，将安全生产监管职能纳入全市事中事后监管，形成全市市场监管领域“8+1”事中事后新监管模式，实现安全生产“专项执法+综合执法”有机融合。

加强各类新闻媒体阵地建设，设立义乌电视台驻市应急管理局特约记者站，在义乌电视台每天字幕提醒、义乌广播电台每周电话连线，强化应急管理和安全生产工作的宣传报导。整合14个镇（街道）、20个行业部门共1300余块电子显示屏，全年发布安全宣传标语2166条。6月，开展安全生产宣传月系列活动，围绕“防风险、除隐患、遏事故”主题，集中开展8项安全生产宣传教育活动，其中组织参加国家应急管理部部署的安全知识竞答活动，10万余人次参与答题，答题分数13.7万分，居全省前列。全年开展安全生产监督业务培训9场次，培训危化品经营、使用企业负责人118人，安管员1800余人，镇（街道）网格长、网格员1950余人，安监员120余人。

【市应急管理局挂牌成立】 2019年1月19日，义乌市应急管理局挂牌成立，为机构改革后新成立的单位。根据《义乌市机构改革方案》，组建的市应急管理局整合9个部门5个市级议事机构有关职责，厘清相关权力事项。统筹做好安全生产、消防安全、防汛抗旱、森林防灭火、人民防空等工作，督促部门职责落实到位。新修订《义乌市应急管理局常用行政处罚裁量暂行标准（2019版）》，对新划入的人防、地震、民政等部门的职能和划出的职业卫生监管职能，将裁量标准进行调整。建立统一指挥、统筹协调、以防为主、防抗救一体化的应急管理体系。制定出台《义乌市地方党政领导干部安全生产责任制实施细则》，完成市安委会和"1+X"专委会人员调整，健全工作任务交办闭环机制，优化调整市森林防灭火指挥部、市防汛防旱指挥部等议事机构。

【推进安全生产标准化工作】 2019年3月13日，金华市应急管理局在义乌市举办全市安全生产标准化示范企业创建现场会。各县（市）应急管理部门负责人，拟创建的100家安全生产标准化示范企业负责人，有关安全生产标准化创建服务机构负责人等共200余人参加会议。会上，义乌市应急管理局就高质量推进工贸行业安全生产标准化样板区建设作典型发言。浙江锋锐发动机有限公司、义乌市双童日用品有限公司2家企业负责人分享安全生产标准化创建工作的经验做法和取得的成效。浙江高鑫安全检测科技有限公司就安全生产标准化创建中的有关问题进行专题辅导。2019年，全市共有228家工矿商贸企业创建、复评国家三级标准化示范企业，17家创建国家二级标准化示范企业，21家创建金华市三级标准化样板示范企业，41家创建义乌市三级标准化样板示范企业，13家创建义乌市本级"六有六提升"宗地示范企业。

【排查化工园区和危化企业安全风险】 2019年8月，为贯彻落实党中央、国务院关于危险化学品安全生产工作的决策部署，吸取江苏响水"3·21"特别重大爆炸事故教训，应急管理部印发《化工园区安全风险排查治理导则（试行）》《危险化学品企业安全风险隐患排查治理导则》。义乌市主要落实情况：开展宣贯解读，组织义乌信息光电高新区和20家危险化学品重点监管企业开展集中学习培训，指导化工园区和危险化学品企业熟练掌握有关要求，深入开展危险化学品安全风险隐患排查评估，对安全隐患治理做到责任、措施、资金、时限、预案五落实，确保安全风险可控和隐患闭环管理。全面落实化工园区和危险化学品企业对照2个导则要求，完善安全风险隐患排查治理制度，落实安全风险排查治理主体责任，建立安全风险隐患排查治理长效机制，不断提升安全保障能力和水平。其中，义乌信息光电高新区37、38号地块自评结果为一般安全风险C类。

【首届应急管理普法知识竞赛】 2019年9月1—30日，按照应急管理部、中华人民共和国司法部、全国普及法律常识工作办公室工作要求，市应急管理局在全市开展"答题有奖"应急管理普法知识竞赛活动，采取线上答题形式，设普法答题和学习专栏，满分450分。至9月30日，10万余人次参与答题，第一名成绩423分。通过知识竞赛，提高市民的安全意识、风险意识和预防能力，增强应对紧急情况的能力。

【叉车整治经验在金华市推广】 2019年9月20日，金华市叉车安全综合治理现场推进会在义乌市佛堂镇智慧治理指挥中心召开，金华及各县（市、区）市场监管、应急管理、交警大队、义乌市各镇（街道）分管领导等150人参会。会上推广叉车智慧监管的"义乌经验"。叉车事故发生率在特种设备事故中占比例最大，为特种设备安全监管的重点和难点。2019年，市市场监管与市应急管理部门协同配合，下发《义乌市安全生产委员会办公室关于全面加强叉车安全监管工作的通知》，推出《佛堂镇叉车教育信用12分制管理办法》《佛堂镇叉车5G安全管理办法》，通过销售环节"抓源头"、作业叉车"全上牌"，探索叉车"智慧管"等举措，提升全市叉车安全规范操作水平，形成"齐抓共管、综合治理、职责清晰、规范有序"

的全链条式长效安全监管机制。

【森林消防技能比武】 2019年9月27日，市森林防灭火指挥部、市自然资源和规划局、市应急管理局和后宅街道办事处在德胜岩森林公园共同举办以“森林消防走进景区”为主题的义乌市2019年森林消防技能比武演练。来自赤岸镇、上溪镇、后宅街道等13支森林消防队伍、221名队员参赛，围绕高扬程森林消防泵使用、负重1千米越野跑、风力灭火机使用3个项目开展角逐。通过森林消防演练、培训，提高各森林消防队伍作战能力及专业水平。

【小微企业整治】 2019年，加强小微企业整治。10月下旬，市安委办成立7个督查组，每周对各镇（街道）开展督查检查，定期召集相关镇（街道）及部门负责人进行风险研判会商，阶段性梳理风险点，统筹部署管控措施及检查重点。至年底，全市排查小微企业3.04万家，排查隐患4.46万项，完成整改3.81万项，整治提升“低散乱”企业1728家。

【危化品使用企业整治】 2019年10月起，在全市范围内开展危化品使用企业整治，重点突出危化品使用企业“三抓六个一”措施。抓危险环节，要求危化品临时存放场所和混合搅拌工序场所单独设置安全装置，作业场所安装可燃气体报警装置和强制通风装置，可燃气体报警装置并与通风装置实时联动；抓教育培训，聘请专家授课，每季度对全市重点单位企业负责人、安管员组织教育培训，每月组织各镇（街道）辖区重点单位企业负责人、安管员开展业务学习；抓应急处置，要求所有危化品使用企业和宗地企业都要建立1支义务消防队，并配备灭火毯等针对性的应急救援器材，每月19日开展应急拉练，镇（街道）专职队上门指导，帮助企业开展实操演练。至年底，全市226家涉及危化品搅拌、混合工序企业独立场所单独设置率达100%，新配备手推式灭火器97具、可燃气体报警装置51套，灭火沙、灭火毯等消防设施配备率100%，危化使用企业应急队伍组建率100%。组织应急演练217家次。

【北站社区获批省级减灾示范社区】 2019年12月25日，根据《浙江省减灾委员会关于公布2019年浙江省综合减灾示范社区名单的通知》，后宅街道北站社区被评为省级“减灾示范社区”。北站社区整合各方资源，通过共建相连，形成资源共享、互助发展的“葡萄串”共同体。在社区办公楼设置避灾安置点，占地450余平方米，设显示屏2处、宣传栏5处、电子阅览室1间、图书馆1间，可容纳400余人。另配备2000余平方米广场，作为仓储和临时居住之地，应急救助物资储存其中。建立微型消防站，在居民家中推广监测报警系统，由社区两委成员、民政助理、妇联、共产党员、民兵、共青团人员组成指挥中心小组建立救灾指挥中心，提高防灾减灾能力水平。同时建立防灾减灾工作管理考核制度，定期检查消防器材设施，宣传防灾减灾知识，举行消防演练。以党建为核心是树根，党员干部“五（吾）带头”作枝干，房东是藤，租客是葡萄，社会组织是叶。通过“葡萄串”工作法，让房东、租客、社会组织共同参与社会防灾减灾工作。

（金　翔）

机关事务管理

【概况】 2019年，市机关事务局共承担9个行政大楼的机关后勤物业管理、会务服务、安全保卫等服务工作，物业面积30万平方米。经营8家机关食堂，其中，1家委托酒店管理，7家自行管理。行政效率和公信力显著提升。

2019年，市机关事务局先后出台《零星维修工程、设备采购等项目实施流程》《食堂经费独立核算办法》《零星工程施工单位备案制度》《仓管制度》《物业考核“红蓝黄”旗评比制度》《机关后勤服务中心临聘人员考核办法》《全员钉钉考勤实施办法》7项制度，进一步规范项目实施、财务核算、询价招标、物资采购、物业考评和考勤管理等内控制度。全年，通过招投标或询价确定施工（服务）单位的占全部工程项目的有95%，经第三方中介评估审核的项目开支占全年经费使用总量的90%。严格执行“三重一大”会议决策制度，提交“三重一大”会议研究的议题413个。

2019年，全市公共机构人均综合能耗下降2.3%，单位面积能耗同比下降2.1%，人均水耗同比下降3.5%。网络版能耗统计软件覆盖全市470家公共机构，覆盖率95%。开展节能宣传周和全国低碳日活动，发放宣传手册及宣传画350余册，宣传单位覆盖率逾90%。张贴垃圾分类宣传画及标识1340余份，发放垃圾分类宣传手册200余份。配合国家质量认证中心，通过对市政务数据服务中心三星级绿色数据中心认证工作。

【完成机关部门办公用房调整】 因机构改革及城市有机更新需要，2019年3月始，市机关事务局根据市委、市政府的工作部署，对全市35个部门和单位的办公用房进行优化调整，共压缩办公用房面积2.1万平方米。10月，完成对全市275家党政机关办公用房使用情况的排查，调查面积84.8万平方米。

【智慧机关事务建设】 2019年，义乌市创新智慧机关建设模式，12月，市机关事务局与中国工商银行义乌分行签订合作协议，由工行出资建设智慧机关事务一期项目，项目分智慧食堂、智慧物业、智慧房管3个模块。至年底，完成软件开发、服务器的申请等工作。

（陈志明）

政务督查

【概况】 2019年，市督考办围绕市委、市政府重大决策、重要事项、重点工作和重点工程开展督查督办工作，对“最多跑一次”、改革开放、平安综治、文明城市创建、“五水共治”等重要工作开展专项督查50余次。共交办任务688项，完成销号639项，其中对市主要领导在担当群关注的事项进行跟踪，交办任务172项，销号148项。开展“奋战70天夺取全年红”活动，督促46项任务的72家责任单位，每天在担当群里报送进展情况，进一步压实责任，助推各项工作全面冲刺。每周对《今日聚焦》《正风问效》《特别关注》等舆论监督栏目曝光问题整改落实情况进行跟踪督查，全年，跟踪督查曝光问题125项，整改到位115项。开展常态督查，组建7个联合督导组，集中督导10个重点涉企部门和14个镇（街道），深度总结分析问题，“点对点”反馈督促整改落实；先后召开协调会14次，集中推进58个重点问题解决。

【重点工作责任清单督查】 2019年1月，市督考办组织全市98家单位制定上报2019年度重点工作责任清单，计761大项2287小项。要求必须覆盖市委全会和政府工作报告任务分解方案中本单位的任务，每项工作须明确时间表、路线图、责任人。每季度开展实绩对账，对存在困难问题未能顺利推进的，督考办重点予以跟踪督查，推动落实。至年底，完成2257个小项工作的督查落实。

【督查“一网通管”项目建设】 为顺利推进省、市重点工作“一网通管”项目建设，2019年3月，市督考办安排工作人员进驻集中办公点1个月，开展全程督查，及时配合协调排除开发过程中的堵点、难点，确保“一网通管”（一期）项目暨浙江省行政执法监管平台5月按期上线。

【“走现场解难题促发展”活动】 为进一步深化“三服务”活动，在项目现场协调解决各类难题，2019年4—5月，市督考办开展2期“走现场解难题促发展”活动。根据市领导现场办公提出的要求进行交办督查，实行销号管理，对工作不力、未在规定时间内完成的任务进行重点督办，并纳入年终考绩。“走现场解难题促发展”活动共交办任务55项，销号47项。

（蒋纯盛）

行政审批

【概况】 2019年，市行政服务中心围绕实现100个事项、20万件以上办件群众无需办理的目标，通过削减事项、事项无需申请和事项无需办理，共削减事项95项，“无需申请”（即无感智办）107项，“无需办理”93项。

围绕群众不再提交纸质材料和办理结果电子证照化的目标，通过进一步削减办事材料和推进数字化转型途径，实现全面数字化办理事项1189项，办件占比87.18%。办理结果实现数字化1169项，办件占比95.36%。政务服务事项“一证通办”实现率达93.64%，其中民生事项线上线下均实现100%“一证通办”。

对标世界银行和国家发改委营商环境评价指标体系，围绕企业全生命周期梳理登记开办、项目投资、清算注销等多部门联办“一件事”62项。围绕公民个人全生命周期梳理出生、就业、结婚、生育、退休、养老、殡葬等多部门联办“一件事”42项，其中，省定28项，义乌市自定义14项。创新“登报声明”一件事办理，共取消公告声明环节29项，14项公告声明由报纸公告改为网站公告，企业群众无需登报声明，由办理部门网上公示，一次性办结。

推进民生事项向基层延伸，省定民生事项目录385项，除非本级或无需办理事项55项外，涉及义乌市民生事项330项，全部在镇（街道）行政服务中心可办，实现率达92.7%。综合性自助终端在镇（街道）100%全覆盖，“一证通办”事项可在综合性自助终端办理。社保事项在镇（街道）银行、邮政网点代办实现100%覆盖。“信用+容缺受理”制度在《人民日报》刊发；新生儿“一件事”改革、不动产登记改革、退休“一件事”改革入选《领跑者》专刊；减窗改革、钉钉代办被《竞跑者》推广；减免投标保证金举措入选义乌市、金华市、浙江省“三服务”十佳案例。

【无差别全科受理】 2019年3月26日，义乌实施“1+X”无差别全科受理模式，“1”即综合窗口，包括市场监管及后续26个部门的证照类业务和医保、社保等业务全部实现无差别受理，“X”即公安、不动产、税务局、水电气等部门实现内部无差别受理。无差别全科受理是指通过大厅一键取号、前台综合受理、后台集成办理、窗口统一出件的办事模式，实现所有事项在各窗口无差别全面受理。推行后，市行政服务中心窗口数量削减至72个。

【市场商位使用权转让“一件事”办理】 2019年4月11日，市行政服务中心牵头，与商城集团开展商位转让全流程“一件事”改革。在国际商贸城四区的国际贸易服务中心设立商位转让综合窗口，由商城集团、市税务局、市市场监管局进驻合署办公，实行“一窗受理，一号办理”，转让双方只需在窗口提交一套材料，即可一次性办结商位转让、税务完税和注销、营业执照注销手续，市场经营户办理商位转让全流程从跑3处、等10日变为跑1处、5日拿到协议书。至年底，共办理商位转让业务2800笔。

【“钉钉代跑代办”模式】 2019年8月5日，在全市推行“钉钉代跑代办”业务，即村（社区）代办员受理本辖区内企业和群众代办代跑申请，通过浙政钉平台将诉求或办事材料在线流转至镇（街道）便民服务中心，镇（街道）便民服务中心安排专人进行办件派发，镇（街道）科室或市级部门分别在线审核办理，办理结果在线反馈或快递送达的工作模式。至年底，全市有731名代办员奔跑在乡镇农村一线，完成线上代办事项3.27万件。此经验做法在省委改革办《竞跑者》刊发。

【第二届全国营商环境协同力奖】 2019年11月28日，市行政服务中心在第二届（2019）中国营商环境评选活动中，获营商环境协同力奖前10强。在优化营商环境的进程中，市行政服务中心不断探索招投标领域改革，强化信用约束机制，在全省率先试点免收投标保证金，有效降低企业交易成本，减轻企业负担。

（鲍庆丰）

公共资源交易监管

【概况】 2019年，全市累计完成公共资源交易2670项，成交529.33亿元。其中，工程建设项目招投标1461项，预算价243.82亿元，中标价209.7亿元，节约34.12亿元，让利率13.99%；政府采购356项，预算价7.57亿元，中标价6.62亿元，节约9500万元，让利率12.6%；国企采购26项，预算价2.5亿元，中标价2.25亿元，节约2500万元，让利率10.14%；国有产权交易387项，成交价2.21亿元，增值金额3100万元，增值率16.62%；农村产权交易110项，成交价2.06亿元，增值金额1.28亿元，增值率162.02%；土地交易330项，出让金额306.49亿元。

【试点零投标保证金】 为进一步优化营商环境，让企业“轻装上阵”，2019年3月，义乌在市级交易平台招标的500万元以下工程建设项目试点免收投标保证金，在镇（街道）交易平台招标的工程建设项目免收投标保证金；在全市政府采购领域全面推行免收投标保证金。8月，实行3000万元以下的工程建设项目免收投标保证金，义乌成为全省唯一一家试点零投标保证金的公共资源交易平台。至年底，全市85%以上项目投标可实现零保证金，为参与工程建设项目和政府采购投标的企业释放流动资金5亿元，减少办事5万余次。

【首个政府采购电子开评标项目】 2019年7月11日，首个政府采购电子开评标项目——义乌市教育研修院台式计算机采购项目在义乌市政府采购中心顺利完成。政府采购电子开评标项目即发布招标公告、投标报名、获取招标信息、投标、评标等环节均实行电子化操作，具有企业参与成本大幅降低、专家评审质效显著提高、监管部门风险防控力度加强及时间限制、地域阻隔被全面打破四大优势。电子开评标项目的实施，是“互联网+政府采购”的一次重要实践，打通了政府采购流程电子化的“最后一公里”。

【“不见面开标”项目】 2019年8月12日，义乌首例工程建设“不见面开标”项目——义乌经济技术开发区崇山四区规划二路市政道路工程项目在义乌市公共资源交易中心开标，义乌工程建设项目从“现场开标”正式步入“线上开标”时代，投标企业可以足不出户，实现投标过程。投标人只需登录网上开标大厅，即可完成投标文件在线解密、投标人在线质疑、招标人在线回复等操作，全程视频互动。9月27日，镇（街道）首例“不见面开标”项目——义乌市佛堂镇拆迁过渡房工程项目在义乌市佛堂镇招投标中心开标。至年底，累计96个项目通过“不见面”方式开标。

（朱跃忠）

接待工作

【概况】 2019年，接待省部级以上领导270人次，其中，警卫任务10批次，内宾229人次，外宾41人次。重要来宾有全国政协副主席、国家民族事务委员会主任巴特尔，全国政协副主席汪永清，全国政协副主席、台盟中央主席苏辉，中央军委原副主席范长龙，中华人民共和国文化和旅游部部长雒树刚，浙江省委书记车俊、浙江省省长袁家军等。

【中国工程院院士专家到义乌调研】 2019年11月18日，中国工程院院士王兴治、王哲荣、苏哲子，挪威技术科学院院士白勇，中国兵器工业研究所、解放军军事科学院、中国兵工学会火箭导弹专业委员会制导控制技术发展专题研讨会专家一行21人到义乌考察调研。院士专家一行先后考察森山健康小镇、云驿小镇、佛堂古镇等地。在森山健康小镇考察院士林、世界硅化木地质公园、科技馆、世界珍稀瓜果花卉中心等特色场馆。得知森山健康小镇正在创建“浙江院士之家”，院士们对于建设方案予以充分肯定，同时，给义乌建设“浙江院士之家”提出意见建议。王兴治、王哲荣、苏哲子3名院士签订《院士之家进家意向书》，并留下手印作为纪念。金华市科协主席汪希燕、义乌市委组织部部长何若伟、义乌市副市长孟礁、义乌市科协主席李志强、浙江工业大学义乌研究院执行院长钱佩忠陪同调研。

（陈金春）

【百人商务代表团赴义乌考察】 2019年11月23日，为期2天的2019“一带一路”国际商协会大会在北京国际饭店会议中心落下帷幕。会后，环球网邀请多国大使、商务参赞以及各国商协会代表百人考察团于23日晚共赴义乌参观考察。考察团先后考察浙江中国小商品城集团股份有限公司与环球网合作共同打造的国际商协会大厦、义乌中国小商品城一区、义乌中国进口商品城孵化区，对国际商协会大厦项目产生浓厚的兴趣。义乌市市长王健、副市长刘磊，市外事办主任吴丹，市商务局局长杨忠宏会见考察团。市长王健对“一带一路”商协会大厦项目表示高度的肯定，希望通过商协会平台，与各国商协会和企业寻求更多、更新的合作契合点。东帝汶驻华使馆大使BENDITO DOS SANTOS(费迪托)、欧盟驻华公使衔参赞Gunther Wolfgang Marten(马君泽)、多哥大使馆商务参赞MESSAN AMAKOE KLUTSE、斯里兰卡驻华使馆参赞KALPA等纷纷发表对此次考察的感受与期许。

（陈金春）

2019年部分省部级以上领导到义乌考察情况

表8

到义乌时间	来访单位和职务	姓名	级别	人数	主要事宜
1月2日	浙江省委常委、政法委书记	王昌荣	省部级	11	开展“三服务”活动。考察顺丰快递、公路港、铁路口岸、鸡鸣山社区、义乌民间紧急救援协会
	浙江省人大常委会党组书记、副主任	梁黎明	省部级	9	考察人大工作推进情况，参观城西街道人大代表联络站、森山集团
1月11—12日	国务院侨务办公室原副主任、外交部原副部长	何亚非	省部级	25	考察国际商贸城一区、国际贸易服务中心、进口商品城、网商服务区、双童吸管、陆港小镇、华鸿控股集团有限公司、鸡鸣山社区
2月26日	浙江省副省长	朱从玖	省部级	8	参加国贸改革试验区动员会、挂牌仪式
3月5—7日	浙江省政协副主席、党组副书记	孙景淼	省部级	5	调研基层社会治理工作，考察鸡鸣山社区、塔下洲社区、联平村、高新社区、蟠龙社区、省政协委员会客厅、宦塘村等
3月7日	中国工程院院士	侯保荣	省部级	6	参加“中美清洁技术产业院士专家浙江行”活动
3月12日	浙江省委常委、政法委书记	王昌荣	省部级	7	参加全省反恐怖会议暨路地融合现场会
	浙江省副省长、浙江省公安厅厅长	王双全	省部级	5	
3月20—21日	浙江省政协副主席、党组副书记	孙景淼	省部级	6	调研基层社会治理工作。考察义乌民间紧急救援协会、同悦社会服务中心、义乌温州商会、四季社区、佛堂“四个平台”建设
3月28日	国家民委副主任、党组副书记	刘　慧	省部级	9	调研城市民族工作
3月31日—4月1日	浙江省政协原副主席	徐鸿道	省部级	7	参加“美博会”
4月3日	浙江省委常委、常务副省长	冯　飞	省部级	12	调研企业生产经营情况，开展“三服务”活动。考察华灿光电、爱旭太阳能

续表 8

到义乌时间	来访单位和职务	姓名	级别	人数	主要事宜
4月5日	中华人民共和国水利部副部长	陆桂华	省部级	4	调研水利工作。考察南江美丽城防、义乌江佛堂古镇段、陈望道纪念馆
4月16—17日	中央军委原副主席	范长龙	国家级	8	到义乌调研
4月18日	浙江省政协主席、党组书记	葛慧君	省部级	8	开展“三服务”工作，调研省级特色小镇
4月24日	全国政协副主席	汪永清	国家级	7	调研“请你来协商”工作
	浙江省政协副主席	马光明	省部级	12	陪同调研“请你来协商”工作
4月26日	文化和旅游部部长	雒树刚	省部级	22	参加“文交会”“旅博会”
5月12—13日	全国政协常委、外事委副主任	李保东	省部级	14	调研中欧班列运营情况。考察国际商贸城、铁路西站、电商小镇、邮政互换局、义乌港、优讯公司等
5月14日	浙江省政协副主席、台盟省委会主委	张泽熙	省部级	7	“民营经济高质量发展”专项民主监督调研。考察浙江斯坦格运动护具科技有限公司（后宅）、易开盖实业公司（北苑）、义乌工商职业技术学院、同心苑
5月23日	全国人大华侨委委员	王辉忠	省部级	9	企业调研
5月31日	浙江省政协副主席	马光明	省部级	3	调研委员会客厅工作
7月3日	浙江省副省长	彭佳学	省部级	11	调研污水零直排相关工作。考察后宅街道“污水零直排区”综合建设、“智慧排水”综合管控平台、长春社区、浙江思源丝网印刷小微产业园区、临江社区、望湖家园小区、分水塘村
7月4日	浙江省人大常委会副主任	赵光君	省部级	10	调研国际贸易改革试验区立法工作。考察华灿光电（浙江）有限公司、后宅街道联络站、胜利社区
	浙江省政协副主席	陈铁雄	省部级	6	参加义乌市革命老区开发建设促进会成立大会
7月6日	国家林业和草原局副局长	刘东生	省部级	11	现场察看松材线虫病除治点
7月9日	浙江省政协副主席	蔡秀军	省部级	7	参加“金华数字经济政协委员会客厅”和“‘义新欧’新丝路政协委员会客厅”
7月11日	浙江省副省长	彭佳学	省部级	6	全省“污水零直排区”建设推进现场会
7月20日	国家市场监管总局局长、党组书记	肖亚庆	省部级	14	调研商事登记改革和互联网+监管、市场信用分类监管、标准进市场、知识产权等工作。考察陈望道故居、北苑市场监管所、国际商贸城、知识产权维权服务中心
	浙江省副省长	王文序	省部级	7	调研知识产权培育、企业标准化能力建设、放心消费景区建设等工作。考察华灿光电（浙江）有限公司、义乌市双童日用品有限公司、佛堂老街

续表 8

到义乌时间	来访单位和职务	姓名	级别	人数	主要事宜
7月24日	全国政协常委、港澳台侨委员会副主任，台盟中央副主席	吴国华	省部级	6	考察乡村振兴情况
8月9—10日	全国人大常委会委员，全国人大社会建设委员会委员，中国残疾人联合会副主席、党组成员	吕世明	省部级	10	参加浙江省全国人大代表第四专题小组调研活动。考察云驿小镇、义新欧班列、陈望道故居、陆港电商小镇
8月25日	水利部副部长	陆桂华	省部级	3	调研水利工作。考察绿色动力小镇、佛堂镇龙溪
9月9日	浙江省委书记	车　俊	省部级	22	调研生猪稳产保供稳价工作
10月6日	全国政协副主席、国家民族事务委员会主任	巴特尔	国家级	5	考察国际商贸城一区、国际商贸城五区
10月7日	水利部副部长	陆桂华	省部级	3	考察双江水利枢纽工程
10月10日	全国政协副主席、台盟中央主席	苏　辉	国家级	43	调研市场、“义新欧”班列运行情况
	全国政协常委、台盟中央副主席	杨　健	省部级	43	
	全国政协常委、台盟中央常务副主席、浙江省政协副主席、台盟浙江省委主委	张泽熙	省部级	43	
	全国政协常委、台盟中央副主席、海南省委主委	连介德	省部级	43	
	全国政协常委、台盟中央副主席	吴国华	省部级	43	
	全国政协常委、台盟中央副主席、福建省人民政府副省长、台盟福建省委主委	郑建闽	省部级	43	
10月21日	浙江省人大常委会副主任	李学忠	省部级	3	参加第25届中国义乌国际小商品（标准）博览会
10月21—22日	浙江省副省长	王文序	省部级	4	参加第11届中国商品市场峰会
10月24—25日	国务院副秘书长、国管局局长	李宝荣	省部级	6	调研市场、陈望道故居
10月26日	浙江省委常委、政法委书记，浙江省法学会会长	王昌荣	省部级	16	督导扫黑除恶工作。考察义乌铁路口岸党建联盟中心、城西街道分水塘村、国际商贸城一区、国际商贸城四区（涉外纠纷人民调解委员会）、国际商贸城五区
12月3日	浙江省省长	袁家军	省部级	12	调研生猪养殖情况
12月23—26日	中国科学院院士	朱位秋	省部级	3	考察森山健康小镇“浙江院士之家”、吉利动力总成义乌制造基地
12月24—25日	浙江省委常委、统战部部长	熊建平	省部级	21	考察伊斯兰教活动场所、义乌工商职业技术学院、鸡鸣山社区、福田“商城红”红糖厂

（除署名外均由何梦逸撰稿）

政协义乌市委员会

综 述

【概况】 2019年，市政协在中共义乌市委的领导下，坚持团结和民主两大主题，不忘初心、牢记使命，不断提高政治协商、民主监督、参政议政水平，强化建言资政和凝聚共识双向发力，为高质量高水平建成"世界小商品之都"做出积极贡献。

强化政治引领，牢牢把握正确政治方向。开展"不忘初心、牢记使命"主题教育，组织"树立新时代人民政协的新样子"专题讨论，共报送笔谈16篇、金点子26条。在全国政协培训中心、省社会主义学院等地举办专题培训班3期。紧扣市委部署圆满完成年度重点履职工作27项，全年向市委常委会汇报政协重点工作、重要会议精神8次。注重文化在团结联谊中的重要作用，《义乌宗谱山水村景诗词选》编印出版，《奔跑新丝路勇当先行者》等7篇文史资料被省政协《70年70人》采用。

紧扣中心工作，充分发挥专门协商机构作用。紧盯"最多跑一次"改革、优化营商环境。全年开展政协班子、界别、镇（街道）3个层面监督活动45次，提交建议64条，降低出租房电价、完善消防验收、推动医院检查数据共享等合理化建议被采纳。围绕民营经济高质量发展，政协常委会议开展专题协商，提出加快传统产业转型升级、培育新兴产业、加大项目招引等建议10条。以"争创文明城市，共建美丽义乌"为主题举办政协委员论坛，从垃圾处理、绿道建设、社会组织作用发挥等11个方面建言，助力义乌全国文明城市创建。

聚焦民情民意，为增进民生福祉汇聚力量。开展"访委员、集民意、促发展"活动，梳理城市有机更新、生态环境治理、众创乡村建设等58个选题作为政协提案参考。开展走村入户大调研，发动全体委员开展行政村规模调整后续融合治理、城乡生活垃圾分类处理、农村文化礼堂建设等调研，完成问卷调查3210份；提出加快"一村两楼宇"建设、壮大村集体经济、规范行政村命名和使用等建议29条。持续推动统一委派民主监督员工作，117名政协委员分赴26个机关单位和国有企业，开展监督调研52次，提出加强河道流域保洁、加强食品卫生监督等建议36条。广泛发动政协委员征集民生实事94件，梳理筛选出推进农村更新改造、老旧小区加装电梯、加强学生近视防控等建议17件供市政府决策参考。深入开展"三服务"，新丝路学校配套工程、赤岸南杨村土地垦造项目、上溪三和村通村道路亮化等12项民生实事得到有效推进。政协各专委组织"六下乡"26场，服务群众、服务基层。各界别活动小组发挥自身优势，开展"九三大讲堂"、科普讲座、义诊等公益活动56场。各镇（街道）工委关注民生热点，推动文化礼堂常态化运行、矛盾纠纷化解、占道经营整治、贫困户结对帮扶等。

搭建履职平台，提高资政

建言水平。做强"请你来协商"平台，围绕市委、市政府中心工作，"请你来协商"聚焦群众关心的热点、难点问题，关注市场繁荣、教育发展、交通安全、乡村振兴、文明城市创建等方面，深入调研，广集民意，精准建言，持续跟踪。加快打造多层次广参与的协商平台，组织政协委员，邀请市场经营户、物流企业主、教师学生、社区群众、村干部、种植业大户等社会各界利益代表，与市领导、政府相关部门"面对面"协商，通过场内外联动、网络互动、电视录播等途径，有效拓展政协民主协商的广度和深度。"请你来协商"推动外籍"商友卡"升级、进口增信基金落地等96件事项的有效解决，平台影响力不断增强，逐渐成为党委政府重视和支持、政协委员喜爱和关注、群众欢迎和信任的平台。顺应新媒体发展要求，推行微信议政、提案网上办理、网上民意征集，提高履职"时"效。持续推动政协委员微信群履职，委员围绕企业减负、养老机构监管、垃圾分类、教育资源分配等323件事项建言，推动交通堵点、僵尸车整治、环境美化等185件"民生小事"快速解决。

紧抓自身建设，展现新时代人民政协新形象。强化政协委员责任担当，不断增进对中国共产党的政治认同、思想认同、理论认同、情感认同。增强委员履职本领，定期推送政协工作动态、培训课件等履职辅导内容。优化委员履职服务，完善委员列席市委市政府全会、市政府常务会议等制度，完善委员履职量化考评体系、委员年度述职制度，激发委员活力。发挥政协机关党组主体作用，推进党建规范化建设，持续开展党员"十二分制"考核、"丹心"志愿服务等活动。深入开展形式主义、官僚主义等专项整治，转变工作作风、提高工作实效。

【"请你来协商"平台建设】 2019年4月21日，"请你来协商——走进市场"活动在国际商贸城举行，市领导林毅、王健、葛巧棣带领相关部门负责人，与市政协领导、政协委员、市场经营户代表、电商和物流企业代表就仓储短缺、短驳物流效率不高等15个问题开展协商，400余人参加活动。7月17日，"请你来协商——道路交通安全畅通大家谈"活动在市政府八楼会议室举行，市领导陈小忠、江栋、喻新贵带领相关部门负责人，与市政协领导、政协委员、市民代表就绿化遮挡行车视线、信号灯配时不合理等6个方面16个问题开展协商，80余人参加活动。11月3日，"请你来协商——聚焦教育发展'三个十'（十大基础工作、十大教育改革、十大教育项目）"活动在宾王中学向天歌报告厅举行，市领导林毅、王健、张雷、骆小俊带领各镇（街道）、相关部门负责人，与市政协领导、政协委员、学校代表、家长代表就义务教育布局、教师编制、智慧教育等方面开展协商，230余人参加活动。12月30日，"请你来协商——走进农村"活动在城西街道七一村举行，市领导林毅、喻新贵、朱有清带领各镇（街道）、相关部门负责人，与市政协领导、政协委员、社情民意联络员、村干部代表、农业生产经营户代表就美丽乡村精品线建设、南枣传统产业保护开发、农民建房等8个方面开展协商，150余人参加活动。

【开展"新时代人民政协的新样子"专题讨论活动】 2019年6月18日，市政协组织召开"新时代人民政协的新样子"专题讨论活动动员部署会，市政协主席葛国庆，副主席吴伟兴、朱斌、杨桂芳、王迎、王建新及党组成员骆照明参加会议。会议指出，开展"新时代人民政协的新样子"专题讨论活动，是贯彻落实中央、省委关于加强和改进人民政协工作部署要求的客观需要，是贯彻落实省政协"两新两高一圆"总体思路的客观需要，是"对标自贸区、干实试验区"，高质量高水平建设"世界小商品之都"的客观需要。政协上下要提高政治站位，深刻认识开展专题讨论活动的重大意义。会议强调，要明确目标任务，扎实推进专题讨论活动，重点围绕"五个如何"内容，精心组织开展"六个一"活动，找准新样子还存在的问题和短板，形成更多更实的思想认知成果、理论研究成果、工作实践成果，把新样子画出来、做出来，真抓真改不走过场，切实提高活动质量。要加强组织领导，把专题讨论活动摆上重要议事日程，广泛宣传发动，营造浓厚氛围，坚持问题导向，以问题促整改、抓落实，确保专题讨论活动取得实效，切实以优异成绩庆祝中华人民共和国和人民政协成立70周年。会议对“助推行政村规模调整后续融合社会治理工作民主协商监督活动”和“城乡生活垃圾分类处理”专项民主监督活动进行部署。

重要会议

【概况】 2019年，市政协坚持将助推高质量高水平建成“世界小商品之都”作为履职主线，围绕市委重大决策部署认真履行政协职能，确保与市委、市政府同频共振、同向发力、同步前行。全年，召开全体会议1次，常委会议4次，政协主席会议10次。

【市政协十三届三次全体会议】 2019年1月12—15日，市政协十三届三次全体会议举行。参加会议正式委员290人，列席人员225人；少数民族代表和外地商会会长30人列席大会开幕式，市机关单位、镇（街道）党政主要负责人176人参加开幕、闭幕大会。会议共立提案286件，其中，集体提案14件，委员提案272件。开幕会上，7名市政协委员作大会发言。会议期间，全体委员考察中国计量大学现代科技学院、佛堂奕君箱包产业园、佛堂镇坑口村宅基地“三权分置”改革等重点项目情况。

【市政协常委会议】 2019年，市政协常委会议聚焦优化营商环境、推进民营经济高质量发展情况和全域土地统筹利用等工作开展协商，引导广大政协委员积极献计出力，将社会各界的智慧力量凝聚到市委作出的各项决策部署上来、凝聚到全市中心工作上来。全年，共召开常委会议4次。

2019年政协义乌市委员会常委会议情况

表9

会议名称	时间	地点	参加人员	会议内容
十三届九次常委会议	1月14日	三鼎开元名都酒店三楼开元厅	市政协正副主席、秘书长、常委、机关各办委正副主任、各分组讨论小组召集人	审议通过市政协十三届三次会议提案审查情况的报告（草案）和市政协十三届三次会议决议（草案）
十三届十次常委会议	4月16日	市政府八楼会议室	市政协正副主席、秘书长、常委、机关各办委正副主任、政协各镇（街道）工委负责人、界别小组组长，市政府分管副市长，市委组织部、市委统战部、市委市委编办、市改革办、市数管中心、市行政服务中心有关负责人	听取“深化‘最多跑一次’改革、优化营商环境”工作情况通报，审议通过专委会机构设置调整方案和政协委员调整等人事事项
十三届十一次常委会议	10月9日	市政府八楼会议室	市政协正副主席、秘书长、常委、机关各办委正副主任、政协各镇（街道）工委负责人，市政府分管副市长，市委组织部、市经信局、市自然资源和规划局、市农业农村局、市金融办、市行政执法局、市税务局、三服务办有关负责人	听取推进民营经济高质量发展情况和全域土地统筹利用情况通报，审议通过专委会主任调整等人事事项
十三届十二次常委会议	12月27日	市委党校会议室	市政协正副主席、秘书长、常委、机关各办委正副主任，市委组织部、市委统战部负责人	审议通过关于召开政协第十三届义乌市委员会第四次会议的决定、政协第十三届义乌市委员会第四次会议议程草案、政协第十三届义乌市委员会第四次会议日程

【市政协主席会议】 2019年，市政协主席会议聚焦美丽乡村、垃圾分类、营商环境等工作开展协商，引导广大政协委员积极献计出力，将社会各界的智慧力量凝聚到市委作出的各项决策部署上来、凝聚到全市中心工作上来。全年，共召开主席会议10次。

2019年政协义乌市委员会主席会议情况

表10

会议名称	时间	地点	参加人员	会议内容
十三届二十四次主席会议	2月20日	市政协七楼会议室	市政协正副主席、党组成员，市政协各办委正副主任	协商讨论《政协义乌市委员会2019年工作要点（草案）》《市委、市政府、政协2019年度协商工作计划（代拟稿）》，协商讨论《市领导领办重要提案》，协商讨论《市政协领导联系机关部门单位及政协镇（街）工委的通知（意见征求稿）》
十三届二十五次主席会议	4月3日	市政协七楼会议室	市政协正副主席、党组成员，市政协各办委正副主任，市委组织部、市委统战部相关负责人	协商通过市政协十三届十次常委会议议程（草案）、日程及分组名单；协商专委会机构设置调整，协商有关人事事项（委员、常委调整，专委会主任、副主任、委员调整，以及社情民意联络员调整）
十三届二十六次主席会议	6月10日	市政协七楼会议室	市政协正副主席、党组成员，市政府分管副市长，市政协各办委正副主任，市府办分管领导，市财政局、市自然资源和规划局、市农业农村局、市文旅局、市行政执法局、市妇联主要负责人	听取省美丽乡村示范县争创工作情况通报，协商通过《界别活动小组分组名单调整方案》，协商通过《统一委派民主监督员调整方案》
十三届二十七次主席会议	7月26日	市政协八楼会议室	市政协正副主席、党组成员，市政府分管副市长，市政协各办委正副主任，市府办、市委宣传部分管领导，市发改局、市教育局、市生态环境分局、市农业农村局、市商务局、市卫健局、市行政执法局、市市场监管局主要负责人，部分政协委员	实地考察城镇垃圾分类工作（望湖家园、福丰再生资源公司），听取垃圾分类工作及其重点提案办理通报
十三届二十八次主席会议	8月9日	市政协八楼会议室	市政协正副主席、党组成员，市委分管领导，市政协机关各办委正副主任，市改革办、市发改局、市行政服务中心、市数管中心、义乌调查队等部门主要负责人，部分政协委员	听取营商环境工作情况通报
十三届二十九次主席会议	9月17日	市政协七楼会议室	市政协正副主席、党组成员，市政协机关各办委正副主任，市委办、市委宣传部分管领导，市教育局、市文化和广电旅游体育局主要负责人	听取重点提案《多维构建终身学习平台体系切实推进学习型城市建设》办理情况通报，协商通过市政协十三届十一次常委会议议程（草案）、日程及分组名单

续表 10

会议名称	时间	地点	参加人员	会议内容
十三届三十次主席会议	10月9日	市政协七楼会议室	市政协正副主席、党组成员，市政协机关各办委正副主任，市委组织部相关负责人	协商有关人事事项
十三届三十一次主席会议	11月25日	市政协七楼会议室	市政协正副主席、党组成员，市委分管领导，市政协机关各办委正副主任，市统战部（民宗局）、市政法委、市教育局、市公安局（反恐办）、市民政局、市卫健局、市外事办、市行政执法局、市国安局等部门主要负责人	听取宗教工作情况通报
十三届三十二次主席会议	11月28日	市政协七楼会议室	市政协正副主席、党组成员，市政协机关各办委正副主任，市机要局、市信访局、市机关事务管理局、市发改局、市自然资源和规划局相关负责人	听取机要楼规划建设情况通报，协商讨论市政协十三届四次全会筹备情况
十三届三十三次主席会议	12月27日	市委党校综合楼423室	市政协正副主席、党组成员，市政协机关各办委正副主任，市委组织部、市委统战部有关负责人	协商讨论市政协十三届四次全会有关事项，协商通过市政协十三届十二次常委会议议程（草案）、日程及分组名单

重要活动

【概况】 2019年，市政协进一步完善“请你来协商”平台和“一村一委员”工作机制建设，举办政协委员直通车、委员论坛，开展城乡生活垃圾分类处理、助推行政村规模调整后续融合社会治理民主监督，为委员协商议政搭好台，为党委政府当好参谋。年内，市政协交办提案294件，组织专题考察协商35次，报送调研考察报告、社情民意等34件。

【政协委员直通车】 2019年1月28日，开展政协委员直通车活动，市政协班子成员、专委会主任、界别活动小组负责人、政协委员、社情民意联络员共60余人参加活动。委员们围绕水资源保障、快递行业发展等17个问题开展协商，市政府班子成员、27名相关部门主要负责人到场倾听并回应委员提问。

【城乡生活垃圾分类处理民主监督】 2019年6月11日—7月5日，根据金华市政协统一部署，义乌市政协部署开展“助推行政村规模调整后续融合社会治理”“城乡生活垃圾分类处理”专项集体民主监督。共发放调查问卷3100份，涉及新合并行政村56个，自然村228个。

【委员联村】 2019年7月31日，为进一步拓宽委员履职渠道，发挥委员主体作用，金华市政协创设“一村一委员”工作机制，义乌市政协在市政府八楼会议室召开现场推进会，推动委员联村工作深入开展。290名义乌市政协委员，28名在义乌的金华市政协委员帮助联系村开展电商培训、指导经济作物种植、解决村口交通隐患、推动垃圾分类等系列工作。40名委员联系村开展工作的心得体会编印成册，进一步发挥典型示范作用。

【委员论坛】 2019年8月16日，市政协在锦都酒店举行“争创文明城市，共建美丽义乌”委员论坛，全体市政协委员、社情民意联络员、政协机关相关负责人共350人参加论坛。7名委员围绕规范物业管理、保障网络餐饮安全、餐厨垃圾处理等主题进行交流发言，4名委员就城市精细化管理、深化乡村德治体系等内容作书面交流。

专门委员会·镇（街道）工委·界别活动小组

【概况】 2019年，义乌市政协持续推动专委会联系界别制度，联合开展在义侨商营商环境考察、传统产业发展调研等。各界别立足自身特长，完成知识产权保护、规划引领发展、中医药文化挖掘、小微企业园建设等17个课题调研。各镇（街道）工委紧扣发展和民生，围绕城镇发展、重点工程推进、精品线建设、食品安全等12个主题，开展考察监督暗访。

【提案委员会】 2019年1月，提案委员会收到委员以提案形式提交的意见建议358件，并案处理后立案286件。1月13日，确定《多维构建终身学习平台体系，切实推进学习型城市创建》《加强垃圾分类工作，推进全国文明城市创建》《关于加快义乌跨境电商发展的建议》《纾解民营企业融资难》《充分利用自然资源，加强雨水收集系统建设》5件为重点提案。2月20日，确定《发展创意设计产业，增强经济发展动能》《压实家庭医生签约服务，提升居民获得感》等6件为重要提案。5件重点提案、6件重要提案，分别由市委、市政府领导亲自领办，市政协领导协办，提高了重点提案、重要提案的办理层次。7月26日，市政协主席会议听取重点提案《加强垃圾分类工作，推进全国文明城市创建》办理情况通报。9月17日，市政协主席会议听取重点提案《多维构建终身学习平台体系，切实推进学习型城市创建》办理情况通报。2019年，共立案294件，通过“义乌市政协委员提案网上办理系统”交办、答复、反馈，综合评价满意的84%，基本满意15%，不满意1%。

【工业与科技委员会】 2019年3月5日，工业与科技委委员、经济一组委员与市经信局负责人17人，对义乌市如何推动小微园区高质量发展的实施细则开展协商。5月28日，在义亭镇美创园召集义乌市化妆品企业代表12人召开座谈会，分析义乌市化妆品行业的现状和面临的制约因素，明晰化发展前景。8月27日，形成《关于义乌市化妆品行业转型提升的调研报告》，供市委、市政府决策参考。9月5日，市政协工业与科技委代表15人对义乌市数字经济发展情况进行专项考察，实地走访威特电梯、朵彩纺织、华川深能环保公司，听取市经信局、市科技局对2019年上半年全市工业经济发展情况和科技经济发展情况介绍，并开展座谈讨论。

【港澳台侨与社会法制委员会】 2019年3月5日，港澳台侨与社会法制委会同政协丹心服务队组织开展公益活动，前往福田小学进行爱心对接，弘扬传统文化，传递社会温情。6月14日，专题考察在义乌侨商侨企营商环境工作，委员们实地走访侨企浙江安诺优达生物科技有限公司、义乌市十八腔文化传媒有限公司，听取市侨联关于义乌市涉侨营商环境情况介绍，并进行座谈讨论。10月28日，形成《加强城乡生态环境法治保障的对策与建议》，供市委、市政府决策参考。

【文化文史和学习委员会】 2019年3月12日，组织专委会委员和市教育局负责人15人走访义乌公学、金桥小学、松门山小学等民办学校，重点围绕师资、收费、用地保障、食品安全、教学环境等进行调研。5月13日，组织专委会委员和市委市委编办、市财政局、市人社局、市自然资源和规划局等部门负责人16人，考察江湾小学并开展座谈。听取义乌市创建全国义务教育优质均衡发展市工作情况汇报，分析指标差距和问题原因，就区域布局均衡、办学条件均衡、师资水平均衡、校际质量均衡等方面建言献策。同月23日，组织专委会委员和教育界委员31人开展“送教下乡”活动，在佛堂双林幼儿园进行语文课和美术课现场教学，课后开展互动研讨、典型经验交流，为民办幼儿园提供教学示范和专业引领。6月14日，组织专委会委员13人到江东街道五爱社区、钓鱼矶社区，开展“六小”服务行业示范区创建体验监督活动，助推文明城市创建。同月20日，组织医卫界委员及市中医医院、大陈镇卫生院等20余名专家医生，赴大陈镇红峰村开展“送医下乡”活动，惠及300余人次。12月4日，组织专委会委员12人到浙江森宇控股集团有限公司、赤岸镇下清溪村，开展“送体育下乡”“送文化下乡”活动，惠及300余人次。

【农业农村与基层工作委员会】 2019年4月16—20日，部署和推进农村“三服务”活动，287名义乌市委员和28名在义金华市委员下村开展服务和调查，完成调查问卷3200份，收集意见建议29条。6月14日至7月底，组织开展行政村规模调整后续社会治理和农村生活垃圾分类处理民主监督活动。8月21日，专委会联合农业界组织种养植专家13人分别赴佛堂镇和赤岸镇开展“送科技下乡”活动，受惠100余人。9月16日和10月3日，组织开展农村人居环境提升和文化礼堂建设民主监督活动。

【城市与市场委员会】 2019年5月14日，组织城市与市场委委员16人赴大陈镇马畈村、“至美大陈”樱花浪漫精品线考察，深入了解宦塘农家乐、民宿等产业发展，委员围绕产业导入、错位发展、要素保障、项目运营等方面积极建言。6月4日，组织城市与市场委委员17人，就义乌市场知识产权培育和保护工作开展专项考察。8月27日，市政协城市与市场委、政协第二十一民主监督小组8人赴陆港集团国内公路港，了解运营情况及存在困难，指导民主监督小组撰写民主监督建议书，提出加强研究、完善规划、创新驱动、完善配套、拓展业务等建议。

【界别活动小组】 2019年，九三无党派人士界别活动小组上交意见建议36篇，其中大会发言1篇，委员论坛2篇，建言直通车5篇，集体提案2篇，委员个人提案26篇。工会、妇联、共青团青联界别活动小组丰富活动载体，邀请委员参加“康乃馨行动”“青春三服务”“春蕾计划”等活动。工商联界别活动小组发动委员关注企业解决用地、用水、用电等实际问题，宣传市委、市政府的决策主张和工作部署，将收集到的意见建议通过多种途径及时反馈。科协科技界别活动小组组织开展全国科普日、科技活动周、院士专家行等形式多样的科普宣传活动，积极牵线搭桥，为企业创新驱动服务。台联、侨联界别活动小组做好为侨、为台服务工作，注重发挥侨资、侨力服务义乌发展。经济一组围绕实体经济积极建言献策，撰写《关于提升金融业发展质量服务“试验区”建设》集体提案，建议得到采纳和落实。经济二组走进义乌工商职业技术学院，围绕市场经济共商“产、学、研”合作。农业界别活动小组将推动村集体经济发展，促进农业农村发展作为第一要务，进一步摸清全市农业农村发展现状、梳理存在问题、提出意见建议。教育界别活动小组围绕教育热点与难点问题开展专题调研，先后赴温州、杭州等地考察学习，为相关政策的制定和改进提供参考依据。新闻出版、文艺、体育界别活动小组会同文化文史和学习委，组织委员参加送教下乡、送医下乡、送体育下乡、送文化下乡及各项调研、考察活动。医卫界别活动小组围绕市卫健局“干事不受礼、办事不求人”活动方案，积极投入“最多跑一次”改革监督调研活动。社科、社会福利保障、少数民族、宗教界别活动小组抓好民主监督员、委员微信群、提案办理等环节的履职沟通协调，为市委、市政府中心工作建言献策。特邀界别活动小组坚持提升履职实效、坚持践行履职为民、坚持助力中心工作，引导委员为“对标自贸区、干实试验区”目标发挥委员的作用。

【镇（街道）工作委员会】 2019年，佛堂工委组织全体委员召开协商座谈会3次，交流联村工作情况，累计收集各类意见建议100余条。义亭工委组织委员17人到义亭卫生院开展“最多跑一次”改革体验活动，全程体验基层医疗服务，找准改革的堵点难点问题，提出工作建议。赤岸工委组织委员14人开展民主监督活动，对华川技改、雪峰文学小镇、全国文明城市创建等工作进行现场调研、座谈。福田工委邀请委员15人担任行风监督员，全年共收集幸福湖绿肺整治及其他攻坚克难项目意见建议60余条，及时召集相关部门进行研究、整改并反馈。

廿三里工委安排委员1人担任民情民访代办员，架起群众和政府之间的连心桥，全年，受理办结民情民访代办委托20起。城西工委发动委员为桥头遗址保护和开发献计出力，组织委员13人先后赴浦江上山遗址、萧山跨湖桥遗址等地进行实地调研，与省文物考古研究所研究员座谈，完成集体提案《加强桥头遗址保护利用打造义乌万年文化金名片》。

2019年市政协重要建议

表11

序号	建议形式	建议人	主题	内容
1	考察纪要	市政协	幸福湖绿肺、双江湖科教园区考察纪要	建议充分认识开发建设幸福湖绿肺和双江湖的重要意义；坚持规划引领，高起点规划建设；积极谋划发展，高标准招商引资；形成部门合力，高效率协同推进；广泛发动委员，高质量凝聚共识。此件于9月9日以政协【2019】38号文件报送市委市政府
2	考察纪要	市政协	“深化‘最多跑一次’改革优化营商环境”体验监督活动纪要	建议从三方面作进一步努力：一是提升数据质量，打通数据壁垒，拓展数据来源，进一步做好数据文章。二是拓宽数据应用，在尽可能整合数据的基础上，发挥数据效用，并进一步推广运用“义网通办”。三是强化队伍建设，更加重视专业人才引进和储备，打通雇员发展通道，加大财政保障力度，保持队伍稳定。此件于5月22日以政协办【2019】16号文件报送市政府
3	考察纪要	市政协文化文史和学习委	基层文化场馆运营情况对口协商纪要	建议务求实效，既要注重基层文化场馆的覆盖率，更要加强管理运营机制的长效性；需求导向，既要注重基层文化场馆的开放率，更要加强服务内容的丰富性；以人为本，既要注重政府的统筹力，也要加强社会大众的参与度。此件于6月26日以政协办【2019】26号文件报送市政府
4	考察纪要	市政协文化文史和学习委	关于医共体建设情况的考察纪要	建议强统筹，部门协调联动，健全运行机制，打好医改组合拳；强基层，抓好内涵建设，突出实效，加快推进基层医疗机构二乙医疗服务能力及一院一特建设；强服务，转变服务理念，从以疾病为中心向以健康为中心转变，从临床医治向全生命周期健康服务延伸。此件于10月23日以政协办【2019】46号文件报送市政府
5	考察纪要	市政协城市与市场委	关于义乌市场知识产权培育和保护工作专项考察纪要	建议持续重视知识产权培育和保护工作，加大知识产权宣传力度，针对市场特性开展保护及培育，加强与上级部门对接，进一步发挥行业协会作用，健全调解者队伍，大力开展柔性引才。此件于6月14日以政协办【2019】19号文件报送市政府
6	考察纪要	市政协工业与科技委	关于数字经济发展情况的考察纪要	建议坚定发展信心，加强顶层设计；持续招大引强，打造产业集群；优化通讯网络，建设智慧城市；响应人才需求，营造良好氛围。此件于9月26日以政协办【2019】39号文件报送市政府
7	考察纪要	市政协农业和农村委	关于义乌市“千村示范、万村整治”工作的考察纪要	建议进一步做好环境提升文章，进一步做好产业植入文章，进一步做好人文挖掘文章，进一步做好群众发动文章。此件于3月26日以政协办【2019】9号文件报送市政府
8	考察纪要	市政协港澳台侨与社会法制委	关于在义侨商侨企营商环境的考察纪要	建议加大宣传力度，让社会各界来重视侨商侨企；搭平台健网络，进一步做好扩新侨引侨留侨；结侨谊助侨力，建立健全涉侨工作联动机制；解侨难聚侨心，维护侨界合法权益。此件于6月21日以政协办【2019】25号文件报送市政府

续表 11

序号	建议形式	建议人	主题	内容
9	考察纪要	市政协第十二民主监督小组	关于报送《重视和加强义乌市流域保洁及河道垃圾收集分类工作民主监督建议书》的函	建议进一步完善工作机制，强化上下游及部门联动，加大基础设施投入力度，加大考核力度，加大宣传力度。此件于8月6日以政协办【2019】31号文件报送市政府
10	调研报告	市政协文化文史和学习委	关于报送《关于义乌市义务教育优质均衡发展情况调研报告》的函	建议以化解人口集聚就学压力为焦点，促进区域布局的均衡；以新义乌人子女学校标准化改造为抓点，促进办学条件的均衡；以建设高素质教师队伍为亮点，促进师资水平的均衡；以教育集团化改革为支点，促进校际质量的均衡；以教育教学质量管理为要点，促进群体成长的均衡；以2020年优质均衡市创建申报为节点，加大教育现代化发展的各项保障。此件于11月11日以政协办【2019】48号文件报送市政府
11	调研报告	市政协城市与市场委	关于报送《关于推动义乌市电子商务高质量发展的调研与思考》的函	建议注重管理和服务机制的优化提升，注重电商平台的建设，注重新业态的扶持和培育，注重电商发展空间的规划建设和提升发展，注重扩大物流优势，注重对电子商务人才的招引和支持，注重引导电商企业的规范发展。此件于8月6日以政协办【2019】32号文件报送市政府
12	调研报告	市政协工业与科技委	关于报送《关于义乌市化妆品行业转型提升的调研报告》的函	建议招引优质企业强链补链；大力拓展企业发展空间；支持组建彩妆产业联盟；引导设立并购重组基金，鼓励正向反向并购重组；支持做优做大单项产品；提升品牌标准质量；鼓励企业加大技改投入；设立研发营销飞地总部；鼓励企业参展，做大义乌化妆品展会；加大行业人才引育力度。此件于8月27日以政协办【2019】34号文件报送市政府
13	调研报告	市政协城市与市场委	关于报送《促进国内公路港物流中心繁荣发展的建议书》的函	建议加强研究，用新的眼光做物流；完善规划，用新的布局促繁荣；创新驱动，用新的技术提效率；完善配套，用新的服务创特色；拓展业务，用新的板块谋突破。此件于9月11日以政协办【2019】37号文件报送市政府
14	调研报告	市政协农业和农村委	关于报送《振兴乡村产业助推农民增收——赴长兴、建德及安徽宣城、黄山等地学习考察报告》的函	建议进一步加大农业供给侧结构性改革力度，实现农业由总量扩张到质量提升转变；进一步加大农业招商引资力度，植入和美乡村精品线产业；进一步加强设施农业发展，提高农业设施化建设水平；进一步探索发展农村电商，努力构建“农业+互联网”发展模式；进一步用好深化改革这个法宝，激活乡村振兴内生活力。此件于11月15日以政协办【2019】50号文件报送市政府
15	调研报告	市政协港澳台侨与社会法制委	关于报送《加强城乡生态环境法治保障的对策与建议》的函	建议切实增强全社会生态环境法治保障意识，进一步强化环保监管效果，强化检察机关中流砥柱作用，严格办好每一例环境司法案件，完善环境执法和司法衔接机制。此件于10月28日以政协办【2019】47号文件报送市政府

（金文强）

中共义乌市纪律检查委员会 义乌市监察委员会

综　述

【概况】 2019年，中共义乌市委抓好清廉义乌建设，市委常委会20余次研究纪检监察工作，市委书记林毅亲自抓省委巡视反馈意见整改、案件查办、纪检、信访等工作，并多次作出重要指示批示；市长王健对政府系统党风廉政建设高度重视、主抓直管。义乌市全面从严治党向纵深推进，政治生态不断优化，市委主体责任考核位列金华市第一。

开展“不忘初心、牢记使命”主题教育，健全理论学习中心组制度，自觉践行“五（吾）带头”，严格推进学习教育、调查研究、检视问题、整改落实等工作。强化专业能力提升，开展两轮全员集中培训，覆盖全体纪检监察干部，义乌市代表队在上级纪律检查委员会、监察委员会举行的党纪法规知识测试、监督业务大比武、精品案件评审等活动中均取得优异成绩，监督责任考核连续两年获金华市一等奖。

2019年，中共义乌市纪律检查委员会（简称“市纪委”）查处集体“三资”管理、建房审批、工程招投标等领域侵害群众利益问题35起，处理96人。聚焦深挖彻查、“打伞破网”，查结涉黑涉恶案件及信访举报6054件次，查处涉黑涉恶腐败和“保护伞”问题25起，党纪政务处分和组织处理14人。排查梳理2015年至2019年全市农村基层党员干部违法案件979起，其中赌博265起，酒驾醉驾68起，全部跟进纪律处分。2019年共受理纪检监察信访举报781件次，同比下降13.7%；处置问题线索1636件、同比增长9.8%；党纪政务立案537件，同比增长22%。

【“一平台两系统”投入使用】 为加快推进纪检监察信息化建设，2019年3月，信息中心研发的“一平台两系统”投入使用。其作用为规范内部业务数据，形成一定规模的数据分类，具备为纪检监察工作提供信息支撑的能力。至年底，初步实现智慧监督。

【民生领域不正之风专项整治】 2019年11月，根据市委“不忘初心、牢记使命”主题教育专项整治工作部署，市纪委、市监察委员会（简称“市监委”）牵头，会同11家职能部门，开展扶贫、民生领域不正之风和侵害群众利益问题等专项整治。至年底，向社会公开项目整治成果15个，查处上溪镇异地奔小康项目等腐败和作风问题4起，“三资”管理、建房审批、工程招投标等领域侵害群众利益问题35起，处理96人，其中党纪政务处分88人，挽回经济损失340余万元。

市纪委重要会议

【市纪委常委会和全市纪检监察干部会议】 2019年1月，市纪委、市监委分别召开市纪委常委会和全市纪检监察干部会议，组织学习贯彻市委十四届五次全体（扩大）会议暨市政府第四次全体会议精神，市纪委、巡察机构、派驻（出）机构160余人参加会议。会议指出，全市各纪检监察组织和广大纪检监察干部要充分发挥表率作用，带头学深悟透市委全会精神。会议强调，要抓实政治监督，强化“两个维护”。认真督促各级党组织和党员干部牢固树立“四个意识”、自觉做到“两个维护”，严肃查处搞阳奉阴违等违反政治纪律、政治规矩问题。探索全面从严治党标准化建设和“一把手”监督有关机制，协助市委抓好管党治党责任落实，抓细执行落实，强化担当有为。将各级党组织、党员干部落实中心工作情况作为监督执纪的重要内容，坚决查处执行落实不力问题。探索建立严管厚爱、容错免责操作办法和失实举报澄清保护机制，深化“五不”整治行动。抓深主责主业，强化正风反腐。深化监督融合机制建设，提高监督精准度、实效性。深化形式主义官僚主义、扶贫攻坚、扫黑除恶3个领域“3年集中行动”，精准惩治基层“微腐败”、黑恶势力“保护伞”。

【第十四届纪委第四次全会】 2019年2月19日，中国共产党义乌市第十四届纪律委员会第四次全体（扩大）会议在市委党校报告厅召开，市委书记林毅出席会议并讲话，市委副书记、市长王健宣读2018年度落实党风廉政建设责任制先进单位表彰文件；市纪委书记刘景刚主持会议并做工作报告。市四套班子领导、市纪委委员、市直机关各单位班子成员（含垂直部门、市属国企）、各镇（街道）党（工）委书记、纪（工）委书记等700余人参加会议。同时，在各镇（街道）设分会场，各镇（街道）全体干部工作员、基层站所负责人集中收看实况直播。会议回顾总结2018年全市党风廉政建设和反腐败斗争的主要成效，提出2019年工作的总体要求。

【“不忘初心、牢记使命”主题教育工作会议】 2019年9月12日，市纪委、市监委组织的“不忘初心、牢记使命”主题教育工作会议在市纪委办公楼二楼会议室召开，委机关各室、巡察机构、各派驻（出）纪检监察组全体成员160余人参加会议。市监委主任刘景刚主持会议。会议提出，要精准把握总要求和总目标，打造主题教育示范机关和标杆单位。将“两个维护”贯穿始终，学习教育要求真求实。坚持学思用贯通、知信行统一，不断对标对表、及时校准偏差，在真学、真懂、真信、真用中见真情、见真心。将“人民情怀”贯穿始终，调查研究要做足做实。及时将调研成果转化为解决问题的行动力、战斗力，不断厚植群众的获得感、幸福感、安全感。将“刀刃向内”贯穿始终，检视问题要从严从实。坚持发现问题和解决问题“两手抓”，立查立改、持续整改，抓好建章立制工作，巩固深化主题教育成果。林毅代表市委常委会郑重承诺，市委常委会要当示范、作表率，做到“六个走前列”，即参加学习研讨走前列，深入调查研究走前列，听取群众意见走前列，检视查摆问题走前列，抓好整改落实走前列，反对形式主义、官僚主义走前列。金华市委主题教育第四巡回指导组组长苏礼明对义乌的前期准备工作表示肯定，就开展好第二批主题教育提出相关要求。会前，金华市委主题教育第四巡回指导组与市委主题教育领导小组正副组长林毅、何若伟等见面，并听取义乌主题教育前期准备工作的汇报。

监察体制改革

【概 况】 2019年，市委高度重视，稳步推进纪律检查体制改革、国家监察体制改革、纪检监察机构改革，加强党对反腐败工作的集中统一领导。市纪委、市监委严格按照上级部署推进改革各项任务，重大事项、重要工作第一时间向市委请示报告，市纪委常委会定期研究镇（街道）纪（工）委、派驻纪检监察组和国企纪委工作情况。发挥市委反腐败协调小组作用，强化工作协同。规范监察建议工作，强化监察措施使用情况的监管备案，与市法院、市检察院、市公安局建立通报案件信息“三个工作日”制度，进一步推进纪法贯通、法法衔接。全年共对10名被调查人采取留置措施，市监委成立起查办的29件职务犯罪案件无一翻供、无一退查、无一改判。完成新一轮派驻机构调整，在8家市属国有企业增设纪委，开展镇（街道）监察办规范化建设。派驻机构处置问题线索139条，镇（街道）监察办政务立案14件、上报涉嫌职务犯罪问题线索并成案4件。

【全市纪检监察系统作风建设大会】 2019年2月19日，市纪委在市政府八楼会议室召开全市纪检监察系统作风建设大会，各镇（街道）纪（工）委、委机关各室、巡察机构、派驻机构全体人员180余人参加。会议由常务副书记金有富主持。会上，市纪委副书记王庆明传达金华市纪委七届四次全会精神，部署2019年纪检监察工作；常务副书记金有富动员部署纪检系统开展“干部干事不受礼群众办事不求人”专项行动；党风室、信访室、市委第四巡察组等5家单位在会议现场表态发言。

【监督执纪跟踪问效】 2019年5月，聚焦教育系统违纪违法现象、影响行业风气等问题下发《监察建议书》，提出务实建议，得到市委、市政府主要领导的批示肯定。9月11日，义乌市纪委、市监委结合工作实际，制定《关于规范运用监察建议书的通知》，对监察建议书的适用范围、审批程序、行文格式、跟踪督查、结果运用等相关要求进行明确，并严格落实工作要求。至11月，共制发监察建议书10份，提出监察建议14条，督促有关单位处理8人，建立完善制度6项，堵塞制度漏洞，发挥标本兼治作用。做好监督执纪跟踪问效，防止监察建议“空对空”。将监察建议书执行情况纳入对党风廉政建设责任制考核内容，对无正当理由不及时整改、整改落实不到位、不按时反馈情况的，对有关单位严肃问责，对负有责任的领导人员和直接责任人员依规依纪依法进行处理，对典型问题进行通报。义乌市纪委、市监委按照“谁制发，谁负责”的原则，要求承办部门通过电话提醒、约谈督查、现场检查等方式，及时跟进整改情况，提出整改意见，确保监察建议“件件有着落，事事有回音”。

清廉义乌建设

【概况】 2019年，全市纪检监察机关深入学习贯彻习近平新时代中国特色社会主义思想，将“两个维护”作为特殊历史使命和根本政治责任，加强对汶川扶贫协作、减税降费政策落实、“最多跑一次”改革、省委巡视整改、疫情防控等工作的监督检查，开展人防系统腐败问题专项治理，14个督导检查组坚决听从市委号令，紧盯防疫政策执行、防疫责任落实、防疫款物监管、复工复产等环节，开展全覆盖全时段督导，督促整改问题3260个，问责处理65起147人，确保总书记习近平重要指示批示精神和上级重大决策部署落到实处。加强对全面从严治党主体责任落实情况的监督，协助市委开展履责述评、专项检查考核，面对面考评9个国企党委，对“两个责任”落实不力问题追责党组织13个、领导干部27人。

稳步推进清廉义乌建设，出台亲清政商交往“正反20条”，《义乌历史上的监察官》走进农村、校园，骆宾王等义乌廉吏事迹2次上线中央纪委、国家监委网站，义乌市清廉文化建设做法在金华市相关会议上作典型发言。充分运用发生在本地本部门的违纪违法案件开展警示教育。开展警示教育月活动，编印《义乌市党员干部公职人员违纪违法案例警示录》，发至全市各镇（街道）、机关部门进行传阅学习，做到党员干部公职人员全覆盖，人人学。拍摄《崩塌》《疯狂》《警钟长鸣》《迷航》4部警示教育片，全市各镇（街道）、机关部门受到深刻教育10万人次。

【宣传清官文化】 2019年6月，市纪委、市监委运用本地文化力量，进一步挖掘义乌历史上的清官文化元素，收集骆宾王、朱一新、吴百朋等清官10人，编印《义乌历史上的监察官》小册子。9月，市纪委、市监委组织10余人走进农村、进校园，发放《义乌历史上的监察官》小册子300本，进一步弘扬清风正气。

【清廉文化教育】 2019年10月，为深入推进“清廉义乌”建设，在团市委和市纪委、市监委派驻第五纪检监察组的指导下，市青少年宫编写《义乌市青少年清廉教育读本》。读本共分“从小学清廉 未来做栋梁”“清廉

在身旁 准则切莫忘”“廉由勤俭生 节俭心中留”“小处显清廉 心灵放光芒”“清廉长相伴力争当模范”5个篇章，通过漫画、清廉古语、清廉故事等形式，让青少年从小接受清廉文化熏陶。11月，市纪委、市监委第五纪检监察组走进江湾小学，为40余名学生上清廉教育课，现场分发《义乌市青少年清廉教育读本》。

【警示教育大会】 2019年12月27日，市纪委在市委党校举行警示教育大会，市四套班子领导、集聚区管委会主任、法检两长，各镇（街道）、市机关各单位、市属国企班子成员，垂直部门、金融机构主要负责人等300余人参加会议。会上，针对2019年查处的6起典型贪腐案件，市纪委监委制作警示教育片《警钟长鸣》进行播放。市纪委书记刘景刚通报有关典型案例，引导党员干部汲取教训，进一步增强廉洁从政意识。

党风廉政建设

【概况】 2019年，市纪委落实中央八项规定及其实施细则精神和省委“36条”办法，深入推进作风建设九大专项行动，坚决纠治“四风”问题。巩固深化“三清理一规范”专项行动成果，加大抽查核实力度，按照情节轻重，分类处理12人。全面整治收送、印制、销售、回购“烟票”问题，党纪政务处分公职人员8人，查获“烟票”2000余张，处理经营户48家，得到中央、省、金华市纪委充分肯定，并在全省推广。深入开展领导干部利用本地名贵特产谋取私利等问题排查工作。集中整治形式主义、官僚主义，推动取消各类台账111项，市本级发文、办会数分别同比下降35%和42%，严肃查处“慢养龙祈”精品线建设不力等典型问题9起22人，党纪政务处分12人。

【开展清风系列行动】 2019年3月，市纪委党风室组织开展“清风”系列行动，深挖细查公职人员违规收送礼品礼金、不规矩不检点、违规参与“一桌餐”等问题。至年底，全市共查处违反中央八项规定精神案件25起39人，“干事受礼”案件20起29人，979名党员和公职人员因酒驾、醉驾等问题受到纪律处分，针对教育系统违纪违法突出问题，专题剖析并下发《监察建议书》，得到市委、市政府主要领导的批示肯定。

【作风建设九大专项督察】 2019年4月中旬，义乌市纪委、市监委组织开展深化作风建设“九大专项行动”。在党风政风监督室的牵头下，14个派驻（出）纪检监察组和7个纪检监察室组成9个专项检查组，针对九大方面作风问题，深入全市各单位开展检查。专项行动包括担当作为专项督察、基层“四风”专项整治、奢靡享乐专项纠治三大方面9项专项督察。其中，担当作为专项督察主要围绕“对标自贸区、干实试验区”，紧盯市委、市政府中心工作落实中存在的不担当不作为等问题，深入开展重点工程项目落实、优化营商环境推进、“最多跑一次”改革进展情况专项督察。基层“四风”专项整治主要聚焦发生在基层群众身边的不正之风和腐败问题，以及困扰基层工作的形式主义、官僚主义问题，深入开展“基层减负年”工作落实情况、扶贫领域腐败和作风问题、民生领域腐败和作风问题专项治理。奢靡享乐专项纠治主要针对义乌市违反中央八项规定精神存在的突出问题，紧盯享乐主义和奢靡之风的新形式新动向。4—9月，深入开展党员干部不规矩不检点问题，公职人员出入私人会所、“三公”经费及津补贴问题，“干部干事不受礼，群众办事不求人”专项检查，保持严惩严治的高压态势，严防反弹回潮。至年底，共开展各专项检查行动66次，检查走访单位140家，发现问题线索48条，提出意见建议49条，整改问题24个，问责处理人员8人，发现有酒驾、黄赌毒等不检点行为的党员干部27人。

【成功追缴国有资产】 2019年4月，派驻第四纪检监察组在日常监督中，发现某单位未组织人员对拖欠3年的90余万元广告承包款进行追缴的问题线索。监察组与市纪委监委第一纪检监察室对接，完成核查工作，督促此单位追回广告款及利息计120余万元，避免国有资产的流失。

【执纪审查和监督调查】 2019年，市纪委牵头抓好“不忘初心、牢记使命”主题教育“9+1”整改落实工作，紧密结合“三服务”活动，开展扶贫、民生领域不正之风和侵害群众利益问题专项整治，向社会公开15个项目整治成果，查处上溪镇异地奔小康项目等腐败和作风问题4起。深挖彻查涉黑涉恶腐败和“保护伞”，出台问题线索处置办法、问责办法等9项制度，与政法机关加强对接合作、会商研判，落实同步介入等要求，查处涉黑涉恶腐败和“保护伞”问题25起，其中充当“保护伞”的党员干部9人。加强和改进信访举报工作，开展“百日攻坚”和纪检监察干部大接访活动，化解涉纪信访积案52件，化解率达78.8%。

巡察工作

【概况】 2019年，市纪委学习贯彻总书记习近平关于巡视、巡察工作重要论述，坚守政治巡察定位，扎实开展政治体检，坚决纠正政治偏差。市委率先配齐专职巡察干部，加强巡察“组长库”“人才库”建设，出台《巡察标准化工作规程》，得到省纪委、省委巡视办主要领导的批示肯定。严格对标上级要求，组织开展3轮常规巡察、2轮农村巡察和人防系统专项巡察，全年巡察20家单位和245个村（社区）党组织，发现问题2223个，移交问题线索166个，经核查后给予党纪政务处分和组织处理163人，移送司法机关8人。在压实整改主体责任上持续发力、凝聚合力，市委书记林毅推动建立巡视整改“每周会商督查”机制，并参加稠江街道巡察反馈会，市长王健和其他市领导主动约谈24名被巡察单位党组织负责人，各镇（街道）集中精力抓好巡察整改。通过狠抓整改，拖了8年之久的楼盘欠缴土地出让金全部追缴到位，65个重点村（社区）巡察整改率达95.8%，处理村（社区）干部99人，催收、追缴资金1450余万元。做好巡察“后半篇”文章，提出意见建议20条，督促完善规章制度383项。

【村（社区）巡察】 2019年，市纪委落实“发现问题是生命线，推动解决问题是落脚点”的工作要求，抓实“树规范、立标准、强整改”3步工作法，巡镇带村，推进巡察向村（社区）党组织有效覆盖延伸。3月19日—5月18日，市委第二巡察组对稠江街道开展巡察。期间，发现问题线索9条（当即移送公安机关1条），街道面上问题52个，村（社区）问题298个，向稠江街道党工委移交立行立改问题4件。巡察完试点村（社区）后，巡察组将模板进行优化组合并完善，形成操作性更强的“规范化”模板，为村（社区）巡察提供工作模式。

【推进“村干部整治立规创优年”行动】 2019年，义乌市纵深推进“村干部整治立规创优年”行动，5月5日，举办“村干部整治立规创优”专题培训，市委书记林毅上专题党课。6—8月，全市组建13个农村巡察组，对除稠江街道外的13个镇（街道）65个信访反映集中、矛盾问题突出、党组织软弱涣散的村社区党组织进行集中巡察。通过巡察，发现面上问题651个，党员干部违纪违法问题线索65条，其中巡察期间督促立巡立改问题46个，移交问题线索18条，催收、追缴违规资金599.65万元。

（骆骏骅）

民主党派

中国国民党革命委员会义乌市基层委员会

【概况】 2019年，中国国民党革命委员会义乌市基层委员会（简称“民革义乌市基层委”）共有党员65人。具有大专以上学历64人，中、高级职称44人。党员中担任浙江省人大代表1人、金华人大代表2人、金华市政协委员1人；担任义乌市人大代表1人，其中人大常委1人；担任义乌市政协委员13人，其中政协副主席1人、政协常委6人；担任金华市市管干部1人、义乌市市管干部6人；担任省市各类特邀人员20人次。全年在《建言直通车》上发表调研文章2篇，报送统战部调研课题《关于优化义乌市高中教育生态、全面提高核心竞争力的调研报告》《让教师拥有幸福感——农村小学教师队伍激励策略实践研究》。

年内，民革义乌市基层委被评为“2019年度民革全省社会服务工作先进集体”“民革金华市委会2019年度先进基层组织”。在民革金华市十三次代表大会上，民革义乌市基层委被评为“2015—2019年度金华市委会先进集体”。

【履行参政议政职能】 2019年1月12—16日“两会”期间，民革义乌市基层委员会4名省市人大代表、14名政协委员参加“两会”。提交人大议案1件，代表建议2件，政协提案18件，其中周灯荣的议案《对标自贸区，干实试验区，高质量高水平建设世界小商品之都》被列为人大议案；冯秀勤的《加强垃圾分类工作，改善人居生存环境》在大会上发言，《加强垃圾分类工作，改善人居生存环境》被列为重点提案。

【“丁香在行动”中医服务中心成立】 2019年2月，民革义乌市基层委第二支部牵头成立“丁香在行动”中医服务中心。服务中心由金少为、王芬等6名医务专家组成，以“治未病”思想和健康理念为核心，提供医疗保健、健康咨询、青少年养护等中医药健康管理服务。2—12月，服务中心以关注青少年健康成长为主课题，先后在浙师大附属义乌小学、开发区学校、商城妇联、义乌市税务局等6家单位举办公益讲座，受益1000余人次。

【义乌法律服务援助民革工作站成立】 2019年4月，民革义乌市基层委第四支部成立义乌法律服务援助民革工作站，并形成“规则乌伤护盾商城”法律服务品牌。全年，开展“法律服务进农村”活动21次，接待法律咨询1000余人次。

【垃圾收集分类专项民主监督】 2019年4月，民革义乌市基层委选取13名会员成立民革义乌市基层委民主监督团，重点就乡村振兴、垃圾分类开展工作。7月28日，民主监督团赴塔下洲开展垃圾收集分类专项民主监督活动，听取义乌江流域水面保洁负责人楼海峰关于义乌江流域垃圾收集分类工作开展、保洁力量配备、工作开展难点安排等情况的具体介绍。随后，监督团一行到江边监测点，实地查看塔下洲水面保洁情况，向一线保洁人员了解水体保洁具体情况，围绕水岸同治、增强河道亲水性、雨污水处理、加强保洁人员培训等内容进行深入探讨和交流，就如何进一步提高各部门联动、提升河道周围环境、完善河道管理机制、保障一线人员待遇等问题，提出相关意见建议。

（吴永建）

中国民主同盟义乌市支部

【概况】 2019年，中国民主同盟义乌市支部（简称"民盟义乌市支部"）共有盟员50人，发展新盟员4人。其中，高级职称10人，中级职称31人；硕士（学位）22人，本科25人；担任义乌市政协委员3人（常委1人），民盟浙江省第十二次代表大会代表1人，特邀行风监督员5人；中国美协会员、国家一级美术师1人，盟员企业2家。年内，接待来访考察9批次210余人次。"两会"期间，提交建议意见、提案4件，政协委员、副主委翁春菊提出的《关于让垃圾分类更有效的建议》在义乌市2019年政协大会上作书面发言。副主委朱友龙获"民盟思想政治建设和宣传工作先进个人"，盟员金祖旭获浙江省首批跨境电商金牌讲师认证，盟员叶月飞通过"浙江省中小学班主任工作室"复评，盟员韩飞获浙江省哲学社会科学发展规划领导小组办公室主办的"2019马克思主义理论研讨会"征文优秀奖，指导义乌工商职业技术学院大学生团队参加2019浙江省职业院校"挑战杯"比赛，获得二等奖。2019年，民盟义乌市支部获民盟浙江省委会"特色支部""民盟金华市委会思想宣传工作先进集体"等称号；10余人次获省、市各级先进盟员等荣誉。

【让垃圾分类更有效的建议】 2019年3月，民盟义乌市总支部副主委翁春菊带领部分盟员，对义乌市餐厨垃圾的处理工作展开调研。调研组实地考察部分镇（街道）的乡村或小区，针对发现的问题，听取市农业农村局和市行政执法局负责人的介绍，包括餐厨垃圾分类及处置的相关政策、具体措施和成效。7月，针对义乌市政府重视但垃圾产生量大、前端分类中端终端混装、资源利用产业发展滞后等系列现状，提出《关于义乌市餐厨垃圾处理的建议》，包括垃圾产生减量化、垃圾分类再深化、设施配套科学化、资源利用市场化、参与行动全民化5方面内容。8月16日，《关于义乌市餐厨垃圾处理的建议》由翁春菊在义乌市2019年政协委员论坛上作发言，有效地推动义乌市餐厨垃圾资源化利用的进程。

【盟员大会】 2019年6月27日，民盟义乌市总支部在"同心苑"召开全体盟员大会，盟员40余人参会。主委吴光东以"合作初心永不忘，坚定不移跟党走"为主题，为全体盟员上盟史课。会议传达市统战部"不忘合作初心，继续携手前进"——统一战线纪念"建党98周年"座谈会会议精神，并选举产生出席民盟金华市第十一次代表大会代表。

【"美美同心"服务】 2019年6月29日，民盟义乌市总支部与市福州商会、市湖南商会到云溪小学开展"美美同心"助学金发放仪式，发放"美美同心"助学金2.05万元。9月10日，民盟义乌市总支部联合大陈镇政府、市绣湖小学教育集团与市福州商会、大陈镇商会到大陈镇云溪小学开展"美美同心"助教云溪活动，发放"美美同心"助学金1.5万元。

（朱友龙）

中国民主建国会义乌市基层委员会

【概况】 2019年，中国民主建国会义乌市基层委员会（简称"民建义乌市基层委"）共有会员111人，其中担任企业董事长正副总经理68人，会员企业62家。民建义乌市基层委有委员11人，其中，主委1人，副主委3人。下设8个支部，有支部正副主委24人。民建会员中担任金华市人大代表1人，金华市政协委员4人，义乌市人大代表2人，义乌市政协委员10人，其中，担任政协副主席1人，政协常委3人。“两会”期间共提交人大议案3件、代表建议2件、政协提案17件，其中汪宁《关于禁止老赖使用护照乘坐飞机的建议》被列为“立交立办”建议，金华市中院作出书面反馈意见。何俊《关于“关切市场经营户银行账户资金被公安机关以涉嫌刑事犯罪为由查封、冻结情况”的建议》被《建言直通车》2019年第一期采用，获市领导批示。

【民建河南省委调研组到义乌调研】 2019年3月3日，民建河南省委调研组一行6人到义乌调研中小型企业融资问题。调研组先后走访义乌民建会员企业浙江康运竹稻农业开发股份有限公司、义乌国际商贸城，调研义乌民建基层组织建设和工作情况，了解义乌经济社会发展和中国小商品城的基本情况。

【在“同心苑”举办活动】 2019年4月，稠城街道江滨绿廊二期的义乌市统一战线之家“同心苑”正式启用，“同心苑”是民主党派、统战组织的活动场地，结合自身优势开展“三服务”活动。8月14日，民建义乌市基层委在“同心苑”举办2019年新会员入会仪式，新招会员5人。至年底，民建义乌市基层委在“同心苑”先后举办消防安全培训、家庭教育培训、文物知识讲座、法律知识讲座等活动4次，共300余人次参加。

（朱晓棠）

中国民主促进会义乌市总支部

【概况】 2019年，中国民主促进会义乌市总支部（简称“民进义乌市总支部”），共有会员45人，新发展会员7人，下设3个基层支部。其中，大学以上学历38人，硕士研究生学历7人。中级以上职称23人，高级职称11人。市政协委员论坛发言2件，调研文章2篇，其中，中央办公厅采用1篇，民进中央采用1篇，分别被浙江省、金华、义乌市政府采用的提案、信息10余篇。“两会”期间，提交《关于加强我市外贸风险管理方面的建议》《关于要求按标准核定教师编制的建议》2件集体提案，委员个人提案8件，人大议案2件，其中委员楼雅景提交的《纾解民营企业融资难的建议》被列为重点提案。2019年，民进义乌市总支部结合自身实际和特点，以教育、医疗、文化、法律下乡、扶贫济困、捐资助学为主要形式，开展活动11次，受益1万余人。2019年，民进义乌市总支部被被民进中央授予“全国优秀基层组织”称号，获民进浙江省委授予的“民进全省宣传思想工作先进集体”“民进全省2018年度优秀基层组织”称号。

【加强外贸风险管理方面的建议】 2019年7月，针对义乌市市场赊账经营模式下的外贸信用体系建设滞后，部分外贸企业不堪重负，甚至引发破产倒闭等经营危机，严重影响义乌市企业开拓国际市场的积极性，成为义乌市外经贸事业发展的瓶颈等情况。民进义乌市总支部由总支委员邓鹏辉牵头，实地勘察30余家外贸出口企业，走访市商务局以及中信保等相关部门，形成8000余字的《关于加强我市外贸风险管理方面的建议》，被市商务局采纳。至8月28日，共有874家企业享受统保政策，以一对一单签方式覆盖企业数量在全省各县（市、区）中排名第一。风险涵盖65亿元，参保企业数位居金华第一。

【智力扶贫】 2019年4月10—13日，民进义乌市总支部与民进中央赴贵州联合开展智力扶贫工作。会员陶旭明出资40余万元在黔西南州成立公益机构——黔西南州为民法律维权工作站。工作站引入中央彩票公益金法律援助项目，以社会力量参与法律援助为主要工作内容。至年底，为黔西南州引入项目资金225万元，为贫弱群众提供法律援助案件1900余件，为受援人挽回经济损失2310万元。

【“民营中小企业融资难”课题调研】 2019年4月，民进浙江省委会调研组一行20余人走进会员企业大大箱包材料有限公司以及义乌市商城学校，就“民营中小企业融资难传统应对的局限及破解思路”课题进行调研，围绕民营中小企业融资难、融资贵、地方金融监管、防范金融风险等议题进行研讨。会后，民进义乌总支部通过整理、归纳民营企业的发展经验与问题，提出切实可行的政策建议。

（邓鹏辉）

中国农工民主党义乌市基层委员会

【概况】 2019年，农工民主党义乌市基层委员会（简称“农工党义乌市基层委”）共有党员88人，其中，医卫界48人，教育和其他界别40人。义乌市人大代表1人，义乌市政协委员5人（包括常委2人）。“两会”期间，提交《建议完善我市慢病健康宣教体系》《关于加强道德建设，提升城市文明的建议》等提案、议案15件。其中党员陈红卫的《关于全民提升急救基本知识的建议》被人大列为重点议案。党员楼肖青剪纸作品《亥猪祈福》获国家级“天下名州杯”剪纸大赛铜奖，剪纸作品《义乌故事》入展第二届中国民间工艺精品双年展暨第四届浙江工艺美术双年展，为学校教师、学生开展剪纸讲座10余场。党员华枫红写的课题《“向天歌”课程：初中国家课程二次开发的实践探索》被评为浙江省教育科学研究优秀成果一等奖，华枫红获评义乌市第十届科研先进个人。党员陈红卫入选浙江省医学会骨科分会委员、省医学会骨科分会创伤学组委员，被评为金华市重点学科带头人，5篇论文在权威学术刊物上发表；党员陶志强获浙江省神经外科年会壁报奖；党员张宏彬在金华市卫计委主办的“不忘初心、牢记使命、医心为民”主题系列教育书画摄影比赛中获一等奖；党员贝新法被《发现》杂志入选“共和国70年70人”。全年在“同心苑”开展健康、教育等知识讲座10余次。年内，综合支部被评为“省农工先进支部”。

【议案调研】 2019年1月，由党员陈红卫牵头，走访市卫健局、市红十字会等部门，形成500余字的《关于全民提升急救基本知识的建议》，围绕全民提升急救基本知识进行全面分析并提出相关建议，此议案被市人大列为重点议案。

【公益活动】 2019年3月和11月，农工党义乌市基层委与市精神卫生中心携手开展“不忘合作初心，服务百姓健康”活动。组织10余名党员为贫困精神障碍者送去爱心衣物，开展高血压的防治知识讲座，受益30余人次。

【送医下乡】 2019年5月，农工党义乌市基层委组织10余名各科专家走进怡乐新村开展“百千万”志愿“三服务”活动，为居住在怡乐新村的100余名老年人检查身体，开展测量血压、做心电图等义诊活动。市精神卫生中心院长张惠芳作《老年健康与睡眠》健康宣教讲座，90余人听讲座。

（陈金弟）

九三学社义乌市委员会

【概况】 2019年，九三学社义乌市委员会（简称“社市委”）有社员127人，下设医卫、中心医院、工业、科教4个支社。社员中具有高级职称71人，中级职称36人。17名社员当选为金华、义乌两级人大代表、政协委员，其中，金华市第七届人大代表1人、政协第七届金华市委员会委员1人，政协第十三届义乌市委员会委员15人，其中，副主席1人，常委3人。全年提交“两会”建议、提案29篇，其中，向金华市第七届人代会提出建议2篇，向政协第七届金华市委员会提交个人提案3篇，向政协义乌市第十三届委员会提交提案24篇（集体提案2篇）。虞海菊作提案《高度重视建筑垃圾处理，切实提高资源循环利用》在大会上发言。

2019年，先后赴义北片“至美大陈”，义西片“望道信仰”“人文上溪”“德胜古韵”，义东片“多彩华溪”，义南片“画里南江”“千年古镇”精品线路实地走访调研。赴丽水与丽水农业、林业、水利部门的专家就农业产业绿色发展、乡村环境美丽蝶变等乡村振兴开展考察交流活动。走访对接水务集团、市场集团、城投集团、恒风集团、交旅集团等平台公司，以及后宅街道、城西街道、佛堂镇、义亭镇、大陈镇等镇（街道）。对十条精品线产业植入、招商引资落地、持续投资发展情况等进行考察，实地体验相关精品线产业运营现状。全年接待各地九三组织的课题调研组5批次。2019年，九三学社义乌市委员会被评为“2019年金华市五星级社组织”，科教支社被社省委评为“2019年度组织建设先进基层组织”。

【建立社会服务专家库】 2019年5月，通过社员自荐、支社推荐、社市委审核，社市委建立本级社组织社会服务专家库，专家库拥有中医疗卫生领域专家25人，法律专家5人，教育、科技咨询专家13人，工程建筑规划专家8人。

【成立“九三宣讲团”】 2019年5月，社市委成立社会服务“九三宣讲团”，主委丁光海任宣讲团团长，分管社会服务的副主委宋大桥任副团长，“九三宣讲团”分为医疗卫生、法律服务和教育、科技、政策宣讲3个小组，成员37人。“九三宣讲团”深入各乡村文化礼堂、社区、企业、学校等地开展送医、送教、送科技、送文化下乡活动，将宣讲团打造成社市委的社会服务工作亮点。至年底，共组织科普知识讲座12次，惠及2000余人。

【九三学社浙江省委会青年骨干到义乌参观交流】 2019年6月13日，九三学社浙江省委员会2019年青年骨干培训班一行50人，到义乌市统战之家——“同心苑”参观交流。在义期间，学员们参观义乌统战展陈，了解中国多党合作历史进程、义乌统战工作实践成果。就如何加强组织建设、提高基层组织积极性、落实社内外各项工作计划和议题与九三学社义乌市委代表们进行交流探讨。

【九三学社鞍山市委到义乌交流】 2019年7月18日，九三学社鞍山市委“推动民营经济健康发展”课题组8人到义乌交流，市社委在市行政服务中心组织座谈，市行政服务中心管委会、市市场监管、市行政执法局、市税务局等部门相关人员10人参与座谈。双方围绕义乌市“最多跑一次”改革中“四减一网”——精简权力事项、减少群众办事、消灭证明材料、削减办事材料、全面打造“义网通办”平台等方面举措进行探讨，针对如何优化执法程序、改善营商环境、促进民营企业健康发展进行交流。

【“德赛同心”社会服务基地】 2019年8月18日，社市委在后宅街道金城社区创建九三学社义乌市委员会“德赛同心”社区服务基地，“德赛同心”社区服务基地正式挂牌。“德赛同心”服务队制作“菜单式”服务清单，通过“你点我供”的方式，为居民提供定向服务。至年底，社会服务基地共开展活动5次，200余人次参加活动。

（叶静飞）

2019年8月18日，“德赛同心”服务队队员在社区开展蔬菜水果农药残留现场检测　　（九三学社义乌市委员会　供图）

人民团体

义乌市总工会

【概况】 2019年，新建基层工会133家，完成换届139家；成立小微企业园工会24家，覆盖企业217家，新增会员7482人。

举办基层工会干部培训班3期，基层工会财务和经审干部培训班1期，开展职工大讲堂12期，培训工会干部800余人。市职工学校、市工人文化宫相继开展花艺、面点、国画等培训90场次，培训职工2536人。开展"星级工会"创建活动，创建"五星级"示范工会17家，"四星级"活力工会32家。推进第二轮镇（街道）总工会规范化建设试点工作，试点单位赤岸镇总工会、福田街道总工会通过金华市总工会考核验收。

开展"中国梦·劳动美""五一"文艺晚会、"为建国70周年献礼""工运事业发展五年成果展""最美职工"评选、职工网络文化节等系列活动，评选市"最美职工"10人。大力弘扬劳模精神、工匠精神，推评选树浙江省劳动模范4人，全国工人先锋号1家，浙江省工人先锋号1家；推荐金华市"青蓝计划"（名师带徒）候选人5人。开展劳模工匠进企业、进车间、进班组、进学校、进社区"五进"活动，举办劳模（工匠）大讲堂11场次。全方位、多角度宣传劳模、工匠先进事迹，在"义乌工会"微信公众号开设先进人物专栏，连续推出10个劳模、工匠的先进事迹报道。联合市网信办开展首届职工网络文化节，举办"文明义乌我践行""文明义乌我奉献""文明义乌我分享"3个篇章10项活动。举办"三区三市"文化交流活动和首届职工运动会，开展"一封家书"征文比赛、"培育好家风职工在行动"读书会、职工经典著作诵读等活动。

建立健全帮扶救助联审机制，实现精准帮扶。开展"送温暖"活动，走访慰问困难职工48人，发放慰问金、慰问品21.2万元；金秋助学29户42名困难职工子女，发放助学金12.54万元；医疗救助11户，发放救助金7万元；慈善救助5人，发放救助金3.3万元。建立"三对一"（市总工会干部、镇街总工会班子成员、所在单位工会主席）帮扶困难职工机制，建档的48名困难职工33人解困脱困。

推进医保和职工医疗互助保障"一站式"报销，实现职工报销"零次跑"。超额完成第五期职工医疗互助保障工作，795家基层工会的职工9.34万人参保，参保人数名列金华市各县（市、区）第一。全年办理职工住院和特殊门诊报销1.17人次，报销金额588.96万元。深化"职工心灵港湾工作室""心灵护航"志愿者联络点建设，新建"心灵港湾工作室"9家，在14个镇（街道）总工会建立"心灵护航"服务队联络站，在12个社区党群服务中心成立"心灵护航"志愿者联络点，开展"固定课程"点课32场次，受益职工3000余人次。组织10批187名职工赴对口支援的四川汶川、新疆温宿地区。组织10批400名一线职工赴安徽、安吉、丽水等地疗休养，3100余名职工赴山海协作莲都区疗休养。为全市192家企业的3.01万名职工开展免费健康体检，为89家企业的1万余名女职工开展"两癌"筛查。开展"送清凉、送演出"活动，慰问全市5000余名奋战在高温一线的建设者。

健全工会劳动法律监督组织，打造工会劳动法律监督示范点210家。探索建立工会法律顾问制度，组织16名公益律师与33家镇（街道）总工会片区工委结对，定期开展法律援助活动。开展劳动纠纷巡回受理19场次，开展"监督四季行"活动，与劳动、安监部门开展专项监督检查10次；开展建筑工地工资支付专项检查21次，开展"尊法守法·携手筑梦"农民工公益法律服务行动7场次。推动工资集体协商签订工作，单建工会企业签订1956家；区域性签订工资协议78份，覆盖企业3157家；行业性签订工资协议6家。推进网上工会建设，发放工会会员证8万余张，开展会员证普惠活动14场次；常态化开展"义乌工会"微信公众号送福利活动，发放福利5万余元。

2019年，义乌市宝丽诗化妆品有限公司技改创新组被授予全国"工人先锋号"称号；浙江吉利汽车动力义乌基地装备工程部设备管理科被授予省"工人先锋号"称号。义乌市输变电工程有限公司八方电气分公司吴志民获"浙江工匠"称号；浙江稠州银行义乌管理部金莉莉、义乌市义宝农庄冯泽宝、义乌市疾病预防控制中心骆淑英、义乌市输变电工程有限公司八方电气分公司吴志民获省"劳动模范"称号。

2019年5月30日，第13届劳动技能大赛现场（市总工会　供图）

【"阳光就业"行动】 2019年2月25日，市总工会开展"阳光就业"行动。在市人力资源产业园举办"阳光就业"企业专场招聘会，118家企业为外来建设者、农村富余劳动力、院校毕业生等提供就业岗位800余个，8000余人前来咨询应聘，其中2800余人现场达成初步就业意向。

【"三服务"活动】 2019年3—12月，开展"服务企业、服务群众、服务基层"三服务活动，建立健全领导班子成员"九联系"制度和机关干部联系企业、特困职工制度，走访企业123家，走访困难职工34人，收集企业和职工群众反映的问题82个，形成调研报告29篇。

【劳动技能大赛】 2019年5—12月，市总工会举办第13届劳动技能大赛，设钳工，建筑行业技能，卫生应急，食品质量安全检测，模具制造5个大类的竞赛项目。同时，镇（街道）总工会、产业工会、市直工委举办职业技能竞赛，竞赛项目40个，1600余家企业的1.8万余名职工参加各种类型的劳动技能竞赛，15人被授予"义乌市技术标兵"称号。

【"红五月"志愿服务】 2019年5月，市总工会在绣湖广场举行"红五月"志愿服务启动仪式，市总工会、稠城街道29支志愿者团队200余人参加志愿服务。至12月底，开展"垃圾分类美丽工厂"宣讲14场次，召开现场推进会2场，选树垃圾分类示范企业10家，1家单位获评金华市垃圾分类优秀企业。深入基层开展技改扶持和服务指导10次，为职工群众维修家电、农机160件。

（吴　婷）

共青团义乌市委员会

【概况】2019年，义乌市共有基层团委(团工委)90个，派出团工委6个，下属团支部(总支)2106个，在册团员5万余人，专职团干部32人。开展春运暖冬行动，招募志愿者1000余人，服务旅客5万余人，为构建文明和谐春运环境助力。开展“义乌温度青春同行”“喜迎70华诞新年展青颜”“围炉夜话乡村振兴”等主题活动100余场。开展“法治小先锋”公益夏令营4期，“与自护相伴与平安同行”平安自护公益讲座4期，累计参与青少年1200余人次。青少年公共安全教育馆建成并对外开放，1800余名青少年参观体验。“跑小青”(开展“最多跑一次”的青年志愿者，由青年党员、团干和优秀青年等组成，为生活困难、行动不便、年龄偏大等困境群众提供“跑腿”办事业务)提供咨询服务1.2万余次，为群众代办医疗保险、网上缴费等服务3200余件。为创业初期青年提供低息创业贷款129笔2100万元。开展创业沙龙、拼多多创享会等青年创业活动230余场，开展“全城志愿文明义乌”系列志愿服务活动200余场，全市在“志愿汇”平台上注册的志愿者20万人。开展青春“三服务”，进行“心理辅导”“爱心助学”“公考笔试公益培训”“青春悦读计划”“义诊活动”等活动500余次。开展第六届环卫工人爱心年夜饭活动，组织招募5000余名青年志愿者参与各大展会和国际马拉松赛服务工作。全年漂流爱心书包2万余个，捐献爱心衣物5万余件。进一步深化“青春倡廉”行动，先后开展活动10期。

2019年，组织开展优秀团员、优秀团干、先进团组织、青年文明号、青年岗位能手等评选工作，共获得国家级荣誉1个，省级荣誉11个，金华市级荣誉12个；评选出义乌市优秀团员80人，优秀团干30人；先进团组织20个，五四红旗团组织10个。吴爽被评为“全国优秀团干部”，鸡鸣山社区团支部获评“浙江省五四红旗团支部”，森山农业科技产业公司、道人峰茶叶有限公司获评“浙江省省级示范性青创农场”。

【纪念五四运动100周年活动】2019年5月4日，为纪念五四运动100周年，团市委开展“青春心向党建功新时代”系列主题活动。先后在全市各镇(街道)、各学校开展新团员入团仪式，收看纪念五四运动100周年大会，青年策论大赛，毅行合唱，党团知识竞赛等活动20余项，展现当代青年的精神风貌和担当作为，传承五四精神，激励引领广大团员青年矢志投身新时代。

【中国—中东欧青年研修交流营】2019年7月7—11日，由中华全国青年联合会主办，共青团金华市委协办的第三届“未来之桥”中国—中东欧青年研修交流营在义乌举办。来自中国和中东欧16个国家的各界青年代表190余人参加活动。其间，中东欧17国青年代表考察义乌国际商贸城、佛堂古镇、青岩刘“双创”中心等地，共同呼吁世界各地青年积极加入“全球青年创业培训计划”，探索建立全球青年常态化创业创新的合作交流机制以及“世界青年创业中心”。交流营同期举办国际论坛、合作洽谈、考察参观等活动。

2019年7月7日，第三届“未来之桥”中国—中东欧青年研修交流营在义乌举办
(共青团义乌市委员会　供图)

【共青团基层组织改革综合试点】2019年9月，团中央印发《共青团基层组织改革综合试点方案》，将义乌市作为全国18个试点县（市、区）之一，11月，义乌市印发《义乌共青团基层组织改革综合试点方案》。结合义乌实际，将改革试点工作细化成团员发展管理、团组织设置运行、团干队伍建设管理和党建带团建4个方面的46项具体任务，着力打造5+X项改革特色亮点。此次改革作为义乌市政治领域的唯一全国改革试点，为期一年，力争通过此次改革全面提高基层团组织的凝聚力、组织力、号召力，为全国共青团基层组织改革提供“义乌经验”。

（黄超炜）

义乌市妇女联合会

【概况】2019年，义乌市妇女联合会（简称“市妇联”）推进妇女组织示范点建设工作，在陆港电商小镇、光源科技小镇成立妇联。建成“四新”（新领域、新业态、新阶层、新群体）妇联示范点10家、区域妇联示范点12家、妇女微家示范点建成12家。妇联工作5次在“学习强国”平台发布，2次在新华社、《中国妇女报》等媒体中作专题报道。

深化“幸福家庭大讲堂”讲座和“向阳花行动”亲子实践活动。组织讲师团成员走进机关、社区、农村等地开展“幸福家庭大讲堂”讲座52场，2300余人听讲；举办亲子研学公益活动2场。开展0～3岁早期教育课题调研。拍摄音乐短片《垃圾分类动起来》，35名公益宣传员陆续走进200余个村居培训，进行垃圾分类宣传。

开展“康乃馨行动”舌尖巧娘系列美食培训，完成廿三里、后宅、佛堂等镇（街道）6场培训，培训1140人次。联合赤岸镇、后宅街道举办第二届“六月六”美食文化活动，第二届后宅德胜民俗文化节；将“巧娘美食”送进市委党校、机关食堂。

面向贫困、患病、残疾以及流动留守儿童开展春蕾计划、“圆梦助学”等贫困助学活动，与兰考县妇联开展异地结对，共结对本地、异地春蕾儿童329人。在“两癌”检查的基础上，开展“康乃馨行动”关爱贫困患病母亲30人，发放慰问款6万元，开展“康乃馨行动”健康知识宣讲和义诊活动9场。

【“家事和姐”民情民访代办】2019年5月，市妇联在全市范围内开展“家事和姐”民情民访代办工作，将“家事和姐”工作和民情民访代办充分结合，建立“家事和姐”队伍及“家事和姐”联系户制度，全面参与妇女民情民访代办和调解，进一步畅通妇女信访渠道，实现小事不出村，大事不出镇，矛盾不上交。6月14日，在方塘村召开义乌市“家事和姐”民情民访点工作现场推进会，在试点基础上总结推进全市“家事和姐”民情民访代办工作。开展民情民访代办业务培训，充分发挥妇女群众“娘家人”的作用。至年底，全市组建“家事和姐”队伍462支，“家事和姐”代办员1029人；排查化解婚姻家庭矛盾纠纷375起，代办民情民访1085件，办结数1042件。成立包括外籍成员在内的市场“义乌商姐”调解队，参与调处经济矛盾纠纷22起，占所

2019年3月28日，“义乌商姐”在国际商贸城开展“面对面”法律服务活动

（市妇联　供图）

有矛盾纠纷的40%以上，帮助经营户挽回损失53.2万元。

【"妇女方阵"出征"义博会"】 2019年10月，由全国妇联、浙江省妇联主办，市妇联承办的"妇女方阵"在2019"义博会"设展位130个，展示各地妇联精选特色手工编织品、民俗工艺品、时尚网货等产品，来自北京、河北、河南、山西、甘肃、湖南、江西，浙江省对口支援的新疆温宿、湖北恩施以及省内各县市区的优秀来料加工经纪人、电商创业女性、女企业家330余人带着富有地方特色的来料加工精品参展。首次设立特装区，100名省内各地的女巧手、女匠人展示传统手工的精湛技艺，精益求精的工匠精神，兼具传承创新的精美作品。其间，开展浙江省妇女创业就业成果推介会、"浙阿姐妹手拉手"等大型活动，实际成交额2888.3万元，意向成交额5550.01万元。

（季阳春）

义乌市科学技术协会

【概况】 2019年，成立浙江大学医学院附属第四医院、义乌爱康医院有限公司、义乌中航新能源技术研究院有限责任公司、义乌市妇幼保健院、浙江伯飞节能科技有限公司院士专家工作站5家，勘测设计研究院经浙江省委人才工作领导小组办公室认定为第11批"浙江省院士专家工作站"；浙江省级院士专家工作站4家，市级站15家。利用全市28个科普画廊，编辑以"卫生城市""七一党建"为主题的画廊6期。围绕义乌国际贸易综合改革试验区建设主题，大力引进高端智力，年内组织"院士义乌行"活动21场次，邀请院士专家260余人到义乌调研，为试验区建设、义乌市企业转型升级发展出谋划策。组织举办院士报告会、中美清洁技术院士专家座谈会、"一带一路"光电信息与数字经济沙龙等活动20场。围绕人工智能、5G技术等前沿科技热点及环境保护、垃圾分类、食品安全等民生领域焦点问题，开展59类151项活动。

2019年，义乌市学会党建工作信息被省直机关工委刊发；义乌市科学技术协会（简称"市科协"）被中国科协评为2019"全国科普日"先进组织单位；义乌市科普助力乡村振兴做法在浙江在线报道；义乌"院士之家"做法在全省推广。

【第二届"最美科普人"评选】 2019年5月，市科协举办第二届"最美科普人"评选活动。通过全市各学会（协会、研究会）、企业科协、院士专家工作站、镇（街道）科协等单位推荐，43名候选人参与网络投票。经专家评审，10名科技工作者获义乌市"最美科普人"称号。

【培育新型职业农民】 2019年，全市招收农函大学学员2000人，开设教学班27个，分种植、电子商务、卫生保健等17个专业。针对义乌市种植户存在过于依赖化肥、农药和缺乏溃疡病预防、果树修剪、整枝技术等情况，及时梳理问题清单和措施清单，制定工作计划，有步骤地推进问题解决。至年底，举办全市垃圾分类、水稻、猕核桃、葡萄、大枣培训班17期。

（吴璐瑶）

义乌市归国华侨联合会

【概况】 2019年，义乌市归国华侨联合会（简称"市侨联"）紧紧抓住侨联改革和党政机构改革的契机，进一步理顺侨联侨务工作体制机制，侨联机构、人员编制、经费纳入同级人民团体统一管理，享受同级人民团体待遇，实现第一次被明确为正科级的人民团体，第一次制定完整的"定机构、定职责、定编制"三定方案，第一次按照专兼挂相结合的方式配备侨联的正副主席，第一次完整承接华人华侨和海外侨团联谊职能"四个第一次"的突破。

围绕市委、市政府招商引资、招才引智工作大局，成立由市内市外侨界骨干代表组成的招商招才中心，确定来自30个国家的50名招商招才信息联络员。邀请来自70余个国家的180余名侨商侨领参加"世界义乌人"大会，邀请20余个国家的36名侨商侨领参加金华发展大会。参与协办义乌市"国际创客”大赛，吸引90余支创业团队参与，推荐的12名归国留学人员创业项目进入决赛。为1000余人次创业人员举办企业经营经营与境外投资风险、CEO的战略智慧等专题讲座5次。指导巴西义乌人联络站、吉尔吉斯斯坦义乌经贸文化交流促进会举办义乌市投资环境推介会，向150余名海外采购宣传推介义乌；与西班牙华商会签订“一带一路”共建战略合作协议。陪同各类招商考察对接活动10余次，累计发放义乌商贸服务业、人才创业创新等政策1000余份，成功招引10余名侨商参加进口商品博览会，推荐30名侨商申请入驻进口商品展贸孵化平台，收集项目信息5个，推动“世界侨商大厦”项目洽谈。

积极争取社会力量参与为侨服务工作，2019年，先后与农业银行、建设银行、农商银行签订战略合作协议；与东方天祥医院、普济骨伤医院签订华侨医疗服务合作协议。指导建立俄罗斯、老挝、乌干达、墨西哥、吉尔吉斯斯坦5个经贸文化交流促进会和泰国、几内亚2个义乌人联络站，联系海外义乌侨团组织20余个，为2000余名海外游子建立联系联谊的平台。举办留学人员“爱会发光”荧光慈善派对募集慈善资金，购买2000册儿童书籍赠送给云南贫困山区的5所学校，为2000名山区留守儿童送去关爱。

【搭建平台】 2019年1月，市侨联建立“侨界群众提出、侨界组织主导、社会力量承办、侨界群众参与”的活动开展机制，搭建海外联系联络平台、海外学习支持平台、突发事件应急处置平台和回国创业创新帮助平台。全年组织1500余人次侨界人士开展银企对接会、人才创业创新政策介绍等侨界人士活动30余次。

【第六届归侨侨眷代表大会】 2019年4月26日，市侨联在义乌大酒店召开义乌市第六届归侨侨眷代表大会，侨居或留学45个国家和地区的华人华侨、归侨侨眷、留学人员等共200名代表参加会议。会议听取并审议义乌市归国华侨联合会第五届委员会工作报告，选举产生义乌市归国华侨联合会第六届委员会并通过《关于义乌市归国华侨联合会第五届委员会工作报告的决议》，龚剑锋任侨联第六届主席。

【涉侨纠纷多元化解】 2019年6月，市侨联会同市法院在全省率先出台《义乌市涉侨纠纷多元化解工作规程》，成立市涉侨纠纷多元调解中心和省侨联法顾委义乌工作站，在国际商贸城设立“侨姥爷”调解室，借助海内海外人民调解员和侨联法律顾问等力量，受理各类涉侨纠纷。至年底，解决各类涉侨纠纷矛盾30余起，涉案金额3000万余元。

【“来料加工+产业培育”】 探索“来料加工+产业培育”的脱贫致富新路，2019年8月，由哈萨克斯坦侨商黄晓庆创办的义乌市硕硕服装厂等6家涉侨企业将产品生产加工车间建到汶川扶贫车间，每月提供加工费100万元，帮助1300余名剩余劳动力在家门口实现就业。

（张瑞君）

义乌市台胞台属联谊会

【概况】 2019年，义乌市台胞台属联谊会（简称“台联会”）紧紧围绕义乌市委、市政府的中心工作和全市工作大局，围绕联络交友、义台交流、参政议政、服务台商等方面开展工作30余次，开展为台胞、台商、台属排忧解难等工作30余项。2019年，市台联会接待台北义乌同乡会、台湾青年暑期电商体验培训团、台湾铭传大学参访团等参访团组12批200余人次，其中2019“森博会”期间接待台北商业总会、苗栗、南投3个参访团计38人。组织成员参加统战组织同心服务、“我和我的祖国”献礼中华人民共和国成立70周年快闪活动、台协会中秋联谊等活动80余人次。参与各类公益活动8项，累计捐资、捐物20.2万元，受益77人次。

【台联会七届四次理事会】 2019年1月25日，市台联会在之江酒店召开七届四次理事会暨2019年年会。市委统战部、市政协、市台办等领导及理事会成员60余人参加会议。会议学习总书记习近平在《告台湾同胞书》发表40周年纪念会上的重要讲话，邀请党校教师刘文金作台海形势报告会，总结2018年工作、部署2019年台联工作，通报2018年财务工作情况。

【台湾知名人士到义乌参访】2019年4月25—27日，应两岸企业家峰会现代服务业及文创产业合作推进小组、第14届中国义乌文化产品交易博览会组委会邀请，台湾中华两岸文创产业发展协会创会理事长丁守中一行3人到义乌，其间，参加第六届台湾文创大展开馆仪式，参访义乌城市规划馆、义乌工商职业技术学院、铁路义乌西站等地。丁守中表示义乌是“世界小商品之都”，也是“义新欧”班列的起点，通往世界各地，希望台湾文创产业到义乌参展，推进台湾文创产业发展。

【台联团赴台考察】2019年7月13—19日，受中国推动两岸文化经贸交流协会邀请，义乌市台联工作访问团共18人赴台湾地区进行为期7天的访问考察。其间，拜访台北义乌同乡会、义乌旅台南部同乡会，参加专题座谈及推介活动13场次，实地考察学习项目3个，拜访义乌籍老乡和各行业台商60余人。通过交流访问增进了解，拉近感情，展示义乌城市与农村全方位统筹、科学发展的新形象。

（黄建辉）

义乌市工商业联合会

【概况】2019年，义乌市工商业联合会（简称“市工商联”）有行业商会2个，基层商会、义乌外地商会、异地商会99个，会员2.15万人。新组建商会4家，完成11个商会的换届，新增会员312家，年内，新成立甘肃、溆浦、亳州、安吉4家商会人民调解委员会。完善浙江省人民调解大数据平台信息和商会调解员队伍信息库。

加强与兄弟商会和海外工商社团的联系。2019年，接待宁波、山东、黑龙江等地工商联和商会来访18批次计131人次，参观考察义乌市相关企业和国际商贸城，交流服务民营经济发展的经验；与兰山区、海港区、兰溪市、青州市4家工商联结为友好商会；与到义乌考察的非洲加纳华人商会、坦桑尼亚华人商会、西班牙温州总商会等9家商会开展交流。全年，市工商联深入企业商会走访46次，形成调研报告4篇，组建“四联动”连心服务团4个，成立攻坚克难突击队，解决民生实事难题9项；各商会调委会共受理调解各类纠纷等案件45起，涉及金额3600万余元。

【中非民间中英经贸交流会】2019年2月，为推动中非民间商会平台建设，更好服务、引导义乌市民营企业高质量参与“一带一路”建设，市工商联参与承办中非民间商会四届五次会长会议暨义乌投资贸易环境推介会，中非民间商会副会长，义乌商城集团、市场集团以及工商联会员企业等300余人参加会议。推介会安排B2B对接，90余家中非民间商会会员单位和200余家义乌企业就商贸电商物流、加工制造业、医药卫生及医疗设备、海外法律商事及海外安全调解、海外产业园区及基础设施建设、金融服务六大板块进行精准对接，在商贸、金融、制造、基础设施等领域达成重点意向合作项目。

【对口帮扶汶川】2019年4—12月，市工商联先后2次率企业家26人赴汶川考察和协调，开展产业帮扶.通过走访商会对在外投资的义乌籍企业进行摸排，金田阳光小商品有限公司等7家企业投资2.9亿元，带动脱贫358人。开展劳务协作，引导执委企业到汶川发展来料加工业务，带动帮助当地就近就业1100余人，引导市域外义乌籍企业带动脱贫就业263人。引导义乌市温州商会和汶川签订对口扶贫协作计划，开展汶川电子商务雏鹰计划，培养1000名电商专项人才和100家电商企业，捐款10万元设立对口汶川专项基金。

（何庆荣）

外事·侨务·港澳台事务

外 事

【概况】 2019年，义乌市外事办精心组织、优质高效做好外宾接待工作。全年接待国(境)外来访团组165批次861人次。接待来自64个国家(地区)的外国新闻媒体17批次127人次。加强管理，规范因公出国(境)秩序，全年审核审批因公出国(境)团组75批254人次，审发商务邀请函9708批1.37万人次，办理APEC商务旅行卡31批43人次，代办领事认证471批890本。牵头处理涉外案事件5起，协助处理80起。

【出访巴西、秘鲁】 2019年3月7—15日，义乌市人大常委会副主任颜新香等一行6人出访巴西、秘鲁。其间，代表团拜会两国官方机构、中国驻外使领馆、20余家华人华侨社团，调研"中拉经贸合作园"等园区；调研Bras和25街等市场、当地华人企业以及商场和超市。出访期间，开展拜访活动5次，商谈8次，走访调研12次，发放各类宣传资料200余份。

【出访捷克】 2019年4月13—17日，副市长葛巧棣率团赴捷克访问，就深化义乌市与捷克的经贸关系，推进"一带一路"捷克站与在捷商协会、企业开展多层次的沟通对接。其间，代表团实地考察捷克站帕夫洛夫物流园，洛沃西采货运场站，商贸服务园；走访捷克站物流园、商贸服务园，与捷克站负责人就捷克站推进情况，存在的困难，发展思路等进行交流与探讨；拜访中信欧洲，欧洲商会联盟，走访中国商贸城，就加强捷克与义乌之间的贸易往来，深化双方在"一带一路"倡议下各领域的务实合作达成共识。

【"义乌文化之夜"】 2019年5月21日，以"民间外交，文化先行"为主题的"义乌文化之夜"在佛堂老街新华剧院启幕。现场，表演"美猴王""小宴""八仙过海"等义乌传统婺剧，来自全球41个国家79个城市和组织的360余名政商界代表及智库学者观看演出。

【出访德国、捷克、西班牙】 2019年5月22—31日，市委书记林毅率义乌代表团访问捷克、德国、西班牙。就推进"共商共建共享"，加快把"义新欧"和捷克站打造成为全省参与"一带一路"建设的重要平台，进一步加强义乌市与3国在"义新欧"、物流、跨境电商、进口、教育、文化等领域的交流和合作。访问期间，开展密集洽谈和考察，签约有关合作项目；与捷克总统中国事务代表、捷中友协主席雅罗斯拉夫·德沃吉克等进行深入洽谈，商定共同推进捷克站、捷克小镇等项目建设，谋划新项目；与西班牙对外贸易与投资促进局、西班牙物流运输协会、西班牙铁路运输公司负责人、"义新欧"发现之旅代表，就推动"义新欧"中欧班列高质量发展进行交流；出席浙江(宁波)—捷克经贸科技合作交流会，捷克站与纵腾网络、国贸云商等合作项目，商城集团与捷克老博客啤酒厂采购协议、与水晶厂商合作协议等在交流会上签约；商城集团与德国有关企业和商协会、西班牙阿拉贡对外局、西班牙及马德里有关商协会就入驻进口馆、国际商协会大厦等签署合作协议；义乌代表团与德国教育行业协会名誉会长菲纳克斯、新任会长尼豪斯及德国巴伐利亚州文教部官员举行会谈，与德国教育行业协会就在义乌引进德国教育装备协会教育展签署框架协议。

【第三届"未来之桥"中国—中东欧青年研修交流营】 2019年7月7—11日，第三届"未来之桥"中国—中东欧青年研修交流营在义乌举行。此次交流营举办国际论坛、合作洽谈、考察参观等活动，来自中东欧17个国家的各界青年代表190余人参加会议。研修交流期间，中东欧17国青年代表以"开放创新青年伙伴"为主题开展全方位、宽领域、多层次的合作，围绕共建"一带一路"推动经贸、人才、文化、体育等领域深入对话交流，并达成共识。"17+1青年伙伴"合作洽谈会暨义乌市投资环境说明会上，中东欧17国青年代表分别介绍本国投资环境、推介合作项目、分享创业历程、表达合作投资意愿。

【出访蒙古、土耳其】 2019年8月19—25日，副市长多佳应邀率团访问蒙古、土耳其，参加博鳌亚洲论坛乌兰巴托会议并发言，对土耳其知名冰激凌企业MADO开展招商引资。在蒙古期间，代表团拜访蒙古中华总商会，重点了解中资企业在蒙情况，投资机会和蒙古相关投资政策信息；考察蒙古综合市场，了解蒙古市场建设及义乌小商品在蒙古销售情况。在土耳其期间，多佳与卡赫拉曼马拉什市长赫瑞汀·冈戈签署交流备忘录，为两市未来缔结友好交流关系奠定基础。卡赫拉曼马拉什市是古老丝绸之路上的重要一站，义乌则是新丝绸之路的起点城市，两市在人口数量、城市规模、工业结构、商业传统等方面相似。多佳邀请卡赫拉曼马拉什市市长到义乌考察，深化两市交流合作。

【出访比利时】 2019年10月25—29日，副市长郭济环一行5人出访比利时。访问期间，代表团参加中欧班列（义乌—列日）eWTP菜鸟号（简称"班列"）抵达仪式，与班列合作方、物流管理等部门开展沟通交流；拜访当地企业和华侨社团，开展招商引资工作；与当地物流有关部门进行友好交流，为班列的有序营运提供政策保障。

【出访非洲埃塞俄比亚、欧洲捷克】 2019年11月23—31日，副市长葛巧棣率政府和商务团赴埃塞俄比亚及欧洲捷克访问，就开拓非洲新市场、与阿里共同推进eWTP埃塞俄比亚数字贸易枢纽签约、捷克站与商城集团海外业务整合改制等工作事宜等进行洽谈。同时在非洲埃塞俄比亚、欧洲捷克开展公务活动，深入非洲考察市场，寻找义乌市场走出去商机。

【举办卢旺达—义乌贸易投资沙龙】 2019年12月5日，卢旺达—义乌贸易投资沙龙在国际商贸城采购商服务中心举办，20余名企业代表、经营户代表参加，卢旺达驻华大使詹姆斯·基莫尼奥出席并致辞。詹姆斯·基莫尼奥表示，卢旺达营商环境在非洲排名第二，政府高效、清廉，诚挚邀请义乌企业前往卢旺达投资兴业。卢旺达驻华商务参赞沙米尔详细介绍卢旺达的投资政策、发展机遇以及旅游、签证等有关事项，双方互动交流热烈。

【出访澳大利亚、日本】 2019年12月11—18日，市政协副主席杨桂芳等一行5人出访澳大利亚、日本。在澳大利亚期间，代表团与维多利亚州政府、澳大利亚AUCHCO公司、墨尔本MONASH儿童医院、中国驻悉尼总领事馆、墨尔本金华同乡会、澳州中华经贸文化交流促进会、澳大利亚义乌同乡会，就招商引资、医疗合作、招才引智、义乌市场"走出去、引进来"等事宜进行商谈、交流。在日本期间，代表团与AYA医疗福祉集团、日本NTEC株式会社、Fancle株式会社（化妆品、食品、医药化工）、日本国际医疗健康福祉协会、日本金华（义乌）总商会、日本金华商会，就养老、医疗、招商引资、生鲜产品进口等事宜进行交流。

【访问俄罗斯、印度】 2019年12月19—26日，市长王健率代表团赴俄罗斯、印度进行友好访问。在俄罗斯期间，会见俄罗斯联邦斯维尔德洛夫斯克州、俄罗斯联邦外交部驻乌拉尔地区相关负责人，就推进双方在经济贸易、人文交流等领域深度合作；参观义乌最大的俄方投资商西玛兰德公司旗下物流园、电子商务基地、大型超市等，开展合作洽谈。拜访俄罗斯铁路总公司，双方就推动"义新欧"班列可持续发展进行磋商；拜访莫斯科马格尼特连锁超市公司，推动此公司与义乌的进出口贸易进一步扩大。在俄罗斯最大的华人市场柳布利诺市场管理方基辅广场集团举行座谈，双方就海外仓、展会等领域合作进行深入交流。在印度期间，会见科钦市市长苏米妮，就推动双方发扬古代海上丝绸之路交往传统，继续深化经贸、文化领域交流合作。会见新孟买市市长，双方就建立友好城市关系，实现产业互补，在高新技术等方面开展合作深入交换意见；实地调研LULU集团在科钦的大型商超，参加义乌及"义乌好货"科钦推介会；考察喀拉拉邦信息技术园，深入了解印度信息技术产业发展情况，学习园区规划建设的先进经验；拜访中印经济文化交流中心、印度浙江总商会，招引华侨回归，促进中印两国文化交流及民间交往。

2019年重要嘉宾到义乌访问情况

表12

日　期	国别（地区）	来访者	会见领导	重要内容	其他活动
1月16日	德　国	德国Linens Rolf Herrmann公司董事长Rolf Herrmann一行4人	多　佳	双方就如何促进双边贸易往来和中小企业合作、提高义乌市场信誉度和城市影响力、推动义乌市场与德国等欧洲国家接轨等深入交流意见。	参观国际商贸城
1月18日	巴基斯坦	巴基斯坦驻华大使马苏德·哈立德一行3人	王　健 李俊福	马苏德·哈立德表示，义乌和巴基斯坦之间可开通直航，通过交通的便利，进一步加强双方多领域合作	参观国际商贸城、城市规划馆
1月25日	芬　兰	芬兰"读懂义乌研学营"一行7人	多　佳	通过此行，推进义乌与芬兰加强教育、文化等领域合作，邀请总领事到义乌调研，组团参展，推动经贸交流合作	参观义乌党校
3月22日	芬　兰	芬兰波尔沃市长优胩·吴优拉（Jukka—Pekka Ujula）一行2人	王　健	双方在技术、教育和旅游等领域开展合作交流	参观城市规划馆、国际商贸城
3月26日	白俄罗斯	白俄罗斯明斯克州副州长尼古拉·罗加休克·米哈伊尔维奇一行8人	多　佳	通过此行，推动司马列维奇市和奥尔沙市到义乌参加对话会，组织企业参加义乌进口商品展，推动白俄罗斯更多优质产品入驻义乌市场	参观国际商贸城
4月3日	哈萨克斯坦	哈萨克斯坦总领事叶夫·佐齐汉为团长的考察团一行13人	多　佳	考察团一行考察义乌进口商品馆，与义乌皓野公司对接扩大进口哈萨克斯坦产品业务事宜	参观国际商贸城、皓野农产品公司、保税物流中心

续表 12

日　期	国别（地区）	来访者	会见领导	重要内容	其他活动
5月22日	尼泊尔	尼泊尔驻华大使利拉·马尼·鲍德尔	王　健	参加世界城地组织亚太地区2019年执行局会议暨“一带一路”国际城市经贸合作对话会，就尼泊尔商品进入到义乌市场进行交流	参观2019中国义乌进口商品博览会
5月28日	东南亚	新加坡易家园区东南亚企业家代表团一行13人	王　健 李俊福	通过此次考察，推动双方在跨境电商、国际物流和进口领域上开展合作和交流，共同推进义乌与东南亚国家的互利共赢发展	参观幸福湖国际会议中心
5月28—29日	匈牙利	匈牙利驻上海总领事博岚、商务领事唐安哲一行3人	李俊福	双方在经贸、体育、文化等方面进行深度交流，博岚表示，为义乌市在匈牙利开展经贸对接、投资洽谈提供支持	参观国际商贸城、陆港电商小镇、华统集团
7月2—4日	欧　洲	欧洲人民党青年组织考察团一行21人	李俊福	考察团表示，通过此次访问增进对义乌的了解，进一步关注义乌的发展	参观国际商贸城、陆港电商小镇、李祖村
7月3—4日	澳大利亚	澳大利亚中华经贸文化交流促进会一行3人	多　佳	通过此行将优质的澳洲商品引入中国	参观城市规划馆、国际商贸城
7月5日	奥地利	奥地利驻沪总领事施丽婷一行2人	多　佳	通过此行拓展奥地利与义乌在人员往来、经贸合作、文化交流、智能制造等领域的合作	参观国际商贸城、绿色动力小镇
7月8日	日　本	日本金华（义乌）总商会代表团一行4人	葛巧棣	代表团到义乌对接入驻进口商品展孵化区事宜，就具体经营模式、配套服务、政策优惠、签约等事宜与国际生产资料市场进行对接	参观进口商贸孵化区
7月11日	日　本	日本淡路市政府来访团一行6人	多　佳 胡爱芬	在两市多年友好交往的基础上，签署深化友好交流合作相关协议	参观城市规划馆、国际商贸城国际贸易服务中心、品牌联盟、华鸿集团、佛堂古镇
7月15日	匈牙利	匈牙利帕波市长阿鲁多佐·达玛舍带领的帕波市政府代表团一行来义6人	多　佳	双方就加强交流协作推动帕波市创业青年到义参加“义路同行——全球青年创业培训计划”，将帕波市及匈牙利其他地区优质商品入驻义乌进口商品展贸孵化区等方面合作交流	参观国际商贸城、幸福湖国际会议中心、国际生产资料市场、电商小镇、华统集团
7月21—22日	黎巴嫩	黎巴嫩未来阵线干部考察团17人	李俊福	双方就“义新欧”班列、营商环境打造、义乌与黎巴嫩交往情况等方面进行交流	参观义新欧班列、国际商贸城城市规划馆、青岩刘村
8月3日	美　国	“2019知行中国——中美高校学生领袖学院项目”代表团	骆小俊	在人才交流、引进，青年创业等方面的合作与中国教育交流协会及中美高校代表进行深入探讨	参观城市规划馆、国际商贸城

续表 12

日期	国别（地区）	来访者	会见领导	重要内容	其他活动
8月26日—28日	英国	英国上议院议员、英国女王枢密院顾问官麦克·贝茨勋爵夫妇	葛国庆 多佳	完成“为友谊行走——浙江徒步行走活动”义乌段行程，沿途为社会公益慈善事业募集善款，将募集的善款投入浙江的儿童和残疾人公益事业	参观国际商贸城
8月29日	布基纳法索	布基纳法索考察团一行13人	—	就义乌市在改革开放过程中，经济社会各方面的发展进行考察	参观城市规划馆、网店第一村青岩刘、国际商贸城、义乌电子通信市场
9月6日	牙买加	牙买加蒙特哥贝市市长霍默·戴维斯带领的代表团一行4人	多佳	双方就加强教育、文化、旅游、青年等领域的合作进行交流	参观国际商贸城、青岩刘村、华鸿集团、佛堂古镇
9月7日—8日	马来西亚	马来西亚国会下议院副议长倪可敏一行	王健	以此考察为契机，进一步加强交流沟通、双方在更多领域开展合作	参观国际商贸城、鸡鸣山社区
9月26—27日	法国	法国知名艺术家、城市与建筑艺术创意总监阿兰·博尼先生一行4人	多佳	深入了解义乌城市规划情况，就城市区域和建筑艺术设计合作开展调研	参观国际商贸城、城市规划馆、丝路新区
10月11—14日	阿拉伯	阿拉伯经济统一委员会秘书长拉贝阿一行3人	多佳	双方就青年创业培训、企业家合作等话题进行交流合作	参观城市规划馆、邮政互换局、义乌西站、国际商贸城、义乌港、佛堂老街
10月22日	格鲁吉亚	格鲁吉亚驻华大使阿尔赤·卡岚第亚一行3人	李俊福	参加在义乌举办的格鲁吉亚国家馆开馆仪式，表示格鲁吉亚和义乌在经贸和人员方面继续合作	参观进口孵化区、格鲁吉亚国家馆和格鲁吉亚红酒之家
10月24—25日	苏里南	苏里南地区发展部部长Dikan Edgar Andre携首都帕拉马里市长一行5人	多佳	双方就林业、旅游、人文等领域加强合作，进行深入交流	参观国际商贸城
11月8日	泰国	泰国商会和贸易院主席一行37人	刘磊	双方就进口商品引进、商协会招引、青年创业培训等进行深入交流，并达成共识	考察进口孵化区、国际商贸城
11月24—25日	格林纳达、东帝汶、坦桑尼亚等35个国家和地区	“一带一路”商务代表团11人	王健 刘磊	代表团结合考察所见所闻，畅谈对“一带一路”倡议的认同，表达今后与义乌在经贸、文化等领域全方位合作的意愿	参观国际商贸城

续表 12

日　期	国别（地区）	来访者	会见领导	重要内容	其他活动
12月3日	德　国	德国驻沪总领事欧珍一行3人	葛国庆 李俊福	在推动德国和义乌在经济领域交流合作的良好基础上，深化其他领域的合作	参观国际商贸城、棒杰股份有限公司、进口商品展孵化区、申通快递
12月18日	基里巴斯	基里巴斯妇女、青年、体育和社会事务部长塔奥巴·凯亚率基里巴斯全国运动会男女冠军足球队一行56人	骆小俊	通过访问，加强交流协作，推动基里巴斯创业青年到义乌参加“义路同行—全球青年创业培训计划”，推动当地学校与义乌市学校的足球交流、教练互换，深化义乌与基里巴斯在体育、文化等方面的合作交流	参观国际商贸城
12月20日	伊　朗	伊朗驻沪总领事Ramazan Parvaz（拉马赞·帕尔瓦兹）一行2人	李俊福	通过访问，双方在良好合作基础上进一步推进各领域合作，在城市交往、贸易往来方面加强联系沟通	参观国际商贸城
12月27日	巴基斯坦	巴基斯坦驻华大使纳格玛娜·哈什米一行6人	王　健 李俊福	双方在工业制造、进出口贸易、产业园区开发、文化旅游等领域进一步深化合作、推动经贸往来等方面进行交谈。	参观国际商贸城、幸福湖国际会议中心

（叶莉娜）

侨　务

【概况】 2019年，义乌侨务工作划入市统战部。围绕“最多跑一次”改革，优化侨政审批流程，助推侨政审批改革，取消华侨回国定居审核转报中所提交的申请人在国内的经济收入证明材料。在义网通办中改版侨眷认定流程，取消提交华侨认定相关材料。启用华侨侨眷登记卡，将华侨侨眷个人信息登记到卡上，方便识别和携带。与金融机构和医院对接，华侨侨眷凭借登记卡即可享受金融、医疗等快捷服务。在全市开办为侨资企业服务工作，推行“三侨生”加分“一件事”办理。全年，完成华侨证明19份，“三侨生”认定6份，华侨回国定居认定1份，“归侨证”1份，华侨侨眷登记卡34张。

【“侨姥爷”调解中心】 2019年6月1日，义乌市“侨姥爷”涉侨调解中心在国际商贸城四区挂牌成立。6月28日，义乌市“侨姥爷”涉侨调解中心挂牌成为浙江省侨联法顾委义乌工作站。11月8日，联合市法院出台《义乌市涉侨纠纷多元化解工作规程》，建立涉侨诉调对接机制，从法律层面进一步规范涉侨纠纷多元化解工作。引入外籍调解员，导入市场、司法、行政、律师等力量，联动发力、多元化解，诉调对接工作实现机制运行的常态化、规范化、规模化。至年底，“侨姥爷”调解中心协调化解涉侨矛盾纠纷400余起，涉案金额5000万余元，调解成功率100%。

【海外义乌人联络站】 2019年11月18日，义乌市侨联第19个义乌人海外联络站——泰国乌隆义乌人联络站成立。2019年，共成立俄罗斯、墨西哥、吉尔吉斯斯坦、乌干达4处经贸文化促进会，几内亚、泰国2处海外义乌人联络站，联侨网络覆盖30余个国家和地区。来自30个国家的50名侨商骨干为主体，建立海外招商引资、招才引智联络员队。至年底，与西班牙华商会签订“一带一路”共建战略合作协议，协调推进“侨商大厦”项目签约落地。

（陈　帅）

港澳事务

【概况】 2019年，义乌对香港特别行政区经济贸易实现销售额7725.6万元，同比减少19.37%；香港特别行政区对义乌经济贸易实现销售额2268.75万元，同比增长547.15%；义乌与香港特别行政区累计实现贸易总额9994.34万元，同比增长0.63%。义乌对澳门特别行政区经济贸易实现销售额288.11万元，澳门特别行政区对义乌经济贸易累计实现销售额0.08万元。至2019年12月底，香港特别行政区在义乌的公司278家，合伙企业511家，代表处566家，香港特别行政区到义乌临时入境8331人次。澳门特别行政区在义乌的公司1家，澳门特别行政区到义乌临时入境444人次。全年，义乌市接待香港特别行政区、澳门特别行政区官方到义乌团组2批5人次。

【义乌访问团赴香港特区访问】 2019年4月25日，义乌市副市长贾文红一行4人赴香港特别行政区访问。与香港联合交易所有限公司座谈，推介义乌企业在香港特别行政区上市，邀请香港联合交易所有限公司到义乌指导企业上市；与香港特别行政区政府投资推广署座谈，推介义乌投资环境，协助义乌企业在香港特别行政区拓展商贸等方面业务；与香港特别行政区中大实业有限公司洽谈义乌纺织企业转型大数据智能智造项目。

【香港特区政府驻上海经济贸易办事处入境事务组访问义乌】 2019年6月24—25日，香港特区政府驻上海经济贸易办事处入境事务组主任翁志强一行3人访问义乌，与义乌市外事办、公安局（出入境管理局）进行座谈，双方就入境事务管理情况进行深入探讨，达成合作共识。

【香港特区政府驻浙江联络办主任访问义乌】 2019年10月21日，香港特区政府驻浙江联络办主任廖凤娴访问义乌，出席第25届中国义乌国际小商品（标准）博览会开幕式，参加巡馆。廖凤娴与市长王健、副市长多佳就展会合作、市场拓展等方面进行交流。

（叶莉娜）

涉台事务

【概况】 2019年，全市有台资企业、贸易机构和个体工商户300余家，常住台商400余人。到义乌探亲访友、旅游观光、考察访问和贸易洽谈台胞2.8万余人次。旅台义乌同乡会清明访问团、台北市商业会访问团、台湾地区中华文化访问团、南投县名间乡基层交流团以及台湾地区大学生暑期电商培训团等参访团35批820余人次到义乌交流。组织经贸、农业、台联、商务等6批47人次赴台开展交流活动。

【换届交接暨台协会成立20周年庆祝会】 2019年1月11日，在义台商台胞、大陆各地台协会会长、来自台湾地区的嘉宾共700余人参加义乌市台协会举办的换届交接暨协会成立20周年庆祝会。浙江省台办主任庄跃成到会祝贺，为义乌台协会在义台经贸文化交流合作中做出的重大贡献点赞，同时希望市台协会在新一届理监事长带领下，团结协作、再接再厉，融入义乌、扎根义乌，积极打造浙中地区的“台商之家”。市委书记林毅介绍义

2019年8月，港澳青年到义乌学习交流　（市委统战部　供图）

乌社会经济发展情况，鼓励台商抓住机遇落户义乌，打造“世界小商品之都”，实现共赢发展。

【台湾地区媒体联合采访团到义乌采访拍摄】 2019年1月21—22日，台湾地区“中央社”、《联合报》《旺报》《ETtoday新闻云》和中天、年代电视台6家媒体8名记者到义乌开展集中采访活动。采访团先后到义乌国际商贸城、义乌蓑衣人红糖厂、海峡两岸青年创业基地、义乌台协会、“中国网店第一村”青岩刘村等地，以全球贸易潮流商品、义乌特产红糖加工、台湾地区青年创业创新和跨境电子商务贸易等为主题，深入采访报道义乌经济社会发展中的特色和亮点。

【台湾青年到义乌参加电商培训】 2019年7月2日—14日，义乌工商职业技术学院组织3批共118名台湾地区青年参加电商培训交流活动。第一批由义乌市台办、义乌市工商职业技术学院主办的“台湾青年暑期电商研习班”44名台湾地区青年学员组成；第二批由省台办主办的第二届“海峡两岸青年发展论坛”59名台湾地区高校在校生组成；第三批由《OR旅读中国》杂志主办的2019年第四届义乌—台湾跨境电商学习营15名学员组成。培训涵盖网店申请、图片处理、网店运营、网络推广、网店页面文案策划与撰写、跨境电子商务、跨境物流及仓储等内容。通过暑期电商培训活动，使台湾地区青年了解义乌电子商务的蓬勃发展，扩大义乌在台湾地区的知名度和影响力，吸引更多台湾地区年青人到义乌学习、创业、就业，进一步推动义台经贸文化交流与合作。

【为台商送法律服务】 为提高台商的法律意识，2019年7月5日，市台办邀请市社保处主任徐建民、市人力社保局开发科副科长陈远望、市就业局副局长陈胜等专业人士6人为义乌市台商详细讲解台资企业劳动法律法规，义乌的社保参保、就业政策、人才政策以及避免和化解矛盾纠纷的方法。同时，与台商进行互动交流，现场解疑12人次。

【“筑梦乡村”行政管理干部培训班】 为帮助台商台企了解熟悉大陆有关法律，引导台商合法经营，2019年9月23—28日，由台盟中央社会服务部主办，义乌工商职业技术学院及台盟浙江省委、中共义乌市委统战部等承办的2019年“筑梦乡村”行政管理干部培训班在义乌举办，来自甘肃、贵州、重庆等10个省（市）160余名奋战在脱贫攻坚一线的县、乡两级行政管理干部参加培训，为台盟中央组织学员“走出去”系列培训中规模最大的一次。培训涵盖政策解读、农村电商等模块内容，选取“网红第一村”北下朱村、“中国网店第一村”青岩刘村、义乌国际商贸城以及义乌新农村建设模范村何斯路村、马畈村、李祖村作为现场教学点。

（朱玉清）

【台湾农林精品展】 2019年11月1—4日，第12届中国义乌国际森林产品博览会在义乌国际博览中心举办，同期举办台湾农林精品展。设标准展位400个，参展企业180余家。参展的台湾农林精品2000余种，台北市商业总会、南投县政府、苗栗县农会、员林市农会组团，带来高山茶、凤梨酥、方块酥、牛樟芝、金门高粱酒、特色水果、休闲食品、日用品及木竹工艺品八大类农林精品参展，展会现场实现意向成交额4.9亿余元。

（除署名外均由张飞撰稿）

法　治

政法委与综治

【概况】 2019年，实现平安义乌建设“十一连创”目标，完成各级“两会”、中华人民共和国成立70周年大庆安保等维稳安保工作任务。守牢暴恐“零发生”底线，未发生重特大案事件，与西北政法大学战略合作，共建义乌反恐研究院。全市119件信访积案化解113件，实现“无积案县”，受到省委政法委书记王昌荣批示肯定。

建立健全涉外管理领域13项、宗教领域18项“兜底”机制。打掉黑恶团伙26个，查扣资产3亿余元，立案查处腐败和“保护伞”8人。破获刑事案件2409件，警情数同比下降7.7%。发破命案11起，比前五年平均数少5.8起。道路交通事故死亡98人，同比下降37.9%，退出“百人县”。火灾事故160起，同比下降50.6%。建立民情民访代办点678个，累计代办5707件。法院新收案件4.73万件，同比下降2.7%，自2013年至2019年来首次下降。2019年共调处矛盾纠纷5131起，调处成功率达99.2%。

“雪亮工程”建设联网视频3.67万路，人脸识别监控3066路，通过“雪亮工程”抓获逃犯386人。在全省率先实现基层治理“四平台”与省执法监管平台互通。政法一体化办案系统试点办案量占全省68%。市公安局所有事项100%实现“最多跑一次”，网办件占比达96.8%。12309检察服务中心代办民情民访事项1092件。“微法院”“一次不用跑”立案1.27万件。司法局梳理、牵头取消全市证明材料443份。“七五”普法工作获全国中期先进。“一带一路”法治保障和法律服务工作在全省会议上交流。

新增省级民主法治村（社区）4个。第16届长三角法学论坛在义乌市举办。规范自由裁量权，评查不捕、不诉、缓刑案件668件。市公安局破获侵犯知识产权案件29件86人，预警防范经济犯罪案件156件，挽回损失3.16亿元。市检察院办理公益诉讼案件136件，同比增长38.8%，在全省率先办理“公共卫生安全”领域公益诉讼案件。市司法局组织民营企业“法治体检”1023家，公证代办不动产登记1059件。

11月28日，义乌市在全省宗教反邪工作专题培训班上作“扶正祛邪、形成合力，凝聚宗教反邪工作正能量”的主题经验交流发言，为全省唯一县级市在会上作交流发言。

【“三服务”走访调研】 2019年1月2日，省委政法委书记王昌荣一行6人调研组到义乌开展“三服务”走访调研。先后到义乌商贸服务业集聚区、顺丰丰泰产业园、公路港物流中心、义乌铁路口岸，召开民营企业代表座谈会，与民营企业家面对面交流，了解企业发展状况和面临的困难，要求各部门做好对接协调工作，加强跟踪落实，切实把企业反映的问题办好、办实。随后，调研组考察鸡鸣山社区、民间紧急救援协会、陈望道故居，对义乌市社会治理工作给予充分肯定。

【全省反恐怖工作会议在义乌召开】 2019年3月12日，浙江省反恐怖工作会议暨铁路与地方公安警务融合现场会在义乌召开，省反恐怖工作领导小组成员单位负责人、各设区市反恐怖工作领导小组组长，铁路站点属地公安机关、铁路派出所负责人共200人参加会议。会上强调，要深入学习贯彻总书记习近平关于反恐怖工作的系列重要指示精神，牢固树立、全面贯彻总体国家安全观，强化风险意识，坚持底线思维，健全机制、主动应对、补齐短板，努力把新时代浙江省反恐怖工作提高到新水平，为庆祝中华人民共和国成立70周年营造安全稳定的社会环境。会上，义乌市、温州市瓯海区、杭州市萧山区作经验介绍。

【反邪教协会第三次代表大会】 2019年8月9日，义乌市反邪教协会第三次代表大会在市委党校召开，义乌市反邪教协会各镇街和相关部门（界别）分会理事长、秘书长及会员代表共120人参加会议。会议审议通过反邪教协会第二届理事会工作报告，选举产生协会第三届理事会，义乌市人大常委会副主任胡爱芬当选为义乌市第三届反邪教协会理事长。

【省攻坚决胜阶段集中督导组到义乌督查】 2019年9月30日—10月2日，省“平安护航中华人民共和国成立70周年大会战”攻坚决胜阶段集中督导组一行10人到义乌督查。督查组先后到国际商贸城、义乌机场、中心医院等实地进行检查，到旅馆、出租房、企业、诊所、燃气站等地开展暗访抽查。督查组充分肯定义乌市中华人民共和国成立70周年维稳安保工作，认为义乌市委、市政府高度重视，做到了提前谋划、超前部署、措施有力、卓有成效。

【中央扫黑除恶考察组到义乌调研】 2019年10月26日，中央扫黑除恶第11督导组组长李智勇在省委政法委书记王昌荣等领导陪同下到义乌调研。考察组先后到义乌铁路口岸、城西街道分水塘村、国际商贸城一区、国际商贸城四区（涉外矛盾纠纷调解委员会）、国际商贸城五区实地考察调研，对义乌市扫黑除恶工作给予充分肯定。

【第16届长三角法学论坛在义乌举行】 2019年11月12日，由上海市法学会、江苏省法学会、浙江省法学会、安徽省法学会主办的第16届长三角法学论坛在义乌举行。中国法学会一级巡视员诸葛平平，浙江省法学会会长王昌荣出席论坛开幕式并讲话；浙江省委政法委常务副书记、省法学会党组书记朱晨主持开幕式；金华市委书记陈龙致辞。来自上海、江苏、浙江、安徽3省1市的法学、法律专家学者和党委政法委、法学会相关领导230余人参加论坛。论坛以“长三角区域一体化发展法治保障”为主题，分设“长三角区域经济一体化研究”“长三角区域生态环境协同治理研究”2个专题。苏、浙、皖、沪4地专家学者围绕论坛主题和议题进行深入交流和研讨，从不同角度为长三角区域一体化发展法治建设提出有价值的对策和建议。

（吴媛波）

法治政府建设

【概况】 2019年，市司法局清理全市行政规范性文件349个，审核行政规范性文件42件，向金华和市人大常委会报备33件。审核市政府重大合同19件、市政府重大行政决策事项2项，参加招商引资、项目洽谈、重大群体性事件处置等协调会议127次，提出法律意见建议1350条。备案审查部门及镇（街道）文件120件。组织开展市政府行政规范性文件清理，清理文件352件，开展专项文件清理3次。配合省司法厅、金华市司法局对7件立法案开展立法调研。开展滥用行政权力排除限制市场准入行为专项整治，增量审查84件、存量清理366件、废止34件。行政复议局受理行政复议案件631件，审结行政复议案件550件，办结的案件中，调解结案160件，作出撤销确认违法决定9件。

在全省率先全面推广应用

浙政钉掌上执法系统，全年梳理监管事项主项608项，子项2039项，监管内容6981个，专项检查制作检查表608个。27个执法部门实现一线执法人员账号全开通、现场执法活动全应用。全面对接“义网通办”审批许可系统、信息平台、综治系统等，打造一张纵向省市镇全贯通、横向部门全联通的立体式信息化监管网络，为全省政府数字化转型提供经验。成立义乌市事中事后监管中心，实现“互联网+监管”线上线下同步。创新“信用监管12分制与全市综合信用分挂钩”，完成“信用+一证通办”建设。

【义乌市国贸改革试验区条例】 2019年1月，市司法局研究起草《义乌国际贸易综合改革试验区条例（草案）》，成立立法起草工作领导小组，充分听取各界意见建议，形成《条例（草案送审稿）》。4月底，《条例（草案送审稿）》经市政府常务会审议通过后提交省政府审议。7月初，经省政府常务会议审议通过后提交省人大审议。11月29日，《条例（草案）》经省十三届人大常委会第十五次会议审议通过。

【行政复议规范化建设】 2019年1月始，市司法局在行政复议基础保障、复议流程、制度建设、指导监督、复议调解5个方面开展行政复议规范化建设，实现行政复议办公区、接待区、听证调解区三区分离，增设互联网审理室，增配行政复议专职案件受理员及2名专职行政争议调解员，以规范化为抓手，继续保持行政复议先行先试优势，争创行政复议规范化建设标杆。10月，行政复议规范化工作在全省法治政府建设推进会上做典型发言，相关工作受到省行政复议局局长曹水萍批示肯定。

【“无证明城市”改革】 2019年1月始，义乌市开展“无证明城市”改革，按照“金华全市一盘棋”总体部署，统一梳理标准、证明名称，开展拉网式梳理和校对，进一步优化完善证明清单。按“减证便民”要求，继续削减事项、推进无感智办、鼓励群众在线申请，通过直接取消、告知承诺、部门核验和数据查询4种方式取消需群众自行提供的证明材料443项，其中，直接取消104项，数据查询126项，告知承诺64项，部门核验149项。

【行政执法权下沉镇（街道）改革】 2019年1月始，市行政执法局按照“依法下放、宜放则放”和“放得下、接得住、管得好、有监督”的原则，组建佛堂镇综合行政执法大队，具体承担辖区内综合行政执法工作，以佛堂镇人民政府名义开展执法工作，实行属地管理，切实解决基层执法“看到管不到”的难题。将综合执法纳入智慧管理体系，建立“333”执法联动机制，反应时间提升至“秒”级，达到减负增效的目标。12月24日，义乌市行政处罚权下沉佛堂镇改革试点正式实施。推行行政执法权限和力量向佛堂镇延伸和下沉，逐步实现基层一支队伍管执法，为深化综合行政执法改革指明方向。

（方琪 斯瑶）

公 安

【概况】 2019年，义乌市公安局（简称“市公安局”）设综合管理机构4个，执法勤务机构10个，直属单位2个，辖派出所18个；设监管场所医务室（事业）。实有民警1236人，职工30人，聘任制公务员1人，事业人员33人，辅警3656人。

2019年，市公安局以中华人民共和国成立70周年大庆安保为主线，以创新发展新时代“枫桥经验”和“红色示范所队”创建为工作重点，开展扫黑除恶，打击侵财“利剑”行动，“猎狐行动”，打击“三非”“蓝剑2019”打假行动，出租房屋消防安全整治百日攻坚，“控发案、降警情、保平安”矛盾纠纷大排查大化解等系列活动。完成2019中国国际电子商务博览会暨数字贸易博览会，中乙足球联赛，义乌国际马拉松赛等大型群众性活动安保183场次，全市大清查15次，参加安保2.71万人次。全年接处警82.1万余起，同比上升5.7%，其中侵财类警情1.89万余起，同比下降17.2%。排查各类矛盾纠纷和不安定因素5165起，调处5136起，成功调处5100起，调处成功率99.2%。侦破刑事案件2409起，同比下降58.07%，采取刑事强制措施

4719人，移送起诉4115人。行政处罚1.65万人次，同比下降17%。抓获涉恐人员9人；查处各类网络谣言68起，拘留7人，教育训诫65人。侦破侵财性案件2106起，打击处理1626人，追回赃款赃物3000万余元。命案发11起、破11起，侦破命案积案1起。摧毁黑社会性质组织3个，涉恶团伙13个，抓获犯罪嫌疑人236人。打击黄赌毒犯罪嫌疑人474人，行政拘留4011人。缴获各类毒品183.58千克，罂粟植物828株。侦破食药环刑事案件68起，采取刑事强制措施145人。“打假行动”侦破假冒伪劣案件136起，采取强制措施426人，移送起诉360人，涉案金额3亿余元。归案“猎狐”逃犯29人，侦破侵犯知识产权案件29起86人，整治恶意逃废债企业15家16人，查处非法吸收存款罪类案件19起71人。经侦预警平台预警830次，避免经济损失1695万元。打击处理非访对象20人，教育训诫32人。登记境外人员56.74万人次，签发外国人签证5386证次，居留证1.38万证次。查处涉外案事件674起，打击“三非”人员306人，遣送出境111人。受理交通事故19.21万起，查处交通违法188万余起，查处酒驾2906人。检查出租房346.97万间，发现隐患10.6万处，整改10.2万处，处罚房东4913人。

开展“不忘初心、牢记使命”主题教育活动。主题教育期间，市公安局党委班子成员和各支部书记上党课80场次，完成重点攻坚课题49个。收集涉及深入调查研究不够、典型选树不够、考核减负增效不明显3个方面意见建议。梳理查摆问题199个，整改完成170个，查找党员个人问题1284个，整改1245个。被市主题教育办采用动态简报2篇，典型案例1篇；被省公安厅政治部采用动态信息1篇，并在金华市委“不忘初心、牢记使命”主题教育工作推进会上做经验交流发言。

2019年，市公安局获评“全省公安队伍正规化建设优秀单位”“全省公安机关执法质量考评优秀单位”“全省公安机关信访工作优秀单位”。公安工作综合考评连续第四年列金华第一，市政府考核连续第11年获优秀。上溪派出所获评全国首批“枫桥式公安派出所”；4个集体立二等功，5个集体立三等功，2个集体嘉奖；3人立二等功，35人立三等功。

【破获部督“1·28”特大制售假币案】 2019年1月28日，市公安局经侦大队从成都市公安局经侦部门移送的假币交易线索入手，对假币案立案侦查，经深挖扩线和多次汇报协调，此案被列为公安部督办案件。6月13日，在公安部的直接指挥下，市公安局出动160名警力（加上外地公安机关，总警力400余人）在四川、广东、云南、浙江、山东、湖北等地统一收网。抓获犯罪嫌疑人30余人，捣毁制假窝点1处，假币藏匿窝点10处，现场缴获美元假币8600万美元，日元、朝鲜币、津巴布韦币等假币200万余张，折合人民币6.3亿元；查扣大批假币印刷设备、模板、胶片，及生产原材料、半成品等。6月27日，国务院反假货币工作联席会议办公室及中国人民银行专门向公安部发来贺信。7月11日，国务委员、公安部部长赵克志签发公安部嘉奖令，对“1·28”特大伪造假币案专案组表示慰问，对参战单位和参战民警予以通令嘉奖。此案被认定为中华人民共和国成立以来全国范围内单案缴获假外币量最高的伪造货币案件。

【破获“电商贷”特大非法吸存案】 2019年2月1日，市公安局经侦大队对廖某某涉嫌非法吸存立案侦查。3月20日，廖某某及公司高管王某等5人在福建抓获后，冻结资金120万元，退赃130余万元；查封此公司在杭州的房产共37幢（估值1亿元），冻结凯迪拉克汽车1辆。2014年4月—2018年11月，犯罪嫌疑人廖某某先后在义乌市福田街道国际商贸城和杭州市下城区绍兴路注册成立义乌电商金融服务有限公司和网润金服电子商务有限公司，依托“电商贷”P2P投资理财平台，以承诺月息8%～12.5%的高额回报，吸收社会不特定对象资金，至案发，涉及投资参与人员2000余人，未兑付资金2.68亿元。

【侦破16年前命案】 2019年2月28日，犯罪嫌疑人杨某茂在家中被抓获，其对16年前杀死幼儿的犯罪事实供认不讳。2003年10月12日，年仅3岁的小女孩喻某婷被发现杀死在义乌市稠江街道喻宅村附近，因荒郊野外，无监控和目击证人，又事发多日，连日下雨，现场破坏严重，侦查员从仅存的证物中检出的男性DNA，也未能在DNA信息库中对比出嫌疑人，案件侦破陷入僵局。随着科学技术的进步和发展，男性Y染色体用于侦破案件的手段得到应用。2018年10月，侦查员重新梳理生物检材，在常规检验同时，增加Y染色体检验，为降低陈旧性检材开检后DNA迅速降解的影响，从被害人阴道内的拭子中检出的Y染色体上的STR片段，筛查出前科人员杨某与此案物证的遗传信息比较接近，从而断定犯罪嫌疑人与杨某来自于同一家系。经后续一系列的侦察，犯罪嫌疑人杨某茂的Y染色体上的STR片段、常规染色体与现场DNA完全一致。

【"模拟法庭"演练】 2019年4月19日，为深化"以审判为中心"的执法理念，提升办案民警执法业务水平和出庭应诉能力，市公安局在在稠城派出所举办"模拟法庭"演练。按照"普及化、真实化、实战化"构建原则，真实还原庭审情景，让民警仿佛身临其境，达到以案促练的效果，尤其是针对在庭审中经常碰到的问题及容易出错的环节，邀请经验丰富的律师、检察官、法官到场指导，进而熟悉出庭应诉流程，掌握出庭应诉技巧。至年底，共举办"模拟法庭"演练6期，36名民警出席"模拟法庭"，开展举证、质证、辩论，旁听民警800余人次。

【侦破特大通信(网络)诈骗案】 2019年5月6日，市公安局接到方某报案称，其所在的工作单位中国建设银行义乌分行被人利用聚合支付模块内退款由建行垫付的交易规则漏洞，被诈骗1130余万元。接警后，市公安局立即启动重特大案件侦破机制，刑侦大队、后宅派出所、市反诈中心抽调8名精干警力成立专案组，冻结相关银行卡涉案资金775万余元，同时派人到福建省福州市开展案件侦查。5月12日，6名犯罪嫌疑人被抓获，追回余款355万元。

【安保维稳】 2019年5月19日，市公安局围绕"五个坚决防止、三个确保"目标，开展全警大走访、风险大排查等活动，制定"风险清单"，逐项督办；对重点场所、重点物品开展集中清查行动9次，清除治安乱点248个。以扫黑除恶专项斗争为牵引，同步推进反恐维稳攻坚战、意识形态领域阵地战、公共安全治理战。开展打击传统盗抢骗犯罪，打击治理电信网络新型违法犯罪，打击整治枪爆物品，打击非法集资，云剑行动，禁毒"两打两控"等专项行动。安保期间，核查谣言线索45条，依法训诫造谣传谣人员46人；排查相关企业9.7万家次，签订承诺书2万份，阻断敏感物资543批次5万余件，全市刑事警情、治安警情、侵财警情同比分别下降15.6%、8.9%、15.2%。

【破获首起侵犯商业秘密案】 2019年7月18日，义乌阿曼达进出口有限公司法人代表陶某全向经侦大队报案称，其公司员工私下将本公司客户转给他人公司，给公司造成重大经济损失。经侦大队立案后侦查发现，犯罪嫌疑人周某某、郭某、徐某原系阿曼达公司的员工，2018年先后离职，合伙注册其他公司，违反阿曼达公司有关保守商业秘密的规定，将阿曼达公司的客户私下转移至其经营的公司下单出货，给阿曼达公司造成重大经济损失，严重影响其正常生产经营。2019年8月23日，犯罪嫌疑人周某某、郭某、徐某被依法采取刑事拘留措施。

【开展"无交通事故村"创建】 针对公路、农村道路事故高发实际，2019年7月23日，市平安办、市公安局联合下发《义乌市"无交通事故村"创建实施方案》，在全市开展"无交通事故村"创建活动，强化农村"两站两员"和综治"四个平台"建设，发动村干部、网格员、巡防队员、党员志愿者等，采取"重点路口劝导""结对帮教""上门宣传"等举措，强化重点路口、村口文明劝导，不断深化基层道路安全治理工作。10月，争取各镇(街道)经费46万余元，采购170套具有喊话、爆闪灯功能的智能交通感应报警器，在全市事故防控重点路口、路段、斑马线处安装，24小时通过“机器换人”方式提醒行人、非机动驾驶人安全过马路。至年底，发生交通事故19.35万起，同比下降17.06%；创建“无交通事故村”61个。

【成功处置二战遗留航弹】 2019年8月4日10时，在义乌国贸大道与宾王路交叉口轻轨建设的工地上，施工人员挖出1枚长65厘米、直径10厘米的旧炮弹。市公安局特警大队第一时间赶到现场后，立即疏散无关人员，封锁现场。经甄别，确定此枚炮弹为二战期间日军遗留的普通航空炮弹，处于安全稳定状态。15时，处置人员将炮弹安全转移至城西街道一废弃采矿场，在民爆公司的协助下，将炮弹成功销毁。

【启用廉政教育基地】 2019年10月28日，市公安局廉政教育基地启用，基地位于义乌市看守所内，占地900平方米。设置引廉篇、学廉篇、思廉篇、践廉篇、悟廉篇、养廉篇六大主题展区，以警示和预防腐败为核心，旨在打造具有时代特征的党员干部接受廉政教育、防范违法违纪、培养廉洁意识、弘扬清风正气的重要阵地。至年底，共组织8批2000余人参观廉政教育基地。通过观看警示教育片、局领导授课，参观人员撰写廉政感言等形式，增强民警廉洁自律意识，筑牢拒腐防变的思想堤坝。

【首届义乌市警察运动会】 2019年11月7—8日，市公安局在义乌第三中学举办义乌市全警大练兵启动仪式暨2019年度警察运动会。运动会设置短跑、中长跑、射击、100米快速处警、400米障碍跑、800米武装跑等10个单项，及最小作战单元、拔河、齐头并进等8个团体比赛项目，36支队伍1200余名运动员报名参赛。骆阳、陶瑜玮、吴敬鹏、傅磊、余卓霖、王健健分获男子100米、1000米、5000米、400米障碍、男子跳远、射击比赛第一名，罗欣雨、金创、樊巧萍、朱信南、俞颖分获女子100米、800米、3000米、跳远、射击比赛第一名；北苑派出所、义亭派出所、交警大队分获100米快速处警、最小作战单元对抗、拔河比赛第一名，刑侦大队获团体总分第一名，特警大队获最佳组织奖。

【破获侵犯阿里巴巴公司著作权案】 2019年11月20日，市公安局经侦大队在深圳捣毁3个涉案窝点，抓获薛某静、李某宝、陈某辉、杨某4名犯罪嫌疑人，成功破获1起侵犯阿里巴巴（中国）有限公司著作权的特大案件，此案被评为“金华公安2019年度十大精品案例”。犯罪嫌疑人薛某静与李某宝原为深圳市某科技有限公司合伙人，2017年，2人共同开发“共享参谋”第三方辅助工具软件，其未经著作权人阿里巴巴（中国）有限公司许可，租用淘宝商家“生意参谋”市场洞察专业版账号，通过“共享参谋”平台以远程链接方式访问并销售阿里巴巴“生意参谋”市场洞察专业版，发展注册商家6.8万余人，其中付费商家2000余人，违法所得1000万元。2019年1月，犯罪嫌疑人李某宝退出深圳市某科技有限公司，以与“共享参谋”相同的模式开发“66参谋”平台，发展会员2.72万人，订单3.78万笔，违法所得215万余元。

【获全国首批“枫桥式公安派出所”称号】 2019年11月28日，中华人民共和国公安部在北京举行首批100个“枫桥式公安派出所”命名揭晓仪式，义乌市公安局上溪派出所获“枫桥式公安派出所”称号。2019年，上溪派出所以党建为引领，全力打造“智安小镇”，开展以“破小案、办小事、解小忧、帮小忙、惠小利”为重点的新“五小工程”，在全镇组建平安巡逻防控队、风险矛盾排查队、社会组织志愿者队共7400余人，累计代办民情民访1600余件，化解矛盾纠纷2152起，安装1.26万路治安监控、146套人脸识别系统。全面引入“大物业”建设，建成26个“智安小区”“无案小区”，全镇纠纷警情下降15.7%。

【柳青智慧小区建设】 2019年，针对柳青社区人口多（达4万人）、警情高发、治安复杂等特点，市公安局北苑派出所根据社区平安建设要求，遵循“机器换人、信息作战”，依托全局“地网雪亮工程”建设，引进人脸识别高清探头36套，发动居民自建治安监控探头6619个，组建30人队伍的场所志愿者团队，日常开展治安巡逻和反诈骗宣传工作。至年底，柳青社区发生传统侵财案件121起，同比下降47.84%；破案56起，破案率46.28%。社区共发生诈骗131起，同比下降13.82%。

（陈国华）

检　察

【概况】 2019年，市检察院受理提请批捕案件1471件2194人，批捕1147件1673人；受理移送审查起诉案件3302件4560人，起诉2419件3375人，移送金华市院22件49人。贯彻“宽严相济”刑事政策，不批捕488人，不起诉1159人。办理国家工作人员职务犯罪案件13件13人。全面深化“扫黑除恶”攻坚，受理审查起诉涉黑涉恶案件28件195人。开展立案监督22件34人，通知立案2件5人，监督撤案21人，纠正漏捕2人，纠正漏诉32人。对侦查活动中的疏漏行为，发送通知书27份，检察建议书25份。对刑事裁判抗诉13件，改判9件。监督强制医疗5件5人。开展捕后羁押必要性审查111件111人，纠正不当收押4件4人，针对社区矫正中存在的问题，监督收监9件9人。办理民事生效裁判监督案件61件，其中虚假诉讼监督案件16件。办理行政检察案件51件，其中，行政执行监督案件46件，行政生效裁判监督案件5件。办理公益诉讼案件136件。

推行检察环节民情民访代办制度，落实首接首办责任制和党组成员接访值班制，实现代办涉检业务之外的民情民访事项1092件1214人，确保群众“一次不空跑”。深化党员干部“五（吾）带头”，保持党组冲在前，形成四大块55项148条任务清单，落实“干事不受礼、办事不求人”具体举措。2019年，市检察院第七检察部被浙江省人民检察院评为“保障千家万户舌尖上的安全”专项监督活动成绩突出集体。

【检察“三服务”】 2019年2—12月，市检察院开展检察“三服务”活动。通过完善联系服务机制、建立问题收集机制、建立问题处理机制、建立成果转化机制、建立奖惩评价机制、健全统筹协调机制，以“清单式服务”确保检察环节“三服务”工作质效。全年，办理涉民营企业案件240件403人。

【公益诉讼】 2019年3月，市检察院在全省检察系统内率先对“公共卫生安全”领域启动公益诉讼，并成功办理15起，系列案件获评“浙江省检察机关公益诉讼两周年精品案例”。3月7日，市检察院与后宅街道办事处共同挂牌设立“明媚计划”公益损害线索受理识别点，系全省首家与基层镇街共同设立公益损害线索受理识别点，到一线发现、查处公益损害问题。至年底，从镇（街道）收集公益损害线索29条，办理水环境保护、文物保护等公益诉讼案件8件，建议整治环境、场所隐患问题17个，开展公益领域教育220人次。

【参与反恐维安】 2019年5月，义乌市检察院在全省检察系统内率先落实《浙江省实施<中华人民共和国反恐怖主义法>办法》要求，排查反恐隐患，督促相关单位依法履职。与西北政法大学签署合作协议，强化反恐“检校合作”。7月18日，成功推动全国第一家、由义乌市政府与西北政法大学合作设立的研究院落户义乌。

【市检察院内设机构改革】 2019年9月，市检察院完成内设机构改革。改革后共设内设机构12个，其中业务机构9个，司法行政机构3个；设派驻基层检察室2个。立足义乌区域实际，专门设置承办职务犯罪、金融知识产权犯罪等案件的第三检察部，加强与市监委的监检协同，建立案件全程沟通和重大疑难复杂案件会商机制。设置承办危险驾驶、交通肇事及其他可适用速裁程序案件的第四检察部，推行简案快办，简易案件最快在2日内办结。

（黄静怡）

法　院

【概况】 2019年，义乌市人民法院新收各类案件4.72万件，收案量由2018年上升13.4%逆转为下降2.7%，为近7年来首次出现负增长。办结各类案件4.85万件，位居全省第一，法官人均结案481.5件，为全省平均数的1.6倍。审结刑事案件2494件，同比下降4.4%，判处罪犯3215人。开展扫黑除恶专项斗争，审结黑恶案件17件74人，判处3年以上有期徒刑31人，并处罚金额824万元，追缴违法所得3839万元。新收民商事案件2.44万件，同比下降2.6%，审结2.49万件，解决争议标的额109亿元。新收行政诉讼案件394件，审结458件，同比分别增长5.9%和37.1%。其中判决行政机关败诉50件，败诉率为10.9%。执行案件收案1.96万件，同比下降0.4%；执结2.02万件，同比增长2.9%；收结案均居全省第一，执行到位标的57.9亿元。

【强制腾空案件】 2019年2月26日，义乌市人民法院联合《浙江日报》"浙视频"对义乌房产强制腾空案进行现场直播。腾空过程中，派出干警50人，出动车辆11辆。4名人大代表、政协委员共同见证，《人民日报》直播平台、浙江新闻客户端、东方直播等12个平台全程直播，逾100万网友在线观看。5个小时后，在公证部门公证下，执行干警将厂房所有承租户平稳腾退。2018年，义乌市人民法院在执行申请执行人中国农业银行义乌分行与被执行人某防雨制品有限公司等金融借款纠纷一案中，因被执行人拒不履行债务，法院依法对其所有位于江滨西路393～405号房地产进行司法拍卖，拍得款2421万元。

【审理涉恶势力犯罪集团案件】 2019年4月8日，义乌市人民法院依法对金华中院指定管辖的被告人颜某玲、颜某刚等16人涉恶势力犯罪集团案件进行一审公开宣判。法院审理后认为，被告人颜某玲等16人为共同实施犯罪而组成较为固定的犯罪组织，以暴力、威胁等手段，在一定区域和行业内多次实施违法犯罪活动，扰乱积极、社会秩序，造成恶劣的社会影响，系恶势力犯罪集团。市人民法院一审以寻衅滋事罪、强迫交易罪、聚众斗殴罪、敲诈勒索罪、重婚罪等罪名，对被告颜某玲数罪并罚决定执行有期徒刑20年，并处罚金555万元。其余被告人分别被判处一年零六个月至10年不等的有期徒刑。

【宁波海事法院（义乌）巡回审判站挂牌成立】 2019年4月9日，宁波海事法院（义乌）巡回审判站在义乌国际商贸城义乌市知识产权诉调对接中心揭牌成立，审判站通过就地办案、公开开庭、调判结合、当庭或集中宣判等方式，巡回审理义乌及周边地区海事海商案件，为中外市场主体提供及时有效的海事司法保障。同时，挂牌成立宁波海事法院"一带一路"纠纷诉调对接义乌中心，设义乌市涉外纠纷调解委员会。至年底，成功调处纠纷125起，涉案金额1050.06万元，挽回损失563.99万元。

【"70法官服务70+企业"专项行动】 2019年9月9日，"70法官服务70+企业，打造最佳营商环境"专项行动启动仪式在市人民法院举行，200余名法院干警参加专项行动。新华社媒体对此项行动进行报道，浏览量100万余人次。此次专项行动旨在引导法官换位思考，通过提供多元司法服务，解决企业最关注最现实的利益问题，提升企业的司法获得感。市人民法院采取主动对接，以案释法、集中法制宣传等形式，让法官们主动走访企业，掌握企业司法需求，提出应对方案，化解运营风险。同日，市人民法院出台《义乌市人民法院关于开展"70法官服务70+企业打造最佳营商环境"专项行动的实施方案》，提出实施三大提升行动，即围绕提升优化营商环境实施优质诉讼服务提升行动、高效审判质效提升行动、透明司法公开提升行动。

（黄　浩）

司法行政

【概况】 2019年，全市有人民调解组织869个，调解员3191人，排查矛盾纠纷5131起，排查矛盾纠纷1633次，预防纠纷786件，调处成功率99.8%。全市共有律师事务所62家，执业律师626人，实习律师87人，公职律师33人。基层法律服务所8家，基层法律服务工作者43人。全市律师办理业务3.1万余件，律师业务收费3.1亿元。办理行政审批873件，市公证处办理公证3.68万件，业务收费2200万余元。全市在册社区服刑人员704人，办理社区矫正警告案件151件。2019年，有法律援助志愿者255人，接待来电来访6013次，办理法律援助案件3678件，为1987名未成年人、残疾人、妇女、农民工及经济困难的受援人提供法律援助，挽回经济损失2189万余元。重新梳理司法行政系统证明清单19项，新增8项，14个事项纳入部门间"一件事"办理平台，100%实现网办。司法行政"最多跑一次"改革领域向司法鉴定等民生领域延伸，取消司法鉴定证明材料3份，司法鉴定收费优惠项目纳入信用奖励。推行公证代办不动产登记延伸服务，实现多个事项、部门协作线上联办"最多跑一次"，全年完成代办1059件。组织开展法治义乌宣传月活动，送20场法治电影和14场法治文艺专场晚会下乡。大力宣传宪法，命名义乌市首批"社会主义法治文化建设示范点"17个。苏溪镇徐樟塘法治文化景观和北苑街道宪法广场申报金华市级法治文化示范点，4个村（社区）被评为省级民主法治村（社区），35个村（社区）被评为金华市级民主法治村（社区）。

年内，市司法局被全国普及法律工作办公室授予"全国'七五'中期普法先进集体"，被司法部授予"坚持发展'枫桥经验'实现矛盾不上交试点工作表现突出集体"；义亭司法所被司法部授予"全国先进司法所"。推进民情民访代办推进矛盾不上交工作受到副省长王双全批示肯定。

【司法局内设机构改革】 2019年1月，有序推进机构改革工作，重新组建市司法局，保留市行政复议局牌子；市委全面依法治市委员会办公室设在市司法局。完成司法局"三定"规定编制，对班子成员进行合理分工。9月，完成中层干部竞争上岗，选优配强中层干部，内设科室人员进行优化调整，确保岗位职责合理设置、工作力量科学配备。

【中小企业法治体检】 2019年1月，市司法局开展企业"法治体检"活动，律师主动对接小微企业，提高法律服务精准性。通过走访、座谈会、法治讲座等形式，提高企业知识产权保护、经营风险防范等方面意识和能力。至年底，为1023家民营企业开展法治体检，参与法律服务510人次，解决法律问题540条，提供反馈意见建议798条。

【普法责任制落实】 2019年义乌市司法局进一步强化普法工作中的主体责任，2月，市司法局出台2019年度节假日、纪念日、主题日系列普法活动方案，梳理62个节日节点，各相关单位围绕主题开展流动人口宣传月、安全生产月、"3·15"消费者权益保护日、国家安全日等活动。6月，制定《关于构建社会大普法格局的意见》，落实"谁执法谁普法"责任制，加大全民普法工作力度。7月，制定年度义乌市普法责任清单，推动普法责任制落实。

【宁波海事法院"一带一路"纠纷诉调对接义乌中心成立】 2019年4月9日，宁波海事法院"一带一路"纠纷诉调对接义乌中心在义乌挂牌成立。宁波海事法院"一带一路"纠纷诉调对接义乌中心的设立，是完善涉外海商事诉调对接工作机制、探索矛盾纠纷多元化解机制的一大创新举措，为义乌营商主体解决涉外海商事矛盾纠纷提供便捷途径，有力促进义乌地区海事海商纠纷诉前化解。义乌市涉外纠纷人民调解委员会与宁波海事法院将进一步探索涉外海事海商纠纷多元解决新机制，通过完善诉前引调、诉中委调等衔接机制、法官与调解员结对共建、发布典型案例、联合调研、开展法治宣传活动等形式，为义乌对标自贸区、干实试验区，打造最佳营商环境提供坚强的司法保障和优质的法律服务。

（陈金春）

（除署名外均由斯瑶撰稿）

军 事

武警义乌中队

【概况】 2019年，武警义乌中队（简称“义乌中队”）全年押解犯人2000余人次，完成押解任务104次，其中包括6次死刑犯押解。中队以先进军队文化建队育人，3人入党，1人立三等功，圆满完成武警部队文化建设军民融合发展试点现场会演示任务。连续31年安全无事故，连续7年被评为“先进基层中队”。

【“智慧磐石”工程】 2019年，义乌中队持续贯彻落实公安部、武警部队“湖北会议”部署要求和《关于进一步加强看守所安全工作的指导意见》要求，常态落实“三共八联”机制，扎实推进“智慧磐石”工程建设，科学制定方案，通过整合指挥、监控、防护、报警、通信等功能，务实监管目标安全防线，确保监狱安全稳定。10月，义乌中队如期完成看守所监门改造，解决了联动不够、无法通视的问题，稳步推进“智慧磐石”工程建设，执勤安全系数进一步提高。

【军民融合发展试点】 2019年，义乌中队担负武警部队文化建设军民融合发展试点任务，主要负责基层文化标准建设。坚持“以文促融，以文兴军”，传承红色基因，发扬优秀文化，全力推进营区政治文化环境、中队荣誉墙和“六室一场”建设，探索形成“3454”的中队文化工作新模式。12月，义乌中队召开现场会迎接武警部队主要领导及各省文旅厅厅长等300余人参观指导，圆满完成试点任务。

（王嘉豪）

武警浙江总队金华支队特战中队

【概况】 武警浙江总队金华支队特战中队（简称“特战中队”）担负义乌市反恐维稳、城市武装巡逻和抢险救灾等任务，2019年，特战中队出动兵力参加金华市国庆节安保誓师动员大会；出动官兵担负金华市公祭活动礼兵任务。依据“3+1”战备值班力量体系建设试行方案，每月由A、B队轮流担负战备值班任务，特殊时期派出1支特战小队，按照“三全”和以车代库要求落实反恐备勤，随时做好处突准备，确保义乌地区社会稳定。

【军地联训】 2019年4月22—30日，为强化“能打仗、打胜仗”目标要求，着力加强狙击手队伍建设，提高反恐处突制胜能力，金华市公安局特警支队在金华预备役工兵团组织开展金华地区（各县市）狙击手集训，邀请武警雪豹突击队少校郑健加担任集训总教官。特战中队派出狙击手6人参加集训，提升两警反恐联合作战能力。8月7日，特战中队邀请义乌市国安局大队长王伟波开展防间保密教育，上专题辅导课。强化保密意识，确保党和国家秘密安全。

（郭天亮）

人民防空

【概况】 2019年，义乌市人防工程审批办件324项，其中，兼顾人防项目4个，面积核定项目50个，功能等级确认52个，易地建设核实、征收项目各109个。人防工程竣工验收30个。常态化组织开展全市“5.12”“9.18”警报试鸣工作。组织参加金华市人防办组织的“金盾”演习，为演习集训、培训准备演习文本，加强指挥场所运行调试，做好指挥通信系统技术保障准备，完成演习VCR录制，圆满完成演习任务。

【人防产权制度改革试点】 2019年3月，义乌市被列为金华市人防工程产权制度改革试点城市。11月，市府办印发《义乌市人防工程产权制度改革试点工作实施方案》，市人防办成立改革领导小组，建立联动机制，全面推进改革工作。将人防专项规划、控制性详细规划融入市域总体规划，明确人防建设指标，在全市总体空间规划16个单元控规内增加人防专章。摸排人防工程日常运维管理现状，并结合实际，11月，出台《义乌市人民防空工程建设使用与产权登记实施细则》《义乌市人民防空工程管理办法》。筛选出人防条件较为成熟的工程作为试点项目，实现运维制度化、产权国有化，破解长期以来由于产权不明，人防工程重建轻管，维护管理责任难以落实而导致人防工程使用率低甚至失去防空效能的问题。

【人防宣传活动】 2019年，义乌市加大《人民防空法》宣传力度，提高全民防空意识，5月14日，在江东中学举行防灾减灾进校园暨平安校园建设推进会，组织江东中学全体师生开展应急疏散演练，强化师生安全意识和地震应急避险及疏散能力，培养学生防震减灾应急行为习惯。9月11日，市人防办在后宅街道北站社区开展人民防空综合知识讲座，向社区居民宣传人民防空法律法规等知识，引导居民关注人防和国防的重要性，营造居安思危的良好氛围。同月18日，在稠城街道雪峰社区开展防空现场宣传活动，通过设立展板、现场讲解、发放人防宣传品等形式，普及法律法规和人防知识。全年为全市初一新生发放人防知识教材9000余册，通过人防宣传，提升全民防空防灾知识。

（金　翔）

国防教育

【概况】 2019年，义乌市人民武装部（简称“市人武部”）开展“不忘初心、牢记使命”“传承红色基因、担当强军重任”主题教育，开展“每周一夜学、军歌嘹亮比赛、国防知识巡展”等系列配套活动。针对“四反”隐蔽斗争工作，修订完善6类18项非战争军事行动方案预案，实现与驻军、人防、交战、重要目标、年度形势任务等要素的紧密衔接。开展“两微一端”、枪爆违法犯罪、手机网络使用等专项清查整治。

围绕征兵“五率”要求，着眼“保数量、保质量、保廉洁、争先进”目标，深入宣传发动，严格体检政审标准，遵循择优录取原则，广泛接受群众监督。采取分片负责、分类核查、同步推进的方法，完成全市50余个种类、1.3万余条国防动员潜力数据的核查。建立军训教官数据库，成立军训模拟连，实行准军事化管理，完成全市9所高中6159名新生的军训任务。

【退役军人档案实现数字化管理】 2019年4月底，市人武部对退役军人档案开展数字化管理。通过档案整理、目录录入、图像扫描、原版处理、数字化处理、检查验收等环节，将退役军人档案共150万页录入系统，实现无纸化管理和利用。至10月底，建立健全各项档案管理制度，完成全部档案数字化管理，与市退役军人事务局实现数据共享，做到“让数据多跑路百姓少跑腿”。至年底，通过数字化管理，提供查档2.6万余人次。

【专武干部集训】 为加强国防后备力量建设，2019年12月25—28日，市人武部在国防教育基地组织全市专武干部集训。针对民兵军事训练工作研讨交流、撰写教案、军事训练、总结表彰4个模块10个方面内容，组织内务评比、民兵连规范化建设研讨、征兵工作总结交流、观看廉洁警示教育纪录片、队列指挥、实弹射击考核、体能考核等，对专武干部全面履职能力进行考核验收。考核结果80%优秀，10%良好，10%合格。

（吴雄辉）

民 兵

【概况】 2019年，市人武部发挥民兵网军队伍作用，完善24小时网络舆情监控值班制度，持续打好意识形态领域主动仗。完成新任民兵干部和市属民兵应急连全员额军事训练、民兵骨干跨区联训、东海舰队现役预编士兵返岗训练、行业企业武装部规范化建设培训、全市专武干部集中强化训练考核等22批次的军事训练任务。突出实战牵引，出动民兵及预征各类装备器材20余台（件），完成“192”军委战略演习联合实兵演练演训部队过境保障的相关准备工作。完成省军区组织的应急指挥所开设、封堵决口、森林灭火、水上抢险等课目的应急能力评估考核。聚焦“5+2”职能使命，组织千人大点验，授予连旗，颁发证书，强化“兵”的意识，营造武装工作氛围。

市人武部组织民兵参与全国“两会”“一带一路”国际合作高峰论坛、中华人民共和国成立70周年以及“义乌国际半程马拉松赛”和义乌各类博览会等活动的安保巡查任务，累计出动民兵2000余人次。参与全国文明城市创建活动，出动民兵600余人次，走村入户宣传文明规则及组织清理卫生死角。

【组织民兵连长集训】 2019年3月25—29日，为加强国防后备力量建设，增强民兵连长军事业务技能，市人武部组织全市民兵连长在国防教育基地进行集训。集训期间，开展民兵基础规范化建设观摩学习、征兵政策宣讲、党的军事创新理论授课、陈望道故居参观见学、队列训练、轻武器射击等活动。同月27日，全体集训人员前往义乌市城西街道分水塘村陈望道故居，传承红色基因，重温入党誓词，牢记历史使命，担当强军重任；前往大陈镇红旗村参观民兵连部，学习民兵基层规范化建设标准。集训结束后，市人武部按照“统一组织、分类实施、考核过关”的步骤，对参训人员进行理论考核、基本军事技能考核、实弹射击考核，全体集训人员通过考核。

【组织民兵比武考核】 2019年，加大民兵训练力度，按照《人民兵军事训练大纲》，11月19—28日，市人武部在国防教育基地组织民兵应急连，开展抗洪抢险民兵比武考核训练。从应急指挥、应急响应、应急出动、应急救援4个科目进行集训，由省军区组成的考评组对义乌民兵队员进行考核，完成各项比武项目。

（吴雄辉）

预备役·兵役

【概况】 2019年，道桥一营完成兵员整组、新入队训练、应急分队训练、成建制训练等任务，全年累计参训1090余人次。开展“不忘初心、牢记使命”主题教育。完成预备役师政委赴义乌军事工作调研各项保障工作，考察义乌市应急救援队先进救援装备及综合训练场地，协调对接区内重要目标保障需求。完成营军官编组作业、浙江传媒大学和上溪春晗学校3000余名新入学的学生军训任务。

【兵员整组】 2019年，全营预任官兵因岗位调整出入队35人，均严格按照“七个比例”标准落实。5月底，完成全营点验。

【应急分队训练】 2019年7月下旬至8月上旬，道桥一营分2批在稠江消防中队、金华陆军预备役工兵团教导队，组织应急救援及参加非战争军事行动理论和实施方法的学习和演练，提升官兵应急救援及遂行非战争军事行动的能力水平。

【成建制训练】 2019年11月，道桥一营在市国防教育基地，组织为期12天的成建制训练（连队整编参训），重点专业操作方面的训练，组织工程机械操作使用及抢通方法运用教学。

（吴俊杰）

城乡建设与管理

综　述

【概况】2019年，义乌市建成区面积108.02平方千米，建成区绿地面积4220.89公顷，绿地率39.08%；建成区绿化覆盖面积4811.81公顷，绿化覆盖率44.55%，人均公园绿地面积13.86平方米。完成25条道路41千米的提升改造，新增竣工道路40.57千米。新增车行道面积102.72万平方米，新增人行道面积14.74万平方米。新增雨水管道21.33千米、污水管道28.28千米，新增主城区停车位3934个。

围绕全市重点工作，全面落实有效投资，会同城投集团实施重点工程19项、一般工程140项，全年完成政府投资37.03亿元。完成25条41千米道路的提升改造，全年向上级争取资金1.63亿元。完善老城区市政配套设施，开工建设老城更新区块地下环路配套工程及县前街南延段工程。加快快速路网建设，提升城市交通格局，实施道路、街区精品化建设，提档改造江滨路、银海路等城市道路25条，改造稠州路、香山路等精品街13条。建成稠州路、城中路等3处人行过街设施，完成30余处交通拥堵点改造。构建“两环一纵两横”快速路网体系，完善城市区块路网，打通城北路等2条“断头路”。加快城市停车系统建设，建成金福源等3个立体停车楼，新增公共停车位500个。

新建项目有序开展，机场路立交化改造工程三阶段、商城大道（春风大道—阳光大道）立交化改造工程、老城区更新区块地下环路配套工程、县前街南延段工程等新建项目进展顺利。续建项目稳步推进，机场路立交化改造一阶段、二阶段，商城大道（雪峰东路—浙医四院）隧道工程进展顺利。完成25条道路“白改黑”工程，实现城区主干道可实施段“白改黑”工程全覆盖；13条精品街改造完成。

城市配套设施不断完善，开工建设县前街（香山路—丹溪路）市政工程、香山路（城中西路—国贸大道）市政工程。推进“五水共治”工作，组织编制《义乌市排水管网近期建设规划（2019—2023）》，结合老城区有机更新，完成化工路污水管网改造、城北路污水总管修复等工程；完成5座污水厂的清洁排放改造。推进管道天然气全覆盖工作，会同城投集团新建天然气中压管道40.3千米，新增入户1.6万户；协调推进126个天然气未全覆盖小区气源管建设，累计完成102个小区城市中压气源管铺设。

全年完成建成区海绵城市建设3.93平方千米。提升绿化水平，完成绿化建设77.13公顷，超额完成绿化建设73.33公顷的年度目标任务。建设完成秦塘公园、荷叶口公园等园林绿化项目，幸福湖湿地生态公园绿道及两侧景观工程建设进入尾声。城区104处街心绿地，完成44处，开工建设50处。推进城乡绿道网建设，完成生态廊道、机场路等绿道建设35.95千米。参与浙江省“最美绿道”评选，“多彩华溪”获评第三届“浙江最美绿道”。举办浙江省第一届“绿道健走大赛”暨浙江首个“绿道健身月”（义乌站）活动，获区、县优秀组织奖。

城市有机更新有序推进，编制完成《义乌市主城区有机更新三年计划方案（2020—2022）》及老小区改造计划方案，第一轮城市有机更新首个回迁房卿悦府东区（涉及10个区块628套房屋）竣工验收，城市有机更新被征收户首批住进新房。完成香港城小区等7个老旧小区改造及词林小区、诗园小区雨污分流，完成全市各镇（街道）有机更新现场督察。拆除2.42万户，超额完成有机更新全年1.5万户目标任务。

开展全市第二轮农村危房治理改造，排查农村危房9605户，经鉴定为危房的有422户，其中，C级269户，D级153户，全部完成治理改造。落实农村困难群众危房改造救助，拟定《义乌市困难家庭危房改造即时救助实施办法》，报市政府常务会议审议通过，完成全市196户困难家庭危房改造救助任务。开展传统村落保护，编制完成全市18个传统村落保护发展规划；雅治街、陇头朱等10个省级传统村落升格为国家级传统村落；组织陶店村、李祖村等4个村落申报金华市级传统村落。推进农村污水处理设施标准化运维工作，编制《义乌市农村生活污水治理专项规划2019—2030》，超额完成55个农村生活污水处理设施标准化运维工作。

【行政执法监管平台建设】 2019年3月，开展“一网通管”行政执法监管平台建设，按照建设一个统一、通用的数字化监管平台，建立一套“综合执法+联合执法+专业执法”全领域协同，形成一个可预警、可评价、可运用的信用监管体系目标，落实相关工作。至年底，共开通执法账户230个，检查企业及项目1310户（次），获信用“一网通享”攻坚竞赛红旗单位4次，“一网通管”攻坚竞赛红旗单位1次。

【工程建设项目审批制度改革】 2019年9月，制定下发《义乌市深化工程建设项目审批制度改革工作实施方案》，配合完成网上中介超市建设工作，实施工程建设项目建设、消防、人防审批事项“多合一”改革。

【第十个大区块征收】 2018年12月30日，公布市有机更新第一阶段第十个大区块下车门区块征收红线，2019年7月25日，完成全区块2974户的签约工作，签约率达100%；8月20日，完成腾空工作，市有机更新第一阶段征收工作圆满收官。

（黄　政）

城乡规划

【概况】 2019年，市自然资源和规划局构建国土空间规划体系，树立“绿色发展”理念，推进《国土空间总体规划》编制。编制完成《义乌市主城区新三年有机更新计划》《幸福湖绿肺规划》《国贸大道两侧城市设计》《义乌市主城区新三年有机更新计划》《秦塘区块城市设计》《孝子祠区块城市设计》等10余项规划。组织召开《双江湖发展规划》《佛堂旅游度假区规划》《高铁新城控规》等镇（街道）、平台规划编制评审。参与廿三里老街规划、义乌市民广场周边建筑夜景等方案规划评审工作，指导镇（街道）编制“多规合一”村庄规划100个。编制《工业用地分区规划管控研究》，为义乌市工业用地管控和未来发展提供规划管控依据。核发选址意见书64本，建设用地规划许可证116本，建设工程规划许可证3821本。完成建设工程定位验线254件，竣工规划核实465件。出具违法建筑影响规划程度认定9件，协助审查建筑设计方案31个。出具老油库、金融商务区二期、青口有机更新等地块规划675宗。办理规划说明1712宗，涉及土地出让金300亿余元。

【启动国土空间总体规划】 2019年1月，义乌市列入浙江省首批17个国土空间规划启动试点县（市）之一。为做好国土空间规划编制工作，市自然资源和规划局组织力量赴上海、杭州等地调研，学习借鉴先进经验，形成《义乌市国土空间总体规划编制工作方案》，并向各单位、镇（街道）征求意见。6月，组织召开全市国土空间规划动员会，成立由市长王健为组长，副市长为副组长，市府办、市督考办、市自然资源和规划局、市发改局、市经信局等59个部门、镇街（平台）负责人组成的义乌市国土空间总体规划编制工作领导小组，全面启动国土空间规划编制工作。6—9月，组织中国城市规划设计研究院、浙江省土地勘测规划院开展国土空间总体规划驻场调研，同步推进“双评价”“规划评估”等课题前期调研。9月初，按照省自然资源厅、省生态环境厅、省林业局《关于开展生态保护红线评估调整工作的通知》工作部署，上报《义乌市生态保护红线划定调整建议方案（一上稿）》。9月中下旬，组织编制团队开展第二轮集中驻场工作，重点对接镇街（平台）发展空间和用地需求。10—11月，开展基数转换、专项课题、初步方案等编制工作。12月25日，市自然资源和规划局邀请省自然资源厅、金华市自然资源和规划局领导及上海、杭州等地城乡规划、土地管理、市政交通等部门专家学者开展国土空间规划方案专家咨询会，对方案相关课题和编制内容进行研讨，推进国土空间总体规划编制工作。

【《义乌市工业用地规划分区管控方案》】 2019年1月，市自然资源和规划局按照市委、市政府最新工作要求，组织《义乌市工业用地规划分区管控方案》课题研究修编工作。依据《义乌市域总体规划（2013—2030）》《义乌市中心城区土地利用总体规划（2006—2020）》和相关上位规划，结合现状调研，对全市域5.21万亩存量工业用地进行梳理分析，通过选取建设年代、区位情况、片区面积、综合效益、出租情况、总规定义、镇街平台部门意见7类评价因子，对工业用地进行进一步分析评价。根据评价结论，在参考广东、上海等先进发达城市规划经验和实践案例基础上，提出存量工业用地禁止改扩建区、有条件改扩建区、允许改扩建区3种规划管控方式，以提升土地资源利用效率，保障工业发展空间，提升城市功能布局。同时，对3种规划管控类型的工业用地提出发展建议：禁止改扩建区由政府主导，统一规划，统一开发；有条件改扩建区由市场主导，优势行业、优势企业可继续生产或根据市场需求和相关政策引导拓展其他功能；允许改扩建区以发展工业为主，发展先进制造业、淘汰落后产能。根据各镇（街道）辖区范围，提供详细的分片管控图则，为全市工业用地引导和管控提供规划管控依据。2019年12月，课题通过市“抓项目促发展”工作领导小组规划工作组会议审议。

【《幸福湖绿肺规划》】 2019年2月，市自然资源和规划局编制《幸福湖绿肺规划》。规划区域为商城大道西—城北路—环城北路围合范围内生态区域，面积8.4平方千米。规划定位为湿地型生态公园，依托幸福湖区域现有水库、水系、农庄、农田等人工和自然生态环境本底基础，突出城市绿肺为主的生态基本功能，引入现代农业、文旅产业、康养产业，为市民提供运动健康、生态体验和文化休闲服务；将生产、生活、生态“三生”融合；通过“湿生态，润生活”，让生活与城市、生态、文化有机融合。5月30日，《幸福湖绿肺规划》在市“抓项目促发展”工作领导小组规划工作组会议上审议通过。经广泛征求社会各界意见和建议，6月，《幸福湖绿肺规划》通过市人大、市政协审议。

【《秦塘区块有机更新城市设计》】 2019年4月，市自然资源和规划局编制《秦塘区块有机更新城市设计》。方案地块范围为宾王路—工人北路—宗泽北路—国贸大道线型所围合地块，总面积66公顷。以问题导向和目标导向相结合，在全面梳理基地现状和评估原规划基础上，落实“提升业态、做好形态、把牢生态、保护文态、优化社态”理念，着重对城市功能定位、公共基础设施布局、未来社区构建、城市公园4个方面进行研究，提出“交通引导、风貌标识、文化记忆、空间宜居、乐享服务”的发展定位和“具有高品质公共服务的综合性生活街区”的发展目标，充分利用现有绿地，规划完善邻里中心、社区办公等社区服务设施，构建多层次，步行可达，覆盖不同人群需求的社区生活圈。通过与各部门充分衔接，拟将11.53公顷低效工业用地更新并调整，增设邻里中心、幼儿园、消防站等公共基础设施；结合原电力绿化廊道、公园用地边界规整优化，重塑区块内部公共空间，营造开放、积极的社区空间环境。12月，《秦塘区块有机更新城市设计》通过市“抓项目促发展”工作领导小组规划工作组会议审议。

【《国贸大道两侧城市设计》】 2019年7月，市自然资源和规划局组织编制《国贸大道两侧城市设计》方案。方案从问题和目标双导向出发，根据国贸大道（环城路以内）沿线地块的区位、现状功能、景观风貌、产业配套等现状特点，提出“城轨共融、动能激活、生态街区、城市名片”整体发展定位。结合国内外案例和发展愿景，以城中西路、城北路为界，提出“南、中、北”3段功能区分区类型，提出南段作为“生态创新社区”，中段作为“魅力城市街区”，北段作为“人居品质高地”的具体定位。方案提出沿街立面改造和管控策略、交通组织改造策略、景观提升改造策略、近期实施计划等规划引导和控制内容，为国贸大道后续建设实施和提升改造，提供技术支撑。

（张　凡）

城市投资建设

【概况】 2019年，义乌市城市投资建设集团有限公司（简称“城投集团”）承担工程304项，其中，重点工程57项，一般性项目247项。计划完成有效投资42亿元，实际完成55.37亿元。全年，累计完成金福源停车楼、楼店停车楼、通惠门停车楼、东方停车场、伊美停车场、海关路停车场、剧院停车场和妇幼保健院8个ETC停车场建设。投入使用的公共自行车站点406个，投放公共自行车9100辆，实现中心城区和佛堂镇区公共自车行基本覆盖。全年，累计借车146.87万人次，日均借车4024人次；公共自行车使用量实破1800万人次。

2019年2月，雪峰路提升改造工程获义乌市园林绿化工程“商城杯”奖　（吴戈丹2019年3月19日摄）

义乌市委党校、义乌市行政学院、义乌市社会主义学院（二期）工程完工，市先进制造业高技能人才公共实训基地工程实训楼、市树人中学迁建工程获金华市建设工程“双龙杯”（优质工程）奖，义乌市房建工程“商城杯”（优质工程）奖、市快速公交（BRT）1号线市政工程获义乌市建设工程“商城杯”优秀勘察设计项目市政园林工程设计类一等奖。市儿童福利院主楼、儿童附属楼工程获义乌市建设工程“商城杯”优秀勘察设计项目建筑工程设计类一等奖，雪峰路（商城大道杭—长客运专线）提升改造工程园林绿化部分七标段获义乌市园林绿化工程“商城杯”奖，赤岸镇赤岸小学教学楼三工程获义乌市房建工程“商城杯”奖。

2019年，城投集团发布文明创建、卫生城市复审等主题教育公益广告画面7403杆及围挡245平方米，春节悬挂灯笼400组，国庆期间悬挂国旗622组。全年新增广告业务拓展277.2万元，续收（包含到期重新出让）户外广告设施（场地）使用费288.6万元。

【新增泊位】 2019年1月10日，宾王商贸区道路泊位开展停车收费，新增停车泊位722个。4

月15日，金福源、楼店停车楼投入使用，分别新增停车泊位1239个、578个。7月1日，商贸区外围人行道泊位开展停车收费，新增停车泊位244个。同月23日，通惠门停车楼投入使用，新增停车泊位541个。8月7日，剧院停车场投入使用，新增停车泊位94个。10月1日，经发大道停车场投入使用，新增停车泊位245个；宾王商贸区庭院内道路泊位开展停车收费，新增停车泊位313个。同月8日，金融商务区道路泊位开展停车收费，新增停车泊位241个。11月1日，春潭路道路停车泊位开展停车收费，新增停车泊位91个。12月23日，孝子祠停车场、江滨公园1号停车场投入使用，分别新增泊位127个、160个。至年底，新增公共停车场11个，泊位5403个；新增道路及人行道泊位1633个。因城市有机更新拆除停车场3个，取消泊位390个；取消道路及人行道收费泊位322个。至年底，城投集团共接管停车场32处，车位1.09万个，道路及人行道泊位3632个，全年停车收费3590万元。

【荷叶口公园景观工程竣工】 2019年6月，荷叶口公园景观工程竣工。工程投资2954万元，为城投集团在义乌市建设的第一个郁金香鲜花公园。工程位于义乌江南侧，江滨绿廊长廊最南端，北临江东南路，南临南山路夹角三角地块。总面积5.23万平方米，其中绿化景观面积4.13万平方米。荷叶口公园景观工程设计单位为上海中建建筑有限公司，施工单位为春晗环境建设股份有限公司，监理单位为浙江望泰咨询有限公司。工程于2018年3月开工建设。

【环城南路与黎明湖路交叉口改造工程建成投用】 2019年6月20日，环城南路与黎明湖路交叉口改造工程建成投用。工程总投资1.11亿元，建设道路、交通设施、雨污水管、综合管线等附属设施。工程线路成东西走向，设双向六车道，改造总长1140米。新建跨线桥总长470.4米，设置人行通道1座，宽度4米，长58米。环城南路与黎明湖路交叉口改造工程设计单位为浙江西城工程设计有限公司义乌分公司，施工单位为浙江川卓建设工程有限公司，监理单位为台州市建设咨询有限公司。工程于2017年7月开工建设，2018年10月20日实现主线通车。

【北苑街道义浦路老油库地块开发】 2019年6月28日，北苑街道义浦路老油库地块由杭州滨泽投资管理有限公司（滨江集团）以总价43.1亿元摘得，楼面价每平方米1.23万元，溢价率23.14%。地块位于义乌市北苑街道，东至国贸大道，南至文盛路，西至西城路，北至宗泽路。土地规划性质为商服、住宅用地。出让面积14万平方米（含道路面积1320平方米），容积率2.22～2.5，建筑面积34.99万平方米。绿地率≥35%，建筑高度≤80米，其中住宅建筑≥40米。

【浙师大附属义乌实验学校扩建工程建成投用】 2019年9月1日，浙师大附属义乌实验学校扩建工程建成投用，工程投资9653万元。建设教学楼2幢、实验楼1幢、食堂1幢、连廊以及地下车库、操场、球场等工程。工程位于北苑街道拥军路，学校占地面积1.45公顷，扩建规模为24个班。浙师大附属义乌实验学校扩建工程设计单位为浙江宸泰建筑设计研究院有限公司，施工单位为义乌市宝厦建筑工程有限公司，监理单位为浙江双圆工程监理咨询有限公司。工程于2017年10月30日开工建设。

【廿三里第三小学新建工程（一期）建成投用】 2019年9月1日，廿三里第三小学新建工程（一期）建成投用。工程投资1.08亿元，建设包括综合楼、教学楼、餐厅、教师工作间、STEM中心、门卫室等。工程位于廿三里街道中新街与金麟路交叉口西北侧地块，占地面积3.78公顷，办学规模为48个班。廿三里第三小学新建工程（一期）设计单位为浙江公和建筑工程设计有限公司，施工单位为成龙建设集团有限公司，监理单位为浙江双圆工程监理咨询有限公司。工程于2017年12月1日开工建设。

【充电桩投运】 2019年9月，城投集团与义乌输变电工程有限公司签订战略合作协议。11月1日，金福源、楼店停车楼配套262个充电桩投运，其中，金福源停车楼设有充电桩181个，楼店停车楼设有充电桩81个。11月15日，推出新能源汽车充电优惠活动，充电收费标准由每度1.5元降至每度1元，助力城市绿色出行。12月8日，新马路停车场10个充电桩投运。

【楼店小学新建工程建成投用】 2019年9月，楼店小学新建工程建成投用。工程投资9947万元，建设项目为综合楼、教学楼、体育馆、餐厅、地下车库、门卫等。工程位于北苑街道雪峰路与宾王路交叉口，占地面积3.64公顷，办学规模为36个班。楼店小学新建工程设计单位为浙江宸泰建筑设计研究院有限公司，施工单位为浙江新华建设有限公司，监理单位为义乌市建安建设工程监理有限公司。工程于2018年4月开工建设。

【城北路（紫金南路—通宝路）工程通车】 2019年12月，城北路（紫金南路—通宝路）工程通车。项目投资2.76亿元，建设道路、U型槽、桥梁、排水、管线迁改、景观绿化及道路照明、交通安全设施等。工程西起紫金南路，下穿阳光大道，经武德路，东至通宝路，全长2.44千米。道路等级为城市主干路，标准段采用双向六车道，下穿阳光大道段采用双向四车道主路+双向二车道辅路，连接阳光大道2条匝道均采用双向二车道。城北路（紫金南路—通宝路）工程设计单位为深圳市市政设计研究院有限公司，施工单位一标段为天阳建设集团有限公司，二标段为浙江宏达建设集团有限公司，三标段为春晗环境建设股份有限公司；监理单位为同舟国际工程管理有限公司。2018年11月30日工程开工建设。

【上溪镇养老服务中心工程竣工】 2019年12月12日，上溪镇养老服务中心工程建成完工。工程投资6576万元，建设包括护理型疗养楼、自理型疗养楼、综合楼、多功能厅、餐厅、康复中心等工程。工程位于上溪镇百安街西侧，总用地面积1.67万平方米，设计床位400张。上溪镇养老服务中心工程设计单位为浙江翰城建筑设计有限公司，施工单位为义乌市大洋建筑工程有限公司，监理单位为杭州中新建筑工程监理有限公司。工程于2018年5月14日开工建设。

【佛堂中心卫生院迁建工程试运行】 2019年12月31日，佛堂中心卫生院迁建工程试运行。工程投资7863万元，建设医院综合楼、东门卫、北门卫及绿化景观等配套工程。工程位于佛堂镇佛赤路西侧，规划用地2万平方米，总建筑面积2.1万平方米，设床位200张。综合楼地下1层，地上9层，裙房3层，设计车位141个。佛堂中心卫生院迁建工程设计单位为深圳广泰建筑设计有限公司，施工单位为义乌市大洋建筑工程有限公司，监理单位为温州宏业建设监理有限公司。2018年2月1日开工建设。

【金融商务区项目招商】 至2019年年底，福田银座和中福广场2个项目共招引入驻企业14家，引入资金7.84亿元。其中福田银座招引企业10家，销售12个楼层，销售面积1.65万平方米，引入外资210万美元。中福广场项目除2号楼整栋销售给商城集团外，另招引企业3家，其中1号楼引入义乌浦发银行。3号楼20层、23层完成销售。

（陈俊楠）

2019年12月31日，佛堂中心卫生院迁建工程试运行

（城投集团　供图）

新社区投资建设

【概况】 2019年，义乌市城乡新社区投资建设集团有限公司（简称“社投集团”）20个项目列入市重大项目范围，总面积320万平方米。有效投资任务82亿元，完成95亿元，完成率116%。在建城市有机更新项目11个，首批开工的香悦府西区竣工，东区完成竣工初验，向阳府各分项工程达验收条件，卿悦府东区项目竣工。新开工城市有机更新项目绣川府地下室结构完成50%，华丰府地下室底板完成50%，文华府主体完成2层；湖大塘邻里中心基坑支护工程完成80%，土石方外运完成60%。在建新社区集聚项目7个，稠江古母塘地块、江东街道毛店地块、后宅镇中北侧A地块、城西香溪A2地块主体结顶；福田湖塘地块、佛堂小江滩地块完成主体工程量50%。集中建设管理项目2个，上溪异地奔小康二期工程主体结顶，福田江村拆迁安置工程主体结构平均完成至18层。房地产开发项目文昌学府完成主体结构中间验收。廿三里“多彩华溪”和美乡村完成枫林染秋、塘上花樱、华溪西侧停车场3个节点项目。

社投集团创新多元化融资渠道，通过财政专项债及项目包装融资等模式，累计筹集资金108.37亿元，完成年度目标的108.37%。4月30日，社投集团与北苑街道签订义浦路1号资产房屋征收协议，被征收土地面积1706.67平方米，获征收补偿款2500万元。

【香溪A2、古母塘项目融资获批】 2019年1月31日，义乌市社投集团投资建设的香溪A2、古母塘地块棚户区（城中村）安置房项目获批中国农业发展银行义乌市支行贷款10亿元，期限6年，利率执行基准利率上浮并结合PSL贷款利率，最终综合利率控制在基准。至年底，共发放贷款5亿元。

【社投集团更名】 社投集团组建于2013年9月，注册资本5亿元，主要承担义乌市新社区集聚建设。随着城市有机更新改造、工程代建、房地产开发经营等职能工作逐渐扩展，原体制机制已不适应新时期发展规划。2018年7月，市委、市政府下发《加快国有企业转型升级提升竞争力的实施方案》，社投集团启动转型升级工作。2019年5月28日，社投集团更名为义乌市建设投资集团有限公司（简称“建投集团”）。建投集团以房地产开发经营、农业+产业发展运营为主营业务，推动产业横向拓展、纵向延伸，为企业做优、做强、做大提供新动能。

【农旅军事特色体验园项目】 2019年8月11日，由建投集团及廿三里街道引进的“领袖至尚”农旅军事特色体验园开工建设。项目于5月28日立项，位于廿三里街道塘下店村，建设周期5年，总投资1.23亿元，分2期进行。第一期占地21.33公顷，3年内全面建成并投入运营；第二期占地5.33公顷，2年内建成并投入运营。“领袖至尚”农旅军事特色体验园的引进，填补义乌市军旅文化园的空白。

【首个邻里中心项目立项】 2019年10月9日，城市有机更新湖大塘邻里中心项目立项，为义乌市首个邻里中心项目。项目西临湖大塘03地块，南至稠州西路，东侧及北侧均为规划道路，概算总投资2.6亿元，用地面积1.08万平方米，其中道路面积2459.35平方米。总建筑面积3.38万平方米，地下2层，地上5层。项目定位为社区邻里中心，建设社会停车、公交场站、社区配套商业、社区办公室。

【卿悦府东区竣工】 2019年12月31日，第一轮城市有机更新首个回迁房卿悦府东区完成竣工验收，义乌城市有机更新被征收户首批入住新房，涉及10个区块，630套房屋。卿悦府东区由建投集团投资建设，总占地2.85公顷，总建筑面积14.1万平方米，其中，地上9.1万平方米，地下5万平方米，由7幢17～26层高层住宅和配套用房组成，共630套。地下2层，局部3层，设置车位1128个。项目2016年年底开工建设，设计单位为浙江绿城建筑设计有限公司，监理单位为浙江柏耀工程项目管理有限公司，施工总承包单位为浙江土木建设有限公司。

（毛梦安）

市政工程建设

【概况】 2019年，市建设局市政处转变职能，以市政设施管、养并重为原则，开展设施精细化管理、“五水共治”、工程建设、交通治堵等工作。年内，市市政处接管道路287.01千米，总面积1276.4万平方米；雨水管道730千米，雨水井4.57万只；桥梁148座，泵站7座。完成商城大道、民航路、宗泽路等沥青路面维修6.84万平方米，沥青养护车完成路面坑洞修复3860平方米。累计清理雨水井14.32万井次，清捞淤泥8248立方米，雨水管道进行清洗和疏通9000米，做到城区道路雨停水走，确保道路路面及时排涝，安全度汛。完成市区148座桥隧的相关工作和2019年市政应急创建工程、交通治堵零星维修工程、道路隔离设施改造工程等8项工程建设。商城大道（雪峰东路浙一浙四医院）隧道工程、阳光大道立交化改造提档工程、机场路立交化改造工程三阶段、老城区更新区块地下环路配套工程、县前街南延段等新建项目进展顺利。续建项目稳步推进，机场路立交化改造一阶段、二阶段，商城大道（雪峰东路—浙医四院）隧道工程快速推进，其中机场路立交化改造一阶段、二阶段实现主线通车。

【重点工程建设】 2019年6月，开工建设老城区更新区块地下环路配套工程（地下环路沿城中路、篁园路、稠州路及工人西路等道路布置），全长2000米，单向三车道，概算总投资15亿元。8月，开工建设机场路立交化改造工程三阶段。北起国贸大道，南至外环路，主要建设道路、综合管线、交安设施及路灯照明等工程，概算总投资45亿元。10月，开工建设县前街南延段工程，长1000米。主要建设地下空间开发、道路工程、隧道工程、综合管线、交安设施及道路照明等，概算总投资10亿元。11月，开工建设义乌江灯光亮化工程沿义乌江两岸，南临环城南路，北至春风大道，改造范围长度11千米，概算总投资3亿元。

【黎明湖路（环城南路—江东南路）改造工程】 2019年7月，黎明湖路（环城南路—江东南路）改造工程道路工程完工，车行道加铺沥青、提档和修复人行道。道路红线宽为34米，车行道在原路面标高基础上加高10厘米，人行道标高不变；人行道花岗岩侧平石安砌，部分路面注浆加固，管道路面开挖及修复；公交站台铺装花岗岩，部分绿化带改路面。工程投资合同价621万元，2018年10月开工建设。

（楼俊超）

执法监管

【概况】 2019年，市综合行政执法局办结一般程序案件8666件，收缴罚没款5600万余元。严格查处未采取有效防尘降尘措施等违法行为，办理相关案件287起，罚款202.3万元。捣毁燃气黑窝点27处，查扣钢瓶1807只，查处燃气类案件395起，罚款62.45万元。查处涉及水务渔政职能相关案件112起，罚没款5.24万元；拆除各类涉

2019年8月28日，市行政执法队员协助商家悬挂门前五包责任牌

（骆珉悦　摄）

水违建面积5968.4平方米。落实农药实名制销购，通过省农资产品监管服务信息化平台，对74家农药经营门店进货、销售信息进行台账化监管，查处案件39件，罚款18.51万元；抽样送检农产品40批次。签订门前五包承诺书7.6万余份，查处相关违法行为1.87万余起。办理许可件3020余件，受理各类咨询1.73万人次，办理行政权力事项1.87万件，均在承诺期限内办结。

【打击电鱼活动专项执法行动】 2019年1月10日—11月30日，市综合行政执法局联合市公安食药环大队、市城市管理大队及属地派出所开展专项执法行动，重点打击禁渔区及其他公共水域"电、毒、炸"等非法捕捞行为。出动执法人员2116人次，劝导非法垂钓者208人次，收缴电鱼具器17套，没收渔获物158千克，清剿查扣各类渔具1051件，立案查处案件42起，罚没款1.81万元。

【金华首个养犬管理示范小区】 2019年3月底，为配合《金华市养犬管理规定》的实施，市综合行政执法局在江东街道银河湾小区开展金华首个文明养犬示范小区创建试点。采取入户宣传、排查摸底、建立管理队伍、免疫登记进社区等措施，增设宣传牌（栏）、投诉举报箱、犬只粪便收集器等设施。4月24日，金华市综合行政执法局调研组到义乌调研犬类管理工作，强调要将银河湾文明养犬示范小区打造成金华地区养犬工作样板。6月，银河湾小区实现"三个100%、三个一、三个好"（免疫率100%、登记率100%、大型犬烈性犬禁养率100%，建立一个居民自律养犬管理平台、一支养犬管理队伍、一本养犬资料台账，做到牵好犬绳、戴好犬牌、清理好犬只排泄物）。10月23日，金华市养犬管理工作现场会在义乌市召开，与会人员走访银河湾小区，实地考察义乌市文明养犬管理工作开展情况，研究部署下一步养犬管理工作。

【人行道停车秩序综合整治】 2019年4月20日—12月30日，市综合行政执法局开展人行道停车秩序综合整治，从严查处机动车及非机动车在人行道上的违法停放及私设车锁等占用人行道行为。施划人行道停车泊位1.05万个，其中，机动车泊位7147个，非机动车泊位3401个。查处人行道违法停车行为20.58万起，清理僵尸车155辆，清理查处占用泊位、私设车锁1930余起。发放非机动车爱心牌9987份，处罚5510起，罚款11.47万元，有效消除车辆影响道路交通秩序和市容环境的突出问题。

【建筑垃圾运输处置专项整治】 2019年5月16日—12月30日，市综合行政执法局开展建筑垃圾运输处置专项整治。针对建筑垃圾产生的污染及安全隐患，督促建筑垃圾运输企业及从业人员落实好各项政策措施，严厉查处建筑垃圾相关的各项违法行为，办理城市建筑垃圾案件1159起，罚款1023.34万元。

【燃气销售实名制专项整治】 2019年5月30日—10月31日，市综合行政执法局开展燃气销售实名制专项整治，通过查处燃气经营单位未落实实名登记的违法行为，强化燃气安全监管工作，消除燃气安全隐患。出动执法人员1823人次，检查燃气供应站点532家（次）、燃气经营企业163家（次）、燃气送气工住所758家（次），捣毁燃气黑窝点2处，查扣钢瓶550只，查扣燃气1260千克，查处燃气案件127起，处罚13.9万元。

（傅亭如）

市容环卫

【概况】 2019年，市环卫处承担城市道路保洁总面积1727.74万平方米，管辖转运站51座、城区公厕116座，清运处理生活垃圾58.3万余吨。全市592个公共机构、325个小区1.7万余家企业开展垃圾分类，创建省级高标准示范小区6个，示范街道1个。建成投运"两定四分"（两定为定时、定点投放；四分为可回收物、有害垃圾、易腐垃圾及其他垃圾）集中分类投放点位603个，分类准确率达90%。全年立案查处垃圾分类相关违法案件1.4万余起，罚款59.6万元。

【华川垃圾焚烧发电厂提升改造工程】 2015年9月，为进一步提升生活垃圾无害化、减量化、资源化处置能力，义乌市启动华川垃圾焚烧发电厂提升改造工程。工程位于赤岸镇，采取PPP模式，按照“国内领先、国际一流”的标准实施，规划生活垃圾处理容量为每日3000吨（一期每日2250吨，二期每日750吨），建设4台每日750吨的垃圾焚烧锅炉。2018年12月30日，完成一期3台焚烧炉建设并进入调试运行。2019年6月25日，提前60天完成二期4号焚烧炉炉建设，实现生活垃圾“零填埋”，成为浙中地区规模最大、技术最先进的垃圾焚烧发电厂。

【环境集团成立】 2019年8月6日，义乌市环境集团有限公司（简称“环境集团”）揭牌成立。环境集团是由市国资办出资新组建的国有企业，注册资本10亿元，重点打造清扫保洁、清洁运输、垃圾处置、再生资源四大产业板块，提升环卫作业精细化、标准化、智能化水平。除接手原由市环卫处承担的1724.1万平方米清扫保洁、公共厕所118座、垃圾转运站52座、塔山生活垃圾填埋场1座、有机生物处理中心1座等环卫作业外，还负责涉及主要市政干道保洁、重点区域保洁、垃圾转运及处置、公厕保洁、塔山垃圾填埋场垃圾外运焚烧等城市重点运维作业。同时，在大型公建、公园广场、小区等环卫服务及再生资源等领域，通过引进外部资金、技术、设备、管理、项目合作等方式，开展跨区域、跨行业、多元化经营。

（吴奇伟）

【再生资源利用中心投入使用】 2019年9月，义乌市再生资源利用中心投运，开启义乌市餐厨垃圾集中统一无害化、资源化处置环保新模式。再生资源利用中心位于金义东南线玉塘坑地块，2018年9月开工建设，总投资2.5亿元。采用先进的餐厨垃圾预处理系统，干式/湿式厌氧系统及DCS全自动控制系统、无人值守智能卸料控制系统，以及多种除臭工艺等设备，点源、面源全覆盖的餐厨垃圾处理工艺，最大限度地实现餐厨垃圾无害化、减量化、资源化。投产后年处理餐厨垃圾可达8.4万吨，年发电量可达800万千瓦时，年产粗油脂可达4745吨。

（除署名外均由傅亭如撰稿）

园林绿化

【概况】 2019年，市园林处有城区绿化36个养护标段，面积895.4万平方米。完成建设、改造、整治项目32个，建设改造绿地面积116.5万平方米。完成“文交会”、国庆节点种植验收。完成鸡鸣山公园、幸福湖公园、绣湖广场及梅湖会展中心等11处国庆小品布置。推进海绵城市建设，改造24.7万平方米。统筹推进城区街心绿地建设，新建36处，面积12.1万平方米；改建68处，面积60.8万平方米。全面启动国家生态园林城市创建工作，至年底，完成街心绿地52处，面积32.6万平方米，其中，新建18处，面积7.5万平方米；改建34处，面积25.1万平方米。

【国庆立体景观造型布展工程】 2019年9月30日，国庆立体景

2019年国庆立体景观造型布展工程——绣湖广场“仙鹤”造型

（方舒丽 2019年10月摄）

观造型布展工程完工，通过立体花卉造型等方式庆祝中华人民共和国成立70周年。项目共10个节点，分布在市区各公园、重要路口绿地，其中，新建8处，原有造型改造2处，工程投资额150万元。主要有鸡鸣山公园“锦绣中华”造型，长23米，宽11米，最高处高5.3米，占地面积200平方米，以和平鸽、祥云及鲜艳的“70周年”图案，庆祝中华人民共和国成立70周年。绣湖广场“祖国你好”造型，以5把折扇为主体，扇面上牡丹花寓意富贵吉祥；折扇主要材料为钢板、方管，以及电脑雕刻成牡丹花的雪弗板；造型长20米，宽10米，高4米，面积180平方米。绣湖广场“仙鹤”造型，以鲜花带比喻河流，搭配木船，寓意“乘风破浪，永往直前”，荷叶、荷花，仙鹤造型，黑松等寓意国家繁荣富强，人民生活幸福美满；造型长15米，宽4米，高6米，面积60平方米；主要材料有木船、仙鹤、彩色草插成的荷叶、荷花。幸福湖“普天同庆”造型，用红绿草插成玉如意，花瓣等造型，寓意吉祥安康；造型长8米，宽11米，高5米，总面积160平方米。雪峰公园“祖国万岁”，梅湖会展中心“庆祝70华诞”，银都对面绿地“货郎担”，宾王中学旁新时代镜框，以及儿童乐园，化工路“绿色出行”改造等景观造型各有特色。

【精品城市建设】 2019年，市园林处围绕道路“白改黑”进行绿化提档和修复，至12月底，完成南山路等7条道路“白改黑”后绿化带提档及绿化修复工作，绿化种植修复面积8万平方米，投资2085万元。实施闲置地绿化和苗木移植工作，完成绿化面积3.7万平方米，投资金额465万元。配合城市有机更新、轻轨、地下环路等基础设施建设，移植乔木600棵。结合道路安全整治进行绿化修剪，清理人行道边景观护栏安装，清理五洲大道、四海大道、城北路、新科路等灌木1.25万平方米。

【绿地养护】 2019年，市园林处接收养护改造移交绿地6个，面积5.4万平方米；接收其他单位移交绿地32个，面积34.36万平方米。至12月底，市园林处有城区绿化36个养护标段，面积895.4万平方米，其中，稠城园林所12个标段，257.5万平方米；稠江园林所7个标段，148.6万平方米；江东园林所8个标段，231.6万平方米；北苑园林所9个标段，224.2万平方米。

（毕林娟）

供　水

【概况】 2019年，义乌市水务建设集团有限公司（简称“水务集团”）完成供水1.57亿吨，同比增长6.8%；处理污水1.86亿吨，同比增长8.77%。完成偏远村庄净水消毒设备改造提升42套，供水达标人口覆盖率达100%，水质达标率90.48%，提前1年完成省定目标。完成13个农村家庭净水器安装项目，受益农户224户。在市民广场、梅湖体育馆等人流密集区域投用公共直饮水点16套，解决市民出行喝水问题。运维污水主次干管2205千米，窨井8万余个。累计巡查管网6万千米，巡查农村管网19万千米，清捞养护管网2200千米，清理窨井6万个，巡查终端设施8000余次。提前44天完成化工路雨污水管改造（一阶段）工程，解决大都置业、站前小区、孝子祠、商贸区、香港城、化工路两侧商铺范围内雨污混流问题。

卫星新水厂完成调试运行，与原水厂合计制水能力达每日4万吨，解决廿三里区域供水能力不足问题。城西应急供水设施实现并网供水，制水能力每日2万吨，有效解决城西部分区域内供水压力不足问题。苏溪水厂二期工程通水运行，增加产能每日5万吨，进一步保障苏溪镇稳定供水。上溪水厂二期主体工程结顶，计划2020年7月通水，制水能力每日5万吨。双江湖净水厂工程、赤岸污水处理厂扩建工程、佛堂污水处理厂扩建工程、武德净水厂新建工程开工建设。稠江污水处理厂清洁排放项目通过验收投入运行。

2019年，水务集团首创成立“水管家”队伍，由79名业务过硬、素质过硬、纪律过硬的专业人员组成，为市民提供用水咨询、供水设施维修等一对一“保姆”式服务7000余次。年内，义乌市获评“全省农村生活污水治理设施运维管理考核优秀县（市、区）”。96390供水服务热线受理咨询、报修来电4.49万起，供水110抢修9937起，出警及时率100%，现场报告及时率100%。

【境外引水】 2019年1月16日，根据义乌与浦江签订的《浦江义乌供水协议书》，义浦二线供水管道及配套工程开工建设。全长13.3千米，概算投资1.6亿元，供水水源为浦江通济桥水厂，每日可向义乌输送成品水3万吨。5月6日，义浦二线供水管道正式通水，至年底，累计从浦江引水500万余立方米。9月4日，义乌与东阳两地签署《供用水合同》，在东阳原每年5000万吨引水基础上，每年新增引水3000万吨。12月13日，水务集团通过多渠道筹措资金，支付新增引水首期款项3亿元，确保合同正式履行。

【搭建合作新平台】 2019年6月20日，义乌市水务建设集团有限公司、北京环球中科水务科技有限公司、中科院生态环境研究中心（义乌）长三角中心签订成立合资公司框架协议，共同成立浙江中科环境股份有限公司。依托中科环境平台，探索市域外污水厂受托运维。12月，宁夏水务投资有限集团公司、义乌市水务建设集团有限公司、浙江中科环境股份有限公司签订《战略合作协议书》，引进投资1.8亿元的高新区中科环境纳米新材料项目；至12月底，项目完成环境影响评价及安全影响评价。

【分质供水】 2019年7月，苏福水厂开工建设，近期建设规模为每日5万吨，远期规模每日10万吨，概算总投资1.4亿元。项目建成后，可大幅缓解义乌市自来水供水紧张状况，保障义乌信息光电高新区经济可持续发展。10月，义驾山生态水厂通水调试，水厂设计规模每日18万吨，以义乌江水为水源，每日16万吨江水作为城东河、城中河、洪溪、城南河等城市内河的补充水源，2万吨水经过处理后供城区有机更新区块冲厕、绿化浇洒使用。11月22日，稠江—义亭工业区分质供水管网工程开工建设，完成后稠江工业水厂供水量可增加至每日7500吨以上。12月，卿悦府东区（卿云府）完成分质供水管道建设及一户一表安装，成为义乌市首个实现分质供水的小区，义乌分质供水进入居民用户。

【“获得用水”工作机制】 2019年7月，水务集团出台“0、1、1、0”企业“获得用水”工作机制，实现0材料、1个环节、1天通水、受理环节0费用。至年底，受理营商环境“获得用水”申请52起，平均用时9.6小时。8月，省委改革办组织对11个设区市及11个县（市、区）开展2019年上半年省营商环境“查短板、补弱项”快速调查，义乌市“获得用水”评价指标位居第一。

（王　颖）

2019年5月6日，义乌—浦江供水工程正式通水（张恒建　摄）

排　水

【概况】 2019年，市建设局及义乌市排水有限公司开展污水主次管网运维标准化工作，巡查污水管网6万千米，疏通清捞1200千米，清捞窨井9000个，更换破损、沉降严重井盖378个，新安装防坠网2159个。对民航路、四海大道、南门街等18.6千米明沟进行淤泥垃圾清理，清捞外运淤泥1万余立方米。雨水井清捞18.29万井次，开挖修复1564米，非开挖修复1181处；紫外光固化修复840米，累计检测污水管道65千米。完成雨水管道进cctv检测32千米，完成9座泵站及11个截污纳管节点的养护工作。做好防汛工作，全年出动养护人员920人次，车辆240车次，出动“龙吸水”排涝车5次，处理积水点280余处，疏通雨水管道1.12万余米，完成7处积水点改造工作。

【新泵站投用】 2019年3月1日，富港大道泵站投入使用。泵站总投资944.61万元，总建筑面积2134.78平方米，日调水能力12万吨。4月2日，丹溪路泵站投入使用。泵站总投资462.52万元，总建筑面积1096.1平方米，日调水能力8万吨。2个泵站投用，使全市污水处理能力每天净增2.5万吨。至年底，义乌市污水跨域调度总时长1709小时，调度污水总量124.3万吨。

【“义乌排水”模式在全省推广】 2019年7月6日，义乌市排水有限公司“智慧排水”综合管控平台投入使用，实现各类水量、水质数据的监测、展示及数据分析，提高排水管控工作质量和效率。同月11日，“智慧排水”综合管控平台作为智慧化、标准化运维管理典型在全省“污水零直排区”建设现场会上进行推介，“义乌排水”模式在全省推广。至年底，义乌市排水有限公司接待省水利厅、全省“污水零直排区”创建调研组、华东勘测设计院、湖州水务集团等考察团40余批次。

【污水管网提升攻坚战】 2019年，为巩固前期治水成果，结合《义乌市全域污水管网基础设施规划、建设、提升改造作战方案》《义乌市2019年“五水共治”工作方案》《义乌市排水有限公司2019年“五水共治”工作方案》，开展污水管网设施提升攻坚战。至年底，完成化工路雨污水管改造（一阶段）工程及城北路污水主管（紫金南路—通宝路）迁改工程的65%，完成污水管网改造项目36个，铺设管道4500米。

【源头治污行动】 2019年，开展源头治污行动。出动4500人次，排查整改雨污合流253处，实现晴天污水每日减量8600吨，雨天污水每日减量8.6万吨。对61个末端截流点，排查整改问题859处，除个别点位与有机更新改造同步实施外，其余点位全部整改到位。

（石　坚）

供　气

【概况】 2019年，义乌市累计建成天然气门站1座，液化天然气应急气源站1座，城市天然气中压管网393千米、低压管网818千米，管道天然气累计安装入户11.7万余户，供气3.3亿立方米。全年全市管道天然气供气总量1.2亿立方米，其中家庭用气量1456万立方米。全市共有液化石油气储配站5座，总储存容积1100立方米，全年液化石油气供气总量2万吨。加快推进管道天然气工程建设，新增投用天然

2019年12月28日，下金高中压调压站正式投产通气

（张晓俊　摄）

气管网40.3千米，新增天然气入户1.6万余户。推进完成东方之星、皇冠花园、紫竹苑3个液化气瓶组站供气小区1640户天然气转换工作。推进管道天然气全覆盖，全年完成99个小区的城市中压气源管铺设。推进天然气应急保供站建设，稠江下金天然气应急储备站完成高中压调压站建设，接入上游管输气；苏溪天然气应急储备站取得土地手续并启动建设。全年检查燃气经营企业、供气站点285家次，发放整改通知书42份，督促整改安全隐患76处，注销瓶装液化气经营点5家，确保全市燃气安全平稳供应。

【瓶装液化气市场专项整治】 2019年4—5月，市建设局联合市综合行政执法局、市公安局开展瓶装液化气市场专项整治，查处跨区域非法运输、储存瓶装液化气案件2起。查扣非法运输车辆5辆，气瓶143只，4名涉案人员予以治安拘留处罚。

【燃气安全管理】 2019年8月，市建设局组织制作《安全用气小贴士》10万张、气瓶角阀安全警示挂牌15万张，通过送气服务人员派发和张贴宣传。3月，组织开展2期瓶装液化气从业人员专业知识培训，450人参加培训考核，进一步提升了从业人员指导用户安全用气的业务水平。

【出租房瓶装液化气使用安全整治】 2019年8月，市建设局制定《义乌市居住出租房瓶装液化气使用基本安全要求》《居住出租房使用瓶装液化气"四严禁"、"二推广"》《瓶装液化气常见事故原因及预防措施》，督促各瓶装燃气企业加强入户安检工作，入户安检6.85万户。排查出主要是使用无熄火保护装置劣质灶具、橡胶软管老化等用气隐患7.15万处，告知用户及时整改。落实瓶装燃气销售实名登记制度，全年累计完成实名制销售登记248.5万条。

（何志亮）

"三改一拆"

【概况】 2019年，义乌市完成连片拆730.27万平方米，完成年度任务的146.05%；"拔钉清障" 99处，完成年度任务的141.43%。拆除违法建筑195.11万平方米，完成年度任务的156.09%。城中村改造（拆迁类）1.09万户243.27万平方米，完成年度任务的100%。城中村安置房竣工95.81万平方米，完成年度任务的196.74%。改造旧住宅409.12万平方米，完成年度任务的116.89%。改造旧厂区134.81万平方米，完成年度任务的112.35%，拆后利用率83.78%。

2019年，实施连片拆730.27万平方米，其中，稠江街道新村、前村、东王界等7个村整村拆，为云驿小镇、中汽零二期等项目建设提供土地保障；后宅街道新凉亭老工业区一期、二期连片拆，腾出空间35.51公顷；江东街道下新宅、金星、青南、西塘、白莲塘5个村整村拆，助推义乌东大门建设。针对影响重点工程（项目）建设、旧改历史遗留和国土历史积案问题，摸排拔除各类"硬钉子" 99处，涉及437户，其中，攻坚拆除"城市绿肺"区块违法建筑12万平方米，拆除国际商贸城核心区块旧房7幢，实现江东下傅村遗留20年43户旧房"清零"。组织开展高铁沿线外部环境安全隐患专项整治，完成金华市交办的32个问题及市、镇两级全面摸排自查114个问题的整治任务。开展"大棚房"问题清理整治专项行动，按时保质完成587个"大棚房"问题的整改落实，获省、金华两级验收组充分肯定。全年收到信访举报271件，同比下降15.05%。

【"无违建"创建】 2019年3月27—29日，省"三改一拆"考核验收组一行10人到义乌考核验收"无违建县（市、区）"创建工作，充分肯定义乌市的做法和成效。7月30日，省委办公厅下发《关于浙江省第三批"无违建县（市、区）"、第四批"基本无违建县（市、区）"的通报》，义乌市为全省第三批"无违建县（市、区）"。9月6日，在建德召开的全省美丽城镇建设工作会议上，义乌市被授予"无违建县（市、区）"奖牌。自2014年，推进省委、省政府"三改一拆"和"无违建"创建工作，义乌市成立"无违建"创建工作领导小组，下发《义乌市"无违建"创建工作实施方案》，"一个指挥部"一线作战，“两张作战图”运筹帷幄，“三个时间点”层层推进，“四项机制”保障落实，点线面全面治违。至年底，全市累计拆除违法建筑2837万平方米，完成“三改”4187万平方米。12月13日，《青年时报》2版专版报道义乌“无违建”创建成效。

【“百日攻坚”行动】 2019年5—8月，围绕“无违建”创建验收反馈问题，开展“‘三改一拆’百日攻坚”行动。对农村集体违建、党员干部违建、两路两侧违建、影响全域土地综合统筹利用违建、新增违法建筑六大主要问题精准拆违。行动期间，累计拆除相关违法建筑95.62万平方米。

【全省“三改一拆”宣传工作会议在义乌举行】 2019年12月5—6日，省“三改一拆”宣传工作会议在义乌举行，全省11个地市及部分县（市、区）“三改一拆”办公室宣传组负责人、省级新闻媒体记者共29人参加会议。座谈会上，各地对“三改一拆”宣传工作进行交流。其间，与会人员前往稠城街道、城西街道、义亭镇、江东街道等地现场参观调研“三改一拆”工作。

（王旭滢）

智慧城市建设

【概况】 2019年，义乌市围绕“1+14+X”的市级和镇（街道）、区域之间协调联动工作机制，推进新一轮“烟感革命”工程。与智慧应急安全站建设无缝衔接深度融合，通过政府引导、市场化运作等手段，指导企业根据实际选择合理的安全运营方式。以市域全覆盖为目标，结合“每月一应急拉练”工程，构建完成市域“监测+智慧+救援”新机制，全力织密事故防控“一张网”，形成“3～5分钟”的快速应急处置反应机制。至2019年年底，全市建成智慧应急安全站（中心）135个，累计安装完成联网式监测器38.85万只，覆盖工业宗地2426宗，企业1.29万家，“九小”场所5.5万处。

2019年，市数管中心着力推进数据归集共享、治理、开放等工作，清洗数据2800万余条。梳理人口库元数据44项共1446条；法人库元数据33项。构建人口、法人、电子证照三大基础数据库757条，电子证照261本，数据20.86万条。完善统一数据共享服务平台，打通部门间数据共享通道，个性化定制接口451个，共享累计调用4000万余次，日均6万次，支撑政务服务、市场监管、政策服务等39个领域应用。推进数据向社会开放，建设义乌市政务数据开放平台，提供数据对外共享服务，编制数据资源目录发布354项，新增开放数据资源138项。至12月底，新增归集人口、户籍、婚姻等数据1200余项16亿条，累计归集数据1500项30亿条。

年内，统筹谋划新型智慧城市顶层设计，完成新型智慧城市规划设计第一轮招标和60个重点部门调研；完成新型智慧城市第二轮公开招标。开展新第二轮新型智慧城市规划设计调研和方案编制，编制完成《义乌市新型智慧城市规划方案》《义乌市新型智慧城市建设行动计划（2020—2025）》初稿。

（全　翔　傅铁民）

【智能交通指挥中心启用】 2019年1月1日，市公安局智能交通指挥中心启用。智能交通指挥中心为义乌智能交通二期建设中的重要项目，是市公安局深化“云上公安、智能防控”战略，推进“最强大脑”建设，打造新型智能交通管理体系的重要举措。智能交通指挥中心启用后，构建以监控系统发现预警、集成指挥平台调度、执法站拦截检查“三位一体”新型公安交通管理勤务机制，以及情报研判主导、高效扁平指挥、精准机动勤务、信号实时配时“四位一体”现代城市交通管理勤务机制，将互联网与物联网全面融合，形成智能交管大数据中心，为优化城市道路交通和大公安综合防控体系建设提供数据支撑，全面提升突发事件快速处置水平。

（陈国华）

【浙中首个5G智慧园区】 2019年4月11日，中国电信义乌分公司与馥元纪彩妆科技产业园、中国建设银行股份有限公司义乌分行签订三方5G智慧园区建设战略合作协议，共同在义乌打造浙中首个5G智慧园区。根据

浙中首个5G智慧园区——馥元纪彩妆科技产业园

（中国电信义乌分公司供图　2019年4月10日摄）

协议，中国电信义乌分公司将以“互联网+园区管理”为理念，结合云、智、大、物、移等新兴技术，建立一体化的园区内部智能管理平台，实现从办公协作到招商引资、物业管理、企业服务、产业分析、工业制造等环节信息化、智能化管理。至年底，5G智慧园区完成智慧门禁、烟感气感智慧消防、智能垃圾桶、智慧窨井盖等设施建设并投入使用。

（蒋丹琪）

【垃圾分类智能化】 2019年6月，中国电信义乌分公司联合浙江小牛寻宝环境科技有限公司推出“两定四分”智能化解决方案，实现24小时投递亭监控、违规行为抓拍及自动分析、居民投递行为跟踪等功能。至年底，承建完成191座智能垃圾投递亭，承接47座投递亭运营服务，覆盖12个镇（街道）。

（蒋丹琪）

【应急指挥中心建设】 2019年10月，义乌市应急指挥中心被列入平安义乌“1+10+Y”体系建设10个中心之一，是义乌市应急管理体系及能力现代化建设的重要平台，义乌市应急指挥中心通过互联互通对各类风险因素实现统一、实时管控，构建“预警分析、风险防范、精准处置、科学救援”协调机制，及时处置防范化解安全风险，关口前移，进一步避免重大灾难的发生。

（金　翔）

【智能交通系统二期建设】 2019年12月，市公安局交通警察大队完成智能交通系统二期建设，建成100亿级高性能云数据库、12P云存储、大数据实战应用平台、人工智能信号控制系统等。新增及更新鹰眼2个、高空球机60路、道路监控636路、卡口57路、行人闯红灯13路、电子警察路口152个，信号控制路口电警覆盖率达90%以上。融合高德互联网数据、出租车GPS数据及全市公共停车场数据，日均采集车辆过车轨迹5000万条，实现交通感知全覆盖。对数据深度挖掘，实现交通数据资源集约化应用，交通管控智能化，指挥作战精细化，勤务管理信息化。同时，聘用2名大数据、信号控制领域专家，做专、做精义乌市交警队伍。

（陈国华）

【新型智慧城市规划】 2019年12月，为加快推进政府数字化转型、提高政府服务效率和透明度，联通系统集成有限公司智慧城市顶层设计团队编制《义乌市新型智慧城市规划方案》，主要内容包括现状分析、总体思路、架构设计、主要建设任务、运营体系、实施路径及保障举措等方面。

（傅铁民）

城乡新社区集聚建设

【概况】 2019年，义乌市城乡新社区集聚建设一期有佛堂蟠龙花园、苏溪安福家园、廿三里金麟花园等7个项目，总建筑面积152万平方米，总套数1.19万套，分房安置1.18万套，分房完成率98.6%；安置人口1.4万人。比原村庄节约用地66.67公顷，提高全市城镇化率2个百分点。二期集聚有稠江古母塘地块、城西香

2019年，义乌市城乡新社区保障建设项目佛堂蟠龙花园实景图
（市社区建设办供图 2019年10月摄）

溪A2地块、福田湖塘地块等6个项目，总用地面积41.13公顷，住宅面积110万平方米。三期集聚项目有序推进，其中，江东街道久府西侧地块、稠江街道江湾区块一期完成土地挂牌；稠江古母塘东侧地块、后宅街道镇中北侧3号地块、廿三里街道三小南侧地块完成规划设计方案评审。

【“异地奔小康”项目财政补助拨付】 义乌市有赤岸、佛堂、城西、上溪、大陈5个在建“异地奔小康”项目，总投资24.36亿元，总建筑面积78.3万平方米，可安置7000人，签订置换协议并缴纳保证金农户6078人。2019年7月，市社区建设办拨付异地奔小康项目财政补助资金4000万元。10月，追加拨付异地奔小康项目财政补助资金1200万元。

【“房地产开发配建”模式方案】 2019年9月24日，为探索义乌市新社区集聚建设新途径，由市社区建设办牵头，会同市建设局、市自然资源和规划局、建投集团等单位，赴海宁等地学习安置房市场化配建开发模式。11月27日，市社区建设办会同建投集团、后宅街道等单位，结合义乌实际，研究社会资本参与的“房地产开发配建”新社区集聚模式方案，走出一条“市场化、能落地、可平衡”路子，有效破解集聚项目融资难、平衡难等瓶颈问题。

（蒋守敏）

村镇建设

【概况】 2019年4月26日，市建设局村镇建设科成立。承担拟定村镇建设管理政策并指导实施，参与美丽乡村建设，承担乡村建筑风貌引导工作，组织实施传统村落保护发展，指导农房设计、农村住房建设和安全及危房改造等工作职能。至年底，村镇建设科编制完成《农村生活污水治理专项规划（2019—2030）》《义乌市困难家庭危房改造即时救助实施办法》。完成农村生活污水处理设施标准化运维省级试点任务11个，排查农村危房9605户。完成困难家庭危房改造救助196户，拨付救助款295万元。完成历史文化名镇名村及传统村落白蚁防治调查工作，调查历史文化名镇2个，传统村落18个。年内，义乌市获省农村危房治理改造绩效评价优秀县（市、区），并连续第四次获省农村生活污水处理设施运维管理工作优秀县（市、区）。

【农村危房治理改造】 2019年4月，市建设局开展第二轮农村危房治理改造工作，排查农村危房9605户，经鉴定为危房的422户，其中C级269户，D级153户，排查出的危房全部治理完毕，全年发放唯一住房拆除租金补助8.66万元。开展农村困难家庭危房改造救助工作，完成困难家庭危房改造救助196户，拨付救助款295万元。拟定即时救助办法，进一步简化危房改造救助程序，丰富救助形式，提高救助标准，改善困难家庭的居住条件。开展扶贫领域不正之风专项整治及扫黑除恶行动，走访困难家庭150户。通过进村入户走访检查，了解困难家庭危房修缮情况、资金拨付情况等。

【农村生活污水治理】 2019年4—5月，市建设局严格推行农村生活污水治理工作。村镇建设科完成440个行政村《行政村基本信息表》《处理设施基本信息表》《处理设施接户信息表》

系统录入工作，摸清农村污水处理设施家底。至年底，义乌市农村生活污水处理设施实现全覆盖，达标排放率达95%以上。

【传统村落保护】 2019年5—12月，市建设局开展传统村落保护调研工作。村镇建设科前往尚阳村、雅治街村、倍磊村等18个传统村落与村民座谈了解传统村落风貌及保护开发情况、村庄规划等情况。7—10月，完成历史文化名镇名村及传统村落白蚁防治调查工作，调查历史文化名镇2个，传统村落18个。9月，朱店村获国家传统村落风貌提升补助300万元。

【入选中国传统村落名单】 2019年6月6日，建设部公布第五批中国传统村落名单，义乌市廿三里街道何宅村，佛堂镇倍磊村、寺前街村，赤岸镇乔亭村、雅端村、雅治街村、东朱村，义亭镇陇头朱村、何店村，大陈镇红峰村10个村名列其中。至年底，义乌市共有中国传统村落13个，浙江传统村落5个。

【美丽宜居示范村建设】 2019年7月，市建设局开展农村住房设计试点，完成农村住房设计标准图集修订工作。开展美丽宜居示范村创建，10月，李祖村、石明堂村通过省级验收，其中李祖村评定为省级优秀美丽宜居示范村。陇头朱村、吴坎头村完成美丽宜居示范村建设任务的70%，计划2020年通过验收。乔亭村、分水塘村列入2020年美丽宜居示范村创建计划，获省补资金245.2万元。

【义乌市传统村落保护发展促进会成立】 2019年11月26日，义乌市传统村落保护发展促进会成立，旨在动员民间力量参与传统村落保护工作，在传承历史文化、振兴旅游业、促进农村农业可持续发展方面提供助力。义乌市传统村落保护发展促进会有会员单位62家，会员21人。

2019年义乌13家中国传统村落

表13

序号	所属镇(街道)	村落名称
1	赤岸镇	尚阳村
2	赤岸镇	朱店村
3	赤岸镇	东朱村
4	赤岸镇	雅端村
5	赤岸镇	雅治街村
6	赤岸镇	乔亭村
7	义亭镇	缸窑村
8	义亭镇	何店村
9	义亭镇	陇头朱村
10	佛堂镇	倍磊村
11	佛堂镇	寺前街村
12	大陈镇	红峰村
13	廿三里街道	何宅村

（何志强）

环境资源

综　述

【概况】 2019年，义乌市以生态文明示范创建为引领，狠抓环保督察整改，全力打好污染防治攻坚战，全面超额完成年度工作任务和上级考核目标，生态环境质量显著改善。全年AQI优良率为95.1%，$PM_{2.5}$年均浓度为32微克，空气质量优于国家二级标准；全市7个集中式饮用水水源地水质全部达到或优于Ⅱ类水，8个县控及以上断面水质达标率100%，义乌江出境断面水质优于入境断面水质，水质省考优秀；生态文明建设年度评价（绿色发展指数）得分81.1分，位居全省第八位，金华首位；入选浙江省首批山水林田湖草生态保护修复试点建设，获省补资金8000万元。义乌市成功创建成为国家生态文明建设示范市，连续3年夺得“五水共治”（河长制）工作“大禹鼎”，连续2年获评“美丽浙江”建设工作优秀市，获评“美丽浙江”十大特色体验地称号；塔下洲国控断面水质自动监测站获评“全国最美水站”。

高质量建设美丽义乌。加快推进浙中生态廊道建设，全年谋划生态廊道项目36个，完成投资147.23亿元，完成率141.2%；全面启动义乌江左右岸19.56千米美丽城防建设，义乌江、南江27.01千米绿道闭合圈全线贯通。大力推进绿道网建设，完成大陈江等6条县级以上河道绿道建设58.73千米。全年建设用地总供应量860公顷，完成消化批而未供土地292.87公顷，盘活存量建设用地299.6公顷。开展土地推介，成功引进金茂地产、世茂地产等6家50强房企，全市土地出让金308亿元，创历史新高。

深化农村土地制度改革，完成集地券立项134.4公顷，验收69.2公顷。建立完善集体建设用地统筹利用机制，出台农村集体建设用地整备、宅基地跨村跨镇（街道）安置等“一细则，两办法”。共整备宅基地1668.5间，其中1048.5间完成跨村安置，安置农户327户。完成集体经营性建设用地入市9宗，面积4.33公顷，成交价款累计7220.5万元；完成土地规划局部修改面积733公顷，保障345个省重点工程、基础设施、民生等项目用地空间。完成29个城市分批次建设用地报批，保障爱旭二期、中通、天合光能等328个建设项目用地需求。

开展第三次国土调查。调查全市1104.53平方千米的土地利用现状、土地权属和专项用地，并建立县级国土调查数据库。加强土地执法监察力度，全年下达行政处罚111起，拆除面积4.54万平方米，罚没款673.2万元；申请法院强制执行109起，移送（配合）司法机关案件5起。完成上报整改“大棚房”问题587个，完成率100%。

（黄夏萍　冯建民）

【高浓度难降解有机废水处理技术国家工程实验室义乌分室成立】 2019年5月10日，高浓度难降解有机废水处理技术国家工程实验室义乌分室授牌仪式在幸福湖国际会议中心举行。工程实验室主要围绕国家典型重污染行业高浓度难降解有机废水处理亟待攻克的瓶颈问题，以高效蒸发、生物强化、低能耗高效臭氧催化氧化、电解催化氧化、超临界氧化、膜分离等关键技术、工艺、装备的研发与工程化转化为重点，发展高效低耗、无害化、资源化处理新技术，创建废水达标减排、毒性减排与资源循环利用相协调的高浓度难降解有机废水处理集成技术体系，推进技术的工程化应用。国家工程实验室落地义乌设立分室后，双方将以合作为支点，发挥生态中心在人才、科研与资源方面的优势，围绕义乌市水生态综合治理、水资源开发利用、污水提标及资源化技术集成、双江湖水源保护、城北绿肺水环境等课题开展深度研究，并通过积极的成果转化，为义乌的生态环境升级、产业的转型发展提供人才培养与智力支持。

（陈金春）

【获评“国家生态文明建设示范市”】 2019年11月16日，在湖北省十堰市召开的中国生态文明论坛十堰年会上，中华人民共和国生态环境部为第三批国家生态文明建设示范市（县）命名并授牌，义乌市获评“国家生态文明建设示范市”。义乌市坚持发展与生态两手抓，同步打响“碧水、蓝天、净土、清废”四大污染防治攻坚战，生态环境质量全面

2019年11月，义乌市被生态环境部授予“国家生态文明建设示范市”称号 （金华市生态环境局义乌分局 供图）

改善，全省生态环境公众满意度排名两年前移55个位次。

（李玮钢）

环境质量

【概 况】 2019年，义乌市全年城市空气质量AQI优良率为95.1%，同比提高4.1个百分点；$PM_{2.5}$年均浓度为32微克每立方米，同比下降3微克每立方米，空气质量优于国家二级标准。全市7个集中式饮用水水源地水质全部达到或优于Ⅱ类水，8个县控及以上断面水质达标率100%，水质省考优秀。

【大气环境质量】 2019年，共监测大气环境365天，有效天数365天。市区环境空气质量优良率95%，优良天数347天，同比增加15天。$PM_{2.5}$平均浓度降至每立方米32微克，同比下降8.6%。环境空气质量总体良好，城区环境空气中SO_2、NO_2、PM_{10}、$PM_{2.5}$、CO和$O_3$6项污染物的年平均值分别为每立方米0.008毫克、每立方米0.036毫克、每立方米0.059毫克、每立方米0.032毫克、每立方米0.7毫克、每立方米0.079毫克。酸雨频率41.7%，同比下降13.3%；酸雨量占总降水量54.2%，同比下降30.9%；降水pH值分布范围4.22～6.79，pH值年雨量加权平均值5.36，同比上升0.37。

【声环境质量】 2019年，义乌市区环境噪声等效声级53.4分贝，噪声来源以生活噪声、工业噪声和交通噪声为主。道路交通干线噪声平均等效声级为67.3分贝，同比下降0.5分贝。

【地表水环境质量】 2019年，按照《地表水环境质量标准》，对

义乌江、南江、大陈江和洪巡溪等12个地表水断面开展12次（每月1次）23个项目的常规监测。12个地表水断面132站次常规监测中，达标132站次，占100%。义乌江6个监测断面，水质均为Ⅲ类水，达到水质功能要求。南江2个监测断面，水质为Ⅲ类水，与上年持平。大陈江3个监测断面，外朝塘、龙潭2个断面水质达到Ⅱ类水，比上年上升；邢宅水质为Ⅲ类水，与上年持平。洪巡溪石斛桥断面水质为Ⅲ类水，较上年持平。

【小流域水环境监测】 2019年，对全市41条小流域61个断面开展12次（每月1次）的水质常规监测，监测项目为氨氮、总磷，入江口断面增加高锰酸盐指数。监测出的数据表明2019年，41条小流域61个断面均达到Ⅲ类水质。

【饮用水水环境监测】 2019年，按照《地表水环境质量标准》（GB3838—2002），对八都水库、巧溪水库2个城市集中式饮用水水源地水质开展12次（每月1次）29个项目的常规监测、4次（每季度1次）33个优选特定项目的水质补充监测、1次109个项目的全项监测，2个城市集中式饮用水水源地水质均符合《地表水环境质量标准》Ⅱ类水标准，达标率均为100%。对岩口水库、柏峰水库、枫坑水库、卫星水库、王大坑水库5个集中式饮用水水源地水质开展了12次（每月1次）29个项目的常规监测，5个饮用水水源地水质均符合《地表水环境质量标准》相关标准，达标率均为100%。

（黄夏萍）

环境综合治理

【概况】 2019年3月，出台《关于进一步强化生态文明建设高质量推进美丽义乌发展的实施意见》，形成"1+2+4+10+X"生态文明建设体系，高标准打好污染防治攻坚战，高水平推进生态文明建设，高质量推动美丽义乌发展。开展镇（街道）生态环保"红黄旗"攻坚竞赛，常态化推动重点任务落实到位。年内，新增14个镇（街道）空气自动站、66个大气微型站、29套高空视频监控、4个机动车尾气监测点，实现全市重点区域大气环境综合质量监测全覆盖。6月，处理能力每天3000吨的垃圾焚烧发电提标改造项目全面投入运营，义乌市生活垃圾实现"零填埋"。

【蓝天保卫战】 2019年4月17日，印发《义乌市打赢蓝天保卫战2019—2020年行动计划》。5月14日，印发《义乌市蓝天保卫战2019年行动计划》，组织开展能源结构调整、产业结构优化、工业废气治理、运输结构调整、用地结构调整等"五大专项行动"和秋冬季大气污染治理、柴油货车污染治理、工业炉窑整治、VOCs深度治理、重点领域臭气异味治理等"五大攻坚战"，共34项重点工作。2019年，市"蓝天办"平均每周开展4～5次巡查督查，检查单位300余家，现场交办问题800余个，通报存在问题单位12个，责令限期整改问题47个，全部督促整改到

2019年6月，在李祖村，外籍友人踊跃参与生态环境保护活动

（金华市生态环境局义乌分局　供图）

位。完成大气治理数字化转型省级试点建设，建成全市域覆盖的大气监测感知网络、全时响应的可视化数据集成分析平台和全程协同的处置中心，实现问题发现、交派、处置、反馈的闭环管理，主要做法获副省长高兴夫、彭佳学批示肯定。“义乌市打造大气治理数字化转型县域样板”获评金华市政府数字化转型十大优秀案例。

【碧水攻坚战】 2019年，义乌市围绕创建生态市、建设美丽义乌为总纲，全力推进全域“污水零直排区”创建工作。7月11日，全省“污水零直排区”建设工作现场推进会在义乌召开。12月，义乌市全域“污水零直排区”建设工作通过金华市治水办现场验收。通过“污水零直排区”创建，完成全市214个城镇区块、2870家工业企业、651个农村的雨污合流整治工作，完成“六小”行业1.5万余家整治。建成隔油池1.2万余个，在餐饮集中区及夜市摊点推广建设公共隔油池152个。进一步完善治水基础设施，双江湖净水厂及武德净水厂新建工程、佛堂污水厂及赤岸污水厂扩建工程全面开工建设，全市9座污水处理厂提标改造全部完成，江东、稠江、苏溪、大陈、赤岸5座污水处理厂出水稳定达省清洁排放地方标准。2019年，义乌市获流域水质生态补偿265.2万元，其中东阳市、金东区分别支付义乌市165.5万元、122.4万元，义乌市支付浦江县22.7万元。

【“清废净土”攻坚战】 2019年，义乌市扎实推进土壤污染防治工作，印发《义乌市土壤污染防治2019年工作计划》《义乌市固体废物污染防治总体规划》等治理方案，各部门、镇（街道）形成工作合力，打响“清废净土”攻坚战。推进重点企业用地土壤污染状况详查，完成企业基础信息调查和采样方案编制，完成16个地块污染详查，未发现污染地块。加快义乌市固废处置能力匹配化建设，一般固废方面，华川垃圾焚烧发电厂每天400吨“污泥干化+焚烧发电”项目和金厦墙体材料每天200吨污泥处置项目建成投用，义乌市污泥处置能力达到每天750吨，基本实现“污泥不出县”目标。狠抓工业垃圾分类减量与规范化处置，工业垃圾“五全制”管理先进做法获省长袁家军批示全省推广。危废方面，新建危废利用处置项目1个，浙江盈晟环保科技有限公司废机油滤芯、废包装桶处置项目建成投用。作为金华试点开展小微企业危险废物集中收集贮存点建设，义乌市安宏环保科技有限公司小微企业危险废物集中收集贮存点年内完成环评和场地建设。2019年，义乌市固体废物产生量139.37万吨，其中，工业固体废物36.71万吨（含危险废物4.82万吨），综合利用31.89万吨，处置4.82万吨，利用处置率100%，危险废物转移至浙江省内外持“危险废物经营许可证”的单位进行处置；集中式污水厂污泥产生量13.2万吨，处置率100%；城市生活垃圾产生量89.23万吨，处置率100%；医疗废物产生量2303吨，统一委托金华市莱逸园环保科技开发有限公司进行无害化焚烧处置，处置率100%。

（黄夏萍）

环境管理

【概况】 2019年，金华市生态环境局义乌分局完成项目环评审批362个，其中报告书项目23个，报告表项目339个。完成“区域环评+环境标准”登记表备案项目107个，“零土地”技改备案项目1个，登记表网上自行备案项目1783个。深化环境资源市场化配置，完成排污权交易17笔，交易额1463万元，其中，储备库出让15笔1283万元，企业之间交易2笔180万元。

【生态环境状况报告】 2019年1月13日，市政府向市人大汇报义乌市生态环境质量和环境保护目标完成情况。4月，义乌市将生态环境状况报告制度落实情况纳入镇（街道）“红黄旗”攻坚竞赛，全市14个镇（街道）执行生态环境质量状况报告制度，义乌市在金华市域范围内率先完成目标任务。

【第二次全国污染源普查】 2019年，义乌市有序推进第二次全国污染源普查的网页数据整改及普查数据档案制作工作。4—6月，完成全市1.1万家核算对象产排污系数核算。5月，完成普查对象查漏补缺34家，全部G106表整改完成。6月底，各级普查机构开展全国污染源普查数据审核。10月上旬，完成《普查工作总结报告》《普查数据分析报告》的编写；开启企业表格档案整理工作。10月底，全部审核整改完成。至年底，普查档案全部收集完成。

【环评审批制度改革】 2019年，以国贸改革试验区获批为契机，开展全域“区域环评+环境标准”改革。10月8日，印发《义乌市国际贸易综合改革试验区“区域环评+环境标准”改革实施方案》，在全省率先开展小微企业园“1+X”环评审批改革。实行园区环评一次办理，分级动态管控；辐射许可证与卫健部门的诊疗许可证实施跨部门“一件事办理”，完成辐射安全许可证审批权限下放至县级市的试点工作；开展Ⅲ类射线装置辐射安全许可证管理改革，简化办理流程，实行全程网办；开展排污许可和环评衔接试点改革，推动排污许可和环评审批二者衔接融合，实现同步审批、同时拿证。

【信用+环境管理】 2019年12月3日，金华市生态环境局义乌分局印发《义乌市企业环境信用评价管理办法(试行)》，建立环境信用动态化评价模式，采用环境守法、环保管理、生态保护、社会责任4个一级扣分指标，及X项信用修复加分项的“4+X”评价标准，综合评定参评单位环境信用等级。由优到劣依次列为绿色、蓝色、黄色、红色、黑色。探索信用评价结果应用，制定系列奖惩措施，将评价结果纳入“双随机”监管、环评审批、资源要素配置、环保专项资金补助、评优评先等环保领域。至12月底，完成全市首批224家重点监管企业环境信用评价工作。

（黄夏萍）

污染减排

【概况】 2019年，义乌市化学需氧量、氨氮、二氧化硫和氮氧化物排放量较上年分别下降2%、3%、2%、5%，即在2018年化学需氧量1.26万吨、氨氮2133吨、二氧化硫4434吨、氮氧化物4398吨基础上分别下降252吨、64吨、89吨、220吨。

【工业污染减排】 2019年4月，义乌市经济信息化局联合金华市生态环境局义乌分局印发《关于下达2019年实施清洁生产审核企业计划名单的通知》，指导大德药业等18家企业完成强制性清洁生产审核验收，宝玛斯等20家企业完成非强制性清洁生产审核验收。深化锅炉整治，综合采取清洁能源替代、加装布袋除尘等措施，完成153台生物质锅炉整治(全市共158台生物质锅炉)，有效改善冒黑烟现象；完成1台35蒸吨以下燃煤锅炉淘汰、37台132.4蒸吨燃气锅炉低氮改造工作。

【机动车尾气固定遥感监测系统上线运行】 2019年12月6日，义乌市机动车尾气固定遥感监测系统上线运行，系统包括1套固定水平式遥感监测设备及3套冒黑烟车电子抓拍设备，分别位于义乌市四海大道姑母塘村路段、环城南路长城公园路段、佛堂大道稽亭加油站路段及西城路东大鲁村路段，固定遥感监测系统实现24小时全天候监测，上线后，监测机动车75.79万辆。

【移动源污染减排】 2019年，义乌市在全省率先开展国Ⅰ汽油车淘汰补助工作。7月始，实施国Ⅲ排放及以下营运柴油货车淘汰补助工作，至年底，共淘汰补助883辆，其中国Ⅰ车辆224辆，国Ⅲ车辆659辆。

【非道路移动机械整治】 2019年，根据生态环境部《关于加快推进非道路移动机械摸底调查和编码登记工作的通知》，义乌市对全市范围内涉及的七大行业13种机械类型的非道路移动机械进行摸底调查及编码登记。至12月底，摸底调查及登记上牌非道路移动机械3655台，占金华市的33%，完成量居全省各县市区首位。开展非道路移动机械专项检查，重点检查施工工地使用的柴油非道路移动机械，现场检测非道机械的尾气排放情况。抽查检测232辆非道路移动机械，对66辆尾气排放不合格机械业主下达《违法行为限期改正通知书》，责令其立即整改(加装颗粒捕集器)，基本完成整改。

12月31日，义乌市印发《关于划定禁止使用高排放非道路移动机械区域的通告》，划定义乌江—经发大道—南山路—宗泽路—义乌江形成的闭环区域为低排区，自2020年10月1日起，在此区域使用的非道路移动机械，排放应满足《非道路柴油移动机械排气烟度限值及测试方法》中的III类限值要求。

【推进生态修复】 2019年，义乌市入选浙江省首批山水林田湖草生态保护修复试点建设，获省补资金8000万元。金华市生态环境局义乌分局制定《义乌市山水林田湖草生态保护修复试点实施方案》，谋划建设8.4平方千米的幸福湖城市绿肺等34个重点项目，概算总投资93.5亿元。年内27个项目开工，其中完工6个。

（黄夏萍）

环境监察

【概况】 2019年，金华市生态环境局义乌分局印发《义乌市生态环境保护综合行政执法改革实施方案》，挂牌成立义乌市生态环境保护综合行政执法队。聚焦污染防治攻坚战的关键领域，加大力度、加密频次，开展蓝天保卫、碧水提质、“清废净土”等专项执法行动。检查企业（作坊）6500余家次，立案查处各类环境违法案件462起，其中办理刑事案件3起，行政拘留5起，查封扣押41起；依法关停“散乱污”企业（作坊）370余家。受理环境信访1757件，同比下降16%，信访件答复率、满意度100%。

【“双随机、一公开”执法检查】 2019年，开展“双随机、一公开”执法检查，将生态环境执法全面融入“一网通管”。3月，制订完成标准化检查表单。10月，生态环境保护综合行政执法队全面入驻义乌市事中事后监管中心集中办公，全面开展“双随机、一公开”监管并向跨部门延伸。全年开展“双随机”执法检查10次，跨部门“双随机”执法检查8次，累计检查企业1200余家次，检查情况及结果实时录入系统，实现执法全程留痕。

【环保服务】 2019年，义乌在全省率先建立“企业环保服务日”制度，成立“环保服务专家团”，分区域、分行业常态化开展指导帮扶。全年走访企业1500余家次，帮助指导企业解决问题160余个。推进“先培训后执法”模式的全面应用，变环境执法“事后查处”为“事先服务”。至年底，组织企业环保培训12期，涉及印刷包装、汽修等11类行业，培训企业2700余家次。

【蓝天保卫专项执法行动】 2019年，义乌以大气治理数字化转型平台为抓手，进一步压实部门、镇（街道）治气工作责任，全力创建“清新空气”示范区。立足四大结构调整，加强NOx和VOCs协同治理，加强$PM_{2.5}$与PM_{10}协同控制，重点抓好工地道路扬尘防治行动、“十百千”工业治气行动、锅炉专项整治行动、柴油货车和非道路移动机械污染治理攻坚行动、重点领域臭气异味治理行动、秋冬季大气污染防治攻坚行动六大专项行动。基本淘汰每小时35蒸吨以下燃煤锅炉，燃气锅炉全面完成低氮改造，基本消除柴油车冒黑烟现象。淘汰涉气“散乱污”小作坊500余家，开展无异味园区和无异味企业创建，涉气重复信访率比2017年下降30%。

【碧水攻坚专项执法行动】 2019年，义乌深化“双九”源头治理，全域建成“污水零直排区”，全省治水工作现场会在义乌召开。创新治水考核机制，出台《义乌市纳管污水浓度考核暂行办法》等水质长效管理机制，实施“纳管污水浓度”与“小流域断面水质”同步考核，强化属地镇（街道）治水主体责任，推动源头雨污分流、雨污管网修复等工作，完成61个末端截流点整治。至年底，针对丝网印刷、医疗等重要行业立案查处环境违法行为61起，罚款327.27万元。

【“清废净土”专项执法行动】 2019年，全面落实“土十条”，开展清废净土专项执法行动。严格落实生态环境部反馈的义乌市固体废物堆放、贮存、倾倒和填埋疑似点位的排查并全部完成整改。对68家相关企业开展工业污泥规范化管理检查整治工作，开展现场指导，全面防范工业污泥非法处置、非法倾倒、非法填埋等行为。对8家危险废物处置单位开展专项执法行动，检查企业危废识别标志设置、集中处置设施使用、危险废物安全堆放等情况，确保危险废物管理到位。

【饮用水水源地专项执法检查】 2019年，金华市生态环境局义乌分局对全市范围内11个湖库型饮用水水源地（包括城镇、乡镇和农村集中式饮用水水源地）进行排查，掌握所有湖库型饮用水水源地现状，做好基础信息更新工作。至年底，联合镇（街道）、公安、行政执法等部门开展饮用水水源地专项执法检查6次，劝导游泳、钓鱼等不文明行为46人次。

（黄夏萍）

“五水共治”

【概况】 2019年，义乌市始终坚持“双九”治理理念推进纵深治水。市域各交接断面水质全部达到地表Ⅲ类以上，省考为“优秀”。实现“六个率先”，即率先完成全省县（市、区）全域“污水零直排区”建设，并对排水设施一体化管理、标准化运维进行探索；率先开展“五水共治”示范村创建，完成132个；率先探索“五类五化”运维管理模式，初步形成管网系统科技化、污水处理专业化、面源管控制度化、涉污设施社会化和实时实况智慧化等运维模式；率先推动智慧治水平台向镇（街道）延伸，形成涵盖数据收集、分析、运用、指令一体化、一站式“智慧治水”模式；率先在镇（街道）实行小流域水质双向生态补偿考核奖惩机制，出台《义乌市纳管污水浓度考核暂行办法》《义乌江流域水质稳定达标长效管理办法》等水质长效管理机制；率先推行生态廊道建设“国企+精品线”模式，累计完成投资434.6亿元。

强化“七个抓实”，即抓实防洪水项目工程，投资6亿元完成水利工程标准化建设56项；抓实排涝水畅通工程，雨水管网建设、提标改造管网、雨污分流改造管网、排水管网清淤和增加应急设备任务完成率分别为223%、327%、327%、300%和660%；抓实保供水民生工程，跨区域引入浦江成品水，实施水库扩容和引水工程，可新增供水2000万立方米以上。新扩建水厂工程实现通水运行，全市供水能力提升至每日64万立方米；抓实节水系统工程，顶层绘就节水社会“一张图”，全域打造分质供水“两面网”，全面推进行业节水“三条线”，全力筑牢县域节水“四根柱”，实现年节约用水360万立方米；抓实“四化”试点工作，探索河长履职新模式，完成佛堂镇、后宅街道试点；抓实行业管理工作，实施“六小”行业“十二分制”管理，关停低散污企业370家，立案查处315起；抓实社会宣传工作，在各类媒体上报道890余篇，省公众号采用16.5万条，省简报采用8篇。

2019年，义乌市获“五水共治”（河长制）工作优秀市县“大禹银鼎”、美丽浙江建设工作优秀县（市、区），连续4年获省“五水共治”（河长制）工作“大禹鼎”；被水利部评为“第二批节水型社会建设达标县（区）”。

【全省“污水零直排区”建设研讨会在义乌召开】 2019年6月4日，全省“污水零直排区”建设研讨会在义乌幸福湖国际会议中心召开，来自全省治水专家、学者及各地市治水办相关负责人等50余人参加研讨会。会上，对“污水零直排区”建设进行交流。其间，参会人员先后考察义乌福田街道长春商贸区“六小”行业综合治理、江东街道临江老旧小区综合改造、义乌高新光电园区涉污企业“污水零直排区”建设、后宅街道启航工业区“十连片”和排水公司“智慧排水”综合管控平台。

【首批公共直饮水设备投入使用】 2019年9月13日，义乌市首套公共直饮水设备在绣湖广场投入使用，解决市民户外饮水问题。义乌直饮水系统的净水处理器采用以反渗透膜为核心的五级处理工艺，过滤其管网残余的余氯，达到直饮水的要求。至年底，完成直饮水设备投入16处，主要分布在城市主题公园、大型商场周边、城市绿肺及江滨绿廊沿线。

【八都溪获评浙江省“美丽河湖”】 2019年12月11日，浙江省水利

2019年12月11日，义乌市八都溪被确定为省“美丽河湖”

（吴琅文　摄）

厅、省治水办（河长办）联合公布浙江省2019年“美丽河湖”名单，义乌市八都溪被确定为省“美丽河湖”。八都溪是大陈镇境内大陈江12条支流之一，也是浦阳江的源头河道之一，全长5千米，流经上坑仁、溪后、马畈等村，水质长期稳定在Ⅱ类以上。

【义乌建成全省首个县（市、区）全域“污水零直排区”】 2019年12月23—25日，金华市治水办对义乌市全域“污水零直排区”建设进行实地复核，义乌市顺利通过复核，全省首个县（市、区）全域“污水零直排区”在义乌建成。义乌市坚持以“三个到底”推进全面纵深治水，高起点谋划“两体系”（“双九”治理体系和“三级”作战体系），高标准夯实覆盖全域收集网、畅通污水输送网、布局系统处理网、激活水系生态网、探索体系运维网和构建全民共建网等“六张网”。2016年，全域启动雨污分流；2017年4月，率先全面铺开“污水零直排区”建设；2018年，对标创优作战；2019年，完成全域“污水零直排区”建设。

【首个小区分质供水在卿云府试点】 2019年12月29日，义乌市首个分质供水试点小区卿云府启动交付，分质供水是根据不同使用场合对水质的不同要求，使用不同管道分别供水，分别计量，分别计价。以污水处理厂达标尾水和义乌江水为水源，经分质水厂深度处理后，专管为大用水量企业提供生产用水。新建居民小区采用双水管，用于和人体直接接触的饮用、洗浴等；绿色为分质供水管，专供冲厕、绿化和地面等用水，每日可置换出优质水1200余吨。建立科学合理的价格体系和奖惩结合的信用体系，居民用水优惠每吨0.5元，并采用定量法信用激励，年使用量达3吨以上的加1分。非居民用水优惠每吨1元，日用水量超1000吨的再优惠每吨0.5元，同时采用限制法信用惩戒，未按规定使用的扣2分。

（王超萍）

国土资源

【概况】 2019年，市自然资源和规划局完成金甬铁路以及杭温二期先行用地等4个单独选址项目建设用地审批，双江水利枢纽工程用地预审以及综合保税区用地审核。全面落实两公告前置的新征地流程，全年开展土地征收和征地前期工作267个项目1436.73公顷。其中完成征地方案编制181个地块691.2公顷，完成征地前期工作745.53公顷，审核支付征地补偿费3.39亿元；完成垦造和补充耕地327.87公顷，旱改水272.73公顷，建设用地复垦272.73公顷，耕作层剥离再利用41.53公顷。

全年实施全域土地综合整治和生态修复工程5个，赤岸镇神坛村全域土地综合整治与生态修复项目完成验收。以不动产登记“综合创新示范”试点为契机，出台《不动产登记“综合创新”改革实施意见》。建立以全流程网上和移动办理为主、现场自助和人工办理为辅的不动产登记新模式，率先在全国实现所有不动产登记业务类型“网上办”“掌上办”，推广使用电子不动产权证、电子登记证明；实现建设用地审批和城乡规划许可“多审合一”。推行建筑工程项目测绘“多测合一”，实现“一次委托、统一测绘、成果共享”。将测绘作业时限由64个工作日缩短至26个工作日；全面实施新增工业用地“标准地”出让，实现“拿地即开工”。全年出让

"标准地"11宗，面积98.12公顷，出让金额3.2亿元。

严打涉林违法犯罪。全年依法查处各类涉林违法犯罪案件77起，其中刑事案件15起，依法采取强制措施41人；行政案件62起，行政处罚68人，收缴罚没款192万余元。半年度人均办案数位居全省第二名，受到省森林公安局通报表扬。

【全省首本"五合一"建设项目选址意见书】 2019年4月11日，市自然资源和规划局颁发有机更新地下环路、和欣路延伸和阳光家园配套道路3个项目的选址意见书。此意见书一并完成规划选址意见、用地预审、矿产资源压覆核查、地质灾害核查、占用林地和林木采伐核查5个环节。系义乌市工程建设项目审批制度改革后颁发的浙江省第一本"五合一"建设项目选址意见书。

【首次对"义乌小鲵"进行野外放归】 2019年7月，为扩大"义乌小鲵"野外种群数量，由市自然资源和规划局和浙江师范大学合作培育的200条"义乌小鲵"在市林场进行野外栖息地放归。其中未完全发育的大龄幼体40条，完全发育160条。为便于"义乌小鲵"跟踪监测，以便进行生物学特性研究，放归个体中20余条注射荧光剂。"义乌小鲵"是唯一以义乌进行冠名的野生动物，生活在海拔100～200米植被茂盛的丘陵山区。

【双江水利枢纽工程通过用地预审】 2019年7月29日，双江湖新区管委会根据国家自然资源部反馈意见，重新修编的项目建议书，获省发改委批复。9月11日，义乌市双江水利枢纽工程通过自然资源部用地预审。义乌市双江水利枢纽工程以供水、防洪为主，结合改善生态环境，兼顾灌溉、航运、发电等综合利用。项目需要开挖水域面积4.91平方千米，建成后将形成1500万立方米的兴利调蓄库容，可提供每日20万立方米的工业用水。双江水利枢纽工程项目用地规模600公顷，此项目列入《水利改革发展"十三五"规划》《浙江省水利发展"十三五"规划》。此项目实施建设，对解决义乌市水资源紧缺、提高区域防洪能力、改善区域水环境等方面发挥重要作用。

（冯建民　何杭军）

【"容缺信封"机制】 2019年11月，义乌市不动产登记中心推行"容缺信封"机制。"容缺信封"是窗口在遇到申请人提交申报材料不齐或存在缺陷时，在完成现场受理的同时向其发放"容缺信封"用以补全材料的一项便民机制，申请人在5个工作日内补齐或补正申报材料并装入"容缺信封"，由指定的快递公司免费上门收寄。至年底，义乌市不动产登记中心受理"容缺信封"机制7次。

【国土空间总体规划】 2019年，市自然资源和规划局按照"多规合一"要求，将"市域总体规划、土地利用规划、产业发展规划"等空间类规划融合为"一张蓝图"；结合资源环境承载能力和国土空间开发适宜性评价、规划实施评估、义乌国际贸易综合改革试验区建设等专题内容，提出"高、中、低"3种用地发展情景模拟下的空间布局方案，并示划"三线"（生态保护红线、城镇开发边界、耕地保护红线）方案。12月26日，经国土空间总体规划中期方案专家咨询会讨论后，形成中期方案。

（除署名外均由冯建民撰稿）

工业

综 述

【概况】 2019年，义乌市规模以上工业企业实现产值602.4亿元，同比增长9.5%，规模以上工业增加值137亿元，同比增长8.1%。全市规模以上装备制造业、高新技术产业及战略性新兴产业、数字经济核心产业制造业增加值分别同比增长38.5%、16.1%、19.8%及44.5%，均高于规模以上工业制造业增加值增速。

招商引资取得新进展。完成工业投资126亿元，同比增长10%；技改投资73.97亿元，同比增长17.8%。全球排名前五位的光伏企业4家落户义乌，晶科能源、天合光能、东方日升二期开工，晶澳项目签约，爱旭二期实现当年落地当年开工当年投产。吉利混动变速器、英伦整车二期开工建设，吉利动力研发中心及营运中心落户义乌。成功创建省制造业高质量发展示范市。

优势产业改造提升扎实推进。完成服装制造业改造提升省级试点建设方案及政策资金补助。2019年服装制造业实现产值104.41亿元，同比增长2.5%。"重大项目和产业链招商""专业园区"成功入围金华市制造业细分行业培育专项激励名单，获专项激励资金700万元。

"倍增计划"初显成效。根据《关于实施重点企业规模与效益倍增计划的实施意见》，制定实施倍增计划试点企业遴选方案，组织开展实地遴选及培育工作，从84家报名企业中遴选入围企业52家，其中，试点类企业46家，管理提升类企业6家；12家企业实现倍增目标。应对复杂经济环境，建立实施重点企业产值预报制度，"规上"产值增幅始终保持走在前列。开展企业"小升规"，推进重点企业培育提升，全年完成"小升规"企业112家，义乌市易开盖实业公司、浙江弘尚智能科技股份有限公司入围2019年省级隐形冠军培育企业。年内，16家企业淘汰落后产能通过现场验收，34家企业完成清洁生产审核验收。创建省级节水型企业13家，金华市级节水型企业6家。

实施1亿元以上项目跟踪服务机制，保障重大工业项目落地实施。东方日升、天合光能、吉利DHT、电镀园等一批重大工业项目落地实施，华灿光电先进半导体与器件研发生产基地建设项目列入省转型升级产业基金重点支持对象。全市实际到位内资85.33亿元，同比增长12.11%。实施重点技术改造项目计划，7个项目入选浙江省"四个百项"重点技术改造示范项目，31个项目入围金华市重点技改项目。全年技改备案178个，计划投资额50.87亿元。购置机器人295台，兑现技术改造财政扶持资金3批1亿元。

坚持优化产业结构，推动低效企业转型，开展"低散乱"企业、D类企业整治提升工作。2019年，累计整治提升"低散乱"企业1728家，其中，改造升级446家，搬迁入园10家，异地搬迁57家，合作转移198家，关停淘汰1017家。整治D类企业84家1953亩。重点行业整治有序推进，建成航宾仿真花产业园，北苑幸福社区原仿真花集聚区块涉及污染环节企业（作坊）全面入园集聚或搬离。工业用地全生命周期管理持续深化，在存量用地转让纳入全生命周期管理的基础上，解决存量用地开竣工违约问题，将全生命周期管理协议签订作为工业用地改扩建及历史遗留工业厂房办理不动产登记前提条件，2019年，签订全生命周期协议宗地135宗。新增工业用地100%实行"标准地"出让，全年累计出让"标准地"15宗1976亩。

2019年，推进老旧工业区提升改造，完成后宅新凉亭、佛堂日信、稠城星耀风机等老工业区有机更新工作，腾出发展空间1097亩。累计建设标准厂房32.5万平方米，改造旧厂区134.81万平方米。

2019年1月，义乌市被省经济和信息化厅评为2018年度全省经济和信息化工作优秀县（市、区）。同月20日，根据《义乌市机构改革方案》，义乌市经济和信息化委员会更名为义乌市经济和信息化局，在行政4号楼挂牌。12月，省财政厅、省经信厅联合公布2020—2022年浙江省制造业高质量发展示范县（市、区）创建名单，义乌位列其中，获省财政厅专项激励资金3亿元。

（于　群）

【推进企业智能化改造】 2019年3月，开展"智能化技术改造咨询诊断服务月"活动，着力破解服装制造业在智能化改造中存在的技术、人才、管理等难点。5月31日，推荐浙江工业大学义乌中心、哈尔滨工业大学义乌机器人中心申报浙江省人工智能产业联盟成员单位。9—10月，开展无缝行业、衬衫行业智能化诊断，出具两大行业诊断报告。11月29日，召开智能化改造推进会，加快推进传统制造业改造提升，邀请浙江大学教授杨将新讲解智能化趋势，企业代表分享智能化改造成功案例。至年底，全市新增省级数字化车间/智能工厂1家，备案验收省级工业新产品（新技术）90项，入选省内装备首台（套）项目2个，省级优秀工业新产品（新技术）4项，省级制造精品项目2个。

（陈超群）

【招商服务中心成立】 2019年4月，市经信局成立由党委书记任组长的招商服务中心。服务中心成员每月常规性地赴深圳、杭州等地招商，与10余个项目进行招商对接。至年底，成功引入金建鞋业、盈云科技、SAP赋能中心、联东U谷、美谷项目5个新兴产业项目，总投资20亿元。

（陈超群）

无缝织造业

【概况】 2019年，义乌市有无缝织造行业企业220余家，其中注册自营出口权企业32家。从业人员4.5万余人。生产束身美体内衣、时装、休闲装、泳装、内衣吊带等大类产品。行业及配套产业名牌产品21只，其中浙江名牌5只。产品主要销往欧美、日韩等30余个国家和地区。有无缝内衣针织机2.3万台，其中意大利电子提花针织机1.44万台。实现产值118亿元，利润9.13亿元，纳税6.34亿元，出口额46亿元。有国家级高新技术企业4家，国家级火炬计划重点高新企业1家，义乌市"工业50强"企业11家。国家级高新技术研究中心1个，省级高新技术研究中心5个，省级企业研究院2家。年内，义乌市连续第三次被中国纺织工业协会和中国纺织工业协会评为"中国针织（无缝内衣）名城"。

【首届中国针织无缝运动内衣趋势发布会】 2019年5月31日，义乌工商职业技术学院及中国小商品城集团股份有限公司联合在义乌国际商贸城三区举办以"无・缝"为主题的首届中国针织无缝内衣行业流行趋势发布会暨无缝行业人才交流会。会上，义乌工商职业技术学院服装与服饰设计专业对接上市公司浙江棒杰控股集团有限公司共建研发中心，共同申报省新产品试制项目，并结合国际流行趋势，对2020年春夏无缝运动内衣等进行趋势预判。其间，举行以"艺术家、浪漫博物馆、都市运动"为主题的21个系列，70件无缝内衣设计作品秀，助力义乌时尚产业高端人才聚集，实现义乌小商品时尚产业发展与国际接轨。

【发布《无缝塑身纤体内衣》团体标准】 2019年9月10日,《无缝塑身纤体内衣》团体标准由浙江省品牌建设联合会发布实施。此标准由义乌市标准化研究院组织,浙江爱美莱纤体服饰有限公司主要起草,义乌制造标准化管理研究中心、国家日用小商品质量监督检验中心等单位参与起草。标准规定无缝塑身纤体内衣的基本要求、产品分类和号型、技术要求、试验方法、检验规则、标志、包装、运输和贮存、质量承诺等,适用于以锦纶、丙纶、氨纶为主要原料经加工制成的无缝塑身纤体内衣产品。

(楼　霄)

袜业行业

【概况】 2019年,义乌市有袜业企业1000余家,其中,规模以上企业59家,超1亿元企业12家。从业人员6万人。生产袜子90亿双,同比增长5.28%;出口交货值30.8亿元,同比增长5.8%。实现工业总值172亿元,工业产值48亿元,营业收入170亿元。袜业行业重点分布在义乌市城市中心区及佛堂镇、廿三里街道、苏溪镇等地。市袜业行业协会作为浙江省对外贸易预警点之一,全年收集、整理、发布针织业外贸信息382条,编发预警信息通报6期,预警信息材料7篇。

【"中国袜业名城"复评】 2019年6月,中国纺织工业联合会联合中国针织工业协会举行"中国袜业名城"复评工作。11月,经过考核评比,义乌市复评为"中国袜业名城"。12月,在北京召开的全国纺织产业集群复查工作总结大会上,义乌市被授予"中国袜业名城"证书。自2006年1月被评为"中国袜业名城"以来,义乌市袜业行业持续发展,浪莎控股集团被工业和信息化部授予中国袜业冠军企业,浙江曼姿袜业有限公司被评为"浙江出口名牌";浙江弘尚(袜业)智能科技股份有限公司挂牌新三板上市。

【袜业产品质量对比】 2019年11月,市消费者权益保护委员会、市市场监管局及义乌国际商贸城联合开展袜业产品质量比对活动。抽取72家义乌国际商贸城销售产品,在大型超市、网络平台购买10批次国内外知名产品进行对比。除选取国家标准规定的横向延伸值、直向延伸值、耐干摩擦,耐湿摩擦、耐水、耐酸汗渍、耐碱汗渍、色牢度、异味、甲醛、pH值、禁用偶氮染料11个指标外,选取顶破强力及透气性2个指标进行比对。结果表明,义乌国际商贸城袜业产品质量总体状况良好,产品最关键功能性质量指标高于行业标准要求;与国内外知名品牌产品相比,质量无明显差距。12月24日,《义乌商报》发布义乌市袜业产品质量比对结果。

(金善富)

服装行业

【概况】 至2019年年底,义乌市有服装生产企业430余家(不含无缝内衣),从业人员4.12万人,较上年减少1000余人;流水线900余条,较年初减少60条。日产服装85万件,其中衬衫产品占比逾90%。由于部分自动设备和创新技术的投入使用,行业在从业人员减少的情况下,产值实现增长,全年实现产值85.34亿元,同比增长3.6%;出口值比例为51.3%,同比上升1.1个百分点。

2019年,义乌市服装行业协会组织15家企业到越南、新加坡等国家考察投资办厂环境,组织18家企业考察雅戈尔集团股份有限公司,组织会员企业参观和参展中国国际服装服饰博览会2次,全年,协会累计组织参观企业120余家次,参展企业21家次。

【衬衫产业综合体创建】 2019年1月,为推进义乌市衬衫产业发展,弥补产业研发、检测等短板,大陈镇向市政府申请创建衬衫产业综合体。3月,大陈镇衬衫产业综合体项目获批,市服装行业协会大陈分会为衬衫产业综合体建设依托单位。衬衫产业综合体服务场所坐落在大陈镇红旗桥头,建成后可在产业对接、资源整合、检测维修、研发创新等方面为义乌市服装产业提供全面服务。至年底,衬衫产业综合体完成施工及前期准备工作。

【衬衫产业通过“中国衬衫名镇”复评】 2019年4月，中国纺织工业联合会产业集群复评工作组到大陈镇实地考察衬衫产业集群，并召开座谈会。会上，大陈镇工业分管领导及义乌市服装行业协会大陈分会会长介绍大陈镇衬衫产业集群发展情况，获专家组肯定。7月，义乌市服装行业协会大陈分会会长前往宁夏吴忠市参加全国产业集群会议，就大陈产业集群发展亮点作汇报。12月，产业集群复评大会在北京召开，大陈镇“中国衬衫名镇”通过复评。2013年3月，大陈镇向中国纺织工业联合会申请“中国衬衫名镇”评议；同年12月，大陈镇获中国纺织工业联合会评定为“中国衬衫名镇”。2016年12月，大陈镇通过“中国衬衫名镇”第一次复评。

（楼　骞）

化妆品行业

【概况】 至2019年年底，义乌市有化妆品生产企业157家，较上年增加8家。产品以彩妆、香水为主，外贸占比逾80%，主要销往欧美、东南亚、中东等180余个国家和地区，占全省化妆品出口50%。义乌市蝶妃化妆品有限公司、浙江颜雪化妆品有限公司、浙江艳庄化妆品有限公司3家企业被评为2018年度工业企业50强；义乌市蝶妃化妆品有限公司、浙江颜雪化妆品有限公司、浙江美之源化妆品有限公司、浙江美雪化妆品有限公司、义乌市安科化妆品有限公司、浙江艳庄化妆品有限公司和浙江维雅化妆品有限公司7家企业被评为2018年度义乌工业企业亩产效益综合评价A类企业；浙江艳庄化妆品有限公司、浙江美雪化妆品有限公司、浙江颜雪化妆品有限公司、义乌市蝶妃化妆品有限公司、浙江美之源化妆品有限公司、浙江晶辉化妆品股份有限公司、义乌市欧雅化妆品有限公司、义乌市庆鹏化妆品有限公司8家企业列入义乌市科技创新综合评价前100名。浙江颜雪化妆品有限公司和浙江欧雅化妆品有限公司获评国家高新技术企业。2019年，义乌市宝丽诗化妆品有限公司技改创新组获中华全国总工会授予“全国工人先锋号”称号。

蝶妃化妆品生产车间　（黄庆斐2019年8月12日摄）

【2019浙江美业博览会】 2019年4月1—3日，由浙江省商务厅、浙江省人社厅、浙江省总工会和省财贸工会主办，浙江省美发美容行业协会承办的2019浙江美业博览会在义乌国际博览中心举办。博览会以“时尚、跨界、创新”为主题，全面展示化妆品、日化原料配方、美容仪器、发制品及科研技术等一站式美业供应链交流服务平台，成为浙江美丽健康时尚产业全产业链，涵盖华东地区知名行业的专业盛会，来自世界30余个国家和地区的700余家品牌企业参展。展览面积5万平方米，同比增长12.5%。设国际标准展位1880个，境内外专业买家5.37万人次现场采购，意向成交额5.32亿元，同比增长6.7%。其间，举办化妆品日化欧盟法律法规论坛、2019亚马逊跨境电商高峰论坛、“丝路行”全球美业商人联谊会、“一带一路”美业商贸对接会等10余场大型配套活动。

（曹国强）

【馥元纪彩妆科技产业园开园】 2019年4月11日，由义乌市蝶妃化妆品有限公司全额投资建设的浙江省首个彩妆产业园——义乌馥元纪彩妆科技产业园开园，为义乌首个以"美妆"为主题的电子商务产业园。园区坐落于义乌市丹溪北路622号义乌市蝶妃化妆品有限公司内，占地3.8公顷，建筑面积6万余平方米。以彩妆为载体，供应链为支撑，品牌服务为宗旨，通过"制造+互联网+服务"运营理念，打造垂直细分产业互联网平台。园区设美妆检测中心、美妆电商摄影基地、美妆跨境物流出口服务中心、美妆网红直播学院、美妆原材料服务中心、美妆电商孵化培训、时尚美妆研究院七大功能平台。至12月底，园区入驻电商、电商服务及相关配套类企业79家。

【参展第24届中国美容博览会】2019年5月20—22日，第24届中国美容博览会在上海新国际博览中心开幕，汇聚全球40余个国家和地区的3500余家化妆品企业1万余个品牌，为全球规模最大、影响力最强的美妆盛会之一。义乌市蝶妃化妆品有限公司、浙江丽芙秀化妆品有限公司、浙江艳庄化妆品有限公司、浙江雪芙蓉化妆品有限公司、浙江美蔻生物科技有限公司等9家化妆品生产企业参展，打出"全国化妆品产业基地——义乌市"广告，宣传义乌化妆品。9家参展企业共设展位35个，达成意向客户400个，成交额200万余元；市化妆品行业协会为参展企业争取政府组团参展补贴41.55万元。浙江丽芙秀化妆品有限公司开发的丽芙秀男士淡香水获中国美容博览会美伊科技奖最佳研发奖。

【化妆品出口监管模式改革】2019年，受加征关税、国外技术性贸易措施影响，义乌市化妆品出口遭遇困难，效益下滑。7月，义乌海关和市化妆品行业协会在充分调查研究基础上向市政府提出"减免义乌化妆品企业出口产品检测费"的申请，帮助企业共渡难关。11月，市商务局会同市经信局、市财政局，以"义乌海关"为主体，启动义乌海关创新化妆品出口监管模式改革，将过去"事后监测（成品检验）"改为"事前评价""过程监控"为主的产品质量风险监管模式，确保产品质量前提下实现快速通关。同月，此出品监管模式在全市A类、B1类的21家化妆品出口企业试点实施，获市财政检测补助资金400万元。

【首届美妆经济创业大赛】2019年9月12日，由市人社局主办，义乌市馥元纪彩妆科技产业园承办，市化妆品行业协会协办的义乌市首届美妆经济创业大赛等五大创业大赛项目在陈望道故居启动。经大赛宣传、项目征集，义乌市首届美妆经济创业大赛吸引具有前瞻性和信息化思维的美妆主题项目200个，涵盖彩妆、美妆工具、化妆品检测、医美、美妆供应链等美妆领域。10月29日，初赛、复赛产生的12强项目进入总决赛。经角逐，一站式跨境美妆品牌管理服务平台、功能性再矿化牙齿美白洗护系列产品和MORROR魔境智能美业终端平台分别获一、二、三等奖。获奖项目与义乌政府相关部门、创投资本和馥元纪产业园进行有效对接，促成创业成果转化。

【义亭美创园】义亭镇聚焦化妆品行业，向存量要空间，推动低效用地向小微企业园转变，成为美创园提升改造的主攻方向。在辖区内，腾退不符合要求的"低散乱"企业。通过整体设计和规划，导入智慧消防管理系统，引入浙江慧谷投资管理有限公司进行专业运营管理。占地10公顷的义亭美创园经过提升改造，52家美妆行业的上下游小微企业相继入园，其中包括从上海、广州、温州等地"迁移"义乌的企业。2019年，园区举办培训、讲座20余场，外出考察交流10余次，为企业完成"零跑"办件200件。2019年4月1—3日，2019浙江美业博览会在义乌国际博览中心召开，义乌市组织8家企业组团参展，义亭美创园的综合展位是整个展会唯一一个以小微企业园名义组团参展的参展商。在美创园200余平方米的展位上，吸引全国各地及东南亚、非洲等地的客商。展会上集聚效应突显，实现成交额1600万元。2019年，义亭化妆品产业总产值10亿余元，美创园逐渐从小微企业园扩展为全域产业集聚群。

（陈金春）

（除署名外均由王新建撰稿）

拉链行业

【概况】 2019年，义乌市有拉链生产企业及拉链配套企业300余家，其中年销售额逾2000万元企业22家，从业人员2.5万余人。实现营业收入75.85亿元，同比增长3.79%；实现外贸自营出口9.01亿元，同比增长4.57%。

【拉链行业协会七届一次会员大会】 2019年3月29日，义乌市拉链行业协会七届一次会员大会暨成立20周年庆典在义乌市香格里拉酒店举行，市委、市政府及市民政局、市经信局、市商务局领导，中国拉链行业协会代表及义乌市拉链行业协会会员，常熟、无锡、杭州、温州、永嘉等地拉链商（协）会嘉宾共220余人参加会议。会议总结2016—2019年拉链行业工作，对下一届工作提出建议。选举产生以楼旭峰为会长的七届一次理事会。

【《拉链产业发展史册》】 2019年4月4日，市拉链行业协会为记念成立20周年，缅怀过去，展望未来，启动编辑《拉链产业发展史册》。反映义乌拉链从无到有、从小到大、从弱到强，从义乌走向全国拉遍全球，成为中国拉链产业基地、世界最大拉链产品展示销售中心的发展历程。同时，记述市拉链行业协会1999—2019年的工作及发展。《拉链产业发展史册》分产业演变、协会成长、领导关怀、获得荣誉、行业大事记5个部分，共1万余字，200张图。

【创建“义乌拉链”微信公众号】 2019年8月27—28日，为加强义乌市拉链行业文化建设，推进拉链产业高质量发展，市拉链行业协会举行拉链行业企业文化建设座谈会，提出创建“义乌拉链”公众号。运用微信的实效性、快捷性、方便性、易操作性，及时向行业内外发布行业重要信息，促进行业交流与协作。

（吴新喜）

制笔产业

【概况】 2019年，义乌制笔行业有企业370余家，其中规模以上企业31家，从业人员4万余人。市场销售商位1500个，经营主体1863家，实现产值30亿元，销售额40亿元。主要产品有各类水彩笔、活动铅笔、圆珠笔、自来水笔、水性笔、中性笔、记号笔、白板笔、荧光笔、蜡笔、油画棒、木杆铅笔12个大类200余个品种。制笔企业主要分布在稠城宗宅、义南义北义东工业区、杨村等地。有“中国制笔工贸基地”区域集体品牌1个，行业名牌10个，市级制笔企业研发中心3个。

【《中油油墨圆珠笔和笔芯》团体标准】 《中油油墨圆珠笔和笔芯》团体标准由市制笔行业协会牵头，义乌市标准化研究院、义乌市青峰文具有限公司、义乌市奥祥文具有限公司、义乌市长江制笔厂、义乌市锦康超硬材料厂5家单位共同起草。2019年7—8月立项，12月通过浙江省家具与五金研究所、义乌海关国家小商品质量安全检测重点实验室、浙江（义乌）国家标准技术审评中心、国家日用小商品质量监督检验中心、义乌市标准化研究院等单位专家评审，12月31日全国团体标准信息平台发布，2020年3月31日正式实施。《标准》规定中油油墨圆珠笔和笔芯的术语和定义、分类、要求、试验仪器、材料和条件、试验方法、检验规则、标志、包装、运输、贮存等环节要求，适用于书写用中油油墨圆珠笔（换芯式和不可换芯式）及笔芯。《中性墨水圆珠笔和笔芯》团体标准获市政府奖励10万元。

【义乌制笔品质提升专家研讨会】 2019年9月3日，由市制笔行业协会主办，市市场监管局及商城集团协办的义乌制笔品质提升专家研讨会在浙江制造品牌建设功能中心召开，市市场管理局、商城集团领导及外地相关公司负责人、义乌市制笔行业协会会员共120人参加研讨会。会上，市市场监管局质量标准科负责人全面讲解义乌制笔协会团体标准，江苏学泰印务有限公司及苏州雄鹰笔墨新材料有限公司2名负责人分享行业理念与运营管理体系等规则经验，共同促进制笔行业的提升与发展。

（杜天云）

线带行业

【概况】 2019年，义乌市线带行业从业人员2.03万人，国际商贸城线带经营人员8000余人。有宝塔绕线机5000余台、织带机1.99万台。主要生产销售各种彩色缎带、文胸带、钩编松紧带、电脑提花带等41个大类4100余个品种。年销售各种线带产品33.39万吨，其中，销售缝纫线产品11.82万吨，销售织带产品21.57万吨。实现利润11.25亿元，同比增长4.2%；出口交货值5.53亿元，同比增长4.6%。全年义乌国际商贸城线带产品销售额90余亿元，占国内同行市场年销售额的45%以上。

【行业交流】 2019年9月6日，市线带行业协会制带理事成员8人，赴江苏南通金秋弹性织物有限公司参观学习。参观金秋弹性织物旗下3个工厂，交流织带行业发展方向，开阔眼界，找到差距，提振信心。10月25日，市线带行业协会制线理事成员16人，赴杭州樱花线业有限公司参观学习。与优秀行业龙头企业家进行交流取经，学习企业管理、产品研发等行业发展经验。

【义乌市获“中国线带名城”称号】 2019年11月，经中国纺织工业联合会、中国产业用纺织品行业协会复评考核，义乌市第四次被授予“中国线带名城”称号。2013年12月，中国纺织工业联合会、中国产业用纺织品行业协会第一次授予义乌市“中国线带名城”称号。义乌市着力拓展线带产业集聚化和规模化，制订一系列鼓励产业发展扶持政策，推进线带产业持续健康发展，至2019年年底，义乌市有线带企业314家，实现工业主营业务收入75.58亿元；全球200余个国家和地区采购商到义乌国际商贸名城线带市场采购，义乌国际商贸名城线带市场成为中国线带产品的集散中心、交易中心和展示中心、研发中心。

（陈曹毅）

日用百货行业

【概况】 2019年，义乌市有日用百货生产企业2770家，新增95家，市场经营主体4012家。由于推广店铺升级换代，提倡个性化装修，市场经营主体较上年减少150家，但经营面积较上年持平。市场销售单品17.3万种，较上年增加3000余种，增加单品主要为日常家居用品、厨房用品和卫浴用品等创新单品。从业人员13.2万人，较上年增加1.2万人。实现销售额145亿元，较上年增加15亿元，其中，出口占70%，内销占30%；外贸主要以中东、南非及南美等国家为主，内销以一、二、三线城市超市，新零售为主。年内，义乌市双童日用品董事长楼仲平、浙江佳洁塑胶有限公司董事长宗产贵获“义博之星”最具影响力人物。

【义乌工业亩产效益“英雄榜”】 2019年5月28日，市经信局公布2018年义乌工业亩产效益综合评价结果，市双童日用品有限公司（用地3亩以上）评为工业亩产综合效益A类企业；浙江佳洁塑胶有限公司、浙江正大舒美佳工贸有限公司、浙江佳燕日用品有限公司、义乌市利津日用品有限公司、浙江瑞祥婴童用品有限公司、义乌市浩美家居家居用品有限公司、浙江帅宝塑胶制品有限公司（用地3亩以下）等企业评为工业亩产综合效益B1类企业；浙江一帆日用品有限公司、义乌市春香日用品厂、义乌市鑫汇棉签有限公司（用地3亩以下）等企业评为工业亩产综合效益评价B2类企业。

【“爱心募捐”公益行动】 2019年8月20日凌晨，四川汶川县遭遇特大山洪泥石流灾害。同月27日，市日用百货行业协会向全体员工发起“爱心募捐”，募集11.01万个商品，价值32万元，全部发往灾区。

（余海华）

皮革行业

【概况】 义乌市皮革行业主要分布在国际商贸城生产资料市场，经营面积10万平方米，1000余个商位。有来自浙江、福建、江苏、广东、河北等地人造革、合成革及相关配套原材料生产企业500余家。2019年，义乌市皮革市场实现销售额108.3亿元，其中出口中东地区72亿元。年内，市皮革行业协会组织义乌市大大箱包有限公司、义乌市金德利皮塑有限公司等100余家会员企业参加2019中国（上海）国际合成革产品展。

【皮革行业协会五届一次会员代表大会】 2019年1月11日，市皮革行业协会五届一次会员大会暨换届选举大会在义乌幸福湖酒店举行，市委、市政府领导及市民政局，市经信局，市生产资料市场分公司等单位领导和友好（商）协会嘉宾，市皮革行业协会会员共210余人参加会议。会议选举产生义乌市大大箱包材料有限公司、义乌市金德利皮塑有限公司、义乌市海阳箱包材料有限公司、义乌市永泰工贸有限公司、义乌晨辉箱包材料有限公司等40家理事单位；义乌市大大皮革有限公司董事长何大妹被选为第五届市皮革行业协会会长。至年底，义乌市皮革行业协会有会员195家。

【团体标准发布】 2019年12月30日，市皮革行业协会发布软质聚氯乙烯（PVC）装饰革团体标准。此标准由义乌市金德利皮塑有限公司主要起草，义乌市大大箱包材料有限公司等21家会员单位参与起草。标准规定软质聚氯乙烯装饰革的分类、要求、试验方法、检验规则及标志、包装、运输、贮存，适用于以针织布、拉毛布、网眼布为底基，加入增塑剂和其他添加剂，经压延或涂覆等工艺方法制成的装饰用软质聚氯乙烯人造革。

（朱晓珍）

制伞行业

【概况】 2019年，义乌市有制伞企业100余家，其中规模以上企业5家。国际商贸城销售雨具商位300余个，从业人员5000余人。实现销售额20亿元，其中出口额占50%，产品主要销往欧美、中东、东南亚等地。销售模式从单一的实体店销售转化为实体店、互联网电商及外商销售相结合，三者市场份额各占30%。义乌制伞行业主要分布在江东街道九联社区、上溪镇吴店村、北苑工业区以及廿三里街道等区域。

【制伞行业协会五届五次会员大会】 2019年10月5日，市制伞行业协会五届五次会员大会在江西省婺源市召开，协会80名会员参加会议。会议总结行业发展情况，指出行业发展方向，促进会员交流和学习，共商行业发展大计。与会人员对江西省婺源市制伞企业异地发展、产品外加工基地、劳动力输出等进行实地考察，开阔视野，增强自信。

【创建雨伞辅料市场】 2019年11月，由市制伞行业协会牵头，在江东街道九联村创办雨伞辅料市场，市场面积3600平方米。至年底，广东、福建、江苏、江西等地10余家雨伞辅料生产企业进场经营，为义乌及周边制伞企业提供伞布、伞架、伞配件等制伞辅料。

【行业交流】 2019年12月6日，市制伞行业协会理事成员共15人，赴“中国伞都”福建省晋江市参加“伞都杯”国际伞具创意大赛，参观学习全国日用品杂品标准化中心举办的《晴雨伞》《太阳伞》国家标准宣传活动。参加中国日用品杂品工业协会、制伞专业委员会年会。其间，参会人员与来自全国各地制伞界同仁进行交流取经，学习企业管理、产品研发等行业发展经验。

（龚益民）

文化用品行业

【概况】 2019年，义乌市文化用品行业有市场经营户5000余家，从业人员30余万人，规模以上企业30家。义乌文具市场有经营主体3000余家，制造企业1000余家，实现销售额300亿元。义乌文化用品企业分布在佛堂、北苑、廿三里、后宅、苏溪、义亭等镇（街道）。

【2019中国义乌文具礼品展】 2019年6月3—5日，2019中国义乌文具礼品展在义乌国际博览中心举办。展会以“创新思维、整合资源、抱团发展、合作共赢”为主题，吸引得力集团有

限公司、上海晨光真彩文具股份有限公司、真彩文具股份有限公司、广东乐普升文具有限公司等512家国内一线知名品牌文具企业参展。展会设国际标准展位2336个，与会专业采购商6.9万余人次，较上年首届展会增加1.7万人次；专业国外采购商2000余人次。展会现场成交额6.75亿元，为上年展会的1.3倍。

【学生文具安全守护行动】 2019年6月3日，由国家市场监管总局、中国文教体育用品协会、中国制笔协会联合主办的学生文具安全守护行动动员大会在义乌国际博览中心新闻报告厅举行，国家市场监管总局、工业和信息化部、中国轻工业联合会、中国文教体育用品协会、中国制笔协会、义乌市政府相关领导，及全国文具行业骨干企业、2019中国义乌文具礼品展览会参展企业、采购商代表等300余人参加大会。会上通过《文具安全守护倡议书》，提出贯彻落实有关学生文具的国家强制性标准，严格学生文具生产全过程品质管控，杜绝不合格产品、“三无”产品、假冒伪劣产品的批发销售等6项文具安全守护措施，促进文具行业稳定、良性、可持续发展。10月14日，国家市场监管总局下发《2019年儿童和学生用品安全守护行动工作方案》，明确要开展生产领域、校园周边商超等经营领域、电子商务领域等文具行业专项治理，全面守护学生文具与生活用品安全。

（骆黎莉）

框业行业

【概况】 2019年，义乌市有相框、画框、装饰画生产企业512家，从业人员3万人。义乌国际商贸城三期五楼、四期五楼有画框经营商户390家，赵宅画框专业街有画框经营者230家。实现产值72亿元，出口额44亿元。由于电商的冲突及河北、河南、山东等地竞争，内销有所下滑，2019年实现利润12亿元，税收8亿元。龙头企业有浙江王斌装饰材料有限公司、义乌华鸿控股集团2家。

【考察学习】 2019年8月17日，市框业行业协会邀请浙江旭博框业有限公司董事长为协会50余名理事单位负责人讲解框业营销及生产管理等知识。10月23—29日，组织义乌英豪装饰材料有限公司、义乌友鑫工艺品有限公司等21家理事单位负责人到广州文德路文化市场、广州“广交会”展馆、深圳艺展中心、深圳大芬油画村、厦门油画村等画框生产基地考察学习，分别与广州艺术画框商会、深圳美术产业协会、厦门海沧美术产业协会分别进行座谈，就如何加强两地画框行业合作等方面进行交流。其间，考察团参观学习广州艺欣工艺品有限公司最新投产项目。11月25日，邀请义乌千鼎家饰制品有限公司总经理为协会30余名理事单位负责人培训5 G网络相关知识。

（杜兰兰）

电力工业

【概况】 2019年，国网浙江义乌市供电公司（简称“义乌供电公司”）对接双江湖新区与信息光电高新技术产业园总体规划及用电需求，完成专项电力规划3项。推进电网工程前期工作，完成项目核准3项，编制可行性研究报告2项。积极争取政府政策支持，优先保障电网建设土地指标，提前完成110千伏城东变电所土地征用及220千伏黎明变电所农转用办理。加快主网建设，投产110千伏芳山变电所、公园变电所2个变电所，110千伏苏陈变电所整体迁建。完成110千伏农贸变电所、赤岸变电所扩容工程，220千伏宗泽变电所综合管廊全线贯通。开工建设110千伏毛塘楼变电所、俟塘变电所、象山变电所及宗泽变电所110千伏送出4个输变电工程。夯实配网基础，完成配网工程72个大项，分流10千伏重载线路21条。实现25个旧村改造村正式用电，完成168个台区增容补点。全年新增配变容量149.94兆伏安。

【发电】 2019年，义乌市有10千伏并网地方小水电站11座，28台发电机组装机容量8615千瓦。有半月湾、杨宅、塔下、古寺等6座小水电站发电，全市小水电合计上网电量为1724.18万千瓦时。有10千伏并网地方小火电厂3座，全年上网电量为1479.83万千瓦时。浙江华川实业集团有限公司（垃圾电厂）为孤网电厂，发电机组容量为2.4万千瓦；浙江富元能源开发有限公司热电联产项目按非统调公用电厂管理，发电机组容量为9000千瓦；义乌天子岭有限公司（塔山填埋场）沼气发电项目按非统调公用电厂管理，发电机组容量为2060千瓦，全年上网电量808.04万千瓦时。至年底，全市并网分布式光伏用户累计4558户，容量11.94万千瓦，其中，居民分布式光伏用户4454户，容量3.49万千瓦；企业分布式光伏104户，容量8.05万千瓦。有中广核太阳能（义乌）有限公司光伏集中地面电站1座，装机容量为9600千瓦。全年全市上网电量1.05亿千瓦时。

2019年义乌市水电站发电量情况

表14

电站名称	装机容量（千瓦）	上网电量（万千瓦时）
长堰	250	0
岩口	820	21.13
塔下	1120	463.78
荷火塘	95	0
古寺	570	46.9
杨宅	1600	752.34
八都	640	0
半月湾	1800	428.4
王大坑	280	0
双枫	640	22
巧溪	800	0

【供电】 2019年，义乌市供电公司完成售电量86.06亿千瓦时，同比增长4.24%；最高网供负荷200.31万千瓦，同比增长7.98%；全社会用电量100.43亿千瓦时，同比增长5.48%。线损率3.2%，资产总额22.85亿元。实现营业收入51.33亿元，同比增长1.36%；实现利润4179.02万元。当年电费回收率100%，职工劳动生产率每人每年152.21万元。全口径供电可靠率99.97%，综合电压合格率99.99%。

2019年，实现政府数据平台与电力营销系统数据互联互通，创新推出无产权客户“承诺即办”，实现办电“零材料、零证明”。推出“当天受理，当天送电”快捷作业模式，实施配电工程标准化备货及成套化装配，工程施工时长下降67.5%。帮助企业“容改需”基本电费计收方式变更，按容量改按需量执行。变更电费种类，每年为企业节省基本电费1500万元；帮助企业租赁设备，为企业节省办电成本500万余元。建立出租房电费结算新模式，优化营商环境，“低压用电申请24小时办结”获评义乌市优化营商环境十大典型案例。年内，建立“五位一体”可靠性管理体系，建成配网运行大数据分析系统，开展不停电作业1890次。停电时户数同比下降44.28%，户均停电时长2.49小时。完成电能替代项目40个，替代电量1.5亿千瓦时，建成投运义乌机场廊桥岸电综合能源项目。加快电动汽车充电设施布局，与城投集团等5家单位签署《战略合作协议》，建成投运充电站12座，桩位116个。全年推广智能交费31.3万户，智能交费比例达86%。

【西海电厂接入电网运行】 2019年2月11日，为确保义乌市政府引进的第一座绿色垃圾处理及发电综合运作的110千伏发电厂西海电厂及时接入电网运行，最大限度减少对供电区域用户的影响，义乌市供电公司成立以副总经理为组长，副总信息师、调控中心主任为副组长，各专业负责人为成员的领导小组，下设调控组，供电所组、输配电运检中心组3个工作小组，进行负荷测算，制订各项方案。公司发展建设部专题向市政府相关领导汇报，争取支持，并对西海电厂接入电网运行工作按时间节点倒排落实，责任分工执行到位。3月18日，西海电厂顺利接入电网运行。

【推进义乌机场廊桥岸电综合能源项目】 2019年4月16日，义乌市供电公司副总经理陪同浙江华云清洁能源公司副总经理赴义乌机场，就义乌机场廊桥岸电综合能源项目的运维、流程等细节进行商谈。同月29日，义乌机场廊桥岸电综合能源项目签约仪式在义乌市供电公司举行，义乌机场总经理，浙江华云清洁能源公司副总经理分别代表双方签订《合作协议》。根据协议，项目投资方为浙江华云清洁能源公司，项目12月31日正式落地。义乌机场廊桥岸电综合能源项目是义乌市蓝天保卫战重点建设项目，通过在义乌机场航站楼各廊桥安装静变电源和地面空调机组，以岸电供电形式，有效减少飞机机组在地面停靠时燃油消耗，促进节能减排。

【“一站式”服务】 2019年4月25日，义乌市供电公司营销、发展、输变电、设计、设备等部门工作人员到浙江爱旭太阳能科技有限公司厂区，围绕解决公司用电增容需求出谋划策。爱旭公司负责人表示，义乌供电公司主动服务意识令人感动，对义乌优越的营商环境十分满意。爱旭太阳能年产8吉瓦高效太阳能电池生产基地项目是义乌市引进的省特别重大项目，总投资60亿元；爱旭公司于2019年11月再投产10吉瓦产能。

【电力抗台抢险】 2019年8月10日1时45分，2019年第九号台风“利奇马”在浙江温岭登陆，中心最大风力达到16级，义乌风力局部达到10级以上。受台风影响，义乌电力设施遭到严重破坏，主要以城乡结合部与山区为主，其中上溪镇、城西街道受灾最为严重。义乌市供电公司组织队伍70支268人次、85车次赶往灾区抢险，至11日，对主线17条次、分支18条次故障进行抢修，全部恢复供电。

【首家利用企业剩余屋顶光伏发电企业】 2019年8月14日，义乌市供电公司完成对义乌申迪光电科技有限公司分布式光伏发电项目并网送电工作，义乌申迪光电科技有限公司成为义乌市首家利用企业剩余屋顶新装光伏发电企业，标志着光伏企业不依赖国家补贴政策，通过合理用电，靠光伏内在价值谋求企业生存和发展。2017年2月16日，浙江义乌农村经济发展有限公司（模具城）投资新装分布式光伏发电项目并投入运行。2019年3月1日，义乌申迪光电科技有限公司利用浙江义乌农村经济发展有限公司（模具城）剩余屋顶，向义乌市供电公司申请分布式光伏新装，在原先31.2千瓦的基础上，再新增1.2兆瓦的装机容量。

（庞　芸）

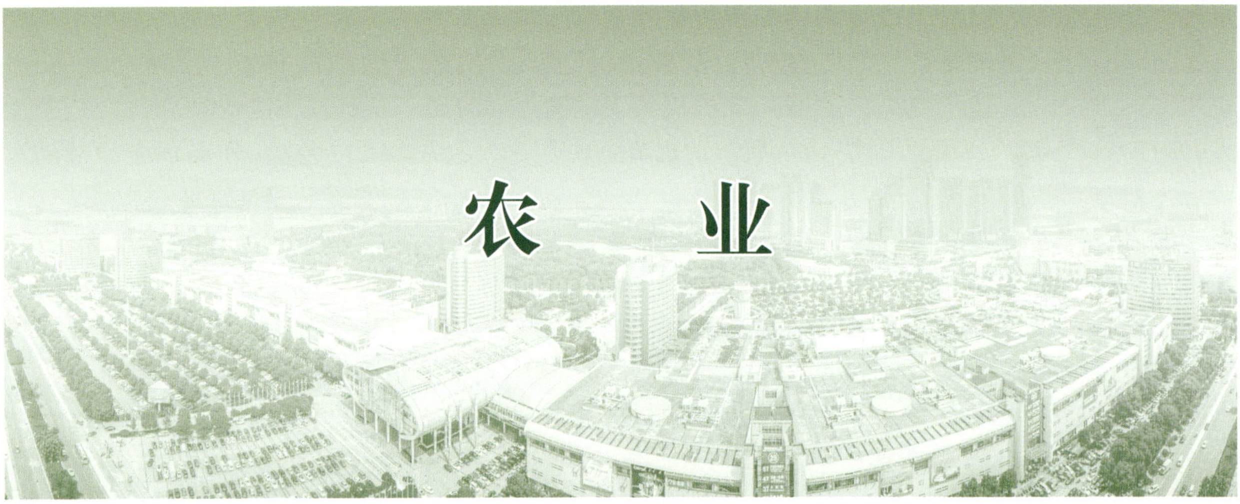

农　业

综　述

【概况】 2019年，全市完成农林牧渔业总产值33.17亿元，实现增加值23.01亿元，按可比价增长2.3%，较上年提高0.2个百分点。第一产业增加值22.58亿元，增长2.2%。粮油蔬菜总体稳定，全市农作物种植面积2.54公顷。畜牧业稳中有升，畜牧业产值4.45亿元，实现增加值2.6亿元。渔业生产基本稳定，全市渔业水域面积3780公顷。全市共有市级以上农业龙头企业71家，其中国家级3家，浙江省级4家，金华市级17家，义乌市级47家。农民专业合作社288家，家庭农场312家，有机食品3个，无公害农产品43个。

2019年，市农业农村局以农为本，聚力打造加速增长新农业。紧扣“绿色、生态、高效”的要求，开展农业高质量发展“十个一”专项行动，全面整治农业“低散乱”，大力推动现代农业转型升级。成功创建省级农产品质量安全放心县。

发展高效农业。深入实施“1（精品线）+3（部门、镇街、国企）+1（项目库）”联动招商机制，编制农业招商引资宣传手册，市农业农村局班子带领10个招商小分队会同镇（街道）、国企人员赴各省上门招商，强化项目对接和推进落地。全市共对接招引各类农业项目72个，已落地开工48个，涉及农业资金200余亿元。

发展绿色农业。开展农业土壤污染防治，开展15个点位的污染源调查，通过化肥农药管制、施用生石灰、调整种植结构等措施进行农用地安全利用。开展5公顷受污染耕地安全利用试点研究和20公顷安全利用技术推广工作。对18个基本农田监测点开展土壤重金属污染状况的例行监测和评价。开展高标准农田建设。完成粮食生产功能区提标改造386公顷。立项高标准农田建设项目31个，可建成高标准农田面积667.8公顷、高效节水面积95.6公顷。全面完成本年度高标准农田建设项目立项工作，顺利通过省级和金华市级审核。抓好义亭镇农业部生态循环项目建设，新建氮磷生态拦截沟渠建设1条。

发展安全农业。推进粮食生产与高产创建，召开全市春耕生产工作现场会，首次委托测绘中介对单季稻、连作晚稻抽查地块进行测量，完成1个省级百亩旱粮示范片和4个省级千亩水稻示范片创建。完成5万千克种子储备任务。开展生猪增产保供集中攻坚，制定《关于进一步促进生猪生产保障市场供应的通知》，加大规模猪场新改扩建、标准化改造、产能提升、冷链体系建设、应急保障等支持力度。新建母猪场与育肥猪场各1个，年出栏量可达25万头，生猪自给率可提高25%以上。严防重大动植物疫病。抓好非洲猪瘟防控，落实“六规范一禁止”规定、“点对点”调运制度、产品追溯制度和非洲猪瘟病毒检测制度，累计完成生猪屠宰环节非洲猪瘟PCR企业自检2544批次，计

3.52万个样品。启动动物疫病防控兽医实验室非洲猪瘟监测项目，监督抽检1710份，全市年内未发生重大动物疫情。设立植物疫情固定监测点18个，检测面积473.33公顷，全市未发生重大农业有害生物疫情。

农产品质量安全监管。市镇两级检测机构共完成定量检测454批次、定性检测1.29万批次，合格率100%。组织开展禁限用农药、农资打假、瘦肉精、兽用抗生素、生猪屠宰监管"扫雷行动"等专项整治行动，出动执法人员2642人次，检查生产经营企业1017家，查处问题30起，涉及金额4.16万元。组织申报无公害农产品12家。开展春秋两季种子市场专项检查，调解种子纠纷2起。

助推村集体经济发展。建立国企助推村集体经济发展结对机制，统筹谋划市级消薄项目，建立国企助推村集体经济发展结对机制，推动"8+1"市属国企和9个镇（街道）整合资源、盘活资产，谋划实施消薄结对项目19个，为村集体增收1000余万元。成功落地义浦同城"飞地抱团"跨县域消薄结对项目，通过项目市场化运营，助力浦江县黄宅镇发展薄弱村集体经济，实现年增收50万元。开展消薄"走看促，晒拼创"活动，总结提炼"造血十法"升级版，筛选村集体经济十佳增收案例，为村集体提供参考模板。

推进精准扶贫工作。启动2019年度低收入家庭动态调整工作，结合"三服务"百日攻坚行动，牵头开展"一户一策一干部"集中走访活动，全市调整落实4681名党员干部，结对4077户低收入家庭，走访帮扶4437人次，处理问题521件。利用扶贫政务公开平台，健全信息发布机制，维护群众知情权，并确保政策执行公开透明。9月12日，义乌市在全省扶贫办主任会议暨减缓相对贫困工作现场会上做典型发言。

提升农民现代化素养。遴选49名农业经营业主、致富带头人参加金华市新型农业经营主体带头人培训班，选送60名农民参加省厅组织的农民培训。组织乡村振兴及经济薄弱村转化能力提升2个专题培训，提升村干部"消薄"水平。开办高素质农民培训，为经营户讲授合同风险管理、农产品质量安全、市场营销、文明市场创建等系列课程，提高经营户素质。举办草地贪夜蛾防治、柑桔种植技术、葡萄栽培技术、稻田杂草防控等技术培训15期，组织春耕备耕、"支农送春风"活动17次，培训指导农民5000余人次。

全市生态公益林面积3.14万公顷，其中省级以上公益林面积1.6万公顷，义乌市级公益林面积1.54万公顷。

全市有水库105座，水电站9座，泵站254处，水闸94座，农村集中式供水工程38处。水利工程年实际供水量2.56亿立方米。农田水利总灌溉面积18.15千公顷，其中有效灌溉面积14.25千公顷，农田灌溉面积14.25千公顷，林果灌溉面积2.08千公顷。水利工程年实际供水量2.56亿立方米，其中农业灌溉年实际供水量5010万立方米，林牧渔畜年实际供水量1079万立方米，工业生产年实际供水量9369万立方米，城镇公共供水2338万立方米，居民生活年实际供水量5972万立方米，生态环境年实际供水量1829万立方米。

推进义乌江、南江治理工程。除双江湖和佛堂古民居段外，义乌江美丽城防工程全部开工建设。推进中小流域综合治理，廿三里鲍寺溪流域综合治理工程完成建设。完成城市内河水系激活提升工程城东河、洪溪试点段建设，实现城市内河"岸绿、美景"的目标。完成农村生态河道治理14千米，河湖库塘清淤10万立方米。

【"大棚房"清理整治行动】 2019年，开展"大棚房"清理整治行府。1月，组织大棚房第二轮排查"回头看"，协调推进"大棚房"清理整治工作。累计排查农业设施1.18万个，面积686.76公顷；完成整改587处，完成率100%。整治成果通过金华市、省级验收。

【农村生活垃圾分类】 2019年，制定配套设施补助标准、创优办法等系列政策，通过优多劣少、分档补助、垃圾分类"红黄旗"等方式，充分调动农户积极性。改革监督制度。新设专职监督员制度，每个行政村成立1～3人的专职监督队伍，切实增强垃圾分类监督力量。3月，开展评先创优，新增省级农村生活垃圾分类高标准示范村2个，新增金华市级优秀村79个，优秀村创建比例达78%。启动市级垃圾分类示范村创建活动，新增示范村32个，涌现“红梅指数”“积分兑换超市”等特色做法。5月，开展垃圾分类特色宣传月活动，全市共组织各类培训13场，宣传覆盖5万余人，切实提高农村生活垃圾分类意识和农村生活垃圾分类水平。6月，开展终端阳光房设施整治周活动，整治问题300余处，提升垃圾处理设施运行质量。

【耕地地力补贴发放】 2019年11月，经各镇（街道）核查、公示，市农业农村局资料审核，确定2019年全市享受耕地地力保护补贴农户12.13万户，补贴面积18.72万亩，补贴标准每亩54.29元，发放农业生产发展资金1016.27万元。

【施药肥减量增效工程】 实施施药肥减量增效工程，2019年完成测土配方施肥技术实施面积2140公顷，农药减量4.3吨，推广商品有机肥1.2万吨，病虫害统防统治面积7820公顷，绿色防控技术应用推广面积8266.67公顷次，完成265个生产经营规模主体免费测土服务。建立1个省级、8个义乌市级农作物病虫害绿色防控示范区。

【实施农产品品牌振兴项目】 2019年，新开发义乌大枣种植基地5个59.33公顷，新建南蜜枣加工示范基地2个。开展红糖产业整治提升行动，协助红糖产业协会授权47家红糖企业使用义乌红糖地理标志和证明商标，推动红糖产业规范健康发展。组织企业参加省农博会、金华华东农交会、第三届国际茶博会等农产品展贸展评活动，组织“我是枣王”鲜枣评比、猕猴桃评比等活动，提升义乌市农产品知名度。“华溪谷”牌大米获浙江省“最好吃稻米”称号。

【乡村治理体系建设】 2019年，总结何斯路村“功德银行”、稠岩村“道德银行”、陇头朱村“红梅指数”等乡村治理特色做法，联合中国建设银行义乌分行共同探索开展乡村治理体系建设开发工作。以“三治融合”为核心，以大数据为支撑，将产业发展、生态宜居、乡风文明、公益奉献、奉公守法等内容进行量化赋分，打造集积分评价、村务管理、公共服务等功能于一体的乡村治理管理系统。建成积分管理应用平台——义乌智慧农村，并开展3个村的试点，此项工作被列入义乌市全国农村改革试验区2019年度拓展试验内容。

（陈巧燕　谭　平）

种植业

【概　况】 2019年，全市农作物播种面积2.54万公顷。全市粮食生产稳中有升，粮食播种面积7189公顷，总产量4.24万吨。油料作物种植面积略减，播种面积1659公顷，同比下降2.8%，总产量4395吨。蔬菜生产稳中有升，播种面积8490公顷，同比增长0.3%；产量22.34万吨，同比增长2.2%；产值8.27亿元，同比增长3.2%。经济作物丰产增收，水果产量不断增加。由于休闲采摘等乡村旅游的发展，全市共收获葡萄1.08万吨、柑桔9854吨、杨梅8262吨、枇杷1390吨、樱桃811吨、果蔗710吨，同比均有不同程度增长。因春季长期阴雨寡照，大枣产量同比减少72.4%。食用菌生产稳步增长，在科技助力下，栽培食用菌716万袋，同比增长6.9%；产量3659吨，同比增长19%。甘蔗种植面积和产量略有增长，受红糖效益驱动，糖蔗种植面积连年攀升，全市糖蔗种植总面积720公顷，同比增长2.5%；产量6.1万吨，同比增长2.4%。中药材种植面积增加，品种以铁皮石斛、益母草、覆盆子为主，合计种植面积343公顷，同比增长2.3%；产量3022吨，同比增长0.3%。种植花卉苗木1339公顷，茶叶面积485公顷，总产量720.9吨。完成种植业产值25.96亿元，增加值18.7亿元，同比增长0.2%。

【粮食生产功能区建设】 2019年4月1日，依据《义乌市农业农村局关于印发〈关于进一步加快现代农业发展的若干意见实施细则（试行）的通知〉》，各镇（街道）根据本地实际，因地制宜制定相应配套扶持政策，充分调动农民种粮的积极性。8月16

日，市人民政府下发《关于抓好2019年粮食生产工作的通知》，要求加大财政投入、创新体制机制，依靠科技进步，大力实施产加销一体化经营，着力推动粮食产业绿色发展和提质增效，确保全市粮食生产持续稳定发展，粮食播种面积稳定在7666.67公顷左右，粮食总产量4.3万吨。全年投资294万元，完成廿三里街道华溪村，赤岸镇雅治街村，大陈镇灯塔、善坑、义北、宦塘村粮食生产功能区提标改造386.01公顷。

【粮食补贴面积抽查测量项目】 2019年10月，粮食补贴面积抽查测量项目在义乌市中介超市通过网上竞价+随机抽取方式，公开选取义乌市大地数字测绘有限公司为中选服务商。共抽取单季稻、连作晚稻37户，面积366.95公顷进行测量，通过测量，共核减补贴面积37.97公顷。

【义亭镇省级现代综合区建设】 义亭省级现代农业综合区位于义亭镇上佛路西南区域，2018年9月立项。实施区域为义亭镇全域，园区创建目标是在稳定粮食生产基础上，突出生态畜牧、铁皮石斛、红糖三大主导产业，优化园区功能布局，培植优势产业集群。2019年，投资9.7亿元，完成森山铁皮石斛产业园、正康养猪场、浙中农批市场、西田稻香园等5个产业提升项目建设，完成园区总投资86.6%，完成省厅委托中介机构对园区项目建设中期绩效评价工作。

【省级特色农业强镇创建】 贯彻落实《全面实施乡村振兴战略高水平推进农业农村现代化行动计划（2018—2022）》，扎实推进农业“12188”工程建设，根据《浙江省粮食安全和推进农业现代化工作协调小组农业“两区”办公室关于开展2019年度省级特色农业强镇创建申报及第二批省级特色农业强镇验收工作的通知》要求，市农业农村局组织开展特色农村强镇创建工作。大陈镇围绕“主导产业强、生态环境美、农耕文化深、农旅结合紧”的目标要求，重点突出粮食生产种植为基础产业、四季鲜果为特色主导产业，着力打造四季鲜果生产示范区、高产粮食生产示范区、农旅深度融合示范区为主体的“一线三区”特色农旅产业发展新格局，建设投资估算9850万元。2019年12月，大陈镇水果粮食特色农业强镇被省粮食安全和推进农业现代化工作农业两区办公室列为省级特色农业强镇创建对象。

（陈巧燕　金智勇）

畜牧业

【概况】 2019年，义乌畜牧业稳中有升，畜牧业产值4.49亿元，实现增加值2.6亿元。生猪产业增量增效，3月，正康（义乌）猪业有限公司猪场投产，生猪存栏大幅提高。至年底，全市生猪存栏3.79万头，其中能繁母猪存栏4700头，同比分别增长311.96%和487.5%；生猪出栏2.19万头，同比增长20.33%。家禽存栏111万羽，同比减少19.86%；家禽出栏653.58万羽，同比增长22.85%。牛存栏61头，羊存栏830只，较上年持平。肉类总产量1.04万吨，禽蛋产量192吨。

【重大动植物疫病防控】 2019年4月、9月，分别组织开展春、秋季重大动物疫病防控工作，部署养殖、调运等环节综合防控措施，组织镇（街道）开展春、秋季集中免疫行动。严格执行动物强制免疫计划，指导规模养殖场对强制免疫的病种实施程序化免疫，确保应免畜禽免疫密度达100%。全年，发放口蹄疫疫苗7.19万毫升，猪蓝耳病、猪瘟等疫苗15.59万头份，禽流感疫苗290.6万毫升，新城疫、法氏囊等疫苗3107万羽份，消毒药4.6吨。组织开展动物疫病监测与流行病学调查，兽医实验室完成口蹄疫、猪蓝耳病、猪瘟、禽流感、鸡新城疫等免疫抗体监测1060份。

【畜牧业绿色发展】 2019年5月，市政府下发《关于印发义乌市畜牧业绿色发展示范县创建实施方案的通知》，明确创建畜牧业绿色发展示范县的思路、目标、创建重点和保障措施等内容，组织开展美丽生态牧场、数字化牧场、农牧结合绿色循环体等项目建设，以“中央厨房”项目为依托，加快畜牧业产、加、销全产业链建设，在生猪、肉禽两大产业上打造2条全产业链，引领全市畜牧业产业化发展。以项目建设为抓手，制定项目实施方案，组织开展指导服务，保障创建工作持续有效开展。10月，义乌市浩康养猪场通过农牧结合绿色循环体创建验收；正康（义乌）猪业有限公司和义乌绿发农业开发有限公司田心鸡场通过省级美丽牧场创建验收，全市14家畜禽养殖场全部完成创建，实现省级美丽牧场全覆盖；12月，正康（义乌）猪业有限公司通过省级数字化牧场创建验收。

【绿色养殖】 2019年，义乌市围绕生猪增产保供，推进“六化”养殖企业的发展，加快畜牧业转型升级。9月，市政府下发《关于进一步促进生猪保障市场供应的通知》，优化养殖规划及产业布局，出台支持生猪引种补助政策，加大财政金融等政策扶持力度，推进生猪绿色养殖。10月，会同金华生态环境局义乌分局等部门开展新建养猪场选址，与佛堂、赤岸镇政府协调猪场落地。12月底，由义乌华昇牧业有限公司投资的2个现代化生猪养殖项目完成签约并开工建设，其中平望猪场项目，位于佛堂镇平望村，占地面积23.33公顷，建设规模为年出栏50万头仔猪；下水碓猪场项目，位于赤岸镇下水碓村，占地21.33公顷，建设规模为年出栏25万头商品猪。

【非洲猪瘟防控】 2019年，推进非洲猪瘟防控常态化监管，加强防控措施落实情况督导和防控隐患排查，督促屠宰企业严格执行“六规范一禁止”规定；严把省外生猪及其产品调运监管，落实屠宰企业执行生猪“点对点”调运制度、非洲猪瘟自检制度。8月，浙江省农业农村厅下发《关于公布第三批具备非洲猪瘟病毒核酸检测能力兽医实验室名单的通知》，义乌市畜牧兽医局动物疫病控制中心实验室成为具备非洲猪瘟病毒核酸检测能力兽医实验室。对养殖场、屠宰企业监督抽检非洲猪瘟样品3050份，检查结果均为阴性。存栏5000头以上的正康（义乌）猪业有限公司和浩康猪场配备非洲猪瘟自检实验室，完成非洲猪瘟自检1700份。至年底，全市完成入场生猪抽样2544批次，非洲猪瘟PCR检测样品3.52万个，检查结果全部阴性。

【畜产品质量安全监管】 2019年，组织开展“绿剑”集中执法行动，采取日常巡查和监督抽查等方式，检查饲料、兽药等投入品生产、经营和使用场所120余次，签订告知承诺书24份，养殖环节抽检生猪尿样1182份，抽查结果均为阴性。加强畜禽屠宰企业监管，督促落实肉品品质检验。开展生猪“瘦肉精”尿样自检样本1.77万个，检验结果均为阴性。加强法律法规宣传，落实屠宰企业主体责任，签订肉品质量安全承诺书2份。加强畜禽入场、宰前和屠宰检疫，全年屠宰检疫生猪34.71万头、家禽1079.37万羽。严把畜禽及其产品调运备案报验关，调运备案和落地审核5383批次，检疫省外调入生猪19.32万头、家禽145.49万羽、畜禽产品2.78万吨。强化动物卫生、饲料及兽药监督执法，查处违反动物卫生、饲料及兽药等方面法律法规案件18起，收缴罚没款5.29万元。

【无害化处理】 2019年，加强病死畜禽无害化处理监管，建立镇（街道）和市畜牧兽医局二级巡查制度，规范收集养殖环节病死畜禽和社会上病死动物，实行专车运输、处理过程监控视频全程记录。全市2家生物处理中心全年无害化处理生猪6045头、动物产品308.19吨、狗6371只。落实屠宰环节无害化处理监管责任，督促屠宰企业严格执行无害化处理制度，配备专职处理人员，在驻场兽医现场监督下进行无害化处理，监控视频全程记录。全年无害化处理病害猪408头、病害猪产品261.23吨，屠宰环节病害家禽由生物处理中心进行处理。

（王君英　陈韶青）

渔　业

【概况】 2019年，全市渔业水域面积3780公顷，其中禁养区、限养区渔业水域面积2520公顷，养殖区渔业养殖面积1200公顷，水产品产量3797吨，产值1.25亿元，增加值7300万元，同比增长1.7%。其中，工厂化大鲵养殖面积17.73公顷，大鲵存量133万尾。年内，创建省级水产健康养殖示范场1家，国家级水产健康养殖示范场1家。

【渔业健康养殖示范创建】 2019年，根据《浙江省农业农村厅关于印发〈浙江省渔业健康养殖示范创建实施方案〉的通知》，市农业农村局遵照养殖水域滩涂规划，健全养殖主体内部生产管理制度，重点做好养殖设施设备管理、生产记录、用药用料记录、销售记录、病害防控、养殖尾水处理等关键环节的自律、自控和自检，帮助改进提升养殖管理水平，引导创建主体向规范化、设施化、生态化和优质高效化方向发展，提高水产养殖的核心竞争力。12月，义乌市佰君农业开发有限公司被认定为浙江省水产健康养殖示范场。

【工厂化大鲵养殖】 2019年，全市共有工厂化大鲵养殖场4家，分布在福田、苏溪、佛堂、赤岸4个镇（街道），养殖面积17.73公顷，大鲵存量133万尾。

（邹　涛　金成舟）

农业机械

【概 况】 2019年，全市有省级"平安农机"示范镇8个、村2个，市级示范村111个、专业合作社6个。有各类农业机械3.05万台（套），农机总动力20.45万千瓦。完成机耕面积1.03万公顷，机收面积5367公顷，机插面积3373公顷，水稻耕种收农机化水平87.96%。全市有乡村农机从业人员1.15万人，其中执证拖拉机驾驶员1979人，联合收割机驾驶员207人，农机维修人员112人，其他农机从业人员9202人。有农机化示范基地37个，市级农机化示范镇5个（部级1个，省级4个）、示范村103个，育秧中心9个，粮食烘干中心24个（批烘干能力15吨以上），粮食加工中心7个。农机专业服务合作社22家，专业户872户。设施农业面积3051公顷，农用大棚778.8公顷，其中，农用标准钢架大棚680.7公顷，喷滴灌设备593套。办理拖拉机、联合收割机注册44台次、变更27台次、注销580台次；拖拉机驾驶证有效期满年审换证157人次、补证7人次、补考7人次，记分学习3人次。办理高耗能农业机械报废265台，其中，大中型拖拉机188台，小型拖拉机72台，联合收割机5台。拨付高耗能农业机械报废补偿资金79.1万元，其中，中央资金2.5万元，省级资金30.64万元，市级配套资金45.96万元。强化农机安全监管，公安驻农机联络室开展专项整治活动3次，全年出勤2188人次，查处违法车辆3557台次，未发生拖拉机负主要责任以上死亡事故。

2019年义乌市农业机械拥有量情况

表15

序号	名称	数量（台、套）	动力（千瓦）
1	耕作机械	3659	28778
	其中：大中型拖拉机	361	14080
	手扶拖拉机	915	9578
	田园管理机	2383	12202
2	种植机械	239	2068
	其中：水稻插秧机	177	1692
3	排灌机械	7674	22748
4	植保机械（机动喷雾机）	2845	6168
5	联合收割机	139	5690

续表 15

序号	名称	数量（台、套）	动力（千瓦）
6	收获后处理机械	3616	12476
	其中：粮食烘干机	160	946
7	农产品加工机械	1381	12617
8	茶叶机械	4479	1260
9	运输机械	2080	30663
10	其它机械	4438	74001
	合计	30550	196469

【农机年检】 2019年，加强拖拉机年检工作监督管理，严格按照《道路交通法》等法律法规有关规定进行年检。年检上道路拖拉机660台次，年检率94.7%。12月，市农业机械管理站安排工作人员深入镇（街道）开展联合收割机、纯农田作业拖拉机及驾驶人年检审，共年检联合收割机55台、纯农田作业拖拉机163台，年检率93%。

【农机扶持项目】 2019年，实施现代农业建设项目14个，扶持资金201.89万元，其中，钢架大棚、喷滴灌建设项目8个，资金54.64万元；"机器换人"示范基地建设项目4个，资金131.26万元；市级机器换人示范基地创建2个，资金16万元。

【农机购置补贴】 2019年，补贴农业机具185台，补贴资金329.43万元，其中，中央资金214.19万元，省级资金28.48万元，市级配套86.76万元。103户农户受益。

（陈　芳　骆慧萍）

产业化经营

【概况】 2019年底，全市有县级以上农业龙头企业71家，其中国家级3家、省级4家、金华市级17家、义乌市级47家。农业龙头企业销售额78.43亿元。浙江义乌农村经济发展有限公司、浙江义乌林业开发有限公司市场交易额112.12亿元。

【红糖产业提升改造】 2019年5月，市政府办公室发布《义乌市红糖产业综合治理及规范提升实施方案》。按照"提升一批、规范一批、淘汰一批"的要求，全面开展义乌红糖综合治理和规范提升，以食品生产许可要求从严监督管理，依法关停取缔无证无照红糖加工场所，加速红糖生产企业提标提质，实现义乌红糖产业的规范生产和可持续发展。红糖产业综合治理和规范提升工作从整合产业资源、落实主体责任、提升产品质量、推广信用监管、推动社会共治5个方面开展。至年底，完成规范提升及提质提标红糖厂47家，推动红糖制品行业规模化、产业化、标准化。

【首个标准化南蜜枣生产基地投产】 2019年8月25日，位于后宅街道金鹤村的全市首个标准化南蜜枣生产基地投产。基地采用标准化生产线，所需工人由原15人减至4人，每日最大产能1～2吨，产品价格优于外地企业产品。使用机械化加工生产的南蜜枣，特级品为150元每千克，平均价格为80元每千克，义乌枣农增收逾1000万元。

（金　婕）

【南蜜枣产业振兴计划】 2019年，全市新增义乌大枣种植面积60公顷。全年总投资700万元，立项扶持南蜜枣标准化加工示范基地2个，实现日处理鲜枣10吨，实行工厂化、标准化生产。建设南蜜枣标准化加工示范基地，提高南蜜枣产品的附加值，提升南蜜枣产业经济效益，传承义乌南蜜枣加工技艺，示范带动提升整个南蜜枣产业发展。

（除署名外均由蒋文卫、陈巧燕撰稿）

农村经济管理

【概况】 2019年，全市经工商注册登记并备案的各类农民专业合作社288家，新增8家，注销16家。其中，种植业226家，林业15家，畜牧业18家，渔业8家，农机服务业21家。义乌市级规范化考核监测合格17家，金华市示范性合作社10家，省级示范性合作社4家。全市在工商部门注册登记的家庭农场312家，新增34家。义乌市级示范性家庭农场20家，金华市示范性家庭农场12家，省级示范性家庭农场10家。注册个体工商户284家，注册个人独资企业28家，其中种植业296家，渔业4家，畜牧业5家，种养结合型5家，其他2家。经营总面积2385公顷，平均7.6公顷。从事生产家庭劳动力1112人，其中，家庭成员628人，常年雇工484人。全市土地流转总面积1.18万公顷，流转率75.25%，其中连片流转13.33公顷以上的4933.33公顷。完成5个村土地流转养老保险初次核查，投保365人。完成在保村土地流转养老保险动态复核147个，办理在保村土地承包经营权流转农民养老保险336人次。年内，义乌市农村土地制度改革带动村集体经济发展工作工作经验获副省长冯飞肯定性批示。

2019年义乌市新成立农民专业合作社情况

表16

序号	组织名称	地址	负责人	成立时间	注册资金（万元）	社员人数（人）	经营内容
1	义乌市和兴枣业专业合作社	后宅街道金鹤村鹤田自然村	张有贵	1月9日	5	15	果品
2	义乌市九嘟水稻专业合作社	大陈镇灯塔村2幢2单元202室	陈金良	5月6日	500	5	水稻
3	义乌市国洪植保服务专业合作社	廿三里街道华溪村	虞国洪	8月14日	10	5	植保服务
4	义乌市品超果蔬专业合作社	上溪镇萧皇塘村	李卫忠	8月15日	2	5	果品
5	义乌市甜顺红糖专业合作社	义亭镇王阡二村680号	楼小平	9月2日	50	5	果品
6	义乌市银甘山香榧专业合作社	大陈镇银甘山村	施关森	10月17日	120	8	果品
7	义乌市卧虎岗果蔬专业合作社	赤岸镇山盆村寺前31号	成有林	10月31日	500	10	蔬菜
8	义乌市樵夫板栗专业合作社	赤岸镇丫溪村93号	朱向锋	11月27日	50	5	果品

【农村集体“三资”管理】 2019年5—6月，市农业农村局对全市799个农村集体经济进行集体资产清产核资自查验收。5月和10月，开展财务公开检查2次，随机检查全市140个村（社区），财务公开整体情况较好。6月，开展农村集体资金管理检查，对14个镇（街道）46个村股份经济合作社的2018年度和2019年1—4月期间资金管理使用情况进行检查。全年，共完成334个村财务审计和清理，为农村集体经济组织登记赋码颁证465份。

【壮大集体经济】 2019年，全市上下重视消除集体经济薄弱村（简称“消薄”）工作，形成党委政府主要领导亲自抓、部门合力助推、村级组织负主体责任、国企群众共同帮扶推进的工作格局。充分融合国企的产业优势和镇（街道）的资源优势，引导美丽乡村精品线周边村以房屋、土地、资金等投入精品线产业项目，探索建立国企谋划项目、村集体抱团出资共建产业项目等造血新模式，实现村集体稳定增收。9月12日，全省扶贫办主任会议暨减缓相对贫困工作现场会在龙游召开，义乌市在会上做题为《消除集体经济薄弱村推动农民致富增收》典型发言。至年底，全市共谋划“一村两楼宇”“多村联建”物业项目107个，投入使用63个，产生收益2624万元，惠及117个村；在建项目44个。全市450个行政村集体年经营性收入均达10万元以上，450个行政村集体经济总收入达5.63亿元，同比增长10%，经营性收入1.98亿元，同比增长12%。分批兑现“消薄”专项扶贫奖励22个项目，计1487万元。

（陈安仙）

林　业

【概况】 2019年，全市完成绿化面积141公顷，森林覆盖面积5.62万公顷。发放11个镇（街道）583个行政村及2个国有林场的自留、责任山林农户6062户，生态公益林补偿1224.83万元。完成松材线虫病除治面积6684.6公顷，清理枯死松树40.1万株。在全市范围内悬挂诱捕器300台，诱捕松材线虫传播媒介松褐天牛；在苏溪镇、上溪镇等松材线虫病入侵高危区域喷施噻虫啉微囊粉剂，防治面积3333.33公顷。全市生物手段防治投放花绒寄甲66.3万头，防治面积1333.33公顷。对浙中木材市场、花卉苗木市场进行检疫执法检查，组织行动23次，出动执法人员102人次，查处涉松案件5起，没收、烧毁疫木800段，收取罚没款1万元。组织对全市2.8万公顷松林越冬后代马尾松毛虫进行调查，设置标准地475个，调查松树9500株，未发生马尾松毛虫危害。在全市林区各重要路段、路口建设森林防火语音提示杆15座、森林消防水池49座，发放森林防火宣传资料1.5万余份，对进入林区人员及时提醒提高防火意识。救护各类野生动物90余只（条），其中，国家二级保护动物猫头鹰4只，红隼2只，凤头鹰1只，游隼1只，猴子1只，省重点保护动物画眉5只，蓝孔雀7只，蛇30条，一般动物40余只。拆除捕鸟网5张，没收诱鸟器1只，从山上收缴野猪夹4只。全年支付野生动物救治劳务费9800元。加强森林防火宣传，全年张贴禁火令6000张，发放禁火令、《文明祭祀倡议书》、森林防火宣传折页等10万余份，发送提醒信息40万余条。

2019年，自然资源和规划局处置“110”“96150”等平台涉林诉求警情100余起。先后组织开展2019“雷霆行动”“禁种铲毒”“扫黑除恶”“森林督查卫片执法”“严厉打击犀牛和虎及其制品非法贸易”“治爆缉枪”“浙江省依法打击破坏野生动物资源违法犯罪”“平安护航中华人民共和国成立70周年林区安保维稳工作”等执法专项行动，共出动警力360余人次，车辆180余车次，勘验核查使用林地现场68处，检查木材、野生动物交易场所18处，检查餐饮场所19家，巡查野生动物活动区域14处，拆除捕鸟网、兽夹等狩猎器具16件，收缴各类野生动物387只，其中国家二级保护动物156只，收缴野生动物制品8件，收缴作案工具20件，救护放生各类野生动物48只。会同地方公安排查毒品原植物易种点30余处，排查疑似毒品原植物线索7条，铲除罂粟931株，配合查处非法种植毒品原植物刑事案件1起，治安案件1起。核查“扫黑除恶”涉林线索7件，落实检察建议书4件，申请法院强制执行责令恢复林地原状裁决事项21件。全年依法查处各类涉林违法犯罪案件77起，其中刑事案件15起，依法采取强制措施41人；行政案件62起，行政处罚68人，收缴罚没款192万余元。半年度人均办案数位居全省第二名，年度人均办案数位居金华市第一名，受到省、市森林公安局通报表扬。

12个矿山生态修复治理项目启动，廿三里和平采石场等5处治理工程完成验收，矿山治理恢复面积35.51公顷。组织地质灾害应急响应65次，浙江省第三地质大队出具应急处置意见54份。投入治理费用338.5万元，完成地质灾害治理工程6个。对12个建设用地地质灾害危险性评估进行备案监管，完成商贸服务业集聚区、经济开发区、信息光电高新区、绿色动力小镇和光源科技小镇5个平台区域地质灾害危险性评估工作。核销地质灾害隐患点7处，其中省级省民生实事核销点2处。

（刘 娟 黄俊臻）

【2019“雷霆行动”】 2019年3月5日—11月30日，市森林公安局在全市范围内组织开展打击非法占用林地等涉林违法犯罪暨2019“雷霆行动”，整治非法占用林地等涉林违法犯罪活动，维护林地、湿地、森林和野生动植物资源安全。组织林业干部、护林员、森林消防员等500余人次深入各林区重点区域开展巡查摸排，对群众反映较强的违法犯罪线索进行分类记录排查，进一步明确打击重点。共整治非法征占用林地项目18处，清除野生动物活动区域危害设施15处，检查清理野生动物非法交易场所12处；收缴野生动物335只，其中，国家二级保护动物156只，野生鸟类112只。专项行动中，立案查处森林和野生动物案件55起，其中刑事案件10起，抓获人员25人；行政案件45起，行政罚款120万余元。

（黄俊臻）

【林木种苗生产经营档案和标签管理培训】 2019年5月10日，市自然资源和规划局举办2019年度全市林木种苗生产经营档案和标签管理培训班，全市林木种苗花卉生产经营企业（农户）102人参训。培训班上，学习《中华人民共和国种子法》、2019年3月1日起施行的《浙江省实施〈中华人民共和国种子法〉办法》等相关法律法规，结合执法监管过程中发现的问题，对林木种子生产经营档案制作、苗木质量自检方式方法、苗木标签和生产经营记录填写等林木种苗相关知识作详细讲解，推进全市林木种子生产经营规范管理。

（陈小宝）

【森林督查】 2019年5月，在全市开展森林督查，利用数据采集终端和卫星遥感影像、林地“一张图”数据库等资料，通过对比档案资料和现场验证，对判读为疑似改变林地用途和采伐林木等变化图斑进行核查。至年底，收到上级部门下发的遥感图斑122个，初步查实违法图斑20个，均移交森林公安查处整改，有效遏制违法破坏森林资源行为。

（刘 娟）

【森林消防技能比武演练】 2019年9月27日，义乌市森林防灭火指挥部、市自然资源和规划局、市应急管理局和后宅街道办事处在德胜岩森林公园共同举办以“森林消防走进景区”为主题的义乌市2019年森林消防技能比武演练。来自赤岸镇、上溪镇、北苑街道等13支森林消防队伍、221名队员参赛，围绕高扬程森林消防泵使用、负重1千米越野跑、风力灭火机使用3个项目开展角逐。

（刘 娟）

【护林员培训会】 2019年，全市共有半专业森林消防队伍40余支，队员860余人。为切实做好森林防火工作，提高生态护林员管理水平，11月20日，市自然资源和规划局组织举办全市护林员会议暨培训会，各镇（街道）林业干部、全市所有护林员164人参加培训。通过森林消防演练、培训，提高各森林消防队伍作战能力及专业水平，切实保护森林资源。

（刘 娟）

【天然商品林停伐补助发放】 2019年2月，义乌市出台发放天然商品林停伐管护补助的通知。全市，共有天然商品林停伐补助面积1954.9公顷，其中，国有天然商品林180公顷，集体和个人天然商品林1774.9公顷。全年发放天然商品林补助42.63万元。

（刘 娟）

【绿色森林建设】 2019年，全市完成新建改造绿化890公顷，完成珍贵彩色森林建设2033.33公顷。新植珍贵树48.72万株，新增浙中生态廊道彩色林带9.8千米。争取、安排省调控珍贵和彩色树种容器苗6.7万株，同比增长34%。年内，创建金华市森林村庄18个。廿三里街道西京村、大陈镇红旗村、城西街道分水塘村被国家林业和草原局评为第一批森林乡村。城西街道分水塘村、佛堂镇平望村、上溪镇潜溪村、大陈镇凰升塘村4个村完成“一村万树”示范村建设。

（倪雄斌）

【分水塘村获批“浙江省生态文化基地”】 2019年12月13日，义乌市城西街道分水塘村被浙江省生态文化协会、浙江省林业局授予“浙江省生态文化基地”。分水塘村是陈望道故里，位于城西街道大峰山、大草坪脚下，背靠省级望道森林公园，森林面积266.67公顷，村庄山清水秀，环境优美，空气清新，舒适宜居。村内陈望道故居为全国重点文物保护单位、全国爱国主义教育基地。作为望道信仰线上的核心村落，分水塘村发掘红色文化，提升绿色生态，推进产业植入，村内民宿、餐饮、农产品销售等旅游产业蓬勃发展，“义新欧”进口商品直销中心、名特优新农产品馆等先继入驻，2019年，分水塘村接待团队游客917批次，接待参观16.5万人次。先后被评为浙江省红色旅游示范基地、省AA级旅游景区村庄、省美丽乡村特色精品村。

（陈小宝）

【首名“浙江省林业乡土专家”】 2019年12月31日，第二批“浙江省林业乡土专家”名单公布，义乌铁皮石斛专家俞巧仙入选。俞巧仙是浙江森宇有限公司负责人，带领企业科研人员开展铁皮石斛科技攻关，主持完成国家级项目6项，“森山”品牌获中国驰名商标、浙江省名牌、浙江省著名商标、中国保健行业名牌，《铁皮石斛大健康产品研发》项目列入国家重点研发计划项目。俞巧仙先后获国家科学技术进步二等奖、浙江省科技新浙商、浙江省科技兴林一等奖、浙江省科技进步一等奖、金华市科学技术重大贡献奖等荣誉。

（陈小宝）

水　利

【概况】 2019年，义乌市实施饮用水工程建设110项，饮用水源工程可供水量2.22亿立方米。全市日供水规模66万吨，日供水量最高56万吨。出台《义乌市农村饮用水达标提标行动》《义乌市农村供水工程运行管理办法》《义乌市点片状农村供水管理指导意见（试行）》。投资1.8亿元，完成105项农村饮用水工程，其中，续建3项，新建102项，新增日供水规模2万吨，改善159个村10.6万人的饮用水条件，达标人口覆盖率100%，专业化管理率100%，供水保证率98%，水质达标率90%，规模化供水工程覆盖率98%。全市789个村居（含自然村）全部通上自来水，其中，698个村通上城镇水厂自来水，91个偏远山区农村实行点片状集中供水。城西应急供水工程（每天2万吨）完成续建并通水，上溪水厂扩建工程（每天5万吨）开工建设。

推进主城区有机更新区块、高新区—苏溪区块、稠江—义亭区块“三大区域”分质供水，完成义驾山生态水厂（每天18万吨）建设。推进“一户一表”改造和节水器具改造工作，完成“一户一表”改造600户，建成屋顶雨水收集系统70处，改造节水器具500套，城镇供水管网改造25千米，建成区管网漏损率由2010年的11.8%下降至2019年的8.9%。

加强病险水库除险加固，水库除险加固2座完工。“强塘工程”新建项目8项，续建项目7项，前期项目3项。实施山塘除险加固59座，年内开工建设39座，完成山塘加固18座。

【王思坑水库除险加固工程】 王思坑水库位于江东街道下傅村南面300米，属钱塘江流域义乌江水系，是一座以防洪为主，兼顾生态环境、森林消防等综合利用的小（二）型水库。水库坝址以上集雨面积0.321平方千米，主流长732米，总库容13.47万立方米，正常库容10.28万立方米。水库按30年一遇洪水设计，300年一遇洪水校核。王思坑水库经多年运行，坝体出现渗水、金属结构老化、防洪能力达不到要求等问题，经大坝安全技术认定，2013年10月，市水务局认定王思坑水库为三类坝，2014年9月19日，市发改委以《王思坑水库除险加固工程初步设计报告》进行批复，工程总投资596.8万元。工程建设主要内容为对坝体进行黏土套井回填处理，坝基采用帷幕灌浆；对坝体结构进行调整，上下游重新护坡，设置排水体；对坝内涵管进行废除，新建放水设施；重新整治溢洪道，增设观测设施和管理房。工程由义乌市安迪水利水电勘测设计有限公司设计，宁波姚江生态建设有限公司施工，2014年12月开工，2019年7月26日完工。

【美丽河湖创建】 2019年9月，编制《义乌市美丽河湖建设实施方案（2019—2022年）》，对全市美丽河湖建设进行统一规划。至年底，八都溪成功创建省级美丽河湖，吴溪、南江成功创建金华市级美丽河湖，后宅街道北站社区等20个行政村成功创建义乌市2019年度“乡村美丽河湖”；航慈溪、八都溪成功完成创建无违建河道。

【节水型建设】 2019年11月19日，市委全面深化改革委员会会议通过《义乌市分质供水“联动+价格+信用”改革方案》，推进分质供水，在全国率先谋划、实施全市域、大规模分质供水，规划供水能力每日38万吨，计划到2030年，中水供应量达1亿吨以上。12月31日，市政府印发《关于推进全域分质供水实施方案》，首次将分质供水作为土地出让和规划许可的前置条件。

【倍磊塘水库除险加固工程】 倍磊塘水库位于佛堂镇倍磊村东南方向200米，属钱塘江流域义乌江水系，是一座以灌溉为主，兼顾防洪等综合利用的小（二）型水库，设计灌溉面积133.33公顷。大坝坝型为均质坝，集雨面积0.99平方千米，总库容41.21万立方米，正常库容34.74万立方米，设计洪水标准为30年一遇，校核洪水标准为300年一遇。水库枢纽工程由大坝、溢洪道和放水设施等组成。水库经多年运行，坝体出现渗水、金属结构老化，存在安全隐患，2016年9月，义乌市水务局组织对水库大坝进行安全认定，认定该水库为二类坝。2018年9月，市发改委下发《关于义乌市佛堂镇倍磊塘水库除险加固工程初步设计的批复》，项目总投资957万元。除险加固建设内容为调整坝体结构，重新护坡，对坝体采用套井回填粘土加固方案进行防渗处理，同时进行帷幕灌浆处理；拆除现状排水棱体，重新设置贴坡排水体；对溢流堰和溢洪道进行加固，出口增设消能设施；封堵原涵管，新建放水涵管；新建管理用房，修建防汛抢险上坝道路。项目同时实施白蚁防治，增设观测设施，库区清淤及安全警示标志设置等配套工程。工程由义乌市安迪水利水电勘测设计有限公司设计，禹顺生态建设有限公司承建施工，2019年3月28日开工，2019年年底主体完工。

【防汛抗旱】 2019年，义乌市启动防汛IV级应急响应4次，防台风IV级响应2次，防台风I级应急响应1次。梅汛期和台汛期，义乌市防汛防台抗旱指挥部先后组织召开工作部署会议10次，对每轮强降雨和台风期间的工作进行重点部署，发出气象灾害预警信息快报12期。组织镇（街道）和市防汛防台抗旱指挥部成员单位，先后开展防汛隐患排查5轮，排查出隐患108处，完成整改92处，其中16处严格落实措施并进行中长期整改。各部门联合构建微信群和视联网随时会商机制，实时汇报水情、雨情、险情、灾情，分析研判防汛形势，会商研究汛期防御重点。其间，出动抢险8106人次，投入车辆93车次，水陆两栖车6车次，处置险情68起。第9号超强台风“利奇马”期间，转移各类人员1.97万人。

（金　翔）

（除署名外均由张小红撰稿）

新兴产业

综　述

【概况】 2019年，义乌以转型发展为目标，以创新为重点，重点培育和扶持高新技术企业，提高核心竞争力，高新技术产业发展保持良好姿态，实现高新技术产业增加值70.5亿元，同比增长16.1%。高新技术产业增加值占工业增加值的比重达52.72%，同比提升6.9个百分点。高新技术产业平台主体成效明显，推荐认定国家高新技术企业61家，其中新申报47家，同比增长62%。新增省科技型中小企业265家，同比增长195%；新增金华市级企业研发中心19家。浙江伊美薄膜工业集团有限公司、浙江思源新材料科技有限公司、义乌市给力机械设备有限公司等高新企业通过国家认定。新晋国家高新技术企业浙江安诺优达生物科技有限公司，专注建设基因组行业领先的生态型企业，秉持基因科技让生命绽放的理念，打造从上游仪器、试剂制造到中游大数据服务以及下游医学、健康、科技服务应用的全产业链布局，成为义乌市生物医疗行业的引领者。在高新技术企业的引导下，全市研发投入增长迅速，规模以上工业企业研发投入20.35亿元，同比增长51.4%，规模以上工业企业研发投入占主营业务收入3.49%。实现全社会研发投入35.2亿元，同比增长17%。

企业技改继续深入。实施重点技术改造项目计划，7个项目入选浙江省“四个百项”重点技术改造示范项目，31个项目入围金华市重点技改项目。全年技改备案178个，计划投资额50.87亿元。购置机器人295台，兑现技术改造财政扶持资金3批1亿元。企业技术创新能力进一步增强，加大力度培育企业创新主体，加强技术创新体系建设，新增省级企业技术中心1家，2个项目入选省内装备首台（套），4个项目入选省级优秀工业新产品（新技术）。备案验收省级工业新产品（新技术）90个，入选省级制造精品2项。

分行业智能化改造初步实施。引导企业推进智能化改造，举办2期智能化工作推进会议。完成无缝、衬衫行业智能化诊断，根据诊断情况进行试点改造。推荐浙工大义乌中心、哈工大义乌机器人中心申报浙江省人工智能产业联盟成员单位，新增省级数字化车间/智能工厂1家。

服务型制造能力进一步增强。依托义乌工业设计中心集聚设计力量，至2019年年底，小微园区入驻工业设计企业30余家，专业设计人员250余人，实现年设计服务收入2600万元。新增省级工业设计中心1家，市级工业设计中心2家。盈云科技入选浙江省第三批服务型制造示范创建平台。

2019年，义乌数字经济发展走在全省前列。义乌数字经济发展总指数102.5，位居全省第六，县级市排名第一位。数字经济全省领先，入选2019全省数字经济优秀样本。入围省政府实施数字经济“一号工程”激励名单，被列为大力发展数字经济、培育新动能方面取得积极成效的县（市、区），获省级专项激励资金300万元。义乌数字经济核心制造业产值105亿元，增加值24.4亿元，增加值增速45.4%，继续保持全省前列。

数字经济产业发展势头强劲。义乌有数字经济规模以上企业29家，实现销售产值80亿元，其中，1亿元以上企业7家，新三板上市企业6家；信息光电产业入围2019浙江省工业与信息化重点领域提升发展培育名单。数字经济产业培育壮大，2019年，新引进世界500强企业德国思爱普公司落地义乌建设创新赋能中心。

（吴惠春　侯斌杰）

【义乌数字经济发展指数位居全省县级市第一】 2019年1月8日，省经信厅、省统计局共同发布《2018浙江省数字经济发展综合评价报告》，为浙江省第一次开展全省数字经济综合评价。报告显示，义乌市数字经济发展总指数为102.5，位县（县级市）第一名。义乌着力激发“大众创业、万众创新”，突破新技术，研发新产品，创造新业态，改造传统产业，发展基于“互联网+”的新经济，使数字经济成为义乌新常态下再创竞争优势的核心动力。至2019年年底，义乌电子商务及信息光电双轮驱动产业发展格局基本形成，政务数字化、社会数字化、工业数字化、电子商务以及通信基础设施建设等方面均取得明显进展。

（陈金春）

【义乌国家级绿色工厂实现“零突破”】 2019年8月，工业和信息化部公布第四批绿色制造公示名单，义乌华鼎锦纶股份有限公司、义乌市双童日用品有限公司2家企业成功入围国家级绿色工厂，为义乌市企业首次迈进绿色工厂“国家队”。2017年，义乌围绕优势行业，积极建立一批绿色制造体系建设培育名单，重点对行业优势大、基础较好的企业进行重点培育。邀请专业机构对培育企业进行培训，指导企业开展绿色制造体系创建工作。通过2两年的培育发展，2019年义乌首次实现国家级绿色工厂零的突破。

（陈金春）

LED光电信息产业

【概况】 2019年，全市有LED光电信息产业企业5家，带动就业4500余人。义乌信息光电高新区集聚华灿光电、瑞丰光电、木林森照明、彩易达小间距LED显示屏和华灿先进半导体及器件等一批LED产业链上、中、下游重大项目，打通LED光电全产业链，协议投资254亿元。项目全部建成可实现年产值350亿元以上，税收20亿元。木林森LED照明灯具生产基地项目投产，彩易达小间距LED显示屏项目实现部分投产。华灿光电（浙江）有限公司LED外延、芯片及蓝宝石加工项目累计完成固定资产投资42.61亿元，实现产值39.76亿元。浙江瑞丰光电有限公司LED扩产及新能源项目累计完成固定资产投资5.16亿元，产值18.32亿元。

【彩易达小间距LED显示屏项目】 2019年8月，义乌信息光电高新区与北京彩易达科技发展有限公司正式签定彩易达小间距LED显示屏项目投资协议，项目前期租用瑞丰光电现有厂房生产，12月试投产。项目总投资11亿元，协议用地6.67公顷，主要生产具有全球领先品质的2.5毫米和1.25毫米小间距LED显示屏和视频墙。全面达产后，可实现年销售收入35亿元，年纳税2亿元。

【LED照明产品生产线建设项目】 2019年11月，义乌木林森照明科技有限公司年产10亿套高品质LED照明产品生产线建设项目投产。项目为省特别重大产业项目，总投资55亿元，建设周期5年，协议用地37.53公顷，主要生产LED照明灯具、半导体材料等产品。项目全面达产后，可实现年销售收入100亿元以上，年纳税6亿元以上。项目2017年6月开工建设，至2019年12月，项目累计完成固定资产投资9.23亿元，实现产值1.68亿元；企业员工1300余人。

【木林森LED照明灯具生产基地项目投产】 2019年11月，木林森LED照明灯具生产基地项目正式投产，至年底实现产值1.1亿元。此项目是省特别重大产业项目，总投资55亿元，用地面积23公顷，主要生产LED照明灯具、半导体材料等。项目2016年8月签约，2017年9月开工建设。全部达产后，可实现年产值100亿元以上。

（楼显誉）

太阳能光伏产业

【概况】 2019年，义乌共有太阳能光伏产业企业3家，带动就业2500余人。义乌信息光电高新区集聚光伏组件全球排名前三名的晶科能源控股有限公司、晶澳太阳能科技股份有限公司、天合光能股份有限公司及排名第七名的东方日升新能源股份有限公司、光伏电池全球排名第二的爱旭太阳能科技有限公司等龙头企业。协议总投资357亿元，全面建成达产后，可实现年电池产能24吉瓦，年组件产能39吉瓦。至2019年年底，总投资110亿元的晶科能源高效太阳能电池组件生产基地项目签约，总投资60亿元的天合光能高效太阳能组件基地项目东方日升高效太阳能电池组件生产基地项目一期投产。浙江爱旭太阳能科技有限公司实现产值55.17亿元，成为义乌工业产值第一大企业。

【爱旭太阳能年产8吉瓦高效太阳能电池生产基地项目】 2019年2月28日，爱旭太阳能年产8吉瓦高效太阳能电池生产基地项目二期开工建设。此项目是省特别重大产业项目，总投资60亿元，用地面积23.33公顷，建设周期5年。主要生产PERC单/双面电池。项目一期2017年4月19日开工建设，同年11月部分投产，实现“当年签约、当年落地、当年开工、当年投产”目标。项目全面建成投产后，可实现年产值100亿元以上，年税收6亿元以上，建成全球领先的太阳能电池生产基地，实现产能、光电转换效率“双世界第一”目标。至2019年12月，爱旭太阳能年产8吉瓦高效太阳能电池生产基地项目累计完成固定资产投资29.11亿元，实现产值86.42亿元。

【天合光能高效太阳能电池组件项目】 2019年6月27日，天合光能高效太阳能电池组件项目一期开工建设。天合光能高效太阳能电池组件项目总投资60亿元，用地面积40公顷，主要建设高效太阳能电池组件生产基地，分2期建设。项目一期达产后，可实现年销售收入75亿元，年缴纳税收1.4亿元；两期项目全面达产后，预计年销售收入150亿元，年缴纳税收2.8亿元。至12月，天合光能高效太阳能电池组件项目累计完成固定资产投资1.09亿元。

【晶科能源高效太阳能电池组件生产基地项目】 2019年11月，晶科能源高效太阳能电池组件生产基地项目一期开工建设，项目总投资110亿元，用地面积60公顷。主要建设高效太阳能电池组件生产基地，分2期建设。项目全部建成达成后，可实现年产值300亿元，年缴纳税收9亿元。

（楼显誉）

汽车整车与零部件产业

【概况】 2019年，义乌引进总投资10亿元易换骑电动自行车锂电池项目，总投资1.9亿元的新能源整车项目。与香港泉康投资有限公司签订总投资50亿元的《汽车零配件高端制造产业园项目投资协议》。全年，义乌经济技术开发区汽车整车与零部件产业实现产值30.51亿元，税收9270万元。

【引进易换骑电动自行车锂电池项目】 2019年6月19日，义乌经济技术开发区引进苏州易换骑网络科技有限公司电动自行车锂电池项目。项目总投资10亿元，规划用地面积4.52公顷。建设电动自行车动力电池Pack生产基地、电芯生产线及易换骑锂电池研发实验中心。

【引进新能源整车项目】 2019年9月1日，义乌经济技术开发区引进浙江俊风汽车有限公司新能源整车项目，项目总投资1.9亿元。拟建设年产2万台新能源网约车、城市物流车生产基地，形成乘、商两用柔性改装、简易装配生产线。

【建设汽车零配件高端制造产业园】 2019年11月25日，义乌经济技术开发区与香港泉康投资有限公司签订《汽车零配件高端制造产业园项目投资协议》，建设汽车零配件高端制造产业园，打造汽车零部件上下游优质企业集聚高地。项目总投资1.7亿美元，专注新能源乘用车、新能源物流车、新能源重型卡车等车型的汽车零部件上下游优质企业研发中心、生产及二次装配基地建设、配套仓储、物流及金融服务。

（倪 伟）

生物健康产业

【概况】 生物健康产业是义乌市重点发展优势产业，至2019年，义乌有华统集团有限公司、浙江森宇实业有限公司、浙江大德药业集团有限公司、杭州华东医药集团浙江华义制药有限公司、正大食品（义乌）有限公司等10余家生物健康产业企业。年内，义乌市引进总投资21.7亿元的常仁AI健康机器人项目、闻泰医疗科技（上海）有限公司投资5亿元的医疗器械项目、义乌魔达实业有限公司投资2.37亿元瑞士摩达功能饮料项目等重大项目及浙江美谷科技新材料有限公司投资5亿元的印象美谷创新产业园项目。签订总投资6亿元的循环水养殖产业园项目及总投资3000万欧元的年产5000万瓶瑞士魔达功能饮料项目框架协议。建设智能健康监测设备和智能健康穿戴设备生产基地。复旦大学附属肿瘤医院义乌肿瘤研究中心签约并揭牌，浙江水母科技有限公司投入运营。与上海中科新生命、浙江清华长三角研究院杭州分院达成合作协议；与东阿阿胶股份有限公司、浙江迪安诊断技术股份有限公司、创药联和广东创药联和医药科技有限公司等20家企业开展合作洽谈。2019年，全市生物健康产业实现规模以上产值19.43亿元，利润1.2亿元。

（倪 伟 王 谦）

【循环水养殖产业园项目】 2019年3月22日，义乌经济技术开发区与佛山市顺德区立丰水产养殖有限公司签订《循环水养殖产业园项目框架协议》。项目总投资6亿元，涵盖渔业养殖、渔业展示与休闲旅游等领域。项目建成后可实现年产无公害对虾4000吨。

【瑞士魔达功能饮料项目】 2019年7月23日，义乌经济技术开发区与义乌魔达实业有限公司签订《瑞士魔达功能饮料项目框架协议》，新建年产5000万瓶瑞士魔达功能饮料生产基地。项目拟选址在原海之纳二期项目地块，用地面积3.73公顷，总投资3000万欧元，主要建设饮料生产线、水处理线、吹瓶线、罐装线。

【引进常仁AI健康机器人项目】 2019年9月13日，义乌经济技术开发区与上海常仁信息科技有限公司签约，引进常仁AI健康机器人项目，总投资21.7亿元。项目一期拟选高创园10号楼8800平方米厂房，二期规划用地4万平方米，实现年产200万台智能系列健康机器人以及配套的智能监测设备、智能健康穿戴设备等产业制造的生产规模。

【引进印象美谷创新产业园项目】 2019年10月18日，义乌市引进印象美谷创新产业园项目，由浙江印象美谷新材料科技有限公司投资建设年产2万吨水刺无纺布生产线。项目总投资5亿元，总用地面积5.33公顷，总建筑面积14.7万平方米。引入3条德国奥特法AUTEFA半交叉全自动生产流水线，并招商引进培育美妆产品、一次性卫生用品、日化用品、洗化用品、化妆品包材等研发、生产、制造及配套销售企业，建设高质量小微企业园，建成投产后亩均税收可达每亩40万元。

（王 谦）

（除署名外均由倪伟撰稿）

新材料产业

【概况】 2019年，义乌市有义乌华鼎锦纶股份有限公司、华灿光电（浙江）有限公司、浙江真爱毯业科技有限公司等高新技术新材料产业企业82家，较上年增加23家，半导体材料、工业锦纶及纺织面料等领域优势明显，实现产值153.8亿元，税收6.64亿元，带动就业2.4万余人。

【全流程锦纶生产智能工厂项目】 2019年2月，义乌华鼎锦纶股份有限公司采用自研和开源智能技术，研发和集成国产核心智能制造装备，实现全流程锦纶智能制造、产品信息全程可追溯，改变锦纶传统生产模式。全流程锦纶生产智能工厂建设锦纶全流程智能制造生产线，包括智能原料立体仓库、智能切片配送系统、智能纺丝系统、自动落丝系统、智能在线检测系统、自动包装系统、智能成品立体仓库等，实现锦纶纤维高效全流程智能生产。项目使义乌华鼎锦纶股份有限公司成为国内锦纶行业首个全流程智能工厂解决方案的示范单位，实现从“中国制造”向“中国智造”转变，促进纺织产业转型升级。年产15万吨锦纶的全流程锦纶生产智能工厂，计划投资3.5亿元，可实现产值36亿元，年增利税7580万元。

【新一代显示器用半导体Micro-LED核心技术】 2019年3月，华灿光电（浙江）有限公司承担新一代显示器用半导体Micro-LED核心技术开发及产业化研究。项目总投资1260万元，被列入2019年度国家重点研发计划项目。项目攻克新一代半导体显示关键核心技术，研究出极低缺陷密度外延片中位错与应力分布对Micro-LED芯片发光效率、均匀性、波长一致性影响的理论机理，探索出制约Micro-LED芯片发光效率、可靠性和寿命的根本原因；开发出微纳尺寸的LED发光器件的微纳加工核心技术，实现晶体生长过程中的应力控制，降低位错密度，降低Particle外延工艺，减少外延缺陷，提高外延波长一致性，波长STD小于0.5，开发出高均匀性、低缺陷密度的Micro-LED外延技术；突破新一代显示器用半导体Micro-LED芯片核心技术开发，形成新产品、新工艺、新技术，形成一批具有自主知识产权、达到国际先进水平的科研成果。

全流程锦纶生产智能工厂生产线

（义乌华鼎锦纶股份有限公司供图 2019年2月摄）

【有机硅改性水性聚氨酯粘胶织物抗皱剂的合成开发】 2019年4月，义乌市中力工贸有限公司承担有机硅改性水性聚氨酯粘胶织物抗皱剂的合成开发，2019年列入省级新产品试制计划，总投资65万元。项目以水为分散介质，安全环保、相容性好、使用方便，应用于粘胶织物的抗皱整理中，可以依靠自身的回弹性，带动粘胶织物的回弹，提升粘胶织物的抗皱性能；同时，有机硅改性水性聚氨酯优异的拉伸性能可以改善粘胶织物抗皱整理后，拉伸性能下降的问题。有机硅改性水性聚氨酯与2D树脂、纳米水玻璃溶液、渗透剂JFC等多元复配而成的抗皱整理剂，可以降低甲醛释放，提升粘胶织物的抗皱性能的同时提升织物的拉伸性能。项目的实施，新增销售收入300万元、利润69万元、税收22.1万元。

（侯斌杰）

生物医药产业

【概况】 2019年，义乌市有杭州华东医药集团浙江华义制药有限公司、浙江大德药业集团有限公司、浙江森宇有限公司等高新技术生物医药企业14家。实现产值9.2亿元，税收7121万元，带动就业2000余人。

【痛风药非布司他的研究与产业化】 2019年年底，痛风药非布司他的研究与产业化项目通过国家CDE研制现场核查和浙江省的生产现场检查，获得原料药生产批件。项目由杭州华东医药集团浙江华义制药有限公司承担，总投资538万元，2016年列入义乌市竞争性项目。项目重点对合成工艺进行创新优化、对质量要求进行升级，是一条高效、环保、安全的路线，在工业化生产过程及成本控制上有很大优势，并且通过对关键物料、中间体、成品及合成过程的详细的质量研究，制定出严格的质量标准，实现对产品的高质量要求，在国内及国际市场上有很强的竞争优势。项目的实施，可新增销售收入6000万元，利润600万元；新增税金400万元。

【铁皮石斛大健康产品研发】 2017年，义乌市森宇有限公司铁皮石斛大健康产品研发项目列入国家重点研发计划项目中医药现代化研究重点专项度项目立项。项目由浙江森宇有限公司牵头承担，义乌市森宇农业科技有限公司等公司合作研发，总投资7094万元，其中中央财政经费1694万元。项目聚焦铁皮石斛生态种植与大健康产品开发，结合国家中药现代化科技产业浙江基地发展布局，选择浙江特色优势大品种铁皮石斛，从种植、研发、生产等环节，开展种植技术、核心功效、物质基础、生物活性、健康产品开发等研究。涵盖一产、二产、三产，突破制约产业发展的瓶颈问题，构建完善的产业链条，开发社会需求大且特色明显的铁皮石斛大健康产品，形成产业集群，带动农民脱贫致富。项目的实施，发育成优良品种1个，筛选内生菌株2个，规范种植40公顷。至2019年年底，项目完成优良品种选育、内生菌株筛选、克隆与鉴定抗低温抗病基因、分析优质道地成因等工作。就此项目发表论文5篇，申请专利2项，授权2项；培养研究生3人。

（侯斌杰）

先进制造与自动化业

【概况】 2019年，义乌市有浙江锋锐发动机有限公司、义乌市易开盖实业公司、义乌市双杰日用品有限公司等高新技术先进制造与自动化企业35家，比上年增加10家。实现产值47.34亿元，税收1.58亿元，带动就业4300余人。

【高精密直线导轨的研发与产业化】 2019年2月，浙江非攻机械有限公司承担高精密直线导轨的研发与产业化项目，项目总投资2000万余元，为义乌市第二批“英才计划”创新创业人才项目。项目产品广泛应用于工具机床、电子产业、3D打印、半导体、光电产业、医疗器械及工业自动化等领域。项目实施可突破制约中国高精密直线导轨行业发展技术瓶颈，自主研发具有国际先进水平的高精密产品，代替大部分国外高端进口产品使用，实现国产化。项目运用先端轴承设计理论，优化高精密直线导轨产品的力学模式及解析方法，研制出高性能新产品系列；通过与国内外钢铁企业共同研究，研制出适合项目产品特点的特种钢材，提高产品的耐久性；通过研究中温及常温锻造，以及对产品实施精密塑性加工，改善金属材料内部的组织结构，提高刚度、承载力以及减少温升变形。

【年产70万台DHT混动双离合变速器项目】 2019年3月，义乌吉利自动变速器有限公司承担年产70万台DHT混动双离合变速器项目，总投资69.6亿元。DHT专用混动变速器是新开发的双电机三速插电式混合动力机电耦合驱动系统，是新能源汽车的关键零部件。产品在AT工作原理基础上全新设计，保持AT变速器性能，集成双电机及功率控制模块来实现发动机与电机动力耦合驱动功能，能以最低的能量消耗获得良好的动力性、经济性和最低的排放。动力耦合系统设计合理，可根据整车需求实现插电式PHEV及HEV功能。项目的实施，可实现销售收入155亿元，年创造利润25.54亿元，年上交国家增值税及销售税金附加7.69亿元，年上缴所得税6.38亿元。

（侯斌杰）

电子信息产业

【概况】 2019年，义乌市有浙江英特来光电科技有限公司、浙江瑞丰光电有限公司、浙江极智通信科技股份有限公司等高新技术电子信息企业16家。实现产值8.51亿元，税收2957万元，带动就业1700余人。

【M0B网络平台锁研发关键技术】 2019年5月，浙江极智通信科技股份有限公司承担M0B网络平台锁研发关键技术项目。项目总投资800万元，2019年申报省工业新产品开发项目。项目对智能门锁增加NB-IOT物联网、蓝牙4.0和Mesh等关键技术的攻关，关键装置改造，重点突破物联网门锁联网安全防护、密匙PUF物理不可克隆技术、门锁NB-IOT联网技术，实现管理和配置云端化、支持智能门锁与移动终端蓝牙互联技术，手机APP和小程序配置和管理、NB联网门锁功耗控制，实现低功耗、智能门锁与家庭智能终端（各种烟雾传感器、可燃气体传感器、视频监控探头等）互联互动技术，提供家庭安防整体解决方案、智能门锁安全主动防护技术，在异常情况下联网告警功能，提高产品在智能家居行业技术水平和竞争力。项目的实施，可新增销售收入5000万元，利润300万元，新增税金220万元。

【高效单晶PERC电池技术的研发】 高效单晶PERC电池技术的研发项目由浙江爱旭太阳能科技有限公司承担。项目研究使用PECVD法进行背膜沉积，以三甲基铝作为三氧化二铝前驱体，通过控制沉积过程中的淀积时间，淀积功率和原料比例等参数得到使电池背面具有低载流子复合率和高红外光反射率的背钝化叠层，同时优化激光开槽和浆料匹配后实现电池片转换效率提升，达到22.5%以上。钝化叠层的研究背钝化叠层由氧化铝层和氮（氧）化硅层构成，通过调整不同膜层的厚度，折射率等条件找出一个最佳工艺参数，得到理想背钝化效果的同时将原料成本控制到最低；优化激光开槽，设计不同的激光图形和功率参数，获得最佳的图形和参数，使得浆料与硅体可以形成良好接触的同时不会影响背钝化膜的钝化效果；优化背场铝浆和银浆，通过试验不同种类的浆料，使其与PERC工艺相匹配，让PERC电池的优势发挥到最大。2019年12月，高效单晶PERC电池技术的研发项目完成，年增销售收入6000万元、利润500万元，年增税金300万元。

（侯斌杰）

数字经济

【概况】 2019年，义乌市数字经济核心制造业产值105亿元，增加值24.4亿元，增加值增速45.4%，继续保持全省前列优势。数字经济产业日益壮大，以信息光电为代表的数字经济"规上"企业29家，其中，1亿元以上企业7家，新三板上市企业6家，销售总产值80亿元。信息光电产业入围2019浙江省工业与信息化重点领域提升发展培育名单。年内，浙江在线浙江数字经济网发布"浙江县域数字经济发展网络影响力指数榜"，义乌位列第三名。

【入选全省数字经济优秀样本】 2019年4月16日，在浙江省在线主办的"2019浙江数字经济发展高峰论坛"上，义乌市数字经济被评选为全省数字经济优秀样本。2019年，义乌市数字经济总指数102.5，位居全省第六位，县级市排名第一位，数字经济全省领先。

【数字经济获省级督查激励】 义乌大力发展数字经济、培育新动能方面取得积极成效。2019年5月，省政府办公厅印发通报，对2018年落实三大攻坚战、富民强省十大行动计划等重大政策措施真抓实干，取得明显成效的10个设区市、54个县（市、区）予以督查激励，相应采取24个方面激励政策，义乌市入围实施数字经济"一号工程"，获省级专项激励资金300万元。

【数字化项目建设】 2019年，市经信局推进"企业上云"，组织"上云"培训500余人次，新增"上云"企业3200家。推进省级两化融合示范区建设，7月，立项实施两化融合重点项目23个，数字化车间及智能化工厂项目9个，其中，1个项目列入省级计划名单，2个项目列入金华市项目计划。

【义乌与思爱普（中国）公司合作】2019年10月19日，在第六届世界互联网大会配套活动“乌镇咖荟”上，义乌与世界500强企业思爱普（中国）公司签约，合作创建浙江义乌创新赋能中心。思爱普（中国）公司为全球排名前三的软件供应企业，其首选义乌推进浙江产业数字化转型计划，为义乌产业数字化转型提升带来新机遇、新途径。

【数字经济引领下的城市发展高峰论坛】2019年11月7日，由市人力资源和社会保障局主办，市就业创业管理服务中心、义乌顺丰科技有限公司、义乌顺丰丰泰产业园浙江区域共同承办，浙江省电子商务促进会全程指导的中国（义乌）数字经济引领下的城市发展高峰论坛在义乌万达嘉华酒店举行。埃森哲大中华区技术咨询董事总经理、腾讯云高级架构师、顺丰科技大数据解决方案高级总监等业界顶尖专家学者及（准）独角兽企业代表、知名投资人代表共150人参加论坛。论坛上，腾讯云高级架构师陆叶围绕“WECITY·未来城市：智慧城市进化之道”主题，顺丰科技大数据解决方案高级总监王小宜女士围绕“数据驱动新一代物流智慧化发展”主题进行演讲，让更多的企业看到数字经济及数字业务在企业运营中的作用，以及数字经济在未来产业发展中的动能。

（金晓玲）

（除署名外均由吴惠春撰稿）

知名企业

【概况】 2019年2月，义乌市发布2018年工业企业50强。50强企业实现产值266.51亿元，占规模以上产值比重的48.95%，较2017年工业企业50强产值增长20.36%。实现税收12.75亿元，比2017年工业企业50强税收增长17.75%。

（王　京）

【浙江华川实业集团有限公司】浙江华川实业集团有限公司（简称“华川集团”）始创于1966年，1998年12月组建成立集团公司。华川集团本部注册资金2.04亿元，是一家集团化管理多元化大型企业，产业涉及造纸、印染、物流、科技及投资等领域。公司有造纸生产线13条，各类纸张产能70万吨，主要产品有牛皮纸、中高强瓦楞原纸等包装用纸及防油纸、半透明纸、格拉辛原纸、装饰原纸、医用淋膜原纸、瓜子袋纸、高透成型纸等特种纸品。形成以“纸业为主、多业并举”多元化、多层次、跨地区、跨行业的联合经营现代企业集团。华川集团占地30公顷，建筑面积12.5万平方米，总资产10亿余元，总产值15亿元，员工1600余人。拥有中、高级职称技术人员480人，中、高级管理人员100余人。华川集团坚持规范化管理理念，建立一套较为科学、系统、严谨的管理体系和与之相配套的制度，2000年，通过ISO9001 2000国际质量体系认证，成为浙江省重点骨干乡镇企业。公司先后获评中国500强民营企业，浙江省“守合同重信用”单位、特级信用单位，浙江省诚信企业，浙江省先进乡镇企业，浙江省首批公众满意优势单位；“华川”牌商标被认定为浙江省著名商标。华川集团累计环保投资1亿元，建设垃圾焚烧发电、粉煤灰制砖等项目，达到固体废弃物的资源化利用，实现废水、废气、固体废弃物的综合治理的达标排放。2019年，华川集团实现销售收入17.62亿元，税收1.09亿元。

（楼柯勇）

【义乌华鼎锦纶股份有限公司】义乌华鼎锦纶股份有限公司（简称“华鼎公司”）是国家火炬计划重点高新技术企业，2002年9月23日成立，注册资金11.4亿元，员工4500人。经营领域从锦纶扩展到新材料、投资贸易、环保、跨境电商等产业。2011年，华鼎公司在上海证券交易所上市，成为义乌市首家IPO上市的民营企业。2018年，收购深圳通拓科技有限公司，进入跨境电商领域。华鼎公司从德国、日本及瑞士引进具有世界一流水平的纺丝、加弹设备和最新检验检测仪器，锦纶6长丝产品品种规格齐全，产能位居国内前三位，销售网络覆盖国内外化纤纺织品专业市场。运用大数据、云计算、数据驱动、物联网等互联网技术，率先在锦纶行业创建全流程“工业4.0”智能工厂，建成行业内规模最大、设备完善、工艺先进的锦纶智能研发制造基地。建有浙江省级新材料重点研究院、浙江省高性能锦纶工程技术研究中心、国家级博士后科研工作站、国家差别化锦纶6纤维研发生产基地等研发机构。至2019年年底，华鼎公司承担国家重点研发计划1项，工信部智能制造项目1项，国家火炬计划项目7项，国家重点新产品计划项目2项，省级重大科技项目1项，获国家发明专利授权12项。参与制定国家标准7项，行业标准8项，浙江制造标准2项。华鼎公司是中国化纤工业协会副会长单位，中国化纤工业协会锦纶FDY（HOY）组长单位，中国化纤行业绿色纤维标志认证企业，先后获“中国工业大奖提名奖”、全国“化纤行业‘十二五’最具技术创新突破奖”“中国纺织行业人才成长最佳企业”“中国纺织行业智能制造试点示范企业”，浙江省“隐形冠军”培育企业等荣誉，入选成为国家级绿色工厂。“华鼎”品牌入选中国纤维流行趋势纤维品牌，锦纶产品入选“浙江省名牌产品”，锦纶弹力丝入选国家制造业单项冠军产品。2019年，华鼎公司总产值80亿元，实现营业收入85.65亿元，同比增长29.71%。

（吕园芳）

【华鸿控股集团】 华鸿控股集团（简称“华鸿控股”）成立于1998年。坐落于义乌市佛堂镇，占地面积20公顷，是一家以生产、销售装饰画为主的义乌本土民营企业，为世界较大的装饰画制造及出口基地之一。产品远销欧洲、美洲、东南亚等30余个国家和地区，年出口逾1亿美元。华鸿集团下设华鸿画家居股份有限公司、浙江天画家居用品有限公司、浙江画之都文化创意股份有限公司等子公司，有员工2000余人，其中，专业画师300人，直接从事专业研发和创作设计人员200余人。华鸿集团生产线设备不断更新升级，引进全套自动化设备，实现油画布、绷画布以及线条相框生产设备的自动化，玻璃深加工及表面刻槽和异形磨边自动化。采用先进3D打印研发打样的同时，与设备制造商联合研发相框装配的自动化生产线，为真正实现艺术“智”造打下基础。同时，建设华鸿艺术硅谷项目，100余名艺术家进驻园区，依托公司先进技术和多种材料资源进行设计创新，致力于打造依附艺术家的工厂群体。成立专业团队跟进版权注册，产品均受国际版权法保护。2014年，华鸿控股获文化部授予“国家文化产业示范基地”称号，是金华地区除横店以外最具特色的文化创意企业。“画之都”“华鸿集团”被认定为“国家高新技术企业”，“华鸿”商标被评为国家驰名商标，浙江画之都文化创意有限公司获“2019年度义乌市政府质量奖”。2019年，华鸿控股集团实现产值8亿元，税收1亿元。

（王　平）

【浙江华统肉制品股份有限公司】 浙江华统肉制品股份有限公司是农业产业化国家重点龙头企业和国家市场应急保供骨干企业，创办于2001年，位于义乌市义亭镇姑塘工业区。主要经营动物饲料、生猪养殖、肉鸡养殖、生猪屠宰、家禽屠宰、肉制品加

浙江华统肉制品股份有限公司养殖场

（浙江华统肉制品股份有限公司供图　2019年5月摄）

工及商贸流通等业务。公司建立127个质量标准、操作程序、标准管理程序等质量管理文件，配置248名专职质量管理及品控技术人员负责原料选择、生产加工、配送交付全过程质量管控，保证稳定持续地生产绿色、安全、优质的肉制品。2017年1月，华统股份（002840）在深圳证券交易所中小板上市。至2019年年底，浙江华统肉制品股份有限公司年产各种动物饲料20万吨，出栏生猪200万头，家禽600万羽，屠宰分割生猪1000万头，家禽3600万羽。年生产火腿80万只，各种肉类制品3万吨，是浙江省最大的综合肉类生产基地和国家储备肉基地之一。肉品风味与凝胶品质控制关键技术研发及产业化应用获国家科学技术进步二等奖，肉鸡全产业链质量安全控制与溯源技术体系研究与应用示范入选2019年浙江省科技进步一等奖候选名单。拥有“一种低胆固醇液体猪油的制备方法”等专利33项，其中，发明专利3项，实用新型专利24项。2019年，公司总资产30.62亿元，实现营业收入77亿元，利润1.7亿元。子公司浙江绿发饲料科技有限公司被认定为义乌市高新技术企业。

（葛昇源）

【浙江王斌装饰材料有限公司】 浙江王斌装饰材料有限公司（简称“王斌装饰公司”）总部坐落在佛堂镇，是一家集研发、生产、设计、施工于一体的集成化、多元化大型民营企业。1992年注册成立王斌装饰画厂，2001年被评为义乌市“百强企业”，2005年被评为金华市50强企业，2008年“王斌相框”商标被评为“中国驰名商标”。2013年投资组建“古佰年”红木家具，进一步拓宽公司产业。2015年新型纳米装潢材料投产，创建“王斌装饰”产业，2019年“古佰年”红木连续第五年获评“中国红木家具十大品牌”。王斌装饰公司设红木家具、国际贸易、国内销售、电子商务等部门，全国有分公司100家，销售分公司200余家，直营店1500余家，拥有浙江、福建、广西等六大主力生产基地，总占地面积133.33公顷，员工1.5万余人。王斌装饰公司经营产品覆盖红木家具、相框画框、新型环保装饰材料等领域。主导编制国家林业行业标准LY/T2229–2013《木质相框》，通过义乌政府质量奖评审，先后被评为“义乌市企业研究开发中心”“省级工业设计中心”。拥有900余项产品专利，产品先后被列入《2016年浙江省出口名优特产品目录》。“wangbin”“王斌相框”品牌先后获评浙江省名牌，浙江省名牌林产品，浙江省著名商标和中国驰名商标。2019年，王斌装饰实现出口5000余个标箱，销售额6.38亿元，税收4585万元，获“自营出口超5亿元生产企业”称号。

（程　峰）

【森宇控股集团】 森宇控股集团始创于1997年，总部位于义乌市四海大道111号，是一家以珍稀名贵中药材铁皮石斛育种、育苗、组培、栽培及保健食品、饮品、酒品、生物制品科研开发为主导的农业科技型企业，集种植、研发、生产、加工和销售、服务为一体，全产业链运作，以“健康+教育”为产业发展体系。集团自创建以来，坚持铁皮石斛为主业，将一棵铁皮石斛仙草做成一个品牌，发展成一个产业，继而建起一座健康小镇。森林控股集团拥有浙江院士之家、省级企业研究院、省级院士专家工作站，与国内外各大高校、科研院所开展广泛技术合作，有科研项目93项，其中，国家级重点项目8项，授权发明专利13项。制订国家行业标准1项，企业标准35项。先后获浙江省科技兴林一等奖，浙江省科技进步一等奖，并获林业最高奖——梁希林业科学技术一等奖。2016年，森宇控股集团投资51.8亿元创建森山健康小镇，占地面积406公顷，集农业、工业、康养、文旅、教育为一体，打通并融合一二三产。2019年，国家农村产业示范园、农业农村部创意农业重点实验室、省级农业科技园区、省级中小学生研学实践教育营地等国家和省级平台项目先后落户森山健康小镇。森宇控股集团为2019农业产业化龙头企业500强、国家高新技术企业、国家铁皮石斛行业标准制订单位、国家林业局铁皮石斛工程技术中心、铁皮石斛产业国家创新联盟理事长单位、黄精产业国家创新联盟副理事长单位、农业产业化国家重点龙头企业、国家林业重点龙头企业、国家产学研合作示范企业、国家守合同重信用企业。连续四届获“浙江省消费者信得过单位”。主打品牌“森山”价值103.32亿元，在全国拥有666.67公顷铁皮石斛近野生栽培基地。2019年，森宇控股集团总产值11.87亿元，拥有员工3580人，实现营业收入10.79亿元，纳税5485万元。

（陈秋云）

【浙江奥翔服饰有限公司】 浙江奥翔服饰有限公司是一家集无缝内衣自主研发设计、生产、销售、服务于一体的民营企业，2012年成立，坐落义乌市义南工业区彩云路17号。公司专业生产一次成型的无缝内衣系列、运动服系列、文胸系列等中高档产品，款式新颖，品质稳定，产品远销美国、日本等国家和地区。公司有固定资产1.5亿元，占地面积1.27公顷，建筑面积3万平方米。有国际先进的圣东尼无缝织造设备200余台，包纱设备20台，缝制设备500余台，检验/检测设备12台。有专业研发团队30余人，中高层管理人员80余人，技术岗位人员300余人，年产能力达1800万件/套。公司不断完善管理体系，先后通过ISO 9001质量管理体系、ISO 14001环境管理体系认证，并获Oeko-Tex100纺织品生态国际认证，通过HBI、BSCI、WRAP、沃尔玛等社会责任和质量权威体系国际认证。2019年，公司实现产值2.15亿元，利润720万元，税收1216万元。

（楼永平）

【义乌市蝶妃化妆品有限公司】 义乌市蝶妃化妆品有限公司成立于1996年，位于义乌北苑工业园区景二路21号，是国际知名的彩妆OEM/ODM企业。公司注册资金3228万元，员工800余人，占地面积4.8公顷。有符合GMP标准的研发中心、制造中心、铼元检测中心和仓储物流中心，其中铼元检测中心通过国家CMA资质认证，获非特殊化妆品备案检验资格。公司先后从韩国等地引进具有国际先进水平的全自动硅胶模口红生产线、全自动单色（多色）压粉机、全自动粉组装生产线等先进生产制造系统，应用K3Cloud-ERP管理系统和MES生产制造执行管理系统。致力于粉饼、腮红、粉底霜、口红等彩妆产品的研发、生产、销售和服务，产品远销欧美。同时，与WBA、Avon（雅芳）、Waston（屈臣氏）等世界500强品牌企业深入合作，国际市场销量持续增长。公司通过BRC、ISO 22716、ISO 9001质量管理体系认证，SA8000、COC、WCA社会责任体系审核，通过省级“清洁”生产审核及ISO 14001环境管理体系等认证，是地市级安全生产管理示范达标企业，创建学习型企业教育示范单位。义乌市蝶妃化妆品有限公司先后被授予国家工商总局“守合同重信用”单位，国家高新技术企业，省级科技型中小企业，义乌市企业研发中心，义乌市工业企业50强企业，义乌市工业亩产效益综合评价A类企业，入选2019年度金华市级隐性冠军培育企业名录。公司董事长在义乌市改革开放40周年大会上，被义乌市政府授予“民营经济发展代表人士”称号。

（胡永安）

【和谐明芯（义乌）光电科技有限公司】 和谐明芯（义乌）光电科技有限公司（简称“和谐明芯公司”）前身为1997年成立的义乌木林森照明科技有限公司，坐落于义乌苏溪镇龙祈路901号，2016年7月22日成立，注册资金58亿元，有员工2500人。同年7月，义乌信息光电高新区管委会携手国资平台与木林森股份有限公司、IDG组建40亿元的基金，以5亿欧元成功竞购全球第二大照明企业德国欧司朗照明项目，2017年3月3日完成股权交割。2018年4月，义乌木林森照明科技有限公司被木林森股份有限公司收购，成为其子公司。欧司朗照明项目海外产能将逐步转移至义乌信息光电高新区，欧司朗照明产品实现在义乌生产制造，产值逾400亿元。2019年7月8日，义乌木林森照明科技有限公司与木林森股份有限公司完成吸收合并，存续的公司组建为和谐明芯公司。公司主要致力于LED产品的研发，LED灯丝灯、半导体材料及其配套五金材料的生产，是木林森股份有限公司全资子公司。LED灯丝是将无背镀的蓝光LED灯珠固晶在蓝宝石、透明陶瓷、荧光晶体、玻璃、金属等做成的基条上，再通过金线串联，以及涂覆荧光粉而制成。2019

和谐明芯灯丝灯生产车间

（和谐明芯光电科技有限公司供图 2019年11月摄）

年10月，和谐明芯厂房竣工，同步完成设备进场及调试工作。2019年11月，和谐明芯公司投产，出产义乌市第一批灯丝灯。公司注重人才的吸引和培养，以高于同行30%的薪酬招聘技术骨干，并打造内部培训体系，扩充内部实力。2019年，设备投入21.8亿元，达产后实现产值3435.3万元，利润1.21亿元，税收1.45亿元。

（伍文馨）

【浙江弘尚智能科技股份有限公司】 浙江弘尚智能科技股份有限公司成立于2011年，坐落于义乌苏溪镇高君路6号，是一家集科研、生产、销售为一体的科技型企业，主要有双层裤、一体裤、丝袜、针织牛仔裤等产品。企业成立初期，投入1000余万元引进德国、意大利等自动化生产设备400余台/套。2016年斥资6500万元建设苏溪4万平方米现代化标准厂区。2017年起，陆续投入1500余万元进行设备技术改进，购入行业独有定制化袜机108台。创建40余人的研发团队，成功研发行业首创针织无缝牛仔裤，独创针织智能穿戴大健康产品。2017年，公司成功挂牌新三板，先后获"国家高新技术企业""浙江省科技型中小企业""义乌市工业50强企业""义乌市亩产税收A类企业""义乌市倍增计划企业"等荣誉。2019年，根据《浙江省人民政府办公厅关于开展"雏鹰行动"培育隐形冠军企业的实施意见》《关于组织2019年隐形冠军及培育企业申报工作的通知》，公司被确定为浙江省"隐形冠军"及培育企业。至2019年年底，公司有发明专利1项，实用新型专利34项，外观17项，版权6项，通过政府立项省级新产品6项，均形成成果转化，给企业带来良好的经济效益。有员工250人，实现产值1.12亿元，利润810万元，上缴税金679万元。

（江林列）

2019年义乌市工业企业50强

表17

序号	企业名称	序号	企业名称
1	浙江华川实业集团有限公司	26	荣利服饰有限公司
2	浙江吉利动力总成有限公司	27	浙江华坚照明科技股份有限公司
3	浙江爱旭太阳能科技有限公司	28	义乌市南吉针织有限公司
4	义乌华鼎锦纶股份有限公司	29	浙江颜雪化妆品有限公司
5	华鸿画家居股份有限公司	30	义乌市超其特玩具工艺品有限公司
6	浪莎控股集团有限公司	31	浙江瑞丰光电有限公司
7	浙江天派针织有限公司	32	浙江年年红实业有限公司
8	浙江棒杰控股集团股份有限公司	33	杭州华东医药集团浙江华义制药有限公司

续表 17

序号	企业名称	序号	企业名称
9	华灿光电（浙江）有限公司	34	义乌市金厦商品混凝土有限公司
10	浙江梦娜袜业股份有限公司	35	义乌市商品混凝土有限公司
11	义乌市易开盖实业公司	36	来诺金服饰（义乌）有限公司
12	义乌市蝶妃化妆品有限公司	37	浙江希泽服饰有限公司
13	浙江王斌装饰材料有限公司	38	浙江英特来光电科技有限公司
14	浙江华统肉制品股份有限公司	39	浙江蜜蜂集团有限公司
15	浙江博尼时尚控股集团有限公司	40	义乌市佰晟商品混凝土有限公司
16	浙江大德药业集团有限公司	41	浙江宾王扑克有限公司
17	浙江真爱毯业科技有限公司	42	浙江欧意智能厨房股份有限公司
18	浙江森宇有限公司	43	浙江三佳制衣有限公司
19	浙江奥翔服饰有限公司	44	浙江迪元仪表有限公司
20	和谐明芯（义乌）光电科技有限公司	45	浙江红雨医药有限公司
21	义乌市帝宏家纺有限公司	46	浙江蓝宇数码科技股份有限公司
22	东方日升（义乌）新能源有限公司	47	浙江伊彤服饰有限公司
23	浙江年年旺针织有限公司	48	浙江芬雪琳针织服饰有限公司
24	义乌浩盛建设有限公司	49	义乌市派对服饰有限公司
25	浙江润晖服饰有限公司	50	沪江线业有限公司

（王　京）

上市公司

【概况】 2019年，义乌新上市公司1家。全市共有浙江中国小商品城集团股份有限公司、四川浪莎控股股份有限公司、义乌华鼎锦纶股份有限公司、棒杰数码针织品股份有限公司、浙江世宝股份有限公司、新光圆成股份有限公司、浙江华统肉制品股份有限公司、浙江博尼时尚控股集团有限公司（香港红筹上市）8家上市公司，实现营业收入242亿元，利润14.6亿元，纳税9.5亿元。共有新三板挂牌企业10家，实现营业收入10亿元，利润2736万元，纳税3699万元。

（楼海坚）

【浙江博尼时尚控股集团有限公司上市】 2019年4月26日，博尼国际控股有限公司（股票简称“博尼控股”）在港交所成功上市，股票代码1906.HK，发行价0.58港元，在港融资净额1.12亿港元，成为义乌市首家通过红筹模式赴港上市的企业，也是义乌市第八家上市企业。公司创立于2001年，注册资金2.18亿元，总投资7.5亿元，员工2600余人。占地面积8.6公顷，有10万平方米标准化厂房及1.5万平方米职工公寓，集品牌经营、技术研发、生产制造、销售服务于一体，形成纺纱—织造—染整—成衣—专店直营完整产业链的现代化内衣企业。2019年，公司实现营业收入2.84亿元，纳税1269万元，连续7年被评为义乌市工业企业50强。

（楼　霄　楼海坚）

产业集聚园

义乌经济技术开发区

【概况】 2019年，义乌经济技术开发区（简称“义乌开发区”）引进项目26个，总投资350亿余元，其中，1亿元以上项目16个，50亿以上项目4个。引进总投资10亿元易换骑电动自行车锂电池项目，总投资100亿元的国贸改革基金项目。签订总投资50亿元的汽车零配件高端制造产业园项目、总投资100亿元以上的义乌华侨城项目框架协议，复旦大学附属肿瘤医院义乌肿瘤研究中心签约并揭牌。吉利GEP3发动机批量生产，英伦新能源整车TX5开启义乌路试。吉利集团DHT专用混动变速器项目、青肃家禽养殖示范场、食品加工一期开工建设，森山健康小镇产业园项目一期结顶，正大有机肥配套加工项目投产。全面推进丰树产业园，海南沉香，森宇二期，世宝方向机，易换骑锂电池等项目建设进度。

义乌开发区建设项目稳步推进，总部经济园B组团5幢大楼结顶，总部经济园A组团项目整体入驻率达98%。文政中路悦江银座项目竣工，宋庆龄幼儿园顺利开园。江湾有机更新一号、二号地块部分结顶，有序推进江湾集聚、江东集聚及盘塘住房项目建设。全年，共建设市政道路25条，建设长度20千米，其中西江路等7条道路建成通车。深塘东侧景观工程、铜山路防护林等绿化项目相继建成，廊道公园等绿化项目加快推进。

2019年，义乌开发区整合提升区实现规模以上工业总产值392亿元，规模以上工业增加值78.4亿元，财政总收入197.9亿元。义乌开发区入选“浙江省美丽园区示范区”。

【正大有机肥配套加工项目投产】 2019年2月，正大有机肥加工项目投产。项目由正大集团及康地集团投资建设，位于义亭镇木桥村地块，总投资9240万元，总用地2.67公顷。2018年2月开工建设。采用不落地全自动化高温发酵技术系统及高新技术生产工艺，以干净无臭制程环境，生产稳定高质量有机肥料，建成后可实现年产6万吨有机肥生产规模。

【宋庆龄幼儿园开园】 2019年3月，义乌宋庆龄幼儿园开园。义乌宋庆龄幼儿园由中国宋庆龄基金会下属的世纪瑞晨教育投资管理有限责任公司及浙江贝立德教育发展有限公司联合创办。位于稠江街道童店路88号，用地面积1.17万平方米，总建筑面积1.54万平方米，总投资8000万元。幼儿园设立21个班，可容纳500余名学生。2017年12月开工建设。

【国贸改革产业基金项目】 2019年9月13日，义乌开发区管委会与香港泉康投资有限公司签订《义乌市国贸改革产业基金项目框架协议》。由义乌开发区管委会及香港泉康投资有限公司共同发起设立100亿元的“义乌市国贸改革产业基金”，投资义乌市基础设施、产城融合、产业集聚及战略性新兴产业等方面建设，充分发挥基金示范、引领及撬动作用，进一步探索实践社会资本与国有资本合作模式，助推义乌市国贸改革。

【文政中路悦江银座项目竣工】 2019年11月，文政中路悦江银座项目竣工。项目位于稠江街道文政中路，用地面积1.1万平方米，建筑面积2.1万平方米，总投资2.8亿元。项目以多层住宅为主，一层为商业用房，二至五层为住宅，平面沿街单排布置。2018年6月开工建设，由义乌市锦都房地产开发有限公司开发建设，浙江稠城建筑工程有限公司负责施工。

（倪　伟）

丝路新区

【概况】 2019年，丝路新区完成有效投资35.8亿元，完成率119%。招引投资总额97.2亿元，其中，50亿元以上项目1个，1亿元以上项目7个。与国际商协会大厦、生命一号科技中心大楼、莲都大厦签订合作协议，与义乌之窗、工商银行义乌分行总部大楼、侨商大厦、贝利恩总部大楼、智纺大厦等项目签订项目合作框架协议。省外产业项目到位资金8.4亿元，完成计划数的120%；内资完成9亿元，完成计划数的120%。收取土地出让金36.3亿元。

汇商天地建成投用，曙光大厦、欧美中心、欧洲风情街一期竣工，宏基大厦、思达总部大楼、欧洲风情街二期等重点项目开工建设，文化地标义乌大剧院项目基坑支护和土石方工程进场施工，丝路金融小镇配套工程中央景观临时绿化工程完成验收。

【汇商天地项目建成投用】 2019年6月3日，汇商天地项目交付使用。项目地处国际商贸城核心区块，东至稠州北路，西至银海一区区间道路，南至新光国际商务大厦间规划道路，北至稠州北路10号地块建筑间规划道路，总投资1.66亿元，总用地面积7835.19平方米，总建筑面积3.46万平方米。地上9层，为国际商贸城重要商服配套；地下2层，为设备用房和地下车库。汇商天地项目2016年2月4日挂牌成交，同年11月16日开工建设，2018年12月29日竣工。

【欧美中心项目建成投用】 2019年8月，欧美中心项目交付使用。项目为稠州北路A地块、4号地块、5号地块、6号地块建筑工程，位于福田街道，东靠稠州北路，北靠银海路，西靠共和村，南邻福田大厦，总投资6.5亿元，总建筑面积10.55万平方米。项目主要功能为商业服务、商务办公及配套服务。欧美中心项目2016年3月22日挂牌成交，同年10月18日开工建设，2019年1月竣工。

【欧洲风情街一期项目竣工】 2019年8月11日，欧洲风情街一期项目竣工。项目位于义乌市福田街道稠州北路和草塘沿路交叉口。项目地上部分为11幢5层以下单体建筑，地下部分为2层地下室，总建筑面积7.35万平方米，概算总投投资4.57亿元。项目按照“万国社区”理念，在义乌国际商贸城附近建设经典的Artdeco建筑群，展现高贵典雅、端庄稳重的英伦风格街区，打造购物、休闲娱乐、旅游、商务办公为一体的特色商业街区。项目2016年2月6日由义乌市交通置业有限公司摘牌取得，2017年11月10日开工建设。

（陈　虹）

2019年8月11日，欧洲风情街一期项目建成投用

（丝路新区　供图）

义乌信息光电高新技术产业园区

【概况】 2019年，义乌信息光电高新技术产业园区（简称“义乌高新区”）整合提升区内（苏溪、大陈、后宅、廿三里、福田）拥有企业8467家，其中，规模以上企业202家，国家级高新技术企业31家。实现工业总产值513.82亿元。累计完成有效投资50.8亿元，完成率132.35%。浙商回归实际到位资金28.57亿元，完成率129.86%。实际利用外资4280万美元。

2019年，总投资60亿元的天合光能高效太阳能组件基地项目、浙江爱旭高效太阳能电池生产基地项目二期、东方日升高效太阳能组件生产基地项目二期开工建设。木林森LED照明项目、东方日升高效太阳能组件生产基地项目一期、彩易达小间距LED显示屏项目、欧力德工控伺服泵生产基地项目及力天电蚊拍项目建成投产。晶科能源高效太阳能电池组件生产基地项目、东方日升高效太阳能电池组件生产基地项目入选浙江省重大产业项目，岩谷科技纳米新材料项目、东方日升高效太阳能组件生产基地项目及智慧能源中心项目入选浙江省重点建设项目。全年引进1亿元以上项目18个，其中5亿元以上重大项目14个。协议总投资额386亿元，同比增长157%，项目数量及投资额均创历史新高。

2019年，义乌高新区新建、续建项目60个，完成基础建设有效投资2.5亿元，同比增长13.6%。完成工程建设项目35个，正在建设25个。智汇广场、苏华街商住楼项目投用，高新区小学、幼儿园完成选址规划，核心区4000套人才社区项目、苏福水厂及廿三里街道有机更新一期地块开工建设。完成六都溪河道程及核心区镇前街、龙祈路、好派路、高园路、苏福路等路段绿化景观提升工程。

义乌高新区以产城融合为理念，完成《义乌高铁新城核心区控制性详细规划》《义乌光源科技小镇概念规划研究》《义乌市廿三里拓展区块控制性详细规划》《义乌市廿三里老街修建性详细规划》《义乌市廿三里双溪湖公园景观工程施工涉及方案》等6项规划编制。按照“资源整合、优化配置”原则，谋划拓展新的发展空间，新增适合项目落地土地面积77.8公顷。

年内，义乌高新区获“长三角G60科创走廊产业合作示范园区”称号，光源科技小镇入选省级特色小镇创建对象考核优秀单位，义乌信息光电产业创新服务综合体入选第三批浙江省产业创新服务综合体培育名单。全年举办各类人才沙龙活动30场。

【创建浙江（义乌）境外并购产业合作园】 2019年2月，义乌市获批设立浙江（义乌）境外并购产业合作园。园区以义乌高新区为主体，落实“开放强省”工作导向，大力推动外资集聚平台建设，持续优化开放发展的营商环境。至年底，招商引进华灿光电并购美国美新半导体公司扩产项目、木林森并购德国欧司朗照明项目2个境外并购产业合作项目，推动园区企业博尼国际控股有限公司在香港上市。成立爱旭太阳能全球光伏联合创新中心及乌克兰彼得罗夫院士专家工作站，瑞典贾马尔·德恩院士专家工作站2家国际院士专家工作站。

【金华市光电产业发展大会在义乌召开】 2019年6月21日，金华市光电产业发展大会暨金华市光电产业联盟成立大会在义乌召开。会议贯彻落实金华市工业大会精神，推动以义乌光电产业为代表的电子信息制造业发展。大会邀请浙江大学光电学院研究员姚军做有关光电产业报告。自2016年起，义乌市抓住LED产业国际资本、产业转移和技术发展良好机遇，大力度招商、大手笔投资、高起点运作，以半导体照明、光伏产业为主的光源科技小镇初具规模，集聚华灿光电、瑞丰光电、木林森照明、爱旭太阳能、东方日升等一批上市龙头企业。2019年1—5月，全市光电产业规模以上产值达30.51亿元，增速102.23%。

（金晓玲）

【义乌入选“长三角G60科创走廊产业合作示范园区”】 2019年6月24日，长三角G60科创走廊联席会议在安徽芜湖召开。会上，义乌信息光电高新区入选“长三角G60科创走廊产业合作示范园区”。义乌高新区坚持招大引强与招才引智双向并举，推进平台载体建设，加速创新资源要素集聚，不断增强创新发展和科技支撑能力。至2019年底，引进培育科技创新服务平台16家，院士专家工作站3家，省级重点实验室2家，省级重点企业研究院1家，省级企业研发中心15家，省级工程技术研究中心1家，省级博士后科研工作站2家。集聚博士以上人才230余人，其中省部级以上高层次人才30余人。

【招院引所取得新突破】 2019年，义乌高新区引进北京协同创新研究院、爱旭全球光伏联合创新中心及中国计量大学环境技术研究院3家研究院所，其中，爱旭全球光伏联合创新中心总投资7亿元，集合全球领先光伏科研院所、高校、顶尖人才和设备制造商，在义乌高新区共同研究突破光伏基础理论和研发先进制造技术，3年内可认定为省级重点实验室，并申报国家重点实验室。8月，上海交通大学义乌智能技术研究院正式运营。11月，华灿光电第三代半导体材料与器件研究院获批省重点实验室。12月，义乌科创园成功创建国家级科技企业孵化器。

【义乌·高新区智汇广场开业】 2019年12月20日，义乌·高新区智汇广场（又称"佳庭汇购物中心"）开业。义乌·高新区智汇广场位于苏溪镇苏华街112号，由高新区开发建设有限公司自主开发建设，是高新区首个集文化、创意、餐饮、娱乐、购物、影院为一体的全功能、全业态邻里中心商业综合体。占地面积1.55公顷，建筑面积5.2万平方米，总投资2.5亿元。义乌·高新区智汇广场共有5层，其中，地上4层，地下1层。入驻的商业机构一楼是肯德基、老婆大人、熙美诚品、名品表行、零售服饰、面包甜点奶茶、数码电器等零售；二楼是物美超市、时空要塞游乐场、母婴童装，三楼是餐饮美食、电影院、糖糖艺术培训中心；四楼是酷玩网咖等业态。至年底，义乌·高新区智汇广场共入驻商家45家。

（除署名外均由楼显誉撰稿）

义乌商贸服务业集聚区

【概况】 2019年，义乌商贸服务业集聚区（简称"商贸集聚区"）实施工程项目63个，完成有效投资46亿元，完成率102.2%。完成省外产业项目到位资金15.39亿元，完成率140%。实际引进内资9.07亿元，完成率121%。引进外资2949万美元。引进1亿元以上项目7个，累计协议引资额296亿元，其中50亿元以上韵达快递快运总部、韵达供应链总部项目、义乌国际商城供应链基地、云驿小镇跨境供应链总部基地、快仓（义乌）全球智能机器人小镇项目5个，10亿元以上中国邮政华东物流仓储中心项目1个，5亿元以上万达物流总部项目1个。

项目有序推进，红狮智慧物流园一期、东宇智能物流园、义乌盛丰分拨中心、义乌盛辉物流园、浪仕威智能仓储示范产业园、绿恒物流园、欧洲国贸城、商城集团宾馆写字楼等10个产业项目及圆通速递浙江总部转运中心建成投用，国内公路港二期、红狮智慧物流园二期、铁路口岸二期仓储区块结顶，国际电子商务城二期、深国际智慧综合物流港等项目有序推进，中通快递浙江总部、京东义乌电商产业园、云驿小镇邻里中心等项目开工建设。加快物流"出城入园"，国内公路港一期开业，青口物流园、福田物流园全面投用，江东货运市场完成整体搬迁。全年快递业务总量突破49.91亿件，占全国总量的7.69%，全国城市排名第二，入选第二批全国快递示范城市。义乌公学开学，生产资料市场中心公园开园，宝龙众安综合配套项目结顶，横塘公园项目全面推进。完成开创路东侧、雪峰西路南侧经二路、龙海路（伏龙山路—疏港大道）、圣达街、义乌公学配套道路求真路、宝港路、圆通配套道路祥瑞路、宝港路等道路建设4090米，完成绿化建设7公顷。

义乌市扩大开放再赋新动能，综合保税区申报取得实质性进展。自然资源部完成综保区用地情况审查，启动其他六部委一批性联审，加快进口转口市场培育，2019年，义乌中国进口商品城孵化区正式营业。以义新欧中欧班列增线提效和义甬舟开放大通道建设为纽带，持续拓展东西双向开放通道，2019年，"义新欧"中欧班列共往返运行

528列，发运4.2万个标箱；义乌港与宁波舟山港实现“同港同关同检”，列入浙江“四港”联盟。义乌迪拜直通仓项目结顶，运行海铁联运696列，发运5.99万标箱。打造“全牌照口岸”，冰鲜水产品、水果口岸正式投用。开通义乌至韩国仁川、日本大阪货运包机航线，义乌保税物流中心三期、陆港保税仓项目建成投用。义乌跨境电商保税进口（1210）业务量累计871万票，位列全国第三批跨境综合试验区第一。

完成京东义乌电商产业园、中通快递浙江总部、深国际智慧综合物流港、云驿小镇邻里中心、城市之星总部等50余个工程项目政策处理工作。全年商贸集聚区自由财力保障北苑、稠江、城西、福田、苏溪5个镇（街道）征迁资金11.3亿元，确保项目顺利推进。完成城市之星总部、中通快递浙江总部、越海华东运营中心、宝湾（义乌）国际电商物流浙江总部、商贸城供应链基地、古姆塘区块房地产项目6个项目农转用。完成越海华东运营中心、万达物流总部等6个省重大产业项目申报工作，完成快递物流集聚中心申报最具价值潜力快递物流园区案例工作及相关能评、地质灾害、压覆矿、水保、文保等10个区域评价工作。

开展《义乌市陆港电商小镇招商实施细则》仓储补助兑现工作，兑现2018年度3家单位仓储补助。开展产业创新服务综合体创建，与陆港电商园区分公司对接，拨付50万元创建资金，推进电子商务（跨境电商）产业创新服务综合体创建。开展陆港电商小镇、云驿小镇学术、科普、文娱、游学、团建等活动40余场。开展校企合作，赴杭州、金华等地对接浙江师范大学、浙江外国语学院、安徽财经大学等高校，与7所高校签订校企合作协议。年内，义乌商贸服务型物流枢纽入选首批国家物流枢纽建设名单，云驿小镇列入省级特色小镇创建名单。

【引进快仓（义乌）全球智能机器人小镇项目】 2019年7月4日，快仓（义乌）全球智能机器人小镇项目签约。项目定位为快仓华东总部，规划占地53.33公顷，总投资50亿余元。项目依托人工智能、大数据、云计算等前沿科技，通过智能仓储物流运营平台、智能机器人研发生产平台、智能机器人产业链平台建设，打造世界级智能机器人产业平台中心。项目规划设置“一基地四中心”，“一基地”即总部基地，包括快仓智能仓储运营全国总部、快仓智能机器人研发生产华东总部、快仓智能机器人产业链华东总部；“四中心”即智能仓储运营中心，依托快仓智能机器人解决方案，结合中小型电商物流业务场景，建立多业态智能仓储商业模式，有效降低仓储物流运营成本；产业链研发中心，涵盖快仓智能机器人研发、智能机器人产业链研发集聚中心、智能机器人孵化平台三大功能；生产测试中心，打造义乌首个未来智能4.0工厂，建设月产能1200台的高标准全自动智能机器人生产总装线；配套生活服务中心，包括生活配套服务中心、物流人才交流平台2个功能模块。

【商贸集聚区建设规划】 2019年，商贸集聚区编制《义乌陆港新区LGXQ07单元（义乌公学地块）控制性详细规划》《云驿小镇美学提升方案》《义乌市进口保税展贸区概念性规划》等规划14项，完成快仓（义乌）全球智能机器人小镇、中国邮政华东物流仓储中心、中通供应链创新中心等项目选址工作。宝龙房地产项目、众安房地产项目、京东义乌电商产业园、中国邮政华东物流仓储中心、城市之星总部、中通快递浙江总部等项目规划建筑方案通过审核。完成1-26号、1-29号、1-37号等48个地块规划条件、红线图及控规编制工作。完成义乌国际陆港物流园前仓地块、义乌国际陆港物流园伏龙山路（汇通路—恒通路）、义乌国际陆港物流园荷花街（汇通路—恒通路）等项目的用地红线编制。完成快仓、城市之星、韵达小镇等项目的省重大产业项目包装红线编制工作。审核宝龙商业综合配套、众安房产等10余个产业项目规划建筑方案。

（季超男）

义乌科技创业园

【概况】 义乌科技创业园（简称“科创园”）创建于2004年，是义

国家级科技企业孵化器——义乌科技创业园　　（市科创园供图　2019年9月摄）

乌从鸡毛换糖式创业模式走向科技驱动型创业的首发站。科创园位于北苑街道，占地面积13.67公顷，总建筑面积31.62万平方米。2019年，科创园对接有意向入驻企业100余家，成功招商24家，其中，17家为科技企业，7家为商业配套项目。至年底，市重大项目中国科学院生态环境研究中心（义乌）长三角中心、浙江义在医疗科技有限公司落地科创园。引进和培育高层人才32人，科研平台9家，行政单位4家。企业办公常住1600余人，研发各类知识产权400余项。培育国家高新技术企业3家，浙江省科技型中小企业及小微企业22家，市高新技术企业7家，市级研发中心9家。

举办财税、法务、科技政策培训及科技成果、创业经验交流等活动28场。组织义乌市正乔科技有限公司、优格天成生物技术（义乌）有限公司、义乌瑞纳环境科技有限公司等企业负责人学习义乌市高层次人才等政策10余次。

【科创园入驻企业（项目）】 2019年1月，义乌协同创新研究院入驻科创园。义乌协同创新研究院成立于2018年9月23日，由义乌市人民政府、北京协同创新研究院及中国工业设计协会发起共建。研究院依托协同院“北京统筹、全球研发、全球转化”发展布局与全球创新体系优势，采用研究院、产业投资基金及创新园三位一体的发展模式，建设集先进技术研发与转化、人才培养及产业发展的产业生态圈。至2019年年底，科创园入驻企业（项目）120个，其中科创大街项目29个。

【中国科学院生态环境研究中心（义乌）长三角中心成立】 2019年3月29日，义乌市人民政府与中国科学院生态环境中心签订《战略合作协议》《中国科学院生态环境研究中心（义乌）长三角中心共建协议》，共同推进义乌生态文明建设。6月12日，中国科学院生态环境研究中心（义乌）长三角中心（简称“长三角中心”）注册成立，注册资金100万元，为双方共建的科研及产业化机构，旨在围绕地方及行业需求，开展生态环境、环保技术等领域“产学研用”（生产、学习、科学研究、实践运用）全方位合作，为义乌、长三角区域，“一带一路”国家地区生态环保发展提供科技支撑。

【浙江义在医疗科技有限公司成立】 2019年6月10日，浙江义在医疗科技有限公司成立。公司致力于高分子医疗器械转化、生物医学材料研发、健康保健产品研发等领域产品研发。公司占地面积0.54公顷，投资8000万元，配套研发设备和材料，以及2000平方米10万级GMP研发转化车间。

【成功创建国家级科技企业孵化器】 2019年，义乌科技创业园进一步落实科技部《国家科技企业孵化器“十三五”发展规划》，创建形成“空间+研发+资本”全要素孵化体系，12月，成功创建国家级科技企业孵化器。孵化器由义乌信息光电高新区管委会主导，浙江义乌高新区投资运营有限公司负责运营，是一个集培训、商务、生活、文体、科研、服务为一体的综合型企业孵化基地。使用面积1.8万平方米，有在孵企业56家，毕业企业23家，涉及生物医药、装备制造、信息技术、新能源、新材料、节能环保等战略性新兴产业。

（方雪儿）

双江湖新区

【概况】 2019年7月1日，市委正式宣布成立义乌市双江湖新区党工委和新区管委会，明确班子成员，承担新区开发建设职能。双江湖科教园区是义市实施教育科技强市、推进城市可持续发展的重要战略举措，也是国际贸易综合改革试验区建设的重要组成部分。园区重点发展高等教育、职业教育、创新研发、科技孵化等，打造高包容度、高生长性的第三代“产、学、研、生”共融的“义乌模式”科教园区。双江湖科教园区规划总面积6.5平方千米，范围北至五洲大道及甬金高速，南至疏港快速路，东至义乌江西岸江滨路（规划），西至上佛路。

2019年，双江湖新区以坚持科教园区为突破口，狠抓高校招引和落地。中国计量大学现代科学院项目、北京协同创新研究院浙江分院项目、国科大“一带一路”学院项目有序推进。复旦大学“一院三基地”项目启动前期工作，浙江大学“一带一路”国际医学院签约。与杭州电子科技大学共建义乌研究学院，与浙江经济职业技术学院开展战略合作。义乌工商职业技术学院和机电技师学院迁建项目，科教板块配套道路进场施工。至年底，复旦大学义乌研究院注册完成，北京协同创新研究院义乌创新园项目开工建设。

【复旦大学“一院三基地”项目】 2019年2月3日，义乌市与复旦大学共同签署《复旦大学与义乌市人民政府合作框架协议》，复旦大学“一院三基地”项目正式落地义乌。“一院三基地”，即复旦大学义乌研究院，复旦大学研究生教育（义乌）基地、复旦大学创新创业教育（义乌）基地、复旦—义乌党员干部教育基地。“一院三基地”互相支撑、互相补充，物理空间上统一规划、合理配置，打造新型生态型国际教育科技园区。

【编制《双江湖科教园区控制性详细规划》】 2019年6月，浙大建筑院编制完成《双江湖科教园区控制性详细规划》。双江湖科教园区位于双江湖畔，规划范围6.5平方千米，重点发展高等教育、职业教育、科技研发、科技孵化等产业及配套产业，打造“产学研”于一体的开放、共享、包容、绿色、生态的科创、科教高地，为义乌未来发展提供人才保证和智力支持。

【《双江湖新区总体规划》】 2019年9月，《双江湖新区总体规划》由深圳规划设计研究院及北京绿维文旅科技发展有限公司编制完成；10月11日，通过市自然资源和规划局、市文化和广电旅游体育局组织的专家组评审。规划进一步明确双江湖新区的发展方向和定位，规划范围为佛堂省级旅游度假区范围和双江湖拓展区，东至东阳市与义乌市交界处，南至金义东公路，西至五洲大道和疏港快速路，北至国贸大道和环城南路，总面积65平方千米。

（何杭军）

创意园

【概况】 义乌市创意园位于义乌工商职业技术学院校内，为全国首个以“小商品创新设计”为主要研发方向的创意文化园区。至2019年年底，义乌市创意园有国家旅游商品研发中心、国家林产品创意研发中心2个国家级研发平台，入驻高端设计机构、产品研发科技型“小微企业”70家，师生共创工作室20余家，为中国美术学院、华中科技大学、台湾辅仁大学等150余所知名高校设计学子实践基地，每年安排接待实训师生2000余人。2019年，以混合所有制商城设计学院及义乌市创意园为平台，成立巨量引擎新媒体学院、聚饰云产业学院，入选国家级生产性实训基地、浙江省高等学校省级产教融合示范基地、省级协同育人项目。

【中华人民共和国文化和旅游部考察组考察创意园】 2019年3月6日，文化和旅游部资源开发

2019年11月28日，市领导考察创意园

（义乌市工商职业技术学院　供图）

司由7人组成的考察组到义乌工商职业技术学院创意园国家旅游商品研发中心考察调研。听取学院领导介绍学校办学基本情况、办学特色以及以创意设计助推创意产业发展的社会服务成效，对师生以创意设计提升小商品附加值的办学成效表示充分肯定，对学校紧盯市场人才需求、成立商城设计学院培养紧缺型创意设计类人才的做法表示赞赏。

【2019“义乌中国小商品城”杯国际小商品创意设计大赛】 2019年10月21—22日，由义乌工商职业技术学院、浙江中国小商品城集团股份有限公司主办的2019“义乌中国小商品城”杯国际小商品创意设计大赛总决赛路演及颁奖典礼在义乌国际博览中心落下帷幕，全国创意作品50强作品经过激烈角逐，评选出金鹈鹕设计奖1件，银鹈鹕设计奖2件，铜鹈鹕设计奖3件及最佳创意奖4件。大赛分为服饰配件、鞋类、户外用品、办公文具、中国梦元素创意应用衍生产品五大板块，聚焦义乌市场优势行业迭代产品创意设计需求与商业应用协同优势，按照“征集市场迭代产品设计需求—定向创意设计流行趋势与概念产品设计研发—全球设计人创意设计竞赛—市场发布推广应用”的流程，定向向市场经营大户、龙头生产企业、行业协会征集5个优势行业的迭代产品设计选题，并按照行业专业性，与国内外专业设计机构、高校配对，以“1个行业 1个设计选题 1家专业设计机构(高校)”的方式开展小商品优势行业迭代产品创意设计流行趋势和概念产品研发；以概念产品为选题，面向全球设计人、高校征集迭代产品创意设计大赛作品。6月，作品征集启动，收到全国25所大专院校的1275名设计类专业大学生、364名独立设计师投送的1639件创意作品。其中王梦兰设计的“暖YOUNG多场景女性保暖鞋”获金鹈鹕设计奖，获大赛奖金30万元。参与此次大赛选题的4家企业与心仪的设计师达成了合作意向，建立合作设计中心。

（陈金春）

【承办中国延安红色旅游商品设计大赛】 2019年5月23日，由延安革命纪念地管理局指导，国家旅游商品研发中心（义乌市创意园）和延安旅游（集团）有限公司、延安故事文化创意有限责任公司、义乌市创意园共同举办的2018中国延安红色旅游商品设计大赛获奖作品展及颁奖仪式在延安市宝塔山景区平台举行。2018年5月28日，大赛在义乌国际博览中心启动，18所设计类高校、20家旅游商品设计开发企业和制造企业参赛，收到参赛作品300件。经初审、复审、现场观众投票，大赛专家评审，现场评出金奖、银奖、铜奖、最佳创意奖等奖项16个。

（除署名外均由朱玉清撰稿）

特色小镇

综　述

【概况】 2019年，义乌市共有丝路金融小镇、绿色动力小镇、光源科技小镇、云驿小镇4个省级特色小镇及陆港电商小镇、森山健康小镇2个金华市级特色小镇，特色小镇成为义乌市固定资产投资一大增长点。6个特色小镇实现有效投资74.56亿元，其中特色产业投资71.7亿元，占比96.2%。特色小镇集聚各类企业1389家，实现税收22.32亿元，吸引各类从业人员3.53万人，其中专业技术人员1233人。

特色小镇项目建设有序推进。丝路金融小镇开工建设宏基大厦、思达总部大楼和文化地标义乌大剧院。绿色动力小镇英伦新能源整车项目TX5、新能源城市物流车下线，7月吉利发动机项目发动机试生产，DHT专用混动变速器开工建设，吉利集团动力总成制造总部搬迁义乌。云驿小镇国内公路港一期4月正式开业，公路港二期、红狮二期等项目陆续结顶。陆港电商小镇国际电子商务城二期开工建设，快递业务量增长至44.91亿件，排名全国第二位。

特色小镇招商引资取得新进展。丝路金融小镇成功引进1亿元以上项目8个，其中50亿元以上项目1个，成功引进渤海银行、工商银行义乌分行、民生银行、光大银行4家银行，银行总数10家；新增中融国际信托、万向信托持牌机构2家，持牌机构计44家，投资5亿元的智纺大厦及投资6亿元的和莲都大厦项目签约。云驿小镇成功招引越海供应链、满帮数字港、城市之星总部、宝湾电商物流等总投资50亿元跨境供应链总部基地项目，小镇业态更趋完善。

【特色小镇创建取得新突破】 2019年9月，云驿小镇成功入选第五批省级特色小镇创建名单，成为义乌第四个省级特色小镇；义乌商贸服务型物流枢纽成功入选首批国家商贸服务型物流枢纽，获批全国最具影响力快递园区。丝路金融小镇成功申报金融类国家级人才1人，实现金华市金融类国家级人才零的突破。光源科技小镇获批2018年度特色小镇创建对象年度考核优秀单位；成功创建浙江（义乌）境外并购产业合作园，获“长三角G60科创走廊产业合作示范园区”称号。绿色动力小镇JLF-3G10TD增压直喷发动机入选2019年浙江省装备制造业重点领域首台（套）产品（省内），获省财政资金奖励50万元。森山健康小镇入选国家农村产业融合发展示范园。陆港电商小镇入选金华市双创示范基地。

【获新增建设用地奖励】 2019年11月，浙江省自然资源厅下发《关于下达特色小镇2019年度新增建设用地奖励计划指标的通知》，义乌市绿色动力小镇及光源科技小镇受表彰，并获奖励用地指标15.53公顷，其中农用地指标15.37公顷，奖励新增的建设用地指标面积居金华地区第一。

（王利双）

绿色动力小镇

【概况】 绿色动力小镇创建于2015年6月，从一片荒芜之地成长为现代化特色小镇；从一台发动机到一辆整车的产业发展，2017年7月，入选省级特色小镇创建名单。至2019年年底，小镇入驻企业11家，其中，国家级高新技术企业1家，省级科技型中小企业3家。拥有国家、省级高层次人才6人，高中级职称人员214人。锋锐发动机、义利动力总成、英伦新能源整车、沃尔沃发动机、DHT专用混动变速器及动力总成制造总部等项目落户绿色动力小镇，其中，省特别重大产业项目3个，省重大产业项目1个，总投资350亿余元。项目全面投产可实现年产10万台整车、160万台发动机、70万台变速箱的生产规模，成为全球最大的汽车动力生产基地。

2019年，绿色动力小镇吉利动力总成义乌基地GEP3工厂首台发动机下线，英伦新能源整车TX5开启义乌路试，英伦新能源整车二期及吉利集团DHT专用混动变速器项目开工建设。配套设施不断完善，小镇客厅建成并开放使用，南青口瓦窑山窑址公园、后龙湖景观工程及绿色动力实验小学进入装饰阶段，配套道路基本建成通车。沃尔沃项目1.5T通过SOP审核，实现满负荷生产，发动机产量可达10余万台。至年底，吉利动力系统在绿色动力小镇建成浙江锋锐发动机有限公司、浙江义利汽车零部件有限公司、义乌吉利发动机有限公司及义乌吉利自动变速器有限公司4个项目。吉利动力主要生产吉利多款荣膺“全国十佳发动机”的主流机型及国际先进的自动变速器产品；搭载吉利现有主力畅销车型，吉利70%动力总成产品生产制造可在义乌完成，义乌成为吉利汽车快速发展的重要基地。

【1.5TD产品线首台发动机下线】 2019年2月28日，吉利GEP3发动机项目1.5TD产品线首台发动机下线，项目实现批量生产。GEP3发动机项目是吉利控股集团在义乌投资的第四个汽车产业项目，2017年7月开工建设，2018年11月13日首台设备进场。项目总投资105亿元，涵盖Base、MHEV、PHEV多种机型，技术指标国际领先，满足欧六排放法规，是一款真正节能环保绿色发动机。1.5TD生产线采用以加工中心为主导的柔性化设计，可实现多机型共线生产，从首台设备进场到首台发动机下线，只需107天时间。

【吉利集团动力制造公司总部在义乌运营】 2019年5月，吉利集团动力制造公司总部职能部门首批员工搬迁至义乌绿色动力小镇总部行政楼，动力制造公司总部在义乌运营。2015年6月，吉利集团与义乌市政府签署协议，投资300亿元，打造集新能源整车、动力总成、汽车零部件及周边产品研发制造，并融合工业旅游、汽车主题旅游、休闲健康运动等功能为一体的千亿级的小镇。至年底，义乌锋锐发动机项目、义利动力总成项目、英伦新能源整车项目、沃尔沃发动机项目、吉利集团DHT专用混动变速器及动力总成制造总部项目等项目，总投资350亿元，全部项目投产后，可形成160万台发动机的生产规模，成为全球最大的汽车动力生产基地。

【吉利DHT专用混动变速器项目开工建设】 2019年7月10日，吉利DHT专用混动变速器项目开工建设。义乌吉利自动变速器项目是吉利汽车集团入驻义乌绿色动力小镇的第五个项目，用地32.2公顷。总投资84.6亿元，主要生产DHT专用混合动力变速器，包括轴、齿、壳体、阀体等自制件车间、变速器装配车间、变速器测试车间，将建成专用混动变速器的吉利智慧工厂。

【南青口瓦窑山遗址公园建成开放】 2019年7月23日，绿色动力小镇瓦窑山遗址公园建成开放。瓦窑山遗址公园为绿色动力小镇基础配套设施两大公园之一，是小镇AAA旅游景区建设项目。瓦窑山遗址公园占地3.07公顷，位于赤岸镇南青口村南侧瓦窑山东坡，南临石城村，离赤岸镇政府不到3千米。公园精巧别致，绿林掩映；山石上雕刻的制陶工艺人物栩栩如生，让人仿佛回到遥远的年代。赤岸镇，秦称蒲墟，唐时为华川县治所在地。镇东北盘桓着大小飞凤山和大小二窝山，均是丘陵，而瓦窑山就在二窝山之北。资料载，飞凤山相传是三国大小二乔的象征。大小窝山就是二只凤凰的窝，宋时大窝山小窝山遍布窑口，生产民用碗碟，窑工住在这里生活，形成了一个村子，叫作陶宅。在遗址公园的清清水塘边，有“文保单位”的碑刻，寻觅着先人碗盆坛罐的碎片痕迹。有近千碗罐碎片，地下厚约1.5米。此窑以烧制青瓷器为主，窑床坐西朝东，依山势而建。长约35米，宽约6米，泥质驳岸中可见堆积层。上世纪80年代末，不少专家和学者前往考察，认定大后山一带属红土丘陵，多土坡、多池塘，地表数米以下是暗红色粉岩，与南青口瓦窑山遗址公园记载的“地表采集以碗为主，另有盘、碟、罐、韩瓶等”事实相互印证，对研究义乌宋元时期陶瓷烧制史有重要价值。

（倪　伟）

丝路金融小镇

【概况】 义乌丝路金融小镇创建于2015年，位于国际商贸城周边核心区域。义乌丝路新区管委会按照浙江省“拓展众创空间、推进优势特色产业集聚发展、促进产城融合”工作要求，结合义乌市国际商贸城特色，因地制宜规划发展的以金融业为主导、体现国际贸易特点的产业小镇。按规划布局金融服务、文化会展、国际都市三大功能区，总规划面积3.8平方千米，一期、二期总投资700亿余元。2016年，列入浙江省级特色创建名单。2019年，丝路金融小镇累计完成有效投资59.4亿元，特色产业投资43.5亿元。累计入驻企业603家，其中金融企业336家，实现税收14亿元。新招引中国工商银行义乌分行、中国民生银行、中国光大银行3家银行，累计引进银行9家。新增中融国际信托有限公司、万向信托有限公司2家持牌机构，金融持牌机构6家。引进中高级职称专业人员37人，新增金融从业人员137人，新增企业152家，增幅37%。曙光国际大厦、曙光国际酒店竣工，金茂府项目、思达总部大楼、宏基大厦开工建设。

2019年，丝路金融小镇成功申报首名金华市金融类高层次人才，推荐申报全国高层次人才候选人2人，申报“义乌英才”计划1人并实现成功创业。全年蜥蜴社区等创业服务平台举办投融资对接会等沙龙及路演120余场次。旅游产业进一步强化，全年接待各地旅游106.7万人次。获评省2019年度特色小镇“亩均效益领跑者”。

【曙光国际大厦竣工】 2019年1月31日，曙光国际大厦竣工。曙光国际大厦位于丝路金融小镇金融商务区03–04地块，建设标准为AAAAA甲级商务写字楼于2013年7月开工建设。总用地5834平方米，总建筑面积9.25万平方米，总投资5.5亿元。写字楼主楼39层149.5米。大厦定位为向知识品牌企业集团、全球商务贸易机构提供商务洽谈、展示、办公、会议等服务。

【丝路金融小镇政策兑现】 为鼓励金融机构在丝路金融小镇集聚发展，2019年6月10日，义乌丝路新区管理委员会根据《义乌市人民政府关于促进丝路金融小镇发展的若干意见》和相关投资协议，对符合政策规定的企业给予一定的资金扶持。经丝路新区初审，金融小镇政策兑现部门联席会议联审，对4家符合条件的企业政策兑现情况进行扶持，共3125.11万元。其中，浙江稠州金融租赁有限公司1296.24万元，浙江义乌市檀真投资管理合伙企业471.11万元，义乌市博铭投资合伙企业641.7万元，义乌市纬诺投资合伙企业716.06万元。

（陈金春）

【中福广场项目投入使用】 2019年11月，中福广场项目投入使用。项目位于金融商务区一期东区城北路北侧地块，由义乌市城市投资建设集团全资子公司义乌市中福置业有限公司开发。规划建设7幢超高层写字楼，概算投资32亿元。项目总用地面积4.5万平方米，总建筑面积57.45万平方米。其中，1幢高度200米，其余6幢高度120～160米；地下室均为4层。主楼用途为商务办公，裙房为配套服务用房。中福广场项目2014年9月开工建设，2016年11月结顶。

（除署名外均由陈虹撰稿）

2019年11月，位于金融商务区的中福广场项目交付使用

（城投集团　供图）

光源科技小镇

【概况】 光源科技小镇创建于2016年，是以信息光电产业为主导，智能制造产业为特色的小镇。2017年4月入选金华市特色小镇，2018年9月列入省级特色小镇名单，为浙江省省级中心镇、省级高新园区核心区。按照“生产、生活、生态”融合发展特色小镇建设要求，光源科技小镇全力打造产城一体“万亩千亿”新产业平台，推进具备国际知名度、影响力和竞争力的“世界光明之都”建设。小镇以信息光电、光伏产业为主导，智能制造产业为特色，重点打造“产学研用一体的科创集群”。至2019年年底，光源科技小镇累计入驻华灿光电、瑞丰光电、木林森照明、英特来光电和爱旭太阳能、东方日升、天合光能等省、市重大产业项目，协议总投资400亿余元，基本完成LED光电全产业链和太阳能光伏产业链的总体布局。

2019年，岩谷科技、东方日升和智慧能源中心3个项目入选浙江省重点建设项目，东方日升、天合光能、晶科能源项目完成省重大产业项目申报工作。全年新建、续建重大项目13个，其中，新开工爱旭二期、天合光能、东方日升二期、彩易达、工控伺服、人才社区、廿三里老街有机更新一期重大项目7个。木林森、东方日升一期、欧力德、力天4个项目竣工投产（包括试投产）。新培育国家级高新技术企业18家，引进北京协同创新研究院浙江分院、中国计量大学环境技术研究院等科研院所5家，人才项目30个。小镇累计集聚各类人才1.2万人，博士以上人才21人。全年小镇完成固定资产投资24.54亿元，其中特色产业投资24.22亿元，占98.7%。小镇产业营收74.18亿元，其中特色产业营业收入71.22亿元，占96%。

（龚茜茜　楼显誉）

【爱旭太阳能借壳登录上海A股】 2019年8月，爱旭太阳能借壳ST新梅登录上海A股，实现年产值55.2亿元，位列全市制造业第一。浙江爱旭太阳能科技有限公司年产8吉瓦高效太阳能电池生产基地一期项目2017年4月开工建设，当年12月投产；爱旭二期2019年4月16日开工建设，用地12公顷，总投资41.7亿元，2020年1月1日试投产。

【5吉瓦高效太阳能电池组件项目试投产】 2019年11月，东方日升年产5吉瓦高效太阳能电池组件项目试投产。项目为省重点建设项目，总投资25亿元，由东方日升新能源股份有限公司投资建设，主要建设高效太阳能电池组件生产基地，分2期建设。项目全面达产后，可实现销售收入120亿元，年缴纳税收3亿元。

（除署名外均由龚茜茜撰稿）

云驿小镇

【概况】 云驿小镇位于义乌市西南部，2014年创建，规划总面积3.49万平方米。以快递物流及公路干线物流为主导产业，布局快递物流、公路干线物流、智慧物流、冷链物流、城市配送、云仓等功能，多种物流业态融合，产业特色鲜明。小镇引进跨境、快递、冷链、仓配、多式联运、无车承运人等物流新业态、新模式、新技术、新动能，进一步推动物流业创新发展，为实现物流业

"便捷、便宜"目标,为义乌电商发展和市场持续繁荣提供重要支撑。

2019年,云驿小镇入驻企业累计投资5亿余元,建成20余套自动化流水线设备,实现自动化、智能化全覆盖。其中,申通率先研发投用"小黄人"分拣机器人并向全国多地推广,快递物流专业机器人研发进入试用阶段。中通自主研发并投用双层分拣设备。顺丰、韵达、邮政等引进国内外最先进的分拣设备,快递物流劳动生产率超出全国平均水平的10倍以上。快递企业在云驿小镇布局快运、冷链、铁路运邮、智能云仓、新零售、无车承运人、智慧物流、全球供应链等新业态,形成"跨境电商+平台金融+物流+线下零售"等新模式,提升行业信息化、标准化、智能化水平。2019年,宝湾、越海、城市之星等跨境供应链总部基地项目落户小镇,概算总投资50亿元。年内,云驿小镇投产企业完成特色产业主营业务收入50.78亿元,实现税收1.22亿元,亩均税收30.16万元,带动从业人员1万余人。云驿小镇在全国率先向"三通一达"、顺丰等8家快递企业集中供地,至2019年年底,集聚知名快递企业10余家,义乌快递业务量从2014年的3.6亿件增长至2019年的49.91亿件,全国占比从1/40提升至1/14,全国城市排名第二;入选商贸服务型国家物流枢纽、第二批全国快递示范城市。

2019年,云驿小镇完成固定资产投资13.75亿元,其中特色产业投资13.35亿元。年内,云驿小镇列入第五批省级特色小镇创建名单,创建类型为数字经济类特色小镇。

【宝湾(义乌)国际电商物流浙江总部项目】 2019年7月,义乌商贸服务业集聚区与宝湾物流控股有限公司签订协议,引进宝湾(义乌)国际电商物流浙江总部项目。项目占地14.84公顷,由宝湾物流控股有限公司投资15亿元,以打造宝湾浙江总部为目标,根据"一母港三子港"规划,打造集跨境电商、供应链金融、港口物流、线下零售等于一体的综合供应链枢纽。"一母港"即金融港,打造以金融带动"跨境电商+平台金融+港口物流+线下零售"的综合性服务平台;"三子港"即宝湾云仓港、宝湾云商港、宝湾云配港,为3层带装配式坡道高标准立体库。

【云驿小镇入选省级特色小镇创建名单】 2019年9月26日,全省重大项目暨特色小镇建设工作现场推进会公布省级特色小镇第五批创建名单,义乌云驿小镇位列其中。云驿小镇自2014年建设以来,在有关部门、镇街、集聚区及企业的共同努力下,从无到有,逐渐集聚一批新业态新模式、新动能的快递物流企业,快递业务量占全国总量的1/15。2019年,成功引进快递物流项目23个,概算总投资150余亿元,累计完成固定资产投资70亿余元,特色产业占比逾85%。年接待游客30万人次,年旅游总收入5000万元。

【云驿小镇创建特色小镇动员大会】 2019年11月15日,云驿小镇创建省级特色小镇工作动员大会在商贸服务业集聚区管委会召开。会上传达省长袁家军在全省重大项目暨特色小镇建设现场推进会上的讲话精神,通报云驿小镇总体情况及三年(2019—2021年)创建行动计划。计划涉及建设项目30项,其中,产业17项,基础设施及相关配套12项,商业综合体1项;新增建设面积89.87公顷,计划总投资38.1亿元(商品住宅和商业综合体投资5亿元),其中2019年投资8.2亿元,2020年投资13.15亿元,2021年投资16.75亿元,特色产业投资占82.98%;至2021年,义乌云驿小镇将集聚全国或全球物流总部5家,区域性物流总部20家以上,配套及产业链服务企业500家以上,快递总量将达到全国总量的1/15以上,新增税收达3亿元以上,新增就业岗位2万个,人口规模达3万以上。会上强调,按照省级特色小镇"三生融合""四位一体"要求,加大新业态、新模式、新动能招引力度,补齐产业短板,确保超额完成三年投资任务;以"亩均论英雄"改革为抓手,加快集聚人才、科技、金融等高端要素,在推动数字经济发展上下功夫;挖掘打造商贸文化氛围浓、生态环境良好、品味较高的旅游景点,建成AAA级旅游景区,在彰显小镇风格上下功夫;推动生产、生活、生态"三生融合”发展，打造一流的生活环境、生态环境、创新环境和社区环境，让小镇引得进高端产业、留得住高端人才，确保3年后省级特色小镇创建命名成功。

（季超男）

陆港电商小镇

【概况】 陆港电商小镇位于城西街道，毗邻云驿小镇，整体规划面积3.3平方千米，其中，核心区块占地35.41公顷，概算投资80.8亿元，总建筑面积151.16万平方米。小镇由义乌市国际陆港集团有限公司投资建设，2016年开园运营。至2019年年底，陆港电商小镇一期产业楼共签约企业114家，出租率99.6%；孵化中心签约小微电商企业43家，出租率100%；众创空间签约企业12家，出租率66.07%；中央广场签约生活配套服务商12家，出租率54.93%；陆港云仓1号共签约企业57家，出租率100%；企业或个人向小镇承租公寓1239套，公寓出租率97.18%，常住人口2500人。

2019年，陆港电商小镇累计入驻企业181家，常驻办公人员5000人，线上年销售额45亿元，实现纳税总额4655万元。获评浙江省电子商务创新发展试点项目2家，浙江省电子商务培训机构1家，浙江省电子商务实践基地2家，金华市十大跨境电商企业1家，义乌市电子商务示范单位15家，义乌市十佳诚信电商企业4家。成立义乌市大学生见习实训基地3家，金华市高新技术研究开发中心1家。围绕电商服务输出、物流扩大支撑、党建引领电商发展等内容，与金义都市新区16家行政单位，8家行业主管部门、园区达成党建联建共建意向，搭建互联互通、共创共建党建交流合作新平台，实现区域党建与经济社会发展同频共振。年内，陆港电商小镇获评浙江省AAAAA级电子商务产业基地，义乌市陆港电子商务园区有限公司党支部获评金华市五星基层党组织。

【“陆港小镇”APP上线】 2019年6月，陆港电商小镇自主开发运营的生活服务“陆港小镇”APP正式上线，集招商入驻、物业管理、人才招聘、线上党建、智慧物流、资源对接等电商综合性服务为一体，页面简约、操作简洁。至12月底，“陆港小镇”APP累计导入美工摄影、金融财税等12个大类137家电商服务商资源，发布电商培训、金融、软件、物流、营销推广、品牌策划、知识产权等类目391个招聘岗位，上传淘宝、美工、拼多多、SHOPEE、阿里巴巴、咨询管理等7个大类共224集电商免费学习视频；线上平台注册用户5367人，通过线上平台办理宽带196户。

【陆港电商小镇获评金华市社会科学普及基地】 2019年9月，位于陆港电商小镇的义乌市电商展示馆获评金华市社会科学普及基地。陆港电商小镇以电商展示馆作为公共交流学习平台，呈现义乌市电商发展历程、创业地图、电商助力“一带一路”发展等内容，与全国各省、市、县及浙江大学、浙江师范大学、上海跨境电商协会等单位联合开展研学游项目。至年底，电商展示馆累计接待党员干部、国内外师生、电商企业参观学习1.5万余人次。

【陆港电商小镇获评金华市创业孵化示范基地】 2019年11月，陆港电商小镇孵化中心入选金华市首批创业孵化基地、金华市创业孵化示范基地。小镇孵化中心精心布局功能区块，为创业者营造高效贴心的创业环境氛围，创新性地推出“1+1+1”创业孵化体系，通过“创业导师+辅导员+企业”的培育机制辅导初创企业解决经营困难。至年底，陆港电商小镇孵化中心对接招引全产业链、全流程共12个类目40余家优质电商服务商入驻线上平台，组织电商学术及文娱类活动150余场。

【陆港电商小镇获评浙江省产教融合型试点企业】 2019年12月，陆港电商小镇被评为义乌市首家浙江省首批产教融合型试点企业。陆港电商小镇坚持创新引领发展，打好招聘渠道拓展、校企合作深化、服务质效提升“组合拳”，通过搭建人才服务创新平台，建立线上线下人才服务联动机制。至年底，走访调研电商企业300余家，收集岗位需求2000余个。联合市人社局、市外侨办、第三方人才机构等外部资源，开办“职等你来”招聘专栏，发布紧缺岗位招聘资讯26篇，宣传覆盖2万余人次，为入驻企业招引新平台新业态适用的高端人才。

（朱宇婷）

森山健康小镇

【概况】 森山健康小镇位于义乌市义亭镇铜山大道1号，创建于2017年3月，由森宇控股集团投资51.8亿元，占地面积406公顷。小镇布局旅游文化、养生养老、智慧工厂、特色农业、智慧服务五大板块，一二三产融合发展。一产以铁皮石斛种植为主，辅以其他种植物，发展生态农业；二产打造无人工厂，发展智能工业，将铁皮石斛生产、加工全程可视化，实现与消费者的零距离沟通；三产为健康服务，通过康养平台“上医一条街”集聚中医资源，推进医养结合，复兴中国式养生。2019年，森山健康小镇获批浙江省中小学生研学实践教育营地，浙江省中医药文化养生旅游示范基地，金华市中小学生研学实践教育营地，金华市青少年“爱国主义教育基地”“红色研学基地”；金华市、义乌市科普教育基地，义乌市中小学生研学实践教育营地；森山健康小镇入选第二批国家农村产业融合发展示范园。2019年小镇接待参观、学习20万人次。

（万 欣 倪 伟）

【森宇集团列入“浙江院士之家”试点】 2019年5月，森宇集团院士工作站列入“浙江院士之家”首批8个试点单位之一。“院士之家”为院士们提供健康、舒适的休养场所，为院士与政府及义乌企业家交流搭建平台。2016年，森宇集团获批省级院士工作站，至2019年年底“浙江院士之家”品牌优势和高端人才集聚功能显著，到访院士专家260余人，促成合作项目55个，解决技术难题80个，举办高端技术咨询会55场，产生经济效益100亿余元。

【森山健康小镇入选国家农村产业融合发展示范园】 2019年6月19日，第二批国家农村产业融合发展示范园创建名单发布，义乌市森山健康小镇入选国家农村产业融合发展示范园。2018年1月，国家推行农村产业融合发展示范园创建工作，发掘并培育融合特色鲜明、产业集聚发展、利益联结紧密、配套服务完善、组织管理高效、示范作用显著的农村产业融合发展示范园，实现多模式融合、多类型示范；通过复制推广先进经验，加快延伸农业产业链、提升农业价值链、拓展农业多种功能、培育农村新产业新业态。列入创建名单后，国家给予资金、用地、优先发行债券等方面保障支持。

【农业科技园区入选浙江省农业科技园区】 2019年10月28日，省科技厅发布《关于2020年度省级农业科技园区拟创建与培育名单的公示》，义乌森山健康农业科技园区入选2020年省级农业科技园区创建名单，实现义乌市省级农业科技园区“零突破”。义乌森山健康农业科技园区位于森山健康小镇，规划面积406公顷。围绕“农业平台”带动经济发展的理念，以药食产业发展为核心，以特色农业休闲体验、智慧工厂、旅游文化、养生养老、服务平台5个发展驱动，坚持产业、文化、旅游“三位一体”，生产、生活、生态“三生”融合发展，建设成为栽培示范、良种繁育、采收加工、农业观光、科技研发、展览展示、研学科普为一体的综合性园区。

（除署名外均由万欣撰稿）

民营经济

综　述

【概况】 2019年，义乌市出台实施7个方面28条举措，促进民营经济高质量发展，市场主体存量持续增长。新设主体稳中有进，累计市场主体（含外资）总量突破56万户。经济运行总体呈现稳中向好趋势，市场主体结构持续优化，新设电子商务主体数量创历年新高，共新增5.46万户，同比增长43.88%，占新设主体总量的39.39%。鼓励个体工商户做大做强，全年新增“个转企”2838家，累计完成“个转企”1.98万家，其中公司制企业占60%以上。引导、支持和培育个体工商户转型升级为企业，推动、帮助小微企业成长为“规上”及“限上”企业。

第三产业持续保持上升势头，新增市场主体12.79万户，同比增长35.97%；注册资本1031.54亿元，同比增长31.64%，分别占新增总量的92.23%及87.98%。至2019年12月底，第三产业市场主体累计数量及注册资金占比分别为85.71%、82.76%，主体地位稳固。从行业分布看，批发零售业仍处于“领头羊”地位，占新设总量的76.66%。与居民现代消费需求相关的新兴服务业成为创业投资热点，其中，文化、体育、娱乐业主体同比增长55.09%，租赁及商务服务业主体同比增长48.68%。

2019年，义乌市新设电子商务主体7.92万户，同比增长74.93%，占新增总量的50%以上。其中，电商个体户3.97万户，是2018年新设量的1.79倍；使用网络经营场所作为住所登记的电商个体户206户。至年底，电子商务主体达20.29万户，网商“店小二”遍及全市。年内，企业开办“智能化”登记系统上线，在全省率先开启商事登记领域智能化探索。系统通过智能登记程序完成企业开办申请及审批，全年通过“智能化”登记系统开办企业2489家。

小微企业是义乌经济社会发展的特色优势。义乌始终将小微园区建设作为引导小微企业集聚发展和破解“低散乱”现象的重要举措，通过强化政策扶持，鼓励引导小微企业入驻小微园。在推进小微园建设中，重视小微园数字化建设，将小微园数字化当作传统产业数字化的重要阵地。2019年义乌新建小微企业园53个，建成投用30个，新增入园企业1520家，新认定省级小微企业园39个，列全省第一位。

推出工业企业“亩均论英雄”评价机制，将企业分为A、B、C、D四大类。规模以上工业企业以亩均税收、亩均工业增加值、R&D经费支出占主营业务收入比重等为评价指标；规模以下工业企业以亩均税收、亩均销售收入、吨排污权纳税额等为评价指标。通过实行分类施策，逐步淘汰落后产能，使资源要素向高效益、高产出、高技术、高成长性的A、B类企业集聚。2019年5月，市经信局完成2018年全市用地3亩以上2278家企业亩产效益评价，评出A类企业99家，

B类企业941家，C类企业1109家，D类 企 业114家。2018年“规上”企业亩均税收从11.8万元提高至14.3万元，同比增长21.19%；工业企业亩均税收从9.27万元提高至10.59万元，同比增长14.24%。

（金 婕 于 群）

【“百日攻坚”活动】 2019年4—6月，市经信局开展“三服务”政策落地“百日攻坚”活动。印发工业经济政策汇编5000余册，开设专题解读80篇次，政策专题宣讲会14场次，走访企业354家752人次，解决问题90个。

（于 群）

【亩均效益综合评价发布】 2019年5月，市经信局发布2018年义乌工业企业亩产效益综合评价结果。义乌工业性投资指标分值从5分调至10分；在提高研发经费评价要求方面，义乌A类工业企业由不得零申报调整为不得低于2.77%（“菜篮子”工程企业除外），B类工业企业原先不作要求，调整为B1类企业不得低于2%（“规下”个人独资企业除外），B2类企业不得零申报。在大宗用地企业评价方面，将用地25亩以上的“规下”企业直接列为D类。

（王 谦）

【民营经济高质量发展调研】 2019年5月14—15日，台盟浙江省委会到义乌市开展民营经济高质量发展专项民主监督调研。先后实地走访浙江斯坦格运动护具科技有限公司、易开盖实业公司、双童吸管有限公司等企业，实地参观产品展厅、生产车间、检测中心等企业，调研企业科技创新、研发投入、科技成果转化等情况，询问企业发展中面临的困难，鼓励企业加快科技创新步伐，推动民营经济实现高质量发展。

（陈金春）

【主题教育显成效】 2019年9—12月，市经信局开展“不忘初心、牢记使命”主题教育。党员干部走访民营企业员工200余人次，梳理归纳“三服务”，对标对表“一单一图”问题10个，均得到落实解决。上报民生“关键小事”4项，完成4项。上报第一批民生实事项目、第二批民生实事项目各1个，均稳步推进。针对工作中发现的问题，对照拉出清单，明确责任归属，卡住时间节点，逐领域、逐内容协调解决问题389个。

（于 群）

主体培育

【概况】 2019年，义乌市市场主体呈“井喷式”增长，主体总量突破56万户。全年新设内资主体13.86万户，注册资本1172.44亿元，同比增长31.86%，其中，企业5.46万户，注册资本1071.63亿元，分别同比增长43.88%及31.19%；个体工商户8.4万户，增长24.7%，资金数额100.69亿元，增幅39.42%；农民专业合作社8户，较2018年新增2户，成员出资总额1237万元。义乌市连续两年新设立市场主体突破10万户，居全国县级市第一位。至12月底，各类主体（含外资）总量56.85万户，注册资本5345.56亿元，其中，企业16.9万户，增长39.21%，注册资本5000.44亿元；个体工商户38.9万户，增幅18.84%，资金数额342.14亿元；农民专业合作社285户，成员出资总额2.98亿元。市场主体总量超金华市其他区县之和，占全省的1/13；超舟山市、衢州市、丽水市、湖州市、嘉兴市，同时超越青海省、西藏自治区，总量及增量稳居全省县级区域“双第一”。

推行国家简易注销登记改革，企业通过简易程序注销登记4988家，占企业注销登记总量的59.18%，同比增长68.12%。简易注销广受好评，成为企业退出市场的首选方式。

【政校合作培育优质市场主体】 2019年3月21日，市市场监管局与义乌工商职业技术学院签署《政校合作框架协议》，市场监管工商学院工作站挂牌成立。义乌工商职业技术学院创业学院有学生1500余人，创业主体530余户。工作站的成立，第一时间了解创业学生需求，提供对口服务，实现注册登记站内办、创业知识站内取、消费纠纷校内解、经营疑问网上答，助力创业学院升级为优质创业园区。至年底，工作站开展知识产权及风险防范讲座2次，受惠创业主体537户；指导学生申请营业执照163户。

【企业注销一网服务】 2019年8月，市市场监管局推行企业注销一网服务，允许企业通过国家企业信用信息公示系统在线办理清算组备案及债权人公告，降低注销成本，市场主体新陈代谢加快。至年底，共注销内资主体3.56万户，同比增长16.44%。其中企业注销8428户，同比增长55.64%。

（金　婕）

小微企业园建设

【概况】 2019年，义乌市相继推出《关于加强小微企业创业园和产业创新综合体建设管理的实施意见》《关于推动小微企业园高质量发展的实施意见（试行）》等政策，出台制造业小微企业园管理“升级版”，进一步推进小微园健康有序高质量发展。至年底，累计实施小微企业园建设项目95个，总投资60亿元，总用地453.33公顷、总建筑面积838万平方米。累计建成投用小微企业园54个，集聚小微企业2859家。新建成鸿语医疗器械产业园等小微企业园34个，新增入园企业1520家。成功入围首批省级小微企业园建设提升工作实施县（市），39个小微企业园通过省级认定，总数列全省第一。开展小微园区地产类项目招商，印象美谷、联动U谷产业园项目推进顺利。重点项目建设有序推进，足衣谷项目完成厂房、宿舍改造；印象美谷落地上溪，项目用地5.47公顷，总投资5亿元；电镀园完成难题协调及环评报告编制。

研究出台《义乌市人民政府办公室关于推动小微企业园高质量发展的实施意见（试行）》《义乌市制造业小微企业园管理办法》，明确园区审核标准，推进园区提质增效。完成8个小微企业园绩效评价工作，其中，评价等级A类5个，B类3个，完成首批3个市级园区认定工作。全年组织开展培训、交流活动8场，550余参加人次。

（叶志星　陈金春）

【《义乌市小微企业园高质量发展五年规划（2018—2022）》】 2019年3月，编制《义乌市小微企业园高质量发展五年规划（2018—2022）》，5月，通过浙江省小微企业园工作联席会议审核。规划分析义乌市小微企业园发展现状及发展需求，提出将小微企业园打造成推动义乌小商品制造业时尚化、高端化、品牌化发展核心平台的发展定位及小微企业园建设目标，到2022年形成一批可复制推广的小微企业园建设管理典型经验，打造形成具有义乌特色、全省领先的小微企业园区化发展模式。提出健全组织实施机制、优化资源要素配置、深化体制机制改革、完善监督考核管理等措施。

（叶志星）

【《义乌小微企业园高质量发展实施意见》出台】 2019年5月6日，《义乌市小微企业园高质量发展实施意见》（简称《意见》）正式出台。根据《意见》，义乌将按照“1+10+2+1+X”的顶层设计，实施小微企业园建设“十百千万”工程，力争到2022年，围绕全市十大优势产业，建成投用各类制造业、生产性服务业小微企业园100个以上，改建（新建、扩建）各类标准厂房1000万平方米以上，入园集聚各类小微企业1万家以上。建立入园企业成长“毕业”机制，对因生产经营场所不能满足成长需要的入园企业，及时帮助解决出园发展的空间问题。《意见》从建设资金保障、资源要素配置、入园激励、运营机构奖励以及金融服务5个方面进行明确。市级小微企业园将允许享受电力直接交易试点，按工业亩产效益综合评价B1类企业标准享受城镇土地使用税差别化减免和环境资源差别化配置政策，省级四星级以上的小微园可直接享受A类企业的标准。此外，科技型或年销售额500万元以上企业，将按所在园区内实际租用的生产车间面积，获20元每平方米的一次性租金补贴。《意见》明确，小微园同样实行“亩均论英雄”，开展入园企业综合绩效评价机制。排名前（含）10%的园区，给予园区运营机构奖励每年50万元；排名前10%～30%（含）的园区，给予园区运营机构奖励每年20万元；绩效评价不合格的，取消市级小微园称号，并按照亩产效益评价结果，执行资源要素差别化配置限制性措施；全市小微园总量满100个后实施总量控制，根据绩效评价结果实行末位淘汰。

（陈金春）

【数字化园区培育】 2019年5月31日，市经信局联合省经信厅在义乌市行政四号楼举办全省首个园区数字化建设标准宣传贯彻会，各镇（街道）分管负责人及全市小微园区负责人共70余人参加会议。会上，解读数字化小微企业园标准系统和评价体系，展示数字化小微企业园（园区大脑）建设方案。8月22—23日，市经信局组织省物联网协会专家开展义乌数字化园区改造现场评估和指导工作。年内，义乌市聚饰云产业园被列为浙江省数字化示范园区，后宅吉成文体小微企业创业园、廿三里饰品小微创业园被列入浙江省数字化试点园区。

（叶志星）

【小微企业园绩效评价】 2019年8月28日，根据《金华市人民政府关于加强小微企业园区建设管理的实施意见》《金华市小微企业园绩效评价试行办法》，经初审、委托机构复审、现场核查、专家评审，金华市经信局公布2018年度金华市42个小微企业园绩效评价结果。义乌市后宅吉成文体小微企业创业园、义乌奕君箱包产业园、蓝宇纺织品数码印花小微创业园、义亭科创廊道产业园、美创园5个小微园被评为A类，K+跨界园、义乌网商创业园、馥元纪彩妆科技产业园3个小微园被评为B类。

（叶志星）

【入围浙江第二批小微企业园名单】 2019年10月31日，根据《浙江省促进中小企业发展工作领导小组办公室关于做好小微企业园审核认定和绩效评价试点等工作的通知》，经园区申报、县市省三级审核，浙江省促进中小企业发展工作领导小组办公室对拟认定的第二批小微企业园进行公示，义乌木兰坊针纺产业园、浙江诚俊纺织科技产业园、义乌市恒聚服装产业园、义南印刷包装产业园、义乌模具城、博斯绅威服装产业园、义乌聚邦智能制造产业园、柔卉针织服装产业园、廿三里钱塘新谷产业园、义乌航宾仿真花产业园、众联科技拉链产业园、鸿语医疗器械产业园12家小微企业园入围。

（陈金春）

【全省推广义乌小微企业园建设经验】 2019年11月21—22日，全省存量用地改造建设小微企业园模式专题现场会在义乌召开，交流义乌存量用地改造模式，学习义乌在小微企业园建设工作中的创新举措和先进经验。会议由浙江省经济和信息化厅、义乌市人民政府主办，100余名来自全省各地经信系统的代表和小微企业园代表参加会议。会上，义乌市副市长贾文红全面介绍义乌高质量建设小微企业园的经验做法；组织考察凯创印刷包装产业园和义乌聚邦智能制造产业园，2个小微企业园均为D类企业用地盘活改造园区；后宅街道介绍镇街层面如何具体抓好小微企业园建设，凯创印刷包装产业园分享小微企业园建设经验。

（陈金春）

【入围省数字化示范园区】 2019年12月，浙江省数字经济发展领导小组办公室公布2019年浙江省数字化示范园区和试点园区名单，义乌3家小微园榜上有名，为金华市入围小微园最多县市。其中，聚饰云产业园认定为浙江省数字化示范园区，后宅吉成文体小微企业创业园、廿三里饰品小微创业园认定为浙江省数字化试点园区。聚饰云产业园2019年1月启动数字化改造，至12月，年成交额20.25亿元，建设成为国内最大的饰品产业B2B供应链平台。后宅吉成文体小微企业创业园主导产业为文体，完成小微园区基础网络接入、智能电表改造、园区监控改造、智慧消防建设等园区大脑数据接入工作。廿三里饰品小微创业园正在筹建投资1000万元的园区大脑系统。

（陈金春）

企业创新转型

【概况】 2019年，义乌推荐认定国家高新技术企业61家，新增省科技型中小企业265家，新增金华市级企业研发中心19

家。规模以上工业企业研发投入20.35亿元，全社会研发投入35.2亿元，同比增长17%。实现高新技术产业投资71.2亿元，高新技术产业增加值70.5亿元。年内，义乌科创园获评义乌市首家国家级科技企业孵化器。

坚持优化产业结构，推动低效企业转型，继续开展“低散乱”企业、D类企业整治提升工作。2019年累计整治提升“低散乱”企业1728家，其中，改造升级446家，搬迁入园10家，异地搬迁57家，合作转移198家，关停淘汰1017家。整治D类企业84家。

（侯斌杰　王　谦）

【“倍增计划”实施方案】 2019年1月7日，义乌出台《关于实施重点企业规模与效益倍增计划的实施意见》，选取50家“规上”制造业企业、“X”名誉试点企业及“Y”管理提升试点企业。建立“50+X+Y”试点企业架构，支持其在集约转型中率先突破，力争通过3～5年时间，推动试点企业实现规模与效益倍增，带动全市产业集约化水平有效提升。“倍增计划”从创新政策要素供给、产业要素供给、土地要素供给、资本要素供给等方面，提出8条深化供给体系改革措施。

（王　京）

【入选2018年浙江省优秀工业新产品】 2019年3月18日，省经信厅、省财政厅联合下文，公布2018年浙江省优秀工业新产品（新技术）项目名单，义乌市易开盖实业公司、浙江真爱毯业科技有限公司、义乌华鼎锦纶股份有限公司、义乌星耀风机有限公司的4个项目入选项目名单。

（陈超群）

【智能制造铺就小微企业转型之路】 2019年5月12日，义乌聚邦智能制造产业园在上溪镇开园，为全市首家以智能制造为主题的小微产业园。2017年10月，在全市大力建设小微企业园区的推动下，上溪镇主动谋划建设义乌聚邦智能制造产业园，并以智能制造产业为突破口，以低效用地二次开发为基础，开展智慧应用、智能制造、智能物联等企业集聚，建设“智能+”高新技术园区，意欲打造智能制造产业集群，为义乌传统制造业转型开拓新路。以智能制造孵化培育新兴产业，形成智能制造“生态圈”，促进、推动传统产业转型升级。义乌聚邦智能制造产业园位于上溪镇信达路2号，园区一期规划占地3.33公顷，建筑面积2.6万平方米，引进人才5人、优质项目6个，可实现税收500万元。产业园以智能装备生产与研制、工程技术服务为主导，以高成长性项目为支撑，以集聚蓝领人才落户为突破口，综合服务为特色。义乌给力自动化科技、义乌光速自动化科技等企业入住园区，深圳冠凯科技智慧停车项目、深圳易联科技自动售卖机项目等智慧产业类项目初步达成入驻意向。

（陈金春）

民营经济发展环境

【概况】 2019年，义乌市进一步优化民营经济发展环境，推进企业“办事一次不跑”“需求一号响应”“政策一次到位”等6项改革，5个政策审批项目、14个政策兑付项目、2个部门间办事项目全部实现“一网通”。自3月起，市人大常委会围绕促进民营经济高质量发展专项监督这一重点工作，组成7个调研组，走访200余家民营企业和市场经营户。全年清理拖欠民营中小企业账款1.49亿元，清欠率100%。推进减负政策落地，完成企业减负36亿元。开展新型墙体材料专项基金清算工作获组织部点赞，刊登于《“不忘初心、牢记使命”主题教育简报》第14期及《义乌组工》11月26日公众号。

（陈金春）

【28条具体措施促民营经济发展】 2019年1月15日，义乌发布《关于进一步优化营商环境促进民营经济健康发展的实施意见》（简称《实施意见》），提出28条具体措施，包括进一步推进民营经济降本减负、加大民营经济金融支持、保障民营经济发展空间、保障民营经济合法权益等7个方面，致力于破解民营经济发展中的瓶颈制约，为打造最优营商环境促进民营经济高质量发展提供保障。《实施意见》涉及降本减负、金融支持、发展空间、合法权益、开放水平、创业创新激情、服务环境等方面。“28条”

包括融资、用地、创新、降成本、走出去、产权保护等，解决民营企业最盼、最急、最忧的问题，实现稳当前和促长远有效结合。《实施意见》中提出，义乌将成立规模100亿元的义乌国贸改革与战略发展基金，建立“1+N”母子基金投资模式，支持新兴产业发展、招商引资等。《实施意见》出台前，义乌连续出台减轻企业负担支持工业发展、支持企业股改重组挂牌上市、支持中小微企业发展3个“十条”。推出“史上最强”实体经济扶持政策，每年拿出3.2亿元，助推民营企业的发展。7月21日，义乌市政府召开新闻发布会，宣布落实新举措，全力支持民营经济发展。

（陈金春）

【义乌营商环境（上海）说明会】 2019年1月19日，义乌营商环境说明会在上海召开，义乌市四套班子领导、上海各界相关人士、上海义乌商会会员、相关部门负责人等共200余人参加说明会。义乌市市长王健主持会议，市委书记林毅讲话。全国政协常委周汉民作主旨发言，深入浅出地讲授上海自贸区发展历程、成功经验和治理模式，就义乌借鉴上海自贸区成功经验，全面融入长三角地区提出建议。会上，上海十月妈咪网络股份有限公司董事长赵浦表明回义乌投资的意愿，绿地香港控股有限公司首席运营官侯光军分享在义乌投资经验，肯定义乌优质的营商环境。

（金晓玲）

【“蓝剑2019”专项行动】 2019年1月24日，义乌市启动“蓝剑2019”专项行动，重点打击假冒知名品牌、地方龙头企业自主品牌、支柱产业标杆品牌犯罪，保护民营企业发展。市公安局成立由局长任组长的专项行动领导小组，开展大走访、大摸排，调集各种资源手段，全方位动用社会力量发现犯罪线索。至年底，侦破假冒知名品牌案件43起，依法对103名涉案嫌疑人采取刑事强制措施；侦破涉“浙商”品牌案件10起，维护“阿里巴巴”“浪莎”“JXScholar”等浙商品牌知识产权权益。

（金晓玲）

【市总工会搭建民营企业创业创新孵化平台】 2019年1月28日，市总工会出台《关于促进民营经济发展的实施意见》（简称《实施意见》），从搭建促进民营经济发展平台、帮助民营企业解决困难和问题、构建和谐劳动关系、增强职工获得感幸福感、强化促进民营经济发展保障5个方面，提出15条举措，助力民营经济发展。根据《实施意见》，义乌市总工会搭建职工创业创新孵化平台，引进培育“四大战略产业”项目团队和创客，对获得发明专利的团队和创客给予补助；建立100万元职工技术创新资助金，对职工优秀创新项目给予1～5万元的资金资助，每年资助20个项目。通过举办劳动技能大赛和职业技能竞赛，开展劳模（工匠）学堂进企业等活动，引导基层工会开展技术比武、岗位练兵，搭建好职工技能提升平台。“招工难”是民营企业发展的心病，为帮助企业解决“招工难”问题，市总工会将建立100万元技能培训专项资金，开展职工在岗培训和就业再就业培训。实施“技能培训大风车”行动，根据企业需求，开展订单式培训，为企业输送熟练技工。为减轻民营企业和职工负担，市总工会严格执行企业工会经费缓减政策，至2019年年底，企业拨缴上级工会经费从40%降至20%；引导民营企业职工参加职工医疗互助保障，减轻职工医疗负担。每年开展“进民企、解难题、助发展”专项行动，每名干部职工联系3家民营企业，深入联系企业开展走访调研，听取民营企业的反映和诉求，梳理问题清单，提出对策建议并抓好落实。

（陈金春）

【科技金融融资助推科技型中小企业发展】 融资难、融资贵困扰小微企业，市场上有2/3的科技型中小企业存在融资难问题，且没有银行贷款业务，主要靠股东或亲戚朋友借贷融资。为缓解科技型企业融资难，2016年12月，义乌启动科技金融工作，设立科技金融贷款，助推科技型小微企业发展。义乌各级各类科技型中小微企业、市政府引进共建的科研创新平台及入选国家、省、市人才计划专家领衔创办的企业，都可以申请此项贷款。单个企业信用贷款额度最高可达300万元，授信期限最长可达3年。共安排资金5000万元，按照10倍放大的杠杆效应算，每年可为科技型中小企业提供5亿元信贷资金。至2019年4月底，义乌累计发放科技金融贷款1.1亿元。

（陈金春）

【入围营商环境百强县】 2019年11月12日，工信部发布《2019中国县域营商环境百强研究白皮书》，义乌市位列百强第五位。中国县域营商环境百强研究白皮书是衡量各地招商引资营商环境的重要参考资料，评价指标体系坚持结果导向与过程评价相结合，包括公开透明、企业活力、要素吸引、设施领先、生态友好5个方面14个具体指标。其中企业盈利能力是营商环境的先行指标，营商环境好的县市，企业盈利能力均较强。

（金晓玲）

【入选中国营商环境特色50强】 2019年11月28日，“2019智慧中国年会”公布第二届中国营商环境特色50强评选结果，义乌市成功入选。此评选活动由中国社会科学院信息化研究中心和国脉研究院联合开展。义乌市围绕企业和群众办事创业的痛点、难点、堵点问题，推出系列改革举措，营商环境得到不断优化。7月，浙江省组织营商环境快速评价，义乌市标杆事项数量达10项，位列全省第一。至2019年年底，义乌市场主体达56万户，居全国县级市第一，最高峰时1天新增834户。

（金晓玲）

【银行信贷助推民营经济发展】 针对民营经济和小微企业自身可担保资产不足情况，创新更多的信贷服务产品和贷款方式，义乌农商银行推出“税银通”“科创贷”“随心贷”等产品，满足民营经济多元金融需求；为帮忙民营企业降低融资成本，不断为企业减费让利，加大制造业企业金融扶持力度，缓解融资难融资贵问题，巩固金融服务实体经济成效。2019年12月，义乌农商银行下发《关于加大小微企业和民营企业支持力度的通知》，送出政策、产品和服务三大礼包，全力支持民营和小微企业高质量发展。对义乌辖内机构信贷业务部分审批权限及执行利率等进行调整，扩大贷款审批权限，其中，信用类贷款审批权限由原来的30万元扩大至50万元，担保类贷款审批权限由原来80万元扩大至200万元；执行利率大幅度下降，最高降幅达14%。运用“加减乘除”四项法则，全力支持民营小微企业渡难关。至2019年8月末，农商银行累计放贷3.57亿元。民营小微贷款余额307.67亿元，户数2.97万户，较上年末新增16.33亿元。其中，普惠型小微贷款余额193.68亿元，增速12.39%，高于各项贷款，同比增速5.76个百分点；贷款户数2.93万户，比年初增加2245户，达到普惠型小微企业贷款“两增两控”监管新要求。

（陈金春）

【企业环境信用考评】 2019年12月25日，金华市生态环境局义乌分局根据《义乌市企业环境信用评价管理办法（试行）》，对全市224家工业企业开展环境信用评价，其中义乌市永军印染有限公司等189家企业评价结果在95分以上，被评为2019年度义乌市环境信用绿色企业。

（金晓玲）

【企业融资民营经济政策性支持】 2019年，在市领导开展的“三服务”工作走访调研企业过程中，由于企业融资难、融资贵、融资慢的困难和问题，许多企业因缺乏流动资金不敢接订单的窘境。针对此情况，2019年市委常委（扩大）会议决定对主营业务良好、有市场订单、利润可覆盖银行利息的企业融资进行政策性支持，将此任务交办给市金融办，从政策、产品个层面予以落实。9月24日，市政府出台《关于实施工业企业流动性贷款支持项目的政策意见（试行）》，分为支持对象、支持方式、同业约束、监督支持、财政扶持和违纪处置6个大项，效益目标、支持规模、综合成本、支持期限、风险分担、风险防范、项目退出、同业稳信贷约束、承办银行限制性约束、银行监管、担保监管、财政补偿、信用关联、评价应用和考核运用15个子项。支持对象和支持方式两部分为《政策意见》的核心内容，通过输入政策支持下的信贷资金，与支持对象约定效益目标，在一年时间范围内考量企业完成效益目标情况来评价政策实施效果、银企关系、金融与企业发展关系以及政策是否应持续等问题。流动性贷款支持项目支持对象为注册地在本市，主营业务收入1000万元（按纳税口径，下同）以上，生产有订单但缺少流动资金，利润可覆盖银行融资利息，无担保圈出险问题的企业。

（陈金春）

企业主体活动

【概况】 2019年，义乌民营企业召开全市民营经济发展大会、世界义乌人大会等会议。参加专业性展会21个，商业性展览面积突破110万平方米。

（金晓玲）

【5名优秀建设者获表彰】 2019年1月2日，金华市委经济工作会议暨全市促进民营经济发展大会在金华市文化中心召开，各县（市、区）设分会场。会上，举行为浙江省百强民企义乌民营领军企业三鼎控股集团授牌仪式。义乌市天盟实业投资管理有限公司董事长冯旭斌、现代阳光律师事务所主任冯秀勤、义乌市罕美服饰有限公司原董事长何海美、华灿光电（浙江）有限公司董事长周福云、义乌市易开盖实业公司董事长骆立波受表彰。

（金晓玲）

【全市民营经济发展大会】 2019年1月24日，义乌市民营经济发展大会在国际会议中心召开，市委书记林毅、市长王健等市四套班子领导、全市各部门、镇（街道）负责人及民营企业代表500余人参加会议。会议贯彻落实总书记习近平在民营企业座谈会上的重要讲话精神，激励广大民营企业及非公经济人士创业创新，营造民营经济发展的良好氛围。会上，民营企业家倡议：天下义商必须凝心聚力，创业创新，拼出干出新奇迹。林毅用5个“最”精准概括义商的精神品质：最肯苦、最敢闯、最能创、最包容、最讲“义”。新时代“义行天下”，就是义乌要服务全国乃至全球的中小微企业，构建全新的政商关系；新时代“义利并举”，就是一起参与“一带一路”建设，让世界因为义乌而更加美好。义乌市温州商会获义乌市民营经济发展特别奖。

（金晓玲）

【省存量用地改造建设小微企业园模式专题现场会】 2019年11月21—22日，由浙江省经济和信息化厅、义乌市人民政府主办的全省存量用地改造建设小微企业园模式专题现场会在义乌召开，来自全省各地经信系统代表及小微企业园代表100余名人参加会议。会议交流义乌存量用地改造模式，学习义乌在小微企业园建设工作中的创新举措及先进经验。会议组织的考察凯创印刷包装产业园及义乌聚邦智能制造产业园2个D类小微园区，通过存量用地改造、聚焦主导产业，引导成长型小微企业入园集聚发展，亩均效益、产业层次都有大幅度提升。会上，省经信厅副厅长岳阳肯定义乌在小微企业园建设中的经验做法，认为义乌作为首批20个获省级财政专项激励的小微企业园建设提升重点县市区之一，起到了试点示范和引领带动作用；注重顶层设计，用好亩均效益综合评价机制倒逼存量低效用地建设小微企业园，推动小微企业园建设提升和经济高质量发展，取得了明显的成效，值得宣传推广。

（叶志星）

美丽经济

综 述

【概况】 2019年，义乌实施以10条美丽乡村精品线为标志的乡村振兴项目，示范带动全市星级和美乡村建设。整合星级和美乡村创建、黄旗村整治、村庄清洁行动、夏季战役行动等项工作，强化星级村动态管理，不定期开展抽查复评，累计指导镇（街道）整改问题512处。按照资金补助标准，完成拨付省、市美丽乡村建设专项补助资金1.02亿元。新增创建一星级和美乡村154个、一星样板村51个、三星村27个，新增创建各类省级示范村10个、省级示范乡镇1个。利用存量用地拆旧建新，创新运用多层水平安置、旧房调剂、有偿选位等途径与措施解决农户住房困难。新增开工村30个，建房农户1794户。加强历史文化村落保护开发，实施缸窑村、田心村、陇头朱村等历史文化村落保护利用工程，新增省级历史文化村落重点村1个、一般村3个，倍磊村在浙江省第七批历史文化村落重点村规划评审中获评优秀。

以八大国有集团作为美丽乡村相关项目的投资建设主体，差异化打造“德胜古韵”“望道信仰”“至美大陈”“赤岸西海”等10条精品线，破解镇村美丽乡村建设中资金和人才短板，实现村企共建共赢、共同发展。10条精品线辐射全市10个镇（街道）112个行政村，成为美丽经济产业线，将全域打造成风景区。开展10条精品线专项调查，理清2019年精品线基础设施建设项目任务清单。开工建设国企结对精品线工程69个，有效投资2.6亿元。开展精品线整治提升专项行动，出动检查人员70余人次，落实整改意见162条。组织整改提升行动“回头看”，确保整改落实到位。谋划精品线后续管护串线方案，开展精品线已建基础设施后续管护专题调研，对后续养护的资金投入进行测算，就沿线基础设施

位于佛堂镇田心村的佳多拉农场

（吴琅文2019年8月14日摄）

运维管理主体和解决方案提出建议，加快打造大景区、大花园。

（陈　婧　薛竞一）

【义乌国际友人助力生态建设】 2019年3月4日，义乌市启动“健走义路文明之花绿动商城”系列活动，25支队伍500余人参与活动，其中一支来自鸡鸣山社区外国友人组成的志愿者队伍参与活动。鸡鸣山社区被誉为“联合国社区”，有来自58个国家的1100余名境外人员。为深化国际性融合社区建设，鸡鸣山社区成立首个“中外居民之家”，以境外人员、少数民族、外来人口为主体，开展常态化护水行动。帮助清理义乌江和支流水面上的漂浮物，捡拾沿岸的垃圾，将义乌美景采集成影像资料，在外国友人的朋友圈广泛传播，为义乌发出“生态名片”，助力义乌生态建设，推进美丽义乌各项措施的落实。

（陈金春）

【召开绿色会展工作会议】 2019年5月7日，市市场发展委组织召开以“绿色会展美丽义乌”为主题的绿色会展工作会议。会议指出，义乌会展将从政策扶持、行业监管、技术创新等方面进行改革，同时加大推进绿色会展工作力度，争取3年内实现绿色会展普及率80%以上的发展目标。会上，中国展览馆协会副理事长黄彪分享国内会展前沿城市和重点会展项目在推动绿色会展工作所做的先进案例，并结合义乌市实际情况提出解决方案；义乌市会展业联合会与江苏常州灵通展览公司签订《绿色会展战略合作协议》。会后，30余家会展企业负责人共同签订《义乌绿色会展倡议书》；参会人员参观现场搭建的绿色展台、展具，表示将进一步加快推进各自展会绿色转型发展，推广绿色环保技术应用，共同打造一批环保可持续的绿色品牌展会。

（陈金春）

鸡鸣山社区外国友人组成的助力生态建设志愿者队伍

（吴戈丹2019年10月20日摄）

美丽经济政策措施

【概况】 义乌坚持“中国众创乡村”主题定位，以高质量发展为内核，以星级和美乡村建设为主抓手，以农村改革为突破口，加快培育美丽经济，助推乡村振兴，对每个村提出“七个一”的总要求，即每个村要有一个科学合理的规划，有一条干净生态的河流或一座绿色秀美的青山，有一片耕作高效的良田和无违建村貌，有一个和谐的民风习俗，有一个健全的垃圾和污水收集机制，有一条可持续的村级集体经济发展路子和富民产业，有一个有战斗力的班子。围绕“七个一”总要求，抓好规划在美丽乡村建设中的引领和导向作用。制定《高质量打造“中国众创乡村”高水平建设现代化“和美乡村”行动方案》，提出以高质量发展为内核，全面推进10项重点工程，高质量打造“中国众创乡村”，高水平建设现代化“和美乡村”。提出“1+X+Y”的村庄布局规划，“1”是镇（街道），X是中心村，Y是保留村。对城镇规划区范围以内的村庄，实行新社区集聚建设，对城镇规划区范围以外的村庄，实施“美丽乡村”建设和农村更新改造，提升村庄生活品质。开展全域“区域环评+环境标准”改革、星级村创建，谋划建设8.1平方千米的幸福湖城市绿肺等34个重点项目，打造山水林田湖草治理修复的“义乌样板”，以“美丽经济”打开乡村发展，多元化举措拓宽美丽乡村将“美丽资源”转化成“美丽经济”。至2019年，全市创建一星级样板村40个，三星村35个，五星试点村5个；累计创建美丽家庭、美丽庭院3万户，获评省美丽宜居示范村15个，省特色精品村10个，省示范乡镇3个。

【**启动建设美丽乡村国家标准化试点项目**】 2019年11月28日，义乌市美丽乡村建设国家标准化试点项目启动仪式在城西街道七一村举行。启动仪式上宣读《义乌市美丽乡村标准化试点项目实施方案》。义乌市美丽乡村建设国家标准化试点项目起止年限为2019年1月—2021年12月，力求通过3年时间，实现“基层党建全域提升、生态经济加快发展、生态环境普遍改善、公共文化日益繁荣”的乡村振兴目标，以“基层党建+美丽乡村+标准化”建设为抓手，不断建设新农村、培育新农民、塑造新风尚，推进义乌市城乡一体化，加快形成城乡发展新格局，实现全市人居环境和自然生态、产业发展和农民增收、社会保障和社会服务以及农民素质和精神文明的全面提高。试点项目以义乌市城西街道为重点建设试点区域，城西街道七一村为重点建设试点村，将试点区域内的农村基层党建工作、农村集体资产经营管理与服务、休闲农业与乡村旅游服务、农村公共文化服务等方面的主要经验和效果制定相应标准，形成试点标准体系，从而推广和带动义乌市开展美丽乡村标准化建设。项目实施内容包含制定美丽乡村系列标准、开展宣传培训、组织实施标准、推广辐射试点成果等。启动仪式后进行义乌市美丽乡村建设国家标准化试点项目培训会议，美丽乡村建设标准化知名专家任强军为参会人员系统、详细地讲授美丽乡村标准化建设的方法和要求。

【**推行“七个一”探索美丽经济之路**】 2019年，义乌市全面推行美丽乡村“七个一”标准化建设和星级创建行动，力争“每个村有一个科学合理的规划和无违建村貌，一条干净生态的河流或一座绿色秀美的青山，一个健全的垃圾和污水收集机制，一片耕作高效的良田，一条可持续的村级集体经济发展路子，一个和谐的民风习俗，一个有战斗力的“两委”班子，不断激活乡村发展“一池春水”。通过“七个一”标准化建设，探索美丽经济之路，业态红利得以释放，让更多群众共享“美丽经济”。至年底，全市创建一星村197个，实现美丽乡村一星级村全覆盖。

（陈金春）

生态市建设

【**概况**】 2019年，义乌不断加快经济全球化和城市化进程，立足内陆自然资源和商品经济特色，全面协调社会、经济与环境发展，通过下发《义乌生态市建设规划》，推进义乌生态市建设，使生态环境得到改善，资源利用效率显著提高，将有效资源转换成“美丽经济”，达到社会经济与生态环境保护“双赢”，在全省率先实现生态市（县）建设目标。2019年，义乌被列入全省10个省级山水林田湖草生态保护修复试点县市之一。义乌决定2019—2022年，4年投资93.5亿元，谋划实施7个大类34个重点生态修复项目，其中32个项目已启动实施。依托镇村特色资源，推动美丽乡村精品村建设和全域旅游深度融合，加快推进浙中生态廊道建设，打造生态旅游市，生态市建设硕果累累。至2019年年底，全市森林覆盖率由35%提升至50.89%，人均绿地面积由9.7平方米提升至13平方米。成功创建国家环保模范城市、国家生态市、国家森林城市、国家园林城市等项国家级生态环保荣誉，获评首批“省级生态文明建设示范县（市、区）”“美丽浙江十大特色体验地”，连续两年获“美丽浙江建设工作考核优秀县（市、区）”称号。

【**开展全域“区域环评+环境标准”改革**】 2019年，义乌开展全域“区域环评+环境标准”改革，实施小微企业园“1+X”环评审批、排污许可和项目环评无缝衔接等改革，所创新的总量配置制度、排污权市场化、环境资源差别化配置等5项制度成为“义乌经验”在全省推广。2017年5月，义乌在全省率先实施“区域环评+环境标准”改革，通过“一窗受理+集成服务”“区域环评+环境标准”等一系列环评审批制度创新，实现环评编制时间缩短50%，评估时间压缩60%，审批时间削减20%，办理费用节省60%以上。在全省率先实施环评审批“代办制+承诺制”改革，实现审批时间再压缩，办理费用再削减，服务质量再提升，推动全部环保事项网上办理，实现“零跑”。

【义乌入选省山水林田湖草生态保护修复试点地区】 2019年2月，义乌申报的《义乌市山水林田湖草生态保护修复试点实施方案》，通过省生态环境厅、省财政厅、省自然资源厅联合审核，入选省级第一批山水林田湖草生态保护修复试点，省级财政将补助义乌市8000万元（分4年补助）用于具体生态修复项目实施。2019年，义乌制定《义乌市山水林田湖草生态保护修复试点实施方案》，申报浙江省山水林田湖草生态保护修复试点。2月21日，在省级山水林田湖草生态修复试点实施方案专家评审会上，副市长朱有清向与会专家全面阐述义乌市申报试点的优势和示范意义。评审专家认为，在义乌开展山水林田湖草系统修复试点，对探索经济发达区域开展山水林田湖草生态修复具有较好的示范与借鉴意义，对推进区域经济转型、城市转型发展，以及建设美丽浙江都具有十分重要的现实意义。义乌将投入93亿元，谋划建设8.1平方千米的幸福湖城市绿肺等34个重点项目，打造山水林田湖草治理修复的“义乌样板”。

【义乌获评国家生态文明建设示范市】 209年11月16日，在中国生态文明论坛上，生态环境部授予义乌市“国家生态文明建设示范区”称号并授牌。义乌市委、市政府将“两山”理念作为核心发展理念，组建由一把手担任组长的美丽义乌建设、“五水共治”、蓝天保卫等工作领导小组；生态文明建设工作占党政实绩考核比例权重27.92%。建立生态环保议事交办制度，市委、市政府主要领导每月专题听取生态环保工作汇报，直接部署和交办重点难点问题。实施最严考评问责制度，将蓝天保卫、水污染防治、环保督察整改等生态环保工作纳入各镇（街道）、党政部门年终考绩。每月开展生态环保“红黄旗”竞赛，常态化开展攻坚；定期督察通报进展，供市委、市政府领导决策。抓好落实生态环保主体责任，全面落实市镇两级生态环境状况报告制度。全市14个镇（街道）实现基层生态环境所、生态环保网格化，环保专职干部队伍全覆盖，形成基层有人抓环保、有人管环保、有人做环保的良好态势。组建环保产业联合会、环保专家服务团和环保志愿者服务队等环保行业协会和民间组织，充分发挥政风行风热线、“特别关注”“曝光台”等电视、报纸、网络论坛的舆论监督作用，全面推动公众积极参与生态环保，营造全民参与的浓厚氛围。生态环境质量全面改善，生态环境公众满意度全省排名2年大幅前移55个位次。

【义乌绿色发展指数位居金华市第一】 2019年12月9日，省委组织部、省统计局、省发展改革委员会、省生态环境厅联合发布2018年度浙江省生态文明建设年度评价结果公报，义乌在全省各县（市、区）生态文明建设年度评价（绿色发展指数）中得分81.10，获高分答卷，位列全省第八位，在金华市域范围内排名第一。绿色发展指标体系包括资源利用、环境治理、环境质量、生态保护、增长质量、绿色生活、公众满意程度7个方面，共56项评价指标。其中前6项的55个评价指标纳入绿色发展指数计算，公众满意程度调查结果进行单独评价与分析。2019年，义乌以生态文明示范创建为引领，聚焦聚力打好污染防治攻坚战。创新实施“纳管污水浓度”与“小流域断面水质”同步考核，率先在全省完成全域“污水零直排区”建设；创新实施工业垃圾“五全制”管理模式，经验全省推广。开展大气治理数字化转型试点，建成全市域覆盖的大气监测感知网络、全时响应的可视化数据集成分析平台；率先在全省开展非道路移动机械整治；实现生活垃圾“零填埋”。加快污泥处置项目建设，基本实现“污泥不出县”目标。开展“区域环评+环境标准”改革扩面；建立“企业环保服务日”制度，分区域、分行业常态化开展环保培训与指导帮扶等举措，区域环境质量明显改善。2019年，义乌市区空气质量优良率达95%，$PM_{2.5}$平均浓度降至每立方米2微克，空气质量优于国家二级标准；全市7个集中式饮用水水源地、8个县控及以上断面水质达标率100%，义乌江干流出境断面水质优于入境断面。

（陈金春）

美丽乡村建设

【概况】 义乌不断深化“千万工程”，编制《义乌市美丽乡村建设总体规划》，创造性地提出“中国众创乡村”的主题定位，以众创引领三产融合、城乡融合，在“大众创业、万众创新”与“绿水青山就是金山银山”理念的驱动下，因势利导，顺势而为，以科学理念推动生态环境建设，平坦洁净的柏油路环绕田园、穿过村庄，点缀其间的休闲绿地花开四季，舒缓秀美的河道穿村而过，村头小品、菜场、居家养老服务中心布局合理，建立起一套能上能下的星级标准化创建体系。

以一个科学合理的村庄规划，及美丽乡村建设为契机，按照“1（城区、镇区）+X（中心村）+Y（保留村）”的城乡体系，对条件成熟的集聚区建设村、城郊完成旧改村等村实行撤村进社区，优化城镇空间布局和功能等级，通过财政资金覆盖转化或强村带弱村实现转化。佛堂田心一村、二村、三村、四村撤并为田心村，整合4个村集体资产，利用政府对中心村供地政策，将原先分属于4个村的碎片化建设用地进行盘活，并由村集体统一规划新建占地2000平方米的农副产品批发与零售综合市场，进一步增强集体经济的来源。

建立“一、三、五星级”创建体系，根据不同星级档次落实45条创建指标、14条三星级提升标准和11条五星级提升标准，全面开展星级美丽乡村创建。充分发挥以农民为核心的联合、众筹、创投等作用，形成“一村一品”“一村一业”“一村一韵”的个性特色。2019年，实现市域星级和美乡村创建全覆盖，“国企+精品线”乡村建设新模式入选第一批国家新型城镇化综合试点经验，获评“省实施乡村振兴战略优秀单位”，成功创建“浙江省新时代美丽乡村示范县”。

（陈金春）

【创建浙江省新时代美丽乡村示范县】 2019年，义乌以“一村万树”为抓手，推进美丽乡村建设。按照“一村一品、一路一景、一树一业”要求，结合森林村庄建设、林业产业发展、珍贵彩色森林建设等，开展植树绿化，打造各具特色的示范村。2月，结合农村工作会议动员部署示范县创建工作，将创建省美丽乡村示范县作为年度政府承诺事项，全面启动各项工作任务。7月，对照《浙江省美丽乡村示范县评价办法（修订）》，完成义乌市示范县创建申报材料编制及宣传视频制作。8月，广泛动员全市镇（街道）开展创建宣传，全市共推送手机短信240万余条，转发公众号3.2万余次，分发满意度调查宣传资料50万余份。9月16日，省“千村示范万村整治”工作协调小组办公室对义乌市示范县创建工作进行实地评估，义乌市美丽乡村建设成绩得到检查组充分肯定，被评为“2019年度浙江省新时代美丽乡村示范县”。12月20日，金华市深化“千万工程”建设新时代和美乡村现场会在义乌市召开，推广义乌经验。

【星级和美乡村创建全覆盖】 2019年3月，明确2019年度义乌市和美乡村建设工作任务，以合并村“补短腿”为工作重点，开展已合并村内创建相对落后自然村的建设提升。5月，下发《义乌市星级和美乡村村庄名单及2019年度创建计划的通知》，进一步明确“1+X+Y”村庄分类，完善星级村长效管理机制，将星级村创建情况、动态管理开展情况作为乡村振兴攻坚竞赛双月考核重要内容全域推进。至11月底，全市实现除拆迁改造的村外，全域一星级村创建全覆盖。12月，组织开展星级和美乡村联合考评，全市共新增认定一星样板村51个，三星村27个。12月25日，浙江省“千村示范万村整治”工作协调小组办公室下发《关于公布2019年度浙江省美丽乡村示范乡镇等名单的通知》，义乌市李祖、钟村、神坛、早溪塘、红旗5个村获评浙江省美丽乡村特色精品村，后宅街道获评省美丽乡村示范乡镇。

【美丽乡村精品线基础设施建设】2019年3月，市美丽乡村领导小组办公室下发《2019年美丽乡村精品线基础设施建设投资任务的通知》，明确年度基础设施投资任务2.2亿元。5月，开展美丽乡村精品线整治提升专项行动，发放整改通知函9期，指导各镇（街道）、各集团落实整改意见162条。11月，廿三里街道“多彩华溪”精品线获第三届“浙江最美绿道”。至年底，八大国企在精品线上有效投资2.96亿元，基本完成各精品线已规划实施的基础设施工程建设。各国企累计实施具体工程项目221个，建成主干道白改黑76千米，骑行绿道58千米，游步道46千米，节点景观132个，驿站26个，游客服务中心12个，以点连线，以线织片，将“一处美”推向“一片美”。

【农村更新改造】2019年，农村更新改造工作连续三年列入市政府十大民生实事。3月，市农业农村局制定《义乌市2019年农村更新改造工作实施方案》，明确与市自然资源与规划局、相关镇（街道）的工作责任分工，细化工作时间节点要求，督促镇（街道）做好安置农户的分户联审工作。4月，开展农村更新改造多层安置系数调整专题调研。对照月度任务清单，落实专人赴开工建房任务村进行逐村核查指导。至11月底，全市农村更新改造新开工村30个，农户新增开工建房的在建村59个，新增建房农户1794户，提前超额完成十大民生实事工作任务。

【开展省新时代美丽乡村创建】2019年7月，省农业农村厅下发《浙江省新时代美丽乡村认定办法（试行）》，8月，义乌召集全市相关部门和各镇（街道）相关人员召开新时代美丽乡村业务对接培训会，就美丽乡村专项补助资金政策、补助流程等业务进行培训。11月，开展新时代美丽乡村创建自查及认定，成功创建省新时代美丽乡村达标村111个，达标率25.23%，其中精品村37个，占比33.33%。12月，完成省、金华市2019年度深化“千万工程”建设新时代美丽乡村（提升农村人居环境）工作专项评价，义乌市2019年度全省新时代美丽乡村建设工作获评优秀。

【“德胜古韵”精品线建设】2019年，市水务集团利用“1+1+19”“和美乡村”建设新平台，助推“德胜古韵”精品线建设。8月，与后宅街道广口村开展结对共建工作，11月，完成党建宣传阵地建设，提升基础设施，助推广口村由原先发展稍落后村成长为浙江省A级景区村庄。12月20日，金华市深化“千万工程”建设新时代和美乡村现场会暨基层党建工作在“德胜古韵”精品线召开，进一步深化党建引领和美乡村建设，推动实现企业党建和农村党建、企业发展和农村发展的“双提升”。至年底，水务集团完成“德胜古韵”精品线新建续建工程7项，挖掘华川十景、红色文化、诗词文化、古道文化、遗迹文化等系列文化元素，凸显精品线古文化韵味，投用李祖进口商品馆，引进投资1.43亿元的宝芝林花旅农艺园项目。

（王　颖）

【创新机制实现致富增收】2019年，义乌在实现一星级村市域全覆盖的同时，紧扣众创主题，创

2019年9月18日，大陈镇马畈村举办首届南瓜节　（吴琅文　摄）

新乡村造血机制，挖掘农业功能和乡村价值，推动乡村从“卖产品”向“卖风景”“卖文化”“卖体验”转变。鼓励村民以土地、资金众筹入股农业项目建设，引导村集体自建农业公司经营，实现致富增收。大陈镇马畈村村民众筹发展农业奇幻乐园项目，开园2年收益2200余万元；佛堂镇小六石村众筹建设网红玻璃桥，开业仅2个月分红120万元。后宅德胜岩华川十景、上溪十里桃花坞、佛堂古镇“十月十”民俗文化、义亭镇古法红糖烧制、大陈龙舟竞渡等特色民俗旅游项目，实现农业与文化、民俗、旅游的互融共赢。

（陈金春）

（除署名外均由朱雄伊、陈婧撰稿）

美丽生态园经济

【概况】 2019年，义乌市推动土地集中连片流转，新增土地流转面积540.27公顷，全市流转总面积1.18万公顷，流转率73.55%。制定“美丽田园”创建标准框架体系，新增放心菜园、生态茶园、精品果园、特色菌园、道地药园“五园创建”省级示范基地2个。启动义亭省级现代农业园区产业提升项目6个，大陈镇入围省级特色农业强镇创建对象。新增“最美田园”9个，后宅“花间花海”被评为省级“最美田园”。

全市共有农家乐和休闲农业经营主体253家，其中农家乐（民宿）142家。全年接待游客515.7万人次，实现营业收入2.76亿元，同比分别增长16.46%和22.6%。拥有省级农家乐特色村4个，省级农家乐特色点4个，金华市级农家乐特色村3家，四星级农家乐经营户1家，三星级农家乐经营户28家。义乌市后宅花间花海被评为省级“最美田园”，义乌市“红糖飘香”美丽乡村农情体验1日游精品线被省农业农村厅、省文化和旅游厅评为2019年省级休闲农业和乡村旅游精品线路。

（蒋文卫　陈巧燕）

【油菜花绽放美丽经济】 2019年3月31日，赤岸镇尚阳村的油菜花在中央电视台进行报道。尚阳村位于赤岸镇西南，村庄坐落于义乌市最高山大寒尖脚下，三面环山，发源于高陂山的溪流自东向西逆流引入村中，绕村穿村于每家每户的门前屋后，形成户户皆有埠头的景观。2018年，尚阳村村民集体投资种植油菜花梯田20公顷，2019年第一年开花，远处的山上、近处的梯田里，5个山头20余公顷盛开的油菜花吸引不少游客前往，2019年，接待游客1.85万人次。20余公顷油菜花田产菜籽15吨，产油6吨，村集体获利120万元。

（陈金春）

【浙江最美绿道】 2019年11月13日，在全省绿道网建设工作现场会上，义乌市“多彩华溪”生态休闲美丽乡村精品线绿道获“浙江最美绿道”称号。绿道以“一线三环十六景”为主，结合农业和历史文化，打造运动、生态、休闲精品绿道，带动周边村民集体经济发展。

（王超萍）

【小六石村生态园区】 佛堂镇小六石村地处义南山区，全村有110余户270余人。2017年，小六石村突出乡村旅游特色，开发旅游新业态，拓展“旅游+美食”“旅游+体育”“旅游+民宿”“旅游+文化”等产业，引导村民集体入股共同开展村庄经营，因地制宜发展休闲观光农业。2017年1月10日，村两委组织召开户主大会，以每股5000元共800股的方式对村里的旅游项目进行众筹。同月13日，400万元资金筹集到位。2018年1月，建设完成龙溪生态游乐园，内设一座全长200余米、高70米的玻璃吊桥，“熊谷酷乐园”3D墙绘，“呐喊喷泉”、玻璃滑道等游乐项目，同年2月16日试营业。2019年，小六石村投资1000万余元新建“时空隧道”（光电互动娱乐）等项目，成为园区新亮点，全年接收游客40余万人次，实现综合收入3000万余元。

（朱伊莎）

【美丽城防和绿道建设】 加快美丽城防和绿道建设，形成生态廊道闭合圈，是市政府推进“浙中生态廊道建设”决策部署。2017年，投资560亿元，以义乌江、南江为主廊道，6条县级以上支流为支廊道，将山水林田湖草与沿线村镇、旅游景点、文化古迹、现代农业、特色小镇串联，形成生态、人文、产业立体式发展。至2019年，生态廊道各项项目有序推进，完成有效投资200余亿元；总投资10亿元的正大中央厨房、森山健康小镇、布谷鸟农业生态园、缸窑安徽商会的生态果园、杭州鹿野旅游教育培训基地等项目先后落地，干支流10条美丽乡村精品线逐步成型，一条集生态保护、休闲观光、文化体验、绿色产业于一体的生态美丽经济带正在形成。

（陈金春）

【七一农业生态园】 七一农业生态园处于城西街道七一村，核心区面积216.67公顷，共分4个功能小区，分别为生态果园区3.33公顷（主要由玻璃温室、钢架大棚、休闲农业、水生蔬菜四部分组成），莲藕观光区10公顷，向日葵观光区3.33公顷，科技长廊休闲区0.2公顷。七一农业生态园充分利用本村良好的生态环境和丰富的植物资源，强化基础设施建设，打造集生态蔬菜瓜果生产、现代农业技术展示、休闲观光农业体验于一体的综合性"农业生态园。2019年，生态园接待游客34万人次，实现营业收入667万元。

（陈金春）

美丽资源经济

【概况】 义乌市按照“五美”要求和“十个一”标志性基本要求，通过抓规划引领、抓技术指导、抓项目推动、抓督导考核、抓宣传发动等一系列“组合拳”，高水平推动9个镇街设施提档、服务提质、产业提升、品质提高、治理提效的“五大提升行动”，全速推进美丽城镇建设。2019年，义乌市通过引资招商，注入新活力，乡村实现从“环境美”到“发展美”，从“一时美”到“长久美”的转变，集体美丽经济得到长足发展。至2019年年底，全市732个村集体经济年收入全部达10余万元，经营性收入全部达到5万元以上。

城西街道七一农业生态园内的菊花长廊

（吴琅文2019年10月29日摄）

通过农业农村招商引资，引进现代农业、田园综合体、乡村旅游、光伏项目等优质项目，增加村集体经济收入。义亭镇缸窑村成功引进安徽商会总投资1.8亿的缸窑古村落开发、旅游教育培训基地建设、非遗文化产业入驻和村企对接等4个产业项目，开发打造缸窑村梨花节、陶艺创意产业园、缸窑乡村书吧等文旅项目，对接入驻百子灯、剪纸、陶瓷制作、银器制作等非遗项目，2019年实现年游客20万人次以上，全村美丽经济产业年营业收入5000万元，带动就业人数200人，有力推动村集体经济发展。义亭镇陈店村是省定的集体经济薄弱村，陈店村将村里原有的简易房进行拆除，积极谋划集体经营性建设用地入市项目，建造2幢12层综合大楼（店面20间），其中仅一、二层村商服用房用于出租，便可产生租金收入100万元。原本在城里租房做生意的村民，看到村里有土地和房屋出租，于是回到村里投资和办厂。通过盘活村集体原本闲置的会堂、厂房、办公用房和山林等，增加了村集体收入的源泉。

鼓励村民以资金、资源等方式入股，共同参与村庄经营，发展美丽经济，拓展集体经济发展空间。采取公开拍卖、租赁、承包经营、股份合作等方式进行盘活，挖掘农村集体经济新的增长点，实现集体资产保值增值。佛堂镇寺前西村通过将集体闲置房产纳入农村产权交易平台招租，年租金由3万元增至10.2万元。苏溪镇“孝义苏溪、光明之都”，上溪镇“云上之溪、智造新城”，后宅街道“高铁新城、德胜后宅”，廿三里街道“拨浪鼓之乡、骆宾王故里”，城西街道“陆港新区、红色城西”，大陈镇“诗画乐园、至美大陈”，赤岸镇“颐养丹溪、醉美赤岸”以及义亭镇“甜美义亭、健康小镇”等，明确主题定位，形成“一镇一品、镇镇精彩”义乌特色的美丽城镇新格局。大陈镇马畈村，通过村集体和村民众筹，集体占股60%，村民认购股40%，发展农业奇幻乐园项目。城西街道何斯路村，组建义乌市草根休闲农民专业合作社，集体股占25%，村民和工商资本认购占股75%。何斯路村将村里各种资源资本化、股权化，对村民房前屋后菜地、池塘、山坡等生态资源进行专项评估，村民按现有基础资源投入到合作社，形成“一草一木皆股份、男女老幼皆股东”良好格局。通过开发薰衣草主题花园、“斯路何庄”农家乐综合体项目等项目，仅薰衣草主题花园及薰衣草产品，每年可收入300余万元，村级集体资产由2008年负债20余万元至2019年变为年收入480万元。

【推广杨梅种植“种出”美丽经济】1999年年底，义乌市赤岸镇山盆村村民丁誉金从山盆村承包山林24公顷，推广种植杨梅。2001年，成立义乌市杨梅研究所，开展杨梅基地的建设。杨梅基地以引进、种植、选育杨梅为主，进行杨梅酒、杨梅干、杨梅汤等杨梅鲜果的初级加工和利用。至2019年年底，投入资金30万元（含林地承包款、人工费、机械费、肥料等支出），产杨梅32.5吨，年收入60万元。

（刘　娟）

【发挥山水环境催生美丽经济】义乌佛堂镇钟村共有212户余户432人。村前清澈的南江汩汩流过，四周层峦叠嶂，山清水秀。钟村虽然具有较好的自然条件，由于各种原因，美丽乡村建设一度滞后。2016年10月，钟村按照全市统一部署，先后召开党员会议、村两委班子会议和村民大会，统一干部群众思想。同时，组织党员、两委干部和村民代表到桐庐美丽特色村以及义乌市城西街道何斯路村等实地参观学习，引领村民走上致富路。定下“爱情之乡、幸福之地、钟爱一生”的主题，打造水上游乐园、艺术家小镇等项目，农家乐、民宿、乡村旅游等特色产业开发初见成效。每到周末，均有700余名游客到钟村游玩，仅水上项目村集体每天有3000余元的收入。2019年，接待游客2万人次，实现收入20万余元。

【众筹众创激活美丽经济】为迅速有效摘除省定薄弱村的帽子，义乌官端前村从自身特色出发，将打造美丽乡村与发展乡村美丽经济有机结合。一方面，利用众筹众创法，以集体土地入股、村民资金众筹等方式，成立义乌市官端前农业开发有限公司，由村集体占30%股份，农业开发公司共同参与村庄经营，发展村集体经济。另一方面，拓展农村物业经济，将村内一处危旧公房拆除重建，出租后每年为村集体增收10万元。同时，引进红糖产业，与义乌知名红糖企业“商城红”合作，以村红糖厂场地入股的形式，一年增加30万元村集体经营性收入。2018年，种植莲蓬2公顷、甘蔗1.33公顷，将原有宗祠改建成文化大礼堂吸引游客观光。同时充分利用其他空闲土地，将“美丽风景”变成“美丽经济”。创新“村庄+田园”模式，全力打造集美食、商业、购物、旅游、娱乐、休闲、文化于一体的传统农耕文化产业综合体。投资1.5亿元，流转曹村周边山坡与农田，建立“花间乐园”农耕休闲观光园。2019年国庆假期“花间乐园”试营业，其间，门票收入达到500万元。开发建设“芦塘文化小镇”，核心区规划面积12万平方米，分为“理学之室”“乐水之境”“芦塘诗林”“门庭摇曳”等文化区块，美食、商业、购物等功能区块，观光、娱乐、休闲等旅游区块三大区块，以绿水青山与诗词歌赋为主题，展示中华优秀传统文化。借助文化主题，打响品牌，全力打造出一个以“文化教育+产业服务+美丽田园”为基本格局的小城镇整治行动模式，成为义乌市首例体验式文化休闲旅游商业综合体，实现经济、生态、文化全面发展。2019年，“芦塘文化小镇”引进“根据地”“龚响春土鸡煲”“曹村牛系列餐饮”3

家本地骨干特色农家餐饮经营主体，入驻46家农家餐饮主体，预计年产值1600万元以上。

【土地集中流转开发集体经济】 2019年，义乌集中连片1.33公顷以上土地流转率为45%，145个村已办理土地流转养老保险。赤岸镇大新屋村，利用大新屋村周边山体土壤适合栀子花生长的优势，通过土地流转集中66.67公顷土地，开发建立栀子花基地，通过发展西海栀子花旅游节等农旅项目，村集体经济实现年收入100万元左右。采用异地物业法，主要针对集体资源匮乏、资金不足、资产量少的村，通过跨区域联建、联购，安排村集体经济用地指标用于建设物业，实现集体经济收入增长。赤岸镇9个下山脱贫村，在镇集中安置小区内联建74间店面房进行公开招租，每个村集体每年可增加房租收入10万元。

【特色资源培育美丽经济】 后宅街道岭脚村充分利用红色月季，红色枫树等特色资源培育美丽经济。2018年4月始，岭脚村种植月季花1.2公顷，种植来自日本的粉扇月季，亚克力的红花、彩云月季、绯扇月季等品种。2019年"五一"期间，17万株月季花在岭脚村盛放，小村庄成了热门景点。除培育"月季花园"，探索生态开发新路径，与花卉企业进行产业对接合作，做精农业生产与月季相关的文化产品；完善旅游配套基础设施，引入更多的民宿和饭店，开发其他游玩项目，打造出以月季为主的乡村旅游品牌。花间乐园、点道乡吧、李祖国际创客等5个总投资22亿元项目相继落户岭脚村。2019年"五一"小长假，李祖国际创客村、稠岩花间乐园及岭脚村3地总客流量30万人次，实现经济收入60万元。至年底，花间乐园实现经济收入800万元。

【"文化+"模式发展美丽经济】 义乌市后宅街道立足自身实际，在优化城镇环境的同时，创建"文化+"模式发展美丽经济。集民智，明确城镇定位，挖掘文化资源。2019年，召开后宅"新时代·新城镇·新精神"文化研讨会，召集中外专家学者，挖掘后宅特色文化资源，提炼后宅"德、孝、义"文化精髓，并将文化导入城镇建设中，提出"都市门户、德胜后宅"的形象定位。通过一系列文化导入工程，建成后宅记忆、净居小憩等"后宅十景"，将环境整治、功能布局和文化内涵有机融合，建成3千米长的安溪游步道综合休闲景观带，形成镇中文化休闲带。2019年，先后举办重阳民俗文化节、第27届全市文化艺术节、"田园牧歌"等22个系列文化活动，吸引市内外游客200余万人，直接产生经济效益5000余万元。培育新兴业态，注入文化内涵。吸引乡贤回归创业，曹村乡贤曹勤丰投资5000万元建设"点道乡吧"文化项目，修缮老街，激活"沉睡的老屋"，盘活"闲置的资产"，打造集传统美食、传统工艺等特色鲜明的文化街。宅二村利用村口的芦塘水资源，根据村理学名师叶由庚的朱熹理学文化脉络，以"芦塘通斋"为核心，分文化、功能和旅游三大区块，打造"芦塘文化小镇"。

【美丽环境催生美丽经济】 产业兴源于环境美，后宅街道以"三美同创"为支撑，按照"高效、生态、安全、美丽"的总体要求，打造"三园"样板，盘活生态潜能，提升农村集体经济。美庭院，立门头、破墙头、整线头，摒弃高大上，崇尚乡土味，以小家之美推动全村大美，打造出李祖、曹村、大傅宅等一批美丽乡村示范村，"一户一景，遍地是景"的乡村美景随处可见。美田园，建设"德胜古韵"精品线，串珠成链，构筑美丽生态经济带；高质量推进农业标准地建设，连片种植140公顷水稻、69.33公顷中草药等。提高粮食生产面积，推动乡村生活富裕。花间乐园"德胜古韵"精品线沿线各村，以精品线为载体，引进餐饮美食、创客商铺、老街印象、鲜花乐园等特色产业，为村集体创业增收开辟新途径。2019年，沿线各村集体经营性收入较上年增加100余万元。

（除署名外均由陈金春撰稿）

开放型经济

综　述

【概况】 2019年，义乌市外贸在风险挑战明显上升情况下，实现量的增长和质的提升。全年实现进出口总额2967.83亿元，同比增长15.93%。其中，出口2867.93亿元，进口100亿元，同比增长160%。

出口贸易平稳增长。2019年，市场采购贸易出口2343.49亿元，同比增长15.03%，占全市出口比重81.71%。实现跨境电子商务交易额753.98亿元，同比增长15.16%，其中跨境网络零售交易额297.84亿元，同比增长17.37%。外贸综合服务企业因监管政策调整发展受限，全年，代理出口152.3亿元，同比增长0.26%。多元化市场开拓成效显著，对中东、非洲等地区出口快速增长，2019年，对非洲出口686.76亿元，同比增长16.56%；对中东地区出口612.73亿元，同比增长13.06%。对“一带一路”沿线国家出口稳步增长，实现1384.02亿元，同比增长11.35%，占全市出口比重48.26%。出口前十国家和地区中有7个为“一带一路”沿线国家，印度从2015年起持续成为出口最大目的国。出口景气度保持回暖态势，入境外商56.73万人次，同比增长2.95%；小商品出口集装箱持续突破100万标箱。

2019年义乌市出口前十国家和地区情况

表18

序号	国家和地区	出口额（亿元）	同比（%）
1	印度	199.48	7.3
2	美国	172.43	33.04
3	伊拉克	118.32	12.81
4	沙特阿拉伯	90.74	55.34
5	巴西	82.73	10.54
6	阿联酋	80.63	49.42
7	埃及	67.45	10.55
8	马来西亚	66.10	0.83
9	阿尔及利亚	64.94	17.88
10	菲律宾	63.26	−19.37

2019年义乌市进口前十国家和地区情况

表19

序号	国家和地区	进口额（万元）	同比（%）
1	泰国	121871.52	473.85
2	智利	98802.01	255.58
3	澳大利亚	76162.89	656.53
4	日本	65549.62	73.21
5	美国	49068.61	302.81
6	韩国	43127.21	163.38
7	越南	42406.65	79.11
8	墨西哥	41939.20	1390.74
9	法国	34861.94	100.82
10	南非	34664.41	451.21

（龚逸凡）

【签订《eWTP埃塞俄比亚项目合作备忘录》】 2019年11月25日，eWTP埃塞俄比亚项目框架协议签约仪式在埃塞俄比亚首都亚的斯亚贝巴举行。埃塞俄比亚创新科技部、阿里巴巴、义乌商城集团共同签署《eWTP埃塞俄比亚项目合作备忘录》。围绕“进口出口联动、线上线下联通”目标，借助埃塞俄比亚航运优势，将eWTP的数字贸易模式与义乌中国小商品城的商贸业态相融合，在埃塞俄比亚创新贸易方式，配备物流、通关、贸易、金融等系列供应链设施和商业服务，构筑中国商品进入非洲市场及非洲商品进入中国市场的双向新通道。

（黄洁森）

货物贸易

【概况】 2019年，义乌实现进出口总额2967.83亿元，同比增长15.93%，高于全省平均7.79%。其中，出口2867.93亿元，同比增长13.74%，高于全省平均4.79%，占全省比重12.43%；进口100亿元，同比增长160%。重点培育的日用消费品进口86.17亿元，同比增长423.03%，占全市进口额的86.26%，同比提高53个百分点。全市有进口实绩进口企业1005家，同比增长56%。其中，年进口额逾1000万美元的企业34家，同比增长183%；年进口额逾100万美元的企业100家，同比增长32%。2019年，进口来源国拓展至142个国家和地区，较上年新增16个。其中，从亚洲国家进口20.2亿元，同比增长169.3%；从拉丁美洲进口19.2亿元，同比增长83.4%；从欧洲进口10.9亿元，同比增长56.5%。从“一带一路”国家进口，全年实现进口29.85亿元，同比增长226.5%，占全市进口比重29.9%。

（黄俊侨　江　波）

【批发零售业改造升级工作获省政府激励】 2019年6月，浙江省政府办公厅印发通报，对2018年落实党中央、国务院和省委、省政府重大决策部署真抓实干、取得明显成效的10个设区市、54个县（市、区），相应采取24个方面激励措施。其中义乌市4项工作获省级督查激励。2018年，义乌市不断完善批发零售业扶持政策，结合义乌市实际，出台批发零售业地方配套扶持政策，对新建项目、改造提升项目给予资金补助。共开展提升项目27个，累计总投资10.54亿元，获省级各类补助1500万元，带动全市批发零售业综合竞争力显著提升。

（朱　翎）

【与哥伦比亚—中国投资贸易商会签署合作备忘录】 2019年7月28—30日，哥伦比亚代表团在总统杜克带领下到上海进行访问。义乌市商务局与哥伦比亚祖母绿出口商协会会长

Guillermo Galvis进行对接，并与哥伦比亚—中国投资贸易商会签署合作备忘录。邀请哥伦比亚祖母绿出口协会在义乌成立祖母绿保税展示中心、交易中心，建设彩色宝石保税加工产业园，并设立协会驻义乌办事处，让哥伦比亚祖母绿成为高端珠宝率先入驻义乌的“领头羊”。哥伦比亚祖母绿可借力义乌建立营销网络、打开分销渠道，相关项目的设立能给义乌市场带来大幅度的提升，双方实现合作共赢。

（江　波）

【乌拉圭驻上海总领事到义乌调研】2019年10月14日，乌拉圭驻上海总领事Leonardo Oliver到义乌洽谈贸易合作，考察义乌投资和营商环境。义乌市商务局从区位、物流优势、进口扶持政策、投资激励措施等方面详细推介义乌营商环境，并邀请参加中国义乌进口商品博览会秋季展。总领事对乌拉圭的主要出口产品和投资环境进行推介。同时，市商务局组织10余家进口企业，对与乌拉圭开展贸易往来或投资合作进行交流洽谈。

（江　波）

利用外资

【概况】2019年，义乌市深化“最多跑一次”改革，高标准推进营商环境提升系列措施，在全国率先实现外资企业备案1个工作日办结。同时提供全程无偿代办服务，实现外资企业备案“零次跑、省心办”。全年全市新批外商投资企业868个，占金华市新批企业数量的89.21%，合同外资累计3.04亿美元，实际利用外资1.62亿美元。

【阿塞拜疆企业代表团到义乌考察营商环境】2019年5月17日，义乌—阿塞拜疆企业对接会在义乌市举行。阿塞拜疆共和国驻华公使、商务代表特穆尔·纳迪罗格鲁带领阿塞拜疆企业代表团与义乌市企业就外贸进出口开展对接。副市长李俊福简要介绍义乌经济社会发展情况，市商务局局长王碧荣向阿塞拜疆代表团推介义乌营商环境和进口政策。公使特穆尔表示义乌是全球最大的消费品采购中心，希望通过此次对接会，让更多的义乌企业了解阿塞拜疆巨大的市场潜力，让此次对接会成为双方长期伙伴关系的一个良好开端。阿塞拜疆出口与投资促进基金会主席优素福·阿卜杜拉耶夫对义乌爆发出如此大的能量感到非常不可思议，认为义乌与阿塞拜疆之间有着很大的合作空间。在对接环节，义乌市22家企业与阿塞拜疆代表团就食品进出口、农副产品进口等进行对接洽谈。

【2019中国（义乌）—南非进出口商品对接会】2019年11月11日，为充分发挥中国国际进口博览会效应，市商务局邀请参加“进博会”的南非代表团到义乌考察，并举办2019中国（义乌）—南非进出口商品对接会。会上，市商务局党委委员张锦泉推介义乌投资环境，南非中小企业部副部长Rosemary、南非中小企业发展署CEO Mandisa分别介绍南非投资环境。其间，南非贸易港（上海）运营中心揭牌，旨在为南非中小企业落户义乌、开拓中国市场提供便利平台。对接会现场，义乌市40余家企业代表与南非24家企业代表在农产品、日化产品、红酒等领域进行深入交流，为南非企业与义乌采购商提供精准合作、高效对接。

（傅叶青）

对外经济合作

【概况】2019年，义乌市有经备案的对外经济合作企业和机构14家，对外投资备案合同额1.16亿美元。市商务局帮助商城集团实施海外站点的建设，完成卢旺达数字贸易枢纽项目备案。与埃塞俄比亚科技部、阿里巴巴集团签署eWTP埃塞俄比亚项目《三方谅解备忘录》。义乌中国小商品城（迪拜）商贸城项目即迪拜站子项目（商贸物流园部分）通过境外投资备案。借助迪拜及杰贝阿里自贸区的开放政策优势和其作为世界贸易中心对周边国家的辐射作用，打造“浙江制造”中东集散地，建立中国出口商品在迪拜的货运分拨中心、物流转运中心、商品展示中心。至11月底，捷克站项目实现总投资4460万元，货运场服务“义新欧”布拉格班列31列，2586个标箱，被评为浙江省级境外经贸合作区和浙江省级公共海外仓，入选浙江省推进“一带一路”建设成果；项目列入国家发改委《中捷合作优先推进项目清单》。

（金俊豪）

【义乌—哥斯达黎加经贸交流暨投资环境推介会】 2019年4月1日，市商务局举办义乌—哥斯达黎加经贸交流暨投资环境推介会，来自哥斯达黎加的企业家与义乌企业代表开展经贸交流。义乌市副市长多佳参加会议，介绍义乌经济社会发展、义乌与哥斯达黎加经贸交流情况。随着中哥两国经贸关系不断发展，作为中国改革开放先发地区、对外开放重要窗口的义乌，与哥斯达黎加的经贸往来不断增强。2018年，义乌与哥斯达黎加进出口4358.71万美元，同比增长0.06%，其中出口4358.29万美元，同比增长10.71%。多佳希望以此次活动为契机，义乌与哥斯达黎加能进一步增进交流，密切合作。推介会上，哥斯达黎加区奥罗蒂纳市市长Margot Montero Jimenez推介哥斯达黎加投资环境。

（傅叶青）

【举办领事保护专题讲座】 随着义乌市参与“一带一路”建设的不断深入，企业和机构走出去步伐不断加快，复杂的国际安全形势及各种突发公共安全事件给企业、机构和人员的安全带来诸多潜在隐患，如何提高海外安全防范和应急处置能力，切实维护和保障自身权益，成为部门和“走出去”企业关注的重要课题。2019年10月25日，义乌市邀请外交部领事司领保中心到义乌市举办2019义乌市海外安全与领事保护专题讲座，30余家“走出去”企业和“准走出去”企业代表50余人参加讲座。外交部领事司领保中心赵培健结合自身外交和领事保护工作经验，介绍中国开展海外领事保护与协助工作现状、法制化推进情况、国际安全形势及风险、重点国家有关安全事项及预防性领事保护和领保事件处置案例等，重点讲解出国必知——公民在海外遭遇紧急情况拨打外交部全球领事保护热线+8610-12308及领事直通车等有关国别风险预警平台信息，与听众进行互动问答。

（傅叶青）

涉外服务

【概况】 2019年，市涉外服务中心为外商提供涉外投资、国际贸易、涉外生活信息、涉外法律等方面的咨询和服务8000余人次，为外商免费代办签证、营业执照、邀请函、就业证等业务5205件，同比增长33.7％，其中，咨询3437件，无偿代办服务1588件。组织外商开展涉外政策宣讲培训、经贸交流、慈善公益、文化交流、国际性体育、外商集中宣传等活动158场次，中外商人参加培训1.1万余人次。

（朱延平）

【中非民间商会三届五次会长会议】 2019年2月28日，义乌市政府携手中非民间商会共同举办义乌投资贸易环境推介会，义乌市副市长李俊福向与会的100余名商会副会长、理事单位代表介绍义乌经济社会发展情况。会上，义乌市政府与华立集团签署战略合作框架协议，双方将在“一带一路”系列站建设、“义新欧”班列运营、产能输出、招商引资、中非民间经济合作五大方面深化合作。同时，中非民间商会、商城集团、“一带一路”法律与商事服务中心签订合作协议。90余家中非民间商会会员单位与200余个义乌部门、企业代表，就商贸电商物流、加工制造业、医药卫生及医疗设备、海外法律商事及海外安全调解、海外产业园区及基础设施建设、金融服务六大板块进行B2B精准对接，达成一批商贸、金融、制造、基础设施等领域重点意向合作项目。

（龚逸凡）

【世界商人献血日】 2019年6月14日，第四届“7·15义乌世界商人献血日”活动在市税务局拉开序幕。7月15日，第四届“7·15义乌世界商人献血日”主会场活动在义乌天祥医疗东方医院举行。此次活动由义乌市商务局旗下的义乌世界商人之家主办，韩国人商会、苏丹人商会、等35家中外商人团体及义乌税务局等政府部门联合承办。来自马来西亚、印度、巴基斯坦、土耳其、韩国、墨西哥等30余个国家和地区的2449名中外商人以及市商务局机关支部和下属9个行业协会支部的50余名党员参加活动。活动期间，在华鸿控股集团、华鼎锦纶股份有限公司、义乌库存品行业协会等单位进行献血活动28场次。

（朱延平）

贸易促进

【概况】 2019年，中国国际贸易促进委员会浙江省义乌市支会（简称“义乌市贸促会”）签发一般原产地证12.19万份，代办优惠产地证3941份，代办商事证明书2239份，代办领事认证458份。

（金英毅）

【拓宽境外采购商招引渠道】 2019年，义乌市贸促会继续大力发挥中外商人、中外企业在招引境外采购商中的积极作用，设立巴基斯坦、菲律宾、几内亚、厄瓜多尔等16个境外采购商服务中心。1—11月，32个采购商服务中心共开展境内外各类义乌投资贸易环境推介会、贸易对接、论坛沙龙、商贸洽谈、座谈交流等活动174场，招引2706人境外客商到义乌考察、参观、采购，完成采购金额4.16亿元。至年底，新增境外采购商服务中心总数32个，超额完成年度目标任务。

（舒卫明）

【“双抬头”原产地证签发改革试点工作】 2019年4月，为深化“最多跑一次”改革，加快推进国际贸易便利化，促进义乌国际贸易综合改革试验区建设，义乌市贸促会赴中国贸促会汇报沟通，中国贸促会会同海关总署赴义乌进行专题调研。义乌市贸促会向中国贸促会递交浙江省原产地证“双抬头”情况调研报告和改革试点方案，要求开展“双抬头”原产地证签发改革试点工作。9月，中国贸促会印发《关于开展“双抬头”原产地证签发改革试点工作的通知》，批复同意浙江省贸促会自9月25日起在义乌市开展“双抬头”原产地证签发改革试点工作。义乌市贸促会成为全国贸促系统首家获批开展“双抬头”原产地证签发改革试点的签证机构。

（金英毅）

【俄罗斯义乌经贸文化交流促进会在莫斯科挂牌成立】 2019年8月21日，俄罗斯义乌经贸文化交流促进会在莫斯科挂牌成立。在莫斯科参加庆祝中俄建交70周年暨欧洲华侨华人促进中国和平统一大会的中国侨联主席万立骏和中国驻俄大使张汉晖，共同为俄罗斯义乌经贸文化交流促进会授牌。促进会将以此为契机，切实承担起加强在俄罗斯工作生活的义乌籍同胞的联系；收集俄罗斯归侨、侨眷和俄罗斯侨商的意见和要求；整合在俄罗斯的义乌人资源，帮助在俄罗斯的义乌人解决工作生活中的困难；协助义乌市侨联宣传推介家乡义乌发展变化4项职能，更好地把在俄罗斯的义乌人团结凝聚起来，努力将促进会建设成为侨居俄罗斯的义乌人的“温馨家园”。至2019年年底，在俄罗斯经商创业的义乌人有200余人，来自义乌稠城、江东、义亭、佛堂等镇（街道），主要从事超市经营、小商品国际贸易等。随着“一带一路”倡议的深入推进，义乌与俄罗斯之间的经贸文化交流将会更加频繁。

（陈金春）

海　关

【概况】 2019年，义乌海关受理进出口报关单51.47万份，同比增长16.6%；受理进出口货物检验检疫申报9.2万批次，货值126.1亿元。监管进出口货运量677.87万吨，同比增长16.9%；监管进出口集装箱84.9万标箱，同比增长16.1%。征收两税入库8.76亿元，同比增长8.6%。监管进出境邮件7622.79万件，同比增长34.6%。航空口岸完成进出境航空器监管1347架次，同比增长17.7%。监管进出境人员18.85万人次，同比增长7.43%。

发挥B保功能促进进口发展，推进分类监管改革，开展出口货物与进口货物、出口货物国外退运货物的集拼试点，全年受理集拼转口报关单100余份，货值逾2400万元。探索“保税+展示”模式，首批131件保税展示文物及艺术品在义乌参加拍卖会，指导义乌市设立保税展示交易场所。正式启动跨境电商网购保税进口业务（1210）业务，进口包裹全年突破871万件，在全国第三批综试区试点城市中排名第一位。积极对接义乌市eWTP创新项目，10月，完成首趟中欧班列（义乌—列日）eWTP菜鸟号监管，全年监管eWTP菜鸟号跨境出口包裹154.93万件，监管中欧班列超500列，集装箱4.23万标箱，同比增长68.7%；监管铁海联运集装箱4.74万标箱，同比增长31.34%。参与国际卫生机场创建工作，成为杭州海关关区内首个国际卫生港。先后获进口冰鲜水产品、进境水果指定监管场地正式资质，保障义乌至首尔、义乌至大阪2条全货运包机航线的开通，助力义乌口岸布局进一步完善。

立案侦办刑事案件20起，其中涉税案件9起，涉案金额5.9亿元，偷逃税款1.07亿元；毒品走私案件10起，共查获毒品恰特草16.38千克、各类管制精神类药品8657片；走私禁止出口类案件1起，查获走私香烟2.2万余条。现场办理“两简”（简易程序案件和简单案件）行政案件357起，案值5.78亿元。采取知识产权保护措施604批，涉及货物87.4万件，保护20个国家及地区知识产权184项。

加强口岸传染病疫情防控，确诊传染病者43例，成功处置输入性登革热病例4起。截获外来有害生物271批，其中检疫性有害生物16批，在行邮渠道截获非洲猪瘟病毒核酸阳性的肉制品3批次，检疫性、一般性有害生物截获增幅在杭州海关关区名列前茅。开展文具用品、预包装食品、化妆品等5个专项监测活动，完成海关总署下达的监测任务15批，建立进出口商品质量风险随机抽样监测体系。

推进“关税保证保险+汇总征税”工作，为企业缓税2.2亿元。做好重大减免税项目保证金转税的属地监管工作，为企业减免税款3348.44万元，同比增长29.6%。推进“两步申报”试点优化申报流程，推广应用“新一代查验管理系统”，用好H986大型机检设备、移动单兵系统等科技设备，提升监管效率，进口化妆品食品检疫流程不断优化。年内，在浙江省知识产权强省建设工作联席会议办公室发布的《2018年浙江省知识产权保护十大典型案例》上，义乌海关查办的出口假冒“LV”围巾案成功入选。

【启动网购保税进口业务】 2019年1月1日，中国（义乌）跨境电商综试区启动网购保税进口（海关监管代码1210）业务。至当日24时，义乌海关核放进口包裹1.03万个，为尿不湿、化妆护肤品、奶粉等进口商品，主要货源地为韩国、日本、澳大利亚等国家和地区。

【首票全货机监管业务】 2019年1月12日凌晨1时1分，义乌市海关总署完成义乌市首票全货机监管业务，首班飞机由圆通公司运营，从义乌直飞韩国首尔。首批出境货物为衣服、鞋子、玩具、佩饰等小商品，主要以9610跨境电商和1039市场采购2种监管方式向海关申报，货物的共同特点是附加值较高。当日7时15分，由同一货机执飞的YG9034次航班从首尔返回义乌市，回程航班载有6吨韩国护肤品、化妆品。

【关税保证保险和汇总征税双叠加模式】 2019年4月16日，义乌海关为首票经营单位为属地企业的关税保证保险和汇总征税报关单办理通关手续，保单由中银保险有限公司出具，担保金额600万元，担保货物为一批从阿根廷进口的冷冻肉类。关税保证保险和汇总征税双叠加的模式，可有效降低企业融资成本，盘活企业资金，解决中小企业经营性成本高问题。

【义乌进口冰鲜水产品指定监管场地取得资质】 2019年7月8日，海关总署公布新一批符合设置要求的进口冰鲜水产品指定监管场地名单，义乌进口冰鲜水产品指定监管场地位列其中，标志着此场地正式取得进口冰鲜水产品的条件和资质，可投入运营。义乌进口冰鲜水产品指定监管场地于2017年5月获批筹建，2018年10月通过预验收，2019年4月17日通过海关总署专家组考核验收。启用后将有效完善义乌内陆口岸服务功能、拓宽浙中地区冰鲜水产品进境通道、扩大义乌对外开放力度。

【与中国银行签署《战略合作备忘录》】 2019年7月17日，义乌海关和义乌市人民政府分别与中国银行浙江省分行、中银保险有限公司浙江省分公司签署《战略合作备忘录》。签署各方同意建立长期战略合作关系，加强在国际贸易综合改革试验区业务合作，以新一轮全面深化改革为突破口，在信息共享、数据对接、国际结算等各条线上充分利用综试区政策红利，推动义乌辖区进出口创新发展。其中，中国银行浙江省分行将发挥在海关税费电子支付、海关事务担保等业务方面的优势，拓展海关税费电子支付、总担保保函（汇总征税）等关税产品的服务功能，提升服务质量，提高通关效率；中银保险有限公司浙江省分公司将通过关税保证保险产品为义乌市进口企业关税缴纳提供保额10亿元的保险保障，促进义乌进口发展。

【首票网购保税进口退货业务】 2019年8月15日，义乌海关完成义乌跨境综试区首票网购保税进口退货业务。首批退货商品共58个包裹，涉及喷雾、面膜、纸尿裤等，货值5556.63元，税款505.65元。经义乌海关确认、登记、理货后，正式进入义乌保税物流中心退换货专用仓，并完成消费者消费额度释放、企业税款担保额度释放等后续操作。此业务开通有效提升消费者网购体验和义乌跨境电商企业竞争力。

【货运包机航线首航监管】 2019年8月20日，义乌海关完成"义乌—大阪"货运包机航线首航监管任务。此航线由中国邮政航空公司承运，为义乌航空口岸开通的首个飞往日本的国际货运包机航线。首航包机主要搭载出境邮件458袋7169.9千克，来自义乌和温州2个国际邮件互换局，在义乌国际邮件交换站完成监管后出境。同时，此航班搭载部分市场采购出口小商品405千克，货值1.2万元。

【义乌进境水果指定监管场地通过验收】 2019年9月4—5日，海关总署验收组对义乌进境水果指定监管场地进行验收，验收组通过资料审阅、实地检查、现场考试等方式对义乌进境水果指定监管场地建设情况进行细致验收考评，认为此监管场地可满足进境水果检疫查验要求。同月27日，完成验收反馈问题整改后，义乌进境水果指定监管场地通过验收。义乌进境水果指定监管场地位于义乌航空口岸，配备1000平方米现场查验场地、2000平方米熏蒸处理场及150立方米冷处理库和160立方米冷库，可基本满足义乌辖区进口水果业务需求。

【获"国际卫生机场"称号】 2019年11月28—29日，世界卫生组织官员对义乌机场创建工作进行实地认证。验收期间，世界卫生组织专家赴现场13个点进行严格、细致的检查，听取每个点英文解说，重点检查传染病防控、医疗急救、突发公共卫生事件应对、病媒防治、公共场所卫生、诊疗设施和固液废弃物处置等内容，并对3年创卫资料和技术报告进行审阅。认为义乌空港口岸具备《国际卫生条例（2005）》所规定的防控疾病国际间传播和应对突发公共卫生事件的能力，符合国际卫生机场要求，授予义乌"国际卫生机场"称号。义乌机场成为全国第13个国际卫生机场、杭州海关关区内首个国际卫生港，义乌成为全国首个获此荣誉的县级市。

【"空空转关"业务】 2019年12月19日，义乌海关首次开展"空空转关"业务，首批转关货物为70件跨境电商出口包裹。此批包裹经义乌海关监管后，从义乌机场搭乘国内航班转关至广州白云机场海关，并从广州白云机场搭乘国际航班出口至新加坡，货值1865.48美元，主要为塑料制品、床上用品等小商品。

（何剑涯）

建筑业

综 述

【概况】 2019年，义乌市有建筑业施工总承包企业262家，其中，本地企业142家，外地企业120家。专业承包企业154家，其中，本地企业34家，外地企业120家。园林绿化企业135家，监理企业63家。工程造价咨询企业27家，其中，本地企业6家，外地企业21家。

强化行业质量安全管理，编制下发《义乌市建设工程安全生产文明施工标准化建设示范手册》《义乌市建设工程施工项目经理违法违规行为记分管理实施细则》《义乌市房地产经纪机构信用信息管理办法（试行）》《义乌市房地产开发企业信用管理和评价实施办法（试行）》。会同市督考办、市综合执法局及金华生态环境局义乌分局等部门开展多轮次跨部门联合巡查，共巡查各类建设项目300余次，下发巡查通报4期，通报违规企业55家。全年累计检查工程项目274个，发放全面停工通知书10份，局部停工通知书37份，整改通知书158份，安全隐患告知书60份。

义乌棚户区改造开工建设项目4个共1675套，实际基本建成项目1个354套，完成年度竣工建设目标任务的100%。完成公租房保障673户，退出保障30户，盘活公租房244套。受理公租房申请1377户，审核符合905户，实物配租208户，租赁补贴372户。

加大建筑企业扶持力度。出台《关于扶持我市建筑业持续发展的若干意见》，推动建筑业企业发展。提供信贷扶持，促进建筑业企业做大做强。推动义乌市建筑工业化和绿色建筑发展，至年底，完成新开工装配式建筑156.9万平方米，完成既有公共建筑节能改造开工面积2万平方米，完成可再生能源应用面积35万平方米。新建屋顶集雨等雨水收集系统设计应用80处，通过节能审查项目56个，总建筑面积668.53万平方米。

强化质量安全管理，落实建设工程质量安全提升行动。开展年后复工大检查、“安全生产月”大检查、秋冬季质量安全检查等活动，全力推进标化工地建设、工地扬尘治理情况开展检查，全年检查在建工地4327次。

【开展扫黑除恶攻坚年活动】 2019年1月，义乌市在建筑行业开展扫黑除恶攻坚年活动。至12月，开展专项宣传939次，走访各类企业2517家、在建工地3065处，悬挂宣传横幅4690条横幅，制作扫黑除恶应知应会工作宣传手册600册，发放宣传资料2.03万份，召开相关宣传贯彻会议699次。结合行业特点，增强工作主动性，撒大网、织密网，变坐在机关“等线索”，为主动出击“找线索”，全方位开展集中排查、滚动排查，梳理相关线索并上报市扫黑办。完善长效管理机制，先后研究出台涵盖招投标、建筑市场、房地产、物业管理燃气管理等内容的行业治理相关文件44个。

【2家企业获评金华市“最美建设集体”】 2019年1月，金华市“最美建设集体”评选揭晓，义乌市春晗环境建设股份有限公司、成龙建设集团有限公司被评为金华市“最美建设集体”；成龙建设集团有限公司副总经理饶卫华、春晗环境建设股份有限公司总经理楼明清入选金华市“最美建设人”。

（陈金春）

（除署名外均由楼丹、叶善德撰稿）

勘察设计

【概况】 2019年，在义乌开展业务活动的勘察设计企业159家，其中，勘察企业5家，设计企业154家。通过政府招标的审图机构4家，民用建筑节能评估机构3家。共有注册资格人员438人，其中注册建筑师268人，注册土木工程师18人，注册结构工程师214人。全年通过施工图电子审查项目971个，其中，房建项目903个，总送审面积874.3万平方米；市政项目68个。完成新开工装配式建筑156.9万平方米，其中，装配式住宅及公共建筑（不含场馆建设）89.01万平方米，装配式厂房物流仓储建筑67.08万平方米。

【优秀勘察设计项目评选】 2019年4月，开展义乌市建设工程“商城杯”优秀勘察设计项目评选，11家单位21个项目参加评选。评出工程勘察类4项，建筑工程设计类10项，市政园林工程设计类6项，其中，一等奖6个，二等奖6个，三等奖8个。

【勘察设计行业培训】 2019年7月16日，市建设局组织开展《绿色建筑评价标准》GB/T50378-2019培训会，15家单位54人参加培训。会上，上海市建筑科学研究院（集团）有限公司教授级高级工程师韩继红讲解绿色建筑新老评价标准差异，根据最新绿色建筑评价标准更新设计思路，提升设计服务水平。至年底，市建设局联合市勘察设计协会共组织各类勘察技术培训交流会4场。

【勘察设计企业信用评价】 2019年，推进勘察设计行业信用评价工作，对勘察设计企业勘察设计质量、市场行为及现场履职服务等方面开展考核。5月，对105家勘察设计企业进行信用评价，评出A级企业18家，其中，建筑资质企业11家，市政资质企业1家，图审机构4家，勘察企业1家，节能评估机构1家。8月，对157家勘察设计企业进行信用评价，评出A级企业16家，其中，建筑资质企业8家，市政资质企业1家，图审机构4家，勘察企业2家，节能评估机构1家。

【勘察设计质量管理】 2019年，严抓勘察设计质量管理。全年进行勘察设计专项检查、巡查及双随机检查24次，对在全市承接业务的157家勘察设计企业、图审机构、节能评估机构设计成果开展专项检查3次，双随机检查7次，巡查检查4次，约谈企业10家。检查结果良好，无奖励、处罚。

【施工图审查】 2019年，严抓施工图质量管理。全年完成施工图电子审查项目971个，其中，房建项目903个，总送审面积874.3万平方米，施工图平均审查次数2.05次，二审内通过评审项目811个；市政项目68个。政府投资项目及重点引进项目二审完成率94.39%。发布施工图审查情况通报12期，通报企业86家，扣除企业信用分267分。

（楼　丹）

绿色建筑推广及应用

【概况】 2019年，义乌新建、扩建类民用建筑100%按一星级以上绿色建筑强制性标准建设，完成民用建筑节能审查项目50个，建筑面积599.59万平方米，其中，一星级以上11个，二星以上39个。实施高星级绿色建筑示范工程2项，完成建筑节能改造2万平方米，可再生能源应用35万平方米。建成家庭屋顶太阳能光伏600户。

（楼　丹）

【绿色建筑专题培训】 义乌市绿色建筑“十三五”规划明确到2020年，二星级及以上绿色建筑面积占新建民用建筑10%以上，实施二星级绿建示范工程10

个等一系列绿建量化指标。为更好推动义乌市绿色建筑工作，促进义乌市绿色建筑发展，2019年4月25日，市建设局及市勘察设计行业协会共同组织举办绿色建筑专题培训，对全市各设计单位、图审机构、节能评估等机构的70余名专业技术人员进行专题培训。邀请省绿色建筑材料专家李萍授课，对绿色建筑立法必要性，绿色建筑申请评价，以及如何申请标识等方面进行讲解。

（陈金春）

【绿色建筑工业化基地项目建设】2019年5月28日，义乌市人民政府与浙江交工集团股份有限公司签订义乌绿色建筑工业化基地项目合作框架协议。项目由义乌交旅集团、义乌城投集团、浙江交工集团组建成立合资公司共同开发。项目选址义乌市廿三里街道钱塘村，规划占地13.33公顷，建设1座年产混凝土标准构件约20万立方米的交通标准构件预制厂，1座年产50万吨的环保型沥青混凝土搅拌站，1座新型交通建筑材料技术研发中心。根据协议，浙江交工集团发挥资金、技术、市场等方面的优势，与义乌交旅集团、义乌城投集团共同推进项目建设，带动建筑产业链发展。项目建成后，为义乌基础设施建设领域提供标准化、高品质的构件产品及相关产业延伸服务，促进建筑行业转型升级。义乌市委、市政府将全力支持绿色建筑工业化基地建设，尽快推进土地落实，为项目建设提供良好的服务环境。

（陈金春）

【绿色建筑示范工程】2019年11月18日，金华市住建局下发《关于公布2019年度建筑节能示范工程的通知》，义乌绿城交投桃花源（暂定名）北区项目及义乌市城市有机更新湖大塘03地块项目（滨江锦绣之城）2项工程被申报为省二星级绿色建筑设计标识。义乌绿城交投桃花源（暂定名）北区项目建筑面积22.79万平方米。湖大塘03地块项目（滨江锦绣之城）建筑面积24.54万平方米；义乌三中、宾王中学等学校建筑节能提升改造工程被评为省公共建筑节能改造示范工程。总建筑面积2万平方米。

（楼　丹）

工程管理

【概况】至2019年年底，义乌市有在建工程项目413个，其中，房屋建筑工程376个，建筑面积1713.93万平方米；市政公用工程37个，工程造价67.6亿元。新办理监督手续工程项目248个，其中，房屋建筑工程项目222个，建筑面积649.8万平方米；市政基础设施工程项目26个，造价30.6亿元。竣工验收工程48个，面积168.6万平方米。

2019年，义乌市7个房屋建筑工程、4个园林绿化工程获“商城杯”（优质工程）奖；评出义乌市标准化优良工地58个。

【文明施工标准化建设示范手册】2019年2月，编制《义乌市建设工程安全生产文明施工标准化建设示范手册》，推进施工现场设备设施的标准化、定型化、工具化、专业化。示范手册共13章，分文明施工样板、安全设施样板、无欠薪工作3个部分，图文并茂展示工地标准化建设的具体要求。12月，重新修订《义乌市建设工程施工项目经理违法违规行为记分管理实施细则》，将文明施工纳入项目经理诚信动态考核并与企业信用体系挂钩，引导施工企业做好工程项目文明施工管理。至年底，发放文明施工标准化建设示范手册1800余册。

【施工现场扬尘治理】2019年6月5日，市建设局在城市有机更新市场社区回迁房地块工程项目部组织召开全市文明施工扬尘治理现场观摩会，全市在建工程项目负责人共200余人参加观摩会。11月29日，邀请建筑行业专家组织各镇（街道）、园区、国资平台公司现场管理人员进行市政、园林工程文明施工及扬尘治理业务培训，220余人参加培训。12月6日，在义乌绿城兰园项目建安工程工地召开全市建设工地扬尘治理现场观摩会，各镇（街道）、平台、国企、相关部门工程线负责人、在建工程项目负责人共400余人参加观摩会。至年底，组织镇（街道）、部门、平台公司负责人召开标准化工地创建、施工扬尘治理专题会议6次，组织施工、监理企业召开安全联络员工作会议4次，学习施工扬尘治理的规定及措施。

【入选“金华市级标杆工地”】 2019年7月，金华市住建局下发《关于命名公布2019年度金华市级标杆工地的通知》，义乌新社区集聚后宅镇中北侧A地块项目被命名为“金华市级标杆工地”。项目地处后宅中学北侧，总建筑面积12万平方米，地上建筑面积9万平方米，地下建筑面积3万平方米。由12幢13～15层主楼及5幢沿街商业和配套用房组成，工程造价2.27亿余元。项目2018年10月1日开工建设。

（叶善德）

城建工程招投标管理

【概况】 2019年，义乌市建设工程招投标中心完成市级工程招投标项目备案646项，预算造价201.38亿元，中标价171.79亿元，平均让利率14.69%。完成镇（街道）工程招投标项目备案545项，预算造价16.92亿元，中标价14.25亿元，平均让利率15.78%。

【完善“评定分离”试点】 2019年8月23日，根据市政府《关于进一步加强工程建设项目招标投标管理的通知》，对中标候选人推荐数量、定标人员库组建规定及定标办法进行调整。12月13日，市建设局重新制定下发《建设工程评定分离定标工作指导规则（修订）的通知》，对建设工程“评定分离”作进一步细化。至年底，累计完成“评定分离”项目256项，其中，工程项目154个，服务项目85个，工程相关货物项目17个。

【“远程不见面”开标体系建设】 2019年6—8月，配合市公共资源交易中心远程电子评标平台建设，市建设局建设工程招投标中心监管部门对接交易中心与系统开发公司提出的各项监管要求并进行验收。8月，重新编制电子招标文件示范文本，优化各项招投标细节，配合完成系统上线并满足监管要求。

（余晓明）

建筑行业监管

【概况】 2019年，市建设局检查在建工地4327次、起重机械设备1106台次，发放停工通知书288份、整改通知书2116份、隐患告知书1416份。累计实体抽测工程项目545个，抽测构件3.4万个。立案查处违法案件5起，实施项目经理诚信记分871次，项目总监诚信记分123次。对254个次违法违规责任主体予以处罚处理，其中，通报批评245个次，信用降级9个次。召开全市建设系统安全生产工作会议、建筑施工安全生产联络员会议，签订责任书。全面推广工地扬尘在线监测系统及视频监控系统，257个工程项目接入视频监控系统，214个工程项目接入扬尘在线监测系统。组织开展文明标准化现场观摩会3次，参会1200余人次。

【建筑业“义乌无欠薪”】 2019年1月1日起，义乌市实行建筑业工资保证金，推行实名考勤；工程按月付款，银行代发工资；拖欠农民工工资列入失信名单等举措，全面实现建筑业无欠薪。2017年，义乌市制定《建筑业“义乌无欠薪”行动实施方案》，全面推行和实施工程款按月支付制度、工资款和其他工程款分账管理制度、工程款支付担保制度、工程款结算纠纷协调等长效机制。同年，公共资源交易中心招投标工程实现无欠薪；2018年，房地产开发项目及非国有投资项目实现无欠薪。

【建筑行业安全生产监管】 2019年1月29日，召开城建与交通专业委员会成员单位联络员会议，明确责任，研究部署安全生产工作。2月，开展节后复工核验工作，核验工程项目265个，施工机械62台，发放停工通知书15份，整改通知书95份，封停施工机械13台。6月，开展安全生产大检查，检查工程项目274个，发放全面停工通知书10份，局部停工通知书37份，整改通知书158份，安全隐患告知书60份；对195名项目经理及总监理工程师信用记分；对检查中被责令停工整改的47个工程项目建设、施工监理单位予以全市通报批评，同时给予信用扣分处理。至年底，召开施工、监理企业安全联络员会议4次，参会1600余人次。

【工程监测机构监管】 2019年4月19日，市建设局组织6家工程检测机构负责人召开工作会议，通报行业存在的问题，从规范检测流程、强化督查检测等7个方面提出管理举措，对下一步工作进行部署。6月，组织在义乌市承接业务的5家工程检测机构开展对比实验活动，考核机构检测能力，进一步规范检测人员现场检测行为。

【建筑企业诚信管理】 2019年5月14日—7月13日，依托“一网通管”平台，开展房屋建筑、市政公用施工总承包、监理企业资质及诚信动态考核工作，并对本地建设领域专业技术人员执业资格“挂证”等违法行为开展全面排查，共检查企业213家次。排查从业人员“挂证”问题4600余人次，整改异常人员642人，对2个违法违规责任主体予以通报批评，信用降级2家。

【建筑行业技能竞赛】 2019年5月24日，由市总工会、市建设局、市发改局主办，建投集团、市建筑行业协会、成龙建设集团有限公司承办的义乌市第十三届劳动技能大赛启动仪式暨建筑行业技能项目竞赛在建投集团投资建设的新社区集聚江东毛店（一期）项目举行，来自全市各建筑施工企业113名建筑工人参加竞赛。竞赛分钢筋工、镶贴工2个组别进行。理论考试及技能实操考核2个竞赛项目，理论考试占总成绩30%，技能实操考核占总成绩70%。经角逐，4人获一等奖，6人被授予“义乌市技术标兵”称号。

（毛梦安）

【“安全生产月”现场观摩会】 2019年6月28日，义乌市在后宅镇中北侧A地块项目现场召开建设工程提升暨“安全生产月”现场观摩会。观摩会由市建设局主办，市质监站承办，建投集团后宅镇中北侧A地块项目代建单位、监理单位、施工单位相关负责人共200人参加观摩会。会议以“防风险、除隐患、遏事故”为主题，邀请市卫健局工作人员讲解登革热疾控预防知识；人民银行义乌支行工作人员讲解农民工工资卡安全使用有关事项；市劳动监察大队负责人对无欠薪创建工作做部署，强化企业安全生产主体责任，推进安全生产建设水平。

（毛梦安）

【开展“质量月”活动】 2019年9月，义乌市建筑业开展“质量月”活动，组织市质安站、相关协会专家及检测机构开展商品混凝土使用质量专项检查，重点检查资料完整性、成品实体质量、养护质量及观感质量等方面。共抽查工程项目8个，实体构件286个，检查出不合格构件18个，责令责任主体按照规范要求进行处理。开展住宅类工程项目质量专项检查，检查住宅工程项目63个，发放局部停工通知书2份，整改通知书55份，隐患告知书4份；抽查各类建筑原材料125组。

【关于扶持建筑业持续发展的若干意见】 2019年9月26日，义乌市下发《关于扶持我市建筑业持续发展的若干意见》，鼓励企业资质晋升，通过申报、兼并、重组等方式提升企业资质等级，对房建、市政总承包资质晋升为特级的企业，给予一次性奖励100万元；对房建、市政总承包资质首次晋升为一级的企业，给予一次性奖励50万元。鼓励支持民营建筑业企业积极参与建筑工业化、工程总承包、全过程咨询和城市基础设施、市政公用等领域“建营一体化”业务。实行企业增项升级奖政策，对晋升为铁路、公路、水利水电、港口与航道、电力、通信、机电工程施工总承包一级资质的企业，给予一次性奖励50万元；对晋升为钢结构、建筑装修装饰、消防设施专业承包一级的企业，给予一次性奖励20万元。至年底，共引进建筑业企业10家，资质11项，其中，建筑工程施工总承包二级资质5项，市政工程施工总承包资质1项，建筑工程施工总承包三级资质2项，市政工程施工总承包三级资质1项，其他专业承包资质2项。

（除署名外均由楼丹、叶善德撰稿）

房地产业

综　述

【概况】 2019年，房地产市场形势稳定。1—12月，商品住房备案面积153.2万平方米，同比增长135.52%。加大问题楼盘化解力度，至12月13日，都市、中盛、现代公司4个抵缴出让金楼盘计回笼资金61.67亿元，完成出让金清缴，其中2019年回笼资金28.75亿元。14个问题楼盘共发函1.03万宗，锦绣篁园等8个参照问题楼盘共发函办证122宗，计1.04万宗。加强房地产市场监管，实地检查房地产开发公司、房产经纪机构500余家次。

做好住房保障工作。修订完善《义乌市公共租赁住房保障实施细则》，完成公租房保障资格确认928户，实物分房247户，发放公租房租赁补贴344户。做好棚户区改造工作，全年申报棚改项目4个，计划总投资57.3亿元，安置4827户1675套，均实现开工。至年底，完成投资额11.03亿元。完成公租房保障673户，退出保障30户，全年盘活公租房244套、受理公租房申请1377户，审核符合905户，实物配租208户，租赁补贴372户。

开展全市第二轮农村危房治理改造工作。全年排查农村危房9605户，经鉴定为危房的422户，其中C级269户，D级153户，年底完成治理改造。落实农村困难群众危房改造救助，拟定《义乌市困难家庭危房改造即时救助实施办法》，并报市政府常务会议审议通过。年内完成全市196户困难家庭危房改造救助任务。

（叶善德）

【农村危房治理改造工作获省殊荣】 2019年1月，根据《关于开展全省农村危房治理改造绩效评价工作的通知》要求，在各县（市、区）自查、设区市推荐的基础上，省建设厅组织相关人员对2017—2018年全省农村危房治理改造工作开展绩效评价，通过对各候选优秀县（市、区）在工作举措、工作实绩、长效管理、社会评价、工作创新5个方面的逐项评分，义乌市等23个县（市、区）被评为优秀县（市、区）。2017—2018年，义乌市建设局组织镇（街道）开展全市城乡危旧房拉网式大排查，两年间，围绕农村危房治理改造目标任务，攻坚克难，狠抓落实，通过建立和完善危房治理改造工作机制，细化目标任务，层层压实责任，加强政策保障，采取有效措施，推进危房治理改造工作，取得了明显成效，完成全市5372户（C级3495户、D级1877户）唯一住房危房户的调查工作，2.45万户危旧房治理改造任务，提前半年全面完成农村危房治理改造两年目标任务。

（陈金春）

【人才安居工程】 2019年，义乌提出“给每位创业者一张床”，大力推进人才安居工程建设，根据人才创业不同阶段住房需求，构建“租、售、建、补”的人才住房保障体系。针对刚开始创业人才，通过园区配建、产业集建等形式建设人才公寓，提供1—3年酒店式公寓。针对在义乌工作1年以上人才，出台企业人才团购房、限价房等政策，助力人才快速扎根。5月、11月，举办2次房交会，成交房源136套，总成交额5.45亿余元。认筹64套，达成意向客户2523组。843名人才购房并享受补贴，占符合条件的50.5%；购房面积7.92万平方米，购房补贴2.89亿元，购房总金额14.75亿元。至年底，建成租赁型人才公寓5682套，在建5308套；建成销售型人才公寓1681套。累计为1554名人才发放购房补助5.45亿元，为3678名人才发放租房补贴1756万元。

（叶善德）

房地产管理

【概况】 2019年，市建设局共核发房地产开发企业资质证书54本（含延续、升级）。棚户区改造目标开工1675套，基本建成354套。印发《义乌市房地产经纪机构信用信息管理办法（试行）》《义乌市房地产开发企业信用管理和评价实施办法（试行）》等文件，进一步加强房地产行业监管，建立健全房地产业信用体系。开展各类专项检查、巡查及双随机检查24次，其中，对全市房地产开发企业、房地产经纪机构、房地产估价机构、房地产质量检测机构专项检查5次，双随机检查11次，巡查检查8次。

【放宽公共租赁住房分配标准】 2019年5月，市建设局参照周边省、市公租房开展情况并结合义乌市实际，修订《义乌市公共租赁住房保障实施细则》。9月10日，印发《义乌市住房和城乡建设局关于印发〈义乌市公共租赁住房保障实施细则〉的通知》，从6个方面完善制度。适当放宽申请家庭车辆价值；补充完善民政局审查内容，民政局部门负责核查申请家庭经济状况基础上，还须核查申请家庭低保情况；增加残联负责核查申请家庭残疾人相关情况；增加退役军人事务局负责核查申请家庭残疾军人相关情况；分档发放补贴并在合同中注明市场价租金、政府补贴租金、实际缴纳租金、修改申请租赁补贴；提交申请家庭成员银行账号等相关信息等。至年底，完成公共租凭住房分配916套。

【房地产企业检查】 2019年10月30日，市建设局对全市房地产企业进行专项检查，发现某地产经纪公司存在违规提供居间服务行为；11月7日，将其移送至市综合行政执法局处罚；12月16日，市综合行政执法局下达处罚决定书。至年底，市建设局共检查房地产企业141家次，处罚房地产企业2家。

【《义乌市房地产开发企业信用管理和评价实施办法（试行）》】 2019年12月13日，市建设局印发《义乌市房地产开发企业信用管理和评价实施办法（试行）》，进一步建立健全义乌市房地产行业信用体系。房地产开发企业信用信息由基础信用信息、市场经营活动信用信息、工程项目管理信用信息及其他信用信息，按评价标准进行量化评分，由高到低，分为A、B、C、D、E五大等级，并对各信用等级实施相应的激励措施。房地产开发企业信用评价工作每年组织1次，每月结合良好信息与不良信息情况予以调整得分及排名结果。

（毛功伟　何鲁生）

房地产交易

【概况】 2019年，义乌市商品房销售1.21万宗140.68万平方米（该数据不含限价房，下同），同比增长73.66%；其中商品房住宅销售1.07万宗124.22万平方米，同比增长98.21%。销售商业营业用房9.16万平方米、办公用房7.3万平方米。商品房销售均价每平方米2.05万元，商品房住宅销售均价每平方米2.11万元。存量房销售面积202.6万平方米，同比下降24.38%，其中住宅销售面积153.7万平方米，同比下降4.3%，受理租赁备案93宗。全年人才购房享受补贴843人，占符合条件的50.5%；购房面积7.92万平方米，购房补贴2.89亿元，购房总金额14.75亿元。

【举办房交会】 2019年5月17—19日，义乌市“服务人才圆梦安居”春季房交会暨人才住房保障专场房交会在广电大楼举行。

房交会为期3天，成交房源73套，成交额2.35亿元；认筹房源64套，意向客户622组，成交额11.9亿元。政策咨询区、金融服务区接待咨询1500余人次。11月15—17日，义乌市秋季房交会在义乌国际博览中心举行。房交会为期3天，观展3万余人次，成交63套，达成意向客户1901组，成交总金额3.1亿余元。

【商品房市场】 2019年，义乌市新增预售许可67本（不含变更前），总预售面积201.52万平方米（不含其他面积），同比增长124.41%。其中，住宅面积154.77万平方米，同比增长97.59%；办公面积为32.92万平方米，同比增加6758.33%；商业面积13.83万平方米，同比增长24.71%。

【商品房备案情况】 2019年，义乌市商品房备案1.21万套140.68万平方米，同比增长78.65%，其中住宅1.07万套124.22万平方米，同比增长98.21%。商品房和商品住房备案均价每平方米分别为2.05万元和2.11万元，分别同比增长4.17%和5.76%。

2019年，商品房合同备案金额287.02亿元，同比增长80.21%；商品住房合同备案金额259.16亿元，同比增长106.93%。备案总额前五的楼盘为西江雅苑29.82亿元、绿地朝阳门23.07亿元、融创壹号院21.32亿元、滨江壹品17.27亿元、蒲荷花苑16.02亿元。按用途分类：商品房备案总面积为140.68万平方米，其中，住宅124.22万平方米，占比88.3%；办公楼7.3万平方米，占比5.2%；商业用房9.16万平方米，占比6.5%。按户型分类，商品住房备案户型前三位依次是90～120平方米、60～90平方米、120～144平方米，分别占总数的33.65%、23.2%和21.37%。

【二手房市场】 2019年，义乌市二手房（含二手住房、非住宅、工业）成交面积8813宗202.6万平方米，同比下降24.38%。二手住房成交153.7万平方米，占总成交面积的75.89%，其中，商业营业房10.08万平方米，占4.98%；工业仓储用房32.34万平方米，占15.96%；综合用房4.93万平方米，占2.44%;其他用房1.49万平方米，占0.74%。与上年同期相比，二手住房比重上升15.92个百分点。二手住房成

2013—2019年义乌商品房和商品住房备案面积

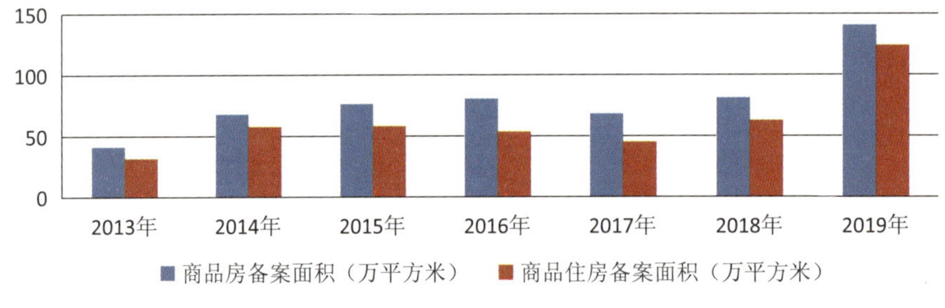

2013—2019年义乌商品房和商品住房备案均价

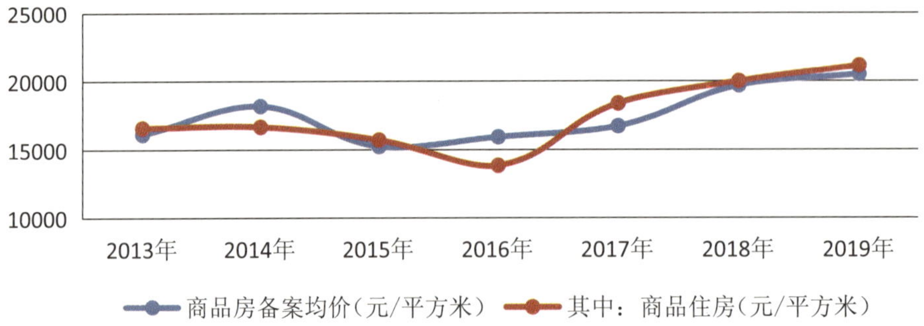

交量略有下降。2019年，二手住房成交面积1.78套53.76万平方米，同比下降4.3%。从成交户型看，90～144平方米的户型成交比重最高，占35.91%；其次是小于90平方米户型，占比31.55%；180平方米以上户型成交比重占20.73%。从成交区域分布看，成交面积排名前三的依次是江东街道30万平方米，北苑街道25.4万平方米，稠城街道25.2万平方米，成交面积占全市的58.18%。

（毛功伟　何鲁生）

物业管理

【概况】 2019年，义乌市有物业服务企业98家，其中，本地企业48家，外地驻义乌企业50家，从业人员8000人。共有物业服务项目283个，其中，新增物业服务项目49个，5万平方米以上住宅小区92个；金华市级物业管理示范项目3个，浙江省园林式居住区1个，浙江省节水型单位11个，浙江省节水型小区7个，浙江省垃圾分类示范小区3个。办理物业专项维修资金缴存21宗7616.74万元，住宅物业保修金缴存11宗1748.42万元。物业专项维修资金申请使用276宗，拨付维修资金1013.38万元，其中应急使用申请116宗，拨付维修资金415.54万元。完成2019年度诚信考核及信用等级评定。义乌农村商业银行大厦、义乌总部经济园、义乌浙铁绿城玫瑰园获评2019年度金华市物业管理示范项目。和聚园小区获评2019年度浙江省园林式居住区。新科花园、皇冠花园、时代广场等7个小区获评2019年度浙江省节水型居民小区。

【物业消防安全管理】 2019年1月10日，市建设局组织全市物业项目安全生产责任人及项目经理共300余人，召开物业安全生产及高层消防安全会议，重点分析居民高层住宅建筑火灾特点、防范要点并要求严格落实消防职责。同月15日，编写物业消防安全重点单位检查考评内容及评分标准，组织35家物业企业召开全市文明创建会议，重点讲解小区文明创建的标准要求。5月15日，组织相关镇（街道）、相关小区业委会主任召开小区高层消防安全会议，分析17个物业项目的消防现状和整改办法。7月4日，组织镇（街道）就全市无物业、无维修金、未配件管道燃气高层住宅整改召开工作会议，完成《高层住宅未配管道燃气、维修基金及物业单位的消防安全整治进展汇报》。8月5日—9月17日，联合社区、业委会对物业管理消防安全隐患进行排查，共整改落实消防安全32处。11月27日，开展物业管理高层住宅建筑消防安全专项检查，通报批评公园壹号等10个项目。

【新增物业服务项目】 2019年3月，江南小区设立物业服务项目。江南小区面积14.26万平方米，有居民楼52幢1337户。至年底，全市新增江滨四园、上溪镇友谊小区、江东四小区等开放式小区物业服务项目33个，新增物业服务项目49个。

【首个集聚区业委会成立】 2019年10月14日，义乌首个集聚区业委会上和家园业委会成立，标志着集取项目三级物业管理长效机制正式建立。当日，建投集团会同上溪镇政府与上和家园业委会成员、绿城物业服务有限公司进行交接。建投集团将上和家园设施设备资料清单、物业用房、消控室、公共卫生间、开闭所等移交给小区首届业主委员会，将社区用房移交给上溪镇镇政府，3方签字盖章确认完成移交。上和家园是个高品质的住宅小区，由5幢12～18层高层住宅和配套商业服务用房组成，安排公寓住宅293套，业主委员会的成立实现了小区居民自治。

（毛梦安）

【完善物业管理制度】 2019年11月25日，依据物业改革实践，市建设局房产处物业科对开放式小区法律关系进行梳理，提出关于推进组建“社区准物业服务中心”的工作建议，建议将开放式小区物业服务范围分为楼外和楼内，楼外服务费用由镇街财政承担，楼内服务费用由业主承担。12月2日，开展物业服务行业违规收费问题专项整治，对义乌市在管项目收取各类费用的违规行为进行排查，约谈新城悦等存在违规收费问题的物业公司。同月13日，印发《义乌市物业服务企业信用信息管理办法（试行）》，完善义乌市物业行业信用体系。

（除署名外均由李轩明撰稿）

住房公积金管理

【概况】 2019年，义乌市住房公积金实缴职工11.83万人，新增缴存职工6580人。发放公积金贷款1000笔9.15亿元，归集额20.84亿元，比上年同期增加2.67亿元；缴存余额51.9亿元，比上年同期增加5.53亿元；贷款余额56.64亿元，比上年同期增加2.45亿元；增值收益7988.15万元，比上年同期增加1119.21万元。存贷比109.13%，比2018年末的116.88%，下降7.75个百分点。

2019年，市住房公积金管理中心落实"一门进出、一窗受理、一套材料、一次采集、一网通办"服务模式，实现公积金业务100%网办。"一证通办"（公民仅凭身份证、企业仅凭营业执照即可办理政务服务事项，无需提供政府机关产生的其他材料）事项达70%。省"八统一"（主项名称统一、子项名称统一、适用依据统一、申请材料统一、办事流程统一、业务经办流程统一、办理时限统一、表单内容统一）指导目录所列事项共33项实现"义网通办"线上办事。除公积金贷款外，公积金缴存、提取业务均实现"跑零次""就近跑"。围绕城市管理信用项目应用，完成信用嵌入"一网通办"，将个人信用状况作为公积金业务办理的重要依据，重塑审批服务流程。

【住房公积金管委会决议】 2019年4月24日，召开义乌市住房公积金管委会一届六次会议，会议研究并通过《民营企业建立住房公积金制度实施办法（草案）》。11月27日，召开义乌市住房公积金管委会一届七次会议，同意市住房公积金中心新增公积金按月提取偿还商业住房贷款办理事项。

【公积金服务延伸】 2019年11月，市住房公积金管理中心完成义乌市"义网通办"及省住建厅"省综合服务平台"相应接口开发任务，及全市住房公积金数据平台接入。利用受托银行网点多、布局广优势，在17个义乌农商银行乡镇网点及31个稠州商业银行网点，推出21项业务办理窗口；在10个中国建设银行网点，推出办理公积金贷款业务。

【住房公积金助推城市有机更新】 2019年，市住房公积金管理中心会同市国有土地上房屋征收中心、稠城街道及建投集团、市场集团、城投集团与被征收人签订《被征收房屋抵押债权债务处置协议》《被征收房屋所涉公积金贷款担保协议》。根据协议，除选择货币补偿方式外，城市有机更新户均可凭《义乌市国有土地上房屋征收补偿协议》《义乌市国有土地上房屋征收产权调换补充协议》提取公积金。至年底，累计为有机更新户发放公积金贷款187笔1.84亿元。

（贾丽娜）

商贸流通

综　述

【概况】 2019年，义乌市商贸系统、以提高商贸经济增长质量和效益为中心，军工把功能“柜中求进”的总基调，商贸流通业呈现持续健康发展态势。全市社会消费品零售总额722.59亿元，同比增长8%。其中，城镇限上消费品零售总额189.72亿元，同比下降2.5%；乡村限上消费品零售总额1.78亿元，同比下降6.3%。分行业销售中，批发业限上消费品零售总额2.14亿元，同比增长20.7%；零售业限上消费品零售总额183.39亿元，同比增长2.8%；住宿业限上消费品零售总额2.99亿元，同比下降13.3%；餐饮业限上消费品零售总额2.87亿元，同比下降1.8%。

2019年，全市实现进出口2967.83亿元，同比增长15.93%，其中出口总额2867.93亿元，同比增长13.74%，占全省出口比重12.43%、全国出口比重1.66%，同比提升0.13%。市场采购贸易出口2343.49亿元，同比增长15.03%，占全市出口比重81.71%。2019年，义乌实现跨境电子商务交易额753.98亿元，同比增长15.16%。外贸综合服务企业因监管政策调整发展受限，全年代理出口152.3亿元，同比增长0.26%。全年小商品出口集装箱持续突破100万标箱，市场采购结关票数达50.3万票，同比增长15.43%。

2019年，义乌市新批外商投资项目868个，实际利用外资1.62亿美元，同比增长10.01%；新备案境外投资项目14个，境外投资备案额1.16亿美元。

2019年，义乌市销售进口商品涉及100余个国家和地区的15万种产品。全市有进口实绩进口企业773家，同比增长44.22%，进口额前十强企业中，6家为新招引或新培育的企业；进口额逾100万美元的企业96家，同比增长77.78%。阿里巴巴、菜鸟网络网易考拉、伊藤忠商社豌豆公主等企业落地义乌。进口生态链条企业不断集聚。进口报关、货运代理、金融服务、人才培训、供应链服务等业态进口上下游链条企业数量明显增加。上海星海报关、杭州九捷、金隆义境通等企业逐步发挥进口领域综合服务企业功能。

（朱　翎　刘　岱）

【义乌国际贸易综合信息服务平台项目通过竣工验收】 2019年4月19日，市数管中心组织省商务厅外贸服务中心、市财政局、市公安局、市金融办、商城集团等单位技术专家，对市商务局义乌国际贸易综合信息服务平台项目、市场采购出口商品价格监测体系建设项目进行竣工验收。专家组听取项目介绍，审阅验收资料，观看系统操作演示后，认为项目资料齐全，达到有关建设规划要求，一致同意项目通过验收。义乌国际贸易综合信息服务平台项目主要有4个方面建设内容：一是升级开发外汇结算管理系统，落实外汇管理8项新措施，加强义乌外汇结算便利化优势。累计推广结汇人超过2万户，结汇31万笔，结汇金额100亿美元。二是开发组货管理系统，落实组货人管理制度，规范市场采购出口货物申报管理。业务2018年10月1日开始全面试点，至2019年4月，备案组货人525家，申报业务量27万票。三是引进第三方数据源，实现义乌市企业在全国各口岸各种贸易方式进口出口报关数据的实时查询统计服务。四是建设企业统一接入服务平台，开放平台服务和数据接口，提升企业外贸业务操作效率。至2019年4月，已接入报关软件平台3家，外综服务平台企业1家，银行10家。

（陈金春）

【推行关税履约保险业务】 2019年5月15日，市商务局与中国人民财产保险股份有限公司义乌公司（简称“义乌人保”）签订合作备忘录，由义乌市商务局作为公共投保人，统一为义乌进口企业提供担保。义乌人保为义乌进口企业提供总额为1亿元的进口关税保证保险额度，义乌海关凭中国人保开具的保函，在企业未缴纳关税的情况下，为企业提供“绿色通关”服务，实现缓税、汇总征税。签约现场，义乌人保现场为6家进口企业开具总额1000万元的保证保函，此项业务正式在义乌推行，为义乌历史上首份由政府部门作为公共投保人，企业作为“受益人”的担保业务。

（陈金春）

粮油供应

【概况】 2019年，全市社会粮食需求总量92.53万吨，其中，口粮36.27万吨，饲料用粮14.57万吨，工业食品用粮2.06万吨，种子用粮0.15万吨。食油需求总量2.74万吨，其中，口油2.4万吨，工业用油0.34万吨。全市粮食生产总量5.42万吨，从市外采购粮食87.73万吨，油2.68万吨，销往市外粮食39.93万吨，总体实现供需平衡。根据《浙江省地方储备粮管理办法》，对市级储备粮油已到储存年限的4.7万吨市级储备粮油进行轮换，其中，早籼谷3.03万吨、晚籼谷1.21万吨、小麦4500吨轮换出库；小麦1.68万吨、早籼稻2.53万吨、中晚籼稻4900吨轮换入库。

宣传国家粮食收购政策，与105户种粮大户签订早晚稻订单合同，早籼稻合同订单101户2073.33公顷1.3万吨，发放预购定金9户409万元，全部收回；签订中晚稻合同订单103户2552公顷1.65万吨。粮食收购执行国家粮食最低收购价政策，“订单早籼谷”“订单晚籼谷”分别按浙江省规定的最低收购价签订订单合同，从2019年新粮上市起，义乌市2019年生产的早籼稻（三等及以上，下同）、中晚籼稻、粳稻的最低收购价每50千克分别为123元、129元、133元，均比国家最低收购价格高出3元。根据国家发改委《关于公布2019年小麦最低收购价格的通知》，2019年生产的小麦（三等）最低收购价为每50千克112元，比2018年下调3元。

【轮换出库市级储备粮成功拍卖】 2019年3月15日和19日，义乌市2019年轮换出库的市级储备早籼谷和市级储备小麦全部成功拍卖。2019年，义乌市共需轮换出库市级储备早籼谷2.65万吨、市级储备小麦4500吨。此次早籼谷成交均价1783.06元每吨，小麦2306元每吨，共回笼资金5770.3万元。

（陈金春）

【籼稻定向竞价出售】 2019年3—9月，义乌市粮食收储公司业务管理部适时委托金华市国信粮油交易中心及义乌粮食交易中心网上竞价拍卖销售。至12月30日，共拍卖成交5.9万吨，小麦1.68万吨，早籼稻2.53万吨，中晚籼稻4900吨，2018年超标晚籼稻6868吨，2019超标早籼稻5128吨以定向竞价方式出售，全部完成出库，实现销售额1.25亿元。

【移交物资储备工作】 2019年5月，经过清点，义乌市粮食收储有限公司从市民政局处接管稠州西路21号物资仓库及位于江东中学的市级避灾安置中心2个仓库。清点物资，做好物资台账。至年底，完成商务部生活必需品监测工作，特殊时期生活必需品的保供等相关工作。

【开展政策性粮食库存数量检查】 2019年5月7—10日，金华市第三普查组进驻义乌市粮食收储有限公司开展政策性粮食库存数量检查，义乌市商务局、财政局，中国农业发展银行义乌市支行及市场集团等单位的相关部室全程参与配合普查工作。为期一周的检查过程中，普查组按照有仓必到、有粮必查、全程留痕和检查进度服从检查质量的原则，认真细致地检查核实粮食收储公司储粮库点的帐表卡和粮食实物。通过全面检查，普查组认定：在义乌市境内的全部政策性粮食帐帐相符、帐实相符、数量真实、管理规范、库贷合理，财政利费及时足额到位，2018年粮食轮换没有超过轮空期规定，至2019年5月10日，未发现粮食库存管理方面的违法违规行为。同时，普查组充分肯定了义乌市粮食收储有限公司大力推广气调保粮、信息化粮库建设、新库扩建、粮食大清查自查中测量计算基础数据以及执行仓储安全检查管理制度等方面工作。

（陈金春）

【实行早稻谷奖励政策】 2019年，市财政对按订单交售市级储备早籼谷的种粮农户给予奖励，奖励标准为每交售50千克市级储备早稻谷奖励30元，每亩最高奖励270元。对市早稻售粮大户实行奖励政策，对早稻售粮大户实行奖励，并预付一定比例的粮食收购定金。对按订单合同交售市级储备晚籼谷且种植面积在50亩以上规模种粮大户给予奖励：每交售50千克晚籼谷奖励10元，每亩最高奖励90元；凡早籼谷播种面积在25亩以上，再奖励每50千克5元。至年底，兑现订单奖励594.7万元，大户奖励98.98万元，计693.68万元。

（除署名外均由刘菲撰稿）

供销合作

【概况】 2019年，义乌市供销社开展测土配方培训，优化庄稼医院布局，实现农资供应、农事培训、农技咨询、土壤检测、信息发布、农废回收等功能的全覆盖。年初开展“春耕备耕送服务下乡”活动，组织佛堂、赤岸、廿三里等8个镇（街道）进行现场咨询宣传，发放“放心”农资种子，进行农业科技用肥用药咨询、农业政策解释、农业贷款政策宣传等活动。成立瑞丰生态修护土壤研究院义乌分院，在义乌各地分设基层土壤修护工作站11家，安排庄稼医生现场问诊，进乡、入村、下地进行田间技术指导14场次，授课7堂，培训农民580人次。免费为农民取土样检测196份，出具套餐施肥方案151份，现场接待咨询5800余人次，发放各类宣传资料、学习手册等6200余份，赠送生菜、四季豆等优质作物种子7800余包。

2019年1月，赤岸毛店和佛堂倍磊现代农业服务中心被评为省级现代农业服务中心，上溪供销社现代农业服务中心被评为省级现代农业服务中心。完成全市12家农资经营门店标准化改造，实现电子化管理，储备复合肥3584吨、尿素1272吨、农药121万吨。全年销售尿素7200余吨，复合肥8500余吨，碳铵、磷肥等其他肥870余吨。为种粮大户和专业合作社提供有机肥配送服务90余次，累计配送有机肥3200余吨。推进农药废弃包装物回收工作，发放宣传资料3800余份，完成4个农药废弃物仓库整改环评验收工作，累计回收农药废弃包装物33吨，完成无害化处置33吨。

深化系统各网络平台产销对接服务，2019年，绿禾网累计销售额6130万元，农创园累计销售额1.26亿元，义乌馆实现销售额7935万元。义乌市供销联社完成经营总收入3.9亿元，实现经济效益8567.69万元，利润6518万元，总资产10.07亿元。

【义乌市水稻产业农合联成立】 2019年9月20日，义乌市供销联社成立义乌市水稻产业农合联，吸收会员单位28家，其中，粮食生产合作社14家，家庭农场12家，粮食生产企业1家，农机销售企业1家。市水稻产业农合联通过叠加和整合会员的专业服务资源、服务功能，为农民提供从品种繁育到米制品销售的全产业链服务，从中国水稻研究所引进水稻新品种3个。根据农民和产业需要，市水稻产业农合联组织举办义乌市稻米产业发展培训班2期，邀请省市农技专家就水稻病虫害防治、优质稻培育、生产技术服务、产品加工、公共品牌等方面进行培训。12

月，市水稻产业农合联组织水稻种植户会员参加省“农博会”、中国美丽田园博览会等展会，其中飞扬农机服务专业合作社选送的“华溪谷”大米获2019省“农博会”“浙江好稻米”品种。

【义乌首个5G网络直播大楼】2019年10月，义乌市供销联社发挥自身资产平台优势，主动参与新业态培育，与中国电信义乌分公司、义乌市创智会企业管理咨询有限公司共同合作，将下骆宅商服楼打造成义乌首个5G网络直播大楼——“天翼创智汇网红直播大楼”。大楼位于福田街道下骆宅中新西街37号，建筑面积3000平方米。按照一楼“数字化优品集采大厅”，二楼“运营中心加孵化中心”，三楼“网红创作工作室”，四楼“服务机构”，五楼“培训中心”，六楼“共享网红直播区和室外休闲区”等功能布局，着力打造市“社交电商+新零售经济”全产业链模式标杆。至12月底，大楼初步完成功能布局，5G网络通过初期测试工作，并与酷摇科技公司、深圳耀视纪自媒体科技有限公司等达成合作意向。

【“助农贷”产品】为拓宽农业主体融资渠道，2019年10月23日，义乌市供销联社与省农信担保公司签订合作协议，宣传推广“助农贷”产品，为“三农类”经济主体提供融资渠道。至年底，“助农贷”产品累计发放贷款6113万元，资金互助会累计发放借款1.13亿元。

【义乌市花卉产业农合联成立】2019年10月28日，义乌市供销联社成立义乌市花卉产业农合联，吸收会员37家，其中，单位会员27家，个人会员10人。花卉产业农合联主要引导生产主体与市场主体以及同行之间的合作交流，促进行业发展壮大，构建特色农业产业专业性服务体系。11月，组织产业农合联骨干成员前往温州瓯海、苍南等花卉苗木基地，与当地的种植大户、经营大户交流，学习先进的种植技术和营销方式。12月，举办花卉产业发展培训班，邀请金华农科院、圣穗农资专家对花卉产业农合联会员开展花卉病虫害防治、施肥用肥方面的培训，到苗木基地现场进行解疑答惑。

（赵　刚）

烟草专卖

【概况】2019年，金华市烟草公司义乌分公司查获各类涉烟违法案件546起，查获卷烟11.59万条，同比增长18%；烟丝620千克。其中走私烟1.67万条，假冒烟4.68万条。移送公安追刑案件12起，刑拘（取保候审）8人，逮捕17人，判刑18人，其中联合公安部门破获的“5·04”特大运销假烟网络案，涉案金额10亿余元，首开长三角联合打假先河。联合海关破获“6·23”出口假私卷烟案，追回一批即将抵达目的国、海运途中的假私烟，查获各类假私烟2.14万条，总案值430万元。

2019年，金华市烟草公司义乌分公司实现卷烟销量6.8万箱，同比增长0.19%；含税销售额30.8亿元，同比增长4.38%；单箱销售额4.53万元，同比增长4.17%。完成税利9.11亿元，同比增长5.07%。

【破获特大运销走私烟案】2019年7月1日，金华市烟草公司义乌分公司在市公安局的配合下，经过缜密侦查，前往浙江宁波，广西南宁、防城港等地蹲点摸排。8月29日，成功破获一起涉及假私烟购进、运输、储存、销售的特大运销走私烟、假烟网络案。查获各类卷烟2.68万条，实物案值565.94万元，其中假私烟1.93万条，实物案值388.35万元，涉案金额2000万余元。捣毁窝点7个，抓获涉案人9人，其中，逮捕6人，取保候审3人。

（孙璐琦）

电子商务

【概况】2019年，义乌市电子商务交易额稳步增长，经营主体增势迅猛。全市实现电子商务交易额2768.92亿元，同比增长16.92%。其中，内贸电子商务交易额2014.94亿元，同比增长17.59%；跨境电子商务交易额753.98亿元，同比增长15.16%。经工商登记注册的电子商务经营主体19万家，占全省36.42%。

跨境电商保税进口（1210）业务突破871万票，整体业务量位居全国第三批跨境电子商务综合试验区第一位。全市有电商园区38个，建筑面积200万平方米，拥有淘宝村164个，淘宝镇13个。开展商务外语、外贸风险防范、跨境电商、优秀店长、直播短视频以及贸易沙龙等商户培训活动970场4.15万人次。跨境电商综合服务平台投入运行，累计处理进出口货物213万余票。跨境进口产业园开园，招引企业73家，签约入驻率86.6%。对接意向合作项目30余个。签订义乌中国小商品城迪拜商贸城项目合资协议并完成建设准备，eWTP义乌全球创新中心——卢旺达数字贸易枢纽正式启用，签订eWTP义乌全球创新中心——埃塞俄比亚数字贸易枢纽项目协议。

2019年，义乌工商职业技术学院形成以电子商务、跨境电子商务、商务数据分析3个专业为核心的电子商务专业群，设立直播电商、农村电商、视觉营销等5个方向群。电子商务专业群以专业和创业融合为发展理念，立足区域产业市场需求，建设15个教练型创业导师团队和3个高规格教科研机构，培养4名省级教学名师和1名省级电商专业带头人，通过中西部电商扶贫，“一带一路”沿线国家人才培训和平台合作及项目承接，累计带动相关行业产值2亿余元。开展各类电商培训82项，受益3万余人次。年内，义乌工商职业技术学院电子商务专业入选国家骨干专业，网店运营推广获批教育部“1+X”证书试点项目。

（黄洁森　朱玉清）

【跨境电商保税进口（1210）业务】 义乌大力培育发展跨境电商保税进口（1210）业务，2019年1月1日，义乌跨境电商保税进口（1210）业务落地，当日实现1.03万单。至年底，先后引进菜鸟、网易考拉、云集、贝贝网等19家跨境电商企业和平台，业务量呈现稳步增长态势，货物品类从43种增加至7300余种。义乌跨境电商保税进口（1210）业务突破871万票，整体业务量位居全国第三批跨境电子商务综合试验区第一。

（黄洁森）

【跨境电商教育国际论坛】 2019年1月17日，义乌工商职业技术学院举办全球跨境电商教育联盟（简称“GET联盟”）跨境电商教育国际论坛，来自泰国东方大学，马来西亚玛拉工艺大学、英迪大学、哈尔滨工业大学、上海大学等9所高校教师，GET联盟秘书处，英国、俄罗斯、丹麦、捷克、阿联酋等9个国家和阿里巴巴商学院专家共50余人参加论坛。与会嘉宾就跨境电商人才培养涉及的氛围营造、政策支持、导师成长、平台选择、困难及问题开展讨论和深度交流。GET联盟由阿里巴巴集团联合中国、泰国、马来西亚等地海内外知名高校、培训机构于2018年7月在贵阳举办的“东盟教育周”期间成立，旨在帮助中国及东盟国家培养具有全球化视野的电商人才，义乌工商职业技术学院是联盟首批成员唯一的高职院校。

（朱玉清）

【中国国际电子商务博览会暨数字贸易博览会】 2019年4月11—13日，由中国国际电子商务中心、中国电子商会、浙江省商务厅、义乌市人民政府共同主办的2019中国国际电子商务博览会暨数字贸易博览会在浙江义乌国际博览中心举行。展会以“数字贸易新时代，电子商务新机遇”为主题，设知名电商平台、数字贸易、跨境电商、农村电商等八大展区。博览会设国际标准展位2232个，展览面积5万平方米。参展商来自美国、德国、法国、日本、新加坡、澳大利亚、马来西亚、尼日利亚、哥伦比亚、巴西10个国家和地区以及国内24个省（区、市）的1135家企业参展，其中，义乌市外参展企业占95%，浙江省外企业占72%。跨境电商企业136家，阿里巴巴、京东、百度、唯品会、兰亭集势、Google、Amazon、Lazada、Shopee、Wish、日本GMO等国内外知名电商企业参展，35个国家和地区电商从业者15.95万人次到会参观、洽谈，同比增长5%，其中义乌市外参会者占66.1%，现场达成合作意向6.01万个。其间，举办2019中国电子商务创新发展高峰论坛等22场主题活动，1.93万人次参会。中央电视台综合频道《新闻联播》、财经频道《交易时间》，新闻频道《朝闻天下》《新闻直播间》等栏目对博览会进行重点报道；新华社推出《2019中国国际电子商务博览会打造网上丝路新高地》等图文报道，吸引中央人民广播电台、中新社、《中国经济导报》等60余家媒体关注。在百度搜索引擎上，“中国国际电子商务博览会”相关搜索结果逾735万条。以微信为代表的新媒体展会现场展商互动体验式活动，参与客商热情高涨，企业引领效果明显。

（曹国强　童俊男）

【世界电商大会】 2019年4月12—13日，2019世界电子商务大会在幸福湖国际会议中心举行。大会以“洞察巨变找寻未来”为主题，美国、俄罗斯、德国、澳大利亚等10余个国家知名电商企业到会，全球1000余名企业代表参加会议。大会聚焦全球电商发展趋势，设计“电商未来趋势”“跨境电商发展机遇”“共享经济”“一带一路电商机遇”“人工智能”5个前沿议题。其间，组织主题演讲28场，高端圆桌论坛2场；阿里、京东等中国企业与来自全球10余个国家的电商企业就行业热点问题进行交流与探讨。

（黄洁森）

【全国跨境电商专业高研班】 2019年4月13日，由全国跨境电商教育发展联盟及义乌工商职业技术学院联合主办的全国跨境电商专业教学标准、课程标准师资高研班在义乌工商职业技术学院开班，来自全国13所院校35名专业负责人、骨干教师参加培训。培训的主要内容为跨境电商行业人才需求状况分析，跨境电商专业标准开发制定和建设探索，跨境电商系列课程标准、实操培训，跨境电商系列教材开发编写经验交流。

（朱玉清）

【跨境电子商务产业园（易家园区）开园】 2019年5月28日，中国义乌跨境电子商务产业园（易家园区）开园仪式在后宅街道起航社区跨境园园区内举行。中国义乌跨境电子商务产业园（易家园区）开园位于后宅街道神舟路，占地面积3.33公顷，总建筑面积5.2万平方米，是集电商平台、供应链、仓储物流、海外仓和线下店为一体的大型综合性跨境电商园区，由新加坡易家集团投资开发建设。园区以电子商务为发展主线，重点构建以B2B、B2C为核心的电子商务交易技术平台，引进电子商务、跨境电商、仓储物流及海外仓等一系列围绕跨境电商发展的企业和公司，依托并持续优化电子商务产业链、供应链，使电子商务日益渗透传统制造业。

（王江丽）

【全省电商竞赛】 2019年5月31日—6月1日，义乌工商职业技术学院承办浙江省“赢动教育·悦为电商杯”第14届大学生电子商务竞赛暨第九届全国大学生电子商务“创新、创意及创业”挑战赛浙江分赛区选拔赛决赛。竞赛共收到全省81所高校1044件有效作品，经评审，61所高校242个优秀作品入围决赛。经角逐，义乌工商职业技术学院推荐的作品获国赛二等奖1项，省一等奖3项、二等奖6项。

（朱玉清）

【2019中国义乌“电商直播”创业大赛】 2019年8月8日，2019中国义乌“电商直播”创业大赛启动仪式在义乌国际商贸城举行。“电商直播”创业大赛面向直播网红、义乌市场经营户、传统电商企业、学生等群体，200余人报名参赛。大赛分为初赛、复赛、决赛3个环节，通过创意商业项目计划书以及短视频、线上直播限时PK带货和线下模拟直播、形象展示等形式展开比赛。经角逐，决出冠军、亚军、季军及优秀奖10人。

（何振威）

【农民主播培训】 2019年8月30—31日，由《金华日报》和金华市商务局、义乌工商职业技术学院联合举办的“打造‘百名农民主播’助力乡村振兴”免费培训在义乌工商职业技术学院举行，来自金华各县（市、区）及四川省南充市、吉林省四平市的100余名农民学员参训。培训旨在发挥义乌市电商经济现有优势，培养金华自己的“农民主播”，将金华的农产品卖到全国甚至全世界，并带动对口合作地区——四川南充市、吉林四平市的农村经济发展。培训内容为抖音专业化运营、短视频制作与剪辑、吸粉、农产品上行（将农产品及其衍生品与互联网相结合，采用多项高新技术打造出的农业闭环生态链系统，利用各方资源孵化出一个产、供、销、存一体化的平台）及运营技巧等。

（朱玉清）

【四方合作共建电子商务学院】 2018年10月，义乌工商职业技术学院与义乌市商务局、汶川县经信局、阿坝师范学院签订《四方合作共建电子商务学院框架协议》。按照“一年建电商班，两年建电商专业，三年建电商学院”的规划，着眼“授人以渔”培育汶川电子商务创业人才。采用梯度递进建设、分步实施策略，就人才培养方案、师资队伍、课程体系、实训实践基地和创业项目孵化等制定有针对性的建设方案。自签订合作协议起，义乌工商职业技术学院全程参与指导阿坝师范学院建设电商专业，开展师资培育、人才培养方案设置、课程设置和开发、实训室和创业园建设、专业申报和学生创业项目孵化等工作，两校师资以1对1结对的方式组建农村电商、跨境电商、新媒体运营、视觉设计等5个教学团队。2019年5月，汶川电商学院成立并开始招生。同年8月，汶川电商学院28名学生代表到义乌工商职业技术学院接受为期半个月的电商创业项目孵化实战培训，实地考察义乌知名电商企业。义乌工商学院创业导师根据学生的个人兴趣和个体差异，将28名学生分成农特产电商、跨境电商、视觉营销、直播运营场控、气球类饰品电商5个小组，以自主创业、团队合作创业、师生合作创业、校企合作创业、多元创业等形式，为学生的创业孵化提供切实帮助。

（朱玉清 童俊男）

【网红直播带货村】 2019年12月9日，福田社交电商协会在福田街道江北下朱村成立。近年来，社交电商在江北下朱村快速发展，有各类经营主体4500余家，集聚服装箱包、美妆美饰、网红食品等品牌1000余个，吸引产品供应、直播培训、内容制作、网红带货等直播电商从业人员5万余人，形成以社群营销、网红直播等销售模式为特色的网货集聚地和直播电商村。“晚上直播、白天组货”的经营特色使北下朱吸引全国各地的大学生创业者、各类网货供应商、网红，北下朱村成为义乌“网红直播带货第一村”。

（黄洁淼）

义乌购

【概况】 义乌购（www.yiwugo.com）为全球领先的小商品线上平台，创立于2012年10月，致力于专业市场升级，服务全球小商品采购商。义乌购助力“找货”方式的升级，将义乌小商品市场搬上网，通过360度全景、直播、智能搜索、移动技术等，让“找货”更方便，进而推动更多专业市场、产业带优质供应商入驻，聚焦小商品，助力中小企业开拓线上市场。至2019年年底，义乌购平台入驻商家5.3万家，注册采购商500万人；日均访客量80万人次，日均浏览量（PV）1500万次，其中10%为海外用户。

【入选省重点培育电商平台企业】 2019年5月6日，经省商务厅审核并经省电商工作领导小组第七次全体会议审议，义乌购被确立为2019—2020年度省重点培育电商平台企业并获“专业市场O2O融合平台企业”奖项，获省电商工作领导小组要素保障、精准服务等方面扶持。2012年起，为加快推进新型贸易中心建设和数字经济“一号工程”实施，培育一批专业功能独特、生态系统健全、集聚辐射力及创新竞争力强的电子商务平台和企业，省商务厅拟定《浙江省电子商务工作领导小组办公室关于加快电子商务平台企业培育的指导意见》，并牵头开展重点电商平台培育工作。

【优质供应商入驻义乌购】 2019年6—12月，义乌购启动优质供应商入驻计划，对接全国优质产业带及供应链资源，共同推动优质供应商入驻义乌购，助力中小企业开拓线上市场。至年底，与河北白沟、山东临沂、沈阳五爱、广东产业带等资源达成合作，累计入驻商家2000家。

【服务外商政策】 2019年11月，义乌购推出2条服务外商政策，将图片搜索功能引入英文站，进一步完善海外产品体积、重量等细节信息；征集优质“外贸重点供应商”，制定准入标准、服务与支持等措施，审核通过的义乌购外贸重点供应商授予标签及编号。至年底，义乌购在英文站及APP和PC等端口展示并推荐外贸重点推荐商铺1316家。

【首届外商开放日】 2019年11月5日，在市外侨办协助下，义乌购通过巴基斯坦商会等机构，邀请来自波兰、巴基斯坦及非洲等国家和地区在义乌海外IT精英及实力外商20余名，参加义乌购首届外商开放日活动。其间，义乌购总经理及其他主要负责人与外商代表就义乌市场建设、义乌小商品市场在线化及义乌购平台优化等问题展开讨论。外商们表示，义乌购360度全景展示功能和地图功能给他们“找货”带来极大便利，希望义乌购在重要交通枢纽和街道投放广告，进一步扩大影响；完善义乌购平台语系，方便义乌购商家和产品分享给更多国外采购商。会上，义乌购确立外贸重点供应商计划。

【“红盾联心室”】 2019年11月8日，为更好服务市场经营户，义乌购联合金华市市场监管局及义乌市市场监管局，共同设立全国首家由市场监管部门与线上平台共同搭建的“红盾联心室”。义乌市市场监管局定期安排专人到义乌购办公，向义乌购及其平台商户传达最新政策，帮助商户解决棘手问题；对商户网铺中出现的一些违规行为，给予及时帮助和纠正。

（王文娟）

综合商场

【概况】 2019年，全市监测的9家大型商场超市销售额37.32亿元，其中，银泰百货销售额7.84亿元；乐购超市销售额9800万元，同比下降22.11%；天华世纪城销售额4.18亿元，同比下降1.31%；富国超市销售额8856万元，同比下降7.03%；万达广场销售额4.4亿元，同比增长11.58%；物美超市销售额8806万元，同比增长2.47%；义乌之心城市生活广场销售额13.2亿元，同比增长12.94%；新光汇销售额3.99亿元，同比增长17.1%；世纪联华江东店销售额9623万元，同比增长7.99%。

充分发挥消费对经济发展的拉动作用，以消费促进月和金秋购物节为主要载体开展工作，组织引导义乌市各商业综合体、大型商超打造形式多样、丰富多彩的促销活动。消费促进月期间，举办促消费活动24场，累计销售2.08亿元；金秋购物节期间，举办促消费活动28场，累计销售6.98亿元。2019年1—9月，义乌市社会消费品零售总额增幅为7.8%。

【高新区佳庭汇购物中心开业】 2019年12月20日，位于义乌苏溪镇苏华街112号的义乌·高新区佳庭汇购物中心开业，为义乌高新区首个集文化、创意、餐饮、娱乐、购物、影院为一体的全功能、全业态邻里中心商业综合体。购物中心占地面积1.55万平方米，建筑面积5.2万平方米，总投资2.5亿元。共有地上4层和地下1层，地下一层为地下车库；入驻商业机构共100余家，一楼为肯德基、老婆大人、熙美诚品、名品表行、零售服饰、面包甜点奶茶、数码电器等商家；二楼为物美超市、时空要塞游乐场、母婴童装；三楼为餐饮美食、电影院、糖糖艺术培训中心；四楼为酷玩网咖等业态。

（吴　越）

投资促进

综　述

【概况】 2019年，义乌实现省外产业项目到位资金87亿元，完成全年任务数67亿元的129.8%；完成金华全年任务数270亿元的32.2%，全市浙商回归到位资金总量保持金华市第一。签约引进亿元以上重大项目60个，计划总投资1187亿元。“世界义乌人大会”签约14个项目，总投资634亿元。

实施山海协作工程起，莲都与义乌建立山海协作关系，携手共建莲都—义乌山海协作产业园、电商共建产业园、古堰画乡生态旅游文化创意产业园及义乌生态农产品精品馆、古堰画乡艺术馆、“一带一路”捷克站外贸展馆（简称“三园三馆”）。通过共建多类型、多层次、多领域的合作发展平台，借力双方优势，着手打造“三园三馆”，成效逐步显现。至2019年，电商产业协作园引进义乌、杭州电商企业48家，为莲都绿色农产品增加销售渠道，年销售额1.07亿元；古堰画乡生态旅游文化产业园自2019年7月签约，依托莲都—义乌山海协作产业园，引进万洋低碳智造小镇、郎奇—白桥旅游康养小镇2个大项目；在捷克首都布拉格筹建的外贸展馆莲都馆、在义乌筹建的莲都巴比松油画展示馆和绿色农产品精品馆陆续开馆。莲都生态农产品精品馆、古堰画乡艺术馆分别在义乌副食品市场和收藏品市场开馆，100余种独具地方特色的农产品通过义乌市场走向世界，至2019年，累计销售额1000余万元。义乌捷克国际贸易馆内设置莲都产品的专区，展示的商品主要涵盖纺织鞋服、文体用品、五金机械、农副产品4个大类60余种。

开展“党建+加工贸易”。着力推进来料加工业务输出，以产业带动贫困人员就地就近就业。抓好业务输出，累计为对口地区举办加工技能培训班22期903人次，开展致富带头人（经纪人）培训班7次203人次，创业成功16人，带动贫困人员就业171人。向汶川输送加工业务110余万件。加强落地指导，按照“来料加工→来单加工→产业转移”模式，帮助汶川建设加工车间33个，其中，集中生产车间12个，分车间22个，总面积7450余平方米，实现参与就业1000余人，其中贫困户、低保户、残疾人201人，人均增收每月1000元。

突出党建引领作用推行“党建+X”扶贫模式。深化就业帮扶，组织赴汶川专场招聘会2次，提供就业岗位2140余个，并与汶川人社局形成岗位信息共享机制。开展四川贫困人员就业培训177人次，帮助对口地区贫困人口就地就近就业287人。帮助吸纳中西部22省贫困人员到义乌市稳定就业7932人，其中帮助对口帮扶4省到义乌市稳定就业2583人。深化结对帮扶，与汶川结对学校15家，吸纳汶川贫困学生就读7人；结队医院9家，镇（街道）2家，乡村2家，村企37家。

（龚少斌　盛立人）

【2019投资贸易环境推介会】 2019年2月28日，由义乌市人民政府、中非民间商会主办的2019义乌投资贸易环境推介会在义乌香格里拉大酒店举行。中非民间商会会长、华立集团股份有限公司董事局主席汪力成，义乌市委常委、副市长李俊福等市领导，市商务局、市工商联等部门负责人以及企业代表共300余人参加会议。会上，义乌市人民政府与华立集团股份有限公司签署战略合作协议，中非民间商会、浙江中国小商品城集团股份有限公司、"一带一路"法律与商事服务中心签订合作协议。其中义乌与华立集团签订的协议重点在"一带一路"系列站建设、"义新欧"班列运营、产能输出、招商引资、中非民间经济合作五大方面深化合作。会议期间安排B2B对接，90余家中非民间商会会员单位和200余家义乌市部门、企业分成8组，就商贸电商物流、加工制造业、医药卫生及医疗设备、海外法律商事及海外安全调解、海外产业园区及基础设施建设、金融服务六大板块进行精准对接，达成商贸、金融、制造、基础设施等领域的重点意向合作项目。

（陈金春）

招商引资

【概况】 2019年，义乌市聚焦顶尖产业，优化产业布局，瞄准市场和时尚信息健康装备四大产业精准招商。2019年，全市共签约引进亿元以上项目60个，计划总投资1187亿元，其中100亿元以上项目5个，50亿元以上项目12个，20亿元以上项目15个，10亿元以上项目20个，产业类型涵盖LED光电、食品健康、先进装备制造、文化旅游、现代物流、教育科研等领域。

（龚少斌）

【省商务厅到义乌市调研非洲经贸往来情况】 2019年8月，为加强浙非经贸合作任务，紧紧围绕省领导出访非洲的活动筹备，省商务厅外联处处长阮刚辉带队到义乌市调研非洲经贸往来情况。商城集团卢旺达项目部、南非境外采购商服务中心等8家对非洲贸易投资合作企业参加座谈会，就在非业务经营、客户资源、当地投资环境和对非合作面临的问题和困难等做介绍。对非经贸合作尚处于较初级阶段，义乌市企业对非贸易规模普遍较小，对非出口商品普遍以低端、低成本产品为主，低价策略仍是主要的进入非洲市场方式。根据企业普遍反映，非洲总体营商环境自2015年之后有所恶化，主要体现在政治体制更迭、社会治安动荡、外汇管制加剧等方面。尤其是近期在安哥拉、尼日利亚等地发生的货币急剧贬值，给企业带来巨大损失；同时，由于非洲不少国家严控兑汇，企业的利润无法返回国内，部分企业选择在当地进行再投资，其投资方向多以重资产实业为主，如登盈实业等。非洲消费需求总体呈增长趋势，对非商品出口呈上升态势，尤其以海外仓的建设为根据地，带动一批贸易、物流等配套产业进入非洲的投资模式，具有较大的潜力和一定抗风险能力。义乌市对卢旺达海外仓投资项目（商城集团与阿里巴巴合作的eWTP非洲站落地项目）具备签约条件，或可在省领导外访期间组织相关项目签约活动。

（陈金春）

【招商活动】 2019年，在杭州、上海、广州、宁波等地举办义乌营商环境说明会，义商、在外知名人士、新义商等760余人参加活动。市四套班子领导带头推介，发挥优势牵线搭桥，把优质的项目、资金、人才带回家乡。举办世界义乌人大会并举行重大项目签约仪式，全球光伏联合创新中心项目、义乌市国贸改革产业基金等14个重大项目进行签约，涉及高端制造、科技研发、产业基金、商贸文旅、现代物流、人才培育等领域，投资总额634亿元。全年，举办各类专题推介活动9次，对接企业家2000余人次。

（龚少斌）

区域合作

【概况】 2019年，义乌与莲都山海协作进一步深化产业园和"三馆"运营，同时共同开发建设古堰画乡生态旅游文化创意产业园，义乌—莲都科创金融飞地——莲都大厦和义乌—莲都“消薄飞地”产业园，逐步形成“三馆三园”“飞楼飞地”的协作格局，并在2019年全省山海协作现场会作典型发言。至年底，莲都—义乌电商产业园引进杭州及义乌本地企业48家，年销售额1.07亿元。义乌莲都山海协作产业园完成基础设施投资22亿元，落地企业174家，实现合同引资22亿元。

（陈金春）

【与安徽岳西县开展战略合作】 2019年4月12—13日，市委书记林毅率队赴安徽省岳西县调研，座谈会上，双方签署《义乌—岳西战略合作协议》。两地坚持优势互补、互惠互利、共同发展等原则，在商贸、文化、会展、电商等领域进行合作。义乌向岳西输出“党建+市场+电商+物流+加工贸易”的帮扶模式，帮助岳西发展当地旅游业、旅游产品，推广优质岳西农产品。

（楼向华）

【义乌—莲都山海协作联席会议】 2019年 6月5日，义乌—莲都山海协作联席会议在丽水市莲都区召开。双方“走亲连心”，共同签订《义乌商城集团入驻古堰画乡一号艺术区合作协议》《义乌—莲都山海协作展贸经济合作协议》。义乌市市长王健、莲都区长陈豪分别讲话。义乌市领导董士虎、郭济环，莲都区领导斯基根、郭巧燕等10余人参加会议。

（陈金春）

【古堰画乡生态旅游文化创意产业园】 2019年6月，义乌市商城集团入驻丽水市莲都区古堰画乡1号艺术区块，开设“小商品城商品展示交易中心”，开展“中国梦”系列等文化产品营销推广工作。7月25日，在全省山海协作推进会上，义乌与莲都区签订《共建古堰画乡生态旅游文化创意园》协议，立足莲都特产产业和义乌市场优势，双方合力共建古堰画乡生态旅游文化创意产业园。

（陈金春）

【与河南范县开展战略合作】 2019年9月1日，义乌与河南省范县签订战略合作协议，河南省濮阳市、范县县委书记王秋芳及双方相关领导出席签约仪式。两地按照“党建共建、扶贫协作、产业互补、共享共赢”的思路，坚持“党政主导、群众参与、社会推动”的原则，在党的建设、脱贫攻坚、产业发展、乡村振兴等方面深化合作。

（龚国栋）

【莲都—义乌山海协作创新研究院】 2019年11月，义乌市科技局与丽水市莲都区科技局签订共建莲都—义乌科技创新研究院协议。围绕莲都—义乌山海协作产业园创新发展，通过项目实施，加强两地科技资源交流合作，推动莲都企业自主创新和义乌科研资源融合发展，为莲都区产业提档升级提供科技服务支持。

（龚国栋）

【义乌—莲都科创金融飞地——莲都大厦】 2019年12月17日，丽水市莲都区区委书记徐光文率莲都区党政代表团到义乌，召开两地山海协作联席会议。其间，莲都区城乡建设投资有限公司与义乌丝路新区管委会签订《莲都大厦项目合作协议》。莲都大厦位于义乌金融商务区，由莲都区在义乌金融商务区投资5亿元，建设科创金融飞地（莲都大厦）。项目建成后，为丽水籍企业提供异地优质商务办公平台成为山海协作产业园“莲都制造”对接义乌市场的“桥头堡”，助力莲都区经济发展。

（龚国栋）

【山海协作产业园初具规模】 2013年，义乌与莲都合作共建山海协作产业园，规划面积5.1平方千米，分碧湖北区块、高溪低丘缓坡区块和郎奇白桥区块。至2019年，山海协作产业园已完成开发面积4.18平方千米，累计完成基础设施投资和企业投资58.8亿元，合同引资200余亿元，落地企业44家，初步形成以高端装备制造业、绿色食品加工业和健康休闲养生为主导的产业集群。

（陈金春）

【义浦合作】 2019年，建立义浦战略合作机制，召开一季度、二季度义浦战略合作联席会议，印发《义浦战略合作联席工作会议制度》《义浦战略合作部门间沟通联系机制》。谋划实施义浦战略合作事项，形成《2019年义浦战略合作推进事项表》，共谋划事项52个，其中，实施类事项34个，前期类事项9个，研究类事项9个。至年底，完成义浦公共交通便捷化、义浦二线供水管道及配套工程、合作谋划旅游线路、畅通两地干部挂职交流渠道等合作事项。举行浦江—义乌供水工程通水仪式，浦江每日向义乌输送成品水3万吨。

（盛立人）

对口帮扶

【概况】 2019年，义乌市深入推进东西部扶贫协作、对口合作、山海协作、结对帮扶和战略合作。东西部扶贫协作援助汶川帮扶资金3056.5万元，发动社会帮扶资金1063万元。实施汶川县"扶贫车间"建设项目、雁门镇生态康养旅游深度融合扶贫示范项目等帮扶项目13个，项目覆盖汶川贫困人口4072人，其中贫困残疾人360人。推进汶川电商学院、来料加工产业、川青甘高原物流产业园、汶川医疗人才学院等标志性项目，2019年，义乌东西部扶贫协作工作获浙江省委书记车俊和四川省委书记彭清华点赞肯定。

开展党建交流。2019年，为对口地区举办干部培训7期979余人次，专业技术人才培训57期1139人次。互派挂职人才，累计向对口新选派专业人才49人，接收对口地区69名干部人才到义乌挂职交流。拓展展销渠道，累计邀请59家对口地区企业，提供"义博会""森博会""电商博览会"等大型展会展位86个。助力农副产品销售，推进"汶川馆"与汶川70余家个体经销户、合作社建立合作，累计帮助汶川1000余家农户销售农副产品155万余元。将对口地区特色馆纳入政府采招平台，累计帮助销售（消费）对口地区农副产品1700余万元。

开展"党建+电商"区域合作。实施电商结对帮扶，开展电商村企、村村结对3家和镇（街道）结对1家。江东街道青岩刘村为汶川青年开展"汶川青年创业孵化种子计划"培训班，设立创业孵化基地，帮助汶川青年到义乌创业，共享义乌优质电商资源。北苑街道、柳二村分别与汶川水磨镇、老人村开展电商结对帮扶，帮助老人村规划电商产业发展，谋划古街产业提升等工作。组织电商人才培训，累计为对口地区开展电商培训3期570余人次，帮助汶川干群提升电商发展理念。先后组织结对电商企业、院校4批次，100余名中职、大学院校学生到义乌学习电商创业，进行就业实践。

【汶川县医疗人才学院（义乌）在义乌市中心医院揭牌】 2019年2月27日，义乌市中心医院、汶川县人民医院对口支援签约暨汶川县医疗人才学院（义乌）揭牌仪式在义乌市中心医院举行，为汶川县历史上首座医疗人才学院。汶川县医疗人才学院（义乌）依托浙大一院、义乌市中心医院人才、学科、培训优势，全面系统化、规范化、特色化推进人才帮扶和人才培养。至11月底，义乌市中心医院支援汶川县医疗人才学院（义乌）的专家共完成专业技术培训51次，培训1084人次；累计完成手术73台。

（陈金春）

【义乌与岳西深度合作】 2019年4月12—13日，义乌市委书记林毅率队赴安徽省岳西县，就区域战略合作工作开展调研。安庆市岳西县县委书记周东明，县长江春生等领导陪同调研。在两地战略合作座谈会上，双方领导分别介绍当地经济社会发展情况，并就合作事宜开展深入对接洽谈，签署战略合作协议。根据协议，两地将坚持优势互补、互惠互利、平等协商、务实创新、共同发展的原则，充分发挥比较优势，创新方式方法，促进要素对接，在商贸、文化、会展、电商等领域进行合作。其间，林毅一行先后考察温泉镇农业示范园、安徽石关国家体育训练基地、姚河乡梯岭茶厂等地，为福田街道与姚河乡合作项目来料加工基地挂牌。6月27—28日，安徽省岳西县县委书记周东明，义乌市委书记林毅共同为安徽省岳西县驻义乌来料加工联络处揭牌，并参加义乌—岳西战略合作座谈会。会上签订战略合作协议，义乌将与岳西开展"党建+市场+电商+物流+加工贸易"区域合作，深化市场贸易合作、产业合作、展会合作，实现资源共享、优势互补、共同发展，为岳西巩固提升脱贫攻坚成果贡献义乌力量。

【义乌—汶川东西部扶贫联席会】 2019年5月5—6日，四川省汶川县党政代表团到义乌考察。考察期间，双方举行2019年度义乌—汶川东西部扶贫联席会议，总结义乌、汶川两地扶贫协作各项工作，深入谋划两地新一轮合作。会上，市领导陈小忠介绍义乌市东西部扶贫协作工作情况。汶川县委书记张通荣表示，义乌在汶川生态康养示范地建设、映秀爱国主义基地建设、川青甘高原物流产业园区运营等方面给予支持，并在“党建+电商”等方面开展更深层次的广泛合作，建立产业扶贫基地、园区、车间、细胞工程“四位一体”的发展模式。在义乌期间，汶川县党政代表团分别考察华灿光电股份有限公司及义乌华鼎锦纶股份有限公司等地。

（楼向华）

【义乌—汶川远程会诊中心成立】 2019年5月，由义乌市中心医院全额出资的义乌—汶川远程会诊中心成立。远程会诊中心是帮扶过程中根据汶川当地需求建立的医疗驰援快速反应基地，由义乌市中心医院全额出资，在义乌和汶川两地分别建立互联网联通技术平台，方便对当地疑难、重症患者进行会诊，实现医疗驰援“零距离”。 5月24日，义乌汶川完成首次远程会诊。

（陈金春）

【对口帮扶就业扶贫专场招聘会】 2019年8月2日，义乌市人社局联合汶川县人社局在汶川举办2019年东西部劳务协作与对口帮扶就业扶贫专场招聘会，义乌市浙江真爱毯业科技有限公司等13家企业提供包装、剪线、平车、挡车、客服、文员等工种就业岗位500个，达成初步就业意向22人。

（陈金春）

【山海协作项目】 2019年12月17日，丽水市莲都区委书记徐光文率莲都区党政代表团到义乌，召开两地山海协作联席会议。会上签订共建山海协作消薄园（“消薄飞地”）协议。义乌市2家企业与莲都区合资成立义乌高新区新型建材有限公司，共建山海协作消薄产业园，莲都区3000万元消薄资金将通过入股参股形式注入新公司，合作期5年内保障其年收益不低于10%。项目建成后，为莲都区36个村彻底解决消薄问题，带动208个村的集体增收。会上，同时签订山海协作科创金融园区（莲都大厦）协议。由莲都区在义乌金融商务区投资5亿元，建设科创金融飞地（莲都大厦）。项目建成后，可为义乌市外的丽水籍企业提供异地优质商务办公平台，成为山海协作产业园“莲都制造”对接义乌市场的“桥头堡”，助力莲都区经济发展。

（除署名外均由龚国栋撰稿）

综合服务业

【劳务中介服务】 2019年，义乌市共有人力资源中介服务机构100家，其中备案机构10家。全年新增人力资源中介服务机构26家，备案机构10家。

（冯 倩）

【职业技能培训】 2019年，义乌市有民办职业技能培训机构28家。为规范民办职业技能培训行为，维护劳动者及民办职业技能培训机构的合法权益，3月，市人社局对2018年6月30日前审批的19家民办职业技能培训机构进行年报和检查，合格率100%。

（陈晓辉）

【教育培训】 2019年，义乌市有培训机构685家，主要开展文化课辅导及体育、艺术、科技等培训。有职业技能类培训机构20余家，体育艺术类培训机构280余家，从业人员6500余人。办学场地逾1000平方米的培训机构40家，逾2000平方米培训机构5家。形成新天地亲子教育广场、万达金街等9个大型教育培训集聚区，其中义乌市新天地亲子教育广场，面积1.1万平方米。引进30余家校外培训机构，涵盖10余个培训种类，形成生源对流、资源共享、统一管理、规模发展的校外教育培训综合体。

（冯向龙）

【房地产经纪行业】 2019年，义乌市房地产经纪机构备案30家（含延续）。组织开展房地产经纪行业经纪人执业证书培训2次，培训286人，发放经纪人执业证书108本。对812名已满1年的经纪人执业证书持有者组织继续教育培训。3月，公布举报电话，收集扫黑除恶线索，走访机构150家次，收回《扫黑除恶自查及线索排摸表》112份。4月，开展扫黑除恶宣传实地督查，走访企业172家次，督促滚动屏增加扫黑除恶宣传语44块，发放公开信、宣传画等2307份，发放横幅120条，移交处罚房地产经纪机构5家。

（丁黎明）

【餐饮行业】 2019年，义乌市快餐行业密度较高，主要分布在稠城街道、北苑街道、稠江街道、江东街道等街道及佛堂镇、上溪镇、义亭镇等乡镇。全市有200平方米以上规模门店180余家，从业人员4800余人。拥有品牌门店八婺饭堂25家，老糊粥铺20家，匆忙客25家，便茗食堂16家，茗香园25家，小品牌门店70余家。聚千味缘餐饮有限公司旗下品牌八婺饭堂2018年获“中华餐饮名店”的称号，2019年获中华人民共和国成立70周年浙江餐饮业卓越贡献奖。

（王文庆）

邮 政

【概况】 2019年，中国邮政集团公司浙江省义乌市分公司（简称

"义乌市邮政分公司"）实现业务收入15.8亿元，列全省现业公司第二位，同比增长6.84%;实现利润7283万元，列全省第一位。其中，完成批销业务5004万元，报刊业务收入1553.27万元，集邮业务收入629.09万元。

义乌市邮政分公司在"警医邮"项目基础上，对接市公安局、市市场监管局、市人社局、市税务局等单位开展合作，在全市32个网点开通代办交管及营业执照、社保、税务、户籍、流动人口登记等便民事项100余项，实现"一窗受理""一站式服务""全年无休"。1—12月，"警医邮"累计服务群众11.7万人次。至年底，建成"邮善邮乐"慈善超市14家，覆盖全市各镇（街道），服务低保户3385户，发放补助金64.99万元。建成农村电商服务点871个，实现工业品下乡销售额5138.95万元。

2019年6月15日，中欧班列（义乌—马德里）特种邮票发行

（中国邮政集团公司浙江省义乌市分公司　供图）

【中欧班列（义乌—马德里）特种邮票发行】 2019年6月15日，义乌市邮政分公司在绣湖公园举办中欧班列（义乌—马德里）特种邮票首发式暨中华人民共和国成立70周年邮展活动，浙江省邮政分公司总经理陈清及义乌市委书记林毅共同为活动揭幕，义乌首次登上特种邮票"国家名片"。中国邮政发行的《中欧班列（义乌—马德里）》特种邮票为一套2枚（与西班牙联合发行），每枚面值1.2元，由著名邮票设计师蒋蔚联手丹麦著名雕刻大师马丁·莫克设计，采用胶雕套印工艺。邮票主图中，中国与西班牙2个列车图形对称相连，代表中欧班列是连接2个国家的经济纽带，体现中国与西班牙的友好外交。邮票背景分别采用义乌国际商贸城及马德里阿尔卡拉门，中国义乌及西班牙首都马德里同时在"国家名片"上亮相。10月20—22日，第六届世界互联网大会在浙江乌镇举行，中欧班列（义乌—马德里）特种邮票在中国邮政展厅展示。

【全国邮政工作座谈会在义乌召开】 2019年7月17—19日，中国邮政集团公司工作座谈会在义乌召开，中央第三十二指导组成员刘虎辰到现场指导，集团公司全体党组成员共150余人参加会议。会上，中国邮政集团公司董事长刘爱力作《全面贯彻习近平新时代中国特色社会主义思想　扎实推进"不忘初心、牢记使命"主题教育加快推动中国邮政高质量发展》工作报告，系统总结2019年上半年工作成绩，深入分析面临的形势和问题，部署下一步工作任务。

【国家邮政局局长到义乌调研】 2019年9月9日，国家邮政局局长马军胜一行5人到义乌市邮政分公司调研邮政普遍服务及寄递翼改革情况。调研组实地走访中国邮政跨境电子商务义乌基地及义乌市分公司城东经营部，对义乌邮政寄递业务快速发展，创新推进"准加盟制""除了睡觉就是工作"的奋斗精神和工作状态给予充分肯定，认为义乌邮政既落实好政治责任和社会责任，又落实好经济责任，在履行普遍服务义务和特殊服务使命、加快寄递业务发展方面树立了先进的典型。

（厉　楠）

电　信

【概况】 2019年，中国电信义乌分公司强化核心设备IPv6建设支撑能力，加大移动网络建设投资力度，提升义乌市千兆网络覆盖率。光宽网络线路工程投资5834万元，其中，投资光宽带建设2355万元，投资管线维护整治3479万元。城域网投资2000余万元，部署和完成支持IPv6的固定宽带、移动网络，实现城域网、接入网全面支持IPv4和IPv6双栈业务访问；开启IPv6业务承载功能，实现宽带用户及专线用户对IPv6的全面支持。义乌城域网总出口带宽900G，IDC（互联网数据中心）总出口带宽680G。移动4G网络覆盖率达99.5%，感知优良率保持在97%。投资2963.2万元进行4G基站扩容增补覆盖及5G基站建设，4G开通七期、八期工程共130个站点，新增室分设备876台，完成36个5G站点建设。

至2019年年底，义乌市共有义乌电信本地电话用户28.05万户，移动电话用户39.79万户，互联网宽带接入用户40.58万户。

【5G网络建设】 2019年，完成5G网络城区布点专项规划初稿编制，争取上级资源支持，投资8000万余元推进通信基础设施升级扩建，完成改造城区400余个通信铁塔5G设备挂载升级。研究制定《推进5G产业发展实施意见》，先试先行5G场景应用，金华地区内第一个5G商用试点于5月中旬在义乌国际商贸城已启动试运行；国际商贸城、浙医四院、义乌港、北下朱网红平台等区域开展5G应用试点。7—9月，启动全市370个5G站点的的现场查勘，重点对塔桅、供电和传输资源进行勘察。10—12月，对市场周边、智慧物流园区、电商园区、信息化业务需求高的场景优先部署，完成火车站、电商园、清真寺、市公安局、会展中心广场等区域36个5G基站设备安装及开通调试。

【义乌与中国电信浙江公司达成战略合作】 2019年10月17日，义乌市人民政府与中国电信股份有限公司浙江分公司签署战略合作协议，市委书记林毅、中国电信浙江公司总经理韩臻聪出席签约仪式。此为双方继签订《共同推进国际贸易综合改革试点战略合作协议》《“千兆智联提升城市双创活力”合作协议》后的第三次合作。根据协议，双方在数字经济及5G通信信息化领域进一步深化合作层次，共同加速推动国际互联网专用通道、平安城市、5G产业、农村信息化提升、网红经济等方面建设，实现国际访问提质提档。

【电信5G网商用】 2019年10月31日，中国电信在北京中国国际信息通信展览会上宣布5G正式商用。相比4G，5G有超高速率、超大连接、超低延时三大特性。针对5G时代不同用户的多样需求，中国电信在套餐内容设计上做了丰富与升级，打造出一套以双千兆为引领，以智慧家庭为接口，涵盖“基础通信+5G应用+5G权益”的电信特色5G套餐体系，大幅提升个人用户和家庭用户网络体验感知。至年底，义乌有电信5G用户1.4万户。

【义乌政务云新建扩容】 2019年10月，配合市政府政务上云工作部署，进行义乌政务云新建扩容。政务云一期扩容214台云服务器，并在电信宾王四楼完成新的数据中心的建设，满足义乌市单位业务上云资源需求、网络需求、安全需求、运维需求、监管需求。

（蒋丹琪）

移　动

【概况】 2019年，中国移动义乌分公司有手机通话用户186.99万户，宽带用户46.19万户。运营收入19.14亿元，位列浙江省县级公司第一。全年完成5G投资4.3亿元，建设5G信息机房26个。光网络扩容补盲新增覆盖3.6万户，义乌城区千兆光网络100%覆盖。云网融合，助力企业节本增效，发展企业上云2430家。携手浙江省5G产业联盟合作伙伴，在智慧商贸、智慧医疗、智慧物流行业进行5G新技术应用探索，推动义乌5G产业发展。

【移动“智慧消防”大数据预警平台】 2019年2月，义乌市物联网智慧社区项目成果参展2019年世界移动通信大会（MWC），被中国移动集团公司收纳入集团案例库。在北苑、江东、福田等6个镇（街道）完成部署，实现对出租房、“九小”场所、重点消防单位等方面数据归集；完成充电桩、智慧用电、独立式烟感报警系统、消防水设施监测等八大类新型消防设施的平台联网接入，实现7×24小时自动在线监测，落实消防安全工作的全面监管。至12月，接入报警设备35.4万台，预警消息推送36.48万人次，电话拨打23.17万人次。

【承建NB-IoT智慧路灯项目】 2019年2月，中国移动义乌分公司承建义乌市输变电公司NB-IoT智慧路灯项目，是金华地区内首个将物联网、三维地理信息技术结合进路灯日常管理的应用，可满足义乌市输变电公司照明系统10年的使用需求，切实满足城市照明需求。至12月，累计上线路灯5000余路。

【犬类信息管理平台建设】 2019年10月，中国移动义乌分公司完成义乌市综合行政执法局犬类信息管理平台建设，受理义乌1.21万只犬的登记审核。通过建立犬类信息管理平台，将犬只信息、免疫信息全面整合进行系统化管理，实现犬类登记、犬类免疫、犬类处罚、犬类收容等功能，相关部门通过此平台对已登记的犬只实现动态和规范管理。市民只需要扫描电子犬牌，便可获取犬主和犬只的相关信息。

【创业园物联网智能抄表项目】 2019年11月，中国移动义乌分公司完成义乌后宅文体创业园物联网智能抄表项目建设，成为移动物联网智能抄表和移动支付能耗预付费系统相结合的首个智慧园区应用。此应用运用NB物联网技术、云技术、移动互联网技术，打通微信、支付宝、银联等移动支付，建立能耗移动预付费智慧管理系统，不仅解决能耗收费管理中出现的各种技术难题，同时帮助管理部门实现科学化、智能化的能耗收费管理，助力园区企业实现智能化管理。

（王　斯）

联　通

【概况】 2019年，中国联通义乌分公司有移动用户21.6万户，宽带用户5.65万户，固定电话用户2.4万户，营业收入2.3亿元。中国联通物资信息与采购中心机构交易额1.2亿元。至年底，公司累计建设3G基站1197个，4G基站1412个，网络信号覆盖市区、乡镇、行政村、AAAA级以上景区、高速高铁、交通枢纽和大型商业超市、校园。全市联通宽带城域网宽带总出口430G，光纤到户率达99.8%，具备向覆盖用户提供千兆宽带接入能力。年内，中国联通义乌分公司配合市政府文明创建工作，参与稠城、福田、稠江、江东、北苑等街道小城镇改造项目。

【联通开启5G时代】 2019年6月6日，工信部正式向中国电信、中国移动、中国联通和中国广电发放5G商用牌照。10月31日，中国联通发布5G套餐，正式开启5G时代。12月19日，义乌市中心医院医共体5G智慧医疗正式发布，标志着5G在医疗信息化建设上提供优质便捷的服务。至年底，中国联通义乌分公司参与义乌港、浙江爱旭二期工厂弱电及5G建设，为引进企业的信息化建设、5G工厂的建设提供联通5G优质服务。

【智慧城市规划项目】 2019年8月15日，联通系统集成有限公司中标《义乌市新型智慧城市规划方案采购项目》，为义乌市新型智慧城市编制5年规划。联通系统集成有限公司派驻15人专家组开展《义乌市新型智慧城市规划方案》的编写。

（黄　丹）

市　场

综　述

【概况】 2019年，义乌市场呈现稳中向好的发展态势，市场集聚优势依然稳固，市场平台吸附能力和拓展能力优势依旧突出，表现出良好的适应性和贸易韧性。全市集贸市场总成交额1779.54亿元，同比增长11.71%；其中中国小商品城成交额1537.42亿元，同比增长13.18%。

2019年，义乌市场整体外向度高达65%，从义乌市场出口国家区域分布看，覆盖全球222个国家和地区，出口到全球六大洲的货值均实现正增长。其中北美洲增幅最大达26.16%，其次为非洲，增长16.56%。亚洲国家依旧为义乌市场主要贸易地，占比41.46%，同比增速有所上升。

与“一带一路”沿线国家和地区贸易额增速逐年上升，2019年，义乌市场与“一带一路”沿线国家和地区贸易额1384.02亿元，同比增长11.35%，占出口总值的48.26%。

商品创意创新意识增强，市场产品上新的经营主体日益增多，频次加快。2019年，54.64%的商户做到每月上新商品，同比增长12.64个百分点，其中新品年销售额占比超过20%的经营户比重首次突破45%；有新品研发投入的经营户占比80.55%，同比增长7.35%。品牌化、中档化趋势更加明显。主营中档、中高档商品的商户比例为57.03%，相比往年有显著提升。产品材质升级及个性化定制趋势明显增强。

稳步有序推进全市集贸市场规范整治工作。2019年，全市共建成开业农贸市场20家，主体结顶6家，新开工项目4个；完成项目土地摘牌3个，完成内部改造1家，完成临时过渡菜市场拆除或功能转换21家，拆除马路市场1家次。委托管理村居（社区）农贸市场37家，村居（社区）农贸市场托管率达100%。

以“基础硬件+基础数据+基础服务”为核心，提升市场数字化水平。实现市场百兆网络全覆盖，智慧管理员APP实际经营人数据采集率99.99%，智慧停车、安防、用电等智慧管理系统联网升级工程有序推进，实现全市场停车场流动车辆的提前支付和无感支付功能。“拨浪鼓”、“义采宝”等线上商贸平台功能日益完善，在线缴费业务占比90%。进口商品城孵化区、篁园轻奢馆、宾王商贸综合体B区按“一户一屏”标准推进商位门前互动触摸屏布局，实现选品、导航、下单、支付“一屏购”智慧交易。

【义乌中国进口商品城孵化区开业】 2019年11月，义乌中国进口商品城孵化区开业。义乌中国进口商品城孵化区位于雪峰西路1566号义乌国际生产资料市场一楼3-10区，经营面积12万平方米，由义乌国际生产资料市场分公司改建运营。拥有经营主体190户，引进100余个国家和地区进口红酒、食品、日化用品、工艺品、化妆品、电子电器、厨房用品、家居生活用品等15万种商品。在市场辅房设立网红直播平台，为孵化区商品拓宽网络销售渠道。

（颜兴华）

市场建设

【概况】 2019年，开展“创新进口贸易业态模式”“新型进口市场国内销售渠道建设”等课题调研，完成境内关外进口市场布局研究。2019年，续建市场7个，其中，二手车交易市场、稠关菜市场、义乌绣湖里商业中心、桥东海鲜美食城及楂林菜市场年内竣工开业。完成胡宅菜市场改造提升技术输出。

（吴靖敏 颜兴华）

【楂林菜市场】 楂林菜市场位于大陈镇楂东线北侧，市场总投资1900万元，占地面积1203平方米，建筑面积2668平方米，设地上二层，一层为菜市场，二层为配套用房，于2018年9月30日动工建设，2019年11月5日开业。内设摊位58个（间），至年底，入驻经营户45户。实现成交额305万元。

（赵 珊）

【桥东海鲜市场配套附属工程】 桥东海鲜市场配套附属工程（桥东海鲜美食城）位于江东街道桥东海鲜市场内，总投资1000万元，由桥东海鲜美食城、办公楼及配电间3部分组成，其中桥东海鲜美食城为2层建筑，其余部分为1层建筑。2018年11月2日动工建设，2019年4月竣工，同年11月3日开业。内设经营店面11间，入驻经营户8户。

（赵 珊）

【佛堂综合市场改建工程】 佛堂综合市场改建工程（佛堂商业中心）位于佛堂镇原佛堂综合市场内，市场概算投资6770万元，定位社区商业综合体，设地下一层，地上三层，局部四层，于2018年11月14日动工建设，2019年12月竣工，计划引进世纪联华超市。

（赵 珊）

【绣湖里商业中心】 绣湖里商业中心为原蔬菜批发市场提升改造项目，位于绣湖西路和西城路交叉口，占地面积4.8万平方米，总体量6.8万平方米，室内层高9层，总投资1亿元。项目于2018年10月1日开工改造，2019年5月1日开业，是集生鲜超市、时尚购物、运动集合、儿童培训、生活娱乐、特色餐饮、影院超市等业态于一体的特色商业中心，入驻老舍茶馆、世纪联华、德信影城等122家商家；拥有停车位1000余个，专用停车场2个。至年底，市场累计实现成交额1.1亿元。

（张习习）

【义乌汽车交易中心开业】 2019年12月21日，义乌汽车交易中心开业。位于义浦二线1000号，总建筑面积21万平方米，总投资7亿元。由市场集团投资建设和经营管理，拥有经营主体343户，商位346个，车位5400个，分为二手车交易、综合服务、机动车检测三大功能区块，是一个集二手车交易过户、新车登记上牌、机动车综合性能检测及餐饮、金融、汽配、信息等配套服务于一体的综合性汽车市场。

（颜兴华）

【稠关菜市场】 市场位于西城路和城中西路交叉口南侧，地理位置优越，交通便利。占地面积6756平方米，总建筑面积3.3万平方米，由市场集团投资1.2亿元建设。建筑主体共五层，地下一层为停车场，一层为菜市场，经营面积6000平方米，内设摊（店）251个（间），经营蔬菜、水果、鲜肉、水产等20余种农副产品，可以满足周边居民的一站式采购需求。二层、三层引入文化休闲行业，局部四层为办公用房，为现代化社区商业综合体。2019年12月31日，稠关菜市场正式开业。

（赵 珊）

市场管理

【概况】 2019年，义乌市市场监管局对全市国有菜市场开展定性检测22.66万批次，其中，农药残留18.36万批次，不合格165批次，退市销毁蔬菜903.86千克；非农残4.3万批次，不合格52批次，退市销毁210.32千克。围绕农贸市场消费环境、食品安全、管理服务、诚信经营、价格计量方面让老百姓放心的“五个放心”工作目标，创新编制和实施全省首个地方性农贸市场“周边环境管理、建设布局、物品摆放、卫生工作、食品安全管理”五项系列标准。研究出台《义乌市室内农产品集散中心等级认定办法》，开展室内农产品集散中心等级认定工作，破解无证市场身份瓶颈问题。牵头组织开展全市农贸市场布局规划新一轮修编工作、全国文明城市创建第二批大行动之提升集贸市场管理项目等创建工作，组织开展全市农贸市场“零见面”的现场考核评价活动。创新采用委托管理新模式，迅速提升各类市场管理水平。年内，义乌市义亭综合市场、义乌市凌云菜市场、义乌市伏龙山菜市场、义乌市上溪综合市场被评为省放心农贸市场；义乌市江南菜市场被新认定为省四星级文明规范市场，义乌市廿三里综合市场、义乌市伏龙山菜市场、义乌市后宅综合市场、义乌市苏溪江北综合市场、义乌市银海菜市场被新认定为省三星级文明规范市场；义乌副食品市场、义乌市商贸区菜市场、义乌市词林菜市场被继续认定为省四星级文明规范市场，义乌农贸城果品批发市场、义乌粮食市场、义乌市义亭综合市场、义乌市凌云菜市场被继续认定为省三星级文明规范市场。

组织开展“守合同重信用”企业公示活动，推动企业提高合同管理水平，强化合同信用，提升企业竞争力。2019年，公示AAA级“守重”企业16家，AA级“守重”企业28家，A级“守重”企业28家。办理市场主体动产抵押登记163件，抵押登记金额27.12亿元，动产抵押变更登记13件，变更登记金额8.65亿元，动产抵押注销登记58件，主债权金额7.25亿元。

【全省首个地方性农贸市场系列标准】 2019年5月30日，结合全国文明城市、国家卫生城市和省级放心农贸市场等各类创建的标准和要求，义乌市市场监管局会同市场集团与中国计量大学合作，编制全省首个地方性农贸市场“周边环境管理、建设布局、物品摆放、卫生工作、食品安全管理”5项系列标准，7月1日正式实施。为义乌市获地方标准制定权限后发布的首批标准，也是义乌市标准城市建设的具体实践。标准的发布和实施，标志着义乌市农贸市场改造提升有标可依，有利于加快义乌市法治政府、服务型政府建设，有利于深入推进义乌市星级文明规范市场认定工作，有利于形成可复制、可推广的农贸市场转型升级经验，为全省全面提升城乡农贸市场的建设、管理和服务水平提供借鉴。市场主办方新建、改造农贸市场过程中，均对照标准执行。2019年，义乌按照五项标准的要求，继续实施29个建设项目，13个内部改造（便民菜市场）项目在内的集贸市场规范整治项目65个。

【出台《义乌市室内农产品集散中心等级认定办法》】 2019年10月9日，市市场监管局出台《义乌市室内农产品集散中心等级认定办法》。《办法》对室内农产品集散中心工作依据、认定条件、组织架构、职责分工、认定程序、有效期限、撤销条件、政策享受等方面做出规定，进一步推动全市集贸市场规范整治工作。11—12月，开展室内农产品集散中心等级认定工作，组织建设、国土、规划、消防、行政执法、市场监管等部门单位，对申请认定的全市23家室内农产品集散中心进行现场检查，指出问题并由市场主办方完成整改，破解村居（社区）农贸市场因历史原因无法办理市场名称登记的瓶颈问题。至年底，完成相关认定市场建筑和消防安全的第三方评估以及相关职能部门组织的现场核查、整改。

【户外广告智慧监管】 2019年11月15日，市市场监管局建立敏感信息部门会商联审工作机制、敏感信息事件联合执法机制，建立敏感词汇库，依托广告协会，组织开展敏感广告与宣传信息发布事前备案工作。12月8日，会同市市场监管局网监办，完成户外广告智慧监管平台项目申报立项工作，着力强化监管，全面规范户外广告经营秩序。同月10日，拟定《义乌市户外广告突发事件应急处置方案》等相关制度，组织开展敏感信息处置工作业务和相关法律法规系列培训。

【实行农贸市场分类分级管理】 2019年12月30日，市市场监管局加强农贸市场分类分开展全市农贸市场“零见面”的现场考核评价，按照《义乌市农贸市场规范管理达标评价办法》的相关规定，及年度9次现场评价考核得分情况，将全市77家农贸市场按照规定比例分别评定为A、B、C、D、E 5个等级，分别兑现相关奖补政策，落实惩戒措施，实现奖优惩劣，分类分级管理。

（陈洪林）

义乌中国小商品城三期市场　（楼子荣2019年6月摄）

义乌中国小商品城

【概况】 义乌中国小商品城拥有营业面积640余万平方米，商位7.5万个，从业人员21万余人，日客流量21万人次，经营26个大类、210万个单品，是国际性的小商品流通、信息、展示中心。至2019年，义乌市场与全球210余个国家和地区有贸易往来，外向度达65%，到义乌采购的境外客商50万余人次，常驻外商1.3万人。2019年，全市有各类外资主体6800余家，其中外商投资合伙企业2500余家，占全国的75%。

举办采购商贸易采洽会13场，400余家海外采购贸易企业、1500余户经营户参与，累计完成采购额8000余万元。举办文具、玩具、箱包、服装、家装等行业垂直展12场，21.6万人次采购商参展，总成交额13.87亿元。

加强市场信用制度建设，出台《商城集团关于义乌市社会法人信用修复实施细则》，完善《浙江中国小商品城企业信用联合奖惩实施细则》。国际商贸城四区市场率先推广使用多语种标准化买卖合同和订货单，经侦预警平台英文版微信小程序和外商贸易采购平台（义信购）上线运行。启动贸易信息数据中心建设，金融数据库归集28家银行的信贷、资金流水等金融信息数据26.8万余条。

2019年，小商品城实现营业收入40.43亿元，同比增加4.49亿元，同比增长12.49%；实现利润总额16.33亿元，同比增加2.12亿元，同比增长14.95%；归属于母公司股东的净利润12.55亿元，同比增加1.72亿元，同比增长15.95%。

【商城·物产跨境（进口）电商园开园】 2019年3月23日，商城·物产跨境（进口）电商园开园。商城·物产跨境（进口）电商园地处城西街道汇港路599号（汇港路与鸿运路交叉口）。占地面积4.9万平方米，面向义乌及周边县市从事进口商品加工、销售企业。首批入驻企业有义乌市卡洛进出口有限公司、浙江锐迈进出口有限公司、义乌吉隆桩酒业有限公司、东阳市能兴进出口有限公司等40余家。至年底，电商园共入驻企业72家。

【设立直播中心】 2019年3月，商城集团在国际商贸城二区市场设立直播中心，主要直播小家电、电讯器材、电子仪器仪表等各种产品。至年底，各区市场网红直播间总面积累计2486平方米，直播7600余场次，累计时长逾3万小时，2000万人次观看。

【产品标准进市场】 2019年3月始，商城集团启动国际商贸城四区市场袜类、国际商贸城一区市场毛绒玩具行业“标准进市场工作”试点。引导商户“知标准、懂标准、用标准”，国际商贸城四区袜类商户自主亮标数1665户，亮标产品1.93万个，国际商贸城一区毛绒玩具商户自主亮标数246户，亮标产品5010个，自主亮标率均达95%以上。义乌市消协、义乌市产商院随机抽取市场72户袜类商户产品进行全品类检测，161户商户单品类检测，显示安全性指标均符合标准要求，最关键功能性质量指标高于行业标准要求。市场对接市市场监管局、国家日用小商品质量监督检验中心开展毛绒玩具检测工作，集中送检86家，均符合国标要求。通过“亮标”微信小程序，将国内外袜类、毛绒玩具标准指标对比报告等研究成果应用于经营活动，利于商户有效应对国际贸易壁垒，降低贸易风险。同时，既为采购商提供精准的采购查询服务，也为商户提供目的国标准信息查询服务，提升贸易效率。

2019年7月15日，国际商贸城二区直播间主播在直播

（吴琅文　摄）

【国际体育文化产业衍生品义乌旗舰店开业】 2019年4月28日，由北京中奥盛世文化发展有限公司与商城集团共同出资设立的国际体育文化产业衍生品义乌旗舰店开业。旗舰店地处义乌国际商贸城二区市场，主要展示历年奥运珍藏体育文化纪念品、体育IP特许商品、文化创意、影视IP等体育文化产业链相关资源及产品。

【“义乌好货”时代】 2019年6月28日，商城集团在国际商贸城三区举办“义乌好货——‘质’敬全球未来!”战略发布会，义乌中国小商品城加盟市场代表、商城集团高管、各分公司控股公司中层、“义乌好货”供应商代表、“义乌好货”品牌渠道合作伙伴共500人参会。会上，宣布义乌小商品全面开启“义乌好货”时代。同日，“义乌好货”旗舰展厅在义乌国际商贸城三区启用，兼具产品展示和模式展示等功能。“义乌好货”展厅涵盖时尚潮品、母婴玩具、学习办公体育、户外出行、五金生活、家居生活六大模块5000余个SKU商品。挑选核心供应商1100家，线上线下商品SKU逾2万个。布局湖南怀化店、辽宁丹东店、南京艺术学院高校店、义乌中国小商品城西北（宁夏）批零中心和外交部“义乌好货”外事展厅，构建“义乌好货”体系，打通供货、仓储、展示、交易等流通环节，打造成全球知名的优质小商品供应链平台。

【ICMall（爱喜猫）义乌中国进口商品城直营中心宾王店开业】 2019年11月13日，ICMall（爱喜猫）义乌中国进口商品城直营中心宾王店开业。ICMall（爱喜猫）直营中心宾王店经营面积1500平方米，经营饮料、家居日用、厨房粮油、个护洗护、母婴用品、酒类六大品类。至年底，实现营业额235万元。

（何振威）

专业市场

【概况】 2019年，市场集团旗下有各类专业市场14个，业务涵盖农副产品市场、家居市场、物资市场、粮食市场、二手车交易中心等行业。至年底，市场经营户0.9万户，从业人员2.9万人，实现总成交额267.68亿元，同比增长13.09%。

【浙中农副产品物流中心】 浙中农副产品物流中心位于五洲大道2000号，占地面积13.33公顷，总建筑面积18万平方米。设有交易用房8幢、辅助用房3幢、高层商务中心1幢及整车交易区、自产自销大棚交易区各1块，配套农产品检测中心、电子结算中心、垃圾无害化处理中心等配套设施，主要经营蔬菜、水产、鲜肉、冻品、调料、禽蛋、农林特产等农副产品。2019年，市场拥有各类经营户416户，总成交额41.76亿元、总成交易量逾90万吨，日均人流量2.2万人次，车流量9500车次。检测农副产品11.38万批次，不合格128批次，合格率99.9%，消费者维权站及“老季调解室”完成消费调解120余件。年内，市场被授予“金华市消费者信得过单位”，入选“首批浙江省市场运行数据监测示范点”。

（童炎津）

【副食品市场】 义乌副食品市场位于城中西路立交桥旁，市场建筑面积14.8万平方米，内设标准商位2238个，大型展馆71个，经营户2189户。主营非定型包装干果炒货类、参茸等高档补品类、酒饮料水果罐头类、非定型包装糖类、茶叶类、调味品食用油类、其他副食品类以及杂货类8个大类3万余种商品。2019年，受政策转变、国际经济大环境态势好转影响，行业销售季节性显著，整体呈现两头旺、中间淡的态势。绣湖里商业中心的开业与副食品市场形成业态互补，给市场带来一定的客流。受电子商务兴起的影响，部分市场经营户加快转型升级，投入电商、微商的运营增加，尤以各类小食品、杂货类最为突出。为促进繁荣，市场举办第八届年货节、内蒙古宁夏岳西等地产品展销会，组织经营户参加“森博会”、义乌国际进口商品展、宁波进口商品展、中国进口博览会等大型展会，通过世界性、地区性的展销活动提升市场知名度，并与参展商达成签约98项，引进32个品牌，丰富市场产品种类。市场总体运行情况平稳，全年交易额较上年有所上升，达58.55亿元，同比上涨2.31%；日均客流量1.75万人次，日均车流量1.25万车次。

（张习习）

【粮食市场】 义乌粮食市场紧临义乌西站大道，与火车西站隔道相望，交通便利。市场占地3.82万平方米，建筑面积5.5万平方米。共有经营店面292间，店铺面积2万平方米；铁路中转场地2.4万平方米，铁路粮食专用线331米，是集粮油批发、交易、仓储服务、物流配运等功能于一体的粮油专业市场、义乌及周边地区的粮食集聚地。经营品种有大米、面粉、大豆、玉米、食用油、高粱等30余类。2019年，市场有批发经营户83家。全年累计交易量45万吨，交易额19.32亿元，同比分别增长3.03%和1.32%。其中，大米交易量32.35万吨，交易额14.65亿元；面粉交易量10.82万吨，交易额3.59亿元；食用油交易量0.55万吨，交易额4628万元。

（陈鹭丹）

【新马路菜市场】 新马路菜市场位于北苑街道世俊路333号，建筑主体设地下2层，地上12层，总建筑面积5万平方米。其中地下一、二层为停车场，地上一、二层为菜市场，三层为仓储与办公用房，四至十二层为商务用房。菜市场经营面积8778平方米，共有摊位、店面658个（间），经营商品有蔬菜、鲜肉、调味品、蛋类、水产品、海产品、熟食等17个类别。2019年，商品整体交易价格同比略有上涨，其中，蔬菜零售价格稳中有升，鲜猪肉全年平均零售价为每千克54元，涨幅较大，水（海）产及其他类别商品的零售价格则存在不同程度的涨幅。为解决停车难问题，6月，市场临时停车场投入使用，增加地面停车位108个。租用楼店立体停车楼一楼改造成市场配套理货配送区，设理货配送用房75间，面积3407平方米；配送种类涵盖蔬菜、水产、海产、鲜肉等7个门类，10月中旬开业。2019年，市场总成交额28亿元，日均客流量3万余人次，车流量7000余车次。

（赵　珊）

【物资市场】 义乌物资市场位于西城路199号，主要经营墙地砖、卫生洁具、石材、工艺雕件、铝型材及门窗、水暖管材、不锈钢、玻璃、五金配件等10个类别

1000余种商品。2019年，市场累计实现成交额3.797亿元，商位出租率100%。

（王玲芳）

【家具市场（国际家居城）】 义乌国际家居城由浙江义乌林业开发有限公司承办，分为义乌国际家居城一区、二区、三区和义乌花卉市场（过渡）4个经营区。市场投资5.4亿元，建筑面积34万平方米，经营户1025户，集家具、家居、装饰材料、花卉于一体，高中低档商品齐全、批零兼营、内外贸并举，是行业高度集聚的专业市场。2019年5月，举办第14届义乌国际家居节，单次活动成交额3000万余元；10月，举办第15届义乌国际家居节，单次活动成交额3300万余元。至年底，市场举办各类营销活动111场，市场日均客流量2357人次，车流量1571车次，实现成交额39.67亿元。

（陈晓燕）

【木材市场】 木材市场位于佛堂镇上佛路与五洲大道交叉口，市场占地4.5万平方米，建筑面积1.59万平方米，拥有商位333个（6间为经营性物业），入驻经营户106户，主要经营原木交易和锯木加工业务。2019年，市场引入门窗加工、毛竹及建材等业务。至年底，市场实现成交额9975万元，同比增长8.26%。

（赵　珊）

【收藏品市场】 义乌收藏品市场位于西城路455号3楼，市场经营面积3.6万平方米，分外围店面和场内商位2个区域。共有商位537间，入驻经营户389户。主营古玩杂项、翡翠玉器、瓷器、书画、木雕、石雕、珠宝等10余种收藏艺术热门品类以及字画装裱、珠宝加工的配套行业商品。2019年，市场举办春秋两季收藏品交易会、名家作品展、收藏与鉴赏讲座等活动13场。其中，春季交易会实现成交额1068万元，秋季交易会1100万元，成为义乌乃至全国收藏品及艺术品领域交流与合作的重要平台。周五、周六地摊集市持续火爆，吸引义乌和周边县（市）收藏爱好者前来淘宝、交流。2019年，市场实现交易额6529万元，同比增长1.5%。

（张习习）

【篁园服装市场】 市场位于篁园路51号，地处义乌市最为繁华的绣湖商圈，总占地面积7.8公顷，总建筑面积42万平方米，总投资14亿元。市场地上八层为经营区，批发、零售、外贸、进口多元化经营业态。一至五楼共5483个商位，一楼经营牛仔·裤·服装定制·综合零售·轻奢生活馆，二楼经营男装（皮装），三楼经营女装，四楼经营女装·睡衣·羊毛衫·运动服（衬衫），五楼经营童装，其中国内销售主要辐射浙江及周边省份，外贸主要出口至中东、非洲等国家及地区。六楼设有1万余平方米的综合休闲配套服务区，引进一线影院、品牌餐饮、特色快餐、烘焙等相关市场配套服务设施，集吃喝玩乐于一体。七、八楼定位为品质生活馆，主营国内精品服装服饰和韩国进口服装服饰，营业面积7万平方米，并设有餐饮、培训机构、家居生活馆及美容、美体、美发等配套服务设施。至2019年底，市场商位出租率99.9%。

（何振威）

【模具城】 义乌模具城位于上溪镇四通东路300号，拥有商铺1386间，经营户788户，分一

篁园服装市场　（楼子荣2019年10月5日摄）

区、二区及小微孵化园。2019年，随着模具城二区的投入使用，市场产业链得以拉长，增强模具制作实力，引入塑料粒子、塑料颜料等新的行业、新的主体，加快市场机械更新换代的步伐，集聚效应进一步显现，外向度增强。随着电商的发展，模具城在进行模具销售的同时，对接淘宝、拼多多等线上平台，直接销售自产日用品，促进模具行业的发展。模具配件辐射面不断扩大，依托义乌特有的电商模式及完善的物流体系，部分商品销售至全国各地。市场主要生产日用品、玩具等模具，分类垃圾桶玩具、魔术衣架等网红热销商品，带动内需，拉动旺季时间，呈现淡季不淡的态势。2019年，市场运营稳中有升，全年市场成交额6.32亿元，同比增长24.5%，日均客流量1728人次，日均车流量1333车次。

（张习习）

【汽车城】 义乌汽车城由义乌市恒风汽车城开发有限公司投资开发，设中心展馆、A馆、B馆、C馆4个综合品牌展馆及4S品牌专卖区，展馆展位面积1.3万余平方米。市场配有商品车专用停车位400余个，来客停车位400余个。2019年，义乌汽车城有54家汽车经销商进场交易，其中15家汽车品牌4S专卖店，城市展厅11家。整体销售呈现稳中有升状态，其中国产自主品牌销量稳步上升，全年义乌汽车城成交汽车2.34万辆，成交金额36亿余元，为全市新车成交量的31%。2019年，汽车城被省市场监管局认定为“浙江省工商企业信用AAA级守合同重信用单位”。

（洪庆生）

【二手车交易市场】 义乌汽车交易中心由市场集团全资子公司义乌市汇商汽车发展有限公司投资建设，为浙江省重大产业项目。项目位于后宅街道义浦二线1000号，占地面积11.87公顷，总建筑面积21万平方米，概算投资9亿元。义乌汽车交易中心包括二手车交易区、综合服务区、机动车性能检测区三大功能区块。其中，二手车交易区有A、B、C、D、E 5个场馆，布局二手车展示交易功能区和二手车转移登记业务办理区，容纳二手车经营户390余家；综合服务区位于市场中部，区域内设置车管所办事大厅、税务服务大厅及商业配套等；机动车性能检测区位于市场西侧，设置环保检测线5条、安全检测线3条、外观检测线5条，设计年检测能力7.5万辆。2019年12月21日，义乌汽车交易中心正式开业。至年底，义乌二手车交易量4.52万辆，同比增长10.06%；交易额26.25亿元，同比增长35.99%。

（沈心琛）

会展业

综 述

【概况】 2019年，义乌市举办各类会展163个，商业性展览总面积首次突破110万平方米，其中，规模以上展览28个，创历史最高。先后举办“电商博览会”“文交会”“旅博会”“进口商品博览会”“义博会”“森博会”“装博会”7个政府主导型展会。支持市框业行业协会、市文化用品行业协会等16个行业协会举办“五金会”“纺博会”“美博会”等21个重点专业性展会。展会期间举办世界城地组织亚太区2019年执行局会议暨“一带一路”国际城市经贸合作对话会、2019世界电子商务大会等36个高规格行业高峰会议或论坛，有效推动展会与市场联动，推进产业转型升级。通过开展宣传推介和外出实地招商等形式，新办和引进会展项目12个，吸引上海、广州、宁波等地4家展览公司在义乌注册办展。其中，中国兽医协会主办的第八届中国小动物医师大会暨宠物诊疗产品展首次在县级市举办，省自行车电动车协会连续第三年到义乌举办浙江自行车新能源电动车展览会。

2019年，义乌市在中外会展品牌大会发布的年度会展品牌排行榜上列中国县域会展城市15强第一位，在全国会展名城30强排行列第13名。中国义乌国际小商品(标准)博览会跻身全球品牌展会100强，位列56位。年内，义乌市获评“2018—2019年度中国十大会展名城”“2019年度中国最具影响力会展名城”“2019年最佳品牌会展城市”“2019年度中国会展最具办展幸福感城市”，均为获评的唯一县级市。

【义乌获评“中国会展十大会展名城”称号】 2019年6月23日，2019中国会展产业发展大会在上海闭幕。会上，义乌和上海、北京、广州、杭州、西安、长沙等城市同台获“2018—2019年度中国十大会展名城”称号，为唯一一个获此殊荣的县级市。在此次评选活动中，义乌并获2项殊荣，中国国际电子商务博览会暨数字贸易博览会获“2018—2019年度中国最具行业影响力展览会”；义乌商城展览公司获“2018—2019年度中国会展行业领军企业”。近年来，在义乌举办的大规模、高层次会展活动不断涌现，会展综合实力进入世界会展城市前100强行列，先后获中国最佳会展城市、中国会展标志名城、中国最具魅力会议目的地等荣誉。

（陈金春）

【“义博会”更名】 2019年8月29日，全国清理和规范庆典研讨会论坛工作领导小组正式下发通知批复同意中国义乌国际小商品博览会更名为中国义乌国际小商品(标准)博览会，主办单位为中华人民共和国商务部、中国国际贸易促进委员会、国家标准化管理委员会、浙江省人民政府、中国轻工业联合会、中国商业联合会。“义博会”的更名，进一步丰富展会内涵，提升展会层次、规格和影响力，推动标准与产品创新和贸易的深度融合，促进小商品制造转型升级，成为推动中国制造标准走向全球的重要平台。10月21—25日，第25届中国义乌国际小商品（标准）博览会在义乌国际博览中心举行，为全国首个以“标准”为主题的国际性展会，专设标准“品字标”主题馆展区、市场创新精品展区等特色展区，突出质量标准和品牌等元素，以促进市场和行业的发展。

（曹国强　何振威）

【会展业获省展览业3项大奖】 2019年11月1日，由中华人民共和国商务部外贸发展事务局及浙江省商务厅共同主办以“全球化视野下的会展业发展”为主题的2019第四届全球展览浙江论坛在杭州举行，来自德国、法国、英国、马来西亚等国家和台湾地区、香港特别行政区会展界专家学者，长三角三省一市会展协会负责人，浙江省商务系统代表及专业媒体等350余人参加论坛。论坛上，举行年度浙江省会展业表彰仪式，表彰十大品牌展览会、优秀会展企业典型，义乌市获3项大奖。其中，第13届中国（义乌）文化产品交易会获“浙江省十大绿色品牌展会”，义乌市翔达展览服务有限公司被评为“浙江省十大优秀会展企业”，义乌鼎浩品牌策划有限公司董事长陈光宝获“浙江省十大会展新锐人物”。

（陈金春）

展　会

【概况】 2019年，义乌市举办各类会展163个，其中展览91个，会议、论坛及节庆等活动72个。展览面积110.66万平方米，同比增长6.4%；参展企业1.84万家，同比增长9.2%；展位5.11万个，同比增长5.2%；客商221.21万人次，同比下降5%；贸易成交额161.9亿元，同比增长4.7%。展览面积逾1万平方米的展览28个，同比增长12%。举办商业性展览63个，新办经贸性展览13个。支持18批次289家义乌企业参加市外重要展会，设展位718个，现场接到订单企业达90%以上。支持1061家金义都市区优质企业（不含义乌）2062个展位参加义乌19个展会，其中浦江企业132家展位245个，全力助推金义都市区展贸共建和义浦战略合作。

【2019年首届中国义乌多元百货展览会】 2019年3月8—10日，由义乌市北斗会展服务有限公司、山东货满堂国际展览有限公司主办的2019年首届中国义乌多元百货展览会在义乌国际博览中心举办。展览会以“世界百货看中国、中国百货义乌、新渠道见未来”为主题，设916个标准展位，义乌市笑雪商贸有限公司、好多宝商贸有限公司、铭旺塑胶制品有限公司等1000余家企业参展，专业采购商3.5万人次，意向成交额5亿元。同期举行全球社交团购创业者大会等配套活动。

【第二届中国（义乌）婚纱影楼用品交易会暨春季框画展】 2019年3月20—22日，由中国商业联合会主办，中国商业联合会商品市场专业委员会、义乌市中展展览服务有限公司承办的第二届中国（义乌）婚纱影楼用品交易会暨春季框画展在义乌国际博览中心举行。浙江王斌装饰材料有限公司、上海英科实业有限公司、浙江旭博工艺品有限公司、郑州子典家居饰品有限公司等270余家画框类知名企业参展。展会面积2万平方米，设国际标准展位801个，同比增长33.5%。1.2万余名客商到现场参观，意向成交额1.3亿元。

【第八届小动物医师大会暨宠物诊疗产品展览会】 2019年4月17—19日，由中国兽医协会主办的第八届小动物医师大会暨宠物诊疗产品展览会在义乌国际博览中心举办。小动物医师大会自2012年举办，先后在南京、郑州、宁波、武汉、海口等地举办。展览会以“重素质赢未来”为主题，举行宠物医疗专业讲座80余场。宠物诊疗展览会设展览面积1.5万平方米，国际标准展位520个，上海基灵生物科技有限公司、上海勃林格殷格翰药业有限公司、爱德士缅因生物制品贸易（上海）有限公司等166家国内外宠物行业知名企业参展。展品涵盖实验室诊断仪器、影像设备、激光治疗仪、医用内窥镜、宠物用品、宠物保健品、宠物用药品、生物制品、医疗管理软件等，全国各地专业采购商3000余人。

【2019中国义乌五金电器博览会暨智能电子及数码配件展】 2019年4月20—22日，由浙江中国小商品城集团股份有限公司主办的2019中国义乌五金电器博览会暨智能电子及数码配件展在义乌国际博览中心举办。展览面积3.3万平方米，设国际标准展位1546个，16个省（区、市）的1114家企业参展，产品涵盖五金工具、建筑五金、日用五金、机电机械、生活电器、智能电子六大行业1500余个品类。来自117个国家和地区的1.36万名专业采购商到会，其中境外客商2667人。

【第14届中国（义乌）文化产品交易博览会】 2019年4月27—30日，由文化和旅游部、中国国际贸易促进委员会、浙江省人民政府共同主办的第14届中国（义乌）文化产品交易博览会在义乌国际博览中心举行。展会继续深化“文化+”概念，以“创·新时代，美·好生活”为主题，展品涵盖文化创意和设计服务、动漫游戏产品、艺术品及收藏品、工艺美术品、生产性保护类非遗产品、文化娱乐产品装备及服务、消费类文化产品七大行业。展览面积6.5万平方米，国际标准展位3350个，来自境内22个省（区、市）和境外17个国家和地区的1277家企业和机构参展，展品来自57个国家和地区。其间，举办30项与展会密切相关、各具特色的活动，境内外43个国家和地区的11.19万人次采购商及观众参会。

2019年4月21日，在中国义乌五金电器博览会上，参展商向采购商介绍产品 （吴戈丹 摄）

【2019中国义乌进口商品博览会】 2019年5月23—26日，由中国国际商会、中国商业联合会联合主办，中华人民共和国商务部外贸发展事务局、浙江省商务厅、中国国际贸易促进委员会浙江省委员会、义乌市人民政府共同承办的2019中国义乌进口商品博览会在义乌国际博览中心举行。博览会围绕“一带一路”倡议，协力长三角进口产业优势，打造中国进口日用消费品标杆展会。展会以“买全球，卖全球，打造世界小商品之都”为主题，展览面积5万平方米，设国际标准展位2012个，分设亚洲I、亚洲II、欧洲、美大非&跨境贸易&浙江省国际友城交流、进口糖酒5个主题馆，85个国家和地区1000家企业和机构参展。81个国家及国内31个省（市、自治区）专业采购商4.88万人。西班牙作为此届进口展主宾国，由马德里商会、西班牙物流协会等政府机构及12个自治区的24家企业组成代表团，集中展示橄榄油、火腿、红酒、啤酒、护肤品及保健营养品等九大类180余种产品。现场举办国家名片发布会、美食美酒品鉴会、“梦幻西班牙”文艺表演、特色产品义卖等活动13项。其间，举办长三角客商义乌进口展万人行、2019中国进口电商供应链峰会、2019中国零售业进口商品采购（义乌）峰会、“一带一路”海外新品首发会、采购贸易洽谈等活动。

【首届中国—中东欧国家博览会义乌展区】 2019年6月8—12日，由中华人民共和国商务部、浙江省人民政府主办的首届中国—中东欧国家博览会暨国际消费品博览会在宁波市举办，中国—中东欧国际博览会中国馆内专门设置义乌展区。展位面积350平方米，以“新丝路、新起点”为主题，重点展示“世界小商品之都”建设、“义新欧”班列、“一带一路”捷克站等内容，全方位、多角度、立体化展示义乌改革开放成果，中外访客5000余人。其间，副总理胡春华巡视义乌展区并给予高度评价。

【2019多元百货展暨杯壶、餐厨用品主题展】 2019年7月28—30日，由义乌市中匠会展有限公司主办的2019多元百货展暨杯壶、餐厨用品主题展在义乌国际博览中心举办。来自18个省（市、区）的545家企业参展，展览面积1万余平方米，设国际标准展位981个。参观客商2.75万人次，巴基斯坦、伊拉克、印度、也门、伊朗、埃及等国外专业采购商505人，意向成交额1.96亿元。

【第18届中国框业与装饰画展览会】 2019年9月18—20日，由中国装饰画商家联盟主办，义乌市中商展览服务有限公司承办的第18届中国框业与装饰画展览会在义乌国际博览中心举办。展会面积3.5万平方米，来自美国、英国、韩国等10个国家和地区及国内20余个省（市）500余家企业参展。设国际标准展位1650个，国内外采购商1.5万余人，展会意向成交额3亿元，连续六年蝉联全球画与框行业专业展第一。

【第40届中国浙江国际自行车新能源电动车展览会】 2019年10月12—14日，第40届中国浙江国际自行车新能源电动车展览会暨首届电动车科技与出口博览会于在义乌国际博览中心举办，展览面积2万平方米，设1255个国际标准展位。上海永久股份有限公司、捷安特（中国）有限公司、江苏雅迪科技发展有限公司、爱玛科技集团股份有限公司等125家境内外企业参展，境内外采购商2万余人，实现贸易成交额12亿元。2017年起，中国浙江国际自行车新能源电动车展览会连续三年在义乌举办，依托义乌优越的外贸环境和国际影响力，展会的集聚效应日益凸显，成为国内四大自行车电动车专业展之一。其间，举办“聚力浙江、物联世界”电动车产业转型升级与创新发展高峰论坛暨百强经销商颁奖盛典、绿佳“把握机遇、共赢未来”经销商会议、七星豹新时代财富峰会、“义乌美丽乡村骑游大会”骑行等活动，集中优势资源推动浙江省乃至全国自行车电动车产业科技化、网联化、全球化。

【第25届中国义乌国际小商品（标准）博览会】 2019年10月21—25日，由中华人民共和国商务部、浙江省人民政府、中国国际贸易促进委员会、中国国家标准化管理委员会、中国轻工业联合会、中国商业联合会共同主办，浙江省商务厅、浙江省市场监督管理局、义乌市人民政府承办的第25届中国义乌国际小商品（标准）博览会在义乌国际博览中心举行。博览会面积10万平方米，设国际标准展位3700个，设主题馆（标准创新展区、“品字标”展区）、市场创新精品展区（五金精品专区、礼品包装

2019年10月12日，第40届浙江自行车新能源电动车展览会期间举办“义乌美丽乡村骑游大会”骑行活动　　（市市场发展委　供图）

专区、义乌好货专区、袜业产业专区、义采宝专区）、妇联手工艺品展区等特色展区。展品涵盖五金、机电机械、电子电器、日用品、工艺饰品、文化办公、玩具、体育及户外休闲用品、针纺织品九大行业。全国2000余家企业参展，155个国家和地区的专业采购商6.03万人次到会采购，其中境外采购商8738人，“一带一路”沿线国家到会人数占外商总人数的63.01%。此届“义博会”进一步深化“标准引领品质提升，标准畅通国际贸易”主题，“亮标”行业展区拓展至9个，设“品字标浙江制造”主题展区，集中展示浙江省高标准、高品质一体式整体厨房、智能卫浴及相关行业产品。展会期间，国家市场监督管理总局在义乌发布《电子商务交易产品质量网上监测规范》等64个国家标准，为国家标准首次走出北京在地方发布。“义博会”专设消费扶贫展区，助力100个欠发达地区拓宽产品销售渠道。其间，举办中国商品市场峰会、第二届中小企业标准化（国际）大会、“义博会”零售采购峰会、小商品创新设计大赛总决赛、“义博会”25周年——“义博之星”评选及颁奖典礼、浙江省妇女创业就业成果推介会等配套活动。

【2019中国义乌汽摩配用品交易会】 2019年10月21—23日，2019中国义乌汽摩配用品交易会在义乌国际博览中心举办。浙江、河北、江苏、广东、山东、福建等20余个省（市、区）518家企业参展，展览面积1万平方米，设国际标准展位518个。3.05万人次专业采购商到会，其中境外专业采购商8534人。意向成交额3.8亿元，其中外贸意向成交额3亿余元。

【第12届中国义乌国际森林产品博览会】 2019年11月1—4日，由国家林业和草原局、浙江省人民政府主办，中国林业产业联合会、浙江省林业局、浙江省人民政府台湾事务办公室、义乌市人民政府承办的以“合理利用林草资源，共建共享美好生活”为主题的第12届中国义乌国际森林产品博览会在义乌国际博览中心举办。设国际标准展位3662个，展览面积8.5万平方米。参展企业1696家，到会客商27.56万人次，实现成交额51.67亿元。此届“森博会”作为国家林业和草原局主办的三大国家级林业重点展会之一，规模、成效实现双增长。其间，举办林业产业投资项目推介会，正式签约“欢乐杜村”“隐龙山森林康养基地”等项目10个，总签约13亿余元。

（曹国强　冯建民）

【2019中国义乌国际装备博览会】 2019年11月21—23日，由浙江省经信厅、科技厅、商务厅、义乌市人民政府共同主办，中国机电产品进出口商会承办的2019中国义乌国际智能装备博览会在义乌国际博览中心举办，展览面积4万平方米，设标准展位2184个。来自全国13个省（区、市）以及美国、德国、日本、新加坡、意大利等9个国家和地区的482家企业参展，其中境外企业（含外资企业）展位329个，省外企业展位439个；世界500强企业5家，全球装备行业龙头企业15家，上市公司30家，国内装备行业龙头企业72家，境内外行业领军企业122家。100余个境内

2019年11月1日，在第12届中国义乌国际森林产品博览会上，来自白俄罗斯的客商试弹中国古琴　（吴戈丹　摄）

外采购团共3.47万人次采购商、专业观众到场观展采购，其中境外专业采购商1367人。达成各类意向协议和订单500余份，意向成交额28.9亿元。其间，采用“1+6+X”模式，举办以“全面应用智慧技术促进物流高质量发展”为主题的“中国（义乌）数字经济与智慧物流高峰论坛”论坛，及“步入工业智能的未来新制造”等分论坛配套活动共20场。

2019年义乌其他展会情况

表20

序号	展会名称	举办时间	举办地点	主办单位	承办单位	展览面积（平方米）	参展商（企业）	经济效益（万元）
1	第六届义乌市汽车流通协会购车会	3月15—17日	国际博览中心	义乌市汽车流通行业协会	义乌市京惠文化传播有限公司	30000	60	21000
2	2019义乌塑料包装机械展	3月15—17日	国际博览中心	浙江省塑料行业协会、中非投资联合会	河北飞塑文化传媒有限公司、河北塑展会展服务有限公司	7600	110	3000
3	第19届建玛特购APP家博会	3月23—24日	国际博览中心	义乌鼎浩品牌策划有限公司	义乌鼎浩品牌策划有限公司	7600	88	8500
4	2019义乌首届春季古玩交易会	4月23—25日	天恒国际大酒店	北苑街道办事处	义乌市收藏协会	1000	300	1100
5	2019义乌收藏品春季交易会	5月2—5日	义乌收藏品市场	义乌市市场发展集团	中华文化促进会古玩城联盟、长三角古玩商会、义乌收藏品市场	30000	800	1000
6	第14届义乌汽车展览会	5月9—12日	国际博览中心	中国机械国际合作股份有限公司、浙江省汽车行业协会	浙江中汽会展有限公司、浙江中汽会展有限公司义乌分公司	35000	65	25000
7	浙江国际纺织服饰产业博览会	5月16—18日	国际博览中心	雅式展览服务有限公司	雅式展览服务有限公司、义乌中国小商品城展览有限公司	13200	214	未统计成交额
8	第20届中国义乌国际针织机织袜机械展览会							
9	第九届中国义乌国际缝制及自动化服饰机械展览会							
10	第六届中国义乌国际数码印花工业应用展览会							

续表 20

序号	展会名称	举办时间	举办地点	主办单位	承办单位	展览面积（平方米）	参展商（企业）	经济效益（万元）
11	第20届建玛特购APP家博会	6月22—23日	国际博览中心	义乌鼎浩品牌策划有限公司	义乌鼎浩品牌策划有限公司	7600	87	8000
12	2019义乌首届大象车展	6月22—23日	国际博览中心	义乌市京惠文化传播有限公司	义乌市京惠文化传播有限公司	7600	35	3120
13	2019年SIE-第二届中国（义乌）全球跨境电商产业带博览会	7月18—20日	国际博览中心	上海交通大学海外教育学院、上海交通大学“一带一路”研究院	义乌交大亿贝会展服务有限公司	23400	570	3800
14	2019义乌第二届大象车展	8月24—25日	国际博览中心	义乌市京惠文化传播有限公司	义乌市京惠文化传播有限公司	7600	35	397.5
15	2019义乌厨房、卫浴设施展览会	9月7—9日	国际博览中心	义乌环博展览有限公司	义乌环博展览有限公司	7600	200	3000
16	第21届建玛特购APP家博会	9月14—15日	国际博览中心	义乌鼎浩品牌策划有限公司	义乌鼎浩品牌策划有限公司	7600	78	8000
17	2019义乌秋季购车节	9月21—22日	国际博览中心	义乌昊卓展览服务有限公司	义乌昊卓展览服务有限公司	7600	40	4500
18	2019浙江义乌包装、印刷展览会	9月26—28日	国际博览中心	浙江印艺文化传媒有限公司	浙江印艺文化传媒有限公司	20000	119	1500
19	2019义乌收藏品秋季交易会	10月25—27日	义乌收藏品市场	义乌市市场发展集团	中华文化促进会古玩城联盟、长三角古玩商会、义乌收藏品市场	30000	800	1100
20	第22届墙体屋面材料生产装备博览会	11月9—11日	国际博览中心	中国硅酸盐学会房建材料分会	陕西砖瓦杂志社有限公司	20000	248	1800
21	第21届墙体屋面材料生产装备博览会	11月9—11日	国际博览中心	中国硅酸盐学会房建材料分会、陕西砖瓦杂志社有限公司	陕西砖瓦杂志社有限公司	20000	210	13000
22	第13届义乌汽车文化节	11月14—17日	国际博览中心	浙江中国小商品城集团股份有限公司	义乌昊卓展览服务有限公司	38000	90	40100
23	2019义乌秋季房地产交易会	11月15—17日	国际博览中心	义乌市住建局	义乌市融媒体中心	10000	26	31000

（除署名外均由曹国强撰稿）

会展管理

【概况】 2019年，义乌市用于扶持民营展会及企业走出去参展等专项资金1459.47万元，举办各种展会14个。组织289家义乌企业参加第35届中国上海国际婚纱摄影器材展览会、2019中国国际服装服饰博览会、第16届中国国际文具礼品博览会等国内重要展会18批次，设展位718个。组织会展行业从业人员培训3场。

【会展培训】 2019年5月7日，市市场发展委组织召开以“绿色会展美丽义乌”为主题的绿色会展工作会议暨培训会，市市场发展委、市生态环境分局、市综合行政执法局、商城集团、义乌工商职业技术学院等相关负责人及全市会展企业负责人共60余人参加培训会。培训会上，中国展览馆协会副理事长、中国绿色会展联盟副理事长、灵通展览系统股份公司总裁分享国内会展前沿城市和重点会展项目在推动绿色会展工作及先进案例；市会展业联合会与江苏常州灵通展览公司签订《绿色会展战略合作协议》，全市30余名会展企业负责人共签《义乌绿色会展倡议书》；参观现场搭建的绿色展台、展具。12月4日，市市场发展委在义乌工商职业技术学院望道楼举办2019会展行业从业人员培训会，市会展相关机构、相关商（协）会等会展行业从业人员125人参加培训。培训会上，上海会展研究院执行院长作全球化背景下中国（义乌）会展业发展出路主题讲座；义乌抖音直营中心、广州市广贸展览策划公司负责人分享利用短视频开展精准营销和推进绿色展览工作经验；相关会展机构负责人就如何推进义乌绿色会展进行座谈交流。

【发布全国首个《绿色展览运营规范》】 2019年10月21日，市市场监督管理局发布《绿色展览运营规范》义乌市地方标准，为全国第一个绿色展览运营规范，是义乌市获得地方标准制定权限首个立项、研制、发布的地方标准，也是义乌实施标准化战略，以标准引领产业转型升级的重大成果。《绿色展览运营规范该》以展览运营全过程为主线，践行绿色运营核心理念，对筹备阶段、布展阶段、展出阶段和撤展阶段4个阶段进行分块规定，同时建立管理和监督检查机制，形成PDCA循环管理模式。《绿色展览运营规范》义乌市地方标准是在市市场发展委及市市场监管局指导下，由义乌市标准化研究院、义乌中国小商品展览有限公司、浙江欧雅特展览展示有限公司等单位起草拟定。

【义乌市政校企合作共建会展人才出成效】 2019年10月31日—11月1日，由浙江省教育厅和浙江省商务厅主办的浙江省第九届会展策划创意大赛决赛在杭州举行。义乌参赛的3支代表队中，直播短视频组的《2020中国直播与短视频产业博览会》凭借缜密的策划方案、独特的展示方式获得评委的一致认可，摘得大赛一等奖；智慧建筑组的《2021中国（杭州）智慧建筑博览会》获大赛二等奖；中国垃圾分类处理博览会组《2020中国垃圾分类处理博览会》获大赛三等奖，全面展示义乌市政校企合作共建培养应用型国际会展人才取得的成绩。近年来，义乌工商职业技术学院与市市场发展委等会展管理机构及各重要国际展会和专业会展开展合作，共建在校学生学习实践基地，开阔国际视野，提高综合素质，增强创新意识；毕业后又充实各会展企业，发挥生力军主力军作用，为会展业发挥重要平台作用，推动义乌市会展业平稳快速发展奠定坚实基础。此届大赛吸引来自院校和企业的160余支队伍计600余人报名参赛，参赛队伍和人数创大赛设立以来最高纪录，大赛官方直播平台开幕第一天浏览突破40万人次。

（陈金春）

（除署名外均由曹国强撰稿）

会展企业

【概况】 2019年，政府主导展行业龙头引领展位搭建、广告设计、交通物流、礼仪等专业化分工协作体系不断健全。全市有会展机构30家，直接从业人员1000余人。

（曹国强）

【义乌国际博览中心】 义乌国际博览中心属浙江中国小商品城集团股份有限公司全资分公司，是国际展览联盟（UFI）会员单位、国际展览与项目协会（IAEE）会员企业、中国展览馆协会理事单位、长三角展览场馆专业委员会副主任单位，从事展馆租赁及各类展会全过程服务。公司2009年10月建立，有员工100人，其中大专以上学历43人。2019年，义乌国际博览中完成2019中国义乌五金电器博览会、2019中国义乌进口商品博览会、2019“义博会”等展会42场。完成全球文具人之夜、社交电商新零售国际峰会等大型活动14场，展览面积91.03万平方米。完成2019中国零售业进口商品采购（义乌）峰会、2019中国（义乌）数字经济与智慧物流高峰论坛暨CAWD企业年会等会议108场。

（贾文俊）

【义乌中国小商品城展览有限公司】 义乌中国小商品城展览有限公司创建于1998年，为浙江中国小商品城集团股份有限公司旗下控股公司，是国际展览联盟（UFI）会员单位、商务部首批展览业重点联系企业，集国内组展、海外出展、展览配套服务于一体，提供一条龙专业展览服务。有员工83人，平均年龄32岁，大专及以上学历占100%。2019年，公司承办2019中国义乌进口商品博览会、第25届中国义乌国际小商品（标准）博览会、第12届中国义乌国际森林产品博览会、2019中国义乌五金电器博览会等5场大中型展会。

（贾文俊）

【义乌市中商展览服务有限公司】 义乌市中商展览服务有限公司成立于2004年10月，注册资金50万元，是专业举办画与框行业的展览公司，为美国PFA及英国相框与艺术协会组织成员之一，员工20人。2019年公司承办的第18届中国框业与装饰画展会首次启用A馆。A、B、C、D四大展馆共4.5万平方米，计1800个展位，展商与采购商满意度90%以上。

（毕新荣）

【义乌翔达展览服务有限公司】 义乌市翔达展览服务有限公司成立于2008年，注册资金100万元，承办展会策划、组织等业务，有员工40余人。2019年，公司参与策划中国国际电子商务博览会、中国义乌物流产业博览会，先后代理2019“义博会”、2019中国义乌进口商品博览会、第14届中国义乌文化产品交易博览会等展会。年内，公司获“十大优秀会展企业”称号；旗下品牌展会中国国际电子商务博览会获中国会展产业2018—2019年度“中国最具行业影响力展览会”，中国会展行业年度“最具影响力品牌展会”；中国义乌物流产业博览会获中国会展行业“中国品牌博览会·金奖”。

（赵梅君）

【义乌创杰展览服务有限公司】 义乌创杰展览服务有限公司创建于2003年，注册资金100万元，为商务部重点联系展览企业。下设市场部、媒体部、项目策划部、展览工程部、国际创作部。公司有员工65人，大专及以上学历占95%。2019年，公司参与承办浙江美业博览会、义乌小商品制造设备展览会、中国厕所革命创新博览会、中国上海环境卫生与固体废弃物设备展览会4个展会，累计参展企业1325家，展位数3500余个。其中浙江美业博览会是浙江省商务厅重点支持展会。

（曹　军）

【义乌励展会展有限公司】 2019年，义乌励展会展有限公司承办中国义乌汽摩配用品交易会展会汇集全国20余个省（市）518家企业参展，展会面积1万平方米，展位518个。公司成立于2014年5月，注册资金100万元，为专业举办汽车摩托车配件用品的展览公司，是义乌汽车摩托车用品配件行业协会成员之一，有员工18人，合作代理招展公司8家。2016年始，义乌励展会展有限公司与“义博会”深入合作，借助“义博会”庞大的国内外招商渠道，邀请中亚、中东、东欧、南美等境内外贸易采购团到会洽谈采购，提升中国义乌汽摩配用品交易会的国际影响力。2019年，公司连续第三年被市市场发展委评为“义乌十大成长型展览会”。

（张跃华）

【义乌博裕会展服务有限公司】 义乌市博裕会展服务有限公司2012年10月12日在义乌注册成立，注册资金100万元，公司主要经营会展服务、市场招商信息咨询服务、展览展示服务及跨国采购对接会等业务。2019年，公司先后参与中国国际进口博览会、中国鄂尔多斯国际羊绒羊毛展览会、上海CTE中国玩具展、中国义乌小商品（标准）博览会、中国义乌五金博览会、中国义乌（国际）森林产品博览会、中国台州塑料交易会、中国宁波服装服饰博览会、中国温岭泵与电机展览会、山东广饶轮胎展、中国北方童车自行车展等展会50余个，展览面积100余万平方米，展位30万余个，涉及美国、英国、德国、法国、意大利、荷兰、加拿大、波兰、阿根廷、墨西哥、秘鲁、哥伦比亚、玻利维亚等80余个国家。到会境外采购商3.2万余人，成交额40亿美元。

（钟佳媚）

【义乌市恒发展览服务有限公司】 义乌市恒发展览服务有限公司创建于2013年9月，专业从事出国展览业务，是许多知名展会的一级代理。公司有员工13人，市场招问信息咨询服务是一支具有10余年境外组展经验的专业服务团队。2019年，公司出展项目70余个，涉及消费品、礼品、化妆品、办公文具、玩具、电子、纺织服装、五金等行业。设立展位1000余个，展览规模和出展面积名列全国县级市前茅。

（贾丽平）

【义乌市中通会展有限公司】 义乌市中通会展有限公司创立于2013年，专业从事出国展览业务，每年组织15个国家和地区的7个行业领域300家优质企业参加70余个展览项目，出展行业涉及礼品家居消费品、纺织服饰、五金工具、酒店用品、包装、办公文具、休闲产品等产品。在新形势下，通过线上线下各种活动，全方位提升参展企业的综合能力。2019年，公司组织展览项目70个，展位600余个，实现营业收入2000万余元。

（张远兰）

【浙江欧雅特展览展示有限公司】 浙江欧雅特展览展示有限公司成立于2006年6月，注册资金1020万元，是提供专业展览设计及施工展览服务的公司。业务涉及特装展台设计与搭建、主场整体策划与制作、商业空间环境设计及施工。有标准厂房3500平方米，成熟的设计和施工团队40人。先后获行业AAA级诚信经营示范单位、AAA级重合同守信用单位、AAA级重质量守信用单位等荣誉。公司开发的12槽铝合金型材推广至全国，成为绿色搭建的主要型材。2019年，为降低绿色展装成本，公司带领义乌市会展业联合会展装工程委员会各成员单位购买热转印设备，降低运营成本，为推广绿色展装打好基础。

（郭东雨）

旅游业

综 述

【概况】 2019年，义乌市接待游客2698.86万人次，同比增长26.67%，其中境外游客74.82万人次。实现旅游收入335.63亿元，同比增长26.37%，创旅游外汇4.57亿美元。8家旅行社1051个团队共10.61万人次到义乌市购物旅游，其中，住宿游客4241人次，入境游客2543人，发放购物旅游奖励60万元。

完成网上行政审批受理事项53件，办结53件，其中，旅行社设立1件，导游证核发52件。完成出境团队审核备案共13个团545人次。贯彻落实《义乌市会展业“红黑名单”管理办法》《义乌市旅游行业信用分级管理办法》《义乌市旅游领域信用承诺的实施办法》，营造“信用旅游”的良好氛围，在评优评先、行政审批等事项中联合奖惩应用69次。完成四星级饭店复评2家，四星旅行社复核7家。新增浙江省银鼎级特色文化主题饭店2家，金桂级品质饭店2家。培育2019年浙江省百强旅行社4家。

2019年，市文化和广电旅游体育局（简称“市文旅局”）丰富旅游产品体系，推进西门街项目、望道大景区、栖隐大安慢养社区等重点旅游项目建设。佛堂省级旅游度假区建设持续开展，度假区管委会挂牌成立。开展1个景区镇及42个A级景区村庄创建工作，新建、改建旅游厕所21座。佛堂镇创建为浙江省AAAA景区镇，李祖村、七一村、分水塘村创建为浙江省AAA级景区村庄，分水塘村成为金华市研学教育基地。

全方位开展山海协作、义浦同城、对口帮扶工作。贯彻落实义浦同城战略，与浦江签订文化旅游战略合作协议，在旅客互送、推广营销、干部挂职交流等方面开展合作。与丽水莲都签订山海协作友好合作协议，在旅游宣传、招商推介等方面深化交流合作。与四川汶川签订东西文化旅游扶贫框架协议，在文化走亲交流、文博合作交流、文旅人才交流、旅游市场互动、旅游产品共建及文旅产业富民等方面深化合作帮扶。

为完善旅游市场秩序监管，营造公平竞争的市场环境，市文旅局执法大队坚持日常监管及重点监查相结合的方式，加强“一网通管”内的随机检查及专项检查。做好旅游企业服务质量日常监督检查，采取定期与不定期、明察与暗访相结合方式，着重检查投诉较多的企业，全年检查旅行社82家次，立案1起。坚持旅游投诉电话24小时畅通，全年，接处各类投诉48起，处理有效旅游投诉18起，涉及旅行社13家、A级景区1家、星级酒店2家；其他2起。协调理赔或补偿金额15.19万元。

【义浦文旅全面深度融合】 2019年1月24日，义浦文旅战略合作座谈会在市文旅局举办。座谈会上，双方就促进文化产业发展、实现文化资源共享、开展两地文化交流、推动两地旅游融合等方面展开全面、细致的讨论。双方建立互访机制，每个季度开展1次文化走亲，两地文化机构间定期或不定期开展文化交流活动。举办展览等方式实现双方的文艺团队、图书、非遗文化、文物典藏等资源的对接。促进文化产业发展，参加中国义乌文化产品交易会，同等条件下提供更优质的展位，推动两地旅游融合，组织采线座谈，做好旅游产品大推送。开展旅游资源、线路合作，共推周末休闲游、亲子研学游、文化旅游、工业旅游等主题产品，合作推介旅游品牌形象。开展两地文化交流，共办1场音乐会，护送1个春晚节目。此次座谈，对加快实施义浦同城战略，高质量深化区域合作，实现义乌和浦江文化旅游事业共建共享，打造1+1>2的区域发展格局、提升区域竞争力具有积极意义。浦江县文化和广电旅游体育、义乌市文旅局主要领导及相关科室负责人12人参加座谈。

（陈金春）

【“世界旅游联盟·义乌对话—旅游目的地高质量发展”论坛】 2019年4月27日，“世界旅游联盟·义乌对话—旅游目的地高质量发展”论坛在义乌幸福湖会议中心举行。世界旅游联盟秘书长刘士军，省文化和旅游厅副厅长许澎、杨建武，义乌市长王健等出席并致辞。此次“义乌对话”由世界旅游联盟和义乌市人民政府主办，旨在解决影响广大游客旅游体验的重点问题和主要矛盾、创造广大游客需求升级紧缺的新产业和新业态、构建高品质的旅游目的地。论坛以“旅游目的地高质量发展”为主题，分主旨演讲、主题演讲、案例分享等环节，通过高端论坛和专家对话的方式，聚焦全域旅游的发展、文旅融合的实践、旅游业态和商业模式的创新等话题。义乌作为全国首个国际商务旅游目的地城市，近年来依托独特的商贸优势和丰富的人文资源，加快培育旅游+购物、旅游+会展、旅游+健康等业态，发展全域旅游，逐步形成商旅、农旅、文旅等融合发展的多元化发展格局。2018年，义乌市共接待游客2000万余人次，其中入境游客88.9万人次，分别增长12.9%和1.5%。

（陈金春）

【佛堂省级旅游度假区管委会挂牌成立】 2019年7月8日，佛堂省级旅游度假区管理委员会挂牌成立。管委会由原双江湖建设开发指挥部和佛堂文化旅游区管理委员会合并组建。2017年12月，省政府下文同意设立义乌市佛堂省级旅游度假区，总规划面积48.3平方千米，东至东阳市及义乌市交界处，南至金义东公路，西至佛低线及义乌江西岸，北至五洲大道及富港大道交汇处，包含双林文化园、佛堂古镇、双江湖三大主题。

【分水塘村被授予“浙江省生态文化基地”】 2019年12月17日，省林业局、省生态文化协会授予56家单位为“浙江省生态文化基地”，义乌市城西街道分水塘村名列其中。以分水塘村望道故居为核心的望道信仰线，是义乌重点打造的10条精品线路之一。望道信仰线全长1300米，从文化方面入手发掘红色文化线，从自然景观入手提升绿色生态线。分水塘村内民宿、餐饮、农产品销售等旅游产业蓬勃发展，“义新欧”进口商品直销中心、名特优新农产品馆等先继入驻。至年底，分水塘村先后被评为浙江省红色旅游示范基地，省AA级旅游景区村庄，省美丽乡村特色精品村。

【七一村成功创建浙江省AAA级景区村庄】 2019年12月23日，金华市文化广电旅游局、金华市农业农村局下发《关于公布2019年度42个浙江省AAA级景区村庄名单的通知》，义乌市七一村成功创建浙江省AAA级景区村庄。七一村南靠城西街道开发区，北邻杭金衢高速公路，距离义乌市区10分钟车程，交通便利。自然风光优美，民风淳朴，建有集生态休闲、游览观光于一体的七一农业生态园。乡土美食有东河肉饼、农家豆腐煲、义乌拉面等。七一村与党的生日同名，红色文化氛围浓厚，先后获全国先进基层党组织、全国巾帼示范村、全国妇联基层建设示范村、民主法治示范村、全国五四红旗团支部等荣誉，是一座党建文化的高地。至2019年年底，义乌市共有浙江省AAA级景区村庄8个。

（除署名外均由陈庆撰稿）

旅游规划

【概况】 2019年，市文旅局配合相关部门、镇（街道）、八大集团完善旅游功能，落实旅游厕所新三年行动计划，10条美丽乡村精品线投资7亿元建设基础设施和基本项目，全面完成基础设施建设。西门街项目有序推进，项目规划通过市规审会审核。启动戚氏宗祠修建工程。

重点打造望道大景区红色旅游品牌，望道景区规划拟委托规划公司进行概念性规划；串联沿线村庄节点，开展红色旅游启动仪式，分水塘村成功创建金华市研学教育基地。指导七一村提升服务中心、生态停车场、生态公厕等基础设施建设，七一村、分水塘村成功创建浙江省AAA景区村庄。开展景区镇、景区村庄创建工作，扶持资金分配向重点发展乡村旅游的镇街及村庄倾斜，全年共发放央补、省补、市补资金383万元。

【"厕所革命"实施方案】 2019年5月13日，市政府下发《义乌市2019年度"厕所革命"实施方案》，推进公共厕所建设改造提升。方案指出义乌市公共厕所建设的主要任务为推进城乡公厕建设，推进社会厕所对外开放，完善公厕导向系统建设加强公厕长效管理。工作步骤分部署阶段、建设改造提升阶段、验收阶段；提出加强组织领导、加大财政保障、突出特色亮点工作要求。

【"多彩华溪"美丽乡村精品线获省设计成果一等奖】 2019年7月，由浙江农林大学园林设计院设计的义乌市廿三里街道"多彩华溪"美丽乡村精品线项目获省优秀设计成果一等奖。"多彩华溪"美丽乡村精品线自廿三里街道老街、拨浪鼓广场出发，沿溪流而上至华溪省级森林公园，设计主线车行道沿线景观提升、环溪绿道、景观节点，全长12.5千米。"多彩华溪"精品线既是一条满足当代人观光、健身的休闲精品线，也是一条串联沿线村庄、产业与周边旅游资源的美丽经济线，一条与周边风光融为一体的现代美丽乡村建设样板线。

【西门街项目规划】 2019年10月，编制完成《义乌西门老街区块保护开发项目概念性规划方案》。"方案"从西门老街现场条件分析、绿化分析及义乌传统经济，义乌历史文化名人，古建及传统民居保留、改造、复建，近代建筑的保留、改造等方面入手，提出西门老街区块整体概念布局，包括总平面图、技术经济指标、功能分布、交通分析、停车分析、竖向分析，以及老西门游线、文化游线，迁建古建筑群落、古风高档文化购物街区、滨水艺术购物街区打造等规划。《义乌西门老街区块保护开发项目概念性规划方案》由中国建筑设计咨询有限公司编制。

【望道景区规划】 2019年12月，编制完成《望道大景区旅游发展概念性规划》。其中，分析望道红色旅游总体发展现状及发展条件、红色文化及红色旅游资源挖掘、红色文化的提炼及红色资源，提出望道景区发展目标、发展战略及发展路径，确定红色文化及红色旅游发展的主题线路定位和项目品牌建设。同时，提出全域红色旅游专项基础设施及配套体系规划，包括景区出入口、游客中心、导游服务、旅游厕所、游客休息设施、标识系统、旅游安全防护设施、旅游购物设施等。《望道大景区旅游发展概念性规划》由北京大地风景旅游景观规划院根据《国家旅游通则》编制。

（姚晓蓓）

旅游行业管理

【概况】 2019年，义乌市共有旅行社20家，其中，具有出境资质的旅行社7家，四星级旅行社7家。外地驻义乌旅行分社8家，门市部72家。有星级饭店10家，其中，五星2家，四星7家，三星1家。具有相当规模的已开业的饭店12家，其中五星标准建造奢华酒店5家，四星标准建造豪华酒店7家。拥有"金树叶级"绿色旅游饭店3家，"银树叶级"绿色旅游饭店7家，"银鼎级"特色文化主题饭店3家，"金桂级"品质饭店2家。有香格里拉、万豪、皇冠假日、君澜、最佳西方、华美达、开元7个高水平酒店管理集团入驻义乌，大型酒店数量及高品质服务水平均位居金华地区首位。

贯彻落实《义乌市会展业“红黑名单”管理办法》《义乌市旅游行业信用分级管理办法》《义乌市旅游领域信用承诺的实施办法》，营造“信用旅游”的良好氛围，引导和规范旅游企业诚信经营。实现旅游行业“零事故”，检查旅游企业132家次，整改消防设施不合格、行前安全告知不规范等安全隐患问题653个，整改率100%。推出“信易住”“信易游”2项信用应用项目，出台《义乌市星级饭店文明消费信用管理实施意见（试行）》《义乌市旅行社信用管理实施意见（试行）》，引导和规范旅游企业诚信经营。开展消防安全、旅游行业急救知识等各类培训，全年组织参训300余人次。

【义乌市文化和广电旅游体育局挂牌成立】 2019年1月19日，义乌市文化和广电旅游体育局挂牌成立。根据《义乌市机构改革方案》，将原义乌市文化广电新闻出版局（市体育局）除新闻出版、电影管理之外的职责，与原义乌市旅游与会展管理委员会旅游管理职责整合，组建市文化和广电旅游体育局作为政府工作部门，不再保留市文化广电新闻出版局（体育局），撤销中共义乌市文化广电新闻出版局委员会。

【省“金桂级”品质饭店】 2019年9月，浙江省文化和旅游厅、浙江省饭店业协会率先在国内制定《浙江省品质饭店评价规范》地方标准及其实施细则，将品质饭店划分为“金桂级”“银桂级”2个档次。年内，义乌市万豪酒店、开臣国际酒店经省旅游饭店星级评定，成为“金桂级”品质饭店。

【义乌市旅游饭店服务技能大赛】 2019年10月23—24日，由市文旅局主办，义乌市风景旅游协会承办的2019年义乌市旅游饭店服务技能大赛在义乌三鼎开元名都大酒店举行。18支代表队109名选手参加客房服务（中式铺床及小景设计）、餐厅服务（中餐宴会摆台）、餐厅服务（西餐宴会摆台）、饭店消防安全演练技能（水枪打靶、麻袋覆盖油桶）赛，评出团体一等奖1个，二等奖2个，三等奖3个；个人单项一等奖1人，二等奖2人，三等奖3人；组织奖2个。

【浙江省饭店业工程技术比武获佳绩】 2019年11月26—28日，由浙江省文化和旅游厅主办、浙江省饭店业协会承办、浙江旅游职业学院协办的2019年浙江省旅游饭店服务技能大赛在杭州举行，来自全省的69支饭店代表队307名选手参加比赛，义乌市选派4支代表队32名选手参赛。获一等奖1个，二等奖1个，三等奖4个。

【省“银鼎级”特色文化主题饭店】 2019年12月25日，浙江省旅游饭店星级评定委员会下发《浙江省旅游饭店星级评定委员会关于批准浙江春燕文化创意有限公司（禧瑞达丝绸体验酒店）等22家饭店为银鼎级特色文化主题饭店的批复》，义乌大酒店、商城宾馆通过省级特色文化主题饭店评定，成为“银鼎级”特色文化主题饭店。2017年8月，根据中华人民共和国旅游行业标准“文化主题旅游饭店”，将文化主题旅游饭店划分为“金鼎级”“银鼎级”2个档次。至2019年年底，义乌市有“银鼎级”文化主题旅游饭店3家。

（陈　庆）

旅游市场营销

【概况】 2019年，市文旅局组团参与中国国际旅游交易会、宁国国际旅游展、浙江省旅游交易会、金华文旅上海推广活动等旅游推广活动，举办“5·19”中国旅游日活动、上溪桃花节等旅游节庆活动10余场。与东阳、浦江、丽水莲都等地开展旅游宣传推合作，推动重点旅游项目建设。与华侨城华东投资有限公司、方特投资发展有限公司、锦绣中华有限公司、港中旅集团等知名旅游企业对接洽谈，至11月初，接待旅游投资企业40家85批次。全年，市文旅局联合市各有关部门、镇（街道）组织举办旅游节庆活动及文化旅游活动30余场。

【“文交会”“旅游会”旅游推介】 2019年4月27—30日，第14届中国义乌文化产品交易博览会及第11届中国国际旅游商品博览会在义乌国际博览中心同期举办。会上，举办由文化和旅游部组织的“心灵四季·美丽中国”盛夏旅游推广季启动仪式和世界旅游联盟、义乌市人民政府主办的“义乌对话——旅游目的地高质量发展”论坛等30余项与展会密切相关、各具特色的活动，全力打造文化和旅游融合发展的“中国样板”，得到中华人民共和国文化和旅游部和省委、省政府有关领导的高度认可。“文交会”“旅博会”中心馆序馆的“三区三州”旅游专区，邀请丽水9县（市、区）及新疆阿克苏温宿县、四川汶川、广西龙州等7个对口地区的文旅部门组织参展，重点展出当地优质旅游商品，为精准扶贫打通“最后一公里”。

【义乌—莲都山海协作莲都旅游推介会】 2019年10月29日，在义乌开元名都大酒店举办义乌—莲都山海协作莲都旅游推介会。推介会上，义乌与丽水莲都两地文化和广电旅游体育局签订《战略合作框架协议》，两地总工会签订《职工疗休养合作协议》。义乌恒风国际旅游有限公司与莲都区旅游投资有限公司签订山海协作义乌营销中心意向性合作协议，两地不断拓宽合作的深度与广度，促进旅游业向更高层次发展。

【4家旅行社入围浙江省百强】 2019年12月11日，浙江旅行社行业品质提升2019系列活动闭幕式暨浙江省旅行社行业年度工作会上，发布2018年浙江省百强旅行社名单，义乌市义乌顺风国际旅游有限公司、浙江金秋国际旅游有限公司、义乌市华夏国际旅游有限公司、义乌市天马国际旅游有限公司4家旅行社列入其中；义乌市华夏国际旅游有限公司获“研学旅行先进单位”。义乌顺风国国际旅游有限公司是一家集旅游、会议、商务考察于一体的专业浙江省四星级品质旅行社，为义乌市工会疗休养定点承办单位。浙江金秋国际旅游有限公司（原义乌市金秋假日旅行社有限公司）创建于2003年，是义乌最早成立的旅行社之一。为义乌市首批浙江省四星品质旅行社，义乌市疗休养合作单位。2013年8月升级为出境社，2016年在义乌本市内设立19家门市部并设立上海分社，2017年被浙江省外侨办批准成为出国（境）中介机构，承办游学出国等项目。公司成立义乌市金秋会展服务有限公司及义乌市自驾车旅游协会，发展会展业务及自驾车旅游业务。义乌市华夏国际旅游有限公司成立于2003年，是浙江省四星级品质旅行社，2010年成为浙江省中国旅行社集团有限公司义乌分公司，2013年12月升级为国际社。义乌市天马国际旅游有限公司创建于2003年，是专门经营组织和接待国内旅游、休闲度假、考察、会展等的综合性旅游服务企业。

（陈金春）

（除署名外均由陈庆撰稿）

旅游资源

【概况】 2019年，义乌市开展景区镇、景区村庄创建工作，佛堂镇通过AAAA级景区镇验收、完成42家A级景区村庄创建验收。组织镇（街道）、村庄和八大集团开展A级景区村庄创建培训，现场指导村庄完善游客中心、标识标牌等基础设施，融入文化旅游元素，丰富经营业态，指导有意向发展旅游的村庄做好前期规划

佛堂镇小六石村　（王凯2019年7月7日摄）

和策划。指导省级特色小镇义乌丝路金融小镇、义乌绿色动力小镇、义乌光源科技小镇创建AAA级景区，按照A级景区标准配套旅游功能及旅游服务基础设施。推进旅游产业与其他产业融合发展，培育各类产业融合示范基地，金华三溪堂国医药馆连锁有限公司、金华森山健康小镇2家单位创建成为省中医药文化养生旅游示范基地，后宅街道稠岩村（曹村）创建为浙江省非物质文化遗产旅游景区（民宿文化村）。

【省AAAA级景区镇佛堂镇】 2020年1月3日，佛堂镇创建为省AAAA级景区镇。佛堂镇位于浙江中部，义乌市南部，全镇区域面积134.1平方千米，是义西南产业带的重要产业组团。佛堂因佛而名，因水而商，因商而盛，历史文化底蕴浓厚，素有“小兰溪”之称，享有“千年古镇、清风商埠、佛教圣地”的美誉。在地文景观中，突出的旅游资源单体有石牛山、云黄山、道院山、严岩山等。在水域景观中，以河流和溪流居多，主要是南江和义乌江，规模大，历史悠久。佛堂镇老街以及田心、倍磊等村内建筑多为清代及民国传统古建筑，且保存完好。共有各类不可移动的文物286处，其中仪性堂、吴宅、双林铁塔等为省级文保单位。全镇有各类非遗项目24项，其中傅大士的传说、木活字印刷等为省级非遗项目。每年一届的佛堂“十月十”民俗文化节创办于1938年，成为义乌知名的民俗文化节会。游古镇逛老街，可体验本地20余种传统民俗非遗文化项目的制作展示，“舌尖上的佛堂”汇集本地100余种风味特色小吃。

【各类基地评定】 2019年，市文旅局与教育局联合开展义乌市研学教育基地、营地评定。评定义乌市毛店劳动实践基地、森山健康小镇中小学研学营地2家；义乌市城市规划展示馆、义乌市青少年宫、义乌市老干部陈列馆、“望道信仰线”研学实践基地、熊之家农业文化产业园、缸窑村中小学研学实践基地、义乌市花间乐园、大陈镇马畈农业奇幻乐园、非洲妈妈非洲风尚体验中心基地9家。9月，赤岸镇神坛村（冯雪峰故居）、上溪镇苦竹塘村（吴晗故居）成功创建金华市红色旅游教育基地。

【森山健康小镇获评省中医药文化养生旅游示范基地】 2019年12月，省文化和旅游厅公布年度12家浙江省中医药文化养生旅游示范基地名单，义乌森山健康小镇名列其中。2015年10月，浙江省政府下发《关于加快推进中医药健康服务发展的意见》，明确打造特色中医药健康旅游品牌，形成一批中医药文化养生旅游示范基地。森山健康小镇创建于2017年3月，总投资51.8亿元。至2019年年底，森山健康小镇布局旅游文化、养生养老、智慧工厂、特色农业、智慧服务五大板块，以铁皮石斛种植为主，辅以其他种类植物，发展生态农业；通过康养平台“上医一条街”集聚中医资源，推进医养结合，复兴中国式养生。

【义乌国际商贸中心国家AAAA级旅游景区】 义乌国际商贸城为世界上单体面积最大的商品批发市场，也是规模最大，国际化、现代化程度最高的商品批发市场。国际商贸城有经营面积170万平方米，占地1000平方米，3万余个商位。具有得天独厚的购物旅游资源，商品丰富，物美价廉，享有“小商品海洋，购物者天堂”美誉。2005年被国际旅游局评为国家AAAA级购物旅游景区，2006年，国际商贸城成为全国首个以购物性质为主题的国家AAAA级旅游风景区。2019年，国际商贸城购物旅游区接待游客2095.86万人次，实现交易额200亿余元。

（姚晓蓓）

交　通

综　述

【概况】 2019年，义乌交通共安排公路建设重点项目（含前期）30项，其中新建4项，续建9项，前期项目17项。完成有效投资16.1亿元。东河至萧皇塘公路、03省道义乌段改建工程二期、阳光大道与江东路立交化改造稠大公路大陈至03省道段改建工程4个项目建成通车，商城大道（阳光大道—武岩路）提升改造工程、稠义路（香溪路—上佛路）提升改造工程、疏港高速公路福田入城口绿化提档工程、杭金衢望道入城口绿化提档工程开工建设。

推进“四好农村路”建设，年内新建、改建农村公路30千米，完成精品线串联道路指路体系提升改造，义乌市获评省级“四好农村路”示范县。推出大站公交、定制公交等新模式，全年新增公交线路9条，优化公交线路28条。其中，新增大站公交线路2条，改造城际公交2条，新增毗邻县市城乡公交2条，开通除兰溪外所有毗邻县市区城际公交。全市建制村公交通达率保持100%，实现所有乡镇运输服务站全覆盖。完成公交基础设施建设投资730.7万元，新建、改建公交站候车亭123个，新建、改建公交站牌104处，完成村级农村物流服务点460处。完成省政府民生实事任务，新增清洁能源出租车895辆、清洁能源公交车125辆。

深化收费公路制度改革，推广安装ETC车辆48.4万辆，实施停车场ETC场景应用45处。推进出租车业态融合发展，成立全市首家“巡网一体”出租车企业，50辆“巡网一体”出租车上线运营。实施巡游、网约车驾驶员从业资格证“两证合一”。深化“最多跑一次”改革，推行事项无需办、材料无纸化、“一证通办”等改革举措。

推进高排放柴油货车治理，印发《义乌市高排放柴油货车淘汰改造补助实施细则》，完成国三及以下营运柴油货车淘汰（含达成意向）1397辆，完成国四重型柴油货车改造（含达成意向）949辆。

全年完成道路运输客运量1.32亿人次，旅客周转量11.95亿人千米；完成公路货物运输量3895万吨，周转量233.71亿吨千米。义乌港完成集装箱施封量46.17万标箱。

（李斯达）

【增开列车24列】 为方便游客前往义乌各主要景点游玩，推进义乌市大花园大景观建设更美更好，2019年9月29日—10月9日，铁路义乌站增开列车24列，其中高铁12列，普铁12列。共开行337列，其中高铁210列，普铁127列。

（陈金春）

【新增3条旅游公交线路】 2019年国庆小长假起，义乌恒风公交分公司开通3条旅游线路。朱丹溪公园至小六石的Y53路，10月1日开通运行。新院至华溪森林公园的Y55路，于10月1日开通运行，逢周末及节假日运行。分水塘至龙回枢纽的Y56路9月30日开通运行，每天定时7班。3条旅游线路的开通后，加强苏溪镇、大陈镇、廿三里街道、赤岸镇、佛堂镇之间各景区的连接，市民可从龙回枢纽直接到达陈望道故居。

（陈金春）

【浦江纳入义乌绕城高速免费通行范围】 2019年12月1日零时起，浦江县境内2个收费站纳入义乌绕城高速客车免费通行政策范围，即对安装ETC的客车在义乌市和浦江县行政辖区范围互通之间出入给予免通行费优惠，范围涉及义乌境内11个收费站（义乌、望道、上溪、义亭、佛堂、徐村、义乌东、廿三里、苏溪、福田、湖门收费站），浦江县境内2个收费站（郑家坞、浦江收费站）。2020年1月1日零时起，根据国务院深化收费公路制度改革取消高速公路省界收费站工作总体部署，义乌境内高速公路差异化收费政策的优惠对象调整为安装并使用浙江省发行的ETC记账卡用户的1类客车。根据最新政策调整，优惠时间截至2020年12月31日24时。

（李斯达）

城乡公交

【概况】 义乌市公交业务由浙江恒风集团公交分公司、义乌市万方交通有限公司、义乌市稠廿客运有限责任公司、廿三里公交公司4家公司经营。至2019年年底，全市共有城乡公交线路215条，其中，城市线路137条，农村公交线路78条。新增公交线路9条，优化公交线路28条，取消线路1条。新增更新公交车辆111辆，新建公交候车亭67处，改建公交线路牌104处。2019年公交线路日均输送旅客35.4万人次。

全市拥有城乡公交车1619辆、1816标台，其中，纯电动公交车468辆、524标台，气电混合动力公交车302辆、359标台，天然气公交车398辆、487标台，油电混合动力公交车67辆、81标台，柴油公交车357辆、351标台，汽油公交车27辆、14标台，清洁环保公交车占全部公交车比例为76.3%。

全市有运输服务站点（含城市公交首末站）53个，总面积16.48万平方米。投资154.7万元，新建充电桩28个，共有公交充电桩151个。全市所有公交车实现GPS定位、智慧调度、市民卡刷卡及移动支付功能。

【义乌东阳浦江公交连点成线】 2019年1月28日，义乌国际商贸城客运站至东阳客运西站、义乌廿三里至东阳客运西站、义乌高铁站至浦江、义乌旅游集散中心至浦江城际公交正式开通，浦江、义乌、东阳公交连点成线，“浦江—义乌—东阳”“兰溪—金华—义乌”“金华—武义—永康”“永康—东阳—义乌”四大公交走廊共同构筑的都市区公交框架初现雏形，市民出行环境得到进一步优化。开通2条公交线路，C910线，从国际商贸城客运中心到东阳西站，日发班60班。C916线，从廿三里到东阳西站，公交快线运营，日发班6班。浦江汽运总公司新开通义乌大陈二村—浦江郑家坞的C906线，每天运行6班，按城市公交管理模式运营。

（陈金春）

【公交车火灾应急演练】 2019年6月12日，廿三里交管所在廿三里街道公交南站组织“公交车火灾应急逃生和扑救”实操演练。廿三里交通管理所工作人员、稠廿公交公司员工及廿三里辖区内的维修企业、货运企业共120余人参加演练。演练开始前，全部参与人员被分成应急救援组、后勤保障组、医疗救助组、现场警戒组、观摩人员组5个组。活动总指挥对演练流程、注意事项进行讲解。演练正式开始，公交车突发“火情”，现场冒出大量浓烟，情况紧急；驾驶员路边停车熄火，打开车门，引导乘客迅速撤离现场；应急救援组人员用车载灭火器奋力扑救；此时，车内从来一阵阵呼救声，医疗救护组人员冲入车厢将滞留乘客救出来。从发现火情到扑灭火情，仅仅1分钟时间，工作人员与乘客合力处理了突发事件，未造成人员意外伤亡。逃生演练结束后，在消防教育中心吴教官的指导下，参演人员就如何正确使用灭火器进行练习。

（陈金春）

【定制公交】 2019年9月28日，恒风集团开通首批11条定制公交线路。定制公交采取一人一座、定时定点、快速直达的形式，乘客通过提前订票在指定地点、指定时间乘车出行，中途停靠点少，运行时间较传统公交缩短20%～30%。至12月底，在运营线路13条，累计客流5700余人次，平均每日60余人次。

（丁志伟）

【公交车辆投放】 2019年，全市城乡公交车辆投放以新能源、零排放公交车为主，总投资7761万元，购置公交车辆111辆，其中新能源公交车109辆，清洁能源公交车2辆，新增更新新能源和清洁能源公交车占比达100%。

（黄 钢）

出租车管理

【概况】 2019年，全市共有巡游出租汽车企业12家，在运巡游出租汽车1329辆。经营权分属12家出租车企业。其中，义乌客货运输有限公司138辆，浙江恒风交通运输股份有限公司161辆，义乌市万方交通有限公司103辆，浙江省义乌市长途汽车运输有限公司171辆，义乌市杭长运输有限公司140辆，义乌市联运有限公司116辆，义乌市恒风运达出租客运股份有限公司90辆，义乌市之江出租车客运股份有限公司90辆，义乌市顺凯出租车客运股份有限公司90辆，义乌市速达出租车客运股份有限公司90辆，义乌市怡达出租车客运股份有限公司90辆，义乌市腾飞汽车代驾服务有限公司50辆，年运送旅客2862.6万人次。新增昆明盛智易联科技有限公司义乌分公司、上海路团科技有限公司义乌分公司、东风电动车辆股份有限公司义乌分公司3家网约车经营企业。全市持有效巡游出租车从业资格证1.22万人，其中在岗从业人员2300余人。年内，完成出租车"油改气"845辆，查处出租车违章违规案件769起，查处非法营运车辆110辆次。

【行业文明创建】 2019年1月，开展出租车服务质量百日提升行动，市交通运输局制定《出租车服务质量百日提升行动方案》。同月11日，在旅游集散中心停车场举行出租车服务质量百日提升行动宣誓仪式，33辆出租车与60余名从业人员参与宣誓。活动期间，向全行业发起文明服务倡议，号召广大出租车驾驶员文明、规范经营，努力提升服务质量，发放文明服务倡议书2000余份。

【出租汽车业态融合发展】 2019年，引导传统出租汽车转型升级，开展出租汽车业态融合发展。通过公开公平方式选取1家专注服务传统巡游出租车转型升级、融合意识强的合规网约平台企业，以投放新能源汽车方式，开展巡游出租车经营业务，实现业态融合。经义乌市深改办同意，并请示市政府，7月，全市首家"巡网一体"出租车企业义乌市腾飞汽车代驾服务有限公司成立。8月22日，此公司获批的50辆"巡网一体"出租车上线。"巡网一体"出租车将"巡游"和"网约"两种业态的优势有机融合，实现接单方式融合，巡游车可通过平台网约订单，快速对接乘客需求；实现计价方式融合，将政府定价与网约市场价打通；实现监管方式融合，运用大数据、人脸识别等信息化手段，加强对驾驶员的监管和考核，建立考核体系，提高驾驶员服务意识。推进出租车业态融合发展，有效提升运营效率和服务水平，较大程度上提高从业人员收入和从业满意度。至年底，全市共有"巡网一体"出租车132辆。

（郭振华）

公路运输

【概况】 2019年，全市共有公路客运企业10家，国际商贸城客运中心、南方客运站、站前客运站3家客运站。客运线路139条，客运车辆353辆。其中，旅游包车123辆；省际客运线路86条，客运车辆102辆；市际客运线路44条，客运车辆73辆；县际客运线路9条，客运车辆55辆。外地进义乌客运线路124条，其中，跨省以上客运线路67条，跨地以上客运线路44条，跨县以上客运线路13条。全市完成客运量1.32亿人次，同比下降

1.13%，旅客周转量11.95亿人千米，同比下降4.01%。其中，长途客运量298.67万人次，周转量3.08亿人千米；公交客运量1.29亿人次，周转量8.86亿人千米。

全市共有公路货运（物流）企业389家，其中危化运输企业11家（2019年新增1家）。在册货运车辆3276辆、吨位5.27万吨，同比分别下降48.6%、增长17.88%。其中，普通货运车辆2373辆，吨位3.04万吨；专用车705辆，吨位2.02万吨；危险品运输车198辆，吨位2078吨。全市完成公路运输量3895万吨，完成周转量233.71亿吨千米，同比分别增长18.42%、18.43%。义乌港完成集装箱施封量46.17万标箱，同比下降5.3%。

（黄　钢）

【定制客运班线】 2019年3月18日，义乌至杭州各大医院的定制客运班线投入试运行。每日上午5时30分从义乌宾王旅游集散中心出发，经停邵逸夫医院、浙医一院、浙医二院、省妇保医院、四季青服装市场等站点，12时30分从杭州常青客运站返程，每日一班，为有出行需求的旅客提供便利。至年底，共输送旅客570人次。

（丁志伟）

【驾驶员培训】 义乌市贯彻执行交通法律法规，坚持安全第一法则，加强驾驶员培训，做好驾驶员质量信誉考核工作。2019年，全市驾培行业共有驾培机构13家，教练车1039辆，驾培从业1381人。机动车驾驶员培训招生4.03万人，较上年持平。完成培训结业3.51万人，同比下降12.7%；道路运输驾驶员从业资格考试合格3547人，同比增长52.2%。

（黄　钢）

【义乌结束无普通国道历史】 2019年，为统一和规范国家公路路线命名和编号，义乌开展普通国道网命名编号调整工作。新增G235新海线、G351台小线、G527象义线3条普通国道，总里程97千米，结束了没有普通国道的历史。G235新海线起点为江苏新沂市，终点为广东海丰县，南北纵跨江苏、安徽、浙江、福建、广东5省，从大陈镇进入义乌，沿原S103，从上溪镇出义乌进入金东区。G351台小线起点为台州市头门港，终点为四川小金县，途经浙江、江西、湖北、重庆、四川5省（市），从廿三里街道进入义乌，从大陈镇出义乌进入浦江县。G527象义线起点为宁波象山县，终点在义乌上溪镇，从江东街道进入义乌，利用李宅至青岩刘公路、环城路（青岩刘至稠佛路交叉口段）、稠佛路、金义东南线、上佛路，终点在上溪镇与原S103相交。国家公路网规划对已建、在建普通国道都有新的规定要求，将对普通国道的桩号传递、交通标志进行调整，并对相应公路数据库、出行信息系统和电子地图进行更新。调整工作5月初开始，6月底前完成。

（陈金春）

公路工程

【概况】 2019年，安排公路建设重点项目（含前期）30项，概算总投资225亿元，其中，新建4项，续建9项，前期项目17项，完成有效投资16.1亿元。03省道义乌段改建工程二期（稠大公路至苏福路段、环城南路至上佛路段）项目全年完成有效投资5亿元，东河至萧皇塘公路、03省道义乌段改建工程二期、阳光大道与江东路立交化改造、稠大公路大陈至03省道段改建工程4个项目建成通车，通车里程32.7千米。商城大道（阳光大道—武岩路）提升改造工程、稠义路（香溪路—上佛路）提升改造工程、疏港高速公路福田入城口绿化提档工程、杭金衢望道入城口绿化提档工程4个项目开工建设。建设“四好农村路”，完成农村公路提升改造6千米，完成农村公路路面维修23.9千米。

【稠大公路大陈至03省道段改建工程】 2019年1月18日，稠大公路大陈至03省道段改建工程举行通车仪式。项目起于稠大公路大陈大道镇区末端，终于凰升塘东侧的S103省道，全长1.81千米，双向四车道，设计速度每小时60千米，总投资2.1亿元，2017年4月28日开工建设。项目连接103省道、310省道、37省道复线及03省道二期4条国省干线，改善义北区块交通网络结构，促进大陈镇与义乌城区、相邻镇街及周边市（县）之间的联系。项目建设单位为义乌市交通旅游产业发展集团有限公司，设计单位为义乌市交通设计有限公司，施工单位为浙江省第一水电建设集团有限公司。

（吴燕妮）

【东河至萧皇塘公路工程】 2019年1月18日，东河至萧皇塘公路工程举行通车仪式。2016年1月4日，项目开工建设，总投资10.64亿元。项目起于义乌市城西街道东河村东北，与香溪路相接，途径枫溪村、何斯路村、黄山村、桃花坞村等24个村，终于上溪镇萧皇塘村北处，与义乌至兰溪公路相接，全长15.13千米。按二级公路标准设计，兼顾部分城市道路功能，采用分离式路基双向八车道和整体式路基双向两车道，设计时速每小时60千米。项目是连接城西、上溪西北部山区的重要通道，通车后城西至萧皇塘两地车程由1小时缩短至20分钟。项目建设单位为义乌市交通投资建设集团有限公司，设计单位为义乌市交通设计有限公司，施工单位为宏远建设有限公司、中铁北京工程局集团第一工程有限公司、浙江金顺路桥建设有限公司。

【国内公路港物流中心专用通道项目】 2019年4月29日，国内公路港物流中心专用通道项目举行通车仪式。项目位于义乌公路港物流中心西南侧，包括E、F、D 3个匝道，是国内公路港一层及二层环路与疏港快速路的交通衔接工程，总投资3600万元，2019年1月10日开工建设。项目建成后有效分流义乌国内公路港物流中心的各类进出车辆，减少货车进出时间，提高国内公路港物流中心的通行能力。建设单位为义乌市交通旅游产业发展集团有限公司，设计单位为义乌市交通设计有限公司，施工单位为义乌市恒风路桥有限公司。

（吴燕妮）

【阳光大道与江东路立交化改造工程】 2019年11月21日，义乌阳光大道与江东路立交化改造工程举行通车运行仪式。项目于2018年4月4日开工建设，总投资2.4亿元。阳光大道与江东路立交化改造工程为综合性交通枢纽工程，项目由公路部分、金义东轨道交通江东路站合建段两部分组成。公路部分起于阳光大道与稠廿路交叉处，终点位于阳光大桥附近，路线全长962米，路基宽度80米，其中下穿段长640米，主线隧道双向六车道、地面辅道双向二车道。金义东市域轨道交通工程江东路站合建段起点为浙大附属医院站—江东路站区间72号门式墩（含），终点为江东路站甬金高速分界点区间5号墩（含），合建段全长696米。项目建成通车为义乌东北部区域南北向通行打通快速通道，提高阳光大道与江东路交叉口通行能力。建设单位为义乌市交通投资建设集团有限公司，设计单位为义乌市交通设计有限公司，施工单位为浙江交工集团股份有限公司。

【03省道义乌段改建工程】 2019年12月30日，03省道义乌段改建工程（国贸大道）二期举行通车仪式。项目于2016年11月20日开工建设，总投资30.4亿元。路线全长18.6千米，由北向南利用老浙赣铁路路基改建，主线设特大桥9座，互通式立交3处。主线采用双向六车道一级公路标准，设计速度每小时80千米，路基宽度36米。分北段和南段，其中，北段起点位于大陈镇稠大公路，终点与国贸大道相接，长8.8千米；南段起点位于环城南路菱形互通式立交，终点位于上佛路菱形互通式立交，长9.8千米。国贸大道是义乌交通建设“二横一纵”的重要组成部分，与环城路、机场路等16条主要道路相连，是义乌市南北向最重要的交通大动脉。建设单位为义乌市交通旅游产业发展集团有限公司，设计单位为浙江省交通规划设计研究院，施工单位为海港路桥股份有限公司、中天路桥有限公司、浙江大舜公路建设有限公司、浙江顺通路桥工程有限公司、浙江省衢州市交通建设集团有限公司、浙江良和交通建设有限公司、杭州公路交通设施工程有限公司、浙江正方交通建设有限公司。

（除署名外均由厉之超撰稿）

铁路运输

【概况】 义乌有2个火车站，分别为铁路义乌客站和铁路义乌西站。2019年，应对不断增加的客流，铁路义乌客站先后增加3个临时候车室。先后制订义乌站标准化车间、标准化工班和标准化作业小组等一系列制度，对厕所进行改造升级，在天桥安装空调，实行自助购票与人工服务相结合，实行刷脸自助验证和电子客票，提供临时身份证自助打印服务。成立“商城之窗”雷锋服务站，为旅客提供咨询、寻物、求助等服务，2017—2019年，为2万余名旅客提供重点服务或开通绿色通道，为500余名旅客找回遗失物品，为200余名走失儿童找到家人。连续3年被铁路金华车务段评为先进集体。铁路义乌客站全年发送旅客1245.23万人次，收达1284.17万人次，实现运输收入15.3亿元。铁路义乌西站全年发送货物123.7万吨，货物收入5.51亿元，为全国县市级最具规模和繁忙的车站，连续三年被铁路金华车务段评为先进集体。

10月，金甬铁路（金华段）、杭温铁路一期（先行开工金华段）、义乌站枢纽建设项目在义乌市铁路义乌站北广场启动集体开工仪式。三大项目中，金甬铁路、杭温高铁为省委、省政府重点工程项目，三大铁路项目完成后，将彻底改善义乌火车站候车环境，推动义乌成为全国铁路交通枢纽。

【义乌“单一窗口”铁路运输项目试点获批】 2018年10月，义乌以“义新欧”中欧班列特色服务平台项目为基础，通过省政府积极向国家口岸管理办公室申请“单一窗口”铁路运输项目试点。为切实发挥试点功效，服务业务发展，义乌市成立工作小组，对铁路运输项目相关的联检单位、铁路部门、货运场站、货运企业、报关企业等进行大量走访，详细了解各业务环节，分析堵点症结，研究解决办法，探索创新措施，为试点工作的顺利开展打好基础。此次获批的“单一窗口”铁路运输项目试点，将以“单一窗口”标准版为基础密切结合口岸监管部门、铁路部门和贸易企业业务特点，围绕企业便捷申报、场站智能作业、口岸协同监管、政府辅助决策和企业综合服务方面开展建设，2019年年底建成投用。项目建成后，将有效推动“单一窗口”与铁路运输相关平台系统的互联互通和信息共享，实现口岸的智能化、协同化运行和高效化监管，为全国中欧班列健康有序发展提供样板。2019年2月，国家口岸管理办公室发文同意义乌开展“单一窗口”铁路运输项目试点工作。

【铁路义乌客站】 铁路义乌站（简称“义乌站”）是沪昆铁路上的一等中间站，隶属中国铁路上海局集团有限公司金华车务段，有职工206人。共有线路15股道，站台11个，是高铁与普铁共同运营的综合性车站。2019年，义乌站开行列车310列，其中高铁199列，普铁111列。5月1日起，义乌站增开6列时速为160千米的普铁“绿巨人”又称“绿宝宝”动车组列车。全年发送旅客1245.23万人次，收达1284.17万人次，其中高铁发送旅客833.98万人次，同比增长2.6%。实现运输收入15.3亿元。义乌站转变服务理念，售票和支付方式实现多样化、智能化，检票进站和通过闸机采用自动化检票进出站模式，验证实行刷脸自动化。设立“商城之窗”雷锋服务站，全年为1万余名旅客提供特殊重点服务或绿色通道。至年底，义乌站实现安全运行4687天。义乌站票房班组获2019年度中国铁路上海局集团有限公司“女职工先进集体”，义乌站普铁客运一班获“2019年度中国铁路上海局集团有限公司先进集体”称号。

（斯多林）

【铁路义乌西站】 铁路义乌西站隶属于上海铁路局集团公司金华车务段，位于义乌市城西街道西站大道800号。中心里程为沪昆下行线318千米612米，沪昆上行线318千米836米，站管长度24.47千米。有到发线6条，货物线3条，集装箱专用线4条，有生产资料、粮食、盐业、油料、军事等专用线，货物仓库4.21万平方米，其中货场仓库3万平方米，专用线仓库1.72万平方米，堆场2.21万平方米。铁路义乌西站属上海铁路局一等车站，职工73人。与车站并列的有金华货运中心义乌经营部，职工137人。经营部主要办理快速货物列车、整车、国际集装箱等运输业务。设有生产资料、盐业、粮食、油料、化工等专用线。

发送东北三省、成都、昆明、拉萨、乌鲁木齐、贵阳、重庆等地快速列车，发往乌鲁木齐、贵阳、成都、重庆、达州、昆明等地的快速班列及其他去向的货物。2019年，车站发送货物123.7万吨，装车6.8万车，卸车4.74万车，货物收入5.51亿元，货物吞吐量244万吨，日军接发列车221列。至年底，车站安全运行4946天。

（潘亚波）

【三大铁路项目集中开工】 2019年10月29日，金甬铁路（金华段）、杭温铁路一期（先行开工金华段）、义乌站枢纽建设项目在义乌市铁路义乌站北广场启动集体开工仪式。金甬铁路由沪昆铁路义乌站引出，在义乌城东北区设苏溪站，穿过义乌城区后上跨金甬高速公路，在东阳市区金甬高速出口附近设东阳站，沿金甬高速南侧经嵊州、新昌、奉化等县市后至宁波，全长约188.3千米，国铁Ⅰ级标准，双线设置，客货共线，设计时速每小时160千米，预留每小时200千米，总投资286.8亿元。义乌市线路长64.6千米，其中，东阳段35千米，义乌段29.6千米。投资80亿元，新建东阳站、苏溪站。杭温高铁为义乌市境内第二条设计时速350千米的高等级铁路，一期新建义乌至温州段，线路自杭长客专义乌站引出后，沿既有杭长客专向南上跨义乌西站后往东，在东阳横店设横店站，往东南方向经磐安、仙居分别设站后接入沿海铁路永嘉站，一期线路总长201.4千米，总投资383.1亿元；金华段长101千米，投资159亿元。金华境内新建义乌站杭温场、横店站、磐安站，其中，义乌段34千米，东阳段40千米，磐安段27千米。义乌站枢纽项目包括新建的铁路义乌站全高架站房、站前南广场、宗泽北路上跨、北站大道下穿及即将建成的综合交通枢纽大楼等项目，投资估算50余亿元。其中核心项目铁路义乌站全高架站房，为全国第一个运行高铁上面实施的站房改造项目，总规模7.22万平方米，工程总投资19.4亿元，场站规模11台26线，在浙江省仅次于杭州东站。

（除署名外均由陈金春撰稿）

民航运输

【概况】 义乌机场为军民合用机场，有国内候机楼1.7万平方米，国际候机楼1.3万平方米。跑道长3千米，停机坪面积6万平方米；中型客机机位11个，飞行区技术等级为4D级，可满足空客300、波音767等大中型客机及波音757货机起降。2019年，义乌机场共起降航班1.55万架次，同比增长23.5%；旅客吞吐量202.9万人次，同比增长24.1%；货邮吞吐量为1.06万吨，同比增长20.6%。机场旅客吞吐量、货邮吞吐量在全国机场中分别排名第74位、54位。年内，义乌机场获中国民用机场服务质量评价投诉处理优秀奖；创建国际卫生机场通过世界卫生组织验收，正式被授予“国际卫生机场”称号，成为全国第13个国际卫生机场。

【义乌—首尔国际货机航线开通】 2019年1月22日，义乌机场开通义乌—首尔国际货机航线。航线由杭州圆通货运航空有限公司投放的波音737—300型飞机执飞，最大载货量14吨，计划每周执飞3班（周二、四、六）。此货运航线的开通，填补了义乌机场货机航线的空白，义乌机场成为全省第三个开通国际货机航线的机场。

【义乌机场夏季航班换季】 2019年3月31日，义乌机场执行夏季航班计划。换季后，义乌—香港航线由原来的每周2班增加至每周3班，义乌—揭阳航线增至每周7班，义乌—武汉—贵阳航线增至每周4班，义乌—昆明航线恢复运行，每周4班。起降航班增幅30%。执飞航线19条，通航城市22个，航线网络覆盖北京、广州、深圳、香港、台北及泰国曼谷、越南芽庄等经济热点地区和城市。共有国航、南航、东航、东海航、泰新时代航空、越南越捷航空6家航空公司共同开发义乌市场。

【义乌机场日吞吐量突破7000人次】 2019年4月10日，义乌机场单日旅客吞吐量刷新历史纪录突破7000人次。当天，共起降航班47架次，旅客吞吐量7028人次。其中，VJ5421义乌—芽庄航班运送旅客217人次，客座率94.3%；E3818义乌—曼谷航班运送旅客186人次，客座率98.4%；CZ3885义乌—广州航班运送旅客169人次，客座率98.8%。

【义乌—大阪国际货运航班首航】 2019年5月，义乌市人民政府与中国邮政集团公司浙江省分公司签订战略合作协议，中国邮政发挥完善的全球网络布局和通关能力等优势，支持义乌跨境电商综试区建设，开辟重点国家和地区的货运航线。8月20日，由中国邮政航空公司执飞的CF215航班装载7.6吨货物从义乌机场起飞直达日本大阪，义乌至日本的全货机航线正式通航。此航线每周5班（周二至周六），具有往返直飞、时限稳定、次日投递、专业报关等优势，为义乌各大跨境电商企业提供便捷的航空物流服务。

【开通义乌—西哈努克航线】 2019年7月3日，义乌机场开通义乌—西哈努克（柬埔寨港口城市）定期航线。航线由柬埔寨天空吴哥航空公司执飞，机型为空客320（180座）和空客321（220座），计划每周三、日往返各1班。航线的开通，为浙中地区前往柬埔寨经商、旅游的旅客提供便利，吸引更多的柬埔寨旅客到义乌经商、旅游。至年底，共输送旅客8539人次。

【单月旅客吞吐量突破20万人次】 2019年8月，义乌机场共起降航班1449架次，同比增长27.8%；完成旅客吞吐量20.1万人次，同比增长24.4%，单月旅客吞吐量首次突破20万人次大关。执行夏季航班计划后，义乌机场在稳定原有航线航班的基础上，积极争取更多的航班时刻。暑运高峰期，恢复义乌—亚庇包机航线，新增义乌—西哈努克定期航线，旅客吞吐量提升较快。

【义乌—石家庄航线开通】 2019年10月28日，义乌机场开通义乌—石家庄航线。航班由南方航空公司使用波音737—800机型执飞，每周一、三、五、六执行，首个航班满载启航，出港150人次，到港152人次，客座率90%。航线的开通，方便民众出行，增进义乌与华北地区的经贸、文化、旅游等领域的交流。

【义乌—太原航线正式开通】 2019年11月7日，义乌机场正式开通义乌—太原航线。航班由东方航空公司执飞，航班号MU9987/9988，每周二、四、六执飞。航线的开通，架起义乌至山西的空中桥梁，缩短两地群众出行时间，促进两地旅游、文化和经贸的往来。

【义乌机场步入中型机场行列】 2019年12月26日，义乌机场年旅客吞吐量突破200万人次，提前一年实现跨入中型机场行列的目标，机场集取与辐射能力进一步提高。当天上午，义乌机场举行庆典仪式。自2017年起至2019年，义乌机场新增、加密国内国际航线16条，日航班量由30架次增至50架次，年出入境人数由3.5万人次增至18万人次；年旅客吞吐量由129万人次增至200万人次。全市综合立体交通枢纽建设初见成效，整体呈现出快速、高质量发展态势。

（梅晓华）

物　流

综　述

【概况】 2019年，义乌市有国内联托运经营单位1923家，国际货运代理1056家，航空货代100余家，“四通一达，天天顺丰”等快递企业134家。A级物流企业89家，其中AAAAA级2家，AAAA级33家。全年商贸货运量8216万吨，同比增长11.9%。

“义新欧”中欧班列全年开行528列，发运4.23万标箱，同比增长68.7%。开通“义新欧”温州号、诸暨号班列，吉利号常态化开行。开通长三角地区首条跨境电商中欧班列——eWTP菜鸟号。新增义乌—韩国首尔、义乌—日本大阪国际货运包机航班，与杭州萧山机场建立全省首个“异地货站”合作机制，全年发运国际货物763吨，增长402%。义乌—宁波舟山港海铁联运班列全年发运集装箱重箱5.99万标箱，同比增长32.7%。

2019年，市市场发展委首次组织全市国内物流企业开展综合效益评价，大规模整合入园。9月，金华（义乌）商贸服务型国家物流枢纽入选2019年国家物流枢纽建设名单。12月，义乌市获“2019中国物流最优营商环境城市”称号。

制定义乌国际陆港与宁波舟山港一体化发展方案，推动成立一体化发展工作小组。与省海港集团建立双方合作工作机制，签约合作事项。口岸平台功能进一步完善，进口冰鲜水产品、进境水果指定查验场通过海关总署验收，新增义乌—韩国首尔、义乌—日本大阪国际货运包机航班，与杭州萧山机场建立全省首个“异地货站”合作机制，全年发运国际货物763吨。

建设“无费无证”口岸，完善口岸收费公示制度，明确清单外一律不得收费，出台“查验无问题企业费用减免”政策。进出口监管证件由86种压缩至46种，全部实行联网核查，实现无证化操作。进口申报环节企业无需向海关提交装箱清单，出口申报环节企业无需向海关提交发票、装箱清单等文件。实行查验“日清”模式。铁路口岸配置H986大型集装箱检查设备，加快推进海关监管场所建设。国际贸易“单一窗口”中欧班列铁路运输项目列入国家试点，完成系统开发并上线运行。国际贸易“单一窗口”业务覆盖率达100%。

开展整顿快递市场秩序专项行动、安全突出问题整治专项行动、协议件夜查专项行动、X光机使用专项检查、危化品寄递专项清理活动、防风险保平安迎大庆专项行动、消防安全执法检查专项行动七大专项行动，整顿域内快递市场秩序、规范协议件管理。全年测试网点421家，出动测试842人次，平均测试合格率为82.1%，列入黑名单自行关停网点53家。出动执法检查人次960人次，检查网点480家，检查通报6期，发放责令改正49份，立案26起，结案24起，处罚金额31.3万元，责令停业整顿网点9家。

【签署“eWTP义乌全球创新中心—卢旺达数字贸易枢纽”项目合作协议】2019年9月7日，商城集团、阿里巴巴、迪拜环球港务集团物流有限公司（DPWorld）3方签署“eWTP义乌全球创新中心—卢旺达数字贸易枢纽”项目合作协议，共同利用卢旺达基加利市“基加利物流平台”海外仓建设ehub。卢旺达是阿里巴巴首倡的eWTP在非洲的首个共建国，义乌是eWTP在国内的共建城市，3方希望借助此平台，将枢纽打造成义乌小商品在东非地区的重要物流节点，并在此基础上创新进出口贸易方式，简化采购、分销、物流、海关、支付等流程，降低义乌市场乃至中国市场中小微企业对非贸易中的采购、物流等经营成本。

【物流领域要素差别化配置改革】2019年，首创物流领域要素差别化配置改革，市场发展委首次组织全市国内物流企业开展综合效益评价，大规模整合入物流园。加快物流基础设施建设，国内公路港一期、青口物流中心、福田物流中心建成投用，共招引590家物流企业入驻，江东货运市场完成搬迁。

（童俊男）

物流管理

【概况】2019年，义乌着力解决“仓储难”问题，开展全域物流仓储土地综合统筹利用调研，加快推动仓储物流项目建设。相继建成投用国内公路港一期、普洛斯二期、陆港保税仓、“义新欧”公路运输中心等项目，建成物流仓储场所131万平方米。探索推动仓储小微园建设，商城集团建设的后宅仓储小微园1.4万平方米建成投用，实现常态化运营，公共仓仓位利用率逾95%。

优化物流行业发展环境，积极调处行业纠纷，全年受理投诉案件1370起，规定时效内处理完成率100%。会同相关部门开展行业安全检查排查，参与检查1032人次。加快物流企业标准化、信息化建设，依托各物流园区开展运营服务规范宣传培训，走访红狮物流园、公路港物流中心一期等物流园区，指导红狮物流园区开展1+N的信息化建设。开展国内物流信息服务改革，建立开放互通的国内物流数据体系，完成国内物流信息服务平台功能需求梳理、系统框架设计，进入测试阶段。

【国内物流企业效益综合评价】2019年，市市场发展委首次组织对全市国内物流企业进行综合效益评价，并大规模整合入园。2月20日，召开国内物流企业整合入园暨效益综合评价工作动员大会，启动国内物流企业整合入园和效益综合评价工作，会上公布2019年整合入园的范围为环城北路—环城西路—环城南路—东义公路—江东连接线—310省道的合围区域（共95平方千米），包括江东货运市场。同月21—28日，全面开展企业信息申报。3月1—8日，实地开展企业信息核查。同月9—25日，抽调市税务局、市市场监管局、市公安局等职能部门工作人员集中办公，对企业纳税、注册、运营车辆等信息进行审核比对，其他相关职能部门提供企业行政处罚情况。4月3日，发布效益综合评价结果公告，评出A类企业11家，B类企业374家，C类企业337家，D类企业244家，卸货点405家。

【入选全国第一批国家物流枢纽规划建设名单】2019年9月7日，国家发改委、交通运输部联合印发《关于做好2019年国家物流枢纽建设工作的通知》，金华（义乌）商贸服务型国家物流枢纽入选2019年国家物流枢纽建设名单，为国家层面启动布局建设的第一批国家物流枢纽。义乌商贸服务型国家物流枢纽按照“存量设施整合提升为主、增量设施补短板为辅”原则，采用“市场主导、政府推动、企业建设”的多元化综合开发建设模式，项目总投资96.19亿元，年底完成投资67.82亿元。义乌枢纽选址位于商贸服务业集聚区内，由国内贸易物流片区和铁路口岸国际物流片区构成，总面积2.14平方千米。按照打造“世界小商品之都”的总体要求，义乌枢纽的主要功能为提供商贸物流一体化集成服务，通过搭建商贸物流公共组织平台，整合物流企业、货源、车辆等资源，实现商贸物流规模化网络化运作；提供国际多式联运及干线服务，通过铁路口岸国际物流片区和国内贸易物流片区，组织铁铁、铁海公铁、公路与航空等国际多式联运，对接国际干线运输和国内物流骨干网；提供国内区域分拨及配送组织服务，开展零担快运组织、集货中转和小商品的批量配送及快递配送服务；提供供应链管理及组织，围绕上游商贸企业和下游加工企业提供供应链解决方案，并向信息、金融、政务、园区等服务领域延伸。

【2019中国义乌物流产业博览会】 2019年9月26—28日，2019中国义乌物流产业博览会在义乌国际博览中心举行。展会以“发展现代物流共享物流经济”为主题，来自国内外503家企业参展。设国际标准展位806个，展览面积2万平方米，集中展示国际货运/跨境物流、物流/快递、物流服务企业、物流应用技术、智能设备与AGV、搬运设备及配件、仓储设备、包装与拣选设备、物流运输设备等产品。同期举行2019全国物流创新发展大会、中国国际货代与一带一路主题论坛、长三角供应链一体化论坛等7场主题论坛。到会专业采购商2.65万人次，展会实现成交额3.53亿元。

【全国物流创新发展大会】 2019年9月26日，由全国物流创新联席会、中国义乌物流产业博览会组委会、四川省现代物流协会、浙江省仓储行业协会联合主办，浙江供应链协会、上海市物流协会等全国20余个省（市）物流相关协会和机构支持的2019全国物流创新发展大会在义乌国际博览中心召开。大会以“提质增效、协同创新”为主题，来自中国仓储与配送协会领导、浙江省市相关部门领导、全国20余个省（市）物流协会，物流、仓储、园区、铁路、电商、货代、生产流通、技术装备、供应链、信息平台等企业代表300人到会，开展物流行业创新发展的研讨和交流。

（童俊男）

（除署名外均由何康撰稿）

国内物流

【概况】 2019年，义乌市有国内联托运经营单位1923家，全年商贸货运量8216万吨，同比增长11.9%。其中，公路货运量7969.2万吨，同比增长11.5%；义乌西站货物到发量244.64万吨，同比增长26.7%；义乌机场货邮吞吐量2.26万吨，同比增长14%。推动同城短驳物流发展，推动组建同城短驳物流运营公司，完成开发城市配送公共信息服务平台，12月28日上线并投入运营。

【国内物流企业整合入园】 2019年，市市场发展委组织对全市国内物流企业进行综合效益评价，并大规模整合入园。4月3日，发布效益综合评价结果公告，国内物流项目主体根据物流效益综合评价结果，4月15日前完成招商和入园企业安排工作。至年底，国内公路港物流中心、青口物流中心、福田物流中心根据效益评价结果招引580余家物流企业入园经营。

（何　康）

【江北下朱物流中心】 江北下朱物流中心位于310省道与城北路交叉口以东、义乌江以北，占地13.33公顷，总投资3000余

江北下朱物流中心　　（陆港集团供图　2019年12月摄）

万元，建筑面积2.7万平方米，2009年7月12日投入运营，是义乌国内物流的重要临时站场。2019年，物流中心有经营用房465间，经营户157家，其中，托运处152家，卸货点5家。货运网络齐全，专线达140余条。全年货物吞吐量221万余吨。

【青口物流中心】 青口物流中心位于阳光大道与涌金高速交叉处西侧，总用地20.67公顷，其中北侧地块8.13公顷，南侧地块12.54公顷，总建筑面积10.8万平方米，投资2亿元，布局货运物流基地、综合配套服务两大功能区。2019年2月28日开工建设，南侧地块11月1日投入运营，北侧地块同月16日投入运营。物流中心设经营用房231间，有物流企业221家，其中，零担快运区211家（南侧137家、北侧74家），卸货点10家。11月投入运营后，单月货物吞吐量38万余吨。

【义乌国内公路港物流中心投用】 义乌公路港物流中心是全国单体面积最大的物流枢纽，位于四海大道以北，疏港快速路以东，龙海路以南，圣达街两侧，园区总用地面积49.6公顷，总建筑面积69万平方米，其中一期占地面积37.13公顷，2016年1月开工建设，2019年4月30日，义乌国内公路港物流中心一期开园运行，17幢零担快运区、西侧大型停车场、汽修汽配楼以及底层商业街的餐饮超市等生活配套设施投用。园区零担快运区完成招商签约物流企业244家，其中专线物流企业222家，卸货点22家。园区内有企业经营线路479条，直达地级行政区223个，中转地级行政区116个，业务基本覆盖全国主要城市。义乌公路港物流中心实行智能化管理，投用车辆管理系统、园区导航系统、园区安全防护系统及园区基础管理平台等系统，实现智能卡口预约、扫码支付、停车场智能管理、360度监控全覆盖等应用。至年底，货物吞吐量530余万吨。

2019年4月30日，义乌国内公路港物流中心一期开园运行

（陆港集团　供图）

【福田物流中心】 福田物流中心位于阳光大道东侧、天宝路南侧地块，规划总用地约11.8公顷，总投资1.5亿元，由陆港集团投资建设，总建筑面积5.68万平方米，主要功能为零担快运。2019年6月27日开工建设，12月1日投入运营。设经营用房137间，物流企业126家入驻，其中零担快运区115家，卸货点11家。投入运营至年底，单月货物吞吐量逾6万吨。

【江东货运市场搬迁】 江东货运市场位于义乌市篁园路339号，占地10公顷，1999年总投资8000余万元建设，总建筑面积3万平方米，有经营用房352间。场内经营户142家，其中，托运处137家，卸货点5家；货运专线160余条，可达全国260余个大中城市。按照2019年市政府“物流出城”部署要求，2019年11月20日，江东货运市场整体搬迁，11月21日停止运营，场内经营户全部搬迁到青口物流中心、福田物流中心经营。2019年1—11月，完成货物吞吐量逾201万吨。

【城市配送信息服务平台上线】 2019年12月28日，由陆港集团牵头，联合商城集团、市场发展集团及吉利科技集团共同建立的“义乌好运”城市配送信息服务平台上线运行，打通“物流出城”后城区间短驳物流便民便企“最后一千米”。“义乌好运”城市配送平台整合线下城配运力、仓储等资源，开通城配专线和即时送达两大主营业务，服务城市主要商贸区、工业区和物流园区。平台通过区块链、人工智能、大数据、云计算等先进技术，将闲散的货源、同城运力以及干线物流等物流资源进行整合，实现车货匹配、智能调度、动态集拼等智能化功能，提升货物物流效率，降低城市拥堵状况。

（何　康）

（除署名外均由朱宇婷撰稿）

国际物流

【概　况】 2019年，“义新欧”中欧班列全年开行528列，发运货物4.23万标箱，同比增长68.7%。“义新欧”温州号、诸暨号班列开通，提升了“义新欧”班列的运营效益。深化与阿里巴巴集团合作，首创“清单核放、汇总申报”，国内段全程阳光清关的方式，开通长三角地区首条跨境电商中欧班列（义乌—列日）eWTP菜鸟号。加强中欧班列运行服务保障，成立“义新欧”班列工作专班，建立“日通报、周分析、月总结”制度，明确专人帮扶班列运营，对班列运行实施全环节跟踪、全过程分析、全链条服务，全力保障班列运行。

【进口冰鲜水产品指定口岸通过验收】 2019年4月17日，义乌市进口冰鲜水产品指定口岸通过海关总署专家组现场考核验收。义乌进口冰鲜水产品指定监管场2017年6月7日获批筹建，2018年8月1日开工建设，同年9月28日完工。项目位于陆港新区义乌铁路口岸一期，查验平台面积305平方米，设置3个装卸口，能够同时满足对3辆集装箱卡车实施装卸，配备储存冷库1间，总面积280平方米，冷藏库室内温度-18℃～-25℃。设集装箱待检区700平方米，扣箱区200平方米，采用物理隔离的方式划分待检区域与扣留区域。义乌进口冰鲜水产品指定监管场地投用后，国外进口冰鲜水产品可通过指定监管场地直接入境，保证进口冰鲜水产品的新鲜度和口感，降低企业运营成本，提高通关效率，提升贸易便利化水平。

（潘俊成）

【启动异地城市货站项目】 2019年9月19日，杭州机场航空物流有限公司与义乌机场在义乌银都酒店举行签约仪式，签约合作开展异地城市货站项目，杭州萧山机场在省内设立的首个异地城市货站正式落地义乌机场。异地城市货站，类似于异地城市候机楼对旅客提供的远程值机服务，是枢纽机场物流服务设施向周边地区的延伸，企业和厂家在家门口的“机场城市货站”即可快捷地向全国各地甚至是世界各地收发货物，降低企业运营成本，节省货物运转时间。建立杭州和义乌机场异地城市货站，支持企业在义乌以市场采购贸易方式申报，在义乌国际货站查验放行后，按照萧山机场国际航班时刻，将货物转关出港。通过陆空联运等形式，实现异地货邮和异地机场之间的无缝对接，方便各大物流企业、货代和商户。至年底，义乌机场发运国际货物763吨。

（梅晓华　俞真臻）

【陆港保税仓项目建成使用】 2019年10月19日，陆港保税仓开仓运营。保税仓位于雪峰东路与宾王路交叉口，2018年开建，由陆港集团投资建设。占地面积3.5万平方米，可租赁面积2.9万平方米。陆港保税仓作为义乌保税物流中心的补充，其投用能够有效缓解仓库紧张的状况，进一步补齐义乌跨境电商基础设施短板，优化全市跨境电子商务的发展环境。至年底，完成业务量1亿美元。

（朱宇婷）

【推进“无费无证”口岸建设】 2019年，推进“无费无证”口岸建设，简化通关申报单证，进出口环节监管证件由84项精简至46项，实现联网核查。实施“查验无问题企业费用减免”政策，全年为544个集装箱减免集装箱吊装、移位、仓储费用费27.59万元。出口集装箱提前申报比例超70%，进口集装箱提前申报比例超40%。

（俞真臻）

快递物流

【概况】 至2019年底，义乌有快递企业116家，网点473家。12个国内主要快递品牌均在义乌设置大面积的快件处理中心，10余家邮政快递企业入驻义乌快递物流园区。全年邮政和快递件业务总量完成49.91亿件，同比增长72.09%；日均处理量1400万件。快递业务量全省排名第一位，全国城市排名第二位，位列广州市之后，比上年上升2位。“双11”期间（11月11—18日），全市邮政快递业务量2亿件，同比增长31.55%；派件1072万件，同比增长27.81%。其中，11日业务量达到峰值3714万件，同比增长34.67%，为全年日均业务量的3倍。邮政和快递业务收入（不包括邮政储蓄银行直接营业收入）173.02亿元，同比增长35.58%。跨境快递业务量1.07亿件，同比增长18.52%；业务收入21.38亿元，同比增长32.23%。国际邮件互换局全年累计处理量7617.68万件，同比增长34.43%。年内，义乌市被国家邮政局授予第二批“中国快递示范城市”称号。

【成立邮政寄递业人民调解委员会】 2019年7月24日，义乌市邮政寄递业人民调解委员会成立。调解委员会由律师、法律工作者、监管部门工作人员、邮政寄递业从业者共12人组成。受理寄递单位之间因合作、竞争等引起的纠纷，以及寄递单位与服务对象之间因寄递服务等问题而引起的纠纷；维护消费者合法权益，提升行业服务质量。至年底，调解委员会共调解纠纷110余件。

【快递行业团委成立】 2019年8月15日，市邮政管理局联合共青团义乌市委在申通义乌总部举行共青团义乌市快递行业委员会（简称“义乌市快递行业团委”）成立大会暨授牌仪式。市邮管局、共青团义乌市委主要负责人，全市快递行业重点企业青年代表等70余人参加大会。会上，宣读《关于同意成立共青团义乌市邮政快递行业委员会的批复》义乌市快递行业团委下设义乌邮政管理局团支部、义乌顺丰团支部、义乌百世团支部、义乌中通团支部、义乌圆通团支部、义乌申通团支部、义乌韵达团支部7个团支部。行业团委发挥桥梁纽带作用，团结行业青年，开展青年岗位能手、技能比武等活动。

中通快递分拣车间　（黄庆斐2019年7月摄）

【快递网点实行人脸识别管理】 2019年8月，市邮管局联合市公安局在义乌寄递行业推广使用人脸识别系统。系统采用“互联网+”硬件组装方式，设双目摄像头，配备读卡器和支架连接器，运行人脸识别系统联网至公安部门人口库，对用户人脸进行实时比对，平均识别时间为0.7秒，大大减少核对人员信息的过程，降低收寄员工作量，提高收件效能。至9月，义乌邮政、快递网点共安装人脸识别设备240台，收件门店实现全覆盖。

【中国邮政华东物流仓储中心签约】 2019年9月13日，中国邮政集团公司浙江省分公司与义乌商贸服务业集聚区管理委员会在义乌幸福湖国际会议中心签订《中国邮政华东物流仓储中心项目投资协议书》，双方共同打造华东物流仓储中心。项目规划占地20公顷，设置物流基地、仓储中心、邮件处理中心、互换局和交换站等板块，提升货运能力。年底，义乌市政府将中国邮政集团公司浙江省分公司列为义乌市物流及物流网建设战略合作伙伴，优先保障20公顷项目用地，并给予空侧用地便利。

【圆通速递浙江总部转运中心】 2019年11月11日，圆通速递浙江总部转运中心提前3个月投入使用。项目由上海圆通蛟龙投资发展（集团）投资20余亿元建设，总用地22.87公顷。项目的实施，进一步推动义乌物流与贸易的协同发展，构建以“互联网+商贸+全球集运网”为平台的新型互联网经济产业集群，补齐义乌在航空物流等领域的短板。圆通速递浙江总部转运中心2018年10月开工建设。

（季超男）

【义乌市邮政业协会成立】 2019年11月25日，义乌市邮政业协会揭牌成立，邮政业协会一届一次会员暨成立大会召开。会议通过《义乌市邮政业协会章程》《义乌市邮政业协会选举办法》等章程，选举协会会长、常务副会长、副会长、监事长、第一届理事会、监事会成员单位。协会理事会成员30人，有会员单位139家。邮政业协会将充分发挥协会的纽带作用，解决会员企业发展中存在的难题，为义乌市创建全国邮政寄递业服务示范城市做好规范建设和能力建设。

【邮政服务网点分级监管】 2019年，市邮政管理局推进具有义乌地方特色的营业场所分级管理工作。8月，结合义乌实际制定方案，明确工作目标及安排，提出监督一张网分级管控、坚持一把尺衡量评定、把控一二三级监督、紧绷安全一根弦、两手一起抓落实“五个一”的监管要求。公布义乌市邮政普遍服务网点分级名单，一级网点3个，二级网点30个。

（厉　楠）

【绿色快递示范区建设】 2019年，义乌市推进邮政业生态环保工作试点工作。11月，印发《义乌市邮政业生态环保工作试点实施方案》，成立行业生态环境保护工作领导小组，明确工作目标、工作措施和各部门责任分工，全面推进邮件快件包装的绿色化、减量化、可循环化。通过悬挂宣传标语、宣传栏、LED电子显示屏、微信工作群、短信推送等方式，向群众宣传绿色快递相关知识，传播绿色理念，倡导绿色消费方式。市邮管局联合市电商办，通过召开座谈会、讨论会、研讨会等形式，推进绿色包装使用；通过规范邮件快件包装治理，推进生产作业节能减排，全面建成绿色快递营业网点和分拨中心，实现行业行政办公绿色化措施，推进邮政业发展绿色化、减量化、可循环。通过市直机关党工委组织的“公益集市月月行”志愿服务活动，宣传“绿色环保，人人有责”理念。至年底，全市整体电子运单使用率逾99%，二次包装比重低于50%；全市循环中转袋使用率逾85%，日均使用17.5万个。在全市301个标准化快递门店发放统一制式的快递回收箱，回收的纸箱免费提供上门寄件客户收循环利用。

（除署名外均由楼丽丹撰稿）

互联网·信息

电子政务

【概况】 2019年，义乌市深化政务公开平台26个领域300余个重点栏目建设，公开政府信息6.27万条。构建涵盖46个微信、14个微博的政务新媒体平台，总发布信息1.08万条次。至年底，政府门户网站更新信息5.7万条，占全省的3.46%；网站总访问量3340万人次，页面均浏览访问量9.8万余人次。

编制《深化数字义乌建设2019年度工作计划》《义乌市政府投资信息化项目建设项目管理办法实施细则（试行）》。发布政府投资信息化建设项目2批，累计信息化项目35个，其中，国家级试点项目1个，省级试点项目7个，总投资8067万元。实现浙江省统一执法监管平台、一体化在线政务服务（掌上办事）平台等6个省级政府数字化转型试点项目100%贯通和验收。

2019年，义乌市名列全国县级政务公开评估前十位。义乌市政府门户网站作为全国唯一的县级市门户网站，获国务院办公厅通报表扬；在中国优秀政务平台推荐及综合影响力评估中，第12次蝉联“中国政务网站领先奖”并获区县级网站第一名。

【营商需求“一号响应”】 2019年1月始，义乌市探索扩展“12345”（“96150”）热线服务内涵，建立健全热线“1+X”工作机制。2月，企业营商需求“一号响应”服务正式上线，实现涉企诉求1小时内响应，一般问题24小时内答复，多部门问题48小时内答复。至12月底，“12345”（“96150”）热线话务总量213万人次，同比增长15.5%；营商诉求2.28万起，咨询类来电2.27万起，诉求满意率99.5%，实现咨询事项全满意、投诉事项全回复。

【信息资源集约管理】 2019年4月始，市数管中心推进政务云扩容，持续拓展信息资源供给，全年新增云主机283台，全力服务“最多跑一次”改革、政府数字化转型等工作需求。6月，开展信息资源整合优化，至年底，累计回收云主机97台，推动35个业务系统上云，清理“僵尸”系统7个；整合撤销政务网络160条，机房5个，专网9个。政务数据中心累计承载各类互联网设备925台，同比增长17.24%。

【政府网站域名管理】 2019年4月10日，市数管中心印发《义乌市数据管理中心关于加强政府网站域名管理工作的通知》，加强义乌政府网站域名使用管理。要求政府网站（含各类应用系统）应全面改用“○○○.yw.gov.cn”结构的二级英文域名和“.政务”为后缀的中文域名，其中○○○为本部门名称拼音或英文对应的字符串。不得使用其他后缀域名，注销持有的非“○○○.yw.gov.cn”结构域名。不承担行政职能的事业单位原则上不得使用以“.gov.cn”为后缀的英文域名；一个政府网站只使用一个中文域名和一个英文域名，如有多个符合要求的域名，应明确主域名，其他域名按照规范进行注销。4月16日前完成不合规域名、网站已关停但仍未注销的域名，以及被用于非政府网站的“.gov.cn”和“.政务”域名排查清理工作。域名持有者、联系人等注册信息发生变更的，需在变更后20个工作日内向运营商备案，并向市数管中心报备。

【部门间“一次不跑”】 2019年5月，依托“浙政钉”和义乌党政机关协同管理基础平台，打造办文、办会、办事、办公四大领域移动端和电脑端入口门户，实现用户统一、底层互通，手机、电脑两端融合。6月，完成请示汇报、领导批示、政务督察等业务模块升级，实现全市办文无纸化全覆盖，累计流转文件50.61万份，有效压缩公文流转时间。8月，统筹谋划跨部门会议室预约功能，整合推广浙政钉视频会议平台。9月，梳理优化部门办事流程，累计梳理部门间联办“一件事”33项。

【政务网络信息安全】 2019年5月，市数管中心完成9124台政务外网终端安全防护部署，构建全方位安全防护网。7月，将45个互联网服务业务系统纳入风暴中心，部署内部态势感知平台，提升政务数据中心安全防护能力。8月，按照网络安全等级保护2.0标准，开展全域安全扫描6批次。9月，谋划推进安全可靠的“同城灾备＋异地灾备”两地三中心容灾备份建设，满足不同灾难场景下各部门业务连续性要求。至年底，组织全市网络信息安全培训、数据中心巡检18次共400人次；完成两会及中华人民共和国成立70周年国庆活动等重要时期网络安保工作。

【“互联网+政务服务”】 2019年6月，推进“一证通办”向全事项领域扩展延伸，实现省定民生事项及负面清单外政务办事事项100%“一证通办”。7月，组织开发政务服务自助终端一体机事项528个，实现电脑端、手机端、窗口端和自助端“四端协同”。8月，“一网通服”平台正式上线，实现18个部门326项涉企政策集中发布、无感推送、网上兑现，平均办事流程从11个减至5个。破解涉企政策获取难、理解难、落地难等问题，累计兑付企业150余家，兑付资金3000万元。10月，拓展社保和公积金等民生事项向稠州银行、建设银行等金融机构延伸，实现覆盖全市各镇（街道）的75个金融网点“就近办”。至12月底，“义网通办”平台实现省权力事项库所列2042个可网办事项100%“网上办”“掌上办”，累计办件1023万件，网上申报率97%，网上办结率90.9%；非工作时间办件占比33.4%。

（傅铁民）

机关政务信息

【概况】 2019年，市府办编发《义乌政务》14期。上报各类政务信息596条，93条信息被省政府办公厅、金华市府办采用。《义乌市反映中美贸易摩擦背景下三大因素制约小微跨境电商企业发展》《基层反映我国“世界工厂”地位仍然稳固，但企业主面临“经营寒冬”——以浙江省圣诞用品产业为例》2条信息获国务院领导批示。年内，义乌市政府办公室被省政府办公厅评为“全省政务信息工作考核优秀单位”，被金华市政府办公室评为“政务信息工作先进单位”。

【14条信息获省政府领导批示】 2019年1月11日，《义乌首试宅基地跨村“流动”激活闲置土地》获副省长彭佳学批示。3月27日，《义乌市反映做强“义新欧”等中欧班列还需积极抢占国际舆论高地》获副省长朱从玖批示。同月27—29日，《义乌市以数字化转型实现身后事办理“零次跑”》获副省长王文序、冯飞批示。4月18日，《基层反映当前帮扶民营企业政策亟需强化“一件事”理念》获省长袁家军批示。同月28日，《义乌市探索“初信初访”代访陪访新模式乡镇矛盾纠纷化解率达98%》获副省长王双全批示。6月2日，《义乌市深化商事制度改革打造最优营商创业环境》获副省长王文序批示。同月26日，《义乌市探索“网红+日用小商品”社交电商销售新模式》获副省长朱从玖批示。7月5—8日，《义乌以信用为核心建设“一网通管”大平台打造“互联网+监管”义乌模式》获副省长王文序、冯飞批示。同月18日，《互融

互通数据共享义乌市通过“无感智办”实现退休一件事办理“零次跑”》获副省长王文序批示。8月6日,《基层反映当前消防招录体系失去三大支撑已影响队伍稳定》获省长袁家军批示。9月29日—10月18日,《全域感知全时响应全程协同——义乌市推进大气治理数字化转型的主要做法及成效》获副省长彭佳学、高兴夫批示。12月6日,《义乌市创新“点状”发力打造家门口式公共文化供给新模式》获副省长成岳冲批示。同月26日,《基层反映我国“世界工厂”地位仍然稳固,但企业主面临“经营寒冬”——以浙江省圣诞用品产业为例》获省长袁家军批示。30日,《顺机制、破难题、凝共识打造县域食品安全治理现代化义乌模式》获副省长王文序批示。

（刘　岱）

网络安全防护

【概况】 2019年,义乌市落实《义乌市网络与信息安全应急预案》《义乌市政府网站应急事件处置预案》《义乌市公安局互联网安全监督检查规定》等规章制度,与市网信办、市电政办、市经信局联合开展网络安全检查42次,整改存在安全漏洞的政府网站18家;检查30家单位60套关键信息基础设施15次,下发整改通知书10份。组织全市各单位开展网络风险自查3次、演练6次。与义乌注册的24家网络游戏公司签订《履行主体责任净化网络环境承诺书》,落实主体责任。加强义乌市信息网站、IDC(互联网数据中心)等公司网络安全管理,督促落实信息巡查制度、违法有害信息审核制度及安全审计、预警措施、网络攻击防范、计算机病毒防治、违法信息屏蔽过滤等措施要求。对义乌热线、义乌十八腔、义乌购、中国义乌网等重点网站开展“网络政治谣言”“暴恐音视频”等专项清理工作,对有关国庆安保、新光集团债券违约等重大舆情开展巡查处置,有效制止网络炒作。

【“净网2019”行动】 2019年1月始,市公安局开展以清理网上有害信息、整治违规联网单位、打击突出涉网犯罪为内容的“净网2019”行动。至12月,共处置违法有害信息1200余条,警告处罚网站10家。核查从境外敌对网站下载涉政有害音视频人员14人,对其进行批评教育;核查发布谣言信息人员74人,其中,对65人进行批评教育,对6人实施行政拘留,其中在网络发布暴恐音视频人员1人。

【破获非法控制计算机案】 2019年5月,市公安局根据省公安厅下发的线索,对黑客非法控制计算机案立案侦查。经深挖扩线,发现黑客通过在网络上植入sdk木马程序,非法控制计算机、手机自动运行浏览广告页面产生流量,进而向网络广告商诈骗,此案被列为公安部督办案件。11月13日,在省公安厅直接指挥下,市公安局捣毁犯罪团伙5个,采取强制措施35人;冻结银行卡账号300余个,资金4700万余元,控制理财资金1000余万元;冻结云存储服务器600余台。此案为国内首例实现广告联盟全链条打击的成功案件,获副省长王双全肯定批示。

（陈国华）

金融业

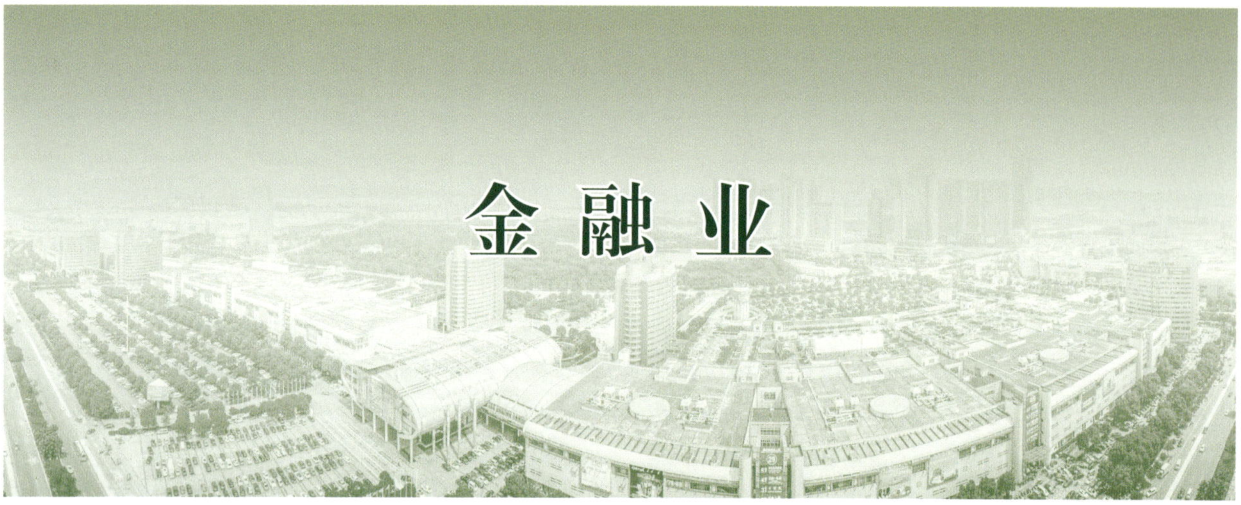

综　述

【概况】 2019年，全市银行业金融机构28家，小额贷款公司9家，证券公司营业部35家。至12月末，全市银行业金融机构各项存款余额3345.58亿元，比年初增加403.58亿元，同比增长13.72%。其中，住户存款1808.61亿元，比年初增加252.70亿元，同比增长16.24%；非金融企业存款691.48亿元，比年初增加72.16亿元，同比增长11.65%。各项贷款余额2823.23亿元，比年初增加372.62亿元，同比增长15.21%；住户贷款1235.1亿元，比年初增加231.69亿元，同比增长23.09%。存贷差522.35亿元，余额存贷比84.39%。全市银行业机构实现营业收入235.41亿元，同比增长58.34%。累计实缴国地税18.15亿元，同比增长4.3%；累计净利润95.2亿元，同比增长65.41%。不良贷款余额41.56亿元，不良率1.47%。

4月，博尼控股在香港联交所首发上市。至12月末，全市8家上市公司总市值416.13亿元，环比下降2.45%。全市各类企业通过资本市场新增直接融资319.85亿元，其中首发、定增等股权融资4.55亿元，债券融资315.3亿元。全市新增股份制公司33家，新增浙江股交中心挂牌企业42家。兑现上市激励政策资金650万元。

至2019年年底，全市共有期货公司7家，期货存量账户1.41万户，同比增长5.2%，环比增长0.11%。证券分支机构35家，证券存量账户数77.56万户，同比增长15.64%，环比下降0.04%。小额贷款公司9家，贷款余额27.5亿元，同比下降19.42%；年化加权平均利率11.6%，同比下降11.45%；逾期贷款余额6.6亿元，同比下降9.30%；逾期率24%，同比增长12.57%；全年累计放贷44.08亿元，同比下降8.83%；累计亏损1.23亿元；累计纳税1766.25万元，同比下降28.32%。融资性担保公司6家，累计净资产16.87亿元，货币资金11.57亿元，存出保证金5421.12万元。对外投资841.91万元，应收款项5.91亿元。全年新增融资性担保业务12.76亿元，融资性担保业务在保余额11.80亿元，新增担保户数220户，放大倍数（I/G）0.70。有典当行7家，典当总额1.68亿元，同比增长142.28%；典当余额6812.39万元，同比增长14.56%；资产计1.39亿元，同比增长8.82%；营业利润亏损154.8万元。共有金融（信息）服务公司、投资管理、财务咨询公司、基金管理公司及典当、寄售、租赁等在内的新型金融主体1399家，同比增长8.62%。

2019年，义乌市共有保险机构44家，其中，财产险公司25家，人身险公司18家，政策性保险公司1家；各级营业服务网点82个，保险从业人员1.2万人。实现保费收入71.68亿元，同比增长3.30%。其中，财产险保费28.26亿元，同比增长4.57%；人身险保费43.41亿元，同比增长2.49%。保险深度和保险密度分别为5.04%、5436元每人。共支付各类赔款20.52亿元，同比增长8.31%。其中，财产险赔款14.86亿元，人身险赔款5.67亿元。

加大对义乌市实体经济信贷投放力度，推进“融资畅通工程”。引导辖内银行业保险业优先保障重点领域信贷需求、优化信贷投放结构、补齐金融服务短板，持续加大对制造业、民营、小微企业等实体经济的信贷投放力度，开展“三服务”“大调研大走访大服务”活动。深化普惠金融建设，督促各银行制订并落实小微企业信贷计划，加大小微企业贷款投放力度。义乌银保监组与市经信委联合制定《关于支持小微企业园发展的联合工作方案》，深化“伙伴银行”建设。加强分类建档，“一园一策”制定差异化金融服务方案，并持续跟踪监测。推动银行业“以税促贷”“以信换贷”，通过小微企业信用数据放贷，加快金融产品服务创新。年末，全市小微企业贷款余额1181.99亿元，比年初增加101.01亿元；小微企业贷款户数比年初增加1.61万户。

推进银行业保险业“四个专”建设，即抓好专项工作推进，打造专用硬件设施，加强专业金融服务，健全专门保障机制。义乌银保监组提出实施义乌监管组金融服务实体经济“四个一”工程，制定《义乌监管组特色网点创建的工作方案》，全力支持银行业金融机构在外商、外贸主体经营活动聚集区域设立国际贸易、外商服务特色网点和专营支行，推动银行业差异化服务增量扩面。引导银行业、保险业金融机构加强与海关等部门和主体合作，主动融入“市场采购联网平台”，利用试验区资金流、物流、信息流等数据，开展面向小微的个性化信贷产品、保险产品创新。至年底，进口企业纯信用贷款为15家企业授信6768万元；18家银行机构对接“市场采购联网平台”开展线上结售汇业务，累计结售汇40.26亿美元；小额贷款保证保险担保融资510笔3.7亿元；关税履约保证保险余额3090万元。联动市银行业、保险业行业协会，为辖内银行保险机构搭建跨行业、跨机构的交流合作平台，为政府、金融机构、进出口贸易企业搭建“面对面”对话平台。

（钟良军　楼哲迪）

【多举措助推“一带一路”建设】 2019年，浙江稠州商业银行整合内部资源，加强与境外代理行的互动，配合“一带一路”建设，大力发展境外直接投资人民币结算、人民币保函、境外项目人民币贷款、跨境双向人民币资金池等业务，便利企业境外投资、承揽工程，助力企业“走出去”。1—6月，稠州银行陆续推出E-TAKING2.0、DDA2.0等主力提款产品，开源扩流，致力于服务更多平台，支持更多渠道，花费更少成本，为客户带来更便捷的提款体验。至11月末，稠州银行累计国际结算量271.4亿美元，比上年同期增加104.79亿美元，增幅62.9%；已上线跨境人民币结算渠道企业客户17家，完成跨境人民币结算量17.16亿元；累计服务跨境电商客户6000余户，实现提款额10.72亿美元，同比增长109.38%。2019年11月，浙江稠州商业银行首笔孟加拉集中通知项下福费廷业务成功落地，办理孟加拉信用证业务1475笔，累计金额5458万美元。在风险可控的基础上，稠州银行代理土耳其AKTIF银行清算业务，带动存款、中收双向增长。至11月末，收到土耳其AKTIF银行清算资金3775.8万美元，办理转汇514笔，累计3636.8万美元。

（陈金春）

【推进国际贸易综合改革试点金融专项改革】 2019年，以贸易融资获得难、跨境电商收结汇等难点堵点为改革突破口，围绕贸易金改、产品创新、服务提升、基础保障四大方面，打造与国际贸易综合改革试验区相适应的金融支持体系。3月，出台《关于推动全市跨境人民币业务创新发展的意见》，引导市场主体使用人民币计价结算。探索跨境电商收结汇业务，8月，出台《中国（义乌）跨境电子商务综合试验区跨境电子商务进出口数据认证与管理办法（试行）》，在全国率先以经认证的贸易数据为结汇依据，为跨境电商提供合规、阳光、便利的全线上结汇服务。推动外贸企业主子账户创新，由银行自助开发主子账户系统，为出口企业完成一般贸易项下子账户直接收结汇。推动外国人信用体系建设，开发外国人信用平台，发放外籍商友卡作为在义外商的“信用名片”，建立全国首创、义乌特色的外国人信用体系。

（钟良军）

【首个退役军人创业金融服务基地成立】 2019年6月21日，义乌首个退役军人创业金融服务基地在义乌农商银行启动运行。义乌市退役军人事务局与义乌农商银行建立战略合作关系，成立退役军人主题支行，搭建专属金融服务平台，围绕退役军人技能培训、融资咨询等开展合作，为退役创业、关心关爱、拥军优抚事业充分发挥好金融助力的作用。义乌农商银行推出“创业贷”专属金融产品，为义乌市退役军人、军属及其企业整体授信30亿元，贷款支持退役军人自主创业，解决创业初期以及创业发展的资金问题。将全市退役军人等服务对象纳入“浙里贷”白名单，实现贷款线上自助审批和自助放款，通过手机银行便可获得贷款，享受线上便捷服务。义乌农商银行推出“退役军人卡”专属银行卡，持卡人享受免收卡工本费、账户管理费、跨行转账汇款手续费、境内ATM取款手续费等项费用，同时享受绿色通道服务和专属理财服务。向退役军人关爱协会捐赠30万元，用于退役军人关爱协会启动资金，倡议义乌全社会力量参与关爱退役军人协会工作，共同促进退役军人事务发展。

（陈金春）

【金融风险防范】 2019年，推进反洗钱工作，全年向侦查机关移送线索33条，涉及可疑主体100余人，金额1800亿元。公安机关立案2起，破案3起，其中，1起为地下钱庄案；2起为非法吸收公众存款案。合力整治支付结算领域违法犯罪，协助公安部门破获案件2起，挽回经济损失1139.5万元。全市银行网点堵截诈骗事件52起，挽回经济损失61.29万元。

（张军强）

【开设“防控风险攻坚年”主题活动】 2019年，中国银行业保险业监督管理委员会金华监管分局义乌监管组（简称“义乌银保监组”）开展“防控风险攻坚年”主题活动，推进信用风险防控“四项机制”建设，对辖内银行业信用风险进行摸底调查，梳理形成义乌银行业“103家重点风险企业清单”“十大担保圈风险图示”，紧盯重点行业、重点企业、重点机构风险，引领辖内银行业保险业守住不发生行业性、区域性、系统性风险的底线，控制信用风险水平。年末不良贷款率较年初下降0.31个百分点，关注类贷款率较年初下降1.32个百分点。

（楼哲迪）

【市金融办助力企业纾困解忧】 2019年，市金融办开展“三服务”主题教育成立金融办领导班子牵头“访企服务团”，带领党员骨干走进企业一线，通过召开座谈会掌握企业困难。按照“一企一档”的标准，每个问题明确责任人、整改时限、整改路径，实行销号管理。对于涉及银行、保险机构的事项，建立问题派单制度，及时派发问题清单，督促问题解决。30个“访企服务团”累计走访企业385家，收集并及时化解问题403个，为企业新增授信31.5亿元。创新推出行长联企制度，搭建起金融机构与企业之间“连心服务桥”。全市28家银行机构，70余名行长联系135家重点企业，按照每周一走访要求，由银行行长靠前服务，解决企业金融难题。对于无法单独解决的疑难问题，金融办牵头开展现场办公，先后召集22家银行奔赴浙江惠依丝针织内衣有限公司、浙江圣石激光科技股份有限公司、浙江年年红实业有限公司、浙江天派针织有限公司等20余家企业进行融资问题专题对接，明晰金融支持方案；为59家企业解决各类金融问题143个，帮助企业获得资金支持23.7亿元。打通信用贷款“快车道”，对接61个政府部门、101家金融机构，形成覆盖55万市场主体、230万个体的信用一张网。主题教育开展以来，为企业提供信用贷款24亿元，辐射企业652家。

（陈金春）

银行业

【概况】 2019年，全市各项贷款余额2823.23亿元，比年初增加372.62亿元；全市各项存款余额3345.58亿元，比年初增加403.58亿元。围绕中央支持小微企业发展等精神和义乌实际，中国人民银行义乌市支行出台《中国人民银行义乌市支行关于2019年货币信贷工作的指导意见》《关于进一步深化民营和小微企业金融服务的实施意见》《关于印发义乌市优化营商环境获得信贷便利化行动方案的通知》等指导性意见，推进“双支柱（货币政策和宏观审慎政策）”调控框架，引导金融机构对实体经济、重点项目信贷支持。全面落实国家减税降费政策，全年发行债务性融资工具197亿元，降低融资成本1.67个百分点。推广商标权、股权、应收账款质押等多种抵质押贷款扩面增量，全年累计新增创新类贷款68.75亿元。

年内，浙江稠州商业银行获“2019TOP金融榜年度城商行”“年度十佳城市商业银行”。

【金融支持地方重大项目建设】 2019年1月，中国民生银行义乌支行为义乌吉利发动机有限公司发放信托贷款20亿元，此项业务为2018年4月27日，中国

2019年义乌市金融机构本外币存款贷余数据统计

表21　　单位：亿元

序号	金融机构	存款余额	比年初增减数 增加（+）减少（-）	贷款余额	比年初增减数 增加（+）减少（-）
1	工商银行义乌分行	433.71	83.47	219.71	9.50
2	农业银行义乌分行	473.06	57.50	319.26	22.90
3	中国银行义乌分行	203.50	10.00	217.54	24.61
4	建设银行义乌分行	263.92	21.84	195.37	11.34
5	农发行义乌市支行	14.04	0.10	77.47	7.30
6	义乌农商银行	576.43	79.65	402.74	38.31
7	稠州银行义乌管理部	482.44	6.08	376.74	51.88
8	兴业银行义乌分行	189.52	51.27	201.18	69.01
9	平安银行义乌分行	19.99	3.42	47.15	6.16
10	浙商银行义乌分行	65.74	6.66	98.42	12.52
11	交通银行义乌分行	32.94	4.88	41.97	-1.11
12	中信银行义乌分行	46.32	-8.52	91.85	-5.85
13	华夏银行义乌支行	41.76	21.93	45.27	19.24
14	浦发银行义乌分行	36.52	2.90	88.93	16.64
15	恒丰银行义乌支行	40.38	24.57	20.79	2.22
16	招商银行义乌支行	14.69	2.10	23.88	6.04
17	广发银行义乌分行	20.10	4.88	23.85	0.30
18	民生银行义乌支行	12.22	9.20	25.49	16.64
19	金华银行义乌分行	49.74	7.72	25.33	3.93
20	民泰银行义乌分行	25.88	6.02	13.30	0.19
21	泰隆银行义乌支行	28.62	7.86	23.90	2.42
22	宁波银行义乌支行	7.97	3.72	19.60	5.42

续表 21

序号	金融机构	存款余额	比年初增减数 增加（+）减少（−）	贷款余额	比年初增减数 增加（+）减少（−）
23	杭州银行义乌支行	4.76	2.58	8.07	−1.03
24	台州银行义乌支行	2.90	1.19	6.93	2.78
25	瑞丰银行义乌支行	5.26	−0.86	44.74	19.96
26	邮储银行义乌支行	151.87	8.42	45.00	5.69
27	义乌联合村镇银行	27.19	0.70	29.48	−1.41
28	光大银行义乌支行	5.03	5.03	4.62	4.62

人民银行中国银行保险监督管理委员会中国证券监督管理委员会国家外汇管理局联合发布《关于规范金融机构资产管理业务的指导意见》后，全国首单落地的产业基金项目。至2019年年底，民生银行义乌支行为义乌市国有资本运营有限公司发行定向融资工具15亿元，为恒风集团有限公司发行资产支持证券4.3亿元。

（马向荣）

【融资助力城市建设】 2019年2月2日，针对我市建设需求杭州银行金华义乌支行为义乌市城市投资建设集团有限公司通过开立19.5亿元融资性保函一次性募集到资金19.5亿元，用于省重点项目——胜利（一）区安置房项目建设。此项目是2019年全国县级市城投类企业首次发行的债权投资计划。5月，杭州银行金华义乌支行为义乌市佛堂城市投资建设集团有限公司投放10.4亿元，其中8.4亿元通过武金所发行债权计划，用于佛堂棚户区二期改造。

（朱　亮）

【银企对接签约】 2019年2月15日，义乌市金融服务实体经济发展暨银企对接签约会在幸福湖会议中心举行。义乌市领导、省地方金融监督局党组成员、中国农业银行浙江省分行行长、全市金融机构和企业代表200余人参会。会上，浙江省分行行长冯建龙与义乌市政府签订金融支持义乌实体经济发展协议，农业银行计划未来三年对义乌区域新增贷款200亿元以上。农业银行义乌分行与中电建集团（义乌）建设发展有限公司、义乌绿创置业有限公司、中国人民财产保险股份有限公司分别进行项目签约，3个项目签约56亿元。

（周宗荣）

【首笔取消企业银行账户许可核发业务落地】 2019年3月5日，义乌市某管理咨询服务公司在恒丰银行义乌支行成功开立基本账户，此为扩大取消企业银行账户许可地区范围后，恒丰银行义乌支行首笔企业开户业务顺利落地。此后，企业在恒丰银行义乌支行开户时无需经人民银行核发开户许可证，在开户当日即可启用账户收付款功能。至年底，共开立基本账户26户。

（徐弘剑）

【社邮战略合作启动】 2019年3月15日，义乌市人社局、邮政义乌分公司、邮储银行义乌市支行举行“社邮战略合作启动仪式”，三方共同签署战略合作协议，以“金融+民生”助推“最多跑一次”改革。通过合作，加强邮银协同，依托邮政遍布城乡的邮政金融网点、邮乐购站点，发挥投递上门、线上线下联动的便民服务优势，实现社保业务办理全面延伸。全市范围内可以办理社保业务的金融网点154个，可办理参保登记、信息变更、养老缴费、社保关系转移接续、待遇核定及领取、就业创业等29项社保延伸服务，“申请补缴城乡居民基本养老保险费”“退休人员到龄通知”2项业务，通过邮政快递送达到家。

（何　剑）

【孟加拉特色代理行】 2019年，浙江稠州商业银行拓展境内生产型与外贸型基础客户群体、改善国际业务客户结构。3月27日，浙江稠州商业银行首笔孟加拉特色代理行出口议付业务落地。孟加拉特色代理行业务，是浙江稠州商业银行共享合作方资源拓展的孟加国信用证项下的特色业务，包括孟加拉国信用证在稠州银行集中通知、议付、催收及后续的福费廷融资业务等。至年底，稠州银行与30余家孟加拉银行建立代理行关系，推进信用证通知、议付业务。

（王得锦）

【金融服务行动】 2019年3月，浙江义乌农村商业银行股份有限公司启动“百名干部大走访”活动，梳理出走访企业“四张名单”“三张清单”，领导班子及相关部室负责人走访陆港集团、后宅饰品产业园区、物流中心等辖内龙头企业，走访江东、北苑、后宅、佛堂等支行及所辖丰收驿站，调研业务拓展情况。出台《小微园区金融服务行动方案》和指导意见，提升小微企业贷款营销和小微园区金融服务能力。至年底，与9个小微园区签订合作协议，向79户小微园区企业发放贷款1.82亿元。

（孙　展）

【金华银行义乌分行与工商学院签署校企合作协议】 2019年4月3日，金华银行义乌分行与义乌工商职业技术学院经济管理学院签署校企合作协议。双方将共同构建产教融合、校企合作共同育人机制。其中校方利用学院教育资源加强银行营销、礼仪、产品创新等领域的专业培训力度。银行则根据校方实际需求加大对大学生创业的金融支持力度，在优势互补中实现互利双赢。

（陈金春）

【首款小微线上贷款产品“义闪贷”】 2019年，浙江稠州商业银行探索“310”信贷模式（3分钟申贷，1秒钟到账，0人工干预），推广深化信用贷款，打造小微金融“数字普惠”工程。4月9日，浙江稠州商业银行首款小微线上贷款产品——“义闪贷”上线。“义闪贷”践行“两跑三降”模式，运用大数据、人工智能、生物识别、移动互联等科学技术，采用“线上操作、自动审批、自助提款”全线上流程操作，为主要面向符合条件的义乌市民（含新市民）发放的纯信用贷款产品。至年底，稠州银行完成“义闪贷”“线上公积金信用贷”“税易贷”“社闪贷”4款小微线上化产品，贷款余额3.2亿元，贷款户数1197户。

（王得锦）

【金华地区首个志愿汇信用贷】 2019年4月22日，“团银携手共助文明”暨义乌市“志愿汇信用贷”启动仪式在义乌农商银行举行，团市委与义乌农商银行合作，创新推出金华地区首个“志愿汇信用贷”金融服务项目。“志愿汇信用贷”团市委为搭建志愿服务激励体制而设立的一个团银合作项目，将志愿者提供服务的情况作为贷款授信的参考依据，采用信用担保方式，贷款额度原则上不超过30万元，贷款期限原则上最长不超过3年，可循环使用。义乌农商银行依托“志愿汇”APP、商城征信等进行大数据分析，摸清全市有贷款需求的志愿者人数；利用新闻媒体、物理网点、丰收驿站扩大宣传，提升产品影响力和知名度；搭建“政银合作”线下平台、“浙里贷”线上平台，平稳推进放贷业务。至年底，向369名志愿者发放志愿汇信用贷款7162万元。

（孙　展）

【农商银行与市供销社签订战略合作协议】 2019年5月14日，义乌农商银行与义乌市供销合作社举办“聚力乡村振兴、助推农银共建”签约仪式，双方在“党建+金融”、供销系统企业金融合作、涉农企业（组织）信贷、农民资金互助会及联合会合作、涉农产品创新、便民服务等领域展开深入合作。义乌农商银行将向市供销社所辖企业提供2亿元综合授信，全力支持供销系统基层组织、惠农工程建设和生产经营需求，促进农业发展。

（陈金春）

【“红百合”助力普惠金融】 2019年5月18—26日，民泰银行义乌分行组织开展“‘红百合’金融服务周”活动，助力当地普惠金融发展。活动期间分行辖内9支“红百合”金融志愿服务小分队举办各类金融知识讲座3场，“送金融知识进社区、进园区、下乡”活动18场。开展反假币、防范电信诈骗等主题的金融知识普及宣传，提供理财、电子银行等业务咨询服务，发放各类宣传单页1100余份。落实信用村社整村授信，举办整村授信签约仪式，支持农村经济发展，共惠及群众850余人次。

（吴志彬）

【工行义乌分行与市电工电气协会签订战略合作协议】 2019年5月20日，工商银行义乌分行与义乌市电工电气协会签订战略合作协议，系义乌工行与义乌市行业协会的首次合作。义乌市电工电气协会拥有305名成员，外贸出口型企业占90%以上。随着国际贸易环境不确定性增多，会员企业普遍面临资金周转困难、汇率风险加剧等问题。协议签订后，工商银行义乌分行成立专门团队，在融资利率、各类费率和授信额度上为会员企业提供支持，助力义乌实体经济高质量发展。

（陈金春）

【义乌国资成功发行6亿美元海外债】 2019年5月22日，中国银行义乌市支行作为联席全球协调人，成功协助义乌市国资运营公司境外定价发行6亿美元3年期高等级无抵押美元债券，系2019年浙江省内首单地方国有企业美元债券，创下全国BBB评级省市级发行人美元债券票息和收益率新低。此笔业务的落地，为义乌市国企平台、重大项目提供长期低成本资金支持。

（陈金春）

【义乌联合村镇银行新增金融机构网点】 2019年6月20日，义乌联合村镇银行第六家支行——大陈支行揭牌开业。支行位于大陈镇大陈大道136号，为新型农村金融机构。12月28日，义乌联合村镇银行新增赤岸镇三角毛店村金融便民服务点。此便民服务点在提供农村金融服务的同时，兼具修理农机具、服务村民日常生活、助力和美乡村建设、提供现代农业项目和技术支持等非金融服务。

（涂晓辉）

【拓展中长期信贷业务】 2019年，中国农业发展银行义乌市支行将中长期信贷业务作为业务发展的新增长点，加强项目营销，促进经济发展。6月，为国际陆港集团有限公司承办的"义新欧"铁路口岸物流中心二期项目融资9.8亿元，期限20年，首批投放2亿元。11月，为市水处理有限责任公司的义乌市双江湖净水厂工程项目贷款，期限15年，贷款9亿元，年内投放1.8亿元。

（王　峰）

【推广"好房快贷"业务】 2019年6月，恒丰银行义乌支行推广"好房快贷"业务。此产品面向从事合法生产、经营的个人，以其住房及商住两用房作为抵押，用于解决经营资金需求的贷款。贷款期限长，还款方式灵活、随借随还，循环使用。授信期限最长20年，贷款期限最长20年，住房抵押率最高达70%，审查审批时间不超过3个工作日，利率最低降至贷款市场报价利率（LPR）。至年底，发放"好房快贷"业务3笔315万元。

（徐弘剑）

【政采供应商专属融资产品】 2019年6月，招商银行义乌支行携手义乌政采云平台推出政采供应商专属融资产品——"政采贷"。此产品依托政府采购合同，无需抵押担保，用款灵活，成本低谦，缓解中小微企业压力。至2019年年底，"政采贷"贷款余额116万元。

（王敬军）

【跨境电商以信用方式取得融资】 2019年7月18日，在由金华银保监分局召开的金华银行业保险业"不忘初心、牢记使命"支持义乌国际贸易综合改革推进会上，浙江稠州商业银行与义乌市经济技术开发区达成战略合作协议，承诺在国家产业政策、授信政策允许的条件下，向开发区提供25亿元融资支持。年内，浙江稠州商业银行助力义乌国贸改革，创新推出"跨境电商贷"产品，为跨境电商以信用方式取得融资；助力市场采购联网信息平台线上结汇业务试点；探索外贸综合服务平台"关联主子账户"业务，外贸综合服务平台上线运行，为外综服企业客户提供代理报关出口等服务。至年底，累计服务跨境电商客户6000余户，累计实现提款额12.34亿美元，同比增长108.09%；线上结汇25万余笔，结汇总额70亿美元。

（王得锦）

【农行义乌分行成功承销商城集团中期票据10亿元】 2019年7月中旬，中国农业银行股份有限公司义乌分行主承销的浙江中国小商品城集团股份有限公司2019年度第一期中期票据成功发行，发行金额10亿元，期限3年，发行利率3.99%。此次发行结果创下近三年金华地区AA+中期票据最低发行价格，也是2017年以来浙江省同行业AA+中期票据最低发行利率。

（陈全春）

【推出单位结算卡业务】 2019年7月22日，浙江稠州商业银行推出“单位结算卡”业务。此业务是稠州银行面向人民币单位支票账户发行的，以卡片为介质，与“单位结算账户”相关联，具备账户查询、转账汇款、现金存取、POS消费等功能的支付结算工具。产品运行稳定，客户操作便捷，用户体验和业界口碑良好。至2019年年末，稠州银行全辖对公客户已申办单位结算卡5000张，通过单位结算卡进行的存取款、转账和POS消费业务总量突破1亿元。

（王得锦）

【全市首笔活畜抵押贷款】 2019年7月26日，义乌农商银行下发《义乌农商银行活畜抵押贷款管理办法》，正式开办活畜抵押贷款业务。经营活畜养殖的借款人可凭借自身或第三方合法拥有的猪、牛等活体畜禽作为抵押担保申请贷款，贷款额度最高可达评估价值的70%。同时，首次采用单体计价法，省去抵押物价值的评估环节，有效缩短融资链条。7月底，义乌农商银行向市星科家庭农场发放首笔活畜抵押贷款50万元。

（陈全春）

【首笔“公转商组合贷款”】 2019年8月5日，中国农业银行股份有限公司义乌分行（简称“农行义乌分行”）成功发放义乌市首笔“公转商组合贷款”164万元，其中，公积金贷款130万元，商业贷款34万元。“公转商组合贷款”，即公转商贴息贷款和个人住房商业贷款的组合，其中公转商贴息贷款是利用商业银行的信贷资金发放的个人住房公积金贴息贷款。“公转商组合贷款”的开办，是农行义乌分行结合现实情况，与公积金中心合作创新推出的新模式，适应市场发展的需求，为客户买房创造新条件。此笔贷款的发放，标志着公转商组合贷款政策在义乌地区正式落地，开启农行义乌分行与住房公积金管理中心深度合作。

（周宗荣）

【成功获批央行1亿元支农再贷款】 2019年8月30日，义乌联合村镇银行成功获批央行1亿元支农再贷款，至年底，义乌联合村镇银行累计获批支农再贷款7笔5亿元，为义乌市农业农村特色产业发展提供金融支持。

（陈全春）

【首单“活期通”外币存款业务】 2019年9月6日，恒丰银行义乌支行落地杭州分行辖内首笔美元“活期通”业务，首期签约纯外币结算客户2个，带动外币活期存款约50万美元。恒丰银行“活期通”单位外币存款业务是一款基于单位外币活期账户的现金管理产品，在服务期内根据账户存款日均值所落入的档次，按照约定执行利率计付利息。借助外币活期通业务，帮助市中小外贸企业优化负债结构、助推转型发展。

（徐弘剑）

【发行小微企业卡（个人借记卡）】 2019年10月12日，浙江稠州商业银行小微企业卡（个人借记卡）对外发行。小微企业卡持卡人可专享财务软件、法律咨询、公共交通工具意外险、高铁休息室和代税服务五大VIP权益，叠加每月跨行ATM取款前5笔免费、跨境取款前3笔免费，电子渠道转账免费等借记卡免费服务，小微企业卡客户可在线申请稠州银行税易贷、享有如意鑫、益加鑫、财丰理财、财升理财等存款和理财产品。至2019年年末，在全市200余家网点推广小微企业卡，发卡1万余张。

（王得锦）

【发放首笔“科技e贷”】 2019年11月22日，中国农业银行股份有限公司义乌分行成功发放首笔“科技e贷”150万元。“科技e贷”是中国农业银行股份有限公司浙江分行研发的，通过“科技实力”评价系统，为科技型企业提供的一款免担保贷款产品。

此产品基于小微网贷综合服务平台，改善传统信贷模式下对小微企业的评价体系，通过企业线上申报、系统自动核额、企业自主用款，简化用信审批流程，提升企业放款效率。

（周宗荣）

【“凡荣”数字金融品牌发布】 2019年12月10日，浙江稠州商业银行举办“数字转型，智慧稠行”——稠州银行与阿里云金融科技全面合作签约仪式暨“凡荣”品牌、直销银行、手机银行新版发布会。会上，稠州银行与阿里云签署战略合作协议，计划与阿里云整合各自领域资源，基于大数据和云计算技术，搭建数据分析平台，构建互联网场景下一代技术架构能力，以更高效率、更低成本支持多个领域的业务发展，实现数据赋能、业务驱动。稠州银行围绕“打造零售金融、科技金融、互联网金融战略品牌”的目标，推进数字化转型升级。

（王得锦）

【离岸联动业务】 2019年，交通银行股份有限公司义乌分行克服中美贸易战、业务门槛提高、反洗钱监管等困难挑战，依托义乌国贸改革试点工作推进，持续保持国际业务优势。积极拓展在岸动户，维稳离岸联动业务，制定国际条线专项行动方案，督促、协助经营部门跟进营销，至年末，国际岸动户139户（不含离岸），同比增长41.84%；国际收支3.63亿美元，同比增长316.46%；结售汇3.65亿美元，同比增长84.97%。对接外管、税务、海关等职能部门，抢抓重点客户，成功营销义乌市绣川公路建设有限责任公司新增注册资本1.2亿美元及外债8500万美元落地，带动中间业务收入1650万余元。对接市场采购贸易联网信息平台，推进个体户自助结汇平台，11月28日，交通银行股份有限公司义乌分行系统与义乌外管系统接通，12月2日，完成首笔业务试运行。

（贾华艳）

【推动市场采购贸易外汇举措落地】 2019年，中国人民银行义乌市支行引导推进市场采购贸易外汇若干举措落地，全年境外采购商备案612户，开立账户461个。加快推动市场采购贸易收结汇线上化进程，全年联网自助结汇41.64万笔137.95亿美元，占同期个人结汇的77.43%，业务发展呈现逐月上升的良好态势。

（金国民）

【商贸信用体系金融试点】 2019年，中国人民银行义乌市支行开展商贸信用体系试点，研究将贸易数据转化为信用数据，归集全市2.6万家商贸主体的信贷与交易信息39万条，扩大“信易贷”系列信用贷款规模，推动获得信贷便利化，服务金融市场。至年底，中国人民银行义乌市支行应收账款融资服务平台登记526笔89.8亿元，为历史最高值，信用贷款比例升至10.5%。

（张军强）

【加大逆周期调节力度】 2019年，中国人民银行义乌市支行加大逆周期信贷管理力度，督导银行扩大对实体企业信贷投放。运用好央行货币政策工具，扩大基础货币投放，加强再贷款再贴现投放力度，为3家法人银行争取低成本央行再贷款资金19亿元，新增低成本再贴现资金2.8亿元，累计为实体企业节约融资成本4227万元。支持重点项目直接融资工作，扩大直接债务融资规模，全市债券融资余额703亿元，比年初增加169亿元，增长31.6%，高于同期贷款增速16.4个百分点。

（张军强）

【重点领域信贷投放】 2019年，中国银行义乌市分行加大对传统产业改造提升、新兴动能加快培育等重点领域信贷投放，支持企业技术改造、转型升级。先后支持华灿光电、华川深能、英伦汽车、吉利发动机等重点项目，新增融资投放11.9亿元。制定制造业贷款目标，明确每季度投放计划，保障制造业企业信贷规模。至年底，中国银行义乌市分行制造业贷款余额43.04亿元，较年初新增1.31亿元。

（徐　越）

【优化和调整产业结构】 2019年，平安银行义乌分行辖内各县域支行继续推行零售转型战略，建设智能化零售网点，通过AI赋能，实现服务升级。至年末，零售AUM余额143亿元，较年初增长35.5亿元；个人信用贷款年末余额10.39亿元。对公做精做深，对存量客户进行分类管理，积极化解存量风险，培养战略客户和基石客户。结合本地城市有机更新建设需要，适度介入优质地产项目。在增量客户开拓中，利用自身的互联网金融服务优势，研究网红直播、物流平台、电商跨境等新业态，在发展中优化和调整资产结构。积极推动基于中小企业经营与征信数据的线上化信用贷款（KYB），及基于抵押担保的房易贷业务。

（王峥峥）

【帮扶小微企业融资】 2019年，浙江泰隆商业银行积极探索小微企业金融服务的新思路、新方法，加大帮扶力度，多举措解决小微企业在经营过程中的融资需求。根据小微企业贷款“户多、额小、期短”的特点，制定“三三制”原则，承诺老客户三小时办结、新客户3天内答复。建立一支人数多、素质高、自律强的客户经理团队，提供一对一上门服务，做客户专属金融专家。考虑小微企业无抵押物、贷款短频急等特点，推行以“保证、信用为主，不依赖抵押”的担保方式，缓解小微客户贷款无抵押物的矛盾，助力小微客户融资。至年底，普惠小微贷款余额17.84亿元，贷款客户有3617户。

（王莉倩）

【创新还贷方式】 2019年，台州银行金华义乌支行通过引入大数据、云计算、视频直播、生物识别等新技术，创建“台行移动营业厅”，推出视频柜员服务，提供转账、贷款申请、贷款放款、手机号码修改、身份证有效期修改、职业信息修改、业务咨询等服务。调研目标客户群体的特点，推出信用化、自助化和定制化的贷款产品，对小微企业推出“畅易贷”，对农村客户推出“兴农卡”，对工薪阶层推出“薪金贷”，并根据客户的资金状况制定不同的还款方式，最大限度地为小微企业减少财务支出。全年对个体工商户及小微企业发放贷款3.88亿元，占比54.65%。至年底，各项存款余额2.93亿元，较年初增加1.18亿元；贷款余额7.1亿元，较年初增加2.8亿元。

（徐佳佳）

【“无缝续贷”业务】 2019年，为节约客户转贷资金成本，中国民生银行义乌支行推出“无缝续贷”还款方式。基于授信客户在民生银行累积的静态信息、动态数据，简化续授信流程，精简客户资料，短信通知客户审批进度来实现“无缝续贷”。至年底，累计“无缝续贷”还款98笔1.48亿元。

（马向荣）

证券业

【概况】 2019年，上证综合指数开盘2497.88点，最高3288.45点，最低2440.91点，年底收于3050.12点，涨幅22.3%；深圳综合指数开盘7259.49点，最高10541.19点，最低7011.33点，年底收于10430.77点，涨幅44.08%。义乌共有证券机构35家。其中，方正证券义乌北门街营业部新开客户4327户，新开户资产1.55亿元。至2019年年末，托管资产32.74亿元，实现净利润1626.74万元。国信证券浙江第二分公司义乌营业部全年实现业务净收入8993.47万元，净利润8162.74万元，缴纳税费944.86万元。浙商证券股份有限公司义乌江滨北路证券营业部全年，累计账户开户数4739户，同比增长265.38%，融资融券开户数120户，融资额4.4亿元；提供公募基金、私募代销、集合理财、收益凭证等金融产品服务。

【投资者教育主题活动】 2019年3月8日，浙商证券股份有限公司义乌江滨北路证券营业部在银都酒店三楼银河厅举行“相约春天”投资策略报告会，普及科创板、个股期权、反洗钱等相关知识，引导客户理性投资，200余名客户参加听讲。4月27日，与义乌广播电视台合作在义乌江滨公园举行“青春有我，强国有我”首届大型荧光毅行活动，通过活动普及科创板、个股期权、打非、反洗钱等相关知识，500名客户参与活动。10月，与华夏基金合作举办2019年4季度ETF投资策略交流会，邀请上海证券交易所产品创新中心专家朱为玉、华夏基金首席策略分析师轩伟讲解ETF投资及交易策略，普及ETF相关知识，400余人参会。

（傅云燕）

【"防范非法集资宣传月"活动】 2019年5月15日—6月15日，国信证券浙江第二分公司开展"防范非法集资宣传月"活动。组织走访社区以及企业2次；参与公安系统的基层干警轮训，共培训3场，培训公安系统干警120余人；在义乌各地共举办各类集中性投资者教育授课活动9场，累计培训340余人。

（靳卫卫）

【投资策略报告会】 2019年12月15日，方正证券义乌营业部在银都酒店三楼举行"大国崛起，预见牛市"投资报告会。邀请方正证券股份有限公司首席投资顾问段少崴作"大国崛起，预见牛市"主题报告。段少崴为投资客户讲解A股市场的使命，指出中国经济结构正在破旧立新的过程中，A股为最有投资价值的市场之一。185名投资者参加报告会。

（吴　帅）

【"凤凰行动"】 2019年，贯彻落实全省企业上市和并购重组推进工作会议精神的"凤凰行动"，浙商证券股份有限公司义乌江滨北路证券营业部组织股改上市、并购重组等服务专家团队，成功发行义乌市场集团私募债30亿元、义乌佛堂城投私募债10亿元、义乌国资运营公司纾困债20亿元；与卓尔教育签署上市财务顾问协议；与义乌国资运营公司签署重组并购账务顾问协议。

（傅云燕）

期货业

【概况】 2019年，全市共有期货公司7家，其中永安期货股份有限公司义乌营业部有从业人员10人，经营商品期货经纪，金融期货经纪，期货投资咨询，基金销售等业务。2019年，新增开户数120户，保证金余额5963.54万元，代理交易量98.32万手，代理交易额758亿元。

【成功发行市场集团9亿元中期票据】 2019年1月21日，中信银行义乌分行携手中信建投证券成功发行义乌市场发展集团有限公司2019年度第一期中期票据。此期票据金额9亿元，票面利率4.1%，创2017年以来全国区县级中期票据同级别、同期限最低发行利率，深受市场投资者欢迎。

（陈金春）

【股指期货及期权分享会】 2019年4月27日，为提升投资者及产业企业风险管理和财富管理能力，永安期货股份有限公司义乌营业部在义乌商城宾馆举行股指期货及期权分享会。会议围绕股指期货、期权展开，讲解期货、股指期权（仿真）及50ETF三大类品种的规章制度，中美贸易摩擦及宏观经济政策下股指期货分析展望，期权投资的要点以及期权主要投资策略等内容。26名投资者参加分享会，学习交流投资经验。

（季文攀）

保险业

【概况】 2019年，全市共有保险机构44家，各种营业服务网点82个，保险从业人员1.2万人。中国人民财产保险股份有限公司义乌分公司全年保费收入10.31亿元，市场份额36.55%。中国太平洋人寿保险股份有限公司义乌支公司达成业务总保费收入4.1亿元，同比下降2.4%；其中首年趸缴保费0.3亿元，同比下降3.2%；首年期缴保费0.4亿元，同比下降48.72%；10年期及以上保费0.22亿元，同比下降45%；续期保费3.36亿元，同比增长8.4%；大短险保费0.3亿元，同比下降3.2%。理赔599起，支付359.1万元，单笔理赔最高金额71万元。中国平安人寿保险股份有限公司金华中心支公司义乌地区保费收入9.18亿元，同比增长2.66%。其中新单首期保费2亿元。赔付支出1.42亿元，其中，理赔支出4261.48万元，满期给付5533.03万元，年金给付1035.41万元，退保金额3325.9万元。中国太平洋财产保险股份有限公司义乌支公司全年保费收入3.27亿元，同比增长17.49%；赔款支出1.57亿元，赔付率48%。中国平安财产保险股份有限公司义乌支公司保费收入5.3亿元，支出2.4亿元。中国大地财产保险股份有限公司义乌中心支公司保费收入3.19亿元，同比增长13.68%；赔款支出1.6亿元，赔付率50.17%；承保利润2541万元，承保利润率8.79%。

年内，中国人民财产保险股份有限公司义乌分公司被中国金融工会授予“全国金融五一劳动奖状”。中国太平洋财产保险股份有限公司义乌支公司被中国质量协会评为义乌保险行业首家“五星级门店”，被中国质量万里行促进会评为“顾客满意度AAA达标单位”。

【个人保证保险】 2019年3月，中国太平洋财产保险义乌支公司推出个人保证保险，向中小微企业主及员工、个体工商户主及员工等个人客户提供贷款保证保险，帮助客户快速从合作银行获取无抵押小额贷款业务。至年底，166人参保，累计放贷保额2838.62万元。

（陆云飞）

【“太慧赔”线上理赔项目上线】 2019年5月，由太平洋保险集团开发的“太慧赔”微信小程序保险理赔项目上线。利用微信小程序轻而简的特性，实现无需下载“太平洋保险”APP即满足客户及时申请理赔的诉求，为客户提供更为便捷的理赔服务，自助理赔的业务具有自助化、智能化、无纸化的特征，提升后台作业的畅连互动，使基础作业更加智能化、高效化。所覆盖险种可以做到客户足不出户，从申请到支付成功用时最快2小时。至年底，118人运用“太慧赔”微信小程序完成理赔，理赔金额220.9万元。

（应雪铭　程古月）

【精神病监护人责任险】 2018年7月起，中国太保产险义乌支公司参与社会平安建设，拓展精神病监护人责任险。精神病人监护人责任险为精神病人在不能辨认或者不能控制自己行为造成第三者人身伤亡或财产损失时，监护人应当承担的经济赔偿责任提供保障。至年2019年底，中国太保产险义乌支公司为11个镇（街道）3235名精神病人监护人投保保额5000万元。

（陆云飞）

【高空坠物理赔】 2019年8月，超强台风“利奇马”经过义乌市，平安产险义乌支公司启动一级台风应急预案，全员取消休假，24小时开机。出动道路救援车20余辆，累计处理高空坠物理赔案件35笔。

（吴鹏飞）

【捐赠教育基金】 2019年11月，太平洋寿险义乌支公司积极投入公益事业，以“太平洋寿险”名义向浙江省义乌市教育基金会捐赠6.5万元，支持义乌教育事业。

（应雪铭　程古月）

【“互信赔”线上自主理赔服务】 2019年11月，由中国太平洋保险开发的“互信赔”保险理赔服务上线。此理赔服务主打“互信多一点，理赔简单点”。使用“互信赔”，私家车客户可获得车险理赔互信额度，损失金额在额度范围内的单车事故，输入金额，直接赔付，无需人工审核，改变传统理赔先审核、后赔付的模式，缩减理赔周期，全程实现无接触式理赔，更加安全便捷。

（陆云飞）

【AI智能理赔】 2019年，针对综合成本率高、理赔时效慢等行业痛点，依托集团科技实力，平安产险义乌支公司建立融合图片识别、定损数据库、反渗漏体系、智能理算、生物支付五大功能的新高铁定损平台，实现图片高精度识别，准确率92%。最快实现秒级定损，结案周期最短耗时仅3分钟。具备最准确的“车型、配件、工时、价格”数据库，拥有规则3万条、模型80余个，进行全流程风险管控实现定损价格直实准确。至年底，完成理赔业务3.1万件2.4亿元。

（吴鹏飞）

经济管理

发展改革管理

【概况】 2019年，全市完成固定资产投资442.9亿元，同比增长18%。建成投用重大项目39个；新开工131个，总投资920亿元；签约亿元以上项目60个，总投资1187亿元；50亿元以上项目12个。四大结构性投资指标增长10%以上，其中，交通投资同比增长101%，生态环保和公共设施投资同比增长16.5%，民间项目投资同比增长11.9%，高新技术投资同比下降17.4%。新增岩谷、双江湖净水厂等省重点建设项目9个，13个产业项目列入省市县长工程，12个重大项目列入省"4+1"重大项目计划。北方联小学等5个项目共争取到中央投资9970万元，深塘水库库区防汛抢险道路工程争取到省公共建设投资600万元。5月，经省政府办公厅通报，义乌获全省落实投资新政、实施省市县长项目工程、优化投资结构等工作成效较好的市（县）。

科学编制国民经济计划，围绕"十三五"规划纲要提出的主要目标任务，编制《义乌市2018年国民经济和社会发展计划执行情况及2019年国民经济和社会发展计划草案》，提交市十五届人大三次会议审议通过；形成《义乌市2019年上半年国民经济和社会发展计划执行报告》，提交市十五届人大常委会第26次会议审议通过。组织开展"十四五"规划编制工作，启动义乌市"十四五"规划基本思路研究，拟定《义乌市"十四五"规划编制工作方案》和前期课题研究计划，确定重大课题21个。

申报国家物流枢纽，会同市场发展委开展国家物流枢纽申报工作，编制完成《义乌商贸服务型国家物流枢纽建设方案》，9月，金华（义乌）商贸服务型国家物流枢纽入选首批23个国家物流枢纽建设名单。组织编制《义乌下车门"商居·国际"未来社区项目实施方案》，下车门社区入选浙江省首批24个未来社区试点创建项目名单。

会同督考办对全市179个重点建设项目开展对标亮灯竞赛，推进重大项目建设。开展政策处理难题挂牌销号攻坚活动，摸排重点工程政策处理难题，梳理63项目118项政策处理难题，全年完成政策处理102项。

推进"一带一路"建设，"义新欧"、捷克站、迪拜站以及跨境电商等纳入全省"一带一路"十大标志性工程。与国家发改委对接，建设"一带一路"迪拜站入选第二届"一带一路"国际合作高峰论坛成果清单。开通并运营"义新欧"班列在全省"一带一路"推进大会上被列入合作平台成果清单，建设"一带一路"捷克站项目、迪拜站项目列入投资项目成果清单，义乌跨境电商综合试验区和浙江（义乌）境外并购产业合作园入选示范园区成果清单。

推进义甬舟开放大通道建设，制定义甬舟开放大通道建设十大标志性工程工作方案，推进标志性项目建设。谋划38个年度重点工作事项和46个标志性工程重大支撑性项目，总投资1564.3亿元，年内实际完成投资158.96亿元，完成年度投资任务136.45%。杭温高铁义乌段、金甬铁路义乌段、义乌铁路枢纽等重大项目开工建设，义乌铁路枢纽将打造成省内仅次于杭州东站的第二大客运中心；金义中央大道、铁路口岸二期开工建设，公路港、保税物流中心三期投用，义乌机场总体规划原则通过民航华东地区管理局专家评审，启动机场改扩建项目。

【义乌列入全国营商环境评价城市】 2019年3月，根据《中国营商环境评价实施方案（试行）》，义乌市作为唯一县级市成功列入全国41个正式评价城市，参与全国营商环境评价。7月，市委办、市府办联合制定印发《义乌市营商环境评价工作实施方案》《义乌市营商环境评价指导意见（试行）》，在国家18个一级指标和浙江省新增2个一级指标基础上，结合义乌"六个一"改革，将指标体系具体化、本土化，构建"6+X"落地子体系，形成"国家+浙江省+6+X"的义乌特色营商环境评价指标体系。10月28日，在北京召开的全国优化营商环境经验交流现场会上，义乌市推动纳税指标领域改革经验做法获典型发言。

【推进十大标志性项目建设】 2019年3月，市发改局围绕"小商品之都"目标"对标自贸区、干实试验区"，谋划贸易、工业平台能级提升，制定下发2019年十大标志性项目建设攻坚竞赛专项行动方案，安排十大标志性重大项目101项。建立十大标志性项目协调推进机制，组织开展大会战比武，比谋划招商、比项目推进、比投资质量、比服务保障，召集财政局、国资办、自然资源与规划局等相关部门研究项目资金、土地指标落实情况，做好要素保障。1—12月，十大标志性项目完成投资262.3亿元，计划投资完成率127%。为义乌市高质量发展提供有力支撑。

【争创"双创"示范基地】 2019年，义乌市围绕新经济发展战略目标，以创业创新"双创"示范基地为载体，推进完善"云应用"技术创新、创新创业孵化、产学研用协同创新、公共创新服务四大体系，整合各种资源，提供渠道、销售、支付、物流、仓储、海关、检验检疫、收结汇、退税、大数据、金融产品附加等一站式解决方案，打造一条支撑创业、创新的电子商务生态链，搭建围绕创客、人才的服务微至生活圈，形成电商产业双创示范基地。6月3日，金华市发改委发布《关于公布金华市大众创业万众创新示范基地的通知》，义乌2家单位被评为首批金华市双示范基地，其中义乌工商职业技术学院获评创高校和科研院所示范基地，陆港电商小镇获评企业示范基地。9月17日，根据《省发改委关于认定第三批省级双创示范基地的通知》，义乌工商职业技术学院被认定为省第三批省级双创示范基地。

【企业债券全国现场会】 2019年9月26日，"防范化解债券市场风险，加大企业债券服务实体经济力度"全国现场会在义乌市召开，国家发改委财金司，河北、江苏、浙江等15个省（区、市）发展改革委参会相关人员35人参会。会上，义乌市"11新光债"处置经验作为典型案例向全国推广。"11新光债"于2011年11月23日发行，主承销商为华林证券股份有限公司，发行规模16亿元，为七年期固定利率债券，债券利率8.1%，到期日债券交易市场价格为每张72元。因受宏观经济形势、银行信贷收缩、民企融资困难等影响，新光控股集团资金流动性出现问题，到期无法偿付"11新光债"本金及利息。经统计，"11新光债"共涉及机构持有债券14.7亿元，涉及自然持有人835户，本金合计1.3亿元。

【项目审批改革】 2019年，市发改局开展政府投资项目审批"最多跑一次"改革，制定《义乌市基础设施和公益类投资项目前期审查管理试行办法》，探索研究项目"多规合一"空间审查和项目可行性研究审查的机制。深化投资项目审批"最多90天"改革，制定《义乌一般企业投资项目审批"最多90天"改革任务推进落实方案》，一般企业投资项目，从项目赋码到竣工验收全过程审批时间不超过90天，提高公共服务质量和效率，营造良好营商环境。

（盛立人）

财　政

【概况】 2019年，完成财政总收入152.44亿元，下降0.7%，其中一般公共预算收入101.22亿元，增长6.3%。一般公共预算中，税收收入93.18亿元，增长5.8%；非税收入8.05亿元，增长13.3%。一般公共预算收入占财政总收入的66.4%，增长4.4%。一般公共预算支出131.21亿元，增长22.6%，其中民生支出96.37亿元，增长16.4%，占一般公共预算支出的比重为73.4%，全年财政收支基本平衡。

强化非税收入征管，全年征收非税收入389.69亿元，同比增长25.2%。落实减税降费政策，累计新增减税降费36.4亿元。支持国资做大做强，拨付支持国资资金125亿元，科学合理维持国资资产负债率及本级利润，确保全市融资盘稳定并有效运转，国资平均融资成本5.1%，远低于省内其他县（市）。争取专项债券19亿元，获省转移支付20.66亿元。出台支持建筑业、金融业等政策，全年拨付扶持企业资金32.21亿元，支持全市工业、科技、外贸等行业发展。加强财政绩效管理，完成42个项目的绩效再评价现场评审工作，实施涵盖教育、卫生等民生领域的10个重点项目绩效评价。加强项目稽核，完成工程领域稽核项目895个，核减造价9.82亿元。

【政府采购改革】 2019年2月28日，市财政局、中国人民银行义乌市支行、中国银行业监督管理委员会金华监管分局义乌办事处联合印发《义乌市政府采购支持中小企业信用融资暂行办法》，创新采购信用融资模式，推出“政采贷”“国采贷”等采购信用融资业务，累计为全市采购企业授信2720万元，放款1267万元。7月1日，市财政局发布《关于政府采购领域免收履约保证金的公告》，在全省率先全面取消采购投标及履约保证金，全年为1000余家企业节省流动周转资金1亿元。创新优化采购业务流程，实现供应商无纸化“在家投标”，采购业务全流程线上流转，项目采购、网上超市、在线询价等交易时间分别由40余天缩短至23天、0.55天和4.48天。年内，义乌市获“全国政府采购百强县”称号，政府采购公开透明模式代表全省改革成果上报国家发改委。

【实施全方位预算绩效管理】 2019年4月15日，市府办印发《义乌市全面落实预算绩效管理三年（2019—2021年）行动计划》。提出到2021年，全市基本建成全方位、全过程、全覆盖的预算绩效管理体系，实现预算绩效管理的常态化、科学化、规范化、制度化。明确实施全方位预算绩效管理、优化全过程预算绩效管理链条、完善全覆盖预算绩效管理体系、夯实预算绩效管理基础4项目标任务。开展部门整体绩效预算改革、探索建立重大政策及项目事前绩效评估机制、加强项目绩效全过程管理、构建部门单位和政府预算绩效管理体系、推进绩效信息公开、加快预算绩效管理信息化建设、健全预算绩效管理制度与标准8项计划，发布义乌市全面落实预算绩效管理三年行动计划（2019—2021年）任务清单。4月30日，市财政局印发《全面落实预算绩效管理三年行动计划任务分解方案》，就推进全市预算绩效管理改革，进一步明确市财政局内部工作任务和责任分工。

【深化镇街财政事权和支出责任划分改革】 2019年5月8日，市府办印发《义乌市基本公共服务领域市与镇街财政事权和支出责任划分改革实施方案》，建立基本公共服务领域市与镇街共同财政事权清单，进一步明确基本公共服务领域市与镇街共同财政事权保障标准和支出分担方式，提高政府提供基本公共服务的能力和水平。

【深化国库集中支付改革】 2019年9月24日，市府办印发《关于重新明确财政资金审批、拨付程序和监督管理有关事项的通知》，重新明确财政资金审批、拨付程序和监督管理等要求。除工资统发、已纳入国库集中支付但无单位零余额账户的单位（主要指临时机构）资金仍采用直接支付方式外，其余资金均采用授权支付，实现财政与部门间“一次不跑”。

【规范财政专户资金存放管理】 2019年9月30日，市府办印发《义乌市财政专户资金存放管理办法》，明确财政专户资金存放参与对象、存放原则、存放方式、竞争性存放参与资格、竞争性存放操作、存放期间管理、存放监督管理等问题，进一步防范资金存放安全风险和廉政风险，提高资金存放综合效益。10月8日，市财政局印发《义乌市财政专户资金竞争性存放实施细则》，明确财政专户资金竞争性存放实施细则，加强义乌市财政专户资金存放管理。

（陈堂堂）

税　务

【概况】 2019年，市税务局组织税收收入159.08亿元。办理出口退税（含免抵调库）56.8亿元，减少1.45亿元，同比下降2.49%。全年入库一般公共预算收入94.29亿元，增长6.07%，为义乌地方经济社会发展提供财力保障。落实新增减税降费36.88亿元，其中，新增减税31.31亿元，新增社会保险费减费5.54亿元，政策红利惠及21个行业、30万户纳税人。

【创新风险监控平台打击发票虚开】 2019年，风险监控平台在税源管理部门和稽查数据的基础上，拟定5项共性指标，对企业进行风险识别，并及时发出预警提示。经平台自动取数，将每日预警企业降至10户左右，减小核查范围。将暴力虚开风险核查工作与日常工作相结合，各税源管理单位保证至少1名人员负责平台核查任务的接收、分配和汇总，安排专人每日排查平台提示的可疑企业，发现企业有虚开嫌疑，即将企业列为风险企业管理，实现暂时控票。至年底，风险监控平台发现可疑企业3599户，挽回税款988.8万元。

【打造更优税收营商环境】 2019年，义乌市推广“智能型税务”，通过“一云多端”，全面覆盖PC端、移动端、自助端等办税渠道，基本实现纳税人“一次也不用跑”，网办率达92%，实现208个事项网上办理。建立营商环境需求“一号响应”三方通话工作机制，配合“12366”纳税服务热线（平台），实打实服务好纳税人。全年取消各类税务证明60项，涉及业务办件量1.5万件，累计为纳税人节省时间2300个小时。打通信息孤岛、优化办事流程、整合部门职能，削减办事材料560份，140个“最多跑一次”单个事项平均所需材料减至1.07份，99.36%的办事材料和办理结果实现数字化。

【优化大数据和风险管理体系】 2019年，强化风险扎口管理，完善风控体系，累计查补税款6624.65万元。树立“大数据”管税理念，探索房地产税收一体化税源管控，实现以票控税向以数控税、事后管理向闭环管理、单部门管理向税收共治3个转变。打造金华地区首个税收风险监控平台，通过强分析、强征管、强服务三措并举，税收风险管理质效显著提升。

【构建税收共治新模式】 2019年，借力乡镇（街道）网格化管理模式，建立“政府领导、税务主管、镇街协助、信息共享、综合治税”的个体税收社会化管理工作机制，个体税收管理水平不断提升。构建“四位一体”的城乡居民基本养老保险和城乡居民基本医疗保险费征缴新模式，完成集中征缴工作，受到浙江省税务局和金华市税务局的肯定。

（盛心怡）

市场监督管理

【概况】 2019年，全年新设市场主体13.98万户，同比增长31.89%，其中，新设企业5.56万户，新设个体工商户8.42万户，主体总数突破56万户，达56.85万户，同比增长23.8%。新设外资主体999户，其中，外资公司936户，外资合伙企业新设4户，常驻代表机构新设3户，港澳台个体户新设56户。至年底，义乌共有外资主体8046户，占全省17%，同比增长8.4%。其中，外资合伙企业2049户，外资公司3623户，常驻代表机构2214户，港澳台个体户158户，外国（地区）企业在华从事经营活动2户。

对各类经济案件共立案3086起，结案2704起，其中大要案1066起，罚没款3857.75万元，移送公安追究刑事责任61

起。打击传销工作立案4起，结案2起，罚没款100万元，移送公安机关2起，服务小微企业发展，两轮采集小微企业成长指数和活力指数企业1170家，梳理义乌地方出台的扶持小微企业政策36项。获评2019年浙江省小微企业成长之星企业2家，浙江省百强名企1家。

开展卫星电视广播接收设施专项检查，没收设施34台，立案3起；印刷出版行业专项整治，立案39起，罚没款34.25万元，移送公安3起。严厉查处虚假违法广告，开展广告印刷业扫黄打非、户外广告、医疗广告、青少年视力矫正广告等专项整治7次，办结各类虚假违法广告案件257件，罚没款354.16万元。

组织开展无照经营整治、打击无证无照非法加油站点专项整治、校外培训机构专项整治等行动。整改规范市场主体4692家，发放督促办照通知书2521家，采取关停措施875家，立案处罚362家。

开展“放心消费在义乌”工作，建设年度放心消费单位1327家，其中，放心商店671家，放心网店163家，放心工厂457家，放心餐饮36家；813家单位承诺无理由退货。受理处置消费投诉举报咨询4.68万起，投诉举报处理率98%，为消费者挽回经济损失1056.32万元。

【核发首张以网上店铺直接作为经营场所的执照】 2019年1月1日起，实施《中华人民共和国电子商务法》，规定电子商务经营者应当依法办理市场主体登记。市场监管总局《关于做好电子商务经营者登记工作的意见》规定，除以往传统电商主体登记方式外，新增一种新型登记模式，即对于无实体经营场所而仅通过互联网开展经营活动的个体电商经营者，则允许其将网络交易平台上的店铺直接作为经营场所进行登记。1月3日，义乌市核发首张以网上店铺作为经营场所的营业执照——义乌市则美电子商务商行，执照上经营场所一栏登记为“拼多多”平台。

【进口商品城获“省级放心消费市场”称号】 2019年1月5日，在2019进口商品购物节开幕式上，浙江工作联席会议办公室授予义乌进口商品城“省级放心消费市场”称号。义乌中国进口商品城是“一站式”进口商品采购基地，经营面积10万平方米。市场依托进口商品电子监管和零售追溯两大系统，实现进口商品来源可溯、去向可查。成立“义务消费维权服务队”，探索实践进口商品“3253”监管模式、落实“电子身份证”识别管理、索证索票备案、优化中文标签管理等项机制。

【全省首创个体户微信年报】 2019年2月1日，义乌首次实现微信年报，在义乌市注册登记的个体工商户，在微信搜索“个体户年报”小程序，扫描营业执照的二维码绑定添加个体工商户完成认证，即可通过微信小程序报送2018年度个体户年报，实现个体户年报“零次跑”。全年共完成企业年报11.08万家，年报率90.34%，完成个体工商户年报26.68万户，年报率84.61%。

【开设营业执照字号自选超市】 2019年3月1日，市市场监管局后宅所新开设“营业执照字号自选超市”。针对群众办理营业执照“取名难”问题，市市场监管局经专项调研，探索“营业执照字号自选超市”模式，选取办件量最多的电子商务、饰品、工艺品、饰品、五金、餐饮、其他7个不同类型的行业先期试行，选用不常使用的、带有吉祥寓意的汉字进行筛选分类组合，形成300个营业执照的“名字”，作为特殊货物放在货架上，供办事群众自主选择。

【健康证“云互联”】 2019年3月1日，市市场监管局赤岸所与赤岸镇卫生院合作，推出健康证“云互联”系统。市民在浙里办APP上申请营业执照后，只需到赤岸镇卫生院完成抽血体检即可，赤岸市场监管所工作人员可通过系统直接查询并打印健康证，与食品经营证照一并邮寄给经营户。此外，在日常检查过程中，执法人员通过此系统查询餐饮店人员健康证是否办理或过期情况，方便后续监管。

【新版营业执照启用】 2019年3月1日起，全国统一启用新版营业执照，涉及义乌47万户市场主体。新版本启用后，市场主体领取新版纸质营业执照时，系统同步生成相应的电子版本。电子营业执照与纸质营业执照具有同等法律效力，可在全国范围内通用。至年底，为15.76万户市场主体颁发新版执照。

【首个汽车行业消费维权法律服务中心】 2019年3月14日，义乌首个汽车行业消费维权法律服务中心挂牌成立。中心由市市场监管局消保分局（义乌市消保委）、义乌市汽车城（恒风集团—二手车市场）、中国义乌网、浙江冠森律师事务所（义乌市冠森纠纷调处服务中心）组成，集投诉受理、宣传指导、纠纷调处、普法授课等于一体，保护消费者的合法权益，提升义乌汽车消费投诉处理的效率和整体水平。服务中心设在义乌市消费者权益保护委员会秘书处，并在义乌恒风汽车城设立汽车行业消费维权法律服务中心服务站，浙江冠森律师事务所每天安排律师值班，提供法律服务。至年底，服务中心共为消费者提供各类服务32人次，受理消费投诉4起，成功调解4起，为消费者挽回经济损失34.2万元。

【推行企业“零见面”1日办结】 2019年6月21日，在全市范围内推行“零见面”1日办结事项。“零见面”1日办结，是指企业按照需求自愿选择申领营业执照、刻制公章、银行开户、领取税务发票等过程中的部分或全部事项，通过“零见面”网办平台在线办理，全过程承诺1个工作日（8个小时）内办结。至年底，通过“零见面”平台办结企业4.5万余家，企业网上办照率逾99%。

【获批国家级企业简易注销登记改革试点】 2019年8月14日，义乌获批国家级企业简易注销登记改革试点，为全国第一个开展企业简易注销改革试点的县级市，注销公告时间由原45天压缩至20天。简易注销是针对“未开业”“无债权债务”企业的便利化注销程序，注销材料简单、程序简明、无需进行登报公告，缩短企业注销的时间和制度性成本。至年底，全市1500余家企业完成简易注销申请办理。

【户外广告规范专项整治】 2019年9月，市市场监管局会同市综合行政执法局等职能部门，组织开展户外广告专项整治。出动检查人员280余人次，检查户外广告经营单位182户，检查户外广告牌1100余块，重点排查户外大型LED电子显示屏28块。检查发现违法违规广告经营者28家，责令整改19家，对未依法建立健全广告业务三项管理制度的7家广告经营者进行立案查处，罚没款29万元。立案查处2件发布虚假违法户外广告案件，罚没款3万元。

【信用监管12分制】 2019年10月10日，义乌创新实施信用监管12分制。针对监管中发现的不涉及行政处罚的异常违规行为，设置相应的信用记分值，扣除企业相应的信用分。执法人员现场检查发现问题后，当场拍照取证上传浙江省行政执法监管平台，现场打印违法违规行为记分告知单，分数实时上传信用监管系统。信用监管系统与义乌信用信息共享平台实时对接，单家企业累计扣分每满12分，立即扣减企业信用分2分。与驾照扣分相类似，信用监管分累计不满12分的，将在每年12月31日清零；超出12分的转入下一年度进行累加。至年底，全市26个执法部门设置扣分事项550个，上传监管记分记录9249次，对2617家主体扣除监管信用分2.56万分，关联个人失信惩戒记录663条。

（金　婕）

价格管理

【概况】 2019年，义乌市市场价格有所上涨，猪肉价格涨幅大，能源等商品价格出现波动。根据国家统计局义乌调查队数据，居民消费价格总指数同比上涨2.9%，商品零售价格总指数同比上涨2.4%，农业生产资料价格指数同比上涨2.5%。

【居民消费价格指数上升】 2019年，居民消费价格指数同比上涨2.9%。其中，食品价格指数上涨10%，非食品价格指数上涨0.4%；服务价格指数上涨1.1%，工业品价格指数下跌0.3%；居住（扣自有住房）价格指数1.8%。构成居民消费价格指数的八类商品及服务价格，同比六类上涨二类下跌。食品烟酒类价格同比上涨8.6%。其中，粮食价格上涨0.1%，蔬菜价格上涨2.6%，畜肉类价格上涨30.9%（猪肉价格上涨37.8%），水产品价格下跌1.3%，蛋类价格上涨2.9%，鲜果价格上涨10.9%。其他七大类价格指数分别为，衣着下跌0.5%，居住上涨1.8%，生活用品及服务上涨1.4%，交通和通信下跌1.9%，教育文化和娱乐上涨0.3%，医疗保健上涨0.9%，其他用品和服务上涨2.2%。

【粮食收储价格稳定】 2019年，国家继续对粮食实行保护价收购政策。义乌市早稻订单收购结算价格为每50千克158元，较上年保持不变。早籼谷市场价最低保护每50千克123元，政府奖励每50千克30元，种粮大户补助每50千克5元，与上年保持不变。订单晚籼谷、晚粳谷收购价格均为每50千克143元，其中政府奖励每50千克10元。订单外晚籼谷、晚粳谷最低收购价格分别为每50千克129元、每50千克133元。小麦订单收购价格每50千克112元，比上年下降每50千克3元。委托江西代储早籼谷收购价格为每50千克132元，比上年每50千克上升0.5元。网上竞价河南、山东小麦价格均为每50千克123元。粮食收储公司拍卖销售的轮换出库早籼谷每50千克成交均价为94元，比上年下降4.65元；小麦成交价为每50千克115元。

【粮食批零价格略有上涨】 2019年，义乌粮食市场成交额19.32亿元，成交量45万吨，同比分别增长1.32%和3.03%。大米交易量32.35万吨，交易额14.65亿元，同比分别增长2.94%和0.63%。由于夏季雨水偏少影响新稻收成，价格分化较为明显，优质粮源价格上涨。东北长粒香米批发价格每500克2.8元，上涨1.45%；安徽粳米批发价格每500克2.15元，下跌0.46%；糯稻因为上年价格下跌较多，2019年种植面积下降，天气适宜，稻谷品质好和出米率高，价格上涨。东北糯米稻批发价格每500克3元，环比上涨30.43%；安徽糯米批发价格每500克2.9元，环比上涨31.82%。市场零售价格保持平稳，除糯米东北大米外，其他大米价格下滑，早籼米、晚籼米、普通晚粳米、东北大米零售价格分别为每500克1.91元、2.19元、2.36元、3.66元，同比分别下跌3.66%、下跌7%、下跌2.01%、上涨4.4%。面粉交易量10.82万吨，交易额3.59亿元，同比分别上涨2.17%和1.69%。山东特一级面粉价格每500克1.94元，环比上涨1.04%；安徽特一级面粉价格每500克1.68元，环比上涨1.20%。富国超市特一级面粉零售价格每500克2.6元。受非洲猪瘟影响持续，生猪存栏处于低位，麸皮饲料需求疲软。

【食用油价格有所上涨】 2019年，食用油交易量5505吨，交易额4628万元，同比分别下跌0.45%和0.54%。5升装金龙鱼调和油批发价格为每箱216元，环比上涨6.4%；大豆色拉油批发价格为每升6.60元，环比上涨6.45%。受外贸关系紧张的影响，进口菜籽油数量减少，豆油、棕榈油现货价格上涨，导致食用油价格全线上涨。富国超市的大豆油、菜籽油、玉米油桶装浸出（金龙鱼）每5升零售价分别为40元、55元和60元，5升装金龙鱼调和油价格为58元。

【蔬菜价格常态运行】 2019年，义乌市浙中农副产品物流中心蔬菜累计成交量80.23万吨，成交额22.38亿元，年成交均价每千克2.79元，同比分别增长0.53%、1.04%和0.36%，呈现全面稳定增长运行态势。蔬菜成交量呈现直发客菜和分销（二批）成交量增长及本地菜下降态势。全年菜价略高于上年，同比增长0.36%。6—10月夏秋季蔬菜成交均价低于上年，其余月份均高于上年水平。新马路菜市场对12个价格监测品的蔬菜零售价格监测对比分析，全年平均价格每500克3.74元，同比上涨8.67%。从分月比较，价格呈常态波动。1月均价每500克3.81元，2月每500克3.96元，3月回落至每500克3.4元，4月每500克4元，5—6月春菜上市，价格下滑至每500克3~3.42元，7月上涨至每500克4元，8—12月在每500克3.55~3.75元间波动。

【水果价格大幅波动】 从天华世纪城水果价格监测分析，2019

年水果销售141吨，同比下降21%；销售额1978万元，同比增长5%。其中柑橘类销售下降34%，苹果销售下降17%，来自泰国，越南，澳大利亚，南非，智利，菲律宾等国的热带水果和榨汁拼盘增长逾50%，是由于柑橘类品质下降，苹果价格过高，消费者消费水平的提升等因素所致。2019年水果价格前高后低趋势明显。从价格监测的香梨、桔子、苹果、香蕉、西瓜5个规格品种数据分析，2019年1—12月每500克5.49元，同比上涨18.4%。2019年12个月算术平均每500克4.59元，同比下跌19.73%。苹果由于2018年减产使2019年年初价格暴涨，2019年是丰收年，新果上市，价格暴跌。1月每500克6.98元，7月每500克10.98元，12月回落至每500克3.99元。

【肉禽蛋鱼类价格上涨】 新马路菜市场监测显示，1月受春节因素影响，猪肉（前腿肉下同）零售价格为每500克17元，4月回落至每500克13元；4—6月为每500克14~14.5元。8月起受全国非洲猪瘟影响，价格上涨至每500克17.5元；9月起供不应求矛盾突出，价格进入暴涨模式，上涨至每500克23元；10月上涨至每500克30元，11月回落至每500克23元，12月上涨至每500克27元。牛肉年初每500克35元，年末每500克48元，上涨29.73%，全年上涨22.82%。白条鸡肉价格1—8月为每500克7~7.5元。8月受猪肉拉动上涨至每500克10元，12月底上涨至每500克12元，全年上涨10.49%。禽蛋价格全年走势相对平稳。鸡蛋1月零售价格为每500克5元，2—3月回落至每500克4.5元，4月为每500克4.2元，5—8月每500克5元，9—10月上涨至每500克6.5元，11—12月回落至每500克6元，鸭蛋价格全年平均为每500克7.63元，同比上涨1.67%。

【水产价格】 2019年，受肉类价格高位运行影响，对水产大宗淡水鱼销售形成有利支撑和拉动。鲫鱼1—5月零售价格每500克12元，6—8月降至每500克8元，9—12月每500克9.5~12元，全年平均每500克9.42元，同比上涨5.12%。包头鱼平均价格每500克10.46元，同比上涨6.36%。受近年来小龙虾、明虾等市场兴旺，养殖规模呈现逐年增长态势，供应充足，出现供大于求情况，黄鱼同比下跌6.86%，小龙虾、明虾、梭子蟹、大闸蟹等高档水产价格同比下跌5%。

【生活服务类价格】 2019年，受人工、配件成本提高、营销方式变化等因素的影响，衣着类价格下跌0.5%。其中，男装上涨1.4%，女装下跌1.1%，童装下跌4.7%，服装材料持平%，鞋类下跌0.8%。居住类价格上涨1.8%，其中，私房房租上涨0.2%，住房装潢材料上涨2.9%，住房装潢维修上涨10.2%，物业管理费、水、电、管道燃气基本持平，液化石油气上涨4.76%。家用及室内装饰品上涨0.7%，家用器具下跌0.3%，家用纺织品下跌0.5%，家用日用杂品上涨2.5%，个人护理用品上涨2.8%，家庭服务上涨9.9%。交通工具下跌0.9%，交通工具用燃料下跌5.9%，交通费下跌0.9%，通信工具下跌4.5%，通信服务下跌0.1%，邮递服务上涨6.3%。

【农资价格有所上涨】 2019年，半机械化农具上涨2.1%，化肥上涨7.3%，农药上涨0.4%。农机用油下跌5.4%，农业生产服务费持平。从上溪供销社监测点分析，尿素（国产，含氮46%）年初为每500克1.15元，4月上涨至每500克1.2元，12月回落至每500克1.05元，全年平均价格每500克1.13元，同比上涨3.45%。复合肥（含硫45%）全年平均价格每500克1.63元，同比上涨4.55%。碳酸氢铵（含氮17%）全年平均价格每500克0.43元，同比下跌2.93%；过磷酸钙（含磷12%，国产）为每500克0.63元，同比上涨1.69%。氯化钾（含氯化钾50~60%）每500克1.6元，同比下跌4.62%。草甘磷（水剂41%，1千克）年初每瓶20元，年底每瓶18元，下跌10%。百菌清、氯氢菊脂同比持平。

【建材、能源价格有所回落】 2019年钢铁、煤炭出现回落，规格等级为φ10，HPB300的圆钢，每吨价格在3700~4200元运行，全年算术平均价格每吨3902.5元，同比下跌4.53%，规格等级为φ16，HRB400的螺纹钢、φ6.5，HRB300R的线材等其它钢材走势类同，同比分别下跌4.43%、2.3%。强度等级标号为PO42.5的普通硅酸盐水泥零售价1月每吨650元，12月涨至每吨720元，上涨20%。普通玻璃价格年底为每平方米28元。非粘土烤结多孔砖（240×115×90）价格每百块73元。石油价格受国际期货价格影响大幅波动。0号柴油（国标V）零售价年初每升6.33元，4月最高每升6.78元，12月底上涨至每升6.62元，比年初上涨4.58%，全年算术平均为每升6.44元，比上年下跌5.58%。92号汽油（国标V）年初每升6.7元，年底每升6.96元，比年初上涨3.89%。石油液化气价格受到出厂价格变动而变化总体有所回落。石油液化气（14.5千克装）1—3月为每桶105元，4—5月每桶110元，全年算术平均为每桶104.6元，同比下跌2.71%。为扶持企业发展，4月1日和7月1日，国家调降一般工商业电价，下调幅度10%。不满1千伏的一般工商业及其它用电价由每千瓦时0.77元，调整至每千瓦时0.66元，合计降低每千瓦时0.11元，义乌全年为企业减轻负担1.42亿元。

（盛立人）

统　计

【概况】 2019年，完成统计分析报告19篇，统计专报6篇。统计信息99条，其中，被金华市统计局采用10条，浙江省统计局采用4条。

开展“三服务”活动，落实“三分工作法”，安排全年三分之一工作时间，深入企业开展调研指导，围绕促进经济平稳运行和高质量发展，开展“精准助企促发展”活动，全年服务企业500余家。走访帮扶14个镇（街道）、各专业市场、30个村（社区），开展统计数据质量保障服务。加强入库审核，对单位的基本属性信息、相关证照、经济指标与有关报表等资料核对，并不定期进行实地走访。新增“一套表”调查单位139家。

组织开展“对标比拼勇敢超”活动，举办统计业务能力培训，全年开展各类常规培训8000余人次。推进企业统计基础“四大体系”规范化建设，召集局班子成员和相关专业人员讨论完善工作方案，召开全市统计基础“四大体系”规范化建设暨星级评定工作现场会，选取工作进度快、成效初显的镇（街道）作介绍工作经验，向全市推广其优秀做法。

深化县域电子商务大数据改革试点工作，优化信息化采集技术，完成对eBay、速卖通等跨境平台采集技术研发，并常态化开展数据采集。拓展电商大数据在统计工作中的应用，对全市2.8万家电商企业的普查数据核实比对，提高经济普查数据质量。将电商指数每月数据纳入商务部数据中心，每月分析报告在商务部网站进行刊登。

探索跨境电商统计试点，开展跨境电商综合平台建设现状调研。探索主体认定中主子账号关联后数据归并以主账号申请入库资格，对实际经营达到规模但纳税申报表数据不达规模的跨境电商企业以资金结算为依据进行规模认定，形成《跨境电商贸易数据认定管理办法》。与主管部门对接，吸引符合条件企业入驻跨境电商线上综合平台，参照《跨境电商贸易数据认定管理办法》，收集企业资料，做好入库及后续统计工作。

【第四次经济普查登记】 2019年1—4月，开展第四次经济普查现场登记，深入全市14个镇（街道）、集贸市场、专业市场，开展经普业务点对点指导及经普工作点对点督导。不定期召集镇街业务副主任、业务骨干开展业务培训会议20余场。4月底，3500名普查员完成8.08万家单位、5407户个体户的现场登记工作。义乌市普查8.62万家，占金华市的50%。5月17—20日，金华市经普办对义乌市4个普查小区开展事后质量抽查，抽查结果单位错报率和主要经济指标错报率均为零。

【编印《义乌统计公报》《统计年鉴》】 2019年，市统计局整理编辑《2019年义乌市国民经济和社会发展统计公报》《2019年统计年鉴》。《2019年义乌市国民经济和社会发展统计公报》，从综合、农业和新农村建设、工业和建筑业、固定资产投资和房地产、国内贸易等12个方面全面分析回顾2019年义乌市经济社会各方面取得的成就。《2019年统计年鉴》以图文并茂的形式，从公报、综合、农村农业、工业、投资建筑房地产市政建设环保、商贸旅游工商服务、劳动力与工资、财政金融保险证券、教育文件卫生计生民政福利、能源交通邮电科技、人民生活、横向资料12个方面，集中记载义乌市2019年社会经济建设各方面取得的成就。

（赵　斌）

审　计

【概况】 2019年，市审计局完成审计项目23个，政府投资审计项目58个。推进整改管理不规范金额5.67亿元，审计后挽回损失1935万元，核减投资金额1.4亿元。问题线索移送纪委1起，移送主管部门6起，追责问责6人。呈报审计报告及审计专报45份，领导参阅件6份，获领导批示49人次；获评浙江省优秀审计项目1个。提出审计建议被采纳72条，推动被审计单位"废改立"制度52项。完成职责划转、人员转隶、"三定"规定印发、内设机构调整等机构改革。

开展全市供水、供电建设项目审计、政府项目投资领域"放管服"改革等专项审计。对政府工程变更管理、招投标"评定分离"政策等开展专项调查，推动修订完善行业招标及合同规范文本3个，推进20家单位建立完善工程管理各环节制度30项。

聚焦权力运行推进清廉义乌建设，完成10家单位14名领导干部任期经济责任审计，揭示履职尽责问题28个，操作层面规范问题102个；查出违规金额56万元，管理不规范金额3.92亿元；向纪委监委及相关主管部门移送案件线索4件。落实"治已病防未病"的重要要求，会同组织部梳理近年来审计中发现的101个典型问题和28个案例，分镇（街道）、部门、国企3个层面编印《领导干部履行经济责任风险防范清单》，送市管领导干部参阅，提升领导干部风险防范能力。

推进审计项目、审计组织方式"两统筹"，优化资源配置，以"大项目"方式同步开展4个镇街审计，构建"1个综合指导组+4个经责小组+6个专题小组"的大项目组织模式。此做法被省审计厅转发各地学习参考。结合义乌标准城市建设，对审计工作全流程进行规范，促使年度计划安排、审计进驻前准备、现场审计、撰写审计报告、审计审理、审计整改、督查跟踪等工作标准化。印发《进一步明确审计质量控制流程和相关要求的通知》，落实审计质量控制岗位职责，对各质量控制岗位职责要求、审核流程等作明确规定。起草《经济责任审计规范化操作规程》，推进经济责任审计的标准化及精细化管理。推进科技强审工作，强化数据采集和标准化，采集19个部门6T的数据。开展大数据"集中分析、分散核查"工作模式，在11个审计项目或事项中运用大数据审计技术，将数据分析作为现场审计前置条件，促进审计提质增效。年内，3项计算机审计及信息系统审计项目获省厅表彰。

建立整改挂销号机制，定期开展整改督查和回访，会同市人大、市委组织部、市纪委、市府办共同推进问题整改督查。2019年，审计查出的已到整改期限问题201个，完成整改或部分整改187个。推动市人大常委会出台《关于审计查出问题整改工作监督暂行办法》，在更高的层面推进审计查出问题整改工作。

制定内部审计工作业务指导监督实施办法，推进建立国家审计与内部审计协同机制建设的指导意见，构建以清单督导为基础的审计计划、项目、组织、资源、成果"五协同"模式。组织全市14个镇（街道）同步开展环卫服务费收缴情况内部审计，发现5个方面8类问题。会同市国资办抽调外派监事、国企内审人员开展国有二级企业经营情况专项审计调查，3个内审项目获省审计厅厅表彰。

【义乌市委审计委员会成立】 2019年4月28日，义乌市委审计委员会成立，6月11日，市委审计委员会召开第一次会议，审议并原则通过《中共义乌市委审计委员会工作规则》《中共义乌市委审计委员会办公室工作细则》。市委审计委员会办公室建立重大事项请示报告、重要文稿报送等工作机制，将加强中国共产党的领导融入审计各领域各环节。

【审计推进营造良好营商环境】 2019年，紧扣企业发展难点、痛点、堵点，开展企业欠薪保证金政策、资源差别化分配政策、"转贷通"政策、法拍房产权变更环节管理等政策跟踪审计，全力推动营造良好营商环境。4月，开展涉企税费专项审计，巩固拓展减税降费成效，促使市人社局向224家企业清退工资支付保障金419.99万元，供电公司向企业退回多收取的加价电费12.55万元。10月，对7家政府部门、镇（街道）开展专项检查，推进清欠民营企业中小企业账款1.49亿元缓解企业资金困难。推进"放管服"优化对企服务，推进改革企业工业用地拍卖须由市法院、市税务局分别评估的程序，简化评估程序，减轻企业负担。改善就业创业环境，向"三服务"办提出规范出租房电价管理、减轻承租户负担的建议，相关部门采纳并推动出租房阶梯电价改革，取得良好效果。

【民生资金项目审计】 2019年，完善社会救助和保障，推进应享受残疾人"三项"而未享受的人员纳入补贴范围，惠及116人；提出优化重症精神障碍人监护奖补发放流程建议，部门采纳建议后优化流程，保护此群体利益，惠及5382人。促进解决群众就医问题，指出医疗机构重复办理6555人次当天出院又入院问题，推进25家医疗机构整改分解住院问题；指出便民药店销售应由医院提供的药品138.64万元，推进5家市属医院内便民药店规范售药。推进完善居家养老服务体系，通过专报反映，领导重视，进一步完善镇（街道）居家养老服务中心服务功能。至年底，北苑、城西、后宅、福田等街道的59个村（社区）实现午餐和晚餐集中配送，惠及老人2000余人。

【提升公共资金管理绩效】 2019年，聚焦财政资金使用绩效，市审计局开展58个政府投资项目审计、8个部门预算执行审计，7个镇（街道）决算审计。经审计，58项政府投资项目核减投资1.4亿元；收回因管理不善造成损失浪费金额1935万元，促进沉淀资金有效使用7424.65万元，纠正未纳入预算管理资金1.24亿元。

【资源环境审计】 为履行自然资源资产管理和生态环境保护职责，2019年，围绕生态环境，优化水资源、林业资源、土地资源利用，市审计局对市农业农村局、镇（街道）开展资源环境审计。规范"高耗水"行业水资源收费管理，推进应纳入而未纳入"特种用水"管理的洗浴场所1264家规范缴纳水费。强化土地用途管制，推进遭毁坏粮食功能区完成复垦2处，揭示未经审批改变用途的公益林、基本农田、粮食生产功能区等40处。推进企业环评规范化，通过审计抽查，揭示镇（街道）共26家规模以上企业未办理环评审批（备案）手续，16家企业完成整改。

（丁宇星）

质量技术监督管理

【概况】 2019年，组织检测机构、烟花爆竹、农资产品等16类重点产商品专项监督抽检572批次，对重点行业生产企业开展定期监督抽查199批次。对232批次不合格产品生产企业、销售单位开展约谈，指导企业查找问题，促进产品质量提升。开展电动自行车、成品油、合金饰品、塑料购物袋、燃气灶具、危化品等专项整治11次。

在国际商贸城三区、四区分别设立国家小商品日用监督检验中心联络处，为市场经营户提供产品检验检测、技术咨询、风险监控信息等方面的信息和服务。开展服务企业助力"众创"帮扶活动，全年专业实验室开放服务2714批次，组织技术咨询服务21场。优化营商环境，减免检测费用518万元。

开展"你送我检"免费检测活动，在春节、妇女节、"3·15"、儿童节、质量月活动期间，选取消费者关心的产品进行免费检测，提供检测、咨询800余批次。开展质量教育进校园活动，通过上质量教育课、参观质量教育基地等形式，引导学生从小树立质量安全理念，发放儿童玩具相关资料8000余份，2000余名学生走进企业参观。

年内，新增省级质量教育实践基地1家，质量教育研学基地1家。11家企业的16个产品获品字标浙江制造认证，其中1家企业获得国际互认证书，全市累计12家企业的17个产品获“品字标”浙江制造认证证书。义乌市产品（商品）质量监督检验研究院经省市场监管局、省教育厅批准成为浙江省中小学质量教育社会实践基地，义乌市被评为全省第二批“浙江制造”品牌培育工作优秀单位。

【新增5个检定项目】 2019年1月1日，市市场监管局产品（商品）质量监督检验研究院计量测试检定所收到浙江省质量技术监督局颁布的法定计量检定机构授权证书，新增电子血压计、数字心电图机、杆秤（戥秤）、水表、燃气表5个项目的检定能力。至年底，产（商）院计量测试检定所的检定能力覆盖B超机、焦度计、压力表、各类秤、加油机、出租车计价器等37项。

【4个团体标准发布实施】 2019年1月23日，由市市场监督管理局产品（商品）质量监督检验研究院负责并参与起草的《义乌蜜枣》《义乌蜜枣加工技术规程》《义乌南枣加工技术规程》《义乌大枣生产技术规程》4个团体标准，由义乌市枣业协会批准发布。继红糖之后，“义乌三宝”的南蜜枣有了团体标准。

【首届质量管理（QC）小组成果竞赛】 2019年5月16日，义乌市首届质量管理（QC）小组成果竞赛在浙江制造品牌建设功能中心落幕。竞赛4月中旬启动，分为成果申报、资料评审和现场发表3个阶段，来自义乌各行各业15家企业共16个小组参加竞赛。经现场竞演、专家点评打分，国网浙江义乌市供电有限公司、易开盖公司获一等奖。获得一、二等奖小组被推荐参加金华市及省级优秀质量管理小组成果竞赛，优胜企业在申报此级别政府质量奖的团体奖项时可获得相应加分。

（金　婕）

国有资产监督管理

【概况】 2019年，义乌市有一级国有企业4家，二级国有企业8家。国资系统登记企业总户数261户。年内，新增占有登记45户，变更20户，注销3户。国有企业资产评估备案事项15项，重大资产转让13项，股权转让行为4项，增减资行为2项。国有企业招聘员工1635人。至年底，全市国有企业资产总额1858.72亿元，负债总额1330.33亿元，所有者权益总额528.39亿元，累计实现营业收入115.92亿元，累计实现利润总额18.97亿元。保障下车门、胜利、楼店等区块城市有机更新资金116亿元。基础设施建设投入226亿元，超计划48亿元。

【批准设立新公司】 2019年1月21日，市国资办发文《关于商城集团设立义乌中国小商品城海外投资发展有限公司（暂名）请示的抄告》同意商城集团成立义乌中国小商品城海外投资发展有限公司，注册资本1亿元。2月25日，发文《关于陆港集团成立义乌市国内公路港有限公司请示的抄告》同意陆港集团成立义乌市国内公路港有限公司，注册资本1亿元。3月19日，发文《关于成立义乌市综合交通枢纽管理服务有限公司请示的抄告》同意交旅集团成立义乌市综合交通枢纽管理服务有限公司，注册资本1000万元。4月16日，发文《关于成立义乌市文体资源开发公司请示的抄告》同意交旅集团成立义乌市文体资源开发公司，注册资本1000万元。5月17日，发文《关于成立浙江中科股份有限公司（筹）请示的抄告》同意水务集团与北京环球中科水务科技有限公司以货币方式出资组建浙江中科环境股份有限公司，出册资本5000万元，水务集团出资2200万元，占股44%。8月20日，发文《关于拟设立商城控股公司请示的抄告》同意市场集团新设全资子公司义乌中国小商品城控股有限责任公司，注册资本10亿元。同月30日，发文《关于设立银都酒店管理有限公司请示的抄告》同意商城集团成立浙江银都酒店管理有限公司，注册资本1000万元；发文《关于设立义乌中国小商品城资产经营管理有限公司请示的抄告》同意成立义乌中国小商品城资产运营管理有限公司，注册资本1000万元。9月9日，发文《义乌市建投集团关于成立下属子公司请示的抄告》同意建投集团成立义乌市绣川（或鼎富）资产管理有限公司，注册资本2000万元，成立义乌市绣川（或鼎富）贸易有限公司，注册资本1亿元。同月24日，发文《关于设立义乌中国小商品城（香港）国际贸易有限公司请示的抄告》同意商城集团成立义乌中国小商品城（香港）国际贸易有限公司，注册资本1万港元。

【优化企业资金监管】 2019年1月29日，市国资办印发《关于加强市属企业基金投资风险管理的通知（试行）》，明确基金投资主体责任、设立基金投资负面清单、建立基金投资监管制度、提高投资决策科学性、强化投资过程管控，有效防范投资风险，确保国有资产保值增值。8月12日，印发《义乌市属国有企业境外投资监督管理办法（试行）》，建设境外投资监管体系，完善事前、事中、事后管理，加强风险管理，推动义乌市属企业提升国际化经营水平。10月17日，印发《义乌市市属企业资金存放管理暂行办法》，建立健全资金“集中管理、统一调度、有偿使用”的管理体系，加强集团内部资金管理，防范廉政风险及重大安全事故的发生。

【融资发债】 2019年5月22日，市国有资本运营有限公司发行2019年浙江省内首单地方国有企业美元债券6亿美元（3年期），票面利率4.5%，创下全国BBB评级省市级发行人最低美元债券票息和收益率。6月5日，发行全国县级市首单纾困专项债券5亿元。利用资本市场融资功能，拓宽化解民营企业流动性风险资金渠道，发挥资本市场对纾解民营企业融资困境及防范化解上市公司股票质押风险的支持作用。全年完成融资663.5亿元。

【薪酬制度改革】 2019年8月13日，市国资办提请市政府下发《义乌市市属企业负责人经营业绩考核与薪酬核定暂行办法》及实施细则、《2019年度义乌市市属企业综合考绩评价制度》，以“提高经济效益、资本回报水平和核心竞争力”为导向，对企业实行分级分类考核，确定差异化考核标准，优化考核程序，充分发挥考核“指挥棒”作用。

【授权经营体制改革试点】 2019年10月11日，市国资办下发《关于陆港集团国有资本授权经营体制改革的实施方案》。以陆港集团为试点，通过分类授权、评估渐进式逐步下放权限15项，转变出资人职能和履职方式，把握简政放权、放管结合、优化服务的三位一体特性，逐步完善公司治理，赋予企业更多经营自主权，提升企业市场化运作水平和核心竞争力，推动企业向经营性公司转型。

【组建双江湖集团】 2019年12月12日，义乌市委常委会议批复《关于佛堂城投集团改革重组方案》，成立义乌市双江湖集团有限公司。公司注册资本15亿元，以佛堂小城市培育试点和双江湖开发板块作为企业新一轮改革发展方向，致力于推动义乌市国有资本布局调整，打造成集投资、融资、经营于一体的现代企业。坚持“立足佛堂、开发双江”的发展理念，通过有序实施“布局展开、结构合理、实力增强”策略，为佛堂城镇和双江湖区块建设提供强有力的支撑。

（吴奇伟）

食品药品监督管理

【概况】 2019年，市市场监管局完成食品领域抽样检测2383批次，其中，监督抽检食品样品1983批次（含小作坊199批次），1954批次合格，合格率98.54%；餐饮具400批次，262批次合格，合格率65.5%。执法抽检115批次，合格90批次，合格率78.26%。组织开展食品生产企业和餐饮服务单位的双随机抽查检查，完成省、金华市和义乌市三级“双随机”检查，检查生产企业5家，A级餐饮单位56家。先后开展“春安行动”、重要节假日（元旦、春节、五一、端午）、重要时段（斋月节以及春季开学、学考选考、中高考等学校重要时段）专项检查。全年累计出动执法人员9000人次，检查各类食品生产经营及餐饮服务单位逾5万家次，关停取缔600家。

推进食品安全常态化管理，创新发布金华地区首个“食品安全指数”。13家农村家宴企业完成放心厨房建设，打造“硬件达标、厨师准入、服务规范、明厨亮灶”的农村集体聚餐食品安全保障体系。推进学校食堂“阳光厨房”全覆盖建设，全市所有的中小学、公办幼儿园及300人以上的民办幼儿园均实现明厨亮灶。累计完成“阳光厨房”（明厨亮灶）建设454家，覆盖率逾95%。全市的餐饮店按区域划分，成立餐饮行业自律小组127个，构建“自我管理自我约束自我监督”的餐饮行业自律工作机制，开展自律小组成员会议以及食品安全培训，推进辖区餐饮行业整体规范提升。

完成药品许可事项962件、医疗器械许可事项293件，立案查处药品违法案件38起，罚没款69.29万元，移送公安机关案件4起；立案查处医疗器械违法案件25起，罚没款74.58万元，移送公安机关1起。开展药品经营企业集中换证工作，完成药械许可1255家次、GSP换证362家次。重点推进药品生产流通和三类医疗器械生产经营单位和义齿生产、经营、使用单位的可追溯智慧监管体系建设，利用智慧监管平台、温湿度在线监控等信息化手段创新智慧监管新模式，提升监管工作水平，改变现场检查的传统监管模式。全市700余家药械流通企业纳入温湿度在线监控，达到实时发现、及时预警、可追溯等功能。

完成省政府民生实事——化妆品“百千万”美丽消费省级示范创建，创建示范街1条、示范商场18家、示范经营单位180家。完成国产非特备案后检查6002条，同比增长70%。结合“互联网+”开展智慧监管，在生产企业“制作”“灌装”“外包”等功能间设置摄像头，倒逼企业落实主体责任。组织开展化妆品安全监督检查活动18次，检查化妆品经营单位70家。开展美容整形医疗机构、母婴用品经营单位、原料涉及危化品的甲油、香水生产企业联合检查，部署化妆品无证生产和商标侵权专项整治，查处无证生产案件6件，罚没款14万元，查处商标侵权案件102起，罚没款253.19万元，移送公安机关9起。

【药品经营企业信用等级评定】 2019年1月3日，根据《义乌市药品医疗器械质量信用分类管理办法（试行）》要求，确定2018年度药品零售企业、医疗器械经营企业、医院类医疗机构的药品医疗器械质量信用等级综合评定结果，其中A级136家，B级465家，C级21家，D级7家。质量信用分级评定结果通过市市场监管局网站对全社会公示，市市场监管局根据信用评定结果开展分类监管。

【名特优小作坊创建】 2019年1月7日，2019年浙江省名特优食品作坊和亮化达标小微食品生产企业名单公布，后宅南蜜枣集聚加工小微园榜上有名，成功创建“知名、特色、优秀”的名特优食品作坊和“环境净化亮化、管理对标达标”的亮化达标小微食品生产企业12家，涉及义乌红糖、金华火腿、义亭月饼、廿三里糖洋等地方特色美食。

【化妆品生产企业质量信用分级评定】 2019年1月15日，根据《关于开展2018年度化妆品生产企业质量信用分级评定的通知》的要求，经各基层市场监管所的初评、复评小组的复评等程序，确定2018年度全市化妆品生产企业质量信用分级拟评定结果，其中，A级20家，B级66家，C级27家，D级12家。质量信用分级评定结果通过市场监管局网站对全社会公示，市场监管局根据信用评定结果开展分类监管，同时，所有信用评定结果报至市信用办，记入企业信用分。

【全省首个《校园食品安全规范》】 2019年3月19日，市市场监管局牵头制定全省首个《校园食品安全规范》，规范包含校园食堂管理要求、校园内超市（商店）管理要求以及校园周边管理要求，学校食品安全实施标准化管理，提升学校食品安全整体水平。

【启动受理进口非特化妆品备案】 2019年3月27日，浙江省药品监督管理局发布关于在金华市和义乌市设立进口非特殊用途化妆品备案受理点的公告，义乌市启动进口非特化妆品备案受理工作。受理工作启动后，境内责任人注册地在义乌市行政区域范围内的，首次进口非特化妆品备案管理工作由省药监局设在义乌市局的受理点承担。义乌企业向义乌受理点提交相应备案资料，符合要求即可予以备案，企业凭“进口非特殊用途化妆品备案电子信息凭证”进口相关产品，方便本地需求企业办理备案手续，提高进口非特化妆品备案管理效率和质量。至年底，共完成备案46件。

【发布首个食品安全指数】 2019年4月10日，全市首个食品安全指数——稠城食品安全指数上线。指数由市食安办、市市场监管局和稠城街道办事处联合推出。指数区间为0~100分，由信息公开、过程阳光、公众参与、主体自律、政府监管5个模块构成，每个模块再由若干个相关指标组成完整的评价指标体系，具有大数据可视化、动态化、精细化等特点。至年底，稠城、江东、苏溪等8个镇（街道）1724家餐饮单位纳入“食安指数”样本点。

【红糖行业“阳光加工”】 2019年5月7日，市政府下发《义乌市红糖行业综合治理及规范提升实施方案》，开展红糖行业“阳光加工”，探索将红糖企业全部纳入“食品安全指数”，实现全方位监管和整治。8月，义乌红糖协会发布《农产品地理标志及证明商标使用办法》。至年底，整合全市红糖生产加工单位，由原79家减少至48家，其中，通过改造提升后新取得食品生产许可证35家、原获证企业12家，申请2020年硬件改造的1家；7家红糖厂成功创建省级“名特优食品作坊”“亮化达标食品小微企业”；28家红糖加工企业纳入红糖行业“食安指数”。

【设立“送药上山进岛”便民服务点】 2019年，义乌市在大陈东塘村、苏溪西山下村、大陈桂林一村、上溪黄日村、赤岸三角毛店村及佛堂老街6个群众购药不方便的地方设立“送药上山进岛”便民服务点。服务点采用“零售药店+配送企业”“社区卫生服务站+批发企业”，以及采用自动售货机的药品供应模式，实现药品信息采集、保障、配送全链条服务，保障药品可追根溯源，确保质量安全。6月27日，市场监管局对6个服务点按统一标准进行验收，并颁发统一标识的铜牌，制定统一制度，进行统一管理；将便民服务点纳入重点监管和服务对象，定期对各服务点的售药用药情况进行指导和监督。

【制定全国首个基层食安办省级地方标准】 2019年12月30日，由义乌市食安办、市市场监管局、后宅街道办事处、市标准化研究院起草的全国首个《基层食品安全协调管理评价规范》发布实施。此规范立足义乌基层食安办的特色亮点做法，围绕组织领导明确、人员建设规范、制度建设完善、工作保障充分、运行管理有序等星级评价要素，制定“三星级评价要求”“四星级评价要求”“五星级评价要求”，推动基层食安治理体系和治理能力现代化建设步入制度化、规范化、科学化、标准化。

（金　婕）

科学技术

综 述

【概况】 2019年，市科学技术局按照市委、市政府“对标自贸区、干实试验区”的总体要求，围绕“科技服务、科技招商”两大工作主线，在科技“三服务”、科技项目招商、深化科技体制改革、科创廊道建设等方面下功夫，进一步激发科技体制创新活力。

梳理提出《关于推进科技创新的十项改革举措》，涵盖科技研发费用统计、科技政策兑现、科技招商、科技金融等方面改革，通过市委深改委第23次会议审议。推进“义网通办”建设，对照“办事一次不跑”的精神，进一步削减“义乌市科技企业孵化器认定”等行政事项3项，“义乌市高新技术企业认定”等4个事项实现无感智办。梳理部门办事事项1项，实现“办事一次不跑”。18个事项实现材料数字化，占96.2%；19个事项均100%实现办事结果数字化。推进“一网通管”建设，开展专项监管9次，部门联合检查3次，现场检查企业250余家。推进“一网通服”建设，市科技局作为第一家试点单位，梳理完成办事指南33项，其中28个事项纳入“一网通服”上线事项，高新技术企业认定奖励成为第一个线上兑现事项。总拨付科技发展扶持资金1.38亿余元，其中无感智付1.33亿余元，占96.3%。推进“一网通享”建设。年度累计开展信用核查1000余次，实施联合奖惩50余次；信用应用改革项目“科技信用担保贷款”“外国人来华工作许可开展信用核查”项目完成实施。

双创平台培育取得突破。义乌科创园获评义乌市首家国家级科技企业孵化器；浙江森山健康农业科技园区被省科技厅认定为2020年度省级农业科技园区；华灿光电第三代半导体材料与器件重点实验室被省科技厅认定为2020年度省级重点实验室培育对象；推荐认定金华市级孵化器6家、金华市级众创空间1家。

科技主体培育成效明显。推荐认定国家高新技术企业61家，其中新申报47家，同比增长62%；新增省科技型中小企业265家，同比增长195%，新增金华市级企业研发中心19家。浙江工业大学义乌研究院实现技术服务收入974万元，沈阳所义乌中心实现技术服务收入420万元，兰化所义乌功能材料中心实现技术服务收180万元。新增浙江师范大学义乌技术转移中心与中国计量大学义乌技术转移中心。

综合体建设稳步推进。饰品省级产业创新服务综合体完成验收项目5个，正在实施15个，基本完成创意设计体系、创新创业孵化体系、“聚饰云”线上平台等建设，累计投入4200余万元。以新光饰品省级重点设计院为核心的创新设计平台，累计服务企业103家，实现设计服务收入4100余万元。新增市级一、二类创新综合体5个，市级三类综合体实现全覆。

研发投入增长迅速。规模

以上工业企业研发投入20.35亿元，同比增长51.4%，规模以上工业企业研发投入占主营业务收入3.49%；实现全社会研发投入35.2亿元，增长17%。2019年，全市实现高新技术产业投资71.2亿元，增长17.4%；高新技术产业增加值70.5亿元，增长16.1%。

科技人才智慧带动产业发展。华灿光电股份有限公司获评“省级领军创新创业团队”称号，引进国外智力项目2项列入省重点引智项目，占金华地区入选项目的三分之二；推荐国家（外专）2人，省科技创业领军人才和科技创新领军人才各1人，省万人计划人才2人，推荐“133创新工程”第三层次人才3人。

科技金融体系不断完善。发放创新券1431.74万元，居全省第16位；使用创新券816.25万元，居全省第12位，发放和使用均居金华地区首位，为企业提供服务562次。累计发放科技风险补偿信用贷款1.8亿元，2019年年底，在贷余额9000余万元，在贷企业60家。

【开展“奔跑”和招商】 2019年，制定招商方案，明确招商方向。重点围绕各类科研院所、双创平台、服务平台、高层次人才、高科技项目等开展奔跑和招商。赴北京、深圳、上海、杭州、宁波等地开展科技招商，对接中科院宁波材料所、阿里巴巴集团、赛伯乐投资集团、北京双创控股、杭州翊成、启迪控股，谋划建设功能检测中心、阿里云创新中心、义乌能谷、启迪科技城。6—9月，义乌八戒工场、义乌能谷、义乌双创街3个项目经市抓项目促发展工作领导小组招商专题会议研究同意引进，其中，义乌能谷项目总投资9亿元，义乌双创街项目总投资1亿元。至年底，义乌八戒工场入住6家企业，义乌双创街项目签订合作协议，与3个人工智能等项目达成入驻园区意向。

【科创廊道建设】 2019年，实现科创廊道建设实体化运作，全年实施项目81项，实现投资164.69亿元，完成投资总额的155.33%。光电高新区列入G60科创走廊光电信息产业合作示范园，华灿光电等10家企业入选G60科创走廊各产业联盟。

（吴剑凌）

科技创新载体

【概况】 2019年，新培育国家级科技企业孵化器1家，国家高新技术企业47家，新增省级重点实验室1家，省级农业科技园区1家，省领军型创新创业团队1个，省科技型中小企业265家。招引亿元以上项目2个，发放科技风险补偿信用贷款1.6亿元，促成技术交易额11.34亿元。梳理提出《关于推进科技创新的十项改革举措》，涵盖科技研发费用统计、科技政策兑现、科技招商、科技金融等方面改革，市委、深改委第23次会议审议通过。

【八戒工场项目】 2019年6月，义乌八戒工场项目经市抓项目促发展工作领导小组招商专题会议研究同意引进。8月，义乌丝路新区管委会与重庆花果山企业管理有限公司签订项目合作协议，年底开展招商。义乌八戒工场项目入驻中福广场CBD三号楼23层，占地1900平方米。项目重点打造线下基地，围绕义乌“世界小商品之都”定位，为义乌传统产业以及重点产业，集聚配齐各生产性服务业企业。力争经过双方5年的共同努力，提升义乌市生产性服务业发展水平及质量，助力义乌市建设成为辐射周边城市的生产性服务业输出城市，促进区域经济实现高质量发展。打造线上平台，在猪八戒网主页，3方联合打造八戒针织服装线上产业平台（义乌频道），涵盖企业库、行业资源、案例分析、行业解决方案、电商代运营、渠道拓展、行业服务等板块。通过5年努力，与义乌八戒工场线下基地相结合，打造成为全国针织服装行业的产业高地。打造孵化平台，发挥乙方国家级双创示范基地优势，为义乌市培育一批优质的生产性服务企业。力争5年内，将“义乌八戒工场”打造成为省级乃至国家级的“双创”平台。

【义乌新业云谷】 2019年7月，义乌新业云谷获评“金华市级科技企业孵化器”。新业云谷电商产业园位于义乌市春晗路和北苑路交汇处，2018年12月开园。一期规划面积8.6万平方米，占地8公顷。设综合服务中心、党建中心、图书馆、电商办公区、电商仓储中心、物流分拣及中转中心等区域，为入驻企业提供商务办公、产品展示、推广营销、仓储物流、人才培训、技术交流、创业融资、生活与套等集成性、智能化服务。至2019年年底，入驻企业130家，入驻率95%，园区就业人员2000人；孵化出科技型中小企业1家。

【义乌良库文化孵化园】 2019年7月，义乌良库文化孵化园获评“金华市级科技企业孵化器”。良库文化创意园成立于2016年，位于义乌西城路192号，占地2.47公顷，建筑面积8003平方米，其中用于孵化场地3000平方米。拥有公共服务中心、路演中心、餐厅、超市、健身房、书吧等服务配套设施。园区秉承着“创意点亮义乌”理念，打造集科技创新、文化创意、总部办公、创意商业于一体的“创业、创新”全产业链集群，形成义乌科技创新、文化创意产业高端服务平台及全功能配套创业创新示范基地。至2019年年底，入驻企业51家；在义乌成功运营市、镇（街道）良库7个，新马路印象（文旅综合体）1个，经营总面积7万平方米。

【义乌橙马孵化器】 2019年7月，义乌橙马孵化器获评“金华市级科技企业孵化器”。橙马孵化器隶属于昆隆毛绒制品有限公司，位于义乌江东街道昆隆云创电商园内，总建筑面积2万平方米。主要开展义乌创业企业孵化培育工作，重点孵化电子商务、互联网、新材料等高新技术产业、战略性新兴产业、电商密集型产业以及现代物流、金融等现代服务业，重点支持面向义乌国际小商品市场的特色产品的开发、赋能与应用创新，做义乌特色的科技企业孵化基地。

【浙江工业大学义乌科研院孵化器】 2019年7月，浙江工业大学义乌科研院孵化器获评“金华市级科技企业孵化器”。研究院成立于2014年，位于义乌市雪峰西路968号科技创业园，拥有孵化场地8000平方米，配套人才公寓82套。研究院根据企业成长生命周期和影响因素，打造“科技平台+公司”的孵化模式，探索高校背景的科技型企业“技术服务+研发产品众筹+主打产品生产销售”模式。研究院孵化器以促进高校科研成果转化和产业化、引进培育科技型企业为主要任务，提供一站式科技服务，助推企业加速成长。至2019年年底，研究院引进4名乌克兰院士创建浙江省院士专家工作站，引进7名省部级人才在义乌创新创业，聘请200余名教授、博士担任特聘研究员。孵化出斜视矫正眼镜、骨骼矫形机器人、智能骑行台、手博士消毒液、我萌系列护理枕、智慧生态教育平台、复合式油烟净化一体机、智能空气开关等产品。运行至2019年年底，研究院成功培育浙工大教授科技成果产业化项目13个，孵化科技型企业36家；成立10个院内研究中心，年均吸引浙工大师生1万人次到义乌开展科技活动。签订各类合同金额2亿元，到款1.02亿元；相关企业新增产值10余亿元。申报知识产权168项，其中发明专利82项。累计授权专利92项，其中发明专利33项，为义乌培训各类人才1.55万人次。

【义乌工商学院大学生创业实验室】 2019年7月，义乌工商职业技术学院大学生创业实验室获评金华市级科技企业孵化器。创业实验室位于享有“中国网店第一村”青岩刘村，建筑面积1600平方米，2017年9月投入使用。由农特电商发展中心、跨境电商人才培养基地、创新创业引擎中心、跨境电商人才创业园4个子基地组成。主要依托义乌工商职业技术学院电子商务、跨境电商、创意设计和经济管理等专业优势，为在校和毕业大学生提供孵化指导、创业培训、企业管理等全方位支持和服务。实验室致力于打造电商科技企业集聚区，形成具有义乌特色的全国知名科技创业企业孵化平台。至2019年年底，基地在孵实体9个，入驻92人，年营业额4000余万元。孵化企业金华沁悦茗茶叶有限公司参加第五届浙江省“互联网+”大学生创新创业大赛获金奖。

【义乌工商职业技术学院创业园青创空间】 2019年7月，义乌工商职业技术学院创业园青创空间获评“金华市级众创空间”。

义乌工商职业技术学院创业园青创空间成立2018年3月，设立在义乌工商职业技术学院雪峰楼创业园，固定办公场所利用面积3000平方米。创业园是学校创业教育从理论向实践的延伸，是学校创业教育的重要载体，园区紧密结合义乌区域市场优势，为入驻的团队和个人提供全真式的创业实践平台，园区配以法务、财务、人力、投融资、项目资源、产品销售、科技转化、政府政策对接等服务项目，每个入驻项目均配1名创新创业指导老师，帮助学生团队和个人实现创新创业梦想。至2019年年底，累计开展培训20场，新增企业6家，团队项目20个，成功孵化企业1家，义乌工商职业技术学院获教育部“全国创新创业典型经验高校”荣誉。

【推进外专信用与计点积分制度】 2019年8月始，将外国人工作许可延期时长与个人信用信息挂钩，信用良好的外国人工作许可延期可获得相应积分，最高可申请2年工作许可期限。至年底，108个国家5642人在义乌持证工作，其中外国专家214人（A类17人、B类197人），其他人员5428人（C类）。

【双创街项目】 2019年9月，义乌双创街项目经市抓项目促发展工作领导小组招商专题会议研究同意引进；11月，义乌市人民政府与北京双创街控股有限公司签订合作协议。项目选址位于义乌市稠江街道新科路E21号—E22号义乌英创园，建筑面积7万平方米。项目合作模式为依据“政府引导、市场化运作、专业化运营”的原则，项目合作初期采用轻资产管理模式，后期视项目发展情况可采用土地及附属建筑物产权购置自营模式实施。项目以“创新企业孵化、科技成果转化、产融关系强化和创新载体优化”为发展目标，围绕“一个地标、两个平台、三大服务体系、四个功能区”的生态体系，打造全国县域首个以“创新创业创造”为主题的“孵—转—产”科技创新产业平台。

【优化外国人到华工作流程】 2019年10月，市科技局会同市出入境管理局、市人社局等部门开展审批流程优化再造，在义乌市国际贸易服务中心大厅设立“外国人工作服务专门受理窗口，将“外国人来华工作许可”“外国人工作类居留签证”“外国人社保参保”三类事项纳入一件事办理，优化外国人到义乌办事流程，营造良好的外国人到义乌办事环境。全年办件量1.41万件，其中，工作许可业务1.07万件，社保业务3340件，为国际贸易综合改革试验区建设提供国际智力支持。

（吴剑凌）

知识产权（专利）保护

【概况】 2019年，全市新增注册商标2.57万件，有效注册商标量16.1万件。专利申请量9594件，同比增长37.2%，其中发明专利申请量1359件。专利授权量5987件，同比增长36.9%，其中发明专利授权量358件。至年底，义乌拥有有效发明专利1456件，万人发明专利拥有量11.11件。拥有国家知识产权示范企业1家，优势企业1家，省专利示范企业20家，省商标示范企业6家，《企业知识产权管理规范》达标企业61家；中国专利奖优秀奖专利项目3个，驰名商标24件。

义乌小商品版权保护中心的业务量在各自条线上的全国各地中心（窗口）中均名列前茅。2019年，中国义乌（小商品）知识产权快速维权中心办理商标注册、续展、转让、变更、质押登记等事项7950件，版权登记964件，外观设计专利通过检索并提交预审941件，外观设计专利授权640件。义乌商标受理窗口受理马德里商标国际注册申请22件，累计涉及376个国家（地区）。知识产权诉调对接中心受理案件1892件，其中，商标权纠纷案件511件，著作权纠纷案件1244件，不正当竞争纠纷案件132件，技术开发合同纠纷1件，商业秘密纠纷2件，网络购物合同纠纷1件，国际货物买卖合同纠纷1件，案件标的总额1.54亿元，调解成功率60%。

促进银企对接，推广知识产权质押融资制度。至年底，全市完成专利质押8笔，质押专利37件，质押融资额5.24亿元；完成商标质押11笔，质押商标31件，质押融资额3.46亿元。市市场监管局查处知识产权案件885起，罚没款1751万元。处理中国（浙江）知识产权维权援助中心等上级部门移交的专利侵权案件2起，办理网上专利侵权纠纷案件912起。

【内衣行业纳入快速维权业务】 2019年5月6日，国家知识产权局同意将内衣行业纳入中国义乌（小商品）知识产权快速维权中心业务范围。义乌辖区内内衣行业企业可以走外观设计专利申请的快速通道，实现内衣行业相关外观设计专利的快速受理和快速确权，申请时间压缩至原先的一半。至年底共受理79件，授权48件。

【商标受理业务实行“网办”】 2019年7月1日始，国家下调部分商标申请业务收费标准，国家市场监管总局商标局义乌商标受理窗口所有商标受理业务由原纸质件申请向中国商标网网上申请转换，申请人可登录中国商标网按照“网上申请”流程提交申请。业务转换期间，提交网上申请并接受电子发文的商标变更业务免收变更费；提交网上申请并接受电子发文的受理商标注册费、补发商标注册证费等13项收费项目，按现行标准的90%收费。

【注册商标专用权质权登记申请受理】 2019年11月12日，国家知识产权局商标局批复，同意义乌商标受理窗口开展注册商标专用权质权登记申请受理工作。至此，义乌市知识产权维权服务中心商标受理窗口受理业务增至25项。商标权质权登记窗口服务辐射浙中地区，义乌企业在家门口办理注册商标专用权质权登记、变更、延期、注销业务，缩减质权登记时间和成本。至年底，窗口共办理注册商标专用权质押登记12件，质押登记额3.66亿元。

（金　婕）

科技管理

【概况】 2019年，市科技局修订并下发《义乌市科学技术局扶持科技发展专项资金管理办法》，推进科技信用担保贷款工作，与义乌农商银行、义乌联合村镇银行、金华银行和浙江中新力合担保有限公司、义乌农信融资担保有限公司续签科技信贷合作协议。组织金华银行、义乌农商银行、义乌联合村镇银行、浙江中新力合担保公司，举办镇街银企对接会11场，500余家企业参会。金华银行、义乌农商银行、义乌联合村镇银行3家银行全年累计发放科技风险补偿信用贷款1.8亿元，在贷余额9800余万元，在贷企业65家。推进科技创新券工作，发放创新券1431.74万元，使用创新券856.67万元，分别为上年的2.23倍、2.22倍。新上省级及以上科技项目32项，金华市级科技项目18项。认定市级科技创新载体30家，科技大脑上有载体1.1万家，基本满足企业需求。年内，拨付省级科技发展扶持资金2583.15万元，市级科技发展扶持资金1.12亿元，资金拨付率100%，其中无感智付1.33亿元，占96.3%。制定《义乌科技设计研究院项目立项规范性审核办法》，规范推进义乌科技设计研究院科研项目程序性审核工作，完成义乌科技设计研究院6个科研项目立项规范性审核。

【创新服务综合体】 2019年8月，认定信息光电、模具、服装（衬衫）、化妆品、印刷包装5个义乌市级产业创新服务综合体，创建各镇（街道）三类创新综合体14家。12月，信息光电产业创新服务综合体列入第三批浙江省产业创新服务综合体培育名单；化妆品、模具2个产业创新服务综合体成功创建成为金华市级产业创新服务综合体。

【科技事项网上办理】 2019年，削减“义乌市科技企业孵化器认定”等行政事项3项，“义乌市高新技术企业认定”等4个事项实现无感智办，市级办事需申请事项仅剩1项，所有事项实现网上办理、一证通办；通过“一网通服”，90%以上的政策资金实现无感智付，无需企业申请。

【金义科创廊道建设】 义乌市科技局为企业开通科技认定绿色通道，所有事项网上办理。2019年，实施金义科创廊道项目81个，完成投资164.69亿元，完成

2019年义乌市省级科技项目情况

表22

序号	项目名称	申请单位
1	儿童防蚊舒爽亲肤纤维无缝针织物	荣利服饰有限公司
2	火山岩蓄热纤维无缝保暖针织物	荣利服饰有限公司
3	木糖醇纤维凉感无缝针织物	荣利服饰有限公司
4	木糖醇纤维凉感无缝针织文胸	荣利服饰有限公司
5	草珊瑚纤维生态抗菌无缝针织物	荣利服饰有限公司
6	锌智源抗紫外线纤维无痕针织运动文胸	荣利服饰有限公司
7	减压锗矿物能远红外保健无缝针织物	荣利服饰有限公司
8	棉织物无甲醛抗皱剂	义乌市中力工贸有限公司
9	有机硅改性水性聚氨酯粘胶织物抗皱剂	义乌市中力工贸有限公司
10	3D立体无痕内裤	浙江天森服饰有限公司
11	高吸湿透气运动文胸	浙江天森服饰有限公司
12	速干透气美体背心	浙江天森服饰有限公司
13	吸湿排汗抗紫外线无缝内衣	浙江天森服饰有限公司
14	基于人体工程学的塑身形体裤	浙江天森服饰有限公司
15	功能性丝胶蛋白纤维针织品	浙江真爱毯业科技有限公司
16	防水透气型mini休闲毛绒织物	浙江真爱毯业科技有限公司
17	同板异孔锦纶FDY	义乌华鼎锦纶股份有限公司
18	再生环保牛皮纸（每平方米140克）	义乌市义南纸业有限公司
19	高灰分瓦楞原纸（每平方米140克）	义乌市义南纸业有限公司
20	格拉辛双硅离型原纸（每平方米78克）	义乌市义南纸业有限公司
21	锗材料无缝复合纤维瑜伽服	浙江棒杰控股集团股份有限公司
22	一种简易的哺乳文胸	浙江博尼时尚控股集团有限公司
23	一种抗菌混纺纱及孕妇内裤	浙江博尼时尚控股集团有限公司
24	一种凉爽型吊带衫	浙江博尼时尚控股集团有限公司
25	环保彩色格拉辛原纸	浙江华川实业集团有限公司
26	高耐折瓦楞原纸	浙江华川实业集团有限公司
27	高防潮性高强瓦楞纸（每平方米140克）	浙江华川实业集团有限公司
28	耐热转移印花原纸（每平方米30克）	浙江华川实业集团有限公司
29	氧化锌抑菌针织品	浙江浪莎内衣有限公司
30	植物染抑菌针织品	浙江浪莎内衣有限公司
31	吸湿透气型立体艺术毛纺制品	浙江真爱毯业科技有限公司
32	朝圣文化毛绒针织品	浙江真爱毯业科技有限公司

年度投资计划的155.33%。光电信息产业园入选G60科创走廊产业示范园，10家企业及园区加入G60各产业联盟，招引落地长三角G60科创走廊其他城市产业项目3项。新增中科院生态环境研究中心（义乌）长三角中心等高新水平研发机构7家，新增国家级科技企业孵化器等高能级科创平台6家，在杭州蜂巢孵化器设立义乌市异地创新空间。

【科技基金工作】 2019年，义乌科发创业投资合伙企业（有限合伙）和义乌安芙兰股权投资合伙企业（有限合伙）两支基金均进入投后管理阶段，运营情况良好。科发基金投资企业和鹰机电、义乌奔奔、三溪堂项目盈利退出，共盈利3100万元。义乌惠商紫荆基金公司入围省创新引领基金合作机构备选名单。

（吴剑凌）

科技合作与交流

【概况】 2019年，市科技局举办各类科技对接活动17次，开展科技产品、项目路演活动14场，促成技术交易额15.23亿元。培育企业科技专员173人，技术经纪人20人，征集和发布企业技术难题252项。5项项目在浙江省春季科技成果拍卖会上成交，成交额730万元。新增浙江师范大学义乌技术转移中心、中国计量大学义乌技术转移中心，累计有技术转移中心4家。

【“设计义乌”奖】 2019年9月21日，2019中国设计智造大奖“设计义乌”专项奖颁奖典礼在义乌融媒体中心演播大厅举行。“设计义乌”专项奖依托中国工业设计领域首个国际化学院奖中国设计智造大奖，由义乌与中国美院在2017年共同设立。此届“设计义乌”专项奖累计收到来自美国、意大利、以色列等13个国家和地区参赛作品1019件。经过来自7个国家和地区的18名评委的评审，选出获奖作品20件，其中一等奖2件，二等奖3件，三等奖5件，优秀奖10件。优秀作品展9月21—25日在义乌融媒体中心、9月28日—10月20日在科创园中国美院智造中心义乌分中心举办，重点展示优秀作品200件。

【科技成果拍卖】 2019年11月21日，由浙江省科技厅主办，义乌市科学技术局、浙江科技大市场、义乌科技大市场承办的2019浙江省科技成果拍卖会义乌专场在义乌国际博览中心举行。来自全省的100余名企业、高校、科研院所代表参加拍卖会。拍卖会共收集省内外各

2019年9月21日，2019中国设计智造大奖“设计义乌”专项奖颁奖典礼在义乌融媒体中心演播大厅举行

（市科技局 供图）

企业、科研院所电子信息、节能环保、新材料、生物医药等领域最新科技成果12项，总起拍价1245万元。经竞拍，成交项目11项，总成交价1649万元，溢价率达32.4%。通过科技成果拍卖，促进科技与经济、金融结合，加快科技成果产业化、解决成果产业化。

（吴剑凌）

企业研发机构

【概　况】 2019年12月9日，全体市科学技术局印发《关于同意组建2019年度第二批全体市高新技术研究开发中心的通知》，义乌19家企业研究开发中心被认定为金华市级研发中心。至年底义乌市级企业研究开发中心57家。累计认定企业研发中心464家，其中，省级研发中心45家（含农业8家），省级企业研究院11家，省级重点企业研究院2家。

【浙江省第三代半导体材料与器件重点实验室】 2019年11月，依托华灿光电（浙江）有限公司建设的浙江省第三代半导体材料与器件重点实验室列入省级重点实验室培育名单。华灿光电（浙江）有限公司成立于2015年，有专属研发人员209人，科研设备原值1.3亿元，专属研发场地5200平方米，投入研发经费2亿元。研究院旨在聚合公司的科技创新资源，集聚半导体新材料和器件领域高级技术研发人才，整合高校、研究所和义乌产业集群的研发资源，致力于半导体材料和器件产业共性技术、关键性技术和前瞻性技术的引进吸收和自主研究开发。以省级企业研究院为基础，2019年，公司成功申报义乌首个浙江省创新型领军企业、国家重点研发计划等项目。公司自主研发的6英寸PSSGaN基AlN−buffer高转换效率蓝绿外延、GaN基正装LED芯片、倒装LED芯片、高压LED芯片工艺技术达国际先进水平。至2019年，共申请专利435项，其中，已授权专利167项，已授权发明专利143项。

【金华市万千服饰高新技术研究开发中心】 2019年12月，金华市万千服饰高新技术研究开发中心被认定为金华市级研究开发中心。金华市万千服饰高新技术研究开发中心成立于2017年，拥有专职研发人员35人，科研装备原值93万元。依托于浙江万千服饰有限公司，中心致力研发生产新型无缝针织内衣、外衣、内裤、运动裤等针织服饰系列产品，开展抗菌保健功能的无缝内衣产品研究开发和制作工艺研究。2019年投入研发费用300万元。至2019年年底，累计获专利27项，承担县（市、区）级项目1项。

【金华市威娜针织新材料高新技术研究开发中心】 2019年12月，金华市威娜针织新材料高新技术研究开发中心被认定为金华市级研究开发中心。金华市威娜针织新材料高新技术研究开发中心依托于浙江威娜针织有限公司，主要围绕抗菌抗静电防紫外线等新型针织材料的研究开发及其制备工艺的研究。至2019年，累计获得发明专利授权1项，计算机软件著作权3项。拥有专职研发人员20人，科研装备原值403万元，与上海大学材料科学与工程学院建立长期产学研合作关系。

（吴剑凌）

教 育

综 述

【概况】 2019年，义乌市有幼儿园348所，小学67所。普通中学37所，其中，初中18所，普通高中9所，九年一贯制学校4所，12年一贯制学校5所，完全中学1所。职业学校3所，特殊教育学校2所，普通高校1所，电大分校1所，教育研修院1所。全市中小学、幼儿园、特殊教育学校（含民办学校）共有教职工2.05万人，其中，专任教师具有研究生学历的576人，本科学历1万余人，专科学历4594人。

加大教育投入，安排一般公共预算教育支出31亿元，占财政支出比例为23.63%；学前教育经费占财政性教育经费比例为6.53%。新建教育项目36项，续建教育项目78项，完成有效投资15亿元以上。校园环境不断优化，新世纪学校、义乌公学、北苑小学、廿三里一小、新丝路学校、赤岸初中6所新建、迁建、扩建中小学投入投用，新增学位6700个。“百园工程”加快建设，福田街道中心幼儿园等13所幼儿园建成投入使用，新增学位4000个。完成第二批15所校园190座槽式厕所改造。

加大教师队伍建设力度，深化师风师德建设。市教育优质均衡视频应用平台“好学义乌”名师云课上线，供学生免费选用。下发《义乌市关于完善教职工退出机制的实施办法（试行稿）》，完善以聘用合同管理为基础的用人制度，建立能进能出、能上能下的用人机制。完善干部梯队建设，局党委下派10个研判组对全市115所学校开展干部研判，组建109名后备干部培训班。引进优秀教师40余人，省级以上名师每人给予140万元安家补助，地市级名校长每人给予100万元安家补助。加强本地名师培育，义乌中学教师朱恒元、实验小学教育集团教师朱向阳获评正高级教师，25人次获评省地各类名师。评选市学科带头人146人、教坛新秀76人；建立名师工作室42个。全年举办中小学校长（幼儿园园长）论坛30期，组织教师培训476场次，组织40余名骨干教师海外研修。稠州中学教育集团教师金晓珍获市委、市政府记功奖励。

规范办学行为，下发《中小学、幼儿园“立德树人”德育工作标准化管理体系（试行）》，从理想信念教育、社会主义核心价值观教育、中华优秀传统文化教育、生态文明教育和心理健康教育5个维度开展相关工作。印发《义乌市儿童青少年“健康护眼”工程实施方案》，开展近视防控科普宣讲等八大专项行动，在宾王幼儿园、江东一小、佛堂三小、赤岸初中及义乌三中5所学校开展近视防控试点工作。优化普通高中生态，义乌中学实施“立尖”工程，第二梯队义乌二中、大成中学实行定向招生，第三梯队强化办学特色，民办高中提升办学水平。

教师待遇大幅提升，补齐教师与本地公务员工资待遇差距，较上年人均增加7000元。农村教师特岗津贴大幅提高，较上年人均增加1770元，农村学校住宿条件得到改善。继续完善教师收入分配激励机制，班主任绩效工资和一线教师奖金平均达到高中每月1300元以上，初中每月1000元，小学每月700元；中小学备案制教师待遇提升至每年8万～12万元。保障幼儿园合同制教师人均年收入6.6万元，比上年人均增加1.5万元。

2019年，义乌市被列为省政府数字化转型重大项目之江汇教育广场“网络空间人人通”十大实验市（县）之一，获教育信息化专项资金奖励1000万元。

（王哲毅　王丰平）

【首批中小学班主任工作室】 2019年2月，市教育局开展义乌首批中小学班主任工作室申报工作。经个人申报、学校推荐，市教育局评审、公示，确定绣湖小学教育集团王婷班主任工作室、叶月飞班主任工作室、江滨小学杨守仙班主任工作室、稠城第三小学黄雪迎班主任工作室、义乌市绣湖中学教育集团毛旭君班主任工作室、浙江省机电技师学院蔡晓明班主任工作室6个首批中小学班主任工作室，进一步推进中小学班主任队伍的专业化，提升班主任的育人能力，构筑班主任队伍人才高地。

【建立家校社共育机制】 2019年3月6日，市教育局下发《义乌市中小学、幼儿园开展家校社共育工作实施方案》，构建义乌市中小学、幼儿园家校社共育课程体系架构。至年底，义乌各中小学、幼儿园100%建立家长学校，各镇（街道）成立社区家长学校44所。构建47个主题，10门课程，36份讲课单；有志愿者讲师22人，德育教育基地50个，青少年科技教育基地20个，早教基地9个。

【“小金鱼”漫画展】 2019年4月29日，第七届全国青少年儿童“小金鱼”漫画大展义乌选拔赛在义乌国际博览中心举行。比赛以动漫为抓手，要求小学组以《春游》为题创作单幅漫画，职校组以《春天的味道》为题创作4格以上的多格漫画。义乌3所中职学校及黄杨梅小学、佛堂三小、倍磊小学3所“小金鱼”基地共340名学生现场作画。全国青少年儿童“小金鱼”漫画大展是由北京电影学院动画学院奖下设的原创漫画评奖活动之一，2018年参与学生6万余人。赛事为喜爱动漫的学生搭建展示才能、张扬个性的平台。2019年，“小金鱼”漫画大展初赛特别为义乌开设专场。

（朱爱民　陈旭平）

【省青少年无线电测向锦标赛获佳绩】 2019年7月20—23日，由浙江省体育局主办的浙江省青少年无线电测向锦标赛在永康市明珠学校举行，来自全省31支代表队的472名运动员参赛。义乌市大陈小学、后宅小学、稠城第一小学教育集团等8所学校的131名学生参赛。比赛共设12个项目，义乌代表队夺得其中10个团体第一，个人单项比赛10块金牌、6块银牌、7块铜牌，校均金牌数居全省领先。

（蒋瑶瑶）

【新校园建成投用】 2019年9月1日，后宅街道中心幼儿园、倍磊幼儿园、张宅幼儿园及宋庆龄幼儿园等10所幼儿园投入使用，一贯制学校义乌公学投入使用，开设幼儿园、小学、初中和高中。义乌市新丝路学校长和校区建成投用，设教学班36个。廿三里一小新校园启用，新增班级12个；北苑小学完成扩建，新增班级24个；赤岸初中完成扩建，新增班级12个；宾王中学完成提升改造，新增班级6个。

（王丰平）

【全市教育大会】 2019年9月8日，义乌市召开全市教育大会暨全国第35个教师节庆祝大会。大会提出打响“好学义乌、信义至美”教育品牌，明确全面推进教育现代化的时间表任务书，围绕教育“十大基础工作”“十大改革”“十大项目”，全面推进教育现代化。6月，市委、市政府出台义乌市全面推进教育现代化意见、教师队伍建设15条措施，市教育局出台创建全国义务教育优质均衡发展市实施方案等系列纲领性文件。

【全市中小学田径运动会】 2019年10月16—18日，市中小学田径运动会在义亭中学举行，全市中小学59支代表队1014名运动员参赛。设100米、400米、跳高、跳远、铁饼、标枪等15个比赛项目，其中，破市运动会记录10人次。在区域阳光体育展演活动中，义亭小学、义亭镇中、树人中学、义亭中学4所学校分别演出花样足球、健美手花舞、广播体操及花式垫排球。

（张海业）

【"好学义乌"名师云课上线】 2019年10月，公益性空中课堂——"好学义乌"名师云课上线。为市教育优质均衡视频应用平台，推出公益性质空中课堂，由全市各学段名师进驻开课，汇集中小学各学科精品课及学前教育优秀视频资源，供学生免费选用。至年底，703名名师进驻开课，汇集由全市初中、高中名师精心录制的16门学科的精品课。

（除署名外均由龚琴娟撰稿）

教育管理

【概况】 2019年，义乌市强化教育管理机制，下发《义乌市中小学教师教学规范标准》，全面落实"教学十认真"，抓好教学质量常态化管理。施行《浙江省中小学生减负工作实施方案》，营造减负提质氛围。下发《义乌市小学全面推行放学后托管服务工作实施方案》，全市公办小学开始全面实施放学后托管服务，惠及学生5.8万人。编制《义乌市"银铃讲学计划"实施方案》，面向社会公开招募22名优秀退休教师到中小学校任教。

【市委教育工作领导小组成立】 2019年5月9日，义乌市成立市委教育工作领导小组，由市委书记林毅任组长，市长王健、政法委书记斯建民、宣传部部长张雷、组织部部长何若伟任副组长，市委办、市府办、市人社局、市教育局、市公安局等16个部门任成员单位。市委教育工作领导小组召开专题会议，研究审议领导小组机构设置和运行机制，听取2019年工作要点、全市教育大会筹备、创建全国义务教育优质均衡发展市方案等情况汇报，研究加强教师队伍建设、深化教育综合改革、全面推进教育现代化等实施意见。市委教育工作领导小组主要职责是部署全市教育领域思想政治、意识形态工作，审议全市教育发展战略、中长期规划、重大政策及体制改革方案，协调解决教育工作重大问题等。

（王哲毅）

【调整市教育局所属事业单位机构设置】 2019年6月11日，中共义乌市委机构编制委员会发布《关于调整义乌市教育局所属事业单位机构设置的批复》，同意设立义乌市青少年体育艺术科技（足球）指导中心，市教育事业管理服务中心更名为市教育服务中心；原与教育事业管理服务中心合署的市教育局财务中心单设，更名为市教育财务中心。

【完善中小学研学旅行机制】 2019年9月10日，市政府出台《义乌市教育局、义乌市文化和广电旅游体育局等10部门关于推进中小学研学旅行的实施意见》，对研学实践教育营地、基地的认定和管理实行"准入条件前置、行业协同监管、不符摘牌退出"机制。至年底，义乌市有省级研学教育基地（营地）2家，金华市研学实践教育基地（营地）2家，义乌市级研学实践基地（营地）12家，推动学生开展研学活动5.35万余人次。

【首批24名健康副校长上岗】 2019年10月9日，市教育局及市卫生健康局联合下文，明确在义乌各中小学、幼儿园实施"健康副校长"制度，首批聘任朱妙、吴萌青等24人为"健康副校长"，任期3年。"健康副校长"服务于全市170余所中小学、幼儿园，推进食品安全、近视防控、健康教育等工作的专业化开展。中国教育电视台、《中国教育报》《浙江教育报》等媒体先后予以报道。

（除署名外均由龚琴娟撰稿）

学前教育

【概况】 2019年，义乌市有幼儿园348所，其中，城市236所，镇（街道）53所，农村59所。有等级幼儿园343所，其中，一级幼儿园17所，二级幼儿园92所，三级幼儿园234所。有等级普惠性幼儿园317所，覆盖面91%。全市0～6周岁在园幼儿7.92万人，学前三年入园率为99.9%。

2019年5月7日，俄罗斯体操教练娜塔莉娅带领稠城中心幼儿园孩子们进行艺术体操训练　（骆丽雅　摄）

专任教师4595人，幼儿教师资格证持有率100%。年内，义乌“百园工程”建成23所，在建58所，建成投用公办园11所。

2019年，义乌学前教育实行托幼一体化。全市幼儿园开设托班137个，面向24～36月龄幼儿提供保教服务，受托婴幼儿3425人。加大对非财政预算管理公办幼儿园财政扶持力度，全年发放2018年度学前教育财政扶持资金6489.24万元，兑现补助2615.96万元。

（陈桦涧）

【与杭州阿优文化公司合作】2019年3月14日，市教育局与杭州阿优文化创意有限公司签订幼儿园项目合作协议。通过输入国际先进教育理念、管理方式及品牌文化，为义乌乃至全省培养高品质幼儿教育所需的、具备国际创新教育视野的优秀人才，满足人民群众对优质学前教育资源的需求。杭州阿优文化创意有限公司成立于2012年，是一家“国家级动漫企业+国家级高新科技企业”双栖企业，为浙江省第一家入选申报国家科技进步奖的动漫文化企业；通过打造品牌IP，拓展商业（产品），为儿童（3～12岁）及家庭提供亲子产品与服务。至年底，义乌市共有香山幼儿园、金麟花园幼儿园及王阡幼儿园3所幼儿园委托杭州阿优管理运营。

（龚琴娟）

【10所幼儿园入选全国足球特色幼儿园】2019年3月，中华人民共和国教育部启动足球特色幼儿园创建，加快推进校园足球普及，夯实校园足球发展根基。8月19日，教育部公布全国足球特色幼儿园名单，义乌市宾王幼儿园、义亭镇中心幼儿园、稠城中心幼儿园等10所幼儿园入选。此次入选的全国足球特色幼儿园共3570所。

（龚琴娟）

【获全国“小荷风采”舞蹈金奖】2019年8月7日，在广州市举行的第十届“小荷风采”全国少儿舞蹈展演中，义乌市稠州幼儿园选送的舞蹈作品《边走边唱》，在入围的193个优秀舞蹈作品中胜出获金奖。舞蹈由著名编导周旭光原创，稠州幼儿园孩子们通过天真烂漫的演艺、憨态可掬的形象，将作品的寓意发挥得淋漓尽致。“小荷风采”全国少儿舞蹈展演由中宣部批准立项，中国文联、中国舞蹈家协会主办，每两年举办一届，是全国少儿舞蹈类最高奖项。同月21日，经“小荷风采”组委会推荐，《边走边唱》受邀参加在澳门大学举行的庆祝中华人民共和国成立70周年暨澳门回归20周年——“国舞今韵”系列舞蹈展演。

（龚琴娟）

【幼儿园优秀教学活动评审】2019年9月12—19日，义乌市举行幼儿园优秀教学活动评审活动，聚焦主题审议背景下的教学活动设计与实施，促进教师课程研究与执行能力。参赛围绕“中国娃，爱中华”主题，以五星红旗、京味童谣、名胜古迹等中国元素为切入点，多形式引发孩子自主探究，感受中国魅力。来自25家幼儿园的25名教师参加初赛，13人进入第二轮现场教学评比环节。经过专家评委评审，评出一等奖2名，二等奖4名，三等奖7名。9月25日，义乌市新丝路学校附属幼儿园教师杨扬代表义乌参加金华比赛，获金华市二等奖。11月7日，义乌市绣湖幼儿园教师吴微笑代表义乌参加浙江省比赛，获二等奖。

（张爱苹）

义务教育

【概况】 2019年，义乌市小学在校生11.2万人，较上年增加3425人；初中在校生3.6万人，较上年增加1647人。外来建设者子女就读公办学校小学2.73万人，初中8977人。义务教育段在册外国籍学生小学137人，初中22人。小学专任教师5945人，初中专任教师2479人。

（洪　岳）

【举行“民俗文化节”活动】 2019年1月3日，福田小学举行第二届“民俗文化节”活动。10余个非物质文化遗产传承艺人展示糖画、草编、剪纸、陶艺等技艺，制作东河肉饼、麻糖、麦芽糖等义乌美食特产，师生们领略义乌特色文化魅力。自2018年起，基于儿童化的义乌民俗文化拓展性课程成为福田小学拓展性特色课程之一，为传承优秀地方文化，学校每年举办“民俗文化节”活动。

（丁萍萍）

【中小学班主任基本功比赛】 2019年5月10日，由市教育局主办、市教育研修院协办的全市中小学班主任基本功比赛在香山小学教育集团杨村校区举行，42名教师参赛。比赛分书面考核、情境应对、即兴作答3个环节，分小学组、初中组、高中组3个学段，共评选出一等奖7人、二等奖14人、三等奖21人。经比赛，实验小学教育集团教师李莉获小学组第一名，稠州中学教育集团教师金晓珍获初中组第一名，义亭高中教师金莹获高中组第一名。9月，金莹代表义乌赴金华参加比赛，获金华市一等奖；10月，代表金华市参加省赛，获浙江省三等奖。

（蒋江波　王瑜兰）

【《隐形的翅膀》入选全国优秀成果展演】 2019年5月26日，由全国少儿艺术教育联盟、中国儿童音乐学会浙江办事处等单位主办的“华夏盛典，时代新篇”中华人民共和国成立70周年献礼——2019全国艺术教育“六一”优秀成果展演在中国婺剧院举行，应邀参加展演的东河小学原创情景剧《隐形的翅膀》获好评。此情景剧由东河小学教师集体创作，经反复修改、润色提炼、选定演员、编排动作，以朗诵、唱歌、舞蹈、古琴演奏等表演形式，展现失明女孩小洁渴望读书的心灵。

（方志峥　骆巧勤）

【争创全国义务教育优质均衡发展市】 2019年6月17日，义乌市发布《义乌市创建全国义务教育优质均衡发展市实施方案》，实施建设高素质专业化队伍专项行动、优化学校规划调整专项行动、教育资源配置提升专项行动、教育质量和内涵提升专项行动、新义乌人子女学校改造提升专项行动和义务教育发展保障专项行动，争创全国义务教育优质均衡发展市。以创建促提升，进行教育新一轮的发展。

（龚琴娟）

宗泽小学充分运用室内场馆、教室、走廊等空间，组织学生开展体育锻炼　（陈欣2019年2月25日摄）

【义乌"益智课堂"亮相全国研讨会】2019年7月16—19日，2019全国"益智课堂"教学与学生思考力培养观摩研讨会在甘肃省兰州市召开，义乌市教育局、部分实验基地校长和教育研修院教科研骨干人员14人及学生代表队11人参加会议。会上，义乌分享区域推进"益智课堂"课题研究的经验与做法，廿三里二小教师郑爱青代表浙江区域进行"益智课堂"教学现场展示，同时，义乌复旦实验学校、义乌市实验小学教育集团展示"校园益智文化建设"成果。西山下小学教师黄喻苗的《连环课堂小趣事》获全国"教师益智小故事"奖，义乌市教育研修院教育科研部主任曹伟华获评全国"2019年度优秀科研带头人"，绣湖小学教育集团获全国"益智课堂"基地学校的称号。"益智课堂与思考力培养的实践研究"是中国教育科学研究院培训中心承担的全国教育科学"十三五"教育部规划课题。2018年10月，义乌市加入课题组，承担子课题研究，开展各项"益智课堂"互动，探索课堂新模式，涌现一批优秀教师。至2019年年底，义乌市共有20所小学加盟全国"益智课堂"实验基地校。

（叶彬彬）

【入选全国夏令营总营（小学组）最佳阵容】2019年8月23日，从义乌稠城第一小学教育集团学生邓鑫炜、江湾小学学生朱璨及廿三里二小学生施涵涵3名队员入选全国夏令营总营（小学组）最佳阵容。此次夏令营总营（小学组）共分为男甲、男乙、女甲、女乙、小混5个组别。经10天200场比赛及严格的技术测试及日常训练，来自西甲联盟的专家组评共选出148名优秀小运动员入选夏令营总营（小学组）最佳阵容并获国家三级运动员资格。

（龚琴娟）

【参加省"推普周"展演】2019年9月11日，浙江省第22届推普周活动启动仪式暨"颂七十华诞 抒爱国情怀"中华经典诵读展演在浙江传媒学院举行，田心小学学生朗诵团队受邀参加展演，诵读散文诗《秋天的雨》，为田心小学第二次参加省"推普周"展演。11月16日，《秋天的雨》在中华经典诵读大赛中获全国小学生组团体一等奖。

（陈丹萍）

【"快乐走班"双向选择】2019年10月11日，绣湖中学教育集团城阳校区举行拓展性课程"快乐走班"双向选择活动。七、八年级1700余名学生来到校体育场，通过查看课程介绍告示牌、与课程指导师作交流，选择心仪的课程项目，当场向课程指导师递交选课申请。拓展性课程分为兴趣特长及知识拓展两大类，兴趣特长类开设生活中的科学、电子创新、国球魅力等20余门课程，知识拓展类开设保健与生活、地理与旅行、诗说节气等30余门课程。自2013年起，绣湖中学教育集团城阳校区课程体系向基础型、拓展型两类组成的课程结构转变，增加课程的选择性，让学生在自主选择中体验学习的乐趣，在有兴趣的学习中找到成长的动力与方向。

（黄昌汉）

【竹艺作品走进"森博会"】2019年11月1日，在第12届中国义乌国际森林产品博览会上，楂林小学4名学生现场制作笋壳、竹香囊、竹手环、竹片画、牙签画、书签画等30余种竹艺作品，引得参展客商、市民交口称赞，此为楂林小学竹艺作品第二次走进"森博会"。自2015年起，大陈镇楂林小学利用地处山区的区域资源，因地制宜探索竹文化课程开发，民间师傅、家长、老师"三位一体"共同参与教学，形成"班班有课程，人人会竹艺，年年有竹艺节"的良好氛围。2016—2019年，楂林小学连续举办4届"竹艺节"。2017年6月，楂林小学竹艺香囊制作参加中央电视台国际频道《传奇中国节》现场直播。2018年，楂林小学成为义乌市第四批非遗竹编传承基地学校。

（龚琴娟）

【举行全市中小学科技运动会】2019年11月13—15日，义乌市中小学科技运动会集中赛在后宅中学举行，108所学校的2825名学生参加比赛。比赛设置空模、建模、电子创新等6个大类15个比赛项目。2003年起，义乌每年举行中小学科技运动会，以无线电测向、航模比赛、创新

2019年11月13日，义乌市中小学科技运动会集中赛在后宅中学举行 （龚琴娟 摄）

大赛三大赛事为主体，全面推动科技普及教育。为让更多的学生参与其中，学生项目以校园赛、分点赛及集中赛3种形式进行，形成“校校都有科技节”的良好局面。2019年，全市有87所学校组织校园科技运动会，7万余人次参赛；103所学校参加市分点赛，1万余人次参赛。至年底，义乌市20所中小学校参加国际、全国、省青少年创新大赛、电子制作、无线电测向等科技比赛，共获得团体奖项126个，个人奖项2117个。

（龚琴娟）

【42件作品入选全国美术展】 2019年11月23日，由中国新美育组委会主办的《美了，我的国！》儿童美术双年展在浙江展览馆开展，来自全国校内外儿童美术教育团队的2000余件作品参展。参赛作品全面呈现中国儿童美术教学的新理念、新成果及新高度，包括儿童版画、儿童水墨及用废旧物品创作的艺术品。其中，义乌市杭畴小学参展作品42件。杭畴小学参展作品主题为《白墙—黑瓦》，通过陶板水墨画及陶艺立体作品，展现学生对江南民居白墙黑瓦建筑特色的认识。杭畴小学不断加强陶艺课程的开发，将陶艺课堂作为“一校一品”特色教学内容加以落实；配置陶艺制作室、陶艺烧制室、陶艺博物馆、陶艺文创园等教学空间，让学生结合观察、感受、体验、想象，创作出带着自己温度和情感的作品。2014年，杭畴小学被评为义乌市陶艺非遗教学传承基地。

（朱倩男）

普通高中教育

【概况】 2019年，义乌市普通高中招收新生5318人，共有在校生1.5万余人。教职工1875人。学生五大学科竞赛获全国一等奖10人次，二等奖38人次，三等奖36人次。教师参加6门学科课堂教学评审均获省一等奖。获评浙江省教研新秀1人，金华市教坛新秀8人。9月，义乌四中撤销，合并至义乌三中。

（傅丽芳）

【省高中数学研训活动】 2019年1月14—16日，由省教育厅教研室主办，义乌市教育研修院及义乌四中承办的省高中数学“疑难问题解决”专题研训活动在义乌举行，全省各市、县（市、区）高中数学教研员、骨干教师、学科专家共280余人参加活动。活动由优秀课展示、模拟课堂说课及专题讲座等部分组成。义乌四中教师陈锋展示《棱柱的结构特征》说课，义乌中学教师朱恒元作为专家进行点评。此次活动指向高中数学核心素养的课堂教学，交流考试改革后义乌高中数学教学经验，提高浙江省高中数学教师解决新高考方案下数学教学疑难问题的能力，进一步推动高中数学新课程实验的深入实施。

（傅丽芳）

【省教育学会中学数学教学分会在义乌召开】 2019年1月16—17日，省教育学会中学数学教学分会换届年会在义乌市举行，来自全省各市、县（市、区）部分中学数学教研员、骨干教师、高校学者专家共80余人参会。会上，人教社研究员、新教材主编章建跃作《课程改革与教师专业成长》报告。选举产生新一届分会领导机构，义乌市教育研修院教师万成荣、吴仲玲及义乌中学教师朱恒元被选为浙江省教育学会中学数学教学分会理事。

（傅丽芳）

【承办省高中英语教学评比活动】 2019年4月14—16日，由省教育厅教研室主办的全省高中英语教学评比活动在义乌二中举行，各设区市、义乌市及省厅直属单位（浙江师范大学附属中学）选派的13名选手参赛，700余名高中英语教师观摩比赛。活动以“实践英语阅读教学综合视野，提升英语阅读素养”为主题，评比产生一等奖6人，二等奖7人，义乌中学英语教师傅晓仙获省二等奖。

（傅丽芳）

【4名学生被录取为飞行学员】 2019年7月9日，义乌中学学生骆俊宏、义乌二中学生骆垚强及丁乾韬被中国人民解放军空军航空大学录取，成为飞行学员。义乌市重视招飞工作，做好宣传发动、生源推荐、考察筛选、保苗育苗等环节，2017—2019年，义乌市共输送飞行学员6人。

（张海业）

【义乌高三学生获省拳击锦标赛亚军】 2019年7月9—14日，由浙江省体育局主办，浙江省体育竞赛中心、江山市体育局、锦绣江山外国语学校承办的省青少年拳击锦标赛在锦绣江山外国语学校举行。比赛按国家体育总局最新审定的《拳击竞赛规则》开展，来自全省各地16个代表队259名青少年选手参加比赛。经角逐，义乌五中高三学生蒋俊鸿夺得男子64公斤级亚军，成为国家二级运动员。12月24日，蒋俊鸿在温州市举行的浙江省青少年拳击冠军赛中获男子56公斤级冠军，成为国家一级运动员。

（李文华）

【青岩书院成立】 2019年12月3日，市政府同意由义乌中学、义乌市教育基金会联合创办青岩书院。青岩书院为具有独立法人资格的公建民营完全中学，委托义乌中学管理，实行理事会领导下的校长负责制。学校选址在义乌中学东北角，办学规模为初中、高中各18个班级。

（龚琴娟）

中等职业教育

【概况】 2019年，义乌市中职学校共招收新生3920人，在校生共1.05万人。毕业生2875人，其中1440名毕业生升入大学深造。义乌市城镇职业技术学校（简称“城镇职校”）、义乌市国际商贸学校（简称“国贸学校”）、浙江省机电技师学院与金华职业技术学院、丽水学院、浙江万里学院等13所高职院校联合开设3+2、五年一贯制大专班81个，学生3000余人。

2019年，城镇职校成为全国跨境电子商务综合试验区职教集团理事单位、国家中职“跨境电商”专业教学标准开发项目成员单位。国贸学校成为长三角国际商务职教集团副理事长单位，挂牌成立“国际金钥匙学院义乌分院”。浙江省机电技师学院成为中国长三角智能制造职教集团副理事长单位、浙江工匠培训学院参股单位，与金华轨道交通集团、华灿、瑞丰、爱旭等企业联合成立企业冠名班。城镇职校、国贸学校通过省首批现代学徒制试点单位验收。城镇职校义乌电商小镇校企合作项目及机电技师学院电商专业“5+1”校企合作项目被省教育厅立项为省中职校企合作共同体项目。

年内，义乌市在省教育厅对市县中职教育发展考核中被评为优秀，城镇职校和国贸学校在金华市中职学校发展考核评比中获优秀。

（陈　安）

【获省级征文比赛一等奖】 2019年1月9日，浙江省第三届“梦想杯”中职学生征文大赛颁奖典礼在衢州中等专业学校举行，城镇职校学生黄俊霖、郭雨欣作品均获一等奖。此次征文大赛由省教育厅职成教研室主办，《职业教育（下旬刊）》编辑部及衢州市中等专业学校承办，以“大国工匠”为主题，以中职学生为参赛对象，旨在弘扬工匠精神，助力学生实现职业理想，集聚职业教育的“正能量”。

（朱爱民）

【共建浙江电子商务学院】2019年3月12日，浙江商业职业技术学院与义乌市人民政府召开合作共建浙江电子商务学院专题工作会议，就合作达成共识。双方协同推进招生工作，完善教学及生活配套设施，切实保障学生、教师的教学与生活条件；进一步推进“双实双创”项目，解放思想，长远地规划好、规范好、服务好学校、学生的发展；加快推进方案的起草，以响应国家职教20条及职业教育混合所有制改革，推进义乌市的全省职业教育改革试点工作。会后，义乌市政府与浙江商业职业技术学院签订《合作共建“浙江电子商务学院”协议》。

（龚琴娟）

【开设学前教育“3+4”班】2019年3月29日，国贸学校获批中职与应用型本科一体化培养试点学校，与湖州师范学院首次联合开设学前教育“3+4”班。“3+4”，即中职与应用型本科一体化培养，就读于中职学校“3+4”班级的学生，经过3年的中职学习，有机会直升相应的合作本科院校，接受应用型本科教育。此次学前教育专业“3+4”班面向全省初中应届毕业生招生，由各地（市）教育局统一录取，总人数40人，其中金华地区10人。7月6日，首批学前专业“3+4”班完成录取39人。

（陈 安）

【中高职联手共建创业基地】2019年4月19日，城镇职校与义乌工商职业技术学院创业学院“中高职携手共建创业基地”签约仪式在城镇职校举行，双方以shopee跨境电商创业为合作模式，共同探索新形势下中高职一体的产教融合新途径。根据协议，双方在城镇职校建立跨境电商创业基地，共同培养城镇职校跨境电子商务创业人才；义乌工商职业技术学院与城镇职校共同制定实施专业人才培养方案，选派优秀电子商务专业跨境电商师资及管理人员，不定期对跨境电商创业基地进行师资培训及专业指导。中高职“联手”共建创业基地，共同培养具有区域特色的高素质技术技能型人才，助力义乌现代职业教育改革进入“一体化”阶段。

（叶庆仙 陈林丰）

2019年3月26日，义乌市国际商贸学校与合作企业在幸福湖会议中心联合举办樱花节活动 （陈雪冰 摄）

【职教成果展走进义乌国际博览中心】2019年4月28日，义乌市职业教育成果展在义乌国际博览中心举行。4所职业院校的师生展示旅游、烹饪、汽修、形象塑造等10余个项目，吸引1万余名中外客商的观展，为义乌市首次将“职业教育活动周”放入市场，推进职业教育“走出去”。

（龚琴娟）

【国际金钥匙学院落户国贸学校】2019年9月25日，国贸学校举行国际金钥匙学院义乌分院授牌仪式，为国际金钥匙组织在金华地区授予的首家分院。授牌仪式上，国际金钥匙学院负责人为国贸学校颁发证书、金钥匙标识并授牌、授旗，聘请义乌市7名金钥匙会员为金钥匙导师，聘请国贸学校2名教师为金钥匙讲师。国际金钥匙组织成立于1929年，网络化、专业化、国际化的品牌服务遍布40余个国家及地区，1995年引入中国，覆盖300座城市的3000余家高星级酒店、高档物业及服务企业。此次合作，构建“工学结合、德技并修”育人机制，培养更多中国金钥匙品质服务人才。

（吴驰昊）

【获全国职业院校无人机应用创新技能大赛冠军】2019年10月17日，全国职业院校无人机应用创新技能大赛在山东济宁闭幕。来自全国90余所职业院校的127支代表队参赛。通过在武汉、郑州、义乌及济宁的4场预赛，29支队伍进入决赛，浙江省机电技师学院派出的2支代表队在华东区预选赛中夺得亚军及季军，获国赛入场券。总决赛包含理论与法规考核、设计与加工技能、组装与调试技能、无人机飞行操控技能等模块，对选手进行全面的多维度的立体式综合测评。经角逐，浙江省机电技师学院学生陈健豪、陈梓烨及李昊锦、屠奇超分别夺得中职组冠军及亚军。

（刘珊春　周　琦）

【中国技能大赛浙江技工院校选拔赛】2019年10月17—20日，中国技能大赛计算机网络管理员（VR技术应用）浙江省技工院校选拔赛在浙江省机电技师学院举行，来自浙江省19所技工院校的20支教师代表队及35支学生代表队参加比赛。比赛涉及3D打印技术、虚拟现实技术、数据处理、纹理贴图技术等专业，设理论考核、网络化环境准备及数据采集、创新设计与虚拟现实展示（数据处理与纹理贴图）、3D打印与涂装、答辩展示等项目。经角逐，浙江省机电技师学院4支代表队获学生组一等奖，浙江省机电技师学院等3支代表队获教师组一等奖。

（全晓玲）

【获全国应用型人才综合技能大赛冠军】2019年12月3日，全国应用型人才综合技能大赛总决赛闭幕。此届全国应用型人才综合技能大赛有来自全国1100余所高校的1.5万余支代表队参赛。10月开赛，设置“奋斗新时代·光山杯”短视频大赛、“匠心·民族魂”平面设计创新创意大赛、“匠心·园丁情”教师创客大赛、“匠心·工业美”智能制造创新创意大赛等8个赛项。浙江省机电技师学院学生骆景洋作品《真理的味道非常甜》以总分第一的成绩夺得“匠心·民族魂”平面设计创新创意赛项目冠军，为浙江省唯一获得此项目一等奖的选手；教师傅晓梅作品《指数函数》在大赛“匠心·园丁情”教师创客赛项目中获二等奖。同日，骆景洋收到阿里巴巴集团淘宝事业部实习邀请。

（王晓薇）

【成为全国“职业院校数字校园建设实验校”】2019年12月19—21日，由教育部职业教育与成人教育司指导、中央电化教育馆主办的职业院校信息化建设与应用交流会在深圳信息职业技术学院召开。来自全国31个省（自治区、直辖市）400余名代表参加交流会。会上，中央电化教育馆对全国115所第三批通过中期评论的实验校授牌。义乌市城镇职校作为浙江省9所数字校园建设实验校之一，通过中期评审，成为全国“职业院校数字校园建设实验校”正式授牌单位。

（陈　安）

高等教育

【概况】2019年，义乌工商职业技术学院（简称“义乌工商学院”）下设人文旅游学院、机电信息学院、经济管理学院、外语外贸学院、建筑工程学院、创意设计学院（商城设计学院）、创业学院（电子商务学院）、国际教育学院、马克思主义学院（体育教学部）9个教学单位32个专业，并办有成人教育（自考）学院。拥有国家级教学成果奖4项、精品课程3门，中央财政支持实训基地建设项目2项。正式在编教师525人，高级职称182人，博士24人，硕士415人，其中，省“151人才工程”培养人选1人，省高校教学名师、省教坛新秀、省高职高专专业带头人20人。

2019年，义乌工商学院入选教育部“1+X”证书制度试点专业4个，国家级骨干专业6个、生产性实训基地2个，省级技能大师工作室1个。立项省级教育教学改革项目10个，省产学合作协同育人项目2个；入围省级精品在线课程4门。发表核心论文215篇，同比增长11.4%；科研成果获厅级以上荣誉38项，立项省部级项目5项。发挥企业冠名学院、校企合作平台功能，142项创新成果实现转化，其中专利、软著43项，实现专利转化“零突破”。学生参加省一类技能竞赛、学科竞赛等71项，获个人与团体一等奖34项，其中13个赛项进入国赛，入围数量排全省第二位、全国第50位；创新创业竞赛获省赛一等奖8项，国赛银奖1项；1名学生获国家奖学金特别评审奖。

发挥创业教育和国际教育特色与优势，开展境外培训，与韩国桂园艺术大学联合开展设计实践workshop项目，中韩师生共同为义乌小商品进行创意设计。全球跨境电商教育联盟（GET联盟）泰国、马来西亚、墨西哥等20余个国家20余所成员高校到义乌工商学院学习电商教育经验。为商务部主办的非洲法语（英语）国家商务官员小商品市场建设研修班开设课程；与市外侨办联合举办2期“义路同行”——全球青年创业培训班，获第二届海峡两岸青年发展论坛“组织工作贡献奖”，省长袁家军亲自颁奖。面向国际学生开设“孔子讲堂”，组织开展义乌文化、国际普法、电商技能等主题培训。全年面向境外开展电子商务、中国语言文化等主题培训，累计培训5700余人次；面向“一带一路”国家培训54项，培训5607人，在西班牙、新西兰、加拿大、韩国等地开展境外培训15项。

年内，义乌工商学院“关于高职院校教师队伍现代化转型”内参刊发于《光明日报》，得到副总理孙春兰肯定批示。“依托数字化推动小微企业园高质量发展的对策建议”刊发于浙江省《社科要报》，得到省有关领导肯定批示。聚焦高职院校扩招和毕业生就创业，深入调研形成的2条政务信息被省政府办公厅《专报国办信息》采用，其中“金华市高职院校扩招基本情况、遇到的问题和建议”获国务院领导批示。

全年，开展各类培训254项，培训4.88万人次，其中，电子商务类培训82项，培训1.01万人次；服务义乌培训116项，培训2.72万人次。

2019年，义乌工商学院录取新生4101人，应届毕业生2811人，在校生首次逾1万人。应届毕业生就业率98.54%，创业率14.62%，专升本率8.93%。

【中西高等教育研讨会】 2019年5月24日，义乌工商学院举行西班牙研究中心成立大会暨中西高等教育研讨会。浙江省人民政府外事办办公室副主任，义乌市领导，浙江省教育厅领导，驻西班牙大使馆原参赞，义乌西班牙交流基金会会长，义乌工商学院领导及西班牙马德里康普顿斯大学、马德里理工大学等西班牙友好大学代表、“一带一路”沿线国家国际学生共200余人出席大会，会上成立西班牙研究中心，并举行顾问特聘研究员聘任仪式。西班牙研究中心致力于中西两国经贸合作、文化交流、职业教育合作、浙江经济和浙商群体在西班牙的发展等方面加强区域和国别研究。为中西两国交流提供强有力的支持。专家学者分别以“面向21世纪的国际高等教育模式建议”“西班牙高等教育发展”“西班牙教育体系和各自学校特色”为主题进行专题交流，促进了两地高校交流合作。

【媒体聚焦义乌工商学院】 2019年6月19日，中央电视台《经济半小时》栏目以“义乌小商品转型记”为题报道义乌小商品的转型发展之路，其中较大篇幅报道义乌工商学院办学特色、办学成效及服务地方发展等情况。7月13日，中央电视台《新闻调查》播出专题报道“我在高职上大学”，全景式推介义乌工商学院创新创业教育。9月3日，《中国教育报》头版头条刊发“办在小商品市场里的大学”，全方位展现义乌工商学院在义乌小商品产业转型发展和国际化进程中的积极作为。全年，国家级媒体报道义乌工商学院40次。

【获浙江省第十届微型党课大赛一等奖】 2019年7月5日，义乌工商学院教师金炜获浙江省第十届微型党课大赛决赛一等奖。作品以“步‘履’不停，接力复兴”为题，从陈望道、谢高华、何德兴的3双布鞋讲起，阐述三代人为中国人民谋幸福、为中华民族谋复兴的初心与使命。

【入选全国创新创业典型经验高校】 2019年8月5日，教育部办公厅发布《关于公布2019年度全国创新创业典型经验高校名单的通知》，义乌工商学院入选全国创新创业典型经验高校名单。11月22日，义乌工商学院参加年度全国创新创业典型经验高校总结交流会，接受教育部授牌。12月15日，教育部高等学校创新创业教育指导委员会公布年度高职院创新创业教育特色典型案例名单，义乌工商学院《根植义乌、以创立校，打造双创教育的“义乌样本”》列入典型案例。

【获批省级“双创”示范基地】 2019年9月6日，浙江省发展和改革委员会公布《浙江省第三批省级大众创业万众创新示范基地公示》，义乌工商学院入选“高校和科研院所示范基地”，为义乌市获批的首家省级“双创”示范基地，义乌“双创”示范基地建设取得阶段性成果。

【国际化办学】 2019年9月，义乌工商学院成立国际学生跨境电商班，首批11名国际学历学生入学。至年底，义乌工商学院招收来自60余个国家1308人次的国际学生，规模位居全省高职院校第一，其中学历生76人，创历史新高，选派104名交流生赴海外高校学习。选派10批次44名教师赴海外交流、学习、培训、参加学术会议，聘任国（境）外文教专家29人次。组织“一带一路”文化之旅讲座9场，主办、举办国际会议4场。

【“1+X”证书试点项目获批】 2019年10月12日，教育部公布第二批“1+X”（“1”为学历证书，“X”为若干职业技能等级证书）证书制度试点项目，义乌工商学院“网店运营推广”项目成功入围。11月8日，义乌工商学院牵头组织浙江省首次“网店运营推广”1+X证书制度试点项目协作组工作会议，全省35所“1+X”试点院校代表、非试点院校代表、企业代表等共200余人参加会议。学历证书全面反映学校教育的人才培养质量，职业技能等级证书是毕业生、社会成员职业技能水平的凭证，反映职业活动和个人职业生涯发展所需要的综合能力。

【席璐涛获国家奖学金特别评审奖】 2019年10月19日，浙江省高职高专院校国家奖学金特别评选大会在浙江金融职业学院举行。经专家评委和大众评委投票，义乌工商学院17市场营销专业学生席璐涛，成为全省10名国家奖学金特别评审奖获得者之一。国家奖学金是全国高校学生的最高奖学金，2019年首次单独设立高职高专院校国家奖学金评选。

【“财务管理专业教学资源库”项目获批国家立项】 2019年11月8日，教育部发布《关于公布2019年第二批职业教育专业教学资源库立项建设项目名单的通知》，由义乌工商学院、许昌职业技术学院及湖南商务职业技术学院共同主持的“财务管理专业教学资源库”获批立项建设项目。项目的国家立项，彰显义乌工商学院财经专业建设特色，提升学院整体办学水平和人才培养质量，进一步引领财经类专业群建设。

【义乌工商学院双江湖校区】 2019年11月30日，市委书记林毅带队对义乌工商学院双江湖校区选址等情况进行现场调研。校区整体规划规模53.33公顷，其中一期27.33公顷。投资经费18亿元，设工科类专业18个，在校生5000人。专业更加贴近义乌区域经济发展需求，服务义乌经济和社会发展综合能力进一步提升。

（朱玉清）

成人教育

【概况】 2019年，浙江广播电视大学义乌学院（简称“义乌电大”）在校1431人，其中，开放教育本科243人，开放教育专科743人，电视中专4人，远程教育325人，浙江师范大学函授120人。全年开通学分银行受理点18个。开展成人“双证制”教育培训，毕业1480人；开展扫盲教育，脱盲260人。完成经商人员、家政服务、休闲娱乐、农村劳动力转移等培训23.85万人次。推进社区教育进文化礼堂活动，全年社区教育走进190个文化礼堂，服务农村文化礼堂活动1097次。

（何晓瑜）

【“经商人员培训”项目】 2019年1月11日，“经商人员培训”项目被省社区教育指导中心认定为社区教育优秀工作品牌。自2005年起，义乌电大为经商人员开展商务英语、小语种、电子商务等培训，至2019年年底，累计培训1万余人次。

（何晓瑜）

【终身教育学分银行建设】 2019年11月13日，金华市终身教育学分银行建设与应用工作推进会在金华广播电视大学召开。会上，义乌电大分享终身教育学分银行建设工作经验。浙江省终身教育学分银行平台具备学习成果管理、转换服务和教育大数据整合三大功能，由省教育厅主管，以服务学习型社会建设、搭建终身学习“立交桥”为宗旨，面向全体社会成员开展学习成果认证及学分管理，是全面推进终身教育体系建设的载体和平台。至年底，义乌电大将14个镇（街道）成人教育学校、3所职校纳入学分银行受理点，收集录入学分银行成果20.07万人次，名列全省前茅。

（张海业）

【全民终身学习活动周】 2019年11月20日，由义乌市教育局主办，电大义乌学院、义乌北苑街道社区学院承办的2019年义乌市终身学习活动周启动仪式在北苑街道杨街文化礼堂举行。活动周以“推进全民终身学习，服务‘八八战略’再深化”为主题，相关领导及市民共500余人参加启动仪式。启动仪式上，领导、嘉宾为2019年义乌市“百姓学习之星”“学习型家庭”“学习型社区”“学习型社团”“学习型企业”“终身学习品牌项目”获奖代表颁奖。各社区精心选送的节目进行现场展演，各镇（街道）社区学院社区教育成果展同期展出。

（龚琴娟）

党的干部教育

【概况】 2019年，义乌市委党校累计完成党政干部培训112期2.15万人次，其中，主体班培训45期1.2万人次，基层党员干部培训67期9300人次。组建“不忘初心、牢记使命”等宣讲团3个，开展理论方针和政策形势教育282场次，听众2.7万余人次。全年完成浙江省级课题结题16项，其中获省级优秀课题2项，新立项省级课题15项；完成义乌市重点课题研究23项。年内，教师公开发表学术文章16篇，《新时代人民政协推进基层协商民主的载体创新与实践探索——以义乌市“请你来协商”平台建设为例》《制度变迁视角下宅基地使用权流转市场研究——基于义乌市宅基地“三权分置”改革实践》等8项教师科研成果获省级奖项，其中，一等奖2项，二等奖4项，三等奖3项。科研成果获市领导批示3项，其中获市委主要领导批示1项。

【入选全国干部党性教育基地】 2019年4月，中国共产党中央委员会组织部办公厅下发《中共中央组织部办公厅关于印发干部党性教育基地备案目录的通知》，公布首批64家全国干部党性教育基地名录，浙江义乌干部学院列入其中。同月，浙江省社会主义学院义乌分院、浙江中华文化学院义乌分院在义乌市社会主义学院（义乌中华文化学院）挂牌成立。

【市委党校二期工程竣工投入运营】 2019年6月，市委党校二期工程竣工通过竣工验收，8月投入运营。市委党校二期工程2017年11月开工建设，总投资9488万元，建成学员宿舍楼、文体楼各1幢，新增建筑面积2.25万平方米。

【编写教材】 2019年7月，市委党校常务副校长杨立新主编的《走读义乌——义乌干部教育培训现场教学基地案例集萃》，由中共中央党校出版社出版发行。全书23.9万字，分党性修养篇、改革开放篇、转型发展篇、乡村振兴篇、基层党建篇5个篇章。主要介绍陈望道故居、义乌国际商贸城、“义新欧”铁路口岸等27个“义乌发展经验”典型案例，展示改革开放40年来义乌各领域建设取得的成果。年内，市委党校会同市委组织部编写《信仰的味道》《做新时代谢高华式好干部》《义乌市红色故事汇》《义乌市身边好党员》《义乌市基层好书记》等内部教材，作为全市“不忘初心、牢记使命”主题教育的重要资料。

【“用好两只手”发展经济案例编入全国案例选集】 2019年9月，市委党校呈报的“用好两只手”发展经济案例被中国共产党中央委员会组织部列入全国经济发展案例选集。案例揭示义乌发挥政府“有形之手”及市场“无形之手”，取得经济发展巨大成就的作法和经验启示，成为全国党员干部教育的典型案例。

【开放办学】 2019年10月，市委党校承办亚洲国家公务员公共行政管理研修班、“一带一路”倡议下共享中国发展经验研修班，来自阿富汗、柬埔寨、巴拿马等“一带一路”沿线国家及亚洲15国政府共69名高级官员参加为期3天的现场学习。通过课堂讲座、现场考察、讨论交流等形式，研修、探讨“一带一路”倡议及中国国家治理经验的“义乌实践”。全年，市委党校共承办国内外干部异地培训125期6196人次。

【党校教师讲述“义乌故事”】 2019年11月，党校副校长吴伟华应邀到中央党校（国家行政学院）讲授《中国“一带一路”倡议与实践——以义乌为例》课程，为发展中国家海上丝绸之路建设与推进研讨班6个国家23名学员讲述“义乌故事”。

（贾臻生）

特殊教育

【概况】 2019年，义乌市特殊教育有32个班258名学生，教职工93人，专任教师86人。聚焦送教上门工作，实施医教结合，重度残疾儿童实现100%送教上门，全年共实施送教650余人次。年内，获省教育厅拨款20万元用于特教学前教育建设。星光实验学校迁建工程完成主体建设，实验小学教育集团江南校区、后宅小学等9所学校的资源教室被认定为金华市合格资源教室。组织全市新入职教师特教通识培训及金华市融合教育课堂教学研讨培训，受训300人次。成立“义浦同城特教联盟”，共同推进特殊教育发展。

（洪　岳）

【赴汶川特殊教育学校支教】 2019年3月5日，义乌市星光学校教师龚延锋前往四川汶川特殊教育学校支教，为期6个月。主要负责协助汶川特殊教育学校校长室及办公室工作，开展重度残疾学生送教上门活动，对当地教师进行特教培训。汶川特殊教育学校主要招收汶川县境内“三残”儿童及威州镇高半山的学生，是一所提供特殊教育服务的九年一贯制寄宿学校。

（龚琴娟）

【第七届特殊学生才艺展】 2019年5月16日，由义乌市教育局、义乌市残疾人联合会、浦江市教育局等单位联合主办的第七届特殊学生才艺展示暨首届义浦特教联盟活动在义乌实验小学举行。活动以“放飞梦想，融合共享”为主题，通过舞台表演类、书画手工类及生活技能现场展示三大板块，展示普特学生携手同行、互帮互爱的精神。部分普通学生及特殊学生共400余人参加舞台类表演。

（毛阳成）

【佛堂朗达心声幼儿园投用】 2019年9月1日，义乌市佛堂朗达心声幼儿园（聋儿语训中心）开园投用。幼儿园坐落于佛堂镇溪北路399号，用地面积3806.8平方米，建筑面积9999.45平方米，总投资3527万元。幼儿园招收普通幼儿及特殊幼儿，实行融合教育；开设托班、小班、中班、大班共12个班级。

（徐仙琴）

【《义乌市第二期特殊教育提升计划》】 2019年9月30日，市教育局、市发展和改革局、市民政局、市财政局、市人力资源和社会保障局、市卫生健康局、市残疾人联合会联合印发《义乌市第二期特殊教育提升计划（2019—2021年）》。文件明确至2021年，义乌市残疾儿童少年九年义务教育入学率达98%，学前三年入园率达90%，高中段入学率争取达85%。残疾儿童少年以普通学校随班就读为主体，以特殊教育学校为骨干，以送教上门和远程教育为补充，全面推进融合教育。加快完善特殊教育体系，形成布局合理、学段衔接、普特融通、医（康）教结合的特殊教育体系。健全特殊教育服务保障机制，基本形成政府主导、部门协同、社会参与的特殊教育工作格局；加强教师队伍建设，深化特殊教育课程改革，全面提升特殊教育质量和整体办学水平。

（金晓英）

【融合教育课堂教学研讨会】 2019年10月24—25日，金华市融合教育课堂教学研讨会在义乌市稠江一小举行，金华市各县(市、区)特殊教育教研员，部分县(市区)特教干部、特教学校校长，义乌市各中心校、市直中小学特殊教育负责人及融合教育骨干教师等200余人参加会议。义乌松门山学校教师以同步课堂的形式参加会议。会上，稠江一小2名教师展示语文课及心理活动课，探索融合教育实实践；义乌星光实验学校4名特教教师展示生活语文课、生活适应课及个训课，表达特殊教育新课改的教学理念；杭州萧山区特教教研员邵立峰作《融合教育课堂教学的分层策略》专题讲座。会议期间，与会人员参观稠江一小，就资源教室的建设及使用进行交流。

(王文娟　赵文秀)

民办教育

【概况】 2019年，义乌市有民办中小学16所，其中，新义乌人子女学校教育集团2个，义乌公学、新丝路学校等新开学校5所。民办幼儿园318所。在校生4.1万人，教职工3201人。先后与杭州阿优文化创意有限公司、浙江浙大教育科技有限公司、北京国科金地教育科技有限公司签约合作，引进优质管理团队和教育资源，开展学前教育、基础教育段托管合作。年内，佛堂鸿志实验小学、义乌市金桥小学、义乌市博一学校等11所学校通过工业用地“退二进三”完成校园改造。

(何先锋)

【校外教育培训机构管理】 2019年4月，市教育局在全市校外培训机构推进“一网通管”，全面开展专项整治，坚决纠正校外培训机构“超纲教学”“提前教学”“强化应试”等违规行为，同时实施“白、黑名单”制度。6月，全面使用“浙政钉”掌上执法平台，强化专项检查及“双随机”抽查。11月17日，出台《校外教育培训机构诚信办学分级管理办法》，通过12分制信用监管办法实施诚信办学分级管理，将检查结果与举办校外培训机构者个人信用挂钩，以培养民办校外教育培训机构诚信自律意识，规范办学行为。12月，市教育监察大队将全市971个各类校外培训机构信息录入全国校外培训机构管理服务平台，发布并实施动态管理。至年底，公布“白名单”684家，150余家机构举办者被扣信用监管分。

(孟晓雷　龚琴娟)

【《义乌市民办中小学星级评定管理办法(试行)》出台】 2019年8月19日，市教育局出台《义乌市民办中小学星级评定管理办法(试行)》(简称《办法》)，进一步规范义乌市民办中小学办学行为，提升办学质量，促进学校健康发展。《办法》根据民办学校办学水平，划分为一星级、二星级、三星级、四星级、五星级5个等级，其中，一至四星级学校按办学方向、办学条件、队伍建设、教学管理、安全管理、后勤保障6个方面进行考核；五星级学校参照省教育厅《浙江省义务教育标准化学校基准标准》《浙江省普通高中特色示范学校评估操作标准》《浙江省现代化学校评估标准》执行。星级评估实行动态管理，每两年评估1次，评估结果与年检、创优奖补、要素优先保障等挂钩，达不到标准的自动降级。通过3级以上认定评估的民办中心等给予相应的创优奖励。

(何先锋)

文　化

综　述

【概况】 2019年，义乌有市级文化场馆4个，镇（街道）综合文化站（文体综合体）14个，图书分馆16个，悦读吧164个，农村文化礼堂349个。全年开展各类文化活动9413场，其中，公益培训活动3440场，展览活动1599场，文艺演出活动4374场。组织“江滨之夜”市民大舞台、主题教育巡演、主题教育文化惠民“百村万家行”活动等演出30余场，流动书场演出1126场，“悦读齐步走书香满礼堂”文化志愿团队阅读分享进礼堂活动207场。义乌市通过浙江省第二批基本公共文化服务标准（2015—2020）认定。古月桥保护修缮获联合国教科文组织表彰，桥头遗址被评为年度浙江考古十大发现之首，丝路文化驿站纳入全省公共文化服务创新项目，“义乌公共文化场馆服务优化提升在行动，让群众享有高质量、多元化、带着温度的文化服务”案例入选全省竞跑者案例。

基层公共文化设施网点布局日益完善。2019年，新建“悦读吧”50家，农村文化礼堂100家。义乌市非遗馆开馆，图书馆“24小时自助阅读区”投入使用。鼓励和引导社会力量参与公共文化服务，文化广场剧院首次与浙江越剧研究院开展“12+N”戏剧演出合作项目，引进精品越剧12场，“雏鹰计划万里行”优秀儿童剧《快乐课堂》演出50场。

推进优秀传统文化保护传承，与中国社会学科院历史研究所合作制作的20集纪录片《义乌通史》，填补全国影像版地方通史纪录片空白。创作婺剧《真理的味道》并完成汇报演出。提升陈望道、冯雪峰、吴晗三大名人故居展示工程，提升名人文化故居和革命文物的活化利用水平。

特色文化品牌活动提档升级，承办全国鼓书展演、全国手机摄影比赛等国家级、省级活动

2019年5月5日，来自20余个国家的外国友人在义乌文化广场剧院举行歌唱比赛　　（吴戈丹　摄）

2019年9月25日，义乌市文化馆选送《母亲是中华》参加浙江省广场舞比赛

（市文旅局 供图）

赛事5场，组织市级各艺术门类文化赛事10场。举办第28届文化艺术节、"一带一路"艺术节、"送温暖送祝福"——文化志愿者在行动暨"欢乐春节"关爱春运返乡外来建设者公益活动等大型活动。

围绕市委、市政府中心工作，突出"中华人民共和国成立70周年""不忘初心、牢记使命"主题教育、"国际贸易综合改革试验区建设"等重大主题，围绕"最多跑一次""创建全国文明城市""壮大民营经济""城市有机更新"等中心工作，立足新媒体、报纸、广播、电视，多端放大传播，设置《壮丽70年，奋斗新时代》《对标自贸区，干实试验区》《义乌故事》等新闻专栏。创新采制《共和国同龄人》《市场经营户转型在路上》等系列报道，策划推出《深化大调研，推进三服务》《改革体验录》等全媒体新闻行动。全年推出各类专题专栏50余个。

全年在中央级媒体用稿120条，其中《新闻联播》用稿16条，中国之声用稿36条；浙江卫视用稿403条，浙江之声用稿398条。推送至新华社、《人民日报》等央媒的新媒体稿件阅读量突破"100万+"19篇，最高阅读量342万人次，"学习强国"学习平台用稿262条；29个短视频在新华社、学习强国、央视移动新闻网等国家级平台转发，最高点击量133万人次，生动展现义乌高质量高水平建设"世界小商品之都"的改革实践。

【文化艺术盛典】 2019年1月15日，2019文化艺术盛典暨2018年义乌市文化志愿服务总结表彰大会在文化广场剧院举行，全市文艺工作者、文化志愿者以及现场观众850余人参加表彰大会。表彰优秀志愿服务项目3个，优秀文化志愿服务团队8个，优秀文化志愿服务组织工作者12人，"最美文化志愿者"22人，并颁发证书和奖牌。同时，表演舞蹈、情景歌曲、曲艺串烧、小品等15个节目。义乌市文化志愿者大队成立于2017年12月，至2019年1月，义乌的志愿汇平台上注册文化志愿者7000余人，组建文化志愿者中队19支。全年在文化礼堂、广场剧院、艺术节、文明创建等场所举办各类文化活动800余场。

【故宫中的衣食住行系列展】 2019年4月1—8日，由浙江图书馆主办，义乌市图书馆承办，以"绫罗绸缎辂行天下"为主题的故宫中的衣食住行系列展在义乌市图书馆开展。展览围绕宫廷中的"天子五路""王后五路""皇帝的礼服""宫廷吉服"等展示古代帝王的穿着、出行方式，体会帝王家穿在身上、用在日常的权威。展览创意来源于热播宫廷剧，从剧中延伸至专业史料，从史料中为读者提取关于故宫中的真实生活场景和细节，以图文形式展示传统文化中。共展示图片80余张，6000余人次观展。

【新媒体建设】 2019年，市融媒体中心整合原有新媒体发布终端，打造"1+3+N"新媒体矩阵，即"爱义乌"1个客户端，"爱义乌""爱义乌｜商贸"和"义乌发布"3个官方微信公众号，7个栏目微信公众号，订阅用户150余万户。同时，市融媒体中心对重要新闻的发布进行规划，"义乌发布"定位为市委、市政府权威政务微信，"爱义乌"微信定位为生活服务，"爱义乌｜商贸"微信定位为商贸财经。3个公众号分别不同时间段进行发布，既满足不同的受众需求，又基本做好重大新闻不漏报。将义乌新闻网、《义乌商报》数字报整合到义乌城市网；《义乌商报》手机报整合到"爱义乌"客户端。全年，阅读量逾100万人次的新媒体报道17篇。

【机构改革助推媒体深度融合】 2019年，义乌市围绕"建设全国县级一流融媒体中心"目标，坚持"先试先行、边建边融"，推进融媒体中心建设。整合市委报道组、义乌商报社、义乌广电台等媒体资源，成立义乌市融媒体中心；取消义乌商报报业集团、义乌广播电视集团牌子，合并变更为义乌传媒集团，与义乌市融媒体中心实行2块牌子1套班子。2019年4月30日，义乌市融媒体中心在义乌市广电大楼挂牌成立。制定出台工作方案、联席会议制度、绩效考核办法等规范性文件，推动资源、人员、财务整合，完成融媒体中心组织架构调整和中层岗位竞聘。8月，搭建以行政管理委员会、编辑委员会和经营管理委员会三大运行管理系统为支撑，新媒体、报纸、广播、电视四大平台为基础的组织架构，打破原先报纸、广播、电视及新媒体新闻采编各自为政的传统格局。推进新闻生产改革，重塑再造采编播发流程，建立"一次采集、多种生成、全媒体覆盖"的新闻传播格局。整合原有新媒体发布终端，打造"1个客户端+3个官方微信公众号+多个栏目微信公众号"新媒体矩阵，一体化构建内宣、外宣、网宣传播体系，围绕重要重大新闻各微信公众号从不同角度进行报道，形成宣传声势。落实考核激励政策，先后出台《移动优先考核办法》《采编考核办法》等考核制度，确保"新媒体首发"落到实处。拓展商务印刷、活动策划、户外广告等传媒产业，全年策划承办商务会展及公益活动80余场。

（陈含笑　朱锦文）

公共文化

【概况】 2019年，义乌市通过浙江省第二批基本公共文化服务标准（2015—2020）认定。特色文化品牌活动提档升级，承办全国鼓书展演、全国手机摄影比赛等国家级、省级活动赛事5场，组织市级各艺术门类文化赛事10场。举办第28届文化艺术节、"一带一路"艺术节、"送温暖送祝福"——文化志愿者在行动暨"欢乐春节"关爱春运返乡外来建设者公益活动等大型活动20余场。组织"江滨之夜"市民大舞台、主题教育巡演、主题教育文化惠民"百村万家行"活动等演出30余场，流动书场演出1126场，"悦读齐步走书香满礼堂"文化志愿团队阅读分享进礼堂活动207场。

（陈含笑）

【优秀儿童剧赴义乌巡回演出】 2019年3月4—20日，浙江省"雏鹰计划万里行"优秀儿童剧赴义乌市巡回演出。此次活动由浙江省委宣传部倡导，浙江省文化厅、教育厅、财政厅联合主办，浙江越剧团等单位联合承办的一项公益性演出活动，是义乌市文化和旅游广电体育局与浙江越剧团达成的浙江越剧团·义乌戏剧谷合作项目，即《12+N戏剧谷》战略合作中的内容之一。儿童剧《快乐课堂》2007年7月首演，至2019年共演出500场次。

（陈全春）

【成人中国画培训】 2019年3月20日—12月31日，市文化馆"蒲公英课堂"面向市民开设成人书画培训班，由市文化馆王伟成授课，为零基础学员制定专业教学方案，临摹、写生教学相结合，教授中国画的基本技法，每周一、周五下午开课。全年举办培训班4期，培训80余人。

（陈含笑）

【公共文化理论培训】 2019年4月18日，市文化馆举办第二期文化干部理论培训班，邀请浙江省群众文化学会秘书长、中国民间文艺家协会会员、浙江省文化馆研究馆员周航授课，进行公共文化论文写作和论文研讨。通过培训，提高文化馆干部和镇（街道）文化辅导员的理论调研水平和基层文化服务能力及信息服务水平。来自各镇（街道）和文化馆的40余名文化骨干参加培训。

（陈含笑）

【全国曲艺小书（鼓书琴书）观摩交流展演】 2019年5月7日，中国浙江（义乌）·全国曲艺小书（鼓书琴书）传承发展论坛及观摩交流展演开幕式及首场展演在义乌文化广场剧院举行。中国艺术研究院，中国非物质文化遗产保护中心，中国曲艺协会，浙江省文化和旅游厅，金华文化广电旅游局，义乌市委宣传部等单位相关领导、艺术家共500余人参加开幕仪式并观看首场演出。此次活动由中国艺术研究院曲艺研究所、中国非物质文化遗产保护中心曲艺（保护）研究室、中国说唱文艺学会、浙江省文化和旅游厅联合主办，浙江省非物质文化遗产保护中心、浙江省非物质文化遗产保护协会、浙江省曲艺家协会和义乌市文化和广电旅游体育局承办。活动持续至5月10日，举行展演6台，来自全国12个省（市、区）的30余名专家学者、50余家非遗保护单位和27个曲种的180余名传承人展演节目40余个。

（李航英）

【剪纸培训】 2019年6月5日，由市文化和广电旅游体育局主办，市非遗中心承办的义乌剪纸培训班在市文化广场五楼教室开班，金华市级非遗代表性传承人楼肖青从剪纸的特点、工具材料、步骤、剪纸创作等方面进行授课，并现场进行剪纸“我和我的祖国”作品教学。来自全市的各幼儿园教师、剪纸爱好者40余人参加培训。

（陈含笑）

【省第二届青少年声乐大赛义乌赛区选拔赛】 2019年6月15日，2019浙江省第五届群众声乐大赛暨浙江省第二届青少年声乐大赛义乌赛区选拔赛（决赛）在义乌文化广场举行。比赛自4月启动，由义乌市文化和广电旅游体育局举办，市文化馆承办，269个节目报名参赛。经6月7日的初赛，91个节目晋级决赛。分小学低段组和小学高段组、初中组、高中组、青年组（民族、美声、流行）、中年组、老年组进行展演。经角逐，评出13个节目参加全省各组别的决赛，其中，小学低段组2个，小学高段组2个，初中组2个，高中组2个，组合组1个，青年组3个（美声、民族、流行各1个），中年组1个。

（李航英）

【通过省基本公共文化服务标准认定】 2019年7月17日，浙江省文化和旅游厅下文公布第二批《浙江省基本公共文化服务标准（2015—2020）》认定结果，义乌市通过省公共文化服务标准（2015—2020）认定。自2015年启动创建工作以来，义乌市高度重视基本公共文化服务标准化工作，切实履行基本公共文化服务保障主体责任，严格执行公共文化服务法律法规，全面完成大型公益性文化场馆体系完备、阅读服务和图书馆文化馆法人治理结构改革初见成效、镇（街道）综合文化站支撑作用明显、建设文化馆分馆实施文化下派员制度、农村文化礼堂建设稳步推进、完善镇村公共文化服务体系等“五个百分百”建设任务。

（陈含笑）

【喜迎国庆主场活动】 2019年9月11日，由中共浙江省委宣传部、浙江日报报业集团主办，浙江在线新闻网站、中共义乌市委、市人民政府承办的浙江省

2019年9月11日，浙江省“万家文化礼堂千家爱国主义教育基地升国旗奏国歌”喜迎国庆主场活动在城西街道分水塘村举行

（市文旅局　供图）

"万家文化礼堂千家爱国主义教育基地升国旗奏国歌"喜迎国庆主场活动，在城西街道分水塘村举行。分水塘村是《共产党宣言》中文全译本首译者陈望道的家乡，设有省五星级文化礼堂，在此举办喜迎国庆主场活动具有特殊意义。来自全省各市、县500余名党员干部群众参加活动。8时30分，在分水塘村文化礼堂前的广场上举行庄重的升旗仪式，全场高唱国歌，祝愿祖国繁荣富强。升旗仪式后，文化礼堂周边举行"我和我的祖国"主题文艺演出，展演来自全省各地文化礼堂选送的文艺节目7个；举办文化集市，展示剪纸、木活字印刷术、泥塑等义乌非遗民俗，展现独特的民俗风情，营造喜庆氛围。活动通过网络直播，广大网友同步参与，共同迎接、庆祝祖国70华诞。

（李航英）

【公共文化服务评估位列全省第六】 2019年10月，浙江省文化和旅游厅正式发布2018年度浙江省基层公共文化服务评估指标数据，义乌市在全省89个县（市、区）中位居第六位。2014年始，义乌市按照"就近就便设站点、按需按时供服务、能干会干重运转"的原则，系统解决群众对公共文化服务"在哪里、有什么、谁在做"的三大疑虑，通过"点状"发力打造家门口式公共文化供给新模式，实现公共文化服务在城乡间、人群间均等化、标准化、特色化发展。全市公共文化设施总面积139.61万平方米，每万人拥有公共文化设施面积1.07万平方米。

（陈含笑）

群众文化

【概况】 2019年，义乌市持续推进群众文化活动品牌建设，对群众文化活动品牌进行提质升级，将义乌市文化艺术节系列活动、"江滨之夜"百姓大舞台、"送温暖送祝福"公益活动、"艺术与爱同行"文化志愿者在行动、"流动书场"千场巡演、非遗"六进"等活动办成更具影响力、持续性的群众文化活动品牌。至年底，先后开展"流动书场进礼堂"1099场，"非遗六进"20场，"展览进礼堂"52场。义乌市文化馆剧院举办演出109场，其中引进精品演出53场，受众9.2万人次。七墨美术馆（浙江创研中心）引进高规格艺术展览7场，受众5500人次。承接国家级、省级活动赛事5场，组织义乌市级各艺术门类文化赛事10场。组织开展5个文化艺术节，举办23场"江滨之夜"市民大舞台文娱活动、5场庆祝中华人民共和国成立70周年系列快闪系列活动等活动，32.5万人次参加活动。开展30场文化讲座、雅集、沙龙等公益活动，1520人次参加活动。举办文化下基层服务之"流动书场演出"1015场，20.3万人次观看演出。开展34场"非遗六进"、非遗小分队巡演活动，2.8万人次观看演出。举办80场"文化展览进文化礼堂、文化馆分馆"活动，1.3万人次参加活动。

【"放歌新时代、文化进万家"主题活动】 2019年1月，义乌文化部门以围绕"放歌新时代、文化进万家"为主题开展内容丰富、形式灵活多样群众文化活动。活动期间，73家文化礼堂开展各类文化活动173场，开展

2019年，佛堂镇第三届全省摄影大赛入围作品《十月十闹龙灯》

（吴伟生　摄）

写福送春联、拍摄全家福、民间手工艺展示、文艺演出、展览、阅读、非遗等群众文化活动704场。

【"共建和美福田"村晚】 2019年2月28日，在福田街道九如堂文化礼举办"倡树文明新风共建和美福田"村晚。现场表演九如堂文化礼堂选送的军鼓《红色娘子军》、广场舞《祝酒歌》，下西陶文化礼堂选送的小品《如此劝驾》、女声独唱《丹凤朝阳》，西界文化礼堂选送的旗袍秀《江南情》、伦巴风情舞《快快说声我爱你》等19个文艺节目。全市73家文化礼堂开展"村晚"，"村晚"舞台秀出草根"民星"们的才艺魅力，成为群众展示风采、锻炼才艺、交流互动的平台。

【"江滨之夜"品牌文化活动】 2019年6月22日，由市委宣传部、市文化和广电旅游体育局联合主办的"壮丽七十年奋斗新时代"江滨之夜禁毒专场文艺演出在市文化广场开演。围绕"禁毒"主题，展演舞蹈、独唱、诗歌朗诵、小品、三句半等节目。参加文艺演出的除少数专业人员外，绝大部分来自城乡职工、社区居民、外来建设者等群众演员。至11月2日，共举办"江滨之夜"市民大舞台文娱演出25场，5万人次观看。同时，14个镇（街道）举行"滨江之夜"系列活动。

【"舞动商城·文明义乌"广场舞比赛】 2019年7月1日，由市委宣传部，市文化和广电旅游体育局，福田街道党工委、办事处主办，市文化馆、福田街道综合文化站承办的"舞动商城·文明义乌"广场舞比赛义乌市文化广场剧院举行，24支队伍参赛。由市文化馆李航英创编的舞蹈《文明歌》在比赛中作为开场舞，14个镇（街道）400余人参与表演。评选出金奖2个，银奖4个，铜奖6个，及优秀指导老师等4人。

（李航英）

2019年7月1日，"舞动商城·文明义乌"广场舞比赛在市文化广场剧院举行 （任子安 摄）

【"蒲公英"群文课堂】 2019年，义乌"蒲公英"群文课堂课程除"江滨之夜""幸福书柜""市民音乐会"等品牌外，陆续推出"夜游美术馆""哆来西"非遗交流会、"致敬经典"主题电影展等品牌文化活动，打造"没有围墙"的文化共享空间，让市民可看、可玩、可学、可演。至年底，"蒲公英群文课堂"免费培训活动举行1010课时，9898人次参训；"澄心学堂"公益培训开展5.62万课时，6.73万人次参训。

（除署名外均由陈金春撰稿）

文化艺术

【概况】 2019年，义乌市首届"一带一路"艺术节启动仪式在市文化广场剧院举行，推动义乌在国际文化艺术领域深层次的发展与交流。3月，市文化馆与浙江越剧团共同启动"浙江越剧团·义乌12+N戏剧谷项目"。9月，2019年浙江省第六期优秀文艺团队手机摄影培训在义乌举行。10月，主题为"文化兴盛精彩义乌"的第28届义乌市文化艺术节在大陈镇马畈景区举行。12月，由义乌市委市政府策划出品，中国社科院古代史研究所组织撰写的纪录片《义乌通史》交片。

【"12+N戏剧谷"打造"文旅结合"新样板】 2019年3月1日，浙江省文旅厅副厅长卢跃东、义乌市副市长骆小俊、浙江越剧团团长陶铁斧在义乌文化广场剧院共同开启启动球，"浙江越剧团·义乌12+N戏剧谷项目”正式启动。根据双方签署的协议，浙江越剧团与义乌戏剧谷开展“12+N戏剧谷”项目合作，浙江越剧团每年在义乌文化广场剧院演出12场，N表示根据需求增加合作范围。此次合作双方以创新演出、戏曲推广为抓手，致力打造“文旅结合”新样板，创新省地合作新模式，将省级高水平演出资源与义乌优质文化服务设施有机融合，为义乌市民提供高品质的文化大餐，提升义乌城市文化品位。启动仪式后，浙江越剧团表演越剧诗画音乐剧《牡丹亭》。至年底，完成剧院演出12场，观众8400余人次，送戏下乡2场，观众1000余人，进校园雏鹰计划活动——越歌儿童剧《快乐课堂》表演50场。

【10国艺术家聚焦国际商都艺术展】 2019年4月27日，由市委宣传部、市文旅局、乌克兰国家艺术家联盟主办，市容象美术馆、市图书馆共同承办的商城文艺大观园“精彩义乌·惊艳世界”10国艺术家聚焦国际商都艺术展在市图书馆开幕。此次展览以“精彩义乌·惊艳世界”为主题，邀请10个国家的13名顶尖艺术家，围绕义乌“世界小商品之都”的历史文化、经贸交流、商都精神展开创作。通过油画、当代水墨、雕塑等艺术形式综合呈现出义乌山水人文的艺术价值、历史价值、文化价值。展览中展出的50件作品展示不同文化、不同国籍、不同风格，从多层面、多角度反映义乌的现状，让观者在审美体验的差异比较中，思考各国不同文化背景和艺术的联动与共鸣。开幕式后，召开“精彩义乌·惊艳世界”研讨会，以如何与参展艺术品对话为切入口，探讨作品参展的审美价值。

（陈金春）

【全国曲艺传承发展论坛及观摩交流展演在义乌启幕】 2019年5月7日，第三届中国浙江·全国曲艺传承发展论坛及观摩交流展演暨中国浙江（义乌）·全国曲艺小书（鼓书、琴书）传承发展论坛及观摩交流展演在义乌市文化广场剧院开幕。来自北京、上海、重庆等全国12个省市区的30余名专家学者、50余家非遗保护单位和27个曲种的180余位传承人参加展演。5月7—10日，组织全国范围内具有代表性的老中青三代鼓书、琴书艺术家进行交流演出。中国浙江·全国曲艺传承发展论坛及观摩交流展演是一项浙江省文化和旅游厅联合中国艺术研究院曲艺研究所、中国非物质文化遗产保护中心曲艺（保护）研究室和中国说唱文艺学会开展的为期5年的战略性协作活动。2017年在杭州举办以曲艺大书（评书、评话）为内容的首届活动，2018年的第二届以曲艺小书（弹词、走书）为内容在绍兴举办。义乌是浙江省最早获得“全国曲艺之乡”称号的县级城市之一，也是第三届全国曲艺传承发展论坛及观摩交流展演选择在此举办的重要原因之一。

（陈金春）

【省第六期优秀文艺团队培训班】 2019年9月9—12日，由省文化馆主办，义乌市文化和广电旅游体育局，福田街道党工委、办事处承办，市文化馆执行承办的2019年浙江省第六期优秀文艺团队手机摄影培训在义乌举行。培训课程为手机摄影基础技术、手机摄影后期、手机摄影作品点评、手机摄影用光、手机摄影创意拍摄、手机摄影创作初步等内容。其间，福田街道党工委、办事处组织赴国际商贸城、金融商务区、福田湿地公园等地采风，举办中秋节“拜月”仪式、游园会、文艺晚会等配套活动，将课堂授课和手机摄影采风创作相结合，动静结合为摄影培训提供素材。120余名文化馆干部、乡镇文化站文化员、农村文化礼堂指导员、社会摄影爱好者参加培训。

【第28届义乌市文化艺术节】 2019年10月18—22日，由市委宣传部、市文广旅体局、市文联主办，大陈镇党委、政府承办，市融媒体中心、中国义乌网协办，以“文化兴盛精彩义乌”为主题的第28届义乌市文化艺术节在大陈镇马畈景区举行。10月18日，举行第28届义乌市文化艺术节开幕式文艺晚会；同月19日，举行“多彩义乌·文化筑梦”2019义乌市文艺精品展演，“文化走亲·越走越亲”——全市文化大走亲活动；18—20日，举行“文化有约、大美非遗”——义乌市非遗文化市集；20日，举行“不忘初心、牢记使命”——主题教育巡演大陈专场，庆祝中华人民共和国成立70周年义乌市百名歌手红歌演唱会；21—22日，举行“曲韵流长、秋香大陈”——天天有戏看活动，“书香雅韵·方寸匠心”义乌书画艺术作品展，“不忘初心、牢记使命”义乌文学70周年成果展。用文艺的形式多角度、立体化展现中华人民共和国成立70周年发展成就和义乌文化艺术发展成果。7000余人次参加活动。

【《义乌通史》纪录片交片】 2019年12月25日，纪录片《义乌通史》验审交接工作会议在义乌文化广场五楼会议室举行，义乌相关领导、中国社科院专家、《义乌通史》专家评审委员会成员及义乌有关专家学者共30余人参加会议。会议听取北京澳亚传媒公司有关纪录片创作摄制历程和下步工作计划的情况报告，抽查观看纪录片部分影像资料，与会专家学者发表观后评议意见。评审意见总体较高，同意通过验审。《义乌通史》由义乌市委、市政府策划出品，投资1000万元。中国社科院古代史研究所组织撰写，通过视频影像、3D立体动画、航拍画面等生动的音、图、文结合的形式，全面展示义乌从远古时代至中华人民共和国成立以来的历史，如实纪录义乌多样的山川水系和气候环境，反映义乌的经济、社会与文化特征，梳理和展现源远流长的义乌文化和义乌精神，填补国家影像版地方通史纪录片的空白。

（陈含笑）

（除署名外均由李航英撰稿）

传统戏剧

【概况】 2019年，义乌市婺剧保护传承中心开展各类戏曲演出212场，观众16万余人。创作完成革命婺剧现代戏《真理的味道》，入围第14届浙江省戏剧节参评剧目。实施传统经典折子戏传承计划，挖掘传统婺剧折子戏5个；3名演员被浙江影视娱乐频道“戏相逢”剧组选中，分别录制个人折子戏片段及人物专访，节目在浙江影视频道播出。参加“2019年中外友人新春联谊会”演出、《世界城地组织亚太区2019年执行局会议暨“一带一路”国际城市经贸合作对话会》招待演出，应邀访问美国参加第二届北卡州民族艺术节，并赴美国高校交流演出。

【文艺精品创作】 2019年，为庆祝中华人民共和国成立70周年，迎接中国共产党建党100周年，再现义乌历史名人陈望道翻译《共产党宣言》，市婺剧保护传承中心与城西街道党工委联合创作革命婺剧现代戏《真理的味道》。此剧由国家一级编剧胡月伟原创剧本，中国戏曲学院知名导演、文华导演奖获得者赵伟明执导，全剧125分钟。由“风潮”“味道”“宣言”“政变”“探监”“告别”“解放”等篇章组成，描写陈望道接受《星期评论》的邀请，在义乌分水塘祖屋柴房首次翻译《共产党宣言》的中文全译本，为中国共产党早期建党，传播马克思主义作出不可估量的贡献。陈望道的一生是追求真理的一生，他深深悟道“真理的味道”是甜的。8月22日，《真理的味道》在义乌市文化广场剧院彩排演出，并入围第14届浙江省戏剧节参评剧目。

【义乌婺剧赴美文化交流】 2019年9月6—12日，应美国格林斯伯勒大学和北卡罗莱纳州艺术节组委的邀请，经中国人民友好协会推荐，义乌婺剧赴美文化交流代表团一行31人访问美国，参加第二届北卡州民族艺术节演出6场，赴美国高校进行婺剧文化交流演出4场。婺剧经典剧目《赤壁周郎翎子功》《三岔口》《僧尼会》《杀四门》《借扇》及器乐独奏等节目轮番上演，文武兼具、特色鲜明、青春靓丽。观众在艺术节官网上发布演出照片和评论“Wonderful”。

【婺剧《狮子楼》上春晚】 2019年11月25—27日，婺剧《狮子楼》剧组赴北京中央电视台参加2020年春节戏曲晚会录制。婺剧《狮子楼》取材于四大名著《水浒传》，武松替兄长报仇，在狮子楼怒杀西门庆的故事，此次录制为此剧中最精彩的武打片段，节目时长1分钟。

（金伟忠）

文物保护

【概况】 2019年，义乌市有全国重点文物保护单位7处，省级文物保护单位12处，市级文物保护单位272处，市级文物保护点212处。中国传统村落13个，浙江省传统村落5个，中国历史文化名镇1个，浙江省历史文化名镇1个，浙江省历史文化名村2个。

推进实施古建筑抢修续建、新建工程，续建项目完成竣工验收47处，26处新建项目完成招投标并进场施工，其中15处完成竣工验收。

开展不可移动革命文物梳理，统计、整理、登录不可移动革命文物33处，其中，省级文物保护单位3处，市级文物保护单位11处，市级文物保护点11处，三普登录点3处，未核定为三普登录点5处。实施革命旧址维修保护，对厅头里十八间、楼广文故居、本立堂（柳青会议旧址）等文物建筑实施本体修缮，消除文物建筑安全隐患，打造红色旅游教育基地。

在全市范围开展文物建筑消防安全大排查工作，对各级文物保护单位进行排查，排查出71处安全隐患，全部完成整改。10月，国务院核定并公布第八批全国重点文物保护单位，义乌市陈望道故居、雅端村古建筑群、塘下方大宗祠、赤岸朱宅建筑群、大安寺塔5处被列为第八批全国重点文物保护单位。

【古月桥修缮工程】 2019年1月，古月桥修缮工程经浙江省文物局终验。古月桥修缮工程2016年4月开始施工，2017年11月竣工初验。工程总投资330万元，从设计到施工采取高新测绘技术、材料技术、监测技术与传统工艺结合，2019年4月18日，义乌古月桥修缮工程获中国古迹遗址保护协会“全国优秀古迹遗址保护项目”特别推荐项目。10月14日，工程项目获联合国教科文组文化遗产奖——优异项目奖。

2019年义乌市第八批全国重点文物保护单位情况

表23

单位名称	位置	简　　介
陈望道故居	城西街道分水塘村	故居现存建筑始建于清宣统元年（1909年），为前廊式天井院，砖木结构，坐北朝南，前园后宅，由前院的3间门屋和1座十一间三合院组成，总占地面积430.9平方米，建筑面积470平方米。整体布局基本保存完整，雕刻精美，具有浙中民居的典型特点 陈望道（1891—1977年），浙江省义乌市人，是中国著名的语言学家、教育家、社会活动家，马克思主义的早期传播者之一，曾任民盟中央副主席。陈望道在故居中度过了青少年时代。1912—1915年，从浙江第七中学（金华中学）毕业，回到家乡创办学校。1920年回到故乡义乌分水塘村，受《星期评论》委托，以日文版和英文版《共产党宣言》为基准，完成《共产党宣言》首个中文全译本翻译工作
雅端村古建筑群	赤岸镇雅端村	雅端村古建筑群从清乾隆初年至清嘉庆、道光年间陆续建造，建筑时间长达百年 雅端村枕山面水，雅端村古建筑群处在村落中央，坐西朝东，总占地面积5082平方米，建筑面积8527平方米，由陈氏宗祠（叙伦堂）、容安堂、容安堂南北重厢（兰翠堂、珠宝堂、荣春堂、明星堂）、遗安堂、居安堂、德星堂、敦礼堂、敦星堂等厅堂宅院组成，号称“七厅八堂”。建筑群以容安堂为核心，容安堂居前，前临广场，建材取精用弘，由门厅、正厅、堂楼和左右厢房、南北重厢组成五路六院；遗安堂居于容安堂之后，为一座十八间四合院；敦礼堂居遗安堂之左上方，居安堂居右，分别为十六、十三间的四合、三合式宅院。叙伦堂即陈氏宗祠，是陈氏举行祭祀大典的场所。容安堂用于举办婚嫁等喜事，遗安堂则用于举办族中丧事，佛事原在敦安堂举行，后毁于火。叙伦堂为宗祠，祠前有外明堂。敦礼堂、德星堂、敦星堂系陈家祖屋，和居安堂、容安堂重厢院构成“八堂”，供陈氏子孙分房居住，功能体系完备。雅端村古建筑群整体布局保存完整，规模宏大，是封建家族的伦理秩序和宗族管理制度的集中体现，对研究清代经济社会和民俗文化具有典型的实证意义。建筑形式多样，用料考究，雕刻精美，内容丰富，具有较高的历史和艺术价值

续表 23

单位名称	位置	简 介
塘下方大宗祠	后宅街道塘下村	塘下方大宗祠始建于宋，明代迁建于现址，清同治六年（1867年）至光绪二十年（1896年）重建。塘下方大宗祠建筑主体坐北朝南，含三进两院的祠堂和西侧的花厅一座，总占地面积1859平方米。山面纵贯三座五花马头。建筑在明万历基址上重建，布局基本上保存明代晚期的风格，飨堂、门厅的台基及方池栏杆等均为明代遗物 祠堂主体建筑包括门厅、飨堂和寝堂。门厅面阔九间，居中三间为屋宇式金柱大门，门前设抱鼓石和拒马栅，两侧设穿斗式楼房，后为三间照厅。飨堂为七开间五架梁敞厅，台基和方砖铺地为明万历间原物。寝堂为七开间抬梁敞厅，其台基高踞。祠堂建筑的梁、檩、枋、廊轩、天花、雀替、牛腿、角栱（又称插翅）等部位饰雕刻、彩绘，木雕精细，色彩鲜艳，飨堂局部雕刻鎏金。祠堂的前院设水院，居中架一座双拱三墩石雕栏杆桥，雕麒麟吐书等祥瑞图案。花厅系附属建筑，用于宗族祭祀的庖厨、祭器库及看祠人居所、宾客房间等用途。平面不甚规整，厅堂面阔三间，两侧厢房围合。塘下方大宗祠规模宏大，等级较高，格局完整，并保存清代木雕、彩画及明清石雕，对研究清代社会政治、经济及古代宗法制度均具有重要意义，具有较高的历史和艺术价值
赤岸朱宅建筑群	赤岸镇朱店村	赤岸朱宅建筑群始建于明代，清代和民国有增建。赤岸朱宅建筑群处在村落中心，坐北朝南，由荐叙堂、六房厅和大夫第以及民国时期增建的东西重厢等部分组成，总占地面积3445平方米，建筑面积6209平方米。荐叙堂又称官余厅，为明晚期建筑，由三进两院一穿堂组成。前厅后堂工字格布局，前廊式院落砖木构建筑。前为门厅，中进正厅为三开间抬梁式敞厅，正厅后连穿堂一间，后进为堂楼，抬梁穿斗结合。六房厅为朱家祖屋，建于清中期，共两进。门厅、正厅各三开间，左右厢房各六间对合。建筑木雕、砖雕和石雕精美。大夫第为清代理学传人朱一新及其弟朱怀新的宅第，由门楼和朱怀新宅葆真堂、朱一新宅约经堂组成。大夫第门楼为单间屋宇式门楼。葆真堂共二进，门厅、正厅各三开间，左右厢房各六开间，另有2间辅房和三层阁楼1间，门楼和外檐装修较为精美，院落设青石圆洞门。约经堂共两进，门屋、堂楼各三开间，左右厢房各六开间。约经堂建筑装饰丰富精美，较多文人题材，且局部采用西洋进口材料，西厢房书房内整面板壁镌刻8幅书法作品。葆真堂和约经堂西侧分别附重厢抱经楼和小拙庵，均为排五二插的三合院，抱经楼和葆真堂之间辟石库门相通。建于清光绪年间，总占地面积400平方米，雕刻精美。葆真堂和约经堂东侧附重厢双宝轩和宝宣堂，清末民国年间扩建，均为三合院结构。赤岸朱宅建筑群规模宏大，布局紧凑，格局基本完整。建筑体现了从明至民国各时期的艺术风格，时代和地域特征明显。建筑遍布木雕、石雕和砖雕装饰，题材广泛，尤其是整面板壁的书法作品较为少见，文化底蕴深厚，体现清代江南士人的文化喜好和审美特点，具有较高的历史和艺术价值
义乌大安寺塔	稠城街道绣湖公园内	义乌大安寺塔建于北宋大观四年（1110年），南宋乾道六年（1170年）、明永乐十四年（1416年）曾修建。腰檐与平座栏杆、塔刹等已毁，现仅存塔身五层，寺已无存。义乌大安寺塔原高34米，现残高23.42米，占地面积27.4平方米，塔座直径6.82米，塔壁厚1.35米。此塔为六面疏檐砖木结构楼阁式塔，空筒结构，薄壁体、大门窗，塔内有木楼梯盘旋而上。此塔每层均有腰檐和平座，现仅存少量木构残件。塔基由青砖砌筑，高1.26米。塔身转角处有倚柱，柱头卷杀。每面设兼柱，分为三开间，明间设壶门或壁龛，各层错落设置，扶壁栱施重栱，斗栱下面的普拍方用木枋子。1～4层内外塔壁有“庚寅岁建”等砖铭。义乌大安寺塔造型古朴典雅，其形制、材料和工艺体现较为典型的宋代楼阁式砖塔特征，建造技术成熟，纪年明确，具有较高的历史、科学和艺术价值

【古建筑维修保护工作座谈会】 为加大义乌市文物保护力度，2019年5月29日，市文旅局组织召开古建筑维修保护座谈会，对设计、施工、监理单位在施工过程中遇到问题作出解答并对施工技术提出要求。古建筑修缮施工、监理、设计关单位班组长和技术人员和白蚁防治技术人员20人参加座谈会。2012—2019年，市文旅局共组织修缮古建筑261处，大部分古建筑产权人居住，部分古建筑用于建设文化礼堂、乡贤图书馆、家风家训馆、民俗博物馆等。

【香港回流艺术品拍卖】 2019年8月24—25日，保利义乌艺术发展有限公司举行年度第二次艺术品拍卖，成功拍出瓷器、玉器、工艺品、文房杂项、家具等艺术珍品2100余件，其中，131件为从香港申报回流文物，总成交额4639.7万元，中国书画专场成交额3680万元，古董专场成交额959.7万元。此次拍卖实现文物及艺术品回流。

（王菲菲）

【文物建筑消防安全演练】 2019年9月29日，为构建全市文物古建筑消防安全的群防群治体系，提升各镇（街道）消防安全意识和自防自救能力，由廿三里街道办事处、市文化和广电旅游体育局、市消防救援支队主办，陶店村义务消防队承办的文物建筑消防安全演练活动在陶店村古建筑群进行。演练模拟陶店村何氏宗祠大厅里因电线线路老化、短路产生火花，引发房梁着火，廿三里街道监管中心的智慧平台监测到陶店村何氏宗祠智慧烟感报警后，立即派出就近古建筑群消防队赶往现场，一边疏散群众，一边调配力量采取四面围攻的办法用高压水枪进行灭火，经过10多分钟扑救，“大火”被扑灭，消防演练成功。演练后，组织群众展示演练常见的火灾扑灭方法。来自各镇（街道）文体站负责人、各省保单位所在地村委负责人、市文物执法中队及相关工作人员50人参加观摩学习。

（除署名外均由万嘉丽撰稿）

非物质文化遗产

【概况】 至2019年年底，义乌市有非遗代表性项目143项，其中，国家级非遗代表性项目2项，省级非遗代表性项目14项，金华市级非遗代表性项目51项，义乌市级非遗代表性项目76项。非遗代表性传承人121人，其中，国家级非遗代表性传承人1人，省级非遗代表性传承人11人，金华市级非遗代表性传承人52人，市级非遗代表性传承人57人。有省级非遗传承基地5个，金华市级非遗传承基地11个，义乌市级非遗传承基地38个。省级非遗小镇1个，省级民俗文化村1个，金华市级民俗文化村10个。完成美丽非遗“六进”进社区、进校园、进文化礼堂、进军营、进机关、进企业巡演14场，非遗传承人参加上溪踏青赏花乡村旅游文化节、佛堂“十月十”民俗文化节等非遗项目展示展演活动20余场。年内，佛堂镇田心村、义亭镇陇头朱村、福田街道联平村被评为第四批金华市非物质文化遗产旅游景区，五德丰农业开发有限公司被认定为第四批金华市非物质文化生产性保护基地，季灵萃、陈培亮等9名传承人被认定为第五批金华市非物质文化遗产代表性项目代表性传承人，后宅街道稠岩村被认定为第五批浙江省非物质文化遗产旅游景区。

【文化和自然遗产日庆祝活动】 2019年6月8日，市非遗中心举办主题为“多彩非遗见人见物见生活”的非遗日庆祝活动。当日上午，在义亭镇镇区开展主场活动，义乌剪纸、百纸灯制作技艺等18个非遗项目参加展示，浦江迎会、罗汉班等6个大型非遗项目参加展演。下午，

浙江省级非遗婺剧盔帽制作传承人梅立忠在制作婺剧盔帽

（吴琅文2019年12月24日摄）

在义亭镇五亭公园开展全市包粽子比赛，来自各个镇（街道）的14人参赛。晚上，在义亭镇镇区举行非遗日庆祝演出活动，表演义乌道情、婺剧变脸、美猴王等节目，1万余人参加庆祝活动。

【第七批义乌市非遗项目公布】 2019年6月底，市文化广电旅游体育局启动义乌市非遗项目名录申报工作，至8月10日，收到各镇（街道）、机关部门和相关单位申报项目47个。经专家评审认定，9月30日，市文化广电旅游体育局公布义乌市第七批非物质文化遗产代表性项目名录，"骆宾王的传说"等39个项目列入市非遗代表性项目，涉及民间文学、传统音乐、传统戏剧、杂技与竞技、传统技艺、民俗6个大类。

【非遗培训班进军营】 2019年9月24日，在驻义部队举办义乌非遗项目军营培训班。由市非物质文化遗产保护中心和驻义部队某部共同举办，现场安排"东河肉饼制作技艺""义乌剪纸""义乌拉面制作技艺""泥塑"等非遗项目培训。此活动的举办在宣传非遗保护的同时为部队培养有用的人才。非遗中心将为驻义部队提供更多文化方面的培训。

（陈金春）

（除署名外均由童巧贞撰稿）

2019年义乌市第七批非物质文化遗产代表性项目名录

表24

项目序号	项目类别	项目名称	申报单位
1	民间文学	骆宾王的传说	骆宾王文化研究会
2		倪仁吉的故事	江东街道办事处
3		洪罗庆相公的传说	苏溪镇人民政府
4		田心的故事	佛堂镇人民政府
5	传统音乐	踏水歌（打车子）	江东街道下傅村村民委员会
6		义乌方言吟诵	吟诵协会
7	传统戏剧	越剧	浙江御赞文化艺术发展有限公司
8		摊簧	后宅街道后余村村民委员会
9	杂技与竞技	南拳	武术协会
10	传统技艺	鱼花传统养殖技艺	陇头朱旅游开发有限公司
11		筑泥墙	江东街道下傅村村民委员会
12		古籍修复技艺	后宅街道办事处
13		传统打铜技艺	佛堂镇人民政府
14		传统牛皮箱制作技艺	佛堂镇人民政府
15		传统喜庆挂件制作技艺	佛堂镇人民政府
16		养蜂技艺	养蜂协会
17		酥饼制作技艺	佛堂镇人民政府
18		麦秆扇制作技艺	佛堂镇人民政府
19		戏曲头饰制作技艺	圣唐工艺品有限公司
20		桑蚕丝制作技艺	恒成蚕桑专业合作社

续表 24

项目序号	项目类别	项目名称	申报单位
21	传统技艺	弹棉花	赤岸镇人民政府
22		后余花灯制作技艺	后宅街道后余村村民委员会
23		灯头球制作技艺	后宅街道后余村村民委员会
24		麻糖制作技艺	康红红糖专业合作社
25		麻花制作技艺	浙江义口酥食品有限公司
26		传统鱼干制作技艺	佛堂镇人民政府
27		粽子制作技艺	不差钱餐饮有限公司
28		择子豆腐	大陈镇人民政府
29		六月饼制作技艺	毛毛文化艺术园
30		清明粿制作技艺	大陈镇人民政府
31		上溪牛杂汤	上溪镇人民政府
32		索粉制作技艺	陇头朱旅游开发有限公司
33		梨膏糖制作技艺	佛堂镇人民政府
34	民俗	莱山开茶节	赤岸镇人民政府
35		三山庙会	赤岸镇朱店村村民委员会
36		杨梅节	赤岸镇山盆村村民委员会
37		后金宅夏至节习俗	赤岸镇后金宅村村民委员会
38		曹村重阳庙会	后宅街道稠岩村村民委员会
39		迎铁应侯	江东下驴殿管理小组

文化市场监管

【概况】 2019年，全市共有文化企业729家，其中新增33家。出动执法检查1318人次，检查文化市场经营场所2292家次，办理行政审批761件。办理行政处罚案件26件，罚没款30.79万元，收缴非法出版物4.32万册、非法印刷品2800张、卫星地面接收天线2套，移交公安机关追究刑事责任3起。12月30日，金华市“扫黄打非”工作领导小组下发《关于2019年度全市“扫黄打非”工作考评结果的通报》，义乌市文化市场行政执法大队获评工作成绩突出集体。

【文物执法】 2019年1月16日，市文物行政执法大队执法人员在对后宅街道后傅村后厅民居进行检查时发现，未经文物行政部门批准，后傅村民委员会擅自拆除不可移动文保点后厅民居。3月4日，做出对后傅村民委员会处罚10万元的决定。全年，出动执法检查161人次，巡查各级文保单位283家次，对省保以上的文保单位巡查2次。

【文化经营场所安全生产管理】 2019年1月30日—2月1日，义乌市文化和广电旅游体育局组织执法人员21人，对市内网吧、娱乐场所、影院、酒店等人员密集场所和文物保护单位进行安全生产大排查。此次大排查共检查娱乐场所7家，网吧5家，影院3家，酒店4家，文保单位8家，发现消防通道堆放杂物，收银台使用取暖器，安检门故障、出入人员未分流，安保人员不在岗、灭火器未按要求开展定期检查等问题，执法人员责令场所立即进行整改。

【文化市场联合执法行动】 2019年4月3日，由义乌市文旅局联合市市场监督管理局、福田街道等部门，对KTV娱乐场所开展联合执法检查，通过检查依法取缔违法违规行为1家。同月18日，义乌市"扫黄打非"办会同市公安局、市文旅局等部门，组织执法人员对江东街道1家印刷包装公司进行检查，发现此公司涉嫌未经出版行政部门批准，擅自接受委托行为。犯罪嫌疑人骆某某印刷境外出版物以涉嫌非法经营罪被刑事拘留，有力震慑文化市场违法违规行为。

【新闻出版执法】 2019年5月7日，市文旅局、市公安局、市市场监管局、商城集团在市出版物中心联合召开出版物中心"扫黄打非"专项整治会议，市出版物中心20家经营户参加会议。会上，市文旅局、市公安局、市市场监管局相关负责人宣讲整治工作内容，市文旅局就侵权盗版及非法出版物的认定标准、相关法规政策等业务知识对经营户进行现场授课培训。同月14日，由市委领导带队，市文旅局、市市场监管局、市公安局等部门执法人员组成的检查组对市出版物中心、部分印刷经营单位进行专项检查，实地检查出版物经营单位6家、印刷经营单位2家，查处未验证印刷委托书案件1起。

【义乌市文化市场综合行政执法队挂牌成立】 2019年10月18日，义乌市文化市场综合行政执法队挂牌成立。新组建的义乌市文化市场综合行政执法队，整合市文化市场行政执法大队（市文物行政执法大队）和市旅游质量监督管理所（市旅游执法大队），以市文旅局实施执法，将依法履行文化、文物、出版、广播电视、电影、旅游、体育市场行政处罚以及与行政处罚相关的行政检查和行政强制职责，并承担"扫黄打非"有关工作任务。

（陈金春）

（除署名外均由金安娜撰稿）

公共图书管理

【概 况】 2019年，义乌市图书馆馆藏总量117万册（件），订阅报刊1000种，图书外借70.03万册次，送书下乡15万册，总服务149.2万人次。开展各类读者活动419场（不含数字阅读推广活动），其中"悦读齐步走书香满礼堂——文化志愿团队阅读分享进礼堂"文化惠民活动207场，举办"商城大讲坛""英语角"等讲座培训36场，举办2019错位摄影大赛、打卡身边的"图书馆"、最强大脑亲子活动、古法扎染公益体验课、古籍修复技艺展示、雕版印刷体验活动、2019年长三角阅读马拉松赛等阅读推广活动34场，举办《精彩义乌惊艳世界——10国艺术家聚焦国际商都艺术展》《学习〈公共图书馆法〉图文展》《鲁迅的读书生活》等展览21场。送展览到阅读场所和文化礼堂等121场。全年数据库访问量526.3万人次，数据资源的下载量51.44万人次，超星移动图书馆点击量295.6万人次。

开展"悦读齐步走书香满礼堂"——文化志愿团队阅读分享进礼堂活动，诗词、吟诵、文学导读、饮食营养知识、心理健康普及等方面的专家志愿者组成6支志愿团队，分批次走进全市的各个农村文化礼堂开展阅读分享活动207场。营造"不忘初心、牢记使命"主题教育活动浓厚氛围，市图书馆在图书馆总馆、各镇（街道）图书分馆及江滨悦廊文化园、行政1号楼等悦读吧设立"不忘初心、牢记使命"图书专柜，购置、派送主题教育活动各类图书1万册，提升主题教育在群众中的知晓率。

【世界读书日系列活动】 为迎接第23个"世界读书日"，2019年4月，市图书馆开展世界读书日系列活动10余场。4月21日，在图书馆东侧小讲坛举办古法扎染公益体验课、雕版印刷体验活动、2019年第三期英语角活动《电影 | 流浪地球Film | The Wandering World》、公益讲座《舒缓压力，快乐人生》；在大厅举行古籍修复技艺展示，邀请金华市级古籍修复非遗传承人朱志明现场展示古籍修复技艺，现场展出古籍修复相关知识的图片；在报告厅举办"商城大讲堂"第116讲——用东方智慧塑造健康人格；在书库和少儿借阅室绘本室同步开展"书海寻宝"成人版和少儿版活动，500人参加读书日活动。4月23日，联合

市新华书店、市万卷新华书店推出“读者书店借书，图书馆来买单”活动，图书馆借出2935册。

【首批朗读亭投用】 2019年4月21日，图书馆总馆大厅朗读亭投入试运行，面向读者开放。朗读亭占地面积2.5平方米，配有专业的音响系统、电子屏幕、氛围灯光、空调，系统自带诗词散文、经典文学、外语名篇等数字朗读资源，朗读爱好者通过微信扫一扫登入，可选择朗读资源与背景音乐，录制30分钟朗读作品。至年底，全市共有7座朗读亭投入使用，分别位于图书馆总馆大厅、鸡鸣山社区党群服务中心、新华书店图书大厦三楼、绣湖广场、武警特战中队悦读吧和义乌中队悦读吧。2431人次参与，发表朗读作品4657个。

【图书阅读场所建设】 2019年8月底，武警特战中队、义乌中队“悦读吧”建成投用，首次配送政治、军事、文学等主题图书5000余册。此建设项目采用金华统一标准，实行智能化管理，数据实时传输。11月底，在图书馆总馆报告厅东侧开辟自助借阅区，配置图书和报刊7000余册，采用智能化管理，读者可自助进馆和借阅。12月23日，南门街分馆经装修改造重新开馆，占地面积1600平方米，馆藏图书3万余册，配有自助查询机、自助借还机、超星朗读亭，二楼开辟视听室、创客主题馆和生活主题馆。至年底，建成花园口、乔亭、江南社区、拨浪鼓等阅读场所50个。

【市图书馆茶文化主题馆】 2019年12月5日，市图书馆茶文化主题馆在佛堂老街浮桥头韵和书院揭牌开馆。主题馆位于义乌江畔，佛堂老街浮桥头韵和书院内，占地面积600平方米，由国内著名设计师高鲁东仿照宋代书院风格设计改造。市图书馆配送茶文化相关传统文化图书3000余册，采用智能化管理，与各阅读点实现通借通还。

【“信易阅”服务】 2019年，市图书馆配合义乌市信用体系建设，进一步促进全社会形成“褒扬诚信，惩戒失信”的良好氛围，对“信易阅”服务进行升级。对义乌市个人信用积分120分以上的市民，图书外借册次由每卡限借5册增加至8册；讲座、展览、阅读推广等活动优先参与；“读者书店买书，图书馆来买单”借阅服务，选书册数权限由普通读者的3册增加至8册。

（丁晨莹）

档案管理

【概况】 2019年，市档案馆接收档案20个全宗共583卷5.1万件，资料71册。馆藏档案新增5.2万卷件，馆藏总量25.3万卷、43.5万件，同比分别增长2.4%、13.3%。征集、接收图书资料277册，院士朱位秋珍贵档案电子版图片34张。开展全市家书征集活动，征集信件7封、回忆录4本、家书故事等20余册，出版档案义乌系列丛书《春风化雨——义乌家规家训选》。完成馆藏档案扫描80.72万页、条目录入12.73万条，退役士兵档案信息化项目完成档案扫描2.6万卷，馆藏档案数字化率100%。全年档案查阅利用7689人次，1.7万卷（件）次，出证2.2万页，日均接待利用31人次，68卷（件）次，出证89页。

市建设局城建档案馆共完成工程档案验收194项，工程竣工档案移交200项，接收工程纸质及扫描件双套制档案1.33万卷，馆藏档案总量46.86万卷。完成通惠区块63卷、向阳上区块441卷、湖大塘区块84卷、仓后区块339卷、向阳下区块1124卷，楼店区块236卷资料入库审核。完成馆藏档案数字化扫描4.9万卷，数字化档案达45.93万卷，占馆藏总量的98%。档案累计利用5695人次1.41万卷，复印文字2.4万页、图纸1.4万页。全年为市征收办提供纸质档案及电子档案330卷，依申请公开办件受理及平台回复9件。

市档案馆完成档案查阅大厅改造升级，增设存包柜等便民设施。完善档案查阅信用承诺制，建立失信联惩机制。全年完成现场查档7689人次，其中民生档案6926人次，同比分别下降57.1%、51.35%，现场查档量下降明显，办事少跑腿、零跑腿成效显著。

推进数字化转型、规范基础业务，市档案局编制《不动产登记资料电子化归档技术规范和标准》《不动产登记电子档案管理应用办法》，完成电子文件归档处理系统和不动产登记档案系统的对接，构建便民利民的不动产登记档案信息化浙江样板。开展民生档案数据共享，馆藏个人档案147.6GB共享与市社保处，各镇（街道）国土所有关农村私人建房用土审批档案数据129GB共享与市国土资源综合档案室。深化一网查档，百馆联动，开通掌上查档，全年办理323件。

完成档案馆业务规范建设，市档案馆获评省级示范档案馆。开展重点建设项目档案管理培训，60人参训。开展土地确权档案指导，指导各镇（街道）、市农林局、档案中介机构20余次。深化馆校合作，为义乌工商职业技术学院授课文书与档案管理72课时。参与档案“双随机”执法检查，包括单位档案工作检查、档馆履职监督检查、档案服务外包承揽企业档案安全工作监督检查、重点建设项目档案管理监督检查。

开展档案宣传，举行“6·9”国际档案日、纪念档案法颁布等宣传活动。拍摄“跟着档案去旅行”红色主题宣传片，11月29日在浙江电视台新闻频道播出。档案馆教育基地全年接待参观2860人次，主流媒体报道档案工作信息22条。

（楼子钰　宋　萍）

【数字化城建档案馆建设】 2019年4月，数字化城建档案馆（七期）项目启动建设；10月，项目全部完成。完成数字化扫描4.86万卷203.49万页；图纸9.29万页，馆藏档案数字化率达98%。至年底，城建档案馆向义乌经济技术开发区管委会、义乌市建设投资有限公司、义乌市成强电子科技有限公司等单位、企业及个人提供电子档案5458卷，刻录光盘1345个。数字化城建档案馆（七期）项目由浙江星汉信息技术股份有限公司承接，总投资150万元。

（宋　萍）

【档案异地备份】 2019年4月，为确保档案数据安全，与贵阳市城市建设档案馆沟通，决定将义乌市城建档案数据保存至贵阳市城市建设档案馆。5月，将机房服务器25T数字化电子成果数据备份至7块移动硬盘中，并将其保存于贵阳市城市建设档案馆库房消磁柜中。同时，双方签订《馆藏重要档案数据异地备份协议书》，贵阳市城市建设档案馆为义乌市城建档案馆馆藏档案数据及电子文件进行脱机异地保管提供专用库房及装具，数据备份更新每年进行1次，由双方协商完成。

（宋　萍）

【档案宣传】 2019年5月，举办“义新欧”发展历程纪实图片展巡展，在义乌工商学院、稠江街道九里江文化礼堂、佛堂老街新华剧院、望道中学、曹村文化礼堂、李祖村文化礼堂等地展出，2万余人次观展。6月，开展“6·9”国际档案日宣传活动，向市民发放档案知识宣传与档案征集折页、介绍关于网上查档、跨馆服务操作流程，现场提供档案查阅咨询服务。10月22日—11月27日，举办“不忘初心、牢记使命”主题教育档案文献展巡展，展览由国家档案局、中央档案馆主办，浙江省档案局、浙江省档案馆协办，义乌市委主题教育办、市档案馆、市党史研究室承办。精选中央档案馆、浙江档案馆提供的珍贵馆藏档案文献，设“理论探索”“理想信念”“不懈奋斗”“牢记宗旨”“自身建设”5部分，展出档案、照片及视频260余件，3.6万人次观展。

（楼子钰）

【获评省级示范档案馆】 2019年6月5日，市档案馆印发《国家综合档案馆业务建设评价工作方案》，对应测评标准成立综合协调组、条件保障组、基础业务组、开发利用组4个小组，馆长任组长，副馆长任副组长，责任到人。6—11月，投资160万元，升级馆藏系统软件，增加视频监控、存包柜等设施设备。完成档案开放鉴定工作，修订《档案馆指南》，对全宗卷进行规范整理完善，对库房内的全部全宗存放位置进行重新清查索引。11月26—27日，金华市档案局经省档案局委托组织专家组对业务建设工作进行现场核查评审，市档案馆获评省级示范档案馆。

（楼子钰）

【细菌战史实陈列馆开馆试运行】 2019年12月13日第六个国家公祭日，侵华日军细菌战史实陈列馆投入试运营。陈列馆位于和平公园，为二层框架结构建筑，高13.65米，占地面积4260平方米，总建筑面积8680平方米，设4个展厅，展陈历史照片700余张，展示书籍200余册，视频30余部，展示史料记载及文字说明8万余字。通过场景复原、仿真雕像等技术手段，展示侵华日军细菌战对义乌乃至全国造成的深重灾难。

（楼子钰）

【档案信息资源开发】 2019年，城建档案馆发布义乌市城建网站信息1238条、微信公众号信息230条。拍摄照片1369张，录像60分钟，其中，卿悦府东区、湖大塘、向阳、市场、车站区块等有机更新照片652张，录像55分钟；义乌艺术学校、碧桂园星荟、西江雅苑、新社区集聚江东街道毛店地块等建设工地照片464张。会议活动类照片174张，其他检查类照片79张。10月，拍摄制作《和美乡村》专题片，时长8分钟，展示义乌美丽乡村经济发展和生态文明、环境美化和村民幸福相得益彰的建设成就。

（宋　萍）

【档案验收承诺制】 2019年，城建档案馆在确保工程质量安全前提下，简化审核流程，实行特殊工程档案验收承诺制。建设单位以信用承诺为担保，在工程竣工验收3个月内补齐欠缺资料并向城建档案馆完成移交，既保证工程按时申报竣工验收，顺利进行工程结算，又能保证进馆档案的完整齐全。对义乌公学、城北商业中心B区、欧洲风情商业街、义乌市国内公路港物流中心一期工程、佛堂镇宅基地换住房、义乌市阳光大道立交化改造提档工程二阶段一标段和二标段等82个工程实行档案验收承诺制，补齐资料完成档案移交工程46个。

（宋　萍）

【档案业务指导】 2019年，城建档案馆对艺术学校新校区、城市有机更新湖大塘03地块项目、新社区集聚江东街道毛店地块等27个项目及民生工程开展多环节、多方式的档案业务指导，对不符合业务规范、技术标准的做法及时纠正，确保城建档案业务工作符合国家的规范要求。至年底，发放工程档案报送告知书及整改告知书27份。

（宋　萍）

党史编研

【概况】 2019年，党史研究室与原市志编辑部机构整合为中共义乌市委党史研究室挂义乌市地方志办公室牌子，办公地址由南门街213号搬迁至丹溪北路699号。以推进改革开放时期党史三卷（1979—2002）征研工作为重点，以档案资料为依托，收集各地党史三卷资料书籍10余册，收集《中共浙江省委文件选编》《中共金华市委文件选编》等PDF文档，夯实党史工作基础，为查阅资料提供便利。推进《中共义乌县委文件选编1978—2002》编写工作，初步梳理文件目录。推进史料数字化工作，对《中国共产党义乌市组织史资料（1926.12—1988.7）》《中国共产党义乌市历次代表大会文件选编》等50册1.15万页重要党史资料进行数

2019年12月13日，侵华日军细菌战史实陈列馆开馆试运行

（市档案馆　供图）

字化。

牵头拟办《关于推进革命文物保护利用工程（2019—2022年）的实施意见》，联合市文旅局等部门单位，开展义乌革命文物普查工作，提出保护利用总体方案，调研谋划义乌革命文物保护利用10项重点工作，并在广泛征求相关部门单位意见后上报市委、市政府。4月，市委办、市府办印发《关于推进革命文物保护利用工程（2019—2022年）的实施意见》。

参与红色文化研究挖掘利用，围绕望道红色信仰文化课题，申报并完成全市重点社科课题1个，省委党史研究室发表专题文章1篇，辑录陈望道小故事60余篇4万字，形成《望道宣言中译的价值维度阐析》专题论文。参与分水塘望道专题馆、吴晗史学馆和相关红色文化项目的设计研究论证，为望道信仰线建设提出建议意见。参加婺剧《真理的味道》剧本创作和修改研讨，到分水塘村围绕“真理的味道非常甜”现场讲解党史记忆10余次，培养讲解员20人。

编纂出版《新世纪义乌纪事2018》，计8万余字。完成《〈浙江日报〉义乌史料1979—1992》》编纂工作，计60万字。组织开展《义乌革命老区发展史》撰稿工作，完成初稿10万字。开展《〈人民日报〉义乌史料》编纂整理，收集史料文字信息2211条，图片数据1022张。

开展“不忘初心、牢记使命”主题教育活动，组织专题学习讨论10余次，形成和完善《书刊赠送办法》等制度。梳理《义乌党史胜迹》，整合进入市委主题教育办红色地图项目；收集整理陈望道、冯雪峰、吴晗、冯志祥等义乌党史人物红色家书5封。

为市博物馆、后宅街道、龙回村等50余个农村和基层单位提供党史资料查阅、史志文化咨询和指导服务，全年向各部门、单位、农村、社区、协会赠送党史书刊1000余册。

【党史地方志机构合并】 2019年1月19日，义乌市深化机构改革协调小组办公室下发《关于中共义乌市委党史研究室机构编制框架的函》，明确市委党史研究室挂义乌市地方志办公室牌子，主要负责党史编研和地方志编纂工作。3月10日，市委办公室《关于印发〈中共义乌市委党史研究室职能配置、内设机构和人员编制规定〉的通知》，明确党史研究室职能为征集、整理义乌地方党史资料及现代史、当代史资料；进行地方党史、国史研究，编写义乌地方党史、义乌革命史、义乌当代史，编辑出版重要党史书刊；组织党史、国史理论和重要党史专题研究，总结党的历史经验，为改革开放和社会主义现代化建设提供历史借鉴；会同有关部门运用党史、国史资料和研究成果，开展对广大人民群众特别是青少年的爱国主义、社会主义、集体主义和革命传统教育；组织、指导、督促和检查全市地方志工作；拟订地方志工作规划和编纂方案；组织编纂地方志书、地方综合年鉴；组织整理旧志，搜集、保存地方志文献和资料；组织开发利用地方志资源。

【开展义乌解放和中华人民共和国成立70周年纪念活动】 2019年，为纪念义乌解放70周年，市委党史研究室组织编印《解放义乌——义乌解放70周年资料汇编》，15万字，图片45张。5月8日，市委党史研究室在商城大讲堂举办义乌党史革命史专题讲座，市委党史研究室主任吴小锋，原义乌市新四军研究会会长吴联隆主讲《义乌解放与义乌革命30年历史回眸》，50余人听讲，现场为听众赠送《解放义乌——义乌解放70周年资料汇编》50余册。9月，为庆祝中华人民共和国成立70周年，市委党史研究室与市委宣传部联合推出壮丽70年奋进新时代——庆祝中华人民共和国成立70周年义乌发展历程图片展，首展在城西街道望道中学进行，展出展板46块，图片200余幅，展现义乌人民在中国共产党的领导下，开拓进取、奋勇前进，开创美好生活的光辉历程。

【编印《新世纪义乌纪事》】 2019年7月，《新世纪义乌纪事（2017）》由中共党史出版社出版发行。全书11万字，记录市委引领全市改革发展大事、要事，准确反映2017年义乌市各项事业发展成果。至2019年年底，跟进记录2019年义乌大事记，计10余万字；编印《新世纪义乌纪事（2018）》，计8万余字。

（何璐萍）

地方志编纂

【概况】 2019年，义乌市地方志办公室出版发行义乌丛书古籍点校本《傅岩文集》《陈德调集》《香山集》3部，计46.7万字；古籍影印《墨经悬解》《三大士实录》《傅大士语录》3部；出版地方综合年鉴《义乌年鉴（2019）》，72.6万字。编辑《义乌史志》期刊4期，每期10万字。义乌市方志馆服务接待参观者2万余人次，为市民和史志爱好者提供资料查阅、地情咨询等服务30余人次。谋划推动《赤岸镇志》编撰提档升级工作，与赤岸镇、上级地方志单位部门进行沟通，将《赤岸镇志》编撰定位到中国名镇志系列文化工程，《赤岸名镇志》纲目获中国地方志指导小组办公室初步审定并同意实施。开展“三服务”活动，为各机关单位、镇（街道）、文化礼堂赠送《义乌丛书》《义乌年鉴》等地情书籍4000余册。

【《义乌年鉴（2016）》获特等奖】 2019年1月28日，中国出版协会发布关于全国第六届年鉴编纂出版质量评比结果的公告，《义乌年鉴（2016）》从报送的400余种年鉴中脱颖而出，经框架设计、条目编写、装帧设计、检索手段和校对质量5项内容的综合评定，《义乌年鉴（2016）》获综合质量评比特等奖，同时获框架设计特等奖、条目编写一等奖、装帧设计和检索编校质量和出版时效二等奖4个单项奖。5月9日，出席在成都举行第六届年鉴编纂出版质量评比颁奖大会暨第20次全国地州区县年鉴研讨会，颁发获奖证书。《义乌年鉴（2016）》以时代特征、地域特色和年度特点为切入点，合理调整栏目设置和入鉴内容，翔实地记述义乌市在加快建设国际商贸城中的新变化、新成就。以其全面系统的资料性、独具特色的地方性、连续出版的年度性、覆盖广泛的综合性、方便快捷的工具性和逐年编纂的史册性，成为了解义乌历史、现实和未来的重要资料性文献；在讲好“义乌故事”、传播地情信息、服务党委政府科学决策、促进科学研究、增强乡土情感等方面发挥重要的作用。

【《傅岩文集》点校本】 2019年1月，明代傅岩著，陈春秀、颜春峰点校的《傅岩文集》，由中华书局出版，全书15.8万字。收录《歙纪》《元人二十诸天画像赞》及傅岩现存诗作15首。《歙纪》为傅岩于崇祯七年至十二年（1634—1639年）在歙县任知县期间所作的诗文、公牍及有关官员对其考荐评语的汇录，全面记载傅岩为整顿、改革明末歙县存在的各种社会弊端而采取的措施及实施效果，真实地反映明末徽州地区社会，是研究明史和徽州社会史的重要史料，具有独特的文献价值。《歙纪》以安徽省图书馆藏崇祯本为底本由陈春秀整理。《元人二十诸天画像赞》以上海图书馆藏清咸丰二年管庭芬钞本为底本，参校《管庭芬日记》、丁丙《武林掌故丛编》，由颜春峰点校。傅岩生平著述考证以及诗15首的收集由颜春峰完成。

【《义乌史志》期刊】 2019年1月，市地方志办公室合并到市委党史研究室，其主办的《义乌方志》与市委党史研究室主办的《义乌史志》2种期刊4月合并更名为《义乌史志》，由义乌市委党史研究室市地方志办公室主办，义乌史志编辑部编辑。《义乌方志》创刊于2001年7月，至2019年3月出刊76期；《义乌史志》创刊于2007年，至2019年12月底，共出刊79期，每期13万字。设刊首寄语、特载、专题研究、史料稽考、史海钩沉、志人札记、乌伤人物、风物乡情、简讯9个常设栏目，旨在服务地方志编纂工作，为史料的搜集、整理提供信息平台。

【《墨经悬解》影印本】 2019年5月，义乌市志办整理编印的《墨经悬解》影印本，由杭州萧山古籍印务有限公司印制发行，线装一函二册十六开本。此书是陈无咎在学习、研究先人墨家学说的基础上，对《墨经》的一些重要学说所作的解释。影印的底本由义乌藏家陈涧龙提供，为民国24年（1935年）上海中国揆度学社的白纸线装铅印本，分上下二册。

【举办义乌方言朗诵比赛】 2019年6月18日，为庆祝中华人民共和国成立70周年，激发市民爱国爱乡情怀，传承地方文化，发现和培养方言人才，义乌市志办联合市社科联，举办义乌方言朗诵比赛。来自义乌老城区、廿三里、佛堂、义亭、城西、江东等镇（街道）的方言爱好者20余人参赛。现场进行诗朗诵、说唱、方言讲民间故事等表演。经角逐，毛协天快板曲艺《丈人见女婿》获一等奖。

【婺剧传承与发展座谈会】 2019年7月18日，由市文化和广电旅游体育局、市委党史研究室（市地方志办公室）主办，市婺剧保护传承中心承办的义乌婺剧传承与发展座谈会在义乌市婺剧保护传承中心会议室举行。市市党史研究室（市地方志办公室）、市文旅局等部门领导和婺剧专家10余人参会。会上，婺剧专家就婺剧传承、剧本创新、脸谱创作以及义乌高腔等方面进行探讨与交流。市委党史研究室（市地方志办公室）向义乌市婺剧保护传承中心捐赠《义乌丛书》婺剧系列著作3600余册。

【《陈德调集》点校本】 2019年9月，由清代陈德调著，汪少华点校的《陈德调集》点校本经中华书局出版，全书8.5万字。收录《我疑录》一卷附《读古本大学》一卷，《存悔堂诗草》一卷。《我疑录》针对《大学》《论语》《孟子》中朱熹注提出的疑问，为之征引详确，同时取《大学》古本精研细究，作《读古本大学》一卷。《存悔堂诗草》一卷收录诗词及骈体文计192则。《义乌先哲遗著》以复旦大学图书馆藏1933—1936年义乌黄氏铅印本《义乌先哲遗著》为底本，并附勘误表。

【《义乌兵史料辑录（上中下）》】 2019年10月，市地方志办公室编，张金龙搜集整理，浙江古籍出版社审校的《义乌兵史料辑录（上中下）》，由杭州聚文斋文化传媒有限公司印行，全书104.47万字。此书汇集了明代戚家军义乌兵的各种史料，内设家谱篇、方志篇、国史篇、著作篇，分篇辑录。

【《义乌年鉴（2019）》出版发行】 2019年11月，《义乌年鉴（2019）》由中国文史出版社出版发行。全书设置类目49个，分目278个，次分目69个，条目1614条，随文表格28张，图片198幅，计72.6万字。《义乌年鉴（2019）》在保持总体框架相对稳定的基础上，根据形势发展要求，对年鉴部分类目进行相应调整和优化组合，卷首增设“聚焦义乌”“义乌印象”“数说义乌”3个类目。“专记”增设“‘一带一路’义乌效应”“义乌小商品市场40年”“义乌撤县建市30周年”等特色分目。同时，加大经济记述力度，根据义乌近年来经济发展情况，增设“新兴产业”“产业聚集园”“特色小镇”“美丽经济”等类目。全面系统地记述和反映2018年义乌市经济社会发展变化的基本情况和各行各业取得的新进展、新成就，资料全面、系统，真实、准确，具有为现实服务和存史价值功能。

【《香山集》点校本】 2019年11月，由宋代喻良能著，冯国栋点校的《香山集》点校本经中华书局出版，全书22.4万字。《香山集》的整理，以文渊阁四库全书本为底本，校以法式善藏乾隆钞本及胡宗楙《续金华丛书》本，间以《永乐大典》《两宋名贤小集》作为参考，同时将《全宋文》《全宋诗》所收佚诗、佚文及点校整理者辑录之诗文，编为附录一，以做补充，搜集编纂“历代著录题识”“生平交游资料”作为附录二、三。

（何璐萍）

文联工作

【概况】 2019年，市文联创新建立协会一周一活动机制，获省文联发专刊推广。召开第六次文代会，成为金华首家群团改革后完成换届的县（市、区）文联。承办共绘“一带一路”·第二届中国义乌国际摄影大展、第二届义乌骆宾王国际儿童诗歌大赛2项国家级国际赛事，围绕庆祝中华人民共和国成立70周年主题组织书画家创作，在绣湖公园华川书舍举办《不忘初心牢记使命——庆祝中华人民共和国成立70周年书画作品展》，展出书画作品70件。组织摄制快闪作品《放飞中国梦义乌再出发》，两度登上“学习强国”学习平台，作为全国优秀作品由中国文联推荐给中央电视台展播。开展“义浦同城”文艺合作，在文艺创作基地、书画交流、诗歌朗诵等方面开展合作，双方各选送50件作品的“义浦同城”书画展分别在两地举行，为两地文艺家搭建交流展示平台。制定《义乌市“冯雪峰文艺奖”实施办法》，加大对基层文艺的奖励和扶持力度。成立首家街道文联——福田街道文联，文联组织向基层延伸。与义商总会对接，探索文艺服务义商、服务招商引资工作。举办第三期书画公益培训班，面向机关干部招收学员67人。开展文艺“三服务”活动2105场次。谋划10项改革举措，制定新一轮改革目标，致力打造全省领先、国内一流的示范文联，为高质量建成“世界小商品之都”贡献文艺力量。

春节前夕，组织书法家在企业、农村、社区开展义务写春联活动，送出春联2.6万余对；出版《枣林》杂志6期，《义乌书画》1期。组织开展“送戏下乡”等惠民志愿服务活动530余场，参与服务3000余人。完成6个镇（街道）农村文化礼堂建设指导工作，赠送6个镇（街道）124家文化礼堂书籍5000余册。华川书舍举办商城文艺大观园等文艺展览18场。

【义乌市文学艺术界联合会第六次代表大会】 2019年11月20日，义乌市文学艺术界联合会第六次代表大会在市委党校召开，市委四套班子领导、金华市文联主要领导出席会议，义乌市文联会员代表等200余人参加会议。会议总结义乌市文联第五次文代会以来全市文艺工作，研究部署此后五年的工作思路和目标任务，选举产生新一届文联委员、文联领导班子。

【共绘“一带一路”·第二届中国义乌国际摄影大展】 2018年12月—2019年9月，义乌市人民政府与中国摄影家协会联合主办共绘“一带一路”·第二届中国义乌国际摄影大展。此项大展为全国唯一由中国摄影家协会与县级市共同主办的国家级摄影赛事，也是国内唯一以“一带一路”倡议为主题的国家级摄影赛事，摄影作品着眼国家“一带一路”倡议，立足义乌高质量建设“世界小商品之都”，挖掘义乌元素，展现国内、国际与义乌的相关元素。至9月30日，共收到投稿作品2.6万余幅（组），其中来自40余个国家和地区的境外投稿2600余幅（组），评选出入展作品99幅（组），收藏作品10幅（组）。11月8—10日，获奖作品在第15届中国义乌文化和旅游产品交易博览会上展出。

（丁　扬）

社科工作

【概况】 2019年，义乌市社科联按照第二批群团改革的要求，召开义乌市社会科学界联合会第三次代表大会，选举产生新一届领导班子。指导培育社会科学普及基地，新增社会科学普及基地11家。研究制定出台《义乌市哲学社会科学研究课题管理办法》，公布社科市情研究基地，开展首次哲学社会科学课题研究申报立项工作。完成金华市社科课题申报，立项重点课题5项，一般课题7项。组织开展社科理论征文、研讨、咨询和科普周等系列活动。加强社科队伍建设，建立完善社科专家库。报送义乌社科信息，被省社科采用12篇。年内，义乌市社科联被省社科联评为年度“工作量化考核优秀单位”。

【社科研究】 2019年4月30日，市社科联制定出台《义乌市哲学社会科学研究课题管理办法》，明确义乌市哲学社会科学课题立项指导思想及管理责任，义乌市哲学社会科学课题由市社科联负责管理，课题负责人所在单位配合管理本单位的社科课题。同日，市社科联下发通知，组织开展义乌市首次哲学社会科学课题申报工作。至6月10日，收到各类申报课题65项。经专家评审，“义乌融入长三角一体化战略挑战与路径研究”等23项课题立为2019年度重点课题，“打造‘诗路义乌’的前瞻性研究”等20项课题立为一般课题。为便于广大社科工作者及时了解掌握全市经济社会快速发展的新趋势。7月19日，市社科联公布市场集团、市行政服务中心、稠城街道办事处、市陆港集团、城西街道七一村为义乌市2019年社科市情研究基地。至年底，23项重点课题和17项一般课题完成上报课题结题并通过专家组审定验收。

【社科换届】 2019年5月28日，在义乌市银都酒店三楼召开义乌市社会科学界联合会第三次代表大会，省社科联主席，金华市社科联、义乌市四套班子相关领导，全市社科界人士120余人参加会议。会议总结回顾市社科联第二届理事会工作情况，研究部署2019—2024年市社科联工作的目标任务，会议听取并审议《义乌市社会科学界联合会第二届理事会工作报告》，审议通过《义乌市社会科学界联合会章程》，选举产生市社科联第三届理事会理事27人，选举产生毛新荣任社科联主席，何晓东、周松强、李妍、周拥军任副主席，张子民任秘书长。6月22日，市社科联第三届理事会正副主席选举结果，报送市委研究同意，正式批复。7月3日，市社科联召开主席办公会议，按照社科联专、兼、挂领导配备，落实分工，明确职责。

【社科普及周】 2019年9月30日，由市委宣传部主办，市社科联、市教育局、城西街道党工委办事处承办，市委党史研究室（市地方志编纂室）、望道中学、诗词楹联学会、实验小学教育集团协办的2019年义乌市社会科学普及周活动启动仪式在望道中学举行。39家社科普及基地负责人和具体工作人员参加活动。活动现场为义乌市第二批社科普及基地进行授牌，举行社科普及系列读本《义乌名家诗选注》《义乌历代绝句一百首》《七彩中国节》社科普及系列读本的赠送发放等系列活动。实地参观陈望道励志教育馆和庆祝中华人民共和国成立70周年义乌发展图片展。其间，围绕中华人民共和国成立70周年和第二批“不忘初心、牢记使命”主题教育，市社科联会同各社科基地创设社科普及系列活动，开展理论征文、社科普及讲座、传统节日活动、创建全国文明城市主题文艺演出、“义新欧”中欧班列图片展、吴晗诞辰110周年纪念展等活动。通过讲座、表演、展览等形式普及社科知识、传播优秀文化、提升公民人文素养，满足人民群众的精神文化需求。

【社科基地】 2019年，新增义乌市本级社会科学普及基地11家（2018年首批公布28家）；新增金华市级社科普及基地4家（七彩中国节气科普馆、三溪堂中医文化博物馆、零七艺术空间、义

2019年义乌市第二批社会科学普及基地名录

表25

序号	社科普及基地名称	地址
1	陈望道励志教育馆	城西街道圣寿路666号
2	三溪堂中医文化博物馆	义东路365号
3	义乌电商展示馆	开运路366号
4	义乌市七墨美术馆	新科路2号义乌市文化馆一楼
5	缸窑村陶艺体验中心	义亭镇缸窑村
6	赤岸镇综合文化站	赤岸镇报国东路16号
7	一峰书院	黎明湖路72号
8	佛堂镇图书馆	佛堂镇文体中心
9	城西街道图书馆	城西街道龙山公园内
10	义乌气象文化展示馆	商城大道J7号
11	义乌市飞扬农机服务专业合作社	商城大道与351国道交叉口

乌电商展示馆）；新增省级社科普及基地1家（陈望道故居）。

【社科活动】 2019年，市社科联组织开展“义乌市庆祝中华人民共和国成立70周年·义乌发展典型示例”和金华市庆祝中华人民共和国成立70周年理论征文活动，公布义乌市优秀理论征文13篇，获金华市优秀理论征文5篇。主办、承办“试验区，来了——义乌社科沙龙第一季”“文明对联我来对”决赛、“传统村落保护发展高峰论坛”等社科活动16场。9月29日，市社科联组织开展“守初心 走基层 送服务”社科咨询活动。组织相关部门、社会各界的社科工作者20余人，在城西街道办事处举办“桥头遗址保护暨义乌西大门建设座谈会”，围绕桥头遗址保护及义乌西大门建设展开探讨，为义乌文化旅游开发建言献策。

【社科智库建设】 2019年，市社科联注重加强社科队伍建设，建立完善社科专家库（2018年社科联公布首批社科专家60名）。经义乌市社科联推荐，冯志来、牛建农入选省级社科学科组专家，郑加莉等4人获评金华市优秀青年社科工作者。举办社科骨干培训班，邀请省社科联主席蒋承勇作学习习近平新时代中国特色社会主义思想和社科普及等业务知识的专题讲座，金华市决咨委常务副主任胡新民作如何开展地方历史文化研究、应用对策课题研究专题讲座，39家新老社科基地负责人、60名市首批社科专家库成员和11名金华市优秀青年社科工作者参加培训。

（张子民）

报 刊

【概况】 2019年，义乌市融媒体中心共编发《义乌商报》352期，发行《义乌商报》7.05万份。刊发稿件7.52万余篇，其中图片1.43万幅，用稿2800万字。组织实施“中华人民共和国成立70周年”“不忘初心、牢记使命”主题教育、“国际贸易综合改革试验区建设”等重大主题报道，形成专题策划方案50余个。

【重大主题报道】 2019年，《义乌商报》组织实施“中华人民共和国成立70周年”“不忘初心、牢记使命”主题教育、“国际贸易综合改革试验区建设”等重大主题报道，设置《壮丽70年，奋斗新时代》《不忘初心、牢记使命》《对标自贸区，干实试验区》《义乌故事》等栏目，助力义乌优化营商环境，营造创业创新良好舆论氛围。1月，省委、省政府批复《义乌国际贸易综合改革试验区框架方案》，推出专栏《对标自贸区，干实试验区》，报道全市上下抢抓历史机遇，奋力拼出干出改革开放新奇迹，积极投身高质量高水平建设“世界小商品之都”。7月，推出人物专栏《义乌故事》，刊发来自全球各地创业者，在义乌创业创新的故事，每个工作日刊发1篇，全年刊发报道90篇。

【拓展产业经营领域】 2019年，立足客户需求，及时调整经营策略和结构，实施“活动+服务”广告营销模式。5—11月，策划“合作单位运动会”活动，举办包括毅行、拔河、篮球等活动5场。5月，义乌商报社印刷厂胶印车间从北苑拥军路206号搬迁至望道路319号，业务从单一的报纸印刷向多元化印刷发展，印务公司营业收入1084万元，同比增长34%。10月1日，结合中华人民共和国成立70周年，出版特刊30余个，创收150万元。商报教育产业部每周举办小记者采风活动，通过活动带动营收，全年创收100万元。至年底，《义乌商报》广告创收2000万元，同比增长100万元。

（陈晓文）

广播电视

【概况】 2019年，义乌市融媒体中心电视频道组收视份额达25%，位列全省县级台首位。外宣工作再创佳绩，广播、电视分别获省新闻协作特等奖，新媒体获得一等奖，获上送中央电视台、中央人民广播电台十强单位；各类新闻、技术作品获得省级以上奖项29个。市融媒体中心全年创收2.4亿元，整体实力走在全国县市级媒体前列。

突出中华人民共和国成立

70周年，“不忘初心、牢记使命”主题教育、“国际贸易综合改革试验区建设”等重大主题，围绕“最多跑一次”“创建全国文明城市”“壮大民营经济”“城市有机更新”等中心工作，广播、电视频道组开设《壮丽70年，奋斗新时代》《对标自贸区，干实试验区》《深化大调研，推进三服务》《改革体验录》等专题专栏50余个。

重点围绕文明创建、“五水共治”、民生实事，每天安排播出监督新闻，并进行跟踪报道，结合改革体验官，做好深度调查，提升监督报道的广度和深度。全年采编监督报道800余条，其中《特别关注》播出152期，监督报道有反馈或促进问题解决的占95%。

深化“最多跑一次”改革，守基础拓新业，提高运维服务质量，全年数字电视及网络业务总创收1.1亿元，同比增长7%。其中数字电视基础业务创收5404.97万元，数字电视基础用户主终端19.48万户，互动终端6.32万个、宽带2.96万线；新增监控数量3000余路，监控总量1.2万路，业务实现从低端向中高端过渡。

【广播剧《真理的味道》获省“五个一”工程奖】 2018年，义乌市广播电视台与浙江广电集团交通之声携手开始创作广播剧《真理的味道》。广播剧以“声音版党史”为目标，历时1年，剧本经12次修改，2019年3月下旬，录制完成3集广播连续剧《真理的味道》。由中央广播电视总台央广导演蔡淑文担任艺术指导，曹海玲和董慧临担任编剧，阚平担任导演，中央音乐学院青年作曲家郝维亚担任作曲，第13届广播剧专家奖最佳男演员赵岭扮演陈望道，吕中、洪涛、严燕生等国家一级演员领衔主演。此剧从1919年陈望道日本回国切入，围绕陈望道和村里的旧势力作斗争、翻译《共产党宣言》等线索展开。以1921年7月中国共产党成立结尾，以当时动乱的社会为背景，突出寻求救国之路的进步人士群像。全剧运用大量独特的拟音来展示情境，融入义乌民间童谣、义乌道情，具有鲜活的义乌印记。2019年，广播连续剧《真理的味道》在义乌市分水塘村举行全网移动端首播仪式。同年8月，广播剧《真理的味道》获浙江省“五个一”工程奖。

【建设后宅融媒体分中心】 2019年9月，成立后宅融媒体分中心，宣传阵地进一步向基层延伸，打通基层宣传思想工作到达群众的“最后一千米”。建设街道宣传枢纽，设立融媒体分中心宣传骨干队伍、社会宣传信息员队伍、党员共建队伍和社区服务队伍4支队伍，融合党员教育共建平台、文明创建促进平台、文化礼堂交流平台、信息数据互动平台和社区宣传服务平台5个平台，实现全域传播。至年底，全市完成融媒体分中心网络平台的搭建和宣传信息员队伍的组建，在后宅街道各媒体平台发布各类新闻、信息和短视频50余条，在市融媒体中心平台发布20余条，在《浙江卫视》播出新时代文明实践活动新闻2条。

（朱锦文）

卫生健康

综　述

【概况】2019年，全市有各类医疗卫生机构904家，其中，三级以上医院4家，综合性医院11家，专科医院22家（中医专科3家，中西医结合专科1家），镇（街道）中心卫生院14家，社区卫生服务站200家，村卫生室160家，各类诊所、门诊部、医务室497家。实际开放床位7062张，其中三级以上医院床位数3341张。全市卫生技术人员9076人，其中注册执业医师和职业助理医师5000人，注册职业护士5725人。

加快实施卫生工程建设，全年完成有效投资3.24亿元。市中心医院室外附属改造工程进入施工图设计阶段，浙江大学医学院附属第四医院（简称“浙医四院”）国保和教学科研楼完成功能流程设计，口腔医院完成设计招标等前期准备工作，复元老年康复医院主体结顶，佛堂卫生院工程完工投用。

深化与浙江大学市校合作，强化市中医院和岳阳医院合作，推动浙医四院纳入省级医院管理。浙医四院、市中心医院通过国家级胸痛中心、卒中中心认证，区域危急重症的救治能力明显增强。推广多学科诊疗服务模式，对肿瘤、疑难复杂疾病患者，提供“一站式”综合诊疗服务。推动区域医学影像、心电等共享中心建设，全年共享影像诊断1.07万例。

整合资源优化服务，在全省首创出生事项“六合一”联办新机制，全年办理8300余件，联办率逾90%。推出“健康服务一号通”，拨打96150即可享受预约挂号、转诊引导、健康咨询等服务。推进就医结算多元化，实行门诊“医后付”、住院病人“零押金、信用住”，完成医后付账1.04万单，支付金额111.6万元；为5.41万人次提供零押金住院服务，总金额4.3亿元。在全市二级以上医院实行慢特病种证无感智办，办证3500余本。开通用血费用直免服务，无偿献血者的临床用血费用由医院自动识别并直接减免，无需跑血站报销。启动二级及以下医疗机构“两证合一”审批制改革工作，办理新执业登记125家。实现生育登记事项“浙里办”APP掌上办，共办理8088例。落实“以奖代补”政策，与市政法委等部门联合完善“以奖代补”监护责任经费发放流程。

建设“一体化病房、名医工作室、全专科联合门诊”3个平台，开设一体化病房11家、名医工作室19家、全专科联合门诊39家，儿科联盟在基层7家单位开展工作，每月有200余名各科专家在基层坐诊。开展国际化全科医师培训、专科技能模块培训、医共体特色人才培养，助力基层人才队伍提升。依托浙医四院和加拿大阿尔伯塔大学共建全科医生能力提升培训项目，第一期17名学员结业。

落实健康义乌建设，制定并下发2019年健康义乌工作要点和考核细则，召集召开健康义乌工作布置暨政策培训会及健康义乌建设领导小组会议，启动义乌市实施健康中国行动。

巩固全国基层中医药先进市创建成果，启动创建国家中医药综合改革示范区工作，支持市中医医院“朱丹溪中医药文化”“三溪堂中药炮制技艺”联合申报国家级非物质文化遗产。

保障公共卫生安全，科学处置本地登革热1例和输入性登革热36例，输入性疟疾30例，输入性基孔肯雅热病3例，未出现续发病例。

结合重大宣传日，市卫生健康局（简称“卫健局”）联合市疾控中心、各镇（街道）卫生院、市公交传媒公司举办计划生育宣传教育活动，累计向群众发放宣传资料5000余份，接受义诊、咨询服务500余人次，免费发放避孕药具1.6万份，提供各项计划生育技术服务3.89万例。完成城西街道、上溪镇、义亭镇、赤岸镇育龄妇女“两癌”筛查2.47万人，确诊宫颈癌病人6例，宫颈癌前病变68人；确诊乳腺癌21例。完成流动人口“三查”520人次。实施计生奖励扶助政策，奖励独生子女户1.19万人、二女户5001人，发放特扶奖金2977.56万元。

开展常态化的国卫督导机制，加强国卫巩固宣传，新增灯杆广告宣传900余杆，累计交办问题图片2000余张。义乌市通过第四轮国家卫生城市复审。

【义浦同城血液保障联动】 2019年4月4日，义乌市中心血站与浦江县采供血点在义乌市卫健局签订“义乌—浦江”同城血液保障联动协议书。协议约定义浦两地在此后三年时间里，在突发事件血液保障、危重症病人的抢救、季节性缺血调度、血液资源的有效利用和采供血工作人员的技术水平提升5个方面开展合作，推动血液保障联动机制创新和管理创新。

【全市首家医共体人才学院】 2019年6月26日，市中心医院医共体人才学院挂牌成立，为全市首家医共体人才学院。学院设视频会议系统，声音、视频、文件资料可实现异地实时互联、传输，支持多会场、多视角、多画面同时接入，覆盖医共体内所有院区医疗、教学、科研、管理等领域。借助此平台，中心医院医共体各院区成员可实时进行日常会议、教学培训、远程会诊等活动。

【“互联网+智慧医疗”研讨会】 2019年7月13日，由《健康报》主办，浙江省医院协会民营医院分会协办，天祥东方医院承办的“互联网+智慧医疗”研讨会在义乌市天祥东方医院举行，各省内外民营医院院长、医患友好建设单位代表40余人参会。研讨会围绕“互联网+智慧医疗”主题，深度剖析、探讨智慧健康保障体系推动医疗服务高质量发展，医患友好度建设与医疗服务智慧化的相关性与融合度认识，改善医疗服务成效的多方位评价，“医患友好度”品牌建设的积极意义等内容，聚焦“互联网+智慧医疗”对促进医改实施，支撑政府管理，支持医疗机构提升服务水平，助力“健康中国”国家战略的积极意义。天祥东方医院院长作《基于医患友好理念的医疗服务智慧化实践与分享》主旨演讲，介绍医院的做法。

卫生改革

【概况】 2019年，浙医四院、市中心医院和市皮肤病医院探索开展“互联网医院”，推出“互联网＋医疗”“互联网＋护理”等服务项目。深化“云药房”项目，与签约服务、慢性病管理、专家义诊相结合，方便基层患者就医，全年开具处方1.95万份，惠及1.86万人次。在实现全市医疗单位检验检查结果共享调阅的基础上，与浙江大学医学院附属第一医院（简称“浙医一院”）等17家省级医院实现信息互通，可查询在17家省级医院所做的检验报告。市属医院推出“刷脸支付”服务，新增人脸识别系统在挂号、支付等医疗服务领域的应用。

加快医共体建设，因地制宜推出“三种模式”，组建“浙医四院、市中心医院、市中医医院”牵头的3个医共体，形成省级医院直接参与、浙医一院托管联合参与、鲜明中医特色的3类医共体运行模式。制定印发配套政策20余项，完成具体任务108项，实现医共体“一家人、一盘棋、一本账”，整合型医疗卫生服务体系初步形成。年内，市卫健局被省卫健委列为2019年度考核优秀。

根据义乌市医共体改革部署，对全市药品目录进行调整，将部分抗癌药品以及通过一致性评价的药品进行增补。制定下发各级公立医疗机构的慢性病全市统一目录，全市各级公立医疗机构慢性病目录实现统一，开展统一各医共体药品采购账号。指导各级医疗机构完成药品采购销售价格调整工作，修订公立医疗机构的药械考核细则。

【义乌市卫生健康局挂牌成立】 2019年1月19日，义乌市卫生健康局挂牌成立。将市卫生和计划生育委员会、市深化医药卫生体制改革领导小组办公室的职责，市民政局承担的市老龄工作委员会办公室职责，市安全生产监督管理局的职业安全健康监督管理职责等整合，组建市卫生健康局。保留市老龄工作委员会，日常工作由市卫生健康局承担。不再保留市卫生和计划生育委员会、市深化医药卫生体制改革领导小组办公室。原市卫生和计划生育委员会的药械集中采购和监督管理有关职责，整合进市医疗保障局。市卫生健康局围绕"建设健康义乌、打造浙中医疗高地"目标，以深化医疗服务领域"最多跑一次改革"为重点，以加快推进医共体建设为主线，深化医疗服务综合改革，不断夯实医疗服务基础，提升医疗服务质量，有效缓解群众"看病难、看病烦"问题。

【医共体信息化建设】 2019年4月，义乌市卫生健康局被浙江省卫生健康委员会确定为全省14个医共体信息化建设试点之一。义乌市卫生健康局制定《义乌市医共体信息化建设指导意见（试行）》，针对医共体新的管理模式和医疗流程，明确建立县域医共体集成平台、医共体一体化运营系统、医共体协同服务、医共体质控服务、医共体综合管理服务、医共体便民服务及现有系统升级改造等建设内容。通过义乌市区域全民健康信息平台和数据交换平台，完成数据交换体系的初步建设、全市医疗数据仓库建设，并以此作为支撑完成全市居民健康档案浏览器等内容的建设，实现医共体内部成员单位之间相互调阅诊疗记录和健康档案，共提供调阅服务27.3万次，诊疗提醒服务1039万次。实现全市医疗单位诊疗数据、收费信息、检查检验数据等互通共享和对接，与浙江省检验检查共享平台对接，实现义乌市检验检查结果和17家省级医院共享。通过全市分级诊疗平台，实现医共体内部和医共体之间的双向转诊服务，提供住院转诊服务7.54万人次。通过区域影像平台，实现医共体远程影像会诊、心电会诊和图像报告共享。通过合理用药系统，实现药事服务处方集中点评和合理用药质控。

【"健康服务一号通"热线】 2019年8月30日，96150"健康服务一号通"热线上线运行。热线整合各医疗卫生单位服务热线电话，采取虚拟总机的模式，开通就医导诊、预约挂号、业务咨询、投诉举报、意见建议5项服务功能。市民拨打96150热线，即可享受预约挂号、分级诊疗、转诊引导、健康咨询、投诉举报等服务。至年底，"健康服务一号通"热线平台接入浙医四院、市中心医院、市中医医院、市妇幼保健院等医疗卫生单位，接听来电1062起，其中，健康咨询380起，预约挂号682起。

疾病防控

【概况】 2019年，调查处置散发传染病个案333例。其中，蚊媒传染病78例，肠道传染病34例，呼吸道传染病211例，自然疫源性疾病10例。调查处置疫情69起。落实登革热等蚊媒传染病精准防控，全年检测登革热等输入性蚊媒传染病相关标本513份，新报告HIV/AIDS共258例，其中HIV感染者190例，AIDS68例。发现登革热输入病例36例，基孔肯雅热输入病例3例。推进艾滋病防控，市疾控中心对193例患艾滋病未治疗病例开展追踪协查，成功动员40人进行抗病毒治疗。至11月底，全市艾滋病抗病毒治疗比例达94.69%。升级改造市疾控中心中心VCT门诊，提升咨询检测环境，改善咨询体验。优化咨询流程，对可疑病例采用快检，结果采用短信方式及时向咨询人员反馈。

规范实施预防接种工作，

2019年，全市共建证建卡4.44万人次，其中，本地儿童1.1万人次，流动儿童3.34万人次（占75.2%）。规范免疫规划疫苗接种管理，率先启动“免疫规划六证合一”联办机制，在产科医院办理新生儿的预防接种证并进行接种。年内，市疾控中心健康技能培训中心开展青少年健康夏令营2期，60人参与夏令营接受健康技能培训与四大健康主题互动课程体验。

【合作建立疫情信息交换和通报机制】 2019年4月，义乌市疾控中心与义乌海关签署“关于应对口岸输入性传染病合作协议”，双方建立疫情信息交换和通报机制，加强技术交流与合作，全年义乌海关主动发现登革热输入性病例4例。

【义亭小学获评“中国学生营养与健康示范学校”】 2019年4月，义亭小学成功创建“中国学生营养与健康示范学校”。2017年4月，义乌市启动“营养校园”试点项目，为浙江省唯一营养校园试点县（市），在浙师大附属义乌实验学校、北苑小学和义亭小学3所学校开展试点工作。试点学校定期开展针对教师、食堂工作人员、学生、家长的培训教育和营养与健康知识讲座，发放各种宣传折页、科普书籍、膳食宝塔实物模型、平衡膳食爱心借还伞等宣传材料，设置营养宣传走廊、营养宣传橱窗、健康小屋，结合5·20学生营养日、全民营养周系列活动，营造营养校园氛围。开展手抄报比赛、学农实践活动、在校园内开辟土地或小农场等形式多样的活动，形成“一阵地、二平台、三机制、四提升”的1234营养校园工作模式，学生、家长和教师的营养健康知识显著提高。

【预防接种信息系统查验证工作】 2019年，义乌市在全省率先开展信息系统查验证工作，改变以往先由学校收取儿童预防接种证，再转交属地接种门诊医生人工查验的陈旧模式，由学校、托幼机构利用信息化系统在儿童入托入学时开展预防接种证的查验工作。4月，在北苑街道辖区的学校和托幼机构开展试点。9月，在全市推开信息系统查验证工作，加强线上查验证工作的督导管理、及时解答相关问题，完成秋季查验证工作。全市各镇（街道）入托入学儿童的查验率、建证率、建卡率均为100%，补种后免疫规划疫苗全程接种率逾95%，达到相应指标的要求。

【控烟宣传】 2019年5月31日，市疾控中心联合市环保局、市中心医院在义乌之心广场开展控烟快闪宣传活动。现场演唱原创歌曲《我们一起来控烟》，宣传呼吁市民控烟。开展“寻找最美控烟声音”朗读活动。与市图书馆合作开展“因为我爱你我要告诉你”无烟环境倡导全民朗读活动，通过图书馆等6个朗读亭及微信小程序线上参与形式，提供16篇有关控烟文章、诗歌、书信朗读素材，供市民朗读制作成音频资料分享至朋友圈，扩大宣传范围。119名朗读者参与活动，活动访问量7700余人次。

【百日咳项目基线调查】 2019年，义乌市开展《以人群为基础的百日咳实验室主动监测研究》（国家百日咳项目）。收集上报2018年义乌市人口学信息数据和医疗机构门急诊及住院人数、2015—2019年百日咳相关疫苗接种剂次数等数据。10月9日，通过入户访谈形式开展社区人群慢性咳嗽医疗服务利用调查。至12月，完成14个镇（街道）50个村（社区）调查问卷9000余份。根据问卷数据分析结果，确定浙医四院、市中心医院和市妇幼保健院为监测点，为提高全国百日咳疾病防治水平及新疫苗研发提供资源和数据支撑。

社区卫生

【概况】 义乌市共有镇（街道）中心卫生院14家，社区卫生服务站200家，4月30日，义乌市14家镇街卫生院（社区卫生服务中心）作为三大医共体成员单位举行揭牌仪式，开启浙江大学附属第四医院医共体、市中心医院医共体、市中医医院医共体三大医共体建设新篇章。年内，北苑街道社区卫生服务中心心血管病高危人群早期筛查与综合干预项目共完成初筛2269人，检出高危对象515人，进行面对面高危干预503人，长期随访

4738人，北苑街道社区卫生服务中心获浙江省《心血管病高危人群早期筛查与综合干预项目》2019年度先进单位。后宅街道社区卫生服务中心成功创建优质服务基层行推荐单位，获国家卫健委通报表彰。

【外籍人员签约家庭医生】 2019年2月，为更好地服务辖区的外籍人员，让辖区外籍人员更有归属感，江东街道社区卫生服务中心制定《进一步深化"最多跑一次"改革实施方案》，推行外籍人员签约服务。5月15日，来自伊拉克的6月龄婴儿与江东街道社区卫生服务中心医生应晓峰完成首例外籍人员签约服务。江东街道社区卫生服务中心提供外籍人员与义乌市民同质化、同城化的健康服务，根据需求提供个性化的签约服务包。

【稠城中心卫生院开设长护病房】 2019年4月，稠城中心卫生院探索医养结合病房管理模式，针对失能患者在门诊五楼开设长护病房。聘请专业护士1人，护理员7人，内科医生常规查房每天1次，以"有病则医，无病则养"的原则，病房管理标准化，根据患者具体需求，提供针对性的医疗服务。至年底，长护病房开放床位30张，收治失能患者28人。长护病房的开设解决了失能老人就医难的问题，减轻患者家属护理及家庭经济负担。

【脑卒中的防治】 2019年6月，市中医医院医共体大陈院区添置便携B超仪，依托红领半月巡、家庭医生下乡随访、农民健康体检、家庭医生签约服务、医共体义诊等活动，为辖区居民免费开展颈动脉斑块筛查。通过宣教、筛查加干预的模式，提高辖区居民对脑卒中的健康意识、防病意识和治病意识，在促进医院慢病管理工作的同时加快推进基层"医防融合"。至年底，完成免费颈动脉斑块筛查24次，服务辖区居民1800人，查出有斑块1284人，斑块检出率71.33%，其中软斑129人。

【首家中风病防治健康家园】 2019年6月，金华市名医、义乌市中医医院脑病二科主任中医师宋大桥带领市中医医院医共体城西院区中医科全体成员，成立"名医工作室"。工作室团队每周安排人员到基层名医工作室坐诊，定期到病房（康复病区）查房，开展每月一次的学术讨论和交流，通过专家传、帮、带，培养中青年专家和临床学科接班人。依托名医工作室，成立义乌首家中风病防治健康家园，利用家庭医生签约服务平台，将疾病治疗与健康管理手段相结合开展活动，提升目标人群健康素养水平和探索中风病防治的精细化管理水平，降低辖区中风发病率。至年底，共开展中风病防治健康家园活动4期，为210余名慢性病患者或中风病高危人群，提供免费量血压、测血糖、量腰围、测身高体重、心电图检查和颈动脉筛查等诊疗服务和健康生活方式指导、干预。

【设立营养门诊】 2019年7月，北苑街道社区卫生服务中心开设营养门诊。每周二、五全天为辖区的营养性疾病患者，低危、高危儿设立绿色通道，为家属解决实际的营养问题，提高就诊效率。至年底，管理本地274人，非辖区58人，按照管理规范进行管理，为中度以上贫血、肥胖、消瘦、低体重的儿童给予针对性的指导。

【佛堂中心卫生院投用】 2019年12月31日，义乌市第二人民医院佛堂院区（佛堂中心卫生院）试运行。佛堂中心卫生院新院区位于佛堂镇中心佛赤路西侧，占地2公顷，建筑面积2.1万平方米，总投资7000余万元，规划床位200张。试运行期间开放急诊科、全科内科、全科外科、中医科等科室。为市民提供常见病、多发病的诊疗，及婴幼儿的预防接种、体检；孕产妇建册、孕期宣教、心理筛查等服务。

卫生监督执法

【概况】 2019年，市卫生监督所检查各类单位300余家，劝阻吸烟人员160余人次，立案4起。5月23日，制定下发《卫生监督所人员下沉实施方案》，对科室和分所设置进行调整，开展中层竞聘和职工双向选择，取消科室设置，除借用人员外，其余正式职工全部下沉至14个镇（街道）。对业务线进行整合，设置医疗与传染、职业卫生、公共场所与爱国卫生、学校与饮用水四大业务线。为迎接国家卫生城市复审，对重点区域、重点路线、重点场所进行地毯式的检查，巡查各类单位2000余家次，发放资料3000余份。

推动“多证合一”证照联办，实现《放射诊疗许可证》《辐射安全许可证》两证联办，取消放射诊疗建设项目职业病危害预评价审核环节。证件年检采用上门年检方式，保障被监管单位“零”跑腿。年内，市卫健局通过省卫健委验收，成为全省首批规范化执法单位。

【卫生监督纳入“一网通管”】 2019年3月16日，浙江省卫生健康系统支持义乌“一网通管”试点对口建设启动暨清单梳理工作。省专家团队和义乌市卫生监督所业务骨干组成浙江省行政执法监管平台试点工作专班，对执法监管事项清单和检查表单进行梳理，涉及监管对象一级目录14个，监管事项主项130项，监管事项子项973项，监管内容1006项，并全部导入“一网通管”系统。4月15日，义乌市全面推广应用浙政钉掌上执法系统，启用“一网通管”项目，卫生监督纳入“一网通管”执法应用。至年底，在执法监管平台和浙政钉掌上执法系统设置完成专项任务26个，双随机任务54个，检查3820家次。其中，联合市市场监管局、市医疗保障局、市住建局等部门开展跨部门联合执法专项行动11次，涉及医疗美容、口腔医疗机构医疗器械使用、疫苗流通与预防接种、二次供水、生活美容场所等领域，抽取检查对象184家，执法成效明显。

【推广使用医疗废物采集终（智慧小车）】 2019年，义乌市在医疗废物统收统管的基础上，推广使用医疗废物采集终端（智慧小车）。此采集终端系统包含医疗废物暂存点、门诊输液室等医疗废物重点产生科室、主要运输线路、医院污水消毒处理间等部位的监控画面，医疗废物在医院内的分类收集、转运、暂存直至处置公司收运等各道程序间各项数据。实现医废全过程远程监管的信息化监管新模式，追溯医疗废物“从产生到处置”的全过程，有效提高监管的针对性和及时性，实现医疗废物信息化管理。至年底，市卫生监督所立案处罚医疗废物处置不规范的医疗机构9家，罚款1.1万元。

卫生急救

【概况】 2019年，全市有急救站（点）16个，其中，城中站7个，镇（街道）急救站9个，配备24小时值班车辆19辆。全年接听120急救电话11.49万个，派出急救车4.03万次，接治病人3.02万人。完成110应急联动任务1.22万次，参加各类保障任务17次，举办突发事件及反恐演练2次。7月2日，城西急救站开通运行。加强对急救车辆的标准化管理，统一急救车辆的标识、编号和车载设备配置标准，完善院前救护车定期查验和报废更新制度，完成义西、义东、后宅急救站车辆更新。

完善全市院前医疗急救业务管理信息平台建设，市急救中心与浙医四院、市中心医院、復元医院胸痛中心、脑卒中中心签约，院前急救与胸痛中心、脑卒中中心形成网络，使患者信息院前院内共享，救护车内全面配备带有实时传输功能的十二导联心电监护仪用于院前急救，提高院前急救综合施救服务及急（危）重患者救治成功水平。

10月，义乌市急救中心代表队参加第九届金华市院前急救知识和操作技能竞赛，获团体一等奖、调度员个人一等奖、医生个人一等奖、驾驶员个人二等奖。年内，市中心医院被浙江省县域医共体急救联盟授予“常务理事单位”。

【公益急救培训实现常态化】 2019年3月15日，义乌市启动“医心为民、救（就）在身边”公益急救培训进市场、进机关、进学校、进企业、进社区和进农村的“六进”活动。到19所学校、7家机关单位、6家企业、6个社区、6个村、1个市场，为大中学生、驾驶员、公安消防人员、市场经营户、车站机场工作人员等人群培训心肺复苏、窒息解除、外伤处理等急救技能。至6月，开展培训45次，4600名普通民众受训。

【开展发热伴血小板减少综合征聚集性疫情应急处置联合演练】 为深入推进义乌市卫生健康局和浦江县卫生健康局战略合作，加强两地传染病联防联控，提高传染病疫情和突发公共卫生事件应急处置能力，2019年4月28日，义乌市卫健局和浦江县卫健局在城西街道分水塘村联合开展发热伴血小板减少综合征聚集性疫情应急处置演练。义乌市疾控中心和浦江县疾控中心卫生应急队伍参加演练，省疾控中心监测所林君芬所长、义乌市卫健局郑智军副局长等领导到现场观摩指导。演练采取现场模拟的方式，模拟城西街道分水塘村出现一起发热伴血小板减少综合征聚集性疫情。接到报告后，疾控中心立即组织应急队伍前往现场调查处置，应急队员按照实战流程，立即开展流行病学调查、病例搜索和密切接触者管理，对模拟病人家庭和劳作场所，进行游离蜱和寄生蜱应急密度监测，采集蜱虫进行种群鉴别和送检检测，并采取病人隔离治疗、密切接触者医学观察、现场消杀处理和健康教育等综合性防控措施。整个演练过程紧张而有序，充分检验了义乌市疾控中心和浦江县疾控中心应对突发公共卫生事件的反应能力，展示了两地协同作战、联防联控的工作机制。演练结束后，省疾控中心监测所林君芬所长对此次联合应急演练给予了充分肯定，对演练过程中出现的细节问题进行了点评和指导，并对今后的卫生应急工作提出了建议和意见。

（陈金春）

【院前急救技能竞赛】 2019年9月22—23日，市急救中心举办第三届义乌市院前急救知识和操作技能竞赛，全市16支院前急救队伍44人参赛。比赛项目为救护车驾驶技能竞赛、理论考试、急救技能模拟操作竞赛。经过比赛，浙医四院急救点、中心医院急救点、天祥医疗东方医院急救点分获团体前三名。

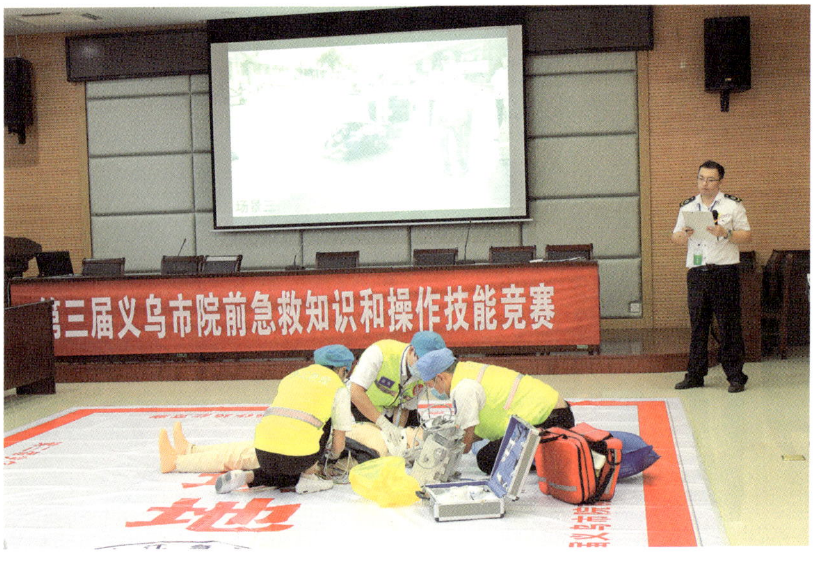

2019年9月23日，第三届义乌市院前急救技能竞赛在急救中心进行急救技能操作比赛　（市中心医院　供图）

妇幼保健

【概况】 2019年，义乌市妇幼保健计划生育服务中心更名为义乌市妇幼保健院，增挂杭州医学院附属义乌妇女儿童医院牌子。辖区产妇总数9151人，孕妇建卡率99.97%，活产数9290人，住院分娩率100%，产后访视率98.48%，孕产妇系统管理率98.43%。全市出生2.19万人，其中，本地户籍9290人，流动人口1.26万人。7岁以下儿童保健覆盖率98.72%，3岁以下儿童系统管理率98.35%。

全市新增叶酸服用7303人，服用率100%。4月，增设7家接产单位为产前筛查采血点。全年户籍孕妇免费产前筛查7169例，免费筛查率98.37%，高风险1298例，无创DNA检测或产前诊断1278例，产前诊断（含无创）率98.46%。免费心理筛查2.65万人次，筛查率95%。接受艾梅乙免费咨询、检测孕妇数（包括流动人口）3.23万人，咨询检测率100%。

为0~3岁儿童免费开展早期发育筛查，确诊各类异常患儿1312人，均接受指导干预训练。完成新入园儿童体检2.46万人，为托幼机构集居儿童体检7.83万人，体检率98.82%。举办全市保健员、保育员培训班

3期，700名保健医生、2200名保育员参加培训并取得合格证。为托幼机构工作人员体检9812人，发放健康证9596本，发放率97.79%。

接受免费婚前医学检查7634人，新婚婚检率90.51%。完成国家免费孕前优生健康检查7156对，筛查出高风险人群195人，对高风险人群进行追踪随访管理，随访咨询率100%。

【市妇幼保健院新院区投用】 2019年1月10日，市妇幼保健院迁建工程完成投用。市妇幼保健院新院位于新科路与杨村路交叉口，2014年11月开工建设，投资5.3亿元，占地5.33公顷。2018年6月，新院区进行设备调试，同年12月24日，新院区试运营。门诊楼共4层，1~3层为急诊、门诊及超声、放射、检验、功能检查科室等医技窗口，4层为手术室及分娩室。市妇幼保健院创建于1952年，是一家以妇科、儿科为专科特色的公立三级乙等妇科保健专科医院，至2019年，医院有员工800余人，高级职称130余人，配有50万元以上大型诊疗设备39台，其中超百万的放射科乳腺肌、西门子乳腺彩超等设备21台。

【"铃兰"系列科普宣教活动】 2019年4月30日，在城西街道举行第四轮"两癌"筛查暨"铃兰"科普行动启动仪式，市卫健局、市妇联、城西街道党工委、市妇幼保健院、城西街道社区卫生服务中心联合推出"铃兰"系列科普宣教活动。出台"铃兰"健康教育读本，为辖区妇女普及健康保健知识，预防和减少疾病的发生；推出"铃兰"健康沙龙，围绕"盆底健康""更年期健康"等问题，邀请妇科专家进行健康指导和讲座。至年底，累计下村宣讲20场，授课10次，覆盖31个行政村，发放铃兰健康读本3000余本，折页6000余份。举办"铃兰健康沙龙"活动2期，网络发布"铃兰"健康科普宣传系列8期，受益2万余人次。落实适龄妇女两癌筛查工作，完成适龄妇女两癌筛查5956人，到检率70.07%。

市妇幼保健院外景　　（城投集团供图　2019年7月摄）

【新生儿先天性心脏病筛查】 2019年，浙江省政府将"加强出生缺陷防治工作，对筛查可疑阳性患儿开展心脏超声检查"纳入年度十方面民生实事。5月底，义乌市开展新生儿先天性心脏病筛查、先天性心脏病筛查，对听诊有心脏杂音的，列为疑似病例进一步检查。至年底，共筛查1.03万人，上传心超报告1202例，筛查阳性236人，确诊先天性心脏病109例，出生缺陷知识普及1.4万人。

中医中药

【概况】 2019年，市中医医院深化"最多跑一次"改革，推广多学科诊疗模式，推行"先诊疗后付费""住后付"、集中预约服务、优化服务流程、无感智办、出生六合一联办等服务功能30余项。推进"清廉医院"建设，开展"拒收红包，义行中医"专项活动，强化担当责任，创办《丹溪清风》期刊，创新廉政教育载体。开展阳光用药专项督查，规范医生合理用药。

【三溪堂中药煎药配送中心】 2019年4月17日，三溪堂中医保健院煎药制剂中心整体搬迁至三溪堂中药煎药配送中心。三溪堂中药煎药配送中心，面积2000余平方米，药液灌装间采用国家GMP规范D级洁净区管理，配备自动加水系统和传输线，使用国内先进煎药软件，自动管控接方、审方、配方、审核、浸泡、煎药、灌装、配送等环节，360度无盲区全程电子监控，可为各医疗机构和国医馆提供中药配送、煎药、膏方、丸剂、中药制剂代加工等服务，顾客通过微信随时查询自己的处方状态和物流追踪。至年底，三溪堂中药煎药配送中心为浙医四院、市妇幼保健院、三溪堂中医保健院、横店文荣医院等省内外医疗机构提供代煎服务，其中金华市内医疗机构16家。

【市中医医院医共体成立】 2019年4月30日，市中医医院与北苑街道社区卫生服务中心、城西街道社区卫生服务中心、赤岸中心卫生院、大陈中心卫生院4家医疗单位组成医疗服务共同体。通过机构和资源整合，制定医共体章程和权责清单，成立七大管理中心，实现扁平化管理，医共体内用药、器械、耗材统一采购、统一管理。成立全专科门诊和名医工作室，吸收学徒17人。加强一体化病房建设，派驻13名科主任和护士长，实现同质化管理。建立医共体影像、心电、检验、病理、消毒供应、远程会诊等共享中心，实行医共体内全员岗位管理，统一定岗定编和职称聘任，财务绩效集中统一管理评价。推进分级诊疗制度，提升家庭医生签约率和服务水平，进一步落实基本公共卫生服务。

【义乌外商体验中医药文化】 2019年12月15日，“一带一路”国际商协会合作联盟和三溪堂中医保健院共同主办“世界义商三溪堂中医药文化之旅”。来自俄罗斯、巴西、墨西哥等国家的外商代表30人，实地探访赤岸镇中华养生丹溪文化园、三溪堂百草园，参观三溪堂中医药博物馆，体验中医把脉辨证，经络分析检测，了解中医药文化历史，学习中医药科普知识。

医政管理

【概　况】 2019年，优化“智慧健康”项目，智慧医疗云系统接入14家基层医疗机构和义乌市精神卫生中心、277个社区卫生服务站，一体化整合云HIS、云公卫、云体检、云LIS、云EMR等10个系统，统一对接医保结算、妇幼系统、计免系统、区域影像系统等18项内容，日在线医护人员3300余人，日门诊量1.8万人次，日门诊电子病历1.7万份。区域数据中心采集数据806G，其中，完成健康档案83.45万份，门诊电子病历数据358.74万份，住院病案首页42万份，体检数据25.7万份，检查数据507万条，化验数据1632万条，各医院每日数据上传率逾98%。定期到卫生院（社区卫生服务中心）开展系统巡访，完成智慧医疗云需求处理和系统维护900余项。

全市统一支付平台共结算393.1万笔8.37亿元，月结算5300万元。完善健康义乌APP功能，新增名义专栏、红黑榜等功能，共接入医院18家，注册用户24.86万人，全年提供在线挂号预约服务20.9万人次，预防接种预约25.5万人次。

发放电子健康卡77.3万张。开展“两卡融合”项目，通过“浙里办”APP实现居民电子健康卡和电子社保卡互绑互认，医保结算和自费结算通过一码实现。浙医四院、中心医院、市中医医院、市妇幼保健院实现基于浙里办APP的功能开放，在人工窗口、自助机和诊间支持电子健康卡和电子医保卡，实现两卡融合在浙里办APP的在线应用。整合“健康义乌”“浙里办”2个APP预约挂号、候诊查询、查报告单等功能，义亭、苏溪、上溪、稠江、城西5家基层卫生院完成分时段检查预约系统。推进电子票据改革信息化，浙医四院、市中心医院、市中医医院完成电子票据应用。

服务“最多跑一次改革”，实施“医疗服务温馨短信提醒”，全市公立医疗单位通过运营商基站发送温馨短信1639万条，推送医院咨询电话、健康义乌APP下载地址等信息。实施“刷脸就医”项目，浙医四院、市中心医院、市妇幼保健院、市中医医院开通“刷脸就医”服务，市民在缴费可选择“刷脸付”支付方式，全年4家医院完成刷脸支付

7383笔。完善基层医疗财政补偿机制改革信息化项目，增加数据质量控制的信息化项目建设，进一步规范完善绩效补偿机制改革的数据测算。

【首个犬伤中心成立】 2019年1月2日，全市首个犬伤中心在市中心医院成立。配备全省先进的犬伤处置仪器和设备，对狂犬疫苗的运输、存储、使用严格按照规范流程操作。在急诊科开设犬伤门诊，配备医用创口清洗机，提供伤口处理、狂犬疫苗注射和后续治疗等服务，医护人员24小时在岗。至年底，共收治犬伤（包括其它动物伤）病人3000余人。

【开展质量体系文件评审】 2019年3月11日—4月9日，根据《血站管理办法》《血站质量管理规范》《血站实验室质量管理规范》《血液安全及核查指南（2018）》等法律法规，市中心血站开展质量体系文件评审工作。评审后修订的体系文件于5月1日颁布实施，对各科室工作人员进行培训，强化全员质量意识，有效运行质量体系，确保血液质量。

【浙医四院纳入省级医院管理】 2019年4月3日，经浙江省卫生健康委员会批准，浙医四院正式纳入浙江省省级医院管理，机构、床位、大型医用设备等医疗卫生资源配置纳入省公立医院规划，并将学科建设、人才培养和科研管理纳入省级医院管理序列。2019年，医院开设临床科室35个，医技科室15个，开放病区24个，完成门急诊量117.97万人次，同比增长33.64%；出院量3.91万人次，同比增长44.63%；住院手术量1.64万台，同比增长44.88%。医院在职员工1550人，卫技人员1206人，学科带头人28人，高级职称专家107人，博士57人，硕士349人。完成医院“两个三年”发展规划制定，健全医院党委会议和院长办公会议制度，制定医院章程，完成内设机构调整和负责人换届，形成“九部17科办”的创新组织架构。

【举办全国名校招聘工作研讨会】 2019年5月11日，浙江大学医学院、浙医四院、义乌市委人才办、市人社局、市卫健局共同举办的“名市名校·引才育才·共谋发展”——浙江大学医学院附属第四医院名校招聘工作研讨会在义乌市幸福湖国际会议中心召开。来自北京协和医学院、北京大学、清华大学等全国30余所知名高校50余名人才工作专家，义乌市相关单位、周边各县（市卫健局）领导，兄弟医院代表共80余人参加会议。研讨会上，参会人员围绕“一带一路”倡仪背景下医学人才培养与就业展开讨论，并分享医学毕业生的职业选择方向、趋势和特点等热点话题，市人社障局副局长宣讲义乌市人才政策。

【义乌市中医药人才培养基地挂牌成立】 2019年10月29日，义乌市中医药人才培养基地在义乌市中医医院挂牌成立。义乌市中医药人才培养基地借助上海和省城专家资源，为义乌市中医药事业培养医药方面人才。义乌市人民政府副市长骆小俊为义乌市中医药人才培养基地授牌，市中医医院党委书记王宏献、院长楼正亮接牌。

（陈金春）

【胸痛中心通过国家标准版认证】 2019年10月31日，中国胸痛中心总部发布《关于2019年度第三批次中国胸痛中心及基层胸痛中心通过认证单位公告》，浙医四院通过中国胸痛中心认证，浙医四院对急性心肌梗死等胸痛疾病的综合救治能力，达到国家级标准和水平，成为义乌首家获得国家级胸痛中心（标准版）认证的医院。浙医四院胸痛中心以院前急救、心内科、急诊科、导管室为基础，整合影像科、心外科、心胸外科、呼吸科、消化科等学科力量协同作战，优化救治流程，患者入院后可绕行急诊，直接进入导管室，享受先救治，后付费等便利，以最大限度地缩短救治时间，抢救生命一线。浙医四院心血管内科牵头搭建义乌市胸痛中心微信救治平台，与全市14家基层社区、乡镇卫生院建立区域协同救治体系，推行“病人未到、信息先到”的理念，即患者发生急性胸痛就诊于基层医院时，基层医院立即通过微信将患者信息传输至浙医四院胸痛中心，患者未到，医院已启动救治程序。浙医四院胸痛中心血管开通平均时间75分钟，远低于国家标准90分钟。

【全省首家骨伤愈合PRP合作中心揭牌成立】 2019年11月23日，浙江省首家骨伤愈合PRP合作中心在市中心医院揭牌成立。PRP全称为富血小板血浆治疗，是近年来临床开展的一项新技术。以抽取患者血液，透过特定的仪器把血浆分离，再抽取含浓缩血小板的血浆，直接注射到患者的病变部位，帮助修复骨骼和软组织并加速组织再生。PRP治疗可以帮助止血，减少痛楚，降低感染机会，能明显减轻疼痛、改善症状和提高生活质量。骨伤愈合PRP合作中心落户市中心医院，将推动“促进骨伤愈合PRP专项行动”公益项目持续开展，普及浙中地区PRP技术，提高骨伤防治水平。

【浙中首例脑起搏器植入手术】 2019年12月12日，浙医四院神经外科成功为1名帕金森患者实施浙中地区首例脑深部电刺激术（DBS），完成脑起搏器植入。2018年起，浙医四院神经内科开始帕金森病DBS治疗评估，开展DBS术后患者程控随访。2019年7月，完成首例DBS更换电池手术。

卫生教育

【概况】 2019年，市卫生进修学校运用教育培训、协会组织两大平台，完成培训2万余人次。深化“医路公益”志愿服务内涵，开展“医心为民，救（就）在身边”公益急救培训志愿服务活动进市场、进机关、进学校、进企业、进社区和进农村的“六进”活动，共组织107次，为8550人培训急救技能。开展AHA导师候选人培训3期，18人参加AHA—BLS督导课程培训。开展基层医务人员AHA基础生命支持（BLS）培训13期，培训155人，153人取得全球通用的BLS学员培训合格证书。将全市校医纳入培训范围，助力保障校园安全，23名校医参加培训，22人通过考核并获得全球通用的AHA—BLS证书。开展继续医学教育，全年培训社区护士32人。

【开设TMST情景模拟师资培训概念班】 2019年，市卫生进修学校引进台湾TMST情景模拟师资培训课程，5月24日，TMST情景模拟师资培训概念班开班，首批学员26人。课程采用小组讨论、设计教案主干、完成教案核心框架、现场情景模拟演练、总结讨论等方式进行，激发学员的学习热情与实践能力，丰富教学方式与教学手段，促进临床带教与情景模拟教学的融合。

【岗位技能比武】 2019年7月24—25日，由市卫健局、市总工会主办，市卫生进修学校、医师协会承办的2019年义乌市迎“中国医师节”岗位技能大比武在市卫校举行，来自全市医疗单位的21支代表队147人参赛。比赛分个人赛与团体赛，分基层医院组与市属医院2个组，采用理论竞赛、知识竞答、个人操作技能赛、团体赛形式进行。一等奖获得者由市劳动竞赛委员会授予“义乌市技术标兵”称号。

【义乌—汶川医学教育培训平台上线】 2019年7月，由义乌市卫生进修学校帮扶汶川县人民医院建设的手机端APP“义乌—汶川医学教育培训平台”上线。平台采用线上与线下相结合、学与练相结合模式，线上，学员通过手机端APP以“每日三题、每周一课”形式进行练、培、考的训练；线下，学员结合实际工作，利用空闲时间加强业务的自学、自练和相互交流，逐渐达到人人熟知基本理论知识、基本技能操作规范。7月22日—10月8日，培训平台推出第一期培训，以《医学临床“三基”训练》《医学临床“三基”训练技能图解》为主要教材，主要有高血压、糖尿病、流感的诊治及健康管理、医疗质量安全核心制度、医患纠纷和医疗事故处理、中医中药等内容。至年底，汶川全州500余人参加学习。

【基层医生继续教育考试首次采用“手机考”】 2019年10月17—18日，市卫校组织年度基层医生继续教育考试，以14个镇街卫生院（社区卫生服务中心）为考点，分2批进行，600余名基层医生参加考试，其中汶川基层医生80余人。在前期完成线上手机端APP自学的基础上，此次考试首次采用“手机考”。考试现场，考生用手机登录统一的考试软件，由系统平台随机组卷发布试题，考生在手机上进行答题。“手机考”具有防止作弊，快捷方便，智能高效等优点，有效解决工学矛盾，降低考试成本。

民营医院

【概况】 2019年，义乌市有民营医院20家。7月，义乌中西医结合医院康复科由1个病区40张床位增加至2个病区100张床位，增加气切康复、呼吸机脱机康复等重症康复项目。8月，义乌復元第一医院新院主体工程结顶。9月，“义乌復元老年康复医院”更名为“义乌復元第一医院”。年内，天祥东方医院被授予“诚信阳光平台首批签约医院”“多学科医协体中心”，连续第三年获评全国医疗互联网品牌影响力（县级医疗机构）十强。

【天祥东方医院】 义乌天祥医疗东方医院位于江东街道南山路188号，占地6.67公顷，建筑面积16.2万平方米，设计床位1600张，总投资15亿元，为按三级甲等综合性医院标准建设的民建公营非营利性医院。2016年3月11日开业启用，开放临床学科、特色学科30余个，床位415张，有卫技人员448人，由东阳市人民医院进驻全面管理。与台湾台中荣民总医院、上海市第一人民医院、华山医院、瑞金医院、复旦大学附属肿瘤医院、上海市皮肤病医院、浙江大学附属第一医院、浙江省肿瘤医院、杭州师范大学附属医院建立长期技术协作关系，与迪安公司共建浙中临检中心，与台湾杏泰医疗共建血透中心。2019年7月15日，天祥东方医院牵头发起并举办第四届“7·15世界商人献血日”大型公益献血活动，2449人参加活动，1246人完成无偿献血36.57万毫升，其中天祥东方医院医院122名职工献血3.623万毫升。8月9日—11月7日，利用白求恩公益基金会医疗救助基金，天祥东方医院累计救助114人次31.09万元。12月，“旭日公益俱乐部—‘7·15’义乌世界商人献血日”项目获评第二届“义乌慈善奖”项目奖，天祥东方医院医院获评“义乌慈善奖”捐赠奖。2019年，完成门急诊人次28.7万人次，出院1.77万人次，体检2.52万人次，手术7125人次，医疗业务收入2.47亿元。

【三溪堂中医保健院】 2019年10月17日，三溪堂中医保健院“如意斋”揭牌启用。三溪堂“如意斋”位于义乌三溪堂中医保健院基地内靠西北角，建筑面积277平方米。“如意斋”由廊、阁、亭子3部分组成，参照元、明殿宇建筑风格，结合原东江桥（始建于南宋庆元3年，名曰“兴济桥”）廊桥风貌设计建造，临近义乌江，与鸡鸣山上所建阁楼遥相呼应。“如意斋”为三溪堂延续传承中医文化的主阵地，邀请全省的知名中医专家进行讲学、义诊，为全市中医专家提供环境优雅的义诊场所，向民众普及中医药及中医保健知识。12月18日，三溪堂中医保健院与微医华佗云平台签署合作协议，共同打造全市首家中医互联网医院。根据协议，三溪堂与华佗云开展中医互联网医院合作，为义乌居民提供线上、线下中医药服务。

【义乌中西医结合医院】 义乌中西医结合医院成立于2014年3月，位于稠江街道城店路241号，总面积1.4万平方米，开放床位170张。有卫生技术人员115人，开设预防保健科、内科、外科、中医科、中西医结合科等10余个学科。与国家三甲名院上

三溪堂中医保健院 （楼子荣2019年12月摄）

海中医药大学附属上海市中西医结合医院联盟共建达成战略合作关系，长期邀请上海、浙江、义乌知名专家定期坐诊。2019年11月20日，义乌中西医结合医院运行长护险的长照护病房开放，共设床位20张。12月27日，“长三角脉管病联盟”在上海正式成立，义乌中西医结合医院成为联盟成员单位并获授牌。同月30日，义乌中西医结合医院引进脉管病科“全国名老中医药专家曹烨民工作室”，依托上海中医药大学上海市中西医结合医院脉管病诊疗中心优势平台，学习先进脉管病治疗方法和管理经验，提高学科诊治能力和水平，造福义乌及周边县市脉管病患者。2019年，义乌中西医结合医院总业务5000万元，门诊共接诊5.72万人次，出院3761人次。

【义乌稠州医院】 义乌稠州医院位于宾王路1号，为集医疗、急救、教学、科研和预防保健为一体的二级甲等综合性医院，城保、农保、交通事故医疗定点单位，浙江省康复护理适宜技术示范基地，市首家省职业健康检查医院。医院占地面积5000平方米，建筑面积2.3万平方米。在编职工657人，开放床位400张，设26个临床科室，12个住院病区和7个医技科室。2019年，医院年门急诊量50余万人次，住院病人数1.5万余人次，手术量7000余例。

【义乌普济骨伤科医院】 义乌普济骨伤科医院成立于2012年，为具有国家二级规模的骨伤科专科医院，隶属中国孝子健康管理集团有限公司管理。医院位于宗泽北路555号，占地6300平方米，医疗用房1.6万平方米。设有门诊、急诊和住院部及120院前急救中心，开发床位120张。全院有职工130人，设有中医骨伤科、中医内科、西医骨伤科、脊柱关节科等临床及医技科室。有16排CT、DR、C臂机、彩色B超、红外线热成像仪等先进医疗仪器设备及骨质疏松治疗仪、干涉波疼痛治疗仪、低频电子脉冲仪、超声波治疗仪、全身及局部中药熏蒸机、牵引床等批康复理疗设备。2019年，全院完成门诊2.74万人次，住院人次1771人次，手术828台次，实际业务总收入2762.13万元。

【义乌復元医院】 义乌復元私立医院由王福元独资创办于1990年，是全省首家民营二级综合性医院。按三级综合性医院建设和管理，设置床位2000张。为安徽医科大学、浙江中医药大学教学医院，浙江医院、浙江省肿瘤医院、浙医一院、浙医二院、邵逸夫医院、浙江省中医院、浙江省妇保院、杭州市妇保院技术协作医院。下辖荷叶塘院区、宏迪妇儿院区、新科院区、义乌復元第一医院4个院区。荷叶塘院区为以全科为特色的综合医院，建于1995年，占地面积2200余平方米，建筑面积2900余平方米，设床位80张。设内科、外科、妇科、儿科等门诊，开设3个病区，以全科医疗为特色的综合性医院。宏迪妇儿院区为妇科、产科、儿科为特色的三级医院，建于1997年，占地7324平方米，建筑面积1.39万平方米，设床位135张。是以JCI医院标准建设的妇科、产科和儿科专科院区。新科院区为以肺科、脑科、心脏、消化、超声微创为重点技术中心的综合性三级医院，建于2012年，占地1.27万平方米，建筑面积5.6万平方米，开放床位660张，是具有专科特色的综合性医院。配备有德国西门子64排128层螺旋CT、1.5T核磁共振、DSA血管造影机等医疗设备，设手术室10间。义乌復元第一医院于2017年10月16日开工建设，预计2020年投入使用，是义乌復元医院独资创办的三级综合性医院，以三甲规模建设和管理。位于荷叶塘开发区，占地面积5.3万平方米，建筑面积16.88万平方米，批准床位1000张，总投资12亿元。2019年，义乌復元私立医院实现业务收入4.3亿元，同比增长9.8%。

（除署名外均由虞金洪撰稿）

体 育

综 述

【概况】 2019年，新建健身路径65条，更新篮球架41个；新建水泥灯光篮球场9个，塑胶篮球场23个，门球场3个，足球场4个，多功能运动场2个，下拨补助经费501万元。举办2019"义乌好货"义乌国际半程马拉松赛、2019义乌国际电子竞技大赛（IET）、2019中国义乌国际篮球三对三精英赛等国际级品牌赛事。以中国人民共和国70华诞为主题，开展第22届全民健身节，举办各类赛事活动9个大项。568人在金华市级以上比赛获奖，其中，获国家级奖牌8人，省级金牌89枚、银牌72枚、铜牌95枚。

根据《义乌市打造"足球之城"中长期发展规划》，推进校园足球工作，举办第八届校园足球联赛等有影响力的赛事活动。以打造足球之城为目标成立义乌市创建足球之城领导小组，理顺体制机制，创新管理模式，与省体育局、省足球协会签订战略合作协议，编制规划和行动计划。引进杭州吴越钱塘足球俱乐部落户义乌，挂名"浙江义乌商城队"。义乌市体彩实现销量5.67亿元，为义乌市募集公益金5120万余元。

【2019义乌国际电子竞技大赛】 2019年4月26日，由义乌市人民政府主办，义乌市文化和广电旅游体育局、义乌市电子竞技协会、北京竞技时代科技有限公司承办，义乌市义竞投资管理有限公司、中义国际会展（义乌）有限公司、浙江盛古信息技术有限公司协办的2019义乌国际电子竞技大赛（IET）暨数字娱乐嘉年华在国际博览中心举行。大赛将体育赛事和文化产业结合进行深入探索，借助现代新型的电子对抗比赛形式，借助"文交会"升级提升的机遇，串联起IT硬件开发、动漫创意、游戏创作等相关行业的产业链条，引导地区的产业整体联运发展。此次电子竞赛，100余名选手参赛，总决赛直播26场，媒体报道100余篇、网络转发新闻800余篇，覆盖受众8000余万人。

【义乌市青少年体育运动学校成立】 根据《浙江省县级体校改革发展实施方案》的精神，2019年10月9日，义乌市青少年体育运动学校在江东中学成立。义乌市青少年体育运动学校的创办，拓宽体育招生渠道，推进体教融合发展，联合培育人才，实行青少年体育艺术管理中心与基地学校、社会体育培训机构相结合，政府托底和市场化运作相结合，专业师资力量自身培养与向外引进相结合，打通青少年学生竞赛、训练、招生选拔等环节，形成青少年体育事业发展合力，培养运动水平和文化水平"双高"的学生运动员。学校建有游泳馆及多功能运动馆，开设排球、羽毛球、足球、武术、击剑、篮球、田径、乒乓球、艺术体操、游泳等新型体校项目，先后获评"全国青少年校园足球特色学校""全国少年校园特色学校"称号。

群众体育

【概况】 2019年，全市公共体育场地设施全部向市民开放，新增32所学校体育设施对外免费开放，累计92所，开放率87.6%。全市人均体育场地面积2.43平方米，同比增长8.51%，高于全省的2.34平方米。

以庆祝中华人民共和国70华诞为契机，举办2019“义乌好货”义乌国际半程马拉松、义乌市第22届全民健身节、义乌市第九届武林大会、义乌市第13届“先锋杯”农民篮球赛、义乌市第14届“足协杯”足球联赛、义乌市太极拳比赛等具有地方性和群众性的比赛活动。在各镇（街道）开展门球、拔河、毅行比赛等类体育赛事100场，10万人次参赛。

【第二届全国象棋快棋公开赛】 2019年3月23—24日，由浙江省智力运动管理中心、义乌市文广新局（体育局）主办，浙江省棋类协会、上溪镇人民政府、义乌市华瑞棋类培训部有限公司承办的第二届“浙江·上溪·桃花坞”象棋快棋公开赛在上溪镇溪华村文化礼堂举行。来自全国各地的32名象棋大师与150名象棋爱好者参赛，设男、女个人赛和少儿个人赛项目。经角逐，来自湖北的赵子雨以9胜2和的成绩夺冠，赵金成、张申宏分别获得亚军和季军。义乌籍前六名为王家瑞、徐安明、孙昕昊、吴可欣、王化彬、张磊。

【义乌市第22届全民健身节】 2019年3月26日—4月26日，由市委宣传部、市文旅局共同主办的义乌市第22届全民健身节在梅湖体育中心启动，来自全市镇（街道）、机关企事业单位共1000余名运动员参加节日比赛及各项活动。运动会采取集中组织和分散组织相结合的方法，在义乌各镇（街道）、机关、学校、企事业单位、体育社团中组织开展。分街道部、机关行业部、企业部3个部，设乒乓球、羽毛球、太极拳等9个大项26个小项。街道部乒乓球比赛团体前三名依次是后宅街道、大陈镇、苏溪镇代表队。

【第二届太极拳赛】 2019年4月12日，由市委宣传部、市文化和广电旅游体育局主办，市武术协会、宾王中学承办的义乌市第二届太极拳比赛在宾王中学武术馆举行。13支代表队200人参赛。设集体和个人项目，共15个小项，分男女两组，有青年队、中年队、老年队3个组别。经角逐，廿三里街道义乌武协云花分会获老年组杨式太极拳（集体）第一名，义亭翔和太极队获中年组杨式太极拳（集体）第一名，市供电局代表队获中年组陈式太极拳（集体）第一名，福田街道洋塘桥头太极拳队获老年组其他太极拳（集体）第一名，稠城街道代表队获中年组其他太极器械（集体）第一名。

【“前行杯”毅行大赛】 2019年4月20日，市公安局在城西街道分水塘村举行“行而望道品味真理”“前行杯”城西毅行大赛。民警、职工、辅警及家属，城西街道工作人员及家属组成的600余名选手参赛。大赛从分水塘陈望道故居出发，途经何斯路村、望道森林公园、杨公岭古道、里京村、深塘坞等地，全程13.4千米，沿途设“和衷共济”“逐梦新时代”“义行天下”“行而望道”“负重前行”等8个关卡。市户外运动协会、民间救援协会、红十字志愿者等专业保障和医护人员，沿途加强保障，确保大赛安全有序开展。

【第13届“先锋杯”农民篮球赛】 2018年9月18日—10月5日，由市委组织部、市文化和广电旅游体育局主办，市篮球协会承办的义乌市第13届“先锋杯”农民篮球赛分别梅湖体育中心外场、青口小学篮球馆、宇特篮球馆同步举行。各镇（街道）组织14支队伍200名运动员参赛，1万余名的篮球爱好者观看。经角逐，苏溪镇队获第一名，北苑街道队获第二名，廿三里街道队获第三名。

【第14届“足协杯”足球赛】 2019年9月20日—12月16日，由市文化和广电旅游体育局、市体育总会主办，市足球协会承办的2019年义乌市第14届足协杯足球赛在义乌市万达广场足球场举办。比赛设幼儿组、青少年组和成人组3个组别，16支球队860人参赛，其中外商球队6支。经角逐，哥伦比亚外商联队以4比1的成绩战胜义乌温商联队夺冠。

【乒乓球俱乐部联赛】 2019年10月26日—11月10日，由市体育总会主办，市乒乓球协会承办，义乌体育网协办的2019义乌市乒乓球俱乐部联赛在宾王乒乓球俱乐部举行。设甲级、乙级、丙级3个级别进行比赛，24个队伍110人参赛。经角逐，青云农业俱乐部获甲组第一名，祥宏透明包装俱乐部获乙组第一名，宝狮马彩印俱乐部获丙组第一名。

【"义乌好货"国际半程马拉松赛】 2019年11月17日，2019"义乌好货"义乌国际半程马拉松赛在梅湖体育中心鸣枪开炮。大赛以"一带一路"倡议为要点，以新时代、新形势、新起点为中心，组织42个国际和地区，24个省（市、自治区）1.5万人参赛，参赛人数比上年增长10.9%。赛事设置半程马拉松（5000人）、迷你马拉松（6000人）和亲子马拉松（4000人）3个项目，来自在赛道沿途及各竞赛项目终点设立固定医疗站，在赛道沿途设立移动AED医疗救援服务，且安排急救志愿者，协助医疗救护、维护比赛秩序。经角逐，来自埃塞俄比亚的选手德比塔克特拉达以1小时4分13秒夺得半程马拉松男子组冠军；来自埃塞俄比亚选手艾斯勒玛胡以1小时13分51秒获半马女子组冠军；中国籍选手杨斌以1小时12分2秒总排名第五。此届赛事由央媒新华网联合30家网络媒体进行赛事联合直播，首次运用5G技术支持赛事直播，累计455万人次观看赛事。

【义乌市第九届武林大会】 2019年11月23—24日，由市文化和广电旅游体育局、市体育总会主办，市武术协会承办的义乌市第九届武林大会，主赛场武术套路在义乌市梅湖体育馆举行，分赛场散打比赛在义乌六中体育馆举行。赛事按年龄分为儿童组、少年组、青年组、中年组、老年组，最小选手5岁，最年长75岁。84支队伍1800余人参赛，报名人数创历史最高纪录。参赛项目除常规的拳术类、器械类、集体类等武术套数，新增三大类项目。经角逐，义乌市武协协会陈氏太极拳分会套路比赛获团体第二；义乌市金牌武馆获散打第一名。

竞技体育

【概 况】 2019年，成立义乌市青少年体育运动学校，举办全国足球乙级联赛、2019义乌国际电子竞技大赛、2019中国义乌三对三国际篮球精英赛等赛事。为提高青少年竞技能力，举办第四届"舞动未来"幼少儿舞蹈（群舞）大赛、青少年游泳比赛、青少年羽毛球锦标赛、青少年武术比赛、青少年校园足球联赛5项青少年体育赛事。

【义乌商城队首迎中乙联赛】 2019年3月1日—10月30日，浙江义乌商城队参加中国足球协会乙级联赛。浙江义乌商城队13场比赛在梅湖体育中心体育场举行。3月23日，义乌商城队参加首个主场职业联赛，对手南京沙叶河海队。中国足球协会乙级联赛是由国内俱乐部参加的全国第三级别的足球联赛，由中国足球协会主办。

【义乌市青少年武术（套路）比赛】 2019年4月20日，由市文化和广电旅游体育局、市教育局主办，市武术协会、市冬虹武术俱乐部协办的义乌市青少年武术套路比赛在宾王中学武术馆举行，吸引全市各学校、武馆等培训基地20余支队伍300名运动员参加。经角逐，青口小学队获团体总分第一名，五爱小学队获团体总分第二名，福田小学队获团体总分第三名。

【金华市青少年武术（套路）锦标赛】 2019年8月3—4日，由金华市体育局、金华市教育局主办，义乌市文化和广电旅游体育局、金华市体育竞赛管理中心承办的2019年金华市青少年武术（套路）锦标赛在义乌宾王中学武术馆举行，来自金华地区的12支代表队200人参赛。经角逐，义乌市冬虹武术俱乐部代表队获团体总分第一名，青口小学代表队获团体总分第二名。

【第八届青少年校园足球联赛】 2019年10月22日—12月26日，举办由文化和广电旅游体育局、义乌市教育局主办，市足球协会协办的2019年义乌市第八届青少年校园足球联赛。联赛分小学、初中、高中3个组别，79支队伍958人参赛。11月19日上午，初中组比赛经结束，357场竞赛，初中组比赛中，绣湖中学教育集团足球队蝉联男女双冠，浙师大附属实验学校获男子组亚军和女子组亚军，浙大教科附属实验学校获男子组季军和女子组季军。

【三对三国际篮球精英赛】 2019年10月26—27日，2019中国义乌三对三国际篮球精英赛在义乌梅湖体育馆举行。此次比赛由中国篮球协会支持，浙江省体育局、义乌市人民政府、市文化和广电旅游体育局、义乌市鸿翔置业有限公司联合打造的国际交流性篮球赛事。除中国球队，邀请来自塞尔维亚、拉脱维亚、斯洛文尼亚、美国、日本、韩国、波兰等国家的球队参赛，12支球队48名职业选手参加比赛，球员均为FIBA（国际篮联）官方认证的球员。经角逐，来自塞尔维亚的EAGLES队以21比19的成绩夺冠，中国海上之星队获亚军，法国LYON队与韩国WILL队分获季军、殿军。

体育交流

【概况】 2019年，各体育协会组织开展体育对外交流活动，参加浙江省第五届运动会武术（套路）比赛，中国足协杯室内五人制足球赛，第16届“全国武术之乡”比赛等赛事。体育交流活动加深全国各地对义乌体育的了解，增进与各地的体育交流。

【浙江省第五届运动会武术（套路）比赛】 2019年5月25—26日，浙江省第五届青少年学生阳光体育运动会武术（套路）比赛在仙居中学举行，来自全省31所中小学的305名选手及义乌市青口小学、五爱小学、福田小学、宾王中学、第四中学5所学校48名运动员参赛。义乌市青口小学、宾王中学、第四中学分获小学、初中、高中组团体第二名，福田小学获团体第六名，五爱小学获团体第七名。

【义乌商城队获室内五人制足球中国足球冠军】 2019年6月21—30日，由中国足球协会主办、青岛市体育局、即墨区人民政府联合承办的2019室内五人制中国足球协会杯足球赛在山东省青岛市青岛第十九中学体育馆举行，杭州吴越钱唐浙江义乌商城队以5比1的成绩战胜上海徐房工程大队，获此赛季五人制中国足协杯冠军。

【参加第16届“全国武术之乡”比赛】 2019年7月19—21日，由国家体育总局武术运动管理中心、中国武术协会、河南省体育局主办的第16届全国武术之乡武术套路比赛在太极拳发源地河南温县陈家沟太极拳文化国际交流中心举行。来自全国各地100支代表队1600余名选手参赛。义乌市代表队夺得10金16银7铜的成绩，团体总分位列第19名。

体育产业

【概况】 义乌市依托国际商贸城的优势，大力发展体育产业，开展特色体育小镇建设，推进体育与旅游文化的融合发展，至2019年年底，建设10条特色精品线和幸福湖绿肺健身跑道。通过举办品牌赛事活动，推进全市体育产业发展，义乌国际马拉松赛事获中国田径协会银牌赛事，义乌国际电子竞技大赛（IET）获浙江省品牌赛事。

【2019郎朗钢琴音乐盛典在体育馆举行】 2019年8月16日，由义乌市交通旅游产业发展集团有限公司主办，义乌市文体资源公司、湖南三创演艺有限公司承办，义乌中国进口商品城总冠名的2019郎朗钢琴音乐盛典（义乌站）系列活动——“2019郎朗和他朋友们的音乐会（义乌站）”在义乌梅湖体育中心体育馆举行。联合国和平大使、国际钢琴大师郎朗现场演奏贝多芬《致爱丽丝》《莫扎特C大调作品467第二乐章》等经典作品，并与妻子吉娜·爱丽丝联弹演绎《彩云追月》，音乐家扬·提尔森演奏电影音乐《爱美丽》等曲目。其间，郎朗、上海百雀羚集团媒介公关总监为义乌市铜溪小学捐赠郎朗音乐教室，包含15架智

能钢琴和1套钢琴教学教程。音乐会现场，100余名儿童参加演奏，5000余名观众观看演出。通过此次音乐盛典，引进各项活动，拉动体育产业的发展。

【浙江宾王扑克有限公司】 浙江宾王扑克有限公司位于廿三里街道武梅二街1号。经营范围为扑克印刷、销售；包装装潢、其他印刷品印刷；纸品水性上光油（不含危险化学品、易制毒化学品及监控化学品）加工、销售；纸制品（不含出版物）、包装材料（不含危险化学品、易制毒化学品及监控化学品）、日用百货、箱包销售；国际贸易、国内贸易；设计、制作、代理、发布国内各类广告。2019年，实现营业收入1.41亿元，利润514.54万元。

【义乌梅湖体育中心】 义乌梅湖体育中心位于宾王路义乌江畔，占地66.3公顷，由义乌市政府投资8亿元建设，由浙江稠州商业银行股份有限公司经营管理。有体育场、体育馆、游泳中心、健身中心、训练场、室外全民健身中心、网球场、轮滑场、舞蹈广场、儿童游乐场、中心广场、停车场等场地设施，为集体育竞赛、文艺演出、健身休闲等功能于一体的现代化大型体育主题公园。梅湖体育场2001年10月竣工投入使用，建筑面积3.5万平方米，投资2.2亿元。建有国际标准400米塑胶跑道和1个标准足球场，看台观众座位3.5万个，可承办国际级单项比赛和大型文艺演出。建有配套训练场和3000余平方米梅湖健身中心对外开放全民健身运动。梅湖体育馆2005年10月竣工投入使用，建筑面积3.18万平方米，投资1.39亿元。设座位7000余个，可承办篮球、排球、乒乓球、羽毛球等单项体育竞技比赛和大型文艺演出，于2005年成为中国男子篮球职业联赛义乌主场，浙江稠州篮球队常驻训练地。梅湖游泳中心2009年6月竣工投入使用，建筑面积2.48万平方米，投资1.8亿元，设座位2500个，设跳水池、比赛池、训练池、儿童嬉水池、室外水上世界和体育比赛配套设施，采用全自动水处理系统和冷热水供应系统，可承接国际单项、国内综合游泳类项目等比赛活动。每年6—9月对外开放游泳健身运动，其余时间铺设羽毛球场地开展羽毛球健身运动。2019年，义乌梅湖体育中心承办各类赛事30余项，比赛活动500场。其中，大型的赛事活动包括中国足球乙级联赛、浙江省足球超级联赛、义乌鸿翔国际三对三篮球赛。

【义乌市大成体育用品有限公司】 义乌市大成体育用品有限公司成立于2010年9月15日，位于城西街道陆港电商小镇。经营体育用品、文化用品、鞋、帽、围巾、健身器材、日用百货、针纺织品、服装、化妆品、玩具、家居日用品批发，网络科技研发、计算机软硬件开发、技术咨询、技术成果转让，技术服务，计算机系统集成服务，商务信息咨询服务等活动。2019年，实现营业收入2372.61万元。

【义乌展程体育用品有限公司】 义乌展程体育用品有限公司成立于2018年9月30日，位于江东街道通宝路187号。经营范围为体育用品、服装、袜子、针织内衣、玩具、鞋、日用百货批发。2019年，实现营业收入4176.44万元。

【体育彩票】 2019年，义乌市有体育彩票销售网点266家，实现体育彩票销量5.67亿元，其中，数字型销量2910万元，即开型4077万元，乐透型2.83亿元，竞猜型3.04亿元，为义乌市募集公益金5120万余元。

（何　强）

人力资源·社会保障

综 述

【概况】 2019年，全市有大中专以上学历人才21.45万人，专业技术人才9.45万人，高技能人才4.69万人。“十三五”以来柔性引进两院院士14人，2名外国专家获“西湖友谊奖”。

2019年，纳入省厅绩效考核的10项系统重点工作、16项考核指标进展顺利。实现城镇新增就业2.08万人，失业人员实现再就业4822人，就业困难人员再就业1636人，城镇登记失业率为1.96%。引进高校毕业生2.1万人，培养专业技术人才5520人。完成各类技能培训2.32万人次，培养高技能人才5660人次。新设博士后科研工作站1家，引进博士后科研人才4人。新增企业职工养老、工伤、失业等社会保险19.5万人次，义乌户籍人员基本养老保险参保率为95.29%。处理劳动纠纷1431起，为4418名劳动者追回工资3554.46万元，结案率100%。处理劳动人事争议案件2448件，结案率为96.81%，以调解方式结案占78.86%。

强化高层次人才项目引进力度。组织各类招聘活动427场次，达成校企合作31家，达成初步合作意向项目15项。新增浙江省技能大师工作室1家，入选浙江省万人计划高技能领军人才1人。以需求为导向强化人才企业服务，组织人才创业沙龙活动33场。兑现人才住房保障507人1.85亿元，人才租房补助1994人920.4万元，高层次人才政府津贴296人342万元。为277名人才解决子女入学问题，为254名在义高层次人才发放人才绿卡。在教育系统开展“新教师学员”招聘，缓解教师编制紧缺状况。

劳动关系更加和谐。推进在建工程项目源头治理，定人定岗定责开展六项制度落实情况监督检查，主动上门指导规范劳动用工台账，建立“一项目一册”分类监管，落实不到位的整改交办并实施诚信扣分。将“调解优先”“双维护”原则贯穿劳动人事争议案件处理过程，妥善处理集体争议案件。稳步推进法律援助工作站建设，6名专职律师对符合援助条件的劳动者免费提供法律援助，接待咨询2115人次，为劳动者追回工资、工伤待遇等624.8万元。镇街劳动争议多元化解机制建设实现全覆盖。5月，义乌市通过省“无欠薪县（市、区）”考核验收。10月，全省劳动监察技能比武现场会在义乌市召开。

就业创业有力推进。健全就业政策体系，制订《就业创业相关政策操作办法》和相关配套文件，确保各项政策落实落细。进一步拓展就业创业平台，新增大学生就业见习实训基地、众创空间、大学生创业园等就业创业平台10家，举办镇街就业推介会13场，推出就业岗位2.34万个，达成就业意向8875人。

改革创新持续深化。优化人力资源市场布局，编制企业用工需求和校地人才供给“两张清单”，与1052家企业、46所院校实现对接，新增劳务协作基地6家。强化人力资源产业园建设，引进市外知名人力资源服务机构2家。搭建人力资源服务机构与企业精准对接平台，组织人力资源服务机构与用人单位开展对接15次，开展城乡劳动力技能培训1万余人次，创业培训1万余人次，组织高校毕业生、市场经营户、城乡劳动力等培训2.2万人次。

社保工作稳步开展。依托信息化"大数据"实现精准扩面和精准服务的长效化应用，通过二次精准梳理，逐一摸排扩大征缴面，进一步明确参保工作任务，确保全民参保登记工作"有的放矢"。通过继续阶段性降低失业保险、工伤保险费率，对制造业、交通运输业、建筑业等行业企业集中降费等措施，减征企业社会保险费2.71亿元。落实企业社保费返还政策，将政策享受对象扩大至符合条件的全市所有困难企业，2.05万家企业享受社保费返还3.29亿元；至年底，完成拨付2.94亿元。提高养老金标准，城乡居民基本养老保险基础养老金标准由每人每月230元调整为245元。

【实施"流动窗口上门办"】 2019年，针对不方便到窗口办理人社服务的边远山区农村、老弱病残群众和产业发展平台企业，组建家庭、农村、企业服务小分队，"上家门、进村门、到厂门"不定期为企业群众提供服务。4—9月，组织上门办35批次、服务1.4万余人次。

【"领跑者"综合试点】 2019年，市人力资源社会保障局深化"最多跑一次"改革"领跑者"综合试点工作。全市131项政务服务事项申请材料比上年减少71.1%、办理时限缩短72%；网上办理开通率100%，网上办结率达85%；一证通办率、掌上办实现率、零跑次率达100%；民生事项可在乡镇（街道）便民服务中心办理，社保事项可在社银联通代办点办理均达100%；人社服务窗口由46个减少至12个。服务前移，通过人工智能分析主动作为，在当事人符合法定条件时提供即时智能服务，梳理21个群众"无感智办"事项，2.3万人实现无感智办。

【全面推进信用监管】 2019年，市人力社会保障局全面推进信用监管，按照"你承诺、我先批、事后审、失信惩"的工作思路，12个行政许可事项实现容缺受理、信用审批。全年累计办理许可业务117件，5件因失信被撤销行政许可。实行信用信息归集，将拖欠工资等478条不良内容上传市信用共享平台，信用扣分处理26个用工不规范的在建工程项目。加强信用核查在日常行政服务中的应用，平均每月检查应用2500起。

【多部门联办】 2019年，义乌市推进"最多跑一次"改革向机关内部延伸。以办理方式为界定标准，将事项分为办文类、审批类、审核类、备案类、查询类、登记类、协调类、报告类、执行申请类、其他服务类10类，打破部门壁垒及层级界限，将人民银行、海关等纳入梳理范围，实现机关部门事项梳理工作全覆盖。将服务对象、具体事由、办事方式等列为规范的事项名称要素，梳理部门间办事事项共399项，含涉密事项28项，涉及部门43个。编制标准化办事指南和流程图，依托"一站式"协同工作平台，以材料无纸化、实现数据共享、变串联为并联、实行容缺受理等方式优化办事流程，实现流程再造130项，取消查询类事项43项。推行"13510"办结制，即单个部门办理事项一般1个工作日内办结，多部门联办事项一般3个工作日内办结，需班子集体讨论事项一般5个工作日内办结，需市委、市政府领导审批的事项一般10个工作日办结。至年底，部门间办事总办件量44.1万件，91.1%部门间办事事项实现一次不跑，54.2%事项实现即时办，承诺办事时间压缩71.6%，提高政府效能，规范权力运行，降低制度性成本。

（王　超）

（除署名外均由王姝岩撰稿）

机构编制

【概况】 至2019年12月底，义乌设市党委机构10个，其中，纪检监察机关1个，工作机关9个。市政府办公室和工作部门28个，派出机构4个，金华市级部门派出机构1个（金华市生态环境局义乌分局)。设6个镇,8个街道。法院1个,检察院1个,群团行政机构5个,事业单位376家。全市党政群行政编制2408人,政法专项编制1365人,综合执法编制411人,工勤编制66人,事业编制1.31万人,报备员额编制5077人。办理事业单位法人设立登记30件,变更登记232件,注销登记8件,证书补领5件,证书换领1件,年度报告公示327件。按3%的比例随机抽取12家事业单位,随机组成检查人员进行实地核查,未发现整改问题。申请注册中文域名或续费443家,机关、群团统一社会信用代码赋码初领17件,变更48件,撤销10件。机关事业单位人员入编2756人(含划转2077人),出编1057人,数据变更审核9062次,雇员入库7582人。

【机构改革优化机构职能】 2018年10月,开展义乌市深化机构改革工作。2019年1月19日,召开动员会推进机构改革工作,同月20日,各部门主要领导到位,完成新组建和更名部门挂牌。23日开展业务培训,30日完成人员转隶。2月3日,完成"三定"规定(草案)一上一下,同月22日,完成二上二下。3月1日,将部门、镇(街道)"三定"规定三上稿(送审稿)向市深化机构改革协调小组会议主要领导做专题汇报。3月10日,正式印发。此次机构改革后,义乌市委、市政府机构共38个,党委工作机关10个(合办合署),实际净减少1个;政府工作部门28个(生态环境分局垂直管理未计入;撤销规划局,新增退役军人事务局、医疗保障局、金融办),实际净增2个。不再保留部门管理机构3个(市档案局调整为市档案馆,市老干部局、市机要局改调整为挂牌),实际净减少正科级1个、副科级1个;不再保留承担行政职能事业单位5个,实际净减少正科级2个。总计减少正科级机构2个,副科级1个。

【召开机构改革人员转隶和部门"三定"工作培训会】 2019年1月24日,为贯彻落实全市机构改革方案及机构改革动员会精神,研究部署机构改革人员转隶和"三定"工作,义乌市召开机构改革人员转隶和部门"三定"工作培训会。会上,省机构改革专班领导作业务辅导,解说部门机构编制框架有关情况、"三定"规定起草技术性规范和工作程序要求等内容。市委市委编办、市财政局相关人员就人员转隶、经费保障和财务管理、国有资产管理等内容作业务培训和政策解答。

【事业单位名称规范设置】 2019年,结合深化机构改革工作,统筹考虑义乌市委、市政府直属事业单位改革的整合优化。撤销市金融工作办公室、市陆港事务与口岸管理局;将报社和电台整合设置为义乌市融媒体中心;档案局(馆)局馆分离,将档案局行政职能剥离后设立档案馆。改革后,正科级直属事业单位减少3家。完成承担行政职能事业单位改革,对除执法队伍及劳动人事争议仲裁院外的承担行政职能类和还政于政类事业单位(共25家)进行改革,涉及职能回归的系统11个。只转职能不转机构18家,转为机关内设机构1家,单独设置为行政机构2家。改革后撤销事业单位4家,收回参公事业编制56名,核定事业单位行政职能回归的统筹编制49人。各部门内部进一步明晰并强化剥离行政职能后保留的事业单位的公益性职能,厘清与机关的关系。6月,由市委编委发文重新明确剥离行政职能后保留的各事业单位名称(不再称为"委、办、局")、性质(统一变更为公益一类)、职责(强化公益职责),涉及调整规范的18家。整合部分职能弱化的事业单位,收回公益一类事业编制22名。重新明确30个系统的106家事业单位(不含学校、医院)的职责、名称、性质、类别、编制、职数6个方面内容。因强化职能需要设立的事业单位7家,因职责调整按照"撤一建一"原则设立的4家,因职能弱化整合事业单位3家,更名、更职责、更性质的55家,撤销事业单位6家。确保事业单位清理规范后"只减不增、提能增效"。

(王海星)

人事管理

【概况】 2019年,义乌市共有公务员4896人,其中女性公务员

888人，参公人员852人，乡镇公务员703人。录用公务员79人，其中，通过四级联考考录公务员（含参公）34人，安置营以下军转干部56人，市外调入4人，调往市外12人，辞退2人，辞职7人。招聘事业编制工作人员494人，其中，教育系统组织招聘137人，卫生系统组织招聘199人，其他事业单位招聘158人。

启动事业在职人员人事档案清查规范工作，完成档案初审7200份。会同卫生、教育、编委办等部门，制定下发社会力量举办的非营利性医院和非营利性学校开展事业单位登记管理及人员人事管理实施细则，支持民办事业单位引进高层次人才。

（杨　英）

【首批县乡机关选调生】 2019年2月，根据浙江省委组织部统一部署，义乌市组织开展首批面向全国“双一流”和省内12所重点建设高校择优选调应届毕业生工作。71人报名，经笔试、面试、体检、考察程序，招录优秀选调生5人。同时健全培育链条，设立成长档案，5名选调生根据人岗相适原则分配到镇（街道）实践锻炼，做到“培养好、使用好”。

（朱杨威）

【成立义乌市公务员局】 2019年3月，按照机构改革相关要求，市委组织部挂义乌市公务员局牌子，统一管理全市公务员工作，负责全市公务员录用调配、考核奖惩、培训和工资福利等工作。按照“编随事走、人随编走”“三优先”“三结合”的转隶原则，开展各单位转隶人员审核、转任和工资关系办理等工作。至3月底，333名行政、参公人员有序转隶到位，实现零信访上访，有力保障涉改部门正常运转。

（朱杨威）

【公务员招考录用】 2019年4月10日，市公务员局发布《2019年义乌市考试录用公务员公告》启动招考工作，面向社会公开招聘34名公务员（含1名人武专干）。5月19日，在义乌工商职业技术学院、义乌市城镇职业技术学校、绣湖中学教育集团城阳校区3个考点131个考场进行笔试，3884名考生参加公务员招考。经笔试、面试、体检等环节，7月17日，确定34名拟录用人员，经向金华市公务员主管部门请示报批录用34人。

（朱杨威）

【公务员职务与职级并行改革】 2019年5月底，完成最后一批县以下机关公务员职级晋升工作，154人晋升职级。6月起，按新制度对全市109家单位、3543名综合管理类公务员开展职务职级并行改革工作。至年底，完成109家单位职数核定工作及人员套转工作，组织开展首批84人次职级晋升工作。

（朱杨威）

【事业单位考试录用】 2019年，部分事业单位计划招聘51人。11月9日，3779人参加公开招聘考试，在义乌工商职业技术学院、稠州中学城南校区、宾王中学3个考点126个考场进行笔试。11月30日，147名入围考生在市委党校进行面试。12月3日，85名考生在金华市健康体检咨询中心进行体检。同月11日，经体检、复查、复检，51人体检合格入围考察。31日，考察结束后进行公示。2020年1月办理聘用手续，聘用51人。

（杨　英）

就业创业

【概 况】 2019年，义乌市城镇新增就业2.97万人，失业人员实现再就业7812人，其中就业困难人员实现再就业2035人，城镇登记失业率1.62%。帮扶192名低收入家庭劳动力实现就业。完成职业培训补贴1259人，失业人员职业指导培训4656人。新增大学生就业见习实训基地6家，创业孵化基地4家，获评金华市创业孵化基地6家，其中3家被评为金华市创业孵化示范基地。会同相关部门单位完成各类创业培训2.21万人。健全就业政策体系，制订《就业创业相关政策操作办法》。落实创业金融扶持，市人力社保局与人民银行义乌市支行、市财政局、市金融办、市国资办联合出台《义乌市创业担保贷款实施细则（试行）》，政策对象由重点人群扩大到城乡劳动者，全年享受贷款贴息227人，贴息金额448.18万元；失业保险基金支出3.96

亿元，支付失业保险金5193人3803万元，缴纳职工基本医疗保险费5132人724万元；减征失业保险费5711万元。

【企业监测】 2019年1月，完善企业用工监测样本，更换不符合监测条件的样本企业33家。至12月底，监测企业从业人数9.8万人，较年初增加2628人，增长2.7%；块状企业从业人数3.62万人，较年初减少145人，下降0.39%。

【企业用工服务】 2019年2月18—27日，开展就业推介会13场，858家招聘企业提供加工制造、行政文员、销售员、服务员等岗位2.34万个，2.61万人参加推介会，达成初步就业意向8875人。

【"创业季"活动】 2019年9—11月，为营造义乌市创业氛围，市人社局发动社会机构开展"2019创业季"活动。在幸福湖国际会议中心等地举办论坛、沙龙、大赛等形式的创业活动111场次，3万余人次参与活动。

【帮扶低收入家庭劳动力就业】 2019年，按季度发文至各镇（街道）劳保所，组织镇（街道）做好低收入家庭劳动力的就业情况调查和就业帮扶工作，举办面向低收入家庭劳动力和残疾人的困难群众专场招聘会，共推介岗位661个，就业指导61人，帮扶成功192名低收入家庭劳动力就业。通过公益性岗位托底安置就业困难人员，设置公益性岗位184个，发放公益性岗位补贴66人次28.49万元。

【扶贫就业】 2019年，组织义乌企业赴四川省汶川县开展扶贫专场招聘会2场，28家企业提供用工岗位2140余个，达成初步就业意向82人。帮助贫困人口到义乌市就业1.2万人，帮助对口帮扶四川、吉林、湖北、贵州4省到义乌市就业4340人。为对口帮扶4省贫困人口开展就业培训284人，开展致富带头人培训203人，其中创业成功13人。

（黄尚保）

人才市场

【概况】 2019年，全市新增专业技术人才5741人，其中，副高级职称454人，正高级职称68人。浙江安诺优达生物科技有限公司获批浙江省博士后科研工作站，全年引进博士后研究人员4人。选拔推荐2019年度义乌市"133创新人才工程"第一层次培养对象5人，第二层次培养对象15人，第三层次培养对象45人。兑现人才住房保障507人1.86亿元，人才租房补助1994人920.16万元，高层次人才政府津贴296人342.9万元。为277名人才解决子女入学问题，累计为254名在义高层次人才发放人才绿卡。

举办"创业创新圆梦义乌"千企万岗进百校活动、义乌籍高校学子家乡行、人才就业政策宣讲会、组团外出招聘、各类人才招聘会等招聘会，"高低"结合拓宽人才引进路径。全年，组织1080家次企业赴26个城市开展招聘会118场，其中，校园招聘102场，社会招聘16场，提供岗位1.84万个，接待求职1.58万人，达成意向4679人。

【高端项目洽谈对接】 2019年4月30日，组织开展"相约义乌成就梦想"旅外博士专家对接活动，来自英国、日本、新西兰、美国、加拿大等9个国家（地区）的16名海外博士携带20个项目与义乌市

人力资源产业园 （市人社局供图 2019年7月摄）

28家企业研究院所进行对接，现场达成初步合作意向项目15个。

【专家服务企业项目精准对接】2019年10月12日，由省委人才办、省人力社保厅和杭州电子科技大学联合主办的数字经济领域人才项目路演对接会在义乌幸福湖国际会议中心举行，省人力社保厅、杭州电子科技大学及全省各县市人力社保系统的相关领导、部分专家和企业负责人共300余人参加会议。153家企业现场推出路演项目8个，143个现场洽谈项目进行对接。其中，义乌市与杭州电子科技大学及相关专家签订5个项目技术合作协议。

【紧缺人才目录编制】 2019年11月29日，由市委人才工作领导小组办公室和市人力资源和社会保障局组织编制的《2019年—2020年义乌市紧缺人才导向目录及人才薪酬指导价》发布，确定义乌市经济发展领域15个行业的79个岗位和社会发展领域5个行业的21个岗位为义乌2019年—2020年的紧缺岗位，并确定70个岗位的工资指导价位。

【编制需求供给“两张清单”】2019年，市人社局摸清用工需求，对接外地高职院校、人力资源丰富地区人才供给清单，完成企业用工需求、校地人才供给“两张清单”制作，涉及2014家企业和92所院校。新增劳务协作基地6家。

（龚丽娅）

人力资源市场

【概况】 2019年，市人力资源市场共组织各类人才招聘活动358场，接待106.3万余人次。为2.2万余家企业提供人力资源服务。

【举办大型人才交流会】 2019年7月13日，2019“相约成功”夏季人才交流会在义乌国际博览中心C1馆举行。554家参会企业提供岗位1.29万个，现场接待人数9313人次，登记人次7596人次，其中，硕士及以上56人，本科4709人，大专及以下2831人。现场达成初步就业意向3763人次，现场录用1187人次。

【招才引智】 2019年，市人社局组织团开展校园招聘、高层次人才招聘会、大型公益性人才招聘活动、技能人才招聘会等，共组织1080家次企业携带1.84万个岗位，赴26个城市开展招聘会118场，其中，校园招聘102场，社会招聘16场。共接待1.58万人，达成意向4679人。

【千企万岗进百校活动】 2019年，市人大办资源和社会保障局开展“创业创新圆梦义乌”千企万岗进百校活动，组织909家次企业携带1.63万个岗位赴26个城市开展招聘会102场，接待1.33万人次，达成意向4134人。

（龚丽娅）

劳动工资

【概况】 2019年，办理事业工作人员正常晋升薪级工资1.75万人。市人社局参与制定医共体统一绩效管理实施意见，结合医共体建设实施方案，建立多劳多得、优绩优酬的内部绩效分配办法。

2019年7月13日，2019“相约成功”夏季人才交流会暨高校毕业生网上招聘会在义乌国际博览中心C1举行 （市人社局 供图）

【中小学教师绩效分配办法】 2019年9月6日，义乌市委办、市府办出台《加强新时代教师队伍建设十五条措施》，保障教师工资待遇，完善教师收入分配激励机制，有效体现教师工作量和工作绩效，强化一线骨干、高中学校教师的待遇提升保障，绩效工资、奖金分配向班主任倾斜，建立健全教育改革发展奖、校长奖励基金。同时，强调将师德师风作为评价教师队伍的第一标准，实行师德一票否决制。

【推行"安心工资卡"工程】 2019年9月6日，义乌市推行"安心工资卡"欠薪预警机制，建立以社会保障卡为载体的"一卡通"服务管理模式，推动全市在建工程项目农民工工资统一社保卡发放，实现在线监管，确保农民工按时足额领取工资。至年底，在20个新建工程项目推行"安心工资卡"工程，2415名农民工的工资1728.8万元均通过社保卡发放，实现农民工工资源头监控。

（骆　萍）

劳动监察

【概况】 2019年，将防范处置欠薪工作作为社会治理的重要内容，治标和治本结合，预防与打击并重，抓源头、强机制、严执法、重惩戒，全力打好根治欠薪"组合拳"，加快构筑制度完备、覆盖城乡、责任落实、监管高效的欠薪防范治理体系，积极推动根治欠薪。全年处理劳动纠纷1431起，为4418名劳动者追回工资3554.46万元。其中，做出行政处罚51起，行政处理1起；参与处置"110"联动指令突发案件185起；快速处理浙江省统一投诉举报平台、市长信箱、96150市民服务热线等转办信访案件468起；涉嫌拒不支付劳动报酬罪移送公安机关案件25起。完成主动监察用人单位1.06万家，书面审查用人单位2.75万家。12名企业主因拒不支付劳动报酬罪被判刑。全市欠薪纠纷数、涉及劳动者人数及金额分别同比下降65.1%、58.4%和73.3%。各类欠薪案件得到快速有效处置，劳动关系保持和谐稳定。4月，在金华支队举行的劳动保障监察"两演一评"执法技能大比武活动中，劳动监察大队获集体一等奖和个人二等奖2个。年内，市劳动监察大队连续第六年获评"全国清理整顿人力资源市场秩序专项执法行动取得突出成绩单位"。

【落实建设领域源头防控】 2019年3月，在全省率先实行在建工程项目"一企一册"监管，"分项目到人，定人定职定岗"，每个在建工程项目每月至少检查一次，发现问题及时整改，拒不整改依法处理。9月，在全省率先推进"安心工资卡"工程，在新增在建工程项目推广应用市民卡。2家建筑公司受到劳动保障行政处罚，行业主管部门降低其信用等级为D级；26个在建工程项目由于未按要求落实六项制度，施工、监理企业被行业主管部门予以信用扣1分的处理。

【创建"无欠薪市"】 2017年9月，义乌市开始"无欠薪市"创建，全力打好根治欠薪"组合拳"，推动防范处置欠薪部门联合预警等"十大机制"全面落地，有效促进根治欠薪行动。2018年，建立义乌市欠薪预警系统，涵盖14个镇（街道）和19个部门。2019年，先后在义乌举办全省根治欠薪工作再推进现场会、全省劳动监察技能比武现场会、全省"最多跑一次"改革"领跑者"综合试点根治欠薪现场会。2019年5月，义乌市通过省"无欠薪县（市、区）"考核验收。11月25日，省根治欠薪工作领导小组办公室正式发文通报义乌市达到"无欠薪"创建标准。

【探索基层劳动纠纷综合治理新模式】 2019年，充分发挥综治四个平台，"一站式受理""一揽子解决""一条龙服务"，从源头上筑起劳动纠纷的"第一道防线"。9月起，在苏溪镇、后宅街道行政服务中开展基层劳动保障综合治理试点，实行劳动纠纷"一窗式"无差别受理，发布劳动保障维权二维码，统一工作标准。试点后，两镇（街道）共通过一窗受理劳资纠纷58起，其中当场化解43起，通过网格指派处置15起，调解率100%。

【全省根治欠薪工作再推进现场会在义乌市召开】 2019年10月30—31日，全省根治欠薪工作再推进现场会在义乌市召开。国家人社部劳动保障监察局局长王程出席会议并讲话，省根治欠薪办主任、省人力社保厅副厅长葛平安进行工作部署。省根治欠薪工作领导小组成员单位、市根治欠薪工作领导小组办公室、30个2019年度“无欠薪”创建区县相关负责人参加会议。会上，义乌市、温州市先后做交流发言。会议要求通过压实根治主体责任、提高根治实施标准、加大欠薪惩处力度、防范各类欠薪风险等举措，持续深化“无欠薪”县（市区）创建，进一步将“浙江无欠薪”行动转移到全行业领域治理、城乡统筹治理、部门协同治理、常态高效治理的根治轨道上来。

【欠薪失信联合惩治】 2018年起，义乌市根据国家、省拖欠工资黑名单管理办法，实行拖欠工资“黑名单”制度，并进行动态管理。列入农民工工资“黑名单”的，实时在“信用义乌”网站公示；发生欠薪逃匿、受到行政处罚的，每周报义乌市信用信息共享平台；对欠薪50万元以上的、不履行限期改正指令、受到行政处理的，每月通报人民银行实施联合惩戒、限制贷款；重大劳动保障违法行为每季度向社会公布。至2019年年底，向社会公布重大劳动保障违法行为4批次12起，向“信用义乌”公示拖欠工资“黑名单”企业14家，向人民银行披露失信信息27条，向义乌信用信息共享平台报送行政处罚信息55条、欠薪逃匿信息26条。

（陈旭良）

劳动仲裁

【概况】 2019年，市劳动人事争议仲裁院受理劳动人事争议案件2448件（含结转200件），办结案件2370件，结案率96.8%，涉案金额3592.2万元，其中以调解等方式结案1869件，调解率78.9%，完成年度结案率92%、调解率75%的考核目标。处理10人以上集体案件15件，涉及劳动者410人。法律援助工作站接待来访咨询2115人次，受理援助申请1414件，代拟法律文书769件，为劳动者追回工资、工伤待遇等749.8万元。开展“送法入企”活动14场，为850余家企业1000余名企业负责人和管理人员提供劳动保障法律知识普法培训。开展“企业工会进仲裁旁听”活动14场，邀请企业工会主席和调解员参与庭审旁听，惠及300余名企业工会人员和调解员。年内，义乌市劳动人事争议仲裁院被浙江省人力资源和社会保障厅评为“浙江省劳动争议处理工作优秀单位”。

【佛堂仲裁派出庭挂牌成立】 2019年10月，佛堂仲裁派出庭挂牌成立。佛堂仲裁派出庭位于佛堂镇人力资源市场，由佛堂镇兼职仲裁员自行审理或市仲裁院指派仲裁员上门审理劳动人事争议案件。至年底，办结案件2件。

【劳动纠纷多元化解机制】 2019年，市人社局推进劳动纠纷多元化解机制建设。通过印发《关于建立镇（街道）劳动纠纷多元化解机制的实施方案》，与市政法委沟通协商，赴全市14个镇（街道）上门实地指导工作等措施，依托镇（街道）综治平台，打造以调解、仲裁、监察“三位一体”为基础，多方力量参与的“1+X”（调解、仲裁、监察“三位一体”为基础，司法行政、综治、工会、司法、公安、住建等部门共同参与）劳动纠纷多元化解中心。10月31日，组织召开全市劳动纠纷多元化解机制建设工作推进会暨基层劳动争议调解员培训会，提升参训人员调解水平和工作能力，共培训镇（街道）、规模以上工业企业调解员200人。至年底，全市14个镇（街道）全部完成劳动纠纷多元化解中心建设，受理劳动纠纷案件2591件，结案2576件，结案率99.4%，结案金额1734万元，其中以调解方式结案2420件，调解成功率93.9%。

（樊丽君）

职业技能鉴定

【概况】 2019年，完成职业技能鉴定174批次8626人，同比增长21.2%。取得各类证书6386人，其中，高技能人才1766人，初、中级职业资格2044人，专项职业能力2576人。在浙江世宝股份有限公司、浙江义利汽车零部件有限公司等10家规模以上企业以及餐饮宾馆、视力矫正、汽修3个行业协会开展技能人才自主评价工作，评价1766人，同比增长74.3%。选树双童日用品有限公司、市场发展集团有限公司、梦娜袜业股份有限公司、义利汽车零部件有限公司、华灿光电（浙江）有限公司5家企业为市级技能人才自主评价引领企业，其中双童日用品有限公司被省人社厅选树为省级技能人才自主评价引领企业。指导棒杰数码针织等单位开发专项职业能力规范及题库7个，整理发布专项职业能力考核规范41个。

【省青年职工职业技能竞赛】 2019年8月20—22日，浙江省青年职工职业技能竞赛在义乌市先进制造业高技能人才公共实训基地举办。大赛以"新时代、新技能、新梦想"为主题，由共青团浙江省委和浙江省人力社保厅联合主办，浙江省机电集团、浙江省机电技师学院、义乌市人力社保局和义乌团市委承办。来自全省11个地（市）和省属企业的180余名技能精英参与计算机程序设计员、电工（维修电工）、车工（普车）、钳工（工具钳）4个职业工种项目的竞赛。经角逐，32名选手获奖。比赛排名前八名的选手，由共青团浙江省委授予"浙江省青年岗位能手"称号，前五名的选手由浙江省人力社保厅授予"浙江省技术能手"称号。义乌市参赛选手中有4人获"浙江省技术能手"，5人获"浙江省青年岗位能手"称号。

【职业技能竞赛】 2019年，全市举办职业技能大赛6次，408人参赛。大赛产生的一等奖和二等奖选手均由市人力资源和社会保障局颁发"义乌市技术能手"证书。

（黄旭强　李斌娟）

2019年义乌市职业技能大赛情况

表26

时间	举办单位	比赛名称	获奖结果
8月27—29日	义乌机动车维修配件行业协会 国际商贸学校	汽车维修工职业技能大赛	翼承汽车修理部的何家智获钣金操作组一等奖 润泽汽车修理部的黄长财获发动机修理组一等奖
9月26日	臻信职业技能培训学校 国网浙江义乌市供电有限公司	电工职业技能大赛	水处理有限责任公司的贾广平获一等奖
10月21—22日	义乌工商职业技术学院 市工艺美术行业协会	手工木工职业技能大赛	年年红家具有限公司的张立洪获一等奖
10月24日	市技师协会	车工（数控车工）职业技能大赛	义乌同心机械厂的周鑫健获一等奖
10月27日	义乌工商职业技术学院 浙江省饰品行业协会	饰品设计制作技能大赛	浙江省机电技师学院的楼莉萍获DIY饰品制作组一等奖 义乌雅菲妮饰品有限公司的徐步宁获饰品绘图设计组一等奖
10月27—28日	义乌工商职业技术学院 市印刷行业协会	第三届义乌市印刷行业技能大赛	万成包装印刷有限公司的许朝钦获一等奖

社会保险

【概况】 2019年，全市新增企业职工养老保险6.85万人、工伤保险11.08万人，本地户籍养老保险参保率达99%，实现户籍人员应保尽保。完成社会保险待遇资格认证20万人。对疑似重复享受待遇人员和冒领养老金进行追讨，追回66人，累计84.41万元。

【缴费基数】 2019年7月1日始，义乌市执行新的社会保险缴费基数。城镇个体劳动者（个体工商户、灵活就业人员）养老保险月缴费基数下限由3670元下调至3330元，上限为1.66万元。

企业单位职工社会保险月缴费基数按照本人上一年度月平均工资确定，下限为3330元，上限为1.66万元。

【**提高养老金标准**】 2018年12月29日，义乌市下发《关于调整城乡居民基本养老保险基础养老金标准的通知》，自2019年1月1日起，城乡居民基本养老保险基础养老金标准由每人每月230元调整为245元。至2019年年底，完成16.3万企业退休人员、0.75万机关事业退休人员2019年度基础养老金的调整，人均增资分别为115.88元、264.99元。

【**完善社保卡“一卡通”服务体系**】 2019年，义乌市扩大社保卡应用范围，实现120项财政补助资金和107家机关事业单位2万余名在职人员工资通过社会保障卡发放。在50个社保卡合作银行网点部署自助终端，实现人脸、指纹等生物特征识别技术在自助服务中的应用，实现社保信息查询、职称查询、社保卡申领及补换等业务的“自助办”，5月试运行至年底，累计办理补换卡、制卡业务2.14万人次，为群众减少排队时间60.9万分钟。建成并启用电子社保卡主扫、被扫功能，实现办事大厅、银行窗口、自助服务终端等平台的扫码应用，在全市244家定点药店开通扫码购药功能。

【**推进退休“无感智办”**】 2019年，为使参保人员到达退休年龄时能按时收到退休金，重点梳理与退休相关的9个事项，实施退休待遇确认支付“无感智办”。即将服务前移，通过人工智能分析，一到退休待遇办理时间就将此事项办好，并告知当事人，实现办事“零次跑”。3月25日实施，至12月底，办理7272人。

【**降费扶贫**】 2019年，调整391家机关事业单位养老保险缴费比例，计减征每月766万元。调整个体工商户和灵活就业人员企业职工基本养老保险2019年5月（所属期）的最低缴费基数，从金华市平均工资的80%调整为全省平均工资的60%。下调社会保险缴费比例，除一类行业外，其余各类行业企业工伤保险缴费率下调50%；医疗保险缴费缴费比例由7%下调至6%；失业保险单位缴费比例由1%降至0.5%。对交通运输、制造、建筑三大行业单位所属期2019年5月的五险部分减免。年内，领取城乡居民基本养老保险待遇的困难群体人员7400人，为5272名符合代缴条件的低保对象、特困人员、残疾人等困难群体代缴城乡居民基本养老保险费。

（郑　琤）

医疗保障

【**概况**】 至2019年年底，全市参加职工基本医疗保险53.47万人，较年初新增6.34万人；户籍人口基本医疗保险参保率达99.98%，基本实现应保尽保、全民参保。全年完成医疗救助1.69万人次，支付782.95万元，符合条件困难群众资助参保率达100%，医疗救助政策落实率达100%。开展企业退休人员健康体检4.8万人，支付1217万元；城乡居民健康体检16.3万人，支付599万元。实施下调企业职工医疗保险缴费比例政策，落实企业基本医疗保险临时降费1%。全年减征职工医疗保险费1.27亿元，惠及企业5.6万家。

开展医疗保障专项整治7次，定点医药机构检查覆盖率100%，拒付违规医疗费用514万元，暂停34家定点零售药店的医保结算，解除15家定点零售药店协议管理。义乌医保“最多跑一次”改革经验在浙江省医疗保障工作会议上做典型发言，《义乌市实行“四办”大幅缩减医保窗口》获浙江省医保局局长杨烨批示“义乌的经验和对‘跑改’态度，值得全系统借鉴、学习”。义乌市智慧医保标准化试点通过国家标准化管理委员会评审验收。

【**医保机构改革**】 2019年1月20日，义乌市医保局在行政五号楼挂牌成立。3月10日，中共义乌市委办公室、义乌市人民政府办公室关于印发《义乌市医疗保障局职能配置、内设机构和人员编制的通知》，明确医保局职能和内设机构，分设办公室、医保管理科、基金监管科3个科室，医保处1个下属单位。8月1日，市委编办印发《关于调整义乌市医疗保障局所属事业单位机构设置的批复》，撤销义乌市医保处，设立义乌市医疗保障中心，编制职责不变。

【长期护理保险省级试点】 2019年5月16日，市医保局《关于深化长期护理保险制度改革试点的工作方案》，经市委全面深化改革委员会第14次会议审议通过。长期护理保险是指利用社会保险机制，为因老年、疾病、伤残导致生活无法自理的人员提供长期性医疗护理、生活护理的保障制度。7月4日，市政府印发《义乌市深化长期护理保险制度改革试点工作方案的通知》，通过长期护理保险政策标准化、服务职业化、经办社会化、监管智能化四大手段，提高失能人员品质和尊严，缓解失能家庭压力和负担，发展社会化护理服务市场，全面形成失能人员有保障、护理产业得发展、长护基金可持续的良性循环。至2019年年底，累计评估失能人员2096人，享受待遇4778人，基金支付4251万元。

【医保"一体化"】 2019年7月12日，义乌市医保局、市教育局、市财政局、市卫健局等8个部门联合印发《关于落实〈金华市基本医疗保险办法实施细则〉的通知》，主要包含门诊待遇政策、门诊待遇政策、职工补充保险政策三大方面内容，义乌市基本医疗保险、大病保险政策与金华市政策平稳衔接。8月6日，完成数据迁移、系统搬迁工作，义乌市人力社保、医保信息系统切换成"金华E人社"一体化信息系统，实现金华医保信息系统集中。

【智慧医保标准化国家试点通过验收】 2019年7月25日，由国家标准化管理委员会委托的验收专家组对义乌市智慧医保标准化试点项目进行评审。通过实地走访医保窗口、观看标准化宣传阵地、听取试点工作汇报、查阅标准体系和配套台账资料、询问标准落地实施情况等环节进行综合评估，义乌市智慧医保标准化试点以91.5分通过终期考核验收。2016年6月，义乌智慧医保标准化项目被国标委确定为全国社会管理和公共服务标准化试点。试点开展以来，市医保局把标准化的理念、原理、原则、方法深度融入医保经办服务中，形成服务通用基础标准39条、服务保障标准43条，服务提供标准41条计123项的智慧医保服务标准体系，发布《智慧医保服务规范》《医保智能监管平台建设规范》地方标准规范，推动义乌市医保经办服务从线下窗口办理升级为线上信息化办理，打造标准化建设"医保样板"，助推义乌"标准城市"建设。

【药品招采改革】 2019年12月5日，市医保局《关于深化完善医疗机构药品集中采购改革的实施意见》经市委全面深化改革委员会第37次会议审议通过。同月23日，市医保局、市卫健局等4部门印发《关于深化完善医疗机构药品集中采购改革的实施意见》，实施药品集中招采改革，按药品实际采购价确定医保支付标准，同步推进医疗服务价格联动改革。

（郭方红）

居民生活

【城镇常住居民人均可支配收入】据城镇居民抽样调查显示，2019年，全市城镇常住居民人均可支配收入77150元，同比增长8.3%。其中，工资性收入33239元，同比增长8.8%；经营净收入13521元，同比增长10.7%；财产净收入21200元，同比增长5.9%；转移净收入9190元，同比增长9.1%。

【城市居民人均消费性支出】2019年，全市城镇常住居民人均消费性支出42465元，同比增长8.5%，恩格尔系数为24.3%。其中，食品支出10328元，同比增长7.3%；衣着支出3211元，同比增长9.2%；居住支出11152元，同比增长7.6%；生活用品及服务支出2067元，同比增长4.1%；医疗保健支出2801元，同比增长6.0%；交通通信支出7529元，同比增长10.1%；教育文化娱乐支出4571元，同比增长13.0%；其他用品和服务支出807元，同比增长17.2%。

【农村居民人均纯收入】据农村居民抽样调查显示，2019年，义乌市农村常住居民人均可支配收入39529元，同比增长8.6%。其中，工资性收入19454元，同比增长8.4%；家庭经营净收入11953元，同比增长9.0%；财产净收入4684元，同比增长8.8%；转移性净收入3437元，同比增长8.4%。

【农村居民人均消费支出】2019年，义乌市农村常住居民人均消费性支出21605元，同比增长9.3%。农村常住居民家庭恩格尔系数为33.0%。食品消费支出人均7138元，同比增长8.8%；衣着消费支出人均1615元，同比增长7.9%；居住消费支出人均3273元，同比增长8.6%。2019年末，农村居民人均居住面积63.7平方米。生活用品及服务支出1282元，同比增长8.7%。每百户农民家庭拥有电冰箱75.9台，拥有洗衣机50.9台，拥有空调58.8台。交通通信支出2546元，同比增长12.1%。每百户农民家庭拥有家用汽车26台，拥有家用摩托车18.4台，助力车33.8台，拥有手机168部，拥有固定电话23.4部。教育文化娱乐支出3840元，同比增长10.1%。每百户农民家庭拥有彩电125.5台，拥有计算机37.3台，拥有照相机18.1台。医疗保健支出1460元，同比增长9.6%。其他用品和服务支出451元，同比增长7.4%。

（朱培培）

人口管理

【概况】至2019年年底，义乌市人口370715户836093人，比上年增加17731人，增长率21.43‰。其中男性419452人，占50.17%；女性416641人，占49.83%；城镇人口504060人，占60.29%；乡村人口332033，占39.71%。

全市在册流动人口1521024人，比上年增加91266人，增长6.38%。流动人口总量增幅较大，居住时间以半年以上为主。流动人口以中青年为主，16～59岁（劳动年龄）流动人口1336011人，占87.84%。学历结构持续优化，大专及以上学历148320人，占9.75%，比上年增加3217人。

义乌市受理审核（批）中国公民因私出境申请108157人次，同比增长10.5%。登记管理境外人员567368人次，同比增长3.0%，其中外国人530887人次，同比增长3.4%。共签发签证和居留许可证件19190证次，同比增长9.8%，其中签证5386证次，居留许可13804证次。审批签发外国人护照报失证明证件73证次、外国人出入境证件54证次。共发涉外案（事）件674起，同比下降21.3%。拘留审查外国人85人，遣送和监护出境外国人111人，上报不准入境外国人125人。接待领事探视18批次，领事通话20批次。

【完善外国人诚信体系建设】 2019年1月1日起，市公安局按照“1+1+X”工作思路，即“一卡”，外籍商友卡作为信用载体，“一平台”，外国人信用平台作为数据支撑，开展“X”个信用应用，完善义乌外国人诚信体系建设工作。6月，建成义乌市外国人信用平台，汇集16个涉外职能部门250万条外国人数据，实现外国人数据统一归集和信用评价。8月，开发电子商友卡宾馆发放系统，全市发放外籍商友卡20万余张，实现居住在义乌的外国人发卡全覆盖。10月，市出入境管理局联合商城集团开发“义信购”外商信用服务平台，向市场推广外籍商友卡“亮卡”交易和“义信购”信用评价，全年推广市场用户2万户，平台评价信息3598条。

【“一件事”联办工作制】 2019年年初，市公安局联合市卫健局、市人社局、银行等部门，围绕公民个人生命周期中出生、上学、就业、结婚、生育、置业、就医、退休、养老等“一件事”进行梳理归集，突破部门壁垒和区域限制，完成出生、死亡、婚姻、收养、退役、华侨回国定居、人事录用调动和市民卡8项一件事联办，打造以户籍为中心的“一件事”联办辐射网，实现市民“办一件事只跑一次或一次不跑”。至年底，为1.5万余人办理以户籍为中心的“一件事”联办。

【实行出入境证件“全国通办”】 2019年4月1日起，市出入境管理局启动中华人民共和国普通护照、往来港澳通行证、往来台湾通行证等出入境证件“全国通办”，内地居民不受户籍地、居住地限制，均可在义乌申办出入境证件。至年底，市出入境管理局共接待外省户籍人员1.22万人次，办理出入境证件1.58万证次，占全年业务总量的27.89%。其中，普通护照9908件，往来港澳通行证4997件，往来台湾通行证862件。

【人口智慧云系统】 2019年5月，市公安局人口管理分局借助大数据和云计算手段，自主开发电子材料系统平台，上线“无犯罪记录证明”“户籍信息证明”等5项公安线上证明事项以及“婚姻证明”“学历证明”等6项市域范围内证明事项。全年为4893人提供“网上签名一次授权、电子材料一键申请、政务系统一网通享”服务。此项目获金华市公安机关“最多跑一次”改革品牌项目三等奖，12月27日在《平安时报》头版刊载项目报道。

【人口信息区域调整】 根据市委、市政府下发的《关于开展行政村规模调整工作的指导意见》，2019年上半年，义乌市新调整组建54个社区和45个行政村。5月起，市公安局对新调整组建社区、行政村的路面、人口、楼幢、村落、社区、旧改小区、集聚区等进行逐项核实登记。共调查社区内道路160余条、新建小区（集聚区）240余个，为新增道路、小区地址代码编写180余条，修改地址6万余户，调整户籍信息23.45万人，完成行政村规模调整中人口信息区域调整工作。

【国际合作工作基层基础试点】 2019年7月4日，中华人民共和国公安部国际合作局（简称“国合局”）在全国选择义乌和南京作为国际合作工作基层基础试点单位。获批试点后，义乌市出入境管理局成立以各相关局领导、7个业务部门和14个派出所

“一把手”为组长的工作领导小组，组建以国合局、各派出所外事专管民警为成员的工作专班，明确人员架构和职责分工。在江东派出所、后宅派出所开展派出所国合工作试点，选取江东街道鸡鸣山社区、后宅街道金城社区2处境外人员密集区域建立国合局直属国合工作室试点，开展“两翼一中心”体系建设，夯实国合工作基层基础。

【推广实施12条出入境新政】2019年8月1日起，国家移民管理局根据总书记习近平关于进一步深化改革扩大开放的重要指示精神和党中央、国务院的部署，为鼓励、支持、便利外籍人才、外国优秀青年和外籍华人到华在华创新创业、投资兴业，制定推出12条移民与出入境便利政策，主要扩大外国人才申请永久居留对象范围、放宽签发长期签证和居留许可对象的范围、拓宽外国人才引进对象范围、提高外国人服务管理水平。为更好贯彻落实12条新政，义乌出入境管理局主动对接市委改革办、经济技术开发区管委会、市市场监管局、市税务局、市商务等部门，制定出符合义乌实际的新政实施细则。深入排摸义乌重点发展领域、行业现状，列出涉及123家企业政策惠及清单；按照税收，年收入等梳理出符合新政条件的外国人名单，使受益范围最大化。至年底，义乌出入境管理局签发符合新政条件的工作居留许可证98人次，为918名外国人签发2年期的工作许可。

【境外人员云端智能管控系统启用】2019年9月7日，市出入境管理局牵头研发的“境外人员云端智能管控系统”投入实战应用。此系统整合市出入境管理局及公安部多个平台的境外人员数据，通过自动分析和数据碰撞，提供预警数据推送、住宿登记管理、签证回访管理、重点人员管控等功能模块，可为基层民警外管工作提供强大的技术和信息支撑。

【外国人签证预审平台上线运行】2019年9月7日，义乌市出入境管理局外国人签证预审平台上线运行。外国人申请签证通过“金华出入境”微信公众号提交相关申请材料后，市出入境管理局安排专人审核，在3个工作日内完成申请材料的预审核。建立“签证预审”微信群，收集群内反馈的预审平台系统问题，即时联系系统研发人员进行系统修复和升级，避免申请人因系统问题重复上传。同时对发现的错误和存在的疑点，通过电话、微信等方式进行核实确认，争取一次通过，降低外国人“线上二次跑、重复跑”比率。至年底，完成外国人签证预审平台预审材料751人次。

【“两证联办”】2019年，针对涉外企业反映的外国人工作类证件办理存在时间长、涉及部门多等情况，市出入境管理局、科技局就外国人工作许可证、外国人居留许可跨部门联审联办制度进行调研对接、可行性论证。10月27日，市出入境管理局、科技局共同制定“两证联办”工作方案，明确办理流程、申报材料。在出入境管理局接待大厅设立“外国人来华工作证件联办专窗”，将原分设在市科技局的工作许可证办理窗口和公安局居留许可办理窗口合二为一，实现“一窗受理、一并发证”。两证联办后，涉外单位通过互联网“外国人来华工作管理服务系统”向科技局提出工作许可证申请后，出入境管理局即同步介入开展工作类居留许可网上预审，即可完成工作许可证和居留许可的申领，对申办中材料缺失的，在线通知补充，避免申请人来回跑，办证审批时间由17个工作日缩短至5个工作日。至12月底，为660余名在义乌工作的外国人办理联办业务。

（陈国华）

民政事务

【概况】2019年，义乌市共有户籍人口83.61万人。累计救助困难群众6.8万人次。低保对象新增262户457人，注销458户793人；低保边缘家庭新增405户593人，注销208户454人。全市共有低保户3218户4277人，低保边缘家庭862户1394人，共发放低保金3518.97万元，特困人员258人275.22万元。实施临时救助121人42.08万元，物价补贴6.1万人次328.05万元，幸福增收岗补助1269人次38.07万元。发放春节慰问金137.07万元，惠及全市4553名困难人员；发放麻风病人慰问金2.4万元；春节慰问特困人员256人，发放物资5万余元。全年为精减退职人员、国民党抗战老兵和三老人员等发放生活补助358.14万元。

持续落实城市生活无着的流浪乞讨人员救助管理和跨省护送工作，全年完成救助受益1538人，其中站内实施救助1132人。站内接收公安、城管等职能部门来站送助对象401人，实施城际护送对象66人次，通过"今日头条""乡音寻亲"等创新平台成功寻亲4例。站外针对极端天气、防御台风和实施"夏送清凉""寒冬送暖"等活动救助406人，发动社团、义工等民间力量参与238人次，车辆保障134台次。通过公开招标，向社会购买服务实行机构托养，安置长期滞留受助痴呆傻人员30人，委托医疗机构托养救治18人，分别安置在磐安深泽寿海养老院和浦江黄锋精神专科医院。

2019年，办理收养登记8对，解除收养登记4对。深化"最多跑一次"改革，经市民政局牵头，多个部门综合施策，对现子女收养关联多个事项"一件事"办理，实现"户口登记(迁移、更名)""医保参保""市民卡制作"等事项办理"零跑腿"。

落实适度普惠型儿童福利制度，提高孤儿基本生活费标准。全年救助社会散居孤儿151人次，发放基本生活费26.1万元；救助社会困境儿童8393人次，发放基本生活费390万元；为101名留守儿童建立一人一档，实现一对一帮扶机制。8月，低保低边家庭儿童申请困境儿童儿童认定开通"无感智办"，全年为福利院内和院外智障残疾儿童康复治疗56人次。接收弃婴(儿)5人，办理国内弃婴(儿)送养6人。

福利彩票总销量8.62亿元，超额完成省厅下达销量目标6.41亿元，超额比例34.32%。筹集义乌市级公益金7495万元，发行费收入2314万元，上缴兑奖税收254万元，提供就业岗位600余个。通过常态化公开征召平台新增福彩投注站85家，销量增量8500万元；新增刮刮乐网点85家和社会网点137家，自助机共销售700万余元。强化福彩投注站常态化管理，开展福彩投注站年审年检工作。开展投注站星级评定工作，分组完成检查评分工作并对符合要求的106家投注站进行配套补助。开展大型"福彩暖万家"公益活动4场，为困境少年儿童、困难大学新生、困难老人、困难环卫工人等特殊群体500人发放福彩公益金136万元。创建"福彩有爱"志愿者团队，在溪华小学图书室设立福彩"滴灌书屋"。

联合市残联、市卫健局为福利企业残疾员工与家庭医生签约，为700余名义乌户籍残疾员工免费体检。新安置残疾员工30人。为福利企业安全员、财务人员进行业务培训。发动全市28家福利企业为"幸福增收岗"募集资金54万元。

全市核减水库移民117人，核定1.37万人。发放直补资金809.04万元。培训移民2900人次。制定出台《义乌市大中型水库移民(库区)村发展集体物业经济扶持办法》，开展双江水利枢纽移民安置工作，并完成移民实物调查工作大纲。

【虚拟就业"幸福增收"】 2019年7月24日，市民政局下发《关于开展低收入家庭幸福增收行动的实施意见》，自7月起，为低收入家庭中无劳动能力困难群众发放每月300元的幸福增收岗工资。全年共发放幸福增收岗补助1269人次38.07万元，通过虚拟就业形式(幸福增收岗)促进低收入家庭无劳动能力人员幸福创收，提升困难群众的获得感。

【孤儿基本生活费提标】 2019年10月1日起，义乌市提高孤儿基本生活费标准，福利机构养育孤儿生活费由每月2134元提高至每月2260元，社会散居孤儿生活费由每月1707元提高至每月1808元，标准为全省县级前列，金华地区最高。

【"福彩有爱"公益行】 2019年10月21日，由义乌福彩投注站业主组成的"福彩有爱"公益志愿者团队14人，到上溪镇溪华小学开展"点亮希望·书送梦想"滴灌书屋捐赠活动，为学校"福彩滴灌书屋"捐赠图书460册。丰富少年儿童文化生活，引导学生养成"爱读书、读好书"习惯。

【地名管理】 2019年，进一步清理整治不规范地名。命名地名48条，其中，道路名称33条，住宅区名称13条，建筑物名称2条，调整道路起讫点8条。注销地名32条，设置路牌297块。参加首届金华地名50佳评选活动，分水塘、佛堂、廿三里、神坛、缸窑、雅治街、倍磊、赤岸、黄山9条地名入选。编制出版《义乌市行政区划图》，完成义乌与武义的县级界线联合检查工作，配合完成金华与绍兴市级界线及兰溪与义乌的县级界线联合检查。

【基层政权和社区建设】 2019年，指导稠城街道成功申报第二批省级社区治理和服务创新实验区，实验时间为2019年4月—2021年4月。开展涉村（社区）机构牌子、上墙制度整治工作，压缩涉村（社区）牌子76%，上墙制度在村（社区）实行制度零上墙。加强专职社区工作者队伍建设，公开招考98名专职社区工作者分配到社区工作。开展专职社区工作者工资套改工作，下发《关于调整专职社区工作者薪酬待遇的通知》，专职社区工作者工资体系由“三岗十六级”变为“三岗十八级”，使得专职社区工作者工资体系更为完善。宣传发动2019年度社会工作职业水平考试，报名参考879人，通过106人。

【社会组织管理】 2019年，全市有依法登记的社会组织1573家，其中，社会团体458家，民办非企业单位1113家，基金会2家。出台《义乌市社区社会组织备案管理暂行办法》，对不具备登记条件，但具有社会团体或民办非企业单位性质，不以营利为目的提供公益服务、慈善救助、文化娱乐、社区协同管理等服务的基层组织进行备案管理。依法加大对社会组织的监管力度，进行双随机检查，17家社会组织被列入社会组织异常名录，对129家社会组织进行注销登记。年内，创建省社会组织党群服务中心标准化示范点1家，累计3家。全市社会组织通过产业扶贫、慈善捐赠、爱心帮扶、扶贫助学、援助果农等方式参与脱贫攻坚工作，对口四川汶川捐赠扶贫款物192.3万元。

【婚姻家庭】 2019年，市婚姻登记中心办理国内结婚登记5841对，离婚登记2296对，补发婚姻登记证1171件；涉外结婚登记21对，离婚登记5对，补发婚姻登记证4件。受理婚姻生育户口一件事联办740件，完成2004年集中登记以来的婚姻登记电子数据补签名工作。成立义乌市婚姻家庭协会，常态化开展婚姻家庭辅导工作，参与离婚劝导和调解1336对，其中劝和498对，成功率37.3%。开展多元化颁证服务，在特殊节日和喜庆日邀请义乌市领导、金婚老人、模范家庭等代表担任特邀颁证嘉宾，为新人颁发结婚证，全年办理多元化颁证193对。

【殡葬管理】 2019年，市殡仪馆火化遗体4750具，减免基本丧葬服务费289.94万元。推进绿色殡葬改革，廿三里街道、赤岸镇、义亭镇设置义乌市节地生态葬区，全年实施生态葬266例，其中，树葬224例，撒葬42例，发放相关奖励补助281万元。

（王丽娟）

退役军人事务

【概况】 2019年，义乌市退役军人事务局挂牌成立，完成“三级五有”退役军人服务中心（站）建设，实现市—镇（街道）—村（社区）全覆盖。

全年发放抚恤优待经费5587万元，优抚慰问经费565万元，退役士兵安置及培训经费2458万元。发放无军籍职工工资、民政代管干部工资、矽肺病残疾军人住院生活补助、7~10级在乡残疾军人旧伤复发门诊费报销、病故军人一次性抚恤金、优抚慰问金等计390万元。

推进退役军人“最多跑一次”改革，实现农村籍满60周岁退役士兵认定、优抚对象丧葬补助费给付等县级事项“无感办”，提升退役军人满意度和获得感。建立“义网通办”退役士兵联办平台，将涉及5个部门联办事项的表单整合优化成《退役士兵一站式联办表》，一站式办理涉及退役士兵办理落户关联10个事项，并提供创业就业、技能培训等3项特色服务，至少跑5次转变至最多跑一次。

依托服务站功能发挥，确保了涉军稳定，佛堂镇、大陈镇红旗村退役军人服务站建设获得退役军人事务部朱天舒副部长、浙江省退役军人事务厅林云举厅长肯定。采集审核退役军人信息，通过金华市、省级审核，摸清全市退役军人底数。

创新开展新时期双拥十大举措，为符合条件的未分配公寓房官兵提供租房补助。全市14个镇（街道）、8家国有企业与驻义部队21家营级单位、义乌舰签署军地共建协议，常态化开展共绘同心圆活动。年内，义乌市连续7届获省"双拥模范城"称号，义乌市爱国拥军联合会被评为浙江省爱国拥军模范单位。大陈镇红旗村党支部书记陈洪棋被授予浙江省"最美退役军人"称号，15名退役军人被评为金华市"最美退役军人"；授予"义乌舰"全体官兵"义乌市荣誉市民"称号。

【成立义乌市退役军人事务局】 2019年1月20日，位于南门街639号的义乌市退役军人事务局挂牌成立，下设办公室、拥军优抚科、移交安置科。根据《义乌市机构改革方案》，将市民政局的退役军人优抚安置职责、市人力资源和社会保障局的军官转业安置职责等整合，组建市退役军人事务局，作为市政府工作部门，按中央有关改革部署实施。至年底，全市有退役军人2.45万人，现役军人家属3535人。

【与义乌舰签署军地共建协议】 2019年5月10日，浙江中国小商品城集团股份有限公司与91912部队59分队（义乌舰）签署军地共建协议。双方缔结军民共建关系，发扬双拥共建优良传统，深入开展军民共建活动，促进双方全面建设，推进义乌军地共建社会主义精神文明。部队为地方提供部队管理经验、国防和爱国主义教育等内容，地方为部队全面建设提供服务拥军、智力拥军等帮助。双方利用元旦、春节、七一建党节、八一建军节和中秋节等重大节日，组织联欢和文化体育等活动。

【"一二三"工作法在全省推广学习】 2019年8月，义乌市退役军人事务局创立通知、受理和初审"一二三"工作法，"一"是一张大网纵横摸排，做到应统尽统；"二"是两种方法宣传政策，做到应知尽知；"三"是三重途径核实身份，做到应查尽查，在全省除2个试点县外率先完成部分退役士兵社保接续初审工作。2019年12月31日，此工作法得到浙江省退役军人事务厅厅长林云举批示，并在全省推广学习。

【全省首个镇级关爱退役军人协会】 2019年9月21日，佛堂镇关爱退役军人协会挂牌成立，为全省首个镇级关爱退役军人协会。协会位于义乌市佛堂镇退役军人服务站，由会长1人，副会长4人，秘书长1人，协会顾问1人，理事14人，会员150人组成，以退役军人为主，职能为宣传退役军人先进事迹，为退役军人就业创业提供咨询、指导和帮助，丰富退役军人的精神生活。年内，开展为退役军人写字送福，退役军人走访慰问等活动。

【烈士生态墓区】 2018年10月，义乌市对散葬烈士墓集中迁移、整合、修缮等工作进行部署，在长城公园规划建设烈士生态墓区，结合长城公园（市烈士陵园）现有条件和地形现状，用景墙、亭廊、植物等景观元素，将陵园分为7个功能分区，增加公共设施服务动。2019年5月27日，烈士生态墓区建成投用，占地面积1.2公顷，共设134个花葬、6个特殊墓葬区。至2019年年底，16名烈士遗骸迁入安放。

【"1+3+X"关爱机制】 2019年，对中华人民共和国成立前参加革命工作并健在的、享受抚恤优待政策的和中华人民共和国成立后（1949年10月1日—1954年10月31日）因参战立一等功以上奖励并健在的，以及中华人民共和国成立后参加革命工作的、享受在乡复员军人待遇的重点优抚对象建立"1+3+X"关爱机制。即由户籍地（或常住地）镇街服务站牵头成立专班，1名关爱帮扶对象由1名村（社区）退役军人服务站站长、1名党员、1名家庭医生和若干社会力量结对，组团响应关爱帮扶对象生活、医疗服务，走访慰问服务对象2.83万人。

【新时期双拥十大举措】 2019年，市退役军人事务局创新开展新时期双拥十大举措。助推"试验区"建设，协调部队支持杭温铁路建设，支持航空口岸设施扩大建设与民航季中加班航班许可。完成爱国拥军联合会改选，将驻义官兵纳入慈善救助和社会救助范围。开展军民共绘“同心圆”工程，推进全市各镇（街道）、产业平台、国企与航六旅16支营级单位及其他驻义部队、义乌舰“一对一”共建结对。推进驻义场站部队与民航等部门协作，探索建立联合驱鸟、道面维护、航空管制等方面合作。搭建就业创业平台，开展“校企联姻”，组织退役军人专场招聘会、就业推介会；推出“拥军贷”，开展“导师”结对指导，创业培训。开展“军营开放日”活动，“两代表一委员”、优秀退役军人进军营活动，组织部队到学校、医院、企事业单位开展国防教育。推进双拥阵地建设，开展双拥主题教育公园、双拥广场、双拥街（路）、双拥长廊等建设。全力解决航六旅随军官兵住房困难、义部队官兵适龄子女优质就学问题。为义乌籍新入伍义务兵购买2年的人身意外保险。开展散葬烈士进陵园工程，开展“清明”“公祭日”烈士褒扬纪念工作，推动形成崇尚英雄、缅怀先烈的良好社会风尚。

（毛林峰）

残疾人事业

【概况】 2019年，残疾人生活、护理补贴标准提高10%，全市完成残疾人生活、护理、老龄补贴1.68万人，发放残疾人“三项补贴”资金5239.7万元，同比增长28.4%。推进残疾人意外伤害保险全覆盖，办理残疾人意外伤害保险1.9万人。推进残疾人康复工程，实施残疾人基本康复服务7327人，完成残疾儿童康复服务178人，康复服务率100%。制定出台《关于调整义乌市残疾人基本型辅助器具补助政策的通知》，扩充基本型辅助器具目录25个品种，完成辅助器具适配327人，辅助器具适配率100%。加强精神残疾康复救助工作，完成精神残疾人免费施药2559人、免费住院39人次。完成残疾人基层责任医生签约服务1.55万人，残疾人签约服务率80%。加强无障碍环境建设，福田社区成功创建省级无障碍社区，实施无障碍进家庭167户。

加强残疾人创业就业帮扶，完成企业按比例安置残疾人就业年审325家，实现残疾人按比例就业809人，新增43人。与市人社局、市民政局联合举办残疾人就业招聘会6场，达成就业意向34人。加强残疾人教育培训工作，完成残疾人创业扶持206人，发放补助资金115万元。组织残疾人职业技能培训287人，开展职业能力测评16人。完成残疾人和贫困残疾人子女助学157人次，发放补助金12.6万元。对口帮扶汶川残联完成残疾人劳务技能培训60人，辅具适配49件，重疾救助40人。

加强残联基层基础工作，开展残疾人动态更新调查1.93万户，其中入户调查1.91万户，入户率99.86%。推进残联群团改革工作，12月，完成《义乌市残疾人联合会改革实施方案》报批。全年新招聘上岗片、社区残疾人专职委员17人，代表浙江省参加全国残疾人专职委员知识竞赛，获得组织奖。义乌市肢残人协会主席吴忠尚被授予“全国自强模范”称号，受到国家主席习近平、国务院总理李克强等国家领导人接见。市残疾人康复中心副主任尧凌云获浙江省首届“最美残疾人工作者”提名人物。在全国第十届残疾人运动会上，义乌市残疾人斩获1金2银1铜。在第六届全国残疾人职业技能大赛上，义乌市残疾人许科红获剪纸项目第四名。

【义乌市第七届特殊学生才艺展示暨首届义浦特教联盟】 为庆祝第29个全国“助残日”，展示特殊教育教学成果。2019年5月16日，义乌市教育局联合义乌市残疾人联合会、浦江（县）教育局等单位在实验小学举办义乌市第七届特殊学生才艺展示暨首届义浦特教联盟活动，义乌市残疾人联合会、义乌市教育局、浦江县教育局相关领导，实验小学教育集团总校长等出席开幕仪式。其间，开展义浦特教联盟，加强两地特教机构的交流。此届活动以“放飞梦想，融合共享”为主题，分舞台表演类、书画手工类和生活技能现场展示类三大板块，全市各级各类残疾儿童康复机构中在训学生、全日制学校中随班就读的残疾学生及特殊教育学校的学生等100余名特殊学生现场表演吹拉弹奏、跳舞、唱歌、情景剧、现场作画、诗歌朗诵等节目。

【实施扶残助残“一件事”改革】 2019年，围绕助残服务领域“一件事”改革，构建“1+3+X”助残服务新机制，为残疾人办事提供快速便捷的绿色通道。5月，市残联制定出台《义乌市残疾人证管理实施办法（试行）》，推行医院直接评残制度，取消办证公示环节，残疾鉴定由每月集中鉴定1次增至每周1次，发证时间由鉴定后2周缩减至1周。11月，出台《关于残疾人三项补贴实行“免申请无感智办”的通知》，推行“三项补贴”免申请直办，以残疾人基础信息库为依托，通过办证、补贴申领服务集成的模式创新，由镇（街道）残联进行对象检索、资格初审，并通过残疾人救助平台进行在线申报、在线审批，实现残疾人“一次都不跑”。至年底，完成残疾人3项补贴“无感智办”1715件。开通扶残助残“一件事”在线办理试运行，梳理助残“一件事”联办事项10项。

【“残疾人之家”建设】 2019年，市残联整合社会资源，探索多元化的建设模式，推动社会服务机构和私企参与创办“残疾人之家”。10月，市残联、市财政局、市民政局、市税务局联合出台《义乌市“残疾人之家”规范化建设实施细则》，为“残疾人之家”建设运行提供一次性建设补贴、机构运营补贴、星级奖励、入驻残疾人职工养老保险补助4个维度的政策支撑体系。至年底，全市建成“残疾人之家”14家，其中，动员企业建设1家，依托养老中心建设7家，利用民办非企业建设6家。安置精神、智力和其他重度残疾人庇护服务对象203人。

（陈骏飞）

慈善事业

【概况】 2019年，义乌慈善总会募集各类善款2286.16万元，通过助医、助学、助老、助残及对非营利组织的补助等形式，支出救助款项1438.05万元，直接受益8200人次。14个镇（街道）慈善协会共发放救助款129万元，救助628户。全市14个“邮善邮乐”慈善超市为符合要求的困难群众提供价廉质优的日常生活用品，共拨付补助资金67万元。

开展第二届“义乌慈善奖”评选，评选对象为慈善公益行为主体在义乌或慈善行为发生在义乌，在赈灾、扶老、助残、救孤、济困、助学、助医以及促进教育、科学、文化、卫生、体育等事业的发展等领域做出突出贡献的个人和机构。经评选委员会评审，拟定“义乌慈善奖”获奖名单，慈善捐赠奖7个、慈善项目奖4个和志愿服务奖6个。组织开展东西部对口扶贫，募集社会帮扶资金1098万元。参加第六届浙江慈善奖评选活动，浙江稠州商业银行获机构捐赠奖，来料加工协会会长周伟力获扶贫攻坚奖。

（陈　媛　王丽娟）

【募集善款】 2019年1月，市慈善总会与义乌农商银行签订留本捐息冠名基金4000万元。至2019年，累计18家企业与义乌慈善总会签订“留本捐息冠名基金”，基金3.25亿元。7月，开展以“关心关爱低收入家庭”为主题的“慈善一日捐”活动，全市各级党政机关、各镇（街道）、村居（社区）、企事业单位及爱心人士捐助善款758万余元，捐款用于低收入家庭无劳动能力人员幸福增收岗工资的发放。

【公益同行】 2019年3月，市慈善总会与团市委、志愿者协会共同发起“义公益”评选活动，评选出9个公益项目奖，以奖代助的形式拨付善款11.5万元。5月，市慈善总会联合义乌农商银行、爱心公社公益协会等单位，为陕西铜川陈炉、华川、仲勋等红军小学捐赠爱心书包、文具、书籍1500套，价值22.5万元。与义工之家公益协会合作，确保义乌市“义乌温度”项目的可持续进行，义乌慈善总会支付运费4.2万元，将捐赠的1500余箱6万余件衣物送往新疆、宁夏等贫困地区。与市红水晶公益组织合作，以“购买服务”方式开展“关爱计生特殊家庭”项目，支付慰问物资7.7万元。10月，市慈善总会与爱心公社公益协会合作，共同开展“爱心寻亲圆梦”项目，市慈善总会注资20万元，募集善款10万元，作为项目的启动资金，专项用于DNA检测费用。至12月底，为27个家庭支付DNA检测费12万元（每例400元）。

【助力对口扶贫】2019年5月30日，市慈善总会与爱心公社公益协会合作，为对口帮扶的磐安县方前镇中心学校捐赠爱心书包、文具共计239份，体育包1个，总价值3.81万元。8月26日，市慈善总会配合市民政局，为四川汶川县特大泥石流灾害做好善款的筹募及拨付，接收社会各界捐赠款550万余元。同月23日，为解决汶川县漩口小学及学生家庭因泥土流受灾严重，住宿学生需要棉被，缺乏体育器材等问题，市慈善总会紧急采购220床棉被、垫被、枕芯及三件套等床上用品，足球、跳绳等体育用品发往此校，计资助物资12.53万元。9月25日，为四川赤土乡中心校、贡岭区中心校资助爱心书包、体育包等款物13万元。

【慈善助学】2019年8月22日，市慈善总会在绣湖小学绣川校区举行“爱心伴你上大学”大学新生慈善助学活动，慈善总会向56名大学新生发放助学金49.82万元。至年底，共资助大学新生116人97.82万元。浙江鲁冠球三农扶志基金“四个一万”工程资助学生35人10.96万元。

【定向捐赠】2019年12月，三溪堂中医保健院出资15万元，用以资助赤岸镇的困难家庭和山盆村、里城村、江东街道桥东村60周岁以上老人敬老慰问。浙江华川集团定向捐赠30万元，用于赤岸镇辖区困难户救助和春节慰问。上海东银集团定项捐赠130万元，其中100万元定向用于义乌市革命老区建设，30万元用于大陈镇重阳书院日常维护和活动经费。义乌烟草公司定向捐赠25万元，用于资助全市贫困家庭大学新生和低收入家庭补助。

（除署名外均由陈媛撰稿）

消防救援

【概况】2019年，义乌市消防救援支队共有各类消防车35辆，其中，全进口消防车9辆，进口底盘消防车20辆，国产消防车4辆，消防摩托车2辆。有灭火类消防车11辆，举高类消防车9辆，专勤类消防车5辆，战保类消防车8辆，其他2辆。共有消防器材9241件（套），个人防护装备6447件（套），灭火救援装备1925件（套），地震地质灾害救援装备95件（套），洪涝灾害及水域救援装备265件（套），空中救援装备187件（套），后勤保障物资300件（套），各类灭火泡沫30吨。

2019年，监督执法检查单位4396家，办理行政处罚案269起，拘留61人，临时查封39处，办理审核项目37个，验收项目46个，备案项目236个，火灾调查65起。全市共发生火灾160起，直接财产损失394.72万元；死亡1人。全市消防救援队伍出动车辆4690辆次，抢救财产6265.2万元，出动警力3.22万人次，抢救被困人员430人，全市火灾起数同比下降50%。

【义乌消防救援支队迎旗授衔】2018年10月9日，公安消防部队集体退出现役，组建国家综合性消防救援队伍。2019年1月3日，义乌市消防救援支队举行迎旗授衔暨集体宣誓大会。市委书记林毅，政法委书记斯建民等市领

2019年1月3日，义乌消防救援支队迎旗授衔

（市消防救援支队 供图）

导出席仪式，支队机关及基层指战员代表80余人参加仪式。仪式上，义乌消防救援人员集体脱下绿军装，换上“火焰蓝”制服，义乌消防工作步入新的发展阶段。

【石油化工灾害事故灭火救援实战演练】 为进一步加强全市石油化工单位消防安全应急准备，2019年1月18日，义乌市消防救援支队在中国石化销售有限公司浙江金华石油分公司义乌油库举行石油化工事故灭火救援实战演练。支队全体党委成员带领北苑中队、稠江中队、廿三里中队、城西专职队、北苑专职队、后宅专职队、上溪专职队、全勤指挥部共16辆消防车100余名消防员参加演练。市供水、供电、气象、医疗、环保等应急联动单位参与演练。

【首个小型消防站建成】 2019年9月22日，全市首个小型消防站义乌市消防救援支队东洲路消防救援站建成并入驻执勤。东洲路消防救援站位于青口工业园区，占地面积500平方米，配备车库2个，主战车1辆，水罐车1辆，消防指点战12人，人员实行正规化管理，24小时执勤。至年底，共接处警40起。

【成立佛堂老街消防站】 2019年9月27日，义乌消防救援支队在佛堂老街设立消防站。佛堂老街消防救援站建筑面积300平方米，分上下两层，位于老街的中部，配备小型水罐车1辆，消防四轮摩托车2辆，支队调派10名消防指战员24小时驻守执勤。至年底，共接处警56起。

2019年1月18日，石油化工灾害事故灭火救援实战演练

（市消防救援支队　供图）

【首个县级市消防救援支队挂牌成立】 2019年12月31日，义乌市消防救援支队挂牌成立，为全省首个县级市消防救援支队。义乌市消防救援支队始终牢记总书记习近平训词精神，继承和发扬原消防部队光荣传统，有警必出、闻警即动，在重大灾害事故面前，不畏艰险、冲锋在前，为保卫义乌经济建设和人民生命财产安全发挥重要作用。

【开展“防范火灾风险，建设美好家园”主题活动】 2019年，市消防救援支队开展“119”消防宣传月活动，先后接待师生参团4800余人次，开展校园灭火疏散演练20余次，举办消防知识讲座8场次。联合幼儿园开展“消防总动员”大型安全教育亲子拓展活动，以亲子游戏、律动表演等为载体，让参与者在游戏中掌握消防安全知识。结合“平安大走访敲门行动”，走进老年大学、养老院、老年日间照料中心等老年人聚集场所30余次，设置消防宣传点，建立消防宣传“互通共享”机制。在义乌融媒体中心开设3个消防主题专栏，集中播发消防公益广告或安全提示300余条（次），开展火灾隐患媒体曝光行动4次、曝光单位9家。发动400余家重点单位，利用LED显示屏、楼宇电视等不间断播放消防知识短片和典型火灾案例，营造消防安全“人人参与”的浓厚氛围。

（楼　颖）

民间救援

【概况】 2019年，义乌市民间紧急救援协会（简称“救援协会”）有会员326人，其中，共产党员45人、退役军人75人，以消防兵、空降兵、潜水员等为主。配有不同型号的直升机5架，大型进口挖掘机、推土机、吊机、拖车等机械70余台，越野救援车30余辆，通信作战指挥车、特种装备车、救援进口气垫船、救援摩托艇、水陆两栖车等8000万余元的救援资源，无偿提供救援出勤。拥有政府提供的停机坪和直升机库，航空管理部门特批的救援直升机飞行航线。组建由红十字会志愿者、资深户外运动人员、专业搜救人员、持证医护人员、持证无线电专业人员100余名专业搜救队员组成的救援队，下辖搜救大队、培训部、后勤部、外联部、宣教部、纪律督查队。搜救大队细分为6支山地搜救中队，及由退伍军人组成的党员突击队、高空专业救援中队、红十字国际救援中队、城市智能救援中队、水域救援中队、医疗救援中队、救援保障中队、通信保障中队、越野施救车队。

开拓救援互联网+模式，推出“义救援”微信公众号，探索线上线下结合救援的义乌公益救援新模式。公众号提供一键救援功能，发布灾前预防教育资料，提升对外宣传培训力度，建立灾前防范教育体系。全年发布救援信息76条，成功找回67人，节省30万余元。开展救援知识技能培训，救援协会在义乌市中小学开设防溺水、防火等常见安全隐患防范课程，开展讲座56场，培训9700人。

至年底，救援协会共组织4800余人次参与救援212次，拯救137人，搜救遇难者39人，利用协会开发的“义救援”公众号找回患有老年痴呆症的老人70余人。12月，在浙江省志愿服务最美（最佳）典型展示交流活动中，义乌市民间紧急救援协会获“最佳志愿服务组织”。

【华溪森林公园救援】 2019年5月2日23时，义乌警方接到群众报警，方某在华溪森林公园迷路，手机无电即将关机，已一天无进食。接到报警后，廿三里派出所立即组织警力前往事发现场，并组织护村队一起连夜上山搜寻。由于事发地点山高林密、地形复杂，方某手机信号定位在山上位置出现偏差，且夜间视线受阻，能见度低，搜救工作非常困难。5月3日，廿三里派出所联合护村队、义乌民间紧急救援队商议搜救方案，再次进山搜寻，紧抓所有线索，扩大搜救范围。5月6日15时，在华溪森林公园山上一洞穴内，发现身体虚弱的方某。此次救援行动中，义乌民间救援协会共出动搜救人员80人次。

【内涝救援】 2019年6月21日，因连续暴雨导致发生城市内涝。接市政府通知要求，市民间救援协会立即安排越野救援车队越野车20余辆，水域中队及专业人员18人前往应急救援。协会联合西贝虎水陆两栖车队5辆车进行人员转移，共转移市场人员100余人，救援被困车辆20余辆。

【救援摔伤驴友】 2019年6月23日，义乌某户外驴友前往双溪村附近的山域游玩，17时，随队的一名女队员因下坡时将脚严重扭伤，打电话给义乌民间救援协会请求救援。接到报警后，救援协会立即安排山地救援队员20人，携带便携式担架前往救援，因山路崎岖，于20时将人员抬至山下，送往就近医院治疗。

【赴临海等地救援】 2019年8月9日，受“利奇马”台风影响，浙江省多地受灾严重。8月10日，市人武部在驻地义乌无险情发生的情况下，根据临海全市被淹、内涝严重，当地急缺救援装备的实际情况，组织民间救援协会45人携带5辆水陆两栖车、5艘冲锋舟、5艘摩托艇和无人机等装赶赴临海投入救援，配合当地救援力量营救转移被困人员300余人。同日晚，组织相关民兵应急力量21人、舟艇5艘、车辆8台连夜赶往仙居、临海，累计转移受灾群众260余人。

（吴雄辉）

【救援失联儿童】 2019年11月26日，衢州高家镇后方村1名幼童在义乌失踪。次日，义乌警方通过官方微信公众号发布警情通报，称涉事母亲洪某疑似有精神疾病，洪某交代幼童被其抛弃在义乌江沿。同月28日，义乌民间紧急救援协组织120人次，使用水下声呐、排钩及冲锋舟4艘，与义乌警方一同对幼童可能落水的水域进行持续地毯式搜寻。30日，搜救人员在义乌江环南路至江湾桥河段，打捞起失踪幼童遗体。

（除署名外均由余旭含撰稿）

红十字会

【概况】 2019年，义乌市实现造血干细胞成功捐献2例，器官捐献6例，遗体捐献2例，角膜捐献9例。强化红十字应急救护培训，培训急救员3082人，普及培训4.3万余人。全年，市红十字会募集爱心款131万余元，通过“常青博爱暖心基金”“復元爱心助医基金”“宾王扑克博爱基金”等爱心平台开展爱心活动，资助困难群众700余人次，发放爱心款物104万元。市红十字救援队参加大型演练8次，通过微救援平台发布救人信息235条，找回走失人员163人。健全志愿者队伍及志愿活动的组织工作机制，年内，开展“抗战老兵”等助老、助困、献血宣传等爱心活动40余次。

【博爱基金】 2019年，义乌市新建博爱基金4个。2月18日，成立“宾王扑克博爱基金”（第二期），浙江宾王扑克公司捐赠30万元，主要用于助学。3月19日，设立“园林学会博爱基金”，义乌市园林学会向义乌市红十字会捐款11万元，80%用于助学，20%用于红十字急救培训及宣传。9月18日，成立“常青博爱基金”（第二期），爱心人士常青捐赠30万元，主要用于救助孤寡老人和因病致贫的困难家庭。10月10日，设立“博爱复明基金”，湖南爱眼基金会向义乌市红十字会捐赠300万元，主要用于救助眼疾贫困患者。

2019年10月2日，市红十字会在绣湖公园开展“教你学习急救”活动 （楼子荣　摄）

【造血干细胞捐献】 2019年3月1日，义乌青年傅志刚赴杭州某医院成功捐献造血干细胞。5月20日，义乌青年何杭成在杭州某医院完成造血干细胞捐献，成为义乌市第九名造血干细胞捐献者，全省第477位造血干细胞捐献者。至年底，全市共有造血干细胞入库志愿者600余人，实现匹配捐赠9人。

【世界献血者日活动】 2019年6月14日，第16个“世界献血者日”，市文明办、团市委、市卫健局、市红十字会联合城西街道在城西街道广场举办“信仰花开，志愿有我”文明行动。活动现场，义乌市第二例造血干细胞捐献者何杭成与志愿者交流，在他的先进事迹感召下，志愿者们纷纷加入“树信仰志愿者联盟”。活动期间，为“五星志愿者”颁奖，市红十字会救护培训师为志愿者和过路群众普及急救知识，20余名志愿者携带“科学献血有益健康”“献血献爱心血浓情更浓”旗帜骑单车宣传无偿献血。100余人无偿献血3.07万毫升，4人加入中华骨髓库。

（虞金洪）

（除署名外均由陈金弟撰稿）

老龄工作

【概况】 至2019年12月底，义乌市共有60周岁以上老年人16.65万人，占总人口19.92%，其中百岁老人90人。城西、稠江、后宅、赤岸、上溪5家镇街级养老服务中心建成投用，城西、稠江、后宅、苏溪、上溪5家镇（街道）养老服务中心成功创建示范型居家养老服务中心。建成居家养老服务照料中心411家，助餐、配送餐城乡覆盖率81.2%，惠及全市老年人5.5万余人。全年拨付养老机构建设、运行补助及居家养老服务照料中心建设、运行、就餐补助资金4716.3万元。

出台《关于全面提升居家养老服务质量的若干意见》，深化居家养老服务改革，提升养老服务质量。在全省率先实现老年优待证无感智办，提前制作发放老年优待证1.59万张。在全省率先推出入住养老机构“一站式”办理平台，实现全市养老机构信息公开，老人可通过线上申请入住养老机构。推进老年人意外伤害保险工作，老年人意外伤害险理赔262例，赔付153.28万元，保险理赔率100%。

组织开展“敬老月”活动，实施“温暖为老”重阳节走访慰问、“全民为老”“健康为老”“维权为老”等系列活动，鼓励带动社会各界关注老年人群体，关爱老年人生活，营造全社会关爱孝亲敬老的良好氛围。全年慰问老人9285人次，发放慰问金74.5万元；开展文艺汇演活动13场，现场义诊47次；开设老年健康课堂8讲，3000余人听讲。

（王丽娟　虞金洪）

【市干部心理健康服务中心成立】 2019年4月，义乌市干部心理健康服务中心成立。中心设在义乌市卫生健康局，以“充分体现关心爱护干部，切实关注干部心理健康”为服务宗旨，通过开展形式多样的健康辅导，为全市机关事业单位在职干部职工搭建心理健康服务平台，在开设心理健康课堂、开通干部心理热线、组织心理健康测评、开展心理健康宣教、协助做好心灵港湾工作室等方面进行业务指导。至年底，共组织专题讲座24场，激发干部职工干事创业内在动力，提升干部职工心理健康水平。

（虞金洪）

【首届老年健康宣传周】 2019年6月10—16日，是全国首个“老年健康宣传周”，市卫健局开展以“懂健康知识，做健康老人”为主题的首届老年健康宣传周系列活动。通过现场义诊、发放科普读物、展板展示、知识讲座等方式，使老年人掌握更多健康知识，提高其我保健意识和健康水平。活动期间，进行各类义诊21场，服务2000人，发放宣传资料8000余份，开展专题讲座18场次，受益1300余人。

（虞金洪）

民族事务

【概况】 至2019年12月，全市共有52个民族成分的少数民族人口16.46万人，其中，外来少数民族流动人口15.85万人，落户少数民族6000余人。在宾王、长春、福田等少数民族聚居较多的社区培育“和合堂”“和缘居”“莎莎·阿依乐”少数民族工作室，获金华市民族宗教局统一授牌，开展矛盾纠纷化解、公益慈善帮扶、创业指导培训等工作。9月，江东街道鸡鸣山社区被评为全国民族团结进步模范集体，北苑街道四季社区被评为省级民族团结进步创建重点培育（区）单位。

【阿拉善蒙古族民族民俗文物精品展】 2019年3月12日—4月12日，阿拉善蒙古族民族民俗文物精品展在义乌市博物馆开展。展览展出具有代表性的阿拉善博物馆民族民俗精品文物100余件，全面展现阿拉善蒙古族悠久的民族文化，带领广大观众感受蒙古族文化的广博与厚重。

（陈金春）

【维护民族融合活动】 2019年，江东街道辖区住有40余个少数民族1.7万余人，其中，五爱社区有1600余名少数民族同胞，100家民族餐厅。4月，江东街道联合五爱社区、江东派出所在五爱社区成立“阿依乐·莎莎”工作室，围绕文化、文明、服务、平安4个方面开展阿依乐课堂、阿依乐打卡、阿依乐代办、阿依乐守护等服务，搭建少数民族“连心桥”。4月20日，江东街道组织辖区内50余名少数民族群众开展以“望道寻春”为主题的促进民族团结红色之旅活动。5月20日，街道举办“社区居民一家亲，民族团结共发展”民族共融活动，促进社区各民族交流、交往、交融。8月13日，街道组织举行“古尔邦节”庆典活动，300余名各族居民共同参与常识普

"阿依乐·莎莎"工作室　　（何建人2019年11月摄）

及、美食分享、欢庆晚会等欢庆活动。9月28日，街道举办"庆祝国庆——五爱阿依乐国学公益讲堂"开班仪式，50余名各族儿童共同学习传统文化，吟诵经典，传唱名篇，喜迎国庆。至年底，江东街道借助"阿依乐·莎莎"工作室开展汉语培训、电商培训、"爱家长"课堂、"叮东"矛调速递、红石榴志愿服务等活动80余场。

（孙毅鹏）

【义乌首部少数民族微电影】2019年5月，义乌市委统战部（民宗局）、义乌市北苑街道联合制片拍摄义乌首部少数民族题材微电影《义乌故事》。微电影时长18分钟，剧本灵感来源于北苑街道四季社区少数民族同胞创业故事，以四季社区民族共融工作为主线，讲述一个叫艾尔肯的维族青年到义乌北苑，从格格不入到逐渐融入，最终创业成功并收获友谊的故事。展现义乌市各民族群众团结奋斗、和谐共融的良好形象。6月12日，浙江省首届少数民族微电影优秀作品展演颁奖晚会在武义县举行，《义乌故事》获"优秀作品奖"。

【国家通过语言义乌培训班】2019年6月4日，浙江省少数民族人员国家通过语言义乌培训班在稠城街道宾王社区开班，免费向少数民族同胞开放，100余名少数民族群众参加开班仪式。上课时间为每周一、三晚上19时—21时，课程内容为电商培训、法律讲座等。

【义乌市民族团结进步促进会成立】2019年10月19日，义乌市民族团结进步促进会在市委党校开第一次会员大会，市委统战部长，来自全市各行业、各民族的40余名会员参加会议。会上成立义乌市民族团结进步促进会，听取《义乌市民族团结进步促进会筹备工作报告》，审议通过《义乌市民族团结进步促进会章程》《义乌市民族团结进步促进会财务管理和会费收取办法》，选举产生第一届理事会理事及监事。促进会首批会员50人，其中汉族2人，23个民族成分的少数民族48人。成立促进会，进一步凝聚社会各界致力于民族团结进步事业的力量，搭建各民族联谊交流平台，组织开展各类民族团结进步活动，促进民族融合、社会和谐。

（除署名外均由陈帅撰稿）

宗教事务

【概况】2019年，全市共有佛教协会、基督教三自爱国运动委员会、基督教协会3个宗教团体，依法登记的宗教活动场所91处。组织开展各类、各系统的宗教工作专题培训7期，累计超1500人次。宗教工作作为1项重要指标，被列入市委巡察内容和领导干部年度民主生活会专项对照检查内容。2019年，统战部增设民族宗教事务服务中心1个下属事业单位和7名事业编制，佛堂、稠城、福田、江东、稠江、北苑等6个民族宗教工作重点镇（街道）挂牌设立镇街民宗所，其他镇（街道）全面配备了民宗专干。

【义乌市双林禅寺管理组换届】2019年4月26日，义乌市双林禅寺按照民主协商推选程序，完成管理组织换届工作。换届后，管理组设主任1人，常务副主任1人，成员3人，主要任务领众修行，在道和法律的双向监督下保障寺院健康发展。

【启动“一庙一故事采风行”活动】 2019年5月22日，为进一步培育和践行社会主义核心价值观，深入挖掘、保护、传承义乌佛道教传统文化，市委统战部、市文联联合主办的“一庙一故事采风行”启动仪式在双林禅寺举行，市委统战部、市文联、市作协、市佛协代表，双林禅寺负责人等60余人参加活动。启动仪式后，义乌作家协会安排创作骨干深入39座佛道教寺，探寻每座寺观的起始渊源和历史底蕴。2019年，义乌有批准的寺庙39座。

【“五教同行·红色之旅”主题教育活动】 2019年8月20—22日，组织宗教界代表人士19人赴长沙、韶山等地爱国主义教育基地，接受革命理想信念和爱国主义教育洗礼。代表们先后参观长沙会战指挥部遗址、毛泽东故居等教育基地，表示有义务共同维护祖国和平与祖国统一。

【首届佛教讲经说法交流会】 2019年8月26日，由市佛教协会主办，以“爱国爱教 · 不忘初心 · 慈悲圆融”为主题的全市首届讲经说法交流会在双林禅寺举行，来自全市各寺院教职人员、负责人、居士代表及道教、伊斯兰教、天主教、基督教界代表100余人参加交流会。会上，讲经法师围绕“如何建立信仰”“如何安顿身心”“如何利益众生”“如何认识因果”“如何依教修学”5个主题现身说法，评委从“妙解”“妙辞”“妙机”“摄众”“威仪”5个方面综合考量进行打分，6名法师分获菩提奖、般若奖、清净奖和莲花奖。

【伊斯兰教活动场所民管会完成换届】 2019年10月，按照“政府主导、群众推选、民主协商”的原则，义乌市伊斯兰教活动场所民管会完成换届工作。新一届民管会由9人组成，分别来自9个不同省区，其中白金仓任主任，马红福、张俊涛任副主任。新一届领导班子以学习贯彻《浙江省宗教事务条例》为契机，继续完善各项民主管理制度，密切与各级政府部门以及省伊协联系，为促进义乌经济社会发展、促进各民族融合和团结做好各项工作。

【市佛教协会第六次代表会议】 2019年12月3日，义乌市佛教协会第六次代表会议在义乌市社会主义学院召开，来自全市各学院的110余名代表、8名列席代表参加会议，道教、伊斯兰教、基督教、天主教代表到会祝贺。会议听取和审议义乌市佛教协会第五届理事会财务报告和工作报告，审议通过《义乌市佛教协会章程》（修订案）。会议礼请释定本为义乌市佛教协会名誉会长，选举产生新一届理事会及领导班子，释延轼当选新一届佛教协会会长，释会济当选常务副会长，释祖品、释本善、释祖升、释世圆当选为副会长。会议充分肯定了义乌协会第五庙理事会五年来取得的工作成绩，对新一庙理事及领导班子提出希望与要求。

（陈　帅）

佛堂镇

【概况】 佛堂镇位于义乌市南部，全镇区域面积134.1平方千米，下辖56个行政村，7个社区，户籍人口4.21万户8.79万人，流动人口8.86万人。2019年，全镇地区生产总值80.2亿元，财政总收入6.7亿元。城乡居民可支配收入分别为7.72万元和3.95万元。

2019年，全镇实现工业总产值307.3亿元，同比增长6.8%，其中，规模以上企业实现工业总产值74.5亿元，同比增长13.36%。完成28个市重点工程及重大工业项目政策处理，完成有效投资14.1亿元，其中工业投资8.14亿元。建成小微产业园6家，在建5家，完成工业用地分类管理320公顷。新增国家高新企业10家、省级科技型企业17家、研发中心2家。建成全市首家青年人才驿站，保障性住房、人才大厦等人才房吸引入住923人，其中博士、硕士、副高等高层次人才53人。

全镇新增垦造耕地面积6公顷。粮食播种面积1562.67公顷，总产量9412吨；蔬菜播种面积1176.6公顷，产量2.96万吨；水果种植面积294.53公顷，产量1.18万吨，甘蔗种植面积161公顷，产量1.35万吨。肉类总产量7699吨，禽蛋产量14吨。全镇实现农林牧渔业总产值6.98亿元，农林牧渔业增加值4.68亿元。

镇行政服务中心新增延伸省定民生事项176项，非民生事项71项，事项进驻占比率83.6%，完成全市首个镇街“不见面”开标大厅建设。

完成朝阳路延伸区块（二）有机更新，晓联、王宅新社区集聚建设，拓展用地空间20余万平方米。与金东区孝顺镇合作共建红色旅游路线2条，全年接待游客10万人次。

协调城乡发展，完成湖山路、清润路等市政道路及配套工程，工业园区、潮江府公园等绿化提档工程，佛堂大道两侧建筑及绿化夜景灯光工程。创建文明城市红旗村15个，垃圾分类优秀村11个，示范村4个；申报一星级和美乡村20个，一星样板村10个，三星级样板村村5个。钟村获评浙江省美丽乡村特色精品村。通过“消薄”五法和行政村规模调整，全镇56个村均完成年总收入20万元以上、经营性收入10万元以上目标，其中28个村入股物业联建项目。

城乡居民养老保险参保8.58万人，医疗保险参保4.55万人。调解各类矛盾纠纷239起。常态化开展“周六解难题”活动，发现各类农村遗留问题为56项，成功处置、化解难点问题为26项。3所幼儿园建成开园，佛堂中心卫生院建成正式投用。新建文化礼堂16家，开展各类礼堂活动1720场。新建农村居家养老中心2家，获评四星级居家养老中心1家，三星级8家。开展出租房整治、叉车综合安全整治、“头盔革命”等行动，镇区电动车头盔佩戴率由20%提升至86%。

【设立“有事我来办”窗口】 2019年3月，佛堂镇依托镇办事大厅和村社党群服务中心设立“有事我来办”服务窗口，构建镇、村社、红色微网格“三级联动”服务体系。窗口由联村干部、村两委班子牵头开展坐班值班，现场办理信访、咨询、签字办理等服务。全体党员深入红色微网格，每名党员结对联系10户农户，常态化开展跑办、代办等服务。群众反映问题分为“签字类”“信访类”“咨询类”3类。“签字类”通过首签责任制，联审会签制，流转登记制，专人代办制，限期办结制5项制度，实现平均节省时间达60%以上；“信访类”通过当场即办，每周督办，移交办理3种方式，确保件件有落实；“咨询类”一般性的当场回应，需查看现场的3天内上门，涉及市级部门的当场联系帮助答疑。实行窗口全程代办后，3天实现办结。定期开展满意度回访工作，镇党委每周对服务项目完成情况和满意度测评情况进行排名通报。至年底，累计受理问题635件，成功处置、解决616件。

【晓联村启动新社区集聚建设】晓联村位于义乌江畔，义乌江与东阳江交汇之处，俗称“双江口”，金甬高速穿村而过，村域面积5平方千米。产业以种、养殖业为主，经济作物以韭菜、水果为主，同时建有一个养殖基地。2019年，晓联村有户籍人口864户1410人，外来人口200人。8月6日，应市双江湖水利枢纽工程建设需要，佛堂镇正式启动晓联村新社区集聚建设。9月10日，签约率达99%。完成腾空并拆除房屋146栋2.7万平方米，拓展建设空间6.67公顷，保障双江水利枢纽晓联试验区块顺利开工。

（朱伊莎）

苏溪镇

【概况】 苏溪镇位于义乌市区东北部，区域面积109.1平方千米，下辖43个行政村。户籍人口2.63万户5.51万人。2019年，镇本级完成有效投资7.48亿元，完成率249%；实现财政总收入5.77亿元，同比增长17.66%。

2019年，全镇实现工业总产值226.2亿元，同比增长24%；规模以上工业企业产值123.2亿元，同比增长28.03%。投资50亿元爱旭太阳能二期、60亿元天合光能、20亿元真爱科技、5亿元万达物流总部等重大项目落地，木林森照明灯具基地、东方日升高效太阳能组件一期项目建成投产。通过小微园建设、宗地转让、政府收购等方式，整转提升D类企业10家，新建小微园3家，其中月亮湾电子电器产业园、思源印染小微园被评定为省级第一批小微企业园。研发经费投入4.01亿元，同比增长15.89%。新增国家高新技术企业5家，省科技型中小企业16家；金华市级研发中心2家。实现“小升规”企业11家。

整村拆除楼下张、东宅2个村，腾出发展空间53.33公顷。启动食品厂区块有机更新，盘活存量土地，实施2批41间宅基地跨村安置，解决住房困难户21户。消化批而未供土地6.27公顷，完成率174%。开展第三次全国国土调查，核查整改存量建设用地图斑300个，未利用地调整耕地图斑75个，批而未供图斑269个，未利用地图斑143个。

完成垦造耕地3.2公顷，土地整理25.33公顷，耕地质量提升29.87公顷，高标准基本农田建设88.6公顷。粮食播种面积459公顷，总产量2892吨；蔬菜播种面积620.13公顷，产量1.46万吨，水果产量4927吨，甘蔗产量1499吨。肉类产量74吨，禽蛋产量9吨，生猪出栏596头，家禽出栏1.1万只。完成农林牧渔业总产值1.87亿元，农林牧渔业增加值1.32亿元。新增农业“标准地”42.53公顷，土地整治工作列全市第一。

提升改造好派路、春风大道、民丰路等道路7条，龙祈路建成通车，苏溪镇夜景灯光一期工程成功亮灯。实施电力、通讯线路“上改下”19千米。实施苏福路、高速入口等主要道路两侧绿化提升工程，新增绿化面积13.9万平方米。创建城镇污水零直排区10个、工业污水零直排区15个，创建市级五水共治示范村5个，浙江思源新材料科技有限公司初期雨水收集系统获省政府领导充分肯定。

创建三星级和美乡村3个，一星级和美乡村9个。新建、改造公厕23座，新建公共洗衣房5

座。完成农村自来水平面管网改造和“一户一表”安装，解决遗留多年的自来水跑、冒、滴、漏问题。9个村建设珍贵彩色健康森林196.87公顷，龙华村、青春村、洪流村“一村万树”项目种植珍贵树种4万余株。化解信访积案4件，受理各类矛盾纠纷616起，调解成功率100%，涉案金额1761万元。追发劳动者工资503.7万元，帮扶大学新生、未成年儿童、困难在读学生172人，新纳入低保61户109人。

行政服务中心实行“一窗受理，一窗发证”，引进公安、市场监管、税务、水电气等8部门345个大项1000余个子项，设置胡宅、西山下2个市级村便民服务点和6个村级便民服务点，全年办理各类事项2万余件，其中即办件占89%。组建苏溪巡防大队，成立2个救援中队，安装13个高清高空探头。组织开展噪音、印染、粉尘等问题的专业整治，改造锅炉52台，淘汰高污染燃料锅炉2台，指导35家重污染企业编制重污染天气应急响应操作方案。取缔重大安全隐患养老院3家，“四无”低小散加工作坊14家；停业整顿隐患企业336家。年内，苏溪镇通过国家卫生镇考核。

【义乌首条4D管理餐饮示范街】 苏华街是连接苏溪工业区和镇区的要道，聚集餐饮店63家，存在小餐饮店证照不齐、原材料乱堆乱放等情况。2019年9月，苏溪镇市场监管所经实地考察与探讨，将大中型餐饮行业标准选择性导入小餐饮业，总结归纳“苏华街11条”提档转型标准，以“4D管理”模式，即整理到位、责任到位、培训到位和执行到位，推进小餐饮标准化管理。至年底，改造餐饮店385家，关停餐饮店48家，形成全市首条“4D”管理餐饮示范街。

【“苏溪之心”商业综合体开业】 2019年10月1日，“苏溪之心”商业综合体开业。“苏溪之心”位于苏溪镇核心商圈镇前街与37省道交叉口，东挨苏溪大道，南接苏溪镇孝义广场、西临苏溪镇政府，北靠兴苏路，无缝对接310省道、环城北路、国贸大道、春风大道等主要道路，占地面积5公顷，是义北首个都市级商业综合体。由义乌当地知名地产企业“传承地产”开发建设。拥有93～125平方米户型的小高层华宅，地上车位120个，地下车库车位360余个，商业广场一至四层2.6万平方米为集超市、餐饮、休闲、娱乐、儿童业态等一站式购物中心。2017年11月22日，项目奠基开工，总投资2.5亿元。

【“欢乐杜村”项目】 “欢乐杜村”项目是由苏溪镇人民政府、市场发展集团有限公司、浙江启乐旅游开发有限公司、苏溪镇杜村股份经济合作社4方共同合作开发的农村旅游项目，旨在“慢养龙祈”精品线上打造精品节点村。项目开发“欢乐杜村”景区，引进开发网红游乐项目，结合市场需求和乡村振兴的要求，打造集游乐、康养、观光、团建、研学、休闲度假等为一体的乡村农旅示范区。项目总投资2.5亿元，总规划面积172公顷，建设亲水乐动娱乐区、亲山运动体验区、多彩森林观光区、乡村振兴发展区和山地休闲康养区5大区块，分3期实施。2019年11月1日，“义乌欢乐杜村生态文化旅游区”项目框架合作协议成功签约，预计2022年建成。

（龚茜茜）

上溪镇

【概况】 上溪镇位于义乌市西部，区域面积102.8平方千米，下辖45个行政村、2个社区。户籍人口2.57万户5.33万人，外来人口5.26万人。2019年，全镇实现地区生产总值35.9亿元，财政总收入2.4亿元。

2019年，实现工业总产值83.7亿元，同比增长3.28%。新增规模以上企业11家，规模以上企业工业总产值20.8亿元，同比增长4.07%。引进浙商回归项目16个、资金1.1亿元，引进内资2.5亿元。义兰公路西侧地块与韵达快递签订战略合作协议，投资110余亿元；美谷科技产业园完成签约，投资4亿元。4个小微园获批浙江省第二批小微产业园，其中模具小微产业园列入金华市级产业创新服务综合体。聚邦智能制造产业园开园，引进科技类创业项目11个。整治D类企业6家、“低散乱”企业

104家。新增国家高新技术企业3家、省科技型企业16家。9家企业在浙江股权交易中心创新板成功挂牌。模具市场交易额6.3亿元，同比增长21.15%。新建院士专家工作站1个，新签约院士5人，引进教授级人才6人，硕士3人。发明专利首次突破70项，在全市排第三。人才住房项目“一张床”试点建设投用，其中套房8个，单身公寓40个。

全镇耕地面积1751.9公顷，耕地灌溉面积1066.7公顷。粮食作物播种面积497.87公顷，经济作物播种面积1184.33公顷，产量3.08万吨；其中蔬菜播种面积773.6公顷，产量2.07万吨。肉类总产量249.8吨，禽蛋总产量116.8吨。全镇实现农林牧渔业总产值2.96亿元，同比增长6.48%。完成垦造耕地12.2公顷，绿化造林56.07公顷，彩色健康森林项目219.2公顷，种植珍贵树种4.6万株。

贺田路、信达路等道路实现通车，异地奔小康二期主体结顶。建成垃圾分类点位18个并投入运行，创建完成垃圾分类省级示范村1个，市级示范村4个，市级优秀村7个，潜溪村获评2019年度浙江省高标准农村生活垃圾分类示范村，上和家园获批金华市最美垃圾分类小区。推进土地改革，消化批而未供土地5.87公顷，不动产登记发证2078本，完成集地券10.55公顷。根据全镇空间布局和产业规划，连片拆除696处19.8万平方米。创建污水零直排区块22个。

举办“花开上溪，礼满义乌”踏青赏花乡村旅游文化节、全国象棋快棋公开赛、浙江省“棋乐小镇·溪华杯”象棋特色示范村联赛、金傅宅桑葚文化节等活动，接待游客50余万人次。创建三星级和美乡村3个、一星级样板村5个，美丽庭院389户。建成农村公厕127座并投入使用，建成31个文化礼堂并通过验收。壮大集体经济，通过联建项目、入股云上之溪公司、与市场集团和稠城街道结对，实现所有行政村年经营性收入10万元以上。

参加城乡居民养老保险5.33万人，医疗保险3.26万人，参保率99.37%。建立矛盾纠纷预测预防机制，累计代办民情民访1900余件，化解矛盾纠纷2364起。全年，收到群众来信来访、市长信箱231件，化解初信初访案件35件，省级信访积案6起。在全市率先提出平安建设联席工作会议机制，在月湖公园和模具城市场建立综治分中心，推动平安建设由派出所“担主角”向全镇“齐抓共管”转变。全年纠纷警情下降28.2%，传统侵财警情下降23.6%，通讯网络诈骗下降23.4%，上溪派出所被命名为全国首批“枫桥式公安派出所”。构建新时代文明实践活动三级体系，建设新时代文明实践站47个，实践站（点）示范点4个。在全市率先推行“镇会村开、片会村开、村会户开”工作机制，累计开展“镇会村开”32次，“片会村开”16次，“村会户开”267次。

【踏青赏花乡村旅游文化节】 2019年3月23—24日，“花开上溪，礼满义乌”2019上溪踏青赏花乡村旅游文化节在上溪镇桃花坞村举行。文化节由市委宣传部、市文化和广电旅游体育局、市农业农村局、交投集团共同主办，上溪镇人民政府承办。开幕式上，为和平村、溪华村、潜溪村3个A级景区村庄授牌，举行文艺演出与体育展演、桃花仙子“缘”来是你等活动。文化节期间，在溪华村举办省新四军历史研究会名家书画参展，第二届“浙江·义乌·上溪桃花坞”全国象棋快棋公开赛，5万人参加文化节活动。

【金傅宅桑葚文化节】 2019年5月11日，由共青团义乌市委，上溪镇党委、政府主办，上溪镇团委、义乌UV户外承办的上溪镇金傅宅桑葚旅游文化节在金傅宅村举行。金傅宅村位于上溪镇“十里桃花坞”精品旅游线上，有“桑果之乡”之称，有50年桑葚种植的历史，全村200余户农户种植桑葚20公顷，为义乌最大的桑葚种植基地。至2019年，金傅宅村成功开发桑果泡酒、桑果干、桑葚膏、桑叶茶等“桑系列”美食，形成独具特色的桑葚文化产业，吸引游客采摘旅游。活动期间，举行桑蚕知识问答互动、桑葚杯徒步毅行、蝴蝶馆体验、桑葚宴等活动，2万人参加文化节活动。通过举办桑葚文化节，以桑为媒，以节会友，打响上溪镇乡村旅游品牌。

【寻访上溪红色印记活动】 2019年6月25日，启动红色印记寻访系列活动。活动由上溪镇政府和浙中新报共同举办。浙中新报抽调骨干记者组成采访小组，通过实地走访上溪镇革命人物旧居、革命发生地，寻访革命烈士后人和当年革命事件的见证者等形式，深入挖掘史料。上溪镇又称义乌"小延安"，是义乌抗日武装第八大队成立地，是金义浦兰抗日游击根据地中心区，辖区内有抗日首战告捷处、塘西桥战斗旧址、吴店革命烈士陵园等红色景点10余个。至8月底，编写"故事有温度、传承有力度、宣传有广度"的报道20余篇，编撰刊印《寻访上溪红色印记》，宣传上溪镇的红色故事和近年来的经济建设、党建成果。

（樊国娟）

大陈镇

【概况】 大陈镇位于义乌市北部，区域面积136平方千米，下辖31个行政村，1个居委会。户籍人口1.85万户3.99万人，外来流动人口4.3万人。2019年，全镇地区生产总值30.87亿元，同比增长7.2%；实现财政总收入2.12亿元，一般公共预算收入1.36亿元，同比增长10.4%。

全年完成工业总产值66.2亿元，其中规模以上工业总产值12.6亿元。完成有效投资3.3亿元，同比增长139.3%，其中工业投资1.52亿元，同比增长136.1%。完成浙商回归6530万元，招引香榧综合体、商混建材、婺州酒业、大畈酒店4个亿元项目落地开工，总投资7.1亿元。新增国家高新技术企业1家、省级科技型企业6家、市级以上研发中心2家，完成"倍增计划"企业2家、企业股改上市2家、"机器换人"41家。整治D类企业3家，淘汰落后产能企业1家，清洁生产企业1家，提升"低散乱"企业123家，实现"小升规"4家。

全镇耕地面积1303公顷。粮食播种面积679.53公顷，总产量4213吨；蔬菜播种面积386.6公顷，产量9208吨；水果生产面积355.6公顷，总产量6659吨；茶园总面积92公顷，总产量234吨。肉类总产量23.6吨，禽蛋产量5.1吨，淡水产品生产179.4吨，家禽出栏5687只。实现农林牧渔业总产值1.65亿元，农林牧渔业增加值1.18亿元。

创立发布"大陈小集"区域品牌，引进菰米、大红桃等种植项目。新增农业标准地93.33公顷，善坑豆腐皮厂等4个村级特色物业投入运行。全镇所有村（居）实现"消薄"，全年农产品销售逾2.5亿元，大陈镇被列为省级特色农业强镇创建对象，获评金华市绿色发展示范区。

启动前山万亩千亿产业平台开发，收储土地54.73公顷。启动老镇区有机更新，完成两清调查、城市设计规划等前期工作。开展拔钉攻坚行动，累计拔钉17处，拆除违章面积5万平米，连片拆除20.9万平方米，"三改"拆除65万平方米。深化"五水共治"，创建雨污分流示范村5个，全域创建污水"零直排区"，整治洗衣洗浴行业企业40家，八都溪获评省级美丽河湖称号。创建垃圾分类示范村6个、垃圾分类优秀村6个，建成"两定四分"智慧垃圾投递亭9个。开展大陈江滨夜市规范整治，拆除楂林一村过渡集贸市场，提标改造农村公厕11个。推进基础设施建设，新苏陈变电所、楂林集贸市场建成并投用，天燃气管网接入大陈管道工程开工建设，完成丰润路市政配套、楂林老居住区改造、人行道及路面白改黑等基础设施建设，新增路灯200盏、停车位1100个。完成6个村平面管网和6个村饮用水达标提标建设。

开展美丽乡村建设，竹韵九都风景线全线贯通，古韵十都精品线完成竹展览馆等节点建设。争取省市两级奖补资金4000万元，启动大畈等5个特色村创建，创建省级A级景区村庄5个、市级一星样板村5个、市级三星村3个，红旗村获评浙江省美丽乡村特色精品村。开展全域美丽田园整治和美丽庭院创建，新增绿化种植39.07公顷、彩色健康森林163.53公顷。

推行民情民访代办制，处理各类信访举报755起，2个村成功创建金华市民主法治村。开展出租房消防安全百日攻坚行动，培训房东1100人次，检查出租房3.1万间。建成村级微型消防站4个，新增消防观摩体验室6处、智慧消防站5处，安装智慧烟感器1.89万个。在89家企业安装智慧用电管理系统。创建市级宗地"六有六提升"示范企业1家，市级安全生产标准化样本企业3家，金华市级安全生产示范企业1家，关停严重隐患企业80家。

新增村级新时代文明实践站26个、农村文化礼堂9家。承办第28届义乌市文化艺术节，举办各类文化惠民活动326场。建成红旗村省级退役军人服务站和北金山等3个市级退役军人服务站示范点。深化"民情民访""双创擂台"活动，开展"规矩讲堂"10次，优化政府工作作风。接受人大法律监督，听取人大代表、政协委员、各民主党派意见建议，办理人大代表建议215件；公开政府信息1199条，受理依申请公开10件。

【大陈镇首个农业"标准地"项目签约】 2019年4月4日，大陈镇在蓝城农业生活服务馆举行蓝城农业"标准地"项目签约仪式。市农业农村局副局长龚小庆，大陈镇镇长蒋俊、党委委员傅春春，及义乌蓝城项目总经理万晓悦等人参加仪式。蓝城农业项目是大陈镇首个列入农业"标准地"管理的区块，隶属桃李春风大陈小镇建设区块内，占地36公顷，其中20公顷为水稻示范区，16公顷为果蔬基地并计划引入亲子采摘、农事体验等农旅内容，项目总投资2000万元。

【大陈镇猕猴桃获世界大赛铜奖】 2019年4月28日—10月7日，中国北京世界园艺博览会在北京市延庆区举行。10月3日，北京世园会优质果品大赛颁奖仪式暨获奖果品展示品鉴活动在园区百果园举行，义乌市大陈镇"少籽金义"猕猴桃获铜奖。"少籽金义"猕猴桃是从山上移植下来的野生猕猴桃，经8年时间的选育，筛选出集籽少、个大、高糖、丰产、不易感溃疡病等优异性状为一体的4倍体优良株系。此品种亩产量逾1400千克，采摘价为每千克30元，亩产值4.2万元。

【至美大陈龙舟赛】 2019年6月7日端午节，由大陈镇人民政府与市文明办、市五水共治办、市文化广电旅游体育局联合主办的"我们的节日·端午'五菱宝骏汽车杯'至美大陈龙舟赛"在大陈镇红旗村大陈江畔举行。来自义乌、东阳、温州等地的20支男子代表队、6支女子代表队400余人参加龙舟赛。经预赛、排位赛、决赛，义乌市登峰龙舟二队获男子组冠军，威龙有机葡萄酒女子龙舟队获女子组冠军，1万余人观看比赛。义乌龙舟活动地域特色浓厚，2017年4月，义乌市龙舟协会成立，此项运动开始逐渐盛行。

【首届插秧节】 2019年6月16日，以"传承农耕文明、打造生态农业、促进农旅融合"为主题的大陈镇首届插秧节暨春风蓝陈农产品品牌发布会在桃李春风大陈小镇举行。活动现场，举行开耕祭祀仪式、插秧比赛、捉鱼比赛、现代舞表演、农田产业园观赏、农副产品展售等活动，还原古代农事祭祀仪式，祈祷五谷丰登、风调雨顺。100余名市民下稻田插秧，体验耕种乐趣；揭牌发布"春风蓝陈"农产品品牌，发扬农耕文明。通过展现传统耕读文化、推动农旅结合的方式，使参与者全方位、多角度感受传统农耕文化，500余人参加活动。

（赵俊开）

义亭镇

【概况】 义亭镇位于义乌市区西部，区域面积53.6平方千米，下辖43个行政村。2019年年底，户籍人口2.73万户5.73万人，外来流动人口5.7万人。2019年，财政总收入2.43亿元，同比下降20.5%；其中地方财政收入1.57亿元，同比下降15.68%。完成全社会固定资产投资2.53亿元，同比增加1.1万元。

2019年，全镇实现工业总产值117.32亿元，同比增长1.5%。规模以上企业（2000万元及以上企业）56家，总产值43.5亿元，同比增长2.02%。完成浙商回归项目24个，引进内资1.39亿元；引进内资3个项目，资金5920万元。完成技改投资1.35亿元。

全镇耕地面积2540公顷，耕地流转面积1651公顷，土地集中流转率65%。粮食播种面积583.8公顷，粮食总产量2991吨；蔬菜播种面积1067.2公顷，产量2.57万吨；水果产量9438吨，甘蔗种植面积320公顷，产量2.78万吨。肉类总产量2759吨，禽蛋产量11吨。全镇实现农林牧渔业总产值4.12亿元，农林牧渔业增加值2.85亿元。

2019年，实施国家、省市重点工程7项，镇重点工程12项。铜山路涉及的荷店塘村和雅文楼村拆迁。正大中央厨房肉制品深加工项目、饲料加工项目开工建设，有机肥料加工项目投产，畈田朱生猪养殖示范场投用。森山健康小镇农业板块铁皮石斛地理公园正式运营。

全镇参加城乡居民基本养老保险5.7万人，享受农村最低生活保障593人。发放低保金、慈善救助、医疗救助等救助款585万元。化解初信初访件40起，化解率100%；化解信访积案4起。开展合并村法律服务站建设，整合人民调解组织，建设规模以上企业人民调解委员会20个。受理调处矛盾纠纷300余起，其中重大矛盾8起，调解成功率100%。

全面铺开精品线第二期工程建设，全年投资2000万元，实施基础设施提档升级，开展义杭线佛低线沿线景观提档等7大项目建设。累计建成精品线景观节点23个。新增文化礼堂13家，居家养老中心2家。组织各类活动470场，创建垃圾分类示范村7个。创建一星级和美乡村27个，三星级和美乡村3个；一星级样板村8个。年内，缸窑村被浙江省林业局评为2018年度全省首批“一村万树”示范村，旱溪塘村入选浙江省美丽乡村特色精品村，陇头朱村、何店村被列入中国传统村落名录。义亭“红糖飘香”精品线入选浙江省休闲农业与乡村旅游精品线路。

【获评“全国先进司法所”】 2019年1月30日，义亭司法所被中华人民共和国司法部评为“全国先进司法所”。义亭司法所围绕人民群众的热点、难点、疑点问题，前移工作重心，以“小事不出村、大事不出镇、矛盾不上交”为目标，创新人民调解新机制，创新工作方法，设立公共法律服务窗口，在全镇67个村（居）建成公共法律服务点，实现公共法律服务全覆盖。至年底，义亭司法所共举办各种法制宣传培训活动8场，受理各类民间纠纷305起，成功化解率100%。创建完成全国民主法治村2个，金华市级民主法治村11个。

【首个村级乡贤会】 2019年9月14日，义亭镇陇头朱村乡贤会成立大会暨义乌市朱之锡文化研讨会在陇头朱村文化礼堂召开。陇头朱村乡贤代表、陇头朱村两委、义亭镇领导、市委统战部领导等61人参加会。大会审议通过《陇头朱村乡贤会章程》《陇头朱村乡贤会选举办法》，选举产生陇头朱村首届乡贤会领导班子，为乡贤授牌、朱之锡文化研究会授牌。陇头朱村乡贤会为义亭镇首个村级乡贤会，共有会员138人。乡贤会的职能作用为弘扬优秀传统文化，促进奖教助学和乡风文明；组织慈善公益活动，开展扶贫济困等活动；积极引智引才引资，助推陇头朱经济社会发展；参与公共事务管理，为村两委提供决策咨询；推动实施居民公约，维护公序良俗；了解社情民意，反馈群众意见建议。

【入选浙江省休闲农业与乡村旅游精品线路】 2019年10月14日，义亭“红糖飘香”精品线入选浙江省休闲农业与乡村旅游精品

2019年秋，义亭镇“红糖飘香”精品线旱溪塘段 （义亭镇政府 供图）

线路。“红糖飘香”美丽乡村精品线位于义亭镇，线路总长19.3千米。精品线依托四海大道、吴畈线、东黄线、佛低线、义杭线等主要道路交通，自森山健康小镇出发，沿途经过早溪塘、西楼、畈田朱、缸窑等15个行政村。整条线路以农业产业为核心，以义乌红糖文化、传统村落文化、名人文化、缸窑文化等地方文化为特色的农情体验美丽乡村精品线。整体规划为“一线三区多园”，“一线”为红糖飘香精品线；“三区”为生态农业康养区、红糖文化体验区、文化创意漫赏区；“多园”为森山健康小镇、天润枇杷园、西田稻香园、梅陇里农业产业园、义宝稻香农业生态园、缸窑文化古村旅游区、布谷鸟农业生态园。

【首届红糖文化节】 2019年11月8日，义亭镇首届红糖文化节在西楼村开幕。此届红糖节以“健康小镇，甜蜜义亭”为主题，在西楼村、大楼村等地举行文艺演出、音乐会、红糖品鉴等活动。活动期间，在西楼村发布义乌红糖专题宣传片，位于西楼村的红糖文化陈列馆对外开放。红糖文化节期间，接待游客10万人次。2019年，全镇糖蔗种植面积320余公顷，主要分布在西楼、先田、吴村、鲍宅、王阡等村，糖蔗总产量2.78万吨，红糖总产量3375吨，红糖产业总产值1.01亿元。

（万　欣）

2019年11月8日，在义亭镇首届红糖文化节上举行文艺演出

（义亭镇政府　供图）

赤岸镇

【概况】 赤岸镇位于义乌市区西南部，区域面积149.98平方千米，下辖42个行政村、1个社区，户籍人口1.96万户4.05万人，外来人口1.63万人。2019年，全镇生产总值29.49亿元，同比增长11.44%；工农业生产总值22.23亿元，同比增长12.67%；财政收入1.84亿元，一般公共预算收入1.03亿元。

2019年，完成工业总产值65.69亿元，同比增长11.79%。其中规模以上企业产值54.04亿元，同比增长31.48%。引进工业重大项目7个，累计总投资到位资金7.4亿元。完成有效投资12.72亿元，同比增长13.74%，其中工业投资11.48亿元，同比增长11.27%。新增国家级高新技术企业2家、省级科技型中小企业6家、市级研发机构2家。

全镇耕地面积2281.75公顷，耕地流转面积1264公顷。粮食播种面积1427.53公顷，总产量8727吨，其中，水稻种植面积1265.51公顷，产量7593吨；蔬菜播种面积418.3公顷，产量1.04万吨；水果产量1.43万吨，甘蔗产量4237吨。肉类产量1848吨，禽蛋产量11吨，家禽出栏122.06万只。全镇实现农林牧渔业总产值4.03亿元，农林牧渔业增加值2.83亿元。

提升和美乡村品质，投资5000余万元对16个村进行基础设施、景观小品及绿化改造，成功创建一星村和美乡村24个、一星级样板村7个、三星级和美乡村4个，实现西海精品线路沿线一星样板村及以上星级创建全覆盖。投资1.2亿元推进吴溪生态河道治理工程，吴溪一标、二标、三标等项目开工建设。累计完成投资600余万元提升河流水质，吴溪水质保持Ⅲ类水质，环溪水质保持Ⅱ类水质。

构建“镇综合文化站+各村文化礼堂”新模式，新建、提升文化礼堂17座，其中三星级文化礼堂8座。37家居家养老照料中心投入使用，覆盖率88%。整合镇志愿者、艺术团等资源，开展送戏下乡、送电影下乡、文化展演等新时代文明实践活动300余场，提供各类志愿服务210余次。举办"乡村婚博会""吃货节""上巳节"等活动，丰富新时代文明实践所服务功能。年内，尚阳村被评为浙江省历史文化（传统）村落保护利用示范村，神坛村获评浙江省美丽乡村特色精品村。

柏峰、乔溪等4个村完成自来水平面管网改造，全镇实现农村污水管运维全覆盖；官余、慈溪等5个村及古寺、枫坑水厂完成农村饮用水提标达标。启动16个村农村更新改造新房建设，解决住房困难户192户；为50户困难群众修缮危旧房屋。

开展消防安全检查，检查辖区内出租房800余户。启动"烟感革命"工程，在工业厂房及宿舍、餐馆、宾馆等地安装"智慧烟感"3200余个。调处纠纷147件，办理信访件743件，信访举报案件办结率97%，积案化解率100%。

【华川有机更新协议签约】 2019年1月29日，赤岸镇人民政府与浙江华川事业集团有限公司、义乌市义南纸业有限公司、义乌市华川毛绒制品有限公司正式签约华川集团有机更新协议，在全市创新"多宗连片企业用地先由政府整体收回再带建筑物整体出让"的历史遗留问题解决方法，华川集团有机更新正式启动。2017年7月—2019年2月，赤岸镇政府与华川集团协商100余次，解决华川历史遗留问题涉及土地26.67公顷，收回土地8.07公顷，为镇区发展提供可利用土地5.63公顷。后期规划用途分别为商住出让2.84公顷，景观提升1.56公顷。2019年，华川集团对27.59公顷土地进行改造提升，完成纸机6600和纸机3400项目改造。预计到2020年，企业工业总投资逾15亿元。

【首届乡村婚博会】 2019年6月1日，由义乌市文明办主办、赤岸镇政府承办的"文明实践在义乌"移风易俗进农村暨"千年古镇文明新风"赤岸镇首届乡村婚博会在尚阳村文化礼堂举行。市民政局、赤岸镇政府在赤岸镇雅端村为10对金婚老人和1对结婚70周年的白金婚老人举办中式集体婚礼，并颁发白金婚纪念证书、金婚纪念证书。通过举办婚博会，推进移风易俗工作，营造农村操办婚事的良好氛围；增强农村婚礼的仪式感，号召更多年轻人"回到农村办婚礼，走进礼堂树新风"。此届乡村婚博会为期10天，其间，举办尚阳老街婚庆展、农村家宴厨神大赛、金婚老人集体婚礼、第二届尚阳老街民俗乡味土货节、大gang一起嬉"礼堂文化节等活动，6万人次参加活动。

【新增2处国保单位】 2019年10月16日，国务院新闻办公布第八批全国重点文物保护单位，义乌5处入选，其中赤岸镇雅端村古建筑群、朱店朱宅建筑群列入全国重点文物保护单位名单。雅端村古建筑群位于雅端村，由陈其文和陈松耀祖孙三代建造，时间跨度从清乾隆初年至清嘉道年间。整个建筑群由陈氏宗祠（叙伦堂）、容安堂、容安堂南北重厢（兰翠堂、珠宝堂、荣春堂、明星堂）、遗安堂、居安堂、德星堂、敦礼堂、敦星堂等厅堂宅院组成，号称"七厅八堂"，总占地面积5082平方米，建筑面

2019年6月1日，在赤岸镇尚阳老街"婚博会"上，10对金婚老人和1对白金婚老人举办中式集体婚礼 （赤岸镇政府 供图）

积8527平方米，整体布局基本保存完整。此建筑群规模宏大，雕刻精美，且保存完整，具有重要的历史、科学和艺术价值。赤岸朱宅建筑群位于朱店村，由明代荐叙堂、清代六房厅、清光绪年间的大夫第及民国年间增建的重厢等部分组成，总占地面积3045平方米，建筑面积5409平方米。大夫第为清代理学传人朱一新及其弟朱怀新的宅第，由大夫第门楼和前后两座十八间名葆真堂、约经堂组成。大夫第门楼左侧为清中建筑六房厅，由二进三开间左右厢房围合成十八间院落，雕刻精美，占地面积570平方米；右侧荐叙堂为明晚期建筑，由三进两院一川堂组成，占地面积681平方米。整个建筑群时间跨度300年，历经明清两代至民国初年，规模宏大，体现不同时期建筑的演变过程，对研究明清建筑发展史有重要的史证价值。

【镇养老服务中心开业】 2019年11月12日，赤岸镇镇养老服务中心开业。赤岸镇养老服务中心位于赤岸镇华川南环路以北，义武公路以西地块，总投资4400万元，总占地面积1.33公顷，总建筑面积1.39万平方米，设计床位300余张，是赤岸首个"公建民营"医养结合的养老服务中心，由义乌稠州医院运营和管理。内设居家养老照料服务中心、镇残疾人服务中心，可容纳300余人共同生活，为老年群体提供医疗、就餐、康复、保健等专业服务。引进市残联的"残疾人之家"项目，为当地残疾人提供辅助性就业、托养、康复、培训、文化体育、维权等服务为一体的综合性服务。至年底，63人入住。

【赤岸镇文化志愿者中队】 赤岸镇文化志愿者中队成立于2017年12月，在志愿汇注册人数301人。2019年，开展移动零钱柜，夏季送清凉，红色文化宣讲，文化礼堂巡演等活动。至年底，组织公益活动100余次，受益群众1万余人次。

（缪天怡）

稠城街道

【概况】 稠城街道是义乌市人民政府所在地，是全市的政治、经济、文化中心。区域面积12.6平方千米，下辖13个社区。户籍人口2.72万户8.05万人，外来流动人口8.02万人。2019年，全地区生产总值190.38亿元，财政总收入12.77亿元，同比下降10.94%，一般公共预算收入8.45亿元，同比下降2.93%。

完成工业总产值36.9亿元，同比增长6.96%；其中规模以上工业企业产值36.9亿元，同比增长6.96%。完成有效投资79.22亿元。引进内资12.05亿元，浙商回归16.6亿元。实现新产品产值7.96亿元，装备制造产值8.17亿元，新兴产业产值36.90亿元，高新技术产值8.17亿元。引导企业转型，完成三类产业创新服务综合体建设，举办省科技型企业专场培训会，实地走访企业201家，申报省级科技型中小企业9家、研发中心2家，培育国家高新技术企业2家，实现科研经费676.28万元。完成全国第四次经济普查，走访录入单位企业1.29万家，完成名录库企业2152家入库工作，建立稠城企业数据库。

粮食播种面积3.53公顷，总产量13吨；蔬菜播种面积3.73公顷，产量112吨；水果产量20吨；甘蔗产量5吨。实现农林牧渔业总产值84万元，农林牧渔业增加值60万元。

开展老旧小区改造，投入1.1亿元，启动12个雨污分流改造工程及64项零星工程，工程完成总进度90%。完成3个精品街区建设。投资460万元在主城区600余处空地安装充电桩2700余个。打造特色楼道，完成3500余条楼道的刷白及300余条楼道彩绘。完成出让土地28宗12.32公顷，土地出让金39.84亿元。

办理上级转办信访件151件，接待群众来访230余人次，化解到市初访件45件、上级信访局交办的信访积案6起。化解各类矛盾纠纷1048起，涉及2180人，金额1983.65万元；调处重大或疑难纠纷7起，无"民转刑"案件发生。针对社区在管矫正对象58人开展组织集中教育学习660人次、社区服务655人次、上门走访315人次、谈话教育94人次。

推进"智慧+"消防体系建设，安装智慧烟感2.18万个，智慧用电系统117套，安装电瓶车充电桩接口6154个。对辖区内3.4万间居住出租房屋、1298家餐饮单位、373生产经营单位、82幢高层建筑进行全面排查，消除各类安全隐患，全年发生火灾106起，同比下降12.4%。推进文化阵地建设，辖区共有公益性文体阵地30余处，室内活动场地3000余平方米，室外活动场地10万余平方米，健身路径168条，社区文艺团队30余支，业余文艺团队5支，文艺骨干1600余人。全年举行文艺宣传活动168场。全面深入“最多跑一次”改革，创新“钉钉代办代跑”工作模式，行政服务中心窗口共受理各类事项1.32万件，按期办结率100%，其中通过无差别全科受理办件534件。

【稠城街道乡贤会成立】 2019年1月5日，稠城街道乡贤会成立大会在银都酒店举行，60名稠城乡贤代表参会。会议审议通过《义乌市稠城街道乡贤会章程（草案）》《义乌市稠城街道乡贤会选举办法（草案）》，选举产生乡贤会会长、副会长、秘书长、理事成员。全年累计吸收248名各行各业人士为乡贤会成员，组织开展传统节日走访慰问。

【“文明义乌一道走”活动】 2019年1月28日，由稠城街道党工委、办事处主办，绣湖社区、胜利社区、薪火社会工作服务中心共同承办的新时代文明实践“文明义乌一道走”活动在义乌市民广场启动，11支来自社会各界的志愿团队参加启动仪式。启动仪式后，志愿者们从市民广场出发，沿县前街、城中中路、丹溪西路、工人西路进行城市户外行走，沿途开展文明劝导、捡拾垃圾等志愿活动，助力文明创建长效管理。

【周末特色课堂】 为构建学校家庭社会“三位一体”的未成年人思想道德教育体系，2019年1月，稠城街道宾王社区开设周末特色课堂，发动有一技之长的党员、志愿者担任老师，开设社区儿童安全防范、文明礼仪、益智趣味等特色课程。至年底，开设课程40余场，60余人次参加授课，累计服务儿童600余人次。

【首支文明养犬志愿劝导队伍】 2019年1月26日，稠城街道胜利社区发起“争创全国文明城市代言人”活动，成立全市首支文明养犬志愿劝导服务队，由32名社区居民、党员志愿者组成。服务队走进公园、社区宣传文明养犬，组织居民签署文明养犬公约，引导广大市民自觉践行文明养犬公约。至年底，累计发放宣传资料2600余份，引导狗打针、上牌登记12只，举办文明养犬交流会2场。

【稠城街道食品安全指数上线】 2019年4月10日，“稠城街道食品安全指数”上线。“稠城街道食品安全指数”是全国首个关于食品安全的手机APP，由信息阳光、过程阳光、公众参与、主体自律、智慧监管5个模块34项评价指标构成，通过采集每个模块下相关指标数据，采用稠城食安地图的形式，呈现稠城辖区的大中型餐饮单位食品安全状况。市民通过点击食安地图上红色图标，即可查询餐饮单位的证照、食材来源、联系方式等信息。至年底，1121家餐饮单位上线。

【未来社区试点创建】 2019年6月27日，浙江省发改委公示首批24个未来社区试点创建建议名单，稠城街道下车门社区榜上有名。2018年12月30日，义乌市政府公布下车门区块征收红线范围；2019年1月10日改建意愿征询同意率逾90%，征收正式启动；11月底全部拆除完毕。新社区将围绕“一环、两心、三街、四组团”的规划结构，即一个社区慢行环、两个居住区级邻里中心，形成活力街道、花园大街、生活街道“三街”格局，打造高层社区、洋房社区、花园社区、稠州中学四大团体，将义乌商贸特色和未来生活需求有机结合，探索“商居”融合住区模式、打造与国际接轨的国际化生活社区，通过空中连廊和科技手段有机组织人流、车流、商流，实现立体化的未来社区。

（张　珂）

福田街道

【概况】 福田街道位于义乌市中部，区域面积40.3平方千米，下辖31个行政村，13个居委会。户籍人口2.51万户6万人，外来流动人口8.02万人，从业人员10万人。2019年，全镇地区生产总值242.02亿元，同比增长24.6%。其中，第一产业0.96亿元，第二产业16.1亿元，第三产业224.94亿元；工农业生产总值16.9亿元。实现财政总收入6.11亿元，同比增长1.7%；一般公共预算收入3.36亿元，同比下降8.6%。

2019年，实现工业总产值80.6亿元，同比增长4.2%。规模以上企业（2000万元及以上企业）14家，总产值9.81亿元，同比增长6.34%。完成外贸出口交货值2.22亿元，完成技改投资969万元。新培育省科技型企业29家，实现"小升规"企业5家。福田雅岚电商小微企业园项目投用，招引入驻电子商务企业30家。引进重点项目1个，实现内资项目投资8.13亿元；新增企业6925家。

街道耕地面积795公顷，耕地流转面积473.06公顷。粮食播种面积122.07公顷，总产量773吨；蔬菜播种面积314.87公顷，产量9276吨；水果种植面积61.5公顷，产量2038吨；甘蔗种植面积16公顷，产量1242吨；肉类总产量8.3吨，禽蛋产量1吨。实现农林牧渔业总产值1.57亿元，农林牧渔业增加值1.02亿元。

全街道社会固定资产投资完8.13亿元，同比增长80%。实施国家、省市重点工程2项，义乌復元老年康复医院项目完成投资2.76亿元；义乌港直通仓项目完成投资1.37亿元。按照"六有六提升"工作要求推进租型企业整治，整治低小散乱企业530家，淘汰关停104家；整治D类企业4宗。做大做强物流电商经济，新增金融、电商、物流等市场主体1000余家。结合电子商务博览会和世界微商大会，组织举办江北下朱微商联盟活动。

争创和美乡村，对29个村进行星级动态管理，创建三星级美丽乡村1个，一星级美丽乡村样板村2个，一星级美丽乡村13个村。建成居家养老中心34家，实现城市社区居家养老服务中心全覆盖。

全街道参加城乡居民基本医疗保险2.8万人，参加农村社会养老保险2.06万人。全年受理社会救助23件，救济家庭137户，发放救济款104.6万元。10月30日，福田街道文联成立；12月1日，福田街道摄影协会成立，推进了街道文艺事业的发展。组织送电影下乡330场，送戏下乡15次；举办展览展演活动268次，文化公益培训139次。先后组织文体活动13次，共青团活动25次。

年内，福田街道幸福湖城市绿肺区整治工作专班（重点工程记功）被选为"当担作为好团队"，联平村被评为"浙江省书法村"、金华级"民俗文化村"，下骆宅村获评"金华市文化示范村"，福田街道获2018—2019年度平安浙江建设先进集体。

【首宗跨镇村宅基地安置投标】 2019年1月5日，在福田街道西张村举行义乌市首宗跨镇村宅基地安置投标，福田街道西张村15间宅基地全部成交，实现总成交价1538.6万元。此次宅基地跨村（跨镇街）安置地块为福田街道西张村，北苑街道柳一村、下山头村，报名投标人员为全市范围内宅基地已获批，获批的宅基地在本村因无建房用地无法落地的农户。跨镇村宅基地安置，充分盘活剩余的土地资源，节约利用土地，所得的资金用于街道农村项目的建设，进一步助推乡村振兴。

【"调解大联盟"工作室】 2019年2月20日，福田街道"调解大联盟"工作室挂牌成立。工作室由福田街道牵头，整合福田派出所、廿三里法庭、福田司法所及律师协会、福田市场监管所、行政执法福田大队、福田妇联等部门资源、人员，把各种矛盾、纠纷和安全隐患解决在基层，化解在苗头，以便更好地开展"三服务"活动。至年底，工作室有调解人员7人，完成调解221件，涉及金额552.82万元。

【首个市政包干养护新模式】 2019年7—8月，义乌市首个市政包干养护新模式在福田街道实行，为义乌首次引入杭州等地先进养护管理模式。传统市政养护多采用签单制，是"破哪修哪"的末端处置式养护，等到问题发现或反馈时，市政设施破损严重，处置效率低，维修难度大。市政包干养护新模式通过主动巡查，实时掌握设施运行情况，在设施出现病害的前期，开展

"防微杜渐"式的预防性养护，确保公共设施安全运行，提升养护管理水平，延长设施使用寿命，降低设施使用周期的运营成本。

【义乌与范县签署战略合作协议】 2019年9月1日，义乌与河南省范县签署战略合作协议，双方在党的建设、脱贫攻坚、产业发展、乡村振兴等方面开展深化合作。9月26—28日，福田街道、义乌市来料加工联合会、范县人民政府在义乌联合举办义乌—范县来料加工经纪人培训班，就来料加工实践操作及注意事项进行讲解，来自范县31个农村创业致富带头人参加培训。11月11日，福田街道来料加工基地在范县陆集乡刘堂村举行揭牌仪式，福田街道来料加工基地投用。基地有厂房面积2000平方米，开展饰品、头花加工等业务，可解决劳动力80余人。福田街道不定期为基地提供技术培训等指导。

【福田社交电商妇联成立】 2019年11月15日，福田街道在振兴社区北下朱村召开福田社交电商妇联成立授牌仪式暨社交电商发展座谈会。市妇联，福田街道党工委、妇联，振兴社区、北下朱村等单位20人参加会议。会上宣读《关于同意成立福田社交电商妇联的批复》，宣布福田社交电商妇联班子成员13人。授予双艳日用百货、创业之家、玺爱女人、乐乐优品、富一代5家企业为福田街道"妇女微家"巾帼直播创业就业基地，授予创业之家为巾帼直播培训中心。福田街道从事社交电商店面1200家，其中女性创业人员1000余人，女职工2.3万人。福田社交电商妇联的成立，增强社交电商行业女性的凝聚力，共同推动社交电商行业良性发展。

【福田社交电商协会成立】 2019年12月9日，在福田街道振兴社区江北下朱小区社交电商产业党群服务中心举行义乌市福田社交电商协会成立大会，福田社交电商协会成立。大会选举产生协会会长、副会长、秘书长和协会理事会成员。金喜景当选为义乌市福田社交电商协会第一届会长。会上，福田社交电商协会与杭州科技职业技术学院、浪莎、洁丽雅、安若溪传媒、品牌微淘、武汉爱帝集团、喜团、香港星皇集团、颐创汇等品牌方和平台签订战略合作协议，在产品、信息化、渠道、运营等领域实施战略合作，实现双赢。近年来，北下朱大力发展电商产业，在北下朱注册成立的商户4500余家，集聚服装、美妆、网红食品等1000余个品牌产品，形成直播培训、网红直播、视频制作、直播带货等全产业链发展模式，直接从业人员3万余人，日交易量100万单，年成交额200亿元。

【福田街道福田社区少工委成立】 2019年12月20日，全市首家社区少工委——福田街道福田社区少工委在福田小学挂牌成立。福田社区少工委以少先队员居住地为核心，根据学校和社区少先队工作要形成时间和空间上的良性互补格局的工作要求，加强组织、阵地、活动建设，为社区青少年和少先队员快乐生活、健康成长、全面发展提供广阔的实践空间。

【第三届全国手机摄影作品展在义乌展出】 2019年12月31日，"一带一路·美好生活"第三届全国手机摄影作品展在市文化广场·七墨美术馆开幕。此次摄影展由中国摄影报社、浙江省文化馆主办，义乌市文旅局、福田街道党工委办事处承办。征稿自6月26日起启动，共收到来自全国31个省（市）的摄影爱好者拍摄的参赛作品4.5万幅，评选出入展奖作品49幅、鼓励奖作品50幅。参展的手机摄影作品记录义乌社会发展变迁。

（汪　洋）

江东街道

【概况】 江东街道位于义乌市东侧，区域面积91.6平方千米，下辖36个行政村、16个社区。户籍人口3.62万户8.64万人，外来人口23.14万人。2019年，国内生产总值（GDP）总量152.87亿元，同比增长41.6%。实现财政总收入13.6亿元，同比下降6.2%；一般公共预算收入6.9亿元，同比下降27.4%。

2019年，实现工业总产值84亿元，同比增长1.6%，其中16家规模以上工业总产值13.86亿元。引进内资9亿元，浙商回归3.1亿元。创建小微产业园4个，其中，3个通过省小微园认定，2个小微园年内亩均税收逾12万元。开展规模以上企业产值倍增计划，培育“小升规”企业2家。完成省级科技型中小企业申报34家。全年R & D研发经费6874万元，新增发明专利41项，完成三类产业创新服务综合体创建，完成股份制改造企业3家，区域资本市场上市挂牌2家。

耕地面积866.8公顷，耕地流转面积408.44公顷，土地集中流转率47.1%；垦造耕地新增面积6.33公顷。粮食播种面积114.47公顷，粮食总产量618吨；蔬菜播种面积543.6公顷，产量1.53万吨；水果种植面积200.03公顷，产量5131吨，甘蔗种植面积19.73公顷，产量1483吨。肉类总产量11吨，禽蛋产量7吨。实现农林牧渔业总产值1.49亿元，农林牧渔业增加值1.02亿元。

完成固定资产投资5.41亿元，实施市级重点工程22项，完成供地133.33公顷，累计拨动资金20亿元。双江湖开发毛店集聚一期23幢高层建筑结顶，完成江南社区等7个社区零星基础设施提升，东洲花园（夏莲、秋萍苑）、桥东三区老旧小区改造，黎明湖路（义乌江—环城南路）精品道路改造。开展7个生活小区环境整治，推进8个老社区基础设施改造、32个街心绿地建设，新建提档绿化面积60万平方米。完成7宗地块土地出让，累计成交24.51亿元。完成集地券9.27公顷，消化批而未供土地30.6公顷，整备宅基地420余间。

全街道有淘宝村33个，占全市20%，淘宝集群规模保持金华市第一。电子商务主体3万户，全年电商成交额700亿元，同比增长9.4%。

参加城乡居民基本医疗保险3.72万人，农村社会养老保险8.25万人。享受农村最低生活保障140人，发放低保金、慈善救助、医疗救助等救助款162.82万元。百园工程13所幼儿园开工建设。建成文化礼堂16家，居家养老服务中心33家。年内，鸡鸣山社区被授予全省城乡社区治理和服务成绩突出单位、“全国民族团结进步模范集体”。马村村民马忠德被评为“浙江好人”，青岩刘创业代表黄媛丽被评为“金华市道德模范”。

【下傅旧改“百日攻坚”】 江东街道下傅村共有1280余户3300余人，1999年因重点工程建设需要拆迁，2001年启动旧村改造，至2019年4月底，旧改工作停滞不前，34大户57处房屋未按规划完成旧村改造。4月28日，江东街道召开“走现场、解难题、促发展”现场会，成立7个工作专班，层层推进下傅村旧改工作。8月7日，下傅旧改“百日攻坚”全部完成。10月，江东街道下傅攻坚专班被市委、市政府授予“担当作为”好团队荣誉。

【华侨城项目落地东大门】 2019年9月13日，在世界义乌人大会上，总投资300亿元的华侨城项目正式签约落地江东拓展区东区。规划面积10.76平方米，整体开发周期为10年，6年基本建成。以“多元融合、生态开放”为理念，重点打造文旅综合体项目欢乐海岸PLUS、恐龙主题乐园、历史文化商业街、欢乐田园、精品酒店及特色民宿、主题商业、高端社区等项目。11月20—22日，征用3个村土地6公顷，完成林地转用测绘、公示、审批1.8公顷。

【“一码通管”助力平安江东】 2019年9月，江东街道摸索研究出租房、九小场所、六小行业检查新思路，成功探索“一码通管”，创建街道安全管理新模式。通过“一码通管”手机APP，对出租房管理、六小行业、九小场所和文明城市创建等监管对象全覆盖赋码。以“码”为载体，通过手机端监管平台实现分领域、针对性、智慧化、综合化监管，建立大数据支撑下的行业“十二分制”管理、党员“十二分制”管理、信用管理，并与“事中事后”监管中心职能部门形成良性互动、闭环管理。创新电子化出租房一户一档，所有的责任书、承诺书都可在APP上进行电子签名、留存，相应的行业考核督查可在系统后台进行查看分析，实现综合监管新模式。

【认购“延安苹果”助力老区发展】 2019年10月17日，江东街道办事处与延安市宝塔区柳林镇人民政府签订合作协议，发挥“党建+电商”的产业优势，通过义乌电商渠道，开拓网上网下销售市场。江东街道青岩刘村品牌管理有限公司与柳林镇飞翔种养殖专业合作社签订5000千克苹果订购协议。同月19日，江东街道党工委联合市融媒体中心共同发起“认购延安苹果、助力老区发展”活动。“义博会”延安苹果展区向外商宣传推介延安苹果。至年底，江东街道助力延安苹果销售5000余箱，帮助老区群众脱贫致富。

【全员全域共建新时代文明实践部落】 2019年，江东街道以新时代文明实践统领开展全国文明城市创建，共建新时代文明实践部落8个，城市社区新时代文明实践站16个，农村新时代文明实践站和“两新”组织新时代文明实践点36个。江东街道首个新时代文明实践部落——未来国际部落在鸡鸣山社区新时代文明实践站完成结对，部落成员有鸡鸣山社区、南山社区、船埠头村、白莲塘村、青南村、西塘村、南山坑村、金星村。以“我爱我家多一点”为文明实践品牌，发挥外籍人员和少数民族聚居优势，开展“我们的节日”、国学讲座等活动50余场。依托辖区内义乌市工商学院电子商务专业教师团队资源优势开设“淘宝店铺装修美工”“网店推广与营销”等10余门课程。结合新时代文明实践站建设，街道举办中秋诗会、“洲上集市”“江滨之夜”文艺演出、“暑期护花宣讲团”等活动160余场。

（孙毅鹏）

稠江街道

【概况】 稠江街道地处义乌市区西南，行政区域面积38平方千米，下辖2个共建委、11个社区、24个行政村，户籍人口2.47万户5.58万人，流动人口25万人。2019年，实现财政收入23.06亿元，同比增长30.1%；一般公共预算收入17.69亿元，同比增长55.7%。街道本级完成有效投资5.12亿元，同比增长25.8%；其中工业投资3.25亿元，同比增长22.0%。实现工业总产值156.42亿元，同比增长11.9%；其中规模以上工业企业完成工业总产值54.99亿元，同比增长11.6%。

2019年，实施03省道与环城南路互通工程、杭温高铁、金义城际轨道交通工程、义乌国际陆港物流园配套道路等重点工程14个，中通快递浙江总部、古母塘集聚区、双江湖等30个重大项目开工建设。拆除羊角山前店自然村、下柳前村自然村、西王界等9个村2208户，腾出发展空间233.33公顷。江湾集聚项目、古母塘东侧区块集聚项目开工建设。

新增“小升规”企业18家，国家高新技术企业13家，省科技型企业28家，企业研发中心2家。3家企业挂牌上市，4家企业完成股改。4个项目入围义乌两化融合重点项目，6家企业列入“倍增计划”试点。建成小微园10个，入驻企业372家。云驿小镇“双十一”出单量1.43亿件，同比增长68%。栖梦里等6个电商园区进入省电子商务产业基地名录，丰泰电商“丰空间”获评省级众创空间。完成10家D类企业整治，启动浪莎二期、正电新能源低效用地回购，工业用地提质增效。

街道耕地面积1123.4公顷，耕地流转面积459.4公顷。粮食播种面积348.4公顷，粮食总产量2099吨；蔬菜播种面积534.53公顷，产量1.49万吨；水果种植面积70.3公顷，产量2202吨，其中金村和西王界枣博园已形成规模，枣类种植面积44.32公顷。肉类总产量12吨，家禽出栏6607只。实现农林牧渔业总产值1.76亿元，农林牧渔业增加值1.17亿元。谋划物业联建项目3个，总投资4930万元，其中建成并实现收益项目1个，开工建设项目2个，预期年收益590万元。创建一星样板村4个、三星样板村1个。完成集地券3.12公顷，旱改水18.27公顷，高标准农田建设105.73公顷，新增农业标准地53.2公顷。

成立联村联企各级四联动“服务团”开展“三服务”，解决梦娜足衣谷综合管线施工、部分企业融资难等实际问题178个。街道行政服务中心设置“全科受理”服务窗口5个，283项本级及下放事项实现一窗办理。新增市场主体1.56万户，同比增长37%，其中网上办理1.18万件，网办率76%。完成人才子女入学初审23人次，人才购房补贴112人次。“阳光跑小二”“钉钉代办代跑”为民办事822件，解决群众诉求254件。参加城乡居民基本医疗保险及大病保险2.7431万人，参保率99.1%。

街道综合文化站、各村（社）举办各类文化活动764场，组织“群文艺术培训班”2期，培养254名群众艺术骨干，组建2支463人的文化志愿者队伍。投入539万元整修江湾村上街前台等文化建筑4处，建成乡村博物馆5个、文化礼堂7座。4家幼儿园建成开园，在建幼儿园3家。辖区学校安装人脸识别系统19处，投入565万元打造绣湖中学稠江校区。建成红领巾e站10个，打造校社共育平台。成立“陈新伍”工作室，化解矛盾纠纷205起，涉及金额469.07万元；办结劳动纠纷案件529起，追发劳动者工资待遇877.8万元。化解信访积案11起。打造“智慧消防”体系，建设应急站10个，建立义务消防队237支，安装无线烟感3.54万个、智慧门禁1507户。开展文明城市创建，下门小区“线乱拉”整治试点“合箱”经验在全市推广。

【新屋浪莎地块仓储物业联建项目建成】 2019年2月，新屋浪莎地块仓储物业联建项目建成投用。项目位于新屋村，投资450万元，2018年启动建设。至2019年年底，高庚、新村、东王界、杨梅院、犁头山5个农村集体经济投资入股，年收益88万元。

【稠江街道养老服务中心开业】 2019年6月28日，稠江街道养老服务中心开业。稠江街道养老服务中心位于稠江街道江湾镇前南街，总用地面积9932.37平方米，总建筑面积1.74万平方米。汇集街道级养老中心、残疾人庇护中心、社区卫生服务站等功能，内设养老床位500张。采用“养老服务一体化方案”，打通居家养老、社区养老和机构养老3种模式之间的壁垒，集健康管理、居家上门、社区生活信息化服务为一体。8月12日始，在贝村老年活动中心开设1处送餐点，为贝村44名老人提供每周6天（周一至周六），每天两餐（中、晚餐）的餐食配送服务。至年底，35人入住稠江街道养老服务中心。

2019年10月1日，稠江街道在市文化广场举行“我在稠江 我向祖国表白”亮灯仪式　　（稠江街道办事处　供图）

【江湾、官塘共建委挂牌成立】 2019年11月14日，稠江街道江湾区域共建委、官塘区域共建委挂牌成立。2个区域共建委由街道党工委领导，街道干部、各领域基层党组织书记、党内外先进人士等33人组成。以简洁高效的机制统筹各类基层组织资源力量，落实中心工作、推进重大项目、解决疑难问题，致力于提高基层治理水平；推动强村带弱村、大村带小村、先进带后进，实现农村均衡快速发展。

【儿童公园、稠江公园建成投用】 2019年12月31日，义乌儿童公园、稠江公园建成开放。儿童公园位于江街道江湾区块，北接江滨四公园，西至西江路，南至富港大道，东临义乌江，投资3亿元。占地24公顷，绿化景观面积12万平方米，以“义乌时光、伴你成长”为主题，设公共景观区、建筑功能区、0～4岁幼儿活动区、4～7岁儿童游乐区、7～12岁少年活动区5个区块。稠江公园位于稠江工业北临正觉路，南靠杨村路，东西分别为梧桐街、新科路，投资3000万元。占地16.67公顷，绿化景观面积9.97万平方米，以“都市乐活、党净观塘”为主题，公园主要分为都市乐活、党净观塘两大区，一动一静，一康体一静思。

【6个电商园区进入省电子商务产业基地名录】 2019年，义乌市栖梦里电商园、义乌市移动电商（微商）产业园区、创佳电子商务园、三鼎德欣智创园、真爱网商生态产业园、义乌星光电商园等6个电商园区进入省电子商务产业基地名录。

（王丽剑）

北苑街道

【概况】 北苑街道位于义乌市区西北，区域面积36.6平方千米，下辖16个社区。户籍人口2.51万户6.24万人，流动人口20.8万人。2019年，实现财政总收入14.26亿元，同比下降22.74%；一般公共财政预算收入9.68亿元，同比下降15.3%。

全街道实现工业总产值211.4亿元，同比增长28.59%，其中规模以上企业59家，工业总产值123.8亿元，同比下降1.42%。实现固定资产投资6.42亿元，其中工业投资2.45亿元，完成浙商回归1.02亿元，引进内资6453万元。申报国家高新技术企业10家，浙江省科技型中小企业41家，金华市高新技术研究开发中心2家，完成企业研发投入2.62亿元。加快小微企业创业园建设，新增芬莉针织产业园、商城跨境电子商务园等小微产业园7家。整治D类企业14家、“低散乱”企业117家，培育小升规企业7家。建设清洁生产企业3家，淘汰落后产能1家。推进企业金融风险防范工作，新增股份制公司3家，完成浙江省股权交易中心企业挂牌5家。

街道耕地面积1017.15公顷。粮食播种面积62.87公顷，总产量324吨；蔬菜播种面积388.8公顷，产量1.02万吨；水果种植面积36.8公顷，产量2643吨；甘蔗种植面积1.73公顷，产量148吨。肉类产量2吨，禽蛋类产量3吨，街道实现农林牧渔业总产值9437万元，农林牧渔业增加值6712万元。

保障京东义乌电商产业园、机场路立交化改造二阶段等新建续建项目23个。拆除历史遗留旧房183处，累计完成“无钉子”村社20个。谋划“2+2+3+3+X”三年有机更新计划，完成上连树、王高畈、金山脚集聚签约，启动前洪新社区建设。

推进农村土地制度改革，不动产权证登记发证1281宗；完成金山脚、杨街“集地券”项目2.61公顷；新增农业标准地22.33公顷通过调查评估、土地流转等程序；收储小三里塘高层区块2.65公顷，盘活100套住宅；完成柳一、莲塘幼儿园2宗集体经营性建设用地入市；完成义浦路老油库等51宗26.13公顷商服用地出让，出让金额73.9亿元；整备闲置宅基地纳823.5间，完成5批712间宅基地跨村安置投标选位。

投入5600万元实施市政基础设施提档，改造新建城市路网6.2万平方米，亮化道路2.6千米。建设城区街心绿地，投入8452万元实施绿化工程34个，完成丹溪三区丹桂苑小游园等7处市街心公园项目，新增绿化面积61.13公顷。新增停车场5个，停车位5900余个，非机动车位4190个。建成健康步道2处、微循环小区1个。创新垃圾分类“北苑样本”，建成“两定四分”点216个。

调处矛盾纠纷975件，成功率99.8%，防止群体性上访5件；化解市级交办信访积案17件、初信初访90件。推进“四个平台”建设，运用基层治理信息系统受理处置各类问题34.61万件，开展联合执法160次。推进“智慧消防”，建立“线上线下”24小时实时监控消防安全网，打造“3分钟灭火救援圈”，在宗地企业和九小场所安装烟感6万只。深化“最多跑一次”改革，街道便民服务中心窗口受理各类服务事项1.28万件，钉钉代办代跑办理服务事项1966件。

参加城乡居民基本医疗2.61万人，养老保险2811人。发放低保、残疾、困难群众慰问金、补助和救助金294.8万元。新建农村文化礼堂10家、社区文化家园1家，建成居家养老服务中心16家、配送站7个，成功申报市级非物质文化遗产2处。完成6个村“消薄”。组织开展群众文化活动172场，筹办大型文艺晚会13台，跨区域文化走亲6次。

【首届春季古玩房交会】 2019年4月23日，由北苑街道办事处主办的义乌首届春季古玩房交会在天恒国际酒店举行。此届古玩房交会共设参展房间112间，展示收藏品1000余件。300余名参展商、2万余名古玩收藏爱好者参会。

【垃圾分类树标杆】 2019年6月，义乌市启动"两定四分"城镇生活垃圾分类工作。投入资金500余万元，引进"小牛寻宝"等团队开展第三方运维，建立垃圾分类专业志愿者队8支，组织入户宣传、推广扫码注册、垃圾分类知识培训等志愿服务100场，群众知晓率、参与率和满意率均达90%以上。在黄杨梅建设全市载重最大的营区垃圾中转站，委托环卫集团等第三方进行分类收运；在秋实路79号建成北苑工业垃圾分拣中心，平均每天分拣工业垃圾50吨。构建"前端分类投放、中端分类收运、末端分类处置"的完整闭环处理系统。在丹溪社区二楼建立全市首个垃圾分类宣教基地，自7月启用至年底，接待辖区居民、辖区学校、企业等群体220余批次9000余人。与绣湖中学、北苑小学等单位建立合作关系，累计开展活动22次。建成"两定四分"点180余个。建成省级垃圾分类高标准示范小区1个，市级垃圾分类示范小区5个，城中村示范点1个，示范社区2个、示范企业2家，农村垃圾分类优秀村10个，示范村1个。嘉禾公寓获评省级垃圾分类高标准示范小区，北苑街道获评金华市垃圾分类最美单位、省垃圾分类示范片区。

【综合文化站建成投用】 2019年9月27日，北苑街道综合文化站（特级文化站）开馆。文化站位于丹溪三区香樟苑22幢，占地面积4280平方米，总建筑面积6000平方米。由地上三层主体建筑和外围操场、花园组成。设健身房、美术室、舞蹈房、音乐室、书店等功能区，按省特级综合文化站打造，是街道开展文化活动的重要场所。至年底，累计开展各类活动5000余场。

【湖塘西区块有机更新启动】 2019年9月，北苑街道启动湖塘西区块有机更新。区块红线范围东靠复兴旧改区块，南接西城路，西临外国语学校，北至黄杨梅路，有机更新范围6.53公顷。涉及房屋18幢、49户，以农房为主，其中湖塘西1幢属参加旧村改造新建房，其余属旧改保留房屋。11月12日，街道启动签约，12月19日，完成签约100%。

【跨村安置实现三方共赢】 2019年，北苑街道推进农村土地制度改革，贯通融合现有旧改政策，11月22日，制定《义乌市北苑农村土地整备有限公司资金管理办法》，跨村安置所得资金由街道全体村级集体经济组织成员共享，优先用于乡村振兴项目。盘活闲置土地，壮大村级集体经济，破解土地要素瓶颈，完善区块整体规划，提升城市品质，实现"农户、集体、社会"三方共赢。至年底，完成5批712间宅基地跨村安置投标选位，安置农户244户，实现投标款4.26亿元，其中各村（社）收入计1.38亿元，街道整备公司收入2.88亿元。

【获评省"最美志愿者社区"】 2019年，街道围绕"所、站、点"三级体系，全覆盖打造1个新时代文明实践所、25个实践站、22个实践点、48个阵地。推动新时代文明实践中心建设与志愿服务深度融合，组建志愿队伍100余支，吸纳志愿者7700余人，开展志愿活动3800余场。年内，四季社区获评浙江省"最美志愿者社区"。

（傅倩倩）

后宅街道

【概况】 后宅街道位于义乌西北部，区域面积67.88平方千米，下辖3个共建委，32个行政村、6个社区，户籍人口2.78万户6.06万人，外来人口8.1万人，农业从业人口3.5万人。2019年，完成财政收入3.99亿元，同比下降11%，其中地方财政收入2.56万元，同比下降7.82%。

2019年，实现工业总产值31.63亿元，同比增长4.8%。其中规模以上企业总产值9.76亿元，同比增长6.4%。累计完成有效投资4亿元，同比下降20%，其中工业投资7014万元，同比下降50%。培育规模以上企业4家，引进内资8207万元，科研经费4823万元，浙商回归1.56亿元。

耕地面积1609.2公顷，耕地流转面积360.93公顷，农作物播种面积1145.33公顷。粮食播种面积298.13公顷，总产量1659吨；果园260.26公顷，产量5145吨；玉米、番薯等播种面积186.67公顷，蔬菜产量1.39万吨。肉禽蛋产量10.1吨，水产品产量169吨。实现农林牧渔业总产值1.55亿元，农林牧渔业增加值1.11亿元。

实施国家、省、市重点工程16项，镇重点工程29项。推进小微园建设，完成文体小微园、同心圆日用园、坤弘电商园、跨境电商园、E谷电商园、开泰电商园、仓储园一期7个小微园建设，招引入驻企业250家，文体小微园在金华小微园评价中评为A类。

不动产发证3190宗；完成"集地券"立项8宗7.47公顷，奖补资金1600余万元；完成集体经营性建设用地入市1宗80万元；完成宅基地跨村（跨镇街）安置136.5间增收4489.1万元。开展下金、上金等12个农村有机更新，在全备村开展84.5号文件试点政策，累计拆除旧房2047幢，面积11.4万平方米。

开展和美乡村建设，建设美丽庭院350户，创建三星级和美乡村样板村2个，一星级和美乡村样板村6个；李祖村获评2019年省级美丽宜居示范村、浙江省美丽乡村特色精品村，后宅街道获2019年省级美丽乡村示范乡镇。推进农业"标准地"建设，建成农业标准地173.33公顷，成功创建省级美丽田园1个、市级美丽田园2个。落地雨田水稻、宝芝林花旅农艺园、悟其山生态果等纯农业项目3个，农旅项目1个，共引资2.3亿元。拆除岭脚村、上方村农房6幢，串联德胜古韵和望道信仰精品线。

创建污水零直排区40个，"五水共治"示范村3个。新建文化礼堂6家，塑胶篮球场3个，新增悦读吧4个。参加城乡居民医疗保险3.16万人。救助低收入户422人，发放最低生活保障经费319.3万元。推荐就业岗位123个。处理各类劳动纠纷126起，为257名劳动者追回工资、押金及补偿金等174.51万元。

【新时代文明实践】 2019年，后宅街道以"党建引领、媒体融合、资源共享、百姓共管"为特色，打造"1+26+2+N"新时代文明实践阵地，即1个街道新时代文明实践所，26个实践站，2个实践点，N个文体广场、村史馆、科普教育基地、大讲堂、农家书屋等，全面践行新时代文明建设。组建街道实现辖区信息宣传员队伍100余人，覆盖全街道38个村（居），借助手机等载体，广泛发动群众参与文明实践，打通宣传群众的"最后一千米"。4月8日，在"德胜古韵"精品线举办"新时代文明实践——义浦同城双宅同心2019德胜后宅文明伴我行荧光跑"活动，义乌后宅、浦江黄宅、义浦两地水务集团的党员干部、市民计1000人参加荧光夜跑，从岭脚村沿着精品线跑一圈。至年底，街道新时代文明实践所20余支志愿者队伍，开展政策宣传、民情民访代办、矛盾纠纷化解等服务等活动500余次。

【食品安全管理"后宅模式"】 2019年4月，街道创新"1+2+3+4+X+Y"食品安全管理后宅模式，通过1张清单、2块牌子、3支队伍、4项措施、若干个餐饮自律群、若干餐饮综合管理示范

2019年4月8日，在"德胜古韵"精品线举办"新时代文明实践——义浦同城双宅同心2019德胜后宅文明伴我行荧光跑"活动

（后宅街道办事处　供图）

街及示范点，打造科学的餐饮行业综合治理体系。编制《餐饮业违法行为处罚清单》，开展餐饮行业“红黄牌”2块牌子评比活动，组建食品安全“黑马甲”巡管小分队、市民监督团、网格员队伍3支监管队伍，挂图作战、智慧监管、强化服务、建立建设标准4大措施，组建21个餐饮单位自律群，宣传食品安全，推进餐饮综合管理示范街、示范点的建设。至年底，成功打造示范街1条，完成餐饮店规范化示范点4家建设。国家市场监管总局、省市场监管局、浙江省政府等单位领导到街道参观调研，获国务院食安办、省市场监管局领导高度肯定。

【新凉亭老工业区有机更新启动】 新凉亭老工业区有机更新项目为后宅范围首个工业区有机更新项目，区块东至城北路、南至柳青路、西至宗泽北路、北至洪深路，厂房基本建于20世纪90年代，规划相对落后，消防等基础设施存在安全隐患，企业亩产效率多为低效用地。2019年6月17日，新凉亭老工业区收购方案通过市政府审批，8月25日开拆，仅用85天完成总占地面积37.67公顷的46家企业收购、2户农房征收工作。此区块采用“退二优二”形式，引进科技工业项目，建设科教产业园区和绿色住宅及大型商业综合体。

【“消薄”工作】 2019年，后宅街道推进“消薄”工作，盘活集体土地资源，抓项目落地，谋划“一村两楼宇”及镇村联建联营。6月，义乌市幸富集体投资发展有限公司和村集体共同出资联建综合市场南侧区块联建物业，解决余店、全备等6个村集体经济薄弱问题。12月，义乌市幸富投资发展有限公司与义乌市第二自来水有限公司“镇企结对消薄协议”完成签约。至年底，辖区32个村集体经济总收入达2903万元，其中，年经营性收入50万元以上的有11个村，20万元以上的18个村，10万～20万元的14个村。

【举办枣文化节】 2019年8月24日—9月24日，由市农业农村局、市市场监督管理局、市科协、后宅街道共同主办的2019义乌市枣文化节在后宅街道金鹤村举行。活动期间，开展打枣体验、南枣品尝、互动问答等活动，周边村居民3000人参加活动。南枣在义乌有1800余年的历史，是义乌特有的名贵产品。清乾隆时，被列为朝廷贡品。近年来，金鹤村大量栽培义乌大枣，全村有枣林26.67公顷，大枣年产量25.5吨，成为义乌大枣的重要主产区之一。

（王江丽）

廿三里街道

【概况】 廿三里街道位于义乌市区东部，区域面积72.2平方千米，下辖4个社区，28个行政村，2个居委会。户籍人口2.39万户5万人，流动人口12.88万人。2019年，完成工业产值107.17亿元，同比增长3%；完成销售产值105.76亿元，同比增长3.22%。规模以上企业（2000万元及以上企业）87家，完成工业产值37.57亿元，销售产值37.19亿元。完成外贸出口交货值15.12亿元，同比下降4.06%。财政总收入4.38亿元，一般公共预算收入2.96亿元。

2019年，完成固定资产投资6.65亿元，其中工业投资5.78亿元。完成浙商回归3.31亿元，引进内资2.4亿元，技改投资4990万元。实现高新技术产值12.62亿元，战略性新兴产业产值5.76亿元，新产品产值13.27亿元，同比增长16.81%；实现规模以上工业增加值7.51亿元，同比下降0.13%。实施旧厂房改造项目10个，完成企业“小升规”17家。5家企业被认定为国家高新技术企业，16家企业被认定为省级科技型企业，12家企业被认定为义乌市级科技主体。整治“低散乱”企业590家，完成存量用地提升45.33公顷。建成小微园9个，整治D类企业11家，完成工业有机更新5.33公顷。

街道耕地面积1533公顷，耕地流转面积700公顷。粮食播种面积848公顷，总产量4975吨；蔬菜播种面积1206.67公顷，产量3.51万吨；水果种植面积133公顷，产量6449吨，甘蔗产量2300吨。水稻复种面积600余公顷，播种早、中、晚稻面积400余公顷。推进土地整治工作，垦造耕地7.5公顷，旱改水4

公顷，建成高标准农田153.3公顷。肉类产量11吨，家禽出栏679只。实现农林牧渔业总产值2.87亿元，农林牧渔业增加值2.06亿元。

完成和美乡村建设项目85个，累计2000余万元。创建一星级样板村4个，三星级和美乡村3个。细化华溪精品线路建设，投资2000余万元，推进一线、三环、十六景建设，郑山头—里忠游步道项目及3个精品线节点项目开工建设。因村施策、因地制宜发展村集体经济，所有村居完成经营性收入逾10万元，其中35%村居经营性收入逾50万元。

完成国有土地出让8宗36.47公顷，出让金27.5亿元。对辖区9处桥下空间进行改造和利用，建设泉塘村桥下空间利用示范点，承办全市桥下空间利用现场会。完成土地征用并清表100公顷；完成双塘、伦塔、葛塘3个村378户911人征迁集聚。

深化"五水共治"，整治末端截流4个，完成全域"零直排"区块创建，建成示范区8个，提升偏低污水井盖103座。完成泉塘村污水管网提升改造工程，创建"五水共治"示范村5个，激活水系45处，门口塘美化整治34口，启动义乌江美丽城防建设。山塘除险加固2座，完成自来水平面管网改造5个村，河道清淤5.5千米。整改"六小"服务业650余家。建成便民停车场7个，新增停车泊位4710个。

参加城乡居民医疗保险2.7万人，参保率97.1%。享受农村最低生活保障293人，发放困难生补助155人7.65万元，残疾人补助129人15.69万元，临时救助5人2万元，慈善救助47人6万元，就业救助5人，完成237户低收入农户和低保户的帮扶结对工作。在册水库移民127人，发放补助资金7.62万元。推进民情民访代办工作，设立37个代办点，建立259人的代办队伍，代办各类事项635件，满意度达99.5%。全年调处矛盾纠纷1495起，化解信访积案27人次，调处劳资纠纷441起，涉及金额616.5万元。新建农村文化礼堂15家，农村悦读吧4个；新投入使用校园2所。实施新社区集聚及农房改造，全年共安置143户，分房290套。下娄高层集中安置项目、麻车塘、上社等区块小高层建设开工，埠头、屏石头、群益、里忠、华溪5个村启动有机更新。组织大型节庆晚会10余次，开展送戏到文化礼堂20余场，电影下乡233场，举办各类展览20余次，各类培训100余次，其他文体活动30余次。

【万亩千亿产业园建设】 2019年2月，廿三里街道结合全域土地综合管控，拓展产业发展新空间，配合义乌市信息光电高新区管委会谋划建设万亩千亿产业发展平台。由义乌市信息光电高新区管委会形成最终规划方案。廿三里万亩千亿产业园东靠义东高速，南临诚信大道，西连福田街道，北接苏溪镇，总规划面积333公顷，规划期限为2020—2035年。致力于打造光电科技产业集群高地、标志性项目承载地、领军型企业培育高地、创新资源要素集聚高地、产城融合发展引领高地。一期占地面积234.67公顷，由义乌市信息光电高新区负责招商引资，廿三里街道负责政策处理。涉及葛塘、张思、王店等村2316户农户3657人的征迁集聚。12月18日，晶科能源公司高效能太阳能电池组件生产基地项目在廿三里街道万亩千亿产业园落地开工。项目投资110亿元，预计投产后年产值300亿元，年税收9亿元。

【"拨浪鼓杯"篮球赛】 2019年8月5—16日，由廿三里街道党工委主办，义乌市天天饰链有限公司承办的廿三里街道首届"拨浪鼓杯"篮球赛在思源社区陈陀篮球场开赛。来自全街道各村居的32支村居代表队参赛。赛场分别设在陈陀、西田畈、八足塘3个球场，经过12天84场比赛，后义、华溪、西田畈代表队分别夺得冠军、亚军、季军。

【商业综合体项目开工建设】 2019年9月8日，红星美凯龙商业综合体项目开工建设。项目为廿三里街道老街有机更新一期项目，位于廿三里街道老街、上社区块，紧邻商城大道、武溪街，由红星美凯龙集团投资35亿元建设，占地12.47公顷，规划建设集精品生态住宅、现代集中商业、时尚街区等多种物业形态于一体的城市综合体，总建筑面积

35万平方米。计划2021年底建成，项目包含16万平方米高端住宅、6万平方米爱琴海购物公园和2万平方米商业街，为城市中芯居住、休闲、娱乐功能于一体的大型综合体项目。至年底，完成投资8468万元。

（楼青元）

城西街道

【概况】 城西街道位于义乌市区西部，区域面积60.2平方千米，下辖30个行政村，1个社区，户籍人口2.15万户4.62万人，外来流动人口6.8万人。2019年，财政总收入3.84亿元，同比增长10.81%；地方财政收入2.56亿元，同比增长16.7%。完成经济总量45.25亿元。

2019年，实现工业总产值46.53亿元，同比增长2.9%。规模以上企业32家，总产值20.33亿元，同比增长19%。外贸出口交货值10.08亿元，同比增长19%。招商引资2项，浙商回归8052万元，引进内资5000万元。完成固定资产投资4.8亿元，其中工业性投资1.33亿元。落实工业性投资项目（含技改）15个，完成投资项目16个，累计完成投资3.16亿元。实现“小上规”企业7家，新增浙江省级中小科技企业12家，发明专利7项。

街道耕地面积86.4公顷，耕地流转面积278.89公顷。粮食作物播种面积180.73公顷，产量967吨。蔬菜播种面积507.07公顷，产量1.44万吨。水果种植面积165.8公顷，产量5612吨。其中草莓种植面积14.53公顷，产值376万元。甘蔗种植面积24.47公顷，产量1860吨。肉类总产量6吨，禽蛋产量2吨。实现农林牧渔业总产值1.63亿元，农林牧渔业增加值1.16亿元。完成农业标准地创建53.33公顷，旱改水6.2公顷，新增垦造水田3.8公顷。完成七一、荷村等村高标准农田建设项目。

深入推进精品线提档改造，续建先塘田园综合体、东鲤公路改造、分水塘村入口景观等项目。新增分水塘参观线路房屋拆迁与绿化景观提升、引水工程、铜溪绿道等项目40余个，总投资1.1亿元。27个村涉及重点工程征迁，占全部行政村的87%。横山村、山翁村完成整村拆除工作；五一村“84.5号新政”试点村顺利落地，完成协议签订100%。启动井头徐村、石明堂村、分水塘、何斯路村、流村、夏楼村6个村的更新改造。开展全域土地整治，整治项目29个，涉及面积26.53公顷，盘活土地19.72公顷，用于消薄项目。集地券启动建设用地复垦项目9个，复垦面积5.85公顷，绿化造林现完成25.2公顷。

投资8500万元，实施望道入城口绿化与东萧线景观提升工程，投资3200万元新建道路4条，推动望道信仰线创建省级精品示范道路。创建“污水零直排区”22个，农村雨污分流达标村9个；小流域4个交接断面水质达到Ⅲ类水标准。完成小城镇综合整治3年规划，规划方案5个，全部通过专家评审。实施小城镇环境综合整治30大项。

投资2.5亿元建设和美乡村项目68个，创建一星级和美乡村8个、一星级样板村1个、三星级和美乡村1个。于宅、桥头、何斯路、流里塘4个村获2019年度浙江省卫生村称号，分水塘村、七一村获评省AAA级景区村庄，石明堂村获评省级历史文化村。新建文化礼堂6座，流下、夏演村文化礼堂获评四星级文化礼堂，分水塘村文化礼堂获评五星级文化礼堂。分水塘陈望道故居获评国家级文保单位，成功创建省级社科普基地、省级爱国主义教育基地。

新建居家养老照料中心15家，实现65岁以上老人不出村享受用餐服务全覆盖。新建图书馆流通站4个，改造并投用集贸市场4家。

参加城镇职工医疗保险1.71万人，农村新型合作医疗保险2.77万人，参保率98.5%。慈善救助34户，发放资金20余万元。启用村社调解室31个，企业及行业调解室10个，全年受理劳资纠纷案件116起239人，涉及金额152.53万元。街道便民服务中心构建“1314”的便民服务体系，梳理出可承接办理事项84项，打造“义网通办”导办示范点2个，全年办件量1.98万件，其中全科受理、办结1.07万件，办结率100%。

【先塘田园综合体】 2019年1月，先塘田园综合体完成建设。先塘田园综合体位于城西街道分水塘村至何斯路村东黄线两侧，果树种植面积3.85公顷。种植丰园红、珍珠柚、金太阳等品种杏树1432棵，五星枇杷、白枇杷、黄枇杷共460棵，马家柚400棵，高杆柿子116棵。综合体集现代农业、休闲旅游、田园社区为一体，开展农耕教育、生活体验等活动。至年底，接待游客量逾10万人次，年收入20万元。

【“三服务”活动】 2019年2月21日，制定《城西街道开展“双百”大体验，深化“三服务”活动方案》，由街道班子成员组成体验组，每月走访工业园区企业不少于2次，每周走访农户不少于10户，以“易事现场办、难事协同办”为原则，帮助企业、村社解决问题。至年底，三服务开通“周五直通车”，科室组团进村共服务31个村社，收集问题243个，解决207个；开设“科室轮岗专窗”，现场接待咨询群众126批次；实行“细分工作法”，收集问题455项，解决问题276项。

【城西街道养老服务中心】 2019年6月26日，城西街道养老服务中心揭牌开业，为全市首家开业的公建民营街道养老服务中心。养老服务中心位于城西街道西站二区，由东河敬老院改造而成，占地面积6200平方米，总投资4200万元。开放床位267张，设老人活动室、图书阅览室、理发室、诊室、药房、餐厅等基础设施。中心采用公建民营模式，由稠州医院运营管理。至年底，59人入住养老服务中心。

2019年6月26日，城西街道养老中心揭牌开业

（城西街道办事处 供图）

【市场经营文明“十二分制”管理】 2019年6月，城西街道联合行政执法等部门，对伏龙山夜市进行专项集中整治。制定市场经营文明“十二分制”管理办法，用积分量化经营户诚信经营、文明创建等方面表现，公开计分让市场评判经营户的文明经营情况，促进夜市摊位经营管理的常态化、标准化、精细化。至年底，完成夜市320余户经营户的“文明档案”建档。

【省级历史文化村石明堂村】 2019年，石明堂村获评省级历史文化古村落。石明堂村位于城西街道望道信仰线旁，占地面积253.33公顷，户籍人口1200余人。石明堂村历史悠久，村内古建筑众多。市级文保单位石明堂花厅，建于民国时期，总占地面积606平方米，坐西北、朝东南，分前后2个庭院。中间以照墙相隔，明间辟石库门，廊柱雕有精美木雕，古朴典雅。市级文保单位王氏宗祠建于洪武壬戌年（1373年），面积650平方米，建构选料精细，雕彩并施，融传统与现实于一体。市级文保单位芝兰厅，建于明国时期，由王海山建造，分于第四、六子居住，由一座三合院及配房组成。硬山顶，阴阳合瓦，铺望砖，五花头墙。年内，石明堂村通过省级历史文化保护利用重点村验收。

（韦　悦）

新闻人物

【"最美奋斗者"谢高华】 谢高华（1931年11月—2019年10月23日），浙江省衢州市横路乡贺邵溪人，初中文化。1951年3月加入共青团，1952年2月参加工作，1953年5月加入中国共产党。曾任浙江省义乌县委书记，衢州市常务副市长，衢州市人大常委会副主任，衢州计生协会名誉会长等职。2017年4月16日，获"全国商品交易市场终身贡献奖"。2018年12月18日，在庆祝改革开放40周年大会上，谢高华作为"义乌小商品市场的催生培育者"，被党中央、国务院授予改革先锋称号，颁授改革先锋奖章，并获评"义乌小商品市场的催生培育者"。2019年9月，谢高华被中国共产党中央委员会宣传部等9部门授予中华人民共和国成立70周年"最美奋斗者"称号，获由中共中央、国务院、中央军委颁发的"庆祝中华人民共和国成立70周年"纪念章。1982年4月—1984年12月，谢高华任义乌县委书记。改革开放初期，谢高华坚持群众需求就是第一导向，打破条条框框，以敢于改革创新的勇气和担当，毅然拍板给路边摊市场"开绿灯"，率先探索"兴商建县"的区域经济发展战略，带领义乌干部群众勇敢坚持、积极作为、精心培育，催生了义乌这一全球最大的小商品市场，为全国小商品市场的改革发展树立榜样。2019年10月16日，中共义乌市委决定，在全市各级党组织和广大党员干部中深入开展向谢高华学习活动。决定强调，向谢高华学习，既是学习谢高华的优秀品格，也是向以谢高华为代表的敢于担当、积极作为、开拓义乌改革开放之路的老一辈干部们学习和致敬。2019年10月23日，谢高华因病去世。

（陈金春）

【全国公安系统二级英雄吴承良】 吴承良（1970年8月—2019年8月9日），义乌稠江街道人。1995年参加公安工作，历任义乌市公安局上溪派出所民警，法制科民警、副科长，法制大队大队长、防火指导大队大队长、经侦大队大队长。在法制战线工作18年，吴承良推动并实施执法办案积分、办案流程监控系统、快办案机制等特色工作方法，进一步规范了公安执法行为，大大提高了执法效率，让前来办事的群众感受到公平正义。在吴承良的带领下，义乌市公安局法制大队成为全省公安机关执法规范化建设工作先进集体，获评全国公安机关执法示范单位、浙江省依法行政示范单位，连续12年蝉联全省公安机关执法质量优秀单位。吴承良还是一名公职律师，多年来，利用自己的法律知识，牵头制定近百项办案指南、执法提示及操作规范等，方便民警日常工作中碎片化学习，在吴承良的牵头下，义乌市公安局成立公职律师工作室，为基层执法办案单位提供法律咨询、意见和建议。从警24年来，吴承良先后10余次被评为优秀公务员，2

次立三等功，曾获评义乌市优秀共产党员、先进工作者，全省公安优秀教师教官，金华市"最美警察"，浙江省"千名好民警"。2019年8月9日14时，吴承良因突发疾病倒在工作岗位上，经全力抢救无效，不幸离世，年仅49岁。8月21日，中共义乌市委作出决定在全市开展向吴承良学习活动。9月11日，中共金华市委决定追授吴承良为金华市优秀共产党员，号召全市党员干部对标学习。10月24日，国务委员、公安部长赵克志签署命令，追授吴承良为"全国公安系统二级英雄模范"。

（陈金春）

【"全国自强模范"吴忠尚】 2019年5月16日，第六次全国自强模范暨助残先进表彰大会在北京人民大会堂举行，大会表彰167名"全国自强模范"，其中，从肢残青年成长为致富带头人的农民企业家、"以残助残"的金华市肢残人协会副主席、浙江双峰动物药业有限公司董事长吴忠尚入选，他的自强形象也为向上奋进的金华残疾人作了"代言"，受到总书记习近平、国务院总理李克强等国家领导亲切会见。吴忠尚，1966年生，义亭镇鲍宅村人，4岁时因患小儿麻痹症导致右脚残疾。1989年，吴忠尚第一次创业，在亲友的支持下，购买了200只蛋鸡，办起养鸡场。乡邻们的帮助，让他梦想成真，从此吴忠尚心里埋下感恩社会、回报社会的爱心种子。1993年，吴忠尚筹资10万元创办义亭鲍宅饲料厂。1998年，吴忠尚扩大饲料生产规模，成立宗祥饲料有限公司。在饲料生产经营中，吴忠尚秉持人无我有、人有我新，质量至上，诚信经营的理念，产品十分俏销，美国"百瑞尔"公司慕名前来与他合作，饲料厂生产流程、生产工艺采用美国技术，产能效益连年翻番。2002年年底，浦江双峰兽药有限公司生产经营困难重重，在那里上班的10余名残疾人面临下岗的命运，吴忠尚出资兼并控股这家工厂，随后创办义乌双峰动物药业有限公司，企业员工中，11人有视力障碍、听力言语障碍、智力障碍、肢体残疾等残疾。2003年，吴忠尚合资创办义乌绿发农业发展有限公司，年销售肉鸡300余万只，成为金华龙头企业。同年，吴忠尚控股浦江双峰兽药厂。2005年，浦江双峰兽药厂整体搬迁至义亭工业区并更名为义乌双峰动物药业有限公司。2006年，吴忠尚投资200万余元建设研究中心，被授予"义乌双峰动物药业研发中心"。吴忠尚经商办厂致富后，不忘回报社会。2008年汶川地震，吴忠尚为灾区捐款1.4万元。2014年，"五水共治"捐款5万元。作为市残联肢残人协会主席，吴忠尚每年春节期间带头捐款，开展贫困残疾人走访慰问活动，每次捐款5000元以上。为丰富残疾人文化生活，出资8000元，为50名残疾人每人订1份报纸。同年12月，吴忠尚无偿拿出企业场地，投资数万元购置设备，建成义乌市第一个民办的残疾人体育活动基地。至2019年，吴忠尚先后被评为"浙江省自强模范""金华市十大自强创业之星""第八届全国残疾人运动会火炬手"等称号。

（陈金春）

【全国优秀共青团干部吴爽】 2019年5月，吴爽被共青团中央评为优秀团干部。吴爽，女，1984年生。2012年，吴爽在共青团浙江省义乌市委员会工作，担任副书记、少工委主任、党组成员。工作期间，吴爽在共青团改革中把增强政治性作为共青团的第一属性来落实。结合青年思想实际，采取各种青少年喜爱的形式，通过持续开展"青年讲习所""最美90后"评选等活动，改变传统灌输式工作方法，注重用"打动、吸引、感染"来锻造青年理论认同，提升引领实效。2015年始，吴爽牵头为青年创业者提供创业培训1000余场次，覆盖青年10万余人，提供创业低息贷款3666万元。同时，结合实践总结提升"项目竞赛+创业平台""资金需求+金融服务"等青年创业六大供需对接服务模式，得到时任省长李强的批示肯定。牵头完善志愿服务站点志愿者招募、注册激励等顶层设计，推行"8+X"服务站建设，全市共有"志愿汇"手机APP注册志愿服务组织550个，实名注册志愿者13.9万余人，信用时46万余小时，培育公益类组织12家。创新性开展"21天文明习惯养成记""越志愿越青春"等品牌活动，在全市形成"义乌温度”“义乌力量”“义乌展会”“义乌关爱”四大志愿服务品牌项目，其中“义乌温度”累计为全国10余个省市的贫困地区儿童捐赠书包16万余个，衣物15万余件。为切实解决基层“四缺”难题，对市镇村三级团组织进行全面换届，调整委员会、团代表结构比例向一线团员青年倾斜，配备93名挂兼职团干部，变工作对象为工作力量，建成以国际商贸城、商翔集团有限公司等为代表的三级“青年之家”，形成“青创工场”“青春直播间”等共青团工作品牌。针对不同领域特点，吴爽坚持从“一切工作到支部”，在农村实施“红色雏雁”培养计划加强农村党组织“政治吸纳”；在社区用1+X+Y区域化团建整合资源打造枢纽型团组织；在学校探索团员积分制把好源头关；在网络建立网上共青团，创造性开展线上线下双轮驱动的义乌网上共青团工作模式，得到省委常委秘书长陈金彪的批示肯定并在全省推广。2018年10月，义乌共青团改革的经验做法在《中国共青团》杂志封面故事刊登，成为全国唯一一家登上杂志封面的县级市。至2019年，吴爽先后获“浙江省优秀团干部”“全国最美青春故事”“全国优秀共青团干部”等荣誉称号。

（楼向华）

【优秀共产党员吴汝周】 2019年1月15日，中共市委追授吴汝周为义乌市优秀共产党员，号召全市广大党员干部向吴汝周学习。学习吴汝周忠诚于党、甘于奉献的政治品格；学习吴汝周服务群众、真心为民的百姓情怀；学习吴汝周勇立潮头、转型发展的工作态度；学习吴汝周担当实干、攻坚克难的优良作风；学习吴汝周克己奉公、廉洁自律的敬业精神。吴汝周（1965年12月—2018年12月8日），义乌上溪人，1984年2月参加工作，1993年7月入党，历任北苑街道铁西社区（现迎宾社区）党总支书记、工商企业服务所所长、安全生产管理所副所长、经济发展办主任，生前系北苑街道在职干部、茂后村联村干部。2018年12月8日，吴汝周不幸病故，年仅53岁。吴汝周34年扎根基层一线，对党保持忠诚，不忘宗旨；对事业满腔热忱，坚定执着；对群众热心服务，甘于奉献；对自己严格要求，恪守底线。深耕基层、精通业务，是熟悉一线情况、服务转型发展的“老乡镇”“活地图”。不计得失、担当实干，因年龄原因从中层正职调整到普通干部后，主动下沉到重点工程最多的北苑街道前洪工作片，保持抓工作的韧劲、干事业的拼劲，是任劳任怨、甘于奉献的“老黄牛”。心中有民、一心为民，始终坚持“服务群众我带头”，在联村期间，走家串户讲解政策，坐到百姓中间办实事、做好事、解琐事，是深得干部群众信任的“老娘舅”。爱岗敬业、严于律己，带动一家4口扎根基层、默默奉献，形成实干进取、清正廉洁好家风。

（陈金春）

劳动模范

【吴志民】 2019年4月30日，吴志民被中共浙江省委、浙江省人民政府评为浙江省劳动模范。9月23日，吴志民被浙江省总工会评为浙江工匠。吴志民，1968年生，义乌市输变电工程有限公司八方电气分公司生产经理，负责生产和研发工作。国网浙江省电力供电公司“拨浪鼓工作室·劳模工坊”和义乌市“吴志民技能大师工作室”领头人，享受金华市政府津贴。2010年7月，吴志民担任八方电力设备制造公司总经理助理，负责成套开关设备工艺优化改进工作和新产品的研发工作。其间，与工人交流后得知，安装电流互感器费力又不安全，于是开始研究如何改进电流互感器的安装方法。请教相关专家，购买材料反复试验，2个月后，新型安装设备研制成功，安装时间从22分钟缩短至9.9分钟，其安装操作法被浙江省总工会命名为“浙江省先进职业操作法”。2013年，吴志民调任大陈供电所所长，任职期间，发现电力抢修车存储备件有限、摆放凌乱，抢修过程中经常要折回单位拿材料，影响抢修效率。为提高效率，吴志民花了6个多月的研究和调试改进，将电力抢修车的后备厢改装成“移动仓库”，将故障抢修的折返率由原来的52.6%降到2.1%。城市平均故障修复时间缩短30分钟，山村平均故障修复时间缩短1小时，年均缩短抢修时间达1080

小时，有效地实现故障的快速修复。2017年，“快速响应的低压配网电力抢修车”获义乌市首届先锋创业创新大赛一等奖，同时申请到2项国家发明专利及5项实用新型专利。此项成果在义乌市11个供电营业所（站）推广应用。至2019年，吴志民拥有发明专利和实用新型专利20余项，全国一等奖QC成果5项，并被授予2008、2012、2014年度“全国质量管理小组活动优秀推进者”。《义乌商报》《浙江工人日报》《国家电网报》《中国电力企业管理杂志》对吴志民的科技成果和先进事迹进行报道，在浙江省电力公司拍摄的微电影《匠自民心》中，被誉为“发明达人”“国网工匠”，多项成果在全省电力行业推广应用。

【骆淑英】 2019年4月30日，骆淑英被中共浙江省委、浙江省人民政府评为浙江省劳动模范。骆淑英，女，1969年6月生。现任义乌市疾病预防控制中心主任医师，是义乌市公共卫生工作首席考核员、浙江省预防接种异常反应鉴定专家、浙江省疫苗评审专家、浙江省免疫规划专业委员会委员、浙江省应急小分队成员，从事疾病预防控制工作26年。2013年4月，义乌市疾控中心防病一科分设为传染病防制科和免疫规划管理科，骆淑英任职免疫规划管理科科长，主要负责全市儿童预防接种的计划与实施、疫苗管理与分发、疑似预防接种反应监测、免疫针对性传染病防制等工作。任职其间，骆淑英擅长并注重工作经验的总结和科学研究，在国内外期刊发表论文及论著20篇，其中SCI论文4篇、一级期刊7篇。主持并参与30余项国家及省市县各级项目，为政府制定有关疾病防控策略和措施提供科学依据。至2019年，骆淑英先后获“金华市十大疾控先锋人物”“金华市劳动模范”“浙江省疾病预防控制先进工作者”等荣誉称号。

【金莉莉】 2019年4月30日，金莉莉被中共浙江省委、浙江省人民政府评为浙江省劳动模范。金莉莉，女，1966年11月1日生，中共党员，研究生学历，高级经济师。1985年始，金莉莉分别在中国工商银行义乌支行商城分理处、深圳发展银行义乌分行等单位工作，现任浙江稠州商业银行义乌管理部负责人。在银行经营管理过程中，金莉莉注重发挥“党、工、团、妇”的桥梁纽带作用，发挥员工的民主管理热情。通过坚持职工代表大会制度，让员工当家作主，将涉及员工切身利益的重大决策事项交由职工代表表决。通过公开栏、员工论坛等渠道畅通相互沟通网络，增强各项工作的透明度，让员工充分享有知情权、参与权、监督权、表决权。在金莉莉的关心和支持下，浙江稠州商业银行成立员工互助会，为员工本人或家人因重大疾病、意外事件等导致家庭生活陷入困境的员工进行补助，全行上下树立起“我为人人，人人为我”的良好风尚。2010年始，金莉莉带领义乌管理部积极落实市委、市政府统一部署，履行好地方银行应尽的职责，积极参与义乌市国际贸易综合改革试点和金融专项改革，向“一带一路”“五水共治”、安居工程、城市有机更新、旧城旧村改造等政府重点项目累计投放贷款100亿余元。参与义乌社保市民卡惠民工程，累计发放义乌市民卡36.2万张，服务群众30余万人次。助力市场和实体发展，累计发放市场经营户贷款1000亿余元，支持经营户12万户开展创业经营活动。热心于社会公益活动，金莉莉积极参与赈灾慰问、扶贫帮困、尊老敬老、新农村建设、集资办学、环境治理等公益慈善事业，向义乌市慈善总会捐赠慈善冠名基金1亿元；为“五水共治”捐款1400万余元，被省市各级部门授予“博爱之心”“慈善事业突出贡献奖”等荣誉称号。至2019年，金莉莉先后获“省五一劳动奖”“金华市党代表”“金华市金融思想政治工作优秀工作者”“义乌市劳动模范”“义乌市先进工作者”“义乌市优秀共产党员”等荣誉。

【冯泽宝】 2019年4月30日，冯泽宝被中共浙江省委、浙江省人民政府评为浙江省劳动模范。冯泽宝，1963年生，义亭镇枧畴村人。1998年，义乌市第二轮土地延包试点工作在枧畴村进行，冯泽宝借来资金承包下土地19.07公顷，成为当地的种粮大户。2000年，冯泽宝购买稻米加工设备，创办义乌市义宝农庄，注册“义宝”牌商标，脱身转变为稻米生产、加工和销售的产业化农业企业。2002年，冯泽宝与中国水稻研究所合作研究并推广优质富硒稻米生产技术，组织制订《富硒稻米生产技术规范》农业地方标准，累计推广应用面积6666.67公顷。2003年始，冯泽宝实施“走出去”发展战略，按照“优势互补、互利双赢”的合作方式，先后在吉林省延吉市、黑龙江省虎林市八五八农场建立1133.33公顷东北富硒稻米、有机稻米基地。2007年，冯泽宝率先引进水稻工厂化育秧生产线和插秧机，开展水稻温室育秧和机插作业，组织制订《机插水稻温室育秧技术操作规程》农业地方标准，累计推广面积1.33万公顷。同时，积极引进推广中浙优1号、甬优9号、甬优12等水稻新品种，应用和示范推广富硒强化栽培、病虫害综合防治、测土配方施肥等技术，累计推广应用面积1.07万公顷。2008年8月，冯泽宝受邀跟随浙江省政府代表团赴吉林省参加浙江在吉粮食企业座谈会并作典型发言，时任省长吕祖善对冯泽宝大力开展产销合作建立省外粮食基地的做法，给予充分肯定。2010年始，冯泽宝先后投入资金850万余元，建立水稻工厂化育秧中心、粮食烘干中心和优质米加工中心，引进工厂化智能育秧设施、烘干设备及插秧机等配套设施，提高企业水稻全程机械化作业服务能力和稻米加工、收储能力。企业育秧温室和炼苗大棚规模分别达到250平方米和3800平方米，年机插、育供秧能力达666.67公顷，粮食烘干能力每日100吨，稻米加工能力每日80吨、粮食收储能力1600吨，在稻米生产领域位列全市之首，是义乌市指定的应急粮食加工点。“义宝农庄”社会化服务范围7个乡镇（街道），服务面积653.33公顷，占全市水稻面积的30%。至2019年，冯泽宝先后获“全国十佳农民”“全国种粮大户”“全国粮食生产大户标兵”“浙江省粮食生产十佳典范”“浙江省优秀种粮大户”“金华市劳动模范”“十佳农村实用人才”等称号。

（楼向华）

新人新事

【“最美浙江人·青春领袖”傅忆文】 2019年1月，傅忆文被浙江省委宣传部评为“最美浙江人·青春领袖”。傅忆文，女，1986年生。2008年10月，傅忆文参加工作，现任义乌市人民检察院党组成员、公诉部主任。从检10余年，傅忆文办理审批刑事案件3000余件，涉案数千人，无一错案，秉公执法、刚正不阿，力争将每个案件都办成铁案。先后参与办理全国首例传销式诈骗窝案、浙江省首例反向刷单案、厅级干部受贿案、省检察院督办的牛某等人恶势力案、颜某等20余人恶势力犯罪集团案、金华市首个申请强制医疗案，追诉浙江省首例车主构成交通肇事案等。所办案件被评为浙江省“三个效果”有机统一优秀案例、浙江省互联网检察十大影响力案件、浙江省检察机关精品案件。傅忆文善于在办案中总结规律，以提升自身和同事的专业素能。先后研发《询问、诘问证人、鉴定人技巧》《非法证据排除公诉人应对》等实训课程，课程以真实案例为模板，将实践教学和理论升华相结合，以实战训练方式开展职业训练。先后在浙江省院、金华市院组织的公诉骨干培训中讲授，获得好评。其中《询问、诘问证人、鉴定人技巧》被省检察院评为检察教育培训精品微课。自2015年发布首期《刑事检察白皮书》始，傅忆文牵头共发布毒品犯罪、经济犯罪、未成年人犯罪、剿灭劣V类水、非公经济、国际物流、电子商务等11份专辑。至2019年，傅忆文先后3次立个人三等功，获“全国优秀公诉人”“全国公诉标兵提名奖”“全国检察机关优秀辩手”“浙江省十佳公诉人”“浙江省明星公诉人”等地市级以上荣誉称号20余项，是新时期青年检察人员的优秀代表。

（楼向华）

【创业者中的创业导师朱阳瑾】 2019年5月，朱阳瑾被共青团金华市委评为优秀团干部。朱阳瑾，女，1987年生，浙江义乌人。毕业于四川大学，管理科学与工程专业研究生。义乌工商职业技术学院创业学院专任教师。在这个全民皆商的移动电商时代，学校的创业氛围使朱阳瑾产生帮助学生创业的想法，朱阳瑾很快结识了2个志同道合的朋友，一起奋斗，做起移动电商。为了自己和学生们共同的创业梦，朱阳瑾不仅致力于做诚信微商，品质微商，还创立自己的品牌，成为电子商务梦工厂的指导老师。2015年3月，朱阳瑾与工商学院的老师以及自主创业的企业家一起创设共济移动电商创业联盟。同年4月，在“中国网店第一村”青岩刘开设义乌工商学院创业创新梦工厂移动电商O2O体验中心。9月，由义乌市人力资源和社会保障局与义乌工商学院合作建设的义乌市创业学院正式成立，朱阳瑾成为提供创业服务的“梦想导师”。在全国脱贫攻坚战中，朱阳瑾主动投入到“义乌—汶川”东西扶贫协作中，带着创业创新的火种先后9次入川。在用“党建+电商”的总体思路指导下，实现东“电”西输，东“智”西扶，帮助阿坝师范学院链接义乌工商职业技术学院，共建汶川电商学院。成立创业工作室，帮助30名学生开启创业征程，此项目得到浙江省委书记和四川省委书记的点赞。此外，朱阳瑾带领创业师生团队将创业火种播撒到甘肃、吉林，青海、台湾等地，共开展各类创业创新培训20余期，受益2000余人。2019年，朱阳瑾获“2018—2019年度省级青年岗位能手”称号。

（楼向华）

【“最美教师”金晓珍】 2019年2月11日，义乌市召开总结表彰暨作风建设大会，对2018年为义乌社会发展作出重要贡献的单位及个人进行表彰，义乌市稠州中学教育集团丹溪校区教师金晓珍获市委、市政府个人记功奖励。金晓珍，女，1989年出生，义乌市赤岸镇人，毕业于杭州师范大学英语师范专业。2011年9月，从杭州师范大学英语师范专业毕业后，在稠州中学教育集团任教。任教以来，用心钻研教育教学，践行职责和使命，在工作中先后被授予“浙江省三育人先进个人”“金华市最美教师”“义乌市最美教师”“义乌市优秀共产党员”等称号。2018年3月12日上午，金晓珍班里的刘同学未按时到校，多次拨打其家长电话一直处于失联状态，于是赶去学生家中了解情况，由此救下一氧化碳中毒的学生一家4口。事发当日，义乌市教育局微信公众号“义乌教育之声”推出首篇报道，中央电视台、浙江电视台、腾讯网、凤凰网等知名媒体相继报道。同年5月10日，经群众推荐、基层遴选和评委会综合审议，浙江省文明办于2018年5月浙江好人名单公示，金晓珍入选“见义勇为”类浙江好人。

（金晓玲）

【退休教师陈德福捐献遗体】 2019年7月1日，义乌二中退休教师陈德福因病去世。遵照陈德福遗愿，他的遗体捐献给浙江大学医学院用于临床外科系统研究，眼角膜捐献给2名眼病患者；大脑组织送往浙大医学院中国人脑库，供医学研究和教学使用。陈德福1938年出生于东阳，1958年嘉兴师范学院毕业，1983年调入义乌第二中学任教，是1名优秀的语文教师，培养出4000余名学生。1998年退休后，陈德福成为1名社区志愿者，经常参加助老爱幼、扶贫帮困、帮残助残等社区服务。2008年汶川地震，陈德福以1名共产党员党费名义捐出1万余元，支援灾区。

（龚琴娟）

重要文献

市委全会工作报告

对标自贸区　干实试验区
拼出干出义乌改革开放新奇迹
——在市委十四届五次全体（扩大）会议暨市政府第四次全体会议上的报告

市委书记　林　毅

2019 年 1 月 7 日

同志们：

去年 8 月 17 日，省委车俊书记在义乌调研，明确指出要把义乌国际贸易综合改革试点转向义乌国际贸易综合改革试验区，推动义乌新一轮改革开放。省委省政府高度重视义乌改革，去年 12 月 27 日省委常委会通过了《义乌国际贸易综合改革试验区框架方案》。强调了三个方面的重要意见。一是试验区要按照自贸区来高标准定位，同国际接轨，确保真正能够实现畅通的国际自由贸易。二是新时代义乌要有新发展，必须积聚新动能，以新的动能来推进义乌新发展，这就要大改革，要在贸易改革、制造业和工业领域融合发展、区域市场化、政府自身改革上取得新突破。三是义乌要做好自身建设，要围绕省委省政府高质量发展要求，不断推动自身发展，要有好的产业项目、城市项目。车书记强调，我们要不辜负习近平总书记对义乌的希望、不辜负各方面的支持，将义乌发展得更好，发挥好示范引领作用，打造成为改革开放的先进区。

这次市委市政府全会的主要任务是：高举习近平新时代中国特色社会主义思想伟大旗帜，认真贯彻中央和省委经济工作会议精神、省委省政府批复的《义乌国际贸易综合改革试验区框架方案》和金华市委市政府要求，研究部署试验区和新一年工作重大任务，动员全市上下抢抓历史机遇，坚持和深化“义乌发展经验”，大胆解放思想、大力改革创新、大步融入全球，以开局就是决战、起跑就要冲刺、要干就干第一的状态，对标自贸区、干实试验区，拼出干出改革开放新奇迹，高质量高水平建设“世界小商品之都”。

现在，我代表市委市政府，讲三方面意见。

一、对标自贸区、干实试验区，是义乌新一轮改革开放的首要任务

去年以来，省委车俊书记、省政府袁家军省长多次研究义乌工作，亲临义乌调研。车书记强调，要对标自贸区，以更大气魄、更大力度推进义乌新一轮改革开放，坚持和深化"义乌发展经验"，实现从国际贸易综合改革试点向国际贸易综合改革试验区的转变和深化。1月4日，省委省政府正式批复《义乌国际贸易综合改革试验区框架方案》，决定以义乌全域为主体，联动金义都市新区等建设试验区。一定意义上讲，试验区就是自贸区的基础区、先行区。目前，义乌申报自贸区扩区的程序已经启动。

（一）对标自贸区、干实试验区对义乌具有划时代的意义。

1.对标自贸区、干实试验区是贯彻落实习近平总书记系列重要指示精神、推进"八八战略"再深化、改革开放再出发的战略选择。习近平总书记高度关注义乌的改革发展，在地方工作期间12次到义乌调研指导。到中央工作后，多次作出重要指示批示，在重要场合推介义乌，亲自部署推动义乌国贸改革，强调要"深度思考、适时推进""切实抓好义乌国际贸易综合改革"，希望义乌建设"世界小商品之都"。自贸区是党中央、国务院在新形势下全面深化改革和扩大开放的战略举措，是国家改革开放的最高能级平台。全面贯彻落实习近平总书记系列重要指示精神，我们必须在国际贸易综合改革上有深调研、有新思考，有长规划、有作战图，有实举措、有时间表，不断谋求新的更大突破，加快国贸改革试点向试验区升级、向自贸区迈进。

2.对标自贸区、干实试验区是贯彻落实国家"一带一路"、长三角一体化、扩大进口战略和省委实施"四大"建设的有效载体。义乌是全球小商品贸易中心，在"一带一路"建设中具有重要战略地位，"义新欧"、义甬舟等重大开放平台都具有全省性、全国性开放价值，特别是扩大日用消费品进口转口贸易具有巨大潜力。在国家长三角一体化战略和新一轮改革开放中，对标自贸区、干实试验区，可以进一步放大义乌在国际贸易领域的先行先试作用，拓展义乌贸工联动和对接国内国外市场的能力，形成全省大手笔对外开放、高质量发展的增长极，大幅提升金义都市区的平台能级、集聚能力和核心竞争力。

3.对标自贸区、干实试验区是贯彻落实省委"更大气魄更大力度推进义乌新一轮改革开放"要求、坚持和深化"义乌发展经验"、建设"世界小商品之都"的关键抓手。改革开放40年，义乌从一个农业小县一跃成为全国改革开放的重要试验田、高产田，最根本的一条是坚持"兴商建市"、把改革开放作为"关键一招"，用好市场"无形之手"和政府"有形之手"，群众首创+党政有为。新一轮改革开放，更大气魄，体现在更加解放思想、勇于创新上；更大力度，体现在更加实事求是、敢于担当上。历史和实践证明，每当发展的关键节点，义乌人都善于抓住机遇，敢破善立、革弊鼎新，迸发强大的创造活力并铸就奇迹。对标自贸区、干实试验区，是促进义乌转型发展的新机遇、新引擎，抓住这个新机遇，用好这个新引擎，必将推动义乌拓展新的空间，实现新的跨越，义乌的改革开放必将翻开崭新的篇章。

4.对标自贸区、干实试验区是提升义乌城市能级和核心竞争力，更好地推动高质量发展、创造高品质生活的强大支撑。城市的持久繁荣，在于能级和核心竞争力的不断提升。对标自贸区、干实试验区，将带来发展理念、发展平台、发展方式、发展主体、发展环境、发展质量的持续跃升，不断增强义乌城市的吸引力、创造力和竞争力。试验区、自贸区一定会衍生新的产业，催生新的模式，带来新的红利，创造新的财富，成为义乌的聚宝盆，成为新经济的倍增器，成为新老义乌人创业创新的大舞台。会有越来越多的企业和个人从中受益、获得赋能，进而持续提高义乌的经济密度，提升配置全球资源的能力，增强在国际小商品领域的话语权。未来，义乌会诞生世界级企业。自贸精神也将成为义乌精神的一部分，引领和激励义乌人拓宽视野、追求卓越、勇攀高峰，让人人都有更多出彩的机会。城市的发展多是在交通中心、商贸中心一步步走过来，通过对标自贸区、干实试验区，发展现代物流、现代金融、数据上云，将带来商品、人流、资金流、信息流的高度密集。

（二）对标自贸区、干实试验区要突出重点、勇走前列。

省委省政府批复的试验区框架方案，充分体现了与自贸区的无缝对接，为下步深化改革开放锚定了方向。为此，对标自贸区、干实试验区，必须强化改革开放主基调，突出试验区主业主职，鼓励探索、激励创新、勇争一流。重点是聚焦“一个核心、四大板块、五大创新、八大突破”。

“一个核心”：就是围绕“自由贸易”，争取纳入浙江自贸区，发展成为自由贸易港，推动高质量发展。自由贸易是世界经济发展不可阻挡的潮流。对标自贸区、干实试验区，本质是推动投资和贸易便利化自由化，关键是打造适应国际贸易新特点的规则和营商环境，归根到底是要回答好“义乌市场往哪里去”的时代命题。这就要求我们先行先试大众贸易和投资便利化自由化的改革措施，创新自由便利的货物进出境管理制度、自由收付的金融管理制度、境内关外的税收制度、自由往来的人员出入境制度、外商投资准入前国民待遇加负面清单管理制度，建设特色鲜明的内陆自由贸易港。

简而言之，就是把小商品贸易和投资做到极致，在义乌实现商品、资金、人员“来得快、走得快、管得好”，义乌要不断迸发出创新元素，首创精神带出首创的主体、首创的业态、首创的模式、首创的思维，政府“有形之手”跟着市场“无形之手”去匹配、去引领，进口低税费、转口零税费，减少对国际资本的监督和管制，打造更加法治和自由的贸易及投资生态，让义乌成为大众创业、万众创新的集聚地，成为全球小商品贸易的首选地和国际投资的新高地。

“四大板块”：就是出口板块、进口转口板块、科创板块、产业共建板块等重点建设板块，共约68.8平方千米。试验区不是行政区，而是经济区，更是未来自贸区的主承载区。

一是出口板块。约11.2平方千米，主要依托国际商贸城、金融商务区、义乌港等，推动市场创新发展，全面提升义乌小商品在全球的核心竞争力。

二是进口转口板块。约15.8平方千米，主要依托新型保税港区、铁路口岸、航空口岸、国际邮件互换局等开放平台，创新打造进口商品展贸平台、配套加工区，发展跨境电商、现代物流等产业。

三是科创板块。约21.8平方千米，主要依托双江湖科教园区、经济技术开发区、高新区等平台，培育国际教育、国际交流、科技研发、总部经济、先进制造等产业和未来产业。

四是产业共建板块。约20平方千米，主要依托金义综保区、菜鸟物流园等平台，布局与国际贸易关联的加工贸易、电子商务、先进制造等产业。

“五大创新”：

一是空间区域创新。试验区范围涵盖义乌市全域+金义都市新区（金东片）+多点（包括浙中公铁联运港、兰溪嘉宝国际物流园、东阳国际物流园、永康无水港等），总面积1283.77平方千米，其中义乌市1105平方千米，金义都市新区176平方千米。

二是管理体制和开发模式创新。重点是设立义乌国际贸易综合改革试验区管委会，为省政府派出机构。试验区党工委书记、管委会主任由义乌市委书记兼任。内设机构按照“最多跑一次”理念和协同高效优化原则综合设置。

三是规划布局创新。按照市场规律和经济流向，优化出口、进口、转口贸易布局，优化市场、制造、物流和研发设计创新布局，优化实体市场和电子商务布局。

四是资源要素配置创新。试验区内土地保障与产出相挂钩，建立适合国际贸易产业特点的“亩均论英雄”评价机制，享受专门的土地、财政等政策；在技术、信息、人才等方面大力倾斜，以更开放更公平的创业创新氛围激励企业家集聚、好项目好产业集聚。

五是政策创新。全面赋予国贸改革省级权限。省人大常委会研究制订义乌国际贸易综合改革试验区相关条例。在试验区推行改革“备案制”，对不涉法事项，允许试验区报备后自行组织实施，出现风险时及时予以纠正。要打破一些规则，形成新的规则，螺旋式地发展和进步。

“八大突破”：

一是在创新进口、出口、转口上实现重大突破。突破口是新型保税港区，推动贸易便利化达到世界先进水平，2020年外贸进出口额达到3000亿元，加快实现“买全球、卖全球”。

二是在数字贸易上实现重大突破。突破口是跨境电商综试区，打造全国领先的跨境电商综合服务平台，在服务贸易上作出新探索，2020年线上线下交易总额达到5000亿元。

三是在高端制造上实现重大突破。突破口是招大引强，实现新兴产业产值倍增、规上工业产值三年超千亿，打造全球小商品创新策源地、高端制造示范区。

四是在“一带一路”上实现重大突破。突破口是“义新欧”、义甬舟开放大通道，主动参与“一带一路”贸易规则制定，2020年“义新欧”中欧班列往返1000列以上，义甬舟开放大通道进出口突破150万标箱，海铁联运超过10万标箱，国际物流综合成本全国最低，成为全球知名的“一带一路”枢纽城市。

五是在贸易金融上实现重大突破。突破口是新一轮金融专项改革，大力发展新型金融，成为区域性结汇中心和跨境贸易人民币结算中心，形成开放有序、安全可控的金融发展环境。

六是在城市能级上实现重大突破。突破口是双江湖科教园区，全市集聚各类人才三年突破30万，集聚大学生五年翻一番，成为令人向往的创业之城、人文之城、生态之城，宜商宜业宜居宜游的现代化国际化大都市。

七是在区域合作上实现重大突破。突破口是主动融入长三角一体化，在区域合作竞争的价值链、创新链、人才链、服务链中，占据更多的高端环节，成为金义都市区的增长极、浙中城市群的核心区。

八是在营商环境上实现重大突破。突破口是“最多跑一次”改革，更好地发挥市场和政府“两只手”的作用，永远不松手，打造全球营商环境一流城市。

对标自贸区、干实试验区，关键是要大胆解放思想，把试验区作为经济体进行谋划。义乌不仅是行政上的城市，更是一个经济体。必须打破传统行政管理思维和方式，经济体就要按照经济规律来思考、演进、发展，经济体没有行政级别，而是“在商言商”、平等互利、合作共赢。要懂经济、懂市场，把市场主体的关注点放在第一位，义乌要成为社会主义市场经济最旺盛的生长点之一。

新时代，义乌要把握与阿里等经济体的合作机遇，共同打造新型商贸。其中四个要素缺一不可：一是要主动参与eWTP及规则制定，义乌在这个过程中要有话语权；二是全面推进数字化贸易，不仅要上云，还要连接物联网，腾“云”驾“物”；三是要大力推进全球化，推进国际化向更高层级演进；四是全面提升软服务，思想理念、营商环境要达到世界一流，抢占新时代发展的战略制高点。

义乌可以成为国家竞争力、全球生产力的单元，改变存在方式，改变贸易方式，背后是要改变思维方式，解放思想，打破封闭、打破行政、打破本位、打破条条框框，赋予“兴商建市”新的内涵。不知道怎么干，要解放思想；干不好，要解放思想；从来没人干过，要解放思想。义乌人要敢想，要有像相对论的想象力、量子力学的想象力，打破传统时空观念，要敢想新型金融、内陆新型海关，等等。没有解放思想，没有任何行动，世界的变化就会跟我们毫无关系。

到2020年，试验区区域框架基本拉出，主导性、特色化产业基本形成，综合实力和建设形象在全国同类平台有初步影响，基本建成世界领先的国际小商品贸易中心，新业态、新模式、新技术、新组织形式集成集聚，先进制造业和现代服务业深度融合。到2035年，构建完善的现代商贸流通体系和国际贸易机制，实现贸易增长和动能提升、现代流通和先进制造、金融服务和实体经济良性循环，高水平建成“世界小商品之都”。

二、对标自贸区、干实试验区，必须开好局起好步

近年来，全市上下以实际行动贯彻落实习近平新时代中国特色社会主义思想，干字当头、实干干实，为开启新一轮改革开放奠定了良好基础。特别是刚刚过去的2018年，面对复杂严峻的经济形势和艰巨繁重的发展任务，我们坚持“八八战略”再深化、改革开放再出发，落实好“六个稳”要求，大学习大调研大抓落实，全力打好九场硬战，践行党员干部“五（吾）带头”，砥砺奋进、迎难而上，交出了一份优秀答卷。全市上下干劲十足、激情满怀，虽然干得很辛苦，但是看到义乌每天都在变化，大家都很欣慰、很振奋。预计全年实现地区生产总值1248.1亿元，增长7%；完成财政总收入153.5亿元，其中一般公共预算收入95.2亿元，分别增长8%和12%；城乡居民人均可支配收入为71367元和36398元，分别增长8%和9%；预计实现出口2500亿元以上，增长9%；有效投资增长20%以上。

这一年，我们聚焦商贸这个核心，改革开放捷报频传。中央对义乌改革开放事业给予充分肯定，中央领导同志对推进义乌新一轮改革开放作出重要指示。谢高华老书记被评为改革先锋。国务院批准设立义乌跨境电商综试区，国家八部委批准开展市场采购进口贸易机制创新。我们每周召开市委深改会，各项改革瞄准第一干，敢于首创。全市邮政和快递业务量超28亿件，增长56%，跃居全国第4。出口首次突破100万标箱。“义新欧”中欧班列写入中国与西班牙联合声明。“一带一路”捷克站获批省级境外经贸合作区。铁海联运外贸班列业务量全国第一。深化“最多跑一次”改革，精简权力事项411项，削减办事材料64%，行政服务中心窗口削减59%，“义网通办”平台网上办结率达84%，在全国率先建成“无证明城市”，“涉企证照通办”在全省推广。深化农村土地制度改革，开展农村集体建设用地跨村安置试点，处理历史遗留问题2.6万户，发放农房抵押贷款63亿元。

这一年，我们坚持项目为王，发展新动能持续增强。把项目作为共同语言，每天跑招商、下工地、抓投资、优服务。签约亿元以上项目50个，总投资826亿元。预计工业性投资增长20%，规上工业增加值增速10%以上，跃居金华第一。光源科技小镇列为省级特色小镇创建对象。华灿光电一期、义利发动机、爱旭一期等项目投产，安诺优达基因公司南方中心投入运营；英伦新能源整车下线；东方日升、圆通速递等项目开工。率先建立工业用地全生命周期管理机制。投用小微企业园19个，集聚企业1640家，提升“低散乱”企业2736家。出台促进民营经济健康发展系列政策，不良贷款率、关注类贷款率、不良贷款总量均下降。大专以上人才子女就学全解决、住房全保障。

这一年，我们倡导“规则义乌、义行天下”，全国文明城市创建如火如荼。大力弘扬社会主义核心价值观，坚持“以内养外”、全域整治，从源头治理抓起，从“礼让斑马线”抓起，从“最差现场”抓起，推进十大专项整治，城乡面貌持续提升。城区公交车、出租车礼让率提升至90%以上，施划规范停车位16.6万个。绕城高速全面建成并免费通行，城区道路基本完成白改黑。车站、楼店和胜利（一）区块100%签约，下车门区块公布红线范围，全年完成有机更新2.8万户，三年完成老城有机更新的承诺必须兑现。城中村拆迁1.7万户，居全省第一。小城镇环境综合整治“三年任务两年完成”，佛堂、义亭、赤岸和后宅被评为省级样板。全市连片拆810万平方米，腾出发展空间1.5万余亩，发展格局明显优化。十条精品线引进亿元以上农业项目32个。完成行政村规模调整，撤并率38.5%。实施“一村两楼宇”和“多村联建”项目118个，所有农村集体经济收入达10万元以上。8个县控断面和3个出境断面水质保持Ⅲ类以上。市区空气优良率提升至91%。

这一年，我们坚持民生改善早一天也好的，群众幸福指数不断攀升。舍得拿出土地、资金和资源，用项目补短板，用实事惠民生，这三年民生投入年年创新高。坚持教育优先，中国计量大学现代科技学院落地，国科大“一带一路”学院成立，开工建设幼儿园40所，获批全省首个职业教育改革试点市。与浙江大学共建高水平医联体，新妇保院和儿童福利院投用。开展儿童早期发育免费筛查10万余人次。新增各类参保人员11.3万人次。长期护理保险受惠家庭2395户。完成危旧房治理2.45万户，新建提升公共厕所152座。实施古建筑保护和名人故居提升工程，新建农村文化礼堂93家。推进平安建设“十大专项行动”和“百日攻坚行动”，开展扫黑除恶专项斗争，平安义乌有望“十一连创”。各类生产安全事故下降

36.1%，火灾事故下降30.8%。推进群团改革，工会、团委、妇联、残联、红十字会等群团组织积极参与社会治理。

这一年，我们践行党员干部“五（吾）带头”，党的建设全面加强。市委充分发挥统揽全局、协调各方作用，出台市委常委会践行“五（吾）带头”决定，四套班子齐上火线，带头攻坚。每天在担当群“晒”和“赛”；每周公布工作日志，精确到小时；每月开展大比拼；攻坚现场，每个镇街都在干；招引项目，每个平台都在干；文明创建，每个村社都在干。全市上下拧成一股绳，劲往一处使，抢干快干、实干干实成为新风尚。推行党员“十二分制”管理，以“大脚掌+”推动作风大转变，全市党员干部调研走访超10万人次，解决问题3960个。创建全国城市基层党建示范市，在全省率先实施两新党建“1+X+Y”同心圆工程，深化农村“双星争创”活动。全面加强宣传思想和意识形态工作。不断拓展统战工作领域，各镇街全面成立乡贤组织，压实各级党组织宗教工作主体责任。扎实推进“清廉义乌”建设，开展正风肃纪、“三清理一规范”等专项整治，查处违反中央八项规定精神问题22个。惩治腐败实现新震慑，处置问题线索1594条，第四种形态处理39人次，群众纪检信访举报下降36.4%。

这些成绩的取得，是上级党委政府正确领导的结果，是全市人民团结拼搏的结果。在此，我代表市委市政府，向全市人民，向党代表、人大代表、政协委员和离退休老同志，向各民主党派、工商联、人民团体和社会各界人士，向驻义部队官兵，向关心、支持义乌发展的海内外各界朋友们，表示崇高的敬意和衷心的感谢!

与此同时，我们也清醒地看到，对照高质量发展要求，我市发展中还有不少短板和挑战。突出表现在：一是中美贸易摩擦等不确定因素增多，实体经济经营压力不小；二是一些改革企业和群众获得感还不强，改革的深度广度力度还要进一步拓展；三是重大项目储备不足，产业创新能力和人才科技支撑还要持续加强；四是城市管理服务不够精细，文明创建任重道远；五是医疗、教育、养老、文化等公共服务质量有待提升，城乡人居环境有待持续改善；六是平安创建任务繁重，社会稳定风险点依然大量存在；七是少数干部担当不够，抓发展促落实能力仍需加强。对此，我们一定高度重视，切实加以解决。

2019年是建国70周年，是对标自贸区、干实试验区的起步之年。我们要切实提高政治站位，强化历史担当，面向全球、面向未来，发扬彻底的自我革命精神，拉高标杆、抢抓机遇、趁势而上，大胆试、大胆闯、自主改，拼出干出义乌风范!

2019年工作的总体要求是：高举习近平新时代中国特色社会主义思想伟大旗帜，深入贯彻省委省政府、金华市委市政府决策部署，坚持稳中求进工作总基调，贯彻新发展理念，以对标自贸区、干实试验区为总抓手，积极融入“一带一路”、长三角一体化发展、大湾区大花园大通道大都市区建设，聚焦强改革、强外贸、强制造、强投资、强都市、兴文化，扎实做好稳企业、增动能、保平安工作，推动高质量发展。

2019年全市经济社会发展的主要预期目标是：地区生产总值增长7%以上，地方财政收入增长8%以上，出口增长6%以上，食品及日用消费品进口增长30%以上，有效投资增长20%以上，工业投资增长25%以上；城乡居民人均可支配收入增长与经济同步，节能减排降碳完成上级下达的任务。重点抓好“三个十”。

（一）推进十大改革。

一是加快政府数字化转型，“最多跑一次”改革争当全省第一。重点是继续做好“减材料、减事项、减窗口”等减法，同步推进“加数据、加智办、加掌上办”等加法，实现70%的政务服务事项网上办，80%的民生事项一证通办。“义网通办”争取数据归集100项、无感智办10万件，网办量全省第一。将事中事后监管事项纳入一张图，实行数字化“一网通管”。探索“局（虚拟审批局）外无审批”、“服务无距离”、“网（数字监管网）外无监管”等系列标志性改革。

二是深化贸易便利化改革，打造“义乌码头”、世界货地。重点是建设无费无证口岸，实施进口日用品正面清单等监管模式。探索“市场采购+跨境电商”出口贸易新方式，建立进口商品追溯体系、赔付机制。探索内陆新型海关监管模式，实施流程再造，干实“一线全面放开、二线安全监管”。

三是创新推进跨境电商综试区建设，确保业务量列第三批综试区第一。重点是力争在个人电商外汇结算、电商低税试点、无票税前列支、无票电商出口退税等领域取得突破性进展，打通平台、支付、关汇税通道，构建集设计、制造、采购、仓储、配送、监管于一体的综合性服务平台。招引培育大型跨境电商企业和平台，创新“保税+”等跨境电商新业态新模式。

四是深化市场发展体制改革，打造实体市场升级版。重点是成立市场发展委员会，加强市场研究和顶层设计。把数字化、加快上云、增强现代物流和金融支撑等作为市场改革转型的重要方向，主动参与eWTP等经贸规则创新。融合品牌、标准、质量、创新设计、知识产权等构建主体评级体系，开展资源要素市场化改革。商城集团要对标世界500强，向综合服务商转变、向数字化转型，做强供应链板块、国际板块、仓储板块。

五是深化金融专项改革，打造贸易金融发展高地。重点是制定实施新一轮金融专项改革方案；探索建立与试验区相适应的本外币账户管理体系，创新外贸企业主子账户等业务；探索市场采购进口金融创新，争取设立人民币进口基金。

六是深化土地制度改革，全面盘活存量资源。重点是在理清资源家底、拓展发展空间、统筹建设用地利用等方面实现突破，实行空间规划、土地利用、产业发展等“十图合一”；通过全域土地综合整治、宅基地跨村跨镇街调剂、复垦成集地券、集体经营性建设用地整合入市，推进农村集体建设用地统筹利用；实施主城区万亩以上工业用地提升工程。

七是创新社会信用体系，基本建成数字化综合信用监管网。重点是实现信用信息共享平台与浙江行政执法监管平台、“义网通办”等平台全面对接，建立以信用为核心的事中事后监管制度。加快推进个人信用体系建设，实施市场主体信用风险分类管理，创新信用在商贸和涉外领域应用，打造信用经济试验区。

八是深化国资国企改革，完善现代企业制度和市场化经营机制。重点是通过资产注入、项目载入、人才引入等方式，促进平台型建设型企业向经营性国有公司转变，强化管理创新、服务创新、业务创新，增强企业经营能力和自我发展能力。科学制定国资评价指标体系和考核机制，完善国企选人用人机制、分级授权机制，实施减员增效、薪酬制度、股权激励等改革。充分发挥商城集团上市公司功能，争取在资源整合、市场开拓、资本运作、股权结构、市值管理等方面有突破。

九是平稳完成机构改革任务，构建科学规范运行高效的机构职能体系。重点是不打折扣完成改革规定动作，做到党政机构设置与试验区管委会机构设置相衔接。要通过机构改革，解决政出多门、职能分散交叉、权责脱节等问题，推进政府治理法治化、标准化、数字化，在3月底前全面改革到位。

十是深化其他综合配套改革，强化改革集成效应和放大效应。重点是深化要素配置市场化改革，实施更严格的亩均论英雄。开展全国农村集体产权制度改革试点，出台村股份经济合作社成员身份确认、收益分配、股权流转等办法，赋予村股份经济合作社股权更多权能。深化干部体制改革，开展干部因公出国管理改革，探索建立中央垂直管理部门和地方实行“同城同酬”的干部待遇激励保障制度。创新投融资、新型城镇化等改革。

（二）布局十大标志性项目。

一是以内陆新型保税港区为标志的进口、转口贸易平台项目。争取获批“陆港+多平台”的内陆新型保税港区，先行启动展示贸易区、综合配套区规划建设，获批并开工建设国际快件监管中心，重点推进京东、圆通、国际电商城二期、保税港区生活配套区等项目建设，打造试验区进口、转口的核心承载平台。

二是以“义新欧”、义甬舟、“一带一路”境外站为标志的开放大通道工程项目。“义新欧”中欧班列全年往返500列。争取汽车整车进口口岸。义乌-宁波舟山港海铁联运班列发运5万标箱以上。建成投用义乌港二期项目。“一带一路”捷克站商贸服务园7月启用，非洲站、迪拜站9月开工。

三是以金甬铁路、杭温高铁、金义东轻轨、高铁全高架站房为标志的铁路枢纽项目。金甬铁路8月启动建设，杭温高铁10月启动建设，金义东轻轨义乌段完成土建施工70%以上，开工建设高铁全高架站房。

四是以大学、研究院、产业园为标志的双江湖科教园区项目。编制和完善园区空间和产业发展规划，双江湖湖区开挖。中国计量大学现代科技学院1月开工，两年内投用；北京协同研究院义乌创新创业基地9月开工；国科大“一带一路”学院年内开工。春节前与复旦大学签订合作协议。要以打造大学城、打造世界级遗产的高度，谋划双江湖未来建设开发。

五是以浙中国际机场为标志的航空港项目。完成义乌机场4E等级提升规划报批，引进知名航企，加密到北京等地航班，国内外航线达到30条以上。发展临空产业，建设区域航空物流枢纽，打造空港经济区。机场迈入全国中型机场行列，客运进出港280万人次以上，货运增长30%以上。机场创卫通过世界卫生组织验收。

六是以特色小镇和义乌“微谷”为标志的工业平台能级提升项目。经济技术开发区、高新区要持续招大引强，推进产城融合，提升平台能级。确保光源科技小镇爱旭二期、木林森、东方日升、汉鑫半导体、岩谷科技等项目投产；抓好绿色动力小镇五大项目进度，吉利发动机项目年内设备进场；支持森山健康小镇等特色小镇发展。开工建设“足衣谷”、化妆品“印象美谷”、高创园、机器人产业园等首批“微谷”，五年建成小微企业园100个以上，整合标准厂房1000万平方米以上，拓展小微企业园建设用地1万亩以上，集聚小微企业1万家以上。义乌离不开小微企业，义乌要更加重视小微企业，但义乌不能有“低散乱”。

七是以义东北、义西南两大物流平台为标志的现代物流枢纽项目。深国际智慧物流项目10月开工，京东义乌电商产业园、中通快递浙江总部11月开工。国内公路港物流中心一期、红狮智慧物流园二期项目建成投用。建成江东街道青口、白莲塘地块等3个临时物流园区。三年基本解决“仓储难”。

八是以有机更新和重大民生基础设施为标志的城市功能提升项目。完成下车门区块等有机更新1.5万户以上，老城区地下环路、县前街南延项目开工。国贸大道二期建成通车，完成机场路立交化改造一阶段、二阶段主线工程，商城大道隧道工程完成轨道结构50%。做好节约用水和挖掘空间，义浦二线供水工程完工，八都水库扩容开工。要彻底刷新义乌格局，“东西南北中”全面推进。东扩打造义乌“东大门”，今年金星等6个村要按照“1+X+Y”规划完成拆迁；西进打开义乌“西大门”，以城西街道为中心，囊括上溪和义亭部分，建设望道大景区；南拓打造双江水利枢纽，建设双江湖科教园区；北连打造高铁新城和6平方千米的幸福湖城市绿肺，建设高架站房，打造客运枢纽；中间深化老城区有机更新，拆的同时加快安置房和生活配套建设，引进新项目，改变提升区块功能。

儿童公园开园，加快推进义乌大剧院项目。

九是以十条精品线为标志的乡村振兴项目。全面完成十条精品线基础设施建设，充分挖掘农村传统文化，新落地亿元项目15个以上，总投资40亿以上。出台农业“标准地”管理地方标准，开展农业“低散乱”整治，落实农业“标准地”3000亩以上。

十是以城市大脑为标志的新型智慧城市项目。完成新型智慧城市规划，启动城市大脑建设。实现城区热点区域的5G覆盖。拓展视频监控云平台，整合共享已建点5000路。建设大数据资源中心，开展省级政府数字化转型试点6个，开发各类智慧应用场景10个。

（三）抓好十方面具体工作。

一是突出繁荣市场稳定企业。加大市场招商力度，做好到期商位续租，让更多成长性好的新行业、新主体、新产品入驻市场。全力推进外贸稳增长，统筹抓好出口商品提质创牌、进口商品分销渠道布局以及电子商务产业园建设。高度重视民营经济和民营企业家，持续开展“服务企业服务群众服务基层”活动，落实好各项降本减负政策，全年减负20亿元以上，新增民营企业贷款50亿元以上。

二是抓招商增动能。全年引进50亿元以上项目10个，亿元以上项目50个，签约总投资1000亿元以上。开展商贸业、数字经济、人工智能等产业大招商。扎实推进省市县长工程项目。全年推进政府性投资项目744个，其中重点工程179个，实现固定资产投资增长20%以上，工业投资增长25%以上。

三是大力加强人才科技工作。全年引进培养“千人计划”“万人计划”等高层次人才项目20个以上。实施“新产业人才成长”三年行动计划，新增高技能人才3000人以上、专业技术人才4000人以上。创新人才公寓建设运营模式，“给每位创业者一张床”，大专以上人才子女入学全保障。引导企业不断提升创新能力，全年实现研发投入35亿元；新增市级以上研发机构30家，国家高新技术企业30家。

四是打好三大攻坚战。坚决打好防范化解金融风险攻坚战，组建规模20亿元的“纾困基金”，继续化解企业“两链”风险，确保不良率、不良贷款“双下降”。打好低收入百姓增收攻坚战，鼓励集体经济薄弱村抱团发展“飞地”经济，低收入农户人均可支配收入增幅10%以上。打好污染防治攻坚战，开工双江湖净水厂、佛堂污水厂二期等项目，6月底前全域创建“污水零直排区”；建成垃圾焚烧技改项目、再生资源利用中心和华川集中供热二期项目，实施降尘抑尘、废气减排等行动，空气质量达到国家Ⅱ级标准；争创国家生态文明建设示范区、节水型示范城市。

五是办好群众满意的教育。大力支持教育发展，加强教师队伍建设，营造浓厚的尊师重教氛围。实施一批教育项目，建成投用廿三里三小、楼店小学、义乌公学等中小学校，加快推进百园工程。深化教育改革，理顺学前教育体制机制，启动创建全国义务教育优质均衡县，推动高中特色化发展，深化省级职业教育综合改革试点，支持引导民办教育优质发展。长效解决校外培训机构管理、“三点半”课后托管服务等教育关键小事。

六是打造健康义乌。深化义乌市和浙江大学合作战略，做优做强浙医四院、市中心医院和妇保医院，打造“浙中医疗高地”。推进口腔医院迁建、稠城卫生院改造、浙四国保和教学科研楼等项目。扎实推进医共体建设，优化基层卫生服务体系，做深做透“智慧健康”项目，做细做优家庭签约医生项目，提升群众获得感和满意度。确保顺利通过国家卫生城市复审。

七是加快建设文化强市。加大投入，确保博物馆新馆、美术馆全面结顶，非遗馆正式投用；建成农村文化礼堂100家以上，新增乡村“悦读吧”50家以上。加强古建筑保护修缮，推进三大名人故居利用、戚氏宗祠原址保护、丹溪文化园保护开发等工程。以文化广场为核心，落实“12+X”高品质演出项目，打造浙中文化高地。建成融媒体中心。

八是改善城乡人居环境。新增农村更新改造20个村以上，新增农户落地安置800户以上，全面完成农村住房困难户解困工作。新社区集聚建设完成6个项目主体结顶，安置农户5000户；加快老旧小区改造提升工程和物业体制改革，小区物业两年内全覆盖。连片拆500万平方米以上，拔钉拆70处以上。实施“一村两楼宇”和物业联建项目50个以上，投用30个以上，实现所有行政村年经营性收入10万元以上。新增一星级样板村50个，创建浙江省美丽乡村示范县。

九是创新基层社会治理和平安建设。探索基层治理与基层党建、“最多跑一次”改革深度融合，创新开展志愿服务，深化自治、法治、德治“三治融合”，形成共建共治共享的社会治理格局。加强智能管理和群防群治，重视人民调解和信访化解，矛盾纠纷化解成功率98%以上。加强反恐防暴和国家安全工作，深化扫黑除恶专项斗争，长效推进消防和安全生产、交通安全、通讯网络诈骗、禁毒等专项整治，群众对安全感满意率达96%以上，平安义乌“十二连创”，捧回“平安金鼎”。

十是推进文明城市创建攻坚。强化创建顶层设计和源头治理，培育和践行社会主义核心价值观，探索成立社会组织孵化中心，统筹各类社会组织带动全体市民群众参与创建。抓好建设新时代文明实践中心试点，加强道德银行建设和社会信用体系建设，建立完善道德模范关爱机制。实施车乱停、门前五包、犬类管理等第二批创建十个项目，落实创建责任包干制，强化执法保障。完成垃圾分类优秀村创建75个以上。

新的一年，市委将继续加强领导，支持人大、政府、政协和纪委、监察委、司法机关依法履职。强化宣传思想工作，加强和改进意识形态工作。巩固和发展最广泛的爱国统一战线，全面贯彻党的民族、宗教、侨务和对台政策，充分发挥民主党派、工商联、无党派人士的作用。更好发挥工会、共青团、妇联、残联、文联和科协等群团组织作用。做好外事、应急管理、老干部、退役军人事务、医疗保障、气象、档案、红十字、慈善等工作。加强人民武装工作和国防建设，推动军民深度融合发展。继续办好民生实事，不断增强群众获得感、幸福感、安全感。

三、对标自贸区、干实试验区，必须深化“五（吾）带头”，用“五（吾）带头”诠释信仰，用“五（吾）带头”获取信任。

去年我们提出党员干部“五（吾）带头”，即忠诚于党我带头，服务人民我带头，转型发展我带头，优良作风我带头，廉洁自律我带头，我带头我冲锋，我带头跟我上。“五（吾）带头”有信仰追求，更有行动要求。站在新的历史起点，我们要进一步学深悟透习近平新时代中国特色社会主义思想，深化大学习大调研大抓落实，扎实推进“服务企业服务群众服务基层”活动，全面深化“五（吾）带头”，使“五（吾）带头”成为党支部和党员铸就信仰、筑牢信念、振奋斗志、取信群众的基本功，成为每个党支部的活动载体和每名党员的思想自觉、行动自觉，为对标自贸区、干实试验区提供强大的思想保障、源源不断的澎湃动力。

（一）信仰，靠干坚定。马克思主义是我们共同的信仰。今天，义乌面临新的历史性机遇，更需要信仰的坚定，更需要坚持和加强党的集中统一领导。要强化政治建设干。牢记习近平总书记对义乌的殷切期望，树牢“四个意识”，坚定“四个自信”，做到“两个维护”，带头对标自贸区、干实试验区，站位要高、视野要宽、落地要实，担当起“八八战略”再深化、改革开放再出发的政治责任，坚持和深化“义乌发展经验”。不干、虚干、干不好，半点马克思主义都没有！要强化组织建设干。深入贯彻新时代党的建设总要求和组织路线，坚持“一切工作到支部”，落实城市党建“三十条”、农村“双星争创”，深化党员“十二分制”管理，把党组织有效覆盖到“一带一路”、特色小镇、电商物流等各领域。要强化作风建设干。坚持支部带着党员干，党员带着群众干，把党的组织优势转化为推动发展的优良作风。坚持政治标准和实干导向培养使用干部，坚持严管和厚爱相结合激励干部，坚持能上能下，加强与改革开放任务相匹配的干部队伍建设，倾力打造信仰坚定的新时代“义乌铁军”。

（二）信念，靠干守正。走中国特色社会主义道路，把义乌干成新的中国名片，是我们坚定不渝的信念。今后一个时期，全市中心任务是对标自贸区、干实试验区，加快经济和城市转型，把义乌建设成为金义都市区的增长极、浙中城市群的核心区、“一带一路”的枢纽城市、大众创业万众创新的“世界小商品之都”。要解放思想干。习近平总书记要求“深度思考、适时推进”、“切实抓好义乌国际贸易综合改革”，省委要求“更大气魄更大力度推进义乌新一轮改革开放”，这些要求的着力点，就是更加解放思想，更加实干干实。思路和办法，都可以从解放思想、开动脑筋、边学边干中来。对标自贸区、干实试验区，是全新的事业，没有成功模式参考，没有现成经验可循。在信息革命大浪潮下，我们必须敢于突破实体市场的路径依赖，敢于拥抱新的贸易规则，敢于在数字化上开辟新天地，敢于自己突破自己。解放思想要务实，要以新经济体的理念谋划，思考怎样去招商、怎样服务企业、怎样服务民生，不能“朝南坐”而要“朝北坐”，开展解放思想大讨论大比武大落实。要追求卓越干。义乌，要干就干一流。无论是试验区还是自贸区，都是国家战略、发展潮流、开放标杆。我们要在前人基础上，汲取“爱拼会赢”的晋江精神、“海纳百川、厚德务实”的东莞精神等先进经验，坚持世界眼光、国际标准、义乌特色干，干出世界贸易规则的义乌方案、干出民族复兴的义乌力量、干出未来40年的义乌梦想，不辜负这个前所未有的新时代。义乌应该也必须更加主动学习，加强与阿里巴巴、京东等战略合作，抢占新时代发展的战略制高点。要义在利先干。发扬义乌精神，做足“义”文章，让“义”给试验区建设引来诚、引来新、引来富、引来安、引来美，崇尚规则、崇尚文明，形成义乌自贸区的独有风格，让“义行天下”名满天下。

（三）信心，靠干振奋。唯实干、干实、干好，才有变化、才有成果、才有信心，才有党员干部的成就感和人民群众的获得感。要干好规划引领。三年来，我们坚决打破制约高质量发展的坛坛罐罐，下步要规划落实好“四梁八柱”，加快改和建，干实产业倍增计划、干实城乡提升工程。“四梁”就是平台，要做强出口、进口、转口等一系列平台。“八柱”就是项目，要干一批又一批标志性、引领性项目。项目分两类，一类是改革、改革、再改革；一类是投在大地上的，项目、项目、还是项目。要干实创新驱动。继续干实每周一次的市委深改会，深化“最多跑一次”改革，把制度创新作为对标自贸区、干实试验区的核心任务，弘扬和保护企业家精神，打造一流营商环境。义乌的营商环境现在已经发生了很大的变化但还不够，要彻底性根本性改革，要让到这里来的人觉得这个地方太好了，因此吸引人才、吸引项目。每位党员干部都是招商员，都是形象代言人。办好自己的大学，招引更多科研院所，始终重视人才，把未来交给有理想、有能力、肯担当、愿拼搏的年轻人。要干出全新义乌。不仅要干小商品，干国际化现代化万亿级大市场，也要干汽车、光电等大产业，还要敢干基因、芯片、人工智能等未来产业。未来不仅有千军万马的中小微企业，也有顶天立地的世界级企业；不仅会有轻轨，也会有城市三环和地铁。不仅要立足义乌，干好双江湖时代，干实长三角一体化，努力成为新时代中国竞争力的一部分；更要面向全球，干好“一带一路”，为构建人类命运共同体贡献更多智慧和方案。

（四）信任，靠干赢得。改革开放永远在路上，只有实干，才能赢得群众和社会的信任，才能美梦成真。凡是有利于高质量发展，有利于人民生活更好改善，我们都要敢于担当干、创造条件干、因地制宜干。要聚焦民生干。过去一年，礼让斑马线从不可能到可能，96150热线从很难打通到很容易打通。新的一年，群众期盼有更好的学校、医院，期盼更舒适的人居环境，期盼更丰富的精神文化生活。群众的需求就是干的要求，老人、病人、低收入者、残疾人、妇女、未成年人“六种人”最应关爱。在为老百姓的事上，多做一件、早做一天也好的！要愿意奉献干。“功成不必在我、功成必定有我”，要有“除了睡觉都是工作”的干劲，胜人一筹干、追赶一流干，以干获助。投资还是要增长20%以上，要干产业、干税源、干基础设施、干民生事业，要拼出干出火热的义乌，每一天都不一样的义乌。同时要关心关爱干部，落实好周五晚不加班、休假等各项制度。要干干净净干。坚持全面从严治党，推进“清廉义乌”建设，压紧压实“两个责任”干，推动巡察全覆盖，坚决整治形式主义、官僚主义。严查审批监管、重点项目、招投标、扫黑除恶等方面的腐败问题，精准惩治农村基层“微腐败”。把各级党组织、党员干部落实中心工作情况作为监督执纪的重要内容，强化重大项目推进、财政资金绩效等方面的审计和监督。

同志们，对标自贸区、干实试验区的号角已经吹响。让我们高举习近平新时代中国特色社会主义思想伟大旗帜，积极投身改革开放新实践，拼出干出义乌发展新奇迹！

正视差距　革新思想　实干干实
为高质量高水平建成“世界小商品之都”而不懈奋斗
——在市委十四届六次全体（扩大）会议暨市政府第五次全体会议上的报告

中共义乌市委书记　林　毅

2019年8月26日

同志们：

今天市委市政府全会主要向大家报告交流工作的一些思想。

会议书面报告2019年上半年工作总结和下半年工作重点。今年年初我们提出“三个十”的工作要求，下半年各牵头领导、牵头单位要继续认真抓好落实。“十大改革”中，重点一要深化“最多跑一次”改革，今年义乌要在全国营商环境大比武中争当第一，要从制度上、机制上、群众企业的获得感上获得质的改变；二要深化信用改革；三要深化国资国企改革，更好地发挥国资作用助推义乌经济社会发展。“十大标志性项目”中，重点抓好一是以内陆新型保税区为标志的进口、转口贸易平台项目，要全力争取设立义乌综保区；二是以“义新欧”、义甬舟、“一带一路”境外站为标志的开放大通道工程项目，确保实现质的提升；三是以金甬铁路、杭温高铁、金义东轻轨、高铁全高架站房为标志的铁路枢纽项目，确保高架站房在今年10月前实现开工。四是以浙中国际机场为标志的航空港项目，4E机场提升项目争取年底前获批。“十项具体工作”中，重点打好三大攻坚战。

去年以来，全市上下奋力拼搏，市场保持繁荣发展，改革创新持续发力，工业动能不断增强，城市格局逐渐打开，党的建设不断加强，义乌的每一天都在发生积极的变化。这些归根到底是近几年来我们全面解放思想，转变治理方式，持续实干干实的结果。解放思想是大脑，提供战略思考，治理方式转变是心脏，提供战术路径，实干干实是躯干，提供落地支撑。今年上半年的地区生产总值和地方财政收入增长分别是三年来和五年来的新高。义乌还是义乌，义乌人还是义乌人，但在干部手中、在群众眼中、在外界口中，义乌人已不再是过去的义乌人，义乌也因为思想的更加解放、治理方面的更加现代化、领导和干部的作风日复一日的实干干实、群众的大力支持干事一起干事而日新月异、欣欣向荣，一切更加充满希望。这就是思想持续全方位解放带来的革命性变化。因为义乌不能按照一般的县来思考，地球是圆的，有一个中心是义乌，这个中心是“买全球、卖全球、买卖全球”的小商品贸易中心，我们要把义乌建成这样一个全球的辐射中心。

义乌是习近平新时代中国特色社会主义思想的重要萌发地之一，也是习近平新时代中国特色社会主义思想在县域的生动实践地。总书记在浙江工作期间调研的第一个县就是义乌，曾12次到义乌调研指导工作，亲自总结推广“义乌发展经验”，多次对义乌工作作出重要批示和指示，推动开展义乌国际贸易综合改革，将义乌纳入国家改革开放总体布局。党的十八大以来，10次在国内外重要场合提到义乌。总书记对义乌的关怀特别体现在三个故事，一是总书记亲自为义乌定位“世界小商品之都”；二是总书记亲自推动义乌国际贸易综合改革，为义乌发展提供了澎湃动力；三是总书记六次为“义新欧”点赞，推动义乌融入“一带一路”扩大对外开放。因此，认真贯彻落实习近平总书记对义乌的要求和期望，高质量高水平建成“世界小商品之都”，既是全市干部群众担当的首要政治使命，也是树牢“四个意识”、坚定“四个自信”、做到“两个维护”的内在要求。

2006年，在习近平同志亲自推动下，浙江省委省政府发出《关于学习推广义乌发展经验的通知》。同年6月8日，习近平同志在义乌就学习“义乌发展经验”召开座谈会，指出“义乌发展经验既有独到的方面，也有许多具有普遍借鉴意义的方面”。“义乌发展经验”作为习近平总书记在浙江工作期间，唯一亲自总结并由省委发文推广的系统性经验，是“八八战略”的具体化，蕴含着总书记治国理政的深邃思想。新时代省委作出了“八八战略”再深化、改革开放再出发重要部署，坚持和深化“义乌发展经验”，秉持“义乌精神”，不断续写义乌发展的新篇章，是全市干部群众担当的重要时代使命。

按照中央部署，今年9月起全市将开展“不忘初心、牢记使命”主题教育。义乌肩负着为国家改革开放先行探索的重任，国务院批准义乌开展国际贸易综合改革，省委省政府批准设立义乌国际贸易综合改革试验区，金华市委市政府大力支持义乌发展，社会各界对义乌充满期待。我们只有牢记初心使命，推进自我革命，全面落实“守初心、担使命、找差距、抓落实”总要求，深刻剖析差距、认真整改问题，加快对标自贸区、干实试验区，推动义乌高质量发展，才不辜负上级信任和群众重托。

前不久，省委巡视组向义乌作了巡视反馈，指出了7个方面46项问题。这些意见点得很准很及时，全面深刻剖析了义乌在加快改革发展、推进全面从严治党过程中存在的问题，为我们把脉问诊、开出药方。全市上下都要警醒起来，要把落实省委巡视整改要求同全面深化改革开放、高质量高水平建设“世界小商品之都”紧密结合起来，同“不忘初心、牢记使命”主题教育紧密结合起来，以高度的政治自觉对标对表，举一反三，真改实改。

今年是中华人民共和国成立70周年，在这重要节点上，我们有必要登高望远。我们这一代享受着前人留下的丰功伟绩，让下一代义乌人也踏上我们的肩膀，是我们的重任。总体上，当前义乌正处在转型的过关期，新旧动能转换的任务十分艰巨。对照“干在实处永无止境、走在前列要谋新篇、勇立潮头方显担当”的新期望新要求，我们既要梳理总结行之有效的做法和经验，更要深刻分析客观存在的不足和差距，清醒认识当前面临的风险和挑战，认真思考义乌应该怎么干。只有把干的思想理清楚，把问题和挑战分析到位，勇于破题、善于解题，稳扎稳打、稳中求进，集中力量办好自己的事，才能牢牢把握工作主动权，高质量高水平建成“世界小商品之都”的步伐才能迈得更快、迈得更准、迈得更好。

思想决定行动，实干成就未来。近些年来我们有一批批改革实施、一批批项目落地，这背后是党员干部思想的转型带来的产业转型、城市转型，带来向高质量发展突破和迈进。而这一切都会体现在义乌的大地上，体现在现场上，体现在老百姓的心坎里，体现在老百姓的获得感上。今后一个时期，对照总书记对义乌的指示和期望，对照“世界小商品之都”的要求，对照义乌百姓的期待，我们必须进一步解决好干的思想问题。

一、高质量高水平建成“世界小商品之都”，必须苟日新、日日新、又日新，要有“爬山10天、掉下来只需10秒”的强烈忧患意识

习近平总书记指出：“解放思想是前提，是解放和发展社会生产力、解放和增强社会活力的总开关。”习近平同志在义乌召开座谈会时还指出，“义乌的发展经验，是正确处理继承与创新关系的经验，是接好‘接力棒’、打好‘接力赛’的经验”，强调“打好‘接力赛’也必须有所创新，有新思路、新举措、新作为”。近年来，义乌经济和城市转型初见成效，主要经济指标在2017年迎来拐点的基础上持续向好，说到底是打好“接力赛”，不断解放思想，转变治理方式，进而实干干实、加快发展。

总体来看，全市干部群众思想上至少有十方面革新和进步。一是从按传统思路落实项目转向主动谋划项目、狠抓有效投资。每年投资按增长20%下任务，四年来投资力度是义乌历史上最大的，超前谋划“无中生有”打造出一系列项目。二是从注重改革的“帽子牌子”转向真刀真枪抓改革开放。谋划了试验区十大改革和总投资超2500亿元的十大标志性项目。三是从坐等客商上门转向招大引强、奔跑招商。省委车俊书记批示要求各地学习义乌招大引强的做法。四是从“低散乱”集聚转向主动打破“坛坛罐罐”。制定实施“1+10+2+1+X”传统产业改造提升路径，积极支持中小微企业发展。五是从县域思维转向都市区思维。三年完成老城区有机更新，小城镇环境综合整治“三年任务两年完成”。2016—2017年拆违全省第1,2018年拆除城中村户数全省第1。六是从碎片治理、末端治理转向全域治理、源头治理。每个村争创星级和美乡村。"五水共治"转向九大源头和九大难点"双九"治理。七是从按部就班转向"民生改善多干一件、早干一天也好的"。每月召开教育卫生专题会议,2016—2018年每年民生投入都创新高。八是从传统的社会治理转向依靠规则、标准治理。大力倡导"规则义乌、义行天下",礼让斑马线成为风景线。实施"治标更治本"行动,平安义乌实现"十二连创"。义乌成为全国第一个标准试点城市。九是从重视培育亮点做"盆景"转向实干干实做"风景"。以现场为考场,以实绩作评判,树立实干导向。十是从躲着绕着矛盾转向直面问题、全面从严治党。落实党员干部"五(吾)带头",深化"清廉义乌"建设,政治生态持续好转。全市112件信访积案已化解85件。

这些转变,归根到底是全市干部群众践行习近平新时代中国特色社会主义思想,坚持以人民为中心,树立新发展理念和正确的政绩观,深入推进供给侧结构性改革,积极推动高质量发展的结果。我们要继续坚持过去行之有效的做法和经验,并不断扩大发展成果。

同时更要看到,我们很多思想革新还不彻底,接好"接力棒"、打好"接力赛"还存在不少问题。一是敢闯敢干劲头不强。一些改革避重就轻缺乏应用场景,"等靠要"思想严重、"推躲拖"问题突出,害怕"谁出题目谁答题"。二是加快市场创新发展意识不强。市场领域有积极变化,但是变化不大,市场主体反映较多的仓储物流、贸易金融等问题涛声依旧,经营户和采购商获得感不强。三是奔跑招商的韧劲不强。今年上半年签约项目大大偏少,抓项目放松就是退步。四是持之以恒抓工业的意识不强。工业投资增长波动较大。今年1—7月,完成工业投资64.4亿元,同比下降7%。五是与先发地区的对标对表意识不强。与沿海33个县(市、区)相比,义乌的地区生产总值、财政收入、实际利用外资、规上工业增加值等指标均排在20位以外。六是城市系统治理理念不强。很多工作缺乏系统规划、统筹集成,存在头痛医头的情况。比如老小区改造于2016年启动,但很多小区只做了雨污分流,现在根据发展需要又不得不启动第二轮改造。七是工作质量、精品意识不强。很多工作的标准不高,比如城市立面改造工程、人行道花岗岩等已经出现破损,与杭州等地差距很大。八是为群众提供高质量民生服务的意识不强。交通出行、就医就学等民生工作与群众要求有不小差距。九是担当精神不强。一些长期制约义乌发展、严重影响市场经济效率、严重践踏社会公平正义的顽疾还没有解决,工程建设、房地产、规划审批、招投标等领域还有很多问题,很多工作只停留在程序到位上。十是工作主动性不强。疲于应付的情况突出,很多干部存在领导怎么说就怎么做的情况,主动谋划的劲头和能力十分欠缺。

这些问题,归根到底是我们思想解放还不彻底,高质量发展的意识还不强,还存在不少靠旧思维和老办法搞经济发展的情况,推进深层次改革、高水平开放还很不够,为市场主体创造公平竞争环境还很不够。特别是党的建设抓得还不够深入,党员干部"五(吾)带头"还不充分,对发展是第一要务把握还很不够,对群众感情、对义乌感情还不深厚。对这些问题,必须深刻剖析,着力加以克服。

我们还要看到,与先进地区相比,义乌的差距更大。习近平总书记亲自总结县域发展经验的城市有两个:晋江和义乌。我们以晋江和义乌作一比较:晋江面积只有义乌的59%,人口与义乌差不多,十多年来,却明显与义乌拉开差距。这背后的原因是什么?是思想上的差距、行动上的差距、干部上的差距。而思想上的差距是第一位的。

一是争当先行区的标兵意识和自觉行动很不够。晋江坚持"晋江经验",持续争先进位。义乌近十年来政治建设和经济发展不够有力,发展一度"气喘吁吁",甚至发生不少腐败问题。

二是发展精力不够集中,发展办法还太少。2008年晋江地区生产总值、地方财政收入分别是义乌的1.4倍和87%,2018年分别是义乌的1.8倍和1.4倍。义乌在总量和速度上均落后。

三是重视实体经济很不够。2008年晋江规上工业产值是义乌的2.7倍,2018年是9.2倍。30年间晋江工业总产值增长473倍。义乌在政府和企业两方面都要反思。

四是利用金融市场发展经济意识不强、办法不多。晋江有48只股票在境内外上市，累计筹资超过500亿元。而义乌上市股票只有8只，上市企业规模也与晋江有较大差距。

五是千方百计激发投资不够。2019年晋江列入福建省重点项目54个，总投资1547亿元，年度计划完成投资203亿元；义乌列入浙江省重点建设项目26个，总投资642亿元，2019年计划完成投资90亿元。

六是重视科技创新还很不够。2018年晋江发明专利授权量是义乌的1.5倍；九牧厨卫有1万多名员工，其中研发人员就有2000多名；晋江占地1000亩的福州大学科教园已经迎来首批研究生，泉州理工学院升格为“本科层次职业学校”。

七是重视发展质量和效益很不够。晋江2018年规上工业企业平均产值3.1亿元，是义乌的3.3倍；亿元地区生产总值生产安全事故死亡人数只有义乌的2/5。义乌近80%的工业用地企业存在出租情况。

八是推进开放大通道建设的意识不强。晋江国际机场开通国内航线55条，国际（地区）8条，旅客吞吐量744万人次，是义乌的4.5倍。

九是推进协调发展、全面发展的意识不强。晋江空气优良率96.4%，高出义乌5.4个百分点，$PM_{2.5}$平均浓度只有义乌的71%；2017年，晋江入选全国文明城市，义乌至少要到2020年，今年还有26个环境卫生黄牌村社。

十是干部精神状态、能力水平差距较大。对比晋江干部“爱拼会赢”的干劲，义乌一些干部安于现状，有想法、无办法，求稳怕乱、不愿担当，拼闯精神不足。

义乌与晋江不断拉开差距，归根到底，是我们学思践悟习近平新时代中国特色社会主义思想还不到位，坚持和深化“义乌发展经验”还不够有力。省委车俊书记强调，“义乌的发展是大局和重点”。省委巡视组指出，义乌“更多的是将总书记的关怀当作荣誉”，同时还指出义乌发展“规模上与省内发达县市区的差距在拉大”，一针见血地点出了我们在思想上存在的重大问题。

事实上，很多工作就像爬山，爬上去要10天，掉下只需10秒。特别是当前我们正处于各种机遇挑战、矛盾问题的交织交汇期，面临着自身结构调整转型升级的内在压力和中美经贸摩擦的外部冲击，面临着改革开放再出发的新机遇和内部结构性改革、政策调整的新要求，面临着新旧动能转换和投资信心不足、企业困难增多的客观现实，面临着“世界小商品之都”建设大投入的需求和政策性减税降费的影响，面临着破解融资难融资贵的迫切需要和防范化解金融风险的非常规关口。在这种情况下，我们必须着力当前、着眼长远，以破解问题为工作导向，瞄着问题去、追着问题走，做好各种应对。城市间竞争不是闹着玩的，一步落后，可能步步落后。留给义乌破解问题的机会和时间不多了，全市上下都要警醒起来，紧张起来，奔跑起来。我们每天都要冲击自己的思想。只有思想破冰，才有行动突围。安逸，是可耻的，会让干部麻木，会让企业家短视，会让义乌失去活力。义乌人刚正勇为，字典里不应该有安逸。我们聚焦问题，不是要否定近年来的工作成效，更不是否定前人的工作成绩，而是要提高站位、拉高标杆，对标建成“世界小商品之都”的“世界”标准，在批评和自我批评中迭代，在解决问题中推动高质量发展。

二、高质量高水平建成“世界小商品之都”，必须围绕市场深化改革开放，从国际商贸城转向自由贸易“特区”

习近平总书记在《摆脱贫困》一书中说：“我们不担心说错什么，只是担心‘意识贫困’，没有更加大胆的改革开放的新意；也不担心做错什么，只是担心‘思路贫困’，没有更有力度的改革开放的举措。”习近平同志在义乌召开座谈会时指出，“义乌的经验，是发展中的经验，是通过改革创新推进经济社会全面发展的经验”，指出义乌“每一阶段的发展都不离一个‘商’字，每一阶段的发展又都有新的创新、新的内涵、新的提升、新的拓展、新的目标”。我们高质量高水平建成“世界小商品之都”，就是要聚焦“商”字，聚焦市场，“更加大胆”“更有力度”深化改革开放。

当前，义乌改革开放工作存在的问题日益凸显，尤其是围绕市场和商贸的改革还有不少差距。诚然，与一般地区相比，义乌“对标自贸区、干实试验区”有亮点和特色。但是与全国先进地区、与自贸区、与“世界小商品之都”的“世界”标准相比，差距还很大。

一是对市场发展“把脉”还不够准，基础性、战略性、前瞻性研究还很不够。缺乏对市场运行态势、市场主体需求和痛点、堵点的深度研究。对数字经济发展新趋势研究不深入，对未来市场新业态谋划不及时，对新一轮国际产业转移带来的市场发展新变化研究不充分。比如不知道如何与阿里巴巴开展eWTP项目合作，对新型进口市场卖什么、谁来买、怎么买卖等研究得还不深入，对如何将每年55万人次采购商从“买义乌”向“卖义乌”、“买卖义乌”转变的顶层设计还不够。

二是对新时代国际贸易综合改革的升级版还没有完全“想明白”，改革的系统性、整体性、协同性还不强。正因为研究市场不深入，导致缺乏完整、系统的国际贸易综合改革顶层设计和作战图，改革“碎片化”明显，试验区成效也就大打折扣。比如尚未形成针对eWTP数字贸易的完整制度设计。

三是市场领域工作以“老套路”居多，用改革的办法来推动市场培育和发展还很不够。以进口为例，现阶段主要依赖财政资金扶持政策，没有形成以制度创新、模式创新来引领进口发展的氛围。我们在符合立法精神基础上的“破法”改革还不够。进口食品化妆品通关资料及相关许可证件超过9项；境外客商来义办理长期居留，从申请到获得居留许可，需重复入境两次，提供基础材料10份，涉及8个部门。

四是促进市场持续繁荣、支撑国际贸易发展的关键性平台还不完整。我市保税仓储仍不能满足跨境电商、进口等业务需求。快件监管中心建设场地尚未落实，将影响跨境电商、数字贸易等发展，制约铁路运输快件、国际货运包机等业务。义乌港与宁波舟山港一体化刚刚起步；机场改造提升还要提速。

五是参与“一带一路”建设和全球化布局尚未充分破题。省政府指出，“一带一路”捷克站的定位需要进一步提升，“义新欧”中欧班列运行质量还不高，与贸易大通道要求有很大差距。“一带一路”境外站布局和机制的系统性研究还不够。

六是缺乏一批改革“拳头产品”，关键性、原创性、引领性重大改革突破很少。“最多跑一次”改革还缺乏“一网通办”、“无证明城市”这样的标志性改革；金融改革还缺乏实质性重大进展，信用体系改革在贸易领域应用还不多；国资改革尚未触及深层次的人事制度改革，商城集团向综合服务商转变不快；城市设计试点与塑造义乌城市特色有较大差距等等。各项改革遇到困难后“原地踏步”的问题非常突出。

义乌市场因改革开放而生、因改革开放而兴、因改革开放而强，今后我们也必须坚定不移围绕市场深化改革开放。

要破解市场发展问题，就必须发展第6代市场，积极打造自贸特区。自贸特区既是重大改革，也是思维方式、理念方法，归根到底是要发展第6代市场，回答好“义乌市场往哪里去”的时代命题。第6代市场的核心标志是新型进口市场、是线上线下数字化联动、是全球化布局、是货通天下的国际枢纽，是让全球商人依托义乌自贸特区平台，便利自由开展全球贸易。

一是打造自由市场，全面刷新国际贸易综合改革顶层设计。以贸易自由、投资自由、资金自由、运输自由、出入境自由等五个“自由”为重点，加快落地中国（浙江）自贸区义乌片区实施方案，创新“世界小商品之都”政策制度体系。

二是打造进口市场，建设“境内关外”的新型保税市场。位于义西市场的进口市场孵化区计划与第二届上海进博会同期开业，经营面积12万平方米。要加快实现保税+展示交易、保税+跨境、保税+转口等功能，争取海关总署等部委支持义乌开展彻底改革。前期义乌海关作了大胆尝试，取得明显成效。下一步要在进口市场孵化区试验基础上，充分听取各界意见建议，加快完成新型进口市场规划方案。

三是打造数字市场，主动与阿里巴巴合作构建eWTP体系。通俗地说，eWTP就是“自由贸易规则+数字化贸易+贸易基础设施+主体和货物+政府服务”的框架体系，服务全球中小微企业、年轻人、妇女创新创业。eWTP的合作平台是开放的、公共的，不仅仅是阿里巴巴的。义乌要依托eWTP全球创新中心，助推市场全方位创新。近期要加快义乌与海外eWTP站点的连通。

四是打造全球市场，加快布局全球贸易网络和价值网络。未来30年是全球化的又一个黄金期。我们要思考增强世界影响力和资源整合力。义乌除了要获取贸易价值，还要争取在全球分工体系中获得更多话语权。要理顺"一带一路"境外站布局和工作机制，加快"一带一路"捷克站、捷克小镇建设。

五是打造创新市场，大力提升传统实体市场和出口区功能。按照自贸特区的特色谋划国际商贸城区块11.2平方千米出口区发展。推动义乌夜经济发展。推动市场商场化，优化采购环境。推进市场领域资源要素市场化配置改革、品牌标准质量改革、涉外服务管理改革。继续做大会展，争取引进博鳌亚洲论坛。谋划以市场为主体申请世界文化遗产。

六是打造"世界货地"，加快建设"义新欧"、义甬舟开放大通道，发展口岸经济。世界货地就是要推动全球各地日用消费品在义乌"集"和"散"。要建设国家物流枢纽，加快推进公路、铁路、空路、海路、邮路、网路、"义新欧"、义甬舟等"八路军"，促进与"一带一路"沿线国家和地区的互联互通。要加快发展口岸经济，借助进口肉类、进口水果、进口冰鲜水产品以及国际邮件互换局、B保等口岸平台，实现货物、资金、人流、信息等要素集聚，发展保税展示、转口贸易、国际结算等业务。当务之急是要加快推进与宁波舟山港的关务、港务、船务一体化。

打造第6代市场，建设自贸特区，关键一招是改革开放。要以改革开放增强统筹利用国内外两个市场、两种资源的能力，夯实出口市场、培育进口市场、发展转口市场、引领数字市场、布局全球市场，持续创新市场，打造"世界货地"，真正让义乌成为"世界小商品之都"。

三、高质量高水平建成"世界小商品之都"，必须强化"多规合一"，体现世界眼光、国际标准、义乌特色，向前看50年、100年

习近平总书记指出，"考察一个城市首先看规划，规划科学是最大的效益，规划失误是最大的浪费，规划折腾是最大的忌讳"。习近平同志在义乌召开座谈会时指出，义乌"在市场快速发展和城市化进程加快推进的同时，顺势应时地推进城乡一体化"，"在环境问题逐步凸现之时，不失时机地推进生态市和生态镇村建设"。

群众诟病义乌城市最多的就是规划问题。近年来我市对规划比较重视，但是不同规划主体不一、标准不一、功能不一，规划失误、规划折腾都存在。

一是规划布局不合理影响城乡项目建设。比如双江湖科教园区等很多重大项目建设动辄碰到农保区，与我市上一轮土地规划"落地"时没有想明白平台未来发展有很大关系。二是规划管控不严严重影响城市品质。我市问题楼盘的产生，与规划管控不严有密切关系。经发大道与香山路交叉口南风装饰公司在工业用地上建起了高楼，严重突破了规划，破坏了城市天际。三是规划不衔接造成生态负荷过重。北苑、后宅等地的老工业区，目前人口已经大量聚集，因为生态规划管控日趋严格，已不符合生态环境功能要求，生态环境承载能力已无法支撑企业扩大再生产。这是历史和发展造成的，要及时予以调整。四是规划反复造成重复建设。丹溪路西侧沿街房屋2016年外立面改造，2019年又列入城市有机更新征收范围。虽然列入征收是综合考虑到提升城南河两侧城市品质、集约利用城市土地、改善交通组织等多种因素，但也说明了前期规划不够深入、长远，造成了浪费。五是规划不科学造成群众利益受损害。教育卫生等布局规划，与群众息息相关。比如有机更新后，城市人口发生重大变化，如果按照原有基数原有增长率布局基础设施，就会产生重大错误。

规划问题的背后是思想上有局限，对区域掌握不清、对发展认识不足、对未来谋划不深。义乌发展到现阶段，必须推进"多规合一"。要确保城乡布局、产业发展、环境保护、综合交通、文化旅游等各类规划在空间上一本规划、功能上一张蓝图、管理上一个信息平台、执行上一把尺子。义乌要编制好"世界小商品之都"规划。

"多规合一"的核心要义是要尊重历史，摸清自然资源、人文资源、传统特色产业等当前要素，根据发展定位，统筹好生态、生活、生产空间；要提高标准，要高质量建设基础设施，高水平谋划功能片区，严格控制生态底线，利用好每一寸土地；要多图合一，把经济社会发展规划、产业规划、城乡规划、教育规划等专项规划在一张图上叠加，在一张图上实现功能集成、协同推进。争取今年年内，最迟明年上半年把这张图画好，将来就围绕这张图来落实。

一是要有“一个市”思考，让镇街辖区成为城市片区一部分。把义乌全域1105平方千米作为“一个市”来谋划，全域统筹谋划要素流动、功能布局。市级层面要加强片区统筹，各镇街各片区规划都要主动融入市域全局，跳出以镇街为单位编制。比如双江湖区块涉及佛堂、江东、稠江等几个镇街，规划必须联动。比如义亭镇在金义东轻轨与国贸大道两条大动脉建好之后，就与城市框架融为一体，规划上就自然要从老镇区思维跃升到市域层面。全域城市化不是弱化镇街、消灭农村，而是更加重视、更好地促进镇区、农村发展，缩小剪刀差，缩小发展差距。农业农村方面下半年要重点抓好三件事：一是行政村规模调整“后半篇文章”，深入推进空间融合、政策融合、人心融合；二是村庄规划改造，今年要完成“多规融合”村庄规划编制100个村以上；三是村集体经济消薄，要深入谋划实施消薄大项目。

二是要有“城乡融合”观念，让农村共享发展成果。目前城乡基础设施等各方面差距还比较大。比如道路建设从市区到镇区到农村标准逐步下降，城北路延伸到后宅街道区域就变差、再延伸到03省道更差。解决类似问题，就要城乡一张图，化解城乡剪刀差。不仅是基础设施建设，教育卫生等公共资源配备也要城乡一盘棋，推动均等化，实现融合发展。

三是要有“盘活”思维，做足做好土地文章。在新增要素紧缺的前提下，必须充分用好现有资源做好空间规划。特别是各镇街要深入推进辖区土地统筹整治和利用，积极为增强发展动能谋划空间，打造万亩千亿产业平台。比如，农业用地与农业标准地结合，加快流转，主动招商，发展现代高效农业。比如廿三里街道在商城大道两侧、后宅街道的新凉亭区块、北苑街道的柳青老工业区和前洪工业区、稠江街道贝村路与国贸大道之间区块等等，都要积极去谋划、更新、招商、打造。“绿肺”项目年内要开工。

四是要有“配套”理念，把各种规划、各个平台、各类项目叠加。要在空间规划基础上，把产业、交通、生态、教育等规划嵌入，把平台和项目嵌入，形成产城融合的机制。比如说赤岸的绿色动力小镇、苏溪的光源科技小镇，要按照产城融合的理念，加快完善公共基础设施配套，让科技人才有良好的生活、休闲环境。比如教育规划要与产业规划等相衔接，大项目带来外来人口，就不能按照常规人口增长来谋划教育资源配备。要研究制订后三年有机更新计划，做好老旧小区改造。

五是要有“管控”底线，确保规划刚性。规划的基础要划定生态红线、基本农田保护红线等边界。特别是对容积率等约束性指标，必须严格管控。西江路与香山路交叉口有一宗工业用地建起了高楼，这类问题的产生要严查，依法依规进行处理，这种风气不可长，绝不允许突破底线。管控也要更加科学，比如新社区集聚建设红线范围要实事求是地做好研究。

六是要有“财政”意识，算大账、算可持续账。规划就是财政、就是空间、就是民生、就是老百姓的获得感。通过规划引领，2016年土地出让金65亿元，2017年193亿元，2018年251亿元，今年1—7月182亿元，大数700亿元。这些钱又用到了有机更新、基础设施建设、民生改善上。未来5年再有700亿元、1000亿元，义乌就能打一个漂亮的翻身仗。而新的出让空间从哪里来，就要从出口区、进口转口区、双江湖科教园区这样的开放建设区块来。规划好了，建设好了，环境好了，城市自然而然就会增值，就会引来产业、引来人才，就会给群众带来财富效应。

“多规合一”是一种规划的理念，更是一种改革的理念、一种发展的理念，构建的是统一衔接、功能互补、相互协调的国土空间规划体系，体现的是产业发展、城市建设、生态保护、民生改善等各方面在空间上的有机融合。“多规合一”，就要求我们注重前期谋划，坚决摒弃想到哪里就做到哪里、做到哪里就算哪里；要求我们增强系统集成，坚决摒弃只顾某项规划、局部利益；要求我们高质量高水平去研究规划建设，成果经得起时间的检验，坚决摒弃“刚建成即淘汰”；要求我们把握好红线边界，坚决摒弃随意变更随意突破；要求我们去深入思考一个城市的土地等要素怎样支撑城市的发展。

四、高质量高水平建成“世界小商品之都”，必须依靠项目集聚动能，“谋划+招商=项目”，项目、项目还是项目

习近平总书记强调，“要学会招商引资、招人聚才并举”。习近平同志在义乌召开座谈会时指出，“义乌的经验，是用改革的精神和发展的办法解决发展中问题的经验”。发展，要靠动能；动能，要靠项目；项目，要靠谋划和招商。近年来，义乌培育了六个方面新动能：一是用好改革开放关键一招，释放市场新动能；二是突出增量选优、存量提质，厚植制造业新动能；三是树牢人才强市导向，培育科技人才新动能；四是围绕“三年大变样”，重塑城乡发展新动能；五是坚持刀刃向内，打造营商环境新动能；六是大力倡导党员干部“五（吾）带头”，激发干部队伍新动能。前面已经对市场新动能等进行了说明，这里重点强调一下制造业和科技人才新动能。

近年来，义乌发展迎来拐点，靠的是项目。义乌工业产值增速在2011—2015年逐年大幅下滑，而2016—2018年规上工业产值分别增长4.7%、6.3%、12.9%；工业投资增速分别为3.2%、29.5%、23.5%。究其原因，就是近年来引进的爱旭、华灿、瑞丰、锋锐等一批重大项目促进了工业经济转型，带动了城市能级的提升、产业结构的升级。2018年，这四家新招引项目产值占全市规上工业产值比重为12.2%，拉动全市规上工业增加值增速9.3个百分点。而今年工业投资下降，1—7月工业投资高新区同比下降51.6%，城西、江东、福田、后宅任务完成率不足50%，究其原因主要就是新招引的工业项目偏少，项目储备明显不足。

要紧盯产业项目，通过招商引资集聚新动能。

一是主动谋划。项目从来不是等来的。我们的绿色动力小镇、光源科技小镇都不是凭空出来的，而是积极主动谋划争取来的。全市上下都要提高项目谋划能力，要敢想，才能有无中生有的创造；要会想，学会运用资本招商，创新招商思路和办法；要常想，对项目要像恋人一样朝思暮想、牵肠挂肚，孜孜不倦地去追求。

二是积极招大引强。2018年全市规上工业企业亩均税收19.75万元，全省平均水平为28万元。全市工业企业亩均税收10.58万元，海宁工业企业亩均税收14.98万元。今年上半年，工业增加值总量居全省17强县市和沿海33个县（市、区）末位，工业税收占全部税收的比重仅为18%。招大引强迫在眉睫。形成对比的是，近年来招引的一些大项目税收效应开始显现：锋锐发动机亩均税收95万元；森宇实业亩均税收42万元。我们要继续招大引强，培育发展新动能。要实施工业产值、规上企业、上市企业、工业利润等“倍增计划”，鼓励企业做精做强做大。要加大到深圳招商的力度，要跑起来。

三是加快存量提质。只有淘汰落后，才能腾笼换鸟。“低散乱”占用了土地、市场等大量稀缺资源，挤压重大项目优质企业发展空间，而且存在环保、安全等诸多隐患，严重影响了城市能级、产业层次、生态环境的改善，义乌决不能让“低散乱”现象成为转型升级的拦路虎、生态建设的绊脚石、社会平安的隐患点。事实也证明，“低散乱”整治不仅不会阻碍发展，而是优化了结构、提升了发展质量。近几年全市规下工业增加值增速稳步提升，2016年6%、2017年8%、2018年9.9%。大力推进用地10亩以上工业企业增产提效行动，宗地10亩以上必须有1家规上企业。要加快小微产业园建设，面向全国招商。

四是强化工业用地管控。工业平台必须姓“工”，决不能以工业名义低价拿地后，去干非工业的事情。这样的情况在义乌有很多典型。浪莎集团亩均税收只有9.4万元，不到全市平均水平。接下来，要对全市工业用地强化全生命周期管理。要开展低效用地“腾笼换鸟”，探索利用新型产业用地（M0）模式提高存量用地效益。

五是优化企业服务，弘扬企业家精神和工匠精神。企业反映，当前结构性用工紧缺、人力成本上涨较快、流动性资金融资渠道不多、厂房租金成本较大、规范性管理类成本较高等问题比较突出。中美贸易摩擦的影响开始显现，客商特别是欧美客商下单较为谨慎，出口订单下降，产能无法充分利用。同时，下游订单下降的趋势也开始反映到上游原材料及配套产业。要坚持做好招大引强和扶小助微有机结合的两篇文章，始终把稳企业放在重中之重的位置，持之以恒做好服务企业工作，加强对困难企业的帮扶。要大力弘扬企业家精神、工匠精神。今年以来，全市直接减税降费超过18亿元，要继续做好减税降费。各类大中小企业，只要符合政策、有利于发展，我们都要做好服务。要构建“亲”“清”新型政商关系，领导干部要积极作为，靠前服务，不能以权谋私，不能搞权钱交易；民营企业家要满腔热情地支持地方发展，要讲真话，遵纪守法办企业，光明正大搞经营。

近几年，市委市政府积极靠前服务，民营企业享受了诸多政策。一是财政政策支持，二是破解企业融资难的问题，三是推动要素市场化改革，四是推动传统产业转型升级，五是大力建设小微企业园，六是努力拓展企业的发展空间，七是继续优化营商环境。但是当前还存在工业用地出让机制不完善、项目的监管能力不足、工业用地使用过程中监管偏轻偏弱等问题。接下来全市上下尤其是工业战线的部门平台，要排除干扰，从严从实抓好涉及工业项目的各类问题整改。一是要严把项目准入关，二是要强化项目的招商主体责任，三是要创新工业资产处置的收益分配，四是要加强对工业用地的有机更新。

要紧盯大学项目，通过招人聚才集聚科技人才动能。经济强起来要靠创新，创新要靠人才。大学有助于积累地方经济发展所需的人力资本、知识资本，一个重要学科可以带动一个产业的集聚和发展；大学还可以带来投资和消费，据测算一个2万学生规模的大学共计每年有3.4亿元的直接消费。而我市作为人口超200万的国际化城市，目前尚无全日制本科院校。因此，高标准规划建设双江湖科教园区，引进优质高等院校，促进产学研一体化发展，是推动义乌高质量发展的根本之策。引进大学再怎么大手笔都不为过，这是为现在发展集聚动能，为未来发展赢得竞争力，以此来为城市未来10年、20年乃至更长远提供强劲的人才和科技支撑。

去年我们先后引进了中国计量大学现代科技学院、国科大“一带一路”学院、北京协同研究院创新基地、复旦大学“一院三基地”等高水平大学，中国政法大学、浙江大学国际医学院项目、杭州电子科技大学义乌先进技术研究院项目正在积极争取。年内双江湖项目要开挖。

“世界小商品之都”必须体现在实体经济上，落实到产业企业中，体现在创新能力上，但归根到底要落实到优质项目上。我们强调要抓制造业和科技人才的新动能，正是基于义乌工业经济不大、产业不强、增速不快、发展持续性不够的阶段性认识，针对和解决的就是经济转型升级当中突出问题和矛盾。认定“世界小商品之都”目标不动摇，抓住具体的项目不放松、不松手，这是态度，也是责任，更是唯一的出路。

五、高质量高水平建成“世界小商品之都”，必须营造良好的秩序，要有更多“当天申请、当天供水供电供气”的营商环境第一方案

习近平总书记强调，“营商环境只有更好，没有最好”。习近平同志在义乌召开座谈会时指出，“学习义乌发展经验，必须把推进经济发展同促进社会全面进步紧密结合起来”，强调“要在积极营造平等竞争、共同发展的法制环境、政策环境和市场环境，不断激发整个社会的创造活力和人们的创新精神的同时，坚持把实现社会公正作为重要的政策导向”，强调“要把促进人的全面发展贯穿于经济社会发展的全过程”。我们要按照总书记的要求，把良好的营商环境作为城市发展的核心竞争力之一，积极打造“干事不受礼、办事不求人”、讲法治讲规则的国际化大城市。

秩序体现在便企便民，义乌要当“最多跑一次”改革的领跑者。去年以来，我们以“最多跑一次”改革撬动各领域改革取得了积极成效。“获得电力”改革，使企业平均接电时长从40.6天，压缩到高压企业26.24天，低压小微企业3.64天。下一步，低压小微企业用电将实现“24小时内送电”。同时，我们也要看到，义乌与先进地区相比差距还很大。“零跑腿、零排队、不见面、自动批”已经成为深圳常态。今年4月我省对16个县（市、区）的营商环境开展调查，我市排在第7，尽管有样本差异、标准差异等因素，但结果不理想。又如数据“孤岛”还没有彻底打通，银行办理新生儿“一件事”需登录银行、市民卡、社保3个系统。全市上下要深化“最多跑一次”改革，加快办事一次不跑、需求一号响应、监管一网通管、信用一网通享、政策一次到位、服务一生相伴“六个一”工程，推动“数字政府”建设，做实“18+2+6+X”营商环境评价改革，每项指标都要争第一。不是为名次干，而是为义乌的发展环境干，吸引更多的创业创新主体落户义乌。

秩序体现在平安法治，义乌要做社会治理创新的标杆。要研究源头治理、根本治理，自律管理、信用管理等规则要建立起来。当前，从“外部环境、工作实际、基层基础”等方面来看，全市平安建设工作依然面临不少风险和挑战。如公共安全领域问题隐患不少，全市出租房70万间，去年整改隐患10.3万处，处罚房东6359名；火灾事故防控压力依然严峻，上半年发生116起；全市有打掉涉恶团伙，但扫黑除恶深度还不够；上半年共发命案7起，与去年同期持平；矛盾纠纷警情数呈上升态势；27件未化解信访积案基本都是“骨头案”“钉子案”；反恐、国家安全等任务十分繁重。我们必须抓发展、抓稳定两手都要硬。平安义乌建设去年从第82名提升到53名，今年要努力向30名突破。要坚决防范化解重大风险，坚决做好“平安保大庆”各项工作，确保各类风险不升级、不转移、不输出；要在深化打击、深挖幕后、依法严惩上下功夫，把扫黑除恶专项斗争进行到底；要强化社会治安突出问题整治，保持严打高压态势，提升治安防控能力；要强化平安治理基层基础，创新发展新时代“枫桥经验”，将矛盾纠纷化解在基层。要加强政法队伍建设，要建设成为让百姓满意、党政放心的队伍。

秩序体现在干净文明，义乌2020年必须成功创建全国文明城市。2018年，我们启动新一轮全国文明城市创建，倡导“规则义乌、义行天下”。如通过城区车辆乱停放整治管理，南门街江滨路路口通行时间由原来的三分钟缩短至一分钟。去年我市文明创建考核全省排名第二，但当前也仍然存在一些亟待解决的问题。比如斑马线前不礼让、背街小巷脏乱差、车辆乱停乱放等缺乏长效管理；镇街创建存在松口气、歇歇脚的现象；文明创建仍存在“政府热、社会冷”现象，比如大多数村民参与垃圾分类主体意识不强，去年全省考核中“随机问卷调查”项目我市排名第九。全市上下要充分认识到创建全国文明城市的重要意义，创建决心不能动摇，创建思想不能松懈，创建标准不能下降，每天都是创建日，做到不打折扣，不讲条件，抓治源治本之策，将文明理念贯穿到每项工作细节，以百姓笑脸检验创建成效，成为干净、公平、阳光、安全的城市。明年义乌必须拿下全国文明城市，要有这样的决心。这不仅仅是个牌子，背后是管理秩序，是城市的治理能力，是群众的满意度。

秩序体现在美丽和谐，义乌要成为民生获得感一流城市。持续推进省美丽乡村示范市创建，推动农村消薄增收，今年实现所有行政村年经营性收入10万元以上。抓好农业“标准地”改革。要打好污染防治攻坚战，完成全域“污水零直排区”创建，开展“无废城市”创建试点。要持续推进公共服务均等化，全面推进“校园提升改造工程”。要推进医联体、医共体建设，未来每所市级医院都要争创三甲医院，镇街社区卫生服务中心要达到二级医院水平。要大力支持民营医院发展，研究民营医院参与医共体建设。要按照“就近便民”的原则推进120功能下移，完善120运作机制。要推进文化持续繁荣发展，以《共产党宣言》中译本首译100周年为契机，争取望道红色文化发展项目申报国家级项目。要加强民生服务保障，推动社保精准扩面、低保提标行动，深化长期护理保险试点。要持续加强妇女、儿童、残疾人、共青团、工会、双拥、国防动员、档案、气象等工作。

说到底，就是要争营商环境第一，就是要让企业和老百姓在义乌办事花最少的时间、跑最少的路、交最少的材料、找最少的部门，在义乌生活最放心、最舒心、最省心、最安心。只要我们找准企业和老百姓心中渴望的种种之“最”，坚定信念，改革创新，精准发力，久久为功，就一定能够打造成为投资的洼地、创业者的热土、居住者的乐园，就一定会迎来经济发展的春色满园、人民生活的蒸蒸日上。

六、高质量高水平建成“世界小商品之都”，必须坚持全面从严治党，深入践行党员干部“五（吾）带头”，打响“义乌干部”品牌

习近平总书记强调，“中国特色社会主义进入新时代，我们党一定要有新气象新作为”，强调要“坚定不移全面从严治党，不断提高党的执政能力和领导水平”。习近平同志在义乌召开座谈会时指出，义乌的同志要“谦虚谨慎，不骄不躁，再接再历，不断进取，切实解决好发展中存在的问题，更多地学习借鉴别人的长处和经验，进一步与时俱进地丰富、发展和总结、提炼义乌的实践经验，努力创造义乌发展的新辉煌，为全省、全国大局作出新的贡献”。近年来我市也涌现出了一大批践行党员干部“五（吾）带头”的典型。这些典型在我们的招商现场、拆迁现场、攻坚现场、发展现场、镇街现场、改革开放现场。吴承良同志等先进典型的事迹感人至深，充分体现了共产党员的优秀品格。同时我们也要看到，对照“好干部”的标准，义乌干部队伍建设的问题也是突出的，省委巡视反馈意见中明确指出义乌专业型干部缺乏、乐于顶着天花板干事不愿离开、一些干部精气神不足、基层单位工作纪律松散、党员干部违法违纪多发等问题。这五方面问题归根到底是人的问题，是干部的问题。我们如何有“新气象新作为”、如何提高“执政能力和领导水平”、如何“创造义乌发展的新辉煌”？就是要真正做到忠诚于党我带头、服务人民我带头、转型发展我带头、优良作风我带头、廉洁自律我带头，锻造响当当的“义乌干部”品牌。

义乌干部，要特别忠诚，当前尤其要做实“不忘初心、牢记使命”主题教育。忠诚，首先是忠诚于习近平总书记，忠诚于党中央。有了忠诚，就会认识到义乌不是一般的县，认识到我们肩负的是尖兵任务，就会认识到义乌发展整体质量还不高、核心优势还有待巩固，就会有危机感、使命感，就会主动干事，就会自觉不忘初心、牢记使命，落实好中央和省委、金华市委要求。忠诚，是忠诚于义乌、忠诚于义乌人民。有了忠诚就会去补短板、找差距，就会去走前列、争第一，就会自觉抓好省委巡视反馈问题整改，就会认真做好“服务企业、服务群众、服务基层”，千方百计让义乌美起来、富起来、强起来，让义乌百姓有更多的笑脸。忠诚，是忠诚于新时代、忠诚于新长征。我们正处在中华民族走向伟大复兴、中国走向世界舞台中央的历史进程中，生逢盛世。我们应该走好自己的长征路。有了忠诚，就不负新时代，不负作为义乌人。不想干，碰到困难就会有100个推脱的借口；想干，就会从100个办法中找出管用办法，就会实干干实、真抓落实。

义乌干部，要特别担当，当前尤其要树立正确用人导向和激励导向。海关突破政策限制大胆试是担当，江东街道破除下傅20年旧改难题是担当，福田街道攻下城市绿肺是担当，稠城街道完成8个区块有机更新是担当，苏溪率先做成万亩千亿产业平台是担当，等等。有多大的担当才能成就多大的事业。同时也要看到，副职领导当二传手比较普遍，干的干死、空的空死，在不少单位存在工资待遇等大锅饭、平均主义的问题，这种局面必须打破。市委用人坚持德才兼备、五湖四海。去年以来，我们摒弃唯资历论，把各条战线上好干部用起来，一批政治素质好、各方面能力突出的优秀干部脱颖而出。市委用人坚持用有真本事的干部，决不用打招呼的干部。每次干部提拔前，市委都召开座谈会，听干部怎么干、怎么说。市委重申：凡是打招呼的干部一律不用。市委评价班子、使用干部一定注重实绩。现场就是考场，企业和群众就是考官。今年我们要加大对正职、副职的调整力度，让干部能够承担建成“世界小商品之都”的重任。要研究年终奖励怎样改革，要体现多劳多得、多干多得。要落实好容错免责机制，保证干部疗休养制度，关心干部家庭和生活。义乌干部，要特别能干，当前尤其要提高本领，强化大学习大调研大抓落实。义乌干部是肯吃苦的，苦干的同时还要会干、巧干。要强化大学习提升干部。加强针对性培训，目前已经实施了部门主要负责人赴深圳跟班学习、加强干部专业化培训等一系列措施，要继续上挂、外挂、下挂。要加强源头培养，加强招考培育一批紧缺的贸易、金融、物流、会展等专业型干部，加强干部传帮带，市领导、局长要到党校去讲课。要强化一线大调研培养干部。商务局、市场发展委、改革办等这些跟市场直接相关的单位，应该要有一半时间，要沉到市场、物流、贸易、工业等一线，可以到企业去跟班学习、蹲点调研。问题和办法就在一线，在办公室里都是问题，走出去都是办法。别的单位也要如此，下半年要全面深化大调研，细化“世界小商品之都”作战图，也为明年制定“十四五”规划纲要做准备。要向企业学习、向经营户学习。要在抓落实一线锻炼干部。总书记强调，干部成长无捷径可走，经风雨、见世面，才能壮筋骨、长才干。义乌有两个一线，改革开放是一线，镇街是一线，年轻干部、后备干部要到这两个一线去摔打、锻炼，放到条件艰苦、问题复杂，矛盾多、任务重、难度大、压力大、社会关注度高的岗位锻造。

义乌干部，要特别干净，当前尤其要把正气进一步树起来，解决困扰义乌已久的一些重大廉政体制机制问题。对义乌干部，社会各界是拿着放大镜、探照灯看的，干净是我们不可逾越的底线。在这方面我们还有不少问题，比如上一轮巡视，就已经指出了招投标领域的乱象，但是此次巡视反馈依然存在。再比如工业用地问题、规划调整问题、房地产历史遗留问题等，这些问题和背后的暗箱操作是对其他市场主体的极大不公平，是对义乌营商环境的极大破坏。评判这次巡视整改有没有动真格，就看敢不敢摸这些“老虎的屁股”，敢不敢动这些既有利益。要深入开展招投标、工程建设、房地产历史遗留问题、土地等专项整治。要去研究新形势下的涉黑涉恶的新变种。既要治标，抓一批典型案例，形成震慑；又要治本，扎紧制度笼子。要抓一批基层企业、群众反映强烈的反面典型。越往后执纪要越严格，今年以来，全市查处干部受礼案件15起22人，违反中央八项规定精神7起14人。要警惕“四风”问题隐形变种和回潮反弹，保持“亲”“清”政商关系，保持惩治腐败高压态势。

义乌干部，要特别务实，当前尤其要做实基层党建，要谦虚谨慎、不骄不躁、艰苦奋斗。务实，就是党建要实。义乌是全国城市基层党建试点，出台了加强基层党建标准建设三十条，江东街道等地的试点取得了积极成效，但是我们也要看到城市社区新经济和社会组织、农村等基层党建工作还存在不平衡，比如稠江街道巡察以后，发现基层党建组织生活还不健全、党员十二分制管理欠规范等问题比较突出。比如省委巡视组还指出来了我们律师协会党委和新光集团党委的问题。换届以来，全市共查处违纪违法村干部166人，占全市村干部总数的4%。要以标准化推进基层党建，带好队伍，切实提升党建引领改革发展、引领社会治理的水平。务实，就是运转要实。市委部署的工作，不能空转。市人大党组、市政府党组、市政协党组要带头抓落实；市纪委、市委组织部、市委宣传部、市委统战部、市委政法委等党委系统要做表率，市委办、市府办要强化统筹和协调；综合部门、行业主管部门要强谋划、强执行；镇街要强基础、强基层；群团组织要聚人心、聚合力；基层党组织要发挥战斗堡垒作用、党员要发挥先锋模范作用，让义乌进一步高效运转。义乌发展关键靠人、靠干部、靠企业家、靠广大群众，靠义乌精神，要把大家紧紧团结起来，推动义乌高质量发展。务实，就是工作要实。我们要谦虚谨慎、不骄不躁，继续艰苦奋斗，要防止任何贪图享受、消极懈怠的思想和行为。要牢固树立“过紧日子”的思想，尽力而为，量力而行。平台建设、改善民生不能说没钱，也不能乱花钱，要千方百计把钱用在刀刃上。

同志们，我们面临四大考验，执政考验、改革开放考验、市场经济考验、外部环境考验，是长期的复杂的严峻的。面临四大危险，精神懈怠危险、动力不足危险、脱离群众危险、消极腐败危险，也是长期的现实的尖锐的。践行党员干部“五（吾）带头”，打响“义乌干部”的品牌，是我们应对考验和危险之策。义乌每一位市级班子成员，每一位机关干部和工作人员，每一位镇街和村居两委干部，都要用心维护，用行动打造“义乌干部”的品牌。义乌要重点打造四支敢担当的干部队伍，即党建干部队伍、改革开放干部队伍、镇街干部队伍、年轻干部队伍，不断前行、乘风破浪，真正把义乌干部打造成为新时代忠诚干净担当、敢拼敢冲敢闯、想干事能干事干成事不出事的新时代的红色“义乌兵”。

同志们，义乌正在进行新时代的新长征，时刻警醒、枕戈待旦、刚正勇为才是真正的战士，才是真正的义乌人。胜利不会自动降临义乌，我们必须自己走向胜利。义乌的转型硬仗才刚刚开始。过去的工作只是序曲，更艰难的战役战斗还在前方。让我们更加紧密地团结在以习近平同志为核心的党中央周围，坚持和深化义乌发展经验，进一步认清差距、革新思想、实干干实、勇争第一，以优异成绩向中华人民共和国成立70周年献礼。

市政府工作报告

在义乌市第十五届人民代表大会第四次会议上

义乌市市长　王　健

2020年1月18日

各位代表：

现在，我代表市人民政府向大会作政府工作报告，请予审议，并请市政协委员和其他列席人员提出意见。

一、2019年工作回顾

2019年，在中共义乌市委的坚强领导下，在市人大、市政协的监督支持下，市政府高举习近平新时代中国特色社会主义思想伟大旗帜，紧紧围绕高质量高水平建成“世界小商品之都”目标，对标自贸区、干实试验区，全力推进“三个十”，较好地完成了十五届人大三次会议确定的各项目标任务。全年实现地区生产总值1421亿元，增长7.4%；在减税28亿元的前提下，完成财政总收入152.4亿元，其中一般公共预算收入101.2亿元，增长6.3%；城乡居民人均可支配收入为77260元和39664元，分别增长8.5%和9%。

（一）改革创新纵深推进。国际贸易综合改革试验区获批，试验区条例获省人大审议通过，公布行使首批省级管理权限目录。试验区共复制推广自贸区经验131项，形成创新案例100项，小商品集拼转口业务实现零的突破。eWTP全球创新中心落户义乌，设立卢旺达、埃塞俄比亚枢纽，菜鸟保税仓启用，“市场采购+跨境电商”出口新模式走通。跨境电商综试区保税进口（1210）业务量居全国第三批试点城市首位。创新实施关税保证保险，“数据质押”贷款业务走在全国前列。以“六个一”深化“最多跑一次”改革，成为全国营商环境评价试点唯一县级市，获评全国营商环境特色50强。实现政务服务事项即办率85.4%，承诺期限压缩96.3%，357项民生事项镇街可办，全年累计让群众少跑592万人次。企业开办和用水用气用电当日实现，全生命周期办理（从设立到注销）所有指标均全省领先。免收投标保证金举措被列为全省“三服务”十佳案例，退休事项“无感智办”、“六合一”出生联办等走在全省前列。设立事中事后监管中心，率先实现掌上执法系统全面应用。实施百项信用应用场景，建成覆盖全市所有市场主体和个人的信用体系。成为全国首个拥有地方标准管理权限的县级市。率先开展农业标准地改革，实施标准地项目232个。创新集体建设用地统筹利用机制，被列为全国不动产登记“综合创新示范”试点、全国首批国土空间规划编制试点。

（二）新型市场破题开局。进口转口、出口等板块全面拉开。进口商品孵化区开业，进口国家和地区扩大至135个。外贸稳增长成效明显，上线“订单+清单”系统企业超2000家，支持企业参加境外展1352家次，设立“义乌好货”海外专区2个，新增省级海外仓3个；实现出口2868亿元，增长13.7%，占全省比重提高0.5个百分点；进口100亿元，增长160%。市场活力不断增强，市场主体总量再创新高，达56.9万户，占全省的1/13；近一半市场经营户“新品销售额占比超20%”；邮政和快递业务量达49.9亿件，跃居全国第二，入选全国快递示范城市；网红经济、社交电商与实体市场加速融合，网红直播销售额约占全国的1/20；有效商标注册量位居全国县域首位；设立国家标准技术审评中心、标准化研究院，义博会成为全国首个以标准为主题的国际性展会。辐射网络持续提升，义新欧班列开行528列，增长65%，获批“单一窗口”铁路运输试点，捷克站列入中捷合作优先推进项目；义甬舟海铁联运班列平均一天四列运行，运量全国第一；投用冰鲜水产品、水果口岸；开通柬埔寨、俄罗斯航班及韩国、日本货运包机，落地萧山机场首个“异地货站”；义乌机场客流量突破200万人次，迈入中型机场行列，获评全国县级市首个国际卫生机场。

（三）产业转型蹄疾步稳。引进亿元以上项目60个，总投资1187亿元，其中50亿元以上项目12个，为历年最多。新增省重大产业项目4个、省市县长工程13个，集聚全球排名前五的光伏企业4家。吉利DHT、爱旭二期、京东产业园等项目开工，木林森、东方日升一期、五洲新材等项目建成投产，沃尔沃1.5T发动机实现批量生产，吉利动力研发总部迁至义乌。开发区连续四年进入全省十强，高新区获批G60科创走廊产业合作示范园、省境外并购产业合作园，光源科技小镇全省考核优秀，丝路金融小镇核心区基本建成，云驿小镇列入全省特色小镇创建名单，“万亩千亿”产业平台初具规模。新建成小微企业园34个，集聚企业1520家，省级认定小微企业园总数全省第一。整治提升“低散乱”企业1728家、D类企业85家。新增上市挂牌企业40家。预计规上工业增加值增长7.9%，研发投入增长30%，入围省制造业高质量发展示范市创建名单。深化服务业强市试点，扎实推进物流出城入园，投用国内公路港一期、青口物流中心、福田物流中心，同城配送平台上线运行，物流“最后一公里”顺利打通。获评全省批发零售业改造提升成效明显县市。年出栏25万头现代化生猪养殖项目开工。完成粮食生产功能区提标改造5790亩，森山健康小镇获评省级农业科技园区。

（四）发展质效稳中有升。经济运行稳走向好，市场周边资金流入、出口集装箱量、工业用电量等18项主要指标保持平稳增长；不良贷款率创五年新低；高质量发展指标体系得分预计提升3个百分点以上；数字经济总指数位居全省前列。创新动能加速集聚，双江湖科教园区引进高校（院所）5所，中国计量大学现代科技学院迁建项目结顶，北京协同创新研究院义乌创新园开工，国科大“一带一路”学院首批研究生入学；新增院士专家工作站5家，新增大专以上学历2.7万人、人才“一张床”5572个，为1785名人才发放住房补助5.8亿元，招引顶尖人才和领军人才31名，同比翻番；新增国家高新技术企业51家，增长76%；创建首个国家级科技企业孵化器，科技大市场贯标排名全省首位。生态环境持续改善，率先完成全域污水零直排区创建，县控以上断面、出境断面、饮用水水源地水质达标率均稳定在100%，有望四夺“大禹鼎”；$PM_{2.5}$年均浓度下降9%，AQI优良率达95%，空气质量优于国家二级标准；荣获国家生态文明建设示范市、全省首批山水林田湖草生态保护修复试点、美丽浙江十大特色体验地。

（五）城乡品质持续提升。出台共建金义都市区十大举措，新增东阳供水3000万方/年，浦江1000万方/年引水工程通水，高速免费通行圈扩大至浦江。城市格局加速打开，“东西南北中”框架基本成形。完成下车门、铁西等区块国有土地上房屋征收，仓后、湖大塘区块回迁房建成。首轮城市有机更新三年计划顺利完成，第二轮有机更新启动。下车门区块列为全省首批未来社区试点。国贸大道二期、阳光大道立交化改造工程建成通车。完成道路提档、精品街改造38条，实现城区主干道“白改黑”全覆盖。城市绿肺10公里环湖绿道建成，城区104处街心绿地全部开工。获评小城镇环境综合整治省级样板6个。成功创建省“无违建市”。顺利通过国家卫生城市复审。扎实推进全国文明城市创建，文明理念更深入人心。新时代文明实践中心升格为国家试点。深化星级和美乡村全域创建，新增一星样板村51个、三星村27个，有望获评省美丽乡村示范县。10条美丽乡村精品线基本完成基础设施建设。实施农村宅基地跨镇村安置357户，新增农房不动产发证26378宗，所有村集体经营性收入均达10万元以上，入选全省首批部省共建乡村振兴先行创建单位。全域推进垃圾分类，完成垃圾焚烧发电厂提升改造，投用再生资源利用中心，生活垃圾实现“零填埋”、总量首次下降，工业垃圾管理经验全省推广。

（六）民生福祉日益增进。新建、改扩建中小学34所，“百园工程”全部开工。全面实施小学放学后托管服务。推行托幼服务一体化，开设托班

137个。高考一段线上线率提升7个百分点。组建医共体3个，基层门诊率提高13.5个百分点，成效居全省前列。实行“医后付”“信用住”“云药房”，惠及群众8.4万人次。家庭医生有效签约达19万人。长期护理保险覆盖所有4469名失能人员。城乡居民基础养老金标准居全省第二。新增全国重点文保单位5处，完成纪录片《义乌通史》拍摄，桥头遗址被列为全省考古十大发现之首。获评省体育运动休闲基地。实施国家农村儿童早期发展服务试点，完成养育风险筛查8000人次。儿童公园开园，稠关菜市场等20个市场投用。建成规范化残疾人庇护中心14家。投用镇街养老服务中心5家。获批省农产品质量安全放心县市。农村饮用水达标提标工程提前一年完成省定目标。成功创建“无欠薪城市”。成立革命老区开发建设促进会。实现省“双拥模范城”七连冠。全力做好扫黑除恶、风险防范等工作，生产安全事故、火灾事故分别下降44%、51%，交通事故亡人数成功退出“百人县市”行列。119件信访积案化解113件。鸡鸣山社区获评“全国民族团结进步模范集体”。上溪派出所荣获全国首批枫桥式公安派出所。“路地融合”警务机制全省推广。平安义乌有望实现“十二连创”，捧得“平安金鼎”。民族、宗教、档案、气象、工会、红十字、统一战线、人民武装等工作取得新成效。

（七）政府建设不断加强。高质量高标准开展“不忘初心、牢记使命”主题教育，树牢“四个意识”，坚定“四个自信”，坚决做到“两个维护”。逐项落实主题教育检视剖析问题整改、环保督察整改、巡视整改。认真办理人代会议案2件、人大代表建议374件、政协委员提案294件。深入推进“三服务”，解决基层实际问题9817个，千方百计帮扶企业解困，为企业减税降费36亿元，稳定企业贷款1231亿元。大兴真抓实干之风，拔钉清障、政策攻坚217处，腾出发展空间1.1万亩；获国务院正向激励1项、省政府正向激励4项，为全省最多；改革办荣获全国“人民满意的公务员集体”。强化法治政府建设，实现府院联席会议常态化；创新行政争议多元化解机制，行政复议数量下降18.6%；实施行政执法权下沉佛堂镇改革试点；深入推进政务公开标准化规范化。加快政府数字化转型，全面推行“掌上办事”“掌上办公”。实行“市会镇开、镇会村开”，会议、文件数量分别下降30%和43%。扎实推进清廉义乌建设，核减政府投资项目造价和工程款项9.8亿元，整改管理不规范资金5.5亿元。开展镇街财政综合绩效评价试点，“三公”经费下降7%。荣获首批国家物流枢纽、省四港联动示范市、节水型社会建设达标市等称号。

各位代表，过去一年，面对更加复杂多变的内外部环境，我们始终牢记习近平总书记对义乌的嘱托，扎实推进市域治理现代化，经济转型、城市转型不断加快，中央电视台《新闻联播》头条5分钟充分肯定义乌改革发展成效。过去一年，面对艰巨繁重的改革发展任务，我们始终坚持既抓当前，更谋长远，高校招引、铁路高架站房建设等一批大事要事扎实推进，营商环境有了质的提升，“互联网+监管”得到李克强总理批示肯定。过去一年，面对财政收支趋紧现状，我们始终坚持政府过“紧日子”、让百姓过“好日子”，保障和改善民生“不打折”，各项民生支出再创新高，入学、就医等一批群众最关心最期盼的身边事加快解决。过去一年，我们痛失了敬爱的谢高华老书记，但老书记的担当精神、为民风范始终激励我们奋勇向前，全市上下人人争当突击队，顺利攻克了城市绿肺区块农庄土地经营权收回、春晗路与西城路交叉口“钉子户”拆除等一批难题，成功处置了下傅旧改、问题楼盘出让金清缴等一批遗留问题，涌现了一批全国全省先进典型、担当作为好团队，全市上下干群同心、干事创业的氛围更加浓厚。

这些成绩的取得，是习近平新时代中国特色社会主义思想在义乌大地生动实践的结果，是上级党委政府和中共义乌市委正确领导的结果，是全市人民团结拼搏的结果，是社会各界鼎力支持的结果。在此，我谨代表市人民政府，向全市人民和所有新“义乌人”，向人大代表、政协委员和离退休老同志，向各民主党派、工商联、人民团体和社会各界人士，向驻义部队和“义乌舰”官兵，向关心、支持义乌发展的海内外各界朋友们，表示崇高的敬意和衷心的感谢！

我们也清醒地看到，我市发展过程中还有一

些问题和短板：经济运行稳中承压、进中有忧，部分行业、企业生产经营仍面临一定困难；国际化支撑体系有待完善，参与“一带一路”和全球化布局还需加快；科技、人才等创新短板突出，发展模式仍较为粗放，构建现代化产业体系任重道远；城市服务管理精细化水平不高，品质和能级亟需提升；教育、医疗等优质公共服务供给仍然不足；公共安全基础还不牢固，各类风险隐患仍然较多；政府系统担当精神、创新意识、治理能力亟待提升，“四风”问题仍有发生。对这些问题，我们一定高度重视，采取更有效措施，切实加以解决。

二、2020年主要工作

2020年，政府工作的总体要求：高举习近平新时代中国特色社会主义思想伟大旗帜，全面贯彻落实党的十九大和十九届二中、三中、四中全会精神，牢记嘱托，担当使命，按照市委十四届七次全会“一二三发展战略”部署，坚持以人民为中心的发展思想，坚持新发展理念，坚持稳中求进工作总基调，坚持以供给侧结构性改革为主线，全面提升“义乌发展经验”，全面落实“五个先锋”“五个典范”，全面深化和推进“三个十”，推动高水平治理、高质量发展、高品质生活，决胜收官“十三五”，确保高水平全面建成小康社会，加快打造国际一流营商环境样板城市、以“世界小商品之都”为特色的国际样板城市。

建设国际一流营商环境样板城市、以“世界小商品之都”为特色的国际样板城市，是我市今后一个时期工作的总抓手和总载体，是实现高质量高水平建成“世界小商品之都”“总目标”的必由之路。建设“两个样板”，要求我们提高站位，按照接受习近平总书记和人民检阅标准，对标新时代中国特色社会主义重要窗口，全面贯彻新发展理念，努力将义乌建设成为贯彻习近平新时代中国特色社会主义思想的先行示范市；要求我们系统布局，按照党建统领、改革推动、开放带动、创新驱动、系统治理、统筹思维具体路径，一体谋划、一体推进“五个先锋”“五个典范”，既增强改革发展的协调性、全面性、系统性，又突出“世界小商品之都”特色；要求我们对比国际一流，按照“三步走”目标，拼搏实干，争先进位，干好当下，加快由量变到质变，积小胜为大胜。

为加快建设“两个样板”，建议2020年全市经济社会发展的主要预期目标是：地区生产总值增长7.5%以上，体现更高质量；社会消费品零售总额增长7%以上；民间投资，交通投资，高新技术产业投资，生态环保、城市更新和水利设施投资均增长15%以上；一般公共预算收入、城乡居民收入增长与经济增长基本同步，全员劳动生产率稳步提高，能源和环境指标完成上级下达的目标任务。重点实施九项行动：

（一）实施改革开放升级行动，加快推动试验区大改革大开放。一是持续深化试验区建设。力争设立中国（浙江）自由贸易试验区义乌片区。对标“五个自由”，试行大众贸易便利化改革举措，创新进口转口通关、外汇管理等机制。完善试验区管委会运行机制，实施出口、进口转口、科创、共建四大板块大会战，加快重点区块大开发。确保综合保税区“获批即开工”。深化与阿里巴巴合作，推进eWTP试验区建设，加快数字贸易方式、贸易认证统计等创新突破，设立eWTP大楼，新增海外数字贸易枢纽3个以上。实施金融专项改革2.0版，创新互联网人民币跨境收付等举措，建立无障碍收结汇本外币账户体系，争取应收账款质押融资余额超200亿元。深化信用结果应用，打造信用改革全国样板。构建新型涉外服务管理体系，完善外国人来华邀请、出入境、就业、居留等举措。大力发展服务贸易，争取全国服务贸易创新试点。深化国企授权经营机制、分配激励机制等改革，增强股权运作、基金投资、价值管理能力。二是加快打造“一带一路”枢纽。优化义新欧运营平台，建立省内四大集货枢纽，力争全年往返运行1000列。推进义乌国际陆港与宁波舟山港一体化，加快金甬铁路、国际枢纽港建设，完成海铁联运7万标箱以上。推动机场改造提升，争取开通澳门航线，机场客货运量均增长15%以上。实施邮件互换局正式工程。争取汽车整车进口口岸功能，繁荣全牌照口岸。实施“四港联动”示范项目18个。三是全面融入长三角一体化。启动长三角一体化三年行动计划，推动自由贸易、数字经济、现代物流等区域协同发展。推进机场、铁路、义乌港与上海等口岸一体化改革，探索“改革飞地”。加强与杭州、宁波跨境电商综试区联动。加快建设杭温铁路，谋划实施义绍、义浦桐、义金衢上、义武松龙等高速项目。共建义乌—柯桥区域一体化发展合作示范区。四是全力共建都市区。推进共建都市区第一批清单项目。加快金义东轨道交通、金义中央大道、义浦公路改造、义永公路等建设，打造都市区40分钟快速通行圈。推进资源跨区域市场化流动、产业互补协同发展，谋划实施国贸大道、四海大道、五洲大道三条产业带。深化与浦江等地合作。

（二）实施市场赋能提速行动，加快建设第六代市场。一是加快建设新型进口市场。以进口孵化区为载体，培育进口“保税+”业态，做强集拼转口业务。启动进口市场一期项目。实施进口倍增计划，争取进口“正面清单”制度，新增年进口超千万主体5家以上，争创国家进口贸易示范区。建设“一带一路”中心，打造系列国别园、万国创业园。二是加快开拓国内外市场。全力以赴稳外贸，力争外贸出口在全省份额增加。做深做实“订单+清单”系统，做大“市场采购+跨境电商”出口等新增长点，推进化妆品等行业出口分级分类监管，巩固外贸传统优势。加大海外市场拓展力度，启动迪拜站、东南亚站、捷克站欧洲总部建设，新增境外贸易服务中心6个以上，支持企业参加重点展会2200家次以上。积极提升国内市场份额，推广“义乌好货+进口商品”新模式，布局网点100家以上，打响“放心消费”品牌。三是加快发展数字化市场。加强大数据采集与应用，实施贸易全链条数字化精准服务。试行跨境电商“无票免税”，落地所得税核定征收政策，培育壮大电商主体，确保1210业务量保持第三批跨境电商综试区第一。实施“百网万品”行动，加速“义乌制造”与电商平台融合，确保快递业务量保持全国前列。支持无界零售、智慧商务等发展。四是加快打造创新型市场。设立市场要素资源投资基金，加快市场领域要素改革。推进“标准进市场”，实现行业全覆盖。设立小商品“一带一路”标准化创新联盟。打造“义乌小商品标准”品牌，制定团体标准15项以上。做强模具小镇、文创园等创新“策源地”，加快研发设计、文化创意进市场。争取外观设计专利快速授权、优先审查权限，做强知识产权快速维权中心，创新专利保险产品2款以上。争创全国质量强市示范城市。加快市场商场化个性化改造。启动未来市场、义乌之窗项目，推进汽车4S店综合体、新生活市场群建设。持续推动商城集团向综合贸易服务商转型。五是加快完善物流支撑体系。推进国家物流枢纽建设。启动福田物流中心二期工程，加快深国际、中通快递浙江总部等项目建设，投用义乌港直通仓、国内公路港二期、红狮智慧物流园。完成主城区物流出城入园。

（三）实施“最多跑一次”改革深化行动，加快打造国际一流营商环境。一是推进营商环境大提升。深入推进“干事不受礼、办事不求人”城市建设，加快“18+2+6+X”评价体系迭代深化，营造公平竞争的市场环境、高效廉洁的政务环境、公正透明的法治环境、开放包容的人文环境。实施营商环境标准化试点。建立涉企收费清单制度，全面清理违规涉企收费、摊派收费和各类评比达标收费，做到清单之外无收费、清单之内合理价，打造“无费城市”。推进一般企业投资项目审批“最多80天”、低风险小型项目审批“最多10天”改革。试行企业年检类事项年度报告公示制。推进“证照分离”改革全覆盖试点。联动“一网通管”“一网通享”“一网通服”等平台，做好“放”，优化“管”，做实“服”。二是推进便民服务大提升。深化简单办、智能办、信用办、就近办，推动“最多跑一次”向源头管理拓展，向所有领域延伸。全面推广“信用容缺信封”，实现行政许可事项信用承诺即时办理60%以上。完成“无需申请”事项50个，实现50%事项“零纸质材料”办理，个人和企业全生命周期“一件事”全流程“最多跑一次”。推动“无差别受理”向基层延伸，实现银行、邮政网点可办事项200项以上，“全市通办”高频事项100项以上，打造“十分钟政务服务圈”。建设国际贸易服务中心2.0版，实现涉外服务“最多跑一次”。三是推进政务效能大提升。强化云计算、区块链等应用，实施政府数字化项目8个。加快公共数据开放和应用。实施国家电子证照应用试点。深化部门间“一次不跑”改革，打造“掌上办事”“掌上办公”之城。推动经济运行、公共服务等数字化，打造最优线上营商环境。

（四）实施“两个健康”护航行动，加快制造业集群高质量发展。一是精准服务企业。优化促进民营经济健康发展28条举措，强化信心赋能、创新赋能、金融赋能，推动民营经济健康发展、民营企业家健康成长。深化融资畅通工程，全力破解银行收压贷等痛点难点，用好用活民营企业融资“三张名单”，推动金融机构减费让利、信贷成本透明化，扩大小微企业信用贷、首贷，增加制造业中长期贷、技改贷，新增民营企业信贷70亿元以上，政策性担保受惠企业数翻两番。深化“三服务”，实施环保、消防服务企业示范行动，降低企业用能、用地和环保、消防合规成本，为企业减负20亿元以上。精准引导B类、C类企业提升。完善中小微企业梯度培育体系。加强技能培训等“小创业微服务”，支持小微企业更好发展。树立企业家标杆，提高企业家荣誉感。培养更多优秀新生代企业家。二是加快打造高能级平台。新建、续建重点工程、重大产业项目243项。加快晶澳科技、汽车零配件产业园、常仁健康机器人等项目落地开工，晶科能源一期、天合光能一期、易换骑锂电池等项目建成投产。优化整合产业平台。绿色动力、光电新材料平台争创省“万亩千亿”产业平台，高新区争创国家级高新区，绿色动力小镇、丝路金融小镇争取省级特色小镇命名。三是持之以恒招大引强。聚焦光电、汽车及零部件、食品医药等“十四五”规划六大产业方向，实施“强链延链”靶向招商。力争重大产业项目签约落地1000亿元以上。四是坚定不移存量提质。推进小微企业园高质量发展，新增省级认定20家，亩均税收增长50%以上，科技型企业占比不低于30%。开工印染园，投用电镀园。深化工业倍增计划，设立10亿元上市引导基金、10亿元产业发展基金，新增上市挂牌企业20家、“小升规”企业100家，产值超10亿元企业5家、超50亿元企业1家。支持无缝内衣、文具等细分行业做强做专，推进服装制造业改造提升省级试点。加快传统产业数字化智能化改造，创建智能工厂和无人车间10家，新增上云企业3000家以上，数字经济核心产业增加值增长40%以上。

（五）实施城市能级跃升行动，加快拉开大城市框架。一是优化城市空间布局。加强城市设计，强化城市空间、风貌等规划管控。按照产城融合理念，完善城市功能布局。实施城市有机更新新三年计划，有序推进秦塘、孝子祠等区块有机更新，启动胜利二区、江南小区等区块更新改造，加快绣湖、市场等拆后区块开发建设。推进下车门未来社区试点，谋划第二批未来社区项目，构建“15分钟幸福生活圈”。

加快云驿小镇、佛堂旅游度假区、高铁新城等区块建设，实施双江水利枢纽、华侨城、港中旅等项目，推动城市东西南北四个区块与主城区组团协同发展。完善城市商业布局，谋划实施众创街区，建成夜间经济示范区5个以上。二是完善城市基础设施。加快县前街南延、商城大道改造、稠佛二线、03省道改建等项目，完成老城地下环路主体工程，机场路立交化改造一、二阶段建成通车。按照5年创成国家生态园林城市目标，加快城市绿肺建设，推进主干道绿化提档改造，建成区绿化率提升1个百分点以上。建成海绵城市20平方千米以上。加快城市公共信息服务平台、物联中台建设，打造以人为核心的城市智能运营系统，推进智慧城市建设。投用宏基站1500个以上，实现重点区域5G网络全覆盖，争创5G应用示范城市。三是打赢文明城市创建决胜战。深化门前五包、车乱停整治等精细化管理，实施户外广告、和谐邻里等新一轮创建十个项目，推动创建常态长效。高质量推进新时代文明实践中心建设试点，扎实开展好人选树、乡风文明等活动，大力弘扬社会主义核心价值观，擦亮诚信义乌品牌。健全现代志愿服务体系。巩固国家卫生城市成果，争取国家卫生镇“满堂红”。争创全国双拥模范城。

（六）实施乡村振兴提质行动，加快打造“千村示范、万村整治”升级版。一是深化农业农村领域改革。深入实施农业“标准地”改革，完善农业生产力布局，推行标准地数字地图，新增标准地5000亩以上。统筹农村产权制度、“三位一体”农合联等改革，推进新时代美丽乡村综合集成改革试点。落实第二轮土地承包到期后再延长30年政策。二是深入推进新时代美丽乡村及精品线建设。优化“1+X+Y”村庄规划。完善农村有机更新政策，推进多种形式农村住房安置。做好村庄规模调整后半篇文章，推进“三资”融合，统筹基础设施、社会事业建设。实施星级和美乡村动态创建机制。深化美丽乡村建设国家标准化试点，新增省新时代美丽乡村40个以上。实施“百镇样板、千镇美丽”工程，力争建成美丽城镇省级样板2个以上。加快精品线产业植入，嫁接森博会等资源，招引高质量纯农业项目、特色文旅项目20个以上。推动精品线公路、绿道、古道等立体联结，串联美丽乡村、美丽田园、美丽林相、美丽水系，打造全域大花园，争创全域旅游示范市。三是加快发展现代农业产业。推动农业规模化绿色化品牌化发展，争创省农业特色强镇1个、省高品质绿色科技示范基地2个。建成现代化养殖场2个，创建畜牧业绿色发展示范县。提升“义乌三宝”品牌影响力，培育农产品地理标志3个。加快农业主体多元化发展，壮大特色效益农业。鼓励科技和资金进乡村、青年和乡贤回农村，促进一二三产融合发展。

（七）实施要素保障攻坚行动，加快夯实高质量发展支撑。一是集聚科技创新人才。优化“十联动”创新创业生态圈。深度融入G60科创走廊，新增廊道产业联盟10家以上。加快双江湖科教园区建设，义乌工商学院双江湖校区启动，浙大“一带一路”医学院开工，北京协同创新研究院义乌创新园主体完工，复旦大学义乌研究院金融商务区项目启用，中国计量大学现代科技学院、义乌研究生院开学。完善以企业为主体的技术创新体系，R&D经费增长15%以上。加快科技大市场发展，新增技术交易额1亿元以上。实施人才优先发展战略，完善重点领域人才政策，探索设立人才集团，规划建设人才社区、人才小镇，加快“孵化驿站”“人才飞地”发展，新增高技能人才5000人、专业技术人才5000人以上。组织公益性职业技能培训4万人次以上。二是深化全域土地综合整治。建立健全国土空间治理体系，全面推进“多规合一”，高质量完成国土空间总体规划编制。启动“工业用地不姓工”整治，以稠江街道为试点推进低效工业用地二次开发，探索新型产业用地（M0）方式“退二优二”“退二进三”。推进稠江伟海拉链、北苑前洪、柳青等老旧工业区块更新改造。实施农用地、村庄建设用地、低丘缓坡、城镇低效用地集中连片整治，加快打造新型城镇区、新兴产业区、现代生态农业区等万亩园区。争创国家自然资源综合改革试点。探索服务业标准地改革。全年消化批而未供、盘活存量土地等5000亩以上，整治提升低效工业用地5000亩以上，连片拆、整村拆6500亩以上，保障重大项目用地1万亩以上。三是优化水资源供给。完成八都水库等扩容引水工程6个，新增蓄水1200万立方米。深化节水型社会建设，推进苏福工业水厂等项目，加快分质供水扩面，争取节约优质水2000万立方米。

（八）实施小康成色提升行动，加快打赢“三大攻坚战”。一是打赢精准脱贫攻坚战。高标准推进东西部扶贫、对口帮扶、山海协作，强化示范园区、来料加工等项目合作。实施消薄攻坚提升新三年行动，推进“国企联镇街、百企联百村”结对共建，投用飞地抱团等消薄项目30个以上，力争所有行政村年经营性收入达20万元以上。实施“幸福增收”计划，确保低收入家庭收入增长10%以上。加强困难群众精准帮扶，实现零就业家庭动态清零。全面推进农村困难家庭危房改造即时救助。实施残疾人免费乘坐公交。新增各类社会保险3万人次以上。二是打赢金融风险防控攻坚战。实施“一企一策”精准帮扶，加大化旧控新、化圈解链力度。启用“金融安全中心”，强化私募基金、类金融机构风险管理。深入开展银行业机构资产包处置、打击恶意逃废债攻坚，实施区域性、系统性经济犯罪专项治理，加大互联网金融风险整治，持续优化金融生态。三是打赢污染防治攻坚战。扎实做好第二轮中央环保督察整改。巩固国家生态文明建设示范市成果。实施工业废气治理、锅炉整治、柴油货车污染治理、重点区域恶臭治理、扬尘防治五大行动，推广使用新能源物流车，淘汰“散乱污”小作坊500家以上，推进$PM_{2.5}$和臭氧浓度“双控双减”，AQI优良率再提升1个百分点以上，创建“清新空气示范区”。深化“五水共治”，实施水质“一点一策”管理，开展全域美丽河湖创建，力争大禹鼎“银鼎”。加快双江湖净水厂、武德净水厂等项目，6座污水处理厂稳定达到省清洁排放标准。全面落实“土十条”，实施生态修复项目7个，确保受污染耕地安全利用率达92%。启动静脉产业园、华川污泥焚烧项目，推进工业垃圾分拣中心镇街全覆盖，争创“无废城市”。完善生态补偿机制。

（九）实施民生福祉增进行动，加快公共服务提档升级。一是打响好学义乌、信义至美品牌。扎实推进教育发展“三个十”。深化义务教育招生制度改革，实施教育集团化、中心校体制改革。多元增加教师供给。严管厚爱激发校长、教师队伍活力。加快初中、高中教育资源扩容，新建、改扩建中小学50所。建立中小学提质减负有效机制。力争培育优质教育品牌3个以上。推进新义乌人子女学校标准化建设。二是全力打造浙中医疗高地。实施医院等级提升工程，浙大四院、中心医院争创“三甲”，加快14家基层院区二乙医疗服务能力提升及“一院一特”品牌专科创建。支持社会医疗机构参与医共体建设。启动儿童医学中心、第二人民医院迁建等项目，建成復元老年康复医院。启动国家中医药综合改革试验区创建。实现残疾人家庭责任医生免费签约服务全覆盖。加强传染病防控。三是提升公共文化服务水平。加快大剧院建设，完成博物馆、美术馆主体工程。推进农村文化礼堂提质扩面，实现500人以上行政村全覆盖。新增城市书房10个。实施传统村落保护3个以上，桥头遗址争创省级遗址公园。推进名人故居保护提升，加快西门老街、廿三里老街等保护性开发。丰富老年人文体活动。争创文旅融合改革试点、省体育现代化市。四是深化平安义乌建设。构建“1+X+Y”平安建设体系。扎实推进“雪亮工程”“智安小区”建设，打好扫黑除恶专项斗争决胜仗，守牢暴恐“零发生”底线。提升安全生产、道路交通管理精细化水平，坚决打赢消防安全三年翻身仗。深化“基层治理四平台”，建设“信访超市”，实现矛盾纠纷化解“最多跑一地”，再创信访“无积案市”。加强诉源治理，深化人民调解。创新发展新时代枫桥经验，加快建设社会治理共同体。推行“党建+”“信用+”，打通社区、农村治理“神经末梢”。扎实做好新一届村社组织换届。完成第七次人口普查。

在办好省、金华民生实事基础上，全力办好十件民生实事。

1.启动农村有机更新试点50个村以上，保障农民建房用地700亩以上，新增农民建房2000户以上。

2.建成投用中小学校、幼儿园40所以上，全面完成公办学校槽式厕所改造，新增普通高中学位1000个以上，开展儿童青少年“健康护眼”工程，为全市17万中小学生建立屈光发育档案，儿童青少年总体近视率下降3%以上。

3.实施15个以上老旧小区提升改造；实现镇街中心区天然气管网全覆盖，新增天然气入户1.2万户以上；实施物业公司信用监管；完善老旧小区加装电梯政策并加快试点。

4.新建公交候车亭200个以上，新增或优化公交线路15条以上，建设农村公路30公里以上。

5.高标准建成街心绿地100处以上、骑行绿道30公里以上，在公共绿地内新设休闲游憩设施50处以上。

6.全面推行城镇生活垃圾“两定四分”和分类清洁运输，新增垃圾分类示范小区、示范村各30个以上。

7.新增普惠性托幼学位1000个以上，对全市3岁以下婴幼儿提供免费养育风险筛查，筛查率达到90%以上。

8.建成数字文旅智慧平台，创建体育现代化镇（街）10个以上，新增中小学校向社会开放体育场地设施30所以上，创建省A级景区村庄80个以上。

9.佛堂、义亭、廿三里养老服务中心投入使用，示范型居家养老服务中心实现镇街全覆盖；实施居家养老服务中心标准化建设，助餐、配送餐服务实现城乡全覆盖。

10.整治交通安全隐患点50处以上，新建电动自行车充电站点2000处以上。

三、实干实为，全面提升政府治理效能

过去一年，我们以实干逐梦，献礼祖国70华诞。新的一年，我们将继续深入践行“五（吾）带头”，以勇当突击队的状态实干实为，加快推动政府治理能力现代化，建设新时代人民满意政府。

（一）忠诚忠实，以政治坚定激发效能。时刻牢记习近平总书记对义乌的嘱托和指引，不忘初心，牢记使命，坚定不移沿着高质量高水平建成“世界小商品之都”目标奋勇前进。坚持把政治建设摆在首位，思想对标对表，行动看齐追随，始终做到站得稳、靠得住。持续将主题教育成果和“最多跑一次”理念方法作风转化为内生动力，健全狠抓落实的长效机制，确保上级和市委各项决策部署落地生根。从张富清、廖俊波等鲜活典型中汲取信仰力量，找准精神坐标，全心奉献义乌、奉献人民。

（二）初心坚实，以为民宗旨检验效能。群众想的，就是政府要干的。吃穿住行游购娱、柴米油盐酱醋茶，不仅要“有”，更要“好”。把更多精力、更多财力投向民生，把更多发展“实物量”变成民生“含金量”。公共服务缺什么补什么，“医教文卫养”，每项都是着力点。“教育倍增”既加快公办学校建设，也注重民办学校提升；“医疗高地”既需综合性医院引领，更需镇街、农村卫生站所支撑。全面小康路上一个也不能掉队！“老弱病残贫”更应关心关爱，让保障更全面，让服务更高标，让每个人都享受公平、得到尊严。

（三）实干干实，以担当担责提升效能。“义乌与先进地区相比差距在拉大”，我们要警醒清醒，更要实干担当，加快构建走前列的体制机制。发展不能只采摘“低垂的果子”，要全面深化十大改革，加快推进十大标志性项目，扎实做好十大基础性工作，让“每个十”都有标志性成果、突破性进展。动能转换从项目招引“钉钉子”，美化环境把垃圾分类干到底。惩治“等米下锅”“等纪要干事”。敢挑征地拆迁“重担子”，敢啃土地管理“硬骨头”，敢处信访积案“老大难”。少开会，多开工，把时间和精力多用在解决问题上。干部不干，就不叫干部；政府不解决问题，政府就有问题。

（四）求真务实，以实事求是强化效能。不搞“依葫芦画瓢”“上下一般粗”，结合实际抓落实。凭专业干，按规律办，在稳中求进中提升质量效益，在发展变化中提高治理能力。打造第六代市场要强化战略布局、顶层设计，农村有机更新、低效用地开发要坚持分类施策、精准发力。政策、土地、资金要“一盘棋”，确保招商引资、拆迁安置可持续。基础配套、绿化美化不求最高最大，但求最优最佳。乡村振兴既提村庄“颜值”，更鼓农民“腰包”。支持企业既扶优扶强，也扶微扶小，让各类主体竞相发展，让义乌永远“春色满园”。

（五）作风严实，以依法行政保障效能。坚持把所有工作都纳入法治框架，全面推行重大行政决策目录清单，完善涉企政策制定企业参与机制，严格合法性审查和履约管理。坚持把所有活动都放在聚光灯下，自觉接受人大依法监督、政协民主监督、监察监督、审计监督和司法监督，进一步畅通社会监督渠道。坚持把所有权力都装进制度笼子，压紧压实全面从严治党主体责任，严格落实“一岗双责”，严惩严治“新四风”“微腐败”，靠制度管权管事管人。坚持把所有支出都列入绩效管理，牢固树立“勤俭办事业”思想，强化预算刚性，严控新增项目和一般性支出，集中财力保续建、保重点、保民生。

新的一年，我们还将科学编制“十四五”规划。巩固深化、接续发展“十三五”以来的治理理念、实践成果，以聚焦“世界小商品之都”、建设“两个样板”为战略要点、研究重点，着力谋划一批重大改革、重大项目、重大平台、重大政策，编制符合实际、引领发展、经得起历史检验的五年规划，以勇争一流、争先进位的姿态，全力开启“中国之治”义乌新篇章！

各位代表，万众一心加油干，越是艰险越向前。让我们更加紧密地团结在以习近平同志为核心的党中央周围，在中共义乌市委的坚强领导下，凝聚全市人民的智慧和力量，牢记嘱托、担当使命，为加快打造国际一流营商环境样板城市，建设以“世界小商品之都”为特色的国际样板城市，最终高质量高水平建成“世界小商品之都”不懈奋斗！

重要文件目录

义委发文件目录

义委发〔2019〕2号关于进一步优化营商环境促进民营经济健康发展的实施意见

义委发〔2019〕6号关于印发《义乌市机构改革方案》的通知

义委发〔2019〕11号关于进一步强化生态文明建设高质量推进美丽义乌发展的实施意见

义委发〔2019〕12号关于印发《义乌市新时代文明实践中心建设工作实施方案》的通知

义委发〔2019〕14号关于印发《义乌市医疗卫生服务共同体建设实施方案》的通知

义委发〔2019〕17号关于印发《开展民情民访代办工作推动信访“最多跑一次”的实施方案》的通知

义委发〔2019〕18号关于加快推进“标准城市”建设的实施意见

义委发〔2019〕19号关于实施教育强市发展战略全面推进教育现代化的意见

义委发〔2019〕20号关于开展“不忘初心、牢记使命”主题教育的实施意见

义委发〔2019〕21号关于印发《市委常委会带头深入开展“不忘初心、牢记使命”主题教育的实施方案》的通知

义委发〔2019〕28号关于印发《义乌市深入推进新时代文明实践中心建设实施方案》的通知

义委办发文件目录

义委办发〔2019〕12号关于开展“双百”大体验深化“三服务”活动的通知

义委办发〔2019〕28号关于印发义乌市巩固国家卫生城市工作方案的通知

义委办发〔2019〕32号印发《关于推进革命文物保护利用工程（2019—2022年）的实施意见》的通知

义委办发〔2019〕33号关于印发《深入推进“扛责任、强担当、治顽症、促发展”作风建设专项行动重点任务》的通知

义委办发〔2019〕35号关于印发《义乌市环卫体制改革实施意见》的通知

义委办发〔2019〕36号关于印发《义乌市“三服务”百日攻坚行动实施方案》的通知

义委办发〔2019〕37号关于印发《义乌市“村干部整治立规创优年”行动实施方案》的通知

义委办发〔2019〕39号关于厉行节约打造节俭型政府的实施意见

义委办发〔2019〕40号关于印发《义乌市营商环境评价工作实施方案》的通知

义委办发〔2019〕42号关于印发《义乌市破除形式主义减轻基层负担工作举措》的通知

义政发文件目录

义政发〔2019〕4号关于公布2018年度工业企业“五十强”的通知

义政发〔2019〕5号关于表彰2018年度金融机构考核优秀单位的通知

义政发〔2019〕9号关于公布2018年义乌市“十佳”农业龙头企业名单的通知

义政发〔2019〕13号关于印发义乌市深化农村集体产权制度改革试点工作推进方案的通知

义政发〔2019〕15号关于开展工业亩产效益综合评价深化“亩均论英雄”改革的实施意见

义政发〔2019〕19号关于公布义乌市集体建设用地基准地价的通知

义政发〔2019〕24号关于实行划拨土地成本价格收费的通知

义政发〔2019〕25号关于印发义乌标准城市建设规划（2019—2025年）的通知

义政发〔2019〕26号关于抓好2019年粮食生产工作的通知

义政发〔2019〕33号关于

在市场监管领域全面推进部门联合“双随机、一公开”监管优化营商环境的实施意见

义政发〔2019〕41号关于表彰2019年度义乌市政府质量奖获奖企业的通报

义政发〔2019〕43号关于公布义乌市农业龙头企业名单的通知

义政办文件目录

义政办发〔2019〕5号关于印发《义乌市民航客运航线开发财政奖补办法》的通知

义政办发〔2019〕7号关于印发《义乌市民用机场净空和电磁环境保护管理规定》的通知

义政办发〔2019〕11号关于抓好2019年十大民生实事办理落实工作的通知

义政办发〔2019〕12号关于批转市农业农村局、财政局、人力社保局、自然资源和规划局《关于进一步完善义乌市农村土地承包经营权流转农民基本生活保障运行机制的意见》的通知

义政办发〔2019〕13号关于印发《义乌市农村土地承包经营权、林权抵押贷款管理办法（试行）》的通知

义政办发〔2019〕15号关于做好农函大2019年招生和培训工作的通知

义政办发〔2019〕16号关于公布义乌市2019年度政府集中采购目录及标准的通知

义政办发〔2019〕17号关于印发义乌市事中事后监管中心暨“一网通管”行政执法监管平台建设方案的通知

义政办发〔2019〕18号关于印发义乌市农业“标准地”控制性指标和管理操作流程（试行）的通知

义政办发〔2019〕19号关于印发义乌市创建省级农产品质量安全放心县实施方案的通知

义政办发〔2019〕20号关于印发义乌市2019年“五水共治”工作方案的通知

义政办发〔2019〕21号关于印发2019年十大标志性项目建设攻坚竞赛专项行动方案的通知

义政办发〔2019〕22号关于印发义乌市城镇生活垃圾分类实施方案（2019—2021年）的通知

义政办发〔2019〕23号关于印发《义乌市“对标比拼勇赶超”活动实施方案》的通知

义政办发〔2019〕24号关于印发义乌市全面落实预算绩效管理三年行动计划（2019—2021年）的通知

义政办发〔2019〕25号关于印发《义乌市打赢蓝田保卫战2019—2020年行动计划》的通知

义政办发〔2019〕26号关于进一步规范各类“进校园”活动的通知

义政办发〔2019〕27号印发关于进一步加快非财政预算管理公办幼儿园发展的实施意见（试行）的通知

义政办发〔2019〕29号关于转发市农业农村局《2019年义乌市重大动物疫病强制免疫计划实施方案》的通知

义政办发〔2019〕30号关于印发义乌市2019年反走私工作方案的通知

义政办发〔2019〕34号关于印发《义乌市红糖产业综合治理及规范提升实施方案》的通知

义政办发〔2019〕36号关于印发义乌市畜牧业绿色发展示范县创建实施方案的通知

义政办发〔2019〕39号关于进一步推进无偿献血工作的实施意见

义政办发〔2019〕40号关于印发义乌市深化院前医疗急救体系建设三年行动计划（2019—2021年）的通知

义政办发〔2019〕41号关于印发义乌市2019年度“厕所革命”实施方案的通知

义政办发〔2019〕42号关于印发“一网通管”（一期）项目暨浙江省行政执法监管平台试点工作实施方案的通知

义政办发〔2019〕43号关于挂牌整治2019年度重大火灾隐患单位的通知

义政办发〔2019〕44号关于印发义乌市农村流转土地经营权登记管理办法（试行）的通知

义政办发〔2019〕45号关于印发义乌市“珍爱生命、远离车祸”道路交通安全大会战实施方案的通知

义政办发〔2019〕47号关于推进政务新媒体健康有序发展的通知

义政办发〔2019〕48号关于印发义乌市创建全国义乌教育优质增均衡发展市实施方案的

通知

义政办发〔2019〕49号关于义乌市既有多层住宅加装电梯的实施意见

义政办发〔2019〕50号关于印发义乌市防汛防台抗旱应急预案（2019年修订）》的通知

义政办发〔2019〕52号关于印发义乌市“十三五”教育设施布局规划调整及后期实施计划的通知

义政办发〔2019〕53号关于印发2019年义乌市政务公开工作要点的通知

义政办发〔2019〕56号关于印发义乌市全域土地统筹利用六大行动工作方案的通知

义政办发〔2019〕57号关于印发义乌市深化长期护理保险制度改革试点工作方案的通知

义政办发〔2019〕59号关于印发《义乌市扶持民营医疗机构发展办法（试行）》的通知

义政办发〔2019〕60号关于印发义乌市地方标准管理办法（试行）的通知

义政办发〔2019〕61号关于公布2019年度重大行政决策事项目录的通知

义政办发〔2019〕62号关于印发义乌市民办学校政策性融资担保业务实施细则的通知

义政办发〔2019〕63号关于印发义乌市国有土地上房屋征收补偿资金管理规定的通知

义政办发〔2019〕65号关于印发义乌市“国家农村儿童早期发展服务试点”工作方案的通知

义政办发〔2019〕66号关于印发义乌市行政事业单位国有资产管理暂行办法（2019年修订）的通知

义政办发〔2019〕67号关于印发义乌市儿童青少年“健康护眼”工程实施方案的通知

义政办发〔2019〕68号关于进一步规范和推进家庭医生签约服务工作的实施意见

义政办发〔2019〕69号关于进一步促进生猪生产保障市场供应的通知

义政办发〔2019〕70号关于印发《义乌市重污染天气应急预案》的通知

义政办发〔2019〕71号关于印发义乌市森林火灾应急预案的通知

义政办发〔2019〕72号关于重新明确财政资金审批、拨付程序和监督管理有关事项的通知

义政办发〔2019〕73号关于实施工业企业流动性贷款支持项目的政策意见（试行）

义政办发〔2019〕75号关于扶持我市建筑业持续发展的若干意见

义政办发〔2019〕78号关于全面提升居家养老服务质量的若干意见

义政办发〔2019〕79号关于印发义乌市财政专户资金存放管理办法的通知

义政办发〔2019〕80号关于公布义乌市第七批非物质文化遗产代表性项目名录的通知

义政办发〔2019〕81号关于下达2019年义乌市重点工程和重大工业项目计划（第二批）的通知

义政办发〔2019〕82号关于印发义乌市国土空间总体规划编制工作方案的通知

义政办发〔2019〕84号关于印发义乌市养犬管理实施方案的通知

义政办发〔2019〕85号关于印发义乌市信用监管实施暂行办法的通知

义政办发〔2019〕86号关于印发义乌市信用修复管理暂行办法的通知

义政办发〔2019〕87号关于做好城乡居民基本养老保险、城乡居民基本医疗保险和大病保险基金征缴工作的通知

义政办发〔2019〕88号关于印发《义乌市进口产业政府增信基金管理办法》的通知

义政办发〔2019〕89号关于印发《义乌市突发公共卫生事件应急预案》的通知

义政办发〔2019〕90号关于印发义乌市夜市管理实施方案的通知

义政办发〔2019〕91号关于印发义乌市人防工程产权制度改革试点工作实施方案的通知

义政办发〔2019〕92号关于印发《义乌市医共体各院区医疗服务能力达“二乙”暨“一院一特”建设实施方案》的通知

义政办发〔2019〕93号关于创建国家生态园林城市的实施意见

义政办发〔2019〕94号关于印发《义乌市中心城区声环境功能区划分方案》的通知

义政办发〔2019〕95号关于设立事中事后监管中心镇（街道）监管分中心的通知

义政办发〔2019〕96号关于印发义乌"四港"联动发展示范城市建设实施方案的通知

义政办发〔2019〕97号关于印发义乌市促进3岁以下婴幼儿照护服务发展的实施意见的通知

义政办发〔2019〕98号关于深化义乌市基层医疗卫生机构补偿机制改革的实施意见

义政办发〔2019〕99号关于印发义乌市老旧电梯更新改造工作管理办法（试行）的通知

义政办发〔2019〕100号关于印发义乌市户外招牌设置管理规范的通知

义政办发〔2019〕101号关于调整城乡居民基本养老保险基础养老金标准的通知

义政办发〔2019〕102号关于公布行政规范性文件清理结果的通知

义政办发〔2019〕103号关于印发加快推进全域分质供水实施方案的通知

义政办发〔2019〕104号关于印发《义乌市职业技能提升行动实施方案（2019—2021年）》的通知

统计资料选辑

2019年全市经济社会主要指标

表27

指标名称	计量单位	2019年	2018年	增幅%
一、行政区划				
建制镇	个	6	6	0.0
街道办事处	个	8	8	0.0
城市社区居民委员会	个	94	94	0.0
居民委员会	个	48	48	0.0
村民委员会	个	440	440	0.0
村民小组	万个	0.43	0.43	0.0
二、人口				
年末总户数	户	370715	364184	1.8
年末总人口	人	836093	818362	2.2
其中：乡村人口	人	332033	349342	-5.0
城镇人口	人	504060	469020	7.5
年平均人口	人	827228	809188	2.2
年出生人口	人	10765	12249	-12.1
年死亡人口	人	4189	4465	-6.2
人口出生率	‰	13.01	15.1	-14.0
人口死亡率	‰	5.06	5.5	-8.3
人口自然增长率	‰	7.95	9.6	-17.3
三、土地面积				
全市土地面积	平方千米	1105	1105	0.0

续表 27

指标名称	计量单位	2019 年	2018 年	增幅%
其中：建城区土地面积	平方千米	108.02	103.81	4.1
城市建设用地面积	平方千米	108.02	103.62	4.2
其中：居住用地面积	平方千米	32.57	33.15	-1.7
本年征用土地面积	平方千米	6.97	/	/
其中耕地面积	平方千米	3.31	/	/
四、生产总值				
地区生产总值	亿元	1421.1	1248.1	7.4
第一产业	亿元	22.6	21.1	2.2
第二产业	亿元	418	409.5	7.4
工业	亿元	361.5	348.3	8.7
第三产业	亿元	980.5	817.5	7.5
人均生产总值（户籍）	元	171796	154242	5.0
五、财政、金融				
财政总收入	万元	1524402	1534488	-0.7
地方财政预算收入	万元	1012240	952005	6.3
地方财政预算支出	万元	1312069	1070100	22.6
科学支出	万元	59327	48628	22.0
教育支出	万元	310039	261202	18.7
年末金融机构存款余额	万元	33455791	29420019	13.7
年末金融机构各项贷款余额	万元	28232257	24506035	15.2
保费收入	亿元	71.7	69.4	3.3
其中：财产险	亿元	28.3	27	4.6
人身险	亿元	43.4	42.4	2.5
赔款、给付	亿元	20.5	18.95	8.3
其中：财产险	亿元	14.9	13.13	13.1
人身险	亿元	5.7	5.82	-2.6
六、农业				
粮食产量	吨	42353	42282	0.2
蔬菜产量	吨	223396	218653	2.2
水果产量（含果用瓜）	吨	96155	96831	-0.7
肉类总产量	吨	12764	8925	43.0
水产品产量	吨	3797	3712	2.2
七、工业				
全部工业增加值	万元	3615195	3483372	8.7
其中：规模以上企业				
工业企业数	个	614	682	-10.0

续表 27

指标名称	计量单位	2019年	2018年	增幅%
工业增加值	万元	1369883.3	1224349.7	8.1
从业人员年平均人数	万人	9.42	9.65	-1.1
注册商标总数	件	161034	145750	10.5
行政认定中国驰名商标	件	0	1	/
浙江名牌产品	件	37	37	0.0
八、交通、邮电、电力				
小型汽车保有量	万辆	65	58	12.1
公路客运量(含市内公交)	万人	17456.9	17802.5	-1.9
公路货运量	万吨	7969.2	7340.6	11.5
境内等级公路里程	千米	1558	1538	1.3
其中:境内高速公路里程	千米	76	76	0.0
民用航空货邮运量	吨	10612.8	8800.2	20.6
民用航空客运量	人	2029109	1635673	24.1
邮政业务收入	万元	125176	110824	13.0
电信业务收入	万元	260959	262261	-0.5
本地电话用户数	万户	27.55	29.27	-5.9
年末移动电话用户数	万户	246.53	345.92	-28.7
国际互联网用户数	万户	98.9	94.2	5.0
全年用电量	万千瓦时	1004350	952151	5.5
其中:工业用电	万千瓦时	560659	542078	3.4
城乡居民生活用电	万千瓦时	174690	149251	17.0
九、内外贸易、旅游				
社会消费品零售额	万元	7225921	6687681.8	8.0
进口额(海关数)	亿元	99.9	38.5	159.5
出口额(海关数)	亿元	2867.9	2521.6	13.7
当年新签项目(合同)个数	个	868	946	-8.2
当年合同外资金额	万美元	30381.3	29331	3.6
当年实际使用外资金额	万美元	16204.9	14730	10.0
入境游客人次	万人次	74.82	64.62	15.8
旅游外汇收入	万美元	45657.2	36889.1	23.8
十、固定资产投资、房地产				
固定资产投资完成额	亿元	/	/	18.0
其中:房地产开发投资完成额	亿元	163.8	152.8	7.2
本年商品房屋施工住宅面积	万平方米	398.9	233.3	71.0
商品房屋销售面积	万平方米	149.7	97.4	53.8
其中:住宅	万平方米	136.3	75.3	81.0

续表 27

指标名称	计量单位	2019年	2018年	增幅%
商品房屋待售面积	万平方米	28.2	31.3	−9.9
商品房屋销售额	亿元	328	164.6	99.3
其中：住宅	亿元	299.7	136.6	119.4
十一、教育、科技、文化、卫生				
教职工数	人	11590	10425	11.2
在校学生数	万人	25.2	23.5	7.2
初中毕业生升学率	%	99.12	99.16	0.0
企业R&D活动人员数（上年数）	人	8731	8048	8.5
专利申请受理量	项	9594	6991	37.2
专利申请授权量	项	5987	4374	36.9
其中：发明	项	358	269	33.1
体育场馆数（普查数）	个	69	3	/
剧场、影剧院数	个	29	28	3.6
公共图书馆图书总藏量	千册、件	1170	1070	9.3
医院、卫生院数	个	48	47	2.1
医院、卫生院床位数	张	7934	6339	25.2
医生数（执业医师＋执业助理医师）	人	5000	4638	7.8
注册护士	人	5725	5257	8.9
十二、人民生活				
城镇常住居民人均可支配收入	元	77150	71207	8.3
城镇常住居民人均消费支出	元	42465	38740	8.5
农村常住居民人均可支配收入	元	39529	36389	8.6
农村常住居民人均消费支出	元	21605	19961	9.3
城镇职工基本养老保险参保人数	万人	60.46	53.74	12.5
职工基本医疗保险参保人数	万人	53.47	47.13	13.5
城镇失业保险参保人数	万人	26.59	23.8	11.7
社会福利院数	个	1	1	0.0
社会福利院床位数	张	204	204	0.0
城乡居民最低生活保障人数	人	4277	4622	−7.5
特困人员供养人数	人	258	286	−9.8
十三、城市建设				
年末实有城市道路面积	万平方米	1989.88	1872.42	6.3
排水管道总长度	千米	2041	1991	2.5
公共供水综合生产能力	万吨/日	37	52.5	−29.5

续表 27

指标名称	计量单位	2019年	2018年	增幅%
供水总量	万吨	12056	10756.87	12.1
供气总量（人工、天然气）	万立方米	11735.96	10018.45	17.1
其中：家庭用量	万立方米	1456	1091.68	33.4
液化石油气供气总量	吨	20383	19279.3	5.7
其中：家庭用量	吨	18230	17221	5.9
年末实有公共汽（电）车营运车辆数	辆	1619	1569	3.2
全年城区公共汽（电）车客运总量	万人次	12929	13040	-0.9
年末实有出租汽车数	辆	1329	1279	3.9
园林绿地面积	公顷	4453.77	4157.61	7.1
其中：公园绿地面积	公顷	1283.99	1186.88	8.2
建成区绿化覆盖面积	公顷	5077.3	4474.19	13.5

2019年浙江省经济强县（市、区）主要经济指标

表28

指标名称／市县名称	财政总收入（亿元）	其中：一般公共预算收入（亿元）	城镇常住居民人均可支配收入（元）	农村常住居民人均可支配收入（元）	全社会用电量（亿千瓦时）	工业用电量（亿千瓦时）	金融系统年末存款余额（亿元）	金融系统年末贷款余额（亿元）	地区生产总值（亿元）
柯桥区	197.82	131.41	68948	40655	165.65	142.79	2162.56	1868.68	1504.27
萧山区	430.44	267.66	70702	41132	194.39	135.52	4870.97	4428.49	1847.66
余杭区	726.47	391.45	68159	41347	112.19	49.98	3799.79	2629.24	2824.02
慈溪市	352.53	201.69	63964	38081	155.83	120.43	2779.71	2250.63	1898.64
余姚市	178.13	107.23	61988	36811	106.36	82.81	1802.9	1370.42	1166.26
海宁市	157.36	97.02	65526	38739	99.65	77.12	1774.22	1462.78	1026.57
桐乡市	135.26	79.65	60880	38197	110.38	90.18	1592.69	1332.69	968.17
上虞区	147.61	89.52	65234	35443	64.88	49.42	1403.04	1184.72	978.11
温岭市	126.69	78.27	62948	33842	60.64	36.55	1899.39	1617.08	1105.13
鄞州区	453.38	269.33	70074	39953	93.3	45.17	7600.21	9817.36	2211.02
诸暨市	142.03	89.81	67862	39380	94.73	71.51	1671.19	1394.79	1312.36
瑞安市	125.2	79.64	64721	33497	76.71	49.33	1749.65	1355.02	1003.96
义乌市	152.4	101.2	77150	39529	100.4	56.1	3345.6	2823.2	1421.14
乐清市	167.02	99.69	64442	35478	65.27	36.3	1651.53	1387.61	1209.93
平湖市	144.14	88.45	62943	37219	87.11	74.58	1055.74	919.35	765.77
富阳区	131.3	80	60576	35531	78.8	58.6	1339.68	1489.99	820.5
永康市	94.53	59.93	58877	30831	53.42	39.31	1284.77	1023.41	629.6

索 引

说 明

一、本年鉴索引采用主题分析方法排列，由主题词索引、图表索引两部分组成，全书“大事记”“附录”未做索引。

二、主题索引中文标目按汉语拼音字母顺序排列，同音字按笔画数从少到多排列。首字相同，按第二字音序排列，依次类推。

标目后的阿拉伯数字表示内容所在页码，abc表示所在栏位置。标目后有多个页码的，则表示相关信息在这些页码中均出现，类目标题用黑体字表明。

三、表格索引按序号排列，仅标注所在页码。

主题词索引

A

B

E

F

G

K

R

T

Z

图表索引